Beati Petri Canisii, Societatis Iesu, Epistulae et acta

BEATI

PETRI CANISII,

SOCIETATIS IESU,

EPISTULAE ET ACTA.

VOL. I.

PETER CANISIUS

BEATI
PETRI CANISII,

SOCIETATIS IESU,

EPISTULAE ET ACTA.

COLLEGIT ET ADNOTATIONIBUS ILLUSTRAVIT

OTTO BRAUNSBERGER, W
EIUSDEM SOCIETATIS SACERDOS

VOLUMEN PRIMUM.
1541—1556.

CUM EFFIGIE BEATI PETRI CANISII

CUM APPROBATIONE REVMI ARCHIEP FRIBURG ET SUPER ORDINIS

— · ··· —

FRIBURGI BRISGOVIAE.
SUMPTIBUS HERDER,
TYPOGRAPHI EDITORIS PONTIFICII
MDCCCXCVI
EIUSDEM LIBRARIAE AEDES SUNT VINDOBONAE, ARGENTORATI, MONACHII
ATQUE IN URBE S LUDOVICI AMERICANA

[1896]

(8 volumes in all : 1896 - 1923)

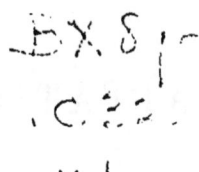
Cum opus, cui titulus est *Beati Petri Canisii, Societatis Iesu, Epistulae et Acta Collegit et adnotationibus illustravit Otto Braunsberger, eiusdem Societatis sacerdos Volumen primum* Censores, quibus id commissum fuit, recognoverint et edi posse iudicaverint, facultatem concedimus, ut vulgetur, si ita iis, ad quos pertinet, videbitur.

In quorum fidem has litteras manu nostra subscriptas et sigillo muneris nostri munitas dedimus

Exaeten, die 1 Ianuarii 1896

(L S)

Henricus Haan S. J.

Praep Prov Germ

Protestatio editoris

Ut legibus ab Urbano VIII summo pontifice 13 Martii 1625, 5 Iunii 1631 etc latis ac decretis Sacrae Rituum Congregationis satisfiat, editor profitetur quaecumque in hoc volumine narrantur de hominum illustrium virtutibus, miraculis, revelationibus, et si quae alia referuntur, quae naturae vim et condicionem excedere videantur, ita se velle intellegi, ut a privata tantum auctoritate profecta et humana tantum fide digna esse censeantur, nisi a sancta ecclesia diserte approbata sint

Salvo iure proprietatis et translationis

Typis Herderianis, Friburgi Brisgoviae

PRAEFATIO.

Quae Canisius egerit et scripserit, quid eius epistulae prosint tum ad res illorum temporum cognoscendas tum ad pietatem augendam, qua ratione nunc typis describantur: haec omnia in prooemio generali totius huius operis et in specialibus singulorum voluminum prooemiis copiose enarrabuntur. Ideo pauca huc notare satis erit.

Effigiem Canisii, huic volumini additam, ex maiore imagine exprimendam curavimus, quam clarissimus vir Eduardus de Steinle anno 1885 pinxit, propositis sibi imprimis figuris Canisii, quas initio saeculi septimi et decimi Raphael Sadeler et Dominicus Custos, chalcographi haud ignobiles, in aes inciderant. Qui nostram hanc imaginem Canisii cum antiquis illis contulerit, quae pigmentis oleatis depictae Coloniae et Friburgi Helvetiorum atque in domibus quibusdam Societatis nostrae supersunt, Eduardum de Steinle veram Canisii reddidisse imaginem intelleget Nefas certe fuisset, figuram in hoc opere non ponere, quam vir ille catholica pietate insignis et de arte christiana optime meritus hoc ipso consilio, ut epistulis canisianis praefigeretur, paulo ante mortem expressit et mihi quasi testamento reliquit Quodsi quis imaginem quaeret, quae ex ipsis illis picturis antiquis expressa sit, biographiam Canisii figuris illustratam evolvat, quam hisce diebus R. P Ludovicus Michel S J. gallico sermone evulgandam parat.

Grato animo recordor in primi huius voluminis epistulis colligendis et illustrandis me a multis adiutum esse opera, consilio, hospitio, codicibus subministratis. Horum nonnullos in ipso opere suis locis nominabo; omnes nominatim recensere longum est. Plurimum me debere profiteor eminentissimo cardinali Andreae Steinhuber S J, reverendissimo P. Henrico Denifle O Pr., archivi vaticani subpraefecto, excell. D Alfredo de Arneth, caesarei archivi vindobonensis directori, D Doctori Georgio de Laubmann, regiae bibliothecae monacensis summo moderatori, reverendo D. Doctori Francisco Xaverio Pfeifer, regiae bibliothecae dilinganae praefecto, D professori K A Barack, praefecto bibliothecae argentoratensis E Societate quoque nostra fraternam operam suam mihi commodaverunt reverendi PP Ioannes Baptista van Meurs, Carolus Sommervogel, Hermannus Allard, Ioseph Eugenius de Uriarte, Franciscus Ehrle, alii multi. Quibus omnibus summas ago gratias

Etsi epistulas canisianas multis locis quaesivi, dubitare non possum, quin nonnullae earum hodie quoque in bibliothecis et domibus privatis lateant. Omnes itaque impense rogo, ut, si fortasse eiusmodi epistulam vel aliquid aliud ad Canisium quacumque ratione spectans deprehenderint, mihi significent

Exaeten prope Roermond (in Hollandia), die 4 Aprilis 1896

Editor.

I
CONSPECTUS

totius voluminis et index chronologicus epistularum eius.

II.

PROOEMIUM GENERALE TOTIUS OPERIS.

1. De rebus a Canisio gestis ac scriptis.

De Petri Canisii vita plus quam 40 diversi editi sunt libri libellique, iique conscripti linguis non solum latina et germanica, sed etiam anglica, gallica, hispanica, hollandica, italica, polonica, ac vel ipsa arabica, ex quibus libris complures iterum ac saepius prelum subierunt Itaque opus non est, multis hic verbis Canisii vitam narrare, lineamenta tantum aliqua proponam

Patria Canisio fuit Noviomagum (Nijmegen) Geldriae urbs, quae nunc quidem est regni neerlandici, tunc autem erat civitas libera imperii germanici Natus est Petrus die 8 Maii anni 1521 patre opulento et consulari Sub annum 1536 Coloniam missus, in gymnasio montano sub disciplina Nicolai Eschii (van Esche) sacerdotis valde pii in doctrina et pietate multum profecit, familiaris praeclaro illi Ioanni Groppero canonico et monachis carthusianis atque etiam Laurentio Surio, adulescenti lubeccensi, qui postea et ipse Carthusianus fuit Anno 1540 votum perpetuae castitatis fecit et in academia coloniensi magister philosophiae creatus est; atque haud multo post Moguntiam accurrit ad Beatum Petrum Fabrum (Favre, Lefevre), primum S Ignatii de Loyola sodalem, quo duce „exercitia spiritualia", quae dicuntur, peregit, atque 8. Maii 1543, Germanorum primus, Societati Iesu modo natae nomen dedit Coloniam dein remissus et studia theologica prosecutus, anno 1546 sacerdotium suscepit, et sub idem tempus a clero et universitate coloniensi in Belgium et in Suebiam ad Carolum V caesarem et Leodium ad Georgium Austriacum episcopum missus est, ut suppetias peteret contra Hermannum a Weda archiepiscopum, protestantismum Coloniae intrudere conantem. Ab Ottone autem Truchsessio cardinali et episcopo augustano initio anni 1547 socius additus est P Claudio Iaio (Le Jay) S J , quem Otto ad tridentinum concilium miserat, procuratoris sui nomine insignitum Atque cum ipsa synodo Canisius Bononiam transmigravit, et inde paulo post Romam evocatus, ab ipso Societatis Iesu sancto parente per quinque menses pietatis exercitationibus excultus est Mense vero Aprili anni 1548 in Siciliam advectus, pueris collegii messanensis praecepta artis dicendi tradidit; proximo anno Romam redire iussus, die 4 Septembris coram S Ignatio sollemnia vota nuncupavit Mense Octobri in academia bononiensi doctor theologiae factus, Novembri postulante Guilielmo IV Bavariae duce iubenteque S Ignatio Ingolstadium cum PP Claudio Iaio et Alphonso Salmerone venit et in universitate theologiam docere coepit, anno 1550 ibidem populum quoque contionibus et catechesibus erudiendum suscepit atque academiae rector electus est Unde Viennam arcessitus anno 1552, theologiam profitetur in universitate, orationes sacras habet et in aula Ferdinandi I, Ro-

manorum regis sibi addictissimi, et in ecclesia cathedrali, ac contubernio praeest adulescentium „archiducali" Episcopatu autem viennensi constanter recu-
sato, 3 Novembris 1554 a Iulio III pontifice eandem ecclesiam per annum
administrare iubetur, atque aliquot mensibus post Pragae et Ingolstadii collegiorum Societatis Iesu prima fundamenta iacit Vere anni 1555
„Summam doctrinae christianae" petente Ferdinando rege a se
compositam in lucem emittit Primus Societatis Iesu per Germaniam superiorem praepositus provincialis constituitur a S Ignatio 7 Iunii 1556
Eodem anno Ratisbonam concessit ad contiones in ecclesia cathedrali
habendas proceresque in comitiis congregatos fulciendos In colloquio autem
religionis anno 1557 Vormatiae habito Canisius catholicorum fere ante
signanus Melanchthoni protestantium coryphaeo acriter obstitit Annus
porro 1558 Canisium vidit Alsatiam et Suebiam peragrantem, Strau-
bingae, rogante Alberto V. Bavariae duce, abducendo ab haeresi populo
incumbentem, Romam ad congregationem generalem ordinis sui accurrentem,
inde iussu Pauli IV cum Camillo Mentuato nuntio apostolico in Poloniam
ad comitia piotrcoviensia proficiscentem E Polonia a Ferdinando Augustam
Vindelicorum revocatus ad conventum imperii, ecclesiae cathedralis
augustanae contionatorem ordinarium agere coepit anno 1559, urgente admodum capitulo, atque eo in munere per complures annos persistens, multos
protestantes ad ecclesiam catholicam reduxit ac catholicorum animos fer-
voremque paene exstinctos excitavit atque accendit, cuius praesertim in-
signibus illis familiis Fuggerorum et Welserorum Simul magnam operam posuit
in condendis Societatis Iesu collegiis Monachii, Oeniponte, Dilingae,
cuius quidem civitatis academiam, ab Ottone cardinali Truchsessio consti-
tutam, nomine Societatis Iesu anno 1564 suscepit regendam Atque iam anno
1562 synodo tridentinae, ab eiusdem praesidibus evocatus, iterum brevi
tempore interfuerat, eidem concilio haud parum profuit anno proxime secuto,
dum Oeniponte in coetu theologorum a Ferdinando imperatore coacto
sententiam dicit caesaremque privatis quoque monitis et precibus a sinistris
consiliis abstrahit Anno 1565 denuo Romam venit ad congregationem
generalem, quae S Francisco Borgiae suprema Societatis Iesu gubernacula
commisit Post quae, anno iam ad finem vergente, a Borgia visitator sui
ordinis per provinciam rhenanam nominatus, et a Pio IV pontifice nuntii
apostolici munere auctus, Herbipolim, Moguntiam, Coloniam,
Cliviam, Osnabuigum adiit, ut leges tridentinas promulgaret obser-
vandasque curaret A qua legatione Pii IV morte absolutus est, nec
tamen quieti se dedit Nam anno 1566 inter comitia imperii augustana, cum cardinali Commendono Pii V legato una cum aliis quibusdam
a consiliis esset, multum fausteque laboravit, ne „pax religionis" augustana a summo pontifice tunc cum summo rei catholicae periculo reiceretur
Eodem anno Udalrico a Helfenstein dynastae suebo persuasit, ut a Lutheranismo ad fidem catholicam reverti statueret Sequenti autem anno Ottonem
cardinalem augustanum in synodo Dilingae celebranda adiuvit, S Stanislaum Kostkam Dilingae recepit Romamque in tirocinium Societatis Iesu
transmisit, Herbipoli et Spirae ad instituenda eiusdem Societatis collegia operam contulit, ingolstadiensibus philosophiae professoribus pacis arbiter
fuit Officio praepositi provincialis tandem anno 1569 liberatus est, quo
liberius Dilingae vacare posset refutationi centuriatorum magdeburgensium

a S Pio V sibi impositae, cuius laboris fructus annis 1571 et 1577 nata
sunt opera De S. Ioanne Baptista ac „De Maria Virgine incomparabili", saepius deinceps edita. Attamen Dilinga Oenipontem Canisio
demigrandum fuit ad sermones sacros et apud populum et in aula Ferdinandi II archiducis habendos   Magdalena quoque Ferdinandi soror Canisii
consiliis frequenter utebatur, cum Halae virginum collegium quoddam atque
etiam Societatis Iesu scholas condendas curaret Eundem Ferdinandum et Albertum V Bavariae ducem Canisius ad negotia religionis tractanda anno 1573
auctoritate Gregorii XIII. pontificis convenit A quo Romam quoque
eodem anno accitus et de causa religionis in Germania promovenda consultus est, ubi Canisius inter alia collegium germanicum, quod ab eius initiis impenso foverat, pontificis liberalitati commendavit, eundemque, ut
eiusmodi seminaria in ipsa etiam Germania conderet, admonuit Cardinali
autem Morono in consilium datus est Canisius anno 1576, cum ille in
ratisbonensibus comitiis legatione pontificis fungeretur Ac tandem
Canisius, cum annis 1578 et 1579 per sacrum ieiunii maioris tempus Landishuti coram Guilielmo duce e suggestu dixisset, exeunte anno 1580 a Ioanne
Francisco Bonhomio episcopo vercellensi nuntioque pontificis deductus est
Friburgum in Helvetiam, ibique senex et decrepitus scholas aperuit,
collegii fundamenta iecit, sodalitates Beatissimae Virginis instituit, contiones
et catecheses habuit, ibidem vita decessit 21 Decembris 1597, meritorum
sane plenissimus

Nam praeter orationes sacras et catechismi explicationes, quibus Bavariam,
Austriam, Alsatiam, Franconiam, Tirolim, Bohemiam, Helvetiam variis locis
excoluerat, praeter consilia ac monita, quibus multos primores et sacros et
civiles munierat, calamum scriptorium Canisius inde a 23 suae aetatis
anno ad mortem usque numquam deposuit

SS Cyrilli Alexandrini et Leonis Magni opera anno 1546 Coloniae edidit,
ibidemque — hoc saltem vero simillimum est — Ioannis quoque Tauleri, decoris
illius dominicanae familiae, scripta germanica prelo subiecit ipso anno 1543, paulo
postquam Societati Iesu nomen dedit, sicque ceteris omnibus, qui in eadem Societate
libros edidere, longo tempore praecucurrit S Hieronymi quoque epistulas in usum
scholarum selegit et distinxit, cuius operis circiter 40 editiones hodie notae sunt
Libros precationum tum germanica lingua tum latina contexuit complures pro
pueris, aegrotis, litterarum studiosis, principibus, inter quos libros „Manuale Catholicorum" plus quam trigesies variis in linguis editum est Contra centuriatores
quae scripserit, iam dictum est Lectiones evangelicas diebus dominicis et festis in
ecclesia recitari solitas duobus magnis voluminibus, in usum maxime sacerdotum,
docte ac pie explanavit Libris germanicis usque ad populi captum accommodatis
sanctorum Helvetiae patronorum vitas exposuit Beati, Mauritii, Ursi, Fridolini,
Iddae Toggenburgensis, B Nicolai de Rupe (von der Flue) Ac praeter alios, quos
ipse scripsit, libellos, aliorum quoque lucubrationes aut recognovit aut praefationibus
ornavit aut denuo in lucem emisit, ut catechismi romani versionem germanicam,
martyrologium romanum germanice editum, Stanislai Hosii scriptum Contra Brentium,
Petri Busaei opus catechisticum, Andreae Vegae O S Fr grandem tractatum „De
iustificatione", „Agendam" archidioecesis salisburgensis, Hannibalis Codretti S J
Grammaticam latinam

Quod vero caput est, Lutheri catechismo per Germaniam usitatissimo
Canisius Catechismum suum opposuit triplicem primo quidem Summam,
quam diximus, doctrinae christianae, quam eximius quidam nostrae aetatis
theologus saeculo XVI idem fere valuisse putat, quod pro medio aevo Petrus

Lombaidus suis „Libris sententiaium" praestiterit ¹, secundo pro parvulis ac
iudibus „minimum" illum e Summa sua extraxit catechismum, qui posterioribus
saeculis simpliciter „Canisius" seu „Canisi" dici consuevit: tertio uberius
quoddam Summae suae compendium conscripsit pro adulescentibus litterarum
studiosis, illudque „Parvum catechismum Catholicorum" vel etiam „Institutiones Christianae pietatis" vocari voluit Minimus catechismus in lucem primo
prodiit latine Ingolstadii a 1556, germanice (Dilingae ²) a 1556 vel 1557, parvus
autem latine Coloniae, ut videtur, sub a 1558, germanice Dilingae a 1560 ².

Opus catechisticum Canisii Odoricus Raynaldus scribit „catholicae eruditionis puritate iadiaie" ³, et Caesar Cantù inter catechismos, quos post
Lutheri catechismum catholici scripserint, (romanum saltem si excipias) censet
esse celeberrimum ⁴ Quem Andreas Seiraus (Seirao) „magno ubique doctorum
et procerum plausu" exceptum esse asserit ⁵, ac Maximilianus I Bavariae dux
imperiique elector summo pontifici de eodem libro scribere voluit. „Tota
Europa non modo legitur, sed explicatui , a juventute ediscitur, principes
imperii Romani hinc fidei et religionis initia duxerunt in omnes singulaium
nationum linguas vernaculas liber ille translatus est " ⁶ Ac sane ipsis illis
42 annis, qui inter primam eius editionem et mortem Canisii intercessere,
multo plus quam ducenties prelo subiectus et e latina in 12 saltem alias
linguas translatus est ⁷. Proinde haud immerito Paquot affirmavit infinita
bona ex hoc opere in ecclesiam manasse ⁸, atque inter protestantes etiam
inveniuntur, qui illud laudent vel admirentur ⁹.

---

¹ „Die Summa doctrinae christianae mit ihren reichen Belegen aus dei heil
Schrift und den Vätern kann als das den Bedürfnissen der Zeit entsprechende ‚Sen-
tenzenbuch' betrachtet werden" *Jos Scheeben*, Handbuch dei katholischen Dogmatik
I (Freiburg i Bi 1873), § 1081, p 446
² Non anno 1563, quod editoi in libello infra memorando affirmaverat Vide,
quae hac de re disserunt *J B Reiser* in „Theologisch-praktische Monats-Schrift"
V (Passau 1895), 185—187, et in „Katholik" 75 Jahrg I (Mainz 1895), 189—192
³ Annales ecclesiastici tom XIV ad a 1555, n 52
⁴ Storia universale l 15, c 20 (Torino 1857, tom IX, P I, p 512) Similiter *Georgius Weber*, Allgemeine Weltgeschichte XI (2 Aufl Leipzig 1886), 18
Ac *Fi X Schoberl* censet inter catechetas Germaniae Canisium certe esse illustrissimum Lehrbuch dei katholischen Katechetik (Kempten 1890) p 210
⁵ De claris catechistis ad Ferdinandum IV Regem libri III (Viennae 1777) p 167
⁶ Huius epistulae apographum eodem tempore scriptum aut commentarium est
Monachii , in tabulario regio (Reichsarchiv), Iesuitica in genere Fasc 13, No 214
Cf etiam *Zeitschrift fui Katholische Theologie* 14 Jahrg (Innsbruck 1890), p 729
⁷ Cf *O Braunsberger*, Entstehung und erste Entwicklung dei Katechismen des
seligen Petrus Canisius (Freiburg i Bi 1893) p 169 170 *Sorbonne* parisiensis, Iesuitis
haud ita amica, catechismum nostrum ipso saeculo XVI tei probavit Cf ibidem p 45
46 134 146 Quid summi pontifices de eodem censerint, ibidem p 47—49 133
⁸ „Le Catéchisme de Canisius   a fait des biens infinis dans l'Eglise" Mé-
moires pour servir à l'histoire littéraire des dix-sept provinces des Pays-Bas etc
tom III (Louvain 1770), 136--139 *Martinus Philippson* scribit „Un bon catéchisme, court, concis et pourtant complet, bien fait et pourtant compréhensible aux
intelligences médiocres était d une grande nécessité pour les populations qui étaient
encore restées catholiques Canisius le termina en peu de temps et avec tant
d'habileté, que son petit livre est devenu un des ouvrages typiques de ses correligion-
naires" La Contre-révolution religieuse au XVIᵉ siècle (Bruxelles 1884) p 87
⁹ Ita v g *Leopoldus de Ranke*, Die römischen Päpste II (6 Aufl , Leipzig

Haec de Canisii vita et scriptis Plura docebunt ipsius „Confessiones" et „Testamentum", quae epistulis praefigentur, atque etiam tabula vitae eius, quae diarii seu potius itinerarii instar disponetur ac singulis voluminibus inseretur iis pro annis, quibus eorum epistulae scriptae sunt

Auctoritate Canisius pollebat haud exigua Eum Otto Truchsessius et Stanislaus Hosius, inter cardinales tum praecipui, sincera amicitia complectebantur, Beatus Petrus Faber, Sancti Ignatius et Franciscus Boigias magni faciebant [1], S Carolus Boiromaeus in administrando munere pastorali sibi adesse voluit [2], S Franciscus Salesius velut magistrum consuluit asseruitque rebus „pro Christo gestis, dictis, scriptis universis Christi fidelibus innotuisse " [3] Quod et Caesar cardinalis Baronius confirmavit [4], praeconium illud apostolicum in Canisium accommodans „Cuius laus est in Evangelio per omnes ecclesias " [5] Atque viventis etiamtum Canisii laudem libris consignarunt Ioannes Cochlaeus [6], Ioannes Fabri O Pr [7], Fridericus Staphylus [8],

_____

1874), 23 *Wolfg Menzel*, Allgemeine Weltgeschichte VII (Stuttgart 1863), 176 *Io Georg Walch*, Bibliotheca theologica selecta I (Ienae 1757), 494 „Lexicon fur Theologie und Kirchenwesen" von *H Holtzmann* und *R Zöpffel* (Leipzig 1882), in v „Canisius" — *P Rouffet* scribit „Canisius est justement célèbre par son Catechisme, véritable arsenal de la doctrine romaine Aucun ouvrage peut-être, la Bible exceptee, n'a eu plus de réimpressions et de traductions dans toutes les langues de l'Europe" (Encyclopédie des sciences religieuses publiée sous la direction de *F Lichtenberger*, Doyen de la Faculté protestante de Paris, II [Paris 1878]. 576 ad 577) *G Kawerau* „Die Katechismen", inquit, „des Canisius haben für die Kirche der Gegenreformation sicher eine ebenso grosse Bedeutung, wie die Luther's für die Kirche der Reformation" (Theologische Literaturzeitung, herausgegeben von *A Harnack* und *E Schürer*, 19 Jahrg [Leipzig 1894], col 84) *Idem* alio loco de „Summa" Canisii „Ohne directe Polemik, mit zahlreichen Bibelstellen und Kirchenväterzeugnissen, besonders aus Augustin, und in kluger Umgehung der Scholastiker, war hier klar und bestimmt, in der Form mild und erbaulich, die kath Lehre im Gegensatz zu allen Neuerungen vorgetragen Ein kleinster (1556) und dann auch ein reichhaltigerer kleiner Katechismus (1559) — lateinisch und deutsch — schufen dem kath Jugendunterricht feste Normen und machten Canisius zum wirksamen Lehrmeister des kath Deutschland" (Lehrbuch der Kirchengeschichte von Dr *Wilh Möller*, III Bd, bearbeitet von Dr *G Kawerau* [Freiburg i B und Leipzig 1894], p 340) Atque *Gerhardus de Zezschwitz*, qui Erlangae in protestantium academia theologiam docuit et complura opera composuit catechetica, catechismi canisiani sermonem adeo esse perspicuum fatetur et proprium, ut in exemplum assumi possit (Die Katechese als erotematischer Religionsunterricht [Leipzig 1872] p 87 88 Der Katechismus oder der kirchlich-katechetische Unterricht nach seinem Stoffe [2 Aufl, Leipzig 1872] p 295) [1] Haec ex ipsis eorum epistulis intellegentur

[2] *Gius Boero*, Vita del Beato Pietro Canisio (Roma 1864), p 385 *Flor Riess*, Der selige Petrus Canisius (Freiburg i Br 1865) p 482

[3] Oeuvres completes de Saint *François de Sales* VIII (7e éd, Paris 1885), 72—77

[4] Annales ecclesiastici tom I ad a 9, n 1

[5] 2 Cor 8, 18

[6] In dedicatione opusculi „S Bernardi tres sermones ac novem epistolae (Ingolstadii 1545)" *Nic Paulus*, Der Augustinermönch Johannes Hoffmeister (Freiburg i Br 1891) p 192 [1] 387

[7] Antwort auff das geschwetz Mathie Flaccii Jllyrici (Dilingen 1558), v „Der Katholik" 72 Jahrg, I (Mainz 1892) 124

[8] S Marcus Anachoretes, versus ex graeca lingua in latinam (Nissae Silesiorum 1555) fol A 2ᵃ—A 5ᵃ

b *

Albertus Wimpinensis [1], Guilielmus Eisengrein [2], Ioannes Schwayger [3], Samuel
Quichelbergus [4], Georgius Eder [5], Gaspar Cardillus de Villalpando [6], Ioannes
Perellius [7], Cornelius Loos [8], Valentinus Rotmar [9], Stanislaus Rescius [10], Io-
annes Engerd [11], Ioannes Molanus [12], e protestantibus Henricus Pantaleon
medicus basileensis [13] Mortuum autem Sebastianus Veronius, ecclesiae
S Nicolai Friburgi in Helvetia praepositus, anno 1599 appellavit „toto
Christiano orbe notissimum“, „Ecclesiae per Helvetiam patriarcham, fidei
Catholicae per Germaniam columnam“ [14], Aubertus Miraeus, canonicus antverpiensis, anno 1602 affirmavit eum „saeculi sui Hieronymum“ dictum esse [15]:
Laurentius Beyerlink, canonicus item antverpiensis, anno 1611 „alterum sui
saeculi Augustinum“ [16], Gallus Alt, abbas monasterii benedictini sangallensis,
anno 1658 „Ecclesiae Doctorem“ eum vocavit [17], atque Paulus etiam Freherus
protestans norimbergensis anno 1688 concessit fuisse „pietate animi et candore priscis Patribus comparandum“ [18] Cum his encomiis concordant illa,
quae eodem saeculo in Canisium congessit Andreas Saussagius (du Saussay)
parisinus, regis Galliae contionator ac postmodum episcopus tullensis [19]

[1] Bericht von der Gesellschaft Jesu (Ingolstadt 1563) fol 54—55
[2] Catalogus testium veritatis (Dilingae 1565) fol 208—209
[3] Divi Aurelii Augustini Confessionum libri XIII in Epitomen redacti (Coloniae
1569) praef
[4] Apophthegmata biblica (Coloniae 1571) f A 2ᵇ
[5] Partitiones catechismi catholici (Coloniae 1582) epist nuncup. f. *A 4ª
[6] Canonicus is erat complutensis atque in concilio tridentino ob insignem doctrinam theologus summi pontificis nominatus est Cardillus in versione castiliana
catechismi canisiani a se facta Canisium vocat „varon santo y doto“ hisque verbis
laudationem Canisii adiungit longam atque eximiam Suma de dotrina Christiana,
que compuso en Latin el Dotor Pedro Canisio etc (En Alcala 1576) f 3 non signato
Exemplum huius editionis est in bibliotheca escuriacensi (Escorial) 21 V 28
[7] Ein Gesprach von der Jesuiter lehr vnd wesen (Ingolstadt 1576) fol E 5ᵇ—F 2
[8] Illustrium Germaniae Scriptorum Catalogus (Moguntiae 1581) fol Nª—N 4ᵇ.
[9] Annales Ingolstadiensis Academiae (Ingolstadii 1580) f 116ᵇ—117ª
[10] D Stanislai Hosii vita I 1, c 20 (edita primum latine Romae 1587, deinde
germanice Ingolstadii 1591) Vide opus „Stanislai Hosii Epistolae, Orationes, Legationes“, edd. Fr Hiplei et Vinc Zakrzewski, I (Cracoviae 1879), p xxvii
[11] Almae Ingolstadiensis Academiae Tomus primus (Ingolstadii 1581) f 108ᵇ—110ª
[12] Mortuus a 1585 „De Canonicis Libri tres“ (Lovanii 1670) p 239
[13] Prosopographia heroum atque illustrium virorum totius Germaniae P. 3
(Basileae 1566), p 501
[14] Chronica Ecclesiae et Monarchiarum (Friburgi in Helvetia 1599) p 472
[15] Elogia Illustrium Belgii Scriptorum (Antverpiae 1602) p 84—86 Similia
sunt in eiusdem „Bibliotheca Ecclesiastica“ P 2 , ed ab Auberto van den Eede
(Antverpiae 1649), p 146—147
[16] Opus Chronographicum orbis universi ab anno M D LXXII ad usque M DC XI
II (Antverpiae 1611), 224
[17] Canisius erat — sic e monasterio S Galli Kalendis Octobribus 1658 ad Alexandrum VII scripsit — „Germaniae splendidum sidus, propter doctissimos libros,
quos edidit, Ecclesiae Doctor“ (Apographum saec XVII aut ineuntis XVIII , in
„Actis Beatificationis B Petri Canisii P IV contin “, X H bⁱ, A 23, cf infra p xxv)
[18] Theatrum virorum eruditione clarorum (Norimbergae 1688) p 303—304
[19] Martyrologium Gallicanum I (Lutetiae Parisiorum 1637), p LXIV, item in
opere „Libri de Scriptoribus Ecclesiasticis Cardinalis Bellarmini Continuatio“ (Coloniae 1684) p 38

Neque posterioribus saeculis hic canisiani nominis splendor elanguit[1], atque e recentioribus etiam protestantibus complures de Canisio verbis loquuntur amplissimis, veluti Ioannes Fabricius, professor et abbas lutheranus[2], Ernestus Salomon Cypiianus, protosynedrii gothani praeses vicarius[3], Ioannes Matthias Schrockh, historiae professor in universitate vitembergensi[4], Ludovicus Philippus van den Bergh, regni neerlandici archivista primarius[5],

---

[1] Canisium magnis laudibus ornavit etiam *Ignatius Hyacinthus Amat de Graveson* O Pr, theologus notissimus Historia ecclesiastica variis colloquiis digesta VII (Augusta Vind. et Graecii 1726), coll 5, p 122 Idem praestitit *Natalis Alexander* O Pr, Historia ecclesiastica, saec XV et XVI, art 2, n 81 (ed *C Roncaglia*, IX [Venetiis 1778], 154) Atque in universitate catholica Friburgi Helvetiorum sub auspiciis summi pontificis Leonis XIII nuper instituta facultas theologica, praeter communem omnium scholarum patronum Doctorem Angelicum, Beatum nostrum Canisium peculiarem sibi elegit patronum una cum Beato Alberto Magno O Pi, quod etiam legibus eiusdem facultatis insertum est, ab eodem summo pontifice 19. Iunii 1890 approbatis (Statuta facultatis theologicae Friburgens apud Helvetios c 1, n 2) Qui vero reipublicae friburgensis historiam conscripsit, quantumvis falso indulgeret liberalismo, fassus tamen est „Jamais vie ne fut plus utilement et plus laborieusement remplie. Elle fut constainment marquée au coin de l'abnegation la plus chretienne Orateur éloquent, écrivain distingué, négociateur infatigable, le P. Canisius joignait au zèle de l'apôtre l'habilete du diplomate, l'humilité d'un saint et l'erudition d'un savant" (Histoire du Canton de Fribourg, par le Docteur *Berchtold* [2° partie, Fribourg en Suisse 1845], p 271—273). Canisium de Societate Iesu in Germania omnium optime meritum esse clarum est et ab omnibus agnoscitui, v g a *K Fr Eichhorn*, Deutsche Staats- und Rechtsgeschichte 4 Thl (4 Aufl, Göttingen 1836), p 176°, et ab *Eberh Zingiebl*, Studien uber das Institut der Gesellschaft Jesu (Leipzig 1870) p 262
[2] Historiae bibliothecae fabricianae Pars III (Wolfenbutteln 1719), p 366—367
[3] „Et eruditione singulari et in pontifices Romanos studio obsequiove et labore incredibili in cathedra cum academica tum ecclesiastica ac itineribus plurimis, scribendis etiam catechesi et aliis operibus tolerato summoque haereticorum odio in tantam apud suos claritudinem pervenit Canisius, ut Romae omnibus aetatis illius theologis anteponeretur" (Tabularium ecclesiae Romanae seculi decimi sexti [Francofurti et Lipsiae 1743] p 33)
[4] „Keiner unter seinen Ordensgenossen in Deutschland hat mit so vielem Eifer durch Predigten, Unterricht der Jugend, Schriften und Einfluss am Hofe die Anzahl der Anhanger dei evangelischen Religion, nicht ohne betrachtlichen Erfolg, zu vermindern gesucht" (Christliche Kirchengeschichte seit der Reformation 3 Thl [Leipzig 1805] p 550).
[5] „Welk eene kerkelijke rigting men ook toegedaan zij, kan men niet anders dan met bewondering op dezen man staren, die zijn geheele leven en alle krachten van ligchaam en ziel toewijdde aan hetgeen hij voor waar en regt hield Een dei bechtste steunpilaren van het katholicisme in die stormachtige eeuw, rigtte hij vooral zijne aandacht op den verwaarloosden staat van het onderwijs en heeft dit dan ook, schoon geheel in kerkelijken zin, door het stichten van een aantal collegien en door eigen leer en voorbeeld krachtig bevorderd Het protestantisme dat hij zijn geheele leven lang bestreed, kan hem slechts als een dapperen vijand beschouwen, maar zal ten minste aan zijnen onbezweken ijver, zijne groote bekwaamheden en zijn eervol karakter zijne achting niet ontzeggen" (Het Nijmeegsche Geslacht Kanis, in „Bijdragen voor vaderlandsche Geschiedenis en Oudheidkunde" Verzameld en uitgegeven door Mr *Is An Nijhoff*, vervolgd door *P Nijhoff* Nieuwe Reeks, Vierde Deel [Arnhem 1866], p 160—161) Separatim quoque haec commentatio edita est

Carolus Augustus Hase, inter „polemicos" protestantes nostrae aetatis in
Germania facile princeps[1] Ioannes Janssen Canisium inter celeberrimos
et validissimos reformatores numerat, quos ecclesia catholica saeculo XVI.
habuerit[2]. Alii Sancto Bonifatio eum comparavere[3] vel in numero apostolorum Germaniae reposuere[4]

---

[1] *Hase* Canisium virum fuisse dicit, qui „prudenter et impigre" laboraverit, quique, „vertraut mit den Kirchenvätern wie mit dem Sinn und Bedurfniss des Volks,
in Köln, Baiern, Böhmen, Östreich und überall wo seine Kirche bedroht war, ein
langes Leben durch nur diesem einen Gedanken gelebt hat, mittels einer frommen
katholischen Glaubens- und Lebens-Ordnung den Protestantismus zuruckzudrangen"
(Kirchengeschichte [11 Aufl, Leipzig 1886] p 479)

[2] Geschichte des deutschen Volkes IV (13 Aufl, Freiburg i Br 1890), p 390
Cf etiam *L Pastor*, Johannes Janssen (Freiburg i Br 1892) p 122

[3] Ita fortis ille fidei confessor, *Hermannus de Vicari*, archiepiscopus friburg-
gensis, Friburgo Brisgoviae 25 Martii 1859 Pio IX scripsit „Vere dici potest
Petrus Canisius, qui in mediis haeresum procellis religionem et sanam doctrinam
labescentem in Germania stabilivit, dignus S Bonifacii, Germanorum Apostoli, aemulus
et comes, siquidem bonam plantationem jamjam perituram ab interitu vindicare consimilis laus est, quam eamdem primum instituisse" (Sacra Rit Congr Lausanen.
Beat et Can Ven Servi Dei Petri Canisii *Positio super miraculis* [Romae 1860]
Summar. addit p 1—2) Similiter *Ioannes Baptista Heinrich*, theologiae professor
et ecclesiae cathedralis moguntinae decanus ex cuius sententia „in Wahrheit nächst
dem heil Bonifacius kein Mensch so sehr die Dankbarkeit, Verehrung und Liebe
des katholischen Deutschlands verdient, als unser Petrus Canisius" (Der selige Petrus
Canisius Eine Predigt zur Feier seiner Seligsprechung gehalten im Münster zu
Strassburg [Mainz 1865] p 13)

[4] Ita v g *Henricus de Knoringen*, episcopus augustanus, anno 1629 in sua
„Visitatione Sacrorum liminum BB Apostolorum Petri et Pauli" de Canisio „Jam
hi," inquit, „jam alii ab isto zelosissimo viro errores suos dedocti orthodoxae veritati
manus dederunt, ut proinde non parum Augusta huic Apostolo debere se debeat profiteri"
(Ex apographo partis huius „Visitationis" circa a 1864 a P *Flor Riess* S J facto)
Ferdinandus Maria, Bavariae elector, in litteris Monachio 26 Ianuarii 1659 ad Alexandrum VII. summum pontificem datis Canisium „totius quidem Germaniae, praesertim uero Bauariae praeclarum superiore seculo Apostolum" fuisse affirmat (Ex
apographo saec XVII vel XVIII scripto, in „Actis Beatif"] c A 28) Proximo
autem saeculo *Franciscus Ludovicus Schenk de Castell*, episcopus eystettensis,
Benedicto XIII pontifici scripsit „Aequissimum plane" mihi videtur, „hunc, ut ita
dicam, Germaniae Apostolum   Beatorum honoribus propius admoveri" (Epistula
data Eystadio 2 Iunii 1729 et edita in „Pastoral-Blatt des Bisthums Eichstätt" VIII
[Eichstätt 1861], 206) De Helvetia autem catholica *Claudius Antonius Duding*,
episcopus lausannensis, in litteris Friburgo 21 Aprilis 1732 ad Clementem XII.
missis testatur [Canisium] „tota Helvetia, quae Catholica est,   ut Patrem suum
in Christo diligit, ut Apostolum colit" (Ex apographo eiusdem fere temporis, in
„Actis Beatif"] c A 32) Eodem fere tempore protestans etiam „Bibliothecae
universalis" editor testificatus est Canisium tantam apud catholicos gloriam asse-
cutum, „dass man ihn für dem zweiten Apostel Teutschlandes hielte" (Vol III
[Norimbergae 1739], p 162). Neque ab his dissonat sententia ipsius ecclesiae catholicae [Canisius] „Germaniae apostolus appellatus, et plane dignus habitus est,
qui ad tutandam in Germania religionem datus divinitus putaretur" (Breviarium
romanum Pars verna Lectio 5 in officio B Petri Canisii, inter festa „ex indulto").
Paulus autem *Drews*, minister protestans, fatetur „Man muss zugestehen, dass er
romischerseits den Namen eines Apostels Deutschlands verdient" (Petrus Canisius,
der erste deutsche Jesuit [Halle 1892] p 103)

Tanta Canisius certe non praestitisset, nisi cum eruditione ac facundia insignem vitae probitatem coniunxisset atque imprimis orationis assiduitatem, animi demissionem, oboedientiam erga praepositos, aidens studium gloriae divinae et salutis animarum promovendae Propter has virtutes ultimis praesertim vitae annis vir sanctus habebatur, sepulcrum ex tempore mortis eius usque in praesens pietatis gratia a multis visitabatur, pleraque sanitatum mira beneficia per eum impetrata referebantur [1] Annis 1625 et 1626 Dilingae, Frisingae, Friburgi Helvetiorum episcopi iuridice de Canisii vita inquireie coeperunt, et anno 1740 initium factum est processui beatificationis apostolico; ad quem, temporum iniuria interruptum, Gregorius XVI. anno 1833 rediit Idem pontifex 28 Ianuarii 1844 sollemniter declaravit virtutes in Canisio fuisse heroicas. Denique Pius IX 17. Aprilis 1864 quattuor miracula approbavit eius intercessione patrata, et 20 Novembris eiusdem anni Beatorum catalogo Canisium inscripsit eiusque festum diem quotannis die 27. Aprilis agi concessit [2]

2. De Canisii epistulis et de ratione in iis edendis servata.

Canisius „semper", inquit Franciscus Sacchinus S J , „habuit in more absentibus quoque prodesse per literas, quae omnes a iuvene licet conditae, sanctam quandam Patrum priscorum antiquitatem, et giauitatem spirabant " [3]
Tricesimum annum Canisius vixdum attigerat, cum iam duae eius epistulae typis vulgatae sunt in volumine litterarum ad Fridericum Nauseam, episcopum viennensem, datarum [4] Paulo autem post Beati nostri mortem aliquae eius epistulae tamquam sacrae quaedam reliquiae coli coeptae sunt [5] Inter quas recensenda est illa, quam eruditus ille pariter ac pius

---

[1] Ita v g visitatores et abbates congregationis helveticae oidinis Sancti Benedicti „Feficone" 7 Octobris 1658 Alexandro VII papae scripserunt. Ad Canisii canonizationem petendam se adduci „eius Viri plane Apostolici heroicis virtutibus, animarum zelo eximio, et frequenti miraculoium giatia, quibus Germaniam totam, et cumprimis Heluetiam nostram impleuit" (Ex apographo saec XVII aut ineuntis XVIII , in „Actis Beatif" 1 c A 24)
[2] Riess 1 c p 550—571 Processus apostolicus beatificationis Canisii magna cum diligentia et, saeculo imprimis XVIII , cum sancto quodam rigore factus est, quo rigore P Francisco Xaverio Fegeli S. J , qui ex anno 1740 eius processus „procurator substitutus" fuit, aliquando haec verba excussa sunt „Vere dixit quispiam Cardinalis ,Qui vult facere sanctum Confessorem, debet fieri Martyr,' id est, laboribus, molestiis, adversis" (MS „Succincta Narratio Eorum, quae gesta sunt circa Processum Apostolicum . V P Petri Canisii S. J ", in „Actis Beatificationis B Petri Canisii P IV", n 21, p 21 [Ser X H^])
[3] De Vita et Rebus gestis P Petri Canisii (Ingolstadii 1616) p 45.
[4] Epistolarum miscellanearum ad Fridericum Nauseam Blancicampianum . libri X (Basileae 1550), p 373—375 400—403
[5] Ita memoriae traditum est anno 1618 mulierem quandam (lucernensis ea fuisse videtur) in vitae periculum vocatam „thecam, literas P Petri Canisii manu exaratas continentem" corpori admovisse „eo invocato, cujus reliquiae essent", ac paulo post periculo esse liberatam („Supplementum Historiae Collegii Lucernensis" anno 1636 [ni fallor] scriptum et Romam ad praepositum Societatis Iesu generalem missum, ad a 1618). Ac Canisii epistula quaedam etiam Friburgi Helvetiorum imposita est capiti Elisabethae Vonderweit morbo mortifero laborantis, ac paulo post idem morbus Canisii intercessione subito perfecteque sanatus est; quod unum ex

Hippolytus Guarinonius medicus et historiarum scriptor pectori appensam
portare solebat, cum annis 1611 et 1634, pestilentia magnam partem comitatus tirolensis infestante, aegrotos visitaret; qui etiam tabulis 15 Maii 1650
Halae ad Oenum confectis sancte testatus est se huic epistulae incolumitatem
suam acceptam referro [1]. Proximo saeculo, cum Canisii scripta in processu
beatificationis eius de more recognoscerentur, etiam 30 fere epistulae canisianae excussae et a sacra rituum congregatione probatae sunt [2].

Centum Canisii epistulas in Helvetia collegerant Socii collegii
friburgensis, prelo subiciendas, et hodie quoque diploma exstat, quo Christophorus Schorier, Societatis Iesu per Germaniam superiorem visitator et vice-
provincialis, Friburgi Helvetiorum 12 Ianuarii 1662 centuriae huius typis
exscribendae potestatem iis tribuit [3] At ignotis de causis exscripta non est
Aliquid simile accidit P Iosepho Boero S J, viro de historia ordinis nostri
optime merito, editionem is parabat omnium Canisii epistularum, et multas
iam ipse transcripserat, multas transcribendas curarat [4]; sed aliis negotiis
usque gravissimis abstractus, thesaurum suum provinciae Societatis Iesu germanicae tradidit [5], auctore (ni fallor) praecipuo R P Antonio Maria Anderledy,
qui postea totius Societatis summus moderator fuit († 18 Ianuarii 1892)

Exstant quidem haud paucae Canisii epistulae per diversos libros sparsae
imprimis in vitis eiusdem a Radero, Sacchino, Pythone, Boero, Riess conscriptis, in historiis tum Societatis Iesu universae tum singularum provin-

----

quattuor illis maculis est, quae Pius IX 17 Aprilis 1864 sollemniter approbavit
(*Boero*, Canisio p 460—462 487—490 *Riess* 1 c p 546—547 568—570)
    [1] Epistula haec ab ipso Canisio Friburgo Helvetiorum 8 Octobris 1595 missa
erat Dilingam ad Michaelem Eberium S J scholasticum Quae suo loco proponetur
Relatio autem ab ipso *Guarinonio* scripta ipsiusque sigillo maiore munita, 6 pa-
ginas in 2° occupans, apud nos exstat
    [2] Sacra Rituum Congregatione   Lausannen Beatificationis et Canonizationis
Ven Servi Dei Petri Canisii *Positio super virtutibus* (Romae 1833) Summar addition p 1—3
    [3] Archetypum est Monachii in archivo regio 1 c
    [4] *Boero*, Canisio p 5 6, cf etiam *Riess* 1. c p viii
    [5] Boero in exscribendis epistulis canisianis, salvis rebus ipsis, sermonem, ita-
licum imprimis, ad nostram aetatem accommodare solebat et quaedam etiam omittebat, quae nimis parva vel sicca vel aliis de causis non edenda ipsi quidem videbantur Attamen eius apographa postea ab aliis correcta et suppleta sunt Natus
est *Iosephus Boero* (cuius nomen saepissime in hoc opere recurret) Vintimelii (Vinti-
miglia) in Italia superiore 15 Augusti 1814, Societatem Iesu ingressus 6 Ianuarii
1830, in diversis postea Italiae collegiis grammaticam, litteras humaniores, rhetoricam professus Romae autem per multos annos archivo generali ordinis nostri
praefuit et in processibus beatificationis et canonizationis „postulatorem causarum"
egit, eoque postulante etiam processus beatificationis Canisii nostri ad felicem exitum
perductus est Per aliquot etiam annos Boero munus „assistentis Italiae" gessit
sicque reverendum patrem Petrum Beckx, Societatis praepositum generalem, in toto
ordine gubernando adiuvit Inter tot negotia Boero 80 fere libros et libellos aut
ipse elucubravit aut ab aliis compositos prelo subiecit, atque imprimis vitas conscripsit multorum insignium virorum Societatis, in quibus libris multa inveniuntur
nova, quae auctor ex archivo nostro romano (tunc nondum disperso) deprompsit
Mortuus est Romae 8 Februarii 1884 Boeri libri recensentur a *Carolo Sommer-*
vogel S J, Bibliotheque de la Compagnie de Jésus Bibliogr I (Bruxelles-Paris
1890), col 1571—1584

ciarum eius, in libello periodico bruxellensi „Collection de Précis historiques", quorum librorum index alphabeticus singulis voluminibus addetur   Verum multae epistulae ibidem mutilae tantum reperiuntur aut in aliam linguam conversae aut aliter mutatae, et ex ipsis illis libris complures rariores sunt, quidam etiam rarissimi   Accedit quod permultae epistulae Canisii numquam editae sunt, neque etiam iudicia quaedam eiusdem, quae longa sunt et magni momenti. Haec de epistulis a Canisio scriptis   Earum autem, quae ad ipsum datae sunt, paucissimae tantum typis descriptae conspiciuntur, ac multae omnino periisse videntur, ita v g illae, de quibus P. Georgius Scherer S J — Viennae is aliquamdiu Canisii socius domesticus fuerat — 29 Novembris 1604 Lentia ad P Ferdinandum Alberum, collegii viennensis rectorem, haec scripsit. „Inveni etiam literas multas Caesaris Ferdinandi, quibus ipsum Canisium in negotiis gravissimis consulebat, imo deferebat ipsi magna instantia Episcopatum Viennensem, nescio an etiam Labacensem " [1] Attamen feliciter evenit, ut multarum eiusmodi epistularum adumbrationes saltem aut apographa eodem tempore facta conservarentur, earum imprimis, quas ad Canisium dedere generales praepositi Iacobus Lainius, S Franciscus Borgias, Everardus Mercurianus, Claudius Aquaviva

Ut haec omnia colligerentur, atque etiam alia sive scripta sive libri rari, qui epistulis ipsis lucem aspergere possent, invenirentur, perlustrata sunt plus quam 260 **tabularia et bibliothecae** — eaque maximam partem ab editore ipso — in Anglia, Austria, Belgio, Dania, Gallia, Germania, Helvetia, Hispania, Hollandia, Italia, Lusitania, Suecia

Multa reperta sunt in archivis   secreto vaticano, regio monacensi [2], caesareo viennensi [3] itemque caesareo oenipontano [4], cantonali friburgensi in Helvetia etc , in musaeis · britannico, quod est Londini, et plantiniano, quod est Antverpiae, in bibliothecis   urbis Romae vaticana, casanatensi, nationali, viennensibus aulica et academica, monacensibus regia et academica, dilingensi regia, lovaniensi academica, bruxellensibus regia et patrum Bollandistarum, denique Friburgi Helvetiorum in bibliothecis dioecesana et cantonali, Friburgi Brisgoviae in academica, atque etiam multis aliis locis   Quae omnia hic enumerare non vacat

Singulis autem epistulis nomen archivi vel bibliothecae ascribetur, in qua inventae sunt sive archetypae sive transcriptae, et praeterea singulis voluminibus conspectus codicum manu scriptorum praefigetur, qui ad epistulas eius voluminis vel exscribendas vel illustrandas frequentius adhibiti sunt

Societatis quoque Iesu tabularia et bibliothecae compluribus in terris pervestigatae et multa in iis inventa sunt, longe autem plura certe inventa essent, nisi in tempestatibus saeculis XVIII et XIX contra Societatem exortis scripta eius, tam bene olim disposita et conservata, multis modis permixta, mutilata, rapta, ex una regione in alteram transmissa, ex parte etiam destructa essent. Atque ex iis ipsis epistulis Canisii, quae apud nos supersunt, complures editor non vidit; attamen effecit, ut satis accurata earum apographa sibi mitterentur. Quodsi cui scripto aut scripti particulae locus non ascribitur, in quo exstet, eo ipso significatur apud Societatem Iesu esse.

---

[1] Autographum est in tabulario quodam Societatis nostrae
[2] K Reichsarchiv   [3] K. k. Haus-, Hof- und Staatsarchiv.
[4] K k Statthalterei-Archiv

Complures Canisii epistulae, tanta etiam adhibita diligentia, deprehendi
non potuerunt, v g illae, quas „ad Episcopum Mindensem et Ducem
Brunswicensem" missas esse academiae ingolstadiensis historiographus quidam
affirmat[1]. Nec tamen messis exigua fuit.

Spectanti enim epistulas canisianas, quae aut ex omni parte aut ex aliqua saltem
supersunt, apparebunt inter eos, qui litteras a Canisio accepere aut ad eum dedere,
Sancti Franciscus Salesius, Carolus Borromaeus, Ignatius, Franciscus Borgias, Beatus
Petrus Faber, summi pontifices Iulius III , Pius IV , Gregorius XIII , imperatores
Ferdinandus I et Ferdinandus II , Bavariae principes Albertus V , Guilielmus V ,
Maximilianus I, archidux Ferdinandus II Tirolensis, cardinales Amulius, Commen-
donus, Bartholomaeus Gallus, Hosius, Philippus Bavariae dux, Sirletus, Truchsessius, nuntii apostolici Ioannes Franciscus Bonhomius, Ioannes Dolphinus, Aloysius
Lipomanus, Sebastianus Pighinus, Bartholomaeus comes Purliliarum, antistites
(episcopi, administratores etc) archidioecesium et dioecesium argentoratensis, basileensis, brixinensis, eystettensis, frisingensis, herbipolensis, lundensis, moguntinae,
monasteriensis, naumburgensis, paderbornensis, pragensis, salisburgensis, treverensis,
varmiensis, viennensis, Societatis Iesu praepositi generales Iacobus Lainius, Everardus
Mercurianus, Claudius Aquaviva, viri illustres permulti, veluti Petrus Busaeus,
Maternus Cholinus, Franciscus Costerus, Martinus Eisengrein, Georgius Fuggerus,
Ioannes Gropperus, Wiguleus Hundt, Bartholomaeus Latomus, Guilielmus Lindanus,
Oliverius Manareus, Hieronymus Natalis , Ioannes Nopelius , Onufrius Panvinius,
Ioannes Pistorius, Christophorus Plantinus, Antonius Possevinus, Alphonsus Salmeron,
Wolfgangus Sedelius, Petrus Schnewly, Ioannes Iacobus a Staal, Fridericus Staphylus,
Laurentius Surius, Ruardus Tapperus, Guilielmus Techtermann, Sebastianus Verro-
nius, Marcus Welser etc

Haec ipsa nomina sufficient ad ostendendum momentum, quod in epistulis
canisianis situm est pro historia tum sacra tum civili tum litteraria   Quod
quidem enucleatius enarrabunt prooemia specialia singulis praefigenda voluminibus Praeterea singulis epistulis „summarium" antecedit, docens, quid
contineant.

Epistulae porro a Canisio datae vel ad eundem missae hic ponentur
omnes, sive editae iam sunt sive non sunt, itemque iudicia Canisii, ac
litterae etiam „dedicatoriae", a Canisio suis aliorumve libris praefixae, vel
ab aliis scriptoribus ad Canisium datae, nam in his quoque nova quaedam
et singularia dicuntur de hominibus rebusque illorum temporum, aliaque valde
pulchra, ac libros illos ipsos inspicere, nunc saepe haud ita facile est[2]
Quodsi alicuius canisianae epistulae exemplum quidem ipsum periit, vestigia
autem quaedam supersunt, e g in epistula tertii cuiusdam, epistulae illius
canisianae mentionem facientis, haec in formam „regesti" redacta typis, quas
dicunt, cuisvis exscribuntur   Ea autem, quae dicta sunt, omnia non per
tres aut quattuor classes distinguentur , sed promiscue ponentur , temporum
tantum ordine observato, secus enim nimiae in uno eodemque volumine
orirentur divisiones, et epistulae ad Canisium missae saepe responsiones sunt

---

[1] *I N Medlerei* , Annales Ingolstadiensis Academiae P 2 (Ingolstadii 1782),
p 151 Episcopus ille fuisse videtur Georgius, archiepiscopus bremensis idemque
episcopus mindensis et administrator verdensis, qui Henrici iunioris, ducis brunsvicensis, frater erat De quo E Reimann, Die Sendung des Nuntius Commendone etc
in „Forschungen zur deutschen Geschichte" VII (Göttingen 1867), 266

[2] Clarissimi editores epistularum cardinalis Hosii epistulis etiam „praefationes
ad lectorem" adiungunt

ad praecedentes epistulas Canisii; iudicia quoque Canisii epistularum instar utplurimum certis hominibus destinata sunt   In posteriore autem singulorum voluminum parte „monumenta canisiana" collocabuntur, sive ea referentur, quae alii de Canisio scripserunt, quaeque Canisii ipsius vitam et epistulas illustrare possunt   Ad historiae autem perspicuitatem et lectorum commoditatem magis collaturum esse videbatur, si monumenta haec primum praecipuis locis, quibus Canisius moratus est, et deinde rebus, quae singulis locis gessit, digererentur (v g : monumenta coloniensia, ingolstadiensia etc ; in ingolstadiensibus monumenta quae spectant ad Canisii missionem et adventum, ad eius scholas et vitae exempla, ad munus rectoris ab eo gestum etc), et deinde singulorum illorum capitum res temporibus dividerentur. In adnotationibus quoque historicis, quae post „criticas" sive res grammaticas etc spectantes, singulis epistulis subicientur, haud paucae scriptorum particulae ex codicibus aliisque fontibus nondum editis vel rarioribus proferentur

Sicubi igitur signum * in adnotationibus et explicationibus comparebit, indicabit editorem fonte uti (quod ipse quidem sciat) nondum edito, in adnotationibus, dico, id fiet; nam ipsis epistulis Canisii, vel ad eum datis, vel „monumentis canisianis" hoc signum numquam apponetur, si quod enim huiusmodi scriptum nunc primum in lucem emittitur, id ex hoc ipso intelligi poterit, quod post exemplum manu scriptum, ex quo typis transcribitur, liber non indicatur, quo iam totum vel ex parte vulgatum sit

Abundare his in rebus magis placet quam parciorem esse   Quod enim uni non sapit, alteri fortasse arridet   Sunt multa, quae ad universalem quidem historiam non attinent, sed valent ad melius cognoscendam historiam singularis alicuius urbis, scholae, artis, ordinis religiosi   Verumtamen „sunt certi denique fines"; ideoque in hoc libro, quas Canisius dedit, epistulae, cum operis huius praecipuam partem constituant, generatim proponentur integrae, nulla re mutata, nulla decerpta   Aliter vero de litteris fiet ad Canisium missis   Ex iis enim, quae praepositi generales ad eum dederunt, multae admodum prolixae sunt multaque continent, quae hodie fere nullius iam sunt momenti, e g fratrem aliquem laicum Societatis Iesu ex culina unius collegii in culinam alterius domus transferendum esse, vel aureos aliquot, qui Romae Socio alicui in Germaniam profecturo viatici loco dati sint, hac vel illa ratione romanis Sociis restitui posse   Harum igitur quaedam integra ponuntur, in aliis aliqua, punctis appositis, praeciduntur [1], aliquae in „regesta" contrahuntur   E „monumentis" illa ponuntur integra, quae usque adhuc typis descripta non sunt; cetera, ne huius operis pretium et volumina nimis augeantur, in „regesta", una tantum alterave sententia ad verbum proposita, contrahuntur, nisi specialis ratio aliud suadeat, v g quod monumentum valde grave vel splendidum sit, vel quod tantum in libro valde raro vel non integre vel sat mendose editum sit

Cuncta porro, quantum fieri potest, ea lingua proponuntur, in qua primum scripta sunt, iis autem, quae latina non sunt, latina versio minoribus

---

[1] Attamen exempli praebendi causa complures saltem huius generis epistulae integrae proponentur   Signo — — notatur, in ipso fonte aliquid deesse

typis additui vel potius subiungitur; quod superfluum sane atque vitupeiatione
dignum foiet, si solis historiographis et philologis hoc opus destinaretur;
verum etiam piae lectioni et salubii monitioni omnium Societatis Iesu hominum aliquatenus inseiviie debet, qui, per totum orbem sparsi, non possunt
singuli tot litteras commode legere et interpretari antiquo illo sermone Germanorum et Italoium conscriptas

In eiusmodi lectorum gratiam etiam nonnullae adnotationes adduntur,
quas pro historicis addere ceite supervacaneum erat, nec tamen ea enarrare
visum est, quae ingeniis excultis sat nota sunt vel in quolibet historiae
compendio facile reperiii possunt Supervacaneum etiam est monere adnotationes illas tantae auctoritatis non esse, quantae ipsius Canisii epistulas,
sed eam tantum fidem iis habeii posse, qua ipsi libii digni sunt, ex quibus
excerptae esse dicentur

Ante singulas autem epistulas, ex quibus haustae sint fontibus, ita
indicabitui, ut primo loco semper codex ille sciiptumve ponatur, in quo
ipsa editio quasi nititur, sequantur alia exempla minoris valoris, quibuscum primus ille fons collatus est, ac tandem libri, in quibus forte epistula
illa iam edita conspicitur Neve quisquam miretur nonnumquam recentia apogiapha antiquis praelata esse, praelata sunt, quia constabat ea a viiis omni
fide dignis ex ipsis archetypis descripta esse; antiquiorum autem illorum
exemplorum scriptores proximique fontes ignoiabantui Ex operibus quoque
typis descriptis lectiones variantes, quas vocant, nonnumquam proponentur, haium enim aliae ad veiba Canisii a corruptelis purganda conferent, aliae autem, quam parva fides editoribus quibusdam haberi possit,
declaiabunt

Hoc quoque notandum est eas epistulas, quas auctor (v g Canisius,
Otto Truchsessius) sua manu sciipsit, „autographas" ab editore dici,
illas vero, quas auctore dictante vel mandante alius sciipsit, „aichetypas",
si qua epistula ab alio descripta fuerit, hoc exemplum „apographum" vocatur, et is, qui descripsit, „librarius" [1], illud denique scriptum, quo epistula
ipsa primum praepaiatur sive adumbratur (Entwurf, Concept, brouillon, minuta,
sketch), huius operis editor cum editoribus epistularum Stanislai Hosii „commentarium" appellaie statuit

In fine cuiusque epistulae inscriptio eius, si exstabit, apponetur, et nonnumquam minoribus typis ea ascribentur, quae non tam res singulaies in
epistula ielatas spectant (de his enim adnotationes in marginibus infeiioiibus
singularum paginarum positas consulere oportct) quam totam epistulam eius
authenticitatem, integritatem, historiam, tempus, quo data est etc

Cum autem Canisius non suis, sed ipsius sacrae Scripturae veibis loquitui,
ea veiba typis latius dispositis describuntui, idque eo consilio, ut intellegatur, quam familiaritei simul ac ieverenter catholicus ille saeculi XVI vir
Sacra Scriptura usus sit, quamque firmiter in ea sententia steterit, quam aliquando in libellum quendam suum rettuleiat „Laudatissimum et Deo gratissimum, quod oculis homo facere queat, sunt amoiis lacrymae et saciae Scripturae

---

[1] Cum igitur epistula aliqua archetypa non ab editore ipso, sed ab aliquo
eius amico sodalive visa et descripta est, id semper diserte patefiet Idem vero in
locis quoque illis facere, qui in adnotationibus afferuntur, operae pretium non est
visum

jugis lectio " ¹ Duo tamen hic notari opus est Primum Canisius saepe locos
Scripturae memoriter tantum producit, quod etiam sanctis ecclesiae patribus
frequens erat   Secundum · Vulgata sacrae Scripturae editio, quam dicunt
„Sixti V ", anno 1590 in lucem emissa, sed brevi post retractata est, Clemens VIII. autem Vulgatam anno 1592 primum edidit, annis 1593 et 1598
a mendis repurgavit, sic demum repurgatam exemplar ac typum esse voluit
omnium editionum futurarum Ideo mirum esse non potest Canisium annis
1541—1597 scribentem a vulgata nostra editione nonnumquam paululum
discrepare etiam iis locis, quibus Scripturam ad verbum describere vult

Editores nostrae aetatis vexantur hac quaestione Quomodo ipsa veterum
scriptorum verba tractanda sint, vel quomodo scribenda et interpungenda ? Omnia
„modernizare" — liceat mihi ita dicere — iam exosum est Cuncta vero, vel
minima, ad amussim intacta relinquere, qualia in ipsis veterum scriptis habentur,
nil omnino mutando, addendo, omittendo, nimis servile foret nimisque molestum et
legentibus et iis, qui opus typis describere debent Si quis autem palaeographiae
studio ductus haec omnia videre vellet, codicem ipsum vel photographiam eius inspicere posset „Normalizare" igitur editoribus nostri aevi placet, sive verba
secundum certam normam castigare, quo commodius legi possint Atque sunt, qui
exoptent, ut pro uno saltem saeculo et pro unius linguae vel nationis scriptis una
aliqua ac firma eiusmodi exsistat norma At reapse suas proprias sibi statuit leges
„institutum historicum" regni borussici, quod Romae studiis operatur, itemque suas
sibi condiderunt Austriaci, qui ibidem simile constituunt „institutum", suas tulere
Wurtembergenses, alias historici germani, qui a 1895 Francofurtum ad Moenum con-
venerant Atque etiam scriptores particulares non pauci suam sibi statuerunt normam
eamque in praefatione libri sui exposuerunt ²

Quorum exemplum huius quoque operis editor sequitur Caput ei erit vetusta
scripta non corrigere neque mutare, nisi cum ratio ipsa aut preli typographici
indoles id postulaverint, cetera prudenti lectori offerre talia, qualia ipsi oblata
sunt Itaque

a) Enodabuntur et communi modo scribentur verborum sigla sive compendia
illa difficiliora, quae plerumque lineis sive rectis sive curvis confecta sunt, v g „q"
cum lineola subducta pro „quae", „q₃" pro „que" vel „quam", „mia" cum lineola
superducta pro „misericordia" Simpliciora autem sigla sive in quibus litterae tantum
aliquot omissae sunt, apposito puncto, relinquentur, v g „Reverend " vel „Rev "
pro „Reverendus", attamen frequentius occurrentium eiusmodi siglorum index alphabeticus et explicatio in initio singulorum voluminum ponentur

b) Omittentur generatim apices et puncta et signa similia, super litteris
collocata v. g „quam", „und", „nunc", pro germanico „ẞ" ponetur „ss", ea autem,
quae ipsum sermonem eiusve genus sive dialectum manifeste et quasi necessario
spectant, relinquentur, v g „gůt", „parlo"

c) Cum patebit scriptorem ipsum, si paulo attentius scripsisset aut scriptum
relegisset, fuisse hoc signum interpunctionis positurum, e g punctum in fine, hoc
vocabulum ita scripturum, correcturum, completurum, additurum hac ipsa ratione
scriptum eius corrigetur, attamen quae auctor ipse scripsit, in adnotationibus
criticis proponentur, et litterae verbave suppleta uncis quadratis semper in-

---

¹ B Petri Canisii exhortationes domesticae, ed *Georg Schlosser* S J (Ruraemundae 1876) p 448

² Ita e g *Franc Dittrich* in „Nuntiaturberichte Giovanni Morones vom deutschen Konigshofe 1539 1540" (Paderborn 1892) p VII VIII *Walter Friedensburg*
a 1893 „Ist doch", inquit, „uber die Behandlung historischer Texte noch so wenig
Einstimmigkeit erzielt, dass im Grunde jeder Forscher sein eigenes System hat"
(Nuntiaturberichte aus Deutschland 1533—1559 III [Gotha 1893], Vorw p 1)

cludentur, praeterea, si operae pretium erit, mutationis vel additionis illius ratio copiosior reddetur Similiter agetur, si quid ex antiquo exemplo abscissum est vel in eo deletum etc

Ac semper, si quid uncis quadratis [   ] includetur, eo ipso significabitur ab editore additum esse

d) In reliquis autem rebus scriptorem editor accurate sequetur, tum in proprietatibus eius grammaticis, etiamsi mendosae sint, tum in ea versuum incipiendorum ratione, quam „Alinea" dicimus, tum in orationis interpunctione sive in usu commatum, uncorum etc , tum in numeris pingendis (v g „vj" pro „VI", „MD" pro „1500"), tum in verbis quibusdam iungendis vel disiungendis (e g „Gottes Haus" pro „Gotteshaus"), tum in verbis ipsis scribendis per has vel illas litteras, maiusculas, minusculas, „consonantes" vel „vocales" duplicatas et cumulatas (v g „Ecclesia" pro „ecclesia", „ocium" pro „otium", „vnus" pro „unus", „faelix" pro „felix", „subijcio" pro „subicio" [1], „Vatter" pro „Vater", „nemmen" pro „nehmen"), tum in varianda eorundem verborum scriptione, v g in eadem epistula modo „havere" scribendo, modo „avere", tum in praetermittendis apicibus, quos „accentus" dicunt, in iis verbis italicis vel gallicis, in quibus nunc poni solent [2]

e) Lectionibus miris vel singularibus [sic], dubiis [?] apponetur, et, si opus fuerit, adnotatio subiungetur

f) Notum est saeculo sexto et decimo homines doctos nomina sua e patrio sermone in latinum vertere consuevisse, et multa eiusmodi nomina latina adeo in usum litterarum transiisse, ut patria raro tantum usurpentur (v g B Petri Fabri [Favre, Lefevre] et Friderici Staphyli [Stapellage]) Haec igitur nomina editor quoque in suis adnotationibus etc adhibebit, nam magis communia et nota atque etiam constantia sunt, cum patria ab aliis — immo et ab eodem aliis temporibus — aliter scribantur (v g Saecdini — Sacchino, Peurle — Baurle) Attamen patria nomina semel vel etiam plures latinis adiungentur Cum autem nomina propria in epistulis et quibuscumque aliorum scriptis occurrent, ita reddentur, ut ab auctoribus ipsis scripta sunt

Apparet quidem haud omnes editores ita agere Est qui in „autographis" clarorum hominum edendis huiusmodi scribendi rationem probet, in aliis scriptis improbet [3] Alii in nominibus tantum propriis nil immutandum esse senserunt [4] Multi scribendi genus antiquum plus minusve retinent, interpunctionem omnino ad tempus nostrum accommodant [5] Nolunt quidam usum litterarum i et j ad aetatem nostram

---

[1] In libris etiam, imprimis latinis, typis exscribendis litteras V et U, v et u, I et J, i et j saeculis XVI et XVII modo promiscue, modo cum certo discrimine adhibitas esse atque immo nunc quoque Germaniae typographos et viros doctos ea in re discrepare, ostendit F Horn in „Centralblatt fur Bibliothekswesen" 11 Jahrg (Leipzig 1894), 385—400

[2] Hi apices eodem modo in verbis italicis praetermittuntur a Ios Hansen, Nuntiaturberichte aus Deutschland 1572—1585 Lister Band Der Kampf um Koln 1576—1584 (Berlin 1892), p viii etc Ponuntur a Walt Friedensburg, Nuntiaturberichte aus Deutschland 1533—1559 I (Gotha 1892), p xiii xiv etc

[3] Ita Fel Stieve, Die Politik Baierns 1591—1607 Erste Halfte (Munchen 1878), p xvi Qui de recentioribus actis germanice scriptis idem tradit in „thesibus" vel praeceptis quae a 1894 et 1895 historicis germanis Lipsiae et Francofurti congregatis proposuit (Deutsche Zeitschrift fur Geschichtswissenschaft XI [Freiburg i B und Leipzig 1894] 200 -201, Bericht uber die dritte Versammlung deutscher Historiker etc [Leipzig 1895] p 21) Friedensburg vero noluit exemplorum a librariis scriptorum verba minus accurate reddere quam archetyporum (l c p xiii etc)

[4] Sic v g Fr Ludw Baumann, Akten zur Geschichte des deutschen Bauernkrieges aus Oberschwaben (Freiburg i Br 1877) p xi Similiter editores epistularum cardinalis Hosii

[5] Ita e g Aug v Druffel, Briefe und Akten zur Geschichte des sechzehnten Jahrhunderts I (Munchen 1873), p xviii—xix Similiter P Ambr Gull O Pr, Die

prorsus conformare, cum tamen litteris u et v nostro modo utantur, relicto antiquo [1] Alii ipsas illas litteras v et u iam antiquo more ponunt, iam recente [2]

Sentenzen Rolands, nachmals Papstes Alexander III (Freiburg i Br 1891), p LXX Item editores codicis diplomatici turicensis (*Escher* und *Schweitzer* , Urkundenbuch der Stadt und Landschaft Zurich Bd I II Zurich 1888 1890) At contra *Jos Fiedler* in edendis relationibus, quas legati veneti saeculo XVI de Germania et Austria scripserunt, eorum et scriptionem et interpunctionem retinuit „Die grösste Sorgfalt wurde darauf verwendet, dass der Text mit den in jeder der Relationen zu Tage tretenden Eigenthumlichkeiten der Schreib- und Ausdrucksweise moglichst getreu wiedergegeben werde Abweichungen vom Originale fanden nur in der Interpunction statt, wo es das Verstandniss unerlasslich erforderte" (Fontes rerum Austriacarum, Abth 2, XXX [Wien 1870], x) In interpungendis „*Monumentis Germaniae historicis*" diversos editores diversas sibi leges statuisse fatetur G *Waitz*, Neues Archiv der Gesellschaft fur ältere deutsche Geschichtskunde II (Hannover 1876—1877), 457, n 1

[1] Ita v. g *Io Frid Böhmer* in „Actis Conradi I Regis" (Frankfurt a M 1859), qui e g p 13 habet „divino", „iugiter" Item *Fr X v Wegele*, Geschichte der Universitat Wirzburg 2 Th Urkundenbuch (Wirzburg 1882), qui v g scribit quidem „civitas", „ubique", sed simul „ydoneus", „iurisdiccio" Atque etiam *L Duchesne* v g „amavit", „venit" pro „amauit", „uenit" ponit, cum tamen retineat v g „eius" Le Liber Pontificalis (Paris 1886 1892) P *H S Denifle* O Pr in suo „Chartulario Universitatis Parisiensis" (v T I [Parisiis 1889], introd) litteris i, j, u, v non tam antiquo more quam nostro utitur, reliqua autem retinet, atque etiam v g „IIJ", „VJ" loco nostrorum „III", „VI" Rursum *Böhmer* suadet, ut v g pro „VJ" ponatur „VI", et loco litterarum versalium (ut „LI") ad numeros significandos communes illas seu parvas poni posse censet (ut „li"), qui tamen e cum ɔ supposito vult retineri „Ansichten uber die Wiedergabe handschriftlicher Geschichtsquellen im Druck", in „Joh Friedrich Böhmer's Leben, Briefe und kleinere Schriften Durch Johannes Janssen" III (Freiburg i B 1868), 463 Ita et ipse *Joh Janssen* quadratos annorum numeros in parvos mutavit· Frankfurts Reichscorrespondenz von 1376—1519 Bd I (Freiburg i Br 1863), cf v g p 153 155 328

[2] Ita *C Halm* in edendis operibus Sulpicii Severi tenet quidem v g „uidentur", „CLAVDIA", sed scribit „ut", „urbis" loco „vt", „vrbis" Corpus scriptorum ecclesiasticorum latinorum I (Vindobonae 1866), v g p 223 Litterarum u et v antiquam scriptionem retinuit v g libellus periodicus, editus a *F J Mone*, „Zeitschrift für die Geschichte des Oberrheins" (Karlsruhe 1850 sqq), item P *Isidor Raab* O S B in „Urkundenbuch des Stiftes Seitenstetten" (Fontes rerum Austriacarum Bd XXXIII (Wien 1870) *Baumann* quoque (l c) retinet v g „vnd", „viterlen" *Theod Sickel* in edendis diplomatibus regum et imperatorum Germaniae pro nominibus tantum propriis litteras v et u secundum antiquam scriptionem poni voluit Monumenta Germaniae historica Diplomata I (Hannoverae 1879—1884), vi *Georgio* autem *Waitz* vehementer displicet, quod quidam litteras i j u, v veterum semper more usurpent „Wie soll man Urkunden ediren ɔ" in „Historische Zeitschrift, herausgegeben von Heinrich von Sybel", IV (Munchen 1860), 438—448 Quos contra Waitzium defendit *K H Freih Roth von Schreckenstein* „Wie soll man Urkunden ediren ɔ" (Tubingen 1864) p 20—21 Atque *Ge Henr Pertz*, cum in „Monumentis Germaniae historicis" v g „maiorem", „iciunio" etc retineret, „Noviomagum", „uxor" nostro more poneret (SS I, 195 321), in specimine, quod anno 1840 edidit codicis diplomatici pro Guelforum terris conficiendi, litteras „u" et „v" ahter adhibuit En quanta varietas! Fateor tamen hic complura congesta esse, quae eandem omnino rationem non habent Maiorem enim in retinenda prima scriptione curam exigunt editiones, quae superiora saecula spectant quam quae posteriora, item quae philologiae potius inservire debent quam quae historiae, ac quae ad particularem historiographiam pertinent quam quae ad universalem

In hac editione eam, quae modo proposita est, rationem tenere placuit, quia in ea vera quaedam inesse videtur simplicitas, firmitas, constantia atque, si ita loqui fas est, „obiectivitas" Modernizemus v g interpunctionem antiquam[1] Post 50 annos fortasse iam haec ipsa recens interpunctio erit obsoleta[1] Constituamus in antiquis verbis germanicis litteras illas consonantes omittendas esse, quae nunc in iis non ponantur Sed numquid easdem orthographiae germanicae leges habent Borussia atque Austria[2] Sunt, ni fallor, etiam typographiae, quae „orthographias domesticas" sibi condiderunt Et quid, quaeso, post 20, post 100 annos erit[2] Fluxa haec sunt et incerta Multis quidem verbis Iulius Weizsaecker in exordio Actorum comitiorum germanicorum docet, quaenam in actis germanice scriptis antiquae scriptiones retinendae, quae mutandae sint Sed quam subtiles tandem aliquando regulae illae evadant, quam multiplices et difficiles[2][1] Ideoque facile quidem inveneris, qui profiteatur se generatim et summatim Weizsaeckeri leges servasse, num vero multi singillatim atque accurate eas sequantur, dubitari potest[3] Certum quidem est saeculo XVI verborum, imprimis germanicorum, scriptionem haud raro valde incompositam et insulsam ac quasi silvescentem fuisse, idque saepe ex inscitia aut licentia eorum, qui aliorum mandatu res scribebant vel transcribebant Neque tamen omnes v g consonantium cumulationes mere arbitrariae sunt, multae enim dialectum illius regionis verborumque prolationem indicant, ideoque ad linguae germanicae historiam cognoscendam conferunt Iam vero quam difficile saepe est discernere, quid dialecti sit ideoque tenendum, quid licentiae librariorum ideoque resecandum[1] Nonne praestat, quaecumque commode retineri possunt, retinere et iis diiudicanda permittere, qui linguae germanicae ex professo student, quosque „germanistas" dicimus[2] Propterea doctus quidam nostrae aetatis vii „Nos", inquit, „multo plus detrimenti patimur ex scriptis ad certam normam castigatis, quam ex iis, quae quasi silvescunt"[4] Accedit etiam hoc, idque valde grave, quod multa pro-

---

[1] P G M *Pachtler* S J eam rationem, quae cum mea fere concordat, secutus est, cum inter „Monumenta Germaniae Paedagogica" „Rationem studiorum et institutiones scholasticas Societatis Iesu per Germaniam olim vigentes" (voll 4, Berolini 1887—1890) in lucem emitteret, nec quisquam eorum, qui huius operis censuras scripserunt, id serio reprehendisse videtur

[2] Deutsche Reichstagsakten I (Munchen 1867), LXIX—LXXX

[3] Cf e g Historisches Jahrbuch IX (Munchen 1888), 459—471 Ita etiam H de Sybel negat *Augustum Kluckhohn* in actis comitiorum recentiorum edendis praecepta haec Weizsaeckeri omnia secutum esse Deutsche Reichstagsakten unter Kaiser Karl V Erster Band, bearb von Aug Kluckhohn (Gotha 1893), Vorr p III IV

[4] „Wir leiden viel mehr unter den normalisierten Texten, als unter denen mit verwilderter Schreibweise" F) *Jostes*, Daniel von Soest Ein westfalischer Satiriker des 16 Jahrhunderts (Paderborn 1888) p 391—392 Qui alio in libro testatur in iis, quae sermone Germaniae inferioris conscripta sint, difficile esse, ea, quae ex neglegentia tantum scriptorum seu librariorum irrepserint, discernere sicque pro correctione solidas certasque leges condere „Die Ansichten uber die philologische Thatigkeit bei der Wiedergabe mittelniederdeutscher Texte sind augenblicklich noch in der Gahrung begriffen Die Reihen derjenigen, welche hier stark conservative Grundsatze vertheidigen, verstarken sich zusehends" (Die Chroniken der westfalischen und niederrheinischen Stadte Bd II Soest [Leipzig 1889], p XLIII XLIV) Atque, ut etiam ex adversariorum fidei catholicae castris exemplum qualecumque depromatur, J K F *Knaake* in praefatione novae illius editionis omnium operum Lutheri profitetur se in vocabulis germanicis „silvam illam litterarum" „cum sua nodositate et curvitate" („mit seinen Knorren und Krummen") intactam relinquere et aliquos tantum ramos avellere (Dr Martin Luthers Werke Kritische Gesammtausgabe I [Weimar 1883], XIX—XXI) Censet quidem F) *Falk*

ponenda erunt scripta italica, quae cum lingua italica saeculi nostri multum discrepant et, a Hispanis cum scripta sint, hispanicismos etiam nonnumquam admixtos habere videntur. In his porro epistulis antiquum Italorum sermonem a mendis Hispanorum et a librariorum libidine secernere, germano homini difficilius fuerit; Italis haec dirimenda offeruntur Quibus autem germanicae atque italicae orationes ita conformatae non placebunt, versiones latinas legere poterunt, iisdem, ut supra dictum est, subiciendas Hoc quoque addi potest In viris magnis neque hoc iniucundum est, videre, quomodo verba singula pinxerint, parcentes v g litteris aut prodige eas cumulantes, nam hoc quoque ad corum indolem moresque cognoscendos facere potest

Verumtamen haec omnia pace multorum virorum doctissimorum dicta sint, qui aliter egerunt vel agunt Hoc tantum editor petit, ut sua sibi constet libertas.

---

in „Corpore Catholicorum" quod conficiendum proponit, scripta imprimis germanica liberius tractanda esse, nec tamen infitiatur Si liberius agere placet, „so lasst sich nur schwer die Linie zeichnen, welche festzuhalten sei" (Katholik, 71 Jahrg I [Mainz 1891], p 440—463)

PROOEMIUM SPECIALE PRIMI VOLUMINIS.

Volumen hoc tempore quidem cetera antecedit, sed, si rerum novitas
ac gravitas spectentur, reliquis fortasse omnibus inferius est. Magnam enim
eius partem tempus illud occupat, quo Canisius litterarum studiis operam
navabat et a scholasticis fere sodalibus litteras accipiebat; studiosi autem
adulescentes ea gerere non solent, quae valde conspicua sint et magna in
historia faciant vestigia Accedit aliud Cum in posterioribus voluminibus
omnes paene epistulae eaeque sat longae et graves poni possint, quas Societatis Iesu praepositi generales ad Canisium dederunt, in hoc volumine aliquot tantum collocari possunt ex iis, quas eo tempore S Ignatius, Societatis
parens et primus praepositus, Canisio misit

Neque tamen primum hoc volumen vacuum nec lectoribus ingratum erit
In quo haec potissimum praestabuntur

Primo loco Canisii autobiographia vel potius partes illae, quae ex
ea supersunt, ponuntur, quae nunc primum cunctae collectae sunt et in ea
lingua eduntur, qua a Canisio sunt scriptae Hac autem autobiographia non
solum exterior (si ita loqui fas est) Canisii vita, in prooemio generali ad-
umbrata, magis explicatur et amplificatur, sed etiam — id quod totius rei
caput est — interior eius vita aperitur quasi et recluditur cognoscitur, quos
ille in tot laboribus suscipiendis fines sibi proposuerit, quibus de causis tot
itinera facere, tot contiones habere, tot libros conscribere voluerit; ostenditur summa pietas, qua in Deum ferebatur. animus vere apostolicus, quo
Germaniam suam diligebat, generosa caritas, qua inimicos etiam complectebatur, intellegitur, quid Canisius senex et morti proximus de Societate Iesu
senserit, cui iuvenis se dederat et in cuius intimis quasi visceribus per tot
annos commoratus erat, Ignatii discipulus summis Societatis viris amicus,
magnae Societatis provinciae diu praepositus

Sequuntur plus quam 210 epistulae et summaria epistularum quae
ab anno 1541 usque ad 1556 (mensem Iul) a Canisio et ad Canisium datae
sunt, et 125 monumenta (saepe in summaria contracta) quae ad eosdem
annos pertinent Ex epistulis illis a Canisio vel ad eum datis 50 fere
(quod equidem sciam) usque adhuc prelum nullo modo subierunt, sed etiam
ex reliquis multae aliqua ratione novae dici possunt aut enim numquam
integrae in lucem prodierunt aut ea lingua non sunt vulgatae, qua primitus
scriptae erant. nonnullarum quae longae et valde graves sunt, minimae
tantum quaedam particulae adhuc cognitae erant Praeterea in ea voluminis
parte, cui titulus „Monumenta canisiana", atque in adnotationibus, quae
epistulis ipsis subiciuntur, plus quam 180 ponuntur litterarum. relationum,

catalogorum, commentariorum partes et nonnumquam etiam litterae integrae,
quae ex fontibus nondum editis depromptae sunt Neque ea, quae
iam antea typis exscripta erant, solummodo hic iterantur: haud raro falsae
in iis lectiones ex archetypis emendantur vel lectiones variantes subiunguntur, ac tum in his, tum in reliquis scriptis varia examinantur et patefiunt,
quae usque adhuc dubia vel ignota erant Ita v g epistula illa excutitur,
qua de ratione agitur Sebastiani Phauseri, contionatoris lutherani, ab aula
Maximiliani regis removendi, ac quaeritur, num reapse Canisii sit (de qua
re dubitatum est), quando data sit (in qua re erratum est), quibus inscripta
sit (quos nemo adhuc cognovit), v infra, p. 530—535

Rebus ipsis, quae in epistulis et actis Canisii continentur, imprimis
Canisii vitam illustrari per se patet Multa quidem et pulchra veteres
illi Canisii biographi (maxime Raderus et Sacchinus) et Societatis Iesu historiographi rettulerunt; quae tamen, quia ipsos relationum suarum fontes pro
illorum temporum more saepe reticebant, infirmiora sunt, nostra saltem aetate
critices amantissima Confirmantur autem hae relationes epistulis et monu
mentis canisianis, in quibus testes comparent oculati Augetur etiam Canisii
biographia rebus haud paucis, quarum nemo eius biographus, nemo Societatis historiographus fecit mentionem, quae res potissimum spectant Canisii
studia coloniensia, gesta in concilio tridentino Bononiam translato, iter si-
culum et magistri munus Messanae gestum, officium rectoris a 1550—1551
in universitate ingolstadiensi a Canisio administratum etc.

Canisius, qua erat ingenii facilitate et divinae gloriae procurandae cu-
piditate, etiam priusquam studia litterarum absolvisset, in certamen descendit,
„proelia domini proeliaturus“ Ex qua re facile intelligitur scriptis et actis
in hoc volumine proponendis historiam ecclesiasticam multis modis
iuvari atque augeri

Colonienses Canisii epistulae a 1541—1546 datae litterarum
studia in praeclara illa universitate iam languescentia nobis ostendunt; attamen etiam in illum nos quasi introducunt hominum coloniensium nobilem
coetum, in quo theologia mystica etiamtunc florebat, patrum ecclesiae opera
diligenter legebantur et vulgabantur, consilia conferebantur, quibus rationibus falsus „humanismus“ et religionis catholicae subvertendae conatus
repelli possent Ecclesia coloniensis in ea tempora inciderat, quibus fortasse
nullum umquam gravius, nullum magis erat periculosum Hermannus de Weda,
eius archidioecesis episcopus simul et princeps, Colonienses a fide catholica
ad Lutheri castra abducere omnibus artibus conabatur Canisium in eo discrimine auxilii impetrandi causa ad Carolum V a clero et universitate missum
esse iam olim notum erat; at semel missum esse tradebant, ex epistulis
vero nostris cognoscitur ter fuisse legatum mense Augusto anni 1545 ad
imperatorem per Coloniam transeuntem ineunte fere mense Decembri eiusdem anni ad eundem in Belgio morantem (ac tunc litteras obtinuit, quibus
edicebatur, ne quicquam archiepiscopus vel electoratus coloniensis ordines
in comitiis bonnensibus de religione constituerent), ineunte denique anno
1547 in castra Caroli bellum smalcaldicum gerentis, nec solum cleri et
universitatis nomine Canisius in ea castra profectus est, sed etiam (quod
biographos latuit) litteras commendaticias secum ferebat, ad Granvellanum.
Petrum de Soto Verallum nuntium apostolicum datas ab Adolpho de Schaumburg, ecclesiae coloniensis administratore (postea archiepiscopo); qui Canisio

mandaverat, ut de pallio et „regalibus" sibi concedendis cum proceribus
illis ageret

Haud minoris momenti epistulae esse videntur, quas Canisius a 1549
ad 1556 Ingolstadio, Vienna, Praga dedit, contionatorem illic et professorem
agens Copiosus enim et diligens est in condicione Bavariae, Austriae,
Bohemiae enarranda, quo loco religio sit, quantus officiorum divinorum
et ieiuniorum ecclesiasticorum neglectus, sacerdotum et religiosorum ordinum
contemptus, quae in clero miseriae, quanta in laicis calicis sacri extorquendi
cupido, quanta in principibus catholicis formido, quantopere in universitatibus
magistrorum animi ad lutheranismum propensi, iuvenum studiosorum mores
corrupti, haereticorum libri divulgati sint Summum certe tunc erat periculum,
ne illae quoque Germaniae partes, quae solae fere catholicae remanserant,
Austria, Bavaria, Rhenus inferior, ab ecclesia deficerent

Unum ex praesidiis, quae Dei providentia labanti ecclesiae germanicae
tunc subministravit, Societas Iesu erat Voluminis huius epistulae eo
ipso tempore datae sunt, quo Societas illa Germaniam intravit Videmus
eam a Beato Petro Fabro, Canisio adiutore praecipuo, in urbem coloniensem
inductam, a senatu urbis, Hermanno Wedano acriter instigante, vexatam,
magnam inter inopiam et multas contradictiones sensim firmatam et auctam.
Oculis subiciuntur ortus et primi progressus trium Societatis collegiorum,
quae totidem catholicae restaurationis centra facta sunt· viennensis, pragensis,
ingolstadiensis Prima quoque cernimus semina aliorum collegiorum, quae
posterioribus demum temporibus condenda erat· oenipontani, dilingani, tyrna-
viensis, treverensis, braunsbergensis, molshemiensis

Insuper ad rem scholasticam Societatis Iesu cognoscendam
volumen hoc utile est In litteris v g, quas Canisius Messana 12 Augusti
1548 Sociis coloniensibus misit, „lectionum catalogus" ponitur antiquior ceteris
omnibus, qui a Societatis collegiis in vulgus emissi sunt, vel saltem prior
omnibus, qui usque huc typis descripti sunt Intellegitur etiam, quid
Canisius eiusque Socii praestiterint in Cicerone rhetoricis, Aristotele philosophis, Sancto Thoma theologis commendandis, in declamationum et disputationum usu restituendo, adulescentibus ad sacrae confessionis et communionis
frequentiam adducendis, haereticorum libris arcendis, catholicis libris scribendis et disseminandis Atque imprimis quasi oculis conspicimus, qua ratione, quibus mandantibus, iuvantibus, corrigentibus praeclara illa „Summa
doctrinae christianae" composita et typis exscripta atque quomodo primum
oppugnata sit Apparet Canisium non solum collegio germanico Romae
tunc instituto patronum se praebuisse, sed etiam — id quod paene ignorabatur — magnam operam dedisse seminario georgiano reformando, quod hodie
quoque Monachii exstat

Necessarium non est monere permulta in his Canisii scriptis occurrere,
quibus christiana pietas et maxime religiosae vitae amor et religiosae
disciplinae studium augeantur, impримis oboedientiae virtutem Canisius iterum
atque iterum eloquenter commendat, nil vero magis sodalibus suis inculcat,
quam ut Christum diligant et imitentur, in eius vulneribus habitent, in eius
cruce glorientur Sacratissimi cordis Iesu cultum 150 fere annis, antequam
Beata Margaretha Maria Alacoque eum propagare a Christo iuberetur, Canisio
notum atque carum fuisse cernimus Studium quoque illud, quod in Sancto
Ignatio summum erat, dignitatum ecclesiasticarum a Societate arcendarum,

in certamine de Canisio episcopo viennensi constituendo ter instituto egiegie fulget.

Nec desunt res novae, quae ad complures h o m i n e s i l l i u s a e t a t i s, qui aut praeclari aut famosi nominis sunt, melius cognoscendos iuvent Maximilianum II caesarem, Ruardum Tapperum, Nicolaum Eschium, Iacobum Ionam, Ioannem Albertum Widmanstadium, Casparum Bruschium, Guilielmum Postellum, Paulum Scalichium, Nicolaum Politem etc

Volumen nostrum aestate anni 1556 terminatur, eo nimirum tempore, quo Canisii vita et res totius Societatis Iesu quasi distinguuntur atque interpunguntur 7. Iunii 1556 Sanctus Ignatius in Societate provinciam „Germaniae superioris" constituit ac Canisium primum eius „praepositum provincialem" creavit; 31 Iulii 1556 Ignatius ipse ad superos evolavit

Canisius amplissimum munus nactus et quasi in alto candelabro collocatus quaenam piaestiterit, posterioribus voluminibus enarrabitur.

IV.
TABULAE CHRONOLOGICAE VITAE CANISII
a mense Maio anni 1521 usque ad mensem Iulium anni 1556.

Quae ad scripta a Canisio et alius edita pertinent, cui suis litteris descripta sunt.
Signo — duobus temporibus interposito indicatur tempus, quo aliquid factum sit,
exacto numero exprimi non posse, sed duobus illis temporibus terminari

1521	Maii 8.	Petrus Canisius Noviomagi nascitur.
—	—	Paulo post matre orbatur.
1525—1546	—	Boscoducum et Osterwicum venit
1526—1539	—	Arnhemii a sancta quadam vidua de novo quodam ordine instituendo seque eidem aggregando edocetur.
A. 1535 exeunte vel 1536 ineun	—	Studiorum causa Coloniam mittitur Bursam montanam frequentat
Ab a. 1536 ad 1546	—	In universitate coloniensi litteris dat operam.
1536	Ian 18	In matriculam universitatis coloniensis inscribitur.
1536	Nov 3	Baccalarius in artibus creatur
1536—1540	—	Laurentius Surius Canisio adiuvante ex lutherano catholicus fit (ut videtur)
1536—43 (?)	—	Canisius Coloniae aliquamdiu ius civile discit
1538	Febr. 21	Ad examen pro „licentia in artibus“ subeundum admittitur
1538	Mart 15	„Licentiatus artium“ creatur
1539	Apr 21	Lovanii matriculae universitatis inscribitur, iuri canonico operam daturus
1540	Febr 25	Sponsa repudiata perfectam castitatem Deo vovet
1540	Maii 25.	Coloniae „magister artium“ sive doctor philosophiae creatur.
1543	—	*Editionem germanicam operum Ioannis Tauleri parat.*
1543	Apr	Moguntiam ad B Petrum Fabrum S J proficiscitur eoque duce „exercitia spiritualia“ ingreditur
1543	Maii 8.	A Fabro in tirocinium Societatis Iesu recipitur.
1543	Maii	Coloniam redit et litterarum studia prosequitur.
1543	Iun 3	*Editionem Tauleri a se curatam archiepiscopo lundensi dedicat.*

1543	Oct. 31.	In auditorio theologico ad clerum latine dicit.
1543	Dec. 15.—20.	In „disputationibus quodlibeticis" facultatis artium „declamat".
1543	Dec. exeunte	Noviomagum petit et patri morienti adest.
1544	Ian.	Magnam hereditatis partem pauperibus distribuit.
1544	sub initium Febi.	Coloniam redit, a Fabro arcessitus.
1544	Vere	Cum Fabro et aliis Sociis communiter habitare incipit.
1544	sub initium Iul.	Senatus coloniensis in Socios inquirit, quod novam sectam instituere dicantur.
1544	Iul. 18.	Canisius in auditorio theologico de auctoritate pontificis romani disputat.
1544	Iul. 28.	Canisius cum Sociis a senatu urbe cedere iubetur; opem petit a rectore academiae.
1544	Iul. exeunte, vel Aug.	Socii separatim habitare incipiunt.
1544	Sept.	Persecutio conquiescit; Canisius contionatur et Matthaei evangelium interpretatur.
1544	Dec. 17. (?)	In schola artium disputationem „quodlibeticam" de paenitentia habet.
1544	Dec. 20.	A Ioanne Nopelio episcopo suffraganeo coloniensi diaconatu initiatur.
1544	Dec. 25.	In natali Christi prope Coloniam in parochia contionatur et protestantes publice refutat.
1545	Ian.	Distemium et Lovanium proficiscitur. Lovanii cum Ruardo Tappero et aliis de constitutione collegii agit.
1545	Ian. vel Febr.	Coloniae iterum cum Sociis una habitare incipit.
1545	Febr.	Incipit contionari in basilica „S. Mariae in Capitolio" sabbatis et dominicis diebus.
1545	exeunte Maio, vel Iun.	Vormatiam, tempore comitiorum, venit ibique commercio Ottonis cardinalis augustani et PP. Iaii et Bobadillae, S. J., fruitur.
1545	Iun. 26.	Coloniae „baccalarius biblicus" a facultate theologica nominatur.
1545	Iul. 8.	In schola theologica lectiones suas biblicas incipit.
1545	Iul. et Aug.	Singulis hebdomadibus semel disputat, ter epistulam ad Timotheum priorem in universitate interpretatur, festis diebus evangelium S. Matthaei in gymnasio montano exponit.
1545	Aug. 10.	A clero et universitate ad Carolum V. Coloniae commorantem mittitur ad causam religionis catholicae ei commendandam.
1545	post 9. Oct.	In auditorio philosophico inter „declamatores quodlibetarios" dicit.
1545	exeunte Nov. vel ineunte Dec.	A clero et universitate in Belgium ad Carolum V. et nuntium apostolicum missus, litteras ad damna religionis praecavenda impetrat et affert.
1546	Apr.	Opera S. Cyrilli Alexandrini latine versa Coloniae edit.
1546	Apr. — Iun.	Noviomagum petit ibique hereditate sua omnino se abdicat.

1546	Iun.	**Coloniae** a Io Nopelio sacerdotio initiatur.
1546	Iun 13	In templo monasterii „maioris Nazareth" primum Deo sacrum offert
1546	Sept	*Opera S Leonis Magni Coloniae in lucem emittit*
1546	ineunte Dec	A clero **Leodium** mittitur ad opem contra Hermannum Wedanum impetrandam
	Dec	
1546	12 19 21 26 27	Leodii sermones sacros habet
1546	Dec 25	Coram Georgio Austriaco episcopo et principe contionatur
A 1546 exeunte vel 1547 ineunte	—	Subsidiis a clero leodiensi impetratis Coloniam redit
1547	—	*Operum S Leonis Magni a Canisio editorum pars prior iterum editur Coloniae.*
1547	post 10 Ian.	Canisius ab Adolpho de Schaumburg administratore reliquoque clero ad Carolum V. et nuntium apostolicum mittitur.
1547	Ian 23 et 24.	Geislingam venit et a cardinali augustano, Granvellano, Petro de Soto humaniter excipitur
1547	Ian 25	Una cum Carolo V. Ulmam ingreditur ibique cleri negotia procurat
1547	Exeunte Febr., vel Martio	Ulma **Tridentum** ad concilium a cardinali augustano mittitur.
1547	Mart (post 11)	Cum P Iaio **Patavium** venit ibique P. Salmeroni S J aegrotanti adest
1547	Apr 12	Cum P Laino **Bononiam** ad synodum eo translatam proficiscitur.
1547	Apr , Maio, Iun	Congregationibus theologorum minorum interest et Lainium, Salmeronem, Iaium in decretis dogmaticis praeparandis iuvat
1547	Apr 23	In congregatione theologorum de sacramento paenitentiae disserit
1547	Maii 6	Apud eosdem de matrimonio disputat
1547	Iunio inclinato	Cum Laino Bononia **Florentiam** proficiscitur
1547	Sept. ineunte	A S Ignatio evocatus **Romam** venit.
1547	sub initium Oct	Viginti fere dies in domo primae probationis separatim commoratus, ad „tertiam" Societatis probationem admittitur
1548	—	*Operum S Leonis Magni a Canisio editorum pars altera iterum editur Coloniae*
1548	Mart	Canisius Paulum III adit cum Sociis in Siciliam destinatis et omnium nomine alloquitur
1548	Mart. 18.	Cum novem Sociis in Siciliam proficiscitur; per **Marinum** et **Velitras** transit
1548	Mart 22 vel 23	Neapolim equo invehitur
1548	Mart 29	Animarum messe collecta, cum Sociis navem conscendit et tempestate agitatur

1548	Mart. 30.	Ad **Schaletam** Calabriae vicum navem appellunt.
1548	Apr. 1.	Schaletae pascha celebrant.
1548	Apr. 2.	Navem ad Paulam urbem appellunt.
1548	Apr. 3.—6.	Paulae contionantur, piam societatem, catechesim instituunt.
1548	Apr. 8.	Messanam adveniunt.
1548	Apr. 9. vel 10.	Canisius in templo S. Nicolai coram proceribus de eloquentiae studio dicit.
1548	Apr. 24.	Rhetoricam tradere incipit.
1548	Apr.	Latine atque italice contionari incipit.
A. 1549 ineunte	—	In disputatione a Dominicanis instituta de potestate ecclesiae disserit.
1549	Apr. vel Maio	Duo capita sociarum S. Ursulae magistratibus messanensibus tradit.
1549	initio Iun.	A. S. Ignatio, Guilielmi IV. Bavariae ducis rogatu, in universitatem ingolstadiensem evocatus, Messana discedit.
1549	Iun.	Romam advenit.
1549	Sept. 2.	Paulum III. alloquitur eiusque benedictionem petit; in aede vaticana sentit se Germaniae apostolum constitui.
1549	Sept. 4.	Ante professionem suam in basilica vaticana videt sibi ab apostolis benedici, angelum adiungi, cor Iesu aperiri. Eodem die in templo S. Mariae de Strata coram S. Ignatio quattuor sollemnia Societatis vota nuncupat.
1549	paulo ante Sept. 19.	Bononiam advenit.
1549	Oct. 2.	Examen theologicum „rigorosum" subit.
1549	Oct. 4.	Una cum PP. Iaio et Salmerone „doctor theologiae" creatur.
1549	Oct. 8.	Cum iisdem Bononia discedit.
1549	Oct. 12.	Tridentum adveniunt; episcopos invisunt.
1549	Oct. 15.	Tridento in Bavariam proficiscuntur.
1549	Oct.—Nov.	Dilingae cardinalem augustanum et postea Monachii Guilielmum IV. Bavariae ducem salutant.
1549	Nov. 12.	Monachio proficiscuntur.
1549	Nov. 13.	Ingolstadium ingrediuntur; a professoribus universitatis sollemniter excipiuntur.
1549	Nov. 14.	In „collegio vetere" habitare incipiunt.
1549	Nov. 26.	Canisius „principium" facit, coram academia laudes theologiae dicens.
1549	Nov. 29.	Cum Iaio et Salmerone Eystadium vehitur ad episcopum salutandum.
1549	Dec. 6.	Cum iisdem Ingolstadium revertitur.
1549	paulo post Dec. 6.	In univérsitate Petri Lombardi sententias exponere incipit.
1549	Dec. 24.	In templo B. Mariae coram universitate latinam orationem habet.
1550	Mart. 16.	In ecclesia parochiali germanice contionari incipit.

1550	Mart. 24	Iuvenem quendam exercitiis spiritualibus excolere incipit.
1550 et 1551	—	Sententias Lombardi exponit In collegio georgiano dominicis diebus latino contionatur
1550	Oct 10	Canisius matriculae universitatis ingolstadiensis inscribitur
1550	**Oct. 18.**	**Rector universitatis eligitur.**
1550	Nov. 27	Senatum academicum habet Scholasticos aliquot relegat
1550	Nov. vel Dec	Sociorum ingolstadiensium superior constituitur
1550	Dec 4	Senatum academicum habet
1550	Dec 11	In senatu academico duos professores inter se reconciliat; statuitur, ut Lutheranorum libri ab academia repellantur
1550	Dec 30	Senatum habet Decernitur Casparo Biuschio docendi munus non esse tribuendum.
1551	Ian 8.	Senatum habet
1551	Ian. 16	Senatum habet
1551	Ian 26	Senatus academicus Canisius magistrum quendam punit
1551	Febr 19	Canisius senatum habet
1551	Mart 3.	Senatum habet Duos nobiles inter se reconciliat
1551	Api	Carolus V Canisio mandat, ut sacras reliquias in Hispaniam et Indias mittat
1551	medio fere Apr	Senatus Canisius nobilem Saxonem carceri mandat; scholasticis interdicit, ne „bombardas" emittant
1551	**Apr. 24.**	**Rectoratus officio liberatur.**
1551	Iul 18	Una cum aliis litem inter duos academicos exortam componit
1551	Iul.	A duce et academia ad officium vicecancellarii suscipiendum urgetur
1551	aestate	In academia evangelium S Ioannis explicare incipit. Germanice contionatur A contionatore lacessitus, ab omnibus defenditur
1551	aestate vel autumno	A Iulio Pflugio episcopo naumburgensi in auxilium vocatur.
1551	Sept	A capitulo cathedrali argentoratensi rogatur, ut apud eos contionetur
1551 et 1552	**Oct. usque ad Febr.**	**In universitate vicecancellarii partes supplet.**
1551	Dec 4.	Ferdinandus I Romanorum rex Canisium ab Ignatio petit.
1552	Ian 28. et 29	Canisius Ioannis Fabri O. Pr theologico interest examini
1552	Febr 4	Eundem doctorem theologiae creat
1552	Febr 5	Eandem dignitatem Petro Vahe confert
1552	Febr 22	Deus Canisio sacrum facienti summas gratias offert et immensam promittit progeniem
1552	Febr 23	Canisius litteras S Ignatii accipit, quibus Viennam proficisci iubetur
1552	Febr 24	Albertum V ducem adit valedicendi gratia
1552	Febr 28	Populo ingolstadiensi post contionem valedicit

1552	paulo post Febr. 28.	Iussu Iulii III. et S. Ignatii Viennam proficiscitur.
1552	Mart. 9.	Viennam advenit. In universitate docere, carceribus inclusos curare incipit.
1552	Mart. 25.	Viennae primam habet contionem, in templo S. Iacobi.
1552 ad 1555	a vere vel aest. usque ad Apr.	*„Summam doctrinae christianae"* conscribit et typis describendam curat.
1552. 1553	—	Domi inferiores scholas regit.
1552. 1553	—	Contionatur in templis S. Iacobi et S. Hieronymi, in „S. Maria Rotunda", „S. Maria ad ripam".
1552	—	Mulierem obsessam ad sanitatem revocat.
1552	Aug. 7. vel 8.	In templo S. Nicolai inter exsequias P. Iaii de eiusdem laude dicit.
1552—54 (1555?)	—	Compendium quoddam theologiae et Novum Testamentum in academia exponit.
A. 1552 exeunte, vel 1553 ineunte	—	Capitis damnato adest.
1552	exeunte Dec.	Per ferias natalitias in pago frequenti parochi partes supplet.
1553	—	*Operum S. Leonis a Canisio editorum pars prior vulgatur Venetiis.*
1553	Ian. 15.	Canisius in templo monasterii Scotorum, Lanoio collegii rectore vota sollemnia nuncupante, sacrum facit.
1553	Febr. et Mart.	Multa Austriae inferioris loca pastoribus destituta evangelizans peragrat.
1553	Maii 22.	Dicendi coram aula facit initium.
1553	Maii 23.	Iterum (ac saepe deinceps) coram rege contionatur.
1553	sub Iulium	A Ferdinando I. rege iussus cum aliis per 3 hebdomades universitati viennensi „visitandae" operam dat.
1553	—	A rege et nuntio apostolico, ut episcopatum viennensem acciperet expostulatus, abnuit.
1553	Oct. (ut videtur)	Facultatis theologicae decanus creatur.
1553	exeunte anno	In palatio regio Paulum Fabricium mathematices professorem de fide interrogat. Ibidem de universitate reformanda cum aliis diu consultat.
1553 ad 1556	—	Multis epistulis de collegiis Ingolstadii, Coloniae, Neomagi, Pragae, Oeniponte, in Borussia et Hungaria condendis agit.
1554	—	*Libro [suo?] „De consolandis aegrotis" Viennae edito praefationem addit.*
1554	—	*Bullam iubilaei Mariae Bohemiae reginae concessi germanice versam typis exscribendam et per urbem Viennam evulgandam curat.*
1554	—	Contionibus coram rege habitis indulgentiarum vim et usum explicat.

1554	—	In ecclesia cathedrali S. Stephani contionatorem agit
1554	Ian — Mart	Iuvenes complures Romam in collegium germanicum mittit
1554	Mart vel Apr	Andream Cupicium, ministrum lutheranum, convertere frustra conatur
1554	vere (Apr Maio)	In collegio archiducali „parentem" agit
1554	Apr — Mai	*De institutione pastorali salisburgensi sententiam dicit*
1554	Iun	Aegrotat
1554	Iun.	*Priorem „Summae" partem Romam mittit recognoscendam*
1554	Iun vel Iul	E collegio archiducali ad sodales suos revertitur
1554	Iunio exeunte (26?)	Nicolao Politae professori a Lutheranismo reducendo frustra dat operam
1554	Iul	Ferdinandi I iussu de religione instauranda cum P Lanoio et duobus consiliariis consulit
1554	ineunte Aug	Ferdinandus iterum instat, ut episcopatus viennensis Canisio imponatur
1554	Aug 14.	*Ferdinandus I. edicit, ut Canisii catechismus solus in provinciis Austriae inferioris adhibeatur*
1554	Oct 14	Canisius cum Ferdinando rege de collegio Pragae condendo agit
1554	Nov. 3.	Canisius a Iulio III. dioecesis viennensis administrator ad annum constituitur.
1554	—	A novatoribus pasquillis et dicteriis lacessitur
1554 vel 1555	—	*Catechismum germanicum ex parte conscribit.*
A 1554, vel 1555ineunte		Cum Sebastiano Phausero, Maximiliani regis contionatore lutherano, disputat
1555	initio	Ferdinandum regem litteris monet Maximilianum regem ad Lutheranismum propensum esse
1555	Apr 14 — 16	In ecclesia cathedrali de communione „sub utraque specie" e suggestu dicit
1555	Apr	Efficit, ut Phauserus contionator Vienna discedere cogatur
1555	sub initium Maii	*Canisii „Summa" Viennae primum in lucem emittitur*
1555	Maii 11	„Dialogus contra impii Petri Canisii dogmata" ad portam ecclesiae cathedralis affigitur
1555	—	*Idem dialogus typis exscribitur*
1555	Maii 11.	*Stanislaus Hosius scripta quaedam sua Canisio recognoscenda mittit*
1555	Iun 9	Canisius Societatis quattuor vota sollemnia renovat usque primum addit vota simplicia professorum
1555	aestate	*A P. Natali visitatore libros bonos componere et disseminare iubetur*

1555	aestate	*Canisii „Summa" iterum Viennae editur.*
1555	Iun. (post 9)	Canisius **Augustam Vindelicorum** ad Ferdinandum regem proficiscitur
1555	exeunte Iun vel ineunte Iul	**Viennam** redit et inde **Pragam** abit ad collegium praeparandum
1555	Iul	Pragae in ecclesia metropolitana sermonem sacrum habet
1555	Iul 16	**Augustam** petit, collegii causam apud regem acturus
1555	exeunte Iul et ineunte Aug	Augusta **Viennam** et inde **Pragam** redit
1555	Aug 8	Ferdinandus I litteras Romam mittit, quibus Canisium episcopum viennensem nominat.
1555	Aug	*Canisius catechismum suum germanicum (incompletum) italice vertendum curat.*
1555	Aug 16.	Cum Ferdinando archiduce Pragae de collegio instituendo agit
1555	Aug 31.	*Fridericus Staphylus librum „S Marcus Anachoretes" Canisio auctore a se editum eidem dedicat*
1555	Oct. 14	Canisius e voluntate Ferdinandi regis et Alberti ducis **Monachium** petit, de collegio ingolstadiensi acturus
1555	Oct 26	**Ingolstadium** proficiscitur
1555	**Nov. 27. usque ad Dec. 7**	De collegio Ingolstadii condendo cum consiliariis ducis deliberat
1555	ineunte Dec	De universitate et seminario georgiano reformandis sententiam scripto profert
1555 et 1556	Dec et Ian	In universitate curam pastoralem docet, festis diebus bis in die contionatur, collegio necessaria parat
1556	initio	*Hannibalis Codretti S J „Principia Grammatices" [latinae] Ingolstadii typis describenda curat usque catechismi sui minimi editionem principem adiungit*
1556	initio	*Ioannes Wigandus superintendens lutheranus contra Canisii „Summam" librum germanicum Magdeburgi evulgat*
1556	—	*Canisii „Summa" Lovanii primum typis describitur*
1556	—	*„Summa" Viennae tertio prelum subit*
1556	—	Canisius dioecesis viennensis administrationo et dignitatis episcopalis suscipiendae timore levatur.
1556	Ian 17	Ottoni cardinali augustano remedia Germaniae iuvandae idonea per litteras suggerit
1556	exeunte Ian.	**Augustae Vindelicorum** per breve tempus moratur
1556	Febr 1	**Viennam** pervenit
1556	Febr.	Coram Ferdinando rege contionatur
1556	circiter 20 Febr	**Pragam** proficiscitur
1556	Febr exeunte, et Mart.	Per singulas quadragesimae hebdomadas aliquotiens ad Ferdinandum archiducem e suggestu dicit
1556	Martio	Monasterium Oybin invisit

1556	Apr. 2.	Pragae in „Coena Domini" latine contionatur.
1556	Apr.	Canisii „Lectiones et precationes ecclesiasticae" Ingolstadii primum in lucem emittuntur.
1556	Apr. 23.	Ferdinandus I. altero edicto catechismum Canisii commendat.
1556	Apr. 21.	Canisius primos duodecim Socios in collegium pragense inducit.
1556	Maii 10.	Sacrum faciens, lapide petitur per fenestram iniecto.
1556	Maii 14.	Festo ascensionis domini coram Ferdinando rege contionatur.
1556	sub finem Maii	Monasterium Oybin adit et de eius administratione Zittaviensibus committenda agit.
1556	post m. Mai.	Canisii „Summa" germanice versa Viennae in lucem emittitur.
1556	Iun. 7.	Canisius a S. Ignatio praepositus provincialis Societatis per Germaniam superiorem constituitur.
1556	Iun. 11.	Ex monasterio Oybin Pragam redit.
1556	Iun. et Iul.	Nobilium puerorum contubernium parat.
1556	exeunte Iul.	Ingolstadium proficiscitur ad sodales novi collegii iuvandos.

V.
CATALOGUS LIBRORUM,

ex quibus saepius in hoc volumine testimonia proferuntur.

Libri, qui una tantum alterave vice adhibiti sunt, suis locis indica-buntur.

Libri, qui operum manu scriptorum instar neque apud bibliopolas venales sunt, praeposito signo † notantur

Numeris maioribus in ipso hoc opere titulo libri vel nomini auctoris adiciendis non capita nec paragraphi significabuntur, sed paginae vel columnae, cum autem bini numeri commate distinguentur, priore volumina sive partes operis, altero significa-buntur paginae vel columnae Minoribus numeris et litteris adnotationes indicabuntur

Acta Sanctorum Iulii   Tom VII   Antverpiae 1731 [1]
Acta Sanctorum Iulii   Tom VII   Parisiis et Romae 1868
Agricola, Ignatius, S J , Historia Provinciae Societatis Jesu Germaniae Superioris quinque primas annorum complexa decades [Tom I]   Augusta Vindelicorum 1727
Alet, V , S J , Le Bienheureux Canisius ou l' Apôtre de l' Allemagne au XVIe siècle   Paris 1865
Aschbach, Joseph v , Geschichte der Wiener Universität 3 Bde Wien 1865 1877 1888

Backer, Augustin de, S J , Bibliotheque des écrivains de la Compagnie de Jésus Nouvelle édition Tome I, Liege-Paris 1869, Tome II, Liege-Lyon 1872 ; Tome III, Louvain Lyon 1876
Bahlmann, P , Deutschlands katholische Katechismen bis zum Ende des sechzehnten Jahrhunderts Munster 1894
Bartoli, Daniello, S J , Opere Dell' Italia Libri 4 Firenze 1830
Bianco, Franz Joseph v , Die alte Universität Köln und die spätern Gelehrten-Schulen dieser Stadt 1 Theil Köln 1855
Boero, Giuseppe, S J , Vita del Beato Pietro Canisio della Compagnia di Gesu detto l' Apostolo della Germania   Roma 1864
Boero, Giuseppe, S J , Vita del Servo di Dio P Nicolò Bobadiglia della Compagnia di Gesu   Firenze 1879
Boero, Giuseppe, S J , Vita del Beato Pietro Fabro della Compagnia di Gesu primo compagno di S Ignazio di Loiola   Roma 1873
Boero, Giuseppe, S. J , Vita del Servo di Dio P' Claudio Iaio della Compagnia di Gesu   Firenze 1878
Boero, Giuseppe, S J , Vita del Servo di Dio P' Giacomo Lainez, secondo Generale della Compagnia di Gesu   Firenze 1880

---

[1] Quia princeps haec editio editori semper praesto non erat, nonnumquam eius loco nova illa adhibenda erat, quae hic proxime ponitur

Boero, Giuseppe, S J , Vita del Servo di Dio P Alfonso Salmerone della Compagnia
     di Gesu   Firenze 1880

† [Bongaerts, Paul, S J,] Stamlijst van de Familie Canis en de daaraan verwante
     Geslachten ['s Gravenhage 1865]   Cf etiam infra p 7[2]

Braunsberger, Otto, S J , Entstehung und erste Entwicklung der Katechismen des
     seligen Petrus Canisius aus der Gesellschaft Jesu   Freiburg i Br 1893

Bucholtz, F B v , Geschichte der Regierung Ferdinands des Ersten   9 Bde   Wien
     1831 1831 1832 1833 1834 1835 1836 1838 1838

[Ciaconius-Oldoinus] Vitae, et res gestae Pontificum Romanorum et S R E Car-
     dinalium, Alphonsi Ciaconii O Pr et aliorum opera descriptae, ab Augustino
     Oldoino S J recognitae   Tomus tertius   Romae 1677

† Constitutiones Societatis Jesu latinae et hispanicae cum earum declarationibus.
     Matriti 1892

Cordara, Julius, S J , Collegii Germanici et Hungarici historia Libris IV comprehensa
     Romae 1770

Cornely, Rudolf, S J , Leben des seligen Petrus Faber, ersten Priesters der Gesell-
     schaft Jesu   Freiburg i Br 1873

[Delplace, L , S J ,] L' établissement de la Compagnie de Jésus dans les Pays-Bas et
     la mission du Père Ribadeneyra a Bruxelles en 1556 d' apres des documents
     inedits   Extrait des „Precis historiques" 1886– 1887   Bruxelles 1887.

Denis, Michael, Wiens Buchdruckergeschicht bis M D LX   Wien 1782

[Dorigny, Jean, S J], La Vie du Reverend Pere Pierre Canisius, de la Compagnie
     de Jesus   A Paris 1707

Drews, Paul, Petrus Canisius, der erste deutsche Jesuit   Halle 1892 (Schriften des
     Vereins fur Reformationsgeschichte Nr 38)

Druffel, August v , Beitrage zur Reichsgeschichte 1546—1551 (Briefe und Akten zur
     Geschichte des sechzehnten Jahrhunderts mit besonderer Rucksicht auf Bayerns
     Furstenhaus   Bd I)   Munchen 1873

Eichhorn , Ant , Der ermländische Bischof und Cardinal Stanislaus Hosius   2 Bde.
     Mainz 1854 1855.

Ennen, L , Neuere Geschichte der Stadt Koln, Bd I (Geschichte der Stadt Koeln,
     meist aus den Quellen des Stadt-Archivs, Bd IV)   Koln und Neuss 1875

[B Faber, Petrus, S J] Cartas y otros escritos del B P Pedro Fabro de la Compañia
     de Jesus, primer compañero de San Ignacio de Loyola   Tomo I. Bilbao 1894

† [B Faber, Petrus, S J] Memoriale Beati Petri Fabri primi S Ignatii de Loyola
     alumni nunc primum in lucem editum a P Marcello Bouix S J   Lutetiae
     Parisiorum 1873 (editum in 12° et in 8°)

Freyberg, Maximilian Freiherr von , Pragmatische Geschichte der bayerischen Ge-
     setzgebung und Staatsverwaltung seit den Zeiten Maximilians I   Bd III
     Leipzig 1838

Garcia, Ramon , S J , Vida del Beato Pedro Canisio, sacerdote profeso de la Com-
     pañia de Jesus   Madrid 1865

Gelenius, Aegidius, De admiranda, sacra, et civili magnitudine Coloniae Claudiae
     Agrippinensis Augustae Ubiorum urbis Libri IV   Coloniae Agrippinae 1645

Genelli, Christoph, S J , Das Leben des heiligen Ignatius von Loyola, Stifters der
     Gesellschaft Jesu   Innsbruck 1848

Germanus, Constantin, Reformatorenbilder   Freiburg i Br 1883

Hammer Purgstall, Joseph v , Geschichte des osmanischen Reiches 2. Aufl   Neue Aus-
     gabe   4 Bde   Pesth 1840.

ex quibus saepius in hoc volumine testimonia proferuntur XLIX

Hartl, Wenzel, und Schrauf, Karl, Nachträge zum dritten Bande von Joseph Ritter von Aschbach's Geschichte der Wiener Universitat. 1 Abtheilung Wien 1893
Hartzheim, Josephus, S J, Bibliotheca Coloniensis Coloniae 1747
Hirn, Joseph, Erzherzog Ferdinand II von Tirol Geschichte seiner Regierung und seiner Lander 2 Bde Innsbruck 1885. 1887
Hohlbaum vide „Weinsberg"
[Hosius, Stan] Stanislai Hosii S R E. Cardinalis Maioris Poenitentiarii Episcopi Varmiensis (1504—1579) et quae ad eum scriptae sunt Epistolae tum etiam eius Orationes, Legationes Tom I 1525—1550 Editionem curaverunt Dr Franciscus Hipler et Dr Vincentius Zakrzewski Ciacoviae 1879. Tom II 1551 ad 1558 Edd Hipler et Zakrzewski, Ciacoviae 1886 1888 (Acta historica res gestas Poloniae illustrantia ab anno 1507 ad annum 1795 Tom IV et IX)
Huber, Alfons, Geschichte Osterreichs, IV Bd Gotha 1892

[S. Ignatius] Cartas de San Ignacio de Loyola Fundador de la Compañia de Jesus. Tomos VI Madrid 1874 1875 1877 1887 1889 1889
[S Ignatius] Epistolae S Ignatii Loiolae Societatis Iesu fundatoris libris quatuor distributae [per Rochum Menchaca] Bononiae 1837
Imago primi saeculi Societatis Iesu a provincia Flandro-Belgica eiusdem Societatis repraesentata Antverpiae 1640
† Institutum Societatis Iesu 3 voll Florentiae 1892. 1893 1893.

Janssen, Johannes, Geschichte des deutschen Volkes seit dem Ausgang des Mittelalters Freiburg i Br I Bd, 15 Aufl 1890, II Bd, 15 Aufl 1889, III Bd, 15 Aufl. 1891; IV Bd, 13 Aufl. 1890, V Bd., 13 und 14 Aufl 1893, VI Bd, 1—12 Aufl 1888, VII Bd, ergänzt und herausgegeben von Ludwig Pastor, 1—12. Aufl 1893, VIII Bd, erg u herausg v L. Pastor, 1—12 Aufl 1894

Kink, Rud, Geschichte der kaiserlichen Universitaet zu Wien 2 Bde Wien 1854.
[Kirchenlexikon] Wetzer und Welte's Kirchenlexikon oder Encyklopädie der katholischen Theologie und ihrer Hülfswissenschaften 2 Aufl, begonnen von Joseph Cardinal Hergenrother, fortgesetzt von Dr Franz Kaulen Freiburg i. Br 1882 ff.
Knopfler, Alois, Die Kelchbewegung in Bayern unter Herzog Albrecht V München 1891.

Lipowsky, Felix Joseph, Geschichte der Jesuiten in Baiern 2 Th München 1816
Litterae quadrimestres ex universis praeter Indiam et Brasiliam locis in quibus aliqui de Societate Jesu versabantur Romam missae T I II (1546—1552 1552—1554) Matriti 1894 1895 (Monumenta historica S J ; v in hoc nomine)

† Manareus, Oliverius, S J, De rebus Societatis Iesu commentarius Florentiae 1886
Mayer, Manfred, Leben, kleinere Werke und Briefwechsel des Dr Wiguleus Hundt Innsbruck 1892
Mederer, Ioannes Nepomucenus, Annales Ingolstadiensis Academiae. Partes 4 Ingolstadii 1782
Menchaca vide „S Ignatius"
Meshovius, Arnoldus, De origine et progressu defectionis et schismatis Hermanni Comitis de Weda (Opus typis descriptum una cum quattuor libris Michaelis ab Isselt „De bello Coloniensi") Coloniae 1620
Migne, I·P., Patrologiae cursus completus Series latina, tomi 221, Parisiis 1844 ad 1864, series graeca, tomi 161, Parisiis 1857—1866
Monumenta historica Societatis Jesu nunc primum edita a Patribus eiusdem Societatis Annus primus, secundus, tertius Matriti 1894 1895 1896
Moufang, Christoph, Katholische Katechismen des sechzehnten Jahrhunderts in deutscher Sprache Mainz 1881

L

Orlandinus, Nicolaus, S J, Historiae Societatis Iesu prima pars Romae 1615
Orlandinus, Nicolaus, S J, Forma sacerdotis apostolici, expressa in exemplo Petri
   Fabri Ed altera Dilingae 1647

Pachtler, G M, S J, Ratio Studiorum et Institutiones Scholasticae Societatis Jesu
   per Germaniam olim vigentes Voll IV Berlin 1887 1887 1890 1894
   (Monumenta Germaniae Paedagogica Schulordnungen, Schulbücher und
   padagogische Miscellaneen aus den Landen deutscher Zunge Herausgegeben
   von Karl Kehrbach Bd II V IX XVI)
Pastor, Ludwig, Die kirchlichen Reunionsbestrebungen während der Regierung Karls V
   Freiburg i Br 1879
Philippson, Martin, Westeuropa im Zeitalter von Philipp II , Elisabeth und Heinrich IV.
   Berlin 1882 (Allgemeine Geschichte in Einzeldarstellungen, herausgegeben
   von Wilhelm Oncken, 3 Hauptabth , 2 Theil)
Polanco, Joannes Alphonsus de, S J, Vita Ignatii Loiolae et rerum Societatis Jesu
   historia (Chronicon S J). Tom I et II Matriti 1894 Tom III Matriti 1895
Prantl, Carl, Geschichte der Ludwig-Maximilians-Universität in Ingolstadt, Landshut,
   Munchen 2 Bde Munchen 1872
Prat, J -M, S J, Le Pere Claude Le Jay Lyon 1874
Python, Petrus, S J, Vita R P Petri Canisii S J Gallico idiomate scripta a R P
   Joanne Dorigny, nunc latinitate donata, et multarum rerum accessione aucta
   Monachii 1710

Raderus, Matthaeus, S J, De vita Petri Canisii de Societate Iesu, Sociorum e Ger-
   mania primi, religiosissimi et doctissimi viii, bono rei Catholicae nati, libri
   tres Monachii 1614.
Raderus, Matthaeus, S J, Bavaria pia. Monachii 1628
Raupach, Bernhard, Evangelisches Oesterreich, das ist, Historische Nachricht von
   den vornehmsten Schicksahlen der Evangelisch-Lutherischen Kirchen in dem
   Ertz-Hertzogthum Oesterreich Hamburg 1732
Raynaldus, Odoricus, Congreg Orator , Annales ecclesiastici ab Anno quo desinit
   Card Caes Baronius M C XCVIII. usque ad Annum M D LXV. continuati
   Tom XXI Partes 2 Coloniae Agrippinae 1727
Reiffenbergius, Fridericus, S J, Historia Societatis Jesu ad Rhenum inferiorem Tom I
   Coloniae Agrippinae 1764
Riess, Florian, S J, Der selige Petrus Canisius aus der Gesellschaft Jesu Aus den
   Quellen dargestellt Freiburg i Br 1865 [1].

Sacchinus, Franciscus, S J, De Vita et Rebus gestis P Petri Canisii, de Societate
   Jesu, Commentarii Ingolstadii 1616
Schmidl, Ioannes, S J, Historiae Societatis Jesu Provinciae Bohemiae pars prima ab
   anno Christi MDLV ad annum MDXCII Pragae 1747
Schrauf v Hartl
Seguin, Eugene, S. J, Vie du Bienheureux Pierre Canisius Paris 1864
Socherus, Antonius, S J, Historia Provinciae Austriae Societatis Jesu Pars prima
   Viennae Austriae 1740
Sommervogel, Carlos, S J, Bibliothèque de la Compagnie de Jesus Nouvelle édition
   Bibliographie T I—VI. Bruxelles Paris 1890 1891 1892 1893 1894 1895
Stalin, Christoph Fried , Aufenthaltsorte K Ferdinands I 1521—1564, in „For-
   schungen zur deutschen Geschichte" I (Göttingen 1862), 384—395

---

[1] Bene distinguendum est hoc opus a libello, quem ex eo auctor ipse extraxit
„Das Leben des seligen Petrus Canisius für das Volk dargestellt " Freiburg
i Breisgau 1865

Steinhuber, Andreas, Cardinal, S J , Geschichte des Collegium Germanicum Hungaricum in Rom   2 Bde   Freiburg i Bi 1895.

† Synopsis Actorum S Sedis in causa Societatis Iesu 1540–1605 (Tom I) Florentiae 1887

Tanner, Mathias, S J , Societas Jesu Apostolorum imitatrix   Pars prima Societatis Iesu Europaeae   Pragae 1694

Varrentrapp, C , Hermann von Wied und sein Reformationsversuch in Köln   Leipzig 1878

Verdiere, Ch -H , S J , Histoire de l' université d' Ingolstadt, des Ducs, ses patrons, et de ses Jesuites jusqu' a la paix de 1624   Tom I II   Paris 1887

Wappler, Anton, Geschichte der theologischen Facultät der k k Universität zu Wien   Wien 1884

[Weinsberg, Hermann von] Das Buch Weinsberg   Kölner Denkwürdigkeiten aus dem 16 Jahrhundert bearbeitet von Konstantin Hohlbaum   2 Bde   Leipzig 1886. 1887.

Wiedemann, Theodor, Geschichte der Reformation und Gegenreformation im Lande unter der Enns. I Bd. Prag 1879, II. Bd Prag 1880, III Bd Prag 1882, IV Bd Prag und Leipzig 1884, V Bd Prag und Leipzig 1886

VI.
DESCRIPTIO CODICUM MANU SCRIPTORUM, IN HOC VOLUMINE FREQUENTIUS ADHIBITORUM[1].

Praeter codices, qui infra describentur, multi alii huic volumini componendo sunt adhibiti, qui exstant Bruxellis, Dilingae, Florentiae, Friburgi Helvetiorum, Guelpherbyti, Ingolstadii, Parisiis, Pragae, Romae, Tiguri, Tridenti, Viennae etc. Sed quia hi raro tantum adhibiti sunt, satis esse videbatur, suo quemque loco nominare vel, quantum opus esset, describere.

Codices omnes chartacei sunt et (exceptis codicibus Societatis Iesu) ab urbibus denominantur, in quibus nunc asservantur. In descriptione singulorum codicum verba prima, signis „ " inclusa, nomen sive notam illam significant, quae in hoc ipso volumine, post nomen urbanum, codici designando adhibetur.

1. Codex bruxellensis.

In archivo regio.

„Hist. Coll. Lov." Inscriptio recens in tergo „HISTORIA COLLEGII | SOCIETATIS IESU ¹ LOVANII | 1542—1695 " Titulus antiquus in f 1ª. „Historia Collegij Societatis Iesv Louanij " 2⁰, ff 360 signata; in priore parte libri etiam singulae paginae numeris signatae sunt.

Prior pars conscripta esse videtur ante medium saeculum XVII Auctor vel auctores „veteribus monumentis" collegii lovaniensis usi sunt (p 3; cf. p 2); quae nonnumquam etiam integra proponuntur, v g. p 15 16 19 79—84 97—98 etc

Dubium non est, quin hic codex usque ad a. 1773 collegii Societatis Iesu lovaniensis fuerit

2. Codices colonienses.

a) In archivo ecclesiae parochialis Beatae Mariae Virginis in caelum assumptae (quae usque ad a. 1773 collegii Societatis Iesu coloniensis fuit)

„Hist. coll. Col." Antiqua inscriptio in tergo „ANNVÆ ¦ COLLEG . COLON ¹ ab 1543 ¦ ad 1675 Tomus 1." Titulus in f 2 non signato: „† LIBER 1. | HISTO-

---

[1] Aliquot codices, quorum in hoc volumine saepe fit mentio, ideo non describuntur hoc loco, quia editor eos ipse videre non potuit

RIÆ | COLLEGII | COLONIENSIS | S J   Ab anno 1543 ad 1631. | et deinceps · imo ad 1674 perducta " (Hic titulus usque ad „imo" excl. a P. Iacobo Kritzradt S J. scriptus est) 2°, ff 253 non signata (additis iis, quae codici postea inserta sunt)   Praecedit series chronologica rectorum collegii coloniensis, a Kritziadt usque ad a 1668, ab altero ad 1755 perducta, et series chronologica praepositorum provinciae Rheni (inferioris). Sequitur „Historia Collegii Coloniensis de primo nostrorum in hanc Vrbem aduentu et consecuta rerum Societatis in ea progressione   Quae a principio, hoc est ab anno Domini 1542 usque ad annum 1625, denuo anno 1625 collecta nunc filo perenni inde ducitur." In „praefatione" exponitur, anno 1621, incendio in collegio coloniensi exorto, eiusdem „rem libiariam" et „antiquos fastos" destructos esse, ideoque priorem huius historiae partem anno 1625 compositam esse „ex variis affectarum tantum historiarum huius Collegii fragmentis atque indigestis ruderibus" atque ex multis litteris eorundem temporum, quae in incendio illo incolumes mansissent   Praeterea codici multae litterae, diplomata etc. (magnam saltem partem archetypa) inserta sunt, quibus historia collegii illustratur et augetur

Historiam hanc ab a 1542 ad 1621 perduxit P. Henricus Simonis, qui Mulhemii ad Rhenum a 1589 natus, Coloniae in gymnasio S J „tricoronato" institutus, Societati a 1608 nomen dedit, Coloniae ad academicos gymnasii tricoronati iurenes sermones sacros latine habuit, postea autem Societatem deseruit [1]   Secutus est hunc et fere usque ad a 1670 pervenit P' Iacobus Kritziadt [2], qui a 1602 in oppido Gangelt natus, a 1623 Societatem ingressus, postea „superior missionum" et „praefectus scholarum" fuit et a 1672 in collegio coloniensi obiit, de historia collegii coloniensis optime meritus   Reliqua quis scripserit, non constat

Codex usque ad a 1773 collegii Societatis Iesu coloniensis fuit   Usus est eo Frid Reiftenberg S J in „Historia S J ad Rhenum inferiorem" scribenda

Alterius cuiusdam „Historiae Collegii Coloniensis Societatis Iesu ab anno 1542 .   usque ad annum 1631" etc manu scriptae summarium quoddam germanico sermone contractum edidit Franciscus Iosephus de Bianco [3].

b) In archivo studiorum fundatorum („Archiv des Gymnasial- und Studienstiftungsfonds").

1 „Epistt. ad Kessel. I." Inscriptio in tergo „EPISTOL ad R P. | L. KESSELIUM | I ᵐ S J   Rect Coloniae | Pars Iᵃ ab | 1546 ad 1572 " 2ᵘ Foliorum signatio accurata non est et in f 192 desinit, tertia codicis pars foliis non signatis constat

---

[1] Ios Hartzheim S J, Bibliotheca Coloniensis (Coloniae 1747) p 127 J Hansen, Zur ältesten Geschichte des Jesuitenordens in Deutschland, in „Mittheilungen aus dem Stadtarchiv von Köln" VIII (Köln 1893), 282—290

[2] De Iacobo Kritzradt (Kritzraedt, Kritzraet) scripserunt Hartzheim l c p 146, Aug. de Backer S J, Bibliotheque des écrivains de la Compagnie de Jésus II (Nouv ed, Liège-Lyon 1872), 528—529, Carl Sommervogel S J, Bibliothèque de la Compagnie de Jésus Nouv éd Bibliogr IV (Bruxelles-Paris 1893), 1230, G Rauschen in „Zeitschrift des Aachener Geschichtsvereins" XIII (Aachen 1891), 181—190

[3] Die alte Universität Köln 1 Thl (Köln 1855), p 855—972 Hanc historiam a nostra differre ipsa inscriptio probat, quam Bianco l c p 855 ponit, nunc fortasse in privata domo est ·

Continet epistulas ad P Leonaidum Kessel, Sociorum coloniensium piimum praepositum et iectorem datas a 1546—1572 a B Petio Canisio, PP Nicolao Bobadilla, Eveiardo Meicuiiano, Ioanne Polanco, Andiea Fiusio, Petio Ribadeneira, Nicolao Lanoio, Theodoiico Canisio, Paulo Hoffaeo, Gasparo Haiwodo etc Epistulae ordine chionologico dispositae et ferme omnes aiche-typae sunt

Codice hoc usi sunt Reiffenberg[1] in consciibenda histoiia proinciae S J Rheni inferioris et G M Pachtler S J in opere „Ratio Studiorum et Institutiones Scholasticae Societatis Jesu pei Germaniam olim vigentes"[2]

Usque ad annum 1773 collegu Societatis Iesu coloniensis fuit

2 „Lib. fac. Art. quartus." Inscriptus est „Libei facultatis Arcium Studij Coloniensis jam quartus[3] intei · eos qui iam sunt apud decanos " 2", ff 334 numeiis signata

Complectitui annos 1500—1565 et continet electiones decanoium, col-lationes graduum academicorum, decreta facultatis etc

3 „Litt. Epistt var." Inscriptio in teigo „LITERAE EPISTOL: S J Variorum ad nostios PP COLONIEN · ab anno C 1543 " 2°, folio-ium signatio non est continua, et in medio feie codice (n 194) piorsus desinit

Continet epistulas a 1543—1665 ad Societatis Iesu homines Coloniae de-gentes datas ac multas alias litteras, diplomata etc ad ea tempoia spectantia. Quae omnia oidine fere chronologico disposita et aut autogiapha sunt, aut olim ac fere ab aequalibus illoium temporum descripta epistulae S Ignatii, B Petii Fabii, B Petri Canisii, PP Eveiardi Mercuriani, Ioannis de Po-lanco, Bernaidi Oliverii, Hieronymi Natalis, Fiancisci Tuiriani, Oliveiii Manaiei, Laurentii Foiei, Ioannis Bollandi, Andieae Brunnei etc

Epistulas hasce congessisse videtui Ioseph Haitzheim S J histoiiogiaphus coloniensis († 1763), nam Fiideiicus Reiffenbeig intei codices manu sciiptos, quibus ipse usus sit, commemorat „Epistolas piimoium Patium, maximam paitem, auto-graphas Collegit 2 Volum Jos Haitzheim S J -[4]

Codex hic usque ad annum 1773 collegu Societatis Iesu coloniensis fuit Breviter descriptus est a Iosepho Hansen[5]

3. Codex cracoviensis.

In bibliotheca universitatis iagellonicae.

„Cromeri epistt." Titulus iecens in pagina altera anteiioris paitis involucii positus „Maitini Ciomeii epistolae aliquot, et Hosii et alioium ad eundem litteiae " Sign „Xi 28 " 2°, nec paginae nec folia, sed epistulae numeiis signatae sunt.

--- ---

[1] Histoiia Societatis Iesu ad Rhenum infeiioiem I (Coloniae 1764), v g p 31[k].

[2] Monumenta Germaniae Paedagogica, ed K Kihibach, II (Berlin 1887), xxii ad xxiii 135—139

[3] Sic coriectum est, antea sciiptum eiat „Tertius"

[4] L c in catalogo codicum, qui in initio opeiis positus est Dolendum est certe quam maxime multos codices manu sciiptos, quos a se adhibitos Reiffenbeig in hoc catalogo iecenset, nunc lateie vel pioisus peiiisse

[5] L c p 286

Continet epistulas 392, annis feie 1550—1585 datas; quaium aliquae Cromeri sunt; longe autem plurimae ad Cromerum datae sunt a B Petro Canisio, Stanislao cardinali Hosio, Ioanne Cochlaeo, Stanislao Rescio, Bonaventura Thoma, PP Petro Scarga, Laurentio Magio, Stanislao Varsevicio, S J etc In iis disponendis neque auctorum neque tempoium iatio habita est

Hoc codice etiam usi sunt Franc Hipler et Vinc Zakrzewski in epistulis Hosii edendis [1].

4. Codices monacenses.

a) In archivo regni bavarici („Reichsarchiv")

1 „Ies. Ing. 1359/I." Inscriptio in teigo „Collegium | Soc: Jesu | in Ingolstadt, | Pais I ꞏ Signatura, ibidem „Jesuitica ꞏ Ingolstadt | Fasc.... No 1359/I" In p 1ꞏ „De anno 1550 usque 1572 ' Jngolstatt | Die Eiricht: vnd Fundierung eines | Neuen Collegij· vnd Schuelln der ' Societet Jesu: vnd das fur ; solchen Pau vnd in anderweg an , Vncossten erlofien. | Pais 1ᵐᵃ." 2⁰ ff 7 non signata et postea 327 signata

Continet monumenta, maximam paitem archetypa, quae ad initium et piogressum collegii S J ingolstadiensis (1550—1573) spectant, litteras B Petri Canisii, Ferdinandi I caesaiis, Alberti V Bavariae ducis, Martini Eisengrein, Simonis Thaddaei Eck, P. Pauli Hoffaei S. J. etc

Codice hoc usi sunt Florianus Riess [2] et Augustus de Diuffel [3]

.   2 „Keller, Can. 2." Involucrum, titulus, initium opusculi desunt Incipit f 1ᵃ „primum, dein a tuis, ab alijs demum inci- | pit" Constituit partem fasciculi, qui signatus est „Jesuitica in genere Fasc 13 No 214" 12⁰, ff signata 67, et postea 4 vacua Saeculo XVII sciiptus esse videtui

Continet vitam Canisii a P Iacobo Kellero S J (1568—1631) cire a 1612 scriptam neque adhuc typis desciiptam, cf infra p LVI—LVII

3 „Keller, Can. 3 " Titulus deest Incipit f 1' „Patria et parentes Canisij | Habuit Petius noster patriam Nomo- ' magum" etc Constituit paitem fasciculi „Jesuitica in genere Fasc 13 No 214" 2⁰, ff signata 41 (f 36 vacuum est)

Continet eandem vitam Canisii a P Iacobo Kelleio sciiptam, cum quinque epistulis Canisii, ab ignoto pulchre transciiptam et ab alteio quodam circiter a 1615 (ut videtur) coirectam et auctam, qui idem postea miiacula ascripsisse videtur, quae annis 1630 et 1631 Canisii precibus a Deo patrata essent Tertia quoque manu aliqua suppleta sunt

Codex antea Friburgi Helvetiorum in bibliotheca collegii S J fuisse videtur, ex qua fortasse in archivum provinciae S J „Germaniae superioris" translatus est.

4 „Scriptt. coll. Ingolst." Insciiptio in dorso „Scriptuiae | Veteies | Coll Ingolstad | ab A ⁰ MDC ⁴ Titulus „SCRIPTVRAE | AD | COLL INGOLSTADIANI | INITIA, PROGRESSVS, IMPEDIMENTA, . FVNDATIONEM . PERTINENTES | AB A M D L ; AD M D XCIX ⁴ Si-

---

[1] Stanislai Hosii Epistolae etc T I II (Ciacoviae 1879 1886—1888); e g II, 1020—1021

[2] Der selige Petrus Canisius (Freiburg i Bi 1865) v. g p 87—88

[3] Briefe und Akten zui Geschichte des sechzehnten Jahrhundeits I (Munchen 1873), 407—411

gnatura recens „Jesuitica N° 1357ᵐᵘ', codex antea, cum in iegia bibliotheca monacensi esset, signatus eiat „Cod lat 1742'. 2°; foliorum signatio continua non est, paenultimum folium habet num 116

Continet epistulas aliaque monumenta multa, quorum magna pais aichetypa est epistulas S Ignatii de Loyola, Ferdinandi I caesaiis, Alberti V Bavariae ducis, Martini Cromeri, Friderici Staphyli, P Pauli Hoffaei etc , litteras quadiimesti es collegii ingolstadiensis 1560—1562, acta et constituta cum universitate, episcopo eystettensi etc 1550—1582, litteras „fundationis' et „incoipoiationis' collegio datas 1563—1599

Usque ad a 1773 in collegio S J ingolstadiensi fuisse videtui

Eberhardus Gothein [1] affirmat P *Florianum Riess* S J , cum vitam Canisii scriberet (Der selige Petrus Canisius aus der Gesellschaft Jesu Freiburg i Br 1865), iegium archivum (Reichsarchiv) monacense, quod summi in ea ie momenti esset, non adisse At vel primae libii a Riess conscripti paginae clare ostendunt eum falso accusari Multa certe ipse protulit et ex archivi illius fasciculis et ex codicibus manu sciiptis, qui aliis urbis monacensis locis asservantur, vide v g *Riess* l c p 8—14 67 74—75 88 131—132 136—139 142—144 158—163 179—181 183 ad 194 211—213 etc

b) In archivo universitatis monacensis

„Protocolla'. Titulus in tergo „Piotocolla ¹ seu Acta   in Consistorio PP. Academicor ˙ de Anno 1535 | usque 1578 ' Signatuia in tergo „Univ Aichiv Stand 1870   Litteia D Abtheilung III Fascikel N 7 ' 2°, fl signata 295, et praeterea 2 vacua

Continet acta aichetypa senatus sive „consistoiii' universitatis ingolstadiensis, 26 Ian 1535 ad 13 Iul 1579   Actis senatus inseita sunt multa exempla litteiaium et mandatoium Alberti V Bavariae ducis, rectorum universitatis etc , ac diplomatum et litteiarum, quae spectant iem pecuniariam tum totius corporis academici, tum singularium eius membioium, moies scholasticoium, beneficia ecclesiastica etc

c) In aichivo provinciali Bavaiiae superioiis („Kieisarchiv von Oberbayern', „Archiv-Conservatoiium')

„Ingolst. Un.-Sachen'. Titulus in teigo „Ingolstadt Univeisit Sachen, ! Anno 1555 bis 1584 ˙ Tom III ' 2°, ff signata 306

Continet monumenta, eaque aut aichetypa aut ab aequalibus desciipta, quae peitinent ad univeisitatem ingolstadiensem et imprimis ad eius „iefoimationem' anno 1555 agitatam, ad academiae facultates et ieditus, bibliothecam et bibliopolas, ad canonicatum eystettensem, qui vicecancellaiio universitatis conferebatui, seminarium geoigianum, seminaiium „religiosoium', collegium ingolstadiense Societatis Iesu

Codice hoc usus est C Prantl in historia univeisitatis ingolstadiensis et monacensis conscribenda [2]

d) In bibliotheca universitatis monacensis.

„Keller, Can. I.' Signatuia recens, in teigo· „Cod Ms 320'; antiqua, ibidem „VITA P Canisii B I 74' [24 ?] Titulus in f 1' „JHS MiA |

---

[1] Ignatius von Loyola und die Gegenreformation (Halle 1895) p 795

[2] Geschichte der Ludwig - Maximilians - Universitaet in Ingolstadt, Landshut, München 2 Bde München 1872, v g II, 197—198

PETRVS CANI|SIVS. | é Societate IESV | GERMANORVM PRI MVS | Duobus
Libris | enarratus | Ab | R. P Jacobo Keller. | Societatis IESV | CIƆ IƆ C XII ʼ
Nomen Iacobi Keller postea (sive eadem manu sive altera) positum est,
prius enim eius loco scriptum erat „N N " 2°; ff signata 59, et 2 non signata et vacua   Codex valde eleganter sciiptus est, et si cum autographis
praeclari illius P Iacobi Bidermann S J. confertur, quae in codice „lat
1610" regiae bibliothecae monacensis (f. 160—181) exstant, dubitari vix
potest, quin Bidermann hunc quoque scripserit codicem

Vita Canisii finitur f 52ᵇ; sequuntur exempla 6 epistularum Canisii
totidem Societatis Iesu collegiis inscriptarum   Cf supra p LV.

Codex usque ad a 1773 in bibliotheca collegii S J ingolstadiensis fuisse videtur

c) In bibliotheca regia („Hof- und Staats-Bibliothek").

„Lat. 1606". Signatura recens, in tergo et in p. 1 „Cod lat 1606ʻ
(antea signatus erat „Cod bav 606ʻ)   2°; ff signata 230, fl 127—188
minoris formae sunt

Continet. 1 exempla multarum epistularum canisianarum, a diversis
librariis sacculis, ut videntur, XVII. et XVIII. scripta (f 2—189), 2 monumenta, quae ad processum apostolicum beatificationis Canisii, Friburgi Helvetiorum saeculo XVIII institutum, spectant (f 191—225), 3 conspectum
chronologicum vitae Canisii (f 229—230)

Epistulis Canisii praefixum est exemplum litterarum Ingolstadio 28. Ianuarii 1782 Lipperto (Lippert) inscriptarum a Ioanne Michaele Sailer (1751
ad 1832), qui anno 1770 Landsbergae Societatem Iesu ingressus, in ea
usque ad eius suppressionem mansit, postea autem episcopus ratisbonensis
fuit et multos libros conscripsit, ex litteris illis Saileri intellegitur codicem
hunc (qui certe olim Societatis Iesu fuit) a praeclaro illo contionatore Sebastiano Winkelhofer (1743—1806; 1759 Societatem Iesu ingresso) servatum
et a Sailero a 1782 ad Lippertum transmissum esse [1]

Ex iis, quae in hoc volumine exponentur, clare patebit codicis huius
epistulas complures ex archetypo italico in latinum versas, alias nonnihil
mutatas vel mutilatas esse.

Riess hunc codicem „Munchener Sammlung" („M Slg ") vocavit et saepe
adhibuit [2]

5. Codex romanus.

In archivo collegii germanici et hungarici.

„All. coll. germ." Titulus antiquus. „NOMINA | ALVMNORVM COL-
LEGII | GERMANICI | ET. HVNGARICI " In folio sequente manu antiqua
notatum est· „Hic liber continet Nomina Alumnorum ab erecto Collegio Germanico quantum ex diuersis Catalogis ordine temporum seruato Colligere
licuit. Confectus est autem nunc primum die primo Ianuarii 1603 et Ori-
ginalia in archiuio reposita " 2° mai , pp signatae 874, et complures non
signatae, additae sunt figurae aeneae complures, et indices alphabetici

---

[1] Codex hic sat breviter descriptus est in „Catalogo Codicum Latinorum Bibliothecae Regiae Monacensis" ed a *Car Halm* et *G Laubmann*, tom I, P. 1 (Monachii 1868), p 216   [2] V g. l c p 131—132 136—139 144

Continet nomina alumnoium ab 21. Nov 1552—13 Dec 1715 collegium ingiessoium, at multa nomina deesse videntur   Nominibus manibus diveisis quaedam adnotata sunt, quae alumnoium vitam et res gestas spectant

Codice usus est enim Caid Andreas Steinhuber S J in conscribendo libio „Geschichte des Collegium Germanicum Hungaricum in Rom" (Freiburg i Br 1895)

6. Codices Societatis Iesu.

Notandum est codices infra describendos et ceteros, quorum per hoc opus mentio fiet, Societatis Iesu codices, fasciculos, diplomata, folia singulaiia de nequaquam uno loco collecta esse, sed in diversis variaium terrarum archiuis et bibliothecis asseruari.

1 „Annal. Vienn." Titulus antiquus avulsus esse videtur   Incipit f 1 . „Professa Domus Viennensis Societatis Ie su piincipio Collegium fuit ac gymnasium totius Piouinciae, primum * etc   2⁰, ff signata 212   Codex a compluiibus Sociis feie priore paite saeculi XVII scriptus esse videtur Res saeculi XVI et ineuntis XVII ex vetustioribus annalibus haustae, posteiiores autem ab aequalibus coium tempoium desciiptae esse videntur

Continet histoiiam illius domus Societatis Iesu viennensis, quae anno 1551 coepta, usque ad annum 1625 collegium, postea autem „domus piofessa" fuit, quae histoiia usque ad a 1650 peiducitur

Antea (usque ad a 1773) Viennae in domo professa S J fuit

2 „Antiqu. Ingolst." Inscriptio et signatuia recens in tergo „Antiquitates Collegii Ingolstadiensis XIII Ma " Titulus antiquus in f 2 non signato „ANTIQVITATES : SOCIETATIS : ET ! COLLEGII INGOLSTADIENSIS COLLECTÆ | Anno | MDCLXIII " 2⁰, ff 110 signata (compluia ex iis vacua sunt) et in initio 3 non signata

Г 1—12 exstat „Summarium de iebus Collegii Jngolstadiensis dedicati Societati nominis Jesu Dominj nostrj   De Oiigine huius instituti Collegii * Codex teiminatui exemplo epistulae italicae, a P Ioanne Polanco S J Roma 17. Febiuaiii 1570 missae   Solum „summaiium" illud in foimam histoiiae iedactum est, annos 1548—1571 spectantis, in ieliqua paite continentui epistulae Iacobi Lainii et Fiancisci Borgiae piaepositoium geneialium ac Canisii praepositi piovincialis Germaniae superioris, piaecepta, instiuctiones, ordinationes ab iisdem factae, iegulae officioium Societatis, alia usque ad a 1570 in Societate acta et constituta, quae a vaiiis collegii ingolstadiensis Sociis tianscripta sunt

In piioie codicis paite, qua ies a 1548—1563 gestae iefeiuntui [1], compluia tianscripta sunt manu P Nicolai Lanoii (Delanoy), belgae, qui a 1552—1558 collegii viennensis iectoi fuit et postea ingolstadiense collegium iexit usque ad a 1563, quo in Austiiam iemissus est, primus pioviinciae S J austiiacae praepositus piocincialis futuius [2]   Idem sua manu

---

[1] Г 1—86, f 12ª quaedam sciipta sunt ad a 1565—1571 peitinentia, sed ea posteiioie demum manu inseita sunt

[2] F 21ª 23ª 60ª—63ª 78ᵇ 79ª 86ᵇ A Lanoio haec sciipta esse facile patet, si conferantur cum foima professionis sollemnis, quam Lanoius sua manu

conspectum sive indicem scripsit rerum, quae in priore illa codicis parte comprehenduntur. Haec ostendunt codicem hunc ante a 1564 inceptum, et calligraphum, qui eius titulum scripsit, corrigendum esse ita, ut legatur „Antiquitates . collectae Anno MDLXIII" Posteriora autem acta (1564 ad 1570) statim fere atque archetypa Ingolstadium allata sunt, in hoc codice descripta esse videntur [1].

Codicem breviter descripsit (l c I, xxxix) et usurpavit Pachtler, qui cum Lanoii autographa, quibuscum codicem nostrum conferret, ante oculos non haberet, mendoso eius titulo credens scripsit anno demum 1663 „Antiquitates" esse in hunc librum congestas, licet ex ipsa scribendi ratione concluserit multas eius partes iam saeculo XVI ac fere eodem tempore atque archetypa ipsa scriptas esse Simili ratione factum est, ut quaedam codicis verba a Canisio ipso scripta esse censeret, quae a librario scripta sunt

Dubium non est, quin hic codex usque ad Societatis Iesu suppressionem anno 1773 factam penes Societatem Iesu fuerit Anno 1865 baro de Aretin cum habuisse videtur [2]

Prior „Antiquitatum" pars (f 1—12ª) circiter annum 1572 ex hoc codice transcripta esse videtur in codicem „Historia Collegii Jngolstad S J Tom I ", qui nunc Eystadii in archivo curiae episcopalis asservatur, plura de eo scribentur in secundo huius operis volumine

Ex apographo recente, quod ex codice nostro exscriptum est, prima Antiquitatum capita (in codice f 1—3ª) primum in lucem emisit P Ch -H Verdière S J [3]

Etiam Ioannes Nepomucenus Mederer in „Annalibus Ingolstadiensis Academiae" conscribendis hoc codice usus esse videtur, nonnumquam enim eius paene verba repetit [4] Eundem usurpavit Riess [5]

3. „Germ. Sup. Cat. 1566. 1599."

Inscriptio antiqua in tergo „Germ | Sup | Catal | 1566 | 1599 : Cat | brev " Incipit f 1ª. „Jhs Catalogus fratrum Jngolstadiensium Anno 1563 31 Augustj " Finitur „† Supplementum primi et 2ᵈⁱ Catalogi Prouinciae Superioris Germaniae An. 1599 " 2º Maior quidem foliorum pars numeris signata est, sed iis, qui ad priorem aliquem codicem spectant, ex quo, ordine priore neglecto, translata sunt

Codex catalogos hominum et officiorum provinciae S J Germaniae superioris („catalogos tertios") continet, qui a 1563—1600 Romam ad praepositos generales missi sunt, attamen catalogi annorum 1572—1588 et alii desunt. Accedunt „informationes" aliquae de quorundam Sociorum ingenio et moribus, epistulae paucae a rectoribus praeposito generali inscriptae etc

4 „Hist. gymn. tr. cor."

Titulus antiquus „HISTORIA GYMNASII NOVI | TRIUM CORONARUM | SOCIETATIS IESV | COLONIAE PER ANNOS CHRISTI DI-

---

scripsit in codice „Liber Professionum" (XIII Y) † 7ᵇ, et cum epistulis eius autographis, Vienna 17 Maii 1560, Ingolstadio 18 Septembris 1561, Augusta Vindelicorum 11 Octobris 1561 datis, quae sunt in cod „Germania 1560—61" f 39 ꞏ 278 31

[1] Aliqua, ni fallor, scripta sunt a P Michaele Mario (f 1—11 54, cf Librum Professionum, de quo supra, f 11ᵇ non sign), alia a P Henrico Arboreo (f 67ᵇ ad 71ᵇ, cf Librum Professionum f 7ᵇ)

[2] Vide Riess l c p 87 [1].

[3] Histoire de l'Université d'Ingolstadt I (Paris 1887), 444—451

[4] Ita I, 214 217—218 219 226 243   [5] L c, e g p 87

GESTA Ab Anno : 1556 " 2°; ff signata 186 (1—12 nunc desunt) et postea
fere totidem non signata

Continet historiam gymnasii „trium coronarum" (cucani), a. 1556 a senatu
coloniensi hominibus Societatis traditi, quae a primis gymnasii initiis (1536)
usque ad a 1585 per annos digesta est, addita sunt, ordine temporum servato, monumenta varia sive archetypa sive transcripta (epistulae, catalogi
lectionum, Sociorum, discipulorum, rationes accepti et expensi etc), quae
usque ad medium saeculum XVII pertingunt et universitatem quoque coloniensem, scholam S J traiectensem etc spectant   Accedit historia rerum,
quae annis 1652, 1654, 1655 in gymnasio „tricoronato" gestae sint

Priorem historiae huius partem (usque ad a 1579 incl) a P. Iacobo
Boyman S J , „Iuliate", „ex Poffendorf prope Geilenkirchen oriundo", Coloniae annis 1638 et 1639 conscriptam esse [1], in ipso codice nostro (f 174ᵇ)
testatur P. Iacobus Kritzradt S J [2] Atque hic tum reliquam historiae partem
actaque conscripsit et collegit, tum priorem, a Boymano compositam, multis
locis correxit vel auxit   Fontes manu scripti, quibus uterque usus est, recensentur in codice f 18ᵇ, praecipui sunt. „Annales Theologicae Facultatis",
„Libri Decanales Facultatis Artium", „Ephemerides Gymnasii", „Fasti
Gymnasij", „Historia Collegij Coloniensis"

Codice usi sunt Riess (v g 1 c p 53—54) et Pachtler (1 c I, xxi—xxii etc)
In archivo quodam privato prope Coloniam sito altera exstat (manu scripta)
„Historia Gymnasij novi Trium Coronarum Soc J Coloniae per annos Christi Digesta"
quam descripsit et usurpavit Pachtler (1 c p xxiv etc)

5 „Scripta Can. X. A" Signatura recens in tergo „Scripta B Petri
Canisii X A" Incipit f 2¹ „Petrus Kannees Nouiomagus Añ 1538
M Sept ", quae verba Canisii ipsius manu scripta sunt 4°, ff 250 signata
et 47 non signata In fine (ff 4 et 3 ante ultimum) hymnus „A solis ortus
cardine", et post eum „Laus deo scripta anno 1535 Coloniae kalen ianua" [3],
sequuntur quaedam in psalmos adnotata et descripta „ex libro scripto Domini
theodorici bardwyck" [4] Haec quoque omnia fortasse a Canisio ipso scripta
sunt Qui omnino maximam totius codicis partem sua quidem manu scripsit,
sed valde diversis temporibus, alia iuvenis, alia media vitae aetate, alia senex
Friburgi Helvetiorum commorans Complures alii eum scribendo adiuvarunt,
v g Antonius Vinck S J [5] Tres etiam libelli typis exscripti in codice hoc
continentur; de quibus vide infra, p 672

Codex materias theologicas ex iure canonico, „Pagnino", Ioanne
„Ekkio", „Roffensi" etc. excerptas et alphabetico ordine digestas continet,

---

[1] Hartzhem affirmat eum ex Ottweiler, Iuliacensium oppidulo, anno 1605 ortum
esse (1 c p 142) In Societatem Iesu a 1626 admissus, professor, studiorum praefectus, collegii rector fuit Novesii, Monasterii Eifflaci, Aquisgrani Vita cessit
Aquisgrani a 1669 (Hartzhem 1 c) De eius scriptis cf Sommervogel II, 73—75,
et ea, quae adnotavit B Duhr S J in „Osterreichisches Litteraturblatt", herausgegeben durch die Leo-Gesellschaft 3 Jahrg (Wien 1894), p 419
[2] De hoc vide supra p LIII [2]
[3] Cf infra, p 658—659
[4] Is Coloniae regens bursae „montanae" fuit et anno 1507 obiit
[5] F 207ᵇ—208 213 240ᵇ—241 etc

quae praecipue ad morum doctrinam, sacram liturgiam, ius canonicum pertinent

Ab exeunte saeculo XVI usque ad medium fere saeculum XIX. codex hic Friburgi Helvetiorum in bibliotheca vel archivo collegii Societatis Iesu servabatur. Die 7 Iulii 1741, cum Friburgi processus apostolicus beatificationis Canisii fieret, in eodem collegio una cum aliis Canisii codicibus iudicibus a sancta sede constitutis ostensus est [1].

Omnium codicum canisianorum, qui nunc supersunt, hic antiquissimus est

---

[1] *Cod „S. R C Laus. V S D Petri Canisii   Pars II Copia Proces supei virtutibus et miraculis in specie" f 1381

VII.

EXPLICATIO

notarum saepius occurrentium.

Notae quaedam ad complura et sat diversa vocabula significanda adhibentur; attamen quid singulis locis significent, ex contextu orationis dignosci potest Ex eodem intellegitur, utrum v g. „P" significet „Pater" an „Patris", „Patri" etc.; hic verba fere casu tantum recto ponuntur.

a = annus
AA LL = Artes liberales
B = Beatus, Beata
B M V = Beata Maria Virgo
c = caput
cf = confer
Const = Constitutio
d = die, dominus
D = Divus, Doctor, Dottore, Dominus, Dominatio
D s = Dominatio sua
e g = exempli gratia
E L = Lucie Liebden
Ex = Examen
f = folium
ff = folia
fl = florenus, florin
fl gn = fürstliche gnaden
Fr = Frater
inscr. = inscriptio
l — liber
l c = loco citato
M = Magister, Maestro, Maiestas
m = mensis
Ma = Maiestas
mai = maior
min = minor
ms = manu scriptus
n = numerus
om = omittit, omittunt

O Min = Ordinis Minorum
O Pr = Ordinis Praedicatorum
O S B = Ordinis Sancti Benedicti
P = Pater, Padre, Pars
p = pagina
P M = Pontifex maximus
p m = piae memoriae
PP = Patres, Padri
pp = paginae
PP gr = Patres graeci
PP. LL = Patres latini
R = Reverendus, Reverendo, Romanus
R M = Regia maiestas
R P = Reverendus pater, Reverendo padre
R P.V = Reverenda paternitas vestra, Reverenda paternita vostra
RR = Reverendi
RR PP = Reverendi patres, Reverendi padri
R V = Reverentia vestra, Reverenza vostra
S = Sanctus, Sancta, Signore, Signoria
S D = Servus Dei
S D N = Sanctissimus dominus noster
S J = Societas Iesu
sig = sigillum

sign. = signatus

S P = Salutem plurimam

S P D. = Salutem plurimam dico (dicit)

S P N = Sanctus pater noster

sq = sequens

S R C. = Sacra rituum congregatio

S R E = Sancta romana ecclesia

S. V = Sanctitas vestra

T. = Tomus, Tuus

t = tomus, tuus

V. = Venerabilis, Vester, Vide

v = vide

Ven = Venerabilis

v. g = verbi gratia

V. I = Utriusque iuris

Vol = Volumen

V P = Vestra paternitas, Vostra paternita

V R. = Vestra reverentia, Vostra reverenza

V R P = Vestra reverenda paternitas, Vostra reverenda paternita

VIII.
CANISII AUTOBIOGRAPHIA SIVE CONFESSIONES ET TESTAMENTUM.

1. Prolegomena editoris.

In apogiaphis antiquis atque etiam in libris nonnullis partes quaedam, maiores, minores, duorum exstant opusculorum, quibus Canisius vitam suam ipse enarrat Uni titulus „Confessiones" [1], alterum dicitur „Testamentum" Duo haec ab antiquis saepe iunguntui vel etiam confunduntur, ideoque uno de iis praeambulo agitur

Canisius Friburgi Helvetiorum 21 Decembris 1597 vita defunctus est Duobus mensibus post Otto Eiseneich, Societatis Iesu per Germaniam superiorem tunc praepositus provincialis — cui quidem et friburgense illud collegium suberat —, Romani ad oidinis sui moderatores scripsit „Repereiunt nostri Friburgenses intei scripta P Canisii p m ipsius ut ipse uocat testamentum, in quo ad modum Confessionum D Augustini totam suam uitam ualde pie et graui stilo describit Res est ualde iucunda lectu iis qui hominem nouerunt, et in prouincia diligenter asseruabitur poterit praeterea etiam aliquando multum seruire pio Societatis historia " [2] Haec qua iatione Eiseneich cognoverit, P Martinus Licius exponit, qui Canisio mortem obeunte collegii friburgensis rector erat, hic enim anno 1609 P Ferdinando Alberi, praepositi generalis S J. pro Germania „assistenti", haec scripsit de Canisio „Scripsit venerabilis senex, per modum precationis, omnem fere suam vitam, non diu ante mortem, P Sigismundo Ilsungo tunc scriptore vsus [3] est libellus in 8⁰ Scripsit et vitam illius R D Doctor Werronius Ecclesiastes Friburgensis Utrumque trac-

---

[1] Bene distinguere oportet has „Confessiones" a brevi illa „Confessione", quam Canisius primum anno 1571 inserendam curavit suae „Summae doctrinae Christianae", Dilingae tunc denuo editae, atque etiam suo „Commentariorum de Verbi Dei corruptelis libro primo", ibidem tunc in lucem emisso Quae postea saepissime variis Canisii libris adiecta est continetque sollemnem professionem fidei et oboedientiae erga sedem apostolicam De qua cf Biaunsbeiger, Katechismen des seligen Petrus Canisius p 94—96.

[2] * Epistula autographa, data Hala 25 Februarii 1598 Cod. „Gei m 1596", f 103

[3] P Sigismundus Ilsung erat „Erblingensis Austriacus", mortuus est 1 Ianuarii 1631 Friburgi Helvetiorum anno aetatis 76, vitae in S J peractae 54, „potissimam aetatem in Collegiorum ministeriis, procurandaque familiari re uersatus" * „Elogia Hominum Illustrium, qui in Piouincia Superioris Germaniae vixerunt" p 82—83 (Cod saeculo XVII scriptus, Monachii in archivo regni bavarici Iesuit Fasc 11, No 196¹/₂). Hic 13 Maii 1582 Oeniponte in ecclesia collegii S J adstante Feidinando II archiduce primum Deo sacrum obtulerat. * Cod „Initium et progressus Collegii Societatis Jesu Oenipontani" p 34 Cuius nomen in omnibus, quos vidi, eius temporis catalogis annuis est, quibus collegii illius friburgensis socii recensentur: ann 1589. 1592 1593 1594. 1595 1596 1597 * Cod „Gei m Sup Cat 1566 1599"

tatum Augustam misi ad P Othonem p m sicut ille misserat" [1] Atque sententiae
complures „ex Confessionibus P Canisii" allatae sunt tum anno 1611 a P Matthaeo
Radero S J in biographia illa canisiana, quae tantum manu scripta exstat [2] tum
anno 1612 a P Iacobo Keller S J in vita Canisii, quae ne ipsa quidem umquam
typis exscripta est [3] Raderus vero, cum vitam illam canisianam nonnihil recognitam
vel, si sic dicere placet, alteram quandam a priore aliquid differentem anno 1614
Monachii et anno 1615 Antverpiae in lucem emitteret longe etiam plura ei inseruit
ex Canisii „libro confessionum" — verba Raderi haec sunt —, „quem e Lands-
pergensi domo, cui illum dedicauit accepi" [4] Tirocinium autem Raderus significat
quod Societas Iesu pro provincia Germaniae superioris Landsbergae in Bavaria nacta
erat Romam quoque Canisii autobiographiam brevi pervenisse vita ea ostendit
quam praeclarus ille societatis universae historicus, Franciscus Sacchinus, ibidem
conscripsit et anno 1616 Ingolstadii edidit complura enim in ea ex Canisii „iam
senis affirmatione chirographoque" [5] proponuntur quae etiam nunc in „Confessionibus" eiusdem aut „Testamento" leguntur Alia ex „Confessionibus" in suum
„Alphabetum Christi" transtulit anno 1618 P Ioannes Niess S J Atque anno
1626 cum Irisingae in Bavaria ex auctoritate episcopi frisingensis „processus"
iuridicus de sanctitate Canisii institutus esset, Sebastianus Strang, Societatis Iesu
„coadiutor temporalis" sive frater laicus, qui Canisio aegrotanti ultimis novem
mensibus vitae eius praesto fuerat, inter testes secundo loco progressus Ioanni
Georgio Puecher, ecclesiae cathedralis decano illiusque causae iudici, obtulit „Testamenti seu libri Confessionum, quem ad Sancti Augustini imitationem scripsit de se
ipso" Canisius, „partem ab alio quidem scriptam, sed ipsiusmet Patris Canisii manu
correctam et auctam", simulque idem frater ad demonstrandas Canisii virtutes nonnullas attulit sententias, quarum aliae in „Testamento" inveniuntur, aliae in „Confessionibus" [6] Similiter ex utroque opusculo aliqua posita sunt in libello, qui anno
1656 Friburgi Helvetiorum editus est [7] Utinam autem totus ille thesaurus per prelum
cum omnibus tunc communicatus esset! Verum cum ineunte saeculo XVIII P Ioannes Dorigny S J vitam Canisii gallica lingua exponendam suscepisset et Friburgum Helvetiorum scripsisset, ut Socii „Confessiones" Landsberga sibi mittendas
curarent aliaque sibi subsidia suppeditarent, ad priorem petitionis illius partem nil
ei responsum est et ob bellum exortum omnis Confessionum accipiendarum spes

---

[1] * Epistula autographa, data Ingolstadii 17 Decembris 1609

[2] * DE VITA | PETRI CANISII DE | SOCIETATE IESV | Sociorum e Ger-
mania, primi, | Religiosissimi et doctissimi Viri, Bono Reip Catholicae nati | Libri
tres | a | Matteo Radero ex eadem Societate | conscripti | Augustae Vindelicorum
A P C N CIƆ IƆCXI 2° Pgg 82 et fol tit Opus cum biographia canisiana
a P Iacobo Keller S J composita in uno codice conglutinatum, qui nunc Romae
in bibliotheca nationali (Vittorio Emmanuele) servatur, signatus „MSS Gesuit 1335"
Dubium vix est, quin utrumque opus ab auctoribus prelo destinatum fuerit quam
quam neutrum postea excusum est Alterum alteri simillimum est

[3] * Huius vitae apographa exstant etiam apud nos atque Monachii in archivo
regni bavarici et in bibliotheca universitatis

[4] De vita Petri Canisii (Monachii 1614) p 212 (in editione antverpiensi p 213)
Plura de his infra

[5] De Vita et Rebus gestis P Petri Canisii (Ingolstadii 1616) Alios ex Confessionibus locos dicit Raderus, alios Sacchinus, ex qua re patet hunc sua non
hausisse ex illo Plura infra

[6] * Cod „S D Petri Canisii super sanctitate in specie" f 713—714 724[1]

[7] R P Petrus Canisius Societatis Iesu Theologus, elogiis magnorum virorum
mirifice illustratus (Friburgi Helvetiorum 1656) 32°, libellus mire parvus! Quae ex
„Confessionibus" habet ex Radero desumpta esse videntur, quia omnino cum eo
concordant

evanuit [1] Veiumtamen P Petrus Python S J, Helvetius Fiibuigo ortus, in praefatione, quam anno 1710 operi Dorignii, latinitate a se donato, praefixit, haec
asserere potuit „Confessionum P Canisii libium et complura alia eiusdem Patris
manu scripta, aut apogiapha manu scriptorum exempla, ex variis huius nostrae
Provinciae tabulaiiis accepi, ex quibus, voluntate Piaesidum, huic historiae multa
accesserunt, quae non videbantur notitiae posterorum subducenda" [2] Ac ievera
quidem Python ex „Confessionibus" quaedam protulit, quae neque antea a quoquam
typis exscripta eiant, neque in iis, quae supersunt, „libri primi Confessionum" et
„Testamenti" apographis continentur Qua in re unum dolendum est Canisii epistulas archetypas cum libio Pythonis conferentibus patet eum, salvis ipsis rebus.
de verbis Canisii accuiate retinendis, pro more sui temporis, minus interdum sollicitum fuisse [3]

Secuti sunt 150 anni, quibus Canisii autobiographia paene sepulta iacuit [4]
Nam Romae quidem circiter annum 1780 de processu beatificationis eius apostolico
instituendo agebatur, ideoque P. Philippus Stolzei, „procurator assistentiae Germaniae", Roma Fribuigum Helvetiorum sciipsit, ut „Confessiones" Canisii et „Testamentum" sibi mitterentur. demonstiandas enim esse in Canisio virtutes heioicas,
et scripta eius iecognoscenda [5] Utrum autem duo illa opuscula Fribui gi iam ieperta
non sint an inde Romam missa quidem, sed in itineie peidita, ignoiatur, certe
nulla eorum mentio in decreto fit, quo Sacra Rituum Congregatio 22 Martii 1732
Canisii sciipta piobavit [6] Atque uigente fidei promotoie („advocatum diaboli"
vulgus appellat) eadem congregatio 13 Apiilis 1734 Claudio Antonio Duding episcopo lausannensi commisit, ut praeter alia „Testamentum, sive librum Confessionum" Canisii quaeieret Romamque mitteret Qui Fribuigi mandatum illud promulgari iussit, archiva et bibliothecas pervestigandas cuiavit, in collegio S J
27 Iulii 1734 ipse quaestionem instituit, neque veio aliud nactus est quam partes
duas a patribus collegii inventas, easque .alia manu scriptas", cetera autem iam
antea Romam transmissa esse socii „ominabantur" [7] Itaque illa res explicari

---

[1] [I Doiigny S J] La vie du Reverend Pèie Pieiie Canisius (Paris 1707)
Avertissement f e⁴—1¹ (in nova editione Avenione anno 1829 facta p XI—XII)
ubi Doiigny addit „J'ay etc cependant console d'avoii heureusement recouvié quelques moiceaux de cet admirable écrit, et j'ay ciû qu'un des meilleurs moiens de
faire ievivre l'espiit de Canisius, en conservant sa memoire, c'était de repandie,
comme je l'ay fait, ses sentimens intéiieuis dans les differens endroits de cet Ouvrage "

[2] Vita R P Petri Canisii S J (Monachii 1710) fol b 4 ᵃ

[3] Neque tamen certo dici potest Pythonem omnes illos Confessionum locos,
in quibus pioponendis et cum codice Confessionum manu scripto, qui nunc exstat
et cum Radero discrepat, piivato iudicio ita immutasse Certum enim est Canisium
ipsum scripta sua saepe multumque mutasse, delendo, addendo, corrigendo. quod et
codices ostendunt, qui supersunt, eius manu scripti et posteriores editiones catechismi eius Fieii itaque potuit, ut Python posteiius eiusmodi Confessionum
exemplum ad manum habeiet

[4] De integia autobiogiaphia vel maioribus eius partibus loquor Paivae enim
paiticulae haud rare actis beatificationis Canisii insertae sunt, sive iis, quae tantum
manu scripta exstant, sive iis, quae sub nomine „Positionum" typis desciipta sunt,
harum autem Positionum paucissima tantum exempla ex officina typogiaphica pio-
dierunt, quae nunc tam iaia fere sunt quam codices manu scripti

[5] * Memoiialia autogiapha, in 4°, alteii inscriptum „De caussa V P Petii
Canisii " Monachii, in aichivo regni bavaiici. Ies in gen Fasc. 13, No 214

[6] Sacra Rituum Congreg · Beatificationis et Canonizationis Ven Seivi Dei
Petri Canisii . Positio super dubio An et quomodo sit signanda Commissio etc
(Romae 1734) Summ. sup sign Comm 2—3

[7] Haec in * diplomate iefeiuntui, quod Fribuigi 11 Augusti 1734 a Petio Si-

1 *

tunc non potuit, et anno 1833, processu canisiano Romae post longam intercape-
dinem denuo suscepto, Vergilius Pescetelli fidei promotor monuit Ex decretis Ur-
bani VIII ante beatificationem omnia Canisii scripta probanda esse, ideoque tum
alia tum „Testamentum" et „Confessiones" Congregationis examini subici oportere [1]
Quaesitum igitur est iterum non minus frustra Tandem vero, petente P Augustino de la Croix S J , causae illius „postulatore", Gregorius XVI , „ut omnino
tolleretur suspicio quaevis circa ulteriora examina scriptorum" Canisii 20 Iunii
1838 „dispensationem ab ulteriori scriptorum perquisitione" concessit [2]
    At prorsus desperata res non fuit Nam circa annum 1862, cum P Florianus
Riess S. J. novam Canisii biographiam pro instanti eius beatificatione praepararet,
Monachii in bibliotheca universitatis et in archivo regni bavarici ea, quae infra
uberius describentur, libri primi Confessionum et maioris partis Testamenti et alterius
particulae eiusdem Testamenti exempla invenit [3], e quibus complura in germanicam
linguam conversa operi suo inseruit Ac paulo post integri illius „Confessionum
libri primi", ex eodem certe fonte deprompti versio gallica prelum subiit, de qua
infra Sperabat quidem editor per tot itinera se plura inventurum, sed spes eum
fefellit, nisi quod maioris illius partis Testamenti alterum apographum, idque antiquius et melius, in quodam Societatis Iesu tabulario repperit
    Quam recte veteres Confessiones et Testamentum pro uno opere habuerint,
lector ipse diiudicabit Unum certe atque idem in utroque scripto Canisius sibi
proposuerat, exemplum secutus S Augustini et fortasse magistri sui, Beati Petri
Fabri S J, qui et ipse in „Memoriali" vitam suam enarravit ad Dei misericordiam
celebrandam suamque propriam vilitatem declarandam [4]. At alio modo alioque tempore Canisius id praestitit in „Confessionibus", alio in „Testamento", illae enim
verbosius conscriptae sunt magisque ad precationis formam accedunt quam Testamentum Concludit Canisius primum illum librum Confessionum narrans, quid anno
1568 Anconae divino lumine cognoverit (nisi forte haec ipsa narratio ex posteriore
aliquo Confessionum libro a librario ad primum librum ascripta est), nec multo
ante finem peccata sua deplorat, „quae annis pluribus quadraginta commisit", si

---

mone Tremiot notario apostolico scriptum est et ibidem in tabulario episcopali asservatur Cf etiam Positionem supra scriptam, animadversiones prom fidei p 4—5
    [1] Positio super virtutibus (Romae 1833) animadv fidei prom p 2—8 Ibidem
(Summar addit p 1—3) altera approbatio scriptorum Canisii sive decretum descriptum est quo Congregatio Rituum 31 Ianuarii 1735 varia probavit MSS Canisiana, ab episcopis brixinensi et lausannensi paulo ante sibi transmissa, inter quae
sunt „fragmenta" aliqua ex „Testamento"
    [2] Novissima Positio super virtutibus (Romae 1843) fact concord p 5—6
    [3] Riess p V De particula illa vide infra 4 (Reliquiae etc), n 9
    [4] Hoc quoque „Memoriale" per tria fere saecula in codicibus manu scriptis
latuit, donec, monente P Nicolao de Mac-Carthy insigni Societatis Iesu contionatore
et curante P Sebastiano Fouillot S J, circa medium nostrum saeculum semel atque
iterum autographico prelo subiectum, ac tandem a P Marcello Bouix S J anno
1873 Parisiis primum typis exscriptum est, quod postea etiam in alias linguas conversum est, mox autem emendatius editur in volumine altero operis „Cartas y otros
escritos del B P Pedro Fabro" (T 1, Bilbao 1894) Identidem per hoc opus pississim
illius libelli mentio recurret Eodem fere tempore similique modo ac Canisius duo
Hispaniae lumina vitam suam, Deo afflante, et ad solam Dei gloriam ex parte
enarrarunt Sanctissima virgo Theresia et decus illud ordinis Eremitarum S Augustini, Beatus Alphonsus de Orozco, Philippi II contionator („Confesiones" Valladolid 1601, Madrid 1610 1620 1730 etc Vide Th Cámara O S Aug Vida y
escritos del Beato Alonso de Orozco [Valladolid 1882] p 421—427) Idem postea
fecere, ut de aliis taceam, Venerabilis Robertus cardinalis Bellarminus S J ac Beata
Margarita Maria Alacoque, eximia illa cultrix cordis Iesu

quis igitur sumat Canisium quinto sextove aetatis anno ratione potitum, primum Confessionum librum circiter annum 1570 scriptum dixerit, cum Canisius, a munere praepositi provincialis anno 1569 absolutus, Dilingae vel Oeniponte otium recuperasset „narrandi" — sic enim Confessiones incipit — „opera Domini" et „scopandi spiritum suum" [1] Testamentum autem Canisius conscripsit Friburgi Helvetiorum, annos natus — hoc ipse in eiusdem exordio dicit — „fere septuaginta quinque vel sex", qui est annus 1596 aut 1597 Quod utrum ante mortem perficere potuerit necne, incertum est, exempla certe, quae nunc exstant, opusculum exhibent aut ab auctore non absolutum aut a librario mutilatum aut, quod verisimillimum, utraque ratione mancum

Poteram quidem in Confessionibus et Testamento edendis auctores sequi antiquissimos, Raderum ac Sacchinum, et quae in eorum operibus non afferuntur, minoribus typis supplere ex apographis illis manu scriptis, quae Radero et Sacchino recentiora sunt vel saltem esse videntur (similiter fere atque in „Monumentis historicis Germaniae" fit) At cum omnes isti fontes in minutis tantum rebus discrepent, cumque constet veteres in iis scriptis, quae prelo subicere volebant, nonnumquam sermonis perpoliendi studiosiores fuisse quam eiusdem fideliter ad verbum reddendi apographa illa quantumvis recentiora maiorem auctoritatem habere merito quis dixerit, ideoque haec potius describentur, ceterorum vero lectiones variae in adnotationibus ponentur

Post librum primum Confessionum et Testamentum particulae illae ponentur, quae ad ceteros Confessionum libros vel ad posteriorem Testamenti partem pertinere videntur, sive iam antea typis descriptae sunt, sive non sunt Aliqua ex Floriani Riess biographia canisiana transcribi oportuit, quia exempla manu scripta, ex quibus ab illo hausta sunt, neque ab ipso indicantur, neque ab editore reperta sunt [2]

Ratio, qua Canisius ad haec scribenda permovebatur, illa fuisse videtur, quam ipse in pio quodam commentariolo suo sic eloquitur „Multum refert in memoriam reducere multitudinem beneficiorum, et rursus multitudinem nostrarum ingratitudinum, et peccatorum totius anteactae uitae, cum stupore diuini amoris in nos, et cum dolore intimo de peccatis, petendo ueniam et gratiam, ut infundat Deus menti nostrae uilitatis nostrae cognitionem et sui amorem Item ad assequendam tui cognitionem, et Dei dilectionem conuenit saepe considerare, quid Deus nobiscum egit, et quid nos uicissim cum ipso agamus Hinc enim humilitas, illinc uero Dej amor orietur " [3]

2. Confessionum Canisii liber primus,

circiter annum 1570 Dilingae vel Oeniponte compositus

Ex apographo, quod saeculo XVII exeunte aut XVIII ineunte scriptum esse videtur, et est in codice bibliothecae universitatis monacensis „442 C M 4°-", qui inscribitur „Instructiones ad usum sacerdotum", f 146—159 Folio 146ᵃ inscriptum est „CONFESSIONES | P Petrj Canisij | VV ", f 147ᵃ incipit „Liber primus Confessionum | Non moriar " etc

Complures partes ediderunt. M Raderus, De vita Canisii p 7—12 32 210—212 Fr Sacchinus, De Vita Canisii p 20—21 256—259 Ioan Niess S J, Alphabetum

---

[1] Cf Riess p V Landsbergensis domus S J, cui opusculum hoc a Canisio dedicatum esse Raderus affirmat, anno 1576 aedificari et anno 1578 a nouicus incoli coepta est Ign Agricola S J, Historia provinciae S J Germaniae Superioris P I D 4, n 237 312, p 175 189

[2] Ex aliquo de multis illis codicibus et fasciculis depromptae esse videntur, quae ad Canisii beatificationem spectant, sed quia partes illae paucae sunt et parvae nec multas res novas continent, maiore inquisitione opus esse non videbatur

[3] *Cod. „Scripta B P Canisii X K" p 173 174

Christi (ed 6, Dilingae 1627) p 343—348   *Petr Python*, Vita Canisii p 6—7
12—14 78 257—260 343 363—364 *Flor Riess* p 6 8 12 *I Janssen*, Geschichte
des deutschen Volkes IV, 391   *Paul Drews*, Petrus Canisius (Halle 1892) p 139
Complures etiam huiusmodi partes gallice redditas exhibent *I Dorigny* in biographia Canisii (cf supra p 3, not 1) et *Eug Séguin* S J , Vie du Bienheureux
Pierre Canisius (Paris 1864) p 21—22, integrum librum in eandem linguam translatum *V Alet* S J, Le Bienheureux Canisius (Paris 1865) p 225—273

I ¹ *Canisius gratias agit pro ortu suo et baptismate accepto Familiae canisianae in fide catholica constantia Quam mater moribunda confirmat. Pater multis
negotiis periculisque implicatus Canisium P. Petrus Faber Germanorum primum
Deo regenerat ad vitam religiosam in Societate Iesu agendam*

II *Peccata primae pueritiae, libido indignandi et superbiendi, monita bona
reiecta. Canisius, Noviomagi et Coloniae a Deo mundi pericula speciali edoctus lumine, certum vitae salutiferae genus ab eodem anxie petit. Sacris imaginibus ritibusque
delectatur*

III *In praeceptoris domum translatus mala discit a sodalibus Quies tin adulescentes sui temporis ad vitam instituit Pericula pudicitiae imminentia Ipse Deo virginitatem suam toto consecrat, sponsam oblatam, canonicatum propositum sperat
Eos, qui negant se caelibatum a se susceptum ferre posse, reprehendit*

IV *Adulescentia acta Coloniae Magisterii laurea, sacris ordines Nicolai
Eschii optima disciplina victoria sui, ratio conscientiae cotidie reddita, lectio evangelii proruumque librorum Deum Canisius obtestatur, ut adulescentibus cunctis bonos
prosque praeceptores donet Ipse nonnullarum etiam sacrarum virginum verbis exemplisque in pietate proficit.*

V *Studia iuris Amor theologiae mysticae Cilicium, stipis largitio, abstinentia
diebus bacchanalibus acta Attamen a veterum severa disciplina multum abesse sibi
videtur, quam non spernere, sed saltem admirari oportet Cum iisdem veteribus
sanctis sua et aliorum peccata deplorare cupit*

VI *Sanctos quidem aliquos virtus sua commendare poterat Ipse semper impiatus,
piger, caecus, sed in divina misericordia spem ponit et veniam efflagitat, in meritis
Christi innixus et iustorum etiam operibus in Christo factis confidens*

VII *Anconae anno 1568 singulari lumine divino in omni actione memor esse
ubilibet suae divinaeque celsitudinis constituit nec laudibus suis delectari*

Liber primus Confessionum.

Non moriar, sed uiuam, et narrabo opera Domini².
Exercitabor et scopabo spiritum meum³. O Domine bene
prosperare⁴. Venite, audite, et narrabo, omnes qui ti-
metis Deum, quanta fecit animae meae⁵

[I]

Annus erat a natiuitate tua JESU CHRISTE Conditor et Redemptor meus benignissime, supra sesquimillesimum vicesimus primus,
quo me irae filium⁶ et peccati seruum⁷ in hanc mundi lucem

---

¹ Divisionem hanc Alet fecit. Quae hic retinetur, quia bona est, et quia aliter
dividendo res perturbarentur
² Ps 117, 7   ³ Ps 76, 7 (exercitabar et scopebam etc)
⁴ Ps 117, 25   ⁵ Ps 65, 16   ⁶ Eph 2, 3   ⁷ Rom 6, 20

progredi voluisti [1]. Parentem quidem Jacobum et Aegidiam [2], eosque Catholicos, honestos ac diuites satis largitus es Patriam in ditione Geldriensi ciuitatem Nouiomagensem contulisti: diem uero natiuitatis octauum Maio mense tribuisti. Neque multo post sacro me baptismate purificasti, ut qui in peccatis conceptus et natus [3] eram, lauacro regenerationis [4] et spiritu adoptionis [5] accepto, inter Dei filios renascerer, tuaeque iam gratiae particeps factus, cum sanctis in Ecclesia sancta militanti, et postea triumphanti tibi perpetuo inseruirem Quid retribuam Domino [6], sic me praeter omne meritum gratiose vocanti, adoptanti, iustificanti? cum neque cuperem, neque intelligerem hoc grande beneficium, quo dignum me fecit in partem sortis sanctorum in lumine, et ereptum homuncionem de potestate tenebrarum in regnum dilectionis suae transtulit, in quo habemus redemptionem, et remissionem omnium peccatorum [7]. Benedictus Dominus, quoniam mirificauit misericordiam suam mihi in ciuitate munita [8]. Benedictus paterfamilias, qui me primo mane conduxit et adduxit operarium in vineam suam [9]. Benedictus

---

[1] Falso igitur *Martinus Philippson* asserit Canisium anno 1520 natum esse, Westeuropa im Zeitalter von Philipp II, Elisabeth und Heinrich IV (Berlin 1882) p 47 Eodem errore captus est *C Prantl*, Geschichte der Ludwig-Maximilians-Universitat II (Munchen 1872), 490 Anno 1528 natum esse scribit *J W Staats Evers*, Nijmegen (Arnhem 1891) p 101

[2] Aegidiam van Houweningen, cf genealogiam familiae canisianae, quam P *Paulus Bongaerts* S J addidit biographiae canisianae a P *Eugenio Seguin* S J gallice compositae ("Vie du Bienheureux Pierre Canisius" Paris 1864) et a se hollandice versae ("Leven van den gelukzaligen Petrus Canisius Door Pater E Seguin S J In 't hollandsch overgegeven, vermeerderd en verbeterd" 'S Gravenhage 1865] p 368—381) Genealogia haec praestantior est quam ea, quam P *F Drynoodt* S J in appendice editionis alterius biographiae suae canisianae posuerat ("Esquisse biographique du vénérable serviteur de Dieu Pierre Canisius" [2 ed, Paris 1865] p 73—105) Bongaerts genealogiam illam etiam separatim eamque paulo emendatius edidit (quae tamen editio apud bibliopolas non venit) cum hoc titulo "Stamlijst van de Familie Canis en de daaraan verwante Geslachten". 'S Gravenhage 1865 Canisianam genealogiam, praeter antiquiores quosdam, vulgavit etiam *L. Ph C van den Bergh* in appendice commentationis suae "Het Nijmeegsche Geslacht Kanis", de qua supra Exstat etiam manu scripta genealogia canisiana, quam D *B F W von Brucken-Fock*, iuris doctor et societatis litterarum zelandicae praeses, copiose et accurate conscripsit et anno 1893 mecum benigne communicavit Ad genealogiam canisianam spectant etiam quae P *H I Allard* S J edidit in libello periodico hollandice scripto "Studien op godsdienstig, wetenschappelijk en letterkundig gebied" N R 41, 2 (Utrecht 1893) Bijlage Idem vir historiae neerlandicae peritissimus a nova genealogia familiae canisianae, quam ex compluribus annis parat, typis exscribenda adhuc quidem impeditus est, sed bona est spes eam post aliquod tempus absolutam et alicui ex posterioribus huius operis voluminibus insertum iri

[3] Ps 50, 7. Io 9, 34   [4] Tit 3, 5   [5] Rom 8, 15
[6] Ps 115, 12   [7] Col 1, 12—14   [8] Ps 30, 22
[9] Matth 20, 1

Spiritus sanctus, per quem charitas Dej diffusa est in
corde meo[1], cuius ego templum factus sum[2], et a quo signatus
sum in die redemptionis[3] Tuam agnosco CHRISTE gratiam,
tuam o Deus praedico benignitatem, qui animam nunquam inter-
ituram cum mortali corpore mihi conjunxisti, qui sanctum Angelum
perpetuum mihi custodem adiunxisti, qui tot mensibus in materno
me sinu conservasti, et statim editum inter Christianos Christianum
effici et educari uoluisti   Vbi neque illud in gloriam tuam reticebo,
quod familiam ipsumque patrem dederis in Catholica religione constantem, quem et Matris pietas confirmauit   Haec moritura non
minus prudenter quam religiose coniugem monuit de nouitia fide,
quae tum apud nostrates pullulabat. fugienda, deque Catholica religione mordicus retinenda   Sed per summam te charitatem tuam
aeterne DEVS oro, ut parenti utrique peccatum omne condones, quod
in illis adhuc fortasse iustitia tua inuenit, atque castigat   Patri certe
peccandi non defuit occasio, dum saeculi frequentibus ornaretur honoribus, dum varijs detineretur in utroque coniugio[4] voluptatibus, dum
grauibus reipublicae, magnatumque negotijs[a] saepe ac multum im-
plicaretur[5]. Vereor Domine, qui solus nosti omnia[6], et iustitias iudicas[7], vereor. ne huiusmodi spinis et retibus implicatus
ille multa commiserit, et plura omiserit poenitenda, et in his uiuendi
finem fecerit, priusquam bene moriendi artem teneret[8]   Tua igitur
Domine, misericordia. tua, quae semper immensa est, bonitas, quales-
cunque patris et matris maculas in illo saeculo expiandas, et forte

---

[a] *Dicas perperam* grauibus reipublicae magnae tuncque negotijs

---

[1] Rom 5, 5   [2] 1 Cor 3, 16. 6, 19
[3] Eph 4, 30
[4] Iacobus Canis circiter annum 1524 alteram uxorem duxit Wendelinam van
den Bergh, cf *Bongaerts*, Stamlijst p 4
[5] Magister Iacobus Canis, iuris licentiatus, liberos ducis Lothaingiae per
quinque annos instituisse et in patriam reversus perpetuum paene magistratum
Neomagi gessisse fertur Eundem a civibus ad grauissima negotia tractanda lectum
esse et praecipuum auctorem fuisse ferunt pacis anno 1543 inter Carolum V imperatorem et Guilielmum, Cliviae ducem, Venloae sancitae In Geldria certe plurimum
poterat. austriacae factionis caput erat, civitatis neomagensis libertatem ac privilegia acriter defendebat L Ph C *van den Bergh* l c (ed separ) p 5—7. *Iac
Kok*, Vaderlandsch Woordenboek Negende Deel Tweede Druk (Te Amsterdam
1788) p 48—49 *Ios Habets*, Limburgsche Wijsdommen (S Gravenhage 1891)
p 375 380
[6] Cf 3 Reg 8, 39 2 Par 6, 30   [7] Ps 9. 5
[8] Iacobus Canis grauiter decumbens, ubi Petrum filium Colonia evocatum ad
se venientem primum vidit repente, sive laetitiae impetu sive alio percussus ictu,
animam exhalavit anno 1543, mense (ut videtur) Decembri, sepultusque est in
ecclesia maiore neomagensi, S Stephano dicata *Succhinus*, De vita Canisii p 29
Riess l c p 38—39 *Bongaerts*, Stamlijst p 4 n 2 *Van den Bergh* l c p 6—9
Io Is Pontanus, Historiae Gelricae libri XIV (Harderuici Geliorum 1639) p 831
ad 833

nondum expurgatas, per sacrosanctum Christi sanguinem clementer deleat, rogo[1]. Fuit et illud gratiae tuae munus peculiare, quod eodem die, quantum memini, hoc est, octauo Mensis Maij, qui propter Archangeli sancti Michaelis apparitionem est celebrior[2], me non modo nasci mundo, sed spiritualiter etiam post baptisma in religione sacra renasci postea uoluisti. Tunc enim peccatorem me genuit mater mea famula tua, quae pro pietate sua me filium suum unicum, tibi saepe ut audio, et sollicite cum lacrymis commendauit. Tunc et alter pater meus Petrus Faber seruus vere tuus, in quo multi glorificant nomen tuum[3], non sine singulari studio sanctoque labore, me sic tibi Moguntiae regenerauit, ut nouum ueluti membrum primumque Germanum offerret ac insereret illi Societati, quam sacratissimj nominis tuj auspicijs condecorasti[4]. Jgitur benedic anima mea Domino, et omnia quae intra me sunt, nomini sancto eius. Benedic anima mea Domino, et noli obliuisci omnes retributiones eius[5], quas praesertim hoc natalitio die diuina tibi bonitas demonstrauit, et suauiter aliquoties renouauit.

---

[1] *Dreus* ex his verbis colligit Canisium, cum patris mortui recordaretur, serio veritum esse, ut salutem aeternam is assequeretur Certe ipsa Canisii verba ostendunt cum sollicitum fuisse non de ulla re alia nisi de eodem ex purgatorio nondum liberato *Raderus* anno 1614 scribit [Canisius, cum patri morienti adstitisset,] „noctem illam in votis et lacrimis absumpsit, supplicesque Deo preces strauit, vti pacem veniamque patri impertiretur Audiit pios filij gemitus pro patre, pater misericordiarum Deus, et Canisio aperuit, non patrem tantum, sed matrem etiam (Aegidia illa erat, prima Iacobi vxor) quae iam pridem decesserat, caelo receptam Quo diuino responso exhilaratus, quantas potuit mortalis, immortali Deo gratias egit, cum se nouo Dei beneficio obstrictum grata memoria recognouisset, quod ego ex Dilinganae Academiae Rectore Christophoro Grenzingo, ipse ex Theodorico Canisio, Canisij fratre accepit" (De vita Canisii p 233—234). Idem forte etiam Beatus Petrus Faber significauit, Colonia 24 Ianuarii 1544 P Cornelio Wischaven scribens „De Magistro autem Petro Canisio jam puto te plura scire ex litteris suis quam me, ipse in patriam ivit et patrem sepeliuit, non mortuum mortuus sed viventem vivus" (Cartas y otros escritos del B P *Pedro Fabio* T 1 (Bilbao 1894) p 374) Idem fere, quod Raderus refert (Canisium cognouisse parentum animas salvas), depictum est imagine magna (folio maiore, ut dicunt) et per aeneam laminam expressa, quam saeculo XVII „delineauit" pictor ille *Abraham a Diepenbeke* buscoducensis, qui in Petri Pauli Rubens discipulis numeratur, et „sculpsit" *Paulus du Pont* („Pontius") antverpiensis, qui fuit chalcographus Paulo Rubens et ipse amicus, *Martinus* autem *van den Enden* imaginem „excudit" et dedicavit „Georgio Uwens, Equiti, Toparchae S. Laurentii de Berchem, et in supremo Brabantiae senatu Consiliario Regio", cuius „magnus avunculus" Petrus Canisius erat Exemplum huius imaginis in provincia Societatis Iesu germanica asservatur

[2] Ecclesia catholica die 8 mensis Maii festum celebrat „Apparitionis S Michaelis Archangeli" in Gargano Apuliae monte factae

[3] Ps 85, 9 12

[4] Anno 1543 post pascha Canisius Moguntiae a Beato Petro Fabio spiritualibus exercitiis S Ignatii excultus est, atque 8 Maii 1543 ibidem voto, quod infra proponetur, Societati Iesu se addixit

[5] Ps 102, 1 2

[II.]

Quid vero dicam de primis illis annis aetatis, quos misera et stulta juuentus absque fructu, imo etiam sine judicio et intellectu solido somniando magis quam vigilando traducit? Non possum vendicare mihi quod Thobiae debetur elogium, ut cum junior esset, reliquis suae tribus, nihil tamen puerile gesserit[1]. Neque sum Augustino ulla ex parte conferendus, qui cum in virum eximie sanctum evasisset, suae adhuc infantiae et pueritiae lapsus agnoscit, atque deplorat[2]. Vere multa puer cogitaui, multa concupiui, multa protuli, multa designaui, multa praetermisi, quae Christianum puerum dedecebant, neque tantum reprachensionem, sed seueram quoque castigationem persaepe merebantur.   Habet aetas illa suas uirtutes, pudorem, simplicitatem, innocentiam, de quibus non est meum gloriari. Habet vitia quoque sua peculiaria, quibus acceptam abs te et concreditam mihi vestem illam nuptialem tum coepi Domine contaminare. Hej mihj, quam infructuose horas, dies, noctes, hebdomadas, menses annosque consumpsi Quam vanus, inops, stolidus fuj, qui sine timore et amore tuo vitam institui, uelut te vitae meae authorem, ducem et conseruatorem ignorarem   Conterebam bonam temporis partem otio, lusibus, nugis, ineptijs, uagationibus et nescio quibus curis studijsque puerilibus: his loco etiam ac tempore sacro delectabar Adhaerebant mihi naturae corruptae varij morbi, et licet facultas deesset, tamen magis magisque prodebat sese voluntas non bona, et libido male sana indignandj, nascendi, obstrependi, inuidendi, superbiendi, et vindictam non solum appetendi, sed etiam pro illius aetatis modulo exercendi. Quoties tunc ego nutrices, parentes, coetaneos recteque monentes alios aut contempsi, aut offendi, minusque honoraui? Tardus et inuitus reddebam officium saepe· ad uanitates interim et nescio ad quales cupiditates praeceps ferebar, uelut indomitus quidam hinnulus aut vitulus lasciuiens[3] Illud erat grauius, quod paulatim audiebam et non sequebar bene monentes, quod angeli tui et conscientiae meae testimonium refutabam, et quasi cum rationis lege pugnabam ut quod libebat ob effienem appetitum, hoc etiam mihi licere uellem, ut ne re male concupita carerem.

Nunc tuam imploro gratiam Domine JESU, qui dum puer esses, prae pueris omnibus proficiebas aetate, sapientia et gratia apud DEVM et homines[4], puer omnino sine macula conceptus, natus et educatus, in quo pueri omnes benedicuntur. Ne memineris Domine, qui paruulos etiam peccantes ad te uenie gaudes[5], ne memineris iniquitatum[6] et transgressionum mearum, quas omnes

---

¹ Tob 1, 4   ² In libro primo Confessionum suarum
³ Cf Ier 31, 18   Os 4, 16   ⁴ Luc 2, 52
⁵ Cf Matth 19, 13—15   Marc 10, 13—16   Luc 18, 15—17
⁶ Ps 78, 8   Is 64, 9

non possum intelligere, neque omnino tamen debeo dissimulare.
Delicta iuuentutis meae et ignorantias meas ne memineris[1] Delicta enim quis intelligit? ab occultis meis
munda me, et ab alienis parce seruo tuo[2]. Cito anti-
cipent me tuae misericordiae[3], quia miser et miserabilis, igno-
rans et fragilis, vanus et stultus ego sum a iuuentute mea[4]. Vereor
omnia opera mea, sciens, quia non parcis delinquenti[5],
ac illi praesertim, qui in peccatis excusare[6] se potius quam accusare
conatur. Tu iustus es Domine[7], et iustitias non modo diligis[8],
sed etiam requiris[9] et iudicas[10] in omni aetate ac tempore Tantum hoc mihi largiaris DEVS iuuentutis meae, ut qui charitatem
primam reliqui[11], et innocentiae vestem candidam commaculauj,
recogitem tibi omnes annos meos in amaritudine animae
meae[12] Quid enim possum pro primis illis annis, qui aetatis lubricae
lapsus infinitos continent, quid possum aliud offerre tibi, nisi quo lubenter
placaris, sacrificium contriti cordis, et spiritus humiliatj?[13].

Eram[a] puer[b], cum in templo Nouiomagensi, quod B. Stephano
protomartyri sacrum est[a], aliquando precarer, et tuum sacrosanctum
Corpus Domine prope summum altare[11] supplex adorarem. obliuisci

---

[a] *Quae sequuntur usque ad* .a *sapientibus cernitur atque comprobatur* sunt
etiam apud Raderum (p 210—212), cuius lectiones eaeae singillatim ponentur.
Python (p 6—7) scribit [Canisius] „in suis confessionibus sic cum Deo loquitur
‚Annis infans, sed supra aetatem maturus, ex singulari tua misericordia, mi Deus,
satis intelligebam, quod in rebus, ad animae meae salutem spectantibus, Tu mihi
consulendus eras Nunquam animo excidit fauor ille. quem Nouiomagi in templo
S Stephani oranti, et Te in Eucharistia adoranti exhibuisti Quantum enim recordor,
ancipiti cogitationum aestu iactatus, perfusus lachrymis, invocabam sanctum nomen
tuum, tibi desideria mea, et solicitudines exponebam nam angebar intimis sensibus,
mecum reputans grauissima pericula, quae iuventutem circumvallant, vixque decli-
nari possunt Orabam te, Deus meus, ut meae imbecillitati prospiceres, usus illis,
in falloi, Prophetae verbis ‚Vias tuas demonstra mihi, et semitas tuas edoce me
Hunc Tu timorem in me excitabas qui me adversus blandam voluptatem obarmaret.'"
Eadem fere verba gallico sermone posuit Dorigny (p 7—9), nisi quod inter ultimam
sententiam et antecedentem pauca quaedam in Confessionibus dici fassus est, quae
ipse omisisset Probabile est, puto, et Dorignium et Pythonem hanc orationem Canisii
talem, qualis in codice monacensi posita est, ante oculos habuisse, sed liberiore
modo contraxisse atque immutasse   [b] Maturus eram puer Rad

---

[1] Ps 24, 7   [2] Ps 18, 13 14   [3] Ps 78, 8   [4] Cf Ps 87, 16   [5] Iob 9, 28
[6] Cf Ps 140, 4   [7] 2 Esdr 9, 33 Tob 3, 2 Ps 118, 137
[8] Ps 10, 8   [9] Cf Ps 30, 24, 43, 22   [10] Ps 9, 5
[11] Apoc 2, 4   [12] Is 38, 15   [13] Ps 50, 19
[14] Germanis tunc mos erat sanctissimam eucharistiam non in altari ipso asser-
vare, sed in „domuncula sacramentaria" (Sacramentshäuschen), quae in modum
turriculae ex lapide confecta et prope summum altare ad latus evangelii parieti
apposita erat Domuncula illa neomagensis fortasse tempore „reformationis" destructa
vel amota est, ego saltem eam anno 1892 in ecclesia S Stephani non vidi Templum
illud Beatus Albertus Magnus O Pr , qui episcopus ratisbonensis fuerat, 7 Septembris 1273 consecrasse fertur (Io *Knippenbergh*, Historia ecclesiastica Ducatus
Geldriae [Bruxellis 1719] p 87) Nunc protestantibus mancipatum est

non possum gratiae, quam tum ᵃ puero tribuisti mihi. Nam anxie
quidem et non sine lachrymis, ut opinor, te inuocabam, et desiderium
meum aperiebam, praeuidens iam tum, nescio quo modo, et mundi
vanitates insaniasque falsas[1], et vitae salutisque meae permulta pericula, et objectos undique laqueos uenantium[2], ut hinc
pauci effugere possint

Igitur ut periclitanti adesses, orabam, illudque dicere videbai.
„vias tuas Domine demonstra mihi, et semitas tuas edoce
me Dirige me in veritate tua, et doce me, quoniam tu
es DEVS Saluator meus."ᵇ[3] Ac postea cum apud aureos Martyres Coloniae degerem ᵈ, sensi hoc votum in me saepius renouari, ut
peterem anxius gratia tua Duce certum mihique salutiferum vitae
genus demonstrari

Credo certe, hunc spiritum timoris[5] piaeque sollicitudinis tu
peperisti, tu conseruasti, Domine, ut aetas lubrica et ultio lasciuiens
timorem ueluti ᶜ paedagogum atque custodem haberet, ut ᵈ ego ad
uias prauas[6] minus delaberer Configebas enim timore tuo
carnes meas, ut a judicijs tuis inciperem formidare[7]

Atque in hac ipsa aetate sum expertus, quod haud sine angelo
tuo et ᵉ custode meo factum arbitror, ut rerum sacrarum imaginibus
ac templorum caeremonijs subinde delectarer[8]. Igitur Sacrificantibus ᶠ
alijs libenter inseruiebam[9], imo Sacerdotis personam mihi sumebam
puer, et illius aemulabar officium cantando, sacrificando, precando·
Exprimebam, ut poteram, coram aequalibus ea munia, quae sacris
operantis sunt propria. Videantur haec studia prorsus puerilia, sed
in quibus aliquando tamen apparet futura mentis indoles, et mirabilis prouidentiae tuae ratio a sapientibus cernitur, atque comprobatur
Nunc uero peius cum pueris agitur, quando ea, quae puerili pietati
congruere possunt, illi subtrahuntur aetati, quae paulatim a lacte
ad solidiorem cibum[10] erat perducenda Non intelligunt sapientes
isti, quot modis tu summa sapientia te tuosque sermones ad captum
infantiae et insipientiae nostrae accommodasti, longeque aliter paruulis, quam viris et grandaeuis, tuae munificentiae dona communicari,
quotidie res ipsa testatur

ᵃ tu *Rad*   ᵇ edoce me, quia tu es DEVS Saluator meus *Rad*
ᶜ om *Rad*   ᵈ et *Rad*   ᵉ om *Rad*   ᶠ Sic *Rad* , cod *mon* Sacrificationibus

---

[1] Ps 39, 5   [2] Ps 90, 3 123, 7   [3] Ps 24, 4 5
[4] Canisius tunc prope ecclesiam celebrem et collegialem S Gereonis, quae
antiquitus ob auri splendorem „ad aureos martyres" dicebatur, in domo Andreae
Herll, eiusdem ecclesiae canonici, habitabat Ecclesiam illam descripsit (praeter
alios) *Aegidius Gelenius*, historicus archiepiscopi coloniensis, „De admiranda, sacra
et civili magnitudine Coloniae Claudiae Agrippinensis Augustae Ubiorum Urbis" (Coloniae 1645) p 258—271
[5] Is 11, 3   [6] Eccli 2, 16 Ez 18, 25 29   [7] Ps 118, 120
[8] Vide p 11 notam 14   [9] Ps 39, 5   [10] Cf Hebr. 5, 12—14

Vtinam uero in hac puerili simplicitate mea mens, et omnis puerilis vitae meae ratio perstitisset Sed crescebat cum aetate malitia, peccandique libido maior accedebat, et corruptelae uariae pectus inficiebant: Peccabam, neque pio peccato existimabatur, imo et laudi ducebatur aliquando, quod contra puerilem innocentiam fuerat designatum. Erigebam magis ac magis cornua, uidebar ipse mihi sapere, contemnebam prae me alios, de magnis etiam rebus iudicare uolebam, coecus, ut inquiunt, de coloribus disputabam. Neque cedebam facile, si quando aut monerer, aut reprehenderer Tantus inerat tumor, ea temeritas, philautia, stultitia, petulantia mentem occupabat Quid uero de contentione, ira, inuidia, simultate dicam° an illud fallendi mentiendique studium excusabo? Secundum misericordiam tuam, et non iuxta peruersitatem meam, memento mei tu propter bonitatem tuam Domine¹: Reminiscere miserationum tuarum, et misericordiarum tuarum, quae a saeculo sunt² Domine ne in furore tuo arguas me, neque in ira tua corripias me³. Quoniam iniquitates meae supergressae sunt caput meum, et sicut onus graue grauatae sunt super me⁴

[III]

Et auxit hos mihi morbos mutatum domicilium, cum ex aedibus nempe paternis in domum praeceptoris discendi causa transferrer⁵ Hic in tales incidi sodales atque commilitones, qui suis tum uerbis tum exemplis peccandi docerent et augerent licentiam, quique de turpitudine cogitare, loqui et gloriari pulchrum existimarent. Non illos incuso Domine, ut meam hinc excusem aut tegam iniquitatem. Peccarunt illi, nec ego a peccatis illis immunis Digni sunt flagris, et his ego simul obnoxius Puderet me fateri, quae tunc facere non pudebat Misericordiam peto, quia iudicium reformido, sciens maioribus peccatis maiora supplicia reseruari, et minoribus etiam poenas apud te aliquas esse constitutas. Ergo dum tempus est miserendi, vincat potentia tua, nostram fragilitatem, sapientia tua nostram ignorantiam, bonitas tua nostram malitiam superet, ut nulli nostrum imputentur, quae mala contra legem tuam uel a me propter illos sodales, uel ab illis

¹ Ps 24, 7   ² Ps 24, 6   ³ Ps 6, 2   ⁴ Ps 37, 5
⁵ Noviomagus tunc habebat scholam „fratrum vitae communis", quos etiam „Hieronymianos" vel „Gregorianos" vocabant, quosque Gerardus Groote daventriensis saeculo XIV. ad finem vergente instituerat. Ac praeter eas, quae fortasse in aliis etiam monasteriis erant, scholas neomagenses, parochialis quoque exstabat schola prope ecclesiam S Stephani, eaque „apostolica" dicebatur, eo quod capitulum ecclesiae collegialis SS. Apostolorum coloniensis pro iure patronatus, quod in ecclesiam S Stephani habebat, eius etiam scholae magistrum nominabat Quae paulo post „schola latina" facta est, et nunc est gymnasium Io Smetius, Chronijk en Beschrijving van Nijmegen (Nijmegen 1784) p. 122. Friedi Nettesheim, Geschichte der Schulen im alten Herzogthum Geldern (Dusseldorf 1882) p 52—54 96 106

propter me clam, palam perpetrata fuere. Adiuua nos Deus salutaris noster, et propter gloriam nominis tuj libera nos, et propitius esto peccatis nostris propter nomen tuum[1] Peccauimus pueri, peccauimus adolescentes, quibus utinam fuisset Tobias aliquis institutor docens nos ab infantia timere DEVM, et abstinere ab omnj peccato[2] Miserere nostrj Domine, et, ut rectius cum aljs agatui, in multis eorum excita spiritum Danielis ac sociorum eius, qui portent iugum tuum ab adolescentia sua[3]. et qui Timotheum[4] ac Nicolaum uere pios adolescentes[5] ardenti pietatis studio imitentur

Ego vero ex meis et alienis malis, quae tunc nimium committebantur, hunc fructum nunc colligo, ut magis magisque doleam uicem bene natorum adolescentum. Nam hi nostra quidem aetate ita curantur et educantur, ut capitaliores hostes habere non uideantur, quam suos parentes, paedagogos, et alios uel sanguine, uel consuetudine et familiaritate conjunctissimos Ab his aetas illa generosa multis miserisque modis deprauatur, nec solum a pietatis cultu et studio abducitur. uerum etiam ad superbiam, luxum et lasciuiam instituitur, pessimisque tum institutis tum exemplis domesticis ad peccandum prouocatur. Si corrumpunt bonos mores colloquia praua[6], quae tandem pernicies ex perditis maiorum moribus et pudendis domesticorum exemplis ad iuuenes redit? O quam graues poenas dabunt, quam seuere iudicabuntur abs te omnes, qui uerbis consiljs et factis scandalizant paruulos tuos Domine, et ad te uementes. tibique seruituros rident, auertunt atque impediunt[7]. Vae mundo, uae iuuentuti a scandalis[8] et mille laqueis passim expansis ad simplicium animas decipiendas Incitat mundus, funesta meretrix, suisque praestigijs innumeros capit et perpetuo cruciandos Sathanae tradit Clamat et sapientia, forisque voce constanti praedicat, sed paucis est cordi, quod praeclare monet, Memento creatoris tuj in diebus iuuentutis tuae, antequam ueniat dies afflictionis tuae, et appropinquent anni, de quibus dices. Non mihi placent[9]

Aperi Domine oculos non modo coecis, sed stultis etiam parentibus. et formatoribus Juuentutis, ut desinant coeci et stulti esse duces, qui coecos et stultos iuuenes secum abducant in foueam perditionis aeternae[10] Agnoscant, quid quantumque periculi tum sibi

---

[1] Ps 78, 9   [2] Tob 1, 10   [3] Thren 3, 27
[4] Cf Act 16, 1 2   2 Tim. 1, 5
[5] S Nicolaum, Myrae episcopum, a pueritia exemplar fuisse ferunt innocentiae et uirtutis ac postea pueris ad pietatem instituendis mire esse delectatum   ideo et puerorum patronus quidam habetur et in multis Germaniae locis die 6 Decembris qui S Nicolao sacer est, pueris poma et dulcia donantur
[6] 1 Cor 15 33   [7] Cf Matth 18, 6, 19, 14   [8] Matth 18, 7
[9] Eccles 12, 1   [10] Cf Luc 6, 39

tum concreditis sibi juuenibus accersant hac pessima secui itate. Animaduertant, procliuem ad mala quaeque adolescentiam suapte sponte
ruere, quae sine magna ui ad uirtutum officia aegre flecti ac perduci
soleat Cogitent florem illum virginitatis in hac aetate pulcherrimum,
maximeque commendandum: sed hoc quidem flore nihil fere fragilius
et caducum magis esse, qui cum decidit semel, virtus perijt, serus
dolor uenit, jactura est irrecupeiabilis Nam amissa semel virginitas
restitui nunquam potest O si bona sua nossent pudici adolescentes,
quanta hi cura diligentiaque circumferrent, ac tuerentur thesaurum
integrum uereque aureum castitatis, quam acria pro illo seruando
proclia sustineient, quam accurate hostem domesticum, qui in carne
militat, obseruarent, ac premeient Nunquam committerent sane, ut
sensu tactuque suo uel alieno muriam ullam pudor acciperet ac
sancta castimonia polluoretur, sed uelut expediti armatique milites.
et sancta ira succensi mox hostem peteient, quando ille primum cum
suis prorumpit illecebris, et blanda libidinum irritamenta ueluti pellices
et Syrenes immittit

Illud mihi sane non contigit, ut bona conscientia testari possim,
quod sacia virgo, et vere carne spirituque uirgo[1] dicebat: Nunquam concupiui uirum, et mundam seruaui animam meam
ab omni concupiscentia. Nunquam cum ludentibus mis-
cui me, neque cum his. qui in leuitate ambulant, parti-
cipem me praebui[2]. Etsi uero de casto corde et corpoie gloriari,
ut illa, non possum, nec debeo: tamen in hoc gratiam tuam mihi
concessam praedico, et pro hoc gratias tibi bonorum omnium authori
singulares ago, agique a castis mentibus omnibus cupio uehementei,
qui libeiasti corpus meum[3] a foedo concubitu, neque permisisti
cum ulla me foemina coinquinari. Scio interim Domine, quia non
possum neque potui unquam esse continens, nisi te largiente, qui
gratiae tuae torrente ardentes libidinum flammas exstinguis, et uotum
iugumque castitatis, quod Euangelici Spadones[4] imponunt sibi, non
solum tolerabile, uerum etiam expeditum, molle et suaue reddis[5]
Igitur cum annos essem natus, ni fallor, nouendecim, hoc etiam, quod
perfectius erat, inspirasti atque laigitus es, ut uirginitatem meam
sponte dedicarem tibi, et uirginitatis amator me uoto astringerem ad
perpetuum coelibatum Cuius rei nulla me unquam poenitudo cepit*.
Obtulit quidem pater sponsam commodam et opulentam: Proposuit
Saceidotium, seu, uti vocant, Canonicatum, quem Coloniae, si uellem,
consequeier, et ad honores nescio quos saeculi me piimogenitum
euehere cogitauit. Sed aderas Domine, et amara mihi ieddebas haec
fercula, ut cibis salubiioribus et solidioribus pasceres animam meam,

---

* coepit cod monac

---

[1] Saia, filia Raguelis, in Rages, civitate Medorum
[2] Tob 3, 16 17   [3] Eccli 51, 3   [4] Matth 19, 12   [5] Matth 11 30

ut in te gloriabundus, tuaeque consolationis rore perfusus, cantare
potuissem: In Domino speravi, non timebo, quid faciat
mihi caro[1] In Deo faciam virtutem, et ipse ad nihilum
deducet inimicos meos[2] Dominus adiutor meus et protector meus[3]. In ipso sperauit cor meum, et adiutus
sum[4] Centenarum virginum, quae et nobilissimae et pulcherrimae
fuerunt, habemus exempla: ijs pudicitiae, quam vitae seruandae maior
ratio habebatur Et nos viri hoc cum carne proelium detractamus,
templumque polluimus Spiritus Sancti, quem in corpore glorifi-
care et portare[5] debemus? Laudabit usque ad mortem
anima mea Dominum[6], quoniam non despicis te rogantes, in te
confidentes. de te praesumentes, propter te militantes Confirma hoc
DEVS quod operatus es in nobis[7], et perfice munus tuum[8],
et sacrificium nostrum, quod nobiscum electae virgines et viduae de
casta carne offerunt tibi, quemadmodum virgo mater virginum princeps ante omnes virgines obtulit et consecrauit creatori suo in
odorem suauitatis[9] Et sunt adhuc Christianj, proh dolor et
pudor, qui gratiam tuam aut ignorantes aut blasphemantes, in carne
sine carne se muere posse desperant, quantumvis uouerint se castos
esse mansuros. Jgnosce illis Domine, qui te pudicitiae amatorem,
custodem et tutorem nesciunt, qui naturae suae imbecillitatem potius
quam ueritatem promissionis tuae spectant, et post acceptam legem
Spiritus carnales magis, quam spirituales esse contendunt[10] Hi non
assequuntur quod scriptum est. Qui Christi sunt, carnem suam
crucifixerunt cum uitijs et concupiscentijs[11] Et rursum:
Qui non jungit virginem suam, melius facit[12] Item, volo
omnes esse, sicut meipsum[13] Et quod viduis post emissum
votum incontinentibus, adeoque perfidis omnibus uota sua tibi et
Ecclesiae facta uiolantibus dictum est: Damnationem habent,
quia primam fidem irritam fecerunt[14] Vae uae templa Dej
sancta prophanantibus, et mentientibus Spirituj Sancto[15].

[IV]

Annos foitasse decem, aut ijs amplius, Coloniae vixi, postquam
aetatis annum decimum quintum essem ingressus Nec enim aut
tutum aut congruum erat mihi, ut arbitror, diutius in patria uersarj,
et inter consanguineos amicosque fures temporis, mundi retibus im-
plicari Itaque patri meo Iacobo suggessisti DEVS, qui dies meos

---

[1] Ps 55, 5
[2] Ps 59 14, 107, 14   [3] Ps 32, 20, 39, 18   [4] Ps 27, 7.
[5] 1 Cor 6, 19 20   [6] Eccli 51, 8   [7] Ps 67, 29
[8] Cf Eccli 50, 21   [9] Ex 29, 41 Lev 8, 28 Num 15, 7 etc
[10] Cf 1 Cor 3, 1—3   [11] Gal 5, 24   [12] 1 Cor 7, 38
[13] 1 Cor 7, 7.   [14] 1 Tim 5, 12   [15] Act 5, 3

mirabiliter ac proinde disposuisti, ut is me destinai et Coloniam[1], ubi maioribus et melioribus studijs traderer imbuendus. Illic uero sensi multiplicem bonitatis et gratiae in me tuae uirtutem, pro qua sancti tui nunc mecum nomini tuo sancto benedicant[2] Parasti hospitem liberalem Andream Barduick[3], cumque Theologum venerabilem Patris loco dedisti Nicolaum Eschium* sacerdotem non uulgariter pium, de quo plura dicam postea Hospitium primis annis largitus es non minus religiosum quam commodum apud aureos Martyres, siue ut nunc loquuntur, apud D. Gerconem. Tum ad docendum discendumque locus erat aptus Montanum Gymnasium, in quo liberalibus disciplinis me operam dare, et magisterij lauream consequi voluisti[4]. Quod si amico fideli nulla est comparatio, nec digna ponderatio auri et argenti[5], pro magno quidem munere id abs te mihi concessum debeo existimare, ut Coloniae complures amicos, eosque sinceros et animae meae salutem amantes assequerer[b]. Ibidem primum Sacra docere, et concionari coepi tua suffultus gratia: nec alibi subdiaconus, diaconus et presbyter sum factus, nullis meis quidem meritis id postulantibus, sed tua duntaxat, aeterne Pontifex, clementia concedente, maiorumque meorum authoritate intercedente, nimirum ut per ostium ingrederer, nullumque ministerium publicum in domo tua subirem, nisi aperiente mihi ostiario[6] legitime missus, et per eos qui gradum tenent Apostolicum, in Ecclesia Catholica ordinatus essem.

Caeterum[c] ut ad praeceptorem, imo et[d] patrem Eschium[7] reuertar[e], benedic anima mea Domino, et noli obliuisci retri-

---

* Cod mon Esochium, *quod falsum esse ex aliis fontibus patet*

[b] *Sententiam, quae sequitur, affert etiam Rad 1 c 32 (usque ad verba* „presbyter sum factus" *incl)*

[c] *Quae sequuntur, a* Caeterum *usque ad* gratificandum et obsequendum est *(p 20) afferuntur a* Radero *p 7—12, et a* Pythone *(Ut ad praeceptorem usque ad ea, quae infra p 18" ponentur) p 12—14 Gallice ea ponit* Dorigny *p. 15—18*

[d] ad *Rad* [e] immo patrem meum, revertar *Pyth*

---

[1] Noviomagum ad archidioecesim coloniensem pertinebat, donec Paulus IV anno 1559 episcopatum ruraemundensem condidit, cui tunc Noviomagum quoque attributum est Nunc episcopo boscoducensi ('s Hertogenbosch) paret

[2] Ps 144, 10

[3] Canisius Andream Herll de Bardwick significat, ex Baardwijk prope Oisterwijk, Brabantiae vicum, ortum Qui canonicus ecclesiae S Gereonis et theologiae licentiatus erat et anno 1525 in academia coloniensi rectoris munus gesserat *Fr J l Bianco*, Die alte Universität Köln I (Köln 1855), 832

[4] De his et de iis, quae sequuntur, vide infra, monum 4—13

[5] Eccli 6, 15 [6] Cf Io. 10, 1—9

[7] Nicolaus van Esche Osterwici prope Silvam Ducis anno 1507 natus et Lovanii gravioribus disciplinis excultus est, anno 1530 sacerdotio initiatus Coloniae domi Andreae Herll munus paedagogi obibat Ferunt eum, sacrarum meditationum aliorumque pietatis exercitiorum studiosissimum, apud Carthusianos colonienses cellam suam habuisse, libros etiam aliquot pios in lucem emisit, e g „Exer-

butioncs" eius[1], qui talem tribuit tibi ad pietatem magistrum
et hortatorem quotidianum, ut qui non mea, sed me salutemque meam
amaret et curaret sedulo[b]. Hoc ipso Duce displicebam mihi paulatim,
ut rectius placerem tibi DEVS, quem adhuc parum cognoscebam,
minusque timebam in illo flore juuentutis   Illius consilia. mores,
exempla nouam ueluti lucem inferebant[c] oculis et auribus meis   Illius
authoritate frangebam et comprimebam praecipites motus ac[d] vanos
ardores adolescentiae: illius familiaritate contentus. reliquas necessi-
tudines et sodalitates[e] facile negligebam   Nullus (quod sciam) fuit
mihi tum charior, atque[f] conjunctior, tantumque illius iudicio tribue-
bam, quantum a filio pater desideraret   Neque solum in confessione
secreta[g] me totum illi et saepe quidem. aperiebam, verum etiam,
priusquam nocte cubitum concederem[h]. exponebam illi familiari colloquio (tanta erat fiducia) lapsus. ineptias. et sordes animae meae, ut
illi iudici rationem criatorum. ac transactae diei redderem[i], ac si
uellet etiam. peccatorum aliquam luerem poenam[2]

Agnosco et reuerenter laudo misericordiam tuam[k], quae semper
et ubique vias meas prosperabat[3], o custos fidelis hominum[4]
et protector vitae meae[5] DEVS[l]. Hunc virum Coloniae uelut
alterum Ananiam ad me instituendum, tibique propius adiungendum[m]
(ut arbitror) certa prouidentiae tuae lege destinasti[6]. Igitur ille pro
me sollicitus esse pergebat, precabatur. flebat, benedicebat, prae-
monebat, urgebat atque scribebat   Et cum aliquando ab illo abessem diutius, iamque in patria mihi plusculum indulgerem, ac laxio-
rem uitam amplexurus uiderer, per illum ipsum ad me tum uemen-
tem, ueluti dormientem filium excitasti. et negligentem corripuisti. et
lapsurum erexisti, et imbecillum ad te reuocatum, illius cura et opera
in via tua confirmasti".

a omnes retributiones *Rad Pyth* (*Dorigny* ses bontes)
b et salutem meam quaereret *Pyth*   c inferebam *Rad*
d et motus et *Pyth*   e *Pyth om* et sodalitates
f ac *Rad Pyth*   g sancta *Pyth*   h discederem *Rad Pyth*
i ut rationem transactae diei redderem *Pyth*   k *Pyth addit* Deus
l om *Pyth*   m coniungendum *Rad Pyth*

n *Python prosequitur* His modis a divina tua sapientia adhibitis, eo paulatim
deducebar, ut mundum nec amarem blandientem, neque metuerem adversantem

citra pia, spiritualia vere divina" (Antverpiae 1563 et 1569, Augustae Vindelicorum
1718 et 1847, Ratisbonae 1718)   Ac cum per multos annos Diesthemii (Diest, in
Belgio) begmagio praefuisset, ibidem 19 Iulii 1578 decessit Vitam eius enarravere
Arnoldus Ianssen parochus diesthemiensis († 1583), Gilbertus Gybels (Leuwen 1713),
P I X de Ram (Lovanii 1858) Cf *Hermes*, „Esch" in Wetzer und Welte's
Kirchenlexikon IV (2 Aufl Freiburg i Br 1886), col 888—889 *Hartzheim*, Biblio
theca coloniensis p 255—256   1 Ps 102, 2   2 Vide p 17, notam 7
3 Cf Ps 36, 7   Ier 12. 1   4 Iob 7, 20   5 Ps 26, 1
6 Ananiam christianum Damasci „Dominus misit Iesus" ad Paulum conversum,
ut hic „uideret et impleretur Spiritu sancto" (Act 9, 10—18)

Pungebas[a] cor meum, cum ex illo audirem ac[b] discerem huiusmodi sententias. Seruire Deo regnare est, Sola salus seruire Deo, sunt caetera fraudes Si Christum bene scis, satis est, si caetera nescis Item[c] prudenter hoc agebat, ut quotidie caput ex 4. Euangelijs unum legerem, et in eo sententiam illustrem, eod die subinde meditandam excerperem, memoriaque tenerem Accedebat et alia piorum auctorum[d] lectio, per quos de timore et amore tuo me commonuisti, nec minus iuuabar sanctorum hominum propositis exemplis, et inspectis historijs, in quibus saepe uersabar. Hinc mea fides et spes, ad meliora sectanda[e] excitabatur: Hinc mundi amor et timor in animo meo magis eulescebat· Hinc Euangelica tum praecepta tum consilia mihi calcar fortius et desyderium impensius adijciebant. Praeuenisti me Domine misericordia tua[1], multisque modis, ne peccarem grauius, prohibuisti, et a lata via, quae mundi amatores ad perditionem abducit, pedes meos cohibuistj. Tibi gratias pro me[f] dicant omnes innocentes et sancti tui, qui[g] posueris super me manum tuam[2], et singularem meae salutis vitaeque curam habueris continenter. illis praesertim annis, quibus adolescentes mundi blandimentis, carnisque uoluptatibus dediti, dum a te, et[h] lege tua discedunt, seipsos[i] perditum eunt, et in mille Sathanae laqueos incidunt, quamuis imprudentes, morbosque saepe grauiores contrahunt, quam quos tota deinde vita superare et funditus euellere possint.

Confiteor nomini tuo Deus lumen et virtus animae meae, qui pascis et regis me ab infantia[k][3], et cui numerati sunt omnes capillj capitis mei[4], gratias ago tibi de donis tuis, quaecunque in me, per me et propter me operari dignatus es Sub umbra quidem alarum tuarum die ac nocte me[l] protexisti[5], et quasi pupillam oculi tui me custodiuisti[6], non secus quam[m] aquila prouocans ad uolandum pullos suos et super eos uolitans, quae expandit alas suas, et assumens eos portat in humeris suis[7]. Tu omnes vias meas praeuidisti[8], possedisti renes meos, suscepisti me de utero matris

---

Magni faciebam praecepta et consilia, suauiter illis afficiebar, et ex asse tuus asse [sic, legendum esse] peroptabam Laudent Te aeternum omnes Sancti tui ob curam, quam suscepisti, salutis meae, illis annis, quibus tam multi, recedentes a Te, viam perditionis capessunt, et Diaboli laqueis irretiti peraegre inde extricantur Omnino similia gallico sermone posuit Dorigny

[a] Pungebat Rad   [b] et Rad   [c] idem Rad   [d] authorum Rad
[e] spectanda Rad   [f] Rad. om pro me
[g] quod Rad, idque fortasse melius   [h] Rad om te, et
[i] Sic Rad, cod mon seipsum   [k] infantia mea Rad
[l] Rad om me   [m] ac Rad

---

[1] Cf Ps 58, 11   [2] P₅ 138, 5   [3] Cf Gen 48, 15 Ps 22, 1
[4] Matth 10, 30   [5] Ps 16, 8   [6] Ps 16, 8
[7] Deut 32, 11   [8] Ps 138, 4

meae[1], super nam[a] inimicorum meorum extendisti manum tuam, et saluum me fecit non justitia mea, sed dextera[b]
et misericordia tua[2], cui sit omnis laus et gloria in secula
seculorum[3]. Precor te Domine fidelissime custos et amator humani
generis, quam tribuisti gratiam indigno puero mihi, eam multis alijs
infunde, auge, perfice, ut a mundi turbis et periculis illis mature
semoti, bonos piosque praeceptores habeant, quorum praeceptis et
exemplis adiuti morum vitia potius, quam barbarismum et soloecismum[c] fugiant[d], ac detestentur[4]. Discant illi salutaria magis quam
vana, firma non uaga sectari studia, et in his obseruent[e] proprium
scopum, ut suo et aliorum commodo doctrina solida recte et conuenienter uti uelint et possint, primum quidem ad nominis tui gloriam,
cui seruire debent omnia[5], deinde vero ad profectum Ecclesiae tuae,
cui magis quam patriae, amicis et parentibus gratificandum et obsequendum est[f].

───────────

[a] viam *Rad* *Vulgata Clementis VIII iussu edita hic habet* nam

[b] *Python (p. 313) [Divina beneficia Canisius]* „in suis Conf sic enumerat
‚Omnes sancti‘, ait, ‚benedicant Tibi, Deus meus, qui curam gessisti salutis meae
Regeneratus sum in Christo per baptismum, confortatus in fide per Sacramentum
Confirmationis, coelesti pane in Eucharistia pastus, receptusque in tuam gratiam,
beneficio Clavium Ecclesiae tuae concessarum‘ Dein, quibusdam interjectis, exclamat
cum Regio Vate ‚Dominus Firmamentum meum, qui pascis me a juventute mea
die ac nocte, sub umbra alarum tuarum protexisti me, custodisti me, ut pupillam
oculi omnes vias meas praevidisti Projectus sum in Te ex utero extendisti manum
tuam super inimicos meos, et dextra tua salvavit me‘"

[c] *Rad om.* et soloecismum

[d] Oro Te, mi Deus, custos et amator hominum, concede his adolescentibus
eam gratiam, quam mihi indigno olim contulisti, cum essem in aetate, in qua nunc
sunt Fac, ut a periculis liberati pios Praeceptores nanciscantur, quorum sermonibus et exemplis incitati, majori studio, morum peccata fugiant, quam Grammaticae
Soloecismos *Pyth p 78*

[e] et mihi obseruent *Rad*

[f] *Iis, quae praecesserunt et quae sequuntur, utcumque similia sunt quae habet*
Python p 363—364 „Necessitudo, quae Canisio cum tot egregiis et spectata virtute
viris intercedebat, magna ei commoda attulit, ob quae singulares, in senectute
Deo gratias agebat ‚Considerabam‘, ait, ‚eam, quam mihi indideras propensionem
cum sanctis animabus agendi, pro singulari dono Bonitatis tuae Afficiebat me
piorum consuetudo piae quam familiaritas cum illo genere hominum, quos non tam
virtus, quam naturae dotes et fortunae dona commendant Sapientibus horum pau

───────────

[1] Ps 138, 13   [2] Ps 137, 7
[3] Rom 16, 27 Gal 1, 5 Phil 4, 20 1 Tim 1, 17
[4] *S Augustinus* de se ipso in „Confessionibus" (l 1, c 18, n 28) „Quid
autem mirum quod in vanitates ita ferebar, et a te, Deus meus, ibam foras, quando
mihi imitandi proponebantur homines, qui aliqua facta sua non mala, si cum barbarismo aut soloecismo enuntiarent, reprehensi confundebantur si autem libidines
suas integris et rite consequentibus verbis copiose ornateque narrarent, laudati gloriabantur" (Opera tom I, ed opera monachorum O S B e Congregatione S Mauri
[Parisiis 1679] p 79 *Migne*, PP LL XXXII, 673)
[5] Cf Ps 118, 91

Neque* possum hic obliuiscj bonarum, sanctarumque mentium, quas puer et adolescens ego non sıne consolatıone et pıofectu spırıtualı sum frequenter expertus[b], cum apud Arnhemenses[1], Nouıomagenses, Buscıducenses[2], Osterwıckenses[3], Diestenses[4], Louanıenses degerem.

Laudo et extollo Sanctum nomen tuum ın sponsis tuıs, ijsque vırginibus admirandae vırtutıs, et antıquae sımplıcıtatıs, et probatae pıetatıs, quarum monıtıs et exemplis, imo et vatıcınıjs[5] me saepıus excitare, terreıe, fouere et ımpellere uoluısti, ut et tıbı propıor fierem, et mıhı notıor, et alıjs utılior, et ın vıa spırıtus vıgilantior essem Credo gratıae tuae donum fuısse, ıdque mihı profuısse sensı[c], cum ego huiusmodj seruis et ancıllis tuis[d] electıs adiungerer saepe. Illıs quam caeteris opulentıoribus adesse malebam[e], ıllorum[f] hortatıones, consılia, pıeces magnıpendebam, cum illıs colloquia pıa miscebam.

[V.]

Audiebam quidem Coloniae prıncipia Jurıs seu Institutıones Imperiales aliquandıu: Louanıj vero Iurıs Canonıcı publıcıs aderam

peruın Evangelıcorum cousılııs, exemplis, et communıcata eıs luce, dıgnatus es, Domıne, me ınstruere, me fırmaıe, et salutarı judıcıorum tuorum tımoıe carnes ıneas confıgere, ıneque ımpellere, ut propıus ad Te accedeıem, me ınspıcceıem, et, quo alııs fructuosıor esse possem, ın rem Spırıtus oculos acrıus ıntenderem '[a]

[a] *Quae sequıuntuı usque ad* colloquıa pıa miscebam, *etıam Sacchınus pıopomt, hoc pıooemıo pıaemısso [Canısıııs]* „et haec ıpsa ıam senıoı lıteris consignauıt, et de profectu ex notıtıa et colloquıs relıgıosaıum eıusmodı foemınarum, Deo gratıas agıt his verbıs Non possum" etc *(De ııta Canısıı p 20—21) Eadem, usque ad* „adesse malebam", *habet Rıess l c p 12*

[b] quas puer et adolescens sum fıequenter expeıtus non sıne profectu et consolatıone spırıtualı *Sacch.*

[c] *Sacch om* ıdque mıhı profuısse sensı

[d] seruıs tuıs et ancıllıs *Sacch*   [e] mallebam *Cod mon*

[f] ıllarum *Sacch*

[1] Arnhem (Romanorum „Arenacum"?) per alıquod tempus ducum Geldııae sedes eıat, nunc caput est Geldrıae, provincıae neerlandıcae Dıcunt alıquı Ottonem Canıs, Petrı nostıı patıuum, Arnhemıı consulatum gessısse Cf *Bongaeıts,* Stamlıjst p 6 Certe Otto Canısıus, Petrı frater, anno 1572 ıbidem consul fuıt *Bongaeıts* l c p 7. *Epıstula P Ioannıs Hasıı S. J ad P Matthaeum Raderum S J. data Embrıca 11 Ianuarıı 1614 Autographum est Monachıı ın bıblıotheca regıa, Cod lat 1611, n 100

[2] Boscoducum sıve Sılva Ducıs (s Hertogenbosch, Bois-le-Duc) anno 1559 et ıterum anno 1853 cıvıtas epıscopalıs facta est et nunc caput quoque provincıae ıegnı neerlandıcı est, cuı nomen est Brabantıa septentrıonalıs

[3] Illıc forte etıam pııssımam vırginem Marıam de Oısterwıjk prımum vıdıt, quae postea Colonıae sacraıum vııgınum praeses et Socıetatıs Iesu ıllıc nascentıs „mater" fuıt De qua plura ınfra

[4] Vıde p 17, n 7

[5] Canısıus ın „Testamento" vatıcınıum eıusmodı vırgineum exponıt

lectionibus, cum sic pater desideraret[1]   Caeterum quae ad mysticam
Theologiam, et Spiritualia studia pertinent, magis animo adlucebant,
in his maiorem succum et sapidiorem cibum mens mea reperiebat
Nondum agnoscebam, quo me Spiritus tuus uelut in portum adducturus esset: sed secundos tamen uentos immittebas, meamque nau-
gationem prosperabas, ut blandae Syrenes, et vana mundj ludibria,
ob quae plurimi periclitantur, meam cymbam nihil commouerent
    De victus parsimonia et vestitus austeritate libenter alijs gratulor,
ipse non possum gloriarj, si uelim maxime, quia vias illas non ex-
quisiuj, de quibus aiebat ille, Propter uerba labiorum tuorum
ego custodiui vias duras[2]. Vestis interim cilicinae usum saepe
puer assumpsi, nec iubente aut mutante tamen ullo, ut arbitror· et
priusquam grauem in carne luctam experirer Nec mihi displicebat
tum simplicitatis et paupertatis studium a praeceptore commendatum.
Vnde factum puto, ut nonnunquam bonam libforum partem sacco in-
clusam in pauperes distribuendam ultro darem Ad uitam religiosam,
qualem Carthusiam profitentur, quietis et contemplationis amor me
saepius inuitabat. Aliquando in Bacchanalibus festis, quae uocant,
cum inter coenandum alijs assiderem, a vini potu me abstinuisse scio.
quod ueniret in mentem summae intemperantiae et communis crapulae,
qua se tunc homines insani obruunt, et ingentem Deo inferunt contumeliam, quandoquidem pro Deo uentrem[3] studiosissime ac petulan-
tissime colant Verum haec si bona fuerunt, te authore et Duce
fiebant, qui praeuenisti me tua misericordia, et a mundi carnisque
spiritu abstraxisti animam meam, ut in simplicitate cordis[4] va-
carem tibi, et me ipsum abnegarem Fateor Domine testis et iudex
omnium, fateor, ab illorum me virtute procul abesse, qui carnem
suam cum uitijs et concupiscentijs singulari studio cruci-

---

[1] „Liber Intitulatorum" siue matricula universitatis louaniensis, annos 1528
ad 1569 complectens, in anno 1539 haec habet
    „Anno a virgineo partu millesimo quingentesimo trigesimonono mensis Februarij
die vltima in congregatione alme vniuersitatis studij generalis opidi Louaniensis
apud Augustinenses celebrata electus fuit ex facultate iuris ciuilis in rectorem
eiusdem vniuersitatis Ghisbertus Loyden a Buscoducis Artium magister et vtriusque
iuris Licentiatus Qui prestitis iuramentis consuetis recepit a suo predecessore
sigillum libros et alia rectoratus insignia Sub quo sunt intitulati quorum nomina
sequuntur
                    [sequuntur nomina]
                        Aprilis

XXI M Petrus Canis Nouiomagus ·

    Descripsi ex ipsa matricula, quae nunc est Bruxellis in archivo regio (Cod
chartae in 2°, signatus „Universite de Louvam Ni 42·) Eadem a PP Deynoodt
et Bongaerts typis exscripta sunt
    [2] Ps 16 4   [3] Cf Phil 3, 19
    [4] Gen 20, 5 3 Reg 9, 4 2 Cor 1, 12 etc

fixerunt[1], et sibi vitae duriciem indixerunt, ut cruce suscepta per viam angustam[2] Maiestati[a] Tuae deuotius atque securius famulentur. Horum institutum in Ioanne Baptista et primis Anachoretis veneror, in Hieronimo, Fiancisco, Dominico alijsque patribus miror. Illorum seuera disciplina sanctumque propositum utinam tot haberet aemulatores, quot passim inuenit impugnatores, ut quibus lubet fallaci carnis licentiae magis quam ueiae libeitati spiritus[3] faueie ac patiocinarj Tu ueio, qui laborem et dolorem consideras[4], qui et reddis unicuique secundum eius opera[5], et magno eos honoie dignaris, qui propter te tota die[b] mortificantur[6]. Fac nos et candidos, et aequos aestimatores fiaternaium Virtutum, et studiosos earum sectatores effice, qui Spiritu tuo Duce et impulsoie carnem suam perfecte subigunt aut vigilijs, aut ieiunijs alijsque sponte assumptis afflictionibus hostem domesticum persequuntur Quem rigorem vitae si nos delicati milites nolumus, aut non possumus imitari, absit tamen, o Deus' aemulatrix invidia, et stulta mordacitas. Admniemur potius aliorum pio te pugnantium et in te vincentium fortitudinem, teque gloriosum[7], et mirabilem in Sanctis tuis[8] praedicemus. Vtinam ego aliquam gratiae portionem assequerer, quam tu Servis Iustisque tuis Moysj, Samuelj, Davidj, Hieremiae, Danieli, Nazareis, Rechabitibus[9], Anachoietis abunde donasti, ut essent illi sibi severi, et peccantibus simul alijs compatientes, ut malis etiam horum[c], non secus, quam suis deplorandis et vindicandis studiose vacarent.

Hunc luctum et zelum excita, et largne, ut mihi meisque peccatis minime paicam, ridentem vero mundum deploiem, et pio inimicis Crucis[10], ac caims Amatoribus lacrimas, veri amoris, dolorisque testes frequentei effundam. Spiritum rectum innova Domine in visceribus meis[11], ut sciam et sentiam, quam sit amaium[d], te fonte aquae vivae relicto, cisternas fodere dissi-

---

[a] Matri *cod mon*
[b] *Quae sequuntui usque ad fiaem, aliis usque paulo minoribus notis in codice monacensi scripta sunt, ideoque dubium, eademue manu ac priora*
[c] pio horum *cod mon*   [d] amare *cod mon*

---

[1] Gal 5, 24   [2] Cf Matth 7, 13 14   Luc 13, 24
[3] Cf 2 Cor 3, 17   Gal 4, 31, 5, 13   [4] Ps 10 sec Hebr, 14
[5] Matth 16, 27   Rom 2, 6   [6] Ps 43, 22   Rom 8, 36
[7] Dan 3, 45 52 56   [8] Ps 67, 36
[9] Rechabitae illi Ieremiae piophetae affirmare poteiant „Obedivimus voci Jonadab, filii Rechab, patiis nostri, in omnibus, quae praecepit nobis, ita ut non biberemus vinum cunctis diebus nostris , et non aedificaremus domos ad habitandum, et vineam et agrum et sementem non habuimus, sed habitavimus in tabernaculis " Propteiea Deus per Ieremiam eorum Isiaelitis exemplum oboedientiae proposuit et singularem iis favorem promisit (Iei 35, 8—19) S Hieronymus in iis vitam eremitarum et monachorum christianorum piaeformatam cernit (Epistula ad Paulinum presbyterum de institutione clericorum n 5 (*Migne*, PP LL XXII, 583)
[10] Phil 3, 18   [11] Ps 50, 12

patas[1], et praetermisso coelesti manna, porcorum siliquis[2] inhaerere. teque contempto, vel neglecto summo Bono, carni, mundo,
Sathanae hoc est perditissimis, nocentissimisque hostibus ter miseram
servire servitutem[a]. Suspirat cor meum, quia ne minima quidem ex
parte possum meminisse, quot quantisque modis puer et adolescens
coram, et contra te iteraverim lapsus, contraxerim debita, et luendas
peccatorum poenas de anno in annum, de die in diem cumulaverim
mihj Quod si graviora etiam non designassem peccata, quae lex
tua severe prohibet, ac iustitia tua sempiternis gehennae suppliciis
vindicanda esse decernit, an propterea gloriabitur cor meum, et obliviscar illius sententiae, De propitiato peccato noli esse sine
metu[3]. Longe absum a viri sancti simplicitate, atque innocentia, quem
tu Deus aperte commendasti, et qui de se ipso testatur, Etiamsi habuero quippiam iustum, non respondebo sed meum iudicem
deprecabor Etiamsi simplex fuero, hoc ipsum ignorabit
anima mea[4]. Vere scio, quod ita sit, quod non iustificetur
homo compositus Deo[5], et iursum Verebar omnia opera
mea, inquit, sciens quod non parceres delinquenti[6]

[VI.]

Vereor et ego, multoque iustius, quam Iob ille simplex,
rectus ac timens Deum, recedens ab omni malo[7]. et in
summis etiam afflictionibus retinens innocentiam[8] verebatur
Audio quidem cantantem prophetam, Custodivit anima mea testimonia tua, servavi mandata tua[9], in toto corde exquisivi te[10] Retribuet mihi Dominus secundum iustitiam
meam[11] Novi et regem Ezechiam bona conscientia coram te affirmantem: Memento quaeso, quomodo ambulaverim coram
te in veritate, et in corde perfecto, et quod bonum est
in oculis tuis fecerim[12] Neque mentitus est sane Doctor veritatis, ubi de se loquitur, Nihil mihi conscius sum[13] Bonum
certamen certavi, cursum consummavj, fidem servavi. In
reliquo reposita est mihj corona iustitiae, quam reddet
mihi Dominus in die illa iustus Iudex[14]. Ac iterum: Gloria
nostra haec est testimonium conscientiae nostrae[15].
Tantum enim fiduciae piis praebet pius animus et vita innocenter acta,

---

[a] *In codice monacensi sequitur haec sententia lineis postea deleta (librarius
ipse delesse videtur)*. „Pulvis sum, o factor et Author omnium' et in pulverem
redigar brevj, qui tanquam flos effloresco, atque depereo" (*Gen 3, 19 Iob 14, 2
Ps 102, 12)*

---

[1] Ier 2, 13 19   [2] Luc 15, 16   [3] Eccli 5, 5   [4] Iob 9, 15 21
[5] Iob 9, 2   [6] Iob 9, 28   [7] Iob 1, 1; 2, 3   [8] Iob 2, 3
[9] Ps 118, 167 168   [10] Ps 118, 10   [11] Ps 17, 25
[12] 4 Reg 20, 3   [13] 1 Cor 4 4   [14] 2 Tim 4, 7 8   [15] 2 Cor 1, 12

ut illi in te Domino sancte gloriarj[1], et aliquando suae virtutis exemplum alijs imitandum proponere, seque ipsos commendare cum Deipara Virgine[2] minime reformident.

Ego vero multorum mihi malorum conscius, et pergravi onere peccatorum, quae annis pluribus quadraginta commisi, pressus, non unde gaudeam, vel me ipsum commendem habeo, sed quod doleam, ac deplorem cumulatim offendo Vere non sum sicut caeteri hominum[3], nempe Ioannes Baptista, Ilieremias Propheta, et similes, quos in utero materno tu mirabiliter sanctificasti Neque sum sicut illi, quos praepotentj contra peccatum gratia misericorditer admodum instructos confirmare dignaris De his forte scriptum est, quod non posuistj poenitentiam iustis[4], qui tibi Deo Iustorum non peccaverunt Non sum etiam sicuti caeteri hominum, qui post admissum peccatum fructus poenitentiae dignos ediderunt[5], et quia multa illis remissa sunt peccata. multum dilexerunt[6], ut charitas peccatorum multitudinem operiret[7] Vae autem ingrato, misero, ac tepido mihj, quem benignitas tua tot annis delinquentem sustinet, fugientem exspectat, surdum vocat, et diligit immerentem Praeclara sunt, rara sunt, infinita sunt beneficia tua, quibus inde ab infantia me per omnem aetatem, et ubique locorum es prosecutus, ut ad bene beateque vivendum occasionem feliciorem quam plerisque alijs mihi suppeditares Sed quo fuit vberior munificentia, et clementia in me tua liberalior, eo certe culpabilior, foedior, damnabilior est iniquitas mea, quod gratiosae uisitationis tempus[8] acceptabile, diesque salutis[9] et annos gratiae parum agnovi, amantem Patrem frigide iedamavj, gratiam tuam in vanum saepius recepi[10], in cultu tuo piger et torpidus vixi, et tantum non contempsi divitias Bonitatis et patientiae et longanimitatis tuae[11] Domine Deus et Iudex meus

Doleo caecitatem meam, qui post tot accepta vulnera*, neque te solem Iustitiae[12], neque me abyssum miseriae recta possum intuerj Vere tu es Deus absconditus[13], altissimus creator omnium, omnipotens, et Rex potens, et metuendus nimis, sedens super thronum, et dominans Deus[14], ut scripsit Ecclesiasticus. Qui cum lucem habites inaccessibilem, a nullo videri potes[15] mortalium, nisi perobscuie, ac velutj per speculum in aenigmate, qui postea de facie ad faciem[16] te mundis

---

ᵃ Sic, munera?

[1] Ier 9, 23 24 1 Cor 1, 31 2 Cor 10, 17 Phil 3, 3
[2] In cantico „Magnificat" (Luc 1, 46—55) [3] Luc 18, 11
[4] Cf Luc 5, 32, 15, 7 [5] Luc 3, 8 [6] Luc 7, 47
[7] Prov. 10, 12 1 Petr 4, 8 [8] Luc 19, 44 [9] 2 Cor 6, 2
[10] 2 Cor 6, 1 (exhortamur, ne in vacuum gratiam Dei recipiatis)
[11] Rom 2, 4 [12] Mal 4, 2 [13] Is 45, 15.
[14] Eccli 1, 8 [15] 1 Tim 6, 16 [16] 1 Cor. 13, 12

cordibus[1] dabis integre et felicissime conspiciendum Maior autem
haec est coecitas cordis mei, quod, cum alia multa videre et cognoscere videar, meipsum tamen [non][a] videam, peccata propria non
observem, non ponderem, non deplorem atque castigem. Et quoniam
meipsum non iudico[2] pessimus ipse mihi magister, et Censor supra
modum indulgens, grave iudicium meum subsequi necesse est, in quo
iustitias etiam ad trutinam aequitatis tuae revocabis, in quo corda et
renes hominum scrutaberis[3], et ante actae villicationis rationem[4] exactam a quovis reposces. Sane me quoque tangit, quam tuus
pronuntiavit filius, sententia· Omni cui multum datum est, multum
quaeretur ab eo: et cui commendaverunt multum, plus petent
ab eo[5] Tantoque magis reformido iudicium, quod de uno latum, in
multos competit, cum dicitur, Inutilem servum eicite in tenebras exteriores[6]. Quid igitur faciam, cum surrexerit ad
iudicandum Deus? et cum quaesierit, quid respondebo?[7]

Verumenimvero Deus et Creator meus, vita et salus mea[8] es,
tu non odisti[b] quaecunque eorum, quae fecisti, sed
diligis omnia, quae sunt[9], et, sicut ipse non sine iureiurando
dixisti, non vis mortem peccatoris, sed magis, ut conver-
tatur et vivat[10], propterea respiro in miserationibus tuis multis
et magnis, o clementissime Pater, Pater misericordiarum[11], quaium neque numerus, neque modus, neque finis potest excogitari
Maior est misericordia tua, quam potest esse iniquitas mea. Tu es
Dominus (ut vere poenitentis Regis verbis utar) altissimus[12], benignus[13] longanimis et multum misericors[14], et poenitens[c] super
malitias hominum[15]. Tu Domine secundum multitudinem [mise-
ricordiae][d] tuae[16] promisisti poenitentiam et remissionem iis, qui
peccaverunt. Ne intres igitur in iudicium cum servo tuo[17],
quia si iniquitates observaveris Domine, Domine, quis
non desperabit? quis maledictionem aeternam effugiet unquam? quis
sustinebit?[18] Ne despicias opus luteum et fragile manuum
tuarum[19], quia mendax et vanitas [sic] est omnis homo[20]·
omnis caro foenum, et revera omnis gloria eius quasi
flos agri[21]; nec secundum iustitiam tuam retribuas[22] mihi,
quia misericordia tua super omnia opera tua[23]; sed secundum benignitatem tuam magnam et infinitam

---

[a] *om cod mon*   [b] *odis cod mon*
[c] *Sic cod mon , sed videtur esse legendum* praestabilis, *quod habet Ioel 2, 13*
[d] *secundum multitudinis tuae cod mon*

---

[1] Matth 5, 8.   [2] Cf 1 Cor 11, 31   [3] Ps 7, 10 Ier 17, 10 etc   [4] Luc 16, 2
[5] Luc 12, 48   [6] Matth 25, 30   [7] Iob 31, 14   [8] Ps 26 1   [9] Sap 11, 25
[10] Ez 33, 11   [11] 2 Cor 1, 3   [12] Ps 17, 14, 96, 9 etc   [13] Ps 68, 17 Ioel 2, 13
[14] Ps 102, 8   [15] Cf Ioel 2, 13 Ion 4, 2   [16] Ps 103, 45   [17] Ps 142, 2
[18] Ps 129, 3   [19] Ps 137, 8   [20] Ps 115, 11 Rom 3, 4   Cf Ps 61, 10
[21] Is 40, 6 1 Petr 1, 24   [22] 3 Reg 8, 32 2 Par 6, 23   [23] Ps 144, 9

Exaudi me Deus salutaris nostei, Spes omnium finium terrae[1], et te clementem ostendas poenitenti mihj, et tuam imploranti gratiam in tempore adsis oportuno[2]. Miseieie pupilli tui, Pater pauperum[3], et Deus dives in misericordia[4] manum adiutiicem inopi praebe, ut quod mihi deest (deest autem plurimum) inexhausta suppleat pietas tua, cuius hoc est, eritque semper proprium, a terra suscitare inopem, et de stercore pauperem erigere, ut colloces eum cum principibus, cum principibus populi tuj[5] Esto medicus aegroto mihi, ut sanes languores omnes animae meae. Ne submergar in profundum[6] in mari longe[7], In mari turbulento iactor, Salva me Domine propter nomen tuum[8], et succurre in tempore, priusquam nox irruat, ut salva nave, et mercibus ad portum securus transvehar, et cum Sanctis tuis puram perpetuamque servitutem serviam tibj, qui me ad imaginem et similitudinem tuam[9] ultro cicasti, et creatum paterne hactenus conservasti, et demum ad aeternam beatitudinem tecum possidendam toties invitasti.

Domine Deus virtutum converte nos et ostende faciem tuam et salvi erimus[10]. Tu benignus et misericors, patiens et multae misericoidiae, et piaestabilis super malitia[11] semper fuisti, et adhuc esse gaudes humiliantibus se, et nomen tuum invocantibus. Venio ad te cum grandi peccatore Manasse, et eandem confessionem adfero, quam in vinculis ille protulit, non sine Spiritu verae humilitatis, et cum certo fructu suae salutis ac liberationis. Peccavi super numerum arenae maris: multiplicatae sunt iniquitates meae, et non sum dignus intueri et aspicere altitudinem coelj, prae multitudine iniquitatum mearum. Excitavi iracundiam tuam et malum coram te fecj, non feci voluntatem tuam, et mandata tua non custodivj. Et nunc flecto genu cordis mei precans a te bonitatem. Peccavi Domine, peccavi; et iniquitates meas agnosco. Quare peto rogans te remitte mihj, et ne simul perdas me cum iniquitatibus meis, neque in aeteinum iratus reserves mala mihj[12].

Cur vero diffidam de propitia et benigna eiga me voluntate tua, qui, ut servum redimeres, Filium tiadidisti[13] et in mortem Crucis acerbissimam tradidisti. Respicio in faciem Christi tuj[14], in quo iustificantur et salvantur, qui in Adamo primo peccatores efficiuntur atque condemnantur[15]; hunc immaculatum[16], qui tollit

[1] Ps 64, 6   [2] Ps 31, 6   [3] Iob 29, 16   [4] Eph 2, 4
[5] Ps 112, 7. 8   [6] Matth 18, 6   [7] Ps 64, 6   [8] Ps 105, 8
[9] Gen 1, 26   [10] Ps 79, 4 5   [11] Ioel 2, 13
[12] Haec ex „apocrypha oiatione Manassae, iegis Iuda" desumpta sunt, quae in compluribus Scripturae editionibus invenitui, attamen extra seriem librorum canonicorum, cf etiam 2 Par 33, 11—13
[13] „Ut servum redimeres, Filium tradidisti" Ita Ecclesia Sabbato sancto in benedictione cerei paschalis cantat
[14] Ps 83, 10   [15] Cf Rom 5, 12—19   [16] Hebi 9, 14   1 Petr 1, 19

peccata mundi[1], hunc Pontificem[2], advocatum[3], intercessorem[4]
et mediatorem[5] offero tibi Pater, sicut se ipse dilectus et unigenitus
ille tuus in ara Crucis obtulit acceptabilem hostiam[6], ut pro
peccatis nostris, ac totius mundi esset propitiatio[7]
Nostram ipse sumpsit humanitatem, meam ut sanaret infirmitatem,
suamque divinitatem et merita omnia nobis largiretur. Illius mors
mea vita sit: illius sanguis et vulnera diluant mala mea, sicut caro
mea me crebro seduxit ad culpam, sic caro tam dilecti et insontis
filij et fratris me reducat ad veniam, et te flectat ad misericordiam,
ut fructus passionis et mortis illius, qui Mundi redemptor est, mihi
tum ad peccatorum omnium, quae unquam designavi, remissionem.
tum ad donorum Spiritualium, quibus egeo, consecutionem et augmentum applicetur. Credo talem tantumque thesaurum meritorum
esse Christi Domini mej, ut ob illa, quae pro nobis ipse gessit, et
pertulit in corpore suo[8] peccatorum omnium remissio quotidie per
sacerdotes abs te detur et a poenitentibus accipiatur in Ecclesia tua.
quae sola huius amplissimi thesauri custos est, et legitima dispensatrix
ad finem usque mundi permanebit Haec fides, haec spes et certa
exspectatio reposita est in sinu meo[9] et omnium Catholicorum.

Neque dubito piorum preces et beneficia, in quibus etiam
Christus ipse per fidem habitat[10] ac operatur, multum huc‑
quoque conferre ut et mala praesentia, vel futura facilius nobis amo-
veantur, et dona vere salutaria uberius impetrentur atque confirmentur Itaque non modo Christi capitis[11], qui Sanctus sanctorum[12] existit[b], verum etiam praestantium membrorum, ac totius
corporis eius, quod est Ecclesia[13], meritis cupio adiuvari.
petoque fulcirj, ut non solum in genere, sed etiam in specie particeps ego sim omnium te timentium, et mandata tua in
coelo, et terra custodientium[14] Qui te colunt, Pater omnis Maiestatis, pro me simul colant, precor, pro me intercedant, adorent.
ament atque glorificent nomen tuum[15] sanctum, quod in exiguis
etiam creaturis merito praedicatur Magnificetur hoc nomen[16]
in electis tuis, quos inde ab aeterno praedestinasti, et dilexisti.
ut conformes fierent imagini filij tui, qui est, eritque
semper primogenitus ex fratribus[17]. Et hi quaeso cognoscant
et celebrent in me nomen hoc tuum excelsum[18] et adorandum,

---

[a] huic *cod mon*
[b] *Sequuntur verba* primatum tenens in omnibus *quae postea lineis deleta sunt,
librarius ipse delevisse videtur*

---

[1] Io 1, 29	[2] Hebr 2, 17 et saepius	[3] 1 Io 2, 1
[4] Cf Rom 8. 34 Hebr 7, 25	[5] 1 Tim 2, 5 Hebr 8, 6 etc	
[6] Hebr 10, 12	[7] 1 Io 2, 2	[8] 1 Petr 2 24
[9] Iob 19, 27	[10] Eph 3, 17	[11] 1 Cor 11, 3 Eph 1, 22 etc
[12] Dan 9, 24	[13] Eph 1, 23	[14] Ps 118, 63 [15] Ps 85 9 12
[16] 2 Reg 7 26 Apoc 15 4	[17] Rom 8. 29	[18] Is 12. 4

pro me item supplicent gloriae tuae, et in charitate non ficta[1]
tuo excitati Spiritu dicant, et repetant saepe SANCTVS, SANCTVS,
SANCTVS Dominus Deus Sabaoth[2]. Destruat Deus noster in
hac infima creatura peccatum[3], et exstruat in ea, perficiatque opus,
quod coepit dextera eius, in laudem et gloriam hanc dicti[a] Nominis
sui sempiternam[b]. Amen. Amen[4].

[VII.]

Gratias ago tibi ex intimis animae meae visceribus clementissime
Deus, Creator, salvator, et protector meus, vita, refugium et salus
mea omnibus diebus, et momentis, quibus in hoc mortalis vitae tem-
pestuoso mari circumvagor, varijsque modis ad mala et bona mirabiliter impellor, ut nesciam saepe, quis me ventus agitet, quo mea
feratur navicula, quo in loco haeream, et quomodo cursum meum rite
debeam promovere Id quod etiam experiebar Anconae[c], cum illuc
una cum Cardinali[d] Augustano[5] profectus venissem mense Iunio
Anni 1568[6]. Cum[e] vero ibidem in Cathedrali Ecclesia conscientiam

---

[a] *Fortasse legendum est* gloriam sanctissimi   [b] sempiternum *cod mon*
[c] *Narrationem, quae hic sequitur, etiam Succhinus p 256—259 exhibet, addit
Canisium* „adnotandam eius memoriam scripto censuisse", *ex quo scripto ad verbum
reddit sententiam* „O sanctum hoc studium . . corruptionem, miseriam" *(p 258
ad 259, vide infra)*   [d] *Cardinale cod mon*
[e] *Python (p 256—260)* „Hoc in itinere, singulari quodam favore, quem in libro
Confessionum, cum Deo suo loquens describit ‚Cum,' inquit, ‚Anconae, in Cathedrali
Ecclesia, conscientiam examinarem, aperuisti'" *etc Sequuntur omnia, quae supra
ponuntur, usque ad finem huius capitis Dorigny partem tantum huius relationis ad
verbum descripsit, cetera brevi sermone constrinxit p 309 439—442*

---

[1] 2 Cor 6, 6   [2] Is 6, 3 Apoc 4, 8   [3] Cf Rom 6, 6
[4] Vel hac sola sollemni conclusione fit verisimile, caput, quod sequitur, ad
posteriorem aliquem Confessionum librum pertinere, licet in codice monacensi prorsus
cum primo coniunctum sit
[5] Notissimus certe est cardinalis ille Otto Truchsess de Waldburg (1514—1573),
episcopus augustanus et praepositus elvangensis, ecclesiae catholicae columna et Societatis Iesu patronus Cuius vita enarratur in „Vitae et res gestae Pontificum
Romanorum et S R E Cardinalium, *Alph.* Ciaconii O P et aliorum opera descriptae, ab *Aug Oldoino* S J recognitae" III (Romae 1677), col 692—698 *Plac
Braun*, Geschichte der Bischofe von Augsburg III (Augsburg 1814), 358—520
Bern Duhr S J, „Die Quellen zu einer Biographie des Kardinals Otto Truchsess
von Waldburg" et „Reformbestrebungen des Kardinals Otto Truchsess von Waldburg", in „Historisches Jahrbuch" VII (Munchen 1886), 177—209 369—391 Duhr
ibidem libros etiam recenset, in quibus epistulae Ottonis haud paucae editae sunt
Postea *Ant Weber* iterum edidit „Literas a Truchsesso ad Hosium annis 1560 et
1561 datas (Ratisbonae 1892) *W*. E *Schwarz* primum edidit „Vier ungedruckte
Gutachten des Kardinals Otto Truchsess" in „Romische Quartalschrift für christliche
Alterthumskunde und für Kirchengeschichte" 4 Jahrg (Rom 1890) p 25—43, et
alia eiusdem scripta in „Zehn Gutachten uber die Lage der katholischen Kirche in
Deutschland" (Paderborn 1891) p 1—19
[6] Canisius tunc a sodalibus provinciae Germaniae superioris „procurator"
electus Romam ad praepositum Societatis generalem proficiscebatur

examinarem, aperuisti oculos mentis meae. o Lumen aeternum[1] et
illustiasti[a] clementer eum, qui iacebat in tenebris, ut se ipsum agnosceret, et in veritate humiliaret[b] spiritus meus, disceretque novo modo
tibi subijej et inseivire Domine Deus sancte, et omne bonum omnis
creaturae Lumen autem hoc, quod infundebas animae meae, in eo
fuit, ut non solum tunc, sed ex eo tempore postea discerem inten-
tiones et actiones meas omnes[c] super verum et firmum poneie fundamentum Hoc autem intelligebam, doctore te, esse cognitionem
suy, quantum ad vilitatem et nihileitatem[d] propriam, ut imprimis me
spectarem. quam nihil sim, sciam, velim, possim, vel habeam. nihil
inquam bonj[e], cum in te solo initium, medium et finis omnis bonj
consistat, et collocaii semper debeat ab omni rationali creatura. Do-
cebas me perfecte Magister, impura esse multa in me, quae facerem[f],
quia hunc velutj fundum negligcrem, parumque considerarem, quam
ego essem nihilj, et quam nudus appaierem[g] coram maiestate tua,
quia humanis oculis me et[h] mea spectarem et aestimarem saepe[i],
neque cum Ioanne dicerem, Non sum, Non sum[1] Vtinam vero
tuam augeas mihi gratiam in hoc novo lumine cum Magis sanctissimis ambulandj[2], meque in omnibus vijs, ita ut sum, et non ut
videor, intuendj, ut ex animo dicere possim, Abyssus Abyssum
invocat[3]. abyssus inquam[k] nihileitatis meae, secundum quam vere
sum, ut Abraham de seipso fatebatur, pulvis et cinis[4] Haec
abyssus invocet semper[l] abyssum superdignissimae (ut sic dicam, quia
melius diceie non possum)[m] celsitudinis, Virtutis et perfectionis tuae,
ex qua veluti perenni fonte manat singulis momentis mare donorum
omnium, quae omnibus et singulis creatuiis in coelo, teria, et sub
terra communicantur[n] Cum autem non modo sis principium bonoium,
quae mirabiliter ex te semper profluunt, sed etiam finis eorundem,
ad quem referri cuncta debeant; fateor peccatum meum benignissime
Pater, quod accepta dona tua non reddiderim tibi, sed saepe laudem
ex illis, aut ipse[o] mihi tribuerim, aut ab alijs tribuj passus [sim][p] libenter, non ex animo dicens et faciens, quod propheta solebat[q], Non
nobis Domine, non nobis, sed nomini tuo da gloriam[5]

---

illuminasti *Pyth*   humiliaret se *Pyth*   om *Pyth*   nihilitatem *Pyth*
quam nihil sim, quam nihil sciam, quam nihil velim, possim vel habeam boni *Pyth*
Pyth om quae facerem
consideraiem quam nudus appaieam *Pyth*. *Reliqua autem omittit*
Pyth om me et   om *Pyth*   om *Pyth*
Pyth om Haec abyssus invocet semper.
Pyth om , quae his uncis inclusa sunt
quae creaturis in coelo et terra communicantur *Pyth*
Pyth om aut ipse   om cod mon
non dicens ex animo cum Propheta *Pyth*

---

[1] Io 1, 20 21   [2] Is 60, 3   [3] Ps 41, 8
[4] Gen 18, 27   [5] Ps 113 B, 1

sed constitui modo, te quidem adiutore, in omnibus rebus fundamentum hoc, quod dixi, respicere, et novis me oculis coram te intueri,
simulque ut par est, in humilitate, et simplicitate cordis ambulare

O sanctum hoc studium, si continuum, aureae simplicitatis, ut
humiliet se miser et vilis* homo, qui mox esca vermium et putredo
erit[b], sub potenti manu Dej[1], dans illi gloriam, cui soli ea debetur, et sibi scivans, quod solum apud se reperire potest, defectum, corruptionem, miseriam omnemque ex parte corporis et animae
impuritatem, fragilitatem, et ad malum proclivitatem Et adhuc superbis[2] irasceris, rides, et ludis terra et cinis?[2] quid habes
quod non accepisti[2] si autem accepisti[3], cur non gratus
agnoscis authorem muneris? Cur benefactori non reddis, quod requirit, obsequium? Cur non rependis, quod repetit studium fidae dispensationis? Non quaeram Domine, quae mea, sed quae tua sunt, et
cum timore donis utar tuis, praesertim quae ab aliis praedicantur in
homine. et ob quae arrogat sibi nescio quid humanus et aeque vanus[c]
animus, si in humilitatis fundamento suam domum non satis exstruxit[d]
Sed tu Domine, qui solus amari, et[e] prae omnibus honorari gaudes[f],
extollentiam oculorum ne dederis mihj[4], neque sinas im-
pinguarj caput meum oleo peccatorum[5], qui dicunt mihi,
Euge Euge[6]. Meliora sunt mihi vulnera et verbera dili-
gentis, imo et odientis, quam falsa oscula[7], et decantata encomia[h], nimium blandientis, atque mulcentis, sive sit ille domesticus
sive alienus'.

3. Canisii Testamentum sacrum.

Pars prior.

Friburgi Helvetiorum anno 1596 vel 1597 composita

Ex apographo (2°, ff 5) saeculo XVII vel fortasse iam exeunte saeculo XVI
scripto, quod penes Societatem Iesu est　Cum mendis abundet, ab homine linguae
latinae paene ignaro scriptum esse videtur, qui fortasse Societatis fratei laicus erat
Hic post titulum infia ponendum („Testamentum exponit") scripsit „Descripta
sunt ex autographo ad verbum vbi notandum omnia quae hic colore rubio scripta,
eadem esse in autographo manu propria R P Petri Canisij" Ac reapse libiaiius
haud pauca verba rubio scripsit colore, nec tamen ipsum aichetypum ei piae manibus fuisse videtui, sed aliquod aliud apographum, in quo verba Canisii ipsius
manu scripta eodem colore signabantur

Alterum apographum (libellus in 4°, non conglutinatus, ff 11) est Monachii
in archivo regni bavarici, Iesuitica in genere fasc 13 no 214　Saeculo XVII scriptum

---

* rudis *Pyth*　　[b] *Pyth* om qui mox usque ad erit
[c] *Pyth* om et aeque vanus
[d] *Pyth* si non in fundamento humilitatis domum suam exstiuxit
[e] *Pyth*. om amari et　　[f] *Pyth* debes　　[g] *Pyth* om mihi
[h] *Pyth* quam oscula et encomia　　' externus *Pyth*

---

[1] 1 Petr 5, 6　　[2] Eccli 10, 9　　[3] 1 Coi 4, 7　　[4] Eccli 23, 5
[5] Ps 140, 5　　[6] Ps 39, 16, 69. 4　　[7] Piov 27, 6

esse videtui, et post titulum eandem prorsus adnotationem habet atque apographum prius („Descripta sunt“ etc) Neque tamen „colore rubro“, sed nigris lineis suppositis hic librarius Canisii verba autographa denotavit, ideoque adnotationi in margine ascriptum est „nunc linea subducta“ Lectiones variantes infra ponendae ostendent eum pleraque e mendis apographi prioris retinuisse et complura iis addidisse   Quae omnia suadent eum res aut ex fonte, qui priori librario praesto erat, hausisse aut ex huius scripto transcripsisse

Parvas aliquas Testamenti partes ediderunt   *Raderus*, Can. p 31—32 232 Auctor libelli „*R P Petrus Canisius elogiis illustratus*“ (Friburgi Helvet 1656) f C 7ᵇ—C 8ª *Python* l c p 7—8   *Boero*, Canisio p 15 *Janssen* l c IV, 391 393, V, 187

Prooemium Quale testamentum facere velit, et qua de causa — I ¹ *Pro baptismo, parentibus in fide catholica constantibus, institutione christiana gratias Deo agit —* II *Varia adminicula a Deo praestita Sacramenta (quorum virtutem Canisius extollit), beneficia coloniensia Nicolaus Eschius praeceptor egregius, Laurentius Surius Canisio adiutore catholicus factus, Iustus Landsbergius Carthusianus, patrocinium S Gereonis aliorumque sanctorum, ratiocinia de ortu Societatis Iesu fructuque per Canisium offerendo facta, magisterium philosophiae, praeclari theologi rarius in locis coquiti, totum castitatis factum et perpetuo servatum —* III *Prior vitae pars nonnullis liberioris vitae maculis aspersa —* IV *Munera divina per Societatem Iesu Canisio collata Laus Societatis, quae ipse eius parens Canisio praestiterit, Canisius B Petro Fabro duce excitur spiritualia peragit et Societati nomen dat, probra in Societatem iactata eiusdem amorem in Canisio auxerunt, ipse pro adversariorum salute etiam mori paratus, illorum eum miseretur, qui disciplinam religiosam intolerabile dicunt iugum —* V *Itinera Canisius primo sacro facto a Coloniensibus ad Leodienses et ad Carolum V, ab Ottone cardinali augustano ad concilium tridentinum mittitur, Romae in disciplina Societatis exercetur, in collegio messanensi laborat, Ingolstadii et Viennae in cathedris et sacris suggestis locatur, colloquio religionis interest Vormatiae, Glareanum invisit, collegium pragense instituit, in Poloniam cum nuntio Pontificis proficiscitur, Augustae contionatorem agit ecclesiae cathedralis, Pii IV iussu complures Germaniae principes et magistratus adit, non sua usquam quaerens, sed quae Dei sunt, quidquid obtinuit, prorum precibus tribuit, ipse neglegentiae multiplicis se reum facit —* VI *Docendi munus Catholici doctores quam necessarii, ipse iam puer ad contionandum se disponebat*

Testamentum

P. Petri Canisij ante mortem ab eo conscriptum:

in quo fide bona vitae suae cursum

Exponit

Notandum est additiones et emendationes, quas in huius „Testamenti“ archetypo exemplo Canisius sua manu fecit, hic binis asteriscis et lineolis notari ita, ut * — ante primum verbum, — * post extremum ponatur ²

Quandoquidem summo et clementissimo usum est, ad sui sancti nominis gloriam, et ad animae meae profectum indigno seruo largiri,

¹ Divisio haec ab editore facta est
² Additiones hae et emendationes accuratius, quam hic fecimus, indicari non possunt, nam archetypum non exstat, neque in apographis notatum est v g, quid iis in locis, quos Canisius emendavit, primum scriptum fuerit

ut grauem et prouectam* hanc aetatem attingerem, annos iam natus
fere septuaginta quinque * — vel sex — *, res ipsa postulat ni plane
fallar, ut senex, * — imo Senior inter nostros — *, sarcinas ut dici
solet, colligam, ac me totum ad condendum Testamentum sub moitem
conuertam, ne prorsus intestatus ex hac uita decedam. Scio enim
quis dixerit ac mandant fidelibus. vidcte, uigilate et orate:
nescitis enim quando dominus ueniet[1] Non quod Sacros
ueteris Ecclesiae Canones transgredi uelim per quos Testamenti condendi facultas mei similibus, id est religiosam uitam piofessis iam
pridem sapienter adempta est Hi quippe mundo ciuiliter mortui,
peculium de quo testentur, habere nullum debent, suntque toti in potestate maiorum, ut[b] de suis rebus uel statuendi uel legandi ius aliquod usui pare non possint Ego uero diuinis humanisque legibus
uim[c] nullam hoc scripto inferam. sed intra meae professionis limites
consistens, eam testamenti formam complectar, quae uelut epitomen,
uel si mauis, memoriale quoddam de singularibus Dei Opt Max beneficijs acceptis. deque praecipuis anteactae uitae meae partibus utcunque comprehendat Vnde futurum spero, ut de me, ac uita mea
transacta testimonium certius constet ijs, qui siue bono, siue maleuolo
animo de rebus nostiis fortasse sciscitabuntur aut pronunciabunt.
Accedit * — notum exemplum — * de illustrissimo Hiponensi Episcopo
et clarissimo Ecclesiae Doctore Augustino, qui suum et ipse Testamentum condidit, quando libros[d] confessionum insignes ualdeque
* — probatos — * post se scriptos reliquit posteris. Ita enim vir ille
Christi spiritu plenus se ipsum imprimis auctori gratum ostendit, ac
deinde lectoies ad Dei laudem et gloriam bona et sua mala nariando
excitauit suoque laudabili exemplo permultos ad meliorem frugem
adducere procurauit Quod si dignum et iustum esse censemus, ut
rerum omnium principium et finis non solum in maximis, uerum in
minimis etiam abiectissimisque cieaturis praesens agnoscatui ac prae-
dicetui : mihi ut speio nullus prudens uitio dabit si in hac proposita
Testamenti ratione progrediar, per quam ille perennis bonorum omnium fons et simul malorum me quamuis exiguum uel a paucis uel
a multis[e] . . . . [ali]qua[f] ex parte cognosci atque laudari possit
Valeat autem omnis arrogantiae et philautiae[g] spiritus, qui proisus
odiosum reddit omne genus phariseorum, praesertim in Religiosis, ut
quos mundo mortuos et humilitate tum interiore, tum exteriore[h] Chiisto

---

ᵃ profectam *utriumque apogi* (Soc et Mon)
ᵇ et *utriumque apogi* , *sic correctum est propter* possint, *quod sequitur*
ᶜ cum *Mon*   ᵈ libro *Mon*
ᵉ In *utroque apographo lacuna est , librarii in margine scripserunt* „*quaedam
uerba hic desunt*“   ᶠ *Sic legendum esse uidetur qua* Soc *Mon*
ᵍ philanthiae *Mon*   ʰ exteriore se *Soc. Mon , quod ineptum est*

[1] Marc 13, 33 35

Crucifixo quo ad eius fieri potest, conformes esse conuenit. Non nobis domine non nobis, quia sine te nihil praeclare facere[1] sed nec cogitare quidem possumus[2] *— aut JESV nomen proferre[3] —ᵡ, sed nomini tuo sacrosancto, a quo et per quod bona cuncta subsistunt[b] atque oriuntur, solida et sempiterna gloria[4] in Coelo et in terra unice tribuatur

[I] Primam ergo Testamenti mei partem in eo colloco, ut complures[c], ubicunque uiuant, meas suppleant uices in agendis ex animo gratijs ter sacrosanctae ac semper adorandae Trinitati Mecum quaeso et pro me confiteantur, timeant, ament celebrent et colant Deum: Patrem aeternum, quo nihil grandius: Deum filium vnigenitum, quo nihil sapientius, et Deum Spiritum sanctum paracletum, quo nihil benignius ac beneficentius censeri debet ac potest excogitari Laudent et superexultent[d] Electi omnes, quos formauit et formabit altissimus, hunc meum creatorem redemptorem[e] atque glorificatorem cuius mera bonitate *— et aeterna praedestinatione —ᵡ factum est, ut ego in peccatis conceptus et natus[5] naturaque siue ut S Augustinus loquitur[6], originaliter irae filius[7] a peccatoribus procreatus. in JESV Christo secundo Adam[8] noua efficerer creatura gratiaeque christianae ᵡ— qua nihil est optabilius —ᵡ. cum renatis alijs particeps redderer *— Sane inter mortales —ᵡ in hunc ego mundum prodij cum salutis humanae per Christum restitutae annus decurreret M D.XXI. sub Leone Pont Max.[9] quando imperabat Carolus V. Caesar Et alter eiusdem nominis Dux postremus Geldriam[f] administrabat[10] Natalem diem mensis Maius mihi tribuit in urbe Nouiomago, quae prima Geldrensis est ditionis[11] Parentes accepi iuxta seculum honoratos ac diuites satis. quodque longe praestantius est, ad uitae finem usque Catholicos et orthodoxos, cum iam funesta⁻ Luteranae doctrinae pestis[h] non sine mul-

---

ᵃ possimus *Soc*   ᵇ persistunt *Mon*
ᶜ quamplures *Mon*
ᵈ *Sic ubiumque apographam, corrigendum videtur* superexaltent *Cf canticum* „trium puerorum", *in quo videtidem* „Laudate et supereraltate eum in saecula" (Dan 3, 52—90)
ᵉ Creatorem ac Redemptorem *Mon*
ᶠ Geldriae *Soc Mon*   · funestae *Mon*
ʰ funesta lutherana pestis *Frib*

---

¹ Cf Io 15, 5   ² 2 Cor 3, 5   ³ 1 Cor 12, 3
⁴ Ps 113 B, 1   ⁵ Ps 50, 7 Io 9, 34
⁶ „Peccatum quod eos [i e paruulos] ex Adam dicimus originaliter trahere" (Retractationum 1 1, c 15, n 2 Opera I [ed maurin, Parisiis 1679], col 24 *Migne*, PP LL XXXII, col 608)
⁷ Eph 2, 3   ⁸ 1 Cor 15, 45
⁹ Leo X 1 Decembris 1521 mortuus est
¹⁰ Carolus Egmondanus dux Geldriae VIII idemque ultimus
¹¹ Domus, in qua Canisius natus est, Nouiomagi adhuc exstat, est domus angularis inter vias, quae dicuntur „Broerstraat" et „Bijnumsgas"

torum pernicie in utraque Germania coepisset prorumpere, *— et per
dulces sermones etiam corda seducere innocentium[1]. —*
Bene sit[a] meis parentibus simul et consanguineis, benefactoribus amicis
et praeceptoribus, alijs[b] omnibus, qui inde a prima aetate curam cum
corporis tum animi mei suscipere dignati sunt suamque caritatem et
fidam operam in me nutriendo, educando, atque formando quacunque
ratione declarauerunt Bene inquam sit illis, ut singuli pro tempo-
rarijs benefactis in me collatis non finienda praemia propitio[c] Christo
consequantur. Retribuatur illis, quorum meritis ego referre gratiam
nequeo, et in resurrectione iustorum cum iustis illis retribuatur[2] Benedic anima mea domino, et noli obliuisci
omnes retributiones[3], aut potius gratuita eius beneficia, qui
tot modis commodisque medijs me adiuuit ac protexit infantem, et
inde a matris vtero in laudem suam segregauit[4] *— rudem et
ignorantem — *: qui praeterea in summis saepe periculis uersantem
conseruauit, semperque inter Catholicos educandum, et Catholicae
fidei lacte fouendum curauit· ac demum *— immerentem prorsus — *
infinitis beneficijs, quae nulla oratione mea percenseri possunt, cumu-
lare noluit, nunquam non efficiens ut per Angelos ac homines, me
pusillum et grandescentem, domi et foris die ac nocte *— saluum — *
custodiret Igitur omnia quae intra me, et iuxta me, et supra
me sunt, ter Sancto eius nomini benedicant[5]. ex quo, per
quem, et in quo omnia[6], quique dat mihi et omnibus, vitam, inspirationem et reliqua[7] quibus mortales indigemus
uniuersa

[II.] Vt ad alteram Testamenti partem accedam, peculiarem
sapientissimi Dei erga me prouidentiam agnosco, et a multis agnosci
sed et laudari percupio quandoquidem cum uerae solidaeque salutis,
quae animam iustificat ac beat, prorsus essem[d] indignus, per illum
ipsum uenerabilium Sacramentorum gratia mihi communicata est Haec
quippe diuina sunt infirmitatis humanae pharmaca, quibus impuri Adae
filij in spiritualem uitam traducimur, sunt et organa[e] coelestis medicinae, per quam in ueram aeternamque animae morbidae sanitatem
almur, conseruamur atque proficimus Cuiusmodi magna dei munera[f],
quae satis commendari nequeunt, ego per legitimos Ecclesiae ministros[g] mihi tradita percepi, ut in Christo non modo regenerarer, sed
etiam in christiana uocatione, per fortitudinem Spiritus Sancti, con-
firmarer, pane itidem[h] sancto nutrirer, per claues Ecclesiae post[i] — frequentem — * lapsum absoluerer, *— Deoque reconciliarer — *[i]:

---

[a] sit, Devs Frib   [h] alijsque Mon   [c] proposito Mon
[d] esse Mon   [e] origina Soc Mon   [f] Ejusmodi munera Frib
[g] Dei ministros Frib   [h] ibidem Frib   [i] reconsiliarei Mon Soc

---

[1] Rom 16, 18   [2] Luc 14, 14   [3] Ps 102, 2   [4] Gal 1, 15
[5] Ps 102, 1   [6] Rom 11, 36   [7] Act 17, 25

Et[a] Sacris ordinibus ad edificationem Ecclesiae per Episcopum initiarer Laudo igitui et benedico te Chiiste Pontifex Max· et secundum oidinem Melchisedec *— Sacerdos aeterne —*[1], qui per catholicos et legitimos domus tuae[b] dispensatoies mihi tuum spiiitum et Sacramentorum effectus miificos contulisti, ut uel muitis hostibus uerum ac muum Ecclesiae tuae sanctae membrum esse ac simul manere, *— tibique et alijs inseruire potueiim —* Quam ergo uenerationem quam *— gratitudinem —* pro his medicamentis, tibi uero Samaritano[2] iependam, qui tam sapienter et fideliter sanas contritos corde, et alligas contritiones eorum[3] etc   Laudationem Domini loquatur os meum: et benedicat omnis caro nomini eius[4] qui propitiatur omnibus iniquitatibus tuis[c5], *— et medetur innumeris animi morbis [et][d] imbecillitatibus —* Vae alioquin misero mihi, praesertim illa molli lubrica atque ad malum omne procliui aetate, si te duce efficaci, et frequenti Sacramentorum usu caruissem, ac talibus remedijs *— destitutus —* in hac tanta nostiae carnis fragilitate *— peiinde ac iumentum in stercore peimansissem —* Verum et illud plurimum per te prodesse sensi. quod postquam nuces reliqui, *— et annos quindecim aetatis attigi —*[6], adolescens Coloniae Agrippinae tali sum traditus Praeceptori. qui ut pius erat ac religiosus admodum Nicolaus nimirum Eschius *— Piesbiter Biabantinus, me uelut efferuescentem uitulum[7] bono iugo subiecit, ac pio sua in me charitate —[e] quotidianis suis monitis et exemplis ad meliorem disciplinam reduxit. Etenim a uarijs studijs et iuuenilibus desiderijs fluctuantem animum auocauit, atque ut saluti uiciniora quaererem, ardentioiem Creatoris mei[e] cultum ac uirtutum amorem. in me sapienter excitauit atque[f] prouexit Sub eo praeceptore uel potius doctore spiituali[-] uixit mecum Laurentius ille Surius Lubecensis[8], ex haeretico Catholicus *— me adiutore —* Coloniae factus cuius doctiina et pietas, quemadmodum plerique norunt, postea inter Carthusianos eluxit, et qui multum sane sciiptis suis profuit

---

[a] demum et *Fiib*
[b] suae *Soc Mon*   [c] suis *Mon*   [d] om *Soc Mon*
[e] Cieatoii meo *Mon*   [f] et *Mon*   - spiituale *Mon*

[1] Ps 109, 4 Hebr 5, 6   [2] Luc 10, 30—37   [3] Ps 146, 3
[4] Ps 144, 21   [5] Ps 102, 3
[6] Canisius (natus 8 Maii 1521) in album uniuersitatis coloniensis ielatus est 18 Iannaiii 1536 Vide infra, monum 4
[7] Cf Ier 31, 18
[8] Laurentius Suiius (1522—1578), lubecensis, carthusiana veste 23 Febiuaiii 1540 Coloniae indutus Tauleri, Rusbioehii, Susonis, Ioannis Gioppeii, Fiideiici Staphyli etc opera latine iecddidit, sacra concilia in quattuor uolumina collegit (Coloniae 1567), Sleidano „Commentaiium brevem reium in orbe gestarum“ (ab a 1500 ad a 1568) opposuit, vitas sanctorum 6 uoluminibus (2°, Coloniae 1570—1575, et saepius) comprehendit Sunt, qui negent, eum haereticum piimis annis aetatis fuisse

Ecclesiae Dei. Viuebat tunc etiam Joannes Iustus Landspergius, praeclarum eiusdem Ordinis Carthusiani decus[1], *— a quo multa pia conscripta sunt —*, cuius venerandi patiis, sicut et ieliqui sodalitij eius pio contubernio nos ambo *— adolescentes —*, suauiter in domino fruebamur. Iuuabat me quoque loci sanctitas, quod Coloniae apud aui eos Martyres, siue ut nunc loquuntur apud D. Gereonem, habitarem, nec solum SS Thebeorum et[a] Martyrum[2], sed aliorum quoque diuorum, quibus me libenter commendabam, fida patrocinia experirer, ut adueisus mundi pericula, et Satanae tentationes, promptius fortiusque pugnarem. Praeterea praesens mihi ac fructuosum fuit commeicium cum pijs ac doctis hominibus quibus tum Colonia *— ornabatur —*[b], Deo nimirum per haec sua electa organa me subinde institente atque confortante, immo de futuris etiam certaminibus, quae postea certus comprobauit euentus, utiliter admonente[c] Memini honestissimae viduae[d], quae raram pietatem uita et morte contestata est, quum Arnhemij salutarem amicos, ea diuinis clara illustrationibus inter alia[e] praemonuit de nouo sacerdotum oidine *— prodituio —*, per quos licet simplices Deus fidos operarios in vineam suam breui extruderet[f], ac illis me quoque aggregandum esse[g] praedixit[3]. Atqui

---

[a] et *Mon Soc , sed superiacaneum esse uidetui*
[b] *In Soi hoc teibum iubium est, neque ieio linea eadem substiuta est in Mon*
[c] *Quae sequuntui, usque ud „suo* tempore profutuiam" *(p 38), ponuntui etiam a Pythone p 7—8, dicente ea iefei i i a Canisio „in suo, quod piopiia manu sciipsit, testamento"*
[d] feminae *Pyth*   [e] alea *Soc*
[f] *Pyth om* licet simplices *et* bieui   - *om Mon*

---

[1] Sanctissimi huius viri virtutes († 1539) enarrauerunt piaetei alios *Matth Radeius* S J , Bavaria pia (Monachii 1628) p 104—107, et P *Dion M Tuppeit* O Carth , Der hl Bruno (Luxemburg 1872) p 489—492 De eius operibus vide etiam *Ioh Janssen* (Geschichte des deutschen Volkes V, 214) et *I Haitzheim* (Bibliotheca coloniensis p 183—184) At notandum est, eius „Enchiridion militiae christianae" Romae „piohibitum" esse, „donec corrigatur"
[2] Vetus quaedam traditio coloniensis haec habet Legionis thebaicae, cui S Mauritius piaecrat, paitem quandam eo in loco, in quo templum S Gereonis nunc est, circa annum 287 una cum duce suo Gereone martyrium subiisse ibidemque sepultam esse In eo templo altare etiam „S Mauitii" erat Atque medio saeculo XII Coloniae exstructa est ecclesia S Mauritio dicata, quae a templo S Gereonis haud multum distabat De qua cf *Ad Thomas*, Geschichte der Pfarie St Mauritius zu Koln (Koln 1878) p 38—58
[3] *Canisius* cognato suo P Ioanni Busaeo (Buys) S J , noviomagensi (qui per 20 fere annos philosophiam et theologiam in academia moguntina docuit et libios compluies tum veteium tum suos in lucem emisit), Friburgo Helvetiorum 2 Ianuarii 1596 haec scripsit Moguntiam „Benedictus Deus, cujus gratia mihi videie licuit Sanctam Arnhemi viduam, qua monente didici de novo Sacerdotum Oidine ad reformationem Ecclesiae instituendo, cui et ego adscribendus essem" Haec *Fi id Reiffenberg* S J (Historia Societatis Iesu ad Rhenum inferiorem 1 [Coloniae 1764), 7) ex autographo descripsit, quod in collegio Societatis coloniensi exstabat Eadem ex eadem epistula transcripsit *Radeius* (Can p 231) Ac de ea

nulla tunc de JESVitis, quos nunc uocant, memoria, mentio nulla vel
apud Italos vel Gallos uel Germanos usquam habebatur[a] [*] — Fuit
et virgo uere pia et sapiens apud Brabantinos, quae diuino spiritu
erudita commonefecit praeter[b] alia, meam operam et scriptionem
Ecclesiae suo tempore profuturam Deum testor nihil a me fingi,
sed ueritatem ingenue confirmari[c] — [1] De studiorum meorum ordine ac progressu, quum Coloniae in Gymnasio Montano discipulum
agerem, hoc solum dicam, quod anno aetatis meae decimo sexto[2],
qui Christi domini annus erat supra sesquimillesimum quadragesimus[d]
[*] — ac societati nostrae initium[3] dedit —[*], in bonis artibus Magisterij
lauream fuerim consecutus. [*] — Quam recte autem ac merito praedicare non possum nec debeo —[*] In eadem Catholica Vrbe cum declamando tum docendo sed et concionando [*] — ut alijs gratificarer,
subinde me tiro —[*] exercui, licet nondum sacris essem initiatus[4].

---

[a] *Quae sequuntur, usque ad* ingenue affirmari (confirmari), *habet etiam Raderus (p 232)*   [b] inter *Pyth*
   [c] confirmare *Sor Mon*, affirmari *Rad*   [d] quadragesimum *Mon*

vidua ipse *Iohannes Busaeus* ad Raderum scripsit „Erat illa vidua cognata ipsius,
et vt puto sanctimonialis, de cuius sanctitate meo tempore apud Nouiomagenses, qui
tantum duobus milliaribus ab Arnhemensibus distant, [magna erat] opinio Illam
conuenerat P' Canisius, antequam Societatem nosset" (*Raderus* l c) A P' *Iacobo*
Keller S J eadem dicitur „vidua Remolda inclytae sanctitatis foemina, et xenodochio
Arnhemensi suo viuentis haeredj memorabile nomen" (* Vita Canisii [cf supra p 2]
l 2, c „Fatidica" In exemplo a P' Lud Arano S J scripto [ser X, fasc Va,
n 11] p 38) *Sacchinus* eam sic loquentem inducit „Tu fili cooptaberis in nouum
quendam Sacerdotum Ordinem, quem in Ecclesia sua ad reformationem eius, ac
multorum salutem parat Deus Ego eos per visum vidi, et te ad eos adiungi
Graues erunt viri, docti, modesti, Deo pleni, et animarum caritate praediti Bono
igitur fac sis animo, et spe huiuscemodi te sustenta, nam breui a Deo potieris hoc
dono" (De vita Canisii p 20) Nescio an haec Sacchinus deprompserit ex *Nicolao*
Orlandino S J, qui refert Canisium Neomagi materteram habuisse egregie piam,
quae illi in genere vitae deligendo fluctuanti ita locuta sit (Historiae Societatis
Iesu prima pars l 4, n 34 [Romae 1615], p 111) Illustriora „de eadem" vidua
illa arnhemiensi narrat Raderus ex litteris acceptis a P' *Iohanne Hasio S J*, boscoducensi, qui „ex sororis P' Canisii filia, illaque ex matre didicit Reinhardam [Hasius
ita, Raderus etiam Remoldam appellat] assidue domum Iacobi Canisii, qui Petri
parens erat, interuenisse, toti familiae perfamiliarem, religiosissimam fuisse matronam,
decem et octo annis nihil e macello, nihil e piscina in mensam intulisse, ad coelestem Christi mensam ter in hebdomade accubuisse" (l c p 231—232) Hasius
autem ille vir fuit grauissimus Herbipoli per nouem annos Summam theologicam
S Thomae explicavit, collegium embricense instituit, annis 1595—1598 prouinciae
S J rhenanae praefuit Anno 1534 praedictionem hanc arnhemiensem factam esse
Sacquin quidem affirmat (l c p 17—18), sed in fontibus antiquis annus non indicatur,
facta est certe ante annum 1540, quo Societas a Paulo III confirmata est, et Beatus
Petrus Faber S J in Germaniam venit
   [1] Haec fuisse videtur Maria de Oisterwijk, de qua complura infra scribentur
   [2] Scribendum fuit „vicesimo", nam Canisius d 25 Maii 1540 Magister artium
creatus est Vide infra, monum 7
   [3] Paulus III institutum Societatis Iesu 27 Septembris 1540 primum approbavit
   [*] Paulus III 3 Iunii 1545 concessit, ut Societatis Iesu alumni, etiamsi sacris

Hic mihi grata occurrit memoria Theologorum, quos doctrina et uirtute praestantes per dei gratiam uarijs in locis uel audiui, uel conspexi atque noui: cum plerisque familiariter etiam collocutus, et in quibus illa quidem aetate fidei Catholicae tuendae zelus non paruus *— resplenduit —*. Loquor de Ruuardo Tappero [1], Jacobo Latomo [2] Iodoco Tiletano [3], Francisco Sonnio [4], Wilhelmo Lindano [5], Petro Soto [6], Stanislao Hosio, postea Cardinali [7], Michaeli Merspurgensi Episcopo [8], Friderico Staphylo [9], alijs pluribus, qui pro afflictae Ecclesiae Castris, egregie dimicarunt, et nouas errorum tenebras doctis lucubrationibus profligare conati sunt Cum porro decimum nonum aetatis annum attigissem, ac D Matthaei [²]ᵃ Apostoli ferias celebrarem, uolens et gaudens *— ut pudicitiae amatori securius inseruirem —*, virginalem castitatem, perpetuo mihi seruandam suscepi [10], eiusque voti DEO sancte

---

ᵃ *Ita utriumque apographum At Raderus p 15 „Ipso die S Matthiae, cum annum ageret indecimesimum castimoniam toto signauit ᵃ Et Sacchinus, De uita Canisii p 18—19 „Quo anno [i e aetatis indeuigesimo] ipsa beato Matthiae Apostolo sacra luce et perpetuam Deo castimoniam religione voti dedicauit et Philosophiae spatiis magna nominis sui celebritate in Collegio Montano decursis, in eodem suprema donatus est laurea ᵃ Atque festo S Matthiae id factum esse etiam Dorigny, Boero, Riess asserunt Quae lectio magis probanda atque adeo certa esse uidetur*

---

ordinibus nondum essent initiati, publice contionarentur, et Gregorius XIII 20 Novembris 1584 declarauit eos per concessionem illam „praedicationis munus in vim privilegii huiusmodi exercere potuisse et posse"

[1] De hoc infra, cum de epistula 10 Ian 1548 a Canisio ad eum data agetur

[2] Iacobus Latomus siue Masson († 1544), belga, Louanii doctor theologiae, rector universitatis, inquisitor fuit ac methodum scholasticam contra humanistas aliquot, fidem catholicam contra Lutherum, Oecolampadium, Tindalum, alios scriptis suis fortiter defendit

[3] Iodocus Ravesteyn († 1570), tiletanus, flander, in academia lovaniensi theologiae professor, cum Francisco Sonnio anno 1551 concilio tridentino et anno 1557 colloquio religionis vormatiensi interfuit, contra protestantes, praesertim Illyricum et Chemnitium, complura opera edidit, Baio quoque strenue se opposuit

[4] Franciscus Sonnius siue van den Velde († 1576), brabantinus, theologus academiae lovaniensis, episcopus boscoducensis et (ab anno 1569) antverpiensis fuit, theologicas etiam elucubrationes edidit

[5] De eximio illo theologo Guilhelmo Damasi Lindano siue van der Lindt († 1588), dordracensi, qui professor dilinganus, episcopus ruraemundanus et gandauensis fuit, plura in secundo volumine dicentur

[6] Petrus de Soto, cordubensis, ordinis Praedicatorum ornamentum Caroli V, consiliarius et confessarius atque academiae dilinganae firmissimum fundamentum fuit A Pio IV theologus pontificius in concilio tridentino constitutus, ibidem a 1563 vita cessit, compositis libris „de institutione christiani hominis" aliisque operibus

[7] Notissimus est hic vir († 1579), qui episcopus varmensis, praeses concilii tridentini, theologus summus fuit

[8] De Michaele Helding (1506—1561), vulgo Sidonio, suebo, qui Moguntiae parochus ecclesiae metropolitanae et dein episcopus auxiliaris fuit ac postea merseburgensis episcopus factus est, atque de eius scriptis, disseruit N Paulus in „Der Katholik" (74 Jahrg, Mainz 1894) II, 410—430 481—502

[9] De hoc infra, ad epistulam 31 Augusti 1555 ab eodem ad Canisium datam

[10] Si Canisius reapse scripsit „Matthaei", dicendum erit eum 21 Septembris

nuncupati*, me postea poenituit nunquam· quoniam a re venerea et
uxorea libenter abstinui ut me ipsum castrarem propter regnum coelorum¹ Non quod meis uiribus fiderem, sciens neminem
continentem esse posse, nisi DEO gratiam, homini largiente· sed quod
fiduciam omnem praestandi coelibatus in illo constituerem, qui precantes et sperantes exaudit, et de sua infinita misericordia praesumentes non despicit² quique fideles supra suas uires tentari b
non permittit ³. modo illi gratiae tantum oblatae cooperatores esse
— et carnem crucifigere⁴ — cum S Paulo Apostolo non negligant   Clementer sane adfuit pater misericordiarum⁵, in
cuius manibus sortes meae⁶ sunt, ac uarijs me praesidijs multisque stimulis *— torpidum subinde confortant —*, ut in carne sine
carne uiuerem, et meliora charismata aemularer⁷, mundum
uero et ea quae mundi sunt *— propria retia magis magisque repu-
diarem —*

[III] Nunc tertia huius Testamenti pars attingenda est quae
uiginti duos fere annos hoc est totum uitae meae spatium, ante societatis ingressum decurrens complectitur   Quando non solum in patria,
sed etiam Coloniae et Louanij literarum studijs operam dedi, atque
ita uixi, ut florentem illam aetatem nonnullis *— liberioris uitae —*
sordibus conspurcarim Etenim iugum domini sicut par erat, non in-
offenso pede portaui, et adolescens Tobiae praeceptum male compleui.
Omnibus inquit diebus uitae tuae in mente habeto᷄ Deum.
et caue ne aliquando peccato consentias, et praeter-
mittas praecepta domini dei nostri⁸ Igitur in prima et secunda aetate, *— non profuerunt, sed obfuerunt mihi sodales praui,
quorum familiari contubernio nimium delectabar, ut discerem una d
cum illis bonas horas male collocare, uana quaedam appetere, insulsa
proloqui, cornu extollere, nimiumque mihi sumerem et arrogarem —*
Vnde maioribus aequa postulantibus, aduersabar, cum aequalibus con-
tendebam, non paucos aspernabar ac deridebam nimiumque mihi pla-
cebam et alijs me anteponebam, irasci et aemulari noueram, crebro
temere gloriabundus et parum uerecundus' [²] Neque solum corpori
laute nutriendo, et externis quoque sensibus *— oblectandis —* plusculum indulgebam', uerum etiam seueriorem disciplinam iuuentuti

ᵃ nuncupati Nov Mon   ᵇ tentare Nov Mon   ᶜ habete Mon   ᵈ om Mon
ᵉ Ita legendum esse uidetur, nisi forte Canisius scripsit haud parum uuerecundus Nov Mon inepte parum uuerecundus   ᶠ indigebam Mon

1539 uotum castitatis fecisse At cum omnino legendum esse uideatur „Matthiae‟
(vide p 39. not a) uotum illud die 25 mensis Februarii 1510 assignandum est
Riess et Drews 24 Februarii factum esse scribunt, sed annis bissextilibus festum
S Matthiae 25 Februarii agitur
    ¹ Matth 19. 12   ² Iudith 9, 17   ³ Cf 1 Cor 10, 13
    ⁴ Gal 5. 24   ⁵ 2 Cor 1, 3   ⁶ Ps 30, 16
    ⁷ 1 Cor 12, 30   ⁸ Tob 4 6

necessariam, ne ex dei filijs, filij Belial¹ efficiantur, vel impatientei,
vel fastidiose sustinebam, non nunquam et abijciebamᵃ Eiam ut
Propheta loquitur. quasi iuuenculus indomitus², et iuuenca
quae iugum non sustinuit, ac uelut ouis erians³ diuini timoris expers, blanda, dulcia molliaque puerili more consectans, mascula, sancta
ac falutaria respuens, in ocio, lusibus, iocis, salibus, fabulis, luxu,
somno et crapula, tempus pietiosum absumens, ac horas bonas vane
ac friuole conterens Excusent alij nacuos et uitia puerorum, quae
vir S. Augustinus in se ipso iam olim ieprehendit⁴, ac serio deplo-
rauit, quaeque non humano, sed diuino iudicio aestimare debemus:
suas etiam poenas haud dubie illa promerentur, praesertim si ex malitia et petulantia * — multoque magis — * si contra honestatem at-
queᵇ conscientiam in tenera illa aetate committantur et aliquam cum
turpitudine cognationem habeant Certe pusillis et grandibus non
parcit iustus deus, qui solus corda sciutatur⁵, et cuique reddit
secundum opera eius⁶; acrius tamen puniturus parentes in ob-
seiuandis et coiripiendis liberis incuiios, quod sint instar Heli so-
cordes⁷, et quorum * — dormitantiaᶜ — * indulgentiaque fieri solet,
ut fenestra iunioribus * — domi et ioris — * ad omnem fere nequi-
tiam aperta relinquatui Equidem confiteor domine, qui iustitias
iudicas⁸, et fortem te zelotem⁹ ad iniquitatem omnem undi-
candam exhibes, me scientem acᵈ nescientem a piimis annis peisaepe
peccasse, ut neque numerum delictorum, neque modum exprimeie possim, et utriusque tabulae mandata * — (proh dolor) — * temere uio-
lam, tantoque longius a luce rationis ac intelligentiae, omnique innocentia discessi, quanto magis iudicio ualere poteram, et uerum a falso
discernere debebam. Certe non uiri, non adulti tantum, sed iuniores
etiam indigent diuina misericordia tua, ut meritas utiorum suorum
poenasᵉ effugiant, pleneque mundentur, et coiam facie tua uere appareant immaculati Reminiscere miseiationum tuarum domine, et misericordiarum tuarum quae a seculo sunt.
Delicta iuuentutis meae et ignorantias meas ne memi-
neris¹⁰ * — Delicta quis intelligitᵛ — * Ab occultis meis
munda me domine, et ab alienis parce seruo tuo¹¹. Nihil
enim sunt anni, menses, et dies mei¹², nisi secundum clementiae

---

ᵃ obijciebam *Mon*   ᵇ et *Mon*
ᶜ *Sic legendum mihi esse uidetui Soc Mon doimutabuntia In Soc hoc veibum
iubiim est, neque tamen in Mon linca ei substiata est*
ᵈ et *Mon*   ᵉ poena *Mon*

---

¹ Cf Deut 13, 13   2 Coi 6, 15 etc   ² Iei 31, 18
³ 1 Petr 2, 25   ⁴ In libio piimo „Confessionum"
⁵ 1 Par 28, 9 Ps 7, 10 etc   ⁶ Matth 16, 27   Rom 2, 6 etc
⁷ 1 Reg 2, 12—36   ⁸ Ps 9 5   ⁹ Ex 20, 5
¹⁰ Ps 24, 6 7   ¹¹ Ps 18 13 14   ¹² Iob 7, 16

tuae censuram computentur, et sacro* filij tui sanguine *— v e t u s
h o m o¹ —* ab omni corruptione et macula repurgetur, atque sancti-
ficetur

[IV] Quarta nunc sequitur Testamenti pars, diuinae gratiae praeclara complectens⁵ munera, quae nec meus nec cuiusquam animus
satis aestimare, multoque minus pro dignitate laudare unquam possit:
munera inquam per societatem et in societate *— indigno —*ᶜ mihi
communicata, et annis iam quinquaginta eoque amplius durantia An
ego prorsus insulsus acᵈ ingratus non essem, si fonti bonorum aeterno
non benedicerem, qui mirificauit misericordiam suam in ciuitate munita², ut hoc nomine societatem nostram appellem, eamque
stabiliunt praeclaris legibus Fundatoris primique patris nostri Jgnatij,
*— cuius memoria in benedictione est³ Accessit et publi-
cum *— Ecclesiae cathol et sedis Apostol iudicium, neque minus
Concilii* sacri Tridentini irrefutabilis autoritas *— hoc institutum
dilucide —* comprobauit⁴ Non potest arbor esse mala, tot eximijs
abundans fructibus⁵, quos ex illo plurimi decerpserunt, ac etiamnumᶠ
haud sine incredibili utilitate ac solida uoluptate decerpunt* Prin-
cipesʰ et Magistratus, amici et aemuli, Europa et Affrica huic prae-
nobili arbori, si sit opus *— non obscure suffragantur —*, ut uen-
dibile unum, nec hedera nec piecone, ut inquiunt. egere uideatur
Quod ad me spectat flecto equidem genua ad patrem domini
nostri JESV Christi⁶, et quascunque possum illi toto pectore'
gratias ago, et a sanctis omnibus agi percupio, quandoquidem me
indignum siue Germanum siue Belgam benigne uocauit. etᵏ uocatum
recepit in hanc filij sui societatem⁷ primo adhuc Praeposito
— quem dixi —, superstite⁸ *— Is me primum Romae amanter amplexus est, cum primus collegis Messanam Siciliae urbem destinauit, ad
solemnem professionem admisit, duobus Theologis in Bauaria docturis
adiunxitˡ, sed et primum effecit —* Praepositum nostrorumᵐ in Germania Superiore, Austriam, Bohemiam ac Bauariam tunc complec-
tenteᵍ. fuit et illud munus diuinae gratiae, quod puer adhuc de
salutari, mihique conuenienti uitae instituto deligendo *— sollicitus
essem, ac serio deliberarem deumque mihi propitium, non sine peculiari fiducia implorarem¹⁰ —* Iis uotis adfuit sane altissimus, quo
duce Moguntiam Colonia relicta solus abij, quum illic Archiepiscopus

ᵃ sacra *Sor*   ᵇ complectes *Sor Mon*
ᶜ indignus *Sor Mon*   ᵈ et *Mon*   ᵉ Consilii *Sor Mon*
ᶠ etiamnum *Sor*   ᵍ decerpserunt *Sor Mon*   ʰ Princeps *Mon*
ⁱ corpore *Mon*   ᵏ ut *Mon*   ˡ adiungit *Sor*   ᵐ nostrum *Mon*

¹ Eph 4 22 Col 3, 9 etc   ² Ps 30, 22   ³ Eccli 45, 1
⁴ Sess 25, c 16 de ref reg   ⁵ Cf Matth 7, 16—20 etc
⁶ Eph 3, 14   ⁷ 1 Cor 1, 9   ⁸ S Ignatium dicit Vide supra p 9
⁹ Vide huius operis prooemium generale, n 1   ¹⁰ Vide supra p 11—12

et Cardinalis Albertus Brandenburgensis, primusque Elector floreret
Huius Theologus[1] ex vrbe missus[2], nihique iam antea commendatus[3]
erat Petrus Faber Sabaudus, qui tum psalmos in scholis Moguntinis
profitebatur, unus ex decem illis primis patribus, qui doctrina et pietate nobiles, *— paupertatis autem professores —* tanquam primariae
columnae* domum[b] societatis huius potenter sustentabant[4] Ac idem
optimus Faber cum ad eum uenissem comiter *— me nondum antea
conspectum, —* statim excipere, ac in suis aedibus *— ,quae communes erant et Parochi apud D. Christophorum"[c5] —*, alere et instituere dignatus est: *— Ac sapienter mihi persuasit, ut si religiosam
instructionem peterem, —* et conscientiae meae consultum uellem,
*— ad tempus apud se manerem, et in sacris uersarer Exercitijs
probaturus —* Summi dei de me voluntatem bonam beneplacentem atque perfectam[b] Ego cum [?][d] in ea probatione
uersor, ac me totum excutio diligenter, in spiritu et ueritate[7]
Dominum precari didici, simulque cognoui hoc dictae Societatis Institutum, quod satis iam explicatum habebam, ad bene beateque uiuen-
dum, DEoque seruiendum mihi commodissimum et aptissimum fore.
Quo circa, quoniam uelut in telonio sedens[8], *— non obscuram
Dei uocem audiebam —*, uocanti resistere nec uolui nec debui, sed
cum Mathaeo surrexi, mundo huic immundo remisi nuncium[9]. *— illa
rupi uincula —* quibus eo usque non parum implicabar, *— uelut

---

a Columna *Soc Mon*   b donum *Soc*   c Christopaum *Soc*
d *Sic utriumque apographum, ut Canisius scripsisse ridetur* dum

---

[1] De Beato Petro Fabro, primo S Ignatii in Societate Iesu instituenda sodali,
quem S Franciscus Salesius summi fecit, cuiusque publicum cultum Pius IX 5 Septembris 1872 confirmavit, plura infra dicentur
[2] Albertus procuratorem ad concilium tridentinum mittere volebat Michaelem
Helding, episcopum suum auxiliarem, eique theologum adiungere Fabrum (*Rud
Cornely* S J, Leben des seligen Petrus Faber [Freiburg i Br 1873] p 118)
[3] Canisio Fabrum primus commendavit Alvarus Alfonsus, hispanus, sacerdos
iuvenis, qui, aula imperatricis relicta, Fabrum e Hispania in Germaniam redeuntem
secutus ab eoque Coloniam in bursam montanam missus erat Canisius ipse id
refert, vide *Reiffenberg* l c p 8, not o   *Philippson* false scribit Canisium Moguntiae fortuito („zufällig") Fabium cognovisse (Westemiopa etc p 47)
[4] Erant hi S Ignatius († Romae 1556), B Petrus Faber, allobrox, villare-
tensis († Romae 1546), S Franciscus Xaverius, navarraicus († in Sanciano insula
1552), Iacobus Laynez, hispanus, almazanensis († Romae 1565), Alphonsus Salmeron, hispanus, toletanus († Neapoli 1585), Simon Rodriguez, lusitanus, viseusis
(† Olissipone 1579), Nicolaus Bobadilla, hispanus, palentinus († Laureti 1590),
Claudius Iaius, allobrox, gebennensis († Viennae Austriae 1552), Ioannes Coduius,
gallus, ebredunensis († Romae 1541), Paschasius Broetus, gallus, ambianensis
(† Parisiis 1562) Ita P *Ios Iuvencius*, Societatis Iesu historicus, Epitome historiae
Societatis Iesu I (Gandavi 1853), 232—233
[5] Ecclesia haec et parochia etiamnunc Moguntiae exstat
[6] Rom 12, 2   [7] Io 4, 23 24   [8] Matth 9, 9
[9] Cf Matth 9, 9   Marc 2, 14   Luc 5, 27 28

pluribus et contrarijs dominis inseruire possem —*[1]. Vna et praecipua cura esse coepit, Christum dominum, qui clementer me respexerat,
insequendi, quemadmodum ille pauper castus et obediens in uia crucis
praecesserat[2]   Hinc *— parentibus insalutatis et amicis insciis me
totum addixi —* et tradidi, ut qui antea meo arbitratu uixeram,
ex* nutu et praescripto eius penderem imposterum, penes[b] quem ius
totum esset, uniuersam Societatem administrandi. Hoc ergo Religiosae
uitae votum non solum ardenter *— Anno Christi 1543, primo [?][d]
die Mai —* Moguntiae suscepi, sed et postea Romae confirmaui, ac
plenius reddidi, Anno domini quadragesimo nono, cum Reuerendus
Pater Jgnatius, ex gratia sua potius quam ex merito meo, illorum
|me| numero adscripsit, qui se iuxta consuetam profitentium formulam,
totos Christo eiusque Summo in terris Vicario ministros offerunt, ac
prorsus dedicant, nimirum, ut ad uincam domini excolendam, in paupertate continentia obedientiaque perpetua uiuentes ubique gentium
— sint operarij[4] — expeditiores[c][5]   Laudo et illam effusam Dei mei
bonitatem, qua factum est, ut promissionis[d] huius me[e] nunquam postea
poenituerit, quamlibet multi me probris affecerint, adeoque totum hoc
instituti genus pro sua libidine clam palamque suggilarint, et diris [?][1]
quasi deuouerint Jmmo uero istorum *— vexantium —* petulans
insectatio, mihi adeo non obfuit, ut etiam in hoc uocationis studio
currentem reddiderit alacriorem, et ego me foeliciorem putarim. quod
dignus haberer propter nomen JESV contumeliam pati[6],
et a publicis Ecclesiae hostibus *— mendaciter accusari atque pro-
scindi   Horum ego salutem utinam procurare ac etiam profuso
sanguine redimere possem. Id sane in lucri parte ponerem, ac sin-
cerum charitatis affectum iuxta praeceptum domini[7], declararem —*
Est hoc religiosae uocationis beneficium, quo me dignatus est Christus,
ut ego arbitror inter alia in terris percepta* fere maximum, quo
semel accepto, pergrauem et molestam temporalium curarum sarcinam
laetus abieci, leue autem et suaue onus domini[8] non sine libera

---

[a] et *Mon*   [b] penus *Soc   Mon*   [c] expeditores *Mon*   [d] prossionis *Soc*
[e] mei *Soc   Mon*   [f] diis *Soc   Mon [= /u\n\v/], forlasse legendum* dus
* praecepta *Soc   Mon*

---

[1] Cf Matth 6, 24   Luc 16, 13
[2] De exercitus his moguntinis confer quae Canisius dicit in „Confessionibus"
(supra p 9) et in epistula mense Aprili vel Maio anni 1543 ad amicum coloniensem data
[3] Utrumque apographum Kalendas Maias habet Verum hic aut librarii mendum
fecerunt, aut Canisius ipse memoria lapsus est, nam ipsum votum Canisii manu
scriptum, quod adhuc apud nos est, diem 8 Maii exhibet Vide infra, IX n 3 Similiter Confessiones Canisii, vide supra p 9
[4] Cf Matth 20, 1—16
[5] Professio haec Canisii ponetur infra, monum 3
[6] Act 5, 41   [7] Matth 5, 44—46, 6. 14 15 etc   [8] Matth 11, 30

seruitute portare coepi, *— factisque votis —ᵃ ea consecutus sum
praesidia, ut Deum expeditius colerem, me ipsumᵃ fortius uincerem,
animi pacem perfectius obtinerem iustiusque cum psalmographo cantare
possem, laqueusᵇ contritus est, et nos liberati sumus, ad-
iutorium nostrum in nomine domini¹. ᶜ— Eoque iustius me
miseret illorum qui —* religiosam disciplinam tanquam difficultatibus
plenam [et] *— intollerabile iugum —* exhorrent, quoniam ex inani
ac puerili metu erroris sui capiunt occasionem, dum adeo defuguntᵉ
Euangelicae paupertatis incommoda, quae Apostoli primique Christiani ²
hilariter complexi sunt. Ad haec iugum Religiosae obedientiae, quod
uictimis omnibus praestat³ omnino detrectant. ac suo [?]ᵈ iudicio impediti, laboriosam pugnam, *— quae inter spiritum et carnem piis
est necessaria⁴, *— reformidant, quandoquidem nullus athleta Christi
uereque *— spiritualis homo sine sudoribus coronatur —*. [V.] Addam
nostras profectiones, quae partem Testamenti quintam sibi uendicant
et uocationis nostrae in Christo factae ˣ— profectum fortasse —*
aliquem ad dei gloriam demonstrabuntᵉ Cum ex Moguntia Coloniam
redijssem, quemadmodum obedientiae lex mihi praescripseratᶠ, iamque
Sacerdos per Catholicum Episcopum ordinatus essem⁵, ˣ— primum
uero Sacrum in Coenobio apudᵏ Nazareth⁶ obtuli domino, coepi quosdam e nostris alere —*⁷ Et habitationem cum illis habere communem.

ᵃ ipsi *Mon*   ᵇ laquius *Mon*   ᶜ defugeunt *Sor*, defugerunt *Mon*
ᵈ *Aut sic legendum esse uidetur*, *aut* caeco, *Sor et Mon* loco
ᵉ *Sententiam, quae sequitur, usque ad uerba* „e nostris alere" *uel*, *etiam Sac-*
chinus affert e „literis" Canisii (De uita Canisii p 31—32) Hinc autem alteram
sententiam ex „Confessionibus" depromptam iungit
ᶠ *Rad om* quemadmodum *usque ad* praescripserat *uel*
ᵍ in coenobio Nazareth *Rad*

---

¹ Ps 123, 7 8   ² Cf Matth 19, 27 Luc 5, 11 Act 4, 32—37 etc
³ „Melior est enim obedientia quam victimae" (1 Reg 15, 22) Hanc sententiam S Ignatius commemorat et exponit in insigni illa, quae saepissime in Societate Iesu legitur, epistula „De virtute oboedientiae", 26 Martii 1553 ad socios
lusitanos data, quae saepe typis descripta est, accuratissime autem in „Cartas de
San *Ignacio de Loyola*" III (Madrid 1877), 184—206
⁴ Cf Gal 5, 17 1 Cor 9, 27
⁵ Canisius sacerdotio initiatus esse videtur per Ioannem Nopelium, episcopum
cyrenensem i p, et suffraganeum coloniensem (vide infra, epistulam, quam Canisius
10 Septembris 1546 ad eundem dedit)
⁶ In manuscriptis historiis collegii coloniensis (ad annum 1545) et gymnasii
Trium coronarum coloniensis (f 21ᵇ) asseritur in ecclesia Beatae Mariae Virginis
in „maiore Nazareth' (Grossnazareth) id factum esse monasterium illud, in platea
S Gereonis situm, virginum erat regularium ordinis S Augustini Exstabat Coloniae etiam conventus „minoris Nazareth" (Kleinnazareth), in platea Sedecim domuum, mulierum ordinis Cellitarum, regulae S Augustini (*Gelenius* 1 c p 559 560
598 *Eik a Winheim* O Carth, Sacrarium Agrippinae [Coloniae 1736] p 201 212)
⁷ Canisius 8 Maii 1543 Deo voverat, „quod per divinam gratiam velim etiam
ex nunc actualem assumere paupertatem, nisi quatenus et quamdiu Praepositus dictae

Prodidit interim Archiepiscopus Coloniensis Hermannus a Weda, [quod]*
iam pridem in animo suo texuisse [?]ᵇ uidebatur, se Luteranae sectae
fauentem esse patronum. qui cuperet in sua ditione mutatam *— et
deletam —* esse prorsus ueterem Religionem Quod institutum *— ut
aequitas flagitabat —* per acerbe tulit clerus Coloniensis¹, misitque
Leodium rogans *— Ecclesiasticos ut suo consilio et auxilio impedirent conatus⁶ Hereticos, nouum ignem extinguerent. periculum esse
in mora, si uigilante Juda, diutius Catholici dormirent². Mittor igitur
ego Leodium, causamque difficilem tracto cum Episcopo et clero
Leodiensi. ac post habitas aliquot declamationes, optatum subsidium
impetro³ Cum redyssem Coloniam. urgeor⁴ iterum a Clero Catholico — * ut legatus abeam ad Carolum V Caesarem in Castris occu-
patum. ut rebellantes⁶ Luteranos Principes suae subyceret potestati,
quos et manus dare coegit *— capto Principe Saxoniae —*. Idem
Caesar Coloniensis Cleri uotis *— per me propositis —* annuit, suam
operam *— aduersus Archiepiscopum pie promisit, rem totam insigni
uiro Domino Groppero strenue procurante⁶ Hunc successum diuina
bonitas tribuit. quando mihi noua contigit familiaritas cum amplissimo
Principe *— Domino Othone Truchses*, Cardinali⁶ et Episcopo Augustano —* quem postea singularem Patronum, quoad uixit multis in
rebus experti sumus⁴ Idem autor mihi fuit, ut ex ditione sua profici-
scens Concilium* peterem Tridentinum. meque suo Theologo R P Claudio

_____

om Soc Mon
ᵇ *Ita Soc Mon , sed fortasse legendum est texisse   uel tenuisse, quod Riess-*
(p 44) ponit   ᶜ conatos Soc   ᵈ ingoi Mon   ᵉ repellantes Mon
ᶠ cooperante Mon   Truchzes Soc , Tincheus Mon
ᵍ *Cardinale Soc Mon   ⁱ consilium Mon*

_____

Societatis [Iesu] aut eius loco M Petrus Faber impedient* Ili autem voluerunt,
Canisium — nouicius is tunc erat — hereditatem accipere, quae ei ex patre circa
finem anni 1543 mortuo obueniebat. cuius unam partem Canisius statim in pauperes
distribuit, alteram sibi sociisque alendis reseruauit Societatis constitutiones tunc
(1543—1547) nondum absolutae, nedum promulgatae erant
   ¹ De hac re multa dicentur in epistulis a Canisio anno 1544—1547 datis
   ² Cf Matth 26, 40—47 etc
   ³ Ad appellationem, quam clerus coloniensis contra Hermannum ad Paulum III
et Carolum V fecerat, Georgius Austriacus, antistes leodiensis, iam 1 Aprilis 1545
se aggregauerat, idemque 6 Aprilis capitulum et clerus ecclesiae leodiensis, quae
tunc coloniensis metropolis erat suffraganea, et 10 Aprilis academici louanienses
fecerant Delegerant eodem anno, qui una cum delectis coloniensibus et traiec-
tensibus Traiecti eam rem Caesari proponerent Periculo autem crescente Canisius
exeunte anno 1546 Leodium missus est. ac 22 Decembris capitulum ecclesiae cathedralis 200 florenos ,monetae brabantinae" coloniensibus auxilii causa mittere statuit
Nec dubium, quin ipse etiam episcopus iis strenue succurreret Vide, quae de hac
re ex archivo illius capituli protulit Riess (p 65—66) et, quod infra ponetur, regestum epistulae exeunte anno 1546 aut ineunte 1547 a Canisio ad Leonardum
Kessel missae Cf etiam Barthol Fisen S I, Sancta Legia, Romanae Ecclesiae
filia P 2 (Leodii 1696) p 345   ⁴ Cf supra p 29

Jaio *— Sabaudo —*¹ adiungerem²; Is quippe tum Tridenti cum laude
ucrsabatur, *— neque multo ante Trigestinum Episcopatum, sibi a Ferdinando Rege oblatum, refutauerat —*. Inde factum fuit, ut ego ex
Germania in Jtaliam commode peruenirem, et ea quae ad institutum
societatis propius pertinebant, rectius quam antea cognoscere et certius
probare possem   Tridento Bononiam ueni, *— ubi meam quoque
sententiam in sacro dixi Concilio —*³; et inde Florentiam Reuerendum Patrem Jacobum Lainez comitatus adij⁴, *— eundemque per-
doctum et exquisitum Theologum egregie —ˣ concionantem audiui
Exactis porro aestiuis caloribus, qui molesti satis Jtalis esse solent,
*— vocatus inuisi Romam Septembri mense, mihique sum gratulatus,
quod sanctam illam vrbem diu optatamᵃ ingrederer —*, quam scirem
tot mille Sanctorum Martyrum sanguine consecratam, et in Apostolicae Confessionis Petra fundatam, sed et in fidei puritate constantem
ac orbe toto terrarum iure percelebrem esse   Mansi Romae usque
ad sequentem Februarium, magnaque cum uoluptate uixi cum patribus
charissimis simulque sacris meditationibus et ministerijs instituti nostri
proprijs, alacriter operam dedi⁵. Postea sum illis adiunctus *— Fratribus atque Collegisᵇ —*, qui primum in Sicilia Collegium Messanae constituerunt, *— ac difficilemᶜ nauigationem ad eam usque Insulam per-
egerunt —ˣᵈ⁶, sub R P. Natale Rectore⁷ ˣ— Deo gratia qui in eo

_____

ᵃ optatum *Soc* ᵇ Colegis *Soc Mon* ᶜ difficillem *Soc* ᵈ perexerunt *Mon*

_____

¹ Cf supra p 43, not 4.

² Canisius Tridentum profectus est medio fere mense Februario anni 1547

³ Io Dom *Mansi* initio concilii bononiensis vel potius tridentini Bononiam
translati interfuisse dicit 85 theologos, „quorum ultimi a Societate Iesu, qui presbyteri reformati dicebantur, fuere viri insignes, Claudius Laius, Iacobus Laynes,
Alphonsus Salmeron, socii sancti Ignatii, et Petrus Canisius Germanus eruditis
operibus clarissimus" (Sanctorum Conciliorum et decretorum collectio nova V [Lucae
1751], 587—590 Plura vide infra monum 27—29)

⁴ P Laynez „fere medio mense Iunio cum Canisio viae comite   Florentiam
pervenit" Repudiata hospitii liberalitate, quam complures obtulerant, Laynez in
valetudinarium S Pauli, suppeditantibus ad victum sumptus Petro de Toledo et filia
eius, ducis coniuge Eleonora, cum Canisio divertit In ecclesia cathedrali per
octavam S Ioannis Baptistae, patroni civitatis [24 vel 25 Iunii ad 1 Iulii] „de
regno dei" contionatus est 17 Iulii in eadem ecclesia primam epistulam S Ioannis exponere coepit, tria fere hominum milia ad eum confluere solebant 4 Septembris Florentia discessit *Litterae quadrimestres* I (Matriti 1894), 45—46 (nunc
primum editae in libellis periodicis „Monumenta historica Societatis Iesu") *Ioannes
de Polanco* S J, Chronicon Societatis Iesu (nunc primum editum in iisdem „Monumentis") I (Matriti 1894), 219—220

⁵ P *Ioannes de Polanco* S J. Roma 13 Novembris 1547 sociis lovaniensibus
de Cornelio Wischaven et Antonio Vinck scripsit „Vterque simul cum D Canisio
sedulo in humilitatis exercitijs versantur, solidum iacientes spiritualis profectus
fundamentum, cumque edificatione non modica nostrum omnium suis funguntur
ministerijs" Ex ᵃ apographo huius epistulae, a Fr Petro Kannegiesser S J Lovanii
statim facto, quod est in cod colon „Litt Epistt var" fol non sign , ante f 33

⁶ Hoc iter Canisius describit epistulis 24 Martii et 23 Aprilis 1548 datis

⁷ Hieronymus Natalis (Nadal) ex insula Balearium maxima (Maiorca) ortus,

collegio mihi tum concionanti[a], tum Rehtoricam profitenti[b] adfuit,
ubi sacias Vrsulanae sodalitatis reliquias Colonia transmissas et Messanae depositas perhibenter accepi[1] Visum est autem R P Ignatio,
me Romam e Sicilia reuocare ut ad solennem —[c] professionem votorum,
quae mense Septembri facta[c] fuit, praepararer, meaque uota *— more
nostro ederem publice —* nec multo post mitterer Bononiam cum Reuerendis Patribus Claudio Jaio, et Alphonso Salmeione[d], doctoralem
lauieum consecuturus[e][2], et cum eisdem recta in Bauariam profecturus
Etenim[f] satis faciendum erat Catholico in primis *— et insigni —[g]
principi Domino Guillhelmo utriusque Bauariae duci, qui post clarissimi
Doctoris Joannis Eckij mortem, a Paulo III Pon Max et R. P. N
Jgnatio, multum postularat, ut aliquot e nostris Theologi Sacra Jngolstadij profiterentui, et scholam illic Theologicam *— non nihil con-
cussam —*, instaurarent[3] Duobus autem alijs Patribus quos dixi, alio
missis, ego non solum professorem egi, sed et Rectorem illius Academiae *— praebere debui, et paitim Latine studiosis, partim Germanice —[c] populo sum concionatus Venit interim Reuerendus Pater
Nicolaus Gaudanus Hollandus, ut patri Salmeroni[h] in Jtaliam reuocato
·— et in Tridentina synodo percelebri —*, succederet[i], mihique praestaret socium atque collegam, quocum ex Bauaria in Austriam deinde
destinabai[4]. Etenim fundamenta Viennensis Collegij confirmanda et
promouenda erant, quae supra dictus Pater Claudius ac P Nicolaus
Lanoius[k] Rector, fauente in primis Patrono Ferdinando Caesare tantum
utcunque fuerant[l] inchoata[m] [sic]. Voluit autem diuina bonitas me
Viennae non solum Theologiam docere, sed etiam tum Caesari a sacris
esse Concionibus ac *— Austriacum —* praeterea conscribere Cate-

_____

   [a] concionandi Soc   [b] promitenti Soc   [c] facata Soc
   [d] Salmorone Soc   [e] consecutus Mon   [f] Etinim Soc
   · illinc Theoloicam Mon   [h] Salmoroni Soc
   [i] susscederet Soc , succederem Mon   [k] Laonius Mon   [l] fuerat Soc
   [m] Scribendum fuit aut quae supra dictus Pater Claudius ac P Nicolaus
inchoauerant aut quae per supra dictum Patrem   fuerant inchoata
_____

   ab ipso S Ignatio in gubernanda tota Societate adiutor adhibitus est   Quo mortuo
summus in Societate muneribus functus est praepositus provincialis, assistens praeposito generali commissarius, vicarius generalis fuit Annis 1555 et 1563 Germaniam
cum aliquamdiu tenuit Mortuus est Romae 3 Aprilis 1580 Eius autem Adnotationes et Meditationes in Evangelia· anno 1594 Antverpiae editas tres illi Wierx
et duo Collaert 153 magnis ornarunt figuris, in aes incisis Cf C Sommervogel S J,
Bibliotheque de la Compagnie de Jesus Premiere partie, V (Bruxelles-Paris 1894),
1517—1520
   [1] Vide epistulas, quas S Ignatius ad Canisium mense Martio a 1549 et huc
ad Carthusianos 5 Iunii 1549 dederunt
   [2] De hac promotione vide infra, monum 30
   · Haec et quae sequuntur, usque ad finem huius „Testamenti·, hic copiosius
non exponuntur, quia ipsis Canisii epistulis explicabuntur
   [4] Canisius 9 Martii 1552 Viennam advenit

chysmum[1], de quo dicam postea   Et quoniam Jmperij decieto sancitum erat, ut Colloquium Theologicum a catholicis simul et piote-
stantibus Wormatiae haberetur, *— fuit is annus 1557, —* uisum est
eidem Caesari uelut suos Theologos P. Gaudanum et me illuc mittere,
ubi et Louanienses quidam Theologi *— magni nominis —*, nobis
adfuerunt[2]   Mihi tunc prouincia contigit, ut nomine Catholicoium
scripto et uiua uoce, responderem aduersarijs quorum princeps adeiat
Philipus Melanchton *— iam utcunque senecta confectus −ᵡ Sed noua
Luteranorum inter se altercantium dissensio *— intercessit, causamque
praebuit —*, ut hoc Wormatiense Colloquium in ipsis etiam primordijs
abrumperetur, cum inter Catholicos *— quidem —* optime conuenuiet ᵃ.
Ego Wormatia Coloniam excurri, ac deinde, ut Episcopo gratificarei
Argentoratum adij, simulque Friburgum Brisgoiae obiter inuisi, *— et
Senem Glareanum amice salutaui −ᵡ ³   Verum ex Austria rursus in
Bohemiam proficisci habui, ut Collegium Pragense apud D. Clementein,
liberalitate Regia fundaretur[4]: quae res non paucis mensibus, nec sine
labore transacta est, me interim in Cathedrali Ecclesia, cum Caesar
Ferdinandus eiusque filius ipsi cognominis[5] praesto essent, concionante:
Ac saepius quidem Romam euocatus, itei longum absolui et ad nouum Praepositum Generalem eligendum accessi, aliaque *-- Prouintiae
nostrae —* negotia expediui[6]. Cum poiro Paulus IIII Pont Max: piae-
esset Ecclesiae. Reuerendus Pater Jgnatius *— a me iam antea nominatus —* e uiuis pie decessit, et Pontificis Legatus *— idemque Episcopus
Italus —*[7] ad Poloniae Regnum destinatus fuit, ᵡ— cui uisum est me
comitem accipere, quem in Poloniam duceret secum —*   Vnde Cracouiae
coram clero Latine uerba feci   Ex Polonia ᵡ— post paucos menses —*
in Germaniam iedij, et Augustam concessi tempore comitioium, quum

---

ᵃ conuenirent *Mon*

---

[1] Cf supra, prooemium generale, et quae infia dicentur

[2] Iodocus Tiletanus, Franciscus Sonnius (de his cf p 39), Martinus Balduinus
Rithovius, qui postea episcopus iprensis fuit

[3] Henricus Loriti, ex pago helvetico „Glarus" oriundus, anno 1512 a Maximiliano I imperatore laurea poetarum ornatus est, vir antiquaium litterarum, geo-
graphiae, musicae peritissimus, quas in academiis potissimum basileensi et fribui-
gensi professus est   Hic Luthero quidem et Calvino initio multum favebat, postea
vero, iis melius perspectis, tanto apertius et fidelius ecclesiam catholicam sectatus
est, mortuus Friburgi anno 1563

[4] Annis 1555 et 1556

[5] Hic appellari solet archidux Feidinandus II tiiolensis, eiatque maritus Phi-
lippinae Welseiae et pater Andieae caidinalis austriaci et episcopi constantiensis,
Ferdinandus Tirolim et Austriam anticam (Voiderosteiieich) postea gubeinavit,
ecclesiam catholicam sempei diligentei piotexit   Vitam eius enarravit *Ios Hiin*,
Erzherzog Feidinand II von Tirol Geschichte seinei Regierung und seiner Länder
2 voll Innsbruck 1885 1887

[6] Vide supia, prooemium generale

[7] Camillus Mentuatus (Mentuati), episcopus Campaniae et Satriani

Carolo V Caesari a Ferdinando fratie funebres Exequiae solenni pompa
celebrabantur[1]· Et quoniam Joannes Faber[2] Hailbrunensis et Dominicanus, quem antea Doctorem Jngolstadij creaueram, primarius Augustae
Ecclesiastes, diem extremum clauserat, placuit Episcopo *-- et eidem
Cardinali iam antea nominato —*[3], in locum demortui me substituere
ut *— ex professo —* piacessem cathedrae Augustanae. Nec licuit
mihi huius uoluntati contra dicere, quod secundus Praepositus noster
R P Lainez ex vrbe mandasset, ut nouum hoc onus in meos humeros
attollerem, et Catholicis Augustae fulciendis operam darem, licet alioqui
satis giauaier veteri munere Prouincialis. Etsi uero multis annis hoc
saxum Augustae* uolui, * - multorumque gratiam in Euangelico munere
mihi conciliaui —^[b], tamen in loca uicina[c] et dissita[d] subinde proficisci
debui, quemadmodum in Bauariam, Sueuiam, Rhetiam, Austriam, Bohemiam, Franconiam, donec tandem Pius IIII Pont Max hoc mihi
negotium dedit Romae, praecipuos Germaniae Principes, quibus et
ipse scribebat, coram accederem ac coium animos in Religione Catholica promouenda confirmarem Jgitur in Westphaliam usque peregrinandum[e] fuit, ubi et Geldriam penetraui, et satis laboriosam sensi
piofectionem, comite ex nostris unico contentus[4] Quidquid autem in
his itineribus, quae suis periculis non caruerunt, recte ac fideliter a
me gestum est, praepotentis dei gratia et uirtute singulari gestum esse
*— testor: ego mihi ex his nihil arrogo, upote seruus inutilis[5] qui
tantum —* voluntatem bonam, et promptum maioribus parendi studium
*— adferre potuit Omnia enim opera nostra, ut Propheta ait
operatus es domine[6]; si gloriari oportet, quae infirmitatis meae sunt gloriabor[7] Scis interim, qui arcanorum es
omnium conscius —*, tu uirtus et salus mea, quod vocationis meae
simplicitate contentus *— nullius —* aurum et argentum con-
cupiuerim[8], *— nullumque —· pro laboribus meis uel appetiue-
rim, uel perceperim[f] emolumentum, sicut professionis meae ratio et puritas flagitabat Absit procul ut me iustum et innocentem praedicem

---

* Augusta *Mon*   [b] consiliaui *Soc Mon*   [c] uicina *Soc Mon*
[d] dessita *Soc*   [e] in Westphaliam usque perigrinandum *Soc*
[f] praeceperim *Mon*

---

[1] Hae in ecclesia cathedrali augustana 24 et 25 Februarii 1559 factae sunt
(*Franc Dom Haberlin*, Neueste Teutsche Reichs-Geschichte IV [Halle 1777], 2—3)
[2] Rectius Fabri de hoc vide infra, nonum 67
[3] Ottonem Truchsess-ium Canisius dicit   •
[4] Canisius mensibus Nouembri et Decembri anni 1565 et ineunte anno 1566
hoc iter peregit Cf *Raess* I c p 348—351 *Boero* I c p 285—291
[5] Luc 17, 10   [6] Is 26, 12   [7] 2 Cor 11, 30   [8] Act 20, 33
[9] S *Ignatius* in Constitutionibus S J id identidem commendat (P 4, c 7, n 3
P 6, c 2, n 7 P 7 c 4, n 4 P 10 n 5, Ex c 1, n 3 et c 4, n 27) Atque
ultimo, quem dixi, loco sanctus parens sic loquitur in autographo hispanico Constitutionum suarum, quod nuper accurate typis descriptum est „La nuestra profesion

*— qui cum eximio Apostolo dicere neutiquam possum, nihil mihi
conscius sum[1], sed cum Propheta confiteri habeo, si iniquitates
obseruaueris domine[2] etc —* Hoc unum coram Deo et* hominibus
aperte profiteor, *— quidquid mihi bene cessit, id non meis meritis —*,
sed bonorum, ac praesertim Societatis nostrae precibus pro me factis
effectum fuisse Diuina gratia *— successum omnem impertiente in hoc
quocunque[b] ministerio Meum —* esse fateor, ac mihi acceptum ferri
uolo, quidquid in hoc toto peregrinandi genere peccatum fuit, *— et
frequentissime quidem —*, quando multas et praeclaras[c] bene agendi
— me ipsum custodiendi —, et alios aedificandi occasiones imprudenter
omisi, ut seruum bonum et fidelem[3] *—usquequaque—* non exhiberem *—Non exercui me ipsum ad pietatem[4], quae utilis
est ad omnia[5], peccantes coram omnibus non argui[6],
Exemplum quale oportuit[d] uario hominum generi non praebui in
uerbo, in conuersatione et charitate[7], quemadmodum S Paulus
flagitat —* Etsi ucio quaedam prima fronte bona et speciosa sese
nobis inter agendum offerunt, tamen ea humanae mentis est imbecilitas
et inconstantia, ut multa saepenumero improuide inchoemus, inchoata
uero frigide promoueamus, neque ad felicem terminum eadem per-
ducamus [VI] Sexta[e] Testamenti nostri pars in eo consistit, ut de
munere docendi, quod nostris hominibus est summopere[f] familiare,
nonnulla subijciam. Certe si unquam antea, nunc uel maxime illis
opus est doctoribus, qui magno zelo et inuicta constantia fidem catholicam profiteantur. *— ut noxiae curiositatis cupido uulgo sanam doctrinam inculcent —* Etenim eo tempore uiuimus, quo sicut Apostolus
fore praedixit, sanam doctrinam homines non sustinent, sed
prurientes[8] etc. *— non salutaria, sed placentia proferentes quique
sectas perditionis —* inducant[9] et carnis licentiam *— pro
Euangelica libertate —* tueantur[10]. Eoque magis Deo Summo gratias
ago, qui me inter societatis nostrae Doctores acciuit, neque canem[g] esse
mutum[11] uoluit, *— sed clamare iussit in Cathedra orthodoxa —*.
Certe illius gratiae[h] tribuo, quod adolescens nescio quam natiuam indolem

---

a ut *Mon*	b quodcunque *Soc Mon*	c praeclas *Soc*
d opotuit *Soc*	e Sexto *Soc Mon*	f ualde *Mon*
g canere *Mon*	h glatiae *Soc*	

demanda que seamos preuenidos y mucho aparejados para quanto y para quando
nos fuere mandado en el Señor nuestro, sin demandar ni esperar premio alguno en
esta presente y transitoria vida, esperando siempre aquella que en todo es eterna,
por la suma misericordia diuina" (Constitutiones Societatis Iesu latinae et hispanicae cum earum declarationibus [Matriti 1892] p 25)
  [1] 1 Cor 4. 4   [2] Ps 129, 3   [3] Matth 25, 23   [4] 1 Tim 4, 7
  [5] 1 Tim 4, 8   [6] 1 Tim 5, 20   [7] 1 Tim 4, 12
  [8] 2 Tim 4, 3   [9] 2 Petr 2. 1   [10] Cf Gal 5, 13
  [11] Is 56, 10 Familiae nomen Canisius his verbis designat, atque illud, quod
aduersarii ei dabant „canis austriacus"

senserim, ut doctis ac pijs hominibus libenter adessem, ac meipsum ad docendum et praedicandum Dei uerbum saepe compararem Id quod illi quoque confirmare possunt, qui me puerum in patria, Coloniae, in Osteruik Brab[antiae cognouerunt]ᵃ — — — —

4. Reliquiae illarum partium „Confessionum" et „Testamenti", quae integrae superesse non videntur.

I

Ex *Pythone* (p 52—54) qui sic praefatui .De tota hac missione Canisium cum Deo in Confessionum libro loquentem iuvabit audire ⁻

Quomodo Canisius et socii Messanam profectui a Paulo III excepti et quam singulariter in ipso itinere a Deo protecti sint

Tu scis[1]. Domine, qui tuum Spiritum Ecclesiae tuae Capiti potenter suggeris, quantopere nos recreauit paterna haec tui in terris Vicarij commonitio Dederas omnibus ingens desiderium osculandi pedes Beatissimi Patris, et benedictionem Apostolicam accipiendi quibus cum inopinata et inusitata exhortatio accesserit, non exiguam spem fecisti, fore, ut hisce praesidijs animati servi tui non infrugiferi Siciliam peterent, sed illic, uti factum est, pro tui nominis gloria, feliciter fructificarent

Decimo octavo Martij, ex Societate hac tua, fratres decem ex urbe dimisisti, et Neapoli, ad sanctum usque diem Coenae Filij tui[2], navigandi exspectatione suspensos custodisti, bonum illic odorem de servis tuis spargi voluisti, fructumque spiritualem haud contemnendum adiecisti, ac demum corpore et animo confirmatos firmo navigio et experto Nauclero commisisti[3] Sed et inter navigandum stupenda virtutis tuae opera, plerisque nostrum ante incognita probavimus, interque ventorum iniurias, et piratarum metum iactati, tua subinde gratia respiravimus, et, quo Tu inopinantes direxisti, eo miris modis

---

ᵃ *Soc finitur* Brab *Quae sequuntur, exstant quidem in Mon , sed altera manu antiqua suppleta sunt*

---

[1] S Ignatius cum ineunte anno 1548 Messanae in Sicilia, rogatu Ioannis de Vega proregis et civitatis ipsius, collegium condere statuisset, decem socios diversarum nationum eo proficisci iussit inter quos erant Hieronymus Natalis Andreas Frusius, Benedictus Palmius, Petrus Canisius Atque hos omnes Ignatius, antequam Roma discederent, die 17 Martii ad Paulum III deducendos curavit. apud quem Canisius omnium nomine „quam admodum orationem" latine habuit (*Polancus*, Chronicon I, 269) Respondit pontifex, magnam erga socios significans indulgentiam paternam et acriter eos exhortans ad ecclesiam adiuvandam Summam huius orationis proponit *Na Orlandinus*, Hist S J I, 1 8, n 12

[2] Haec eo anno erat dies 29 Martii

[3] Plura de hac profectione Canisius narrat in epistula Messana 23 Aprilis 1548 ad socios lovanienses data

appulimus, ad duas nimirum Calabriae civitates. In priorem [1] vi tempestatis acti sumus, tuae tum voluntatis ignari, qui non modo afflictam quorundam valetudinem, quiete data, refocillasti, verum etiam sanctum Pascha celebiandum illis commode disposuisti Nam cum navigandi facultas omnis abesset, nemo fuit fere ex connavigantibus, qui non, saciamento Poenitentiae suscepto, commune gaudium adauxerit, sumpto de mensa tua et manibus nostris agno Paschali.

Historicus piovinciae neapolitanae Societatis Iesu his de rebus, ubi piovinciae initia enarrat [2], nihil refert.

II.

Ex exemplo, quod *Riess* hausit ex apogiapho saeculo XVII vel XVIII facto, quod est in cod monac „Lat 1606", libiarius antiquus praefatur „In Diario propria manu scripto sequentia refert " [3]

Haec pais ex eodem codice germanice veisa ponitur a *Riess* p 78

Se Romae, antequam in Geimaniam reduiet, insigne animi solacium a Deo accepisse, ac sanctos apostolos se Germaniae apostolum constituentes et maxima sibi piomittentes sensisse

Eodem anno (1549 [*]) Romae accidit in castello S Angeli 2 Septemb. ut ego cum socio itineris futuro in Germaniam Baptista Turen [4] atque cum alijs decem fratribus Panormum mittendis primus Pontificem [5] alloquerer, et nomine duorum absentium Patrum qui Germaniam petituri erant [6] communem acciperem benedictionem ad osculandos tum pedes Beatissimi provolutus. Interea vero dum ad salutandos Cardinales abiient fraties, placuit immensae bonitati tuae Sancte Pater et aeterne Pontifex, ut illius Apostolicae benedictionis effectum atque confirmationem sollicite commendarem Apostolis tuis qui in Vaticano visuntur et mirabilia te duce opeiantur, ubi magnam sensi consolationem praesentemque gratiam tuam quae per tales intercessores mihi dulciter offerebatur Benedicebant enim et illi, missionem in Germaniam confirmabant, suam mihi velut Apostolo Germaniae con-

---

[*] 1649 *exemplum nostrum*

[1] Haec eiat Scalea, alteia Paola Vide, quae epistulae modo memoratae adnotabuntur

[2] Istoria della Compagnia di Giesu, appaitenente al Regno di Napoli, descritta da *Fiancesco Schinosi* S J Parte 1 (Napoli 1706) p 1—20

[3] Scribendum fortasse erat. „piopria manu correcto", cf supra p 31 32

[4] Ingolstadium cum Canisio venit „Iohannes Baptista Brancaccius, Neapolitanus", Societatis „coadiutoi tempoialis" sive fiater laicus, vide infra, epistulam Canisii, 24 Martii 1550 ad Polancum datam Fortasse Biancaccius ex oppido Turi (Turies, Turum), piope Barium in antiquo iegno neapolitano sito, ortus erat ideoque Turenus dicebatui   [5] Paulum III

[6] PP Claudium Iaium et Alphonsum Salmeronem dicit, qui aliquot hebdomadibus post Bononiae Canisio iuncti sunt, ut cum eo in univeisitate ingolstadiensi theologiam traderent De qua re cf supra p 48

cedendam benevolentiam promittere videbantur. Nosti Domine quantopere et quoties illo ipso die mihi Germaniam commisisti, pro qua dein sollicitus esse pergerem, pro qua sicut Pater ille Faber me totum exhiberem, pro qua vivere morique cuperem   Atque sic Angelo Germaniae cooperarer[1] Abscondisti parumper indignitatis meae cumulum immensum, quando in te et per te fieri omnia commonstrabas, quae ne dici quidem vulgo solent citra arrogantiae cujusdam suspicionem, ut si quis forte audeat, quod sentit humiliter, pronuntiare verecunde, se vas electionis a Deo assum, ut portet nomen Christi tui coram regibus et gentibus et populis[2]. Ego Pater summe solusque laudabilis totus, quanquam gloriosa quaedam a te mihi promissa et oblata saepe fuerint, non ignoro tamen varios esse sensus talium, neque in illis unquam conquiescendum   Et fragilitas mea requirit forte lac parvulorum, quia solidum perfectorumque[a] cibum[3] sumere ac decoquere necdum scio

III.

Particula prima, quae terminatur verbis „me velles instrui et adjuvari", et ea, quae sic incipit „Benedicebat gloriosa quoque Mater tua" et terminatur „Provinciam conficerem in nomine tuo susceptam", proponitur ex exemplo, quod *Riess* hausit ex apographo saeculo XVII vel XVIII scripto, quod est in cod monac „Lat 1606" Antiquus librarius verbis, quae utrique particulae praemittit, significat Canisium haec referre „in Diario propria manu scripto" cf supra p 53 Reliqua, quoniam in codice monacensi desunt, descripta sunt ex *Pythone* p 56—60, qui sic praefatur [Canisius] „haec habet in suis cum Deo colloquiis" Ex „confessionibus" desumpta esse ipse sermo sive scribendi ratio suadet Python etiam eorum, quae ex codice monacensi proponimus, maiorem partem descripsit

Maiores minoresve huius fragmenti partes ex Pythone desumptas posuerunt *Georgius Schlosser* S J, Beati Petri Canisii S J exhortationes domesticae (Ruraemundae 1876) p 456—457, *Boero*, Can p 60—62 (italice), *Sequin* l c p 58—60 et *Alet* l c p 72—75 (gallice), *Ramon Garcia* S J, Vida del Beato Pedro Canisio (Madrid 1865) p 119—123 (hispanice), *Riess* l c p 79—80 et *Janssen* l c IV, 392 (germanice)

Refert Canisius 1 ea quae sibi ante sollemnem professionem religiosam viventi basilicam vaticanam contigerint benedictionem ab apostolis datam, angelum adiunctum, propriam indignitatem vilitatemque ostensam, cor Iesu mira modo apertum, 2 quae in ipsa professione facторum Beatae Mariae Virginis, lumen mentis animique robur a Deo data

4[to] Septembris quando festum Moyse Prophetae, et octava D Augustini Episcopi colitur, quia professurus eram, dedisti[b] gratiam Domine

---

[a] *Potius videtur legendum* perfectorum
[b] *Verba, quae hoc vocabulum praecedunt, a Pythone omittuntur*

---

[1] „Romanum imperium germanicae nationis" sanctum Michaelem archangelum ut singularem suum colebat patronum Canisius die 8 Maii, quae „apparitioni" S Michaelis sacra est, natus a 1521 erat et a 1543 Societati Iesu se iunxerat
[2] De Paulo apostolo haec pronuntiavit Christus dominus Act 9, 15
[3] Hebr 5, 12 14

ut me tamque solennem actum sanctissimis Apostolis in Vaticano
supplex commendarem[1], et illi tunc supplicationi meae annuere visi
sunt, atque Pontificia auctoritate comprobare vota mea, quae illis
ordine primum offerebam. Ago certe gratias ut debeo[a] pro benedictione ab illis accepta, consolatus utcumque abij, quod illis faventibus ad functionem Apostolicam perventurus eram. Sed ante altare
eorundem Petri et Pauli apostolorum[b] genua flectenti, etiam hoc novi
muneris elargitus es, ut recens[c] Angelum jamjam professuro mihi
deputares, eoque et duce et custode in sublimioris vitae statu, qui
Professorum est, me velles instrui et adjuvari. Quare, eo accepto
jam velut socio, ad Sanctissimi Corporis tui Sacramentum pergebam[2],
et in eadem illic basilica, novi Angeli officium intelligebam Jacebat
humi anima mea deformis, immunda, pigra, multisque vitijs et pas-
sionibus infecta Tum sanctus Angelus ad Thronum Majestatis tuae
conversus, ostendebat et numerabat indignitatis et vilitatis meae
magnitudinem et multitudinem, ut, quam indigne ad professionem
accederem, clare viderem, suamque ille quasi difficultatem in me
gubernando, ducendoque via tam ardua et perfecta allegabat. Unde[d]
Tu tandem, velut aperto mihi corde sanctissimi Corporis tui, quod
inspicere coram videbar, ex fonte illo ut biberem jussisti, invitans,
scilicet ad hauriendas aquas salutis meae de fontibus
tuis, Salvator meus[3]. Ego vero maxime cupiebam, ut fluenta
fidei, spei, caritatis in me inde derivarentur. Sitiebam paupertatem,
castitatem, obedientiam; lavari a Te totus, et vestiri, ornarique postu-

---

[a] *Pyth om.* ut debeo
[b] eorundem Apostolorum Petri et Pauli *Pyth*
[c] *Pyth om*
[d] *Quae sequuntur, usque ad tuam successura incl , edidit etiam Schlosser
l c p 456—457*

---

[1] Aliunde certo constat Canisium hoc ipso die, 4 Septembris 1549, Romae in
ecclesia Beatae Mariae Virginis „de Strata" dicta coram S Ignatio quattuor sollemnia
Societatis vota fecisse (vide infra, monum 3) Eodem igitur die ante hanc sollemnem
„professionem" in basilicam vaticanam ad sepulcrum apostolicum accessit
[2] Cum igitur Canisius coram altari principali, quod super crypta apostolica
erectum est, aliquamdiu orasset, ab eodem processit ad adorandum corpus Christi
euchaisticum, hoc enim — quod etiam nunc in ecclesiis cathedralibus fieri debet —
non in altari illo principali asservabatur, sed in sacello aliquo vel altari a latere
vel a tergo eius exstructo Riess haud male vertit „Daher schritt ich   zum
hl Sacramente Deines Frohnleichnams vor." Boeio autem „Mi accostai a ricevere
il sacramento del vostro santissimo Corpo", et Garcia „Me acerqué a recibir vuestro
sacratisimo cuerpo " Sed sermo latinus hanc versionem nequaquam postulat, ac
Canisio hoc die in professione ipsa Christi corpus e manu S Ignatii accipiendum
erat, id enim professionis ritus habebat Cf infra, monum 3
[3] Is 12, 3 „Haurietis aquas in gaudio de fontibus salvatoris " Quae verba
ipsa etiam ecclesia inseruit missae sanctissimi cordis Iesu (missa „Miserebitur", in
epistula) et eiusdem officio canonico (in lectione prima nocturni primi, capitulo
laudum, versiculo et responsorio vesperarum secundarum)

labam   Unde, postquam Cor tuum dulcissimum attingere, et meam
in eo sitim recondere* ausus fueram, vestem mihi contextam tribus
e partibus promittebas, quae nudam protegere animam possent, et
ad professionem hanc maxime pertinerent, erant autem pax, amor, et
perseverantia   Quo salutari indumento munitus confidebam, nihil mihi
defuturum, sed omnia in gloriam tuam successura   Initio Missae[1],
quam, in praesentia fratrum, dicebat primus et Reverendus ille nostrae
Societatis Praepositus, filiusque tuus Ignatius, denudabas rursum miserabilem turpitudinem meam, ex cuius conspectu horrorem et desperationem concipere poteram   Sed, circa elevationem, consolatus es
miserum Pater misericordiarum[2]; erexisti spem, dedisti animum, promisisti summa, peccata omnia mihi dimisisti, atque, ut deinceps nova creatura[3] essem, et meam conversionem[4] ex eo tempore auspicarer, dulciter invitasti. Benedicebat gloriosa quoque^b Mater
tua his^c auspiciis scilicet per Angelum illum qui ex altari DD ^d
Petri et Pauli mihi primum additus videbatur   Is monebat ut a
dextris locum sibi^e concedere assuescerem, et nihilo minorem sui
quam personae honoratissimae rationem ubivis^f haberem. Nimirum
ad firmandam sic memoriam Angelicae praesentiae, cujus contemplatio
mirifice confert   Redierunt tunc quoque in memoriam quae loca vel
ad plangenda peccata vel ad singularem animi mei contritionem et
devotionem olim profuerant   In ipsa vero^h Professione fidemⁱ et con-
fidentiam auxisti, ne dubitarem quidquam^k, quin per te Provinciam
conficerem in nomine tuo susceptam   Reputabam, esse Spiritum peculiarem Professis reservatum, ut Apostolis in Pentecoste contigit   Ac
proinde dictum ad me non semel existimo   ecce ego mitto vos

---

^a Sic, sed puto Schlosser recte correxisse restinguere   Poterat etiam scribi
reprimere
^b quoque gloriosissima Pyth
^c Auspicia seu initium „conversionis“ suae dicit Python in libro ipso sui, inter
„corrigenda“ autem suis, vel non his
^d SS Pyth   ^e ipsi locum Pyth   ^f Pyth om
^g Sententia sequens (usque ad profuerant incl.) a Pythone omittitur
^h Pyth om   ⁱ fidem, domine Pyth   ^k ne quicquam ambigerem Pyth

---

[1] Quae sequuntur, non in basilica vaticana facta sunt, sed — Canisius ipse
id dicit — in „prima nostrorum domo“ sive in ecclesia, quae prope domum professorum Societatis erat, „sanctae Mariae de Strata“ sive „sanctae Mariae de Astallis“
celebris in ea erat pictura vel imago „S Mariae de Strata“, quae nunc quoque in
templo sanctissimi nominis Iesu, prioris illius ecclesiae loco aedificata, religiosissime
colitur   Exstat adhuc scriptum Canisii, in quo affirmat se professionem fecisse
Romae in templo Societatis apud S Mariam de Strada   Plura infra, monum 3
Imaginem S M riae de Strata vide in „La vie de Saint Ignace de Loyola d'après
Pierre Ribadeneira, par le P Charles Clair S J „ (Paris 1891) p 331
[2] 2 Cor 1, 3   [3] 2 Cor 5, 17 Gal 6, 15
[4] Verbum „conversio“ iam a S Gregorio Magno ad professionem vitae religiosae significandam usurpabatur

in medio luporum[1]: ite, praedicate Evangelium omni
creaturae[2]. Paucis haec obtigit gratia, ut vivo Patre Ignatio, in
Romana urbe, primaque nostrorum Domo, et sancta congregatione
profiteri possent hanc vere Apostolicam tuam, Domine JESU Societatem Nec fuit exiguum, quod sensi, robur post Professionem. Spes
firmior, pax integrior, circumspectio maior, et in admonendo liberior
quaedam facultas et gratia Tuum est hoc, Domine, quicquid est
beneficii Confirma, quod operatus es[3], innova Spiritum
rectum; concede principalem[4] Mors pro te suscepta, vita contempta recreent

Haec Confessionum pars notatu dignissima est propter ea, quae Canisius in ea
de sanctissimo corde Iesu refert Specialis quidem ille cultus, qui nunc per totam
ecclesiam catholicam cordi Iesu, symbolo, throno, organo immensae caritatis Christi,
tribuitur, proxime ex revelationibus ortus est, quae multum post Canisii mortem
Beatae Margaritae Mariae Alacoque, moniali ordinis Visitationis Beatae Mariae
Virginis (1647—1690), Parodii (Paray-le-Monial) in Gallia factae sunt, potissimum
16 Iunii 1675, cum Margarita corpus Christi in altaris sacramento reconditum
adoraret Sed ipsam Salvatoris personam qui maiore pietate colunt, facile et quasi
sponte ad cor eius quacunque demum ratione colendum perveniunt Praeterea Deus,
qui „disponit omnia suaviter" (Sap 8, 1), priusquam per Beatam Margaritam
christianos omnes ad cor Christi peculiariter colendum invitaret, electis quibusdam
suis amicis eiusdem cordis divitias copiosius aperire eosque cultus illius universalis
„praecursores" quosdam constituere voluit Inter quos Sancta Gertrudis, monialis benedictina conventus helpediani, excellit[5] Revelationes eius edidit divulgavitque praeclarus ille Ioannes Iustus Landspergius, carthusianus coloniensis, cuius „pio contubernio" Canisius adulescens — ipsius verba sunt — „suaviter in Domino fruebatur"[6]
Ac Landspergius et ipse cor Iesu vehementer amabat et inter alia haec monebat
„Ad venerationem cordis piissimi Iesu, amore ac misericordia exuberantissimi, studeas
te ipsum excitare, ac sedula deuotione ipsum frequentare, illud osculando, et mente
introeundo Itaque figuram aliquam dominici cordis, aut quinque vulnerum, aut
cruentati Iesu, vulneribus ac liuore saucij, ponas in loco aliquo, quem saepius transire
habeas, qua saepius exercitij tui, et amoris excitandi in Deum admoneair Hanc
intuens memor sis exilij miseraeque captiuitatis in peccatis "[7] His igitur ducibus
Canisius iuvenis propius ad cor Iesu accessisse videtur, fortasse laudibus etiam
movebatur, quibus cor Iesu illustrabatur in piissimis illis „exercitiis", quae sub
nomine Ioannis Tauleri circumferebantur et anno 1548 a Laurentio Surio, Canisii
amico, ex germanico sermone in latinum conversa sunt[8] Nec mirum esse potest
Salvatorem Canisio tandem ipsi cor suum divinum singulari ratione aperuisse,
hic enim inter eius ordinis religiosi primos erat socios, cui postea Dominus noster
— id quod Beata Margarita iterum atque iterum testata est — „singulari modo"
mandare voluit, „ut ceteris pretium et utilitatem huius ditissimi thesauri aperiret"[9].

---

[1] Matth 10, 16   [2] Marc 16, 15   [3] Ps 67, 29   [4] Ps 50, 12 14
[5] Cf S Gertrudis Insinuationes divinae pietatis l 2, c 21 et 23 (in editione
a Tilmanno Bredenbach [Coloniae 1588] facta p 155 167)
[6] Cf supra p 37
[7] Divini amoris pharetra Exercitium ad cor Iesu (Coloniae 1590) p 68—70
[8] De vita et passione salvatoris nostri Iesu Christi piissima exercitia (Coloniae
1548) c 53, p 287 Nunc negant hoc opus Tauleri esse
[9] Vie et œuvres de la Bienheureuse Marguerite-Marie Alacoque II (ed 2,
Paray-le-Monial et Paris 1876), 247 261—262 334, cf etiam Herm Ios Nix S J,

Hoc quoque memorabile, cor Iesu Canisio tunc singulariter patefactum esse, cum hic sollemnia Societatis Iesu vota coram eiusdem conditore facturus usque factis ilico in Germaniam profecturus esset ad catholicam fidem docendam et propugnandam Canisius per totam vitam cordi Iesu summopere deditus fuit Socios monuit, ut „suam voluntatem cum corde Iesu unirent" [1], in septem illis meditationibus, quas „de virtutibus Christi" pro singulis hebdomadae diebus composuit, quaeque ex anno 1564 „catechismo parvo" additae et cum eodem saepissime editae sunt, summam caritatem cordis Iesu demonstravit [2] ac suasit· „Fugias qualibet tentatione ingruente in amabile cor Christi eiusque aperta vulnera" [3] Apud Societatem nostram codex exstat manu scriptus [4], in quo Canisius varias easque piissimas preces in proprium usum collegit, quemque moribundus in manibus tenuisse fertur [5], pretiosus hic liber has etiam preces continet [6] manu ipsius Canisii scriptas

Oratio matutina ad cor Christi salutandum Laudo, benedico, glorifico et saluto dulcissimum et benignissimum Cor Jesu Christi fidelissimi amatoris mei, gratias agens pro fideli custodia qua me hac nocte protexisti, et pro me laudes et gratiarum actiones et omnia quae ego debebam Deo Patri incessanter persoluisti Et nunc o unice amator meus offero tibi cor meum velut rosam uernantissimam, cuius amoenitas tota die oculos tuos alliciat et eius fragrantia diuinum cor tuum delectet

Offero etiam tibi cor meum, ut eo pro scypho utaris, unde tui ipsius dulcedinem bibas cum omni, quam [a] hac die in me dignaris operari

Insuper offero tibi cor meum, ut optimi saporis malogranatum in tuo regio condecens conuiuio, quod comedendo sic traijcias in te, ut de caetero se feliciter sentiat intra te, orans etiam, ut omnis cogitatio, loquutio, operatio et voluntas mea secundum beneplacitum tuae benignissimae uoluntatis hodie dirigatur "

Ad singula opera, quae incipiuntur, imprime tibi signum crucis, ita dicens, In nomine Patris et Filij et Spiritus sancti Amen Pater sancte in unione amoris amantiss filij tui commendo spiritum meum

Dormiturus in lecto dicat,
Oculi somnum capiant, cor ad te semper uigilet dextera tua protegat famulos qui te diligunt

Trahat deinde suspirium quasi ex diuino amore [b], dicens, Jn unione laudis, quae profluit ex te Domine Iesu in omnes Sanctos, suscipe hoc suspirium in suppletionem laudis, qua te laudare tenetur omnis creatura

Trahat secundum suspirium dicens, Jn unione illius gratitudinis, quam sancti a corde tuo Jesu bone trahentes gratias tibi agunt pro impensis sibi donis

Ad tertium suspirium dicat Jn unione passionis illius, qua tu Jesu bone omnium delicta tulisti, pro peccatis meis suspiro

---

[a] quod autogr , omnibus, quae Schlosser
[b] Sequitur meo, quod Canisius ipse postea delevit

SS Cordi Iesu cui sint addicti et consecrati Societatis Iesu filii (ed 2, Augustae Vindelicorum 1886) p 2—26
[1] Schlosser l c p 181
[2] V g Institutiones christianae pietatis, seu parvus catechismus catholicorum (Dilingae 1572) f 62°
[3] Plura de hac re proponit Schlosser l c p 435—457
[4] Est in 12°, quod vocant, et signatus „Scripta B P Canisii X K "
[5] * Pag 164 est „morituri Gertrudis precatio uel oblatio", Canisii manu descripta
[6] P 134—135 Typis exscriptae sunt in processu beatificationis Canisii, „Positio super uirtutibus" (Romae 1833) Summ p 156 Etiam a Schlosser (l c p 452—455) ponuntur, sed cum verbis autographi paululum discrepantes

Ad quartum ita. Suspiio in affectu et desideiio omnis boni, quo indigent homines ad laudem Dei et utilitatem sui, suspiro etiam in unione desiderij tui diuini, quod bone JESV in terris pro humana salute habuisti

Ad quintum, Suspiro in unione omnis oiationis, quae bone JESV ex diuino corde tuo in Sanctos omnes piofluxit, et pro salute omnium tam uiuorum quam mortuorum, desydero etiam, ut omnem mei hac nocte dormientis flatum, tali intentione tractum*, et ad te factum suscipias His quinque suspirijs munitus, feliciter obdormies, et qui uotis amantis animae nihil negaie potest, in sua diuina uirtute complebit illa desideria *

Subiungit Canisius hanc considerationem [1] „Quid minus faceie homo potest, quam gemere uel suspirare? et tamen ubicunque fuerit, suis suspiiijs, si uelit Deum sibi quodammodo intrahit Omnibus rebus communiorem se fecit Deus Quid minus aut uilius filo uel festuca? quae uoluntate tamen hominis acquiri non potest At Deum ipsum homo sola uoluntate, ac uno gemitu habere et ingemiscendo sibi intrahere potest Vnde Psal 11 Proptei miseriam inopum et gemitum pauperum nunc exuigam [2] Surgente autem Christo annon sancti omnes pariter surgunt, offeientes in consolationem gementis animae omne seruitium, quod in terris agendo uel patiendo exhibuerunt [b], in laudem aeternam Deo, ac gratiam illi impetrantes, qui in paupertate spiritus [3] ad Deum ingemiscit. Quod si gemitus unus tam excellenter a Deo acceptatur, ut Christus etiam ipse pro anima illa Patri laudes, uel quicquid desiderat, offeiat, ac pro ea suppleat, quomodo tristitia pauperi' ulla remanebit?"

Alibi Canisius haec manu sua adnotavit [4] „Cor Jesu tanto eiga nos flagrat amore, ut paratus sit ille Dei et uirginis filius, immo desideret pio te solo sustinere intus et foris amaia omnia, quae pro toto mundo sustinuit, priusquam tua salus impediretur, uel una periret anima, et a Deo perpetuo separaretur "

Inter varias tandem preces, quae „ad pulsum horae, uel ad initium operis" iecitari possent, Canisius etiam hanc propria manu atque in proprium usum litteris mandavit [5]

„Laudo et glorifico te dulcissime et benignissime Jesu in [d] omnibus et pio omnibus bonis, quae tua gloriosissima diuinitas, et beatissima humanitas operata est in nobis per nobilissimum instrumentum cordis tui, et operabitur in secula seculorum "

Christus Canisio in terris quoque speciale aliquod amoris huius praemium tribuisse videtur Nam cum Friburgi Helvetiorum in templo S Michaelis, in cuius presbyterio corpus Canisii anno 1625 sepultum est, cordi Iesu peculiare sacellum numquam dicatum esset, annis tandem 1833 et 1834 (quo tempore ad processum beatificationis Canisii, diu interruptum, reditum est) in honorem eiusdem cordis ex lapidibus quadratis exstructum est sacellum sat grande, iuxta ecclesiam situm cum eaque coniunctum atque hemisphaerio tectum [6] Anno autem 1864, cum ob instantem Canisii beatificationem corpus eius e crypta chori extrahendum et sollemniore loco collocandum esset, in ipso altari coidis Iesu reconditum est, atque ita sacellum cordis Iesu factum est sacellum canisianum

---

* Sequitui suscipias, a Canisio ipso postea deletum
[b] Canisius coiiexit exhibentes ex exhibuentes
[c] A Canisio coiiectum ex pauperis
[d] A Canisio ipso coiiectum ex Deus pro

---

[1] Cod „Scripta B P Canisii X K " p 135, etiam apud Schlossei p 454—455, sed nonnihil immutata Pars est etiam in „Positione super uitutibus" l c
[2] Ps 11, 6   [3] „Beati pauperes spiritu" etc (Matth 5, 3)
[4] * Cod „Scripta P Canisii X I " f 73¹ Schlossei haec non posuit
[5] Cod „Scripta B P Canisii X K " Etiam apud Schlossei
[6] Dictionnaiie géogiaphique, histoiique et commeicial du Can'on de Fiibouig (Fribourg 1886) p 183 184

IV

Ex *Pythone* (p 63—66), qui praefatur „De hoc Doctoratu agens cum Deo Canisius ita loquitur Scribendi ratio in hac parte eadem est atque in Confessionibus Maxima pars germanice versa est a *Riess* p 85—86

Canisius cum socus Bononiae ad gradum doctoris theologiae promotus, qualis in eo tunc fuerit affectus timoris et demissi animi, oboedientiae et confidentiae, quanti momenti meritique id docendi munus sit, Sancti Petronius, Dominicus, Franciscus, Cardinalis de Monte

Dum ante Doctoratum[1] de respondendo solicitus essem, mihique timerem ob severitatem futuri examinis, ostendisti, Domine, tenebras. quibus cor meum tunc offuscabatur, et lucem serenitatemque turbato animo reddere dignatus es Nam et desiderium adjecisti, ut ignorantia mea, quam detegi nolebam superbus, in eo examine cognosceretur, neque falsum de me sentirent homines, sed id ipsum, quod in me erat claro conspicerent atque ita ex propalata vilitate, ignorantia, et indignitate mea proficere me posse et debere sentiebam, id quod tum ad humilitatis conservationem, tum ad veritatis zelum mihi conducere videbatur Quare magna confidentia me tunc examinandum praebui, tuoque Spiritu consolatus de successu ipso, qui post non defuit, dubitationem et solicitudinem omnem abieci[2] Deinde[3] Festo S Francisci Seraphici[4], ac S Petronii Bononiensis Episcopi[5] gratia tua, Domine excitabat me et praeparabat ad promotionem Doctoratus,

---

[1] Patribus Alphonso Salmeroni, Petro Canisio, Claudio Iaio, quos Ignatius in academiam ingolstadiensem ad theologiam tradendam mittebat, necessarium ad id munus erat, ut doctores theologiae essent, ideoque Ignatius iis mandavit, ut eam dignitatem sibi compararent Bononiae, quae universitas per totam Europam laudibus celebrabatur, in ea etiam sodalitas „nationis germanicae" erat, cui annis 1289—1562 4500 fere legum studiosi ascripti sunt (Acta nationis Germanicae universitatis Bononiensis edd *E m Friedlaender* et *Car Malagola* [Berolini 1887] p XIV XXIII) Acta collegii theologici bonomiensis, quae nunc in archivo archiepiscopali eius urbis asservantur, ab anno demum 1600 incipiunt, neque etiam in regio archivo bononiensi quicquam hanc Canisii promotionem spectans inventum est quod Bononia 30 Iunii 1891 editori scripsit *Carolus Malagola* eiusdem archivi praeses Quae autem alibi reperta sunt, commodius infra ponentur, vide monum 30

[2] Canisius eiusque socii die 2 Octobris examen subierunt, vide infra 1 c

[3] In universitatibus italicis (bononiensi, patavina, perusina) ante promotiones academicas (licentiam, doctoratum) non duo examina fiebant, sicut in Germania, sed unum, idque privatum quidem sed cancellarii iussu, sequebatur sollemnitas promotionis, in qua verum examen ulterius non habebatur (*G Kaufmann*, Die Geschichte der deutschen Universitäten I [Stuttgart 1888], 363—364 Leges universitatis patavinae anno 1331 factae, ed *Hem Denifle* O Pr in „Archiv für Literatur- und Kirchengeschichte des Mittelalters", herausgegeben von P H Denifle O Pr und Fr Ehrle S J VI [Freiburg i Br 1892], 431—440)

[4] Hoc festum die 4 Octobris agitur

[5] S Petronius, episcopus bononiensis, inter patronos principales eius civitatis colitur, eiusque festum Bononiae die 4 Octobris agitur, maxime in magnifico templo eidem dedicato (San Petronio) Sacra igitur hac die ipsa sollemnis promotio celebrata est

quae, licet sola praestandae obedientiae ratione, mihi proposita esset,
cum alioquin ab ea non parum ipse abhorrerem, tamen, quod ad
promotionem huiusmodi spectat, intelligebam, sibi quam optime consulturum, Tibique summopere placiturum, qui gratiam apud Te quaereret ad bene inchoandum, ad frugifere administrandum, et perficiendum hoc munus, quod in Ecclesia singularis est praemij ac meriti,
cum rite peragitur Unde sanctos tuos omnes rogabam, suo ut favore
ac praesidio in hac mihi promotione succurrerent, primum quidem, ne
quicquam ex parte indignae ac miserae animae meae obsisteret, quo
minus ad statum Doctorum assumerer Deinde ut in eo felix esset
mihi et alis profectus, illam dispositionis et praeparationis in me
gratiam per eosdem sanctos, et merita Christi tui desiderabam, ut in
sanctis olim Doctoribus fuisse non est dubium. Qua in re consolationem indignissimo exhibuisti praesertim in Ecclesia S Petronij, cujus
tum Festum erat illic maximum, et coram sacris Reliquiis S. Dominici, in templo Praedicatorum[1], ubi praesens etiam mihi visus est
tuus et vere gloriosus Franciscus (nam et illius Festum colebatur)
atque ita cum a singulis benedictionem expeterem, ad Doctoris professionem debite suscipiendam, nescio quid fidei et spei conceperim,
veluti pollicentibus illis fide iussoribus, et quoad meritum, et quoad
successum et praemium status Doctoralis spectaret. Sicut enim ex
ore infantium et lactentium divina virtus tua laudem sibi
perficit[2]; sic ex eorum opera, studijs, et desiderijs, qui ad professionem tam necessariam rite promoventur. ac etiam inviti assu-
muntur, potest sane ac vult Bonitas tua glorificari. et ad multorum
salutem in Ecclesia operari. Tu das os et sapientiam[3] irrefraga-
bilem; monstras et inspiras viam veritatis[4], cum opus est Nomen
sanctum tuum clarificare[5], Ecclesiam defendere, scripturas explicare Tibi Pater scientiarum[6] laus aeterna, quod servulum
tuum ad Doctoratum evexeris per ipsum Legatum Concilij Cardinalem
de Monte[7], meque Fratribus M Claudio et M Salmeroni parem, in
hac conditione, feceris, nimirum supra omne meritum meum, et
praeter voluntatem meam, quam Praeposito tamen subijcere volui, ut
non tam honorem hunc susciperem, quam, per honorem, onus ipsum
adirem, ut, quae nostri essent Instituti, dignius et rectius, per hoc
additamentum, perficerem, uti per Patrem Ignatium mihi praecepisti
Quicquid autem ex ea promotione commodi sentiet quisquam, id Tibi,
bonorum omnium auctori, tribuatur, ac gloriae tuae et plurimorum

---

[1] S Dominicus Bononiae mortuus et in templo conventus S Nicolai sepultus
est Eius splendidum mausoleum etiam nunc ibidem cernitur
[2] Ps 8, 3   [3] Luc 21, 15   [4] Ps 118, 30 Eccli 34, 22
[5] Io 12, 28 2 Tness 1, 12   [6] 1 Reg 2, 3
[7] Ioannes Maria de Monte (postea Iulius III papa) tunc legationem bono-
niensem, quae provincia erat status ecclesiastici, administrabat (Ciaconius-Oldoinus
I c III, 600 799)

saluti serviat, quos indignissimus ego Doctor instituam, et exercere, docereque pergam Non imprimatur mihi character superbiae, sed crescat in me gravis humilitas, et humilis sinceritas, et accepti talenti prudens et laboriosus sim erogator, non otiosus consumptor, aut stultus profusor[1] Semper Angelus tuus hoc instillet auribus meis: Qui non fecerit, et docuerit, minimus vocabitur in regno coelorum[2], et, cui multum datum est multum repetetur ab eo[3].

V

Ex *Riess* p 90[2], scribente se ex Confessionibus Canisii hausisse, cf supra p 5

De sermonibus sacris, quos Canisius Ingolstadii habuit

Postquam ad concionandi munus accessi, ut Germanice loqui[4] et loquendo fructificare discerem in vinea Ingolstadiensi[5], visum est immensae gratiae tuae, ut conatus ille communi favore et laude hominum exciperetur Nam quod unus et alter visus est obstrepere, meliorem postea et commendatiorem successum attulit, ut etiamsi voluissem ab hoc concionandi opere non facile potuerim supersedere[6] Ita confirmabar magis unius contradictione, quae hos etiam fructus retulit, ut senatum Academicum excitarit mihique faventem maxime reddiderit, orantibus deinde plurimis, ne ab hoc instituto desisterem, et licet concionandi mutarem locum, non tamen imminuebam auditorium, quod etiam saeviente bruma frequens adesse voluit et hora quidem incommoda Utinam vero sicuti me tua juvit in Evangelizando gratia, sic etiam aliis fructus permaneat

VI.

Ex vita Canisii a P *Iacobo Keller* S J scripta, quae est in cod monac „Keller, Can 1", f 15[b]—16[b] Ac Kellei quidem sic proloquitur „Audiamus ipsum Canisium e confessionis suae tabulis sed si quis scribendi genus consideraverit, potius dicet particulam hanc ad Testamentum pertinere, in cuius etiam capite quinto (supra p 48—49) Canisius promisit se de Catechismo suo plura postea dicturum

Alterum apographum est in cod monac „Keller, Can 2", f 15'—16', tertium in cod monac „Keller, Can 3", f 11'—12"

Particulas *editor* typis exscripsit in „Zeitschrift fur katholische Theologie" (14 Jahrg, Innsbruck 1890) p 730 et in „Katechismen des sel P Canisius" p 15 ad 16 42—43 100

„*Summa doctrinae christianae*" *auctore Ferdinando, rege piissimo, a Canisio conscripta, catholicis pergrata, a protestantibus impugnata, a Tiletano et Busaeo propugnata, Catechismus minor et minimus*

---

[1] Cf Matth 25, 14—30   [2] Matth 5, 19   [4] Luc 12, 48
[1] Directum Germaniae superioris significat, ipse e Germania inferiore ortus erat
[5] Infra ostendetur Canisium Ingolstadii 16 Martii 1550 in parochiali quadam ecclesia germanice concionari coepisse
[6] Haec et quae sequuntur a Canisio in epistula, quam Ingolstadio 31 Augusti 1551 ad S Ignatium dedit magis explicantur

Cum apud Caesarem Ferdinandum Viennae agerem, et partim in
schola, partim in templo sacra profiterer[1], uoluit ille me non solum
uiua uoce, sed etiam arrepto calamo laborare, ac suis austriacis in
Fide corruptis talem conscribere catechismum, qui leniter lapsos erigere, ac deuios in uiam reuocare per DEI gratiam posset   Parui
tanto principi atque patrono, qui nihil habebat antiquius, quam ut
orthodoxam fidem, si posset, in suis ditionibus integram incorruptam-
que redderet, aut certe uitiatam et afflictam restitueret[2]   Prodijt
ergo liber, licet sine Auctoris nomine, et huius tantum Principis
auctoritate commendatus sub hoc titulo SVMMA DOCTRINAE CHRI-
STIANAE[3], nec solum in Germanicam, sed aliarum etiam nationum
linguas transfusus circumferri, et Catholicis passim usui esse coepit.
doctis uiris ita probatus, ut in scholis quoque passim praelectus fuerit,
quemadmodum Parisijs, Coloniae, Louanij.   Idem opus Poloniam, Hispanias, Italiam Siciliamque peruasit, displicuit duntaxat Protestantibus, ex quorum numero Melanchton[a], Vvigandus, et Illyricus more
suo, id est in odium et contemptum Ecclesiae. huic Catechesi Austriacae palam oblatrarunt[4]. Etenim noctuis tenebras amantibus non

---

[a] Melanthon *Kell Can* 2

---

[1] Cf supra p. 48—49

[2] Canisius „Summae doctrinae christianae" componendae et typis exscribendae
operam navabat fere a mense Martio anni 1552 usque ad Martium anni 1555 Vide
editoris „Katechismen" etc p. 14—27.

[3] Accuratius tum totus titulus huius catechismi tum ea, quae ad eius composi-
tionem indolemque spectant, ex epistulis Canisii earumque adnotationibus cogno-
scentur De titulo cf .Katechismen" etc p 23 28—33 80—82

[4] De Ioanne Wigand et Flacio Illyrico vide „Katechismen" p 56—59 64—69
91—93, et plura infra in epistulis Canisii *Philippus Melanchthon* in epistula, qua anno
1556 volumen octavum operum germanicorum Lutheri Ioanni marchioni brandenburgensi
dedicavit, „Cynicum Canisium" iis adnumeravit, qui contra propriam conscientiam
veritatem a se cognitam fallacibus ac malitiosis dicendi artibus persequerentur (Dei
Achte Teil der Bucher des Ehrnwirdigen Herrn D *Martin Luther* [Wittemberg
1556] f + iiij[a]) In academia vitembergensi circa idem tempus (anno 1555, ut
videtur) de evangelico illo „fermento mixto tribus farinae satis" habita est oratio
(a Valentino quidem Trutigero recitata, sed fortasse a Melanchthone ipso composita),
in qua de Summa Canisii haec dicuntur „Nuper edita est Austriaca Catechesis, in
qua cum alii multi errores stabiliuntur, tum vero renovatur etiam deliramentum de
Monachorum votis Nominant ibi perfectionem Evangelicam simulationem paupertatis et alios quosdam externos gestus Impudentia scriptoris odio digna est, qui
scit Evangelicam perfectionem esse agnitionem nostrae infirmitatis et fiduciam mediatoris et praesentiam Dei in cordibus nostris transformantis nos, ut fiamus similes
imaginis Dei, quae *imago* aeterni patris Haec ne illi quidem scriptori ignota sunt
Sed ut sui theatri plausus mereatur, repetit cantilenam Monachorum, seu Cynicorum
potius Nominat perfectionem illud Diogenis dolium, et mendicitatem pugnantem
cum civilis vitae nervis et pulcherrimo ordine legis divinae, quae distinctionem
dominiorum sapientissime sanxit Scilicet huic praestigiatori non sunt perfecti
Abraham, Joseph, David, Josaphat, Ezechias, qui divitias et imperia cum tenerent,
recte invocaverunt Deum, et custodes doctrinae fuerunt, et invocationem in quo-

potest lux non esse odiosa, ac proprium est Sectariorum, quacunque
ratione possunt nobis de manibus arma eripere, quibus Veritatis Catholicae praesidia et castra propugnantur Sed hostilem et petulantem
istorum impetum uni docti retuderunt maxime Doctor Tiletanus
Louanij[1], multoque magis Coloniae Petrus Busaeus, propositis nimirum in medium gravissimis patribus, quorum testimonijs grandi uolu-
mine comprehensis', partes eiusdem libri solide stabiliuntur, et praeclare defenduntur[2] Coactus et ego sum idem opus recognoscere,
meumque nomen publice profiteri, ne quis amplius de auctore dubitaret   Potest hic liber maior Catechismus appellari, ut rectius dis-
cernatur a Minore, imo et minimo[3], quos ambos libellos in gratiam
rudiorum postea euulgaui[4]. Vterque tam ᵇ gratus Catholicis contigit,
ut omnium fere Catechistarum manibus tereretur, et pro lacte puerorum in scholis haberetur, ac simul in templis doceretur, ut Catholicae pietatis elementa commodius inde perciperentur

ᵃ comprensis *Kell Cen 2   ᵇ iam *Kell Cun 2

tidianis vitae periculis exercuerunt Interea perfectum nominat Cynicum illum,
scilicet qui inter caeteros Philosophos a Demetrio Phalerensi ad convivium vocatus,
cum ei lagena plena generosissimi vini proposita esset   arreptam lagenam impegit
capiti Demetrii inquiens Non congruere Cynico delicias Talis est istius Cynici
perfectio Nam et scriptor ille nomen a Cane habet * Declamationum D *Philippi
Melanthonis*, quae ab ipso et alus in Academia Vuitebergensi recitatae ac editae
sunt, nunc primum in gratiam et communem studiosorum utilitatem,   distinctae
opera et studio M Joannis Richardii J C et Mathematici Argentoratensis,
Tom III Theologicus (Argentorati, excudebat Theodosius Rihelius, sine anno [1570 ?]),
210—211   Oratio haec etiam edita est Argentorati anno 1559 (*Io Christoph
Koecher*, Catechetische Geschichte der Paebstischen Kirche [Jena 1753] p 67), et
rursus in „Corpore Reformatorum", ed *C G Bretschneider*, vol XII (Halis Saxonum 1844), 107—112
  [1] In opere: „CATHOLICAE , CONFVTATIONIS | PROPHANAE ILLIVS | ET
PESTILENTIS CONFESSIONIS, , (quam Antuerpiensem Confessionem appellant ·
Pseudoministri quidam) contra vanas et ! manes cauillationes Mat Flacci Il | lyrici,
Apologia seu | defensio | Authore IVDOCO RAVESTEYN Tile- | tano, Doctore Theo-
logo in Academia | LOVANIENSI LOVANII, ! *Apud Petrum Zangrium Tiletanum* |
1568 : Cum Gratia et Priuilegio Reg Maiest ! Subsig Van der Aa * (16⁰, ff 488
et in fine 1 non signat) f 225ᵇ—234ᵃ
  [2] P Petrus Busaeus (Buys) S J, noviomagensis, eos scripturae, patrum, conciliorum locos, quos Canisius breuissime tantum (per nomina numerosque libromrum
et capitum) in margine Catechismi sui indicauerat, totos protulit et e fontibus de-
promptos explicatosque verbis „Summae" adiecit Quod opus primo cum titulo
„Authoritatum sacrae scripturae et sanctorum patrum" etc (Coloniae 1569 1570,
4 voll in 4°, Venetiis 1571, 3 voll in 4°) editum est, ac postmodum in unum
grande volumen (in 2°) redactum, quod „Opus catechisticum" inscribitur et primum
Coloniae anno 1577 ac deinceps ibidem, Parisiis etc saepius in lucem emissum est,
Vide *Sommervogel*, Bibliothèque II, col 439—442, et *editoris* „Katechismen" etc
p 136—148
  [3] De his vide prooemium generale et *editoris* „Katechismen" etc p 98—135
  [4] Canisium alii 2 catechismos conscripsisse asserunt, alii 3, alii 4 ex hoc loco
ea dissensio componi posse videtur

VII.

Ex *Riess*, p 96, significante se ex Confessionibus Canisii hausisse, cf supra p 5

Canisius de munere procancellarii academiae Ingolstadii a se administrato quaedam refert et crucis amorem declarat

Deum laudat, quod Ingolstadii sibi non solum firmam valetudinem, sed etiam singularem gratiam dederit, qua factum sit, ut adversis tempestatibus numquam prosterneretur, immo ne in tentationem quidem adduceretur [1] *Deinde scribit, Deum alloquens*

Laudavi multos cum crearem licentiatos Procancellarius[2], sed utinam omnes laude dignos et virtute conspicuos laudassem teque magis quam meipsum et alios commendare voluissem, quia summa laudum et virtutum a te, et ad te solum, **nobis autem confusio faciei**·[3]

Laudatus[b] tunc frequenter et ego, ut multi norunt, dum susceptae conoi provinciae respondere, sed videant illi quam debite laudibus effecerint vere contemtibilem[c]

Utinam mihi sapiat crux tua, Rex aeternae gloriae, utinam desipiat mundus cum suis illecebris et fucis, contra quos armari debebam paupertate sancta, et exemplo martyrum Patrumque in hac Societate omnium, qui contemptu gaudent, et omni laborum ac tribulationum genere exercitati, non nisi submisse de se sentiunt et loquuntur

VIII.

Ex *Riess*, p 97—98, scribente haec a Canisio ipso in „Confessionibus" narrari

Deus Canisio magnam progeniem spiritualem promittit

Nach Strafsburg berufen[4], sollte ich mit Nachstem, so schien es, dahin abgehen, unter der Fuhrung Deiner Vorschung, o Gott, in dessen Handen alle meine Wege sind, der Du **mein Erbtheil**[5] und der Anker meiner Hoffnung bist; aber als ich mit etwas zu angstlicher Spannung der brieflichen Weisung zur Abreise entgegensah, hast Du die Augen meiner Seele geoffnet, Du wahres Licht der

---

[a] *Ex Riess cognosci non potest, num in Confessionibus huic sententiae et ei, quae hic ei subiungitur, aliae sententiae interpositae sint*

[b] *Supplendum esse videtur* sum

[c] *Fortasse huic quoque sententiae et ei, quae subiungitur, in Confessionibus aliquid interpositum erat*

---

[1] „Gott verlieh ihm auch, wie er in seinen Bekenntnissen anerkennt, neben einer anhaltenden Gesundheit die besondere Gnade, dass er ,durch keinen widrigen Sturm zu Falle oder auch nur in Versuchung gebracht worden wäre'" (*Riess* l c)

[2] Dignitatem quidem ac salarium procancellarii ingolstadiensis Canisius constanter recusavit, eius autem muneris partes ab autumno anni 1551 usque ad proximum mensem Februarium supplevit Plura de hac re vide infra in epistulis, et in monumentis 67—74   [3] Dan 9, 7

[4] Capitulum ecclesiae cathedralis argentinensis mense Septembri anni 1551 Canisium per litteras rogarat, ut apud se concionaretur De qua re plura infra
[5] Ps 15, 5

Geistei, die in ihr verboigenen Finsternisse enthullt und die Helle Deinei Gnade und Deines Fiiedens in ihr angezundet, damit ich alle Soige abwuife und mit staikmuthigem Heizen Dir Alles ubeigabe und anheimstellte und in Ruhe und Sicherheit der Abhangigkeit von Dii lebte Welche Fulle der Barmherzigkeit sodann Du am Tage, da die Kiiche Petii Stuhlfeiei begeht[1], mir Deinem Knechte unmittelbai vor der Communion gewahrt hast, ist Dir bekannt. indem Du mir von Dir aus unverhofft, unter Losspiechung von meinen Sunden vollkommenen Ablafs, fur die Heilung meinei Seelenwunden wiiksamste Arznei, bezuglich der Gaben des hl. Geistes die reichlichste Veiheifsung, zui Befestigung und Vollendung in meinen Gelubden, Wunschen und Voisatzen vollkommen ausreichende Gnade, wie mir voikam, anbotest O wie sufs und stark war Deine Tiostung, die kuiz zuvoi empfangene Hoffnung vermehrtest Du, dafs Du mir namlich, wie dem zuvor kinderlosen Abraham, eine unubersehbare Nachkommenschaft geben wurdest[2], die in Deinem Hause aufwuchse und behaiite bis zum Ende[3] und allezeit durch mich Dich, den wahren lebendigen Gott, lobte und Deine Herrlichkeit veibieitete, wie das hl. Geschlecht Abrahams Es war eine gute Fugung, o weisester Fursorger und Huter meiner Seele, dafs ich wider alles Erwaiten, da ich nach Strafsburg abgehen zu sollen wahnte, plotzlich Befehl nach Wien erhielt[4] und jenem neuen Colleg meiner Biuder, das der iomische Komg eiiichtet, zuruckgestellt wuide[5], nachdem ich zu lange die Freiheit zu Ingolstadt gekostet hatte und wohl nur unter Gefahren und Schwierigkeiten den Hoffnungen und Erwartungen deiei zu Strafsburg entsprochen hatte.

IX.

Ex *Riess*, p 115, scribente se ex Camsii Confessiombus hausisse, cf etiam supra p 5

Camsius ostendit, quam commode sibi accidei it, ut Viennam mitteietui

Viennam mittor et novo illic fiatrum Collegio, quod Rex Romanorum eiigit, restituoi, qui nimis diu libeitate usus Ingolstadii manseram[a][6].

———   —— ———

[a] *Riess indicaie videtui huic sentential et sequenti aliquid interpositum esse, refeiam cf hanc sententiam cum extiema paite in VIII*

——— —— ———

[1] Riess „also am 18 Januai" Sed eo tempoie festa „cathedrae Petri an tiochenae" et „cathediae Petii romanae" simul fiebant 22 Februarii Paulus IV anno 1558 cathedram romanam in d 18 Ianuarii transtulit, antiochenam suo loco iehquit (.1 I Hiedenbach, Calendaiium histoiico-christianum [Regensb 1855] p 121) [2] Cf Gen 18, 18, 22, 17 [3] Matth 24, 13 [4] Ignatius 28 Ianuarii 1552 sociis ingolstadiensibus mandavit, ut intia decem dies post acceptas litteias suas Viennam abirent Qui ineunte Martio abieiunt Vide infia [5] Cf supia p 48 [6] Ingolstadicnse collegium tunc nondum exstabat

Viennae autem multiplex mihi causa fuit et necessaria satis, ut schola obedientiae exercitaret corpus et animam meam, ut praesentia patrum et fratrum admoneret me de reformandis omnibus, quae tum in studiis, tum in moribus et tentationibus meis opus habebant alii [?][a] subsidio et patrocinio.

X

Ex apographo saeculo XVII vel XVIII scripto, quod est in cod monac „Lat 1606" f 204[b] Librarius adnotat Canisium haec in „diario" „propria manu" scripsisse

Deus lutheranus natus

Memini Domine cum in templo Augustae Cathedral[j] orarem[1], quam natus, et uere terribilis[2] appareres, extensa quodammodo dextera iustitiae tuae, paratasque sagittas proferens, quas in Lutheranos conijcere[b] velles[3]. Nam occurrebant graues in illos querelae tuae, Accusabas synagogam Sathanae[4], quod tuam Ecclesiam hostiliter persequeretur, quia honorem tuum, cultum tuum, sacramenta tua uiolarent, ac secum in eandem perditionem innumeros in dies pertraherent.

Appendix Confessionum

a) Ex apographo, sub initium saeculi XVII Friburgi Helvetiorum (a P. Martino Licio, collegii rectore[9]) scripto, quod est in cod „Scripta de vita et laudibus B Petri Canisii" X L[b] (C. 47) Librarius praefatur. „Ex scheda propria manu [P Petri Canisii] scripta nuper inuenta "

Puero mihi Coloniae, ut in timore DE[j] fortior essem, hi versiculi familiares fuerunt, quibus meipsum ad pietatem excitabam

Intus uiue DEO, lumen' venerare propinquum,
Totus uiue DEO, totus tibi despice mundum:
Sit labor et studium, scopus ac intentio sola
Velle placere DEO, uilem contemnere mundum.

b) Canisius adulescens, antequam Societatem Iesu ingrederetur, hoc sibi verbum delegisse videtur, quod tamquam signum sequeretur

PERSEVERA

Nam hoc verbum eius manu maiusculis litteris depictum cernitur in fronte codicis, quo Coloniae anno 1538 primum uti coepit[5], et P Iacobus Kritzradt[6] de eo

---

[a] *Ita Riess, sed legendum esse omnino uidetur* tali
[b] complere *apogr* [c] *Sic Legendumne* numen[?]

---

[1] Canisius primum mense Iunio anno 1553 Augustam Vindelicorum (Augsburg) ad breve tempus venit, nisi forte iam initio anni 1547 ibidem paulisper moratus est Annis 1559—1566 ibidem in ecclesia cathedrali contionatoris munus administravit Postea quoque saepe Augustae fuit, ac fortasse etiam, idque postremum, anno 1584
[2] Ex 15, 11 2 Esd 1, 5 Ps 46, 3 etc   [3] Cf Ps 7, 13--14
[4] Apoc 2, 9, 3, 9
[5] Cod „Scripta Can X A" folio tertio, quod olim erat primum
[6] De eo vide supra, in descriptione codicum

5*

testatur „in Dionysio Carthus Coloniae apud Quentel 1537 impresso Collegio in-
scripto fol ¹ scripsit ante et retro aliqua sua manu 1540 cum lemmate infra scripto
PERSEVERA * ²

IX
EPISTULAE A CANISIO ET AD CANISIUM DATAE
1541—1556.

1.

CANISIUS

WENDELINAE CANIS,

sorori ³

Coloniia ineunte aut exeunte anno 1541.

Ex opere „*Mengelingen iooi Roomsch-Catholijken*", Tweede Deel (Te Amsterdam 1808) p 131—133 Editores usi sunt exemplo sibi misso ex oppido Rees, ad
provinciam ihenanam regni borussici nunc pertinenti, ab Henrico Gualterio Eskes,
ecclesiae collegialis illius oppidi canonico, qui et ibidem 15 Februarii 1808 testatus
est exemplum illud omnino congruere cum archetypo, in 4°, quod vocant, scripto
Hoc igitur anno 1808 in eo oppido exstitisse videtur, annis 1884 et 1885 frustra
quaesitum est tum ibidem in archivis parochiali et oppidano, tum Dusseldorpii in
archivo regio, in quod sublati illius capituli recensitis tabulae translatae sunt

Sororem reprehendit, quod in Dei servitio neglegens sit, ac monet, ut omnes res
creatas spernat et in Deo solo delectetur

In ⁴ allen vue leden sije een varechtige stervende leuen to
alle tijden.

Ghi seruet heue Suijster, men sold woor v bidden, dat ghi des
werlts strijke kust ontgaen. Nu weetet, dat geen Gebeden woel beete-
rungh aen u dom konne, vant ghi niet bereijt v trachhaftte [⁹]⁴ hart ⁵

In ⁴ omnibus membris tuis semper sit vita vere moriens
    In litteris tuis, cara soror, petis, ut precationes pro te fiant. quo laqueos
mundi effugere possis Porro scito nullas pieces plenam in te emendationem
efficere posse, nisi pigium cor tuum ⁵ ad ea comparaveris, quae a Deo expetis, si

‘ trach safite *Meny*

¹ Kritzradt significare vult opus illud „in folio“ editum et iam bibliothecae
collegii coloniensis attributum esse
² Cod „Hist coll Col * in anno 1542 Kritzradt haec verba margini ascripsit
* Wendelina Godefrido van Triest nupsit, qui consul neomagensis factus est
Bouquers I c p 4 *Van den Burgh* I c p 10 Complures supersunt epistulae,
quas Canisius ad piam hanc feminam dedit
⁴ Prima haec Canisii epistula theologiam illam mysticam sapit, quam Carthusiani colonienses et Nicolaus Eschius Canisii praeceptor diligenter colebant
⁵ Editores neerlandici sic vertunt „uw traag en weeldrig hart “

daer toe, dat gi gern hed van God   Vant ghi soe koeldelijch on
slappelijch v haldet in God toe dienen — on deggelijks aen tast
on handeldt versumelijch dat perk, dat woort - aen meer en meer
aen u becleeue werd, ond weijtlijch u periculoser on soergelijcher
dagelijcks werdet beflekken, on onreijnichen   En om deese versume-
lijche trachheit in Goddes oijffeninche, soe en smact v werstumde
Harts niet woe suijte on lijffelijche God sije[1], en woe genuijchelijke
doch weere die eijncke straten[2], die ind begind bepaet en bespreijt
sijn mijt neetelen, mit doornen, on mijt distelen, dae doer die leutere
Bruijt gaen moijt mijt bloete woete, en mijt nachte wleijsch, sal sij
anders omhalsen oeren oijtverkoren broideg-om [?][a], weijlliche sije
moitet werlaten all wat God niet is, om [?][b] aen irsten all Hoeveidije,
all Kostelheit, Sijraet, Pomperij, Geneuijcht on Tiost in eeniche crea-
tuijrliken dijnchen. Mei wuei moijt sijch God werbermen, die Ghi
suijcht in genuijchte den Geest, onde wuen God onder waluijst on
sijnlijchheit. Soe bid ich dem Heijlige Geest wooi v, dat hij wer-
lijchtet vue duijternifs[3], dae Ghi onweetelijch en versiuijmelijch sufs
in leeft, En ick nemet in Danck wue rijdez, Ende bid v wijllt deesen
brieff halde ind heijmelijch, on leert v sterven in allen onvolkommen
begheite on gedachnen

Gescreeven wooi een seelige nijen iaer an XLI van v broidei
PETR KANIJS.

Aen mijn lieve Suijstei WENDELL KANIJS, tzo Nijmmegen

tam frigide et neglegentei in Dei seivitio te geias — et similitei, quae officii tui
sunt, tanta cum neglegentia aggrediaiis et praestes, — quae magis magisque tibi
inhaerebit, atque in dies periculosius et gravius te maculabis ac contaminabis Et
quia tam neglegens et pigra es in exercitiis sacris, sensu carens cor tuum non gustat,
quam dulcis et amabilis sit Deus[1], et quam iucunda foret vita illa via[2], quae initio
urticis, spinis, carduis consita et circumfusa est, per quos sponsae castae cruentatis
pedibus et nuda caine transcundum est, ut electum sponsum suum amplecti queat,
propter quem omnia derelinquere debet, quae non sunt Deus, atque impriimis omnem
superbiam, omnes apparatus magnificos, ornamenta, pompas, delectationes et solacia,
quae capiantui ex rebus quibuslibet creatis Sed tui misereatur Deus, quae in deliciis corporis quaeris spiritum, et Deum tuum inter libidines et voluptates[1] Itaque
Spiritu Sancto pro te supplico, ut tenebras tuas illuminet[3], in quibus imprudenter et
neglegentei tibi indulges, et gratias ago tibi pro iis, quae mihi dixisti, et rogo te,
ut has litteras tibi soli missas putes, et disce tibi ipsa mori in omnibus desideriis
et cogitationibus vitiosis Haec scripsi in proximum annum laeta tibi optans om-
nansque, anno XLI   Frater tuus Petius Kanijs
                              Carae sorori meae Wendelinae Kanijs, Neomagi

---

[a] *Sic Videtui esse legendum* broidegom, om
[b] *Foitasse librariiis vel typographus vocabulum* „om", *quod in autographo ante*
„weijlliche" *scriptum eiat, perperam huc tianstulit, nisi* weijlliche *sit =* wijl (omdat)
et om aen mutandum sit in on aen *vel* on aem

---

[1] Cf Ps 33, 9 1 Petr 2, 3   [2] Cf Matth 7, 14
[3] Ps 17, 29

Ex Canisii verbis haud clare intellegitur, utrum ante an post initium novi anni, exeunte an incepto tantum anno 1541 scripserit, sed probabilius est exeunte anno 1541 eum scripsisse Ecclesia coloniensis anno 1310 lege synodali constitueiat annum in posterum festo nativitatis domini (25 Decembris) incipiendum esse [1]

Epistula haec memoratu digna est etiam propter rationem, qua Canisius nomen suum subscripsit Ad quae notare iuvat Canisiorum noviomagensium nomen tunc variis modis scriptum esse Kanys, Kanisius, Canis etc Ita v g libei scabinorum neomagensium (Schepenboek van Nijmegen) de patre Petri nostri Canisii ad annum 1519 „Iacobus Kanis dedit Egidie uxori suae" etc , ad proxime secutum autem annum „Mgr Iacobus Canis [profitetui] se debere Iacobo de Rijswick" etc , ad annum 1560 „Theodericus Canisius et Wendelina uxor ejus", ad annum 1568 „Otto Canis senator Arnhemensis potentiavit Gisbeitum Kanis ejus fratrem " Idem ex aliis quoque scriptis illius temporis intellegitui, v g in diplomate quodam, 27 Iulii 1524 confecto, „Iacob Kanys" nominatur, in alio, 16 Mau 1576, „Gerardus Canisius" in alio, 20 Apiilis 1586, „Gerit Kaniss" „Gisbert Kanijs" anno 1574 inter magistios (,meisteren") confraternitatis cuiusdam comparet („Ellendige Bruder-schap"), anno 1596 „Michiel Kanis" uxoii suae 1000 floienos dat [2] Apud Societatem nostram codex exstat, in quo Canisius nostei ipse scripsit „Petrus Kannees Noviomagus Anno 1538 m Sept " [3] P Ioannes Polancus, Societatis Iesu secretarius, aliquando scripsit „Petrus chanisius " [4]

Quaeii etiam potest, num (quod complures dicunt) verum ac proprium Canisii nomen fuerit „De Hondt" sive „De Hond" [5] Asserunt familiam Canis neomagensem oitam esse ex „Doornik" et nomen sibi imposuisse ex vicino quodam praedio suo, quod „op den Hond" vocabatui , asserunt, inquam, haec, sed non probant [6] Equidem in monumentis archetypis saeculorum XV et XVI , quae ad hanc familiam certo spectant, nomen „Hondt" non repperi, neque repertum est in iisdem a Ludovico Philippo van den Bergh, tabulaiiorum neerlandicorum summo olim praefecto [7] Anno quidem 1392 in tabulis capituli, quod tunc Clivie exstabat, „Petei Canis dictus de Hondt" comparet [8], et ex alio quodam monumento antiquo intellegitur „Henricum

---

[1] *Ios Hartzheim S J ,* Concilia Germaniae IV (Coloniae 1761), 125
[2] *L Ph van den Beigh,* Het Geslacht Kanis p 9 10 *I G Ch Joostmg,* Inventaiis van het Oud-Archief dei Nijmeegsche Broederschappen (Nijmegen 1891) p 235 308 315 496 *B F W ion Biucken-Fock,* Het Geslacht Roukens, Bijvoeg-selen (Oisteiwijk 1893) p 3
[3] ** Cod „Scripta B P Canisii X a " p 4
[4] Ita Polancus Canisii nostri nomen conformavit in litteiis, quas iussu S Ignatii Roma 7 Febiuaiii 1548 Coloniam ad Adrianum Adriani et Leonardum Kessel misit, * autogiaphum est in cod colon „Epistt ad Kessel I " f 36
[5] Ita v g „Petrus Canisius, der ursprunglich die Hondt hiess" etc (*Ios Ritter ion Aschbach,* Geschichte der Wienei Universitat III [Wien 1888], 145) „Petrus Canisius, uit het geslacht Canis, de Hondt" etc (*I W Staats Eieis,* Nijmegen [Arnhem 1891] p 101)
[6] Ita *Iac Kok,* Vadeilandsch Woordenboeck Negende Deel Tweede Druck (Te Amsterdam 1788) p 50 Kok de Canisio nostro complura falso affirmat obiisse Romae 27 Decembris 1596 (obiit Fribuigi Helvetiorum 21 Decembris 1597), prae-positum geneialem Societatis Iesu factum esse etc Kocium in nomine Canisii ex-plicando secutus esse videtur *N C Kist* in „Nederlandsch Aichief voor kerkelijke Geschiedenis Door N C Kist en H J Royaards" IV (Leiden 1844), 362
[7] „Nooit toch is mij zelfs in Nederduitsche stukken van dien tijd de naam de Hondt anders dan als veitaling vooigekomen, de familie noemt zich somtijds Canis, maar de gewone door haar gevolgde schiijfwijs is Kanis en de geleerden onder hen voegden er een ius achter en schieven Canisius" (l c p 2)
[8] *Van den Beigh* l c p 3

Hont de Arnhem[4] initio saeculi XV (1409—1416) decanum capituli S Plechelmi in Oldenzaal fuisse[1], atque Ioanni „de Hondt" sive „Canio", canonico curtracensi, Erasmus Roterodamus annis 1524—1527 aliquot epistulas misit[2] Sed hos Hondios ad familiam „Canis" neomagensem pertinuisse certo non constat Multae enim olim in Germania exstabant familiae, quibus nomen „Hundt" vel simile erat in Tiroli, Carniola, Franconia, Saxonia, Hassia, Borussia orientali etc[3] Wiguleus Hundt, ducis Bavariae consiliarius, Canisio aequalis et amicus erat Etiam nunc in Bavaria comites „Hundt von Lauterbach", in Borussia liberi barones „von Hundt und Alten-Grottkau" et domini „Hundt von Hafften" exsistunt[4]. Nec tamen hos cum Canisiis neomagensibus cognatos esse compertum est Attamen hos quoque olim nomen „Hundt" vel potius „Hondt" habuisse utcumque verisimile dicendum est, praesertim cum eorum insigne praeter alia etiam imaginem canis contineat atque idem vel fere idem sit atque insigne familiae „Hundt von Hafften"[5]. Saeculis XVI et XVII atque ineunte XVIII praedium „Neerhoven" sive „Nierven" prope vicum Nuth (nunc provinciae limburgensis regni neerlandici) situm familiae „Canisius" erat, quae etiam „Hundjens" vocabatur[6] Exeunte saeculo XV etiam in Italia familia quaedam „Canis" vel „de Canibus" (Cani, dei Cani?) exstabat Nam Ioannes Iacobus „Canis" vel „de Canibus" eo tempore in academia patavina ius professus est et annis 1476, 1479, 1488 etc Patavii, Venetiis, Bononiae opus „De modo studendi in jure" aliosque libros de iure, carmina etc in lucem emisit Ac complures hunc ipsum Petri nostri Canisii patrem fuisse asseruerunt[7] At falso id quidem, nam Petri Canisii patrem in Italia professorem fuisse numquam compertum est, ac patavinus ille iam anno 1468 opusculum conscripsit, cui titulus. „De Iniuriis Et Damno Dato Rvbrica"[8], sin autem libri huius auctor Petri Canisii pater fuisset, dicendum esset hunc plus quam 90 aetatis annos attigisse, quos si attigisset, id certe a Petri Canisii biographis atque immo a Petro ipso memoriae traditum esset

[1] *Archief voor de Geschiedenis van het Aartsbisdom Utrecht* III (Utrecht 1876), 288—290

[2] *Des Eras Roterod.* Epistolarum opus (Basileae 1558) p. 635—636 Magni *Des. Erasmi* vita, acced. epistolae illustres (Lugduni Batavorum 1615) p 136—143

[3] *Manfr. Mayer*, Leben, kleinere Werke und Briefwechsel des Dr Wiguleus Hundt (Innsbruck 1892) p 9[1]

[4] Medio saeculo XVIII Hagae Comitis ('s Gravenhage) bibliopola degebat, cui nomen erat „P De Hondt" Cuius complures *epistulae autographae ad cardinalem Passionei anno 1752 datae nunc in bibliotheca vaticana exstant, cod vat lat 9812 f 337—359 Anno 1878 Stutgardiae editum est opusculum „Abraham Lincoln Von Dr Theodor Canisius"

[5] Similia insignia, in quibus tamen canis non cernitur, habent familiae Chatillon, van Haeften.

[6] *Ios Habets*, Beschrijving der voormalige Heerlijkheid Nuth (Roermond 1880) p 17—18.

[7] *Bonjaerts* p 4 Collection de *Précis historiques* XXV (Bruxelles 1876), 23 *L II Chr Schutjes*, Geschiedenis van het Bisdom 's Hertogenbosch Vijfde deel (St Michiels-Gestel 1876) p 267[2] Atque hunc *editor* ipse secutus est in „Zeitschrift für katholische Theologie", 14 Jahrg (Innsbruck 1890), p 721

[8] *Lud Hain*, Repertorium bibliographicum Vol 1. P 2 (Stuttgartiae et Lutetiae Parisiorum 1827), n 4321—4333 *I G Th Graesse*, Tresor de livres rares et precieux II (Dresde 1861), 35 Bibliotheca instituta et collecta primum a *Conrado Gesnero*, amplificata per Iohannem Iacobum Frisium (Tiguri 1583) p 371 459

2.

CANISIUS

WENDELINAE VAN TRIEST,

soroii

Coloma 23 Martii 1513

Ex libello periodico „Collection de Précis historiques   sous la direction de *Ioseph Brorckaert“* S J XXV (Bruxelles 1876), 26—27 Una cum hac epistula in eodem libello primum editae sunt litterae, quas Canisius ad cognatos dedit 1544 [?] Dec 27, 1546 Oct 30, 1553 Aug 20, 1574 Oct 12, 1579 Dec 20, 1585 Iun 16 (ibid p 25—29 77—84) At editor anonymus (ante complures annos mortuus) solum versiones gallicas harum epistularum proponit a se confectas, Canisium autem ipsum primas quattuor epistulas lingua vlamica scripsisse affirmat cum aliquot germanismis mixta, ceteras germanica Archetypa interpres ipse habuit, sed unde acceperit vel quo miserit, non liquet Ego annis 1892 et 1893 in Belgio et Hollandia frustra quaesivi, in domo aliqua privata ea latere suspicor

Poterat quidem sola versio latina, ex gallica deducta poni, omissa ipsa gallica, sed melius visum est hanc quoque lectoribus offerre, quia versionibus quantumlibet accuratis sententia auctoris aliquantulum mutari scriptique color quasi diminui solet

Epistula usus est *Ios Hansen,* Die erste Niederlassung der Jesuiten in Köln 1542—1547, in „Beiträge zur Geschichte vornehmlich Kölns und der Rheinlande" (Köln 1895) p 174 [1]

Sorori timorem Dei et praenitentiam commendat, exemplo boni latronis proposito Superbia mundi fugienda, maxime in vestibus et ornamentis Liberi diligenter custodiendi De baccis iuniperi emendoque vino quaedam addit

Conformément à la résurrection du Christ, vivons dans la nouveauté de notre vie, de sorte que nos anciens défauts demeurent morts et ensevelis avec la mort et l'ensevelissement de Notre-Seigneur [1]

Chère sœur, conservez-vous forte dans la foi chrétienne, et apprenez ainsi à mépriser la vanité du monde et la concupiscence de la chair Vous n'arriverez jamais à cela, à moins que vous ne restiez ferme dans la crainte de Dieu qui est le commencement de la sagesse [2] C'est pourquoi soyez toujours soigneuse sous les yeux de votre Seigneur et juge sévère Les jugements de Dieu sont profonds et terribles [3]. Par sa miséricorde nous ferons toujours en sorte que nous nous conformions à sa justice Les hommes

Sicut Christus resurrexit, ita et nos in novitate vitae nostrae vivamus, ut vetera peccata nostra commortua et consepulta maneant morti et sepulturae domini nostri [1] Cara sorori, serva te fortem in fide christiana, sicque disce vanitatem mundi et concupiscentiam carnis spernere Ad hoc autem numquam pervenies, nisi firmiter perstabis in timore Dei, qui est initium sapientiae [2] Propterea semper sollicita esto in conspectu domini tui iudicisque severi Iudicia domini profunda sunt et terribilia [3] Per cuius misericordiam semper ita agemus, ut ad iustitiam eius conformemur Ac caeci quidem homines vana seducuntur fiducia, quam in

---

[1] Cf Rom 6, 4—6 Canisius secundo ante pascha die haec scribebat
[2] Ps 110 10   [3] Cf Ps 35, 7. 65, 3

aveugles se laissent séduire par une vaine confiance en la miséricorde
de Notre-Seigneur, nous, nous considérerons le profond repentir du
bon larron[1] et penserons quelle prudence il y a eu en lui. C'est
ainsi qu'il a dit avec un plein abandon· „Seigneur, souvenez-
vous de moi dans votre royaume"[2] Un si profond repentir
ne nous sera pas accordé, si nous ne nous appliquons pas à écouter
et à suivre la voix de Dieu qui nous dicte dans notre conscience de
faire ou de laisser ceci ou cela par amour pour lui. Nous faisons
donc bien d'observer si nous employons notre temps pieusement et
utilement et de nous préserver soigneusement d'occasions mauvaises
et de soucis inutiles Gardez-vous surtout de l'orgueil du monde,
qui maintenant consiste surtout dans les ornements usuels, les bijoux
et l'élégance [reprochable dans les habits][a]. Communément les gens
sont si aveuglés et si enveloppés par cet orgueil qu'ils n'y voient
pas de péché, mais, à la fin de leur vie, ils seront autrement éclairés
et alors il n'y aura plus de temps pour faire pénitence.

Vous parlez comme d'un nouveau fruit (enfant[3]) Vous voulez
conserver cela avec vous (garder là-dessus le secret) Les mères
ont la coutume d'être très-folles de leurs premiers enfants Tâchez
d'éviter cela, et sachez que vous devez garder soigneusement vos
enfants, pour qu'ils puissent conserver leur innocence et qu'ils gran-
dissent dans la crainte et le service de Dieu Aujourd'hui on ne
fait pas attention à cela Je vous remercie du genièvre[4] qui me

miserncordia domini nostri collocant, nos vero paenitentiam magnam boni latronis
consideiabimus [1], ac perpendemus, quanta in eo fuerit prudentia Itaque ille animo
plene resignato „Domine," inquit, „memento mei in regno tuo"[2] Tanta
paenitentia nobis non concedetur, nisi diligenter audiemus et sequemur vocem Dei
in conscientia nostra nobis dictantis, ut hoc illudve pro eius amore faciamus vel
omittamus Convenit igitur attendere, num pie et utiliter tempus nostrum expendamus, et occasiones pravas curasque inutiles diligenter evitare Cave tibi imprimis
a superbia mundi, quae nunc potissimum in ornamentis est usitatis, in gemmis, in
cultu [vestium inepto] Hac superbia homines communiter ita occaecati et perturbati
sunt, ut peccatum in ea non cernant, sed in fine vitae alia edocebuntur, et tunc
tempus paenitentiae agendae iam non erit

  Loqueris quasi progeniem exspectans [3] Quam rem tacitam tenere vis Matres
primarum stirpium suarum insano solent amore incendi Stude ut id vites, et scito liberos
studiose tibi esse custodiendos, ut innocentiam conservare queant atque in Dei timore et
servitio succrescant Hoc tempore id non curatur Gratias tibi ago pro baccis iuniperi [4],

  [a] [irreprochable dans les habits] *editor belga, sed totus sermo contrarium postulat*

  [1] *Editor belga* „Les reflexions que le bienheureux fait ici sui le repentir
sincere du bon larron sont évidemment le fruit de la méditation qu'il avait faite le
matin même du vendredi-saint   [2] Luc 23, 39—42
  [3] Inter filios Wendelinae van Triest nominantur Iacobus, Everardus, Godefridus (*Bonyaerts* p 4)
  [4] *Editor belga* asserit Canisium scripsisse „geinwerais" Canisius vinum ex
baccis iuniperi factum (Genever, Gin, Wachholderbranntwein) significare videtur, quo
homines pro medicina tunc utebantur

convient bien et qui, je l'espère, me fortifiera. Soyez tous recommandés à Dieu'
Cologne, l'année 1543, le vendredi-saint
Pierre Kanijs, votre frère

Dites à votre mari que, s'il vient ici, il trouvera chez le beaufrère de M. Everarts ou ailleurs ici en ville autant de bon vin à acheter qu'il en a besoin Ce vin est meilleur que celui que nous avons bu chez lui et qui ne sera probablement plus à trouver. Mais cet achat ne peut pas être en dessous de quarante iochòd (?)[1] Remerciez Immel[2] de ma part. Il n'était pas nécessaire de m'expédier ce qu'elle m'a envoyé, et il n'y a rien de nécessaire ou de particulier que j'aie à lui écrire.

---

quae bene mihi conveniunt quibusque valetudinem meam firmatum iri spero Omnes vos Deo commendo
Coloniae, anno 1543, die per Christi mortem saciata
Petrus Kanijs, frater tuus

Dic marito tuo, eum, cum huc venerit, apud affinem [fratrem uxoris vel maritum sororis] Domini Everarts vel alibi in hac urbe tantum boni vini venale inventurum, quantum ei necessarium erit Vinum illud melius est eo, quod apud eum bibimus, quodque putarim iam reperiri non posse Neque tamen haec emptio inferior esse potest quadraginta [?][1] Immelae [?][2] meo nomine gratias age Opus non erat ad me perferenda curare, quae ipsa mihi misit, neque necessarium quicquam vel peculiare habeo, quod ei scribam

Nota· Editor belga censet Canisium hic eam temporum rationem secutum esse, qua anni festo paschali incipiuntur, ideoque has litteras 11 Aprilis 1544 datas esse Sed si Canisius novum annum tunc censuisset instare, certe eius aliquam mentionem fecisset, laeta optans etc Medio quidem aevo colonienses annum saepe incipiebant sabbato sancto sive vigilia paschatis, sed id iam saeculo XIV ineunte abolitum est[3] Anno 1543 „parasceve domini' 23 Martii fiebat
Haec epistula et praecedens solae supersunt ex iis, quas Canisius misit, antequam Societatem Jesu ingrederetur

3.
VOTA DEO FACTA
A CANISIO.
Moguntiae 8 Maii 1543.

Ex autographo (4°, 1 pag). quod est in codice, qui inscribitur „Vota Simplicia" et incipit „Omnipotente et sempiterno Iddio, Io Joan bolognes", f 353

---

[1] Forte „ochshoofd", „oxhoofd", quae mensura erat vinorum et liquorum acriorum et in Germania 3 amphoras (Eimer) vel 6 „Anker" aequabat An „iuchart" = Jauchert = iugerum (mensura vinearum)??

[2] Im Immetje Batavis erat = Emerentiana Magis autem mihi probatur „Immel" esse = Himelina, sanctus enim Himelinus (10 Martii) in Brabantia mortuus est et in antiquiore quodam libro liturgico Neerlandiae inter „nomina vernacula Frisiorum" invenisse me memini Ime = Himelinus

[3] Annalen des historischen Vereins für den Niederrhein, 21 und 22 Heft (Köln 1870), p 272—280

Sunt etiam in vita a P *Iacobo Keller* S J. scripta, qui asserit se ea ex
Canisii „ipsius tabulis ab obitu relictis" accurate exscripsisse, v g cod monac
„Keller, Can 3" f. 2

Edd *Raderus*, Can p 18—19 *Reiffenberg* l c p 8—9 *Boero* l c p 26—27
(italice) *Riess* l c p 33—34 (germanice) *Séguin* l c p 31 (gallice)

Voiet se Societati Iesu oboedientiam praestiturum et, quantum eiusdem prae-
sides statuerint, paupertatem servaturum ac Romam peregrinaturum et, si in Socie-
tatem non recipiatur, in aliam religionem ingressurum

Ihcsus

In nomine domini amen. Anno 1543 die apparitionis S. Michaelis aut in octaua Maij, quae dies mihi natalis est, tribuens initium
anni 23 aetatis meae, post maturam deliberationem[1] ego Petrus
Kanisius, Nouiomagensis voueo simpliciter[2] DEO omnipotenti, B
virgini Mariae S Michaeli archangelo et omnibus sanctis, ex nunc me
transiturum ad obedientiam societatis quae dicitur IESV CHRISTI.

Similiter domino DEO et sanctis eis [?]" promitto firmiter et voueo,
quod per diuinam gratiam velim etiam exnunc actualem assumere
paupertatem, nisi quatenus et quamdiu Praepositus dictae societatis,
aut eius loco M. Petrus Faber impedierit: qui nunc dignatus est me
in probationem[3] suae societatis recipere.

Voueo praeterea peregrinationem instituere ad limina S. Apostolorum Petri et Pauli Romae, et hoc quamprimum, si non aliter de-
terminauerit idem M. Petrus. Quod si in ordinem societatis huius
me non acceptari contingat, volo me tunc statim obligatum esse secundum consilium ipsorum professorum in eadem societate, ad accep-
tandum protinus ordinem alium approbatum in vita communi et approbatae obedientiae

Atque haec omnia dumtaxat propter honorem et amorem IESV
CHRISTI domini nostri, deinde simul ad honorem et seruitium Glo-
riosae Virginis Mariae, Sancti quoque Michaelis ac omnium sanctorum:
in salutem animae meae. amen.

Sic praesenti manus meae subscriptione sic et sumptione sanctissimi
corporis Christi perpetuo contestatum manere volo

† † †

———————
" *Sic, sed valde probabile est Canisium scribere voluisse* eius *Hoc etiam*
Raderus et Reiffenberg posuerunt

———————
[1] Vide supra p 9 43—44 Canisius B Petro Fabro 12. Aprilis 1543 ad priorem
Carthusiae coloniensis scribenti iam erat perspectus et exeunte Aprili exercitia spiritualia nondum absolverat (vide infra, monum. 1), ex qua re concludendum est eum
exercitia fecisse integra; quae quattuor hebdomadas vel „plus minusve triginta dies"
complectuntur (*Liber exercitiorum*, adnotatio 4) et „electionem" muneris seu „status
vitae" capessendi (si quis eam facere velit) hebdomada secunda incipi iubent
[2] Ita, ut haec vota non sint sollemnia secundum ius canonicum Vide infra,
monum. 3   [3] In tirocinium sive nouiciatum

Modis omnibus oro simul et requiro, vt superiores mei me com-
moneant, corripiant, et ad haec obseruanda rigide compellant, si
forte (quod absit) contingat me conuerti retio et meditati suffugium
et excusationem ab omnium horum impletione[1]

4.
CANISIUS
AMICO CUIDAM.

Moguntia mense Maio (die 8. vel paulo post) 1543.

Ex apographo P *Iacobi Budermann* S J , quod est in cod monac „Keller,
Can 1ª f 4ᵇ—5ª.
Alterum apographum est in codice „Scripta B P Canisii, X V a 11ᵛ (p 4),
qui biographiam Canisii a P. *Iacobo Keller* compositam et a P Ludovico Arano S J
(† 1652) descriptam continet, tertium, quartum (saec XVII), quintum (saec XVII
vel XVIII) sunt in codd monac „Keller, Can 3ª f 2ᵇ—3ª et „Lat 1606ᵛ
ff 70ᵗ et 127ª
Edd *Raderus* 1 c p 20—21 *Nic Orlandinus* S J , Forma sacerdotis apostolici expressa in exemplo Petri Fabri (ed 2, Dilingae 1647) p 48—49 *Python*
1 c p 25—26 *Reiffenberg* 1 c p 9 *Séguin* 1 c p 31 (gallice) Partem epistulae
proponit *Janssen* 1 c IV, 383

*Petri Fabri doctrina et virtus. Ab eo multi, inter quos Cochlaeus, instituti,
multi e clero reformati Canisius ipse exercitus spiritualibus in nouum quasi hominem
transformatus.*

Secundis uentis Moguntiam ueni[a], uirum quem quaesiui[2], si tamen
uir est, et non potius Angelus Domini[b], meo magno bono reperi; quo
nec uidi nec audiui doctiorem profundioremque Theologum[c], aut tam
illustris eximiaeque uirtutis hominem   Illi nil aeque in uotis est, ac
Christo cooperari in salute[d] animarum; nullum ex illius ore uerbum
siue in usu, familiarique congressione[e], siue dum mensae accumbit
prodire audio[f], nisi quod DEI honorem ac[g] pietatem sonet, neque
tamen ob facundiam[h] audientibus grauis aut molestus est. Auctoritatem tantam habet[i], ut ei se spiritualiter informandos multi religiosi,

---

ᵃ attigi *Pyth*   ᵇ Dei *Reiffenberg*
ᶜ doctiorem profundiorem Theologum *Aranus*   ᵈ salutem *Pyth Reiff*
ᵉ siue in familiari .   congressione *Reiff*   ᶠ prodit *Pyth*
- et „Lat 1606ᵃ f 70ª *Orl*, *Reiff*   ʰ *Pyth* om ob facundiam
ⁱ habuit *ubi utrumque apogr in „Lat 1606ª, et Rad*

---

[1] *Sacchinus* „Forte quis admiretur, quod nulla in his votis mentio fiat castitatis   Causam putarim, quod virginitatem iam dudum singulari proprioque voto
dedicarat" (De vita Canisii p 25—26, cf supra p 39) P *Ioannes de Polanco*
„Inter caetera, quae .   sunt a Fabro acta ad Dei gloriam et Germaniae utilitatem,
id fuit, quod Petrum Canisium, jam tunc zelum catholicae religionis contra sectarios
defendendae et propagandae, cum eruditione, eloquentia et pietate insigni, conjunctum
prae se ferentem, per spiritualia Exercitia Societati genuit" (Chronicon Societ Iesu
I, 115)   [2] Cf supra p 42—43

multi Episcopi, multi Doctores tradiderint[1], inter quos est[a] Cochlaeus ipse, qui pro ipsius instructione gratias se reddere pares unquam posse negat[b][2]. multi Sacerdotes et cuiusuis ordinis Ecclesiastici uel concubinas abiecerunt, uel saeculum reiecerunt[c], aut a grauioribus[d] flagitijs ad frugem meliorem eo admitente adlaboranteque se se receperunt[e][3]. Quod ad me attinet, dici uix potest[f], quemadmodum exercitationibus illis spiritualibus[g] animum meum ac sensus immutari, mentem nouis coelestis gratiae radijs[h] collustrari, et nouo quodam me[i] uigore affici senserim, sic ut[k] et in corpus redundante diuinae beneficentiae copia totus corroborari, atque in alium prorsus hominem transformari uiderer[l].

---

[a] et Oil Reiff   [b] nunquam posse affirmat *Pyth*
[c] reliquerunt „*Lat 1606*" f *127ª*, vel concubinas, vel saeculum rejecerunt *Pyth*
[d] grauibus *utriumque apogi in „Lat 1606", Oil Pyth*, e grauibus *Reiff*
[e] ad frugem meliorem se receperunt *Pyth*
[f] non possum verbis consequi *Pyth*
[g] quantum illis exercitationibus *Pyth*   [h] fulgoribus *Pyth*
[i] *om Pyth*   [k] sicut *Bidermann*
[l] senserim, ut in alium prorsus hominem transformari viderer *Pyth*, *cetera omittit*

---

[1] Inter hos erant Philippus de Flersheim, episcopus spirensis, Georgius Mussbach, eiusdem vicarius generalis, Ioannes Morone, episcopus mutinensis et nuntius apostolicus, atque etiam abbas imperialis monasterii campoduncensis (Kempten), ordinis benedictini Exercitus spiritualibus S Ignatii Faber anno 1542 Ottonem Truchsessium de Waldburg Spirae et Michaelem Helding, auxiliarem episcopum moguntinum, ac Iulium Pflug, electum episcopum naumburgensem, Moguntiae excoluerat Anno autem 1541 Ratisbonae inter comitia imperii compluribus principibus se confessarium praestitit „In quibus confessionibus," inquit ipse in „Memoriali" suo, „factus est multus fructus, et laetum est semen in alia maiora, quae inde sunt orta, in Exercitus etiam Magnatum Hispanorum, Italorum et Germanorum" Cf *Memoriale Beati Petri Fabri*, ed P Marcellus Bouix S J (Lutetiae Parisiorum 1873) p 20 (in editione maiore p 19) *Cartas del B P Pedro Fabro* I, 29 45 49 91 95 139 143 164 166 *Polancus* l c I, 114—115 *Riess* l c p 23—28 *Cornely* l c p 76 ad 87, *Gius Boero* S J, *Vita del Beato Pietro Fabro* (Roma 1873) p 74—79 112—116

[2] De Ioanne Dobeneck, vulgo Cochlaeo (1479—1552), qui rector scholae latinae norimbergensis, dein decanus ecclesiae Beatae Mariae Virginis Francofurti ad Moenum, tandem canonicus eystettensis et vratislaviensis fuit ac 190 fere scripta ad fidem catholicam illustrandam et defendendam edidit, Faber Spira 23 Ianuarii 1541 Romam ad S Ignatium et P Petrum Codacium scripsit „Deo profecto laudes tribuendae, de extrema qua [Vormatiae] Exercitia aggrediebatur voluptate Cum ipsi de discrimine sermonem habuissem inter scientiam et sensum spiritualem, coelesti subridens laetitia Gaudeo, inquit, quod tandem magistri circa affectus inveniantur " *Memoriale* p 378 (ed mai p 367—368) Cochlaeus postea „alios atque alios Germanos vel ad Fabrum exercendos adducebat, vel ipsemet exercebat" (*Polancus* l c I, 93)

[3] Ita v g Faber Moguntia 22 Decembris 1542 S Ignatio scripsit Ioannem Aragonium discipulum suum parocho cuidam moguntino exercitia tradere coepisse, huncque concubinam iam dimisisse, is Conradus, parochus ad S Christophorum, fuisse videtur, cuius hospitio Faber et Canisius utebantur Narrant eum carthusianum ordinem ingressum esse et reliquum vitae religiosissime exegisse (*Cartas del B P Pedro Fabro* I, 164 166, *Reiffenberg* l c p 6)

Canisium has litteras ad amicum sive familiarem dedisse Kelleı et Rader testantur   Qui Coloniae degisse videtui et fortasse fuit Laurentius Surius vel Ge-rardus Kalckbıenner, prioi Carthusiae, hic certe Canisıı sive litteris sive seimonibus edoctus 31 Maii 1543 Colonia ad piioiem Carthusiae treverensis inter alia haec de Fabro scripsit   „Speio quod Dominus dabit mihi videre hominem Dei, singularem amicum suum, antequam moriar, ut ab eo diıigar ad interiorem hominis iefoima-tionem, et unionem cum Deo " [1]

In apographıs huius epistulae tempus, quo data sit, adnotatum non est   Vidimus autem Canisium 8 Maii 1543 Moguntiae Deo votis se obstrinxisse   Certum etiam est vota illa ex exercitiis spiritualibus quasi nata esse, quibus Canisius Moguntiae operam dedit, ideoque aut intei ipsa exercitia aut in eorum fine facta esse   Cum autem S Ignatius in Libello exeicitiorum (adnot 20) magnopere suadeat, ut eo tem-pore a suis quisque amicis notisque quam maxime se segreget, vix credi potest Canisium hanc epistulam ante 8 Maii 1543 scripsisse

Pulchra certe haec epistula est, sive ies spectantui sive veiba, quae tamen veiba aliquid ornamenti fortasse a Kellero acceperunt

In memoııam Petri Fabri et Petri Canisıı, qui Societati Iesu poitas Moguntiae quasi apeıuerant, postea ibidem in vestibulo interioie domus piobationis S. J saxeae eoıum statuae positae sunt, „quasi", inquit, moguntinus quidam scriptoı, „e lapide expıımant illud Isaı 6 Attendite ad Petram, unde excisi estis" [2]

5.

CANISIUS

FR. FRANCISCO STRADAE S. J. [3]

Colonia mense Maio [?] 1543

Ex *Sacchino*, De vita Canisii p 26—27
Idem paulo brevius exponit *Oılandınus*, Historiae Societatis Iesu piima pars 1 4, n 31

Sacchinus: „*Communicant et suum gaudium de inita Societate Canisius cum socus, qui Louanıı ieısabantuı, ac nominatim cum Fıancisco Strada   Qui acceptam a Petro epistolam ad Romanos Socios mittendam censuit, cum hoc non elogio magis, quam oıaculo ,Canisius', inquit, ,benedictissima [a] illa,*

---

[a] eruditissima *Oıl*

---

[1] Egregia haec epistula est in *Actıs Sanctoıum* Iulii VII (Paıısıs et Romae 1868), 493 et (cum lectionibus aliquot variantibus) in „Caıtas del *B P Pedıo Fabıo*" I, 421—422
[2] Vide *Io Seb Seveıam*, Moguntia Ecclesiastica hodierna (Werthemii 1763) p 78
[3] Franciscus Stıada (d'Estrada) hispanus a S Ignatio in Italia Societati additus et ab eodem anno 1554 provinciae S J aragoniae praefectus est, anno 1543 Lovanii studioıum causa morabatur, obiit Toleti anno 1584. Quem *Sacchınus* „intei piima Societatis Columina merito numerandum" dicit addıtque „Excelluit in eo donum Sacrae piaedicationıs   Adolescens pei Italiam, iuuenis in Belgio, dein per omnem Hispaniam matura aetate, et facultate, cum singulari grauitate, vi motuque con-cionis vbique fiequentissimae auditus est" (Historiae Societatis Iesu pars quinta 1 [Romae 1661], 1 4, n 124, p 197) Cf etiam *Polanci* Chronicon I, 192—197 257 303—304 etc Stıadae vitam copiosius enaıiavit *Mathıas Tanneı* S J , Societas Jesu Apostolorum imitatıix (Pragae 1694) p 184—189

ac purissima anima literas dedit [a] *ad me, quas mitto in Vrbem, ut agatis gratias Deo tam de sincero spiritu, tamque electo* [b], *et eximio Dei famulo, quem seruabat sibi Christus absconditum tanquam triticum electum in magna copia palearum ad magnam laudem, et gloriam tremendae Maiestatis suae, et amabilis bonitatis* [c]

Canisium ex urbe coloniensi scripsisse ex toto Sacchini sermone intelligitur Orlandinus affirmat eum Ignatio scripsisse, non Stradae Fortasse haec epistula et ea, quae proxime praecessit, una eademque est

6.

CANISIUS

GEORGIO DE SKODBORG,

archiepiscopo lundensi et primati Daniae et Sueciae [1]

Colouia 3. Iunii 1543

Ex editione germanica operum Ioannis Tauleri O Pr , facta Coloniae anno 1543 (f 𝔄 iiᵃ–𝔄 iiiᵃ), quae inscribitur „Des erleuchten D Johan nis Taulerj, von eym waren Euangelis= | chen leben, Goitliche , Predig, | Leren, | Epistolen, | Cantilenen, Prophetten, | Alles eyn kostpar Seelenschaß, in alten geschryben Buchern fünden, vnd nü erstmals ins liecht kommen | Auch seynd hier bey die vorgebrückte Predigen Thaulerj, wolche in vorr | gen Exemplaren borch ab vnd zusaßung. gelurßt, geleßt vnd ver | dunckelt waren, auß den selben geschriben exemplaren | treuwlich gebessert Weytern inhalt biß büchs syndbestu zür andern seyb bises Blats angezeicht | Gedruckt zü Collen im jar Vnsers Herren, | M D xliij den vierten tag Iunij“ In fine libri legitur „Gedruckt bey Jaspar von Gennep“ (2° ff CCCXLI) [2]

---

[a] misit Epistolam Orl Puto, mutationem factam esse a Sacchino, ne bis legeretur *vocabulum „mittere“*.   [b] lecto Orl   [c] ultima tria verba om Orl

---

[1] Lund (Lunda Gothorum, Londinum Scandinorum sive Danorum) urbs est antiquissima, in provincia „Schonen“ sita, quae olim modo Danis, modo Suecis suberat, nunc suecica est Lundensem episcopum Hadrianus IV metropolitam Daniae agnovit et primatem Daniae et Sueciae appellari voluit Georgius Skodborg (Schotborch) secretarius erat Christiani II , Daniae regis Qui anno 1520 capitulo lundensi auctor fuit, ut Georgium archiepiscopum eligeret At cum regi bona quaedam ecclesiastica occupare volenti obsisteret, is eum loco movit Verum Georgius aliquot annis post in dignitate archiepiscopali lundensi, quam etiam tres alii sibi vindicabant, a Clemente VII. confirmatus est , consecrationem episcopalem accepit, exeunte Martio anno 1524 Roma in patriam profectus est Nec tamen umquam archidioecesim suam administrare ei contigit Coloniam igitur se recepit ibique decanatum ecclesiae collegialis sanctorum Apostolorum et canonicatum aliquem ecclesiae S Gereonis assecutus est Vivere desiit Coloniae anno 1551 Georgius de Skodborg bene distinguendus est a Ioanne de Weeze (a Vesa, Vesalio), qui anno 1522 pro sede lundensi „postulatus“ est et saepe „archiepiscopus electus lundensis“ dicitur Is episcopus constantiensis postea factus est et in Germania principum legationes et similia officia compluries administravit (Neher, „Lund“ in „Kirchenlexikon“ VIII, 295—300 *Annalen des historischen Vereins für den Niederrhein* 45 Heft [Köln 1886]. p 43 *Lud Schmitt* S J , Der Karmeliter Paulus Heliä [Freiburg i Br 1893] p 67—69 *Hansen* l c p 190—192)

[2] Index libri est in pagina altera folii titularis, epistula nostra in duobus foliis, quae titulum sequuntur. Bibliographiae S J a PP De Backer et Sommervogel

Dedicat ei editionem operum Ioannis Tauleri Priores editiones valde mendosae Quomodo hanc emendaverit, auxerit, disposuerit Tauleri virtus, summa divinae, quam docet, sapientiae, cui Taulerus interdum obscurus sit, a quibus solis intelligi possit, cum nequaquam improbare bona opera, recitationem precum, cultum sanctorum De alns hominibus spiritualibus, qui Tauleri aetate floruerint Quae Christinae Ebneriae de Taulero et Susone revelata sint Schotborchium Canisius laudat Tauleri versionem latinam desiderat

Dem hochwerdigen in Got vatter vnd heren heren Georgio von Schotborch, Ertzbuschoff zů London, Primat von Sweden, Gebornen legat etc wunsch ich Petrus Noviomagus[1], Gnad von got, mit erbietung meins willigen gehorsamen diensts.

Hochwirdiger here, vnter ander gůten buchern, die vns das wort gots, vmb vnse sele inn disem jamerthall zů speisen, reichlig mit theylen, haben mir allezeitt furderlich wol angestanden, die Sermones oder predig des erleuchten D Johan Taulern[2], als eyn kostpar bůch, das vns den rechsten kurtzsten weg, zů vnsen vrsprung, das Got ist, mitt klaren worten treuwelig entdeckt vnd weyset Aber so ich mich in den selben, an etligen orten, da der sinne scheinet verdunckelt, verderbt, oder vngewarsam aufsgetruckt, in den vorgetruckten exemplaren gestoffen[3], darumb hab ich mit fleifs nach den waren ge-

---

Reverendo in Deo patri ac domino domino Georgio de Schotborch, archiepiscopo lundensi, primati Sueciae, legato nato etc ego Petrus Noviomagus[1], gratiam precor a Deo promptumque offero obsequium

Reverende domine, inter alios bonos libros, qui verbum Dei ad animas in hac lacrimarum valle alendas nobiscum large communicant, semper imprimis mihi convenerunt sermones sive contiones illuminati D Ioannis Tauleri[2], hic enim pretiosus est liber, rectissimam et brevissimam viam ad auctorem nostrum Deum claris verbis et fideliter nobis patefaciens et commonstrans Sed cum in sermonibus illis legendis locos nonnullos, in quibus sententia scriptoris obscurata vel corrupta vel minus clare enuntiata esse videretur, in exemplis antehac editis offenderim[3], germana

---

editae titulum huius operis non habent Epistula ipsa ex exemplo descripta est, quod bibliotheca urbana coloniensis possidet, quod cum folio titulari spoliatum sit, titulus Friburgi Brisgoviae suppletus est ex exemplo, quod in bibliotheca universitatis est Tertium exemplum rari huius operis Monachii (ni fallor) in bibliotheca regia est   [1] Vide adnotationem post hanc epistulam positam

[2] Ioannem Tauler († 1361), ordinis Praedicatorum, „doctorem illuminatum", a Luthero laudatum, Ioannes Eckius acriter reprehendit, at *Ludovicus Blosius* O S B, abbas laetiensis, vir piissimus et doctissimus, strenue defendit, inter alia scribens „Taulerus catholicae fidei cultor integerrimus est Ea quae scripsit, sana et plane divina sunt Ex unius Tauleri scriptis haereses, quae hisce temporibus emerserunt, plenissime confutari possunt Utinam Taulerum ubique gentium cognitus esset atque a quampluribus diligentissime legeretur" (Venerabilis Patris D *Ludovici Blosii* opera [Antverpiae 1632] p 343—352 De Tauleri doctrina cf *Heinr Suso Denifle* O Pr Der Gottesfreund im Oberlande und Nicolaus von Basel [München 1875] p 56—68 Das Buch von geistlicher Armuth, herausgegeben von *H S Denifle* O Pr [München 1877] p IX -L) Videnda etiam sunt, quae infra post epistulam ipsam ponentur

[3] Tauleri sermones editi sunt Lipsiae anno 1498 dialecto saxonica Augustae Vindelicorum anno 1508 dialecto augustana, Basileae annis 1521 et 1522 dialecto

schreyben exemplaren zû uberkomen, vmbgefragt, vnd zûleft anno
M.D.XLIJ zû S Gertruden inn Côllen[1] (da der gedachte doctor zû
wonen vnd das wort gots zû predigen plach) vnd auch an anderen
orten, geschreiben bucher (so alt das die schrift an etlichen orten gar
nach verschliffenn was) gefunden. Jn welchen vil gûte, ja die beste
Taulerus predige, lerunge, epistolen, vnd cantilenen, alles von eynem
volkomen christlichen leben, wie wir vns mit got vereynigen, vnd
eynn geyst mit jm werden sollen, gar klarlich geschreyben steen, die
bifs her nye getruckt noch offenbar gewesen Aufs welchen alten
büchern befindet sich auch, das die vorgetruckte predige Tauleri,
durch vnd durch (mit ab vnd zûsatzung viler worten, auch grosser
stucken) jemerlich verkurtzet, verlengeit, vnd an den sinnen ver-
andert vnnd verdunckelt waren, mee dan ich von keynem bûch ye
gesehen oder gehort hab*.

Demnach so mir vnbillich gedochtt, das soliche selenschatz langer

exempla manu scripta diligenter requisivi, ac demum anno 1542 Coloniae in monasterio
S Gertrudis[1] (in quo doctor ille habitaie et verbum dei explicare solebat) et aliis etiam
locis libros manu scriptos (qui tam vetusti sunt, ut litterae nonnullis locis paene
evanuerint) repperi, in quibus multae ac bonae, immo et optimae Tauleri orationes
sacrae, institutiones, epistulae, cantilenae (quae omnia de perfecta vita christiana
scripta sunt, quomodo nimirum Deo nos coniungere et unus cum eo spiritus fieri
debeamus) clarissime scriptae sunt, quae numquam adhuc typis exscriptae neque
cognitae sunt Ex libris illis veteribus hoc quoque intellegitur, Tauleri orationes
ante editas penitus (praecisis aut adiectis vocabulis multis, atque etiam magnis
partibus) ac misere decurtatas productasque esse, et earum sententias mutatas et
obscuratas, idque magis quam de ullo alio libro factum esse umquam viderim vel
audiverim*.

Cum igitur parum aequum mihi videretur, huiusmodi animarum thesaurum

* *Aliam nunc incipiendam esse huius epistulae partem in libro ipso significatui
signo quodam apposito; hic placuit, signo illo omisso, novum versum incipere Quod
et in reliquis epistulae capitibus fiet*

Rheni superioris, Halberstadii anno 1523 dialecto Saxoniae inferioris, 84 illis sermonibus Tauleri, quae in editione lipsiensi exstant, editor basileensis 42 alios sermones
taulerianos et 61 sermones etc ab aliis magistris scriptos adiunxit Petrus Noviomagus praeter 126 illos taulerianos sermones alios 25 posuit, qui antea editi non
erant, attamen complures eorum Tauleri esse non videntur, insuper editione hac
coloniensi haec opera tauleriana primum in lucem emissa sunt 1) Vaticinia, 2) Epistulae piae fere 27, quarum maior pais ad virgines sacras data est, 3) 6 Poemata
mystica, 4) Tractatus de novem statibus vitae christianae, 5) „Divinae institutiones"
sive „Medulla animae" Attamen complura ex his opusculis vel excerpta tantum
esse videntur ex Tauleri sermonibus vel ab aliis composita, v g a Rulmano Mers-
vino, Susone, Ruisbrochio, Eccardis (*Carl Schmidt*, Johannes Tauler [Hamburg 1841]
p 68—78 *W* *Preger*, Geschichte der deutschen Mystik im Mittelalter, 3 Thl
[Leipzig 1893] p 58—89).

    [1] Templum hoc et monasterium erat virginum dominicanarum, in foro novo
(Neumarkt) Ineunte fere saeculo XIX suppressum et destructum est (*Gelenius* l c
p 556—559 *F E Fueh* *von Mering* und *L Reischert*, Die Bischofe und Erzbischofe von Köln II [Köln 1844], 57).

veiboigen bleiben vnd vergeen solte, hab ich die vorgetruckte predige, wa der sinne geschedicht was, nach den alten exemplaren treuwelich helffen beffeien, Vnd alle ander noch nye getruckte piedige vnd leren obgemelt, auch da bey gefugt[1] Es sein auch hie mit alle sontag duichs jai, vnd etliche festen die vor ledig stunden, mit schonen predigen verziert, vnnd etliche piedig die vff wercktage stunden furderlich in der fasten, den sontagen zü veroidnet[2]. Vnd daffelb haben wir darumb fur güt angesehen, Wann D. Tauleius in seynen predigen, den text des hilgen euangelij odei der epistel nit vil aufslacht. Aber offtmal allemn vff einem thema, oder wort eyn gantze predig gestift hat, welche man leichtlig vil sontagen oder festen des jais zůfugen kan Auch darumb, wan in dem elstenn exemplar, das in D. Tauleri zeyten geschieiben, sein deffelben D Thauleri predige keynem tag odei fest uberal zúgeschieben[3]. Wan sie haben gemeinlig alles eynen titel alfus lautende (Disen sermon sprach B. Johan thauler zů sant Gertiut) Auch steen alle Thauleis predig vnd leien in rechter Cölnischer sprachen geschreiben, vnd seint nachmals vffs hoich theutz getzogen

Differ doctor ist gewesen ein ubeitreflig hochgeleiter man in dei heilger schiifft, vnd in menschlichen kunsten, auch eyns heilgen

---

diutius latere et perire, ad seimones sacios antea editos iis locis, in quibus a mente auctoris discessum ciat, exemplis vetustis fideliter emendandos opeiam contuli reliquasque omnes oiationes et institutiones addidi, quas supra dixi adhuc numquam in lucem emissas[1] Sic etiam omnes, quotquot per annum sunt, dominici dies, atque aliquot festi, qui adhuc sermonibus caiebant, oiationibus pulchris ornati sunt, et sermones aliquot, qui in ferialibus diebus, maioris potissimum ieiunii, positi erant, dominicis destinati sunt[2] Quod idcirco ex usu esse iudicavimus, quod D Taulerus in sermonibus suis verba sancti evangelii vel epistulae haud multum interpretans, saepe in una propositione unove veibo integrum seimonem constituit, qui facile in multos pei annum dominicos vel festos dies accommodaii possit, accedit alia iatio in vetustissimo exemplo, quod Tauleii ipsius aetate scriptum est, eiusdem sermones certo dici certaeve sollemnitati non feie destinati sunt[3] Omnes enim eundem titulum habeie solent, qui est „Hunc seimonem B Ioannes Taulerus ad sanctae Gertrudis habuit" Atque Tauleri oiationes institutionesque cunctae sincera lingua coloniensi conscriptae reperiuntur, et postmodum in seimonem Germaniae superioris conversae sunt

Hic doctoi vii erat eximius et doctissimus tum in sciiptuia sacia tum in artibus humanis, ac sanctae etiam vitae Idem a Spiiitu sancto tam copiose illumi-

---

[1] Canisius editionem basileensem sequi solet, quam tamen alio ex fonte noi-numquam supplet vel coirigit, cum bene coriigeie etiam *Pieyei* affirmat (l c. III, 64—67)

[2] Pro compluribus diebus sacris bini vel plures sermones ab editore positi sunt

[3] „Es ist möglich, dass jenes älteste Exemplai das in D Tauleii zeyten geschieiben' die Sammlung der Taulei predigten in ihrei ersten Gestalt repiasentieite Dass die Sammlung zu Koln entstanden ist, geht daraus hervor, dass sich fur die meisten Piedigten derselben die Zeit des Jahres 1357 als das Jahr, und Koln als der Ort, da sie gehalten woiden sind, eimitteln lassen" (*Pieyei* l c III, 63—69)

lebens. Da by ist er von dem heilgen geyst so reichlig erleuchtet
vnd überformet inn gott, das er durch den geyst der prophetien, die
groffe plagen vnd irrung im heilgen glauben (die nu uber vns, got
erbarms gefallen) furgesehen, vnd mit klaren worten beschreiben hat.
Die meynung seiner leren geet furderlig dar vff, das wir durch
die gnad gots vns grunts inwendig sollen warnemen, alle sund vnd
gebrechen absterben, allen lust vnd liebe zû zeitlichen creaturen in
vns tödten, vnsen eygen wil in gots liebsten wil aufsgeen, verlaffen,
vnd verleugnen, Christum durch alle tugenten nachfolgen, vnd vnse
sele mit allen krefften, in rechter liebe, mit got vereinigen, vnd eyn
geyst mit got werden[1]. Das ist das wir **got vfs gantzem hertzen,
aufs gantzer selen, aufs gantzem gemut vnd allen krefften liebhaben, vnd vnsen nechsten wie vns selbst**[2]. Her
zû seint alle christen menschen geladen vnd verplicht, Wiewol jrer
vil difs grofs ewige gût (das sie nu lichtig ubeikommen kunten) mitt
den snöden zergencklichen dingen, vnd eigen lieb vnd lust, jemerlig
versaumen, Welch sie in der ewigkeyt beschreien[3] werden   Dife
götliche weyfsheit trucket D Taulerus mit klaren worten vnnd gleich-
niffen so offentlich aufs, das sie auch slechte gûte menschen etliger
maffen begreiffen mögen. Wie S. Dionys[a] Ariopagita, vnd ethge
ander, die selbe mit dunckelen worten vormals beschreiben hatten[4].

---

natus et in Deum transformatus est, ut per spiritum prophetiae magnam vexationem
sanctaeque fidei dissensionem (quae nunc, proh dolor, in nos irruerunt) praeviderit
clarisque verbis descripserit
  Praeceptorum eius summa haec est: nos debere per gratiam Dei nosmet ipsos
penitus cognoscere, peccatis et vitiis omnibus mori, omnem rerum creatarum ex-
ternarumque cupiditatem et amorem in nobis exstinguere, voluntatem nostiam tradeie
suavissimae Dei voluntati, relinquere, abnegare, Christum sequi omnium virtutum
exercitio, et animos nostros viresque omnes caritate vera Deo coniungeie unumque
cum Deo spiritum fieri[1]. Quod idem est ac **Deum diligere ex toto coide et
ex tota anima et ex tota mente et omnibus viiibus, ac pioximum
nostrum sicut nos ipsos**[2] Ad hoc christiani omnes vocantui et obligantui,
quamquam multi ex iis magnum illud aeternumque bonum (quod nunc facile consequi
possunt) vanarum fluxarumque rerum giatia et sui ipsoium nimio amore ac studio misere
amittunt, quod quidem in alteia vita lugebunt[3] Divinam hanc sapientiam D Taulerus
claris verbis et similitudinibus tam aperte exprimit, ut eam probi homines, etiamsi
rudiores sint, aliquo modo capere possint Quam sapientiam S Dionysius Areo-
pagita[4] et alii nonnulli obscuris verbis olim descripserant Verum homines delicati

---

[a] Diony *editio coloniensis*

---

[1] Inter „epistulas" huius libri una est „wie man die gütlige Lieb anzund,"
altera „vom Entsinken in den Wunden Jesu," tertia „wie man das Kind Jesus
umbfange," quarta „wie man ein Himmels, Engels- und göttlicher Mensch werde "
[2] Matth 22, 37—39 Deut 6, 5
[3] Beschrien = beklagen, beweinen (*Ant Bullingei*, Glossar, in „Die Chroniken
der niederrheinischen Städte Cöln" III [Leipzig 1877], 973).
[4] Canisius praecipue librum „*Περὶ τῆς μυστικῆς θεολογίας*" significat, qui cen-

6 *

Aber vppigen sinlichen menschen (die nicht smecken das dem geist
gots zugehôrtt[1], wie Paulus sagt) bleibt dise gotliche Theologie ver-
borgen, vnd sie achtens fur ein irrung oder thorheyt, wie hohe sie
sunst geleret seyn, Darumb sollen sie dyfs bůch nit geschwind ver-
achten, wan die kostpar perle darumb nit geringer seyn das sie von
den schweynen vertreden werden

Das aber diser heilge doctor an etligen orten dunckel vnd zweyfel-
hafftig lautet ist da von herkomen, das seyner predigen vil, nitt durch
jn selbs, sonder durch ander leute aufs seynem mundt, vff der cantzel
(wie wir gnûgsam berichtet) geschrieben sein, Jn welchem schrieben,
kan man der eyle halben, alle wort nit so volkomlich antzeigen,
noch in rechter ordnung aufstrucken, wie man das mit reiffer tich-
tung vnd schreibung selbs bas thûn kan. Deshalben hat man auch
byweylen mit etligen worten den sinne mûffen verfullen, das er klar
vnd gůt sey Aber was er etwan dunckel spricht. das truckct er
an ein ander ort kleilig gnůg aufs Darumb kan niemant D Taulerum recht versteen er hab jn den vorhin offtmal gantz durchlesen,
vnd das ein ort mit dem anderen vergleichet. Er mûfs auch von
sûntlichen gebrechen abgekeit, vnd mit demutiger gelaffenheyt vnd
anderen tugenten in eyn gůt innig[2] leben getreden vnd geübt seyn,
das er gesmeckt habe wie sufs der here ist[3], so wirt er hie
eynen schatz finden, den got den kleynen offenbart, vnd den

corporisque voluptatibus dediti (qui non percipiunt ea quae sunt Spiritus
Dei[1], ut Paulus dicit) divinam hanc theologiam non cognoscunt eamque pro errore
vel stultitia habent, quantumvis ceteroqui docti sint Ne igitur facile hunc librum
despiciant, pretiosae enim margaritae non sunt viliores eo, quod a subus conculcantur.

Quod autem sancti huius doctoris sermo nonnullis locis obscurus et incertus est,
id factum est ex eo, quod multae orationes eius non per ipsum, sed per alios, ipso
e suggestu sacro dicente litteris mandatae sunt (quod sat certo rescivimus), in qua
scriptione propter festinationem non potest totus sermo tam integre reddi neque
tam recto ordine servato exprimi, quam si orator ipse diligenter componat scribatque
sermonem Ideo etiam auctoris sermonem aliquando vocabulis aliquot complere
oportuit, ut eius sententia clara bonaque esset Sed sicubi ille obscure quid dixit,
eandem rem alio loco satis clare exprimit Propterea nemo D Taulerum recte intellegere potest nisi antea saepe integrum perlegit in eoque legendo locos cum
locis contulit Quem etiam oportet animo esse a vitiis averso, demisso, a perturbationibus libero aliusque virtutibus ornato, ac vitam misse bonam et spiritualem[2] in eaque se exercuisse, sicque gustasse, quam suavis sit dominus[3]
Ita in hoc libro thesaurum inveniet, quem Deus parvulis revelat, a sapien-

sebatur esse illius S Dionysii, quem S Paulus apostolus discipulum et Athenienses
primum episcopum habuerunt

  [1] 1 Cor 2, 14

  [2] „Innig" seu „inwendig" saepe = spiritualis, „auswendig" = ad corpus
pertinens sensualis, „animalis" (1 Cor 2, 14) H Denifle O Pr, Das geistliche Leben
Eine Blumenlese aus den deutschen Mystikern des 14 Jahrhunderts (Graz 1873)
p XXIII

  [3] Ps 33, 9 1 Petr 2, 3

grossen woltweyfenn verbirgt[1] Solcher milter leser wirt wol
mircken vnd erkennen, das D. Taulerus kein gûtt werck verwirfft.
Dan wir sollen vns on vnterlafs in gûten wercken uben, weill wir
die zeit habenn[2] Aber er strafft die gleifsner die sich allein
von jren gûten wercken erheben, vnd darumb grofs geacht wollen
sein von den menschen, als weres alles da mit aufsgericht. Vnd
bleiben inwendig in jren suntlichen gebrechen vnd eigen willen
vnerstorben, vnd ledig aller götlicher liebe vnd tugent, vnd sleiffen
da mit got aufs jren hertzen. Darumb treibt D. Taulerus solche
menschen hefftich vffwartz das sie jres gruntz von innen warnemen[3],
alle gebrechen vnd eigenwillen absterben, vnd got lauterlig in allen
dingen suchen vnd meinen, vnd nit sich selbs in keynen dingen. Da
mit werden jre werck zûmal gût vnd götlich Aber volkomen götliche menschen (spricht D Taul) sollen sich inwendig in rauwe vnd
inn ledigei blofsheit halten, das got alleyn in vnd durch sie wiicken
möge, Das ist aber den gemeinen gûten menschen nit gesacht, Wan
die selb muffen sich fast woll uben in fasten, beden, krancken dienen,
vnd in allen guten wercken nach jrer magt, vnd alle muffigkeit
scheuwen, bis sie got hoher tziehe. Doch also das sie jre gûte werck
nit grofs achtenn, noch mitt eygen schafft dar vff steen, noch jre
haubt vnd sinne durch vnbescheidenn harttigkeit nitt verderben
    Auch spricht D Taul. das eyn inwendig mensch wen er in
seinem gebede oder gezeyten in got mit allen krefften vffgetzogenn
wirt, so sol er das gebet lassen fallen vnd gott folgen, bifs das er

---

tibus autem ac prudentibus huius temporis abscondit[1] Huiusmodi pius
lector facile animadvertet ac cognoscet, nullum opus bonum a D Taulero improbari
Sine intermissione enim (ut ait) in operibus bonis nos exercere debemus, dum
tempus habemus[2]. Verum simulatores Taulerus castigat, qui solis bonis operibus suis se efferunt et propter haec ab hominibus magni aestimari volunt, ac si
in operibus istis omnis virtus salusque veitatur Atque hi vitia in animis ietinent
neque voluntatis libidinem exuunt, atque omni caritate divina et virtute carent
sicque Deum ab animis suis excludunt Idcirco D Taulerus tales homines acriter
incitat ad altiora, ut se ipsi penitus cognoscant[3], vitiis omnibus et arbitrio suo
moriantur, Deum in rebus omnibus sincere quaerant et ament, neve in ulla
re se ipsos Hac ratione opera eorum simul bona evadunt ac divina Homines
autem piorsus divini, inquit D Taulerus, animos tranquillos, vacuos, nudos servare
debent, ut Deus solus in iis et per eos agat Haec autem non dicuntur bonis hominibus, qui sunt ex genere vulgari, hos enim necesse est strenue se exercere in
ieiuniis, precationibus, cuiis aegrorum et in cunctis, quae faceie possunt, operibus
bonis atque omnem desidiam fugere, donec Deus altius eos tollat, ita tamen ut bona
opera sua magni ne faciant vel praefiacte iis insistant vel capita sensusque immo-
desta severitate perdant
    Dicit etiam D Taulerus, hominem spiritualem, cum intei precationem vel
officium divinum recitandum in Deum omnibus viribus efferatur, precatione relicta

---

[1] Matth 11, 25 Luc 10, 21.   [2] Gal 6, 10
    [3] „Grund Seelengrund, dasjenige was wir mit dem Innersten, Innersten des
Herzens bezeichnen" (Denifle, Das geistliche Leben p. xxiii).

des tzugs verlaffen werde Den sol er das selb das er von der
h knchen oder sems standts wegen schuldig ist betzalen, vnd alle
gúte insatzungen halten noch seynem vermögen

Weyters da er spricht das wir vnse gemut blofs vnd ledig sollen
haben von allen creaturen, lebendich oder todt, das bedeutet er selbs
offtmale an anderen orten, das er meyne, Von allen creaturen auffen
gott, der got mit cin ware visach ist, vnd da got mit lauterhg in
gemeynet wirt, da man mit cigen lieb vnd lúst an klebet, Hic mit
memet er die werdige mútter gotz, noch die hebe heyligen uberal
nit, Wan so wir die heilgen in got, mit auffen got anrûffen, so anrûffen wir got selbs Von welchem man sic nummer kan scheyden,
wan sic mit got cyn geyst, vnd vns als jien mitglideren, by got,
mit jien gebet zû helffen, aufs groffer erbarmde gotz gegeben seyn.
Aber wen die sele mit allen krefften sich in got versencket, oder
das sy mit sonderbar gnaden uberschwungen wirt in den göthchen
abgrunt, denn vergifset sic alle heilgen vnd engelen, auch sich
selb, vnd al ding das mit lauter got ist, so lang die selige stund
weret, Aufsgenommen das got selbs in sie leuchten, vnd ji zu kennen
geben wóll Aber solcher heilger menschen die dar zu kommen, seyn
gar wenig Das aber difs alles D Johannis Tauleri meynung vnd
leer sey, vnd das keyn falsche leer durch jn gestifftet wirt, kann
man leichtlich beweren, furderlich aufs den alten geschrieben, vnd
auch neuwen exemplaren, der es recht suechen vnd versteen wóll[1].

_____

Deum sequi debere, donec ita ferri desinat Deinde ei persolvenda esse ea ipsa,
quae ex ecclesiae praecepto vel ex officio debeat, ac quaecumque bene statuta sint,
servanda, quantum fieri possit
      Porro cum dicit, nos animus esse debere nudis et vacuis ab omnibus rebus creatis,
sive vivis, sive vita experlibus, ipse saepe alus locis id interpretatur, ostendens se
omnes res creatas dicere, quae extra Deum amentur, quarum [amandarum] Deus non
sit vera causa, in quibus Deus non sincere quaeratur, quibus nos agglutinemus amore
et studio nostri ipsorum Quibus verbis nusquam venerabilem Dei matrem significat,
neque sanctos nam si sanctos in Deo, non extra Deum invocamus, Deum ipsum invocamus, a quo numquam separari possunt, unus enim cum Deo spiritus sunt, et
nobis sodalibus suis ex summa Dei misericordia dati sunt, ut precibus suis apud
Deum nos adiuvent Sed cum anima omnibus viribus in Deum se submergit, vel
cum per gratias speciales in abyssum divinam transfeitur, omnium, dum beata illa
adest hora, obliviscitur sanctorum angelorumque atque etiam sui ipsius et omnis
rei, quae non est ipse solus Deus, practer ea sola, quae Deus lumine suo ei manifesta
facere velit Sed paucissimi tam sancti sunt, ut ad haec perveniant Haec autem
D Ioannem Taulerum sentire et docere, nec falsam ab eo introduci doctrinam, si
quis res recte examinare et intellegere vult, facile probari potest, praecipue ex
vetustis exemplis manu scriptis atque etiam ex recentibus[1]

_____

[1] Anno 1551 auctore cardinali Henrico Lusitaniae Infante Conimbricae in
lucem emissae sunt versiones hispanica et lusitanica Institutionum Tauleri Albertus V Bavariae dux, catholicae religionis studiosissimus, anno 1569 monasteriis
bavaricis inter opera, quibus bibliothecae ornandae essent, etiam Tauleri scripta
commendavit (Fr Heinr Reusch, Der Index der verbotenen Bucher I [Bonn

Auch waren in D. Thaulers zeiten vil inwendige menschen vnd freunde gots in Teuchfslant, vnd sonderlich zu Cöln, wie vfs seynen schrifften wol zu mercken ist. Do lebten auch zu Cöln D. Eckard von Strafsburg[1], D Henricus Seuser[2].

D Henricus von

Atque cum D Taulerus in vita esset, multi homines spirituales Deique amici in Germania erant, et maxime Coloniae, quod ex eius scriptis facile cognoscitur Tunc enim vivebant Coloniae D Eckardus Argentinensis [1], D Henricus Suso[2], D Hen-

1883], 466—469 523) Ac 5 Ianuarii 1577 ex collegio dilingano (cuius rector erat Theodoricus Canisius, Petri Canisii frater germanus) P Iulius Priscianensis S J. Everardo Mercuriano, praeposito generali, scripsit in eo collegio tempore ieiunii quadragesimalis inter epulas Tauleri librum „De passione" legi (* Epistula autographa, italice scripta, in Cod „Epp Germ 1577 A" f 113 [cf tamen supra p 57[8]]) At alii cautius agendum esse censuerunt. In „appendice" indicis librorum prohibitorum tridentini, anno 1569 et 1570 iussu Philippi II Antverpiae edita, versiones Tauleri hispanica („Instituciones") et vlamica („Homilien") prohibentur Easdem Gaspar cardinalis Quiroga, archiepiscopus toletanus et „in regnis Hispaniarum" inquisitor generalis, „apostolica auctoritate" prohibuit in „indice prohibitorio", quem anno 1583 Matriti edidit, qui eadem Tauleri opera aliis etiam linguis edita indirecte prohibuisse videtur (Reusch 1 c p 405—406 490 523) Atque in „Novo Indice librorum prohibitorum et suspensorum" anno 1580 (ab inquisitore parmensi, ut videtur) Parmae edito simpliciter prohibetur „Jo Taulerus" (Index, gedruckt zu Parma 1580, herausgegeben und erlautert von Fr Henri Reusch [Bonn 1889] p 10) Quirogam autem secutus esse videtur Sixtus V, cum anno 1590 in indice suo romano prohiberet „Jo Tauleri Sermones et Institutionem passionis Domini donec corrigantur" Sed index sixtinus videtur non satis esse promulgatus ideoque plenam vim legis numquam habuisse Clemens VIII, cum anno 1596 novum conderet indicem, Taulerum eidem inserere noluit, nec postea in indicem romanum relatus est Attamen ineunte saeculo XVII congregatio indicis, ut videtur, Tauleri opera emendare et emendata approbare volebat, quod numquam effectum esse videtur (Reusch, Der Index der verbotenen Bucher 1 c p 370 501—503 523) Mirum ergo non potest esse Everardum Mercurianum, Societatis Iesu praepositum generalem (1573—1580), iam antequam Sixtus V indicem suum composuerat, inter auctores „spirituales", „qui instituto nostro minus congruunt", quique socius non essent „permittendi" „passim ac sine delectu", Taulerum quoque recensuisse (Ordinationes praepositorum generalium c 2, n 1 Institutum Societatis Iesu auctum et recusum Vol 2 [Pragae 1757] p 243 Institutum Societatis Iesu Vol 3 [Florentiae 1893], p 259) Quae ordinatio Robertum Bellarminum et Antonium Possevinum, filios Societatis Iesu certe oboedientissimos, non impedivit, quominus Taulerum a suspicione haeresis tuerentur laudibusque ornarent (De scriptoribus ecclesiasticis liber unus, Roberto Card Bellarmino auctore (Romae 1613) p 229 Anton Possevinus S J, Apparatus sacer I (Coloniae 1608), 942—943)

[1] In scriptis Magistri Eccardi (Eckhart, Eckard) O Pr, quem Taulerus et Suso theologiae mysticae magistrum habebant, pantheismum quendam latere negari non poterit Ioannes XXII anno 1329 sententias eius 29 damnavit Eccardus omnem suam doctrinam iudicio sedis apostolicae plene subiecit (C Greith, Die deutsche Mystik im Prediger-Orden [Freiburg i Br 1861] p 60—69 Jos Bach, Meister Eckhart [Wien 1864] p 51—64 H Denifle in „Archiv fur Literatur- und Kirchengeschichte des Mittelalters" II [Berlin 1886], 417—687, V [Freiburg i Br 1889], 349—364)

[2] Beati Henrici vom Berg († 1365) O Pr („Amandus" etiam et ex matre sua „Seuse" vel „Suso" vocabatur) cultum ecclesiasticum Gregorius XVI anno 1831

Löuen[1] D Eckaidus junior[2]. D. Johan Ruifbrûch zu Bruxel[3]. D Ger-
haidus Gioit, zu Dáuenter[4], vnd mehe ander erleuchte leier, die nach
den piophetien Johelis[5], vom heilgen geist reichlig ubergoffen waren,
vnd auch grolfe selen frucht theten im wyngart des herren, Da von
auch herkommen (als zu gláuben ist) das etliche jre predig vnd leer,
vnder D Thauleri name vnd bey sein leren geschiyben seynd   Aber
weil sie vfs eym heilgenn geist kommen, vnd gleich eynen weg zu
got weisen, sol mann nicht darnach fragen ob sie gleich all D Taulers
stilum vnd gediclit haben, vnd seyn eyger sein oder nit

Von disem heilgen Doctor fyndet man in der offenbarung seliger
Christine Ebnerynn (die ein aufseiwelt gemahel Christi was, vnd vil
schöner offenbarung von got hat in jrem leben)[6] das jr ein mal vff
S Andreas abent[7] verkundigt wart, das eyn Prediger die zeit lebte,
der got der alleihebste mensch were, der er vff eitreich eynen hette,

ncus Lovaniensis [1], D Eckaidus iumor [2], Bruxellis D Ioannes Ruisbruch [3], Daventriae
D Geraidus Magnus [Groote] [4], compluiesque alii magistri illuminati, in quos, ut
Ioel vidit propheta [5], spiritus sanctus large eflusus erat, quique magnum animaium
fructum in vinea domini faciebant   Quo etiam factum esse credendum est, ut
nonnullae eoium orationes et institutiones D Tauleii nomine inscribeientur eiusque
institutionibus asciiberentui   Quae quia omnes ex eodem Spiitu sancto pioveniunt
et eandem viam ad Deum commonstrant, quaeiendum non est, num in omnibus
D Tauleri stilus sit et compositio, et utium omnes ipsius Taulen sint necne
De sancto hoc doctore in revelatione beatae Christinae Ebnerae (quae electa
Christi sponsa erat, cuique in terris vixenti Deus multa pulchraque revelabat) [6] haec
leguntui   Vigilia quadam S Andreae [7] eidem patefactum esse, praedicatoiem eo
tempoie viveie, quo in teiiis nemo Deo carior esset, eumque Taulerum vocari

confiimavit (Heiniich Suso's, genannt Amandus, Leben und Schriften Heiausgegeben
von Melch Diepenbiock Mit einei Einleitung von I Goiies [2 Aufl , Regensbuig
1837] p iii—cxxxvi) Scriptorum Susonis geimanicorum editionem ciiticam incepit
P Heini S Denifle Monachii 1880
    [1] Henricus, ex familia lovaniensi „de Calstris" oiiundus, oidinis praedicatoium,
Taulero mentium consuetudine comunctissimus eiat Vixit saeculo XIV
    [2] Dominicanus, in Germania infeiioie, e schola magistri Eccardi, † 1337 Pauca
scripta eius supersunt
    [3] Ioannes Ruisbroek (1293—1381), „doctoi ecstaticus", „doctor divinus", prior
canonicorum iegularium oidinis S Augustini in monasterio Viridis Vallis (Groenen-
dael) piope Biuxellas sito, de operibus suis geimanicis, sublimibus quidem, sed
aliquanto obscurioiibus, a Gersone et Bossueto impugnatus, a Dionysio Caithusiano,
Sixto Senensi O Pr , Leonardo Lessio S J , aliis defensus est Nostro saeculo
archiepiscopus mechliniensis a sede apostolica petiit, ut cultus ecclesiasticus in
iegione Vallis Viiidis in tribui solitus confirmaietur et amplificaretui (Otto Schmid,
„Ruisbioek" in „Allgemeine deutsche Biogiaphie" XXIX [Leipzig 1889], 626—630)
    [4] Geiaidi Gioote sive Magni (1340—1384), „fiatrum vitae communis" paientis,
vitam scripseie piaecipue Thomas a Kempis, et Caiolus Giube, Gerhaid Groot und
seine Stiftungen, Köln 1883   [5] Ioel 2, 28 Act 2, 17
    [6] Christina Ebnei (1277—1356), patiicia norimbeigensis et monialis domini-
cana in „Valle Angelorum" (Engelthal) piope Noiimbergam, revelationes suas gei-
manico seimone ipsa litteiis consignavit
    [7] Die 29 Novembiis

vnd hiefs Thauler. Furbafs sprach der herre vnder andern worten,
Ethche haben das ertreich entfengt mit jren feurigen zungen.

Jn
disem stand (sprach der herre zu diser jungfrauwen) steent all deyne
geistliche freunde im höchsten giad, Vnd sagt jr von zweyen der
namen geschriben wären im hymmel, der eyn heischt Thaulerus, der
ander Henricus Bifsher die offenbarung Jch gläub das difs sey
Henricus Seufser, Wann er ouch mit miraculen vnd göthchen leren,
vil menschen an got getzogen hat Hiemit haben wir den gûtwilligen
leser kurtzlich wöllen furkommen, vmb D Taulerum bäfs zu ver-
stehen, vnd disen vnsern aibeit E G. zu schreiben, die sölche göthche
ler von inwendigem leben, lange zeit in sich selb vnd auch in andern
menschen geliebt, vnd durch heb vnd leyt, mit uberflussiger verfolgung
vnd trubsal fur die gerechtigkeit, in sich selb versücht vnd bewert
hat. Wöll got das hier nach eyn erleuchter mensch vomm heilgen
geist gesalbt (wann keyn ander vermag es) disen kostparen selenschatz in Latinsche sprach veran[dere,]*¹ vil menschen die das begeren
(auch frembden nationen) zu trost, das sie got loben von seynen
milten gaben, die er seinen freunden reichlig mit geteilt hat² Dem

_____

Praeterea dominus, inter alia „Nonnulli“, inquit, „orbem terrarum linguis suis igneis
incenderunt“ „In hoc oidine“, inquit dominus virgini illi, „omnes amici tui spirituales summum giadum tenent“, ac de duobus, quorum nomina in caelo sciipta
essent, ei dixit, unum Taulerum vocari, alterum Henricum Haec in ievelatione
illa sunt, et puto equidem, Henricum Susonem significari, quippe qui miiaculis
divinisque institutionibus multos ad Deum tiaxit Haec lectorem benevolum breviter
piaemonere voluinnus, quo D Taulerus melius intellegeretur hocque opus nostium
tibi, clementissime vir, dedicaretur Tu enim divinam banc, quae de vita spirituali
est, doctrinam, diu in terpso atque etiam in aliis amasti et pei amorem iniuriamque,
peisecutionibus et aerumnis pio iustitia abunde exantlatis, in te ipso expertus es
ac probasti Faxit Deus, ut posthac homo aliquis illuminatus atque a Spiitu sancto
unctus (nemo enim alius id faceie potest) pretiosum hunc animaium thesaurum in
linguam latinam transferat¹, ut multorum, atque etiam nationum exterarum, postula-
tionibus satisfiat, utque ab iisdem Deus laudetur pro beneficiis, quibus amicos
suos large affecit² Quem omnes ies creatae laudent et reveieantur in aeternum

_____

* *Ilae litteiae in exemplo coloniensi desunt*

_____

¹ Mense Martio anni 1548 Tauleri opera Coloniae ex officina Ioannis Quenteln
prodierunt latine primum versa a Laurentio Surio carthusiano et Camsii familiari,
quae Gerardus Kalckbrenner, Carthusiae prior, Adolpho de Schauenbuig, archiepiscopo
coloniensi, dedicavit, scribens carthusianos Tauleri opera ex codicibus manu sciiptis
emendasse, „adeo vt nonnunquam etiam ab vltima illa Coloniensi editione, quinto
abhinc anno emissa, quae caeteris correctior est, cuius et ordinem pene secuti sumus,
haec nostra Latina dissentiat“ Haec versio suiiana iterum edita est Coloniae ab
heredibus Io Quenteln anno 1553, eaque ab ipso interprete recognita et aucta
Utrumque opus (2°) Romae exstat in bibliotheca casanatensi

² Ex hac Tauleri editione canisiana ortae esse videntur editiones illae, quae
anno 1565 Francofurti sermone Geimaniae inferioiis et anno 1588 Amstelodami
sermone batavico factae sunt, in his tamen Tauleri opeia a protestantibus mutilata et corrupta esse queritur P *Ioannes de Lizbona* O Pi in editione a se facta

all lob vnd eer von allen creaturen erbotten werd in ewigkeit. Der
wöll auch E G. in langweriger gesuntheit behalten Datum zû Cöln
des IIJ. tags Junij, Anno M.D.XLIIJ.

Idem te, vir clementissime, diu incolumem servet Datum Coloniae die 3 Iunii,
anno 1543

Nota. Qui hanc Tauleri editionem curavit, nomen suum nusquam prodidit nisi
in initio epistulae huius dedicatoriae, vocans se „Petrum Noviomagum". Hunc vero
Petrum eundem esse ac Petrum Canisium nec Canisius ipse in suis libris scriptisque
(quae supersunt) fassus est, nec ante annum 1890 ullus Societatis Iesu bibliographus
vel historicus (quod equidem sciam) affirmavit Primus hanc hypothesim protulit anno 1875 Augustus Jundt, professor gymnasii protestantium argentinensis,
eamque rationibus compluribus munivit [1] Eas rationes anno 1890 ex parte corrigere, ex parte confirmare et augere conatus sum [2], easdem hic repetendas iterumque
augendas et magis confirmandas esse puto
    Loco nominis gentilis illo tempore saepe nomen terrae vel urbis, in qua quis
ortus erat, usurpatum esse sat notum est Velut Canisius ipse anno 1540 vel
paulo post coloniensem magistrum suum Ioannem Bronchorst, Noviomagi ortum,
„Iohannem Nouiomagum" [3] appellavit
    Difficultas in hoc est, quod inter litteras apostolicas Clementis VII „Breve"
quoddam exstat, quo pontifex Romae 20 Iunii 1523 facultatem lutheranos ad fidem
catholicam revertentes absolvendi tribuit „Andreae Ungonis provinciali Germaniae
inferioris et Petro de Novimagio et Guillelmo de Alten' ordinis predicatorum" [4]
Quid mirum, si ille „Petrus de Novimagio" etiam „Petrus Noviomagus" vocabatur
et, dominicanus cum esset, opera Tauleri dominicani edidit eaque potissimum
ex codicibus monasterii S Gertrudis hausta, quod regulam S Dominici sequebatur [?] At
    a) editor noster, cum in praefatione sua tam multa dicat in laudem Tauleri,
atque etiam aliorum praeclarorum dominicanorum mentionem faciat, numquam dicit
se eiusdem ordinis sodalem esse
    b) Qui dominicani ordinis historiam litterariam admodum erudite conscripserunt,
dominicani patres Iacobus Quétif et Iacobus Echard, editionem hanc Tauleri non
ponunt [6] Idem silentium tenet P Bernardus de Ionghe O Pr , qui historiam provinciae Germaniae inferioris fratrum praedicatorum conscripsit [7]

(„Gheestelyke Sermoonen ghemaeckt door den hoogh-verlichten Leeraer Ioannes
Taulerus" [t Antwerpen 1647]), praef n II Si C Schmidt (l c p 70—78) credimus, Tauleri editio italice versa est a Gaspare Sciotto (Piacenza 1568), atque
in germanicum sermonem reducta non solum a Carolo ab Anastasio carmelita (Coloniae 1660 in 4°, et saepius), sed etiam a protestantibus (Francofurti 1621 in 4°,
ibidem 1681 cum praefatione Speneri etc)
    [1] Histoire du Panthéisme populaire au moyen âge et au seizième siècle (Paris
1875) p 63—65
    [2] Zeitschrift für katholische Theologie (14 Jahrg , Innsbruck 1890) p 721—724
    [3] ^ Cod „Scripta B Petri Canisii X A ˮ Plura vide infra, monum 7
    [4] Guillermus de Alten († 1540) monasterii dominicanorum calcariensis fuit,
lector theologiae, prioris, provincialis, inquisitoris coloniensis munera administravit
(Bern de Ionghe O Pr , Belgium Dominicanum [Bruxellis 1719] p 324)
    [5] Monumenta saeculi XVI historiam illustrantia Ed Petr Balan Vol I
(Oeniponte 1885), p 158
    [6] Scriptores Ordinis Praedicatorum 1 (Lutetiae Parisiorum 1719), 677—679,
II (ibidem 1721). 821
    [7] Cf supra, adnot 4 De editione hac etiam silet P A Touron O Pr (de

c) „Petrus de Novimagio" ille, de quo modo scripsimus, idem esse omnino videtur ac „P Mag Petrus Fabri De Novimagio", quem De Ionghe testatur Novio- magi natum esse, ibidem in monasterio dominicano professionem fecisse, Parisiis anno 1522 docuisse, ibidem anno 1514 „tertiam partem Summae S Thomae cum supplemento" et anno 1519 cardinalis Caietani „commentaria in secundam secundae S Thomae" evulgasse Mortuus autem est Romae 23 Iulii 1525 [1] Huius igitur „Petri de Novimagio" editio tauleriana Coloniae facta anno 1543 esse non potest
d) Canisius ineunte fere anno 1536 Coloniam in gymnasium montanum [2] missus et 18. Ianuarii eiusdem anni in matricula universitatis inscriptus est hoc nomine „Petrus Canes de Nouimagio" [3] Eodem anno in libro facultatis philo- sophicae inter discipulos gymnasii montani, qui die 2 Novembris „ad baccalaurea- tum in artibus" admissi sint, refertur „Petrus Nouiomagus" [4] Ac „Petrus nouio- magus de domo montis" in eodem libro inter eos numeratur, qui die 3 Februarii 1538 „praesentati sunt" ad „tentamen" pro „licentiatu" in artibus obtinendo [5] Porro die 25 Maii anni 1540 „praesidente Magistro Johanne Nouiomago" magister artium factus est „Petrus Canisius Nouiomagus" [6]. Die 31 Octobris 1543 in schola theo- logorum „M Petrus Canisius a Noviomago" latinam orationem ad clerum habuit, et die 18 Iulii 1544 „M Petrus Canisius Noviomagensis artium liberalium magister de bursa Montis" de summo pontifice disputavit [7] Qui in tribus epistulis dedicatoriis, quas anno 1546 editionibus S Cyrilli Alexandrini et S Leonis Magni a se curatis praeposuit [8], „Petrum Canisium Nouiomagum" se dixit Nemo suspicabitur dominicanum illum „Petrum de Novimagio", qui anno 1525 iam sacerdos erat et a summo pontifice imprimis aptus habebatur ad lutheranos convertendos, annis 1536—1544 Coloniae in bursa montana cursum institutionis philosophicae et theologicae peregisse Neque verisimile est eodem tempore, quo Canisius noster Coloniae „Petrus Noviomagus" vocabatur, ibidem alterum aliquem in scripto publico idem nomen sibi imposuisse
e) Patribus dominicanis, qui Coloniae degebant, Canisius certe notus et carus erat; eminebat enim inter studiosos, quos illi in scholis universitatis excolebant Ad B Petrum Fabrum Canisius Colonia 12 Augusti 1545 scribit Patrem provin- cialem et patrem priorem praedicatorum iubere eum salvum esse
f) „Petrus Nouiomagus" opus suum Georgio de Scodborg, archiepiscopo lun- densi, dedicavit Certum autem est hunc Beato Petro Fabro, Canisio, primis eorum sociis coloniensibus amicissimum fuisse Faber iam anno 1542 Moguntiae in eius gratiam venerat [9] Sancto Francisco Xaverio Colonia 10 Maii 1544 scripsit archi- episcopum lundensem sermones, quos de rebus sacris latine habeat, semper audire [10]

Tauleri operibus scribens), Histoire des hommes illustres de l'ordre de Saint Do- minique II (Paris 1745), 334—364
[1] B de Ionghe O Pr, Desolata Batavia Dominicana (Gandavi 1717) p 130—131.
[2] Canisius ipse testatur se in gymnasio montano liberalibus disciplinis operam dedisse Vide supra p. 17 38
[3] * Cod „Matricula quarta vniuersitatis Studij Coloniensis" f 147b Coloniae in archivo historico urbis
[4] Haud recte Jundt In ipsa matricula scriptum esse „Petrus Noviomagus", et manu posteriore additum · „Canisius"
[5] * Cod colon „Lib fac Art quartus" f 203b—204· 208b Utroque loco postea quidem, sed, ut videtur, manu eiusdem aetatis vel saltem valde antiqua inter vocabula „Petrus" et „Nouiomagus" insertum est „Canisius"
[6] Ibidem f 215b—216· In illo libro decani facultatis artium notabant, quae tempore administrationis suae acciderant
[7] * Acta facultatis theologicae coloniensis, in codice bibliothecae nationalis parisiensis „Nouv acq lat 2165" f 6b—7· Plura infra ponentur
[8] Hae epistulae infra proponentur
[9] Cartas del B P Pedro Fabro I, 160 345   [10] Cartas etc l c 235

Erat is, si Iosepho Hartzheim [1] credere licet, Canisii et Surii „contubernalis et commensalis" apud Andream Herll, canonicum ecclesiae S Gereonis   Certe Petrus Faber 28 Novembris 1543 ad Canisium et Alvarum Societatis novicios scribens (qui tunc apud Andream Herll habitabant) eos iubet canonico Andreae „et Reverendissimo domino londensi" „esse obsequiosissimos et obedientes in domino"   Et Canisius ipse 5 Februarii 1545 Colonia comiti montensi scribens inter patronos, quos Societas Iesu Coloniam modo introducta ibidem habeat, „Georgium a Schotborg Archiepiscopum Lundensem Primatem Sueciae" primo loco nominat [2]

   g) Melchior Canus O Pr Vallisoleto 28 Martii [1556] magistro Venegas haec scripsit de hominibus Societatis „Tambien he oido decir lo que Vmd que siguen a Juan Thaulero y a Henrique Herp, y   a Fray Baptista de Crema" [3] Mirae huius sententiae pars illa, quae Harphium spectat, eo explicatur, quod eodem anno carthusiani colonienses „Theologiae mysticae D Henrici Harphii" editionem novam Coloniae in lucem emiserunt eamque S Ignatio totique Societati Iesu dedicaverunt   Quae res suadet, ut etiam eorum, quae de Taulero scripta sunt, explicationem Coloniae quaeramus et dicamus Taulerum anno 1543 editum esse a Canisio paulo ante Societatem Iesu ingresso

   h) Canisius eo tempore Coloniae in media quasi theologia mystica versabatur [4]. Nicolaus Eschius, quem in vita spirituali magistrum habebat summeque amabat, anno 1543 librum „De templo animae" primum edidit, eique suam „isagogen seu introductionem ad vitam introversam capessendam" praeposuit, idem anno 1545 Coloniae „Margaritam Evangelicam" e germanica lingua in latinam a se translatam edidit [5], atque anno 1548 a Laurentio Surio, Canisii amico, Coloniae una cum Tauleri „Exercitus de vita et passione Salvatoris nostri" edita sunt „eiusdem fere argumenti" „exercitia quaedam alia, divina prorsus, et quae compendio hominem in Deum transformare queant, Authore D Nicolao Eschio"   Atque carthusiani colonienses, quorum „pio contubernio" Canisius iuvenis, ut ipse scribit, „suauiter in domino fruebatur" [6], toti erant in libris eiusmodi   Tales Iustus Landsbergius et Gerardus Kalckbrennei, Carthusiae prioi, eo fere tempore composuerunt, Gertrudem in lucem emittendam curavit Landsbergius, Harphium Bruno Loher, versiones latinas Tauleri. Ruisbrochii, Susonis (1548—1555) Surius   Canisius autem ipse testatui se tunc ad nil magis affectum fuisse quam ad „mysticam theologiam et spiritualia studia" [7] Mirari igitur non possumus virum illum librorum edendorum per totam vitam studiosissimum conferre etiam voluisse ad thesaurum monumentorum mysticorum augendum   Quod autem huius suae editionis postmodum nullam vel fere nullam mentionem fecit, id ex animi eius demissione explicabis vel potius ex eo, quod videbat Taulerum a quibusdam haeresum vel saltem errorum accusari et in indicibus librorum prohibitorum poni

   De hac re etiam propter rationes bibliographicas uberius hic disserere placuit. Primi libri a Societate Iesu in lucem emissi putabantur esse „Directorium" Polanci (1554), Exercitia spiritualia S Ignatii (1548), Sermo quidam in concilio tridentino a Salmerone habitus (1546)   Sed ecce Canisius omnes, quotquot Societas habuit scriptores, tribus annis praevenit [8]

[1] Bibliotheca coloniensis p 218 –219
[2] Vide epistulam ipsam infra n 19   [3] Cartas de San Ignacio II, 498
[4] Paulus Drews, scriptor protestans   „Das mufs anerkannt werden, dafs der Jungling [Canisius] noch unter den verhaltnismafsig besten Einflussen der katholischen Kirche aufwuchs, unter den Einflussen der Mystik   . Er erfuhr den Einfluß eines Kreises, der durch die strenge Mystik dem Jesuitenorden geistesverwandt war" (Petrus Canisius p 6—7)
[5] Hartzheim l c p 255   [6] Vide supra p 37   [7] Vide supra p 22
[8] Sommervogel l c II, 617   A Jundt, cum anno 1875 non sine dubitatione quadam Canisium editorem Tauleri dixisset, postea cum certitudine dixit (La grande En-

Ceterum grato animo profiteor me in his, quae modo proposui, inveniendis et stabiliendis consilio et opera reverendorum Patrum Henrici Denifle et Pauli de Loe, ordinis praedicatorum, adiutum esse

7.
BEATUS PETRUS FABER S. J.
CANISIO.
Moguntia 21. Innii 1543.

Ex apographo eiusdem temporis, quod est in pagina altera epistulae archetypae a Fabro ad Alvarum et Canisium 28 Novembris 1543 missae

Edita in „Cartas del B *Pedro Fabro*" I, 355—356 Usus est ea *Hansen* l c p 175

De exercitiis spiritualibus Ioannis et Danielis sacerdotum a Canisio missorum Iubet Canisium pro iis Deum precari

Jhesus[1]

Charissime in Jesu Christo Frater.

Gratia Jesu Christi dominj nostrj et pax illa quae exuperat omnem humanum sensum confortet et confirmet cor tuum et intelligentiam tuam[2]

Nuncius hoc sero sese mihi certus obtulit, quem nolo abire ad vos vanum, et tamen nihil nouj habeo quod scribam, nisi quod cupiam intelligere sj quid nouj apud vos est*

Duo sacerdotes quos ad me impulistj bene habent, et maxime optant vt tu memoriam ipsorum continuam facias in tuis orationibus[3], absque his enim alter eorum non facile sperat se posse inuenire eos affectus quos tu maxime coniectas, alter vero timet vt non possit inuenire id quod nimio affectu optat, Nolj igitur deesse eis, sed obsecra dominum vt alterj det voluntatem faciendi id quod nouerit, alterj vero vt det potestatem inueniendj id quod vult, sic vellent fierj ipsj orationes pro se, Ego vero cupio vt oretis dominum deum ipsorum et nostrum, vt dignetur vtrique aperire voluntatem suam bonam beneplacentem et perfectam[4] vt eam possint exequj postquam agnouerint[b]

---

* *Signum sequitur, quo indicari videtur in autographo nouum versum incipere*
[b] *Sequitur idem signum, quod supra*

---

cyclopédie Sous la direction de MM *Berthelot*, *Derenbourg* etc IX (Paris, sine anno), 39—40

[1] Ipse quoque S Ignatius epistulas suas a nomine Iesu incipiebat atque etiam eodem concludebat, nam in sigillo Societatis idem nomen comparere volebat Vide quae hac de re disputata sunt in „Cartas de *San Ignacio*" I, 416—421.

[2] Phil 4, 7

[3] Deliberasse hi videntur, essetne vita religiosa sibi capessenda Utrumque Societatem Iesu ingressum esse, asseritur in * cod „Hist gymn. ti cor", f 19b Sed vide infra, p 94 adnot. 1 2   [4] Rom 12, 2

Dominus Joannes[1] esset contentus paucis vt cito posset redire ad vos, dominus autem Daniel[2] adeo cupit bona finalia et ipsos fructus, vt nulla media ad lucrum deputet, nondum intelligit quam bona sit acquisitio spiritualis aurj, Vtinam ipse posset iuxta desideriorum famem et sitim[a].

Habenda autem mihj est ratio aetatis eius quae alioquj nimium multis exercicijs est aggrauata[b].

Commenda me domino meo et patrj et fratrj in Christo priorj Carthusiensium colomensium[3], et domino vicario eiusdem domus[c].

Christus Jesus semper sit in corde tuo, et in corpore tuo senciatur spiritus eius

Moguntiae XXI die Junij 1543

                            Tuus in Christo frater et amicus singularis
Rescribe   Petrus Faber

† Charissimo in Christo fratri et singulari amico magistro petro Kanisio nouiomago in edibus Mag. Andree Bardwick licentiati theologie Canonici ad gereonis Coloniae.

---

[a] *Idem signum sequitur*   [b] *Idem signum sequitur*
[c] *Idem signum sequitur*

---

[1] Sunt qui suspicentur Ioannem Covillonium (Couvillon) insulensem significari, qui sub id tempus in Societatem receptus est, vel etiam Ioannem Aragonium (Mosen Juan de Aragon), qui Fabrum ex Hispania in Germaniam comitatus erat et aestate anni 1542 Spira Coloniam ad loca sacra visenda venerat (Cartas del B P *Pedro Fabro* I, 127—128 150—152 *Fabri* Memoriale p. 51—54. 81—83) Sed Canisius Colonia 12 Augusti 1545 Fabro de monasterio quodam ordinis S Birgittae scribit, in quod ingressus sit „D Ioannes Domini Danielis socius" Moguntiae

[2] In „Historia gymnasii trium coronarum" l c asseritur eum fuisse Danielem Pacybroeck denderamundanum, qui Societati nomen dedit Sub idem tempus „M Daniel Coloniensis" Societatem ingressus esse videtur (*Olii Manareus* S J, De rebus Societatis Iesu commentarius [Florentiae 1886] p 4) Inter amicos et discipulos, qui Fabrum 30 Decembris 1544 per Canisium salutant, „Dominus Daniel in Carthusia" comparet, et Faber litteris Vallisoleto 9 Iulii 1545 Coloniam missis priorem Carthusiae „cum toto conventu et D Daniele" salutat Daniel igitur ille, qui anno 1543 Moguntiae cum B. Petro Fabro fuit, non Societatem Iesu, sed Carthusiam coloniensem ingressus esse videtur.

[3] Gerardo Kalckbrenner sive Hammontano.

8.

CANISIUS

CORNELIO VISHAVAEO,

sacellano in ecclesia S. Petri lovaniensi [1]

Colonia mense Septembri 1543.

Ex libro operis manu scripti instar edito „De rebus Societatis Iesu commentarius *Oliverii Manarei*" (Flor. 1886) p. 10—11

Ex *Radero*, De vita Canisii p. 236 ad 238

Petrum Fabrum et institutum Societatis Iesu ei commendat

P *Oliverius Manareus S J.*[2] *circiter annum 1600 inter „puncta", quae iussu Claudii Aquaviae praepositi generalis pro historia Societatis collegit et Romam ad P. Nicolaum Orlandinum Societatis historicum misit, haec ponit (c 1, § 13):*

Primus autem omnium qui Lovanii ad Societatis institutum animum adiecerunt, fuit P. Cornelius Wischaven, Mechliniensis, in aede primaria D Petri Sacellanus, et Confessarius ordinarius, vir probatae virtutis ac pietatis[3] *Oraverat diu multumque vir pius Deum et*

P. *Franciscus Costerus S J*[4] *P Matthaeo Radero S J, Bruxellis 24 Ianuarii 1613:*

Accepi hesterno die, quas R V dederat 5 Idus Ianuarij, cum initio vitae B Memoriae[a] *P Petri Canisij quod initium mihi valde probatur, estque conforme cum iis, quae mihi a B M P Cornelio Wischovio narrata fuerunt, eius condiscipulo apud D. Nicolaum Eschium, qui postea praefuit conventui Beginarum Distenii*[b] *Addebat bonus P Cornelius ad se datas ab eo ex Germania (Moguntia, ni fallor*[5]*) literas per P Petrum*

[a] Mariae *Rad*   [b] Bostenii *Rad*

---

[1] De hoc Vishavaeo (Wischaven) vide infra, adnot. 3, nota etiam, quae post hoc regestum de altero „Cornelio Wischaven" ponuntur

[2] Oliverius Manareus (Manare), anno 1523 in pago Quincy prope Duacum natus, studiis in universitate lovaniensi absolutis et sacerdotio suscepto, in Societatem Iesu receptus est Parisiis anno 1551 Qui rector fuit collegii romani, „commissarius" ordinis sui in Gallia et Germania, „assistens" et „admonitor" Mercuriani, praepositi generalis, quo mortuo totius Societatis „vicarius generalis" constitutus et a Claudio Aquaviva, Mercuriani successore, in Austriam, Germaniam, Belgium ad visitandas Societatis provincias missus est, in provinciis belgica et rhenana (1587 ad 1589) etiam praepositi provincialis munus gessit, mortuus est Tornaci die 28 Novembris 1614

[3] Piissimum hunc virum, anno 1543 in Societatem Iesu admissum, S Ignatius postea Romam evocavit et Messanam in Siciliam misit, qui in utraque urbe praeter alia etiam munus magistri noviciorum gessit, mortuum esse Laureti „in brachiis, ut dici solet", Manarei (anno, ut videtur, 1557) *Manareus* ipse refert l. c. p 155 Huius eximias virtutes enarrat *Matth Tanner* S J, Societas Iesu apostolorum imitatrix p. 70—76.

[4] Franciscus Coster (1532—1619), mechliniensis, in Societatem Iesu anno 1552 admissus, in provincia S. J rhenana semel (1578—1585), in belgica bis praepositus provincialis fuit, 40 fere libros edidit asceticos, polemicos, catecheticos, qui recensentur a *Sommervogel* l c. II, col 1510—1534, p xiv

[5] Vide infra, p 96 adnot 2

B Virginem ut indicare dignarentur, in quo vitae genere Deo et Ecclesiae ipsum deservire vellent Sensit autem non raro obversantem menti suae cogitationem, quod venturi essent aliquando boni aliqui Sacerdotes, quorum studiis et institutis si se adiungeret, Deo et Ecclesiae recte deserviret Dum hoc animo versat, ecce illi redduntur per P Fabrum et Franciscum Stradam¹ (quem secum Faber assumpserat) litterae datae Moguntiae² a P Petro Canisio, qui Exercitia Spiritualia Moguntiae, P Fabio directore persolverat .. Acceptis litteris P Cornelius gratias ipsis egit, ac benigne eos dimisit, antequam litteras reseraret Lectis porro litteris bonus pater totus confusus est, sensitque valde, quod viros tam praestantes, sicut ex litteris intelligebat, a se tam rustice dimisisset, non dubitans quin illi essent, quos illustratio divina assignaverat Nam Canisius eum hortabatur ut ipsis se adiungeret, eos esse eius instituti ad quod aspirabat. Nescius Cornelius quid ageret, continuo ad altare B Virginis se supplex prosternit, in simplicitate cordis dicens: O beatissima Virgo, duo ad me viri paulo ante venerunt, quos iam diu desideravi videre, eos autem a me dimisi, nec scio quo se receperint, et ubi eos invenire possim; dirige me, quaeso, et doce ubinam eos inveniam Finita oratione novo lumine illustratus, visus est videre domum, ad quam divertarant, et continuo ad eam concitato gressu se confert pulsat fores, a Francisco Strada Fabrium, quas ei Lovanium [?] adferebat Franciscus Strada tunc adolescens Cumque ei non esset ocium illas statim legendi propter vespertinum offitium, ad quod in Ecclesiam S Petri properabat, post reditum, ut eas aperuit, multa invenit de nostrae Societatis instituto, quae ipsum ad illud non mediocriter permonebant sed cum ab eo Franciscus Strada discessisset, ipseque ignoraret, ubinam hi duo in civitate hospitium haberent, contulit se postridie in templum fratrum Praedicatorum, ibi ad altare B Virginis precatus [est] B. Virginem pro auxilio inveniendae Domus illorum et tunc divinitus ei suggestum est, ut portam internae civitatis iuxta Monasterium S Francisci egressus ad latus sinistrum ianuam cuiusdam domus pulsaret³, quod et fecit invenit ibi utrumque A P Fabio de instituto Societatis nostrae instructus, deduxit ambos in domum suam iuxta Parochialem Ecclesiam B Michaelis, quam Societati donavit, atque ex eo tempore Societas Lovanium non deseruit, ad quam concionibus praedicti Francisci Strada necdum Sacerdotis, multorum magna accessio facta est Haec ab ipsomet P Cornelio Wischovio audivi..*

Mendum librarii vel typographi id esse videtur ac legi oportere Lovanii, nam Strada anno 1542 Lovanium venit (Orlandinus, Hist S J P 1, l 3, n 75), nec quisquam prodidit eum illo vel proximo anno Lovanio Coloniam venisse.

¹ De hoc vide supra p 78³.

² Scribendum fuit „Colonia" Nam Canisius mense Maio vel initio Iunii Coloniam revertit Faber autem eodem venit mense Augusto vel Septembri (Cornely l c p 132 Boero, l'alno p 125), atque eodem mense Septembri Lovanium profectus est (Fabri Memoriale p 335, ed mai p 326 Boero l c p 127)

³ Raderus ex relatione anno 1600 a Costero facta „Secundum coenobium [S Francisci] iubetur dextrum viae latus ingredi, tertiaeque inde domus ad sinistram fores pulsare "

hae aperiuntur , accedit et eiistigio P
Faber   se mutuo consalutant . P Cor-
nelius enixe rogat, ut ad suas aedes
licet humiles et angustas se recipere non
gravarentur, se vero non passurum ipsis
quidquam deesse pro sua tenuitate —
Haec cum ante plurimos annos mihi
narrata essent in Urbe, et nisi fallat
memoria, etiam alibi, rursus eadem con-
firmari audui a PP Bernardo Oliverio
iam Praeposito nostro Provinciali [1]*, ac*
Francisco Costero

Raderus l c. p 234—236 testatur Costerum anno 1600, „ad conuentum
Sociorum publicum inter alios Romam uocatum", eadem fere „in itinere ex-
posuisse"

Claris hisce virorum gravium testimoniis ea refelli videntur, in quibus — capite
tamen narrationis servato — complures Canisii Fabrique biographi nobiscum discrepant [2] II P Vanderspeeten S J censet Canisium non Cornelio Wischaven, sacellano S Petri, scripsisse, sed eius nepoti, qui eiusdem nominis ac cognominis erat
et paulo post Societatem et ipse ingressus est, huncque Cornelium Canisii con-
discipulum fuisse, atque ita nodum omnem dissolvi posse [3]

9.

CANISIUS

NICOLAO ESCHIO,

pastori Beginarum distemensium [4]

Colonia mense Septembri 1543.

Ex *Sacchino*, De vita Canisii p 27—28, scribente „ex eius aetatis commentariis" deprompta esse

„*Degebat*", inquit *Sacchinus*, „*Nicolaus hoc tempore haud Louanio procul*
in oppido Diestemio   Igitur literas ad eum Canisius dat, rogatque ut Fran-
cisci Stradae, qui redditurus eas literas esset, ne grauaretur audire consilia,
et quas exercendae mentis ruas idem proponeret [5]*, experiri   Eas literas ibi*
Nicolaus accepit, et Stradam iudit hominem tanto se aetate inferiorem, sibi
uetusto Magistro supernacaneum putauit imberbis pene adolescentis subire
dictata" [6]

— — — — —

[1] Bernardus Oliverius (Olivier) anno 1556 Tornaci mortuus est
[2] V. g *Sacchinus*, Can p 27—28
[3] „Corneille Vishaven, premier Jesuite belge" in „Collection de Piecis Histo- .
riques" XI (Bruxelles 1862), 457—472
[4] De eo v supra p 17—19 36 92 95
[5] Exercitia spiritualia S Ignatii
[6] Eschius postea Societati amicissimus fuit   Quae apud Sacchinum sequuntur,
cum iis parum conuenire videntur, quae Canisius Fabio 12 Martii 1545 scripsit

10.

BEATUS PETRUS FABER [1]

ALVARO ALFONSO [2] ET PETRO CANISIO,

noviens S J

Lovanio 28 Novembris 1543

Ex archetypo (formae romanae, 1 p), sola subscriptio (vestra etc) est Fabri ipsius

Edita in „Cartas del *B P Pedro Fabro*" I, 360—362 197—200 Usus est ea *Hansen* 1 c p 180

De acquotatione sua Num sit (quod Poggius Nautius et Everardus Billick cupiebant) Coloniam rediturus Socios monet, ut valetudinem et studia diligenter curent, carthusianis et archiepiscopo laudensi obsequantur De Stempelio et Groppero ad Caesarem profectis et de Stradae orationibus sacris

Jhesus

Charissimj in christo fratres

Gratia Et pax domini nostri Jesu christi sit semper in cordibus nostris. literas vestras manu magistri petri [3] ad me .23 novembris

---

[1] Cum Hermannus de Weda [Wied], archiepiscopus coloniensis, per Bucerum Melanchthonem aliosque lutheranos gregem suum a fide catholica avertere conaretur Faber Moguntia Coloniam venit mense Augusto vel ineunte Septembri anni 1543 ibique exercitus spiritualibus tradendis et sermonibus sacris latine habendis operam dabat (Cartas del *B P Pedro Fabro* I. 192—194 352 Acta Sanctorum Iulii VII [Parisiis et Romae 1868], 493 [ex „*Annalibus Carthusiae Coloniensis*"]) Sed a S Ignatio iussus est in Lusitaniam ad Ioannem III regem proficisci „Ad profectionem", inquit ipse, „ego me accinxi in mense Septembri Veni autem Antuerpiam et dum non possem navigare, rediens Lovanium, incidi in febrem tertianam quae me detinuit duos ferme menses" (Memoriale p 335 [ed mai p 325]) Notatu dignum est Fabrum Coloniam primum venisse *Canisio* auctore, hic enim *Friburgo Helvetiorum 3 Iunii 1590 Coloniam ad 1 Arluinum Madium S J scripsit „R P meus Faber cui tam multum debemus, non venit Coloniam nisi a me rogatus" Sed a priore quoque Carthusiae rogatum esse ostendunt, quae *Faber* Moguntia 28 Maii 1543 Claudio Perissin, priori Carthusiae „du Reposon" scripsit „Le Dom Prieur des Chartreux de la citte de Cologne m hat escript ces jours passes, m'exhortant fort et désyrant affectueusement afin que je veuille visiter la citte de Cologne La necessité est grande, laquelle le fait escrire et pour tant je hay proposé d'aller" (Cartas I, 352) Hic non vacat disputare a quibusnam aliis Faber Coloniam evocatus sit num archiepiscopum accesserit etc (*Reiffenberg* 1 c p 10—12 *Hansen* 1 c p 168--180)

[2] Alfonsus Alvarus (Alvaro Alfonso) et Ioannes Aragonius (et supra p 94[1]) sacellani aulici Mariae et Ioannae, Caroli V filiarum anno 1542, Fabri virtute sancte delectati cum ex Hispania in Germaniam comitati sunt. Spirae exercitus spiritualibus ab eo exculti sunt. Societati nomen dederunt Aragonium Faber Moguntia secum Coloniam et inde Lovanium adduxisse videtur ut litterarum studia prosequeretur Alvarus mensibus Augusto et Septembri anni 1542 Treveros et Coloniam adierat, ut sepulcra sanctorum visitaret, atque inde Spiram reverterat ineunte mense Ianuario anni 1543 iterum Coloniae fuit (Memoriale p 31 209 Cartas etc I, 127—128 140 152 161—165 413—415)

[3] Canisium significari ex inscriptione huius epistulae intellegitur

scriptas hoc die ieccpi. giatissimas quidem illas. proptcrea quod
multas res (quarum* tenebamur desiderio) nunciarent. desiderio inquam sciendi. dolemus quidem. quod multa sint. que nos non possint
consolaii. ea videlicet que de Religione scribitis Jesus christus dominus noster: cuius res agitur det omnibus saniorem mentem Quidam
tabellarius, sese nunc nobis obtulit: qui adeo festinat vt nobis non
detur locus respondendi ad singulas partes epistolae magistri Petri,
Sed et infirmitas mea etsi jam satis remissa sit non permittit me
multa scribere. Dominus Franciscus¹ postea respondebit ampliter, hoc
igitui tantum scitote ex me longe melius habere quam hactenus
quamvis febris nondum omnino sit expulsa Sed et dominus Johannes
nondum rediit ad pristinam valetudinem². dimissus est tamen a febre,
Rogate igitur dominum. vt jn nobis compleat voluntatem suam De
meo reditu in coloniam nondum scio quid futurum est, Nuncius apostolicus mihi significavit se habere potestatem a summo pontifice:
jmpediendi profectionem meam in hyspaniam, oportebit tamen me
videre litteras vt intelligam si sufficiant ad impediendam priorem
obedientiam³ Jam scripsimus ad domnum Alvarum⁴ quemadmodum
factor⁵ regis portugalliae paratus est providere: juxta tenorem
epistolae domine Leonorae⁶ videat igitur et sibi caueat, de sua
culpa ne piopter malum regimen corporale, incidat in aliquam infirmitatem non mihi admodum probatur sic dimissis studijs vestris
vos totos detis operibus charitatis. ies quidem sancta est quod pauperes iecipiatis hospitio⁷ Sed danda est opeia. vt habeatis aliquos:
quos substituatis tali ministerio id quod scribitis de primo hospite
meo⁸ mihi valde displicet vtinam deus det illi mentem, cum ven-

---

* Sequitui iocabulum „singularum", postea deletum

---

¹ Fi Franciscus Strada S J , de quo supia p 78 95—97
² P Ioannem Aragonium tunc aegrotasse Lovanii etiam Polancus testatur I, 116
³ Ioannes Poggius (Poggio), Nuntius ad Caesarem missus (postea cardinalis),
qui Moguntiae tunc moratus esse videtur, optabat, ut Faber germanicam ac maxime
coloniensem ecclesiam iuuare peigeret (cf Cartas del B P Pedio Fabio I, 202)
⁴ Alfonsum Alvarum, de quo supra, p 98 adnot 2
⁵ Id est piocuratoi vel quaestor (.Uxor   primarii ministri Ducis [Factoiem
vocabant"] etc Polanius II, 495)
⁶ Nobilis ac pia femina Eleonora de Mascareñas cum Isabella, sponsa Caroli V,
in Castiliam venit et Philippum, „infantem Hispaniae", eiusque soroies ac postea
etiam Caiolum, eius filium („Don Cailos"), educavit, S Ignatium, quem virum
sanctum putabat, eiusque socios tantopeie piotegebat et adiuvabat, ut hic eam
„Madre de la Compañia" dicere soleret (Caitas de San Ignacio I, 205² Cartas
del B P Pedio Fabio I, 127 M Gachaid, Don Carlos et Philippe II I [Bruxelles
1863], 6—8)
⁷ S Ignatius inter sex expeiimenta piaecipua novicns subeunda recenset seivire in uno vel pluribus xenodochiis per mensem, et in variis officiis abiectis et
humilibus se exeicere (Constitutiones Societatis Iesu, Ex c 4, n 9 11 13)
⁸ Camisius in epistula anno 1590 Fiiburgo Helvetiorum Coloniam missa de
Fabio Coloniam primum advecto „Hospitium illi obtinuimus, apud bonum Civem

7 *

ditione omnium rerum suarum extinguendi litem illam. aut si nihil habet publice cedendi bonis². Ego vellem vt nulle littere vestre ad me venirent absque aliqua mentione commendationum prioris carthusiensium. et fratrum eius. quos maxime et omnibus modis salvos cupio et fortes in omnj virtute¹ vos autem ipsis esse obsequiosissimos et obedientes in domino Sicut et magistro Andreae² et Reverendissimo domino londens³ Animus quem Reverendus dominus prouincialis erga me habet⁴: et semper habuit facit, vt ego cupiam secundum christum voluntatem eius fieri. dico voluntatem eam: qua ipse desiderat reditum meum. Jndispositio corporis non me smjt plura scribere, precor Jesum christum dominum nostrum vt nobis omnibus det gratiam faciendi, patiendi, suam voluntatem bonam beneplacentem et perfectam⁵.

Lovanij 28 novembris 1543   vester in christo Frater
                                            Petrus Faber.

Litterae in quibus dicit Magister petrus se scripsisse, ad me de omnibus rebus. et eas misisse ad .M Nicolaum⁶ ad nos nondum pervenerunt.

Laurentius⁷ apud nos est et dominus tilanus⁸ bruxellis vbi est cesar. spero quod cito ad vos revertentur

---

¹ Vocabulum suis, quod sequitur, « Fabro ipso deletum esse videtur

non procul a templo Apostolorum habitantem" (Reiffenberg l c p 11) Ac P Ioannes Rethius S J, regens bursam trium coronarum coloniensem, in suis .Ephemeridibus" ad annum 1558 haec scribit (t 15ᵃ) „8 Jdus Januar venit ad nos Ioannes Spengius Rector scholae et concionator in Wroeden, dioecesis Monasteriensis W, petens aliquem Societatis, per quem ille paulatim in ea civitate jaceret fundamentum Collegii societatis sed ob paucitatem personarum nullus illi adjungi potuit primus hic fuit hospes R P Fabri Coloniae Huic dedimus catalogos undecim, quos ille spargat per Westphaliam et inferiorem Germaniam ille in sua schola leget utrimque Canisii Catechismum, Evangelia, et epistolas cum annotationibus Canisii, et nostras selectas epistolas Ciceronis Curabit, ut idem hi libri in aliis quibusdam scholis legantur" (Ex ° apographo saeculo XVII confecto, quod est Coloniae in archivo studiorum fundatorum)
¹ Faber carthusianos colonienses, ab ipsis rogatus, sacris S Ignatii meditationibus exercuerat, eaque exercitia etiam in libellum sua manu relata iis reliquerat. quorum et hospitio aliquamdiu usus est (Acta Sanctorum l c Reiffenberg p 12)
² Andreae Herll de Bardwick, cf supra p 17 94   ³ Georgio de Skodborg
⁴ P Iacobus Kritzradt S J (cf supra p 67) super verbum „prouncialis" scripsit „Carmelit Billichius" Ac dubitari vix potest, quin Faber egregium illum scriptorem et fidei propugnatorem Eucrardum Steinberger, vulgo Billick ordinis carmelitarum, significet, qui in universitate coloniensi theologiam tradebat et anno 1542 ordinis sui provincialis per Germaniam designatus erat
⁵ Rom 12 2   ⁶ Nicolaum Eschium ᵈ
⁷ „Laurentius famulus" 30 Decembris 1544 et 12 Augusti 1545 Coloniae degens. Fabrum per Canisium salutat
⁸ Domino cui huius coloniensis complures in Canisii litteris fit mentio In actis facultatis theologicae coloniensis (° Excepta P Iacobi Kritzradt S I, in cod .Hist gymn tr col " in fine et °Excepta P Nicolai Breuer O Er S Aug exeunte

Dominus Gropperus[1] hac transijt et iam est bruxellis Faxit
Jesus optimus vt ipsi querant diligenter: et jnvenjant gratiam apud
cesarem. in vtilitatem totius germanje

Dominus Franciscus[2], singulis dominicis pergit in predicationibus
idque cum admirabili auditorio. quod ita crescit vt iam ter opus fuerit
ei mutare locum

Jhesus

Charissimis in christo fratribus meis

Domino Alvaro Lusitano et magistro petio Kanisio in domo
dominj licenciati Andreae Barduich Canonici sancti Gereonis   Apud
eundem sanctum Gereonem.   Coloniae

Latori vnum stuferum[3] det

II.

BEATUS PETRUS FABER S. J.

CANISIO.

Colonia exeunte Ianuario 1544.

Ex *Radero*, De vita Canisii p 24
Eadem fere variat *Orlandinus* l c l 4, n 86

---

saec XVIII facta, in archivo urbano coloniensi [cod Univ N 14, p 7]) complures „Iohannes Stempel“ „a Tyla“ vel „Tylanus“ comparet, Thiel oppidum est
Geldriae Annis 1542—1544 Coloniae decanus erat facultatis theologicae (* Acta
facultatis l c) Exstat epistula archetypa a clero coloniensi Colonia 5 Septembris
1544 ad Ioannem a Naves, Caroli V vicecancellarium, missa, qua eidem commendant
„venerandum et religiosum patrem, fratrem Ioannem a Tyla dominicanum, Sacrae
Theologiae professorem et studij conuentus predicatorum Coloniae regentem
viruum pari doctrina et pietate zeloque domus dei non vulgari preditum“ (* Cod
„Causa Heimanni de Weda 1540—1546“ Litt A Conv 3, n 4) Distinguendus est
Ioannes hic Tilanus ab „Iohanne Pesselio Belga Tilae in Geldria ad Vahalim nato“,
quem Coloniae ordinem praedicatorum ingressum esse, ibidem aliquamdiu theologiam
tradidisse, „provinciae Teutoniae“ „priorem provincialem“ fuisse, circa annum 1549
obisse asserunt *Quétif* et *Echard* (Scriptores Ordinis Praedicatorum II, 135) et
„Epitomen operum S Augustini“ anno 1539 Coloniae vulgasse scribit *Hartzheim*
l c p 191 In necrologio monasterii dominicanorum viennensis „P Joannes Tilanus
Magst Provinc Teut“ Viennae professor universitatis fuisse et 7 Octobris 1556
obisse traditur, at „Liber de Universitate Viennensi“, qui manu scriptus Viennae
in archivo monasterii dominicani exstat, asserit eum anno 1558 vita cessisse (*Seb
Brunner*, Dei Predigerorden in Wien und Oesterreich [Wien 1867] p 5 15) Simili
ratione Ioannes Stempelius noster distinguendus est ab illo Ioanne Stempelio, qui
anno 1577 Coloniae praefectus Sodalitatis marianae (civium?) erat, cum antea Goudae
consulatum administrasset De quo „Nuntiaturberichte aus Deutschland 1572—1585“,
Bd I, bearbeitet von *Ios Hansen* (Berlin 1892) p 138 610 etc

[1] Ioannes Groppei, canonicus ecclesiae metropolitanae et „scholasticus“ ad S Gereonis, praecipuum ecclesiae coloniensis columen in tempestate ab Heimanno Wedano
excitata, qua in causa et ipse, et Tilanus Carolum V adierant   [2] Strada
[3] Stuferus (Styver, Stuber) = 9 centimes (centesimi) = 7 fere nummi germanici (Pfennig) Pecunia tunc multo maioris pretii (tripli, quadrupli, sextupli?) erat.

Canisius versus finem mensis Decembris anni 1543 Neomagi patri morienti adstitit[1] et hereditatis suae magnam partem pauperibus distribuit, reliqua sibi assumpta, quae se sociosque Coloniae sustentare posset. Faber autem, urgente Xantio Poggio, a Paulo III et Ignatio Coloniam redire iussus est. Qui, ut ipse scribit, „post festum Regum huius anni"[2] (post diem 6 Ianuarii 1544) Lovanio abiit et per Leodium, Traiectum, Aquisgranum transiens Coloniam advenit die 22 Ianuarii cum duobus Sociis. Aemiliano de Loyola, S Ignatii fratris filio, et Lamberto Castro [Duchâteau] leodiensi, theologiae baccalario[3]. Canisium Coloniae non invenit, nam 24 Ianuarii Cornelio Vishavero de eo scripsit „Ipse in patriam iit et patrem sepeliit, reversurus autem ad primam vocem, quam ex nobis receperit"[4] „Postquam" autem — haec de Fabro Rado us refert — [Canisium] „Patre functum persolvere debuit, extemplo ad eum literas amoris et officii plenissimas expediuit, in quarum exordio, cum de morte patris aequo animo ferendo solatus, monet, et quamprimum Coloniam reuertatur"

12.
CANISIUS
WENDELINAE CANIS,
novercae suae

Colonia exeunte Ianuario 1544.

Ex *biographia Canisii, a P Iac Keller S J composita et a P Iac. Buder-mann S J transcripta, cod monac „Keller, Can 1" f 6b

Cf Raderum, De vita Canisii p 25

Cum Canisius, Fabio monente, Neomago Coloniam reuertisset, e vestigio litterae novercae[5] cum scriptae sunt, quibus haec grauiter querebatur, Petrum praepropere Coloniam rediisse, fundos paternos alienis erogasse, a peregrino homine (Fabium significabat) per specum reliquiis ob spem praedae circumventum[6] Respondit Canisius lenibus verbis Fabium et seipsum defendens atque exponens, quare Neomagum redire non expediret[7]

13.
CANISIUS
BEATO PETRO FABRO S. J.
Colonia 27 Augusti et 27 Septembris 1544

Ex apographo, confecto circiter annum 1870 ex autographo, quod est in *„Varia Historia rerum gestarum a Societate Iesu intra et extra Europam"[8] tom 1, f 65—64

---

[1] Cf supra p 8   [2] Memoriale p 337 (ed mai p 326—327)
[3] Memoriale 1 c Cartas del B P Pedro Fabro 1, 212—213 215 372
[4] Cartas etc 1 c p 374
[5] „Quam de cetero nihil minus quam Nouercam sibi ipse testatur fuisse" (Sacchinus, Can p 30)   [6] Cf Raderum 1 c p 24—25
[7] De epistula, qua Faber novercae respondit, vide infra, monum 16
[8] „Varia Historia" tribus tomis manu scriptis constat, olim collegii S J com-plutensis (Alcala de Henares) erat cf Cartas de San Ignacio 1, p vii

Pars epistulae, italice versa, est apud *Boero*, Fabro p 183—186 [1]

Socii colonienses a senatu urbe cedere iubentur   Canisii responsum   Rector universitatis in auxilium vocatur   Canisius ad Societatem deserendam vehementer sollicitatus, in ea etiam firmior consistit   Rector ab universitate ad consules placandos mittitur   Socii separatim habitare incipiunt   P Claudius Iaius ab iis consulitur, et Poggii, nuntii apostolici, auxilium imploratur   Hermannus archiepiscopus Socios urbe pelli postulat   Ipsi in aerumnis gaudent   Vexatio augetur, intercedit Tilanus dominicanus, finis turbarum   Aliqui Socii Colonia discedunt   Canisius scholas et orationes sacras habet   P Vishavaeus Lovanii mira efficit

ihesus

Reverende semper in Christo pater ac domine mi FABER.

Gratia et pax Domini Nostri Iesuchristi semper maneat una cum Dominatione Vestra.

Quod hactenus nemo nostrum coepit ut ne miserabilem tragoediam imperfectam narraremus[2], id ego nunc, Deo iuvante, qualecumque est, scribere aggredior   Neque moror amplius quin paternae pro nobis solicitudini tuae mirandam filiorum sortem adaperiam[3]   Igitur a discessu tuo qui fuit XII Iulii plane fraterno animo nos mutuo complectebamur, studia vero quiete, ut numquam antea, praecipuoque ardore tractabamus   In suo quisque [a] officio consistebat quomodo

---

[a] quidquam *apogr*

[1] *Boero* haud recte asserit diebus 21 Augusti et 21 Septembris datam esse

[2] In secunda matricula universitatis coloniensis (f 168) 25 Iunii 1544 hi Societatis Iesu vel candidati vel tirones vel scholastici inscripti sunt „Mag Lambertus de Castro iuravit ad theologiam et est baccalaureus, Mag Petrus Faber iuravit ad theol et est baccalaureus, Dom Leonardus Kessel de Lovanio iuravit ad artes, Mag Ambrosius de Lyra iuravit ad theol, Mag Daniel Paeynbruck de Teneramunda iuravit ad theol, Mag Jacobus Faber Duacensis iuravit ad theol, Thomas Balvich de Thornaco iuravit ad artes, Dom Alvarus Lusitanus iuravit ad artes, Mag Franciscus Calsa ex Balsalona iuravit ad theol " (*Leon Ennen*, Geschichte der Stadt Köln IV [Köln und Neuss 1875], 498—499)

[3] Cum B Petrus Faber mense Ianuario anni 1544 Lovanio Coloniam revertisset, ex Canisii aere hereditario conducta est domus „auf der Burgmaur", haud longe ab ecclesia metropolitana, in qua Faber cum Canisio et tribus aliis sociis iuvenibus (cf supra p 98[2] 102) habitare coepit, quibus mense Iunio complures alii accesserunt Societatis scholastici   Hos Faber ad pietatem formabat, et practer alia, ut ipse scribit, „latine praedicavit, in schola artium, omnibus diebus Dominicis, et reliquis festis, absque extraordinariis praedicationibus" (Memoriale p 337, ed mai p 327)   Sed sub finem mensis Iunii ad senatum urbis delatum est advenas illos novum ordinem religiosum meditari   Qui senatoribus ad rem cognoscendam delectis responderunt se veterem religionem catholicam tenere et vitam, quam instituissent, ex speciali facultate summi pontificis instituisse   Paucis diebus post Faber novum a S Ignatio mandatum accepit, quo in Portugalliam ad regem proficisci iubebatur, et 12 Iulii Colonia discessit (Memoriale 1 c)   Abiens autem Socius „M Leonhardum Kessel praefecit". *Canisius* in *litteris 3 Iunii 1590 ad Madium datis (cf supra p 98[1]) Similiter (temporum tamen ordine nonnihil neglecto) *idem* in *parte nondum vulgata epistulae ad P Ioannem Busaeum S J datae Friburgo Helvetiorum 2 Ianuarii 1596, apographum est in cod colon „Litt Epistt var " f 11 12   Ceterum vide infra, monum 17—20

abiens constitueias; et exorta pei Senatum contra nos turbatio rem nostiam stabilire tacite videbatur Veium XXVIII die Iulii praeter omnem exspectationem iedit ad nostium hospitium Consul ille qui piius cum hic etiam esses, a Senatu missus ad nos venerat[1], nunc tamen celebriori quam tunc Senatorum Caterva stipatus Is Magistrum Petrum de Halbs[2] et me domi offendit, omniumque Senatorum Consedentium nomine sic locutus est. Retulimus ad Senatum quas nupei instituti ac purgationis vestrae iationes accepimus nunc auctioiem reddi numerum vestrum intelligimus. Tum hic eiant plus minus undecim. Ego, recte. inquam, nunc tantum novem[3] Ille, mhil cunctatus, ut ut est inquit, Amplissimi Senatus nostii sententiam ac edictum adfero Vobis quotquot hic una degitis ex nostra civitate statim demigiandum erit, quoquo tandem velitis, nec longius hic nobis ciitis ferendi Nullam ad haec rationem prorsus allegaiunt. Ego itaque sic interloquebar Dominos nostros Senatoies tantum iogamus ut, si nobis hinc fueiit cedendum, ielinquant honestum testimonium salvae nobis et famae et innocentiae. quo probemus exteris nulla flagitiorum causa nos hinc extuibatos; quod multis alioqui in piochvi erit de nobis suspicaii Rem veluti indignam hanc repudiarunt Si, inquiunt, non acciti, neque iogata piius nostia sententia huc accessistis, neque nunc ullo nostio testimonio comprobati abscedetis Rursus ego · Si vobis est pio ratione voluntas, animadveitant, precoi, Domini, quam indigne viros innocuos ejicere cogitent, ut qui suis tantum sumptibus literarum studia prosequuntur. adeoque rectius expendite qua demum purgatione summo Judici Deo tantum his illatam injuriam comprobetis Tum illi concitatiores dixere et tu minaris nobis? Placide iespondeo: nihil minaium vobis intento, sed de ratione Judici Deo ieddenda vos admoneo quod Dominis innocentibus giavissimum edictum piaesciibatis Cuiate vos, inquit Consul. ut ne secundo iedeumdum nobis huc sit ob piacteiitam Senatus hanc sententiam octo dies concedimus intia quos de re familiari disponeie liceat, interim ad hinc exeundum accingimini Tandem exeuntes ita dimissi Deum libentes* piecabimur pro vobis omnibus ubicumque futuii

---

ª libens *ῃῳῃ*

[1] Goswinus de Lomersheim is eiat (vide infia, monum 19ᵉ) Qui 24 Decembris 1543 senatoi (ad annum) electus est sive „initiavit consulatum" * Cod „Ratsliste 1139 Weihn - 1622 Ioh " Coloniae in aichivo historico civitatis

[2] Petrus Faber (De Smet), natus anno 1518 in oppido Hal piope Biuxellas, in Soeietatem admissus Lovanii ineunte anno 1544, inde statim cum compluribus aliis tironibus a Beato Petio Fabio in Lusitaniam missus et a P Simone Rodeiicio inde statim in Belgium iemissus, obiit iectoi collegii S J patavini anno 1548 ([L Delplace s I] L etablissement de la Compagne de Jesus dans les Pays-Bas [Biuxelles 1886] p 1* Caitas del B P Pidio Fabio I, 210 212 Manaieus, Commentaiius p 4)

[3] Fabei mense Julio, cum ad itei lusitanum se accingeiet, Danielem Paeybioeck et Jacobum Lhostium Colonia Romam miseiat (Oilandinus l e l 4, n 104 Polaneus, Chionicon l, 133)

sumus[1] Oh nos jam felices tanto honore cohonestati' Cur enim
honor non est tanta severitate dijudicari, proscribi, exterminari, citra
rationem omnem, praescitim ubi tam atrox injuria praeter demeritum
infligitur, non a scurris, sed a viris honoratis ac omnium opinione
prudentissimis, atque in fide per omnem Germaniam longe constantis-
simis; quorum concors sententia causam facit illustriorem[2] Hanc
vero sententiam in nos editam tota pene civitas etiamnum comprobat, eo quod juste factum clamant ut sectae novae auctores sub-
moveantur. Omnes hominum congressus et convivia circa nos judi-
candos damnandosque versantur Quin volitant passim et carmina
de Jesuitis, bene famosa Signum sumus cui contradicitur, ut
revelentur ex multorum cordibus cogitationes[3] Prius
auditum est, Boni; nunc vero, Non, sed seducunt[4] juvenes quos
ad se pelliciunt; seducunt matronas etiam quarum nummis gaudere
norunt. Sic transimus per famam bonam et ignominiam[5],
non digni fortasse, qui corporis itidem et sanguinis oblatione confite-
amur et glorificemus Dominum crucifixum Amicos vero, quibus
confidere posse videbamur, fideliter mutos et quietos experti sumus,
aut qui saltem privatis* consiliis nos juvare contenti fuere potius
quam sese pro nobis objicerent Magistratui Quod proculdubio Prior
Carthusiae[6] non detrectasset, si Dominus pro maiori nostrum probatione tantum amicum non voluisset abesse in hunc usque diem Ego
Senatorum edictum retuli primum ad Reverendum Dominum Londen-
sem[7] et Licentiatum Magistrum Andream[8] Hi non parendum existimantes jubent audiri Rectorem[9] Rector in coena me detinuit, querelas, nescio quas, ut satis audivisti, replicans, et hoc nostrum
institutum diuturnum esse non posse pro suo capite contestans, me
vero magno cum fructu putans ad communem istorum statum divertere
posse, etc Nunquam putaram futuros tantos ac [tam] varios qui,

---

* saltem privatis saltem *apogi*

[1] Multa ex iis, quae in hac epistola de primorum Sociorum coloniensium vexatione referuntur, adhuc ignota fuerunt

[2] Leo X Coloniam „agri domini piissimam et religiosissimam cultricem"
appellavit (L *Ennen*, Geschichte der Stadt Köln III, 781 IV. 189) Anno 1520
Lutheri scripta Coloniae sollemniter concremata, ibidem multi contra eum eiusque
sectatores libri compositi sunt Bucerus 30 Martii 1542 Vadiano scripsit Hermanno de Weda „cum maxima cleri parte etiam ipsa civitas in causa Christi
[lutheranismi] refragatur" (apud C *Varrentrapp*, Hermann von Wied I [Leipzig
1878], 120²)   [3] Luc 2, 34   [4] Io 7, 12   [5] 2 Cor 6, 8
[6] Gerardus Kalckbrenner   [7] Georgium de Skodborg dicit.
[8] Andream Heill
[9] Rector universitatis tunc erat Magister Hermannus Blanckfort (Blankenforst)
monasteriensis, pastor ad S Columbae, quem capitulum metropolitanum anno 1542
Hermanno de Weda miserat ad orationes in feriis natalitiis habendas Buceriumque
ab eius aula arcendum (*Varrentrapp* I c I, 134 *Fr I v Bianco*, Die alte Universitaet Koeln I [Koeln 1855], 833)

ut illi fecere, amanter alio me vellent abduxisse· In duobus Gymnasiis me jam saepe multumque Lectorem expetiverunt, etiam illi
penes quos Lectorem instituendi jus manet   In Collegiatis Ecclesiis
duabus, ut in summo templo, et apud Sanctum Gerionem, omnium
Coloniae clarissimis, obtulerunt mihi praebendas; fucus hic erat. Primum ingenii mei nobilitatem aliquam commendare visi sunt, ita ut,
quum possem, jure velle quoque deberem id quod hoc tempore plui-
mum illustraret hic gloriam Christi, quod ad communem fructum et
aliorum salutem rectissime spectaret, et quod me cumprimis Deo
gratum, Coloniensibus frugiferum, iisque omnibus acceptum redderet,
nempe, si, non alio secedens, quae jam coepissem studia absolverem,
docendi vero auctoritatem doctorali promotione mihi facerem auctio-
rem Id quod ut commodius assequerer, ecclesiasticis bonis opus esse
in hoc ipsum constitutis, etiam juxta Christi intentionem, ut, qui deservit
altari, non suis militet impensis sed vivat de Altario[1]. Quasi
modo praesumptuosum sit ad vitam redire apostolicam illam quando
ministris sua stipendia constituta non erant[2], quae etsi [?]ᵃ nunc non
essent Apostolos in nuditate imitandos arbitrarentur Sed quia, inquiunt, patrimonium tibi obtigit opimum satis, aut hinc pios et studiosos tibi fovendos assume[3], aut si plane vis Evangelium ut tu inter-
pretaris, imitari, patrimonium desere, bonisque pauperum in Ecclesia
sustentare Nihil hinc amplius tibi permitte [quam]ᵇ quod ad victum
et amictum satis est Reliquum in honestos usus ad omnem aedificationem converte Tuum est pro tuis viribus quas firmabit Deus,
huic afflictae Ecclesiae opem adferre vivendo [?]ᶜ, legendo, concionando.
Ceterum pudet ista longius prosequi ne frigidorum hominum nugis,
quas facile confutavi, videar ipse mihi conciliareᵈ laudem, quam certe
nullam mereor. Dominus docet manus ad praelium et digi-
tos ad bellum[4], cum eruit servulum suum de manu filiorum
alienorum, quorum os loquutum est vanitatem[5] Quidni?
Promptuaria eorum plena. utinam adhuc non eructantia ex
hoc in illud[6], etc. Ego quidem istorum insultu firmior factus adhuc Deum precor pro ipsis ac etiam contra ipsos ut in concilium
eorum non veniat anima mea et in coetumᵉ illorum non
veniat gloria mea[7] Cumque sit mei memoria frequens, ubicumque
de Jesuitis incidit sermo, nihil tamen adeo deplorant quam me. Bonus is
est. inquiunt, et hujus ingenii candore simplici abutuntur ad suae sectae
confirmationem, eumque nobis hinc abstrahunt et abducunt longius

ᵃ si ᵇ Vel nisi ᶜ Sic orando ᵈ conciliari apogr ᵉ coetu apogr

[1] 1 Cor 9 4—15 Cf Matth 10, 10   Luc 10, 7   1 Tim 5, 18
[2] Act 20, 33—35 1 Cor 9 15 18
[3] Canisius id praestabat tum erga eos, qui de Societate erant, tum erga externos v g Georgium Lidelium Cf supra p 15 et infra, monum 14
[4] Ps 113, 1   [5] Ps 113, 11   [6] Ps 143, 13   [7] Gen 49, 6

Hoc modo cunctorum calumniis etiam Ecclesiasticorum obnoxii sumus
Nunc ad Rectorem redeo, cui nescio quid imputant amici nostri.
Consultum fuit ut indignam edicti seventatem Rectori per supplicationem explicaremus, et ad ipsum ceu patrem et judicem nostrum
referremus causam omnem ac totius innocentiae famaeque defensionem[1] Id a me factum est. Quae supplicatio omnibus omnium calumniis abunde respondit ac Rectoris erga nos curam et patrocinium
debitum[a] postulavit in tanto Senatus furore Placuit supplicatio tam
Rectori quam Decanis omnium facultatum. Rectori tantum ea cura
credita fuit ut praecipuos Consules super nostro negotio conveniret
auditurus cur ita censuissent[2]. deinde commodius ab Universitate
supplicationem pro nobis exhiberi posse judicatum est At Rector
Consules admodum nobis offensos invenit partim ob speciem conventi-
culi quam prae se ferret nostra cohabitatio, partim ob novae Religionis
quam meditaremur introductionem[3] et ad quam bonos juvenes pelli-
ceremus cum parentum injuria Hac hebdomada sibi literas a Caesare
missas fuisse testabantur quibus juberentur e civitate pelli novatores omnes aut novae sectae vel professionis homines, cujusmodi
hic manere conquestus esset ipse Caesar[4] Id vero pro sua prudentia retorserunt in nos Respondi Rectori tantum abesse ut
Caesar suis literis nos voluerit notatos ut etiam polliceamur statim
nos exhibituros longe diversam Caesaris sententiam quam suis ipse
scriptis comprobaturus sit Consules nullam dilationem recipiendam

----

[a] deditum *apoyi*

----

[1] Urbanus VI, cum anno 1388 Coloniae „Studium Generale ad instar Studii
Parisiensis" institueret, parisiensis etiam universitatis privilegia eidem impertivit,
v g „securitatem viarum et portuum, eundo, redeundo, morando, portando, repor-
tando" Omnia universitatis „supposita" immunitatibus et privilegiis clericorum
fruebantur (*Bianco* I c I, 75 90, Anlag 1—3) Ac *Iacobus Middendorpius*, qui
et ipse saeculo XVI rector universitatis coloniensis fuit, affirmat [Rector huius
academiae] „in omnibus causis, criminalibus et civilibus, iurisdictionem exercet
Solus haeresis cognitionem non vsurpat Est huius academiae Rector, praeter
aliarum quarundam morem, privilegiorum quoque conservator et index" (Academiarum orbis Christiani libri duo [Coloniae 1572] p 279) Urbs coloniensis academiae patrona quaedam erat, academicorum personas, iura, bona, libertates tuebatur,
idque potissimum per quattuor „provisores" suos praestabat (*H Keussen*, Die Stadt
Koln als Patronin ihrer Hochschule, in „Westdeutsche Zeitschrift für Geschichte
und Kunst", Jahrg 9 [Trier 1890], p 344—404, Jahrg 10 [Trier 1891], p 62—104)
[2] „Sex Coloniensis Reipublicae consules habentur, quorum bini, per vices,
integro anno magistratum gerunt quatuor autem seniores academiae provisores
appellantur, qui nihil, quod ad splendorem eius pertineat, de sua diligentia praeter-
mittunt" (*Middendorpius* I c p 281—282) *Keussen* vero affirmat quattuor illos
provisores ex consilio quidem urbis delectos esse, munus autem „provisorum" usque
ad mortem retinuisse (l c IX 349—351)
[3] Quia Coloniae monasteria iam exstabant multa eaque compluribus oneribus
publicis libera, cives nova condi nolebant
[4] Nescio an litterae Caroli V significentur, quas 15 Augusti 1543 [1544?]
coram senatu urbis lectas esse affirmat *Ennen* (l c IV, 454)

esse putarunt, sed nec Caesaris quidem literis in aliam sententiam
quam quae pronunciata esset se permovendos esse testantur, non
dubitantes quin praesenti Caesari suae sententiae justam dare possint
rationem Ista cum renunciasset mihi Rector, parum spei nobis reliquum fecit, addens, ita pertinaciter Consules tueri sententiam suam, ut
praemonuissent nulla ratione vel opera Universitatis in aliam mentem
deflecti se posse. Quare non est, inquit Rector, ut frustra tentemus
quicquam contra Magistratus quorum favore nobis et gratia opus
est: alios velim amicos vobis concilietis Tantum hoc remedii superest ut in varia hospitia segregemini Quae disjunctio paulatim pla-
cabit Senatus furorem, cui nunc patienter cedendum est ad tempus
facile fuerit postea ad mutuum redire consortium[1]. In hanc sententiam amici, quotquot consulere poteramus convenerunt nec aliter
mitigari posse Magistratum testificati sunt Non tamen acquievimus
nisi primum collatis inter nos quoque sententiis judicassemus ad Dominum Claudium[2] haec omnia referri oportere, quomodo nos ipse
praemonueras Tardius enim Roma super his responsura videbatur.
Missimus[3] igitur Magistrum Ambrosium[3] Augustam una cum Canonico
Tornacensi[4] Is ex auditu quia praeclaram de nostra Societate opinionem conceperat, clam quaesivit nos Lovanii, inde Coloniam nostra
causa petens Vir hic est aetatis provectae, nuper sacerdos, et ante
annos forte sex apud Parisienses Artium Magister effectus: genere
quidem et patrimonio clarus at longe clarior eo quod insens parentibus
fortiter et suos et sua relinquere constituerit ob nudum Christum
cui soli, vel apud nos, si permittatur, vel in alia Religione totum se
cupit devovere Mirabilis ac plane laudabilis Deus qui tum afflictos
servos suos novo fratre dignatus est consolari et augere Confratrem
jure dixerim qui nobiscum in tribulationibus gaudere potuit[5], sed et
nobiscum, si opus fuisset, non solum in carcerem, verum etiam in
crucem et mortem duci voluit[6]. Nos tamen ut ne saevientium am-

---

ª Sic Eadem scribendi ratio postea quoque complures recurre[t]

---

[1] Quid rector hac de re in „libro Actorum" notaverit, vide infra, monum 20

[2] P Claudium Le Iay S J (cf supra p 13⁴) paucis ante mensibus a Paulo III
et ab Hieronymo Ver illo Nuntio sibi obtinuerat consiliarium et adiutorem Otto Truchsessius de Waldburg, episcopus augustanus (Gius Boero S J, Vita del Servo di
Dio P Claudio Iaio [Firenze 1878] p 55—60)

[3] „Ambrosius de Lyra", „Belga" (Liere, Lier urbs prope Antverpiam), Gandiae
in collegio a S Francisco Borgia condito anno 1516 magister constitutus et proximo
anno mortuus est (Orlandinus l c l 6, n 60 l 7, n 58) De eo scribit etiam Ioh
Nadasi S J. Annus dierum memorabilium Societatis Iesu (Antverpiae 1665) p 74

[4] Is erat Quintinus Charlat, theologiae licentiatus, in pago Baudour (in Belgio)
natus Qui anno 1553 primus in collegio romano casus conscientiae explicavit et
anno 1554 a S Ignatio Tornacum ad causam fidei fulciendam missus est, mortuus
ibidem mense Iulio anno 1556 (Orlandinus l c l 13, n 2, l 14, n 48 L Delplace S J, Le Protestantisme et la Compagnie de Jésus à Tournai au XVIᵉ siècle
[Bruxelles 1891] p 16—25)　[5] Cf 2 Cor 7, 4　[6] Cf Luc 22, 33

mos aucto jam numero provocaremus illico dimissimus Magistrum
Ambrosium et ejus comitem hunc ipsum Canonicum. Nunc vero quid
Dominus Claudius sive Chaius de nobis statuet rescire percupimus,
utrum * Romam, an Lovanium, quod plerique malunt, profecturi simus
Magister Lambertus [1] et Ego a Magistro Andrea, veteri meo hospite,
vocati sumus et excepti. Magister Petrus de Hallis et Magister
Jacobus [2] apud Praedicatores; Dominus Alvarus et Magister Franciscus [3] apud Bursam [4] cubicula sibi conduxere Dominus Leonardus [5]
et Thomas [6] quotidie Bursam visitant, etiamsi victum et domicilium
habeant in Carthusia [7]. Sed vivit Dominus qui dispersiones Israelis congregabit [8]. Corpore disjunctos ad tempus, idem spiritus
firmiori glutino brevi connectet spero quam antehac unquam. Dei
gratia fit ut jam in suo quisque officio contineatur perinde ac dum
congregatim viveremus Domum quam in annum conduxeras alteri
tradere cuperemus. Quicquid a Domina Margareta [9] et altera vidua
mutuo sumpseramus modo restitutum est Ut primum alio ablegabimur,
Deo juvante ad iter erimus expediti; quod nec mihi difficilius fore
confido prae aliis, tametsi pluribus adhuc sarcinis gravato Sed juvabit certe ab his collum excutere tandem ut jugo Christi suscipiendo
sim aptior, dum nudus nudum Christum et hunc crucifixum specto,
sequor, disco, et teneo. Quia vero Senatus non movebatur literarum
mentione quas a Caesare nos impetraturos promisseramus, idcirco
Dominum Poggium Legatum Apostolicum urgere super his noluimus,
cum partim tuis ad ipsum literis, quas missimus, partim Reverendissimi Domini Londensis et Magistri Nostri Tilani [10] scriptis haec
omnia sint perscripta Iunxit tamen et Dominus Alvarus suas ad
illum literas, ut certo credamus tantum Patronum vel tua causa nobis
adhuc profuturum, licet ea defensio sera forte futura sit Mirum quam
simus odiosi Archiepiscopo nostro, cujus fides apud Catholicos omnes
tam olet sordide [11]. Is Consules Colonienses jam saepe monuit coram
ac severiter, ut nos, diabolicae sectae homines et Reipublicae pestes

* an utrum *apogr*

[1] De Castro (Castrius, Duchâteau), cf supra p 102
[2] Iacobus Faber, duacensis, magister artium, qui theologiae operam dabat,
cf supra p 103²
[3] Calza (Calsa), studiosus theologiae, de quo supra p 103²   [4] Montanam
[5] Leonardus Kessel, lovaniensis, de quo supra p 103² 103³, et saepe infra.
[6] Thomas Balvich, tornacensis, artium studiosus (cf supra p 103²), qui idem
esse videtur ac Thomas ille Poghius, de quo *Orlandinus* l c l 4, n 82 104, et
Manareus l c p 4, cf *B Petri Fabri* Memoriale p 337
[7] His verbis refelluntur Orlandinus, Reiffenberg etc scribentes hanc Sociorum
separationem factam esse anno 1545   [8] Ps 146, 2
[9] Questenburch seu Questenberg de qua plura infra
[10] Ioannem Stempel O Pr, tilanum, dicit, cf supra p 100³
[11] Faber clero, universitati, civibus in fide catholica confirmandis operam dabat,
id quoque agebat, ut Caesaris et Nuntii auxilium contra archiepiscopum per litteras
imploraretur (cf Cartas del *B P Pedro Fabro* I, 191 238 378)

minime ferrent, sibi nostros conatus jam perspectos esse, nec alios
quam exploratores huc manere nos, hinc sibi cessandum prius non esse
quam omnes e sua Diocesi comperiat exturbatos ni [1]   Benedictus
Deus qui tanto potiores haberi nos volunt ipsis Apostatis, Haeresiar-
chis, ac Monasteriorum desertoribus; qui non modo [non] propelluntur,
sed propositis etiam stipendiis huc undecumque accersiuntur, ac splendide foventur [2]   Timent quidam impulsu Archiepiscopi nos huc ne
segregatim quidem ferendos esse a Senatu quoad a Domino Chaio [3]
responsum detur   Verum, quantula vis hominum est quamlibet malorum, si ea non divina voluntate fulciatur. Ubi proinde sic Deo
visum erit, recte nobiscum agi non dubitabimus, ac eo rectius, quo
plurium saevitiam experiemur   Tyrocinium hoc est ac ludus tantum.
Utinam utinam digni simus nonnumquam quibus pro Christi nomine
legitima certamina decernantur, ita ut nostra sitis, et fames, et gloria,
et quies, et pax, et vita omnis in cruce sit Domini Nostri Jesu
Christi [4]. Patris totius consolationis [5] ac spei Per quem summis
votis Reverendam Paternitatem Tuam ac fratres nostros qui tecum et
circa te sunt, obsecramus huc omnes ut orationibus vestris infirmitatem
nostram adjuvetis [6], perpetuo memores nostri Salutamus denique quotquot isthuc nobis in Christo charissimi fratres agunt, quos et ego peculiariter compellans oro et obsecro, lacrimans etiam, ut peccatoris
Kanisii velint libentes [*] apud Deum semper meminisse

Coloniae 27 [7] Augusti
Reverendae Dominationis Vestrae
Quem in Christo genuisti filius et servus
Petrus Kanisius Noviomagensis

[*] libens *apogi*

[1] Haec (cf etiam infra, p 111) clare ostendunt, quam non recte *Jos Hansen* affirmet, Societatis Jesu historicos fabulam narrasse et sua ipsorum commenta protulisse,
cum assererent, Socios ab Hermanno archiepiscopo ad consules delatos esse („Die Ordens-
litteratur fabelt von einer besondern Anzeige Hermanns v Wied an den Rat   Die Anzeige gehört in den oben geschilderten Märchencomplex " Die erste Niederlassung der
Jesuiten in Köln 1542–1547 Zugleich ein Beitrag zur Kritik der Litteratur des Ordens
in „Beitrage zur Geschichte vornehmlich Kölns u der Rheinlande" [Köln 1895] p 196 ')
[2] Martinum Bucerum ex sacerdote zwinglianum, anno 1542 secundis nuptiis
junctum Wibrandi Rosenblatt Oecolampadii et postea Capitonis viduae, Hermannus
archiepiscopus mense Decembri ejusdem anni contionatorem constituit in summo
templo bonnensi quem proximo anno, Hermanno probante, religionis „reformandae"
gratia convenerunt Melanchthon Pistorius, Hedio, ex catholico contionatore moguntino zwinglianus minister apud argentinenses   „Reformationem" a Bucero et Melanchthone exaratam Hermannus anno 1544 omnibus capitulorum rusticorum decanis
misit Eodem favente „evangelium purum" promulgabatur Andernaci a Sarcerio,
et Bonnae a Joanne Meinertzhagen, qui ex conventu minoritarum colomensi pro-
fugus palam uxorem duxerat   (*Bunco* l c I, 424 *Varrentrapp* l c p 123 125
157–178 178 232 *Ign Döllinger*, Die Reformation II [Arnheim 1854], 22–23)
[3] Claudium Jaium (Le Jay) dicit   [4] Gal 6, 14   [5] Cf 2 Cor 1, 3
[6] Cf Rom 15 30–33 2 Cor 1, 11
[7] Ita   non 21 (Boero) — interpretari oportet signum, quod est in auto-

pro quo Tua Paternitas orare dignetur.

Cum ista scripsissem [1], adeo non refrixit Senatus aestuans saevitia ut deinde quotquot nostrum invenissent* comprehendere voluerint utut jam disjunctos   Quod certe factum fuisset nisi in ipso quasi momento Magister N Ticlanus occurrisset duci carnificum qui nos jamjam in carcerem erant abducturi   Sed nescio an potius gaudere debeamus quod per amicissimum virum Deus id a nobis tum averterit, an potius dolere, ut mihi videtur, quod tanta gratia frustrati simus   Etenim veram gratiam fore putassem dum ejuscemodi beneficiis pensantur tua[b] erga Colonienses beneficia nostrumque omnibus gratificandi studium. Sed et optabile mihi videtur vinculorum carcerisque fructus gustasse   Paulo jam post creati sunt novi Consules et hi nobis addicti [2], praesertim mihi, quem, veluti ducem fratrum maleficorum, statuerant prius conjiciendum esse in carcerem   Sed brevi post deferbuit furor, nullumque periculum nobis timendum fuit   Conquievit saeva de nobis fama; coepitque major fieri de nobis existimatio.   Nisi quod Archiepiscopus palam testaretur et repeteret se facturum ut hic non relinqueremur, scilicet, e sua Dioecesi profligaremur.   Nunc vero Clerus primarius et secundarius [3] plane concors liberrime obsistit conatibus Archiepiscopi sui ut is facile nos dimissurus sit   Responsum Domini Claudii sic habebat ut 14 Septembris abiremus hinc Augustam et Romam universi, quod fieri non potuit ob languentem Dominum Lambertum qui nunc mensem febribus affligitur cum vitae suae periculo ut etiamnum una cum medico metuimus   Dein fratribus visum est magis ex tua sententia futurum, si, ut et praemonueras, hinc omnes non facile discederemus, nisi tamen Superioribus ita videretur.   Verum Dominus Alvarus in primis literis dum rem omnem retulit ad Dominum Claudium, ait se non prudenter satis egisse, quod timidiuscule scripsisset ac si nullus hic omnino locus aut

---

* invissent *apogr*   [b] tum *apogr*

---

grapho (*W Wattenbach*, Anleitung zur lateinischen Palaeographie [4 Aufl. Leipzig 1886] p 102)

[1] Occasio opportuna has litteras ad Fabrum mittendi Canisio mense Augusto non videtur esse oblata

[2] Quam consulum electionem Canisius hic significet, nescio   Bis singulis annis altera senatus „sedentis" pars officium deponebat, aliaque ad annum iis substituebantur, sive „senatum" vel „consulatum intrabant", sub festum nativitatis Domini et sub festum nativitatis S Ioannis Baptistae (24 Iunii), atque ex publico senatorum coloniensium catologo („Ratsliste 1439" etc   cf supra p 104[1]) constat dimidias illas senatus renovationes pro anno 1544 factas esse 24 Decembris 1543 et 23 Iunii 1544   Consules rem publicam gerentes (Burgermeister) a 23 Iunii 1544 — 24 Iunii 1545 erant Arnoldus de Siegen et Hermannus Sudermann

[3] „Clerus primarius" vocabatur capitulum metropolitanum, „secundarius" ceterorum canonicorum collegia, abbatiae, nobilium virginum coenobia, „tertiarius" pastores, monasteria, ceteri conventus   Hoc eo ipso tempore testatus est Caspar Gennep typographus coloniensis (*Varrentrapp* 1 c p 142[2])

spes manendi superesset Unde post acceptum a Domino Claudio
responsum, quia vidit nullo modo verum esse quod ipse putarat,
mutavit sentantiam, dicens sibi dubium non esse, quin et Domino
Ignatio et Dominationi Tuae placeret ut saltem per hiemem etiam
omnes maneremus Coloniae, nisi major habenda esset ratio impen-
sarum Quae ut satis essent. potius mediam partem ad Dominum
Claudium abire oportere Profecto apud omnes ego multum urgebam
ut ob multas vitae meae distractiones ablegarer: id quod diu credidi
certo futurum Sed re tandem omnium votis trutinata nemo non
reclamavit, et me cum infirmo relinquendum decreverunt, adjunctis
etiam Domino Alvaro. Domino Francisco[1] et Domino Leonardo[2]. Ceteri
iter ingressi sunt Augustam versus Unus Thomas in hac perturbatione sic se a nobis alienavit ut Carthusiam adiens ibi recipi constanter petierit; sed quia nos non audiebat permissimus eum suo
spiritu duci Qui Carthusiensibus ipsis postmodum agnitus prorsus
improbabatur nec juvenem sibi convenire dicebant Tandem ad nos
rediens Thomas. flexis genibus, tentationem illam profitetur et in
sodalitium nostrum restitui rogat Quidam recusarunt prius, at Magister Petrus jam difficilem hunc expertus in peregrinando[3] talem
invenit spiritum ut Thomam qui alioquin Lovanium fuerat a nobis
remittendus Romam usque secum perduceret etiam solus[4]. Alii con-
senserunt ut Dominus Claudius de juvene disponeret, quem non con-
stantiorem fuisse dolemus[5] Ego denique modo Germanice concionari
coepi Lectionem habeo diebus festis in Matthaeo Sic enim Regentes Bursae Montanae postulaverunt[6]. Et cogor jam Diaconatum
hic suscipere Tanto magis Kanisii velint meminisse fratres quum
orant Intra mensem centum fere Virgines ad Monasteria transierunt
opera Domini Cornelii[7] qui nunc in dies apud omnes majoris ducitur
cum etiam Dominus Licentiatus ille qui contradixerat, graviter poe-

[1] Calza
[2] Leonardus Kessel B Petro Fabio Colonia 18 Ianuarii 1545 „Consilio
fratrum ego servivi infirmo, et M Petrus Kanisius quotidie visitavit medicum et
curavit alia necessaria" (Cartas del B P Pedro Fabro I, 426—427)
[3] Petrus Faber halensis et Thomas Poghius ineunte anno 1544 Lovanio Conim-
bricam missi, sed inde brevi post in Belgium remissi erant (Manareus 1 c p 3 4
Orlandinus 1 c 1 4, n 82 103 104)
[4] Id est Thomae Romam perducendi studio incendebatur, idque studium a
bono spiritu proficisci censebat
[5] Kessel in litteris supra allatis Fabio referre potuit Thomam iam Romae
esse apud S Ignatium
[6] In bursa montana Evangelium   docui" (Canisius in *litteris ad Madium
datis cf supra p 98¹)
[7] Lovanii haec effecta sunt a P Cornelio Vishavaeo, qui etiam, antequam Societatem noverat „monachorum et monialium monasteria replebat" (Polancus 1 c
I, 116) Mirum prorsus sancto huic viro inerat charisma, quo taedium rerum humanarum et virginitatis amorem animis inspiraret Imago primi saeculi Societatis
Iesu (Antverpiae 1640) p 865 —866

niteat   Oretis pro Magistro Lamberto diligenter qui nunc morti propinquior videtur quam vitae.   Salutabis plurimum venerandos Dominos meos Franciscum de Strada, Andıeam[1], AEmilianum[2], Alexandrum[3] et praesertim Germanos omnes.

Propter Dominum Nostrum velis me fratrum omnium precibus commendare   1544 27[4] Septembris   Coloniae

ihesus

Reverendo plurimum in Christo Patri ac Domino meo Magistro Petro Fabro de Societate nominis Iesu.

Facile patet scribendi et interpungendi rationem, qua Canisius ipse in hac epistula scribenda usus erat, a librario ad nostri temporis morem accommodatam esse   Qui idem in ceteris quoque epistulis Canisii ad Fabrum datis praestitit, quas infra ponemus   Quomodo autem ipse Canisius scribere consueverit, ex multis aliis epistulis facile cognosci poterit, quas ex ipsis autographis descriptas proponemus

Fabei Canisio rescripsit Vallisoleto 9 Iulii 1545

14.

M. HERMES POEN [5],

canonicus Iovaniensis et Societatis Iesu novicius

SOCIIS COLONIAE DEGENTIBUS [6].

Conimbrica [7] 19. Decembris 1544.

Ex apographo eiusdem temporis (2°, 1½ pp)

Hortatur eos, ut persecutionem Coloniae exortam atque aerumnas quaslibet patienter et laete perferant, propositis sibi aeternis praemiis ac Christi doctrina et exemplo

---

[1] Andreas Oviedus (Oviedo) S J toletanus studiorum causa Parisios et Lovanium et inde anno 1544 a Fabro cum Strada, Ioanne Aragonio, Hermete Poen, Ioanne Covillonio, Maximiliano Capella (de la Chapelle), Cornelio Vishavaeo iuniore, aliis in Lusitaniam destinatus est   Qui postea episcopus hierapolitanus et socius Nunni, Aethiopiae patriarchae, designatus et in ea terra multa pro Christo passus est
[2] De Loyola, cf supia p 102
[3] „Alexandrum" in actis non reperio, foitasse Canisius scripsit vel scribere voluit „Maximilianum" [Capellam], vide supra adnot 2
[4] Idem signum in autographo, quod supra p 110
[5] Hermes Poen (Pijn, l'ayneus), ex oppido belgico Renaix oriundus, Lovanii canonicus erat ecclesiae S Petri et in collegio liliano ethica explanabat, anno 1544 a Deo in Societatem Iesu vocatus et a Beato Petro Fabio in Lusitaniam destinatus est   Mortuus est Vallisoleti in Hispania (Cartas del B P Pedro Fabio I, 210 Polancus I c, 189 Manareus I c p 4 Orlandinus I c I 4, n 82 84 L Delplace, L'établissement de la Compagnie de Jesus dans les Pays-Bas [Bruxelles 1886] p 1*)
[6] Cum Canisio Coloniae tunc erant Alvarus Alfonsus, Leonardus Kessel, Lambertus de Castro, Irancıscus de Calza
[7] Conimbricae (Coimbra) Ioannes III , Lusitaniae rex, Societatis collegium liberalissime condidit, quod valde amplum et celebre factum est   Vide opus multis

Jesus

Chaiitas flamma aidorque amoris Dominj nostrj Jesu Chiistj jnflammet
atque exuiat corda vestra fratres m Chnsto Jesu Charissimj

Paucis ab hinc mensibus aliquoium fiatium schedas non minus
gratas quam suaues accepj, quibus nonnihil afflictionis a Colomae
jncolis fraties nostios vibe explodeic conantibus perpessos cognouj,
nunc eoium animos vobis placatos Diuma clementia an habeatis et
a temeranio atque miquo conatu cessent, nescio, hoc vnum per misericoidiae visceia vos rogo, vibe eijci sj contingat, etiam pulueres cal-
ccamentorum excutitc[1] hostilem fugientes ciuitatem atque vitae
euangelicae memores cum gaudio omnia sustinete, patienter ferte, hila-
iiter toleiate, et patientiam habete propter eum quj extreme patientiae
exemplar nobis omnibus fuit   Terreno oppido excludj sj duium videatur, patriam coelestem vobis patere gaudete, ab hommibus despicj.
abijcj et deprimj giaue sj sit, a Deo erigj, suscipj et consolarj magni-
facite, miseriam et paupertatem patj molestum sj judicetis, aeternis
fruj delicijs jucundum esse perpendite, sj denique dolores, merores.
anxietates, tribulationes, afflictiones, peisecutiones, opprobria, contumelias, miuiias, iirisiones, detractiones, frigora, calores, famem, sitim.
jnfiimitates, flagra, verbera, mortem (inquam) ipsam feiie difficile
sit, jn memoriam ieuocate vestram, paulj veiba consolationis plena.
non sunt condignae passiones huius seculj ad futuram
gloiiam quae reuelabitur in nobis[2], hic Chiisto morj lucrum est[3]. Secundum caiiiem viucre perire est[4]. Chiisto moitui
quj Chiisto patitur, Chiisto patitur quj Chiistj vestigia sequitur[5].
Christj vestigia sequitur quj abnegat semetipsum (juxta Dominj
verbum) et tollit crucem suam[6] et nudus nudum sequitur, quo
ad crucis suppliciuim, ad carnis mortificationem, ad corporis passiones,
m laboiibus, m sudoribus, m angustijs, m miserijs, et sanguinolentum
Jesum miserijs plenum in teriis jmitetui quem iegnantem m coelis et
triumphantem asseouj sperat, quippe ad Chiistj gloriam peruenie quj
studet, Christj ignomimiam ferat ante necesse est   Haec enim sola via
est qua itui ad supeios   Haec sola via est qua nulla bieuior, nulla
commodior, nulla certior coeleste regnum petentj esse poterit   Huius
viae dux imo jpsa via est Jesus Chiistus Dominus nostei quj se
viam nominat quj se ducem declaiat. dum ait Ego sum via veritas et vita[7], quj sequitui me non ambulat in tenebiis[8]
Sequammj igitur illum fiatres m Chiisto Jesu Charissimj, m humilitate, patientia, longanimitate. paupertate, obedientia et charitate"

hguiis oinatum „Histone de saint Ignace de Loyola pai le P Daniel Bartoli.
Tiaduction ievue et annotee, par le P L Michel S J (Biuges 1893) p 354
    [1] Matth 10, 14   Maic 6, 11   Luc 9, 5
    [2] Rom 8, 18   [3] Phil 1, 21   [4] Cf Rom 8, 12 13
    [5] Cf 1 Peti 2, 21   [6] Matth 16, 24   [7] Io 14, 6   [8] Io 8 12
    [9] Cf 2 Coi 6, 6   Col 1, 11

semper gaudentes, sine intermissione orantes, in omnj
re gratias agentes[1] Domino Deo nostro quj bonorum omnium
remunerator est[2] fidelissimus, sj quid durj aut praeter animj sententiam vobis eueniat imperturbato (precor) semper feratis animo, fortique
sustineatis pectore, ob oculos ponentes Ducem nostrum Jesum in Cruce
extrema patientem, vulneratum, laniatum[a], flagellatum, laceratum,
sanguine madentem, tabidum, marcidum, languidum, pressum denique
mille doloribus, et expirantem animam benedictam, vt spiritum viui-
ficantem inspiraret peccato mortuis[d], quo (vt spero) sj viuatis, iam
vos exoptare Dej filio in omnibus conformes fierj non dubito. quem
quj propius accedit in hoc exilij loco proximiorem se fore speret in
futura gloria, seruus Domino quj [?][b] adest in omnibus, seruus cum
Domino patitur in omnibus, seruus cum Domino gaudet in omnibus; vt
cum Domino miseriarum particeps est, jta cum Domino delicias communes habet. O foelix ille seruus et omnj ex parte beatus, quem rex
gloriae in seruum assumpsit, foelix ille seruus quj Dominatuum Domino seruire meretur. foelix seruus quj nudum Jesum in terris sequj
dignus est. quem nudum sequj ditescere est, Cuj seruire regnare est,
cum quo morj viuere est. Moriamur fratres Charissimj cum Christo
vt viuamus cum Christo, sequamur nudum, vt veste regia tegamur
nudj, seruiamus humiliter et [?][c] triumphantei regnemus atquj Domino
fideliter vt quis seruiat, paucula verba sunt cordj habenda, Quicquid
agat, ad Dominum referat, ab illo mercedem petat, quicquid patitur.
Domino patiatur[e], cum illo patientiam habeat, quicquid querat, Dominum querat, in illo inueniet, cum illo dabuntur omnia quae mens
beata desiderare posset. Conemur igitur viribus omnibus gratiam im-
plorando illius[c], imitarj illum, venarj[f] illum, curare illum, somniare
illum, amare illum, amplectj illum, sperare ad illum, aspirare ad
illum [, ad] Jesum nudum, velut ad extremam anchoram confugere,
a quo omnis nostra dependet salus, in quo vno omnis spes sita est,
per quem solum subsistimus, viuimus, morimur ad gloriam quam nobis
tribuere dignetur quj est benedictus in secula[4]. Vobis omnibus
fratres in Domino amantissimj salutem exopto plurimam, singularique
amplector amore P: petrum Fabrum[5], D. Canisium, FF. Jacobum[6]
Duacensem, Danielem[7], P: Leonardum[8] caeterosque nobis fraternitatis

---

[a] lancatum *apogr*   [b] qui *omittendum esse videtur*   [c] vt ?
[d] patitur *apogr*   [e] illum *apogr*   [f] Venerari ?

[1] 1 Thess 5, 16—18   [2] Cf Hebr 11, 6
[3] Cf Rom 6, 2 Eph 2, 5   [4] 2 Cor 11, 31
[5] Petrum De Smet („Fabrum de Hallis") significare videtur. Nam Beatus
Petrus Faber (Favre, Le-Fevre), S Ignatii primus socius, ipse in „Memoriali"
(p. 338, ed mai p 328) affirmat se 24 Augusti 1544 „appulisse Ulissiponem"
idque Hermes certe comperit, immo haud multo post Faber conimbricenses Socios
invisit (*Orlandinus* 1 c l 4, n 138).   [6] Fabrum, vide supra p 109
[7] Paeybroeck ?, vide supra p 103² 104³   [8] Kessel

vinculo iunctos quorum nomina mihj incognita sunt   Jubet quoque
ad vnum omnes salutarj Pater andreas[1]   bene valete in Chiisto.
Conijmbiie anno 1544: 14 Ca: Janu
                    Vester confiater in Domino Heimes pijn
    Vno ' non minus docto quam pio P Petro Fabio caeterisque
Fratribus in Christo Charissimis Colomae

15.

CANISIUS

WENDELINAE CANIS,

novercae suae [2]

Coloma 27. Decembris 1544 [?]

Ex versione gallica aichetypi flandrici, ab *anonymo* confecta et edita in „Collection de Precis historiques" XXV, 25—26, cf supra p 72

*Maestam noveicam consolatur, proposita imagine et doloribus Beatae Matris
Dei, monet, ut sollicitudinis omnes in corde Maiiae deponat   Liberorum et famu-
lorum curam ei commendat, matrimonium novum dissuadet*

Que Jésus-Christ vous conserve' Très-Chère Mère,
    Gisbert[3] m'a remis votre lettre   Je ne puis pas l'aider, paice
qu'il n a pas les talents nécessaires pour étudier   Je vous donne pour

---

    Jesus Christus te incolumem servet ' Mater charissima,
    Gisbertus [3] epistulam tuam mihi tradidit   Non possum eum adiuvare, nam
ingenium ei deest ad litterarum studia necessarium   Imaginem Mariae tibi do, quae

---

    ª *Haec inscriptio in initio apographi a libraio posita est*

---

    ¹ Oviedus
    ² Filia fuisse haec fertur Wichmanni van den Bergh consulis et Maigaritae
Zeller et vita cessisse cuciter annum 1560 (*Bonycarts* I c p 4³) P *Ioannes Hasius*
S J Imbrica die 11 Ianuarii 1614 haec de ea scripsit Monachium ad P Matthaeum
Raderum S J „Intelligo P Alberum cupere scire nomen noveicae P Petri, et matris
P Theodori [*sic Hasius, at Theodoricus hic vocabatur*] Canisij secundae vxoris Jacobi
patris vtriusque, vocata fuit ea Wendelina von dem Berg, sive de Monte quae fiatrem
habuit R D Doctorem Burchaidum von dem Berg, qui fuit a sacris Imperatori
Ferdinando f i et post Decanus aut Piaepositus collegiatae ecclesiae Arnhemij·
quae Wendelina Jacobo Canisio genuit quatuor filios, P Theodorum, D Geraidum II Consulem Neomagensem, patrem P Jacobi vestri Canisij, Ottonem Arn-
hennensem Consulem, et Gisbertum Item totidem eidem filias procreauit, Aegidiam
matrem nostrorum PP Jacobi p in et Theodori Riswichiorum, Elisabetham matrem
Domini Jacobi Uwens exconsulis Neomagensis, cuius filius societatis est in Flandria,
Claram Abbatissam Wameliae, et Jacobam matrem Domini Reineri Riswichij LL
Licentiati, et Aduocati in Belgio familia autem illa von dem Berg Neomagij fuit
multo tempore Consul is" (* Epistula autographa, in Cod lat 1611 bibliothecae regiae
monacensis n 100) Burchardus van den Bergh, postquam ab aula Ferdinandi recessit,
Arnhemii decanus ecclesiae collegialis S Walburgis fuit (*L II Chr Schutjes*, Geschie-
denis van het Bisdom s Hertogenbosch Vijfde deel [St Michiels-Gestel 1873] p 266)
    ³ Canisius certe fratrem suum ex patre Gisbertum, Wendelinae filium, significat

gage d'affectueux souvenir une image de Marie. Qu'elle vous serve
de miroir et de consolation lorsque la tristesse vous accable! La sainte
Mère Marie fut, durant toute sa vie, en mille douleurs et anxiétés
à cause de son cher Fils. Car, lorsque le Seigneur était encore jeune,
elle méditait et voyait clairement, grâce à l'illumination de son esprit,
tout ce que les tendres membres de son Enfant avaient encore à
souffrir. Elle couvrait de ses pleurs les petites mains et les pieds
à travers lesquels on devait faire passer violemment de gros clous,
et elle baisait la tête bénie qui devait être couronnée d'épines.
Ainsi, Très-Chère Mère, offrez toute votre affliction en union avec
la douleur de la Sainte Mère de Dieu Remettez tous vos soins,
toutes vos charges dans le cœur affligé de la Reine du ciel, qui
peut mieux vous protéger que tous les hommes[1]. Ne prenez pas
tant à cœur ce qui ne peut être changé Si vous avez dû satisfaire
par des versements d'argent M. Vanden Berghe[2], pensez que vous
n'avez pas fait assez pour les pauvres Je crains que vous n'attachiez
trop d'importance aux deux prébendes. Malheur, malheur à vous,
si vous ne faites pas dire pour les deux les heures prescrites à la
place de [vos] deux [enfants auxquels vous les destinez] et si vous
ne faites pas élever ceux-ci sévèrement[3]. Je vous prie avec instance
au nom de Dieu que vous usiez de plus d'autorité et de sévérité
envers vos enfants et votre domesticité. Vous êtes accoutumée à

pignus sit gratae, quam colo, tui memoriae   Haec imago speculi instar tibi sit et
consoletur te, cum tristitia opprimeris   Sancta mater Maria per totam vitam suam
sexcentos dolores et angores capiebat pro dilecto filio suo   Cum enim dominus
noster puer esset, ipsa pro intelligentia, quam a Deo acceperat, omnia considerabat
et clare videbat, quae teneris filii sui membris perferenda forent   Lacrimis parvas
manus pedesque conspergebat, qui magnis clavis atrociter transfigendi essent, et
beatum caput osculabatur, quod spinis esset coronandum   Ita, charissima mater,
omnes aerumnas tuas Deo offer, coniunctas cum dolore sanctae illius matris Dei
Omnes sollicitudines omnesque molestias tuas in cor maestum reginae caeli conde,
quae melius te protegere potest quam ceteri homines cuncti[1]   Neve tam aegre
feras id, quod infectum fieri non potest   Quodsi pecuniis solutis Domino Vanden
Berghe[2] satisfacere debuisti, cogita, te pauperum saluti parum consuluisse   Timeo,
ne nimis sollicita sis de duabus illis praebendis   Vae, vae tibi, si preces horarias
pro ambabus praescriptas non curaveris loco duorum, quibus eas praebendas destinasti, filiorum ab aliis recitandas, vel filios illos diligenter educandos non curaveris[3]
Dei nomine enixe te rogo, ut gravius et severius cum liberis et famulis agas   Nimis

[1] En, sicut Canisius inter primos cultores cordis Jesu fuit, ita et cultum
quasi praecurrit, quem ecclesia nunc cordi beatae matris Dei tribuit
[2] Hic cognatus Wendelinae fuisse videtur
[3] Wendelina duobus filiis suis (Theodorico et Gerardo vel Ottoni?) comparare
voluisse videtur beneficia duo ecclesiastica ex illis, quae „simplicia" vel „non curata"
dicuntur, vel similia, ad quae lege vel testamento onus adiunctum erat horarum
Beatae Mariae Virginis vel maiorum canonicarum recitandarum   Notandum autem
haec agitata esse ante reformationem, quam concilium tridentinum hisce in rebus
instituit

etie en cela trop faible Je désire de même que vous vous débarrassiez de beaucoup d'imaginations fantastiques par lesquelles le démon vous empêchera de prier avec ferveur et pourrait vous entrainer à contracter un nouveau mariage Il me semble que vous suivriez un bon conseil en formant le ferme propos de ne pas vous marier du moins cette année· vous obtiendriez ainsi de grandes graces Je ne vous oublierai pas, non plus que la croix | que vous portez]. Cette croix vous ne devez pas seulement la porter, mais encore la désirer, la rechercher, l'aimer et y rattacher toute votre espérance, même si tous vos amis devaient devenir vos ennemis et si vous ne deviez recevoir ni de moi, ni d'aucune autre créature la moindre consolation. Dieu daigne vous fortifier et vous gouverner par sa grace Amen.

Cologne, à la fête de saint Jean [1], 1545 [?]

Pierre Kanijs. votre fils,

toujours votre serviteur en Dieu.

---

enim eis indulgere soles Opto etiam, ut a multis cogitationibus ineptis te expedias, per quas diabolus te a fervore precationis abducet et ad novum matrimonium contrahendum inducere possit Bonum consilium secutura esse mihi videris, si firmiter tibi proponas, te hoc saltem anno nemini nupturam sic enim magnas gratias a Deo impetrabis Non obliviscar tui nec crucis, quam baiulas Hanc crucem non solum ferre debes, sed etiam desiderare, inquirere, amare et omnem spem tuam in ea defigere, etiamsi omnes amici tui inimici fierent, et si neque a me neque ab ulla alia re creata vel minimum solatium tibi praeberetur Deus gratia sua te confirmare et gubernare dignetur Amen

Colomae, die S Ioanni sacra [1], anno 1545 [?]

Petrus Kanijs, filius tuus,

qui semper servus tuus est in domino

Nota· Editor belga in fine huius epistulae loco anni 1545 ponit annum 1543 et putat Canisium haec scripsisse 27 Decembris 1544 „stili· quem dicunt nostri, annum enim ab eo incipi stilo tunc communi, sive „stilo aulico“, i e a festo paschali Verum incipi a festo nativitatis Christi epistula proxime secutura ostendit, quae incipiendi ratio tunc Colomae recepta erat [2] At 27 Decembris 1543, stili coloniensis, Wendelina nondum erat vidua [3] Dicendum igitur esse videtur errore vel editoris belgae vel ipsius Canisii annum 1543 positum esse loco anni 1545, hasque litteras datas eo ipso, quem Belga noster dicit, die 27 Decembris 1544

16.

CANISIUS

BEATO PETRO FABRO S. J.

Colonia 30 Decembris 1544

Ex apographo, circiter annum 1870 confecto ex autographo, quod est in „Varia Historia etc (et supra p 102) t I, f 79—80

---

[1] Festum S Ioannis Baptistae agitur 24 Iunii, festum S Ioannis Evangelistae post festum nativitatis Christi, id est 27 Decembris, hoc festo Canisium scripsisse, non illo, indicari videtur eo, quod novercae infantem Iesum considerandum proponit
[2] Cf supra p 70 74   [3] Vide supra p 102

Particula italice versa est apud *Boero*, Fabio p 216—217

Quam strenue Coloniemses et Leodienses religionem catholicam contra Hermannum de Weda tueantur   Quid pro eadem fecerint archiepiscopus salisburgensis, Cochlaeus, P Claudius Iaius   Camsius concilium agi cupit Largitiones Ottoms Truchsessii et Theodorici Hezii   Profectio aliquot Sociorum   Fratris Lamberti de Castro mors, sepultura, virtutes   Cornadus moguntinus Fabri „Dictata in psalmos" Canisius, diaconus factus, in templo contra protestantes disputarit, „declamationem quodlibeticam" magno cum splendore habuit, ad theologiam docendam urgetur   Petrus Kannegiesser Societati additus Prioris Carthusiae beneficentia Amici alii Camsius pro subsidiis spiritualibus supplicat

ihesus

Reverende pater in Christo Domine Faber

Gratia et pax Domini Nostri Jesuchristi sit semper cum Domi-natione vestra.

Si molestum est filio patrem non videre, non salutare coram, bis molestum erit de absente nihil audire prorsus. Ita nobis peracerbum fuit et plus quam mirum, quando paternis saltem literis hucusque frui non potuimus. Tot nunc mensibus desiderabili tuo conspectu frau-damur. interim neque Roma quicquam ad nos misit neque Portugallia, nisi quod paucis ante diebus accepimus literas Domini Francisci de Strada scriptas festo Sancti Lucae [1]; priores duas de quibus meminit ac indicas [2] etiam non contigit videre Tandem[a] hac postremae nihil quoque laetum indicant praeter morbos Dominationis vestrae et AEmi-liani [3], necnon Domini Francisci [4]. Sunt menses fere quatuor quod etiam Reverendus Dominus Claudius [5] desideratis suis literis nos desut convenire Dominus Cornelius ante quatuor menses in Flandriam abiit [6]: hic vivatne hodie nobis non constat; totidem anteactis mensibus nihil huc denunciavit Intelligis igitur, Pater charissime, nos huc filios dici posse desolatos. Reverendus Dominus Alvarus, ut nosti, non facile procedit ad scribendum ita ut ob nostrum silentium saepe soleam con-queri apud fratres In summa, nulla non ex parte justus dolor nobis ingravescit, tam nostra quam Patrum absentium ratione Si vero quae

---

[a] Tantum *apogi*

---

[1] 18 Octobris

[2] S Franciscus Xaverius eiusque socii ex Indus orientalibus ad socios euro-paeos scribebant de laboribus et triumphis suis litteris longis ac iucundis, quae per omnes Societatis domos legebantur, multae adhuc exstant et typis exscriptae sunt a PP Tursellino, Possino, Menchaca, Coleridge, de Vos, Delplace, aliis Vide *Aug de Backer* S J, Bibliotheque des ecrivains de la Compagnie de Jésus Nouv ed II (Liege-Lyon 1872), 239—244, III (Louvain-Lyon 1876), 1602—1603

[3] De Loyola   [4] Stradae   [5] Iaius

[6] Cornelius Brogelmannus (de quo infra) ? An Cornelius Vishavaeus „parvus", Cornelii Vishavaei sacerdotis nepos, qui a Fabro anno 1544 Lovanii in Societatem receptus eiusque permissu in Lusitaniam profectus est ? An patruus eius, P Cornelius Vishavaeus ? Hic certe a Camsio in litteris 27 Augusti et 27 Septembris 1544 ad Fabrum datis „Dominus Cornelius" vocatur

ante oculos sunt respiciamus, non sine commiseratione occurrit Archiepiscopus, qui saevire non desinit in suorum animas, dum nihil inter-
mittit quod ad suae Reformationis comprobationem facere videatur
Obsistit tamen Clerus universus per appellationem interpositam et apud
Pontificem et [apud] Caesarem[1] Huic appellationi prosequendae non
desunt et Leodienses[2], quorum zelum utinam et Colomenses ad finem
usque retinerent Maximam collocant spem, ut solent, in Caesaris
Majestate, cuius adventum exspectamus quotidie[3] Nam Comitia Wormatiae coepta sunt celebrari[4]. Putamus in his adfuturos Dominum
Claudium et Dominum Nicolaum[5] Inhibitum est Archiepiscopo Salz-
burgensi ut non pergat esse sollicitus de Reformatione adornanda, pro
qua doctos viros ac Dominum Claudium ad se adsciverat[6] Respondit

---

[1] Hermannus mense Decembri anni 1544, comitus electoratus sui Bonnae institutis, ordines „saeculares“ ut pro sua „reformatione“ starent, permovit Clerus
vero et universitas colomensis, cum libros complures (.Sententia delectorum * 1543,
„Judicium deputatorum * 1543, „Bericht eines Hochw Capittel von S Gereon “
1544, „Antididagma * 1544) contra novatores edidissent et imperatorem, electores
omnes, nuntios, ipsum Hermannum ore et per litteras invocassent, tandem 9 Octobris 1544 coram Georgio, duce brunsvicensi et ecclesiae cathedralis praeposito, ab
Hermanno provocarunt ad summum pontificem et ad caesarem, atque 8 Novembris
eiusdem anni ii, quos totius archidioecesis clerus delegerat, provocationem illam secuti
sunt (Arnold Meshovius, „De origine et progressu defectionis et schismatis Hermanni
Comitis de Weda‘ opus typis descriptum una cum quattuor libris Michaelis ab
Isselt „De bello Colomensi“ [Colomae 1620], p 45—135 Bianco 1 c I 426
Varrentrapp 1 c p 143—236 Joh Christ Lunig, Dritte Continuation Spicilegii
Ecclesiastici des Teutschen Reichs-Archivs [Leipzig 1721] p 560—568)

[2] Vide supra p 16

[3] Carolus V in hac re nec precibus nec minis pepercerat, et denuo, ne quid
novaretur, Coloniam scripsit Bruxellis 12 Octobris 1544 ac rursus 14 Novembris,
quo mense etiam Navium vicecancellarium Coloniam misit (Varrentrapp 1 c p. 237
G Drouven, Die Reformation in der Kölnischen Kirchenprovinz zur Zeit des Erzbischofes und Kurfursten Hermann V, Graf zu Wied [Neuss und Köln 1876]
p 152—209)

[4] Melius diversis incepta esse mense Ianuario anni 1545 per Caesaris legatos
Caesar, podagra afflictus, 16 Maii demum ex Neerlandia Vormatiam advenit (Janssen
1 c III, 561 565)

[5] P Claudius Iaius et P Nicolaus Bobadilla, e primis S Ignatii socis, ab
anno 1541 Ratisbonae, Viennae, Ingolstadii, in dioecesibus augustana et passaviensi etc
contionibus, exercitiis, sacramentorum administratione, monitionibus, consiliis principes, episcopos, nuntios apostolicos adiuvabant

[6] Ernestus, Bavariae princeps et archiepiscopus salisburgensis, sub finem anni
1544 Salisburgi synodum provincialem habuit, ad quam invitati etiam Otto Truchsess
augustanus et Mauritius Hutten eystettensis episcopi convenerunt Deliberatum est
quid respondendum foret imperii ordinibus Vormatiae de religione stabilienda con-
sultaturis Cui deliberationi P Claudius Iaius publice interesse noluit, sed privatis
consiliis profuit et maxime duabus conscriptis „conclusionibus“, quibus probabat
episcopos nullo modo laicis indulgere debere, ut res fidei decernerent aut dispu-
tarent, et novatores, etiamsi in ceteris fidei articulis cum catholicis consentirent
nisi simul romanum pontificem Christi vicarium crederent, haereticos et schismaticos esse Quae I nesto bene placuisse videntur, nam probantibus ceteris „decrevit,
nec suo nec suorum Episcoporum nomine quicquam iniussu Romani Pontificis de

Dominus Cochleus Regi Ferdinando frustra cogitari de moderandis
fidei negotiis absque auctoritate Vicarii Christi[1] Quam sententiam
Dominus Claudius tuetur sedulo Quare, nisi Caesar Concilium indicat,
nihil de asserenda Religione apud Germanos licet sperare Quamquam
forte non erit inutile tot millia Hispanorum adduxisse quae non longe
hinc castrametantur[2]. De nobis dicam potius qui Jesuitae dicimur
Quandoquidem Coloniensium furor nos exturbare moliebatur, consultus
Dominus Claudius respondit omnibus abeundum esse Romam Interim
Charissimus frater Magister Lambertus[3]. Deo percutiente, factus aeger
aliquot nostrum retinuit secum, reliquis abeuntibus Ne de his quidem
postea quicquam intelleximus Verum et alias dedimus rationes Domino Claudio, cur praestare videretur ut ex tua sententia nonnulli
remanerent hoc in loco Nihil ad haec respondit hucusque Dominus
Claudius, mensibus anteactis quatuor. Nos instamus denuo ut, si
propter silentium diuturnum testatum velit sibi displicere quod manemus, ut, inquam, edicat libere suam de nobis sententiam, cum e
vestigio cupiamus abscedere si velit Sumus tantum quatuor, duo
Sacerdotes, Dominus Alvarus et Dominus Leonardus[4] Magister Franciscus de Calza nunc sua sponte parat abitum Parisios usque[5].
Sumptus non desunt partim ex 50 aureis[6] Reverendissimi Domini
Augustani, partim ex 12 Coronis[7] Domini Hezii[8]. Liberaliter mihi
solverunt debitores ut vel hinc sustentandis nobis sit satis Sed
ecce[9], Domine quem amabas infirmatur[10] adeo ut infirmi-

religione in conventibus civilibus actum iii" (Marc Hansizius S J, Germania Sacra
II [Augustae Vindel 1729] 613—614 Cf etiam Polanci Chronicon I, 133—134,
et I-M Prat S J, Le Pere Claude Le Jay [Lyon 1874] p 166—169, ac litteras,
quas laus hac de re ad S Ignatium dedit, apud Boero, Iaro p 61—63)
    [1] Cf Urb de Weldige-Cremer, De Ioannis Cochlaei vita et scriptis (Monasterii
1865) p 45—46
    [2] Compluribus iam ex annis Philippus, Hassiae landgravius, aliique bellum
moliebantur, sive ut Ferdinandum, Romanorum regem, perderent sive ut Lutheri et
Zwinglii dogmata propagarent, ad quae tenenda in ipsis eorum dicionibus multi
vi tantum ac metu adigebantur
    [3] Lambertus de Castro, Societatis novicius
    [4] Kessel
    [5] Leonardus Kessel B Petro Fabro Colonia 18 Ianuarii 1545 de eo scribit
„Reliquit nos, et ivit Antverpiam pro habendis pecuniis ad studendum in aliqua
Universitate, ubi studia florerent" (Cartas del B P Pedro Fabro I, 427)
    [6] Aureus 8 marcas colonienses paene exaequasse videtur
    [7] „Cron", corona, nummus aureus Luigundicus, exaequans tunc 11 marcas et
4 albos colonienses (K Mühlbaum, Das Buch Weinsberg II [Leipzig 1887], 388)
    [8] Theodoricus Hezius (Hesius, van Heeze) Hadriano VI a secretis et a sacris
confessionibus fuerat postea fidei inquisitor et capituli leodiensis prodecanus factus
est A B Petro Fabro anno 1543 exercitiis S Ignatii informatus totum se illi
credidit (Orlandinus l c l 4, n 50 Riess l c p 65—66 H I Allard S J, Dirk
Adriansz van Heeze, in libello periodico „Studien" N R XXII [Utrecht 1884],
203—266)
    [9] De Lamberto de Castro loquitur   [10] Io 11, 3

tas haec ci fueiit ad mortem[1]. Vero lugenda mois, licet pretiosa in conspectu Domini[2], mors inquam illius qui nobis fratre
carior et quovis amico major erat. Quid vero debuimus facere et
non fecimus ut is qui nobiscum in uno spiritu vivere coeperat, nobiscum superesset? Quod si manus Domini sic ordinavit, resistere non
possumus et ne quidem debemus: nam sive vivimus, sive morimur, Domini sumus[3]; et qui moriuntur in Domino[4] non
tanget hos toi mentum malitiae[5]. Vivebat Lambertus Deo,
vivebat sibi, vivebat proximo, sed nunquam atque nunc augustius,
felicius, illustrius, ut mori vere lucrum illi fuerit[6]. Lucrum
inaestimabile dixerim terrena coelestibus, caduca aeternis commutasse.
Pauca sibi vendicavit[a] qui multa possidere potuit, nihil sibi servavit
qui cuncta contempsit; reliquit quae habuit et ut nihil haberet elegit,
mundum sibi sufficere non putavit, cujus pretio nudum Christum red-
imeiet Non ei grave visum est propriam odisse cainem Parentes
reliquit etiam senes Dulce otium fugit, adeoque literarium Doctrinae suae gloria sic elatus non est, ut humilibus consentiens[7]
discere mallet quam docere, servire quam imperare Si quisquam ejus
operam desideraret, beneficium accepisse sibi videretur quum bene-
faceiet, potius accurreret expeditus quam faceret rogatus, non causaret
difficultatem, non discuteret praeceptum, non impatientiae signum
ederet, non in opere segnius tardiusve moraretur; vel propter hoc unum
sibi libebat quod aliis placebat Si quid exigeretur injustum hic
animo praefracto homines offenderet ut Deum non offenderet Hoc
modo quia vivere didicit mori non timuit qui se moriturum etiam
praedixit Nam tertio ante mortem die, quando moriturus esset prae-
signavit Nihil sibi reservavit moriens qui totum se Christo dedidit
vivens Ad extremum usque et ingenii et linguae vivacitate pollebat,
saepe nos exhoitatus et pio beneficio ministerii gratias agens, tandem
et suae voluntatis arbitrium in alium transferens ut ne quavis illusione falsus in extremis probaret illicitum Ubi nunc festivus Cam-
panaium tinnitus ad vesperas evocaret eos qui Sanctorum Angelorum
festivitatem celebrarent, dulciter obdormiens ille vivendi pariter ac
moriendi finem tum fecit cum Vesperarum peteretur exordium[8] Felix
anima quae jungenda cum Angelis Angelorum excepit festivitatem,
nec infelix quoque corpus quod multis comitantibus[b] elatum honorifice
nostro quidem cum luctu, sed nec sine Carthusiensium gaudio meruit
sepeliri Carthusienses enim (ut sunt nobis addictissimi) tam singulare

[a] vendita\vit apogi   [b] comitatibus apogi

[1] Io 11, 4   [2] Ps 115, 15   [3] Rom 14, 8   [4] Apoc 14, 13
[5] Sap 3, 1   [6] Phil 1, 21   [7] Rom 12, 16
[8] Eum in festo Sancti Michaelis (29 Septembris) obiisse scribit Leonardus
Kessel in litteris Colonia 18 Januarii 1547 ad Fabrum datis (Cartas del B P Pedro
Fabro I, 427)

pignus sui erga nos amoris ietinere gaudent, et quem adhuc vivum sibi
vendicare* prorsus non potuere, mortuum servare inter fratrum sepulcra
voluere[1]. Sed nescio utrum hujus fratris vicem dolere debeamus necne,
hujus inquam qui sancte vixit, sancte mortuus est, nec tam hinc excessit
quam nos omnes praecessit Ita nimirum ingratam patriam grato funere cohonestavimus Furiant quoad velint, exturbent omnes. Felix
Colonia intra suae sanctitatis complexum sempei ostentabit Lambertum, semper tenebit Socium, cumque nostris ex fratribus non minimum
Quid autem majus esse queat [quam] qui commune cum Sanctis regnum
Christi possidet ac proin mundi regnum nec vivus nec mortuus tenet
Pauper erat ob Christum, dives ergo sit oportet in Christo Crucis militiam amplexus erat, Crucis gloriam et Crucifixi Domini Majestatem nunc
felix apud felices sibi vendicat[b] Nec dubium quin si quicquam pui-
gandum hinc asportaverit, hoc ipsum tuis ac fratrum omnium[c] precibus
expiari facile possit Dabis autem veniam Reverende Pater, quod
Carissimi tui filii nostrique Confratris [obitum] longe verbis prosequar,
lacrimis enim digne prosequi non possum, sive solum obitum ipsum,
sive ad hunc[d] meipsum contempler. Quod ad nos hic superstites
attinet, valemus recte sic satis. Ego rectius valere poteram, et corpore et animo, ut mei praecipuam curam habere debeatis in orationibus vestris quemadmodum Domino Francisco[2] pluribus indicavi.
Dominus Chunradus Carthusiensis jam statim professionem peraget[3].
Adfuit hic Dominus Georgius Vicarius ille Moguntinus qui partem
exercitiorum acceperat. Cum invisisset hoc loco veterem amicum
suum Dominum Chunradum, raptus amore loci et ordinis petiit et
ipse Carthusianorum albo adscribi, multum duique rogitans ut sese
hic manere paterentur. Id quod haud recusassent boni Patres nisi
capitis ac naturae perspecta debilitate consultius illi fore videretur
ad alium transire ordinem. Ita coactus est Dominus Georgius intermittere quod sancte moliebatur, ac Moguntiam regressus est Car-

---

[a] venditare *apogi* [b] venditat *apogi* [c] omnibus *apogi* [d] adhunc *apogi*

[1] Carthusiani, priore coloniensi praecipuo auctore, anno 1544 in capitulo suo
generali decreverunt inter suum ordinem et Societatem Iesu peculiarem amicitiam
sanciendam thesaurosque suos spirituales omnes cum ea communicandos esse Cuius
confoederationis litteras exhibent *Orlandinus* l c l 4, n 107 *Petri Ribadeneirae*
S J , Vita Ignatii Loiolae l 3, c 12 (Ingolstadii 1590), p 200—202 *Acta Sanctorum* Iulii VII (Parisiis et Romae 1868), 718—719
[2] Stradae
[3] Canisius Chunradum illum dicere videtur , de quo ipse 2 Ianuarii 1596 Friburgo Helvetiorum P Ioanni Busaeo scripsit „Reuerendus Pater meus Faber
Moguntiam habitandi causa peruenit anno 1542 Vixit idem Moguntiae in aedibus
D Chunradi parochi apud D Christophorum, quem ex concubinario Carthusianum
effecit, idemque, vt puto, in Carthusia Coloniensi diem clausit extremum In huius
aedibus versabar et ego, quum solus ad muisendum dictum patrem Fabrum venissem
Moguntiam" (*Nic Serarius* S J , Rerum Moguntiacarum libri quinque [Moguntiae
1604] p 894) Cf supra p 77[3]

mchta Moguntinus[1] cui dictata in Psalmos credideras tandem ad nos
cadem transmissit[2] Benedictus Deus qui tanto paternoque thesauro
filios non defraudavit quem nos non immerito asservabimus diligenter.
ut si Patrem habere non possumus, vivam hanc Patris imaginem in-
spiciamus[3] Ad meipsum redeo qui pridie Sancti Thomae Apostoli[4]
sum institutus Diaconus[5], urgente sic Domino et Patre Domino Alvaro,
licet alioqui tot nominibus huic tanto gradui non respondeam, ut
etiam neutiquam ignorat Dominatio vestra. Commode tamen oblata
fuit opportunitas hujus ordinis jam exercendi Non longe hinc vacabat Parochia suo Parocho, qui multis in locis desideratur. Acciti
proinde sumus ad eam Parochiam Dominus Leonardus[6] qui sacra
persolveret ac ego qui praedicarem Evangelium. Ita factum est ut
festum hoc Natalis Christi celebraverimus foris, cantando, celebrando,
et praedicando Fuit illic mihi res cum haereticis quos publice in
Ecclesia confutavi, quum publice obstreperent doctrinae Ecclesiae de
cultu et invocatione Sanctorum Qui meae responsioni interfuerunt
abunde responsum judicabant, adversariorum autem non sine confusione
dimiserunt Non dubito quin Dominus Leonardus in audiendis confessionibus multum fructus retulerit et non parum aedificatos confido
fuisse agricolas ad quos ipse Suffraganeus nos miserat In oratione
quam habui coram auditorio celeberrimo de poenitentia, conatum meum
audio multis fuisse salutarem et bene gratum[7]. Adfuerunt duo Episcopi illi[8]. Dominus Gropperus[9]. tota facultas juris et Artium, ac
Theologorum plurimi, adeo ut schola non caperet universos, quidam
etiam abire cogerentur[10] Iam novies rogor ut suam excipi quae tum
proponebam horis plus quam duabus Nec desinit monere Provincialis
Carmelitarum[11]. Dominus Tielanus[12], et reliqui Theologi omnes, prae-

- - - ...

[1] Habet Moguntiae „in monasterio carmelitarum quemdam monachum in spiritualibus exercuit et ab haeresi revocavit eum Dominus" (*Polancus* I c I, 101)
[2] Canisius in epistula modo dicta de Fabro haec scribit Anno 1543 „Psal-
terium Davidicum ab eodem patre in schola Theologica praelegebatur atque utinam
scripti ab eo commentarii reperirentur , quos Carmelitanus quidam sic satis illi familiaris exceperat" (*Seraruis* I c Cf etiam Testamentum *Canisii*, supra p 48)
[3] Dolendum valde hos commentarios perisse
[4] 20 Decembris
[5] Inauguratus esse videtur a Ioanne Nopelio, episcopo cyrenensi i p et suffraganeo ac vicario generali coloniensi Vide epistulam a Canisio ad eum datam 10 Septembris 1546   [6] Kessel
[7] Canisius anno 1544 in sollemnibus illis iucundisque „disputationibus quodli-
beticis", quas facultas artium quotannis post diem 13 Decembris instituebat, quinto
loco „declamavit" („Cod colon „Lib fac Art quartus" f 232) Plura de hac re
infra, monum 9--11
[8] Georgius de Skodborg et Ioannes Nopel   [9] Ioannes Gropper
[10] In „schola artium", anno 1420 a senatu coloniensi exstructa, atrium exstabat,
quod 600 homines capere poterat, in eo etiam „disputationes quodlibeticae habebantur (*Bianco* I c I 169)
[11] Everardus Billick   [12] Ioannes Stempel O Pr

sertim Dominus Licentiatus Magister Andreas[1] ut statim inter Baccha-
laureos Theologiae recipiar, ac per hanc occasionem sacra profitear[2]
Id quod multis mensibus a me nunc efflagitatum est eodem impellente
nonnumquam Domino Alvaro. Verum soleo me tueri auctoritate Dominationis vestrae cui non admodum probabatur ullius in me promotionis gradus sublimior eo quod probabile sit me statim hinc evocan-
dum literis Romanis. Dicam de Petro Kannegiesser qui cum sit
Coloniensis, tamen noster est[3]. Is, ut nunquam antea studet diligenter et affectu crescit in his in dies quae nostrae sunt Societatis.
Fidenti animo retulit matri se totum ex nostris esse ac futurum
semper, ita ut a Societate sejungi nec velit nec possit; hoc vitae
genus a se nullius impulsu susceptum, sed propriae voluntatis legitimis
rationibus delectum fuisse   Mater haec omnia probavit libens, illud
interim amanter taxans quod hactenus ista sibi reticuisset, a quibus
explendis nullum filiorum vellet remorari: adjecit etiam sibi doloii
nunc esse quod Dominationem Vestram coram non convenisset, imo
se posthac omnia libere curaturam quaecunque posset in gratiam
Societatis nostrae, quantumvis alii sint nobis infensi, quibus et innocentiae nostrae rationem dare promissit   Certe Magistro Lamberto
aegrotanti se munificentissimam matrem declaravit, et quem non vi-
derat omnibus humanitatis offitijs fovere non destitit   Aliquando
visitatur a me vidua et Domina Domini Iohannis nunc apud Brigit-
tanos eremum incolentis[4]   Haec vidua conclusit tandem ad religionem
se transferre una cum duabus nobilissimis virginibus, cujuscemodi plures,

---

[1] Heill

[2] Baccalarii theologici Coloniae per duos fere annos Scripturam sacram et dein
„Sententias" Petri Lombardi exponere debebant (baccalarii „biblici" et „sententiarii"),
ut tandem baccalarii „formati" ac deinceps „licentiati" et „doctores" sacrae theologiae fieri possent

[3] Is Fabrum in litteris sub idem tempus Colonia (9 Ianuarii 1545?) ad eum
datis „confessorem" suum vocat   Ac de eo Faber Colonia 10 Maii 1544 S Francisco Xaverio scribere videtur   „En los exercicios entro un mancebo, hijo de una
principal viuda de esta ciudad, el cual de tal manera se ha aprovechado, que no
ha parado hasta resolverse muy clara y distintamente para ser de nuestra Compañia" (Cartas del B P Pedro Fabro I, 236 423)   Petrus Kannegiesser 2 Novembris 1543 ex gymnasio montano admissus est ad examen baccalariatus in artibus
subeundum (* Cod „Hist gymn ti cor" f 20·)   Familia eius Coloniae consularis
erat   „Petrus Kannegisser a Colonia, u j Doct", anno 1545 universitatis coloniensis rector, Henricus Kannegiesser († 1571) bis consul eius urbis fuit, etiam inter
„presbyteros canonicos" ecclesiae metropolitanae coloniensis tunc erat „Petrus Kannengiesser" (Bianco I c I, 833   Das Buch Weinsberg, bearbeitet von Konst Huhlbaum,
II [Leipzig 1887], 168 226 Varrentrapp I c p 129—130)

[4] Cf supra p 94   Hic a Canisio in litteris 22 Decembris 1545 ad Fabrum
datis „illius Dominae Capellanus" vocatur   Coloniae monasterium ordinis S Brigittae sive S Salvatoris tunc nondum exstitisse videtur   Ioannes fortasse in „Foresto
Beatae Mariae Virginis" (Marienforst) prope Godesbergam sito degebat   De quo
C Fr W i Nettelbla, Vorlaufige   Nachricht von einigen Klostern der H Schwe-
dischen Brigitte (Frankfurt und Ulm 1766) p 52—59

ut spero, me urgente lucrabitur Christo [1]. Carthusienses valent recte
Prior [2], ut est humillimus, totum sese fratrum omnium precibus isthic
commendat, praesertim Dominationis Vestrae   Didicit brevi longe
majori confidentia uti erga Dominum deplorans jam intime quod ob
temporum malitiam eleemosynas erogare detrectaverit.   Orate pro
illo diligenter ad amovendam gravem turbationem quam tenaces quidam in eum conceperunt ubi sentiunt tot centenorum aureorum elee-
mosynam hactenus clam a Priore dispensatam fuisse, ut nec inficiatur
Prior   Salutat Dominationem Vestram imprimis Reverendissimus
Dominus Archiepiscopus Londensis, Provincialis Carmelitarum, Inquisitor haereticae pravitatis Prior Praedicatorum [3], Dominus Trelanus,
Magister Andreas hospes meus, et Pater Sancti Maximini [4], ambo
Theologiae Licentiati, Dominus Philippus Bacchalaureus, Dominus
Daniel in Carthusia [5]; Magister Iohannes apud Apostolos [6], Iohannes
Cochlaei nepos [7], et socius hujus Georgius [8] una cum Laurentio fa-

---

[1] Haec ea vidua esse videtui, de qua B Petrus Faber Coloma 10 Maii 1544
S Francisco Xaverio scripsit   „Una señora principal de esta ciudad, viuda, esta
muy movida para entrar en religion y me ha pedido consejo, aunque todos sus
conocidos, doctores y confesores la disuaden que no lo haga, y no puede hallar
paz en el consejo de la multitud, temiendo dentro claras inspiraciones del espiritu
bueno para la religion   Rogad a Dios Nuestro Señor por ella, porque tambien le
debemos muchas buenas obras que ella nos ha hecho y hace " Faber ad eam aliosque,
qui linguae latinae ignari erant, aliquoties „per interpretem" dixerat (Cartas del
B P Pedro Fabio I, 237)   [2] Gerardus Hammontanus
[3] Georgius Eder inter eos, a quibus eo ipso tempore Coloniae beneficiis affectus
sit, laudat „Tilmannum Sibergensem Priorem Dominicanorum tum haereticae pravitatis Inquisitorem" (Partitiones Catechismi catholici etc [Coloniae 1571] in epistula dedicatoria) Kritzradt eundem „Sigebuigensem" (Siegburg) appellat Gentil-
cium nomen „Smeling" erat De sacramentis egregie scripsit
[4] Is erat Ioannes Volsius, ex Lunen, Westphaliae oppido, ortus, de quo Hartzheim „Rector", inquit, „primum fuit scholae Ludgerianae post Joannem Murmellium,
postmodum factus est Rector Monialium ad sanctum Maximinum Coloniae" (Bibliotheca Coloniensis p 207) Moniales maximinianae regulam S Augustini sequebantur et illae esse videntur, de quibus B Petrus Faber SS Ignatio et Francisco
Xaverio scripsit Plus quam 60 esse, se bis latine ad eas dixisse, nam 20—30 ex
iis latine scire, ceteris sermones suos a confessario monasterii germanice versas
esse hunc etiam omnia pectoris secreta sibi aperuisse (Cartas del B P Pedro Fabio
I 193—194 236)   [5] Cf supra p 94
[6] Canonicus vel vicarius ecclesiae sanctorum Apostolorum, quae nunc quoque
exstat, is fuisse videtur
[7] Inter nepotes praeclari illius Ioannis Cochlaei memoratur Ioannes Agricola
(Bauer), e Wendelstein oriundus, clericus dioecesis eystettensis, qui avunculo Moguntiae successit in canonicatu ecclesiae S Victoris et mortuus est eiusdem ecclesiae
decanus 4 Novembris 1569 (C Otto, Iohannes Cochlaeus der Humanist [Breslau
1874] p 189)
[8] Georgium Eder significari puto, qui postea universitatis viennensis rector et
ecclesiae catholicae fortis propugnator fuit   Hic enim eo tempore in academia coloniensi studiorum causa versabatur et postea testatus est se in iis complurium
virorum coloniensium „opera et commendatione plurimum adiutum esse", „adeo ut
illorum testimonio et pietate permotus insignis Theologus Reverend D Ioannes

mulo[1] salutant inquam Dominationem vestram cujus precibus bonisque
desideriis vellent se commendatum iri Quanto studiosius id nobis faciendum erit qui tuo magisterio instituti Christi partem[a] accepimus in hac
filiorum Dei sancta societate? Superest igitur Reverende Pater ut
quos jam Christo non infaeliciter genuisti precibus tuis apud Christum
provehas ac benedicas. Videmur quidem filii desolati, sed egregie
consolati putabimur ubi nostrae imbecillitatis causam defenderis apud
Deum et Sanctos ejus. Quod si filios agnoscis qui semper nos te
Patrem fatebimur, agnosce nunc singulos in terra prostratos, agnosce
complosas manus, demissum corpus, humidas genas, lacrimabilem vocem,
tantum ut paterna viscera solitum commisserationis affectum exhibeant,
praesertim filiis pauperibus et orphanis in quorum domibus[b] nec
panis nec vestimentum sit[2]. Sed cur his panem postulo quibus
adhuc lacte opus est, ut posteaquam adoleverint tum cibo solido vescantur?[3] Forte autem fallit me judicium, ut quos ego
mei similes existimo, hi etiam in domo Patris abundent pani-
bus[4] utpote plus quam mercenarii. Saltem hoc vere profiteri possum,
cur perit fame[5] Kanisius dum nullus est qui fere misereatur ejus
inopiae nisi tu Pater et adjutor fortis[6] in cujus manibus
sortes meae[7]. Respice igitur in adjutorium mihi[8], et lacti-
fica animam servi tui[9] ut dicas animae meae, Salus tua
Deus est[10]: confide fili et noli timere[11]: sit benedictio et pax
super Caput tuum[12] in die et nocte: Semper ego tecum[13] in omnibus
viis tuis. Ita, pater mi, semper tu a dexteris meis ne commo-
vear[14]. Fiducia mihi magna et spes valida si benedixerit mihi potentia
tua per nomen Dei virtutum[15], per merita Sanctorum, per caritatem,
per simplicitatem, per patientiam, et fortitudinem et salutem omnem
quae est in Christo Jesu Domino Nostro[16]. Is nos hic et isthic erudiat,
augeat, firmet, purget, perpetuetque in omne opus bonum usque ad
plenitudinem Sanctorum[17] et aetatis Christi[18] Amen.

Coloniae 30 Decembris 1545[19].

Fratres nostros et filios tuos qui sunt tecum toto affectu salutatos
cupimus Parce, parce, Pater, filio loquaci, quamquam nullus esse

---

[a] Patrem *apogr* [b] domus *apogr*

Cochlaeus coeperit me beneficiis et sumptibus ad studia necessariis juvare et prosequi etiam non visum" (Partitiones Catechismi l. c) Plura infra, monum 14
  [1] Cf. supra p 100
  [2] Canisium panem et vestimentum mentium, non corporum dicere sententiae
sequentes patefaciunt
  [3] Hebr 5, 12   [4] Luc 15, 17   [5] Ibidem   [6] Ps 70, 7
  [7] Ps 30, 16   [8] Ps 34, 2   [9] Ps 85, 4   [10] Ps 34, 3
  [11] Marc 6, 50   [12] Cf Prov 11, 26   [13] Ps 72, 23
  [14] Ps 15, 8. Act 2, 25   [15] Ps 58, 6, 88, 9 etc
  [16] Cf. Eph 3, 19 2 Thess 3, 5 Act 4, 12   [17] Eccli 24, 16
  [18] Eph. 4, 13   [19] Vide, quae post hanc epistulam notantur

modus debet, ubi filius totum se statuit effundere ut nullum apud
Patrem officium praetermisisse* videatur
Reverendae Paternitatis Tuae
Filius et servus infimus Petrus Kanisius
quem Christo genuisti
ihesus
Reverendo Patri meo et Domino Magistro Petro Fabro Theologo,
de societate nominis Jesu   Colimbriae[b].

Epistulae huic dies 30 Decembris 1545 adscripta est Sed si Canisius nostram
temporum rationem secutus esset, scripsisset ,30 Decembris 1544· Stilo enim, ut
dicunt, coloniensi annus tunc a nativitate Christi sive a die 25 Decembris incipiebatur [1]
Hoc autem stilo Canisium usum esse clare patet   Nam aliter epistula haec plena
esset anachronismis et absurda contineret, quod facile patet, si cum epistulis illis
comparatur, quas Canisius ad Fabrum dedit Colonia 12 Martii, 12 Augusti, 22 Decembris 1545 Quamquam hoc unum omnem scrupulum tollit, quod Canisius in hac
epistula inter nova illa, quae Fabio affert, provocationem ponit a clero et universitate contra Hermannum Wedanum ad papam et caesarem factam, haec autem
exeunte anno 1545 minime iam nova erat, nam mense Octobri anni 1544 factam
esse certissime constat
Faber ad hanc epistulam respondit Vallisoleto 9 Iulii 1545

17.
SANCTUS IGNATIUS DE LOYOLA
SOCIIS COLONIENSIBUS [2].

Roma anno 1545 [ineunte ?]

Ex „Historiae Societatis Iesu prima parte", auctore *Nic Orlandino* S J (Romae
1615) l 5, n 37, p 154
Etiam in „Cartas de *San Ignacio*" I, 392—393 193

Consolatur eos et ad animorum unionem hortatur

*Orlandinus ad annum 1545 haec refert   Socios colonienses, quum pro-
cella adversus eos coorta esset, decrevisse urbe non excedere, sed potius illa
communiri relicta separatis in aedibus habitare   „Nec alia fuit", inquit Orlandinus, „aut Ignatij in Urbe sententia, aut in Hispania Fabri   qui segregationem
illam eodem quasi ducti spiritu ita collaudarunt, et ad eam constanter retinendam per literas hortati sunt, quarum haec erat fere sententia*

*„Licet inter vos tecto sitis, corporibusque seiuncti, Domino tamen ope fidae
consequemini, et fraternus inter vos animus semper esse, versarique videamur,
cum et in voluntario disciplinarum studio, et in eadem proposito, susceptisque*

---

[1] Vide supra p 70 74
[2] Ineunte anno 1545 Coloniae de Societate supererant P Alvarus Alfonsus
P Leonardus Kessel Fr Petrus Canisius, Petrus Kannegiesser novicius

ite totis tam arcta inter ios neru ad IESV Christi gloriam ipsi ios adstrin-
xentis Cuius relatu glutino caritatis, totam hanc conglutinare familiam, et
copulari par est Ceterum diuinae tutelae fuerit, et cuius causa ista perfertis,
is aliquando dispersiones congreget Israelis [1]

Haec fere illa tametsi alter ab altero longe distaret, et apparet eodem
spiritu, et dicebamus, illa fuisse dictata [2]

In „*Historia Collegii Coloniensis S J*" manu scripta, quae Coloniae in archivo
ecclesiae Beatae Mariae Virginis in caelum assumptae exstat, (f 12b) pars epistulae
proponitur, quam S Ignatius „Romae IX Cal Iunii 1545" ad socios colonienses
dederit [3] *Reiffenberg* [4] autem dicit „Extant in Cod Ms Colleg Colon responsoriae
S P Nii ad Danielem Paybrock   scriptae Roma Coloniam anno 1545 28va Augusti", quarum deinde particulam proponit [5] Atque *Augustus de Druffel* scribit [6]
se apographum (quod ex archetypo transcriptum esse videatur) habere epistulae
„9 Calend Ian 1545" a S Ignatio ad Socios colonienses datae, cuius etiam partem
ponit, a duabus illis, quae modo descriptae sunt, diversam [7] Alia quaedam nuper
proposuit *Everardus Gothein*, quae anno 1545 ab Ignatio ad Socios colonienses de
Societatis priuilegiis scripta essent [8]

Harum assertionum aliae verae sunt, aliae falsae Est apud nos apographum
antiquum epistulae integrae a S Ignatio datae „Romae 9 Calend Ianuarii 1545"
Quae, praeter alia multa, etiam omnia illa, quae a quattuor illis historicis ponuntur,
continet Inscriptio ipsius epistulae in initio apographi nostri collocata erat, sed
nunc, ceteris vocabulis desectis vel erasis, sola fere haec duo apparent, quae
ex ultimis sunt „Paybrock Coloniam" Quicquid autem de illis sit, ad colonienses Socios epistula illa data esse non videtur Nam Ignatius inter alia haec
scribit „Quod censetis idoneum fore, ut vobis praesit, Iacobum Lhostium de Geldonia, et ego sane idem censeo Daturum me operam polliceor vt si ille non
iis occupationibus distinebitur, quas omittere sine dispendio maiori non possit, vos
propediem inuisat" Lhostius autem non a coloniensibus, sed a louaniensibus Sociis,
ut praecesset, expetitus et tandem anno 1547 a S. Ignatio iisdem praeesse iussus
est [9] Ac si ad Danielem Paeybroeck S Ignatius litteras nostras misit, Coloniam non
misit, Daniel enim iam anno 1544 Colonia discesserat [10], neque anno 1545 eodem
rediit [11] Ex *Polanco* autem cognoscitur eum anno 1547 Lovanii fuisse, et eodem
anno Socios lovanienses, cum antea inter se locis tectisque discreti fuissent, in unam
eandemque domum esse congregatos [12]

[1] Ps 146, 2   [2] Epistula Fabri, 9 Iulii 1545 data, infra ponetur
[3] Incipit „Distracta habitatio vestra mihi vehementer probatur", finitur
„arrham utique non vulgarem accepistis"
[4] Historia Societatis Jesu ad Rhenum inferiorem (Coloniae 1764) p 23ª
[5] Incipit „Binas literas tuas accepimus 4 Non Martii", finitur „omnium sitis
tutior"   [6] Ignatius von Loyola an der römischen Curie (München 1879) p 40
[7] Incipit „Quod mones ergo tum de cohabitatione vestra" finitur „numero
et virtute"
[8] Ignatius von Loyola und die Gegenreformation (Halle 1895) p 391 Gothein
scribit, se haec ex archivo quodam coloniensi hausisse
[9] De eo *Polancus* l c I, 139 236—238 245 *Orlandinus* l c l 4, n 104, l 6,
n 10, l 8, n 27 *Imago primi saeculi S J* p 735, *Emm Aguilera S J*, Provinciae Siculae Societatis Jesu ortus et res gestae ab Anno 1546 ad Annum 1611
(Panormi 1737) p 1—4   [10] Vide supra p 103 112
[11] Vide etiam infra, epistulam 2 Iunii 1546 a S Ignatio ad Canisium ceterosque
Socios colonienses datam
[12] L c I, 244 Mirum est ab historico collegii coloniensis (*Henrico Simonis S J*)
Ignatium dicentem induci „Distracta habitatio vestra mihi vehementer probatur"

Dicendum igitur esse videtur

Ignatium (1543—1547) Socis lovamensibus scripsisse eiusque epistulae apographum ad colomenses pervenisse, idque fortasse per Danielem Paeybroeck, sive is ipse Coloniam id attulerit, sive, quod verisimilius, Lovanio Coloniam miserit Eiusmodi litterarum mutuae communicationes frequentes tunc erant, et hae litterae en continebant, quae serie colomensium quoque Sociorum maxime intererat, v g condiciones sub quibus Ignatius facultatum spiritualium a pontifice acceptarum Socios participes reddere volebat [1] Epistula ipsa hic non ponitur, spes enim est Socios hispanos in nova serie epistularum S Ignatu, quam edituri sunt id mox praestituros

18.

IOANNES PELLETARIUS S. J. [2]

CANISIO EIUSQUE SOCIIS COLONIENSIBUS.

Parisiis mense Februario 1545.

Ex apographo eiusdem temporis quod Coloniae ex autographo exscriptum est a Petro Kannegiesser, Societatis novicio (2⁰, 1¼ pp) Cod colon „Litt Epistt var ", f VI²

Pro Canisii litteris gratias agit Coloniensibus Socios parisiensium fratrum charitatem testificatur Gaudet, quod a Deo in Societatem vocatus sit Vitae suae deplorat, proposita aperit, preces efflagitat, terrena cuncta spernit Fratres monet, ut unum Christum sequantur unusquisque unanimis sub arbore crucis persistent

ihesus.

Ioannes pelletarius dilectiss in Christo Iesu fratribus suis Coloniae.

Gratia et pax Iesu Christi Domini nostri vobiscum. Literae vestro nomine per Kanisium scriptae[3], ad nos (Deo gratias) peruenerunt,

---

Contra Ignatius „de cohabitatione" Sociorum scribit „mihi vehementer probatui" Deceptus autem ille esse videtur verbis quae paulo post sequuntur „cum separati ab alijs habitatione ac vitae forma in oculis omnium ac linguis sitis futuri " „Ab alus" igitur, qui Societatis Iesu non erant separati erant inter se autem et habitatione et vivendi ratione iuncti

[1] Cf epistulam a S Ignatio ad Kesselium et Canisium datam 6 Iunu 1546

[2] Ioannes Pelletarius (Pelletier, Lepelletier), gallus, postea primus rector collegii lovanii constitutus est a S Ignatio, qui eum „sanctum rectorem" appellabat Dein collegium ferrariense rexit in eaque urbe Herculi duci a confessionibus fuit eiusque uxorem Renatam, Ludovici Galliarum regis, filiam et protestantismi sectatricem tenacissimam induxit, ut ad catholicos ritus reverteretur Tandem in Galliam remissus, collegii apamiensis initia egregie iuvit Beatae Mariae Virginis eximius cultor et laudator, in dioecesibus apamiensi, tolosana ruthenensi, adurcensi permultos calvinistas ad fidem catholicam reduxit, pro qua et vincula tulit et laboribus exhaustus ac fortasse veneno correptus — haec fama fuit — mortem occubuit Tolosae 1 Ianuari 1564 (Cartas de San Ignacio III, 218—249 409 .1 (Drüffel Herzog Hercules von Ferrara und seine Beziehungen zu dem Kurfursten Moritz von Sachsen und zu den Jesuiten [Munchen 1878] p 39—45) Pelletarii gesta post Mmarcum Orlandinum, Sacchinum Iuvencium, Bartolum breviter complexi sunt Gius Ant Patrignani S I (Menologio di pie memorie d'alcuni religiosi della Compagnia di Gesu [ed G Boero S J] I [Roma 1859], 4—8) et Elesban de Guilhermy S I (Menolog de la Compagnie de Jesus, Assistance de France 1 partie [Paris 1892] p 1—5)   [3] Hae perisse videntur

adeo concinnae, vt verbis consequi, ἀδύνατόν[a] ἐστι. Ex quibus non
mediociem profecto caepimus voluptatem Quid enim vnquam dul-
cius, quid iucundius quid vero suauius ad amicorum fratrumque aures
peruenire poterat. praeterquam epistola prosperae valetudinis eorum
nuncia, qui vinculo amoris indissolubili coniunguntur? Ita me Deus
bene amet, tam iucunda est vestri recordatio, quam iucunda foret
consuetudo Nec tantum forte animos Apostolorum exhilarauit amicorum praesens conuictus[1], quantum nostros memoria vestri per
epistolas refricata[b] Mutuum amorem saepe dissoluit vel minuit corporum disiunctio Vestris literis vestra charitas magis illustratur ac
illucescit dum radij quos in vos transfudit consolator[c] ille Sanctissimus[2], etiam ad nos vsque penetrarunt Vtinam apud Dominum
digni habeamur, vt superabundantis erga nos charitatis vestrae, participes euadamus. Quod fieri non potest sine Dei Opt. Max. inexhausta bonitate. cui vel hoc etiam praecipue debeo, quod me vestro
sodalitio, vestrae fraternitati et professioni adiunxit, ex ipsis mundi
fluctibus vix tandem emergentem Ac vtinam is qui sic fecit misericordiam suam[3] cum seruo suo, perficiat quod iam coepit[d][4] Sed an deneget gratiam Dominus? Minime, (vt mihi videtur)
debite quaerentibus Nam dubio procul, qui quaerit, inuenit
qui petit, accipit· et pulsanti aperietur[5] Ego forte quod
quaero et peto, propterea non accipio, quia nec recte nec licite peto[6],
et instanter non quaero, vtpote terrenus, carnalis, animalis, omnibus
vitijs obuolutus, non perspiciens[e] quae sunt Spiritus[7], neque
sapiens quae sursum, sed quae super terram[8] Confido
tamen in omnibus dilectissimi, per vestras apud gratiarum Datorem
preces, supplicationes et obsecrationes assiduas, animum in melius
mihi mutandum esse, vitia corrigenda, carnem edomandam, mundum
per[f] me fortissime contemnendum, mentem purgandam, satanam con-
terendum esse. Quibus pactis gratiam abundantius mihi praesidio
futuram. dubitare non possum Id tamen. vt citius feliciusque contingat, ad Dominum clamare cogor cum Regio propheta. Illumina
oculos meos, ne vnquam obdormiam in morte[9] Sed praestat vt coecus coelum· sine intermissione spectem, et impiis vocibus
acclamem, Domine vt videam[10] Nunc interim nunc valeat hoc
seculum infelix, valeant amici fures temporis, valeant voluptates
mellita venena. valeant opes irritamenta malorum. valeant ambitio,
fastus, aemulatio, valeant aurae seculares mentis carnificinae. denique

---

[a] ἀδύνατον *apogr*   [b] refricta *apogr*   [c] consolatur *apogr*   [d] cepit *apogr*
[e] *Fortasse legendum* percipiens   [f] prae *apogr*   [g] coecum *apogr*

---

[1] Cf v g 2 Cor 7, 6 3 Io 3   [2] Spiritus sanctus, cf e g Act 9, 31.
[3] Ruth 1, 8 et saepe   [4] Phil 1, 6   [5] Matth 7, 8 Luc 11, 9
[6] Iac 4, 3   [7] 1 Cor 2, 14   [8] Col 3, 2
[9] Ps 12, 4   [10] Luc 18, 41

valeant mihi terrena omnia vt solus mihi incipiat sapere Christus
Dux meus et Imp meus, cui serumc dixi regnare, cui militare putaui
imperare   Desyderia carnis exuantur, affectiones proscindantur, voluntates mortificentur. vt rectissime Christo crucifixo conformemur et
adhaereamus   Hunc vnum (qui via est[1]) totis animi viribus sequamur in fame, siti, nuditate. carceribus, flagris, quoad crux nobis
vna sit vita et gloria   Ille nostrae delitiae, nostra bona, nostrae
curae, nostri thesauri, nostrae spes, ille vnus sit nobis omnia in
omnibus[2] et prosperis et aduersis. Vocem eius intentissime sequamur   Qui non renunciauerit (inqut) omnibus quae possidet, non potest meus esse discipulus[3]   Et, Qui venit ad
me, et non odit patrem suum et matrem, uxorem fratres etc, adhuc autem et animam suam, non potest meus
esse discipulus[4]. Hoc nobis durum videri poterat, nisi idem qui
verbo docuit, opere etiam maiora complesset ob magnitudinem ergo
nos amoris sui   Non enim sat erat, si regium honorem aspernaretur,
et pro summis infima, pro sublimibus abiecta eligeret, sed ne loculum
quidem possideret, iniurias subiret, contumelias exciperet, denique
crucis partem vbique sibi vendicaret   Et nos o viri fratres hanc
crucis gloriam expetamus, hanc arborem excolamus, quae sola solidos
profert fructus. per cuius virtutem in omnibus (ne dubitetis) superiores
estis euasuri   Sepeliant interim mortui mortuos suos[5], rideant,
qui lugebunt sed sero   contemnant qui poenitebunt sed non ad
salutem forte[6], sint muriy qui vobis obtrectabundum [sic] putarunt[a],
sed tangunt pupillam oculi Dei[7]   Nos arbori crucis adhaereamus
et configuremur indies magis ac magis   Ego, sicut non ignoro
multum [valere] vel vnius iusti deprecationem[8], ita quam
maxima mihi polliceor in Domino de vest[ris] precibus, sacrificiisque
pius ille pater et misericors Dominus, qui vos vocauit in [ad-
mira]bile lumen suum[9], nos prouehat, augeat perficiatque, vt in
[sancto] ipsius seruitio perduremus foeliciter   Amen   Lutetiae ex
collegio Longobardorum[b][10]   Februarij 1545

    D Kanisio et caeteris ipsius in Christo fratribus Coloniae

[a] putarit *apogr*   [b] Longobardorum *apogr*

[1] Io 14, 6   [2] Eph 1, 23   [3] Luc 14, 33
[4] Luc 14. 26   [5] Matth 8, 22   Luc 9, 60
[6] Cf 2 Cor 7, 8—10
[7] Zach 2, 8   [8] Iac 5, 16   [9] 1 Petr 2, 9
[10] In hoc vniuersitatis collegium tam anno 1540 primi parisienses Socii recepti
sunt, ac cum anno 1544 in belli trepidatione paulisper Parisiis discessissent, anno
1545 iterum in idem collegium recepti et numero aucti sunt (*Polancus* I c I, 97 156.
Orlandinus I c I 2, n 97, I 4, n 119, I 5, n 42)

19.

CANISIUS

OSWALDO II.[1],

comiti montensi[2] et romani imperii principi

Colonia 5 Februarii 1545.

Ex apographo, circa annum 1657 Embricae confecto (2°, 2 pp), in cuius fine altera manu scriptum est „Exacte convenit cum autographo, in quo agnosco manum R P Petri Kanisij s mem Ita testor Embricae 20 Maij 1659 Winandus Weidenfeld Societatis Iesu " Cod colon „Litt Epistt var ", fol non signato, inter f VI et VII posito

Epistula usi sunt *Reiffenberg* 1 c p 25[d] et *Hansen* 1 c p 189 197 Particulas germanice versas posuit *E Gothein*, Ignatius von Loyola und die Gegenreformation (Halle 1895) p 285 678

Comiti gratias agit, quod Socios coloniensibus perfugium obtulerit Quam insignes patronos hi modo nacti sint De nomine „Iesuitarum" Socios nil quaerere nisi salutem animarum, ceterarum rerum omnium spem in Deo ponere, in cruce Christi ferenda gaudere De persecutione contra eos Coloniae mota et communi habitatione iterum ab iis coepta Comitem Canisius patris sui memoria excitat et fratres ei commendat

ihesus
Illustris admodum et reverende Domine Princeps Clementiss
Gratia domini nostri IESV CHRISTI et pax cum C T. sit semper.

Eam Christianae charitatis vim esse sentio, quae[a] non praesentes modo conglutinare possit, sed absentes etiam atque adeo ignotos amicitiae foedere coniungat copuletque Nam ut exempla peregrina

---

[a] *Vel ut, apogr* ut quae

---

[1] Tertius huius nominis inter dynastas montenses huc erat, secundus inter comites
[2] Erat hic „Grave van S Heerenbergh" (quod oppidum nunc est provinciae geldricae regni neerlandici) Oswaldus I, avus eius, a Friderico III comes imperii creatus erat Probe igitur distinguere oportet comitatum hunc montensem non solum ab illo, cuius caput erat urbs Belgii (Hannoniae) notissima „Mons" sive „Bergen", et a ducatu montensi (Berg, nunc regni borussici), sed etiam a marchionatu montensi sive Bergis ad Somam (Bergen-op-Zoom, nunc regni neerlandici), cuius dynasta Ioannes Glymaeus (de Glymes) cum uxore Maria de Lannoy S Ignatio, Everardo Mercuriano, collegio lovaniensi magnam benevolentiam praestitit (*Orl Mauraeus* S J [1523—1614], De vita et moribus Everardi Mercuriani [primum ed Bruxellis 1882] p 25 *Fam Strada* S J, De bello Belgico [Antverpiae 1649] 1 1, p 34 *Delplace* 1 c p 88 *E II Kneschke*, Neues allgemeines deutsches Adels-Lexikon I [Leipzig 1859], 331) Oswaldus ille, cui Canisius scripsit, natus esse traditur anno 1508, mortuus 9 Maii 1546, uxorem duxerat Elisabetham a Dorth, Ioannis Horstii viduam Oswaldi genealogiam proponunt *Nic Rittershusius* (Genealogiae Imperatorum, Regum etc [ed 2, Tubingae 1658]) sub v. Comites Montium et *Iust. Christ Dithmarus* (in *Werih Teschenmacheri* „Annalibus Cliviae, Iuliae" etc denuo editis [Francofurti et Lipsiae 1721] ad p 534) Brevem eius historiam texuit *Ar van Slichtenhorst*, Geldersse Geschiedenissen I (t'Arnhem 1654), 83—84

volens praetermittam, quae sicut quotidiana ita sunt innumera, liceat obsecro prudentiam tuam huc mihi testem proferre   Quid enim aliud praeterquam charitatis in CHRISTVM tuae virtus in causa fuit, ut me una cum his qui mecum in CHRISTO sunt fratribus, diligas absentem, foueas innuerentem, et quos necdum vides fovere cupias, tueri gaudeas, omnique benevolentia prosequaris, nullis etiam offitus provocatus⁹ Ego vero dum incomparabilem hanc erga nos charitatem tuam cogito, certe non possum non admirari. primum quod admirabilem illam charitatis energiam a D· Apostolo praescriptam, ad cor 1.3¹ re ipsa comperio   Deinde quod Dei Opt· Max· et filii eius Domini nostri IESV CHRISTI effusissimam erga seruos suos bonitatem contemplor   Huius enim gratia fit proculdubio, quod praeter meritum et exspectationem omnem tanti quotidie Patroni nobis obveniant, qui causam instituti nostri provehere et velint et possint   Ante paucos menses (mirum dictu) paterno plane affectu complecti nos coeperunt Reuerendissimi in CHRISTO Patres, Domini nostri clementissimi D· Georgius a Skotborg ' Archiepiscopus Lundensis Primas Sueciae ' D Hieronymus Varallus [sic] Archiepiscopus Rossanensis ᶜ² D Iohannes Poggius Episcopus Tropaeensis, ambo Legati Apostolici D Otto Truchses Episcopus Augustanus, nunc etiam Cardinalis   D. Theodoricus Hezius Prothonotarius Apostolicus, idemque Subdecanus D Lamberti Leodiensis ᵈ Hisce summis viris tu nunc annumerandus es vir summe, qui non minori virtutum quam stemmatis ac nominis nobilitate apud tuos praecellis. eo tamen maior, quo te nobis hoc est intimis clementiorem ostendis   Illi quos commemoravi praeter amicos alios bene synceros, non aliter profecto ac patres suam nobis operam omnem, quoties vellemus, humanissime polliciti sunt, proᵈ interim admonentes, ut in hoc nostro instituto. quod CHRISTO Duce sumus amplexi, persisteremus ac promoveremus   Facimus ita quidem, tametsi non sine quorundam invidia simul et obtrectatione, quae nobis etiam Iesuitae nomen dedit ⁴ Absit enim procul ut sacro-

---

ᵃ Stotborg *popi*   ᵇ Sueviae *popi*   ᶜ Rossenensis *popi*   ᵈ pre *popi*

¹ 1 Cor 13, 4—7

² Anno 1537, cum Hieronymus Verallus, romanus, Venetus legatione pontificis fungeretur, Ignatius eiusque socii vota paupertatis et castitatis coram eo renovaverunt   Eodem fere tempore idem publica tabula sanctitatem et doctrinam Ignatii attestatus erat   Anno 1549 cardinalis creatus est (*Io Petr Maffeius S J*, De vita et morib Ignatii Loiolae [Duaci 1585] l 2, c 4, p 91 Cf *Ch Clair S I*, La vie de saint Ignace [Paris 1891] p 200—201)

³ Vide supra p 121

⁴ Anno 1555 Sorbonnae parisiensi Martinus Olave S J, doctor et ipse sorbonnicus et concilii tridentini theologus, de institutione Societatis Iesu inter alia hoc asseveravit   „Non fuit consilium, vt qui in hac congregatione essent, Iesuitae simplici dictione vocarentur" (*Orlandinus* l c l 15, n 47) De eodem nomine saeculo XVII ineunte *Franciscus Suarez S J* (1548—1617) „Nomine Iesuitarum", inquit, „abutuntur haeretici, ut homines Societatis proscindant '   (Quam-

sanctum illud nomen ullatenus usurpemus nobis, qui CHRISTI IESV
vixdum discipuli vel sane tyrones sumus, adscripti militiae crucis
eius[1]· quam contemptis omnibus unice nobis proposuimus, et passim
apud quosvis exaltare percupimus, nec sine certo quidem foenore.
nimirum ut aliorum salutem nostrum et lucrum et peculium faciamus[2]
Hic scopus est quem studia nunc nostra consectantur[a], huc emimur,
huc spectamus, nihil interim ambigentes de adfuturo nobis Dei Opt
Max: praesidio, qui nos ad hoc militiae genus clementer evocavit,
quique certo certius promisit fore, ut primum quaerentibus
regnum Dei, et iustitiam eius nihil unquam defuturum, sed
adiicienda sint caetera omnia[3], quae cum terrestre corpus,
tum coelestem animam nobis foveant, nutriant, tueantur ac servent
Nec ignoramus, quin imo compertum habemus. in crucis CHRISTI
militia cum piis omnibus communia nobis impendere pericula, incommoda, adversa: praesertim hoc exulceratissimo saeculo, quod pietatem
omnem contemptui habet, imo superstitionem vocat, et crucis CHRISTI
gloriam[4] ducit ignominiam　At eo magis nunc animos obfirmamus
et adversus huius vitae mala omnia praemunimus, ut si dominus
vineae nonnunquam extrudere dignetur operarios suos in messem[5],
operarios habeat idoneos, atque iuxta D· Pauli sententiam, in omnibus praebeamus exempla bonorum operum, in doctrina,
in integritate, in gravitate[6] ut etiam is qui ex adverso
est revereatur nihil habens malum dicere de nobis[7].
Quamquam non video quid homini Christiano durum molestumve possit
videri. ut cui vexilla crucis debent esse ipsissimae deliciae: ut sciat
suae militiae trophaea non pompis, sed miseriis reportari oportere
Nec enim alia Sanctorum vita fuit, quam[b] perpetua quaedam crux

---

[a] coniectant *apogi*　　　[b] quae *apogi*

---

quam „in hoc nomine recte interpretato nihil est a veritate aut pietate alienum
Nihilominus tamen, ipsa Societas non solet hoc nomine suos appellare‟ (Tractatus
de religione Societatis Iesu, denuo ed a P P *Guéau de Reverseaux* S J (Bruxellis
et Parisiis 1857) l 1, c 1, n V VI, p 3 4)　*Bollandistae* quoque nomen, „quo
Iesuitae dicimur‟, vocant „adventitium, vulgare et compendiosum‟ (Acta Sanctorum
Iulii, VII [Parisiis et Romae 1868] p 485　Ac *Iulius Nigronus* S J affirmat „hanc
appellationem a nobis minime fuisse excogitatam‟, sed „fictam esse a vulgo, quod
amat compendia sermonis‟ (Regulae communes Societatis Iesu commentariis asceticis
illustratae　Ed 3 [Coloniae 1617] p 103—104)
[1] P *Petrus Ribadeneira* S J , qui S Ignatii discipulus erat eoque intime
utebatur „Animadvertendum est‟, inquit „nomen Societatis Iesu non ita esse inter-
pretandum, ut congregationem hominum denotet, qui Iesu Socii sint, sed cohortem
veluti militum, qui sub Imperatore Iesu stipendia faciant, vel, si melius placet
familiam, quae Christi magni Patrisfamilias mores inducere censumque amplificare
satagat uberrima animarum fruge coacervanda‟ (De ratione instituti Societatis Iesu
ex Hispano vers a P *Lam Carli* S J , Romae 1864) c 1, p 74)
[2] Constitutiones Societatis Jesu, Ex c 1, n 3. c 4, n 27
[3] Matth 6, 33　Luc 12 31　　　[4] Cf Gal 6, 14
[5] Matth 9, 38　20, 1—7　　　[6] Tit 2, 7　　　[7] Tit 2, 8

et quotidiana mortificatio   Quapropter egentes, angustiati,
afflicti[1] per patientiam currebant ad propositum sibi
certamen. aspicientes in autorem fidei et consummatorem IESVM. qui proposito sibi gaudio sustinuit crucem confusione contempta[2] Nos vero qui nondum usque
ad sanguinem restitimus[3], hanc summam felicitatem ambire possumus, quae quidem in hac vita percipitur, ut ex ipsis Domini fla-
gellis (quibus filij Dei quum castigantur, simul dignoscuntur) nos haud
plane spurios esse comprobemus Nam per mille tribulationes ad
imitationem crucis CHRISTI contendendum est. in qua omnis gloriatio
tandem certissime constituenda venit[4]. Ac proinde qui varus nunc
modis nos exercent, nos cruciant palam murri, clam detractores, his
magna quidem a nobis gratia debetur· cum vel nolentes rebus nostris
non tam incommodent quam commodent, non tam cursum nostrum
remorentur. quam promoveant   De Colomensibus nihil dicam, qui si
nobis infesti esse voluerunt, poterant forte quorundam falsis calumniis adversus nos non perperam exacerbari   Ferebat [fa]ma, nos
novae sectae homines hic mala mente consedisse   Statim extortum
est contra nos ed[ictum,] ut abscederemus e civitate Intercesserunt
vin aequi et boni, qui concitatum senatus contra nos furorem miti-
garent, ita ut disiunctim hic vivere liceret Non diu post bona pars
ex nostris concessit Romam, ubi praecipui de Societate nostra Patres
agunt apud Pont Max: nonnulli apud Portugalenses manent, non
sine maximo Regis[5] gaudio, qui centum studiosis huic Societati ad-
dictis collegium exstruxit[6]. Est et nostris collegium Parisijs, Paduae,
Walenzensi[7]. Romae, Colimbriae. multisque alijs in locis Vt ad
nos redeam, relicti nunc sumus pauciores Coloniae quam septem, et
in easdem aedes commigravimus[8] Vn[us] est CHRISTVS, per quem
tuta nobis omnia pollicemur. et in cuius manibus non tantum
sortes nostrae[9], sed et ipsa Regum corda[10] diriguntur Caeterum
ista commemorandi ra|tio| propterea mihi suscipitur ut non igno-
rares eximie Princeps, quid cum tuis clientulis ageretur. quos tanto
favore prosequeris, vt (sicut amici testantur) [vitae] sumptus et

---

¹ Hebr 11. 37   ² Hebr 12 1 2   ³ Hebr 12, 4
⁴ Cf Gal 6, 14   ⁵ Ioannes III is erat   ⁶ Conimbricae

⁷ Scribendum potius fuit Valentiae (in Hispania) Quod collegium vel potius
seminarium inceptum est anno 1544 Valencenense autem collegium (Valenciennes
in Gallia septentrionali) plus quam viginti annis post institutum est Cf Alfi
Homij S J , Documents pour servir a l'histoire des domiciles de la Compagnie de
Jesus (Paris [1892]) p 54

⁸ Iam tunc factum est, quod Kritzradt, ad Histor Collegij primam provocans
anno 1546 factum affirmat cum scribit „Nostri hoc anno ante Praedicatores iuxta
aedes D Proc Auerdunck [Averdong] e regione parui ostij Praepositurae S Andreae
[habitare coeperunt] (Col Hist gymn ti cor f 21ᵇ adnot in margine Cf infra,
monum 17 Huius rei summam etiam narrat Gelenius l c p 504)

⁹ Ps 30, 16   ¹⁰ Prov 21 1

vivendi locum istic nobis pollicccare.   Pro qua tam rara in Deum
pietate et singulari tua erga nos benevolentia nihil non debemus,
debemus inquam amp[lissi]mo tui nominis splendori   Quod ad nos
attinet, si usquam aut voluntati tuae, aut tuorum de nobis expectationi respondere possumus, libentes[a] ac singulatim operam nostram C T
pollicemur   Cum enim publico omnium commodo nos totos devoveri-
mus, illi tamen in omni vita nobis plurimum observandi sunt et co-
lendi, qui Reip   gubernac[ulis] adhibiti se nobis interim exhibent
Patronos, et in curanda gregis Dominici salute comministros.   Iam
quia[b] studiorum nostrorum ratio sedes mutare non sinit, hoc unum
iterum pollicemur Comes magnifice, tui memoriam in orationibus
nostris apud D[eum] esse duraturam   Ego vero qui fratrum infimus
plane sum, hanc scribendi provintiam aliorum nomine suscepi, fretus
praecipue tua singulari humanitate et clementia, qua tot annis patrem
meum M Iacobum foel mem: complecti dignatus es[1]   Nec dubito
fore quin fratres et sorores meas ex noverca, perpetuo sis propugna-
turus: memor quam sit salutaris orphanorum, pupillorum ac viduarum
defensio.   Sed p[uto me] modum epistolarem excessisse.   Tantum
boni consulas precor quod ab animo C T deditiss proficiscitur.   Dominum IESVM precor ut per spiritum suum[c] D V. conf[ortet]
atque corroboret in interiore homine[2], ut implearis in
omnem plenitudinem Dei[3].   Coloniae[4] V. Februarii 1545.
                                    S. V.
                         Servus et filius in Christo
                                    Petrus Kanisius
                                          Noviomagensis
Illustri Domino ac Principi magnifico D. Oswaldo Comiti Montensi etc. Domino meo clementiss

20.

CANISIUS

BEATO PETRO FABRO S. J.

Colonia initio Februarii et 12 Martii 1545

Ex apographo, circiter annum 1870 confecto ex autographo, quod est in „Varia
Historia“ etc tom I f 69—70
Particulam italice vertit G Boero S J. Vita del Servo di Dio P Nicolò Boba-
diglia (Fiienze 1879) p 31 duae latinae sunt in „Caitas del B P Pedro Fabro“ I, 266[7]

───────────

  [a] libens *apogr*   [b] qui *apogr*   [c] sum *apogr*

  [1] 'S Heerenbergh haud procul abest a Neomago   Atque Oswaldus saepius,
v g de agro wischensi, egerat cum Carolo Egmondano Geldriae duce, apud quem
Iacobus Canis multum valuerat (*Ioh I. Pontanus*, Historia Gelrica [Hardervici
Gelrorum 1639] p 762 764 767)   [2] Eph 3, 16   [3] Eph 3, 19
  [4] Falso *Reiffenberg* affirmat hanc epistulam scriptam esse Neomago (l c)

Camisius Distemum et Louanum profectus ad stipem Eschio et P Cornelio Vishaueco afferendam Eschium Societati conciliat et eo adiuvante Louanu cum Tappero et alus de constitutione collegii agit Statuitur, Camisio Colonia Louanium transmigrandum esse De Cornelio Vishaueco, Adriano Adriani, Petro Kannegiesser, alus Societati adiunctis vel adiungendis De Sociorum coloniensium nova habitatione et de iactu us purando Cornelius Visharaens in daemones potens Quantum Coloniae Soca confirmati sint visitatione P Bobadillae et Nintu Veralli Camisius in Capitolio prospertune continuatur Optimates summam operam dant et Coloniae retinendo Ipse totus ex praepositis pendet Everardus Questenburch quam dure a Societate prohibeatur

ihesus

Reverende domine et pater in CHRISTO

Gratia Domini Nostri Jesuchristi sit semper cum Dominatione vestra

Scribam de profectione mea quam, dirigente Domino, jam confeci per Brabantiam Profectionis haec fuit causa Reverendus ille noster amicus, imo Pater, Prior Carthusiae Coloniensis, ut est in erogandis eleemosynis effusissimus, destinaverat mittere M Nicolao Diestensi[1] 500 aureos quibus monialium ipsius penuria sublevaretur. Iamque benignius de me sentiebat M. Nicolaus, clam quoque subindicans ut ad se venirem[2] Eo facilius Prior animum meum confirmavit ut 500 aureos allaturus ad M Nicolaum properarem Quam ego nactus occasionem fidentius apud Priorem intercessi pro venerabili fratre Domino Cornelio, quem tu semper dignissimum judicasti ut qui tam indignis debitorum vinculis exemptus, quamprimum ad studia rediret liber[3] Quod ad me attinet, hac de causa potissimum iter hoc ingredi volui, acceptis a Priore centum adhuc aureis in gratiam D Cornelii, cui tantum ego adjeci pecuniae[4] quantum persolvendis debitis omnibus sat erat, ne scilicet prudentia tua suo desiderio et exspectatione diutius fraudaretur Benedictus Deus qui M Nicolaum modis omnibus affabilem, benignum, et placidum restituit mihi, dum per omnia me submisse coram illo gererem, sperans humilitate expugnari posse quod vi rationum hactenus ab eo impetrari non potuit[5]. Quin usque adeo benevolum illum mihi reddidi, ut postero statim die Lovanium ierit mecum, nihil tamen intelligens de pecunia D Cornelio per me numeranda Sed vide, obsecro, quam ille totus nunc noster

---

[1] Camisius magistrum suum Nicolaum Eschium dicit, qui tunc Distemu (Diest, in Belgio) beginagium regebat

[2] Fortasse Eschius idem quod alii quoque viri pussimi eius temporis, timuerat ne nova illa Societas, cui Camisius se addixerat, sub specie catholicae pietatis catholicam fidem clam impugnaret

[3] P Cornelium Vishavacum, Societatis novicium, dicit, cf supra p 95—97 Marrarus [Societas] aedes proprias Lovanii anno 1544 nullas habebat, sed pauci degebant in eiusdem P Cornelii domo secus coemiterium D Michaelis, quam conductitiam habebant (I c p 13)

[4] Ex hereditate paterna, cf supra p 457

[5] Et probaret Societatis institutum Camisuque consilium in ea semper vivendi

sit, prius vix aliqua parte noster, praecipue, quod nosti, Coloniae
Nam ubi M Nicolaus huc pauca audisset quae a me desiderari dixeram de Collegio nostrae Societatis apud Lovanienses instituendo, statim
hujus rei curam in se vel ultro suscepit[1] Primum igitur ea de causa
convenit mecum D. Cancellarium[2], dem Magnificum Rectorem, Prae-
sidentem scilicet Collegii Pontificis[3] D Tilmannum[4], alios itidem
nonnullos Responderunt omnes hi (quorum et favor et consilium
expetebatur) sibi consultissimum videri, et magnopere proficuum ut
ex nostris aliqui praesertim studiosi apud se considerent, et paulatim
in Collegii formam conjunctim viverent; quibus favorem, consilium,
benevolentiam, amoremque omnem pollicebantur Ego vero tacite
non poteram non admirari et magnificare Dominum, qui commodissi-
mam aperiebat viam nobis, licet insperatam, ut a nobis tandem et
Lovanii Collegium erigeretur Quod eo videri debet admirabilius quo
citius impetratum est, praesertim ab eo qui videri poterat nostris
infensissimus. Est enim illa speciosior victoria, cujus causam nobis
praebent ipsi etiam adversarii Breviter, in eam sententiam discessum
est ut D Cornelius, partim ab aemulis, partim a virginibus nimium
impeditus[5], quam primum contenderet ad studia Coloniam, Ego vicissim, dimissa Colonia Lovanium commigrarem in locum ac domum
D Cornelii, habiturus illic mecum sacerdotem imprimis quem Dominus
Cornelius et Christo et nobis lucrifecit, et quos idem quotidie lucri-
facit, cum in exercitiis habuerit[6], me tum praesente, tres egregios

---

[4] Tiemannum *apogr*

---

[1] Eschius postea Societatem Iesu sincere amavit P *Franciscus Costerus* S J
Lovanio 11 Ianuarii 1570 S Francisco Borgiae, praeposito generali, scripsit
Senatum distemensem et abbatem vicini monasterii everbodiensis collegium Societatis instanter petere, domum et 600 florenos annuos offerentes, simulque promittere
se redditu illi augendo diligenter operam daturos .Idem mihi promisit dominus
Nicolaus eschus Pastor Begimagii Diestensis patribus societatis notus, et ualde addictus, qui iam augmentum aliquod centum fortasse florenorum annuorum videtur
habere paratum· (ex *epistula Costeri archetypa, quae est in cod „Germ 1569 sqq
II [4] f 493 494)
[2] Is erat Ruardus Tapperus, magni nominis theologus, quem Franciscus Strada
induxerat, ut exercitia spiritualia S Ignatii summa cum diligentia faceret (*Polancus*
l. c I, 115) De eo plura infra
[3] Collegium hoc ab Hadriano VI , olim decano ecclesiae collegialis S Petri
lovaniensi, conditum erat
[4] Rector universitatis lovaniensis tunc erat Tilmannus Clerici, geldiopensis,
theologiae licentiatus, cui 28 Februarii 1545 Iodocus Ravesteyn successit (*Valer
Andreas*, Fasti academici studii generalis Lovaniensis [ed 2, Lovanii 1650] p 42)
[5] Hae ei peccata confiteri et animas regendas tradere volebant Cf supra p 112
[6] S Ignatius in adnotatione decima quinta libri exercitiorum sic praecepit
„Ille, qui tradit Exercitia, non debet ea accipientem movere magis ad paupertatem
neque ad promissionem (aliquam) quam ad opposita neque ad unum statum vel
modum vivendi [magis] quam ad alium quia licet, extra Exercitia, possimus licite
ac meritorie movere omnes, qui probabiliter idoneitatem habeant, ad eligendam continentiam, virginitatem, religionem et omnem modum perfectionis evangelicae tamen,

juvenes, et post istos admissurus sit et alios in hoc praeparatos[1].
Ubi Coloniam in Quadragesima pervenerit, adducet secum laudabilem
juvenem M Adrianum Antuerpiensem eumdemque non vulgarem
Theologiae Baccalaureum, sic satis divitem, et nobiscum sua sponte
pauperem, nunc plane nostrum et nobiscum ipsius Christi condisci-
pulum, quo suaviter frui poterit D Cornelius in Domino Coloniae non sine magno suorum studiorum profectu[2]. Praeter Petrum
Kannegiezer[3] qui mecum abit Lovanium, habeo et alios non modo
Lovanii, sed et Coloniae quos per Dei gratiam ausim certo nobis
polliceri, praecipue vero nepotem amicissimae nobis Dominae Margarethae[4], nepotem inquam ex unico suo fratre, convictorem nunc
M Andreae[5] hospitis mei Is nepos a Natali Christi coepit sibi totus
displicere, ita ut anteactae solitaeque vitae pertaesus, deinde lacry-
mabundus incesserit[a], et varia secum reputarit de certo vitae genere amplectendo dum animus illi propendet modo ad Carthusiensem
ordinem, modo ad Societatem nostram, adeo tamen fortiter, ut nec
parentum nec opum ratione se sinat quicquam abduci Propter quae
potuit non difficulter ad exercitia perduci, quae duobus jam diebus
non sine magno fructu coepit tractare Propter communem nobis

---

[a] intercesserunt *apogr*

---

in talibus exercitus spiritualibus, convenientius est, et multo melius, quaerendo
divinam voluntatem, ut ipse Creator ac Dominus animae suae (sibi) devotae se
communicet cam amplexans in suum amorem ac laudem, eamque disponens ea via,
qua melius poterit et deinceps servire (vel quae melius poterit ipsi convenire in
posterum), ita ut qui tradit Exercitia, non divertat, nec se inclinet ad unam neque
ad alteram partem, sed consistens in medio ad instar bilancis, sinat Creatorem cum
creatura, et creaturam cum suo Creatore ac Domino immediate operari" Ita versio
litteralis a R P Jo Roothaan S J ex autographo hispanico facta, Exercitia spiritualia S P Ignatii de Loyola (ed 5, Romae 1854) p 12 Nec tamen negari potest
ipsos, qui ab Deo ad vitam religiosam vocati sint, in sancta exercitiorum horum
quiete multo facilius quam inter sollicitudines vitae consuetae hanc Dei vocationem
posse cognoscere et, quae ei obstant, removere Ac fortasse nonnumquam ipsa haec
vocatio a Deo tamquam praemium quoddam et tribuitur, qui pie ac fortiter sacra
haec exercitia obiit

[1] Anno 1543 Lovanii Societati additi esse feruntur Nicolaus Goudanus (Floris),
parochus Bergae ad Somam, Rumoldus Vishavaeus, Petrus Gillonius (Legillon),
Adrianus Adriani (Adriaenssens), Antonius Vinck, Nicolaus Lanoius (Delanoy),
Georgius Colibrant (Delplace, L'etablissement etc p 2*)

[2] Adrianus Adriani, a S Ignatio angelus vocatus, anno 1549—1558 Socius
lovaniensibus praefuit calumnias et carceres perpessus, Lovanii 18 Octobris 1581
cum opinione sanctitatis obiit De eius scriptis vide Sommervogel 1 c I, 57—59

[3] Cf supra p 125

[4] Margaretham Questenburch dicit, amitam Everardi Questenburch, qui Societati
nomen dedit de epistula, qua is B Petrum Fabrum ea de re certiorem fecit vide
infra, monum 21 Margaretham Questenburch Faber significare videtur, Coloma
10 Maii 1544 S Francisco Xaverio scribens „Otra señora asimismo hay, la cual
mucho más nos ha obligado a que roguemos por ella, por las muchas obras que
ha hecho en nuestra sustentacion corporal" (Cartas del B P Pedro Fabro I, 237
ad 238)   [5] Herll

Patrem ac Dominum Jesum velitis tam hujus quam aliorum ac nostrum omnium perpetuam habere memoriam in orationibus vestris

Addam et de nova domo. Nam antea, saeviente contra nos publico paene tumultu, certum nobis erat emigrare non e domo tantum, sed etiam ex oppido. Fecissemus[a] id quidem, praesertim D. Claudio[1] nos jam Romam ablegante, nisi afflicta valetudo M Lamberti[b] intercedens quosdam sibi custodes reservasset Cogitare audeo, scribere non audeo, tantum beneficii huic ingratae patriae tum obtigisse divino quodam consilio. Interim quamlibet solicitis nobis, ingravescens morbus potuit carissimum fratrem, si non exstinguere, saltem eripere, ut grato funere ingratam terram cohonestaremus. Cumque jam Febiuarius impenderet ac domus[2] aliis conducta[c] foret, ne plane sine tecto maneremus, conduxi domum priore commodiorem[3], sive structuram spectes, sive locum Est enim quinque et pluribus cubiculis distincta, est horto insignita, est Bursae Montanae propinqua, est templo Praedicatorum conterminia[4], nisi quod amicis decem elocetur Ego pretium numeravero, Carthusienses D Cornelio sumptus pollicentur D. Alvarus habet unde vivat, similiter Lusitanus quidam, Augustinus nomine, juvenis ad quidvis paratus, quocumque tandem a nobis mittatur. Si quid praeterea horum victui deerit, numquam committam ut a quoquam emendicasse videantur vel quamminimum Fortassis et pro sua pietate succurret magnifica Portugallia, vel inclyta Hispania ut est omnis humanitatis magistra[5]. Poteram forte justius queri de sumptibus Lovanii necessariis; sed. juvante Domino, quod quorumdam negat tenuitas meae supplebunt facultates, maxime, si Lovanium commigraro Quamquam Christi servos ab omni solicitudine decet alienos esse, ut paupertatem expetant potius quam fugiant. Faxit Dominus ut novae domus inhabitatio mentes nobis innovet ac studia, quae fratribus inhabitantibus majori quam antehac quiete transigantur

Omitto scribere infinita de Domino Cornelio qui tanto nunc admirabilior videri potest quanto daemonibus ipsis terribilem se magis

---

[a] Fecissent *apogr*
[b] Nicolai *apogr* , sed Lambertus de Castro *aegr oluit*, cf supra p 111 112
[c] Sic legendum esse videtur , *apogr* conducta

---

[1] Le Jay
[2] Domum significat, in qua Socii antea communiter habitaverant, „auf der Burgmauer", cf supra p 103[3].
[3] Gerardi Hammontani, prioris Carthusiae, aliorumque amicorum industria ac precibus effectum est, ut id per optimates civitatis iam liceret Neque tamen (ut verbis Reiffenbergii vel potius Henrici Simonis utamur) „coenobiticum continuo adoptaverunt una habitandi agendique morem, sed academicum potius atque aliis quoque rei litterariae studiosis communem" (*Reiffenberg* l c p 24) [4] Vide supra p 136[5]
[5] S Ignatius Romae, B Petrus Faber in Hispania identidem corrogavit, quae Coloniensibus ad domesticos usus submitteret, atque Iaius, cum comitiis Vormatiensibus interesset, ab Alexandro cardinali Farnesio stipem iis impetravit Nec Bobadilla iis defuit (*Reiffenberg* l c. p 24)

ostendit   Brevi daemones octo propulsavit, et eos daemones qui
Sacerdotum aliorum exorcismis non moverentur.   Stupenda profecto,
si quis videat coram· alioqui, nisi interfuissem et ego, citius contem-
nerem quam crederem   Sed ex illius literis quas mitto rectius intelliges [1]   Heu fuit apud nos Reverendus Pater ac Dominus M Nicolaus de Bobadilla [2] cui consilia nostra de studiis ac habitatione tam
Coloniensi quam Lovaniensi perplacuerunt [3]   Sed vix ullum dabatur
otium de singulis pertractandi, eo quod hac festinanter transiret ad
Caesarem Bruxellas comitatus Reverendissimum D. Hieronymum Va-
rallum [sic] Nuntium Apostolicum hactenus apud Ferdinandum nunc
vero apud Caesarem qui acturus est potissimum de celebrando Concilio Dominica ipsa Laetare [4]   Is Reverendissimus D Nuntius plus
quam paterno affectu nos huc excepit, convenit, admonuit, confirmavit,
omnem suam operam pollicitus sive quid Romae. sive apud Caesarem
vellemus expeditum iri   Ad haec diligenter nos commendavit Domino
Praeposito Hortuijltero [5], commendaturus nos etiam huic Senatui quamprimum una cum Caesare huc redierit, iturus ad Comitia [6]   Caesar
enim podagra detentus hucusque nihil promovet   Ac in eo reditu
D Bobadilla nobis magnam de se spem fecit, ita, ut nobiscum aliquandiu velit huc permanere   Interim se curaturum dixit apud D
Cornelium [7] Lovanii quidquid ad Colonienses et Lovanienses domus
dispositionem pertineret   At scribit ad nos Reverendus Pater Dominus Claudius Vormatia se nuper ad nos misisse literas Romanas,
quae certum quiddam de nobis statuant [8]   Nos eas literas dolemus
interceptas, libenter sequuturi quidquid a nobis postulassent   Verum
cuncta referimus ad Reverendum D Bobadilla qui nostrorum quoque

_ _ _

[1] De his vide „Cartas del B P Pedro Fabro" I, 266ᵗ

[2] P Nicolaus de Bobadilla iussu Pauli III per septem annos (1542—1548)
cum nuntio Morono, Verallo, Sfondrato in Germania fuit, ut ipse scriptum reliquit
(Borio, Bobadiglia p 196)

[3] Cum Canisius „initio mensis Februarii" haec scripserit (vide infra p 143),
Hansen haud recte asserit Bobadillam primum Coloniam advenisse 11 Martii 1543
(I c p 199¹)

[4] Pace inter Carolum V imperatorem et Franciscum I, Galliae regem, 18 Septembris 1544 Crespi composita Paulus III 19 Novembris eiusdem anni concilium
oecumenicum, eo usque suspensum iterum incipiendum esse edixit 15 Martii 1545
quae dies tunc futura erat dominica „Laetare·

[5] Iodocus Hoithilter (Hoethilter), iuris canonici doctor, praepositus erat lubec-
censis et ecclesiae S Mariae ad gradus, quae Moguntiae est, canonicus hildesiensis
et mindensis consiliarius Alberti, electoris moguntini (anno 1540), „familiaris"
Alexandri cardinalis Farnesii, canonicus ecclesiae metropolitanae coloniensis (anno
1547) a Morono „antiquo curia di Roma" dictus et valde laudatus est mortuus
est Romae anno 1551 (Fr Dittrich, Gasparo Contarini [Braunsberg 1885] p 551
H Schwarz, Romische Beitrage zu Joh Groppers Leben und Wirken, in „Historisches Jahrbuch der Gorres-Gesellschaft VII [München 1886]. 395—407)

[6] Vormatiensia   [7] P Cornelium Vishavacum

[8] P Claudius Iaius ab Ottone, cardinali augustano, iussus erat Dilinga Vormatiam venire (Borio, loco p 74)

studiorum impensas pollicitus est   Pater D Alvarus ad vos properare
voluisset nisi D Bobadilla dissuasisset prorsus   Probat autem meam
ad Lovanienses commigrationem   Haec initio mensis Februarii scri-
bebam: postea nihil addere volui quum nulla mihi jam spes esset
reliqua quod isthuc pervenirent literae meae, quas Dominus Alvarus,
nescio qua de causa, detinet quo ad suas etiam adjungat   Tarditatem
ejus in scribendo (ut verum fatear) indignissime tuli, nonnumquam ut
plorans*, eo quod mihi nimis crudele videretur paterna tua erga nos
viscera tot modis cruciare, quum tot mensibus desideratissimam filiorum salutem ignorares, nostraeque negligentiae culpa esset ut ne
tantillum isthuc mitteremus   Sed ne sim nimius, reliqua puto nunc
tandem perscripta esse a Reverendo Domino Alvaro, sive quod ad
Comitem Montensem spectat (qui nos omnes in Geldriam evocans
cupit studiorum et vitae sumptus illic liberaliter impartiri, cui proinde
literis meis gratias egi) siue quod ad meas conciones facit   Nam
per D seniorem Hardenraet qui paratum cubiculum obtulit aliquando
Paternitati Tuae solicitatus sum ad suscipiendum^b concionandi munus
quod ob^c concionatoris defectum aliquot jam annis non administrabatur [1].
Permovit me P. Prioris [2] voluntas ut hac in re conatum meum non
denegaverim   Ita factum est ut ex fratruum quoque consilio sabba-
thinis et Dominicis diebus in Capitolio Germanus apud Germanos
sermociner. Benedictus Dominus qui majorem dedit successum quam
credi facile possit   Auditorium obtigit celebrius forte quam velis, aut
ego cupiam.   De Senatoribus, Doctoribus, Sacerdotibus praeter pro-
miscuam hominum multitudinem, dici multa possent   Omnes in magnam spem eriguntur fore putantes ut incredibilis hinc sequatur
fructus. Ego maxime Momos³ desidero dum audio mea omnia omnibus placere   Tam sunt benevoli et candidi auditores   Interim nescio
quis accesserit favor plurimorum qui dolent ac permoleste ferunt hinc
me discessurum   Tota Facultas Theologorum proprias dedit literas
ad Reverendum D. Bobadilla Bruxellae agentem, ut is me annis aliquot hic relinquendum curet atque ad promotionem Theologicam ex-
hortetur [4]   Dominus Praepositus Hoitfilter eadem de causa scripsit

---

^a *Sic, sed legendum eidetur* et plorans *vel* ut plorarem
^b suscipiendi *apogy*   ^c ad *apogy*

---

[1] Ecclesia „Beatae Mariae Virginis in Capitolio" (tunc collegialis, nunc parochialis) ex antiquissimis est et pulcherrimis templis coloniensibus   Huius pars est
sacellum S Salvatoris, in quo magnifice exornato Ioannes Hardenraet civis coloniensis eiusque uxor cucurrei annum 1466 missam cantandam laudesque vespertinas
Beatae Virginis cotidie faciendas instituerunt, ideoque sacellum illud etiam „Har-
denrats capell" vocabatur   Idem Hardenraet apud eandem ecclesiam habitationem
pro cantoribus aedificavit et dotavit (*Chronica Koelhoffensis* [1499] denuo edita a
H Cardauns, Die Chroniken der niederrheinischen Städte Coln II [Leipzig 1876]
392—393 *Buch Weinsberg* II, 202   [2] Gerardi Hammontani
[3] Reprehensores   [4] Has litteras vide infra, monum 11

Reverendissimo Domino Nuntio Apostolico   Scribit et Dominus Gropperus[1]. et P Priori, et M. Andreas, et M N. Prior Praedicatorum[2];
qui omnes Domino Tilano Bruxellae haerenti[3] solicite commendarunt
Kanisium ut ne hinc ablegaretur   Omitto quibus apud me solicita-
tionibus usi sint   Ego qui palam reclamare tantis viris non debui,
hoc unum respondi praecipue magis consultum in meis studiis in
Academia florentiori quam haec[4] sit, nihil tamen apud me discriminis
esse, sive superiores me Coloniae detineri velint. sive alio putent
ablegandum eum qui totus ex ipsorum pendet auctoritate et sententia
Sic igitur haeret animus in dubio, dum hi sibi rapere contendunt,
superiores vero paulo post alio me destinaturi sunt ut ex literis Domini Bobadilla intelligo   Benedictus Deus qui nostra consilia pro sua
voluntate et, ut spero, gloria commutat   Nam et Dominus Cornelius
ita totus esse debet circa obsessos qui quotidie multiplicantur ut
Reverendus D Bobadilla non audeat illum Lovaniensibus ereptum
dare Coloniensibus[5]   Sunt modo quatuor Lovanii qui sese Societati
nostrae devoverunt   De quibus et nobis qui hic sumus una exspectatur sententia e Roma   Sed satis esse nobis debet ubicumque demum
vivamus si Christo Domino et ex voluntate superiorum vivamus   Everardus Dominae Margarethae nepos (de quo supra dixi) suas literas
Paternitati tuae transmittit[6].   Mirum dictu quanta perpetiatur hic
bonus juvenis tam apud M Andream quam in aedibus paternis   Lu-
dibriorum nullum habet finem, quae gaudens praeterit   Nunc singulis
Dominicis nobiscum communicat   Pater et apud M Andream et apud
filium diserte cavit ut mihi nunquam loqueretur filius et hesterno
die graviter cum hoc expostulavit quod nonnumquam ad meum cubiculum veniat, prohibet etiam mihi seriosissime [sic] ne ullum cum filio
colloquium misceam; alioqui se curaturum minatur ut hinc a Magistratu ejiciar   Sed admonebo hominem per P Priorem[7] se falso
suspicari quod ad Societatem nostram illius filium pertrahere con-
tendam, nihil mihi magis in votis esse dicam quam quod ipse sibi
suoque filio quam optime prospiciat caveatque ne sero doleat spiritum
Dei per se in filio exstinctum iri   Confido tamen (ut est juvenis in-
victi animi) per hanc tribulationem filium nihilo deterius habiturum.

---

[1] Joannes Gropper   [2] Tilmannus Smeling

[3] Ad causam religionis contra Hermannum Wedanum defendendam mense Decembri a 1544 „missus fuit" ad Carolum V caesarem „cum litteris credentialibus
venerabilis et egregius Magister noster Iohannes Stempelius Tilanus ordinis Praedicatorum" (Annales universitatis coloniensis apud Bianco I, 129)

[4] Annis 1529—1543 singulis albo academiae inscribebantur 36—99 homines
Anno 1546 professores conquerebantur   „dass die studia an dieser loeblichen Universitaet durch Mangel und Gebrech guter Professoren sehier verfallen sind, besonders in facultate theologica" (Ennen I c IV, 667—668)

[5] Cf supra p 139

[6] De hac Everardi Questenbinch epistula vide infra, monum 21

[7] Gerardum Hammontanum

Nunc tuam Paternitatem oro et moneo, Reverende Pater, ut meam in scribendo ineptitudinem boni consulas, dein pro Kanisio precari Deum numquam cesses; ad haec mihi meisque in Christo fratribus tuam benedictionem impartias, postremo nos omnes Reverendis in Christo Patribus et fratribus qui sunt isthic solicite commendatos habeas in Christo Domino Nostro. Cuius gratia Paternitatem Tuam prosperet ac servet

    Amici omnes plurimum salutant Paternitatem Vestram
Colomae 1545 12 Martii
        Reverendae Paternitatis Vestrae
            Petrus Kanisius
              Noviomagensis
servus omnium indignissimus et filius in Christo vilissimus
              ihesus
Reverendo Domino in Christo Patri et Domino meo Magistro Petro Fabro Theologo eximio de Societate nominis Iesu
              in
              Spaniam [?] *

Faber ad hanc epistulam (et ad eas, quae supra nn 13 et 16 positae sunt) respondit Vallisoleto 9 Iulii 1545

21.
CANISIUS
FRIDERICO NAUSEAE,

episcopo viennensi [1]

Colonia 18. Maii 1545.

Ex libro „Epistolarum miscellanearum ad Fridericum Nauseam Blancicampianum, Episcopum Viennensem, etc singularium personarum. libri X" (Basileae 1550) [2] p 373—375 Edidit hunc librum, nomine suo tacito, Iacobus Tamellus (Oechslin) [3],

---

  * *Spania apogi , fortasse legendum germanice* Spanien

---

[1] De doctissimo viro Friderico Grau (1480—1552), vulgo Nausea, waischenfeldensi, qui tum orationibus sacris in ecclesia cathedrali moguntina et in aula Ferdinandi I regis habitis, tum vero maxime scriptis plurimis ecclesiam insigniter adiuvit, vide *Ios Metzner*, Friedrich Nausea (Regensburg 1884) et „Zur Nausea-Biographie" in „Geschichtsblätter für die mittelrheinischen Bisthümer" (2 Jahrg, 1885) p 189—193

[2] Iterum hoc opus editum esse Basileae anno 1553 asserit *Christ Moufang*, Die Mainzer Katechismen (Mainz 1877) p 15

[3] *Metzner*, Nausea p 7 [3] *Tamellus* in praefatione operis asserit se ante aliquot annos ex „myriadibus" epistularum ad Nauseam datarum hasce (fere 700) elegisse et typis descripsisse, quod ab illustribus viris scriptae atque imprimis utiles pulchraeque visae essent Inter quas sunt epistulae Pauli III , Ferdinandi I regis Romanorum, cardinalium Gasparis Contarini, Ioannis Moroni, Marcelli Cervini, doctoris Ioannis Eckii, Ioannis Cochlaei etc

„Selestadinus, Alsacius", qui anno 1551 „comes palatinus apostolicus", notarius, Nauseae secretarius erat [1]

Camsius a Bobadilla et Hasenbergio de Nauseae virtute edoctus inter eius clientes recipi cupit, precibus et praeceptis instruendus   Illustres recenset patronos, quos iam nactus sit   Societatem Iesu commendat   Si quid noti Coloniae acciderit, id Nauseae referet   Nota ibi spes religionis conservandae orta, cleri us fortissimus   Nota libri a Groppero et Billichio contra notatores edendi   Camsius evangelium interpretatui et concionatui

PETRVS KANISIVS NOVIOMAGVS REVERENDISSI-
mo in Christo Patri ac Domino, D   Friderico Nauseae Episcopo Viennen etc. S   P.   D [2]

Gratia Domini nostri Iesu Christi, et pax, quae exuperat omnem sensum, custodiat te [3]. Equidem scio parum ciuile uideri, quod homo peregrinus, obscurus, et ignotus ego, tantum Episcopum compellare instituerim   Est quidem apud me et aequi et honesti ratio, sed forte non tam anxia, ut ampliſs Praesulem, sed eundem humanissimum uirum, interpellare, semper alicui uicio uertendum putem   Iamdudum nosti fide dignos illos homines, ac perinde amicos tuos, meos uero dominos iugiter obseruandos. D   Nicolaum de Bobadilla, Reuerendiſsimi Domini nuncij Apostolici plane colendum illum Theologum [4]: simul et D   Ioannem Hasenbergium, qui diuino munere datus est maximorum in Germania principum (siquidem de iuuenibus agatur) dexterrimus institutor [5]. Ab hisce tam praeclaris uiris tua uirtus multis hic mihi nominibus commendata fuit, per se alioqui nulli non probata· ut nihil iam dubitarem. quin si quid posthac uti nominis tui studiosiſs istuc mittere curarem, gratiose admitteres, fauorabiliter exciperes, et quoties filiorum clientulorumque tuorum album introspicerem, me uel in postremis haberes, amaresque. Non meriti, sed clementiae fuit officium, quod me non repulit R. D   Card. idemque Augustanus episcopus [6]   Non me repulit, quem dixi digniſs ille nuncius Verallus [7] non Poggius [8]. non repulit etiam doc-

---

[1] *Mich Denis,* Wiens Buchdruckergeschicht bis M   D   LX (Wien 1782) p   471
[2] Tota haec epistula „humanismum" illius temporis sapit, siue genus scribendi et elocutionem spectes siue studium illud quo proceres ac litterati laudantur eorumque amicitiae et patrocinia quaeruntur   [3] Phil 4, 7
[4] Cum Hieronymo Verallo Nuntio is tunc erat Bruxellis apud Carolum V   Octo supersunt epistulae, a Bobadilla ad Nauseam scriptae in „Epistolis ad Nauseam" p   369 370 372 381 394—397 409
[5] Magister is erat Lipsiae enciter annum 1528   Lutheri nuptias uersibus carpsit et Catharinam de Bora graui scripto monuit, cui aspere responsum est a Luthero   Postea praepositus lithomericensis constitutus est ac praeceptor liberorum Ferdinandi regis fuit (*Christ   Gottl   Jocher,* Gelehrten-Lexicon II [Leipzig 1750] col 1395   *Epistolae ad Nauseam* 172 360 376)   [6] Otto Truchsess de Waldburg
[7] Hieronymus Verallus (Verallo) nuntius ordinarius fuit apud Ferdinandum I a mense Iunio anni 1541 usque ad Ianuarium anni 1545, et apud Carolum V a mense Februario anni 1545 usque ad Septembrem anni 1547 (*A   Pieper,* Zur Entstehungsgeschichte der standigen Nuntiaturen [Freiburg i Br 1894] p 209 213
[8] Ioannes Poggius, episcopus tropacensis a mense Septembri anni 1541

tifsimus D Cochlaeus, et integerrimus D Hezius[1]. Quos, ut mittam caeteros, ego singulatim omnes, ieuereor tanquam Patres, audio ut Dominos, et sentio uti Mecoenates. Foelicior ero, si tantis uiris tantus Episcopus accedet, idemque Viennen ac etiam Nausea, doctis iuxta et pijs ubique gratus: qui me bonorum omnium piaesidijs egentem, in suam quoquo tutelam et fidem beneuolo recipiat Non quod honores ullo ambitu appetam Viennae, qui summam gloriam in ferenda mihi ciuce, licet opprobriosiis. pro Christo collocaui. Non quod munera etiam tua uener, aut lucrum spectem: qui, Deo iuuante, sarcinas opum abijcere malui, quam ut hisce degiauatus, ad obeundam crucis Christi miliciam[a] segnior efsem ut enim Christo Domino, qui seruos petit alacres et expeditos, toto pectore militarem, et si quid in me unium est, proximos ex profefso lucrifacerem, in illud militiae genus me libenter transtuli, quod non sine fiuctu colit pater meus D. Bobadilla, et a Iesu nomen habet iam innotuit in orbe noster conatus, iam in India nostiorum opeia. Christi ieligio latifsime propagatur[2] Iam ita probatum tibi puto nostrum institutum, ut licet ardua, pia tamen: licet molesta, non tamen insalubria, meditari nos in unea Christi, facile perspicias Verum idcirco me bonorum piaesidijs egentem appellaiam, quod ueluti tenella in Christo plantula, ut foeliciter conualescam, multis multorum precib et doctrinis firmari, foueiique opus habeam miser. Quare nec tu mihi piaeteieundus[b] eras, quo minus ueluti pio Chiisto stipem emendicaturus, tuae pietatis orationib me totum (ut quam maxime cupio et obsecro) solicite commendaiem Feceris autem proculdubio rem ut a meis meritis alienifsimam, ita profefsione[c] clementiaque tua dignifsimam, si tuis aliquando me forte labantem scriptis[d] sustinere, cadentem subleuare, respirantem erigere, dubium confirmare, et ad pietatem omnem cohortari dignaberis. Non senior certe sum, sed iunior, annos natus iuxdum XXIIII Argue igitur cum omni imperio, qui ieueia senior existis[3] Argue, increpa, minare, et castiga Insta opportune, importune[4]: nimirum sequutus illius opt. max. parentis exemplum,

---

[a] maliciam *Tau*   [b] praeteieundus *Tau*   [c] profefsionem *Tau*
[d] scrptis *Tau*

---

usque ad Decembiem anni 1544 nuntius pontificis oidinaiius apud caesaiem fueiat (*Piepei* l c p 209)

[1] Theodoiicus van Heeze, prodecanus capituli leodiensis, vide supia p 121
[2] S Franciscus Xaveiius anno 1541 cum socns in Indias oiientales profectus erat. Quae illi primis illis annis ibidem egeiint, naiiant *Io Peti Maffeius* S J (Historiarum Indicaium libri XVI [Coloniae 1593] l 12, p 228—235), *Dan Baitoli* S J (Dell'istoiia della Compagnia di Giesu l'Asia P I [ed. 3 , Roma 1667] l 1, p 8—56), *I Cietinieau-Joly* (Histoire de la Compagnie de Jesus I [3 ed , Paiis-Lyon 1851], 160—176), *Heniy James Coleiidge* S J (The life and letteis of St Franeis Xavier I [New ed , London 1881], 114—177)
[3] Obveisantui animo Canisii. quae sciibit Paulus 1 Tim 5. 1
[4] 2 Tim. 4, 2.

10*

qui quem diligit, castigat flagellat autem omnem filium
quem recepit[1], ut cum tentatione faciat prouentum[2].
Habes (quod uelim de me certo tibi pollicearis) habes inquam Canisium non modo filium, sed seruum, sed clientulum, sed mancipium
pro tua uoluntate   Si quid nouarum hic rerum emergeret, uoluit
pater ac D Bobadilla te facerem certiorem   eo fidentius haec mitto,
quae Colonien cleri tot modis afflicti causam explicant neque cef-
sant enim quidam omnem mouere lapidem, ut pro luce ueritatis caliginem haeresis nobis offundant   Sed omnem profecto laudem superat
cleri fortitudo   Quas hic uias, et artes non tentauit, ut corruptos
semel animos ad pietatem reuocaret[2] taceo laborum magnitudinem,
et sumptuum non aestimandorum copiam[3] Plurimorum iam animi
desperauerant de continenda hic religione   sic saeuiebant, immifsis
undiquo lupis[4], ij quos nostri[5] Nunc ubi Caesar pios hic omnes ani-
matos uoluit[6], eaque omnia quae mitto annuens confirmauit, in optimam certe spem erecti sumus, fore ut difsimulata nimirum impietas,
et quorundam proterua sic insolescens, cohibeatur tandem, retineatur
autem pietas   Clarifs uir D. Ioannes Gropperus. V I Doctor. quo
fruor perquam familiariter, breui suam edet responsionem in Buce-
rium[7] Prouincialis Carmelitarum, qui nundinis exactis[8] maximam de se
fecit expectationem in eo opere, quo Philippos[9], Buceros, Oldendorpios[10]

--- ---

[1] Hebr 12, 6   [2] 1 Cor 10, 13   [3] Cf supra p 101 120   [4] Vide supra p 110
[5] Praeter Hermannum archiepiscopum etiam Philippus, Hassiae landgrauius, et
alii foederati smalcaldici per litteras ac legatos fidem Coloniensium aggrediebantur
(*Varrentrapp* 1 c p 157 204—208) Conniuebant iis etiam aliqui e capitulo metro-
politano
[6] Per litteras et legatos (et supra p 120[3]) ac denique coram, nam 7 —9 Mau
1545 Coloniae commoratus est (*Ennen* 1 c IV, 487)
[7] Mense Decembri anno 1542 Martinus Bucerus ab Hermanno accersitus Bonnae in templo maiore contionari coepit Obstitit capitulum coloniense et maxime
Ioannes Gropperus, quem una cum Bernardo de Hagen, Hermanni cancellario,
catholicorum caput („Leithammel") tunc fuisse ipse Bucerus testatur Atque inter
alia Gropperus huc contra Bucerum coram Hermanno eiusque ordinibus proferebat,
eum alia de religione docuisse anno 1540 in colloquio uormatiensi, alia anno 1541
in ratisbonensi, alia postea Bucerus autem eum refellere conatus est, libro ad imperii
principes scripto, cui titulus .Wie leicht und fuglich christliche Vergleichung der
Religion bei uns Teutschen zu finden sein solt ' Respondit Gropperus libro, quem
inscripsit .An die Roemsche Keyserliche Maiestaet vnsin Allergnedigsten Herren
Warhafftige Antwort vnd Gegenberichtung V. Johann Gropper   Vff Martini
Buceri Treuenliche clage vnd angeben wider jm D Gropper, in eynem jüngst auss-
gangen Truck beschehenn Im jar Jesu Xi 1545 ' In hoc opere ambiguum ingenium Buceri depingitur, quem „nebulonem" („Windbeutel") appellauit Gerardus
Veltwyck, Caroli V secretarius, et garrulum (.Klappermaul') Lutherus (*Varrentrapp*
1 c p 125—133 143 212 *Janssen* 1 c III, 541)
  [8] Nundinas paschales dicit Francofurtum ad Moenum tunc erat quasi forum in
quo libri venales exponebantur (*Fried* *Kapp*, Geschichte des Deutschen Buchhandels
[Leipzig 1886] p 151—458)   [9] Melanchthonem
[10] Ioannes Oldendorp († 1576), vir iuris valde peritus, Coloniae „lectionem in
Jure a Senatu acceperat", sed „quia factus Bucerista   priuatus lectione sua a

refellit. modo secundam parat responsionis partem[1]. Ego, quia
Mathacum Euangelistam enarro[2], et qualis qualis Diaconus sum, perpetuo concionandi munus obeo, uix poffum esse longioi, nisi tamen
omnem epistolae modum excefsi, tuumque animum aequo longius a
curis Ecclesiae tuae auocaui. Vale in Christo, Reuerendifs Pater, et
hanc interpellandi sciibendique meam libertatem, ni male consulis,
nouum quaeso clientulum affume Coloniae, apud S Geiionem XVIII
die Maij, Anno salutis M D.XLV

22.

P. PAULUS ANTONIUS DE ACHILLIS S. J.[3]
CANISIO CETERISQUE SOCIIS COLONIENSIBUS.

Parisiis 29. Iunii 1545.

Ex autogiapho (2⁰ min , 2¹₂ pp), cod colon „Litt epistt vai ᶜ ff VII⁷
et 7, intei quae 4 folia interseita sunt, in quibus altei a est epistula

*Pio litteris Colomensum giatias agit Hoium piudentiam et constantiam
audat Eos ad amandum Iesum excitat, qui ad colendam uneam suam omnes in-
uitet, tanta promittens, tam bonus in se ipso Monet, ut contia notatoies (quoium
impietatem depingit) foitilei agere peigunt, diuino freti auxilio Socus giatulatui,
quod Petium Fabium pietatis magisti um habuei int*

Senatu, jussus exire ciuitatem" (Annales universitatis coloniensis, *Bianco* I, 422),
Marburgi ius civile professus est et Philippo, Hassiae landgravio, a consilus fuit
(*Vaientiapp* 1 c p 160—162 *Janssen* 1 c III, 332—335 *Haitzhem*, Bibliotheca Coloniensis p 190 C *Kiefft*, Biiefe Melanthons etc in „Theologische
Aibeiten aus dem rheinischen wissenschaftlichen Predigei-Verein" II [Elbeifeld
1874], p 67—69)
[1] Everaidum Billick dicit Anno 1543 is edidit „Judicium deputatorum Universitatis et Cleri secundarii Coloniensis de doctrina et vocatione M Buceri " Responderunt ei Bucerus („Die ander veiteydigung und erkleiung der Christlichen lehr" etc)
et Oldendorpius („De scripto quodam cleri secundarii et leguleiorum Coloniensium
plane detestabili adversus Evangelii doctrinam et ordines Imperii nuper edito")
atque impiimis Philippus Melanchthon in „Responsione ad sciiptum quoiundam
delectorum a clero secundario Coloniae Agrippinae" germanice etiam edita, cui
Lutherus praefatus est Contia hos eigo Billick edidit anno 1545 illum, quem Canisius hic exspectare videtui, librum, quem inscripsit Judicii Universitatis et Cleri
Coloniensis, adversus calumnias Philippi Melanchthonis, Martini Buceri, Oldendorpii
et eorum asseclaium, defensio, cum diligenti explicatione materiarum contioversa-
ium" (*Bianco* l. c I, 366—367 *Vaientiapp* 1 c p 165—171 *Ennen* 1 c IV,
435—436)
[2] In bursa montana, cf supra p 112
[3] Paulus de Achillis sive Achilles, saceidos parmensis, sub annum 1540,
aetatis aunum agens 25 , Paimae, ubi tunc Beatus Petrus Faber iussu Pauli III
contionabatur confessionesque excipiebat, Societati Iesu se adiunxit Parisios, deinde in Siciliam missus, collegii panormitani piimum magistei, dein, inde ab anno
1551 ad ultimos feie vitae suae annos iector fuit, mortuus est ibidem cum singulari
sanctitatis fama anno 1586 (*Polaimus* 1 c I, 82 86 156 384, II, 236 etc *Oilandinus* 1 c 1 2, n 78, 1 4, n 53 etc *Fiane Sacchinus* S. J. Historiae Societatis
Iesu pars quinta, tom I [Romae 1661] 1 6, n 17, p 280)

Jesus et Maria.

In christo Jesu fratres perdilecti.

Gratia domini nostri Jesu christi nos in ipso vniat, foueat, et tandem cum ipso et per ipsum et in ipso regnare faciat amen Ni humanitati ac charitati uestrae fratres desideratissimi deesse (quod certe non mediocri vitio mihi esset ascribendum) viderer labia comprimere, quam vos a dei agricultura his qualiacunque sint verbulis auocare, maluissem. Verum eam de uobis fratres charissimi existimationem concepi, vt uos omnia pro vestro erga me amore aequi bonique consulturos facile mihi persuaserim, ad haec literae vestrae quibus nihil optatius iucundiusque obtingere mihi potuisset[1], animum ad scribendum (ut par erat) impulere, quae quidem quantum in domino delectarint, non est quod multis persuasionibus argumentisque ostendere coner, cum ad eos qui non applausum sed animi candorem atque sinceritatem (licet nihil tale in me comperiam) exoptent, sermonem habeam. caeterum cum non solum charitas ad nos ipsos se extendat, sed et potissimum ad proximum nobis uel naturali vinculo uel spirituali quod sincerius et purius hominum ligat voluntates coniunctum illud beati Pauli in fructu vestro spirituali me oblectans, proferam, me inquam **pro vobis omnibus domino nostro Jesu christo gratias agere**[2], cum omnium vestrum ea sit probitas et in bono opere constantia, in omnibus denique actionibus [?] uestris tanta prudentia, ut ne dum germania solum verum et lusitania, Italia ac galia hunc uestri bonum odorem persenserit[3], dignetur dominus deus (ut credo) hunc odorem in omnium aromatum suauitatem odorari, Ne miremini queso fratres in christo Jesu dulcissimo iucundissimi si aliqua ut nos inuicem ad hunc amorosum Jesum excitemus, subiecero, quid enim ad dilectionem sui aliquem efficacius trahere potest. quam cum diligens omne bonum in dilecto conclusum esse certe sciat, cui si accesserit certitudo amoris huius erga illum profecto si sit rationis compos toto conatu ad illum inquirendum iste dilectus feretur, Sed de bonitate suauissimi Jesu quis dubitat? quis amorem illius erga se ignorat? et cum de ratione boni sit ut multis sese communicet consideremus quam excellenter sese nobis donauerit, quanta nobis promiserit magna certe est eius policitatio omnibus eum diligentibus facta, dicit enim si **quis diligit me, sermonem [meum] seruabit, et pater meus diliget eum, et ad eum ueniemus et mansionem apud eum faciemus**[4], praeterea perpendamus quantam de nostra salute solicitudinem ille prouidus **pater familias** habeat, qui **tertia, sexta, nona et undecima hora per vicos, per plateas**[5]

---

[1] Coloniensium litteras a Canisio scriptas fuisse ex eo conicere licet, quod Achilles hanc epistulam Canisio nominatim inscripsit
[2] Rom 1, 8 1 Cor 1, 4 Eph 1, 16 Phil 1, 3   [3] Cf 2 Cor 2, 15
[4] Io 14, 23   [5] Matth 20, 1—10 Luc 14, 21

atque earum angulos si quos cultores inueniat, perambulat, eosque
in vineam suam mittit quibus non praemium momentaneum aut
leue sed denarium illum in se omnia bona comprehendentem proponit, faeliccs vereque felices illi coloni, ab omnibusque tales habendi,
cum ex vnius diei labore summam et perpetuam quietem a tam
liberali patre familias accipiant, o negociatores huius seculi, o qui
diutijs cito citiusque quam credi possit perituris inhiatis, huc huc
properate, manum operi admouete, palmiti tenello paxillum apponite
(quod facietis si infirmis in fide bono uitae uestrae exemplo et doctrina robur atque fidei nostrae christianae non verbo solum sed facto
argumentum prebebitis), sarmenta illa uetera fructus vbertatem
praepedientia falce verbi diuini succidite, Quis mihi dabit ut talium
agricolarum socius uel scruulus effici[a] possim? sed horum maiorem
faelicitatem attendite, quod certe et mirabile et consideratione dignum
est, quis vnquam uel ex scripturis annalibusque antiquorum uel a
maioribus nostris tanquam per manus traditum accepit tale insigne
liberalitatis opus quale istud est, ubi ipse dominus vniuersorum et
nos operarios conducit et nobiscum operando se ipsum in premium
donat, o mira liberalitas magnificentiaque, quis igitur huius conduc-
toris operarius brachia sibi ob laborem defatigari conqueretur? Cum
haec fratres in visceribus Jesu christi[1] paulo altius sum me-
ditatus (quod uellem frequentius et fecisse et facere) illos sanctos
patres desino mirari, qui tanta alacritate, tamque animo feruido hanc
vineam ingressi sunt, ut potius uitae iacturam subire, quam opus tam
preclarum, tantumque lucrum afferens, faeliciter inceptum deserere,
maluerint: quid m? cum hanc uitam mortalem in perpetuam eamque
beatam commutare sperarent, illudque quod eximio illi patriarchae[2]
et omnibus fidelibus in eo intellectis promissum consecuturos indubie
crederent [sic], Ero inquit dominus deus merces tua magna
nimis[3], licet non primo premium intenderent, sed domino deo
omnium bonorum authori ac creatori sese omnino denouerint, quis
enim abyssum illam bonitatis ac sapientiae et .... [b] exacte per-
pendens toto pectore in illius amorem ferri non deberet[?] ad uos
tandem o fratres charissimi deuenio, quis vos in talem familiam pro
singulari dei optimi erga uos gratia asciiptos non amet, veneretur,
simul et beet? et ob id maxime cum panem ociosi non com-
edatis[4], sed strenui operam in munere suscepto nauatis [sic], et ut
inquit apostolus per bona opera ut uocationem vestram certam faciatis satagitis[5] contenditisque, qua in re vobis plui-

---

[a] efficere autoyi Varionum, quae in hac epistula sunt, mendorum scriptor ipse
excusationem affert in fine epistulae
[b] Hic unum uel duo vocabula tam obscure scripta sunt, ut legi non possint

---

[1] Phil 1, 8   [2] Abraham   [3] Gen 15, 1
[4] Prov 31, 27   [5] 2 Petr 1, 10

mum giatulor. et mihi gaudeo, et deo optimo a quo omne bonum
descendit[1] giatias quas possum ago, cumque iogo ut qui tam augustum mitium operi uestio christianissimo non minus his nostris temporibus deploiatissimis necessaio, quam laudabili dederit, finem
fachcissimum (vt pio sua clementia facere solet) eidem largiri digne-
tui, foititudinem animi uestii atque constantiam contia insultus hominum speciem quidem pietatis pieseferentium, eam tamen
factis negantium[2] adaugeat, In ijs certe illud adimpletum esse
videtur, In nouissimis (de huiusmodi hominibus loquens apostolus
praedixit) diebus instabunt tempora periculosa, et erunt
homines se ipsos amantes, cupidi, elati, superbi, blas-
phemi, parentibus non obedientes[3] quod certe hi faciunt
cum omnino a nostris ueteribus sanctissimisque patribus per quos
Ecclesia Christi maximum iobur suscepit dissideant et quod iniquius
est et maxime dolendum eos quos summo honoie piosequi debuissent
innumeris contumelijs afficiunt, Ingrati, ciucis inimici[4], voluptatum amatores[5], qui iugum sponse christi ab eo ualde dilecte
in suis libidinibus paveant[6], atque [?] abijcientes, in captiuitatem
diabolicam se se dediderint [sic], quorum uicem doleo, caeterum hoc
malo, quod tamen maximum est, non contenti, sed crimen cimini
addentes, in eam sponsam Ecclesiamque romanam oie illo impuris-
simo tot blasphema [sic] iaculant[7] quo fit ut dum Christum patrem habeie
[gloriantur] in hoc Judeos gloriabundos imitantes[8], in eius indignationem incuirant, quis enim sponso placeie potest si sponsam piae-
dilectam tanto odio prosequatur, sed ignorant quod benignitas
dei ad paenitentiam eos expectat[9], atque inuitat. in quorum
confusionem nemini dubium esse debet psalmographum de ijs pro-
phetasse dum haec spiiitu sancto afflatus enunciat, Dixit deus
peccatori quare enaras [sic] Justitias meas, et assumis testamentum meum pei os tuum[10], Enmuero fratres, non sic nos
non sic, nam impij tanquam puluis quem pioijcit uentus a
facie teiirae[11] dispeigentui. sed cum beato apostolo psalamus [sic] nos
autem gloriari oportet in cruce domini nostii Jesu Chiisti[12],

[1] Cf Luc 1. 17   [2] 2 Tim 3. 5   [3] 2 Tim 3, 1—2
[4] Phil 3, 18   [5] 2 Tim 3 4
[6] Udalricus Zwingli e g moium suoium turpitudinem ac praeseitim formica-
tiones ipse confessus est (cf *Janssen* 1 c III, 89—90)
[7] Lutheius papam dicebat esse antichiistum, et ecclesiam in captiuitate baby-
lonica veisari Ipso illo anno 1545 libium edidit „Widei das Bapstum zu Rom vom
Teuffel gestifft", in quo principes ad papam et cardinales tiucidandos hoitabatui ,
eos neque Deum esse ciedeie neque alteiam vitam („Dr *Martin Luther's* iefor-
matiuns histoiische deutsche Schiiften", ed *Joh Koni Iimischei* III [Eilangen 1830],
126—127 155)
[8] Iudiei gloiiabantui se Abiaham patiem habeie (Matth 3, 9   Luc 3, 8
Io 8 33-53)   [9] Rom 2 4   [10] Ps 49, 16   [11] Ps 1, 4
[12] Gal 6. 14

Exeamus extra castra improperium illius portantes[1],
Exuamus hunc hominem veterem contumacem, cumque ciuci quantum
fragilitas nostra patitur affigamus[2], si pondus vires nostras superare
uidetur, oculos ad montem domini leuemus[3], dicebat Heliseus
plures pro nobis sunt quam contra nos[4], Dominus jussit
Moisi ut Josue confortaret, quia se in ducem ei dare policebatui[5], si
igitur dominus deus populum in teiram promissionis ingredientem
tanta custodia protexit, an nos sui sanguine vnigeniti redemptos in
illam requiem ingredi[6] desiderantes in medio cursu deseret? absit
a corde christiano tam impia cogitatio, non est deus noster sicut
homo, non est hodie minus quam heri potens, cum nullum heri illi
sit, sed semper hodie, o immensa et ineffabilis bonitas, o, homo, vnde,
et quo, quis sis, et quis esse possis diligenter examina, sed ne me
praeceptorem vobis praebere videar, cum certe neque aptus discipulus
existam, iam iam huic nostrae extremam manum imponere liceat, si
vnum tamen prius adiecero, me inquam plurimum gaudere vos talem
patrem et in via domini ducem non qualencunque [sic] sed in quouis genere
certaminis peritissimum Reuerendum patrem vestrum atque meum
dominum petiuni fabrum mihi multis nominibus semper suspiciendum,
nactos fuisse, sed coidi meo magnus dolor est quod dum cum illo
sex aut octo menses vixerim[7] quantum potuerim proficere ignorauerim.
neque animum ad id quod vitam meam reformare poterat unquam
intendeiim, et ita factum est ut in perpetuis tenebris versatus fueiim,
a quibus tamen diuino auxilio fretus et illius simul et vestris piae-
cibus adiutus resurgere speio, faxit deus pro sua erga nos misericordia ut professioni nostrae opeia respondeant, et nauiculam nostiam
aura spiritus sancti impulsam ad stationem fidam peiduceie queamus
quod nos si modo illud vehemens desideiium de quo salutis nostrae
author[8] loquitur nimirum beati qui esuriunt et sitiunt justi-
tiam[9] habuerimus facile dei gratia interuemente impetratuios speio,
Charissimo et multa pietate praedito Domino francisco Caleae [?][a][10]
nomine meo plurimam in domino salutem daie non grauabimini[b], in
vestrisque orationibus mei et omnium nostrum ac uestium fratrum
memoriam seruare dignabimini, illud idem pio uobis prestare poli-
centes, exaudiie clementissimus deus nos dignetur, et nos omnes
in viam semper[c] dirigere vellit [sic], Valete parisijs III Cal Jul
M.D.XXXX.V   Vester in christo fratei minimus
                  Paulus Antonius de Achillis

---

[a] Vel Calez   [b] grauabini *antoyi*   [c] Sic, salutis *

[1] Hebr 13, 13   [2] Cf Eph 4, 22   Col 3, 9   Rom 6, 6   [3] Ps 120, 1.
[4] 4 Reg 6, 16   [5] Cf Num 27, 18   Deut 3, 21   22 etc
[6] Hebr 4, 11.   [7] Parmae, vide supra p 149'   [8] Hebr. 2, 10
[9] Matth 5, 6
[10] Magistrum Franciscum de Calza, Societatis nouicium, significaii puto, sed is
(vide supia, p 121) ineunte anno 1545 Colonia discesseiat

Libenter hanc transcripsissem sed nuncius me premebat ideo me excusatum habetote pro uestra singulari pietate, vel saltem negligentiae aut ignorantiae meae, si quid minus apte quam par fuisset scriptum (ut multa esse possunt) inueneritis, ascribatis non voluntati, que certe nobis in omnibus obsaequi prompta est sed hoc vnum me consolatur quod ad uos qui me diligitis scribam valete

Charissimis in christo fratribus Domino Petro Kanisio cacteris studentibus Societatis nominis Jesu, Coloniae.

23.

BEATUS PETRUS FABER S. J.

ALVARO ALFONSO ET PETRO CANISIO S. J.

Vallisoleto 1 9. Iulii 1515.

Ex „Cartas del *B P Pedro Fabro* I, 386—388 263—267, in quas haec epistula transcripta est ex apographo ab amanuensi P Oliverii Manarei facto, quod antea Romae in archivo Societatis asservabatur

Pars („Legimus omnes" — „alibi bene habere⁴) posita est a *Sacchino*, De vita Canisii p 33—35, et ab *Henrico Simonis* in cod colon „Hist coll Col ⁴ f 12ᵇ—13ᵃ, sed hic illa verba ex ipso Sacchino descripsisse et nonnihil mutasse videtur Eadem fere posuerunt *Orlandinus, Reiffenberg, Riess* etc

Ostendit, quam immerito Socii a Coloniensibus reddi sint in eadem domo habitare Pro sco in Colonienses amore eos Coloniae perustere vult, etiam cum studiorum suorum discrimine, nisi oboedientia aliud iusserit Aegre fert P Cornelium Vishardeum e coristam agere Multos amicos nominatim salutat

Jhesus.

Charissimi in Christo fratres

Gratia et pax Salvatoris nostri sit semper in cordibus vestris.

Aut nunc nihil omnino scribendum mihi est ad vos, aut paucissimis verbis agendum Cursores propter novum Principissae Hispaniarum partum festinant², et ego extra propriam habitationem, id est, in aedibus Reverendissimi D. Nuncii Poggii aliud acturus, hac hora invitor ad scribendum, sed malo aliquid quam nihil scribere, ut saltem discatis me et D Licenciatum Araoz cum quinque aliis instituti nostri iuvenibus bene habere et bene agere³ Litterae vestrae ad manus nostras tandem aliquando pervenere tam gratae illae quam desideratae. Accepimus primum fasciculum illum, qui ternas a Ma-

---

¹ Vallisoleti tunc aula Philippi, Hispaniarum principis (postea Philippi II regis), et cum ea Ioannes Poggius, nuntius apostolicus, morabantur, cf Cartas del *B P Pedro Fabro* I. 258

² Marii, Philippi uxor, 8 Iulii 1545 Carolum filium pepererat

³ Faber et P Antonius Araoz (de quo infra) paucis mensibus ante advenerant Vallisoletum, ex ea regni sede aditum Hispaniae Societati patefacturi (Cartas del *B P Pedro Fabro* I, 257—263 Orlandinus 1 c 1 5, n 59—61)

gistro Petro latine scriptas[1], et binas a D. Alvaro hispanice compositas continebat. Inibi quoque fuit quaedam epistola carissimi in Chiisto amici et fratris Everhardi[2], et illa ipsa, quam Petrus olim noster, nunc vei o jam non suus ad me scripsit[*3] Legimus omnes, et ielegimus cum maximo animorum, nescio an dicam, moerore an gaudio. Quis enim non lugeat, quod vobis, qui unum estis, istic non licuerit in una domo habitare? quis non fleat quod vos soli judicemini indigni unum corpus dici posse, qui un a m a n i m a m et u n u m c o r[4] habere et habuisse[b] probati estis? Ridet et dolet spiritus meus, cum video vos tolerari separatos, non posse autem sustineri[c] unitos; quasi meliores sitis divisi quam in unum collecti Lubens dicerem his qui vos conturbant· a u t f a c i t e a r b o r e m b o n a m e t f r u c t u s e j u s b o n o s. a u t f a c i t e e a m d e m m a l a m e t f r u c t u s e j u s i t i d e m m a l o s[5]. Sed locus non est omni veritati, ubi non est locus unitati vestrae. Sit benedictus Deus, qui vos i n u n u m h a b i t a r e[6] facit etiam corpore sejunctos, cuique, ut bene speratis mecum, curae erit dispersiones Israelis congregare[d7] In hoc ego gaudebo videre constantiam vestram, et gaudebo videns quod Magister Lambertus isthinc nulla ratione potuerit avelli sed sua moite retinuerit quotquot ex[e] vobis Coloniae ei ant necessarii[8]. Recte enim tenetis mentem meam in eo esse et fuisse, ut nullo modo i elinquamus Coloniam, id quod optime coniectaverunt[f] Decanus[9] et facultas theologiae, Magistrum Petrum[g] in aliquot futuros annos retinendum curantes[10], id autem faciunt, quia cernunt carneis oculis utilitatem inde proventui am. Utinam atque utinam ipsi quoque cernerent mentalibus oculis longe magis necessarium et magis utile quod plures ejusdem animi et spiritus, cujus est Magister Petius[h], isthic concrescerent et in unum corpus coalescerent Ego jampridem posthabui studia vestra utilitati multarum animarum, sciens multo melius proficere posse in aliis Uni-

---

[a] In fasciculo, quem misistis, fuit quoque epistola, quam Petrus olim noster, nunc vero iam non suus ad me scripsit *Sacch* In fasciculo *[etc , sicut Sacch]* Canisius olim meus, nunc vei o nec suus ad me scripsit *Cod colon*
[b] *Sacch et cod* col om et habuisse
[c] sustinere *Cant , in veisione* os toleran separados y no os pueden sufrir unidos.   [d] congiegaret *Cant*   [e] in *Sacch cod col*   [f] coniectarunt *Sacch cod col*   [g] Canisium *cod col*   [h] Canisius *cod col*

---

[1] Epistulas dicit, quas Canisius Coloniae dederat 27 Augusti, 27 Septembris, 30 Decembris 1544, vide supra nn 13 16
[2] Everardi Questenburch, cf supia p 140
[3] Petrum Kannegiesser (non Petium Canisium) significat, qui Societati nomen dederat, et illas Kannegiesseri litteras (Colonia 9 Ianuarii 15[45] datas) dicere videtui, quae editae sunt in „Cartas del *B P Pedio Fabio"* I, 422—424
[4] Act 4, 32   [5] Matth 12, 33   [6] Ps 132, 1
[7] Ps 146, 2 Faber, cum haec scriberet, nondum cognoverat Socios colonienses habitationem communem iterum incepisse, cf supia p 136 141
[8] Cf supra p 112 121   [9] Ioannes Stempel O Pi   [10] Vide supra p 143

versitatibus quam Coloniae unumquemque vestium; sed illa fuit viitus
nimii amoris mei erga Coloniam, ut vos periculis exponerem, et mallem
isthic vos indoctos quam alibi doctissimos   Utinam vero hic zelus
meus sit secundum piudentiam illius, qui f i l i u m s u u m U n i g e n i-
t u m d e d i t [1] in manus peccatorum. Dominus Alvarus novit hunc
nimis fortem amorem meum, idque, ut ipse aliquando putare videtur
suo magno incommodo [2]. sed ut jam dixi, sic stat sententia animi
mei, quod ut libentius* sum audituius unumquemque vestrum (loquor
maxime de Magistio Petio[b] et de D Alvaro) mortuum esse, et cum
Magistro Lamberto sepultum, quam alibi bene habere Hoc dixerim,
nisi obedientia aliud suaderet nedum praeciperet· haec enim omni
sacrificio melior est [3]. Maxime ego gavisus sum audiens corpus Magistri Lambeiti in monasterio Patium nostrorum et fratrum Carthusiensium reconditum esse, spero quod mercedem suam non sint per-
dituri in r e s u r r e c t i o n e in n o v i s s i m o d i e [4]
    Exercitium illud Magistri Coinelii, quod est in expellendis dae-
monibus ab obsessis, mihi nullo modo piobatur, sed velim ipsum
scire multam in ea re deceptionem reperiri   Ejiciat daemones de
animabus, quod est officium saceidotum, et dimittat exorcistis suum
implere officium   An non semel expeitus est Magister Cornelius
daemonum illusiones? Sane expeitus est. et quidem non sine periculo suo [5]
    Estote importuni Romanis ut frequenter ad vos scribant. Illud non
placet quod sciam Magistrum Nicolaum et Magistrum [Claudium]'

    * Sic Cuit , Succh et cod col   quod libentius   b Magistro Canisio cod col
    c In apogiapho, quod editoi i opei is „Cai tus" piaesto fuit, post altei um „Magi-
stium" nomen piopiium positum non est Si quis hanc epistulam cum epistulis

    [1] Io 3, 16
    [2] Hic nimio desideiio Hispaniae et Lusitaniae tenebatui et paulo post, suo
arbitratu, eo iednt
    [3] Cf 1 Reg 15, 22 Eccles 4, 17 S Ignatius in piaeclaia illa epistula „de
oboedientia" „Dice la Esciiptura ,Quod melior est obedientia quam victimae"
(Cartas de San Ignacio III, 190)   [4] Io 11, 24
    [5] De P Coinelio Vishavaeo P Oliveriius Manareus 15 Maitii 1604 P Nicolao
Lanciio scripsit „Hic autem valde facilis erat ad ciedendum similibus, quia totus
bonus et simplex erat" Attamen „vere vii cptimus fuit et per eum Deus multa
operatus est" (Manaiei commentarius, piaefatio editoris p V) Cum anno 1570
Canisius ipse ad exorcismum quendam peiagendum paene coactus esset, secretarius Societatis Roma 18 Maitii 1570 ei sciipsit „Tale occupatione . . . non
e propiia del nostro instituto, et potiebbe impedirne altie molto migliori et piu
utili al ben commune" Ex* commentaiio eiusdem temporis, in cod „German
Galliia 1569—1572" f 75' Canisius autem Augusta Vindelicorum 8 Apiilis 1570
S Fiancisco Boigiae, praeposito geneiali, sciipsit „Illud magnopeie probo, ut
nostri ad hoc munus uix unquam a Piouinciali admittantui, sicut P T. optaie mihi
uidetur, atque ut admissi ab omni daemonum caueant illusione" Ex* apographo
saeculi XVII, quod est in cod monac „Lat 1606" f 149'—150b Cf etiam Ress
I c p 389—391

cum illis Reverendissimus Dominus nullam vestri curam habere [1].
Haud plura.
Iesus Christus sit semper vobiscum. Spero me scripturum brevi
de rebus nostris et responsurum sigillatim [sic] ad litteras omnium
vestrum Salutate Dominos meos et amicos Patrem Priorem [2] cum
toto conventu et D. Daniele, R. D Licentiatum [3], hospitem et refugium
nostrum singularissimum, Reverendissimum D Lodesien [3 4], Reverendos
Magistros nostros, Patrem Tylanum [5] et Patrem Priorem Dominicanorum [6], Reverendum P. Provincialem Carmelitarum [7], R. Dominum
Suffraganeum [8], et R D. Rectorem, protectorem nostrum semper me-
morandum [9], cum reliquis, quorum nomina sunt in libro vitae [10]
Haud plura
Datum Vallisoleti 9 Julii anno 1545.
                    Vester in Christo frater et conservus
                    Petrus Faber.
Secundus fasciculus litterarum pervenit ad nos sub festum Visi-
tationis Beatae Mariae [11]

† Charissimis in Christo fratribus, D Alvaro Lusitano [12] et Magistro
Petro Canisio, apud Carthusienses, aut apud D Licentiatum Andream
Barndhet [b], prope S Gereonem.

Ad hanc epistulam Canisius respondere videtur litteris, quas Colonia 22 Decembris 1545 Fabro inscripsit

*canisianis nn 13 16 contulerit, Patres Nicolaum Bobadillam et Claudium Ianum
significari dixerit*
  [a] *Sic apogr , sed Faber* London *vel* Londiens *scripsisse videtur, certum enim
est archiepiscopam lundensem ab eo significari*
  [b] *Sic apog: ; eundem Manareus (l c p 5)* Barncdhet, Orlandinus (l c l 5,
n 36) Barndhet *vocat, quod librarii potius quam Fabri vitio factum esse videtur,
archetypa enim epistula, quam is 28 Novembris 1543 ad Socios colonienses dedit,
inscripta est Aliaro et Canisio ,in domo domini licenciati Andreae Barduich*, et
supra p 101*

[1] P Nicolaus Bobadilla sub id tempus cum Wolfgango de Salm, episcopo
passaviensi, et cum Hieronymo Verallo, nuntio apostolico, fuit, P Claudius Ianus
Ottonem de Truchsess, episcopum augustanum, adiuvabat Uterque postea sociis
coloniensibus subvenit, cf supra p 141 [5]
  [2] Priorem Carthusiae   [3] Andream Heill de Bardwick
  [4] Georgium de Skodborg   ' Ioannem Stempel O Pr
  [6] Tilmannum Smeling Hi duo „Magistri nostri" vocantur, quia in universitate ordinarios theologiae professores agebant   [7] Everardum Billick
  [8] Ioannem Nopelium, qui Coloniae Fabium de rebus sacris dicentem nonnumquam audierat (Cartas del B P Pedro Fabro I, 235—236)
  [9] Hermannum Blanckfort, cf supra p 105 [9] Sed is in eo munere successorem
acceperat, antequam Faber haec scriberet Cf Bianco l c I, 833   [10] Phil 4, 3
  [11] Sub diem 2 Iulii In eo fasciculo erant litterae Canisii initio Februarii et
12 Martii datae (vide supra n 20), P Alvari Alfonsi, et illae quoque (ut videntur),
quae ab Everardo Questenburch 4 Februarii 1545 ad Fabrum datae et in „Cartas
del B P Pedro Fabro" 1, 424—426 typis descriptae sunt
  [12] *Hansen* (l c p 180) minus recte hunc dicit Hispanum

24.

CANISIUS

BEATO PETRO FABRO S. J.

Colonia 12. Augusti 1545.

Ex apographo, circiter annum 1870 confecto ex autographo, quod est in „Varia Historia“ etc (cf supra p 102) tom I, f 81—82

Pars edita est a *Boero*, lat p 225—226, et duae particulae in „Cartas del B P Pedro Fabro“ I, 301³ 305⁸

Canisius Vormatiam tempore comitiorum adiectus Patrum Bobadillae et Iaii commercio fruebatur   Quorum indolem virtutesque depingit   Quantum Carolo V et Ferdinando I Iaii contiones placuerint, quantique hic a cardinali augustano aestimetur   De Canisio Tridentum mittendo deliberatum   Notariorum contumacia, bellum necessarium   An Canisius Parisios transferendus? Ipse, baccalarius „biblicus“ factus, „legit“ et disputat   Paratus est se totum saluti Coloniensium devovere. Invenis quidam Lutheri discipulus Societati se adiunxit   P Alvarus Colonia discessit   Nobilis femina monasterium ingressa   Bobadilla invenes colligere statuit pro Germania reformanda   Canisius Coloniae ad caesarem missus, ut auxilium contra Hermannum Weedanum imploraret

ihesus

Reverende pater in CHRISTO dilectissime.

Gratia Domini nostri Iesu Christi sit semper cum Dominatione Vestra

Quid nobiscum hic actum sit in adventum usque Caesaris et Reverendi Patris Domini Nicolai Bobadilla pridem ex literis meis in Maio scriptis intelligere potuisti[1]. Nunc agam de profectione mea[2] confecta, quam tum, ut nosti, conficiendam praemonueram, ubi primum ab eodem Patre Vormatiam accersirer |sic|[3]. Accersitus igitur veni serius quam ut Reverendissimum Cardinalem Farnesium Pontificis nepotem videre potuerim. iam enim exposita suae Legationis causa discesserat[4]

---

[1] Hae perisse videntur
[2] *Riess* et *Boero* itineris huius vormatiensis non faciunt mentionem in biographiis suis canisianis
[3] Vormatiae tunc comitia imperii habebantur et de controversiis religionis componendis agebatur De illis comitiis v *Lud Pastor*, Die kirchlichen Reunionsbestrebungen während der Regierung Karls V (Freiburg i Br 1879) p 297—300 *Janssen* l c III, 561—566 *F B von Bucholtz*, Geschichte der Regierung Ferdinand des Ersten V (Wien 1834), 40—68
[4] Alexandro Farnesio de bello turcico et de concilio oecumenico cum Carolo V agendum erat In itinerario Caroli ab eius secretario Vandenesse conscripto legitur cum nocte 20 Maii profectum esse (*Will Bradford*, Correspondence of the emperor Charles V and his ambassadors etc [London 1850] p 552) Sed A t *Druffel* litteras edidit a Farnesio Vormatia scriptas 22 Maii, idem affirmat Farnesium Vormatia abiisse nocte quae erat inter 27 et 28 Maii (Kaiser Karl V und die Romische Curie 1544—1546 [München 1877 1881 1883] Abth 2, p 23 57—59 *P Kannengiesser*, Der Reichstag zu Worms vom Jahre 1545 [Strassburg 1891] p 55) Canisius igitur Vormatiam certe non advenit ante 28 Maii

Benedictus autem Pater Deus cujus gratia multis diebus experni licuit suavissimum convictum Reverendorum Patrum Domini Bobadillae et D. Claudii [1] In priore singularis ingenii acrimonia disserendi et judicandi vis, animi simplicitas, morum candor et grata cunctis affabilitas; in posteriore nec eadem defuere, nec admirabilis humilitas laude caruit, nec eloquentia desiderari, nec pietatis fructus, et exercitia latere potuerunt Mihi certe maximam attulit voluptatem et conversatio et sermocinatio Domini Claudii semper pietatis et dulcedinis plena. Neque mihi solum, sed Ferdinando Regi, sed Caesari, sed praestantissimis quibusque viris adeo placuere D Claudii conciones, quas diebus festis habet italice, ut nullum precandi faciant finem, quin idem quae dixerit in scripta redigat ac legenda tradat Dum illic adessem, usus est mea in scribendo opera, ut hoc pro certo queam de illo pronuntiare [2]. Parum abfuit quin una cum ipso sim profectus ad Concilium Tridentinum, sic enim statuerat Reverendissimus Cardinalis Augustanus, verum idcirco mutavit sententiam, quod, cum Patris ac Praeceptoris loco habeat D Claudium, ut ipse mihi testatus est, putaret hujus consilium judiciumque sibi necessarium fore si res cum Lutheranis esset. Hactenus nec Lutheranorum, nec Germanorum Principum ulli pene comitiis interesse curaverunt Haeretici contempta Caesaris auctoritate concilium ferre modis omnibus recusant, et ne nihil agere videantur, in parandis armis et muniendis locis suis toti sunt, eo quod credibile sit aestate proxima Caesarem de illorum contemptu se vindicaturum, ut maximi quoque testantur viri Proculdubio, si Germanorum licentia non tandem vi reprimatur [3]. clementi Caesari omnis hic perit auctoritas Ut de nostris rebus maxime dicam, utrique Patrum jam dictorum tam meam quam fratrum conditionem exposui [4] Responderunt sibi plane consultum videri ut circa Octobrem Parisios abirem absoluturus mea studia, quorum primam praecipuamque rationem nunc habendam esse duxerunt Fratres alios non facile hic relinquendos propterea putarunt, quod certi non adessent studiorum ac vitae sumptus, quando hactenus a me fuerint mensibus aliquot sustentandi Scripserunt in hanc sententiam Reve-

---

[1] P Nicolaum Bobadillam Verallus Nuntius Vormatiam secum adduxerat P Claudium Iaium Otto cardinalis et episcopus augustanus Dilinga accersiverat (*Boero*, Bobadiglia p 34)

[2] P Claudius Iaius ipse ad S Ignatium rettulit de contionibus Vormatiae a se habitis, exercitiis spiritualibus traditis, confessionibus generalibus exceptis, litteras eius vide apud *Boero*, Iaio p 76—80, cf etiam *Polanci* Chronicon I, 154 Iaium tunc aegrotos diligenter curasse et exemplo vitae suae multos ad ecclesiam catholicam reduxisse a 1575 palam testatus est etiam I, B Seibert minister calvinianus apud *Janssen* 1 c IV, 384

[3] Id reapse factum est anno 1546 et 1547 in bello „smalcaldico"

[4] Leonardus Kessel B Petro Fabro Colonia 18 Ianuarii 1545 „Quomodo studia Coloniensium se habeant, puto P v bene scire Vellem bene magis proficere, sed committo me totaliter P v " (Cartas del B P Pedro Fabro I, 427)

rendo P. Praeposito[1], ut brevi, si quid ipsi visum esset, de nobis statueret Interim ad Promotionem Bacchalaureatus me progredi jusserunt Et quando amici nostri praecipui multis modis eodem me propellere hactenus non cessarunt, acquievi tandem, ut debui, sed gratissimum erit mihi modo Paternitas Tua hoc facinus comprobarit Promotus autem rapior ad Lectionum officium, ita ut singulis hebdomadibus tribus diebus mihi docendum sit in scholis Theologorum[2] Habeo igitur prae manibus vero auream illam Beati Pauli Epistolam ad Thimotheum[3] Alii frequentiam auditorum admirantur In dies accedunt plures, quum lectio sit publica Conciones in Capitolio germanas hactenus numquam intermissi, lectionem in Matthaeo festis itidem diebus profiteor in Gymnasio[4] Praeterea singulis hebdomadibus coram Magistris nostris[5] mihi disputandum[6] est Facile judicatu est quantum negotii haec facessant Unius ingeniolo Sed mihi dulce videtur pro proximis quamlibet asperam servire servitutem, praesertim si Reverendo Patri meo D Fabro, qui Christum in me amat, gratificari quoquo modo possim Haec praesens probares et in his me confirmares opinor Nihil igitur mihi durum, vel nimium erit, si tuae voluntati respondens Colonienses juvero Quantum his tu faveas, precerus, et prodesse per te tuosque cupias, me quidem non latet Utinam ea mens esset Reverendo Patri Domino Alvaro, ut, memor quoque desideriorum tuorum, Coloniae totam vitam et quietem suam conservaret Nunc nihil minus facturus nobis videtur Quod si obedientia me non hinc abstrahat (dicam libere) uni sed Sanctae Coloniae tradam hoc corpusculum, hanc animulam, omne tempus, sacra studia, me totum denique vivendo, moriendo, docendo, vigilando servatum putabo Coloniensibus, quibus, si tu tantum boni precaris, ego multo majora debeo, majora, inquam, quam per multos etiam reddere juste possim Reddam, vero, ni fallor, tum maxime, si commilitones aliquot et hujus nostrae Societatis discipulos congregare licebit Bene-

---

[1] S. Ignatio

[2] Camsuis 26 Iunii 1545 „Baccalarius biblicus" factus est et 8 Iulii 1545 scholas biblicas incepit Vide infra, monum 12

[3] Epistolam priorem significare videtur Ita et ad comitem montensem scribit de .charitatis energia a D Apostolo praescripta ad cor 13⁻ (supra p 134), haec autem praescribitur in capite 13 prioris epistulae ad Corinthios datae

[4] Montano

[5] Id est (ni fallor) coram theologiae magistris „actu regentibus", sive qui „ordinarias lectiones" de rebus praecipuis vel necessariis („lectiones formales") habebant

[6] „Ordinamus quod vacaciones magno estivales sint iuxta ritum Parisiensis Studii, a vigilia Apostolorum Petri et Pauli usque ad crastinum Exaltationis sancte Crucis inclusive Item ordinamus quod in vacacionibus magnis fiant disputationes per Baccalarios ad modum quo Parisius fiunt in Collegio de Sarbona, scilicet singulis sextis feriis de mane nisi festum impediat, et tunc fiant alia die ejusdem septimane convenienciori" (statuta facultatis theologicae coloniensis, anno 1398 facta Bianco I c I, Anl p 36 - 37)

dictus Dominus qui Notarium Spirensem annorum viginti nobis addidit,
juvenem diu Lutheranum illum ac familiarem Lutheri discipulum, sed
qui, peractis semel exercitiis, nemini non modo mirabilis videtur, et
conversatione morum usque adeo spectabilis, ut gaudeam vehementer
hunc juvenem ad nos accessisse[a]. Nec dubito quin magno cum fructu
peractis[b] videlicet semel studiis in Societate nostra versabitur[1] Ah,
mi Pater, itane D. Alvarus clam a nobis discedere debuit?[2] et ardenter rogatus Antuerpiae ut redire vel paululum dignaretur, omnem
nostri curam abjecisse videtur, rescribens prout ipsius literae con-
junctae testabuntur. Sed, quia semper hic invitus mansisse videtur,
nescio an illi discessus in Hispanias expediat; certe nobis non expedit[3] Addam de Domina Domini Johannis vidua, scilicet, quae
hospitam aliquando se fecit Paternitatis Tuae Haec paulo post
Pentecostem, mirantibus omnibus, et nullis scientibus [?], primum con-
stantissime saeculum repudiavit, liberos deseruit, vitae mollitiem se-
posuit, et tuum sequuta consilium profiteri coepit institutum B Birgittae[4] in eodem Monasterio ad quod se contulit D. Johannes Domini
Danielis socius Moguntiae[5] Dici non potest quot promoverit [?][c] exemplum hoc matronae nobilis et omnibus probatae. Vulgo ferunt me
hujus rei auctorem esse, docti factum improbant, plebaei mirantur,
pii commendant, mundani vituperant Ego bis terve profectus ad
monasterium, eam ipsam sedulo confirmavi, et, quia necesse erat,

---

[a] accersisse *apogr*   [b] pactis *apogr*.
[c] *Sic apogr., sed propter ea, quae sequuntur, malim legere* permoverit

[1] De hoc *Ererardus Questenbuich* B Petro Fabio Colonia 17 Augusti 1545
scribit „Per tuos hic [est] conversus haereticus juvenis, isque Spirensis Hic quoque
fecit exercitia, et quantum sibi satis est, confecit etiam Mirifica quidem haec fuit
conversio illius ut ex fero mansuefactum esse dicas Ipse se miratur, quomodo
non ipsum nos admirari possemus Recensuit ille de se quae quantaque commiserit
flagitia haereticus adhuc, Luthero ipsi Buceroque familiarissimus, nunc nonnisi
nitidas in eo conspicere est virtutes Sub duce in bello militavit, bellumani (ut
fere fit) ibi duxit vitam, diripuit Sanctorum reliquias, illas canibus pabulum porri-
gens, templa compilavit despoliavitque quae potuit omnia Nunc autem Christi miles
factus, quae hujus sunt militiae non oscitanter perficit, jam se acriter hostibus
opponens ab illis vinci non potest, tametsi plurimos fallendi modos attentent, qui
nihil apud illum hactenus profecerunt, hostium excussa sunt tela, ipse salvus nobis
incolumisque permansit" (Cartas del *B P Pedro Fabio* I, 428—429)
[2] Maioribus spatiis interiectis haec epistula a Canisio scripta esse videtur
[3] Fabro Alvari „adventus, ut minus desideratus, ita et minus gratus fuit,
quam ipsae litterae", quas ei attulit, Gerardi, Carthusiae prioris Ita Faber in
epistula ad Geraidum data Matriti 12 Martii 1546, quae est apud *Reiffenberg*, Mant
p 12—13, et in *Cartas* etc I, 394—397
[4] S Brigitta, Ulphonis, sueci principis, vidua, ordinem „S Salvatoris", cuius
regulam a Christo ipso accepisse fertur, ita instituit, ut in singulis monasteriis
essent 60 moniales, 13 sacerdotes, 4 diaconi, 8 fratres laici Viri habitationem
habebant omnino seiunctam a mulieribus, quas ne in ecclesia quidem videbant
[5] In „Foresto Beatae Mariae Virginis", ut videtur Cf supra p 125

consolatus sum vehementer Oremus pro re tam sacra, ut quod recte coeptum est exeat felicius quam hactenus factum est variis et gravibus tentationibus impedientibus Hodie porro una cum Caesare et Reverendissimo Domino Nuntio[1] redit huc e Comitiis Reverendus P Nicolaus Bobadilla[2] qui licet hac de re non scripserit Romam, licet etiam invitus id ferat Reverendissimus Dominus Nuntius, huc hybernare statuit prorsus nobiscum Colligere sperat juvenes pro reformanda Germania, licet ii non sint etiam nostrae Societatis[3] Venatur impensas a Reverendissimo Moguntino[4] et Trevirensi[5] Archiepiscopis, et locum ipse sibi seu diversorium quaerit separatum, forte mansurus apud Carthusienses Dominus illius consilia prosperet confirmetque. Paulo post aget literis suis ad vos datis Totus in studiis versari videtur Romam tardant respondere mihi Parisios ituro, sed nulla nunc mihi spes abitus relinquitur, quum intelligam transacto S. Petri festo[6] quatuor hominum millia simul obiisse[7], ut etiam nunc migrarint alio Studiosorum Collegia Si manendum est, Domino sic disponente, commodum videtur ad manum habere tam Reverendum Patrem Bobadillam Magister noster Tielanus nunc Provincialis est Ordinis Praedicatorum Ante paucos dies Legatum me misit Universalis Clerus et Universitas ad Caesarem et Confessorem[8], ut de rebus fidei nostrae in hac diocesi facerem eos certiores" Nihil omittit* Archiepiscopus noster quod ad Religionis exstinctionem conducit Sed praesentia Caesaris nunc plurimum nostra confirmavit adversus Archiepiscopum[10], qui nunc et a Pontifice et a Caesare citatus est ad respondendum juridice ad propositam querelam Cleri et Universitatis hujus Triginta Ducatos[11] non accepimus, et nescio si

---

* Nihil non omittit απορι

---

[1] Hieronymo Verallo

[2] Carolus V nocte, quae erat inter 9 et 10 Augusti 1545, Coloniam advenisse ibique usque ad 16 Augusti mansisse fertur (Ennen l c IV, 502 Chi Fi Stalin, Aufenthaltsorte K Karls V, in „Forschung zur deutsch Geschichte" V [Gotting 1865], 578)

[3] P Claudius Iaius, Ignatio consilium suggerente, episcopis aliquot, ut augustano, persuaserat, ut seminaria clericorum instituerent (Orlandinus l c l 5, n 31 32)

[4] Is erat Albertus cardinalis brandenburgensis

[5] Is erat Ioannes Ludovicus de Hagen   [6] 29 Iunii

[7] Ex morbo contagioso, nisi malueris dicere Canisium scribere voluisse abiisse vano hostium timore. eiusmodi timor anno 1544 Parisienses vexarat, et Orlandinum l c l 4, n 119

[8] Petrus de Soto O Pr tunc Carolo a sacris confessionibus erat Quam bene Sotus res germanicas noverit, patet ex „Parecer del confesor sobre la empresa de Alemania", quod ex archivo regio simancensi edidit W Maurenbrecher, Karl V und die deutschen Protestanten 1545—1555 (Dusseldorf 1865) p 29*—33*

[9] Legatio haec Canisii historicos adhuc usque latuit

[10] Carolus V iam 10 Augusti delectos ex senatu coloniensi graviter cohortatus est ad fidem catholicam servandam (Ennen l c IV, 502) Ideo puto etiam Canisium 10 Augusti Caesarem adiisse

[11] Carolus V anno 1551 legem nummariam tulit, qua etiam variorum „duca-

sumus accepturi. Etiamsi Reverendus Bobadilla de sumptibus despe-
raret, stat certa mihi sententia praestare ut hic maneamus illius freti
praesidio qui dat omnibus affluenter[1]. Sed quia mirum in modum properare video tabellarium, non jam datur otium scriptis Reverendae Paternitatis Tuae respondendi. Dabitur autem paulo post,
abeunte nimirum Reverendissimo Nuntio Antucipiam   Ego nunquam
in vita minus otiose vixi quam nunc, praesertim cum publicae lectiones
omne mihi tempus eripiant   Quo magis ad vestrarum orationum
praesidia confugio, et meas occupationes omnes vestra pietate adjuvari
et promoveri supplex oro. Bene valeat Reverenda P Tua, nosque filios
amare et adjuvare pergat   Salutamus unice carissimos in Christo Fratres, quotquot vel tecum, vel Coimbriae, vel Salamanticae existunt
     Coloniae 12 Augusti 1545.

     Salutant Paternitatem Tuam duo Provinciales, et Carmelitarum[2]
et Praedicatorum[3], duo Priores, Praedicatorum[4] et Carthusiensium[5],
duo Episcopi Londensis[6] et Suffraganeus[7], duo Licentiati, Magister
[Andreas][8] et Regens Bursae Montanae[9], insuper Domina Margarita[10] cum duobus Dominis Alexandris cognatis ipsius, D. Daniel[11],
D Johannes ad Apostolos[12] qui nunc Ludimagistium agit apud Con-
fluentinos[13], item Laurentius Famulus, et Johannes ac Georgius socii[14],
multo magis autem Everardus ille qui feliciter provehit bene coepta[15]
Rursus bene valeat Reverenda Paternitas Tua
     Reverendae Paternitatis Tuae
               Servus et filius P Kanisius filiorum infimus
               idemque indignissimus.
               ihesus.

     Reverendo Domino et carissimo Patri Magistro Petro Fabro de
Societate nominis Jesu, in curia Reverendissimi Domini Poggii Episcopi Tropeensis etc

     Faber Canisio rescripsit 10 Martii 1546

---

       [a] *Hoc vocabulum ex „Cartas del B P Pedro Fabro" I, 305[b] suppletum est,*
apog . Magister et Regens Bursae Montanae

torum" valor statuebatur, ducati duplices 190 ferme crucigeris (Kreuzer), simplices
98 fere crucigeris exaequabantur   Legem illam edidit *Io Christ Hirsch*, Des Teutschen Reichs Münz-Archiv 1 Thl (Nurnberg 1756) p 344—365
   [1] Iac 1, 5   [2] Everardus Billick   [3] Ioannes Stempel
   [4] Tilmannus Smeling   [5] Gerardus Kalckbrenner   [6] Georgius de Skodborg
   [7] Ioannes Nopel   [8] Andreas Heill
   [9] Matthias Cremerius (Cremers) sive Aquensis, Aquisgiano ortus, canonicus
ecclesiae S Andreae, de quo *Bianco* 1 c I, 266—267 *Hartzheim*, Bibliotheca Coloniensis p 241. 242   [10] Questenburch   [11] In Carthusia
   [12] Eius ecclesiae vicarius vel canonicus, aut, quod fortasse verisimilius, Ioannes
ille Spengius prope illam habitans, de quo supra p 99[1]
   [13] Koblenz
   [14] Ioannes (Agricola?), Cochlaei nepos, et Georgius Eder, cf supra p 126
   [15] Everardus Questenburch

25.

CANISIUS
BEATO PETRO FABRO S. J.

Colonia 22. Decembris 1545.

Ex apographo, circiter annum 1870 confecto ex autographo, quod est in „Varia Historia" etc (ut supra p 102) tom I, f 83—84

Particula, italice versa, ponitur a *Boero*, Iaio p 85--86, altera in „Cartas del *B P Pedro Fabio*" I, 305 ª

Canisius orationem quodlibeticam habuit A Coloniensibus in Neerlandiam ad caesarem et nuntium apostolicum missus litteras impetrarit attulitque, quibus damna ex comitiis bonnensibus religioni impendentia praecaverentur Queritur caesarem in lite Coloniensium et Hermanni Wedani dammenda tardare In quantum fidei discrimen a Wedano Colonia et omnis regio Rheni inferioris inducantur Quam audacter protestantes in religionem catholicam invehantur De Canisii studiis theologicis et contionibus ac de Sociorum coloniensium inopia Quid PP. Iaius et Bobadilla agant De fratribus in pietate proficientibus, litterarum studiosis sacramenta frequentantibus, alus exercitia spiritualia peracturis

ihesus

Reverende Pater et exime domine Faber.

Gratia Domini Nostri Iesu Christi et pax maneat nobiscum.

Quatuor fere menses hic degit modo Reverendus P. Bobadilla, interim vix ullas ex tuis literas accepimus[1], praesertim quae adventum Domini Alvari in Lusitaniam significarent. De rebus nostris abunde perscripsit isthuc semel atque iterum D. Bobadilla, quocum literas quoque meas scripsissem, nisi negotiorum magnitudo praepedisset Nam, praeterquam quod oratio quodlibetica mihi habenda fuit coram Universitate, difficilem quoque profectionem subii seu legationem ad Caesarem nomine Cleri et Universitatis[2]. Convocarat noster Archiepiscopus ordines totius diocesis, ut subito cum his concluderet suasque vires confirmaret pro invehendo Lutheranismo. Pergit enim ille, proh dolor' nihil intermittere quod ad stabiliendam sectam pertinere videatur, jamque nobiles totius Patriae, necnon civitates, in tantam impietatem pertraxit[3] Datum est tamen hoc mihi negotii, ut quam ocissime profectus ad Caesarem, literas impetrarem et a Caesare et a Legato Pontificis Verallo qui caverent edicerentque ne in hoc

---

[1] Faber 12 Martii 1546 priori Carthusiae coloniensis scripsit se „ad Magistrum Petrum Canisium plus quam quatuor epistolas" dedisse (*Reiffenberg* 1 c Mant p 12 *Cartas* etc I, 305)

[2] Haec quoque Canisii legatio in eius vitis non legitur Haud recte *Sigwin* scribit Canisium ad caesarem missum esse „au nom de l Electorat de Cologne" ac Vormatiae legationis suae causam ei exposuisse (l c p 48—49)

[3] Electoratus coloniensis „status saeculares" („Graven, Ritterschaft, Stette und gemeyne Landschaft") iam in comitiis Coloniae et Bonnae mensibus Novembri et Decembri anni 1544 habitis cum Hermanno Wedano steterant

futuro statuum conventu[1] quicquam ab Archiepiscopo statueretur, innovaretur et acceptaretur ante futura Comitia Ratisbonae[2]. Quamvis igitur brevissimum tempus ad rem tantam expediendam praeberetur, Domino tamen meos conatus prosperante, confeci, impetravi, attuli, quicquid Clerus desiderabat[3]. Edixit enim Imperator ut ne quidquam Archiepiscopus vel Ordines in eo Conventu congregrati definirent quod ad causam Religionis ac proinde Cleri enervandam spectaret[4]. Tum Legatus vehementer confortavit optimamque spem fecit foelicis eventus　Quod autem Caesar in causa adversus Archiepiscopum pro Clero tardet pronuntiare, supra modum angit cruciatque plurimos et in desperationem fere adducit, quasi non cordi sit Caesari tantum negotium quo nullum gravius ac infaelicius etiam toti Germaniae si non pessimis Archiepiscopi conatibus quamprimum Caesar occurrat　Hactenus, quum Lutherani conscriptum haberent militem ob ducem Brunsvicensem[5], habuit forte Caesar quod juste causaretur. Nunc quum infirmus apud Buscumducis haereat, rursus erit extrahendi sententiam occasio. Pergit interim, pergit Archiepiscopus quod male coepit, pejus propagare, ita ut, subversa Diocesi tota, nunc unam Coloniam oppugnandam evertendamque sibi proposuerit. Et hanc velut undique succensam et ab inimicis circumvallatam quis tueri queat? Praesertim in Clero et Universitate Senatuque multis hic Archiepiscopo faventibus et consentientibus　Unicum superest a Deo Opt Max exspectandum praesidium quod certius etiam promittunt tot Sanctissimorum Martyrum Virginumque corpora foelicem Coloniam illustrantia. sed non paulo plus hac in re profutura, si multorum accederet devotio, si preces piorum jungerentur et certatim Dei nam quisque

---

[1] Wedanus nova comitia 9 Decembris 1545 Bonnae inchoanda edixerat (*Vairentiapp* l c p 261)

[2] Carolus V 4 Augusti 1545 in „recessu" comitiorum vormatiensium constituerat, ut 6 Ianuarii 1546 Ratisbonae nova imperii comitia inciperentur ad causam religionis transigendam　*Gothein* falso asserit, Canisium illarum litterarum impetrandarum gratia ad comitia imperii vormatiensia missa esse (Ignatius p 677), haec enim iam dudum absoluta erant

[3] Carolus V 18 Novembris — 1 Decembris Antverpiae moratus est　Kalendis Decembribus Verallus Antverpia legatus concilii tridentini scripsit „Hoggi S M parte per la volta di Utrecht" Ac 4—27 Decembris caesar Boscoduci ('s Hertogenbosch) fuit (*Stalin* l c　*Druffel*, Kaiser Karl V und die romische Curie 3. Abth. [Munchen 1883] p 109) Canisius igitur Antverpiae apud caesarem et nuntium fuisse videtur, certe non licet dicere cum *Hansen* (l c p 199), Canisium mense Decembri anni 1545 ad caesarem missum esse Vormatiam

[4] Horum edictorum mentionem faciunt etiam *Vairentiapp* l c p 263, et *Theod Ios Lacomblet*, Urkundenbuch fur die Geschichte des Niederrheins IV (Dusseldorf 1858), 690

[5] Henricus ille dux anno 1542 contra ius et fas a confoederatis smalcaldicis dicione sua spoliatus, mense Septembri anni 1545 proprio marte eam recuperare conatus est　Quare illi summa vi cum denuo aggressi sunt et brevi deviicerunt ceperuntque (*Janssen* l c III, 516—532 583—584)

placare vellet   Id quod eo mihi scribitur non ut scientem ac prudentem admoneam, sed quo tuas potius tuorumque ac nostrum omnium in Christo Fratrum preces expetam pro salute Colomensium; quos probabile est nunquam in majori discrimine quam nunc versatos fuisse. Parum est ex Pastore lupum, ex Episcopo Haeresiarcham, ex Principe communis Patriae hostem videre, Parum est impune spargi venena, legi ab omnibus haereticorum scripta, Lutheranorum ferri[a] consortia, audiri[b] colloquia, dissimulari[c] nefandas blasphemias in Deum ipsum, in summam Virginem, in quosvis Sanctos, in adorandam Eucharistiam, in Sacramenta praecipua   De reliquis quia videntur inferiora volens taceo   Si parum est Deum contempsisse, parum sit Ecclesiam damnasse, profanasse, conculcasse, tot modis demum in omnibus Ecclesiae membris inhonorasse   Cum vero et horum exstent abominanda exempla Coloniae[1] ubi Lutheranismus nulla vi pene cohibetur, vides profecto quantopere juvandi simus ope aliorum vestrisque potissimum precibus Deo commendandi   Una Colonia subversa (quod equidem non speramus) exitium sequatur necesse est et Geldriae et Iuliae et Cliviae et Brabantiae et Hollandiae Sed longo majora pericula certo certius subsequuutura nihil attinet multis hic prosequi

De me nihil statuit Reverendus P' Bobadilla, num alio praesertim Parisios abire debeam ad studia quae hic negliguntur absolvenda, an potius ad Coloniae messem curandam, ut mihi a Deo praeparata est, hic me manere conveniat Utrumque mihi non potest non gratum videri quia majorum auctoritati cedo libens   Quamquam animo meo frequenter obverset [sic] tua sententia, mens et intentio quae Coloniensibus me servatum semper voluit. Quod si majores mihi suppeterent impensae ad domum familiamque sustentandam, uti suadet Dominus Bobadilla, certe plurimum aedificationis video subsequuuturum. Tanta est et tam difficilis rerum omnium annona, quae et in dies augetur, ut quae ad domus nostrae sustentationem pertinent nesciam sane an corrogare possim nisi Deus alicunde sublevet hanc inopiam Sed ista nec Reverendo D Bobadilla nec Domino Leonardo[2] ausim exponere Satis est Reverendam Paternitatem tuam admonuisse. . . .. Quod ad triginta scutatos attinet toties promissos, non ignoras, opinor, nullum eorum huc pervenisse. Vercor ne D Bobadilla citius hinc me curet ablegari quum intelliget de sumptibus non rectius nobis esse provisum. At vivit Dominus vere dives qui non deerit quaerentibus ipsum in veritate[3]   Consilium vero Paternitatis tuae lubens audiam et expectabo Scripsi nuper an expedirct me progredi ad susceptionem sacerdotii, aetate id quidem potius quam animi qualitate sufferente[4]

---

   [a] ferie *apogr*   [b] audire *apogr*   [c] dissimulare *apogr*

---

   [1] Aliqua ciusmodi exempla narrantur ab *Canen* 1 c IV, 493—496
   [2] Kessel   [3] Cf Rom 10 12
   [4] Clemens V „generalem ecclesiae observantiam" confirmaverat, ex qua quis

Cum Reverendus P. Claudius acerbissime ferat conditionem suam apud
Cardinalem Augustanum, sperat se facturum D. Bobadilla ut ille
Coloniam veniens haereat nobiscum. Qua re nihil optatius esset,
praesertim cum circa Februarium D Bobadilla discessurus sit cum
Reverendissimo Nuntio Ratisbonam ubi nunc inchoatum est Colloquium,
praesentibus illic ex parte Catholicorum Doctore Malvenda, D Julio
Pflug, Provinciale [sic] nostro Carmelitarum aliisque nonnullis¹. Frater
meus et tuus in Christo filius Petrus Cannegiezer Coloniensis non
parum et in spiritu et literis promovet apud D. Cornelium² Lovanii.
Everardus³ qui nonnumquam ad Dominationem vestram scripsit, in
dies augetur et ipse in Domino, junctis etiam sibi studiosis aliis qui
frequenter confiteri simul et communicate adsuescunt. Magna nobis
et Domino Bobadillae spes est fore ut brevi permultos hic habeamus
nostro instituto faventes. Brevi Leodiensis quidam et insignis juvenis
ad exercitia sponte accessit Post Natalem Christi sequetur Hollandus
sacerdos, et alius Magister promotus qui et Geldriensis Quorum
omnium profectum vestris orationibus adjuvare velitis. Et quando
sacratissima celebritas instat Christi nascituri, paternam erga me
caritatem tuam precor et humiliter obtestor, ut Christi parvuli virtutes nascendo simul et mihi impetrare digneris; humilitatem loquor,
simplicitatem, paupertatem, obedientiam et innocentiam.
   Oratio mea coram Universitate habita plurimos habuit commen-
datores, et, ut aiunt, fructum multiplicem Conciones auditorium
habent frequens Sed nisi ipse mihi proficiam, ac tuis precibus etiam
subinde confirmer parum est quo aliis prodesse queam Similiter confratribus in Christo AEmiliano⁴, Domino de Strada, et Domino An-
dreae⁵ salutem meam singulariter velim commendatam. Salutant
Dominationem Vestram Episcopi Londensis et Suffraganeus, Provincialis Praedicatorum, Prior Carthusiensis, qui seipso in dies fit melior,
Magister Andreas hospes meus, Licentiatus Lunensis⁶, Dominus Daniel,
ac Dominus Johannes illius Dominae Capellanus quae Birgittae ordinem praeclare profiteri coepit⁷, sed oborta tentatione cito desiit,
conscientia nunc admodum remordente. Dominus Jesus Dominationem
vestram custodiat ac servet.
   Coloniae 22 Decembris 1545
            Reverendae Paternitatis Vestrae
               Quem in Christo genuisti servus et filius
                  Petrus Kanisius tuus

vigesimo quinto aetatis suae anno sacerdotio initiari poterat Quae anno 1563 iterum
approbata est a concilio tridentino
   ¹ Secundum hoc religionis colloquium ratisbonense accurate descriptum est a
Lud Pastor, Reunionsbestrebungen p 305—326 Cf etiam, quae de eodem colloquio refert *Od Raynaldus* in Annalibus ecclesiasticis, tom XXI, P 1 ad a 1546,
n 88—93 ² Vishavaeum ³ Questenbuich ⁴ De Loyola ⁵ Oviedo
   ⁶ Ioannes Volsius, cf supra p 126⁴, de ceteris cf supra p 126 162
   ⁷ Cf. supra p 125 161—162

ihesus

Reverendo Domino Magistro Petro Fabro Theologo de Societate nominis Jesu

apud Reverendissimum Nuntium Apostolicum

26.
BEATUS PETRUS FABER S. J.
CANISIO.

Madrito 10. Martii 1546.

Ex autographo (2º, 4 pp) In suprema parte paginae primae manu antiqua scriptum est „Manus P Petri Fabri 1546 Madrito 10 Martij" Inscriptio deest, sed ex ipsis litteris intellegitur Fabrum per eas respondisse ad epistulam 12 Augusti 1545 a Canisio sibi missam qui et quaedam sua manu in marginibus adnotavit Edita in „Cartas del *B P Pedro Fabro*" 1, 299—303 388—391

De adventu P Abiari Alfonsi et de molestiis, quas patiatur Canisium eiusque socius in consilio Coloniae permanendi confirmat De Lutherano converso gaudet De Sociis Vallisoleti, Valentiae, Gandiae agentibus De praeclaris contionibus aliisque laboribus Andreae Oviedi, Antonii Araozii, Aemiliani Loyolae, Fabri ipsius Araozio auctore multos monasteria ingredi Canisium Faber hortatur, ut paratus sit ire, quocumque praefecti iusserint Ex litteris indicis S Francisci Xaverii narrat de novis martyribus ac de plurimorum infidelium conversione Canisium corpora quaedam sanctorum suo nomine Coloniae venerari iubet Feminam nobilem, ordinem S Brigittae ingressam et in decreto suo labantem, variis allatis rationibus stabilire conatur

Ihesus.

Charissime in Christo frater

Gratia dominj nostri Jesu christi et pax sit semper tecum Litteras quas ad me dedisti in discessu domini Aluari recepi die ab hinc septimo et Idem dies ipsum dominum Aluarum nobis reddidit. Mirare igitur frater mi quo pacto fieri potuerit, eum cum tanta difficultate huc peruenisse, qui tam facile a vobis diuulsus est, ego sane non admodum torquebar desiderio aduentus eius vnde factum est me minus moleste tulisse impedimenta itinerum ipsius, quae iam pridem aliunde mihi nota fuere[1], nostri enim lusitanj significauerant nobis aduentum eius in portugalliam, misericordia domini magna cum ipso fuit semper. singulariter autem in hoc apparuit, quod varijs spinis sepiuisse [sic] videtur viam eius, quia via eius esset[2], et quod dico de via verissime etiam dicj potest de quiete quam ipse praetendebat. lenior enim longe erat futura crux illa quam ipse fugit quam est illa quam ipse iam sentit, vt vere dicj possit cecidit in scyllam cupiens vitare caripdim Ipse

_____

[1] Cum in itinere naufragia passum esse ex epistula Fabri Madrito 13 Ianuarii 1546 ad P Ioannem Aragonium data satis certe conici potest (Cartas del *B P Pedro Fabro* 1, 284)

[2] Ab ipso sibi electa, non via domini quia via oboedientiae non erat

agit nunc complutj cum aliis ex nostris scholaribus[1] Inibj autem
est curia filiarum caesaris, vnde primum auulsus fuerat vt me com-
itaretur in Germaniam[2]. Tu iam aliqua ex parte nostj quam nobis
inimicentur nostri domesticj[3] si nobiscum conuersentui. hinc ergo crux
nostro Aluaro quotidiana exoritur longe grauior omni cruciatu quem
Coloniae sentire poterat. Alteras litteras tuas quas Kalendis sep-
tembribus ad me dedisti[4] nescio quis tamdiu detinuerit, aut quae
causa sit quod huc martius eas sibi reseruauit nobis reddendas. forte
factum est quia oportuerit me eas omnis [sic] recipere cum maiore
indigerem consolatione id est hoc tempore cuiusdam infirmitatis meae
corporalis que tribus ferme hepdomadibus durauit vt durum spiritum
meum nonnihil decoqueret ac mollificaret ad salutem, nunc melius
habeo et plane valeo* cum intelligam vos tam feliciter in domino
valere, Doleo equidem tuum dolorem qui in te est propterea quod
tam paucj Coloniae relictj sitis sed me abunde [consolatur] ista tua
constantia qua sic te adstringis Coloniensibus propter solum Christum
et animarum salutem Iuxta quod nostj refrigerare posse viscera mea,
gratia domnj nostri Iesu Christj in omnibus tecum sit, et ipsa eiusdem presentia vt benedicaris tu cum caeteris fratribus qui istic tecum
sunt et tecum idem sentiunt vt fructum afferatis in patientia[5]
vtque edificemini in domos spirituales[6] ad gloriam totius
sanctissimae trinitatis et omnium electorum dej Ego scribo paucis
ad Reuerendum patrem priorem respondens ad breuissimam ipsius ad
me datam epistolam[7], nunquam possem scriptis explicare quam mihi
sapiant cuncta que de germania audire possem modo ea non sint
circa lapsus filiorum subtractionis[8] qui semper proficiunt in
perdendo, hinc est factum vt maxime gauisus sim audiens et legens
reuersionem illius quem spyrensem cognominatis[9], benedictus dominus
et pater omnium spirituum, magna sane mutatio fuit transisse ex
sensu lutheri ad sensum huius nostrae societatis Id quod melius
judicare aliquando poterit qui vtrumque horum extremorum gustauit
et expertus est, det ej qui refecit eum, agnoscere gratiam hanc,
misericordiam et clementiam. Multi hic legerunt litteras vestras qui
mirum in modum edificatj sunt audientes huiusmodi opus dej omnipotentis Vtinam per ipsum aliquando trahi possint quamplurimj qui
in eadem perditione viuentes gloriantur se pugnare aduersus sanctos

---

* vale autogi

[1] „Casibus conscientiae" discendis operam daturus erat Cf Cartas del *B P Pedro Fabro* I, 294
[2] P Alfonsus huius aulae capellanus fuerat, cf supra p 98[2]
[3] „Inimici hominis domestici eius" (Matth 10, 36)
[4] Hae perisse videntur   [5] Luc 8, 15   [6] 1 Petr 2, 5
[7] Epistula haec, 12 Martii ad Gerardum Carthusiae priorem data, proponitur a *Reiffenberg*, Mant p 12—13, et in „Cartas del *B P Pedro Fabro*" I, 309—313 394—397.   [8] Hebr 10, 39   [9] Cf supra p 161

Ecclesiae Iesu Chiistj. Sciibe ad Petrum Kanegesser[a][1] epistolam eius ad manus meas peruenisse et fuisse gratissimam gustui meorum viscerium Idem dixerim de ea quam ad me dedit Charissimus Euerardus[b][2], Cuius constantiam plurimum probat (vt spero) omnium caelestium ciuium conuentus. det vtrique dominus in omni virtute perseuerantiam ac augmentum Christo Jesu crucifixo dignum. Epistola dominj Leonardj[3] non potuit non esse gratissima animae meae propter singularem dilectionem qua ipsum prosequor videns quam sit tuus in Christo. Ne queso defatigentui istj tres ad me frequentius scribere etiam si non viderint propria rescripta sibi a me darj, sat sit illis me quotidie ad ipsos scribere et rescribere in spiritu amicissimi hominis Ecce iam defatigatus sum viribus corporis[4] et absoluj mensuiam iustae epistolae. Cum tamen nihil de me et de his que circa nos sunt scripsi in quibus sunt multa que oportet vos scire. Hoc tamen non esset admodum necessarium siquidem ad vos peruenerint litterae quas de hisce rebus conscripsj et ad vos misj per manus Reuerendissimi D nuncij beralij[5]. Imbi dicebam nos reliquisse valesoleti[c] tres ex nostris vt mibi dent operam litteris scholasticorum doctorum inter quos nominabam Magistrum Hermetem[7], quem nobis dedit louaniensis vniuersitas, et alios duos theologos complutenses[8]. Valentia habet sex et dux gandiae[9] quinque, ex valentinis vos neminem nostis, ex illis autem qui sunt Gandiae nostis duos, Magistrum Ambrosium[10] videlicet et Magistrum Andream[11] qui aliquando fuit hospes Reuerendi Andreae[12] postquam scilicet incidisset in latrones prope duren[c][13] hic perambulat vias et castella illius optimi ducis ita vt contingat quatuor conciones vno die ipsum habere ad diuersos populos Magister Ambrosius acceptissimus est et videtur breui sciturus linguam hispanicam Dominus Licentiatus Aaroz[14] qui vos per-

---

[a] *In margine manu Canisii asciiptum est* Kanegiezei
[b] *Canisius in margine* Eueiard
[c] *Canisius in margine scipsit* M Andre

---

[1] Is tunc in louaniensi academia studiorum causa versabatur, v supia p 167
[2] Questenburch, v supia p 127[3] 161[1]   [3] Kessel
[4] Beatus hic vii kalendis Augustis eiusdem anni Romae moituus est
[5] Hieronymum Verallum dicit, epistula haec periisse videtui
[6] Valladolid   [7] Poin
[8] P Iacobus Mendez et P Iacobus Gonzalez de Medinacoeli significari videntui Cf .Caitas del *B P Pedio Fabio"* I 282   [9] Sanctus Fianciscus de Borgia
[10] De Lyra, de quo supra p 103[2] 108   [11] Oviedum, de quo supia p 113[2]
[12] Andreas Heill, canonicus colomensis, significari videtui
[13] Duien, Dura, Marcodurum, uibs ad Ruiam sita, nunc Dureu, in piovincia ihenana iegni boiussici Is anno 1543 a socis louaniensibus delectus eiat ad litteias S Igiitii Fabio afferendas Coloniae degenti (*Oilandinus* l c 1 4, n 36)
[14] P Antonius Aiaoz, ex Vergaia, Cantabriae oppido, ortus et S Ignatio cognatione iunctus primus Societatis in Hispania praepositus piovincialis fuit (1547—1565). Qui Italiam, Lusitaniam, maxime autem Hispaniam apostolicis contionibus excolunt,

inde atque ego diligit nunc apud me agit, Ipse habet gratiam verbi
ita vt possit etiam Aulicis hispaniensibus optimo satisfaceie, et alioqui
duces erga contemptum mundanae gloriae permoueie ad Christum,
multj per ipsum relinquunt seculum et sic crescunt omnium ordinum
filij: id quod mihi valde sapit in domino. In hoc enim cognoscitur
Christj verus doctor et predicator quod ducat multos ad christum
nudum, quod per ipsum Impleantnr monasteria, quod secularia com-
tempnantur [sic] ac relinquantur. Interim vero non minus docentui
caeteri quo pacto viuere recte possint in minoribus vocationibus Quid
de me proprie dicam nescio, nisj quod indies in hominem inutilem fortius
pergo: tantum abest vt melius militem meam militiam, aut melius
cursum meum curram et tamen non omitto concionarj loco et tempore
oportuno, neque audire confessiones, Trado quoque aliquam partem
mei illis qui petunt exercitia qui multj sunt ita vt nunc habeamus
tres in quibus est quidam pastor vir magnae expectationis, siquidem
ipse possit (prout iam cepit intelligere ac probaie) eligere meliora ac
sequi. Vniversitas complutensis optima et multa vasa nobis pollicetur[1] Emilianus quem abunde nostis nondum perfecte restitutus est
ei sanitati quam habebat Louanij et Coloniae et tamen cepit praedicare
in patria cum maxima omnium edificatione. Ipse habet locum in quem
conueniunt tria milia hominum quos habet attentissimos. Mirum dictu
quantum cupiat scire quecumque ego scio de vobis et quam sit de-
uotus Coloniensibus[a][2] Benedictus deus qui dat hinc [?] ex omnibus
partibus nostrae societatis multos vobis coadiutores quo fit vt iam
non sim solus qui videatur totus vester esse in domino. Quod de
abitu ex Colonia nihil cogites et nihil sis sollicitus in te ipso mihi
sicut sentis perplacet. sat tibi est quod sis paratus obtemperare si obedientia aliquis [sic] volet alio vocare, in eam interim transmitte omnem
propriam voluntatem ac propriam rationem. illi[b] quos te contempto
sequi debes, de hoc cogitent, de hoc sint sollicitj. fierj poterit vt
breuj habeas socios aut etiam filios in quos deo dante transfundere[c]
possis tuum sensum quique tuas gerere possint vices tanquam alteri
tuj aut Coloniensibus vtiliores, hoc cum fuerit nos libeiioies erimus
vt consequamur ea que nunc bonum est nolle etsi optima sunt. Nolo
longius progredj non quod timeam videri prolixus (sicut nec vos in

---

[a] Canisius in maigine Emilianus   [b] illis autogi   [c] transfundere autogi

et apud Philippum II aliosque pioceies magna gratia floruit, viuere desiit Madriti
13 Ianuarii 1573
[1] Dominus de Paulo „Vas electionis", inquit, „est mihi iste, ut portet nomen
meum coram gentibus et regibus" etc (Act 9,15) Cf etiam Rom 9,23 2 Tim 2,20 21
[2] Aemilianus de Loyola, S Ignatii nepos, „dicendi vsu in optimorum concionatorum numerum iam peruenerat sed   nimijs contentionibus arteriam fregit, et
sanguinem excreauit, vt Araozij iussu cessandum demique ei fuerit, nec multo post
[anno 1547] in flore aetatis   excessit e vita" (Oilandinus l c. l 6, n 80, cf Polancum l c I, 188 248

vestris ad me prolixj esse potestis) sed quia tempus non datur plura dicendj, hoc tantum addo: Nos misimus ad vos litteras indicas *, quas anno supeiioic recepimus a Magistro francisco. vtinam ad vos peruenerint vt consolemini solida consolatione videntes mirabilia que operatur Christus in illis populis. Gaudet magister fianciscus quod suo tempore sexcentj homines in illis partibus nouiter baptizatj martyrium ieceperint qui est perfectissimorum baptismus[1]. Gaudeamus et nos pioptei hoc in domino nostro Jesu Chiisto   Gaudet Magister franciscus quod vno mense contigeiit et datum sit ej baptizare decem milia hominum   Gaudeamus et nos super tam copiosa messe. Gaudet Magister franciscus in ea spe quam ostendit in illis suis litteris dicens speio in domino quod hoc anno sim baptizaturus plusquam centum milia hominum[2]. Nolo pluia commemorare confidens in domino quod ad vos peiuenerunt ipsae eiusdem litterae quas latinas fecit quidam ex coimbricensibus nostiis, facile est credere eum fuisse Magistium Ioannem insulanum qui est de louamensibus solus relictus conimbiicae[3], Maximilianus[4] enim complutj studet et hermes[5] (vt

---

* *Canisius in maigine* Indicae
[5] *Subtei iocabula* Maximilianus *usque ad* hermes *linea eaque, ut iidetui, a* Canisio ipso *ducta est*

---

[1] Similia a Fabio Madiito 10 Novembiis 1545 P Simoni Rodericio S. J scripta erant „En oyendo hablai de los seiscientos martires no se lo que siente mi anima en Jesucristo" etc (*Caitas* I, 280)

[2] S Franciscus Xaverius 27 Ianuaiii 1545 Cocino Romam ad socios epistulam misit, in qua haec leguntur „In hoc Trauancoiidis regno, vbi veisoi (vt aliquid de iebus Indicis sciibam, quarum vos audissimos esse certe scio) plurimos Deus ad Christi Filij sui adduxit Fidem Mensis quippe vnius spatio amplius decem hominum milia Christiana feci Manaria insula hinc abest millia passuum cir- citei CV eius incolae certos ad me homines ablegaiant rogatum, vt quoniam vellent fieri Chiistiani, ad eos baptizandos proficisci ne gianatei Ego cum giauissimis negotiis, maximeque ad iem Christianam pertinentibus distineiei, ne ipse non potui Itaque ceitum exoiaui Saceidotem, vt net meo loco quam piimum ad illos Baptismo expiandos Iamque is plurimos baptizauerat, cum Rex Iafanapatamae, in cuius ditione insula est, complures Neophytos, quod Chiistiani facti essent, ciudelissime necauit Giatulandum est Chiisto Domino, qui ne nostra quidem tempestate, sint desideiai martyies Et quoniam diuina benignitate atque indulgentia tam paucos vti videt ad salutem, pio sua singulari piouidentia permittit, vt per humanam ciu- delitatem impleantui destinatae sedes, ac numerus beatorum   Equidem spero pio huius iegionis piaeparatione, et quasi segete, me hoc anno ad centum Chiistia- noium milia esse facturum" (S P *Fiaucisci Xacui* e Soc Iesu Epistolaium Libri IV Ex Hispano in Latinum conuersi ab *Hoiatio Tuisellino* Ed noviss [Antverpiae 1657] p 91—101 Cf S Fiancisci Xaverii Epistolarum omnium libri quatuoi Opeia R M *[Rochi Menchacae]* Vol I [Bononiae 1795], p 187—193 Die Briefe des heiligen Franz von Xavei, übersetzt und eiklart von *Joseph Buig*, I [Koln 1836], 218—223 Lettres de saint Fiançois-Xaviei, traduites par *Léon Pagès*, I [Paiis 1855] 172—177, et saepius)

[3] Ioannes Couillonius (Couvillon, Covillon). Insulis (Lille) circiter annum 1520 natus (*Oilandinus* I c I 4, n 82 *Delplace* I c p 2ᵃ)

[4] Maximilianus Capella insulensis et ipse (*Oilandinus* I c *Delplace* I c)

iam dixı) Valesoletj*. paruus autem Cornelius[1] Vlisbonae agıt breui ad uos (si magıster Symon[2] audıerıt me) huc uenturus vt plus ocıj habeat postbac ad studendum. Xon satıs mirarj possum quod tam raras a te recipiamus lıttcras (presertim cum habeas vıam tam facilcm ad Reucrendum D. Nunciuiu berallum). Vide vt sıngulis mensıbus aliquid ad nos scribas[b]. Salutem pete nobıs per Jntercessıoncm magorum[3], Vndecım milium vırgınum[4], sanctj Gereonis et socıorum eius[5] sanctorumque machabcorum[6] ad hoc ipsum singulorum tcmpla mco nomınc visitando. Domınos Istos Episcopos, Dominos proumcıales, Domınos priorcs, domınos lıcencıatos quos nomınatım sepıus legıstj ın mcis lıtcris[7] rcsalutato dılıgcntei. Jtem dommnam Margaretam[8], vtrumque Alexandrum et cetcros quos tu facılıus ıntclligis quam ego scrıbere valeam. Domina Magıstrı Joannıs (quam lubentıus brıgittanam appellasscm) mihı commendatıssıma cst et sempeı fuıt ex quo a vobıs ıecessj[9], doleo autem ipsam vsque adeo sollıcitari ad ıctrocessıonem, faxıt dcus vt non praeualeant quı anımae ıpsıus insidiantur[10] quique profcctum eıus tentant ımpcdırc, vtınam atque vtınam mihı nunc lıceret ac daretur esse apud eam vcl ad horam, habeo enim quam plurıma ad conhortatıonem et ad consolatıonem eıus si vclit auertere sensus ab his qui malıgna loquuntur ın interitum cıus[11], maxıme vclim vt meo nomıne sıquıdem pracstat ıpsam vısites dıcasque cj multam salutem, quid minantur inımıcj persceueraturae?[12] labores fortassıs, paupertatem, opprobrıa, subıectıoncm et cactcra ıd genus

---

* Valesotj *autogı*   [b] *Cuuısuıs ıı mıaıgıue* sıngulıs mensıbus

[1] Cornelius Vıshavaeus, nepos P Cornelıı Vıshavacı, quı Lovanıı degebat, cf supra p 113[1]

[2] P Sımon Rodrıguez (Rodericıus), e pıımıs S Ignatıı socııs, Socıetatem ıı Lusıtanıa egregıc pıopagabat et 10 Octobrıs 1546 a S Ignatıo prımus Socıetatıs per Lıısıtanıaın praepositus provıncıalıs nomınatus est

[3] Ecclesıa mctropolıtana colonıensıs ın nulla feıe ıe mıagıs glorıatur, quam quod trıa corpora sanctorum ıllorum magorum possıdeat, quos stella cx orıentı ad Chrıstum duxıt ınfantem

[4] Ferebant S Ursulam et S Pınnosam una cum 11 000 vırgınıbus brıtaunıcıs pudıcıtıae servandae gratıa Colonıac martyrıum subısse sub Maxımıno Tbrace (235 ad 238) SS Ursulae et socıarum vıı gınum et martyıum sacra ossa et ıelıquıae etıamnunc Colonıae et maxıme ın basılıca S Uısulae coluntur

[5] Cf supra p 37[2]

[6] Raınoldus de Dassel, archıepıscopus colonıensıs, post medıum saec|lum XII octo corpora ıllorum veterıs Testamentı (2 Mach 7) martyıum, quos Machabaeos dıcımus, ex Italıa Colonıam attulıt et ın ecclesıa monıalıum benedıctınaıum collocaıe statuıt, quae ın „agro ursulano" exstabat Nuuc ın templo S Andreae (atque e vetere memorıa Romae quoque) coluntuı (*Grlcnıns* l c p 537—539 *F E v Meımy* und *L Reıscheıt*, Dıe Bıschofe von Koln II, 38—46)

[7] Cf supra p 157   [8] Questenburch   [9] De hac supra p 125 161 167 [10] 1 Reg 24, 12, 28, 9   [11] 2 Paı 22, 4

[12] Quae sequuntur, Faber certe non pro sola ılla mulıeıe conscııpsıt, sed etıam, ac foıtasse maxıme, ad confirmandos ın proposıtıs suıs ıuvenes ıllos colonıenses, quı Socıetatı se addıxerant

ex quibus est crux quam quotidie tollere[1] iubemur, an non in his est Christus clare ostensus? Timeat potius ea que nobis minantur propria conscientia, bonus angelus noster, Jpsa denique ventas quibus inimicaij aut non obedire tormentum est durissimum et intolerabile, o sj sciret bona ista Domina quid ipsi repromittat dominus, o sj sciret quam[a] bona ipsam manent Meminerit peccatorum suorum et earum poenarum que repositae sunt peccatoribus illis videlicet qui poenitentiam non egerint, meminerit actiones ac labores vitae christj, beatae Virginis et omnium eorum quos certa fide scimus vitam aeternam in caelis esse consecutos, meminerit praeterea earum passionum quas christus passus est pro se et pro omnibus, meminerit denique et cum spe firma aspiciat eam gloriam quae ipsam manet in celis Si dura videtur ipsi conuersatio suarum sororum sciat se promerej omnium sanctorum consortium, Si durus est panis quem nunc comedit sciat se habituram hac via panem angelorum Si displicet habitatio monasterij sumat inde occasionem contemplandj et sperandj habitationem illam non manu factam[2] quae est domus et ciuitas sanctorum[3], Jdem dixerim de inclusione[4] per quam merebitur libertatem sanctorum corporum, et de laboribus quos imponit obedientia. qui via sunt ad dominum[b] sempiternum et ad quietem quam promittit qui dixit: Jntra in Gaudium dominj tuj[5] et esto supra quinque ciuitates[6], sed credo nihil horum tam ferventem et tam fortem mulierem deterrere ab semel incepto itinere Jpsa enim iam pridem supputauerat sumptus ad hoc viaticum necessarios, decreuerat enim renunciare omnibus quae possidebat[7] et nuda Christum nudum sequj, hoc namque est supputare sumptus necessarios ad pugnam victoriamque inimicorum nostrorum spiritualium ac carnalium et ad edificationem spiritualis turris[8], quod si bene non supputavit prius (vt forte ipsi videij potest) institutum[c] quod ingressa est, in hoc ipso tum versatur id est in exercitiis abnegandj omnia et se ipsum quo fit vt non oporteat redire ad seculum. Quia resumere seipsum et sua nihil aliud esse deprehenditur quam inchoatam supputationem necessariorum sumptuum omnino derelinquere, perdere id ipsum quod iam feceras et reducj ad periculum veniendj ad diem |iudicij|[d] nulla neque bene incepta denuo neque perfecta supputatione. Et si non fuerit facta supputatio ipsa de qua loquimur nonne sequitur nullam nos de inimicis quj terrent incipientes et opprimunt insipientes victoriam esse reportaturos[9] Nonne etiam sequitur ipsam turrim

[a] Fortasse legendum quanta
[b] Sic, sed probabile est Fabrum scribere voluisse dominium
[c] institum autogr　　[d] Hoc vel simile quid supplendum esse videtur

[1] Luc 9, 23　　[2] 2 Cor 5, 1 2　　[3] Cf Eph 2, 19
[4] „Clausuram" dicere solemus　　[5] Matth 25, 21 23
[6] Luc 19, 19　　[7] Luc 14, 33　　[8] Cf Luc 14, 28—30

(quam tamen editam* esse oportebit) nullum neque finem neque
principium suae aedificationis habituram ? Hinc videtur et clare
apparet eorum stultitia atque ignorantia qui ob timorem ne non perficere possint quod optime sciunt inceptum esse desistunt ab inceptis,
quid enim aliud faciunt quam nolle nec principium neque consummationem suae perfectionis? Ne igitur retrospiciamus[1] nec retio
conuertamur aratrum sanctum manibus assecutj, ne resumamus ea
quae semel deo dante euomuimus de animis nostris[2]. Si iterum sapit
ac placet quod semel despeximus, negleximus ac odio habuimus ne
credamus nos parum sapuisse tunc aut non bene oculatos fuisse sed redeamus ad eosdem sensus, eundem illum spiritum quaerentes per quem
tale iudicium de rebus assequebamur[3] Si mutantur sensus interiores
et exteriores circa id quod in se semper vile est et nihil. Queramus
semper eum statum sensuum in quo res ipsae vilescunt Paulus dicit
hoc sentite in vobis quod et in Christo Jesu qui cum in
forma dej esset exinaniuit semetipsum formam serui ac-
cipiens[4]. Videat quisque in qua forma est et cupiat formam serui
vt seruiat, vt laboret vsque ad mortem crucis factus obediens[5]. Hunc Jesum de se qui non habet querat ex illo qui dat
omnia, qui habet ipsum sequatur. Multo plura subministrat cupiditas
salutis eius dominae propter quam hec scribo, si autem sero ad ipsam
peruenerint mea desideria vos ipsi potestis abunde facere vt ne hunc
libellum verius quam epistolam prout venerit in buccam effuderim[b]
Jesus Christus qui est et venturus est iudicare omnem sensum confortet corda vestra in omnj bono sensu et vestras intel-
ligentias[6] in omnj recta ac vera cognitione Amen Ex oppido
madrit vbi est principis hyspaniae curia 10 die martij Anno 1546

Tuus in Christo frater petrus Faber.

   ᵃ *Sic, sed legendum esse videtur* edificatam   ᵇ effunderim *autogr*

---

   [1] Luc 9, 62   [2] Cf Prov 26, 11 2 Petr 2, 22
   [3] Haec pulchre conveniunt cum regulis, quas S *Ignatius* in „Libro exercitiorum"
proposuit ad motus animi discernendos (regulae pro 1 hebdom, n 5—8)
   [4] Phil 2, 5—7.   [5] Phil 2, 8
   [6] Phil 4, 7.

27.

CANISIUS

SEBASTIANO DE HEUSENSTAMM,

archiepiscopo moguntino et romani imperii principi electori [1]

Colonia 1. Aprilis 1546.

Ex opere [2] „DIVI CYRILLI AR — | CHIEPISCOPI ALEXANDRINI OPE = rum omnium, quibus nunc præter alia complura noua, | recens acceffere vndecim Libri in Genesim, | nunquam antea in lucem æditi, | TOMVS PRIMVS | Omnia tam summo tum studio, tum labore integritati suæ resti = | tuta, d a mendis, quibus corruptui cata erant, repurgata Coloniæ ex officina Melchioris Nouesiani, Anno MD XLVI Mense Aprili " (2°, ff 333, et praeterea in initio fl 8 non signata) Epistula nostra duo folia occupat, quae sunt proxima a titulari [3]

Epistula usus est *Riess* l c p 57 Partem germanice vertit *Drews* l c p 17

Cur hoc volumen operum S Cyrilli Alexandrini Sebastiano deducet Ad Cyrillum et Sebastianum transfert quae veteres de alicuius piiscorant Motus, quibus Germania misere concutiatur, componendos esse per episcopos Horum officia exponit Athanasius, Ambrosius, Cyrillus opus esse Sebastiani virtutes et „cum caesare consensum" praedicat eiusque oculis Cyrillum proponit ecclesiam contra haereses suae aetatis defendentem In similia et priora prolapsuros, qui nil nisi sacram Scripturam sequi relint Rationem reddit huius editionis Qui libri nunc primum in lucem emittantur Cupit editiones Cyrilli magis magisque emendari

---

[1] Sebastianus de Heusenstamm, iuris utriusque doctor, 20 Octobris 1545 archiepiscopus moguntinus electus est In conventu, mense Ianuario anni 1546 Vesaliae ab electoribus rhenanis habito, cum a Palatino urgeretur, ut pro Hermanno Wedano apud caesarem intercederet, constanter abnuit Synodum dioecesanam habuit anno 1548, provincialem anno 1549, annis 1551—1552 tridentino concilio interfuit Parochias et monasteria dioecesis suae visitanda et inspicienda curavit Magnos bellorum tumultus perpessus, Eltvillae mortuus est 17 Martii 1555 (*Nic Serarius* S. J , Moguntiacarum rerum libri quinque [Moguntiae 1604] p 898—913 *Io Sleidanus*, De statu religionis et reipublicae, Carolo Quinto Caesare [Argentorati 1566] l 16, f 252' *Georg Christ Ioannis*, Volumen primum rerum Moguntiacarum [Francofurti ad Moenum 1722] p 847—861)

[2] Editio Cyrilli a Canisio facta (3 tomi) rarior est In ipsa bibliotheca regia monacensi, quae libris theologicis locupletissima est, frustra aliquando a me est quaesita Pauca solum novi exempla unum Constantiae ad Lacum Brigantinum exstat, in bibliotheca lycaei archiducalis (provenit ex bibliotheca collegii S J constantiensis suppressi), alterum Friburgi Brisgoviae in bibliotheca universitatis, tertium (deest pars extrema) Coloniae in seminario archiepiscopali (sign „Patt 1 120") Est et tomus primus in collegio nostro exactensi, secundus in vicino conventu Patrum Franciscanorum werthensi (Weert) Primum habet etiam urbana bibliotheca coloniensis (sign „G B IV 2335")

[3] In titulo operis etiam signum typographicum Novesiani apparet sagitta pennata, cui anguis circumvolvitur, inscriptio Festina lente Dedicationem sequitur index verborum et rerum alphabeticus (5 pp) et brevissima Cyrilli „vita" cum „operum clencho" (p 1) f 333ᵃ „errata" corriguntur Ante commentarios in Leviticum et in Ioannem tituli exstant speciales (= fl 40 et 94) Charta densa est, typi magni et pulchelli In initiis capitum complures figurae (litteras initiales dicimus) ligno incisae sunt

REVERENDISSIMO
IN CHRISTO PATRI AC DOMINO D
Sebastiano Archiepiscopo Moguntinensi, sacri Imp. Rom.
per Germaniam Archicancellario, Principi Electori,
etc Domino suo colendiss Petrus Canisius
Nouiomagus gratiam et pacem in
Christo perpetuam

PRodit in lucem omni luce clarior CYRILLVS, et quidem faustis-
simis tuis auspiciis prodit Antistes Reuerendiss [1] scilicet, vt Archiepiscopum velut postliminio reuersum Archiepiscopus excipiat, foueat.
defendat ac seruet   Poterat sane vir Apostolicus, qui nunc venit in
tuos complexus, vel in media perfidorum hostium acie tutus incedere:
poterat se, nomenque suum sine patrono, sine vindice tueri, ne prorsus
alieno niti praesidio videretur   Fit tamen, nescio quo pacto, praesertim hac aetate nostra, vt quamuis per se fulgeat vel autoris
dignitas, vel operis maiestas, alicunde viri praecellentes adhibeantur·
qui, qua pollent autoritate. simul et fide prudentiaque, sibi dedicatos
libros tum illustrare, tum propugnare non minus velint, quam possint   Hoc igitur iure, qua D CYRILLO deligendus erat patronus,
tu cum primis occurristi. tantae autoritatis vir, quantae vix vllus
apud Germanos alius, quum sis vere illis Archicancellarius [2]. eius fidei,
qua plurimi non antiquiorem in Archiepiscopo desiderarent, non spec-
tatiorem in Electore acciperent: denique tam exacti iudicij, et (quod
in Germania prodigio simile videtur) tam singularis doctrinae princeps, vt in hoc exulceratissimo seculo magna quaedam spes habeat
animos bonorum omnium, fore vt discussis tempestatibus, per tuam
amplitudinem serenitas nobis, et tranquillitas Ecclesiae restituatur
Ad eam rem apte conficiundam, quodam CYRILLO nimirum opus est,
vt qui reuera sit ἀύρυλος Nam ita Graeci masculum vocant halcyo-
nem [3], auem certe non parum auspicatam, et laetis effectibus illustrem,

---

[1] Nunc quidem librorum scriptoribus a bibliopolis vel librorum redemptoribus
pecunia illa datur, quam „honorarium" dicimus   Tunc autem id insolitum erat,
auctoribus libri aliquot dabantur De reliquo hi opus suum principi alicui vel episcopo
vel urbis senatui dedicabant, a quo se nummos vel fauorem et patrocinium accepturos
sperabant   Hanc suae aetatis consuetudinem etiam Canisius in plerisque operibus
suis seruauit (Friedr Kapp, Geschichte des Deutschen Buchhandels [Leipzig 1886]
p 312—319 Braunsberger, Katechismen des seligen Petrus Canisius p 160—166)
[2] Archiepiscopus moguntinus e septem illis „principibus electoribus" erat, qui
ceteris imperii principibus praestabant specialibus iuribus et priuilegiis, ipse imperii
archicancellarius erat pro Germania, ipse electores conuocabat ad „regem Romanorum" eligendum, ipse in comitiis imperii „collegio principum electorum" praesidebat
[3] Alcedo ispida apud Linnaeum, alcyon apud poetas, Eisvogel, martin-
pêcheur, apud Graecos ἀλξ, κήυξ, alcyonum mas = πτρούπος, atque, ut grammatici
aliquot veteres opinabantur, etiam ἀκμυνος (Henr Stephani Thesaurus graecae linguae, edd Hase et Dindorfii, IV [Parisiis 1841]. 1517—1518)

eo quod ouis positis, hyeme licet, ex turbulento mari placidum, ex
intractabili reddat nauigabile   Cadunt omnes ventorum procellae,
flatus aniarum quiescunt, ac placidum ventis stat mare, donec oua
fouet halcyone sua[1] quo magis repentinae placiditatis solennitate,
auis huius eluceret gratia   Sed mirum profecto, si mare sternitur
halcyonum foeturae, cui non et hi tanti, tamque diuturni, et semper
in peius gliscentes motus, qui Germanicum orbem concutiunt, et extremae calamitatis diluuium portendunt, quur [sic], inquam, non
humana tandem componantur industria, et praesertim illorum vigilantia, quos a speculandi et custodiendi munere Episcopos appellamus
Hi nimirum Ecclesiae Christianae vindices, hi communis salutis custodes, afflictae Reip subsidia, et sicut Apostolorum successores, ita
Christiani nominis conseruatores   His nulla proinde laus dignior
nullum peculiare magis officium, quam Christianum orbem religionis
concordia deuincire, dissensionum studia sustollere, nefaria foedera et
consilia haereticorum dissipare, disciplinam Ecclesiasticam instaurare
et augere, postremo dissentientes omnes voluntates, et disciplinas
multiplices, in vnius fidei et religionis puritate pro viribus vnire
Quales profecto si haberemus Episcopos, vti priscorum aetas habuit
Athanasios, Ambrosios et Cyrillos, in laetam facile certamque spem
veniremus, fore vt Resp Germanica maximis turbinibus et fluctibus
hactenus agitata, mutatis rerum vicibus, salua et integra velut in
portu collocaretur   Audiet, mihi crede, populus veri Pastoris vocem,
nec audiet tantum, sed prompte sequetur Christi vestigiis praecuntem
sequentur et Principes, quos ad exemplum Episcoporum videas breui
Constantinos ac Theodosios nobis referre, nulla vero ex parte Con-
stantiis atque Iulianis amplius respondere   Quinetiam improbissimi
quique non grauatim agnoscent in Episcopis Apostolicam potestatem,
tantum si senserint Apostolicam imprimis pietatem   Quid igitur ?
nullusne CYRILLO similis exoritur, vt qui non minus optimus integritate, quam maximus autoritate, miserandum hunc Germaniae tu-
multum vertat in amabilem fidei concordiam, et concordem animorum
aequabilitatem ? In rebus tam afflictis ne desperemus, plane iuuat
recreatque nos tui memoria Reuerendiss. Pater, quem ad istud nouae

---

[1] Halcyone, Aeoli filia — sic veteres —, nimio amore Ceycis, mariti sui, qui
naufragio perierat, in mare se praecipitauit, quos ambos Iuppiter miseratus mutauit in aves maritimas sui nominis.

„perque dies placidos, hiberno tempore, septem
Incubat Halcyone pendentibus aequore nidis
Tum via tuta maris ventos custodit, et arcet
Aeolus egressu, praestatque nepotibus aequor
(Ovidius, Metamorphoses I 11, v 745—749)

Atque etiam Plinius Halcedines, inquit, „foetificant bruma, qui dies halcyonides
vocantur, placido mari per eos et nauigabili, siculo maxime" (Historia naturalis, ex
rec I Hardouini I 10, n 47) Fabulae sunt

dignitatis fastigium non ambitio, sed virtus, non fauor humanus, sed propitij numinis voluntas euexit, vt esset, cuius prudentia, ingenio et autoritate, iamdiu concussus Geimaniae status tandem recrearetur atque confirmaretur Pollicentur hoc nobis, quum aliae res permultae, tum eruditio tua non vulgaris, deinde morum integiitas, Ecclesiae vindicandae propensus amor, haec syncerae fidei tuae constantia, reformandi tuos ingens studium, et summus cum Carolo Caesare consensus, cuius autoritas ac potentia hoc praestabit, vt possis etiam efficere, multis licet repugnantibus, quod optimum esse iudicabis Equidem laudes virtutum tuarum celebrare non statui, quae vt verae essent. praedicatas modestia tua credo non agnosceret neque comprobaret. Verum quae nostra debet esse gratitudo, laeti giatulamur Celsitudini tuae dignitatem istam, cuius apud Germanos prima est autoritas: gratulamur patriae atque etiam dioecesi, cui nunc talem habere contigit Antistitem· giatulamur vtilitati publicae, vel diuinae bonitati gratamur potius, quae Moguntinis ac nobis omnibus amplitudinem tuam in isto fastigio hac tempestate collocarit Ac eo iustius (vt mea fert sententia) nouum hoc opus Archiepiscopi, nouo Archiepiscopo, sanctum ac Theologicum opus, insigni Theologo Antistiti[a] dedicari promerebatur Habes igitur dignissime vir, idemque colendissimo Pater, habes conatibus tuis respondentem pulcherrime D CYRILLVM Qui summus olim Alexandriae Patriarcha (nunc Archiepiscopum vocant) nihil sibi laxamenti a curis, nihil ocij a laboribus, nihil cessationis a periculis indulsit, quo minus autoritate, exemplo, scripto, verbo gregem suum in Ecclesiae consortio seruaret, seditiosa dogmata reprimeret, clementia mitigaret, orbemque Christianum aeuo suo multis quoque calamitatibus oppressum et periculis cinctum, consilij celeritate explicaret, ac desperatis pene tum rebus Ecclesiae subitum auxilium adferret Quippe regnabant eo seculo varia haeresiarchaium portenta, et salutiferam Euangelicae doctrinae segetem vitiabant inspersa zizania[1] Eunomij, Arij, Pauli Samosateni, Nestorij, Apollinaris, Macedonij. Aduersus quae monstra totis viribus et artibus insurgit Christi pugil, vt hostes Ecclesiae gladio spiritus confodiat iuguletque Tot libiis, quorum adhuc multi desiderantur, tanto studio, tantoque molimine, tot argumentis, tot sententijs, tot anathematis cogit, vt credamus filium et spiritum sanctum esse verum Deum, eiusdem essentiae, seu (vt aliquoties loquitur Hilarius[2]) eiusdem generis aut naturae cum patre, quod Graeci vocant ὁμούσιον [sic], potentia, sapientia, bonitate, aeternitate, caeterisque rebus omnibus paiem Nestorius vero (contra quem illi praecipuum certamen instituitur) dum in Christo substantias distinguere simulat, duas introducit impie

---

[a] Antisti *typogi*

---

[1] Cf Matth 13, 24—30
[2] V g De Syn n 76, De Tim 1 3, n 23 (*Migne*, PP. LL X, 530 91—92)

personas, et inaudito scelere duos vult esse filios Dei, duos Christos,
vnum Deum, alterum hominem· vnum qui ex patre, alterum qui sit gene-
ratus ex matre　Quo fit, vt sacrosanctam et incomparabilem virginem
Mariam, non ϑεότοκον [sic] adserat, sed χριστότοκον [sic] esse nuncupan-
dam, quod ex ea non ille Christus qui Deus, sed qui homo erat,
natus videretur　Nec sane dubito ᵃ, quin et in similes et multo per-
nitiosiores haereses paulatim illi relapsuri sint, qui nihil nisi scripturis
diffinitum recipiunt probantue　Sic enim pondus et fidem Ecclesiae
cum semel detraxerint, ideo sibi cuncta licere putant, quod scripturas
interpretandi et explanandi munus vendicent sibi, nec vlla sanctorum
patrum autoritate vel scriptis refelli velint ¹.　Ad CYRILLVM meum
redeo　Quur enim non meum appellem, quem absterso, quantum
licuit, situ, luci restituimus, et integris libris recens inuentis auximus
et exornauimus? ²　Nam qui nunc prodeunt in Genesin Commentarij,
nusquam reperiuntur ³　Nec tamen sine animi moerore fatebor, mu-
tilos esse CYRILLI libros, tam in Genesin quam Euangelium Ioannis ⁴
Commentarij porro in Leuiticum XVI libris digesti, quum antea Origenis haberentur (scatent enim Origenicis allegorijs), nuper autorem
suum CYRILLVM apud Parasmos [sic] agnoscere coeperunt　Nec esse
vanam eam coniecturam, intelligere licet ex Dialogis huius autoris,
vbi agit de adoratione in spiritu ⁵　Enarrationem Leuitici sequuntur
in Euangelium Ioannis hypomnema ᵇ, siue Commentariorum libri XII,
in quibus peculiariter aciem stili sui defigit in Ebionitas, Sabellianes,
Arianos, Eunomianos, Macedonianos, Nestorianos　Interierunt autem
quatuor intermedij pro quibus addidit interpretationem suam Iudocus
ille Clichtoueus ⁶, insignis Parisiensium Theologus ⁷　Videtur certe potis-

---

ᵃ *Hoc vocabulum in ipsa oratione contexta deest, sed inserendum proponitur
in adnotatione post indicem verborum posita*

ᵇ *Sic, sed scribendum fuisse videtur* hypomnemata

---

¹ Si quis expenderit, quid nostra aetate in Germania theologi protestantes haud
ita pauci sentiant doceantque de mysterio sanctissimae Trinitatis, de Christi diuini-
tate, incarnatione, resurrectione, de symbolo apostolico, Canisium falsum prophetam
fuisse non affirmabit

² „Omnia opera" Cyrilli primum typis exscripta sunt Parisiis anno 1508, sed
ea editio valde manca erat et vitiosa

³ Expositio illa Pentateuchi a Cyrillo conscripta, quae „Glaphyra" dicitur,
13 commentarios continet, inter quos 7 ad Genesin pertinent

⁴ Commentarii in Ioannem libri 5, 6, 7, 8 latuerunt usque ad annum 1638,
quo *Ioannes Aubert*, ecclesiae cathedralis laudunensis canonicus, in praeclara sua
editione omnium operum Cyrilli libros quintum et sextum integros ac septimi et
octavi partes graece edidit

  Nunc negant hos commentarios Cyrilli esse, neque alieni sunt ab iis Origenis nomini addicendis (cf *Ios Kopallik*, Cyrillus von Alexandrien [Mainz 1881]
p 366—367)

⁶ Cf *Kopallik* l c p 336—337

⁷ Iudocus Clichtoveus siue Clichtove († 1543), flander, contionator primum et

simum sequutus Chrysostomi et Augustini sententias, ideoque nihil ex Clichtoueo praetermisimus Et quia secundo tomo praefationem aliam reseruamus, nunc nihil dicam de Synodicis constitutionibus, de Apologetico, de Epistolis et Scholijs[1] D CYRILLI quae omnia primum hisce operibus per nos accessere. Alius forte (quod ex animo velim) plura nobis pro suo candore proferet, ac etiam ex Graecorum fontibus ea, quae nos damus, reddet magis concinna, tersa et emaculata Multum illis debetur gratiae, qui publicae vtilitatis gratia CYRILLVM effecerint multo, quam antehac, emendatiorem[2]. Caeterum vt in picturis quibusdam artis exquisitae, semper oculis contemplantium offert sese noui quippiam, quod admirentur, ita in emaculando CYRILLO versantibus, nunquam defuturum est, quod sarciendum sit Taceo, quod interpretes non vbique rerum, quae tractantur, subtilitatem assequuti videantur, vt non immerito quis rei Theologicae peritiam in illis desideret Atque vt fideles forte fuerint, non tamen elegantes Tantum abest, vt eam Romani sermonis expresserint facultatem, quae Graecae dictionis gratiam elegantiamque referret. Bicuiter, hoc quequid est laboris nostri, tuae Celsitudini dicatum esse volui Praesul ornatissime, vt esset quod testaretur clientem Canisium optimi patroni memorem, amantem et obseruantem esse Postremo liceat obtestari quaeso tuum istum animum, vt quam Archiepiscopatus gloriam vestri maiores tibi pulcherrimam reliquerunt, hanc tua virtute et diuina prouidentia stabilias et conserues, praeterea Germaniam vsque multis calamitatibus oppressam auxilij opportunitate sustentes, et (quod praecipuum est) Ecclesiae tum concordiam, tum dignitatem vbique spectes, cum primis vero tueare Haec syncere conanti precor vt aspiret dominus Iesus pastorum princeps[3], Amen[4] Ex Agrippina Colonia ipsis Calendis Aprilis Anno a restitutione humani generis XLVI supra sesquimillesimum

magister parisiensis, dein parochus tornacensis et tandem canonicus ecclesiae cathedralis carnutensis (Chartres), primus inter theologos parisienses Luthero palam obstitit, quamquam primum nonnihil liberius senserat
[1] „Scholia Cyrilli de incarnatione virgeniti"
[2] Omnes editiones operum Cyrilli recenset *Kopallik* 1 c p 369—373
[3] 1 Petr 5, 4
[4] Fortasse Canisius ad haec monita proponenda etiam rumoribus quibusdam movebatur , qui de novo archiepiscopo moguntino exsistebant, timebatur enim, ne protestantibus ac nominatim Philippo, Hassiae landgravio, manus daret (*Ch. Gotth Neudecker*, Merkwürdige Aktenstücke aus dem Zeitalter der Reformation [Nürnberg 1838] p 675—679 *H Laemmer*, Monumenta Vaticana [Friburgi Brisgoviae 1861] p 429—430 *Venetianische Depeschen* vom Kaiserhofe, herausgegeben von der historischen Commission der kaiserlichen Akademie der Wissenschaften I [Wien 1889], 639—640)

28.

CANISIUS

CANDIDATIS THEOLOGICIS COLONIENSIBUS.

Coloniae 5 [?] Aprilis 1546.

Ex opere ¹ „DIVI CYRILLI AR== CHIEPISCOPI ALEXANDRINI OPERVM, | in quibus pugnat aduersus varias hæresiarcharum pestes, ¦ vt Arij, Eunomij, Pauli Samosateni, Macedo ː nij, Nestorij, tum contra Iulianum apo== statæ blasphemias, | TOMVS SECVNDVS ː Nouo labore omnia nunc exactius multo q̄, unquam restitutu d aucta, atq̄, ab innumeris mendis, quibus scatebant, uindicata   Coloniae ex officina Melchioris Nouesiani,   Anno M D XLVI   Mense Aprili " (2⁰, ff 303 et praeterea in initio 8 non signata)   Epistula nostra est in duobus folüs, quae a titulari pro-xima sunt ²

Cyrillus Alexandrinus summam auctoritatem cum summa mansuetudine con-iuncit nec verborum ornatum ostentauit   Nunc autem libri ex verbis, non ex rebus ponderantur, haereseesque sparguntur, sermonis melle conditae   Aliter sacra Scriptura, Tertullianus, veteres alü   Temere ob orationis simplicitatem contemnuntur, quae vere pieque scripta sunt   Quod et Anacharsis graecique intellexerunt philosophi   Quam-quam Cyrillo neque eloquentiae laudem defuisse singula, quae hic ponuntur, opera demonstrant   Hic Nestorium lupum agnouit et expugnauit aliasque sectas profligauit, non gladio usus, sed verbo Dei

ADOLESCENTIBVS
THEOLOGIAE CANDIDATIS PETRVS
Canisius Nouiomagus felicitatem.

ETSI non parum multa in priorem tomum praefatus sum, nimi-rum vt apud summum Archiepiscopum Germaniae, summum Graeciae Patriarcham deponerem Cyrillum, qui adhuc haeret in manibus: tamen vitio mihi vertendum non puto, si tot modis commendabilem Theo-logum, vobis etiam, commilitones optimi, semel atque iterum commen-dem. Vt enim nihil dicam amplius, insignem Ecclesiae doctorem et gloriam Episcoporum excipitis, quum Cyrillum excipitis, hoc est, in libris loquentem, vobisque spirantem auditis   Et sane spirant illius scripta priscum illum Euangelij vigorem. vt hodie nullum inuenias, qui pari synceritate tractet sacras literas, qui cautius vitet suspecta dogmata, qui sic vbique gerat Christianum Episcopum, qui sic spiret paterna viscera, qui summam praesulis autoritatem cum summa man-

---

¹ Patribus de Backer et Sommervogel alüsque bibliographis ob immensam rerum silvam et spatii angustias non licuit nec licet huiusmodi opera accuratius describere, propterea hic describuntur.

² Signum typographicum idem est, quod in volumine primo   In pagina poste-riore folii titularis index est librorum huius voluminis, et in 5 folüs, quae dedica tionem sequuntur, index rerum et verborum   Charta, typi etc eadem, quae in vo-lumine primo   F 303ᵃ typographus lectori dicit se exemplis mendosissimis usum esse et „mendas pene infinitas" prioris editionis expunxisse   Quod si nonnullae relictae sint, propterea relictas esse, quod non viderentur emendari posse sine graecis exemplis, ea autem non suppetivisse

suetudine coniungat   Adeo perpetuam quandam scriptis omnibus adhibet moderationem, quae nec in redarguendis haereticorum erroribus
obliuiscitur Christianae modestiae   Iam non modo nihil habet acerbum
scriptoris huius oratio, verum etiam non excurrit vsquam in leuitatis
aut ostentationis speciem, etiam si tantus esset Cyrillus, tum eruditione, tum eloquentia   Priscis enim illis Theologis tantam pietatis
curam ardor spiritus suggerebat, vt expoliendae linguae artificium
negligerent, nec alia sermonis quaererent lenocinia, nisi quae pectus
Euangelicum, et amore Christi flagrans, vltro ipsis suppeditauisset
Nunc (proh pudor) verborum ornatum sic exquirimus, vt res ipsas,
quae non elaborate conscribuntur, nauseabundi respuamus, quinetiam
scriptores ipsos in periculum venire sinamus   Nemo rem veritate
ponderat, sed ornatu   Quid? quod plerique nullum pene vitium agnoscunt foedius et damnant grauius, atque barbariei? Quae res mirum
in modum auxit haereticorum licentiam, et eo nunc demum adduxit,
vt pestifera sua dogmata nouis quotidie libris non cessent proferre
Nam incautos animos, vti sperant, facile irretire possunt suauitate
sermonis [1], et carminum dulci modulatione currentium   Hac arte veluti melle circumliniunt poculum, quod propinant lectoribus   nimirum
vt possint ab imprudentibus amara remedia sine offensione potari,
dum illiciens prima dulcedo, acerbitatem saporis asperi sub praetextu
suauitatis occultat. Et haec in primis causa est, si Lactantio credimus [2], cur apud sapientes, et doctores, et principes huius seculi [3], scriptura sancta fide careat: quod Prophetae communi ac simplici sermone, vt ad populum, sunt loquuti [4]   Certe Septimius ille
Tertullianus, teste Vincentio Lirinense, nostrorum omnium apud Latinos
facile princeps iudicandus est [5]. In loquendo tamen parum facilis, et
minus comptus, et multum obscurus fuit   Sic enim iudicat Lactantius [6]. aut quod indicat Hieronymus ad Paulinum epistola. Tertullianus licet densus et argutus sit in sententijs, sermo tamen difficilis
est et obscurus, atque etiam incomptior [7]. Equidem haud scio, an

---

[1] Cf Rom 16, 18

[2] Canisius scriptorum, quos per hanc epistulam citat, libros et capita fere non
indicat   Locorum autem illorum saltem aliquos inquirere et ascribere placuit, ut
appareret, qua fide veterum illorum testimonia protulerit

[3] 1 Cor 2, 6—8

[4] Divinae Institutiones l 6, c 21 (L Caeli Firmiani Lactanti opera omnia
P 1 rec Sam Brandt [Vindobonae 1890], p 562 Migne, PP LL VI, 713—714)

[5] Tertullianus „apud Latinos nostrorum omnium facile princeps iudicandus est“
Vincentius Lerinensis, Commonitorium I, n 18 (Migne l c L, 661)

[6] Tertullianus „in eloquendo parum facilis et minus comptus et multum obscurus fuit“ Lactantius, Divin Instit l 5, c 1 (Opera omnia l c p 402 Migne
l c VI, 551)

[7] S Hieronymus Paulino „De institutione monachi“ n 10 scribit „Tertullianus
creber est in sententiis, sed difficilis in loquendo “ Ita editio Dominici Vallarsii,
S Hieronymi operum tom I, P 1 (ed 2, Venetiis 1766) p 326 (etiam Migne l c
XXII, 585) Sic etiam editio erasmiana (Opus epistolarum Divi Hieronymi   . vna

quicquam Aurelio Augustino praeclarius habeat Christianus orbis Et
in hoc tanto viro subinde lectorem offendere potest perplexum nescio
quid, et impeditum atque obscurum. quod in epistolis illi obiicit et
Hieronymus At vterque Cypriano summas eloquentiae partes tribuit [1].
Cyprianus autem, quem admirari satis nequeas, siue ornatum in loquendo, siue facilitatem in explicando, siue potentiam in persuadendo
spectes. placere vltra verba sacramentum ignorantibus non potest,
quoniam mystica sunt, quae loquutus est, et ad id praeparata, vt a
solis fidelibus audiantur Nam a doctis huius seculi, quibus forte scripta
eius innotuerunt, deinden solet atque vel Coprianus vel Caprianus illis
appellatui Quod si scriptoribus Ecclesiasticis, qui omnium spectatissimi fuere, non contigit Romanae dictionis germana puritas, quid
tandem putemus accidere illis. quorum sermo ieiunus est et ingratus
qui neque vim persuadendi, neque subtilitatem argumentandi, neque
vllam prorsus acerbitatem ad reuincendum habere potuerunt? [2] Ergo
relinquuntur. despiciuntur, abiiciuntur, proteruntur Bonae, inquiunt,
literae nunc tandem refloruere. diuinum illud munus [3] Ideo ne pie-

---

cum scholijs Des Erasmi Roterodami, denuo per illum   recognitum etc I [Ba-
sileae 1524], 106) Nec tamen mirum si in codice Canisii aliter legebatur nam
opera Hieronymi etiam nunc, post tot editiones et correctiones emendatione indigent

[1] „Beatus Cyprianus instar fontis purissimi dulcis incidit et placidus" Hieronymus, Epistula ad Paulinum n 10 (Vallarsius I e p 326 Migne I e) — „Cyprianus vir eloquentia pollens et martyrio' Hieronymus, Epistula ad magnum Oratorem urbis Romae n 3 (Vallarsius I e p 427 Migne I e p 666) — „Nec bonos
facile coaequamus beato Cypriano, quem inter raros et paucos excellentissimae
gratiae viros numerat pia mater Ecclesia" Augustinus, De baptismo contra Dona-
tistas I 6, e 2 (Opera, edita a monachis benedictinis e congi S Mauri, IX [Pa-
risiis 1688] 162 Migne I e 198) — „Beatissimi Cypriani   linguam
doctrinae christianae sanitas ab ista redundantia revocavit ,et ad eloquentiam
grauiorem modestioremque" restrinxit Augustinus, De doctrina christiana I 4, e 14
(Opera, ed maurina, tom III, P 1 [Parisiis 1680] p 76 Migne I e XXXIV, 102)

[2] Cyprianus „placere ultra verba sacramentum ignorantibus non potest quoniam
mystica sunt quae locutus est et ad id praeparata, ut a solis fidelibus audiantur
demque a doctis huius saeculi quibus forte scripta eius innotuerunt deinden solet
Audivi ego quendam hominem sane disertum, qui cum immutata una littera Co-
prianum vocaret, quasi quod elegans ingenium et melioribus rebus aptum ad aniles
fabulas contulisset Quodsi accidit hoc ei eius eloquentia non insuavis est, quid
tandem putemus accidere eis quorum sermo ieiunus est et ingratus? qui neque vim
persuadendi neque subtilitatem argumentandi neque ullam prorsus acerbitatem ad
reuincendum habere potuerunt?- Lactantius, Divin Instit I 5, e 1 (L Caeli Firmiani Lactanti opera omnia P 1 rec Sam Brandt [Vindobonae 1890] p 402—403
Migne I e VI, 551—552) Evidens igitur est Canisium ea, quae supra scripsit,
ex Lactantio transcripsisse Quod si forte miremur cum Lactantii nomen reti-
cuisse, considerandum est veterum conscientiam ea in re utcumque latiorem
fuisse quam nostram Magis communia illis erant bona illa litteraria — Nomen
autem illud „Coprianus" significabat stercorarium vel scurram vel foeda et vilia
loquentem Aliqui autem codices lactantiani non „Copriam" habent, sed „Capriam"
(γαῖρος aper) Migne I e p 551 in adnot 7 Hanc ob rem Canisius utrumque
nomen protulisse videtur

[3] Humanistarum haud paucorum rationem Canisius denotat ac fortasse etiam

tatem fas sit negl012gere? simplicitatem illudeie? scripta contemnere, quia non doctis destinata, nec a disertis aedita, sed ratiom temporis accommodata fueie? Quo pacto negaii possit, diserte dici, quod pie dicitur? Nemo fastidiat dictionis simplicitatem, sed amplectatui sententiarum pietatem Quid porro refert, vos obsecro, ad cognitionem rei capessendam, quam polite, quam eleganter, qua lingua quid proferas, tantum si sensus ad bene beateque viuendum percipi queat? cum non res propter nomina, sed nomina certe proptei ipsas res admuenirentui En Anacharsim sordidae Scythiae alumnum, Scythice loquentem. neque propterea contempsere hominem, Graeciae sapientes, sed in suum iecepere consortium, quia sapientia piaeditum¹ Et quidem plurimi philosophorum, intei quos Anacharsis, Crates, Diogenes, ita philosophiae studio se totos dedidere, vt illam dicendi peritiam non modo negl12gerent, verum etiam turpem philosopho et indecoram esse putarent Adeoque Sociates, qui vnus grauitate, sapientia. nomimsque celebritate caeteios longe superauit, quum eloquentiae studium viris. nedum philosophis indignum existimasset, illud consulto praeterire voluit Extat eius iei testimonium in oratione, simplici quidem et inculta. quam in iudicium vocatus habuit Nos vero (pudet dicere) nauseamus ad omnia, quae carent Rhetorum condimentis et ornamentis nos omne studium in paianda dictionis facultate collocamus Ita semper in Chiisto paruuli, sapimus vt paruuli²: non nisi lacte contenti, solidiorem cibum³ respuimus Impietas non paucis placet, quia docte commendatur Et non placebit pietas, quia simpliciter enunciatur? Vt mihi videre videor, hodie si Paulus doctor gentium in fide et veritate⁴, superesset, apud nos inglorius viueret, ac penus fortassis audiret, quam olim apud Corinthios, hoc solo nomine, quia sermone imperitus⁵ Atqui regnum Dei non in sermone est, sed viitute⁶ Quanquam haec non eo sane mihi dicuntur, vt ostendam eloquentiae doctrinaeque laudem in Cyrillo posse desiderai Testatur Iudocus Clichtoueus, insignis ille Parisiensium Theologus⁷, in hoc autore tantam esse disserendi subtilitatem et acrimoniam, tantum rationis acumen et robur, tam exubeiantem doctrinae copiam, denique tantam conuincendi aduersarios fidei energiam, vt exemplum huc optimo quidem iuie proponatur omnibus, qui sacris de rebus diuinisque mysterijs disserere statuerint⁸ Et hanc Clichtouei verissimam esse censuram

famosas illas „Epistolas obscuioium virorum", quae coloniensem quoque academiam nefarie criminabantur
    ¹ Camisius haec hausisse videtui ex *Diogene Laei tio*, De claioum philosophoium vitis, dogmatibus et apophthegmatibus 1 1, c 8, vitiosa foite versio latina giaeci huius sciiptoris ei praesto eiat De Anachaisi aliqua etiam naiiant *Heiodotus*, Histoiaiium 1 4, n 46 76 77, et *Plutaichus*, Vitae Solon n 5 Quae de Ciate ahisque hic scribuntur, excuteie non vacat   ² 1 Coi 13, 11
    ³ Hebr 5, 12—14   ⁴ 1 Tim 2, 7   ⁵ Cf 2 Coi 10, 10
    ⁶ 1 Cor 4, 20   ⁷ Cf supia p 180⁷
    ⁸ Iod Clichtoveus haec sciipsit in epistulis dedicatoiis „Opeiis insignis beati

intelliget, quisquis non libros dicam vniuersos, sed saltem in Iulianum
aeditos contempletur In quibus libris ex gentilibus et sacris literis
ita nostram adstruxit fidem, et Iuliam fatuitatem ostendit, vt non
iam solum Theologus, sed in omnibus quidem disciplinis exercitatis-
simus comprobetur Verum praecedunt Dialogorum quoque libri septem, quos de sancta consubstantialique Trinitate conscriptos, eruditissimo fratri suo Nemessino dedicauit[1], characterem dicendi seruans
dialogeticum Introducit enim colloquentem secum Hermiam, virum
(vt ipse dicit) et doctissimum et aequissimum, cuius crebras proponit
interrogationes, vt argumentum modis omnibus obscurum, ea personarum varietate, quam fieri possit dilucidissime, nobis efferret Accedunt quatuordecim libri, quos Thesauri nomine aduersus haereticos
inscripsit Duodecim prioribus Arianos et Eunomianos in filium Dei
oblatrantes confutat: postremis duobus Macedonianos spiritum sanctum
creaturis annumerantes refellit Inciderat enim et Cyrillus in peri-
culosissima tempora, quibus totum orbem pestilentissimus ille Nestorius
suis blasphemis commouerat dogmatibus Nam Antiochena et Con-
stantinopolitana Ecclesia aliquandiu Nestorio fauebat. et Romana
Alexandrinaque et Hierosolymitana, imo Catholica diuexabatur Lupum
igitur fidei infensum in tempore agnouit Cyrillus, monuit, totisque
humeris expugnauit[2] Vnde apud Catholicos in tanto honore fuit, vt
quum labore et alacritate omnes praecelleret, prae caeteris etiam in
Ephesino Concilio autoritatem obtineret. Solus enim fere hoc negocium confecit, idque non sine summis periculis Nam et carceres
cum Memnone Ephesiorum praesule expertus est, et multis conuicijs
ab aduersarijs suis asperus, et a calumniatoribus apud Imperatorem
accusatus fuit[3]. Verum adfuit ei dominus, et militem suum subsidio
non destituit· quin potius Ecclesiam suam per illum non solum tunc,
sed etiam hodie muniuit. atque adeo licet Nestorianos multos adhuc
habeat Oriens, victos tamen scripturis satis superque Cyrilli opera
testantur, quacunque tandem pertinacia haeresis illa radices miserit
At quam optime meritus sit de re Christiana Cyrillus, et quod vnus
plus reliquis omnibus, velut alter Paulus, aetate sua laborarit[4], et
Ecclesiarum omnium sollicitudinem[5] solus fere portarit,
nemo rectius intelliget, quam qui acta Concilij Ephesini perlegerit
Nos igitur, quae ad eam rem spectant, magna cura conquisiuimus, et

---

patris Cyrilli patriarche Alexandrini in euangelium Ioannis" (ed 2 [Parisiis 1520]),
f 2", et „Preclari operis Cyrilli Alexandrini quod Thesaurus nuncupatur" (Parisiis
1514) f a 2"
  [1] Nemesinus Cyrilli amicus et in episcopatu collega („confrater") fuisse videtur
  [2] Coloniensium haec legentium animis certe Hermannus quoque Wedanus ob-
versari debebat
  [3] Haec omnia accurate narrantur a Car Ios von Hefele, Conciliengeschichte
II (2 Aufl, Freiburg i Br 1875), 149—285
  [4] Cf 1 Cor 15, 10   [5] 2 Cor 11, 28

varias diui Cyrilli, nec non aliorum Episcoporum epistolas ad finem
huc adijci curauimus, vt noua proisus aeditio videri possit[1] Sed alia
praefatione super his lectorem admonebimus, instituti nostri, nouique
operis rationem explicaturi[2]. Iam quum in Tertulliani, Origenis,
Cassiani, ac multorum veterum libris quaedam admixta sint, quae
aut manifestum habent errorem, aut suspecti dogmatis sunt, hic sic
vbique temperat calamum, vt nihil vsquam comperias, quod vlli haeresi sit affine Arius impietatis autor, tot hominum milia corrupit,
et secum ad inferos pertraxit Cyrillus pietatis adsertor, talem tantumque populum seruauit, et secum ad superos euexit. Eunomius,
Macedonius, Paulus Samosatenus, Nestorius, tanquam lupi rapaces[3],
in gregem dominicum saeuierunt. Vnus porro Cyrillus tot portenta,
tot sectarum principes multis conflictibus tandem fudit, profligauit,
deleuit Praeter hos deiecit Iulianum, quamuis Imperatorem, autoritate quidem potestateque publica formidabilem Et ad tantas res
conficiendas, non vi, non armis, non copijs vsus est, sed solo gladio
spiritus, quod est verbum Dei[4]: et armis apostolicis tot vic-
torias, tot triumphos parauit Ecclesiae. Superest, vt quemadmodum
mihi in hoc opere versanti, Lectoris commodum semper ob oculos
versabatur, ita qui haec legere dignabuntur, in suis ad Deum precibus,
Canisij nolint obliuisci. Coloniae ad aureos Martyres Nono Calendas [sic] Aprilis Anno M D XLVI.

„Coloniae ad aureos Martyres“ Canisius has litteras dedit Scripsisse igitur
videtur domi Andreae Herll canonici, prope „aureos Martyres“ siue templum
S Gereonis sitae[5], in qua per complures annos habitauerat Initio anni 1545 sibi
et sociis domum conduxerat ab illa satis remotam[6] Attamen haec „apud aureos
martyres“ scripsit, siue ut suum erga eos pietatis studium testaretur, siue ut aemulorum animos a communi Sociorum habitatione diuerteret, timens, ne rursum ea
cedere cogerentur Legitur autem in extrema parte harum litterarum, „Nono Calendas Aprilis“ datas esse IX Cal Apr = 24 Martii Epistulam dedicatoriam
primi tomi Canisius scripsit „Calendis Aprilis“ eiusdem anni Ac fieri potest, ut
operis alicuius tomus posterior ante priorem in lucem emittatur, quod v g factum
est in opere docti atque eruditi P Hieronymi Lagomarsini S J „Iulii Pogiani Sunensis epistolae et orationes“, quarum primum volumen post quartum editum est
At vero in epistula dedicatoria primi tomi cyrilliani Canisius ipsis verbis dicit se
„secundo tomo praefationem aliam reservare“, et in dedicatione huius secundi tomi

---

[1] Hanc quoque Cyrilli editionem multis numeris mancam et vitiosam esse per
se patet Plenissima, quae nunc haberi possit, Cyrilli editio est in „Patrologia
graeca“ migniana tom LXVIII—LXXVII Parisiis 1859 „Eine kritische Gesammtausgabe steht noch aus“ *Ilb Ehrhard*, Tubinger theologische Quartalschrift LXX
(Tubingen 1888), 180
[2] Vide infra, post finem huius dedicationis   [3] Act 20, 29
[4] Eph 6, 17
[5] Cf supra p 101 Quae domus olim canonicorum S Gereonis fuerint, conspici
potest in „Delineatione Jmmunitatum Jllustris Collegij Sancti Gereonis Coloniae“,
quam ex exemplo anno 1647 facto denuo delineandam curauit *P Joerres*, Urkunden-
Buch des Stiftes St Gereon zu Koln (Bonn 1893), in fine, sub V et X
[6] Cf supra p 141

scribit „Non parum multa in priorem tomum praefatus sum, nimirum vt apud summum Archiepiscopum Germaniae summum Graeciae Patriarcham deponerem Cyrillum " Haec patefaciunt dedicationem secundi tomi post Kalendas Apriles con scriptam esse, et cum eiusdem tomi tolium titulare ostendat eum ipso „mense Aprili" in lucem esse prolatum, verba „Nono Calendas Aprilis" ex errore typographi vel etiam ipsius Canisii nata esse videntur, qui scribere voluerit „Nono Calendas Maias" (= 23 Apr) vel quod etiam magis probatur, „Nonis Aprilibus" (= 5 Apr) prae fatio enim tertii tomi data est „Idibus Aprilis" (= 13 Apr) Hac ergo serie prae fationes datas esse dixeris Kalendis, Nonis, Idibus Aprilibus

Tomo secundo Cyrilli Canisius tertium quendam addidit „D CYRILLI AR -. CHIEPISCOPI ALEXANDRINI EPISTO -- lae & Synodicae Constitutiones praesertim adversus Nestori = um haeresiarcham quibus & alia pleraq, nunc re cens adiecta summoq, studio restituta collarent, quemadmodum pagina versa cum -- monstrabatur Coloniae ex officina Melchioris Novesiani, Anno M D XLVI Mense Aprili " 2°, ff 106, in pagina altera folii titularis „Index huius postremae partis Operum D Cyrilli". f 2"—3" „In Epistolas et Constitvtiones Synodicas, av tore D Cyrillo Alexandrino Archiepiscopo, quae maxime pertinent ad Concilium Ephesinum, Petri Canisij Nouiomagi praefatio", data „Coloniae Idibus Aprilis Anno XLVI" f 106' admonitio „ad lectorem", in qua dicitur pro parte aliqua eius tomi unum tantum codicem eumque „depravatissime scriptum" praesto fuisse Ce terum Canisius de iis, quae in hoc tomo proponit „Sparsim", inquit, „antea et mutile, nec vno in loco, sed ne paucissimis quidem visa, nusquam vero Cyrilli ope ribus adiuncta, prodierant In manu scriptis exemplaribus, quae nancisci poteramus, non parum subsidii nobis contulit doctissimus vir, idemque pietatis veteris studio sissimus, Henricus Gravius Dominicanus Et maiusculis quidem characteribus ea dedimus, quae ad illustrandam argumenti rationem transcripta sunt ex Liberato, Ecclesiae Carthaginensis Archidiacono sanctissimo iuxta ac eruditissimo cuius extat hac de re, quam Cyrillus tractat, libellus quidam in Tomus Conciliorum, hoc est, de Nestorianorum et Eutychianorum historia " .Ephesinae Synodi gesta non extant " Nonnulla quidem in hoc volumine obscura sunt, sed „nos absque aliorum exemplarium et praesertim Graecorum praesidio nihil immutare voluimus"

29.

SANCTUS IGNATIUS DE LOYOLA [1]

CANISIO EIUSQUE SOCIIS COLONIENSIBUS [2].

Roma 2 Iunii 1546

Ex archetypo (2" mm 1½ pp) scripto ab ignoto ultimos duos versus Hie ronymus Natalis scripsit Inscriptio deest In summa parte paginae prioris saeculo, ut videtur, XVII scriptum est .P Canisio Coloniae 1616 [corrige 1546] a & P Ignatio" [3] Cod colon .Litt Epistt var ^ f XI"

Epistula usus est *Hansen* 1 e p 209

Socios colonienses laudat et monet, ut officii sui partes alacriter expleant Se de iis statuturum, cum Patris Fabri Romani advenerit Litterarum suarum rari tatem excusat Quantum Societas iam propagata sit De collegiis condendis ad con-

[1] Subscripsit quidem huic epistulae Hieronymus Nadal at in ipsa epistula Ignatius loquitur, idque, ut dici solet, in prima persona
[2] Cum Canisio tunc Coloniae tantum P Leonardus Kessel et Everardus Questen burch, Societatis sive novicius sive candidatus, fuisse videntur
[3] Hoc ita se habere et ipsa haec epistula ostendit et illa, quam Ignatius ad Canisium et Kesselum dedit 6 Iunii 1546

dendis Patam, Bononiae, Parisns, Valentiae, Conimbricae, Gandiae, et de corum rectigalibus De missione indica Dioecesim agrigentinam a Iacobo Lhosto reformari Patres Laiuium et Salmeronem a concilia tridentini patribus benigne exceptos esse

Ihesus

Giatia et pax domini nostri Jhesu Christi sit tecum et cum ominbus nobis Amen.

Hoc est gaudium meum in Christo Jhesu, vbi nomen domini, vbi Ihesum Christum ominbus de ecclesia loquentem in sanguine suo, video in quamplurimis fructificare, atque adolescere[1] Gratias agimus deo de eius ineffabili misericordia, et pietate, quam explet nobiscum propter nomen suum gloriosum[2] Saepe enim ita affectus sum vbi de te et alijs audio, partim video, nostrae societatis vocatis in Christo Jhesu[3]. Age, age vero et confortare in deo. et in potentia viitutis eius[4] qui est Christus Jhesus, dominus et deus noster Ipse propter peccata nostia mortuus est[5], atque adeo resurrexit propter iustificationem nostram[6] Itaque et nos conresuscitauit secum, et consedere fecit in coelestibus[7] in deo Cognosce, atque exploia in spiritu tuo vocationem, et gratiam quae data est tibi[8] in Christo, illam exerce, illi insiste, ex illa negotiare, nunquam patiaris in te ociosam, nunquam subsistere, ipse dominus est, qui dat nobis, et velle et perficere pro bona sua voluntate[9] et in se et per se infinita. et supergloriosa et in nos menarrabili[10] per Christum Jhesum Dabit enim tibi spiritus Jhesu in omnibus, et intellectum[11] et fortitudinem[12] vt nomen dei in spem melioris vitae in Christo Jhesu per te, in pluiimos fructificet, et clarificetur[13]. Hoc scribimus tibi, vt curronti calcaria addamus vt dicitur Alioquin tuos nos plane fecisti in Christo, de[a] tua in vinea domini alacritate, et in magnam spem ciexisti quod in te Christus Jhesus glorificetur[14] in finem Iam vero quod te intellexi, et D Leonardum[15] desiderare voluntatem et sententiam meam vobis vt scribam, ab ea vt ne discedatis, agnosco obedientiam vestram in Christo Id in praesentia repraesentarem [*sic*], nisi Magistrum Petrum Fabrum socium, et fratrem nostrum ex Aula principis Hispaniaium in his 15 aut 20 diebus[b] expectarem Constituit enim summus Pontifex vt ad consilium [*sic*] Tridentinum venniet[16] Eum accepimus ad

---

¹ Christo De arcliet   ᵇ duobus arch

[1] Cf Col 1, 5 6   [2] Cf Deut 28, 58 Dan 3, 26
[3] Cf 1 Cor 1, 9 Iudae 1   [4] Eph 6, 10   [5] 1 Cor 15, 3
[6] Rom 4, 25   [7] Eph 2, 6   [8] Rom 12, 3   [9] Phil 2, 13
[10] Cf 2 Cor 9, 15   [11] 2 Tim 2 7   [12] Cf Dan 2, 23 Mich 3, 8 etc
[13] Cf Col 1, 6 2 Thess 1, 12   [14] Cf Io 11, 4 etc   [15] Kessel
[16] Paulus III tres de Societate postulavit, quos ad tridentinum concilium mitteret theologos suos Ignatius Iacobum Lainium, Alphonsum Salmeronem, Petrum Fabrum ad id munus elegit (*Boero*, Fabro p 197)

calendas Maij Valentiam in citeriorem Hispaniam deuenisse   Et
scimus, speramus quidem certe, non peruenturum Tridentum* nisi
nos primum viscut   E ie igitui vestra arbitratus sum facturum me
in Christo (quandoquidem et mores habet ille exploratos, et reium
statum istaium regionum) si illum in consilium adhibeam cum alijs
fratribus, vt de vobis statuam in Christo Jhesu quod ad seruitium, et
gloriam dei attineie existimemus

Iam si literas a nobis tam crebro non accipietis, quam vobis
ciedo iucundum foiet, et nos a vobis expectare debemus, nil est quod
mniemini   Quod tametsi conijcere vos arbitroi, tamen paucis accipite
Mihi tanta moles negotiorum in Christo Jhesu incumbit, ac succrescit[b]
indies, vt vix tandem aliquando me explicare possim, vt ad rescribendum quibus pluiium interest animum diuertere possim   Ibi vero quasi
agmine concuriunt, quibus est respondendum vel omnino scribendum
In tot iam iegionibus operatus est spiritus Christi[1], ad amplificandam
nostram societatem ad gloriam nominis sui   Habemus enim Paduae
collegium in quod nobilis quidam Venetus mille ducatos annui redditus
designauit[2]   Tametsi pio vita sua alantur illic duodecim e nostris
Bononiae his diebus spes aliqua habita est erigendi collegij   Nam illuc
misimus Magistrum Ieronimum Dominee[3] qui cum tribus scholasticis
interim alatur   Tridenti praeterea spes noua quaedam effulsit instituendi collegium, in gloriam Christi copiosum, ac nobile in Academia Parisiorum, in qua iam aliquot e nostris habemus[4]   Valentiae
in Hispania collegium iam inchoatum est atque assignati redditus
300 ducatorum vbi etiam alij scholastici nostri degunt   Gandie in
eadem regione a duce[5] collegium aliud est designatum, cum redditu
annuo 700 ducatorum   In collegio Portugalliae[6] 80 e nostris aluntur

---

ᵃ Tridendum *arch*   ᵇ succeressit *arch*

---

[1] Cf 1 Cor 12, 4—11

[2] Andreas Lipomanus (Lippomano), patritius venetus et „fratei hospitalis
S Ioannis Hierosolimitani", a prioratu, quem Venetis habebat, vulgo „prioi S Timi-
tatis" appellatus, alterius prioratus, quem Patavii possidebat — domus B Mariae
Magdalenae ea vocabatur et ordinis Beatae Mariae Theutonicorum erat — reditum
collegiis Societatis Iesu Patavii et Venetiis sustentandis, summo pontifice probante,
destinavit (Cartas de *San Ignacio* I, 240—241 *Polancus* I c I, 147 *Orlandinus*
I c I 10, n 96 *Synopsis* Actorum S Sedis in causa Societatis Iesu 1540—1605
[Florentiae 1887] p 5, n 16)

[3] P Hieronymus Domeneccus (Domenech) ecclesiae metropolitanae valentinae
canonicus erat, cum Parmae consilium cepit Societatem Iesu ingrediendi (*Polancus*
I c I 82)

[4] Guilielmus a Prato, episcopus claramontanus, in concilio tridentino, cui tunc
etiam P Claudius Iaius Ottonis cardinalis augustani nomine intererat, consilium cepit
Societati magnum collegium constituendi Parisiis, ubi ecclesia claramontana aedes
habebat Quod „claramontanum collegium" postea conditum est Vide epistulam
Iain ad Ignatium datam Tridento 10 Martii 1546, apud *Boero*, Iaio p 99—100,
Manares commentarium p 62—63 ac *Polanci* Chronicon I, 182

[5] Francisco de Borgia   [6] Conimbricae id erat

Eum numerum rex[1] constituit augere,· vt centum sint scholastici. Et
iam illis assignauit redditus bis mille ducatorum Et omnia praeterea
tribuit quae illis necessaria sunt Ad hec sunt alia loca permulta
ad quae scribendum est Barsinonam[2], in Aulam Caesaris, in aulam
principis Hispaniarum, Louanium, ad vos, Tridentum, in Indiam, de
qua uix est quod ad vos scribamus: praeterquam quod proxima naui-
gatione eo miserit rex[3] decem[4] ex nostris: tantus est fructus nostrae
societatis in illis regionibus in Christo, tanta spes futurae messis
Omitto Complutum[5], Tolletum, Vallisoletum in quibus vel scholasticos
habemus vel qui a nobis literas desiderare possunt Itaque si literas
a nobis non accipietis frequentes, id boni consuletis Curabimus tamen,
vt nunquam omittamus scribere, vbi ad Christi gloriam et consolationem nostram in vobis[6] res digna videatur in qua tempus insumamus
Vos tamen non negligetis ad nos frequentius literas dare Magistrum
Jacobum Lost[7] a Gheldonia misimus post Paschalia Agrigentum[8] in
Siciliam In qua ciuitate Episcopus est reuerendissimus Cardinalis
Carpensis[9] nostrae societatis protector Cui tota societas omnia
debet in Christo Is infinita quadam instantia postulauit, vt aliquem e nostris illi gratificaremur, qui reformationi Episcopatus Agri-
gentini suo nomine operam nauaret Commodissimum putauimus Magistrum Jacobum mittere, vt eius expectationi ad gloriam Christi
responderemus. Speramus paucis mensibus prouinciam confecturum,
atque ad nos reuersurum[10]. His diebus accepimus Tridentum peruenisse Magistrum Jacobum Laynez, et Magistrum Alphonsum Salmeron socios, et fratres nostros. Quos opinor audieratis in concilium
destinatos a summo pontifice. Fuerunt gratissime tum ab aliis re-
uerendissimis legatis Apostolicae sedis accepti et Episcopis aliis, tum
vero a reuerendissimo legato cardinali sanctae crucis[11] qui iussit omnia
illis suppeditari quae desiderare possunt, ad victum et alia Speramus
in dei misericordia per Christum Jhesum non manem futurum eorum
aduentum Misimus has literas per Danielem Paeijbrouch[12] flandrum

---

[1] Ioannes III
[2] Non videtui significari Barcinona illa gallica (Barcino Nova, Barcellonnette),
sed Barcino vel Barcinon (Barcelona), Hispaniae urbs
[3] Ioannes III.
[4] Nomina novem Sociorum, qui 8 Aprilis 1546 in Indiam navigare coeperunt,
sunt apud Orlandinum 1 6, n 87 et in „Cartas del B P Pedro Fabio" I, 310[4]
[5] Vulgo Alcalá de Henares
[6] Cf 2 Cor 7, 7 13   [7] De Iacobo Lhostio vide supra p 129
[8] Vulgo Girgenti
[9] Rodulphus Pius (Pio), ex principibus carpensibus
[10] Quae Lhostius in Sicilia praestiterit, vide in Chronico P Ioannis de Polanco
I, 198—199 236—237
[11] Paulus III , cum Marcellum Cervinum (Cervini) cardinalem presbyterum crearet,
eius „titulum" voluit esse ecclesiam romanam „sanctae crucis in Ierusalem", ideoque
„cardinalis sanctae crucis" dicebatui Qui postea Marcellus II summus pontifex fuit
[12] De hoc vide supra p 103[2] 104[3]

dilectum nobis in Christo qui ex obedientia nostra profectus est, illum vt fratrem recipietis vt eius spiritus in vobis reficiatur[1] in domino

Reliquum est vt deum, et patrem domini nostri Jhesu Christi[2] oremus, atque obsecremus vt suam sanctissimam voluntatem in cordibus nostris aperire dignetur, et vires preterea facere vt eam impleamus Gratia domini nostri Jhesu Christi sit uobiscum Amen[3] Romae 4 Nonas Junij 1546

Ex commissione Reuerendi patris Magistri ignatij

Hieronymus Natalis nouitius indignus Societatis Jesu[4]

30.

PETRUS FABER (DE SMET) S. J.[5]

CANISIO EIUSQUE SOCIIS COLONIENSIBUS[6].

Roma 2 Iunii 1516

Ex apographo, a Canisio ipso confecto, deest totum prius, superest alterum (2° 1½ pp), sine inscriptione[7] (Canisius fortasse hanc epistulam transcripsit, ut autographum Lovaniensibus mittere posset) Cod colon .Litt Epistt var " f 12 Particulam germanice versam posuit Gothein 1 c p 376

Celebrem illum Postellum, doctores, canonicos, Societatem ingressos eximia submissa animi abnegatione infutum praebere exempla Philippum II in monasteriis quibusdam reformandis Ignatio opera uti De Sociis Tridentum destinatis, Indis quamplurimos ad Christum adductis, dioecesi agrigentina, collegiis in variis terris conditis vel condendis, modestissimis epistolis a duce Gandiae et a rege Lusitaniae ad Ignatium datis Romanos Socios optare, ut sanctis coloniensibus commendentur

— — — non linguam tantum et oculos, sed vtramque manum, ambos pedes, totum corpus, et omnem animi fidelitatem. Cardinales quotidie rogantur, et quotidianam vim panisque portionem nobis[8] tribuunt Venit huc Doctiss um et Mathematum Regius Professor apud Parisienses Guilhelmus Postellus Is optimus Theologus et acutissimus philosophus vix quemquam sibi parem habere hoc saeculo existimatur Sed apud nos ad culinariam artem se submisit, et futurus Christi praedicator, in humillimis quibusque versari negociolis habet pro voluptate[9]

---

[1] 2 Cor 7, 13   [2] 2 Cor 1 3 1 Petr 1, 3 etc   [3] Apoc 22, 21 etc

[4] De eo vide supra p 47[7]   [5] De eo vide supra p 104[2]

[6] Leonardo Kessel, Everardo Questenburch, cf supra p 188[2]

[7] Ad Colonienses hanc epistulam datam esse tum eius extrema pars ostendit, tum epistula a Petro de Smet ad Canisium missa 9 Iunii 1546

[8] Sociis in collegio romano degentibus

[9] Guilhelmus Postel egregie quidem litteratus et doctus erat, mathematicis potissimum litteris et varietate linguarum sed graves etiam errores et ridicula plane somnia sequebatur non tam voluntatis pertinacia, quam magna mentis insania ductus Ignatius hominem brevi perspexit et a Societate secrevit (Polancus 1 c I, 148 ad 149 Orlandinus 1 c ! 5, n 3 Deus, Wiens Buchdruckergeschichte p 518

Doctores Theologiae quidam nostris etiam se adiunxere Humilitatem illorum admirantur omnes: Doctrinam dediscere, paupertatem addiscere, contemptum sui paraie, et omnes Christo lucrifacere velle videntur

Ex Lombardia iuuenes duo et eruditi et mire pij accesserunt[1], quorum conuersatio humiles humiliare et sanctos sanctificare poterat. Ita cunctis eorum praelucet exemplum

Canonici quidam voluptate omni seposita iugum domini sunt apud nos etiam amplexi. Dominus talium canonicorum affectus plurimis canonicis inspiret, non tam vt nostrum augeant numerum, quam animarum suarum fugiant exitium

Princeps Hispaniae clarissimus, Philippus Caroli Im vnigenitus breui scripsit et ad sanctiss. Pontif et ad Praepositum nostrum de monasteriorum Hispanicorum reformatione Qua in re nunc diligenter sudatur, vt sanctissimum Principis institutum promouere queat[2]

Reuerendus P D. Faber authoritate Pontificis iam ex Hispanijs reuocatus est, licet amplissimam illic messem acceperit, et ad concilium Tridentinum vna cum alijs duobus Patribus accedere cogitur Jamque monasterium[3] vsibus nostrorum Tridenti assignauit Cardinalis Tridentinus[4]

Volens omitto Indicae fidei successum, quam nostri in nouis illis Insulis ita propagare pergunt, vt breui tres reges baptizati et cum innumera hominum turba Christo consecrati sint, nostrosque pro suis Apostolis obseruent

Cardinalis Regni Siciliae[5] postulauit adiungi sibi ex nostris aliquem, futurum in Episcopatu administrando Vicarium suum Breui deligendum arbitror, qui talem subeat prouinciam

Praepositus S Trinitatis apud Venetos insigne collegium nostris contulit studiosis. Idem factum est Paduae[6]. rursus et Valentiae Reditus pro studiosis adolescentibus ex nostris, iam assignati sunt

ad 520 I-M Prat S J, Maldonat et l Universite de Paris au XVI' siecle [Paris 1856] p 133 541—548)
[1] Hannibal Codrettus (Codret, du Codré, du Coudrey) gebennensis et Benedictus Palmius (Palmio) parmensis horum accessio magno ecclesiae fuit emolumento (Polancus I c I, 169)
[2] Roma ad Philippum missae sunt litterae apostolicae pro reformandis conuentibus monialium urbis barcinonensis anno 1546, pro reformandis monasteriis prouinciae Catalauniae anno 1548 Qua de re vide epistulas a S Ignatio ad Philippum datas (Chr Genelli S J, Das Leben des hl Ignatius von Loyola [Innsbruck 1848] p 457—458 486—487. Cartas de San Ignacio I, 312—313, II, 101--102 etc) et alias Ignatii litteras et institutiones in „Cartas" I, 263—265
[3] P Claudius Iaius 29 Aprilis 1546 Tridento ad S Ignatium scripsit „Ho trovato una camera per li compagni in casa di un cavaliero di Rodi, con buona comodita di una chiesa' (Borro, laio p 105—106)
[4] Christophorus Madrutius (Madrucci, Madruzzi)
[5] Rodulphus Pius, cardinalis carpensis et episcopus agrigentinus, vide supra p 191 [6] Vide supra p 190[2]

non sine Pontificis confirmatione Nam vt dignos habeat operarios
Ecclesia. magnopere in pie instituenda iuuentute laborandum est.

Dux illustrissimus Gandiae[1] apud Hispanos nouum erigit collegium ad eundem finem[2] Rex Portugaliae[3] iam diu idem liberalissime prestitit[4] Vterque suis literis ad D Ignatium datis tantum
humilitatis prae se tulerunt, vt non summos Principes, sed modestis-
simos et simplicissimos monachos referre videantur Sed nec mei
est otij, nec ingenij, singula quaeque complecti, digna quidem quae
ad aedificationem exponerentur, sed prolixiora quam vt his literis
comprehenderentur Scripsi nuper fusius, vt illa quoque vobis repetere non debeam[5] Sed haec tantum eo spectant omnia mi frater.
vt CHRISTVM vere longanimem et liberalem patrem agnoscas etiam
ex nobis, agnitum glorifices pro nobis. et glorificatum nouo semper
studio sanctificandum scias in nobis, quoad ex seruis peregrinantibus
constituamur filij cum ipso patre triumphantes in caelis Illic illic vna
iungat nos faelicitas quos hactenus in vinculo pacis[6] eadem stringit
charitas amen Patres et fratres qui sunt hoc loco, plurimum te salutant et animam tuam orationibus iuuant, nihil precantes a te flagran-
tius, nisi vt vicissim ipsorum memineris. praesertim apud S. Magos.
apud S. Thebeos. apud S Sodalitatem Sanctarum XI M Virginum et
apud S Machabeos[7] Meo nomine salutabis qui nos amant in Christo
amicos: nominatim autem M Andream D Danielem et P Carthusiae priorem. Denique D noster Praepositus omnem operam
suam offert promittitque tibi sicubi paternae illius erga te dilectionis
argumentum desyderes Bene vale et salue in CHRISTO Domino
nostro Cui laus et honor in saecula saeculorum amen Romae
raptim II Junij 1546.

Petrus de Hallis tuus
indignus frater et conseruus
in Christo Jesu

31.

SANCTUS IGNATIUS

PATRIBUS LEONARDO KESSEL ET PETRO CANISIO S. J.

Roma 6. Junii 1546

Ex archetypo (2°. 1 p) Ignatius ipse scripsit ultima verba epistulae (Romae
- Ignatius) eamque inscripsit cetera a P Joanne de Polanco, Ignatii secretario.
scripta esse videntur Ex frequenti huius epistulae cultu usuque (de quo infra,
post epistulam ipsam, scribetur) multa eius vocabula omnino aut ex parte eva-
nuerunt aut tam obscura reddita sunt, ut legi iam non possint

[1] Franciscus Borgias   [2] Gandiae   [3] Ioannes III
[4] Conimbricae   [5] Haec epistula iam non exstare videtur
[6] Iph 4 3   [7] Cf supra p 97² 173³ 173⁴ 173⁶

In cod colon „Litt Epistt vai " f 14 non sign apographum huius epistulae exstat, quod 23 Augusti 1657 in collegio coloniensi scriptum est, plura de eo infra dicentur

In opere „Cartas de San Ignacio de Loyola" (Madrid 1874—1889) deest Epistula usus est *Hansen* l c p 200

Facultates sacras antea concessas revocat Qua ratione modo cum Sociis coloniensibus facultates illas communicare velit, quas Paulus III Societati tribuerat ubique libere contionandi et sacramenta administrandi etc [1]

✝

Jesus

Gratia domini nostri Ihesu Christi sit semper nobiscum. Amen [Ex]ᵃ commissione nostra scripsit vobis de alijs rebus Ieronimus [Nata]lis noster[2] [Ho]c tamen p[raetere]a volui vos intelligereᵇ. Isᶜ di[eb]us const|itui]sse n[os, ut] nullusᵈ habeat facultatem [illa]rum gratiarum de quibus scripsistis, nisi per [nos] immediate collatam Itaque si qui sunt qui illam facultatem acceperint. siue per nos, siue per ministerium sociorum nostrorum, ea cumprimum has literas receperint pro nihilo habeatur. Quandoquidem [autem te] D. Leonarde scimus v[ota] habere castitatis et paupertatis et propositum nostram ingrediendi societatem[3], at[que] alioqui nobis probatus es illam tibi Apostolica autoritate viuae vocis oracul[o] a S D N PP Paulo 3° nobis tradita[4], concedimus ac damus in Domino. Quod si quis praeterea inter vos fuerit, qui eadem [vo]ta habeat, et propositum ⋅ et t[ibi] Leonardo et Petro Canisio probatus fuerit, mihi [scri]betis per literas, nomen, eius, et [c]ognomen ut quod ad gloriam Dei ex-

---

ᵃ *Quaecumque in hac epistula uncis quadratis includuntur, in archetypo desunt aut valde obscura sunt, ideoque ab editore sunt suppleta*

ᵇ *In apographo coloniensi haud recte, ut videtur, suppletum est* Haec tamen particularia volui vos intelligere *Nam etiam Natalis multa particularia scripserat, praeter quae Ignatius alia Sociis coloniensibus nuntiare volebat*

ᶜ *Sic arch Legendumne* Ilis ?   ᵈ Is dicitur constituisse ne vllus *apog* col

[1] Cf Cartas de *San Ignacio* II, 55—59   [2] Vide supra p 188—192
[3] A Sociis lovaniensibus S *Ignatius* *epistula circa annum 1546 data (vide supra p 129) postulavit, ut „propositum ingrediendi societatem" „voto firmarent"
[4] S *Ignatius* Lovaniensibus in epistula modo prolata „Illud interim monendi estis, quod hasce omnes gratias, quas habituri sunt, qui hanc religionem profitentur, donec aliqui non sint professi, non publice possunt suum in patrocinium adducere, quia vivae vocis oraculo, non per diplomata concessionem hanc habuimus a summo Pontifice, pro ijs inquam qui societatem non professi sunt Nam professi per breve vel diploma publice etiam sua poterunt privilegia ostendere, nihilominus in foro conscientiae perinde est vivae vocis oraculo ea obtinuisse, ad eius qui dispensat securitatem, et eorum qui ijs fruuntur utilitatem " Breve siue litterae privilegiorum, de quibus Ignatius scribit, a Paulo III Romae 3 Iunii 1545 datae sunt Litteras illas et privilegia in iis concessa ad scholasticos quoque, immo et ad novicios Societatis ex ipsis „regulis iuris" extendi potuisse nunc quidem omnes affirmabunt tunc autem id nondum adeo manifestum fuisse videtur, ideoque, ut omnia in tuto essent, Ignatius illud „vivae vocis oraculum" a summo pontifice videtur obtinuisse

istimemus [proficere]' possimus [conced]ere", et [dare]'¹   Ut autem
sciatis [quam] late pateant illae gratiae id subiungemus breuiter

Est facultas recitandi horas Canonicas secundum vsum noui breuiarij². Est praeterea licentia praedicandi verbum dei, vbique³, nullius super hoc licentia requisita   Ita vt gaudeant priuilegijs, gratijs,
facultatibus, indultis, concessionibus quibus praedicatores verbi dei
gaudent de iure vel de consuetudine⁴   ⁵ et absoluendi in
foro conscientiae a casibus reseruatis, et c[omm]utandi vota reseruata
sedi Apostolicae, exceptis reseruatis in bulla coenae Domini⁵, et ministrandi sacramentum Euchaistiae, et alia sacramenta, si[ne] praeiudicio [cu]ius[quam, nullius etiam licentia requisita   Et si contigerit
esse occupatos [ante] meridiem vel in audiendis confessionibus, aut
in [procurandis infimis[⁶, vel ius[tis]' alijs [impe]dimen[tis], possint
post [meridiem cele]brare⁶ [missam,] et [m]inistr[are E]uchaistiam⁶

_ _ _   _ _ _

ᵃ praestare *ap col*, *lectio dubia*   ᵇ *Ita ap col*
ᶜ decidere *ap col*, *lectio dubia*
ᵈ *In archetypo sequitur cersus, qui nulla nunc ratione legi potest, cum panci*
tantum litterarum apices in eo appareant   Atque etiam librarius coloniensis eum
omittit   ᵉ aut in operibus — *ap col*   ᶠ quibusuis *ap col*
ᵍ consecrare *ap col*

¹ De facultatibus illis S *Ignatius* sic scribit ad Socios louanienses „Cum hic
thesaurus gratiarum mihi a summo pontifice sit commissus in aedificationem non
in destructionem, ut ipse, prout aptum quemque de nostris inuenerim, et prout quisque opus haberet, dispensarem, omnino pedetentim et moderate eo uti debeo, ut
dispensatorem me non dissipatorem meminerim   Adde quod multi, dum abutuntur
concessis sibi priuilegijs (non de nostris loquor, quibus Dei gratia nec abuti quod
sciam, nec priuati contigit) his diebus priuari eisdem promeruerunt   Quod etiam cautiores nos facere debet ut bene ac moderate utendo, ac dispensando, stabiliora faciamus,
quae nobis sunt donata   Quae tam rara sunt, ut inuidiae etiam reddere nos obnoxios
possint, nisi facultatem moderatione temperemus' (In *epistula modo memorata)

² Paulus III in litteris illis potestatem Sociis facit „horas canonicas diurnas
pariter et nocturnas secundum usum romanae Ecclesiae nouiter editum dicendi et
recitandi, ita quod ad alium usum obseruandum seu officium dicendum minime
teneamini" Significatur autem breviarium romanum a Francisco cardinali Quinonio
(Quiñones) O Min reformatum et anno 1535 primum editum, quod breuius et
simplicius erat quam breviaria pristina (vide *Pierre Batiffol*, Histoire du Breviaire
romain [Paris 1893] p 220—230, et *Suitb Baumer* O S B, Geschichte des Breviers
[Freiburg i Br 1895] p 392—409) Litterae Pauli III complures typis exscriptae
sunt, v g in opere „Litterae apostolicae   Societatis Jesu" (Antverpiae 1635)
p 24 28 et in „Instituto Societatis Jesu" vol I (Pragae 1705) p 7—8

³ In quibusvis ecclesiis et locis ac plateis communibus seu publicis et alns
ubique locorum" (Paulus III in litteris, quas supra diximus)

⁴ Facultates et exceptiones diei videntur, quae spectant ieiunium ecclesiasticum,
recitationem officii diuini etc

⁵ „Vota quaecumque   (ultramarinis [i e sepulcrum domini pie adeundi],
visitationis liminum Beatorum Petri et Pauli Apostolorum de Urbe ac Sancti Jacobi in Compostella, nec non religionis et castitatis votis dumtaxat exceptis) in alia
pietatis opera commutandi" (Paulus III l c)

⁶ „Missas ante diem, circa tamen diuinam lucem, et etiam infra horam post

Ac |et]iam proptei legitimum° im[p]edimen|tum habeant| faculta-
t[em ant]eponendi° et postponendi¹ horas canonicas². Romae 6. guni
[sic] 1546 Ignatius
Chaiiss in Chiisto Domino Magistro Leonardo [Kesschio Coloniae]°

In apographo coloniensi huius epistulae, quod supia dixi, librarius adnotavit
„Autographum est in Theca argent deauiata Collegij Coloniensis pro Puerperis"
Hoc apographium „Est ex Chirogiapho altero aigent deaurato S P N magis nouo
cum effigie magna S P N et inscriptione S PATER IGNATI ORA PRO NOBIS
sub 1630 inclusum, apertum et exscriptum 1657 die 23 Augusti" [sic] Haec explicantui
ab Aegidio Gelenio, canonico coloniensi, qui eodem feie tempoie sciibit In templo
Societatis Iesu coloniensi „sunt quaterna Chiiographa S Ignatij, quorum bina inclusa thecis inauratis continuo per vrbem circumferuntur ad partuiientes foeminas,
quarum in ea necessitate, tam fiequens est patronus, vt dies 31 Iulij pene in Festum
Ignatio Sacrum abieiit tacito vsu coium qui beneficij in se collati memoriam non
deposuerunt" ³

32.
PETRUS FABER (DE SMET) S. J.
CANISIO.
Roma 9. Iunii 1546

Ex autographo (2° min , 1 p , in p 2 inscriptio et pars sigilli) Cod colon
„Litt Epistt var ", fol non signato, quod est ante f XI ¹¹

*Socius coloniensibus labores pio hominum salute susceptos giatulatur et patien-
tiam commendat De dioecesi agiigentina, monasteriorum hispanicorum reformatione,
Beato Petro Fabro, alius Socus*

Giatia domini nostri iesu Christi sit sempei tecum, Chariss
frater, ab hinc paucis diebus ad vos vnas scripsi literas Ceterum

———————

ª simiha ap col   ⁿ interponendi ap col
ᶜ Haec duo vocabula ex apogiapho coloniensi depiompta sunt

————————

meridiem, quando et quoties, stante legitimo impedimento, modeino et pio tempoie
existenti praeposito vestro praefato id necessaiium, vel alias in domino expedire
visum fuerit, celebrandi Et post seu ante illarum celebrationem, aut alias, Chiisti
fidelibus ipsis Euchaiistiae et alia ecclesiastica Sacramenta, sine alicuius piaeiudicio,
ministrandi" (Paulus III l c)

¹ Potissimum significari videtur facultas offlcii divini missae saciificio „post-
ponendi" Similis potestas Theatinis iam a Clemente VII facta erat

² Potestas contionandi et sacramenta administrandi, etiam nulla ab episcopis
benedictione, licentia, approbatione petita vel accepta, a concilio tiidentino multum
iestricta et temperata est (sessio V de ref c 2, sessio XXIII de ief c 15) In
iis autem, quae missae, sacrae communionis, horarum canonicarum tempus spectant,
nunc ipsa consuetudo et theologoium mitigata doctrina quaedam permittunt, quae
olim vetita esse censebantur, nisi specialis piaefectorum dispensatio praesto esset
(vide e g S Alphonsi de Ligoiio Theologiam moralem l 6, n 343 344 347
l 4 n 173)

³ De admiianda magnitudine Coloniae (Coloniae 1645) p 510

per discessum M damliis[1] obtulit se occasio alteris literis congratulandi vobis. et simul vobiscum laudem dandi diuinae maiestati que pro sua immensa Clementia vobis vtitur in ijs siquidem [²] quae ad proximorum salutem promouendam faciunt, bonorum, fratres, laborum gloriosus erit fructus[2]: itaque patienter sustinendum donec aduenerit quod nunc per spem expectamus: hec spes Dei seruos in omnibus tribulationibus* solatur et confortat vt non fatigentur[3]: Quod attinet ad ea quae hic aguntur daniel vobis plura referet· ego hoc addam. Dominus Jacobus de geldonia[4] discessit a nobis VII maij in Ciciliam ad instantiam cuiusdam domini Cardinalis[5], qui in regno Ciciliae habet episcopatum[6] in quo episcopatu cupiunt [²] habere aliquem de societate qui ibidem cum fructu maneret: hac intentione discessit Dominus Jacobus, a quo nondum literas recepimus. cuius fructus dominus per vestras orationes multiplicet[7], Reuerendus dominus pater noster dominus ignatius occupatur magnis negocijs pro animarum salute, Princeps Hispanie scripsit ad s pontificem super reformatione quorundam monasteriorum in Hispania super quo negocio scripsit quoque ad Dominum ignatium[8], Alij patres et fratres recte valent exercentes opera Charitatis, humilitatis, et obedientiae particularia daniel vobis latius narrabit, Ceterum breui expectamus Dominum petrum fabrum qui per nos ad Concilium est iturus. visum est ita .s. pontifici vt ex hispania vocaretur ad Concilium, M Ambrosius de lyra iam manet in gandia, in nouo Collegio ducis gandiae, a quo non recepi adhuc literas, Salutant vos omnes patres et fratres. Si domini Ignatij Praepositi nostri operam in re quapiam postulaueritis eam vobis non denegabit, Credo quod iussit scribi ad vos, Salutem opto domino M nostro apud Praedicatores[9] quem salutabis meo nomine item dominum Andream[10], Reuerendum patrem priorem apud Carthusiam et dominum danielem[11], aliosque amicos, Raptim Romae 9 Junij a 1546.

                    [Petrus faber de Hallis][b]
            tuus in Christo indignus Confrater

---

* tribulatione *autogr*
[b] *Petri nomen subscriptum barbarus quidam homo cultro exsecuit, quod tamen ex alus Petri de Smet epistolis, quae in eodem codice sunt, facile supplen potuit*

---

[1] Danielem Paeybroeck dicit, vide supra p 191—192
[2] Sap 3, 15
[3] Cf Hebr 12, 3   [4] Iacobus Lhostius, vide supra p 191
[5] Rodulphi Pii   [6] Agrigentinum
[7] Cf 2 Esdr 9, 37
[8] Vide supra p 193   [9] Tilmanno Smeling vel Ioanni Stempel
[10] Hall
[11] Is in Carthusia degebat, de quo Beatus Petrus Faber in epistula ad Hammontanum 12 Martii 1546 data (*Reiffenberg* l c manit p 13 et Cartas del *B P Pedro Fabro* I, 397, et etiam supra p 126 157)

De felici progressu studiorum domini leonardi[1] gauisus sum cuius precibus me commendo

Charissimo in Christo fratri Magistro petro kanisio: apud predicatores[2], Coloniae

33.

CANISIUS

P. ALVARO ALFONSO S. J.[3]

Colonia 13. Iunii 1546.

Ex apographo, circiter annum 1870 descripto ex autographo, quod est in „Varia Historia" (cf supra p 102) t I, f 97

De PP Bobadilla et Iaio A Lutheranis extrema timenda Hermannus de Weda a summo pontifice damnatus De studiis in academia coloniensi reformandis Qua ratione PP Kessel et Canisius scholasticorum salutem aeternam procurent De prima missa Canisii Patientiam magnam Socius coloniensibus necessariam esse, cum adeo a ceteris Socus neglegantur

Ihesus

Reverende Domine et Pater:

Gratia Domini nostri Iesu Christi semper nobiscum

Permolestum est sane tot mensibus nihil de vobis intelligere Nos hic in Domino sic valemus, ut orationum vestrarum praesidio vehementer sit opus Nostri enim orphanos in medio Nationis pravae[4] et adulterinae [sic] hactenus relictos esse P Bobadilla, qui quinque mensibus hic hyemavit, jam Comitiis adest Ratisbonae[5]. Ubi ni Caesar in Lutheranos vim omnem commoveat deplorata pene fuerit Germania. Sed serio agitur pro Religione in Concilio Tridenti, praesente illic etiam D. Claudio, Patre Nostro[6]. Sic Coloniensis Archiepiscopus resipiscit ut omnem ipsius resipiscentiae spem abjecerint viri sapientes Romanus Pontifex adversus illum tulit sententiam[7]; sed exsequutio penes Caesarem manet. In hac Civitate stat utcumque incolumis et

---

[1] Kessel
[2] Prope monasterium Dominicanorum habitanti, cf supra p 136[8] 141
[3] De eo vide supra p 161 168   [4] Phil 2, 15
[5] Bobadillae Colonia discedenti „Coloniense capitulum litteras, tribus sigillis pro ipsorum more impressas, dederunt, ut ipsorum nomine Caesaream Majestatem ejusque Concilium alloqueretur Apud Summum Pontificem etiam Coloniensium causam per litteras promovebat" (*Polancus* 1 c I, 183)
[6] Otto, cardinalis et episcopus augustanus, P Claudium Iaium et Wolfgangum Andream Rehm, canonicum augustanum, in concilio tridentino procuratores suos esse voluit Iaius post medium mensem Decembrem anni 1545 Tridentum advenit (*Boero*, Iaio p 95—97 *Plac Braun*, Geschichte der Bischofe von Augsburg III [Augsburg 1814], 377)
[7] Paulus III 16 Aprilis 1546 Hermannum de Weda excommunicavit, ab episcopatu removit, subiectos fide et data liberavit Pontificis sententiam typis exscripsit *Meshovius* 1 c p 151—157

Clerus et Senatus Proposita est optima methodus reformandi Studia Theologica[1] et singularum facultatum Agitur nunc de stipendiis Professorum quae assignabantur ex bonis Collegiorum[2] et Monasteriorum. Dominus faxit ut quod recte coeptum est feliciter impleatur Ego una cum Domino Leonardo[3] sum hic solus eisdem in aedibus, fratrem habens Magistrum Andream Sutphaniensem in Bursa Laurentiana. qui se nostrae Societati addixit plane[4] Canonicus quidam meae patriae statuit itidem Christo militare nobiscum, idemque Magister Lovaniensis est apprime doctus Ex scholasticis plurimos habet D Leonardus confitentes, ego plures me subinde visitantes, et de vita corrigenda meditantes De reliquis ad Reverendum Dominum Fabrum copiosius[5] Ipso hoc sacro Pentecostes die[6] primitias mei Sacerdotii Deo optimo maximo dedicavi[7] Roga Dominum ut salutaris mihi sit suscepta tanti muneris celsitudo Rogent idem velim qui sunt tecum fratres E Roma, ut solet, nihil huc adfertur, e Ratisbona nihil scribitur, e Portugallia nihil transmittitur Augeat interim Spiritus Sanctus suam in nobis virtutem, ut, etiamsi humanum destituat nos praesidium, stemus immobiles et in desolationibus patientes Deo sic nostram causam opinor commendavimus, ut humanis consolationibus foveri et temporariis commodis deliniri [sic] non admodum cupiamus Quamquam ea sit nostrorum meritorum tenuitas, ut, quicquid triste ingeritur, pro demeritis irrogari fatendum sit Sed tamen peracerbum est filiis, praesertim orphanis nihil cum patribus et fratribus commune videri

Vale Pater carissime filique Kanisii memoriam in sacrificiis tuis perpetuam serva.

Coloniae Sancta die Pentecostes 1546

Tuus Petrus Kanisius

ihesus

Carissimo Domino Alvaro Alphonso de Societate nominis Jesu. Patri meo in Christo

---

[1] Ab anno 1525 usque ad saeculum XVIII Colonienses saepe de universitate sua reformanda deliberabant Anno 1545 et proxime secutis id agebatur, ut sex theologiae professores constituerentur, pro veteri et pro novo Testamento bini, pro linguis hebraica et graeca singuli (*Bianco* 1 c 1 486)

[2] Ecclesiarum collegialium   [3] Kessel

[4] Andream Sydereum, canonicum zutphaniensem, significare videtur, de quo plura infra

[5] Dolendum quam maxime, quod epistula haec ad Fabrum data non iam exstet

[6] Is tunc erat dies 13 Iunii

[7] In ecclesia monasterii Beatae Mariae Virginis in „maiore Nazareth" quod monasterium virginum ordinis S Augustini erat Vide supra p 45

34.

CANISIUS

FRIDERICO NAUSEAE,

episcopo viennensi

Colonia 20. Iunii 1546

Ex libro „Epistolarum miscellanearum ad Fridericum Nauseam   libri X -
(Basileae 1550) p 400—403 Vide supra p 145
Particulam posuerunt *Riess* 1 c p 56¹ et *Hansen* 1 c p. 200¹

Canisius, „temporalium bonorum sarcina" modo levatus, gratias agit Nauseae, laborum et opum communionem sibi offerenti et Viennam se vocanti, se plane miserum et Nauseae amore ac sacro suo munere indignissimum esse Libenter se Viennam venturum, cum praefecti id permiserint Horum epistulas mittit Postelli libros am „De concordia" laudat Hermannum de Weda obstinatum esse, Gropperum praecipuum catholicorum coloniensium columen et sibi familiarem Gropperi catechismos laudat et ad Nauseam mittit Se opera Cyrilli Alexandrini et Leonis Magni typis exscribenda curasse Leonis editio quam difficilis sit

PETRVS KANISIVS NOVIOMAGVS, ETC

Reuerendiss patri et Domino Friderico Viennen Episcopo, etc S

Gratia Domini nostri IESV CHRISTI semper assistat C T et Viennen ecclesiam conatibus tuis illustrare pergat, et augere Quum his diebus ex Geldrica patria Coloniam redijssem, ac temporalium bonorum illecebrosa sarcina me non sine uoluptate maxima leuassem, commodum sane domi literas offendi tuas, hoc est, D Nausea et Episcopo dignissimas At illud commodum non fuit, eiuscemodi scripta tot mihi mensibus intercipi, nec ante Maium accipere, quod Nouembei istic augustissime mihi peperisset Igitur serius quam uellem, tuas literas contemplari licuit: semel autem inspectae, sic mihi paucrunt oculos et animum, ut hactenus de tanto Patrono et Moecenate, quem exhibent amicissime, non desinam gratulari mihi laetissime Sed haud modo libet expendere, quid, quale, quantumque sit, inepti seruuli scriptum ab Episcopo, etiamsi tu is non esses, excipi beneuole, exceptum patienter legi. lectum bene [*sic*] consuli. sic denique uel tuo ipsius testimonio responsoque comprobari, ut longe plus impetiasse uideai, quam tenuitas mea sperare unquam potuisset, rogaie saltem non sine pudenda praesumptionis nota debuisset Equidem gratificandi et inseruiendi amplitudini tuae, studium meum datis literis declaraie uolueram: ratus (quod res est) mecum praeclare actum iri, modo in Viennen Episcopi quoque noticiam homuncionem istum insinuauissem, et ipsius clientulorum albo adscribi unus promeruissem Tu contra, (o memorabilem Episcopi humanitatem) non te socium inquis, non seruum, non clientem, non mancipium, sed nostrorum pio rep Christiana studiorum et laborum plane collegam habituri sumus, imo et nunc habemus. Tacco interim, quod uiribus et rebus et fa-

cultatibus tuis per quamlibet occasionem uti et abuti me iubeas,
adeoque bonorum omnium uelis mutuam inter nos esse communionem
Nullum autem amantissimi pectoris argumentum prodi potuit eui-
dentius, nullum accipi suauius, atque dum ita scribis: Tu noster esto
in aere tuo Nausea est, ac erit perpetuo: Fac tempore quoque primo
nobiscum compareas, tuique nobis ita conspiciendi copiam facias, uti
dextram dextrae iungere queamus, ambabusque ulnis te complecti
ualeamus Agnoscis haud dubie uerba tua, uir obseruandissime:
quibus lectis, mirum in rubore suffusus exclamem, ut qui nihil promeritus, omnia mihi deberi, et maxima proponi tribuique a maximo
uiro persentiam. Alius fidenter cristas hic erigat, mirifice sibi placens,
ac blandiens de tantis pollicitis Ego uero, qui summorum hominum
ultronea beneficentia tantum non obruor, hoc etiam ad miseriarum
mearum cumulum accedere iudico, quod homo futilis, quem oderint
cuncti iustissime, sic apud multos audiam bene Quippe si uerum
est, Conscientia mille testes[1]: quid demum in me tanta liberalitate et laude tua dignum conspiciatur? Ah, dicam ingenue, tot
animae sordes miser circumueho. neglecti temporis damna, et op-
pugnatae uirtutis argumenta, sic mihi uersantur ob oculos, ut bonorum
fauorem atque munificentiam experiri, nec aequum mihi uideatur, nec
tutum, honestumque. Pio suo quidem merito iuuandi sunt pij, ac
pie studiosi At unde obsecro, nisi forte perfectionem meditaris Euangelicam[2], an prudenter satis in mei similes beneficia tua conferas
Eos loquor. qui pietatem multa cognitione, non affectus puritate
scientia et disserendi copia, non sanctimonia et uiuendi simplicitate
metiuntur Haec scilicet mea pietas est, patri Deo opt max fidem
non seruare, ut filij solent adulterini. non suum cuique fratrum ius
tribuere, quod inhumanitatis immane crimen est agnitam iusticiae
uiam non persequi, quod B Petrus par facit infidelitati[3]. Caeterum
ignaui quoque milites, quietis amantes, haud grauatim deponunt sarcinas Tametsi quid referre possit, amicos etiam fures temporis deserere, ac interim a Dei amicitia et gratia excidere? Non repudiatae
opes Cratem Thebanum, Diogenem et Cynicos fecere Christianos[4]

---

[1] „Ea quoque, quae vulgo recepta sunt, hoc ipso, quod incertum auctorem
habent, velut omnium fiunt quale est *Ubi amici, ibi opes* et *Conscientia mille testes*“.
M Fab Quintilianus, De institutione oratoria 1 5, c 11
[2] Nisi rebus omnibus venditis et in pauperes distributis atque episcopatu ab-
dicato religiosum ordinem ingredi statuas   [3] 2 Petr 2, 20—22
[4] „Crates ille Thebanus, proiecto in mari non paruo auri pondere, „Abite', inquit,
„pessum malae cupiditates ego vos mergam, ne ipse mergar a vobis'“ *S Hieronymus*, Adversus Iovinianum 1 2, n 9 Cf eiusdem Epist LVIII [ad Paulin] n 2
(Opera ed *Vallarsius* Ed 2, tom II, P 1 [Venetiis 1767], p 338, tom I, P 1
[Venetiis 1766], p 319 *Migne*, PP LL XXIII, 293, XXII, 580) Idem *Hieronymus* in verba domini „Amen dico vobis quod vos, qui secuti estis me, in regene-
ratione" etc „Non dixit, qui reliquistis omnia hoc enim et Crates fecit Philosophus,
et multi alii divitias contemserunt, sed qui sequuti estis me quod proprie Apo-

Quod autem sacras literas profiteor, et munere concionandi fungor,
nihilo sit in me laudabilius, quam aes inani strepitu discindens aerem,
aut cymbalum inutili tinnitu aures feriens[1]. Nimium enim a me procul
est illud eulogium, proh pudor, quod in bonum duntaxat competit
Ecclesiasten: Ille, inquit, erat lucerna ardens et lucens[2].
Atque adeo nisi uiuus et igneus carbo ex altari sumptus, contactu
me suo purget, tantum abest ut magnifica Dei mysteria digne loquar[3], ut etiam, quia peccatoi enarro iusticias Domini[4],
periculum sit repulsae a sacerdotio, si vere comminatus est per Prophetam Deus[5]. Haec ut saepius non sine animi concussione animaduerto, sic nunc, praeter decorum licet, ad sapientiam tuam intrepide
perscribo, tum ut sanctis precibus tuis caussam meam apud Christum
tueare, tum ut horiore quodam affectum sentias Kanisium tuum, ex
officiorum quae promittis humanissima commemoratione. Pro medio-
cribus beneficiis agendae sunt gratiae: hoc longe maius est, quam ut
conueniat ullis uerbis aut scriptis gratias agere. Christum Dominum
nostrum sedulo precabor, (nihil enim digne possum unquam rependere)
ut sicut gratuita benignitate iam tua me pietas prosequitur, ita quae
uel hanc Viennen ecclesiam decent, uel tuam celsitudinem Deo commendant, ea semper duce Spiritu sancto facile et ubertim assequare.
Sed utinam ea detur mihi foelicitas, et adsit Christo fauente opportunitas, quae nulla se mihi nunc aperit, ut secundum uoluntatem tuam,
et praeter meritum meum, dexteras ambo iungamus. Quam libeiet,
si quoquo modo liceret, auscultare sanctis tuis monitis, mihi quidem
tyroni et paruulo in Christo[6] cumprimis ut opinor necessariis. Quam
uolupe, talis Episcopi conspectu frui, consiliis uti, et si dicere licet,
illo familiari conuictu indies recreari? Facile tua perspicit sagacitas,
nec sine amicorum istorum graui offensione, nec sine superiorum
meorum permissione mutari sedes a me posse: praesertim quum ad
Timotheum epistolam alteram meis auditoribus enarrandam[7], et
lectionem in Matthaei Euangelio perficiendam[8] bona fide suscepeiim
Quod si tamen perpetuo mihi uenerandus ille pater D Bobadilla, si

---

stolorum est atque credentium" (Commentarius in Evangelium Matthaei 1 3, c 19,
Opera ed *Vallarsius* Ed 2, tom VII, P 1 [Venetiis 1769], p 150—151 *Migne,*
PP LL XXVI, 138—139)   [1] Cf 1 Cor 13, 1

[2] Ita Christus dominus de Ioanne Baptista (Io 5, 35)

[3] Isaias „Volauit ad me", inquit, „unus de Seraphim, et in manu eius cal-
culus, quem forcipe tulerat de altari Et tetigit os meum" (Is 6, 6 7) Etiamnunc
sacerdotes et diaconi, antequam in missae sacrificio evangelium legant vel cantent,
hanc orationem recitant „Munda cor meum ac labia mea, omnipotens Deus, qui
labia Isaiae prophetae calculo mundasti ignito" etc (*Missale romanum*, in „Ordine
Missae")

[4] Ps 49, 16   [5] Cf Mal 6, 1—14   [6] 1 Cor 3, 1

[7] Canisius id praestabat in „scholis theologorum" universitatis coloniensis,
cf supra p 160 160³

[8] In gymnasio montano eiusdem urbis, cf supra p 112 160

praepositus nostrae societatis, qui Romae est, D. Ignatius, hinc me
curet amandari, et ad Celsitudinem tuam me destinatum uelit, en
ilico sedes moueo Viennam contendo, me totum Reuerendissimae
D V. suppliciter dedicaturus Quod autem ad superiores, siue patres
attinet, quorum instituta profectumque in Dei unica seue poposcisti
utinam breui quicquid huic pertinet, expediri a me posset Caeterum
et iudicio tuo gratius, et modestiae meae conuenientius fore putabam,
ut communicatis eorundem literis, quas hisce coniunxi, quid omnino
meditarentur, ipsis etiam testibus intelligeres Postellum opinor iamdudum nosti, mathematum apud Parisinos Regium professorem, ut
suis ipse literis ostendit[1]. Extat huius autoris illud admirandum ac
plane diuinum opus, De totius Christiani orbis concordia[2], sed quod
impurissimis quidam scholijs foede additis contaminarunt[3] Hic de
nostro Archiepiscopo[4] fuerat adijciendum, si non obstinatum senis
animum tacere praestaret, quam uerbis mundiosis exaggerare Sic et
senum prudentes olim animos protinus haeresis dementare, et ad
omnem pietatis contemptum adducere potest Vnus pene D Gropperus[5] caussam Religionis suis ipse humeris fortiter sustentat, meque
suorum consiliorum testem familiariter adhibet, ut patrem eum diligere, D reuerei, et patrono semper gratificari debeam Iubet etiamnum C T officiosissime salutari, suoque nomine quiduis promitti,
sicubi pro Viennen ecclesia et Reuerendissimo D Nausea recte quicquam efficere queat Vtilissimam certe nauauit operam in ijs libellis,
quos hic ab eo coniunctos accipies, et ad pie instituendam iuuentutem

---

[1] De hoc Guihelmo Postello barentonio vide supra p 192

[2] „De orbis terrae concordia libri IV erud multijuga ac pietate referti, quibus
nihil hoc tam perturbato rerum statu vel utilius vel accommodatius in publicum ed
quiuis aequus lector judicabit“ Sine loco et tempore [Basileae, apud Oporinum,
anno 1544] 2°, pp 456 Hoc Postelli opus tam malum non est, quam cetera, quae
edidit „Cet ouurage, uerit dans un style vraiment hieroglyphique, est le seul,
dans lequel on ne rencontre pas les absurdites et folies ordinaires de son auteur“
I G Th Graesse, Tresor de liures rares et precieux V (Diesde 1864), 423 Vide
uero adnotationem proximam

[3] In catalogo librorum prohibitorum „Louaniensi“ (a professoribus louaniensibus annis 1546, 1550, 1558 edito) prohibentur etiam „Annotationes incerti authoris
in Guil Postellum de orbis terrae concordia“ Paulus IV Postelli opera in „Indice“
proscripsit, quem anno 1559 euulgauit, atque etiam in „Indice“ concilii tridentini
a Pio IV anno 1564 edito, Postellus collocatus est in „prima classe“ quae eorum
erat, „qui aut haeretici, aut nota haeresis suspecti fuerunt“, quorum scripta, non
edita solum sed edenda etiam“ fideles legere uetantur Postellus postea in fide ac
pace ecclesiae mortuus esse fertur (Cartas de San Ignacio I, 221 Reusch, Der
Index I, 121 122 Prat, Maldonat p 547—548)

[4] Hermannum de Weda dicit

[5] Ioanni Groepper siue Gropper († 1559), susatensi, qui Coloniae scholasticus
ecclesiae S Gereonis et canonicus ecclesiae metropolitanae, Bonnae praepositus ecclesiae collegialis fuit, Paulus IV ob praeclara merita anno 1555 cardinalatum obtulit
Gropperus in libris quidem suis falsam de iustitia christiana doctrinam proposuerat,
sed concilio tridentino eam proscribenti omnino se subiecerat

pijssime dexterrimeque conscriptos[1]. Prodijt postremis etiam in nundinis[2] Alexandrinus Archiepiscopus ille Diuus Cyrillus, nostro studio sic auctus et recognitus, ut nunquam antea[3]. Sed[a] Coloniensis editio uincit (nostro quidem iudicio) Heruagianam operam: licet utraque editio laude sua non sit indigna[4] Proxime dabimus magnum illum Leonem, qui sententiarum grauitate, et sermonis puritate, ac animi pietate nulli ueterum Theologorum cedit[5]. In quo sane restituendo Herculei labores deuorandi sunt· adeo corrupta, mutila et lacera dignissimi Pontificis monumenta, quae nunc passim extant, et uix apud paucos extant, hactenus asseruantur Sed quo calamus procurrit intemperans? Primum loquacitati ac intempestiuae prolixitati, nec non prolixae balbutiei meae danda est uenia Tot laboribus et curis premor, ut ad scribendum haud satis otij et quietis inueniam Dein abunde officio meo respondisse uidebor, modo (quod unice cupio) me tuis indignum beneficijs habeas, quum ne minima quidem ex parte tuae de me conceptae expectationi satisfacere possim Aut si immerentem liberalitate tua prosequi Kanisium uoles, me iam omni fidelitate et obseruantia, Viennae, si liceat, ea omnia facturum dixi, quae tua clienti mihi imperabit autoritas Vale in Christo, Reuerendissime pater Coloniae, XX Iunij 1546

Litteras modo positas P *Nicolaus Bobadilla* S J significauit, cum 10 Iulii 1546 Ratisbona ad Nauseam scriberet „Magister noster Kanisius, mittit modo literas tibi Est ille certe iuuenis optimae spei, legit, concionatur Coloniae, et laborat uti bonus Iesu Christi miles "[6]

[a] *Sic, forlasse corrigendum* Quae

[1] Gropper anno 1537 Coloniae decreta concilii prouincialis anno 1536 Coloniae habiti una cum suo „Enchiridio Christianae institutionis" vulgavit Coloniae quoque in lucem emisit anno 1538 suam „Institutionem compendiariam doctrinae christianae in concilio prouinciali pollicitam" et anno 1546 sua „Capita institutionis ad pietatem ex sacris scripturis et orthodoxa catholicae eccl doctrina et traditione excerpta in usum pueritiae apud diuum Gereonem", atque eodem anno „Libellum piarum precum ad usum puericiae apud D Gereonem· (*Christ Moufang*, Katholische Katechismen des sechzehnten Jahrhunderts in deutscher Sprache [Mainz 1881] p 243[2] *P Bahlmann*, Deutschlands katholische Katechismen bis zum Ende des sechzehnten Jahrhunderts [Munster 1894] p 42—43) Clemens VIII prohibuit „Enchiridion doctrinae Christianae concilij Coloniensis, nisi expurgetur" (Index librorum prohibitorum [Coloniae 1610] p 64)
[2] In librorum nundinis, quae Francofurti ad Moenum ante festum paschale (id eo anno d 25 Aprilis agebatur) habebantur
[3] Vide supra p 176—188
[4] Anno 1546 opera Cyrilli Alexandrini, quattuor voluminibus comprehensa, in lucem prodierunt Basileae ex officina Ioannis Herwagen, qui postea (aut eius filius, eiusdem nominis, aut uterque) in „prima classe" indicis tridentini collocatus est
[5] Vide infra, epistulam a Canisio ad Ioannem Nopelium 10 Septembris 1546 datam
[6] Epistolae ad Nauseam (Basileae 1550) p 395

35.

P. CLAUDIUS IAIUS S. J..

Ottonis cardinalis augustani in concilio tridentino procuratoi.

CANISIO.

Tridento mense Iunio vel Iulio 1546

Ex cod monac „Kellei, Can 1ᵃ, f 9
Alteium apographum est in cod „Scripta B P Canisii, X V a 11ᵃ p 9—10,
tertium in cod monac „Keller, Can 2ᵃ, f 4ᵇ—5ᵇ
Eiusdem epistulae summaria breviora ponuntur a *Radeio*, Can p 33—34 et
a *Sacchino*, Can p 37—38

*Canisio de sacerdotio accepto gratulatur eumque monet, ne se ita dicendi scri-
bendique labore opprimi patiatur, ut precandi otium desit Sancti Thomae Aquinatis eum in hac re oportere sequi exemplum*

*Quia maioribus in dies laudibus Canisii doctrina et concionandi
iis celebrabatur, P. Claudius Le Iay timere coepit, ne quid superbiae in
eas se laudes insinuaret, neve Canisius — verba, quae sequuntur,
P Iacobi Keller sunt — „doctior, non melior euaderet . Iaius itaque
ut maturata medicina, malum anteuerteret, epistolam ad Canisium expediuit, ac temperato studio gloriam DEI scopum fixit, ad quem sane
Canisius collineasset, nisi iam tetigisset Atque utinam litterae extarent
ipsae nunc quaedam alienis asseruata chartis promere cogimur, in-
offenso tamen sensu. Varietas uerbis est Affecit me haud mediocriter
nuntius mi Petre, qui te primus operatum sacris attulit, cui utinam et
mihi cominus assistere licuisset, ac diuinore sensu imbui, quo te per-
fusum esse nullus ambigo. Quis enim coelestia haec inter arcana,
quibus imitatu humano ipse Dominus interest, et tot dona coelitus dispensat, manis sit gaudi᷎ magna est dignatio Christi, seu nenne, cum
uocas, quod uelit, seu uocare, ut ueniat, quod possis Tute autem sicᶜ
te Numinis fauore dignum exhibe, ac cogita, sublimiori loco iam positum, non addecere te humilibus adaequari si ascendisti, ut descenderes,
non ascendistiᵇ. Atque huius ego te eoᶜ magis commonefacio, quod ui-
deam te agere oculis aperta, ac uulgo honora, haud semper secura
Periculo uicinus nauigat, qui ad auram leniter flantis applausus lembum
agit, ferturque ipso blandimento longius, ac portum deserit, deserendus
ab ipso In te igitur mi Petre descende, ac cum altissima penetrasti
sensa, demississime senti Nec libris perpetim haerescere probarim, aut
aliis nimium distineri negotys Vt enim inᵈ corpore anima laborum
contentione intercipitur, ita spiritus, ignisue a DEO illatus occupationum
turbulentia pedetentim oppressus, demum extinguitur Quare cessare te*

---

aliquando peruelim, et non ad concionem tantum, sed etiam ad te di-
cere; imo dicentem in te Deum per reclusa silentia audire non enim
ille semper plus proficit, qui semper in libris desudat Precum as-
siduus, discit saepe, cum non discit Exemplo adsumere* potes lumen*
illud Ecclesiae Doctorem Aquinatem, qui potiorem magistrum non habuit,
quam docentem de cruce Christum. Itaque seu dicendum, seu commen-
tandum erat, ab hoc consilium expetijt, et inuenit. Imitare mi Petre,
et cogita, tum demum docturum te optima, cum fueris "

Iaium in hac epistula Canisio de sacerdotio accepto gratulari et Kellerus et
Raderus affirmant Ex qua re intelligitur Raderum falso dicere Vormatiae epistulam hanc scriptam esse Nam Iaius Vormatia profectus est anno 1545, et anno
1546 Tridenti degebat, Canisius autem 13 Iunii 1546 primum Deo sacrum obtulit

36.

CANISIUS

ADRIANO ADRIANI S. J.,

in academia lovaniensi studiorum causa versanti [1]

Colonia 2. Augusti 1546

Ex apographo, ineunte anno 1886 Romae descripto ex autographo, quod tunc
erat in bibliotheca L comitis de Paar, imperatoris Austriae apud sedem apostolicam legati Inscriptio deest, sed altera manu antiqua extremae epistulae ad-
scriptum est „Lovanium nescio cui "

De P Cornelio Vishaiaeo Fatetur se, in ceterorum salutem immodico studio
incumbentem, suam neglexisse Non tam ad mulieres sermones sacros esse habendos
quam ad adulescentes, hosque inducendos ad corpus Christi singulis hebdomadibus per-
cipiendum Adrianum, sacrae communionis frequentiam ritupeiantem, refellit Quaenam
animi dispositio ad eucharistiam saepius percipiendam sufficiat Saluberrimos sacrae
communionis effectus recenset

Ihesus

Chariss Domine et frater praecipue

Gratia domini nostri JESU CHRJSTI semper tecum. Nisi urgeret
tabellarii festinantia, responderem literis tuis fusius, quas huc misisti
non ad me sed fratrem D Leonardum Gaudeo pecuniam istuc per-
latam esse fideliter, miror autem ac doleo D Cornelium [2] ita diu abesse
a fructu et messe sibi Lovanii praeparata. Solicite illum purgasti
ratione studiorum, nec dubito quin operando plus Christo lucrifaciat.
quam vel contemplando vel disputando nunc plerique faciant Sed
ego in meis literis alio recte spectabam Aperis tuorum quoque studiorum rationem, ita ut dicas te sapientiae studere potius quam
scientiae Disputationes non negligis, veteres Theologos cum scrip-

---

* sumere *cod* „Scripta"

---

[1] De hoc vide supra p 140   [2] P Cornelium Vishavacum

tuis diligenter componis, virgines ac viduas instituis, multa cum doctis
viris conferre pergis, et reliquis, te Baccalaureis familiariter adiungis
Hoc tuum studium non damno mi frater, neque sic probo ut mihi
sequendum plane putem   Versatus sum et ego (Christo gratia) in
publica hominum corona, sive docendo sive concionando sive argu-
mentando, sive declamando, sive exhortando   Sed ah, quam male
cessit, quod non male instituebatur   Aliis laborans ipse consumebar,
ut candelae solent, aliis multa praescribendo et mungendo, mei curam
si non abieci, certe neglexi   Intellectus curiositati assuescebat, sensus
facilius defluebant tam multis intenti et immersi. Animus ferocior et
arrogantior fieri debuit, qui pulchrum ducebat, audacter omnibus
timorem Domini incutere   Nunc (o singularem Dei misericordiam)
ablatae mihi concionandi praelegendique occasiones[1] docent satis,
quid in me, dum aliis immature intendo, neglectum sit, quam longe
a simplicitate parvulorum Christi[2] deviatum sit, et quanta mentis
immobilitas, puritas ac sanctitas desyderanda sit, priusquam Societatis
nostrae vel membrum infimum aestimari queam   Probo tamen studia
tua, sed sic ut lucrandis potius iuvenibus intendas, quam Theologis
magnisque viris tibi demerendis   Habes scio Reuerendum D. Cornelium qui rectius ista discusserit et diligentius iamdiu probarit   Ego
fervorem animi tui sic temperatum velim, ut quod non gravatim virginibus viduisque concionari te scribis, idem bonis adolescentibus et
saepius et gravius et maiori quaesito spiritu subinde proponas   Esto,
non est animus multos ad Societatem solicitandi, (qualem animum in me
cupio ardentissimum) saltem huc spectent egressus tui et colloquia, ut
in multis studiosis nascatur felix peccatorum pudor et dolor, accedat
hebdomatim [su] peccatorum quoque confessio, frequens commendetur
communio[3], sitis audiendi sancta merescat, synceritas studia dirigendi
vigeat, paupertas placeat, mundus et caro vileat [su], crux et ignum
Christi sapiat   Quid multis? Quasi tu minus atque ego ista noris
Verum displicet tibi passim introductus frequentius communicantium
usus   Proponis enim pericula hinc emergentia, citas Basilium de
baptismate[4] Sed nobis de iuvenibus est mentio, qui si praecipue

--- ---

* conari *autogr*

[1] Ablatas dixeris per epistulam 6 Iunii 1546 a S Ignatio Coloniam missam,
in qua Ignatius facultates sacras revocavit, quae Socus antea concessae erant Vide
supra p 195   [2] Cf Matth 11, 25. 18, 1 4 Marc 10, 15
[3] S Ignatius inter regulas, quae servandae sint ad sentiendum vere, sicut
debemus, in ecclesia militante", hanc proposuit „Laudare [commendare] confessionem
[quae fit] sacerdoti, et susceptionem sanctissimi sacramenti semel in anno, et multo
magis quovis mense, et multo melius octavo quoque die, cum conditionibus requi-
sitis ac debitis" (Liber exercitiorum Regulae, ut cum ecclesia sentiamus n 2 [ex
versioni R P Io Roothaan] Similia dicit in eodem libro, „adnotatione" 18)
[4] Adrianus ex libro secundo „Περι βαπτισματος" quaestionem tertiam attulisse
videtur, quae est   Η υποθεσις εστι της καταπτωσεως των απο παντος πονηρου αμιας

studiis habent servire, Christo non incommode servient saepius confitendo et communicando. Nam quaeso te per Dominum Jesum, ubi certior infirmis praesto est medicina? ubi maius calcar aducitur ad pie vivendum? Ubi studia rectius instituuntur et florent pulchrius? Ubi pigri et tepidi facilius accenduntur? Ubi etiam saeculares in Dei timore et obedientia commodius retinentur? ubi coniuges denique ad carnis vincendam libidinem efficacius adducuntur, praeterquam ubi sanctiss. ille communicandi usus quam minime negligitur. Sed accedunt, inquies, non probato satis homine interiore. Quid nobis et rei sanctae officiat abutentium perversitas? Verum vide, obsecro, ne nimium requiras a fratre qui paulatim huius divini pabuli sumptione et sedula instructione ad perfectiora quaedam adducendus est. Augustinus pronuntiat decere quemvis Christianum, omni dominico die ad synaxim accedere[1]. id quod multis annorum centenariis usurpatum in ecclesia fuit. Sed satis fuerit ad dignam sacramenti huius sumptionem, ut sim brevior, voluntatem a malo avertisse, et in Christi virtute ad boni propositum convertisse. Quid enim respondeas si sic quaeram: praestatne a communione abstinere humilitatis gratia an non abstinere ex pia erga Deum confidentia? Quisquis communicat corpori et sanguini dominico, lumine novo templum cordis illustrat, bene operandi virtutem confirmat, adversus quaevis mala se obfirmat, in dilectione syncera se solidat, peccatorum reliquias enervat aufertque[2]. Sed quo mihi calamus procurrit? Parce loquacitati et argue insipientiam meam. Iuvenis de quo scribis Adrianus statim huc veniat[3], per nos in Carthusiam facile pervenerit[3]. Bene vale et ora pro me misero, qui quo plus effutio, minus boni contineo. Raptissime 2 Augusti 1546 Colomae   Tuus Pet. Kanisius

Proxime respondebit prior Carth. et Maria Oestruijch[4]

[1] demat apogi

καὶ πνεύματος ἐσθίετε τὸ σῶμα τοῦ κυρίου, καὶ πίετε τὸ αἵμα" (*Migne*, PP Gr XXXI, 1583—1586). Dubium autem est, num „Libri duo de baptismo" revera a Basilio conscripti sint.

[1] Dubium esse vix potest, quin Canisii animo obversatus sit hic locus libri „De ecclesiasticis dogmatibus" (cap 53) a *Gennadio Massiliensi* compositi: „Quotidie eucharistiae communionem percipere nec laudo, nec vitupero. Omnibus tamen dominicis diebus communicandum suadeo et hortor, si tamen mens sine affectu peccandi sit" (*Migne*, PP LL LVIII, 994). Liber „De ecclesiasticis dogmatibus" a veteribus aliquot putabatur esse Augustini, et locus modo allatus tamquam sententia Augustini recitatur in *Iure canonico*, cap 13, dist 2 de consecr. et a S Ignatio in epistulis anno 1541 ad civitatem „Azpeitia" et 15 Novembris 1548 ad Theresiam Renadella datis (Cartas de *San Ignacio* I, 95. 179)

[2] Sacramentorum frequentiam per Ignatium eiusque socios magnum incrementum cepisse etiam praeclarus ille cardinalis Baronius confirmavit (cf *Petr. Ant. Spinelli* S J, Maria Deipara thronus Dei. Ed in Germ I, Colomae 1619, p 526)

[3] Is carthusianum ordinem ingredi voluisse videtur

[4] Maria de Oisterwijk primos Socios colonienses multis magnisque beneficiis affecisse videtur, compluries enim in Sociorum epistulis „mater nostra" dicitur

Braunsberger, Canisii Epistulae et Acta I   14

Ex ipsa hac epistula facile cognoscitur eam ad aliquem de Societate Iesu Lovanii studiis litterarum operam navantem esse datam Ac P Cornelius Vishavaeus Lovanio 22 Augusti 1546 Canisio scribit „Recepi tuas literas ad m Adrianum scriptas" Ex his et aliis rebus, quae in illa Cornelii epistula continentur omnino effici videtur Canisium 2 Augusti 1546 Adriano Adriani scripsisse

37.

CANISIUS

WENDELINAE VAN TRIEST.

SOROII

Colonia 8 Augusti 1546.

Ex „Precis historiques" XXV, 26—27 vide supra p 72

De negotiis domesticis et rebus sibi missis

Qui in „Precis" epistulas Canisii edidit (vide supra p 72), scribit „Nous avons une autre lettre du bienheureux à la même [Wendelina van Triest],

_____

Qui epistulam Canisii 12 Aprilis 1547 scriptam nuper edidit asserit Mariam (quam Mariam de Blitterswyk dicit commutans ut videtur, hoc nomen cum nomine „de Oisterwijk") mona-terio Nazareth maioris, ordinis sancti Augustini, praefuisse, in cuius templo Canisius primum Deo sacrificium obtulerat (Precis historiques XLII [Bruxelles 1893], 31) Quod licet nusquam reppererim, nolo tamen improbare praesertim quia in epistulis Sociorum coloniensium complures cum Maria de Oister wijk „sorores eius" salutantur vel potius rogantur ut pro Sociis preces faciant Mariam de Oisterwijk etiam libros composuisse huc usque, ni fallor, ignotum fuit Sed Petrus Schorich S I Roma 5 Iunii 1548 P Leonardo Kessel scripsit „Vidi aliquando et legi in aedibus nestris nonem simplicitatis gradus Mariae ab Osternunck matris nostrae, translatos a Reuerendo patre Priore Cartffusianorum, illos quam primum fieri queat, huc mittas oro Mittas pariter et alia illius scripta, postremo potissimum ab ea composita usui erunt non parum" (Ex *epistula Schorichii auto-grapha in cod colon „Epistt ad Kessel I", f 43) Idem eidem Roma „apud S Marcum" iterum scripsit, ut „scripta Mariae piae memoriae" mitteret Eam anno 1547 mortuam esse *epistula Canisii 2 Ianuarii 1548 data ostendit Eandem Mariam coniecto auctorem esse libri „De templo animae", quem Nicolaus Eschius, oster-wicensis et ipse ac Canisii praeceptor anno 1543 in lucem emisit (Antverpiae, typis Coceri), et „Margaritae Evangelicae", quae, vlamice scripta, anno 1535 a Theodorico de Stratis, carthusiano coloniensi, Coloniae edita ac postea a Laurentio Surio, eiusdem Carthusiae monacho, latine reddita est Cui editioni anno 1545 Coloniae typis Melchioris Novesiani factae Eschius praefatus est ad „M Burchardum Montanum S T D", ita I Hartzheim (Bibliotheca coloniensis p 219 255) Burchardus ille idem fuerit ac Burchardus van den Bergh, Canisii avunculus, qui canonicus fuit viennensis et postea decanus arnheimensis Idem certe Hutzheim (l e p 255) affirmat „templum animae" et „margaritam" eiusdem esse auctoris Surius autem scribat „margaritam" a virgine compositam esse, et se „quandoque audivisse" illam cum Canisius pueritiam ageret, „dixisse missurum Deum in Ecclesiam suam stre-nuos Concionatores" Canisioque ipsi, tum praesenti dixisse Et tu puer unus eris ex illis" Ita Surius in *epistula ad Canisium data 18 Martii 1576 cuius apogra-phum est in Vita canisiana a Iac Keller S I scripta (cod ms 320 bibl acad monac) Keller, qui archetypam epistulam legisse videtur, testatur in ea virginem illam etiam „monialem" a Surio dici Quae suo loco uberius proponentur

*datée de Cologne, le 8 août 1546   Nous l'omettons parce que les affaires de
famille dont il s'agit dans cette lettre n'y sont pas suffisamment expliquées,
pour qu'il soit possible d'y rien entendre   Dans la lettre du 8 août 1546,
le bienheureux remercie sa sœur d'un envoi de toile, de beurre et de fromage "
Epistula ipsa certe lingua itamica scripta est (cf Précis 1 c p 22)*

38.

P. BARTHOLOMAEUS FERRONIUS S. J.

mandatu Sancti Ignatii [1]

CANISIO.

Roma 14. Augusti 1546.

Ex archetypo (2° min , 2 pp) Ferronius ipse ultima solum verba scripsit
(„Ex Commissione", et quae sequuntur) et inscriptionem posuit Cod colon „Litt
Epistt var " f XIIIII [15] et 17
Epistula usus est *Gotheini* 1 c p 678—679 Particulam posuit *Hansen* 1 c p 200 [4]

*Respondet ad quaestionem a Canisio propositam Num Coloniae sibi manendum
sit Ignatium cum Fabro ea de re loqui coepisse, sed decidere non potuisse Fabrum
enim mortuum esse, idque admodum sancte Ideo Canisii arbitrio permitti, ut Coloniae maneat vel aliud agat*

Ihesus

Reuerende frater in Christo

Gratia et amor eternus, CHristi Domini nostri sit nobiscum semper.
Amen

Cum ad te saepius scripserimus, et juxta votum tuum, saepis-
simeque etiam tuas literas receperimus, miramur cur nostrae ad
vos minime allatae sint   Inter alia commiserat [a] Reuerendus pater
Dominus Ignatius respondere tuae petitioni, videlicet quid de statu
tuo agendum esset, relinquebatur aduentui patris Fabri (qui ab Hispanijs hac in Concilium abiturus erat) vt qui res germanas optime
noscens, sic vtrinque de vestro voto ad laudem dei certius disponeret
ac satisfaceret [2], quum autem Romam tandem appulisset, et Pater
Ignatius de tua re cum eo caepisset loqui, tangens D Faber necessitates Germaniae existimansque diutius ac maturius posse colloqui,
indeterminatam rem inter ipsos faelix D Fabri obdormitio in domino [3],

_____
[a] *Sic, cf supra p 108 109 112*

_____
[1] S Ignatius, antequam anno 1547 Ioannem Polancum secretarium constitueret,
in epistulis exarandis maxime utebatur opera P Bartholomaei Ferronii (Ferion
Feriam, Ferrão), lusitani nobilis (*Orlandinus* 1 c 1 7 , n 6 7 Cf etiam *Elesb
de Guilhermy* S J , Ménologe de la Compagnie de Jesus, Assistance de Portugal,
2 P [Poitiers 1868] p 348—349, et *W van Nieuwenhoff* S J , Leven van den
H Ignatius van Loyola II [Amsterdam 1892]. 152—153)
[2] Hae litterae Coloniam pervenerunt, sed fortasse tardius, cf supra p 188
[3] Faber octavo post adventum die duplici febri tertiana correptus est, ex eaque

14 *

occupauit, quemadmodum latius et de alijs spiritualibus nouis, vnde-
quaque habitis, ad patrem bouadillam[1] scribimus in magnam fratrum
omnium in Christo consolationem etc [a][2] quum ergo jam nunc illa expectationis causa cesset, felicis fabri, (qui nos omnes nunc magis
iuuabit certo quam in humanis potuisset, et talis spes ac letitia
nostris illapsa est animis a domino) Reuerendus D ignatius non
vestri oblitus sed conferens in corde suo[3] singula jam nunc
per me indignum rescribit quod sibi est [in] animo et sentit, videlicet, hoc primum attento quod Societas quoquomodo te libentissime
acceptabit, siue vt nunc edoctus es, siue tibi amplius studendum sit
Hoc inquam supposito, quum vltra tu melius de rebus germaniae
noueris, nostrum est te de exteris informare videlicet, quum ijs jam
temporibus collegia societatis in diuersis Vniuersitatibus sint in fieri,
vt est Patauij Bononiae Parrisijs Valentie Gandie[4] etc [b] persuademur
cito fore vt opus sit providere de personis, siue scolaribus siue lectoribus siue qui habeant gubernationem collegiorum etc [c] quibus demum
omnibus suppositis D. Ig hoc sentit vt circumspectis per te singulis
et iudicatis in domino id facias quod magis senties in tua conscientia
ac si is idem esses in sua gubernatione (quae est jam diu eius de te
expectatio quod videlicet in obsequium Christi euigiles atque labores)
siue te manere siue ne in studia siue venire Romam etc [d] Et quod
hic per te erit conclusum domino ignatio erit rectum et bonum cen-
sebit, quod nobis quamprimum etiam indicabis et de omnibus et quid
statueris certos reddes Et quum ego preoccupatus sim disperse societati scribendo, simul fratrem nostrum Jacobum duacensem[5] conuem,
vt si ocium erit sibi piorum operum tuis literis sibi missis nuperrime
nomine omnium etiam responderet, quae nobis vt solent magnam
attulere consolationem, Vidit D Faber et tuas ante felicissimum suum
discessum, quem orare pro nobis magis nobis arridet, quam orare
pro ipso, optime vale. et consocijs in christo nos multum in domino

---

[a] Signum aliquod obscurum hic positum est, quod ad fere significare videtur,
quod nos exprimimus scribendo etc
[b] Idem signum quod supra   [c] Idem signum quod supra
[d] Idem signum quod supra

---

octauo item die, quae erant Kalendae Augustae, inter manus S Ignatii exspirauit
(Orlandinus, Forma sacerdotis apostolici p 97 Boero, Fabro p 208—209)
[1] Nicolaum Bobadillam
[2] Epistula haec typis (quod equidem sciam) nondum est descripta Boero „Con-
servasi una copia della lettera circolare, che sotto il di 7 di Agosto 1546 si mandò
alle case della Compagnia Nel margine si leggono queste precise parole De morte
Sancti Patris Petri Fabri" (Fabro p 214—215)
     Luc 2 19
[3] Ct supra p 190—194
     Jacobus Faber, artium magister, duacensis, anno 1544 Coloniae theologicis
studiis operam dederat Vide supra p 103² 109

commenda, lovamenses quoque 1ogo pro hac vice de lis participes
reddas, iteium vale, Rome 14 Augusti 1546

Ex Commissione Domini Ignatij

Vester in christo f

Bartholomaeus ferronus

frater damel[1] sane credo uos muiserit, ipse hinc plura referet
Jacobus caitusanus juxta nos manet egrotus adhuc

† Reuerendo in christo patii ac fiatri D petio kanisio magistio
theologo apud conuentum [praedicatorum in u]icinia notaij [Auer-
dunck][a] Colomae

Canisius ad hanc epistulam respondit litteris Colonia 22 Octobris 1546 ad
S Ignatium datis

39.

P. CORNELIUS VISHAVAEUS S. J..

Sociorum lovamensium praepositus[2],

CANISIO.

Lovanio 22. Augusti 1546

Ex autographo (2⁰ pp 1¼, in p 2 inscriptio et pars sigilli) Cod colon
„Litt Epistt \ai " f 16

*Quid in apostolica quadam excursione effecerit Mulieres aliquot ad castitatis
totum inductas, frequentem peccatorum confessionem esse promovendam Quam
multis modis homo a Deo ad salutem aeternam capessendam disponatur*

Ihesus

Gratia domini nostri Jesu christi sit semper in cordibus nostris
Amen confiater chariss recepi tuas literas ad m. Adrianum[3] scriptas
et d Leonardi[4] confratris nostri quas aperui piopter absentiam in
Adriani qui hactenus adfuit in nicolao[5] beigis, quid vero ibi agat
habebis satis ex literis ipsius quas ad vos mitto et modo est brugis[6]
Caeterum quantum ad me attinet, scias me reuersum ante festum
laurentij[7]. de fructu vero [quem] in mea absentia collegit dominus

---

[a] *Haec suppleta sunt ex iis, quae posita sunt supra p 136* III

---

[1] Daniel Paeybroeck (cf supra p 191—192), qui Roma Lovanium missus,
„ministrum" domus Societatis ibi agebat (*Manareus* l c p 14)

[2] Virum hunc sanctum et simplicem (de quo saepe iam dixi) S Ignatius litteris
16 Februarii 1545 datis fiatribus Lovanii degentibus praefecerat (*Manareus* l c)

[3] Adrianum Adriani S J   [4] Kessel

[5] Nicolaum Goudanum (Gaudanus, Florentii, Floris) significat, circiter annum
1517 Goudae in Hollandia natum Is, cum in universitate lovaniensi „primus" inter
philosophos fuisset, parochus factus est Beigis ad Somam et postea Societati Iesu
nomen dedit eiusque ornamentum insigne evasit quod multis huius operis epistulis
patebit   [6] Bruges, in Belgio   [7] Ante diem 10 Augusti

Deus [haec habe]" Inter omnia fuerunt duae viduae quae me praesente vouerunt continentiam, altera venit consulens me de nuptijs
tertijs faciendis vii habuit bene tricentas libras flandricae annuae
Inter multa respondi, me appellare Christum, qui multo ditior est. et
ita fuit in omnibus conuicta, quod vouerit in ipso instanti, et me
praesente et eius ancilla virgo quinquagenaria vouit virginitatem.
laus deo, orate pro eis, exceptis alijs confessionibus auditis in quibus
frequentior fui quam in concionibus tamen feci ista vice bene 5 conciones   Oro vt quanto citius remittas nobis in danielem[1] qui con-
dixit amicis suis 12 diem septembris quo conuenient in sua patria[2],
qui plura et omnia gesta romana poterit vobis pandere   Mater d
leonardi exposcit ab eo literas Mittimus vobis hunc iuuenem Adrianum: vt velis ipsi esse praesidio oro apud Reuerendum patrem priorem[3]:
ignoro an iam secundo passurus sim repulsam. spero tamen melius,
tamen ob id non desistam ad vos, neque de huiusmodi scribere, neque
mittere vel sollicitare, modo extra patriam nostram trahere possem,
saluta nobis mariam ex oersteruijk[4], et alios nobis familiares   Confratri domino leonardo dicas, vt non desistat a frequenti confessione[5]
licet multi reclamitent quidem, nam tandem euincet. modo ipsi sint
famelici, sit ipse semper liberalis in bonis paternis, et christi Jesu
Sufficit mihi, modo promittant emendam [sic], etiam si verisimiliter putem
eos sequenti die collapsuros in idem peccatum (non postponendo probationes semper ad anteriora)" O vtinam possem semel tantum praestare, vt impediam vnum peccatum mortale, viderer mihi multum
fecisse Interim homo disponitur (ad spacium vnius hore credo) bene
in statu gratiae Jam quis scit, an tunc ille ita bene dispositus sit
illo temporis spacio moriturus? et tum omnia salua erunt Sicut in
simili. multae potiones in egroto praedisponunt materiam congestam,
tandem veniunt purgatiuae[b] pillulae quae totum ferunt Ita multi
iaculantur anserem, tandem venit vnus misellus et deijcit ipsum Ita
est cum homine, cadendo et resurgendo progreditur. praedisponitur
a puero varijs medijs tum per parentes, praeceptores, conciones, tum
per libros pios, inspirationes, exempla, exhortationesque tandem
venit vnus misellus intrans labores aliorum. cuius hortatu conuertitur,
moritur, et saluatur quis omnium praedictorum fuit autor? nullus,

---

ᵃ *Haec uel similia supplenda esse videntur*

ᵇ *Sic legendum esse videtur, quanquam potius dixeris a Cornelio scriptum
esse purae*

[1] Paesbroeck   [2] Denderamundae (Termonde, Dendermonde) in Belgio
Gerardum, Carthusiae colomensis priorem, dicit, vide supra p 209
[3] Vide supra p 209 [4]
[5] Leonardum monet, ut pergat in frequenti confessione commendanda
[6] Quomodo haec doctrina intelligenda et restringenda sit hic exponere non
vacat, quam Vishavaeus ipse verbis, quae uncis inclusit (utinam clariora haec essent!)
fortasse voluit restringere

ergo soli Deo honor et gloria[1]. similia exempla prius de viduis scripsi his vale confrater. Adhuc vnum verbum oratum velim   Vt mei memor apud deum existas quatenus suggerat nostro superiori id quod est salutare (de me. et studio, et alijs medijs ad ea loquor) tuas aliorumque querelas [?][a2] non seruo apud me, sed ostensum fuit mihi (ni fallor) quatenus eo res deuenient; sed pillula deo nota est. sic nude [?] domino deo et superiori nostro Iterum vale, raptim Iouanij 22 aug. a d 1546

Cornelius Uisschaueus
confrater licet indignus

Ihesus   Reuerendo in christo confratri M Petro kanisio nouio-mago Coloniae

40.

CANISIUS

IOANNI NOPELIO [3],

episcopo cyrenensi i p et suffraganeo ac vicario generali coloniensi

Colonia 10. Septembris 1516

Ex libro „D LEONIS PAPAE   HVIVS NOMINIS PRIMI, QVI SVM- mo inie Magni cognomentum iam olim obtinet , opera, quae quidem extant, omnia *Nunc primum in unum veluti fascem collecta, & ab infinitis foedisq, mendis repurgata   Accessit & copiosus Index unà cum Sermonum, Ho- miliarum & Epistolarum omnium catalogo Coloniae ex officina Melchioris Nouesiani, Anno M D XLVI*

---
[a] Aut schedulas

---

[1] 1 Tim 1, 17   [2] Cf supra p 207

[3] Ioannes Nopelius (Nopel, Nopel), ex Lippstadt, Westphaliae oppido, ortus, Coloniae erat „canonicus presbyter" ecclesiae metropolitanae, contionator primarius, suffraganeus et vicarius generalis archiepiscopi Annis 1536 et 1538 ex „examinatoribus" fuit, cum Canisius in vniuersitate coloniensi ad „baccalaureatum" et ad „licentiam" in „artibus" promoveretur (vide infra, monum 5 6), ac vix dubium est, quin hic sit „catholicus episcopus" ille, a quo sacris se ordinibus Coloniae initiatum esse Canisius affirmat (cf supra p 17 45) Cum Bucero nil commune habere voluit „Quae res", inquit *Arnoldus Meshouius*, „in causa fuit, vt salario, quod annuatim ab Archiepiscopo praebebatur, subtracto, grauiter a nouatoribus affligeretur Qui constanter pressuram illam ad annos aliquot sustinuit," et „cum concionator esset dissertissimus, ijsque donis exornatus, quae hominem homini gratiosum reddunt, ad extremum vsque concionando,   populum a Buceri incantationibus deterruit" (Historia defectionis et schismatis Hermanni p 34—37) Nopelius vivere desiit 6 Iulii 1556 sepultusque est in summo templo coloniensi (Electorum Ecclesiasticorum Catalogus, opera *F Petri Messaei* Cratepolii, Minoritae [Coloniae 1580] p 131 *I II Heister*, Suffraganei Colonienses [Coloniae 1641] p 107—109) Nopelium hunc confundere non oportet cum Ioanne Nopelio, pariter lippiensi, qui anno 1580, cum esset decanus collegii S Swiberti in Kaiserswerth, „Confessionem Ambrosianam" Coloniae in lucem emisit, atque anno 1602—1605 et ipse episcopus cyrenensis i p et suffraganeus coloniensis fuit (*F E von Mering*, Die hohen Würdenträger der Erzdiozese Köln [Köln 1846] p 70)

Mense Septembri " (2⁰ fl 16.2, et praeterea in initio 10 [inc] fol titul | et in fine item 10 fl non signata) Epistula haec dedicatoria titulum libri proxime sequitur et tres paginas occupat ¹

Nopelio editionem Leonis Magni a se curatam dedicat Summum malum, quo homines sui temporis laborent, nimiam eorum cupiditatem esse Er hac studium nasci nouos in dies libros conscribendi noiaque dogmata communiscendi Sanctos patres a noratoribus sperni, nisi forte reterum dictis non errores fulciri posse tide-entur Leonis Magni doctrinam sententiis protestantium per omnia contrariam esse Ab iis ipsam etiam Scripturam corrumpi et praecepta ei substitui commoda potius quam vera His Nopelium Coloniae fortiter et magno cum fructu obsistere, eo prae-sertim quod saepe orationes sacras habeat noratorumque fraudes detegat

REVERENDO IN CHRISTO PATRI AC DOMINO, D. Ioanni Lappiensi, Episcopo Cyrenensi, Suffraganeo et Ec- clesiastae primario Coloniensi, Petrus Canisi- us Nouiomagus S P D

FVRIOSVM est hoc seculum reuerende pater, quod adeo diutinos tumultus istos componere nescit, vt citius quidem nouos excitet, atque indies in peius gliscentes motus longe lateque propaget Porro qui tantorum malorum vestigant origines, collectasque sensim vires dis-ijcere contendunt (quo tua praecipue spectat pietas) ij vno velut ore immanem philautiae rabiem incusant, eumque morbum, vt caete-rorum omnium et caput et causam, non improbabiliter insinuant Ex eodem fonte mihi deruari videntur studia nouos quoque scribendi libros, quod perinde ac vanae curiositatis genus redarguit Ecclesiastes ² Atque hinc (quod multo pestilentius) prodit et ambitiosa doctrinae ostentatio, et praefracta quaedam sapientiae praesumptio, tum effremis illa libido communiscendi noua dogmata, quibus vetera fastidiri simul et antiquari documenta incipiant Per hos demum ceu gradus omnis impietatis, huc iam nunc processit humana temeritas, proh dolor, vt sanctissimorum quorumque pontificum ac spectatissimorum veteris Ec-clesiae patrum plerisque contempta sit et dignitas et autoritas ³, nisi

---

¹ In titulo signum Novesiam typographicum apparet (cf supra p 176 ⁹) Epistulam Canisii sequitur index rerum alphabeticus (5 pp) conspectus totius operis breuis vita Leonis (quae postea etiam „Actis Sanctorum" inserta est), epistula, qua Ioannes Andreas, episcopus aleriensis, editionem Leonis anno 1470 Romae a se cu-ratam (quae „princeps" est) Paulo II dicavit, in fine libri sunt „Castigationes quaedam et Scholia in D Leonis Epistolas decretales" et „Sermo D Leonis de Mar-tyribus" Exemplum huius editionis, quod ex bibliotheca praeclari illius Ioannis Alberti Widmanstadt olim in collegium Societatis Iesu monacense pervenerat nunc Monachii in bibliotheca regia est in cuius summa pagina titulari manu antiqua scriptum est „Approbatus a R P Canisio 1578 " Alterum exemplum ibidem est in bibliotheca universitatis, tertium Friburgi Brisgoviae in bibliotheca universitatis vidi, quartum, quod ex bibliotheca Cruciferorum coloniensium provenit, Coloniae in bibliotheca urbana (G B IV 8639)

² Cf Eccles 1, 13—18 8, 16 17 9. 1

³ *Lutherus* 10 Decembris 1520 Vitembergae libros iuris canonici in publico combussit Henrico VIII, Angliae regi, missae sacrificium testimoniis sanctorum patrum tuenti anno 1522 respondit „Dei uerbum est super omnia, Diuina maiestas mecum facit, ut nihil curem, si mille Augustini, mille Cypriani, mille Ecclesiae

hac ipsa forte ad confirmandos ipsorum errores nouis magistris commode liceat abuti Nam hactenus illis valet Gennadius de communione et transsubstantiatione[1], Clemens de Eucharistiae reseruatione[2], Hilarius de fidei iustificatione[3], Epiphanius de sacrarum imaginum demolitione[4], Prosper de confessione[5], Gregorius de primatus Ecclesiastici nuncupatione[6], Bernardus de dispensatione[7] Sed plusquam rigidus,

henricianae contra me starent" (Opera, tom II [Ihenae 1557], f 561 ᵇ) In editione germanica huius operis Cypriani nomen omissum est (Der Sechste teil der Bucher des Ehrnwirdigen Herrn Doctoris Martini Lutheri [Witteberg 1553] f 445ᵃ) Similiter Calvinus in praecipuo suo opere, anno 1536 primum edito „Parum autem" inquit, „me monent, quae in veterum scriptis de satisfactione passim occurrunt Video quidem eorum nonnullos, dicam simpliciter, omnes fere, quorum libri extant. aut hac in parte lapsos esse, aut nimis aspere ac dure loquutos" (Institutio Christianae religionis Iohanne Calvino authore [Sine loco, 1554] c 9, n 58, p 530 Ioannis Calvini institutio religionis christianae, edd G Baum, E Cunitz, E Reuss Ed 2, Vol I [Brunsvigae 1859], col 729)
  [1] Liber de ecclesiasticis dogmatibus c 52 53 (Migne, PP LL LVIII, 993 994)
  [2] Clementem sive Romanum sive Alexandrinum hac de re scripsisse equidem non novi Puto autem a Canisio ea significari, quae in „Constitutionibus apostolicis" (I 8, c 13) praecipiuntur de eucharistia post fidelium communionem in sacrarium sive sacristiam (εἰς τὸ παστοφόρια) inferenda Illae enim Constitutiones olim sub nomine Clementis Romani circumferebantur (Migne, PP Gr I, 1109 1110)
  [3] Tractatus in Ps LIX, n 3, et in Ps CXVIII, litt 1, n 12, Commentarius in Matthaeum c 8, n 6 et c 33, n 5 (S Hilarii, Pictavorum episcopi, opera studio monachorum O S B , e congr S Mauri [Parisiis 1693] col 137 249 646 749 cf Migne, PP LL IX, 385 509 961 1074)
  [4] Canisii menti obversata esse videntur ea, quae S Epiphanius de origine idololatriae dicit et de diabolo, qui „humanas effigies artificiorum varietate perpolitas hominum oculis" obiecerit „Προέφασι γὰρ ἀνατοι ἀτε ὑπεχθίσαον τῆς ἀνοίας ἡ διάθεσις τῶν ἀνθρώπων τὴν θνητὴν φύσιν θεοποιοῦσι εἰς ὑψηλοὺς ἀνθρώπους ἀπρωπίτεια ἡγαγόντα διὰ τοιούτας τεχνῶν διεγραφᾶς" (Haeres 1 3, tom 2, haer 79, n 4 Epiphanii, episcopi Constantiae, opera, ed G Dindorphus Vol 3, P 1 [Lipsiae 1861], p 532 Migne, PP Gr XLII, 745 746)
  [5] Expositio Psalmi CX, v 1, Ps CXVII, v 1 Ps CXXXVII, v 1 etc (S Prosperi Aquitani opera omnia [Parisiis 1711] col 418 431 497 Migne, PP LL LI, 321 332 393) [6] Vide adnotationem sequentem
  [7] Liber de praecepto et dispensatione c 2—4 (Sancti Bernardi Volumen I ed Io Mabillon O S B [Parisiis 1690] p 501—504 Migne, PP LL CLXXXII, 864—865) Haec omnia uberius explicare non vacat Uno igitur Gregorii exemplo explanare conabor, quid Canisius dicere voluerit Gregorium Magnum certissimum fuisse episcopum romanum totius ecclesiae primatem, pastorem, doctorem esse omnis eius agendi ratio luculenter demonstrat Sed cum animo esset valde demisso et pacis magnopere amans, Eulogium, episcopum alexandrinum, amice reprehendit quod sibi scripsisset „iussistis" et nomen „universalis papae" sibi tribuisset „Loco", inquit, „mihi fratres estis, moribus patres " Qui et „primus omnium se in principio epistolarum suarum servum servorum Dei scribi satis humiliter definivit" (Gregorii I Papae Registrum Epistolarum tom II, P 1 Ed Lud Hartmann in „Monumentis Germaniae historicis" [Berolini 1893] p 31 Ioannis Diaconi Vita Gregorii I 2, n 1 [Migne, PP LL LXXVII, 933 LXXV, 87]) Lutherus, cum romani pontificis primatum impugnaret, Gregorium testem et patronum sibi constituit, scribens „Das ist gewiß, wie gesagt, daß zu St Gregorius Zeiten kein Papst ist gewest, und er selbs auch sampt seinen Vorfahren kein Papst hat wollen sein, dazu mit vielen

adeoque intolerabilis videtur Hieronymus, nimirum. quod non possit non insuauis esse Iouiniani et Vigilantij sectatoribus[1]. Displicet passim Cyprianus Nec mirum, quando merita operum et satisfactionis vsum hisce fidei iactatoribus haud segniter commendat, vtpote non nomine. sed re ipsa totus Euangelicus[2] Dissimulat, inquiunt, sui temporis corruptos mores Augustinus, quia scilicet receptam Ecclesiae disciplinam contemptoribus istis libenter inculcat[3]. Iam qui pari modestia tot ac tam reuerenda maiorum placita. leges ac instituta contemnunt. an hunc quaeso Leonem audient, quamuis hic rara orationis et plane apostolica maiestate nusquam non detonet? Num suspicient pontificem tot nominibus alioqui suspiciendum? et dignitate, et grauitate et sapientia et eloquentia, vt summo iure Magni cognomen acceperit Imo vel ob hoc solum, quia dictus est Papa, nec minus vniuersalis Ecclesiae Episcopus, quam pontifex Romanus, vti de se ipso frequenter scribit. etiam sanius, non dubium, risuque Sardonico virum tantum excipient Qua vero stomachi patientia ferent vnquam, ad certorum dierum ieiunationes, ad nocturnas vigilias, ad designata precandi loca et tempora Dei populum relegari? Legent hic, velint nolint, bene tactis coelestem gratiam promerendam esse, nec fide, sed operum fideli studio Christianum pectus declarari Legent identidem, eleemosynis peccata redimi, dignis poenitentiae fructibus Deum placari offensum, lachrymarum vi sordes internas ablui. laboris item praesentis magnitudini charitatisque nostrae feruori futuram a Deo mercedem attemperari Legent quoque priuatam ieiuniorum legem communi seu

Schriften das Papstthum verdampt" Wider das Bapstum zu Rom vom Teuffel gestifft (Dr Martin Luther's reformations-historische deutsche Schriften, bearbeitet von I K Irmischer, III [Erlangen 1830], 137—138) Cum autem Gregorius purgatorium et missae sacrificium et alia Luthero ingrata proponit, ab eodem contemnitur et increpatur „Da ist S Gregorius kommen, der hat gar viel Aergernüß mit seinem Fegfeuer und Messe gestiftet, welches die Grundsuppen ist aller der Aergernis, so unter dem Papstthumb gewesen Sankt Gregorius, der Papst, ist freilich ein heiliger Mann gewest, seine Predigt aber sind nicht eins Hellers werth" (Dr Martin Luther s exegetische deutsche Schriften, bearbeitet von I K Irmischer, XII [Erlangen 1850], 37—38 XIX [Frankfurt a M und Erlangen 1852], 482)

[1] Iouinianus asseruerat virginitatem coniugio non esse anteponendam, inter abstinentiam ciborum et eorum perceptionem cum gratiarum actione coniunctam nil interesse, in regno caelorum par omnium fore praemium, qui suum baptisma seu vas-sent Vigilantius autem diserat sanctos martyres non esse invocandos neque eorum reliquias colendas, vitam monasticam et clericorum continentiam esse damnandas Quos errores Hieronymus refutavit „Libris duobus contra Iovinianum" et „Libro contra Vigilantium"

[2] Cyprianus saepe id facit. v g in libro „De lapsis" c 36 (S Thasci Caecili Cypriani opera, rec Guil Hartel [Vindobonae 1868] p 263—264 Migne, PP LL IV. 1910)

[3] V g in libro „De fide et operibus" c 3 et in duobus libris vel epistolis (54 et 55) ad inquisitiones Ianuarii" (S Augustini opera, studio monachorum O S B e congr S Mauri, VI [Parisiis 1685], 167, II [Parisiis 1679], 123 –143 Migne, PP LL XL, 209. XXXIII, 199—223)

publicae postpoui   Legent ciboium delectum et Ecclesiasticae obedientiae iugum pulchie libertati Christianae congruere, neque cum
superstitione Iudaica quicquam habere commune   Legent pleraque
sine scripto vel ab apostolis vel apostolicis viiis ad constituendum
religionis ordinem promanauisse   Legent sanctorum intercessione
Christum redemptionis mediatorem, non modo nihil nobis obscurari,
sed vehementer etiam illustrari, totamque simul iuuari Christianam
Ecclesiam. Legent denique sacrosanctam Missae et sacrificij oblationem haud sine ratione vel in eadem basilica quotidie iterari   De
primatu Petri dicere supersedeo   Testimonia sunt passim in promptu,
sacris etiam confirmata literis, ne quid addam amplius[1]   Conuicti
igitui (belli nempe iudices) tum longissimi temporis inuiolabili obser-
uatione, tum sanctissimi pontificis irrefutabili autoritate, quantum
quantum fert illorum libido, papisticam eiuscemodi doctrinam calum-
nientui, ac iamdudum explosam a se, permittant nobis obsecio, vt
qui matris Ecclesiae obseruantes filij videri cupimus, et esse non de-
simimus   Quanquam non admodum difficile sit aduersus obtiectatores
istos D   Leonis innocentiam causamque tueri   Quid enim adferant
quamuis versuti, quod non vnico responso huius pontificis ad Mar-
tianum Augustum iam ilico subueitatur et concidat?   Hic docendi
optimus, inquit, est modus, vt paternorum sensuum linea, plebis et
cleri auribus innotescat. Ac si qui sunt (hoc demum aduersarij no-
tent) qui nostra scripta despiciunt, illis saltem, qui nobiscum apostolicis sensibus congruunt, acquiescant[2]   Sed nihil sane mirum, si
viigam in Leonis opera censoriam arrogent sibi, quos adeo nihil pudet
in aicanas etiam diuinasque literas irrumpere, his locis manifestam
vim inferre, illos prorsus infringere, alios omnino negare, omnia
piopemodum adulteiare, nimirum nouis et hactenus inauditis intei-
pretatiunculis   Nam vbi tandem Theologorum extat aliquis, qui tot
annoium abhinc centenarijs vel sommauit vnquam, qualia nunc isti
nouo, sed non diuino spiritu sibi reuelata produnt Produnt, inquam,
de doctrina daemoniorum, de fermento pharisaeorum, de ossibus mortuorum, de nuptijs presbyterorum, de prohibitione votorum et im-
probatione ieiuniorum, ad haec de humanis viribus, de regno Anti-

---

[1] Testimonia illa hic proferre longum est Doctrinam S Leonis (praetci alios)
exposuerunt   D Remy Ceillier O S B , Histoire generale des auteurs sacres
V⁰ et VI⁰ siecles, chap 11, art 2 Nouv ed X (Paris 1861), 178—274 Ios
Fesslci, Institutiones Patrologiae II (Oeniponte 1851), 674—687 H Grisai S J,
„Leo I ", in Wetzer und Welte's Kirchenlexikon 2 Aufl , VII, col 1746—1767
[2] Leo haec ad Maicianum impeiatorem 10 Maitii 454 scripsit In editione
Leonis Magni, quam fratres Balleiinii curaverunt, quaeque omnium optima est, verba
Leonis haec sunt „Hic docendi optimus modus est, ut paternorum sensuum lineae
Alexandrinae plebis et Cleri auribus innotescant ac si qui sunt, qui nostra scripta
despiciant, illis saltem, qui nobiscum apostolicis sensibus congiuunt, acquiescant "
Lectio vulgata est „linea   innotescat" (Sancti Leonis Magni opeia I [Venetiis
1753], col 1258 Cf etiam Migne PP LL LIV, 1079—1080)

christi. Babylonae gentiumque simulachris Quam vero in procliui
est omnibus plausibile dogma iustificantis fidei commendare, Christianae
libertatis tuendum obtendere. pro humanis constitutiunculis firma Ecclesiae dogmata nec non traditiones Apostolicas conuellere, Theologorum sententias eludere, ad solam scripturam iudicem, sed mutam
illam prouocare. postremo damnatas prius opiniones innouare Nam
hinc potissimum incipiunt, hac pergunt, huc desinunt, qui nouorum
dogmatum iactatione, non minus periculosa, quam vana, tantas Germaniae nostrae cient turbas, nec cessant adhuc (proh nefas) ex huiusmodi fontibus hanc animorum labem, quae plurimos inficit, totis et
viribus et artibus deducere Quo magis tua nobis suspicienda est
pietas et grato semper animo rememoranda isthaec sedulitas reuerende
pater. vt qui tanquam alter et idem inuictus Leo, tot iam annis aduersus rapaces istiusmodi lupos[1] te totum obijcis, te pro domo
Israel murum aggeremque fortissimum opponis[2], talem denique
Christi gregem in hac beata Germaniae totius metropoli sic ipse
gladio spiritus[3] propugnas Ecclesiastes, sic custodis et curas Episcopus, vt in nullis quidem vicinis oppidis minorem contagionem religio
acceperit, aut maiorem hactenus vigorem Ecclesiastica disciplina con-
seruarit Certe facundia tua simul et orationis vi perinde ac viua
Evangelij tuba percellis animos et imples Christianas aures, idque
tanto efficacius, quo tua synceritas distat longius ab omni fastu, ambitione et pompa Sentit quod loquimur, probatque constanter clerus
hic tam insignis, et populus neutiquam effoeminatus Hinc enim ad te
pro concione dicentem agminatim vterque confluit, licet hebdomadatim
hoc munus et saepius quidem obeas. hinc et communi applausu ex-
cipit singularem illam, qua nunc polles, in detegendis haereticorum
fraudibus industriam vehementiamque Norunt imbecilles, norunt
fortes in fide, quantum per te confirmata fidei integritas efficiat. Sed
haec missa facere praestat, ne quid tuam onerem modestiam, praesertim quod vt tu vere iuxta ac pie nos doces, quicquid sumus aut
possumus, id totum munificentiae diuinae acceptum ferre oporteat
Proinde librum hunc autoritate nominis tui decoratum in lucem emit-
timus[4], pulcherrimum illud sane munus, et sicut a pijs hactenus de-
sideratissimum, ita per se vtilissimum, maximeque conueniens tum
donanti mihi clerico tuo, tum accipienti tibi Episcopo meo[5], qui ad-

---

[1] Matth 7, 15 Act 20 29   [2] Ez 13, 5   [3] Eph 6 17

[4] Nauseae Canisius scripsit se „Herculeos labores deuorasse" in hoc opere
Vide supra p 205

His verbis Paschasius Quesnel adductus esse videtur, ut in praefatione generali
operum Leonis scriberet Canisium, cum annis 1546 et 1547 Leonis opera in lucem
emitteret, „Clericum Coloniensis Dioecesis" fuisse et „postea Societati iesu nomen
dedisse" (Sancti Leonis Magni Opera omnia Ed 2 [cura Pasch Quesnelu] [Lug-
dunum 1700], praef p v—vi) Atque etiam Ceillier asserit „Il etoit alors dans le
clerge de cette Eglise [de Cologne] mais depuis il entra dans la societe des Je-

mirabili quadam facundia et amabili vchementia sic pertiactas diuina
dogmata, vt non immerito, si libere fatendum sit, alter in hac Repu
Leo et dici et haberi possis   Caeterum vitae tenorem et eximias D
Leonis dotes partim ex ijs, quae post Indicem subijciuntur, partim
ex ipsis eius operibus non minus quam leonem (vt aiunt) ex vnguibus
cuique licebit cognoscere Quod superest, cum pijs omnibus ex animo
precor, vt pastor ille pastorum conatus tuos prosperet, ac non solum
huius vrbis, sed cunctae simul Ecclesiae commodis valetudinem tuam
diu seruet incolumem   Datum apud sanctam Vbiorum Coloniam, quarto
Idus Septembreis, Anno salutis humanae M D XLVI"

Opus hoc canisianum catholicis valde placuit, breuibus enim temporibus interiectis iterum atque iterum typis exscriptum est Quae editiones subiunguntur, quia
nusquam recensitae sunt omnes, aliquibus nuper demum repertis

2 a) „D LEO = NIS PAPAL HVIVS NOMINIS PRIMI, QVI SVM - mo
iure Magni cognomentum iam olim obtinet, Sermones & Ho- · miliae, quae quidem
ex - tant omnes Altera iam vice summa cum diligen - tia ad antiquissima exemplaria omnia castigata, & aucta Cum duplici Indice Coloniae ex officina Melchioris Nouesiani M D XLVII " Cum signo Novesiani typographico 8° min , ff 226,
et praeterea in initio 32 (incl fol tit) et in fine 25 fl non signata Titulum sequuntur epistula dedicatoria Canisii, vita Leonis, index rerum alphabeticus, epistula
episcopi aleriensis In fine libri est libellus „De conflictu vitiorum atque virtutum",
cum praefatione quadam editoris qui ait se iam iterum opera Leonis „ad incudem
reuocasse", ope „admodum vetustorum et emendatissimorum exemplariorum", et
inter eum laborem libellum de „conflictu" sibi oblatum esse, qui in antiquis
exemplaribus constanter operibus Leonis adnumeretur [attamen falso adnumeratur]
Exempla huius editionis sunt Coloniae in bibliotheca urbana [G B IV 2568] et
Treveris in bibliotheca civitatis

b) „D LEO- NIS PAPAE HVIVS NOMINIS PRIMI, QVI MERI- to summo
Magni cognomen iam olim ' obtinet, Epistolae decretales ac fa- miliares, quae quidem
hacte- nus reperiri potue- runt omnes Altera iam vice summa cum prouidentia
ad antiquissima exemplaria correctae Coloniae ex officina Melchioris Nouesiani
M D XLVIII " 8° min 200 fl non signata , in initio vita Leonis et indices Exempla vidi in bibliotheca monasterii cuiusdam tirolensis [1] et Coloniae in bibliotheca
urbana (G B IV 1136, ex bibliotheca benedictina monasterii coloniensis S Pan-
taleonis)

3 „D LEONIS PAP.E HV- IVS NOMINIS PRIMI, Qui summo iure Magni
cognomen- tum iam olim obtinet, Sermo- nes & Homiliae, quae qui- j dem extant
omnes Eiusdem de conflictu vitiorum atq, uirtu- tum Libellus, summa cum dili-
gen- tia ad antiquissima exempla- ria omnia castigata, & aucta Cum duplici
Indice Beatus uir cuius est dominus spes eius et non respexit in uanitates et
insanias falsas VENETIIS IN VICO SANCTAE · Mariae Formosae ad Signum
Spei M D LIII " 8° min , ff signata 230 , et praeterea in initio 12 fl non sign

───

[1] Parte priori editionis secundae huius operis, quae Coloniae anno 1547 ex
officina eiusdem Nouesiani prodiit (vide infra n 2 a), eadem plane epistula dedicatoria praefixa est, nisi quod loco anni M D XLVI positus est M D XLVII Idem
omnis eadem epistulae adscriptus est in editione Louanii anno 1566 facta

suntes" (l c ait 4 , p 274) Hos et ipse P Aug de Backer S J secutus est
(Bibliotheque I, 1046)

[1] Cf „Zeitschrift fur kathol Theologie", 14 Jahrg (Innsbruck 1890) p 726

(incl fol tit), titulum sequuntur brevissima vita Leonis _ex Ioannis Spanhemensis libro de scriptoribus Ecclesiasticis*, index sermonum, index alphabeticus I' 223 ad 230 vita Leonis ea quam Canisius in editione anni 1546 posuit Exemplum vidi Romae in bibliotheca alexandrina

4 a) .D LEONIS PAPAE, HVIVS NOMINIS PRIMI, *Qui summo iure Magni cognomentum iam olim obtinet, Sermones d Homiliae, quae qui = dem extant omnes* Altera iam vice summa cum diligen   tia ad antiquissima exemplaria omnia castigata, & aucta   Cum duplici Indice   LOVANII , Apud Hieronymum Welleum ad intersigne Diamantis   Anno 1566 * Cum signo typographico Wellaei venatore cum duobus leporibus et hac sententia QVI DVOS INSECTATVR LEPORES NEVTRVM CAPIT 16º ff signata 221, ac praeterea in initio 10 (addito tit) et in fine 12 ff non signata   Cum epistula Canisii dedicatoria   quae supra scripta est, et indice rerum alphabetico   Coloniae in bibliotheca seminarii archiepiscopalis (Patt 118)

b) .D LEONIS PAPAE, *HVIVS NOMINIS PRIMI,   Qui merito summo Magni cognomen iam olim ob =   tinet, Epistolae decretales ac familiares, quae quidem hactenus reperiri potuerunt   omnes*   Altera iam vice summa cum pro- tudentia ad antiquissima exemplaria correctae   LOVANII *Apud Hieronymum Welleum ad intersigne Diamantis*   Anno 1566 * 16º ff signata 188, ac praeterea in initio et in fine 1 f non sign Coloniae ibidem

5 ,D LEONIS PAPAE ' HVIVS NOMINIS PRIMI   QVI SVMMO IVRE MAGNI cognomentum iam olim obtinet, Sermo- nes & Homiliae quae quidem extant omnes ' *EIVSDEM DE CONFLICTV VITIO- rum atque virtutum Li- bellus,* SVMMA CVM DILIGENTIA ad antiquissima exemplaria omnia castigata, & aucta   *Cum duplici Indice* VENETIIS,   *Apud Christophorum Zanettum* M D LXXIII * Cum imaguncula ligno incisa, quae sanctissimam Trinitatem et sub ea papam, episcopos etc repraesentat, 8º min   ff signata 240, et praeterea in initio 12 (addito tit) ff non sign Titulum sequuntur vita brevissima Leonis, et indices ser- monum et rerum iidem atque in editione anni 1553, f 233b—240b vita Leonis ca- nisiana Exemplum vidi Romae in bibliotheca alexandrina

Canisii opus nequaquam omnibus numeris absolutum esse Laurentius Surius Carthusianus coloniensis Canisique amicus, anno 1561 palam edixit, cum in prae- fatione sive dedicatione operum Leonis a se editorum scriberet _exiisse quidem etiam antehac Leonem nonnihil a mendis repurgatum, sed ita tamen, vt locis permultis ideo obscurus, vitiatus, ac deprauatus permanserit, vt lectori studioso minime possit satisfacere, imo vero etiam taedium ac molestiam adferat" Attamen addit „In genue fateor", priorum editorum „laboribus plurimum me adiutum esse" „Praestitere illi quantum licuit, et tamen etiam aliis quaedam castiganda reliquere " [1]

41.

CANISIUS

SANCTO IGNATIO.

Colonia 22 Octobris 1546

I ex apographo eiusdem temporis (2º min , ½ p) inscriptio deest, et sub- scriptio cultro exsecta est, sed a quo et ad quem scriptum sit, ex epistula ipsa patet Cod colon _Litt Epistt var " f 17*

Epistula usus est *Gotheru* l c p 679

_____
[1] D Leonis cius nominis I Romam Pontificis   Opera, quae quidem haberi potuerunt, omnia   Coloniae Agrippinae Apud Ioannem Birckmannum iuniorem M D LXI (2" min , ff 1⁹4 et 8 non sign)

Se, Ignatii mandato obsecutum, de habitatione deliberasse et statuisse Coloniae sibi manendum esse De studiis suis theologicis De Petro Fabro Sacras quasdam res ab Ignatio petit

Ihesus

Reueiende Domine et Pater piaecipue mihi in Chiisto

Gratia Domini nostii Jesu Chiisti sempei sit cum Do. V. In-iunxistis mihi humanissime vt ex mea ipsius conscientia iudicaiem de loco aliquo habitationis mihi deligendo meamque sententiam istuc ilico rescriberem, et a vobis tum comprobatam esse putarem[1] Septem igitur [diebus]* deliberationi datis, hoc vnum iudicare potui, et cum meis hic fratribus concludendum duxi Idque pro praesentis temporis ratione in hac vrbe germaniae, nimirum vt in praesentiarum hinc ego non dimigrarem. Et quanquam tanta de re sapienter iudicare non mei sit ingenij, magni etiam forte paericuli Tamen obedientiae praestande gratia liberius hoc scripsciim, quod chariss frater idemque baccalaureus theologiae M. Adrianus[2] antuerpianus huc iam e Louanio accesserit Is iuxta consilium Reuerendi patris Bobadillae tractat mecum studia theologica multis quidem horis quotidie, vt antehac nun-quam vel illi vel mihi maior studioium et commodioi ratio habita fuerit. Quod si Chiisti munifica gratia, vt iam cepit [sic]. in multis pio-moueat, et ista studiorum conferendorum maneat nobis occasio, certe non frustra Coloniae mansisse videbimur Sed ipsae fratrum literae quas hisce coniunxi plura de hoc ipso negotio aperient Ne quod soleo pergam ego esse prolixior apud Reuerendam D V Cuius vo-luntati et qualicunque iuditio me iudem et peccatorem per omnia (vt aequum est) subiicio, meis nempe viribus prudentiaeque diffisus plane. Mortem Reuerendi patris mei D. Fabri pei se non deplorandam, mihi vero peracerbam esse fateor, ita vt hinc quoque tiistes querelas aedere cogat animi mei maeior Sed infirmitatem meam adiuuate praecor orationibus vestiis Sicut ille nunquam obliuiscetur speio suorum, quos in Germania diu multumque videre sempei optaie solitus iuit De aliis rebus ad vestrum commissarium charissimum fratrem[3] scribo fusius. Bene valeat Reueienda P V meque fratrum queso omnium precibus frequenter commendet Saepe iam petij atque iterum peto supplex absoluendi facultatem illam generalem nec non signa ex Rosariis a S D N. benedictis[4] Coloniae 22 octobris 1546

Reuerendae D. V

Seiuus et filius extremus

[Petrus Canisius]

---

*Hoc supplendum esse videtui, nisi forte Canisius scripsit septem horis

[1] Ignatius Canisio id mandauerat in epistula, quam 14 Augusti 1546 „ex eius commissione" P Bartholomaeus Ferronius scripsit. supra p 211

[2] Fr Adrianus Adriani   [3] Bartholomaeum Ferronium

[4] Ignatius 11 Iunii 1547 Roma ad priorem Carthusiae coloniensis sciipsit „De giariis illis consecratis a Summo Pontifice, donatisque eximiis gratiarum prae-

42.

CANISIUS

WENDELINAE CANIS,

novercae suae

Colonia 30. Octobris 1546.

Ex versione gallica archetypi vlamici, ab anonymo confecta et edita in „Collection de Pieces historiques" XXV (Bruxelles 1876), 27—28 Cf supra p 72

Monte mardi aliisque calamitatibus afflatam solatur   Calamitatibus illis patienter cum a Christo, sponso suo, vere diligi   Ex malorum toleratione omnia bona in hominis profluere   Wendelinam monet, ut liberis bonum praebeat exemplum eosque ad precationem mane et vesperi faciendam diligenter instituat

JHC'

Chère Mère   Vous devez toujours porter patiemment la croix J'ai reçu votre lettre sans le linge qui peut facilement arriver après   Je me réjouis de vos souffrances, parce que [j y vois que][b] votre fidèle époux[1] ne vous oublie pas quoique vous vous oubliez trop vous-même   Souffrir conduit l homme à tout repos et paix, souffrir nous prépare à recevoir les graces les plus élevées: souffrir

— — —   — —

Cara mater   Oportet te semper crucem cum patientia ferre

Epistulam tuam accepi, minime vero linteos qui facile posthac afferri possunt Gaudeo de rebus, quae tibi accidunt, adversis hae enim patefaciunt[b] fidelem sponsum[1] tuum non obliviscei tui, etsi tu ipsa nimis tui obliviscis   Malorum toleratio homines ad omnem tranquillitatem et pacem perducit, malorum toleratio ad sublimissimas

---

[1] *Sic editor belga, sed puto scriptum esse* IHS, *id est* JHESUS
[b] *Haec ab editione belga explicationis gratia addita sunt*

---

rogativis, licet ad paucitatem sint redacta   aequum non est deesse nos devotioni vestrae Paternitatis et carissimorum fratrum, qua parte possumus, iuvandae Mitto igitur septem sphaerulas   Quod porro exigere solemus ab iis, quibus aliquam partem donamus etiam addam, nimirum, ut si numquam universaliter confessus est, qui eis uti vult confiteatur et ad sanctissima sacramenta Confessionis et Communionis singulis certe mensibus accedat'   Idem eidem Roma 28 Martii 1549 .duodecim grana benedicta' misit (Cartas de San Ignacio I, 403—404. II, 417) Quae autem gratiae et indulgentiae (etiam ad animarum in purgatorio versantium consolationem et liberationem spectantes) a Paulo III cum gratiis illis coniunctae sint, cognosci potest ex epistula S Ignatii Roma 21 Iulii 1541 „a la emparedada de San Juan en Salamanca" datis (Cartas de San Ignacio I, 104 106) atque etiam magis ex B Petri Fabri „relatione" 27 Aprilis 1542 ea de re facta (Cartas del B P Pedro Fabro I, 146—149)   Nunc quoque summi pontifices magnas quasdam gratias cum rebus commungere solent, quibus ipsi „benedicunt", atque imprimis cum „rosariis" quae „apostolica" dicuntur (vide Franc Beringer S J, Die Ablässe ihr Wesen und Gebrauch [10 Aufl, Paderborn 1893] p 308—313)
[1] Wendelina post mortem mariti, Petri, privigni sui, consilium secuta animum a secundis nuptiis averterat et Christum demceps sponsum habere constituerat Cf supra p 118

purifie l'impureté de notre cœur, souffrir ouvre les yeux aveugles et fermés; souffrir nous préserve de tout orgueil et vaine gloire; souffrir nous délivre de la terrible peine du Purgatoire; souffrir nous rend soigneux et diligents En un mot, aucune veuve n'a pu convenablement servir le Seigneur, si ce n'est en passant par le chemin des souffrances et des tribulations Pensez, Chère Mère, que c'est une vraie marque des enfants de Dieu que d'être éprouvés et dans les souffrances. Multae tribulationes justorum, sed de omnibus his liberabit eos Dominus[1]. Quant au mérite, il n'importe pas si nous avons mérité la verge, mais si nous souffrons patiemment les coups C'est pourquoi, Ma Chère Mère, combattez bravement, n'ayant pas seulement soin des enfants, mais ayant soin de laisser aux enfants l'exemple d'une mère patiente, douce de caractère, qui considère plus le salut de ses enfants que tous les biens de ce monde Conservez donc les enfants sous forte autorité. Le soir, faites-leur dire leurs prières, avec les dix commandements et quatre Ave Maria pour les quatre fins de l'homme. Quelquefois faites-leur' dire cinq Pater noster, les bras en croix, devant leur lit[2] Il convient aussi que, le matin, avant le déjeuner, ils remercient Dieu dans leurs prières, et vous les inviterez par des présents à dire toujours quelques nouvelles prières, qu'ils s'accoutumeront à dire toute leur vie Laissez les morts ensevelir les morts[3]. Ne vous contristez pas de la mort de feu mon père qui repose dans le Seigneur et qui vous a mise dans une condition plus parfaite que celle dans laquelle il vous

---

gratias accipiendas nos disponit, malorum toleratio animorum nostrorum maculas abluit, malorum toleratio oculos caecos et clausos aperit, malorum toleratio ab omni superbia et vana gloria nos servat, malorum toleratio horrenda ignis purgatorii poena nos liberat, malorum toleratio nos reddit sollicitos et diligentes Quid multa? Nulla vidua domino debite servire potuit nisi per viam rerum adversarum et miseriarum graderetur Considera, cara mater, hanc esse veram quandam notam filiorum Dei, quod calamitates et miserias experiantur Multae tribulationes iustorum, sed de omnibus his liberabit eos Dominus[1] Si quaeritur, quid meruerimus non refert nos virgam meritos esse, sed huc omnia redeunt, ut verbera patienter toleremus. Ideo, cara mater, fortiter pugna, neve solum liberis consulas, sed hoc quoque tibi curae sit, ut filiis exemplum matris relinquas patientis, quae lenis sit ingenii, quaeque magis aeternam liberorum salutem provideat quam cuncta bona huius vitae Severa igitur disciplina filios contine Cura, ut vesperi preces suas recitent unaque praecepta decalogi et quaterna Ave Maria, ad „quattuor hominis novissima" in memoriam revocanda Aliquando etiam iube eos quina Pater noster brachiis in crucis formam redactis ante lectos suos recitare[2] Ad convenit etiam eos mane ante ientaculum precationem facere ad gratias Deo agendas, et tu praemiis propositis eos invitabis, ut novas aliquas in dies preces recitent, quibus per totam vitam recitandis assuescant Dimitte mortuos sepelire mortuos[3] Ne maceras morte patris mei, qui in domino requiescit, quique in eam condicionem

---

[1] Ps 33, 20
[2] Sic quinque vulnera salvatoris crucifixi pie coluntur
[3] Matth 8, 22

a jamais possédée[1]. Il vous conservait et vous protégeait auparavant
comme un bon père de famille, mais maintenant il vous a accordé un
protecteur éternel et tout-puissant, qui est souverainement fidele, au-
dessus de tous les enfants des hommes. Chère Mère, conservez-vous
vous-meme, quant à l'ame et quant au corps, avec le secours de Dieu,
et priez toujours pour moi   Amen

Cologne, le 30 octobre 1546

Pierre Kanijss, votre fils ainé

Chere Mere, envoyez cette lettre[2] à Arnhem à M Etienne[3], doyen
de Sainte-Walbuige

A ma mère Weyndel, veuve de M Jacques Kams, à Nimègue.

---

te adduxit, quae perfectior est ea, in qua umquam te possedit [1]   Ipse antea te
custodiebat et protegebat, bonus quippe paterfamilias   nunc autem protectorem
aeternum et omnipotentem tibi comparavit, qui omnes filios hominum fidelitate
longissime superat   Cara mater, animam serva incolumem et corpus validum, Deo
iuvante, et semper pro me precare   Amen

Coloniae, 3 Kal Nov 1546

Petrus Kanijss, filius tuus maximus natu

Cara mater, mitte, quaeso, hanc epistulam [2] Arnhemium, ad M Stephanum [3],
decanum ecclesiae Sanctae Walburgis

Matri meae Wendelinae, viduae M Iacobi Kams, Neomagi

43.

CANISIUS

STEPHANO DE DELEN,

decano arnhemiensis ecclesiae collegialis S Walburgis

Colonia circiter 30 Octobris 1546.

Ex apographo quod saeculo XVII scriptum esse videtur (2°, pp 2) Librarius
ei superscripsit „P Canisius ad Decanum quendam" Alius quidam alia adnotavit,
et inter haec annum 1559, vide quae infra post ipsam epistulam dicentur   Cod
colon Litt Epistt var " fol non signato, quod est ante f 82

*Simpliciter, non affectate esse scribendum   Multis sacrae Scripturae sententiis
et exemplis ostendit   Christum esse panem, qui solus animus satiet ac delectet, attamen
in hac vita etiam „panae doloris" nos resci oportere, in lacrimis paenitentiae, ieiunio,
stipe pauperum, non aliena tantum, sed potissimum propria vita corripienda esse
Subditorum curam et animi fortitudinem commendat Christumque ducem proponit*

---

[1] „Dico autem non nuptis, et viduis   Bonum est illis, si sic permaneant, sicut
et ego   Mulier alligata est legi, quanto tempore vir eius vivit, quodsi dormierit vir eius, liberata est cui vult, nubat tantum in Domino   Beatior autem erit,
si sic permanserit secundum meum consilium   puto autem, quod et ego Spiritum
Dei habeam" (1 Cor 7, 8 39 40)

[2] Alteram quandam epistulam Canisius dicere videtur, quam epistulae ad novercam datae adiunxerat eam, quae huic proxime subiungetur

[3] Vide epistulam proxime sequentem

R D. Decane

Giatia domini nostri Jesu christi semper assistat D V. non possum sane non agere gratias humanitati tuae quod desideratissimis literis tuis aliquando tandem ad nos responsum dederis, sed falso putas me cuiusquam amici barbarie offendi quam ego tamen in literis tuis non agnosco giatum fuit quod libeie caussam tui silentij significaueris, gratum vero non fuit quod anxiam illam in loquendo scribendoque iationem excuses ego qui nec bene loqui didici tacere non possum, quidquid primum occurrit apud amicos effundeie soleo ratus nihil deceie christianam simplicitatem dum affectate verba exquirimus, sententias negligimus, et curiositatis potius quam pietatis fiuctum iefcrimus[1]. Eigo sic omnino de me tibi persuadeas rogo nihil apud me referre quoquo pacto scribas, sive geimanice, sive latine, sive barbare modo sensum ullum ex scriptis tuis quae mihi magnopere probantur percipiam, sed ais tibi opus esse spiituali pabulo, quod ceite solus ille dispensat, qui factus est panis de coelo descendens[2], unde ieficitur promiscua turba, etiam haerens in desertis[3] Deserta piofecto sunt curae, et occupationes huius saeculi quibus immersus animus gratiae ubertatem amittit. spiritus foecunditatem suffocat, et vitiorum germina fovet conservatque Sed nec ab istis deseitorum amatoribus abstinet Christi clementia quae cupit omnes salvos fieii et ad agnitionem veritatis pervenire[4]. Qui panis Angelorum[5] est, fiangit suis ipse manibus panem quem ad saeculi consummationem usque[6] dispensandum, atque distribuendum ielinquit suis discipulis[7]. Ili sive docent in sacris literis, sive admonent viva voce, sive exemplis incitant, veluti panem vitae[8] quo vegetantur animi nobis proponunt Quaie suo malo pereat, qui illatum panem fastidiosus non iecipit, paulo post in peipetuum futurus famelicus, quia nostrum panem iustitiae non esurit cum tamen hic solus impinguet animas, confortet vires, et saturet appetitum[9]. Beati vero qui esuriunt et sitiunt iustitiam[10] (panem habentem omne delectamentum[11]) quoniam ipsi satuiabuntur, cum apparuerit gloiia tua[12] qui solus imples omne animal benedictione[13]. Quanquam ut panem illum manducemus in regno Dei[14], multum refeit in usu etiam nunc habeie panem doloris[15], et cibum angustiae[16] nam qui dixit Satiaboi cum apparuerit gloria mea[17], idem non tacuit illud

[1] Canisius piavam illam iationem iepiehendere videtur quam „humanistiie" quidam in litteris scribendis sequebantur
[2] Io 6, 50 59   [3] Cf Matth 14, 13—21, 15, 29—38 Io 6, 1—13 etc
[4] 1 Tim 2, 4   [5] Ps 77, 25   [6] Matth 28, 20
[7] Cf Io 6, 11 25—66 Matth 26, 26—29 Maic 14, 22 Luc 22, 19 1 Cor 11, 23—26   [8] Io 6, 35 48   [9] Cf Matth 5, 6   [10] Matth 5, 6
[11] Sap 16, 20.   [12] Ps 16, 15   [13] Ps 144, 16   [14] Luc 14, 15
[15] Ps 126, 2   [16] Cf Iob 6, 7
[17] Ps 16, 15, attamen vulgata editio habet „gloiia tua".

15 *

Fuerunt mihi lachrymae meae panis die ac nocte[1] Ac rursus panem meum cum cinere manducabam[2] Proinde quantum in delicijs fuit, et glorificavit se homo ut ipse [dominus] in Apocalypsi [dicit], tantum dabitur ei tormentum et luctus[3], nisi iudicaverit modo seipsum ut non a Domino iudicetur[4] in die illa quando vix iustus salvabitur[5] Foelices modo poenitentium lachrymae, quibus flammae aeternae extinguuntur, Foelix ieiunium quod coelesti saturitate pensatur Felix Eleemosyna, qua Christum debitorem reddis, Foelix poenitentia, quae gaudium parat in Spiritu sancto, ah, miseros nunc homines quibus triste videtur in luctu. et amaritudine animae peccata recogitare[6] Non sic rex nobilissimus Ezechias[7], non regius propheta David, qui laborat in gemitu per singulas noctes, et stratum in lachrymis rigat[8] Momentaneum cruciatum refugimus scilicet ut aeternum nobis reservemus Libet multis horis fabulari et tamen non libet paucis horis pro peccatis lachrymari, non pro peccatoribus precari Dulce est inter amicos vivere, novitates intelligere, census sublevare Dulce autem nobis non est Sanctorum sequi vestigia, pietatem, et simplicitatem amplecti, devotioni studere, ut nonnunquam solitarij levemur supra nos[9] et conversationem in coelis nostram[10] faciamus in Haereticos clamare pium est, in nostra vitia saevire magis fructuosum de aliorum defectibus conqueri zelus appellatur, sed mortificare carnem nostram cum vitijs et concupiscentijs[11] revera zelus est secundum scientiam sanctorum[12] Condescendere hominum imperfectioni prudentia est ut vocant, sed in omnibus quaerere solum quae ad aedificationem[13] prudentia est Evangelica Dissimulare abusus subditorum pro discretione censetur, sed indiscretam Praelatorum indulgentiam iudicabit Dominus princeps ille pastorum[14] Satis est communem viam ingredi et multitudinis exemplo tegitur nostra tepiditas Verum crede mihi est, qui non secundum faciem iudicet sed iudicium rectum[15], cui ne culpa minimae quidem cogitationis indiscussa relinquitur, et hoc dixerim Venerande Domine, ut quando inter Scorpiones et Colubros incedis[16] qui semper imminent baculo invictae fortitudinis innitare nec facile ad dextram vel ad sinistram commoveare Semper illius memor, qui clamat omnibus Ego sum via, veritas, et vita[17] Qui sequitur me non ambulat in tenebris[18], hunc ducem, hunc protectorem, et vindicem assume, propter hunc argue, ob-

---

[1] Ps 41, 1
[2] Vulgata nostra „Cinerem tamquam panem manducabam“ (Ps 101, 10)
[3] Apoc 18, 7   [4] Cf 1 Cor 11, 31   [5] 1 Petr 4, 18
[6] Is 38, 15   [7] Ibid   [8] Ps 6, 7   [9] Thren 3, 28
[10] Phil 3, 20   [11] Gal 5, 24   [12] Rom 10, 2 Sap 10, 10
[13] Rom 14, 19 1 Cor 14, 26   [14] 1 Petr 5, 4   [15] Io 7, 24
[16] Cf Lc 2, 6 Luc 10, 19   [17] Io 14, 6   [18] Io 8, 12

secra, increpa oportune, importune[1] ut fidelis in vinea
ista operarius[2] habearis Porro de M. N Buchardo [sic][3] nihil
aliud allatum est hactenus non sine maxima multorum admiratione
P Priorem[4], et Mariam[5] ad scribendum D. V. impuli, ut in eorum
quoque scriptis consoletur spiritus tuus et cariss fratris Postremo
utriusque vestrum precibus me totum commendatum iri precor, et si
quid mea vobis efficiet opera, nullum refugio laborem molestiamque
Dominus vos cum amicis omnibus tueatur incolumes Coloniae

Canisium harum litterarum auctorem esse et antiqui librarii testimonium et
litterae ipsae comprobant Inscriptio in apographo non comparet, nec tempus quo
litterae datae sint Nam altera quidem manu antiqua annus 1559 apographo
ascriptus est, sed falso ascriptus Colonia eas datas esse extremum earum verbum
ostendit, Canisius autem ineunte anno 1547 Colonia discessit neque eo redut nisi
multo post et ad brevissimum tempus, toto anno 1559 Colonia abfuit Cum autem
ex epistula ipsa appareat eam ad decanum quendam datam esse, cumque Canisius
novercae Noviomagi moranti Colonia 30 Octobris 1546 scribat se aliam adiungere
epistulam et rogare, ut Arnhemium ad M Stephanum, decanum ecclesiae S. Walburgis, mittatur[6], pronum fuerit dicere epistulam nostram huic ipsi decano circiter
30 Octobris 1546 inscriptam esse Gentilicium denique „magistri Stephani" nomen
editori liberaliter subministratum est a claro viro I H Hofman, ecclesiae S. Wil-
fridi in Schalkwijk rectoris Qui in archivo comitum montensium ('s Heerenbergh,
cf supra p 133), C VI, n 14, partem litterarum repperit, quas „Judocus comes
de Brunckhorst ac dominus de Borkeloe" nomine Guilielmi IV, comitis montensis
(qui anno 1546, octo annos natus, patre orbatus erat), Embricam ad praepositum
et archidiaconum ecclesiae S Martini dedit de clerico aliquo „praesentando" „ad
vicariam, in parochiali ecclesia then Berge sitam   , ad presens per mortem honorabilis viri domini Stephani de Delen, decani ecclesie S Walburgis in Arnhem,
ultimi possessoris ejusdem, vacantem" In eodem archivo idem R D Hofman tabulas
accepti et expensi invenit a vicariis ecclesiae illius montensis confectas, ex quibus
cognoscitur Stephanum de Delen a 1550 unum quidem ex septem „senioribus
vicariis" eiusdem ecclesiae fuisse, sed alio loco sedem habuisse Qui tamen ante
a 1553 obiisse videtur, nam a 1552 in tabulis illis inter septem „seniores vicarios"
recensetur [Ioannes] „Mascop loco Declen"

---

    [1] 2 Tim 4, 2   [2] Matth 20, 1

    [3] Doctorem Burchardum van den Bergh (de Monte), novercae suae fratrem,
dicere videtur De quo supra p 116[2] Is cum concilio tridentino interfuisset, anno
1547 a Ferdinando I in universitatem viennensem ad theologiam tradendam vocatus
est, et propterea (ni fallar) a Canisio hic „M N " = magister noster vocatur (I R
i Aschbach, Geschichte der Wiener Universitat III [Wien 1888], 89[4]) Nisi
forte librarius nomen „Burchardo" falso supposuit nomini „Everhardo", Everardus
Billick, theologiae professor coloniensis et provincialis Carmelitarum, collocutor erat
in colloquio religionis, quod 27 Ianuarii 1546 Ratisbonae inchoatum est

    [4] Gerardum Hammontanum, Carthusiae coloniensis priorem, dicere videtur, qui
pietatem diligenter et ipse colebat et in alios diffundebat, cf supra p 78 92 209[4]

    [5] Mariam de Osterwijk, vide supra p 21 38 209 209[4]

    [6] Vide supra p 226

44.

ANTONIUS VINCK,

theologiae studiosus lovaniensis et novicius Societatis Iesu [1]

PETRO CANISIO, LEONARDO KESSEL, ADRIANO ADRIANI.

Socus coloniensibus

Lovanio 29. Novembris 1546.

Ex autographo (2°, 2 pp) Cod colon „Litt Epistt var " f 19

Misericordiam Dei laudat, qui se pigrum et tepidum in seruitium suum vocari Se pauperem esse et a patre sene renuum discedendi non facile impetraturum Socios lovanienses communem velle habitationem instituere Mentis suae pugnas et pia aperit consilia De amicis et patronis quaedam refert

Honorandis in christo dilectissimis patribus ac fratribus G Leonardo kessel M petro Kanisio ac M. Adriano adriani Anthonius Vijnck S p d

Gratia domini nostri ihesu christi abundet semper in cordibus nostris amen

Nunquam satis admirari possum diuinam erga genus humanum misericordiam et zelum quo peccatores nititur ipse altissimus superbenedictus non solum vocare[2] sed et compellere vt intrent[3], e quorum numero me' vnicum et supremum conspicio, iam enim innumeris admonitionibus tum externis tum internis monitus et vocatus nolui audire nec ob [id] reiecit me clementissimus, sed et per alios etiam de facie quidem ignotos non desunt adhortari Ad hec vero mei patres et fratres in christo ihesu, obmutesco, et quodammodo lectis vestris ad me missis literis attonitus herebam cogitans quid hec aessent et quid erga me Deus disponeret meam contra animaduertens nimiam tepiditatem mente igitur fateor me illi optimo maximo Deo nunquam posse agere sufficientes gratias Latius dispositionem meam describerem nisi putarem vos accepisse literas a me ad M

ª *Subter tria vocabula, quae sequuntur, in autographo linea ducta est*

[1] Antonius Vinck, brabantius, ex Bautersem, vico regni belgici, ortus, a *Francesco Sacchino*, Societatis historiographo, appellatur „magnorum vir meritorum quae triginta annorum, quos fere in Societate vixit, interuallo varijs in Prouincijs, grauissimisque muneribus, illibata semper fama, et communi approbatione collegerat" (Historiae Societatis Iesu pars tertia [Romae 1649] l 4, n 76) Vinck, cum Romae aliquamdiu „ministri" munus obiisset, in Siciliam missus est ibique theologiam moralem docuit, collegia messanense et catanense rexit, de syracusano bene meruit Postea primus treverense collegium, itemque primus rhenanam Societatis prouinciam gubernauit Congregationibus etiam generalibus duabus interfuit et prouinciam Societatis lombardicam visitauit Viuere desiit Bononiae anno 1576 Vide etiam, quae de eo infra adnotabuntur ad epistulam Tappero missam 10 Ianuarii 1548
[2] Matth 9 13   [3] Luc 14, 23

Adrianum scriptas in quibus rem meam aliquatenus pictorum more
carbone delineaui, cecus queso quid iudicare potest de coloribus?
palpantium vero more cupiam saltem tandem aliquid mecum efficiendum Domino creatori ac redemptori meo Sed quidem defectus me
obruunt, implicatus enim sum secularibus negocijs que secundum ex-
teriorem quidem hominem placent et dolerem pro parte [²] oblata
nisi occasio daretur habitandi cum confratribus, quod quando tandem
fiet non video ex parte mea, cum non tantum habeam quo me possum
extra collegium alere imo nec vix quidem in collegio¹. Nihil mihi
patrimonij est, imo pater senex fere octuagenarius oneri est, qui adhuc ignorat resignationem meam ad societatem uestram, Premonui
eum aliquoties ne animum suum mee praesentie addiceret. futurum
fortassis praedixi quod frustraretur, habuit iam aliquamdiu imagina-
tiones et quodam modo timuit quod ingrederer religionem, quod tamen
dixit si contingeret gauderem secundum interiorem hominem²,
verum multis mihi constaret lachrimis, tu inquit vnicus baculus senec-
tutis mee, habeo tamen plures et fratres et sorores superstites, his et
similibus senem conor paulatim inducere vt si fortassis contingeret
me aliquo vocari seu mitti, aut etiam si palam fieret quod adhuc
opertum est minus miraretur ac leuius ferret Imaginamur nos (si
superioribus placeret) modum aliquem cohabitandiᵃ qui procul dubio
esset vtilissimus sed quomodo succedet nescio, comitto alijs, quod
autem ad personam meam attinet quomodo ageretur qui hic enutritus
circumdatus [sum] multis et varijs consanguineis et notis diuersis-
sime conditionis, committo patribus prudentioribus me, si ex me
interrogemᵇ non satis afficior, mallem remotius ab ipsis et ipsorum
noticiaᶜ agere donec saltem aliquid profecissem in via dei et correctione mearum concupiscentiarum quibus multis in modis irretitum
me inuenio.

hec ad vos fratres scribo non vt historiam tantum cognoscatis
verum vt ex istis perspecta imperfectione mea deum feruentius simul
et frequentius pro me oretis Scio quidem scientia speculatiua vt
adhortamini contemnenda viliora omnia que insanus mundus offert vt
liberius christo vacem, id enim apertissime diuus paulus et scriptis
et exemplis profitetur³, verum manum aratro applicare vt aiunt¹ quid

---

ᵃ chohabitandi *autogr*   ᵇ *Sic, fortasse legendum* interrogent
ᶜ noticiam *autogr*

---

¹ Vinck paulo inferius scribit se in „collegio theologorum" habitare, quod
etiam „Sancti Spiritus" vocabatur, et inter collegia theologicae facultatis primum
et antiquissimum erat anno 1561 vel 1562 quodam modo in duo collegia divisum est
„Bursae" eius sive annui reditus studiosis destinati eo tempore sat tenues erant
(*Analectes pour servir a l histoire ecclesiastique de la Belgique* I [Louvain-Bruxelles
1864], 116—147)   ² Rom 7, 22
³ V g „Omnia detrimentum feci, et arbitror ut stercora, ut Christum luci-
faciam, et inveniar in illo"   (Phil 3, 8 9)   ⁴ Cf Luc 9, 62

sit nescio ' .   . pellis pio pelle[1] petitui   Orate igitur dominum messis[2] vt et messem simul cum operariis dirigat in summum dei honorem ac christifidelium salutem   Ago maximas vobis
gratias qui dignati estis tam paterna pietate plenas admonitiones ad
me scribere   Ago et consimiles gratias charissimo meo Adriano qui et
absentis frequentei mei memoriam facit in conspectu altissimi, precoi
vos beneceptis [sic] peigite, spero ego cum hoc renouationis seu vt aliis
magis placet reuocationis tempore emendationem et renouationem[3]
Salutabitis oro meo nomine quotquot ibi sunt fratres et amici com-
mendantes me eorum orationibus   Salutat vos Elisabeth que decumbit
in senodochio [sic], Salutant vos et aliquot soroies ex monasterio sub
castro[4] similiter et alie aliquot virgines cupientes communicari vestris
orationibus   Salutant M Adrianum Magister noster Joannes Hasselt[5],
praesides nostri collegii simul cum omnibus magistris et ancillis, similiter et geitrudis apud magistias soiores[6] salutat.   Salutat et vos
M. Adrianus[7] qui habitat in domo helie schor[8]   Commendatum me
habete in domino ac semper curate vt crescatis et fructum afferatis

---

* Sequitur vocabulum obscure scriptum

---

[1] Iob 2, 4   [2] Matth 9, 38   Luc 10, 2
[3] „Renovationem studiorum" Vinckius dicere videtur, quae feiiis peractis instituebatur Haec renovatio illo tempore saepe festo S Catharinae martyris, pa-
tionae philosophorum (die 25 Novembris), agebatur Fortasse autem altera illa
„renovatio" hic significatur, quae est votorum religiosorum Quae hoc ipso anno
1546 a Socus lusitanis fieri coepta, postea a S Ignatio omnibus, qui ultima vota
nondum nuncupassent, praescripta est quotannis facienda in festis nativitatis et
resurrectionis domini, nisi forte iis diebus alii a rectore substituerentur (Constitutiones S J P 4, c 4, n 5 et D Polancus 1 c I, 198   Ant Franco S J, Synopsis
Annalium Societatis Iesu in Lusitania [Augustae Vind et Graecii 1726] p 19)
[4] Prioratus monialium cisteiciensium dici videtur, qui vocabatur „B Mariae
in Vinea", „La Vignette", „De Wyngaert' , hic enim in via mechliniensi ac castro
caesareo fere subiecta erat (Analecles pour servir a l histoire ecclesiastique de la
Belgique XII [Louvain-Bruxelles 1875], 136 H' Boonen, Geschiedenis van Leuwen
ed Ed van Even [Leuven 1880] p 194)
[5] Leonardus Ioannes van Hasselt sive Hasselinus, theologiae doctor lovaniensis, quem cum Ioanne Hessels, theologo lovaniensi et tridentino (1522—1566),
confundere non oportet, clarum edidit opus „De Nectarii Constantinopolitani facto
super confessione" et anno 1551 a Carolo V Tridentum ad concilium missus est
Hic, inquit colligit lovaniensis historicus, „multa in societatis commendationem scripsit
et dixit   Theologus insignis, et magni apud Brabantos nomins, missam a Deo
societatem omnique fauore dignissimam iudicabat, nec illos modo qui in ea dege-
rent, sed et illos qui ex eius consiliis vitam instituerent, suam salutem in tuto
collocare affirmabat" (*Cod bruxell „Hist Coll Lov " p 16 Cf etiam Monatei
commentariiium p 18—19)   [6] Ursulinas? Urbanistas?
[7] Fortasse Adrianum Candidum (de Witte), antverpiensem, dicit, qui Parisus
anno 1550 in Societatem admissus esse fertur et Lovanii anno 1557 in eadem mortuus
est (cf Delplace 1 c p 3*)
[8] „Doctor Elias Schorius, consiliarius regius in concilio Brabantiae, vir admodum prudens et pius, aedes multo ampliores cum hortis . Deo inspirante dona-
tione perpetua Societati tradidit anno 1556" (Monareus 1 c p 14)

vberiorem[1] quod obsecro in nobis dignetur incipere et perficere qui omnium bonorum est author in secula benedictus Literas quaeso vbi oportunitas detur ad me scribite.

Louanj in collegio Theologorum 29 nouemb 1546

Anthonius vynck de bouterssum

ex animo seruus et confrater

45.

CANISIUS

P. LEONARDO KESSEL,

Sociorum coloniensium praefecto

Leodio sub finem anni 1546.

Ex *Radero*, De vita Canisii p 36—37 Eadem narrat *Barth Fisen*, leodiensis, S J, Sancta Legia Romanae Ecclesiae filia P 2 (Leodii 1696) p 345

De orationibus sacris Leodii a se habitis faroreque episcopi

Cum ex defectione Hermanni Wedani archiepiscopi populus colo-niensis in magnum haeresis discrimen venisset, „Iohannes Groppeius", inquit Raderus, „cum iniuerso Coloniensis Academiae et Cleri concilio Canisium ad Leodiensem Antistitem[2] aduersus nascentem sectae flammam auxilium petitum legauerunt[3]. In qua functione cum diutius cogeretur Leodii propter rei grauitatem haerere, ne bonas horas otio transmitteret, more Societatis interim Cathedras procurauit, et festis diebus omnibus historiam Euangelicam frequentissima concione explicauit, saepeque eodem die in Episcopio, paraecuique binas conciones habuit, alias etiam Eccle-siasticos a Decano citatos ad officy munus exequendum hortatus[4]. Te-

---

[1] Cf Matth 13, & Io 15, 1—16

[2] Georgium Austriacum, de quo, praeter alios, scripsit *Ioan Chapeauillus*, Qui Gesta Pontificum Leodiensium scripserunt auctores praecipui III (Leodii 1616), 351—383 *Boero*, postquam in vita Canisii (p 46) recte scripsit, Canisium anno 1546 functum esse hac legatione, eandem in vita Ian (p 85) transtulit in annum 1545 (ante comitia vormatiensia) Quem errorem secutus est *Gotheim* 1 c p 677

[3] Capitulum metropolitanum coloniense in his angustiis iam anno 1544 a capitulo cathedrali leodiensi per litteras opem petierat (Acta leodiensia, collecta a *II I Floss* in „Annalen des historischen Vereins fur den Niederrhein" XXXVII [Koln 1882], 144—176) Canisius in „Testamento" asserit se „optatum subsidium impetrasse", vide supra p 46 et ea, quae ex archivo capituli leodiensis affert *Riess* 1 c p 65—66, quae ostendunt in conventu capituli de subsidio illo actum esse 10 et 22 Decembris 1546 Alia monumenta rerum Leodii a Canisio gestarum in Belgio non superesse cognosci potest ex *Ios Daris*, Histoire du Diocese et de la Principauté de Liége pendant le XVIe siecle (Liege 1884) p 431

[4] Decanus capituli cathedralis S Lamberti tunc erat Gerardus de Groisbeck (Groosbeeck), qui anno 1563 episcopus leodiensis nominatus est (*Io Ei Foullon* S J , Historia leodiensis tom II, P 1 [Leodii 1736], p 255—277 *I De Theux*, Le Chapitre de saint Lambert a Liege III [Bruxelles 1871], 52 76)

stantur literae Canisij ad Leonardum Kesselium, primum Colon Collegij praesidem, quibus docet, ipso Natali Christi coactum ab Episcopo, qui fuit Georgius Austrius Maximiliani Romani nominis primi filius, ex tempore de rebus diuinis apud ipsum et aulicos uerba facere, singulariqne amoris significatione tractatum, ad mensamque adhibitum "[1]

46.

CANISIUS

IOANNI GROPPERO,

canonico ecclesiae metropolitanae coloniensis et scholastico ecclesiae S Gereonis [2]

Geislinga 21 Ianuarii 1517

Ex apographo eiusdem temporis (2° 3 pp), quod est Dusseldorpii in archivo regni borussici, convolut „Geistliche Sachen n 585 (Churcoln)"
Edidit *Varrentrapp* 1 c II, 112—114

De legatione ad caesarem religionis causa a se pro Coloniensibus suscepta De militum titus, Ottonis cardinalis augustani hospitalitate, electoris Palatini paenitentia, fautoribus quibusdam Hermanni Wedani promendis   Coloniensem clerum in aula caesaris maxime laudari   Magno animo causam ecclesiae agendam esse   Quantos triumphos caesar in bello smalcaldico de principibus et ciuitatibus protestantibus egerit   Petrum de Soto, Granuellanum, alios Coloniensibus patrocinari

Jhesus

Reuerende Domine Groppere

Gratia domini nostri Jhesu Christi semper dignitatem tuam custodiat, custodiunt ea me quidem hactenus, vt si non animo (quod maxime vellem), corpore tamen incolumis ad Caesarem peruenerim [3]. Interea vero dum praeeuntem Caesarem assequi conor, plus satis didici

---

[1] „Leodiensis [Antistes] Georgius ab Austria, cuius ante nouam episcopatuum in hisce partibus distributionem, longe lateque per Belgium iurisdictio patebat, publico diplomate ad 4 Non Sept [1554] dato, liberam fecit societati in sua diocesi, munia sua iusta priuilegia sibi a Pont Max indulta obeundi potestatem" (*Cod bruxell „Hist Coll Lov " p 22) Cf supra p 195—197

[2] De Groppero vide supra p 144 204 205

[3] Paulus III sententiae, qua Hermannum Wedanum ab archiepiscopatu coloniensi removerat, exsecutionem Carolo V caesari commisit et litteris Roma 3 Iulii 1546 datis Adolpho de Schaumburg (Schauenburg), Hermanni coadiutori, administrationem archidioecesis tradidit   Colonienses itaque, quo citius ab Hermanno se liberarent, sub finem anni 1546 ad caesarem Ioannem de Isenburg et Everardum Billick, ad Leodienses vero Canisium miserunt   Hic, rebus Leodii feliciter gestis, urgetur, ut ipse ait (supra p 46) „iterum a clero catholico, ut legatus abeat ad Carolum V caesarem, in castris occupatum, ut rebellantes lutheranos principes suae subiiceret potestati"   Ex iis autem, quae infra (monum 22—24) primum in lucem eduntur, tabulis patet Canisium non solum a capitulo coloniensi missum esse, sed etiam ab ipso Adolpho de Schaumburg administratore, qui, praeter alia, Carolo V litteras, Verallo autem, nuntio apostolico, exemplum iuramenti summo pontifici praestiti per Canisium misit

verum illud esse quod vulgo dicitur. miseri Miseri*, qui castia sequuntur[1]. Et illud etiam Multa bellum habet mania[2]. Quamquam
vtinam mania duntaxat vt militia non simul omnium scelerum foret
sentina, est locus hic in quo biduum egit Cesar, ab incolis Geiseling
appellatur et miliaribus tantum tribus ab Vlma distat[3] Vlmam[b]
processerat Legatus ille Verallus[4] quum heri ante prandium huc ac-
cederem° Sed ilico agnitum me vltro excepit Cardinalis Augustanus[5]
meque tum in hac Ciuitate tum Vlme sibi perpetuo adesse iussit
Adeo beneuolentiam erga me suam confirmatam vult heros humanis-
simus, quam Wormatiae faustis auspicijs mihi primum ostendit decla-
rauitque. In huius igitur familia dego quamdiu inter Caesareanos
vestro nomine versari cogor Et vt rem ipsam teneas H Comes e
Weda nullos ad Cesarem Legatos misit quos ad palatinum deflexisse
mihi fit probabile, Palatinus autem aegre admodum in caesaris gratiam receptus[6] nihil sane iam consuleiit quod rebus vestris obfutu-
rum sit. Presertim cum accepti ab Hermanno illo consilij in religione
innouanda, non dubiam paenitentiam Cesari comprobarit. Granuelanus[7]
audita legationis mee causa etiam hoc nobis precatus est vt Mandei-
scheidt[8] Omphalius[9] et similis farine homines, apud Caesarem sese
conspiciendos prebeant, quod sicut ipsis ea temeritate nihil magis
paenitendum, ita vobis digna in illos seueritate Cesaris nihil facilius
impetrandum esse videatur Arguunt hi consiliarij senatus istius con-

---

* *Sic, sed alterum miseri supervacaneum fuerit*
b Vbinam *apogi*   c Vairentiapp *falso* accederer

---

[1] Nulla fides pietasque viris qui castra sequuntur *Lucanus*, Phais 1 10, v 407
[2] Canisius hanc sententiam fortasse mutuatus est ab *Erasmo Roterodamo*, qui
inter „adagia" sua hoc habet „Πολλά ἱερα τοῦ πολέμου Multa belli mania" (Adagia
chil 2. cent 10. n 19, in editione sub „oliva Roberti Stephani" a 1558 facta col 599)
[3] Geislingen nunc oppidum est regni wurtembeigici, tunc in Ulmensium
dicione erat Vandenesse, Caroli V secretarius, in actis diurnis itinerum eius scribit
eum 21 Iamiaii Geislingae et 25 Iamiaii in itinere ulinensi fuisse (*H ill Biad-
ford*, Correspondence of the Emperor Charles V [London 1850] p 559)
[4] Hieronymus Verallus, archiepiscopus rossanensis et nuntius apostolicus
[5] Otto Truchsess de Waldburg
[6] Fridericus II , comes palatinus et imperii elector , qui caesaris propinquus
cum eoque educatus erat, senex cum eius hostibus se coniunxerat, sed mense Decembri a 1546 Halae Suevorum veniam suppliciter petiit et impetrauit (*Lau
Surius* O Carth , Commentarius brevis rerum in orbe gestarum [Coloniae 1568] p 320)
[7] Nicolaus Peirenot de Granvella, cancellarius imperii, vii potentissimus
[8] Theodoricus comes de Manderscheid, Heimanni Wedani propinquus, a 1545
in comitiis vormatiensibus cum Smalcaldensibus de coniunctione inter eos et Hermannum efficienda egerat Attamen mense Februario anni 1547 Hermanno persuasit, ut dignitatibus suis abscederet (*Vairentiapp* l c p 86 115—117 246 275)
[9] Iacobus Omphalius, Hermanni consiliarius, sub initium anni 1546 mandatu
„statuum saecularium" electoratus coloniensis capitulum metropolitanum in Hermanni
partes trahere conatus est Coloniae ius docebat ibidemque anno 1570 mortuus
est (*I Doellinger* , Die Reformation I [Regensburg 1846], 541—543 *Vairentiapp*
l c p 262 *M Lossen*, Dei kolnische Krieg, Vorgeschichte [Gotha 1882] p 646)

nuentiam quod accepta Caesaris sententia de confiscatione bonorum
Doctoris Siberti pergat etiam illum ciuem istic ferro[1], procedat clerus
inquiunt ad vlteriora nullus enim alius in tota Germania Caesari commendatior nullus omnino spectabilior, et publica omnium defensione
dignior[2] Testantur[a] id porro viri vt maximi ita fide dignissimi, vt proinde timorem omnem mittere ac in sanctissimo hoc instituto fortissimos
animos confirmare debeatis Causa non tam vestra quam ecclesiae
agitur Et propter Jhesum Christum agitur, tanto quidem maiore
vestrum omnium non desitura cum gloria, quo minus et vestris laboribus
et sumptibus parcendum arbitramini Quod si parum est summi pontificis ac primarij post Christum iudicis aequissimam obtinuisse sententiam eamque pijssimorum omnium suffragijs ac doctiss' hominum
inditijs nusquam non exinie confirmari, saltem illud vel desperantes
animos in certam spem erigeret victorie quod augustiss: Cesar in-
sperato rerum suarum omnium successu potiatur Gloriantur feroces
Franckfordiam et Vlmenses tumidi, quod vnius Caroli pedibus accidere
supplices queant[3], Potens Wirtenbergensis dux in deditionem venire
sibi gloriosum estimat[4], et Augustensium celsitudo scrutute maxima
libertatem (vt somniabat[b]) Euangelicam commutat[5] Ciutates Germaniae non minus populose quam florentes ac munitae nunc ad vnam

---

[a] Testatur *apogr*   [b] *Vanrentrapp* somniebat

[1] Sibertus Lowenberg (Lauwenberch), iuris professor in universitate coloniensi,
eodem tempore tum archiepiscopi coloniensis consiliarius tum procurator erat Philippi,
Hassiae landgravii et capitis protestantium Cum appellationi ab academia contra
Hermannum factae assentiri nollet, iure redituque academico privatus est, tandem
initio anni 1547 ex ipsa etiam urbe coloniensi sua sponte exiit Postea in caesaris
gratiam rediit (*Vanrentrapp* I c p 93 100 250 *Ennen* I c IV, 557—558)

[2] Haec Coloniensium religio exterorum etiam ac posterorum admirationem
excitavit cuius exemplum est in opusculo *Bartholomaei cardinalis Pacca* „De grandi
merito verso la chiesa cattolica del clero, dell' universita e de magistrati di Colonia
nel secolo XVI (Roma 1840) p 3—56

[3] Francofurtum ad Moenum et Ulma, quae civitates tunc liberae vel .im-
periales* erant, omnium fere maxime apud confoederatos Smalcaldenses auxilium
Hermanno ferendum agitaverant Iam vero Francofurtensium legati 7 Ianuarii 1547
Heilbronnae magna pecunia caesaris gratiam obtinuerunt Ulmenses centum milia
florenorum aureorum imperatori tradere et peditum eius decem turmas excipere
debuere (*Vanrentrapp* I c p 260 *Leop von Ranke*, Deutsche Geschichte im Zeitalter der Reformation IV [4 Aufl, Leipzig 1868], 338—340 *Janssen* I c III, 84
ad 85 234—236 622—623)

[4] Udalricus dux wurtembergensis 7 Ianuarii 1547 Heilbronnae pactionem
cum Carolo V fecit et 4 Martii Ulmae ipse veniam ab eo efflagitavit (*Janssen* I c
III, 621 625 Correspondenz des Kaisers Karl V, mitgetheilt von A *Lanz*, II
[Leipzig 1845], 517—528)

[5] Augusta Vindelicorum, urbs imperialis, quae per Sebastianum Schaertlin de
Burtenbach, militum suorum ducem, ab oppido faucensi (Fussen) usque ad Augustam
ecclesias et monasteria rapinis ac sceleribus repleverat, centum et quinquaginta
milia florenorum solvere et praesidium imperiale excipere debuit, Schaertlino pro
fugiente (*Janssen* I c III, 599—601 625)

omnes, gratiam illius ambiunt, quem pertinacibus profecto studijs ac
impijs federibus inter se initis velut Tirannum quendam insectabantur[a],
Et unus adhuc Episcopus qui senilibus membris prudentiam senilem
excussit aduersus vos et authoritatem omnium maiorum sese tueri
sufficiet? facile fuerit psitaci vel pauonis tumidam effigiem sibi vindicare. Sed quid horum animalculorum tenuitas ad inuictam lateque
spargentem alas aquilam?[1] Caesarem Vlmae[b] adibo et rem omnem
apud D. Verallum illic expediam Si Deus opt maximus mihi
fauere pergat Ibidem responsorias ad archiepiscopum nostrum literas
a Cesare diligenter petam Consiliariorum vna hec sententia est, expectandum esse responsum[c], Statuum et Comitiorum istorum successum[2]. post vero plurimum referre vt que ad regalia[3] spectant aliaque
similia nouus Archiepiscopus coram expetat a Caesare potissimum si
(quod credunt omnes) tandem confectis rebus Spiram caesar sese
recipiat Ego si conditionem[d] rerum istic vestrarum nossem presertim
que hodie tractate sunt, maiorem fortasse ex hac profectione fructum
referrem Ita spero meum perspexistis animum vt meam vobis commendare diligentiam nihil sit opus Quum[e] ad castra hec faelicissima
scribitis, est cur Cardinalis Augustam fidem et operam imploretis.
Confessor vere Christi confessor quem nostis[4], et Obernburger cui
munus illud promissum est[5] dein Granuelanus et Nauius[6] amicissimos mihi vobisque omnibus exhibent sese Dominus conseruet tuam
dignitatem, et Reuerendissimum vna cum toto Clero[f] incolumem, ex
Keyselingen 24 Januarij 1547

Seruus tuus P. Kanisius

---

[a] insectabant *Varrentrapp*   [b] Vlmam *apogr*
[c] *Fortasse legendum* ante responsum   [d] *Varrentrapp falso* conditionum
[e] *Varrentrapp perperam.* Quid   [f] cum tota clero *Varrentrapp*

---

[1] Insigne generis wedam (quod nunc principale est) pavones continet, imperatoris signum aquila erat biceps alasque expandens
[2] Imperator 21 Decembris 1546 ordinibus electoratus coloniensis mandauerat, ut
24 Ianuarii Coloniam convenirent, huius conventus praesides commissarios suos
Philippum Lalaing, Geldriae praefectum, et Viglium van Zwichem designauerat Quibus
22 Ianuarii Coloniam advectis multum laborandum fuit, ut „saeculares status",
Wedano devotos, ad officium reducerent (*Varrentrapp* l c p 272—274 *Fr Lt
e Merimy* und *L Reischert*, Zur Geschichte der Stadt Köln am Rhein III [Köln
1839], 127—142)
[3] Iura quaedam dicit, velut vectigal exigendi, ius dicendi, similia, quae episcopis germanis ab imperatoribus deterebantur
[4] Carolo V a sacris confessionibus tunc erat P Petrus de Soto O Pr Huic
Canisius litteras commendaticias tradere potuit, ab Adolpho archiepiscopo acceptas
Quas vide infra, monum 23
[5] Ioannes Obernburger e caesaris secretariis erat (*Pastor*, Reunionsbestrebungen
p 30 306)
[6] Doctor Ioannes Naves, luxemburgensis, vicecancellarius imperii erat Canisius
tum huic, tum Granvellano ab Adolpho per litteras commendatus erat. Vide infra,
monum 24

An den hochgelertenn Erwirdigen Heren Iohan Gropper Doctor vnnd Scholaster zu S Gereon bynnen Collen

Gropper Canisio rescripsit Colonia 20 Februarii 1547

47.
CANISIUS
IOANNI GROPPERO.

Ulma 28 Ianuarii 1547

Ex apographo antiquo, quod est Dusseldorpii in archivo regni borussici, Convolut .Geistliche Sachen n 535 (Churcoln) "

Ex eodem apographo hanc epistulam primus in lucem emisit *Varrentrapp* l c II, 114—116

Se cum caesare Ulmam ingressum esse De caesaris victoriis inerrantis Ecclesiae triumphum ex concilio tridentino sperandum esse Se in aula id effecisse, ut Romam scriberetur ad pallium aliaque pro novo archiepiscopo obtinenda, atque ut indultum quoddam indicale eidem concederetur De lite in canonicos quosdam colonienses illata, „regalibus" in archiepiscopam conferendis, cardinalis angustam humanitate

Jhesus

Reuerende Domine Groppere

Gratia domini nostri Jesu Christi et pax tecum perpetuo Scripsi iam istuc sepenumero, ne quid mearum rerum ignoraretis At 25 Januarij vna cum Caesare et Cardinale Augustano Vlmam ingressus sum. Ciuitatem illam certe nobilem, diutem ac Imperiali nomine dignam, nisi haeretica lues primum eam ab Opt Max Deo, tum ab Imperatore fidissimo alienauisset Dedit autem nunc intellectum vexatio[1]. vt licet spiritualibus oculis Catholicae fidei splendorem, necdum recipiat, quia tetra errorum caligo praepedit nihil tamen obscure iam intelligat, quae ad externam politiam pacemque publicam spectant[2] Faxit pax nostra Christus[3]. vt sicut omnes Germaniae ciuitates, praeter Argentinam, sese voluntati Cesaris per omnia dediderunt ita demum Religionis nostrae primoribus Episcopis dent manus omnes Ecclesiae hostes ac aemuli Primum (Deo sic volente) effecit incrinenta non minus ac insperata Caesaris victoria alterum atque id longe prestantius efficiet spero (duce Christo) praedicanda S Patrium apud Tridentum Synodus, quae quidem in densissima errorum hac caligine Germanis, vti certissimum presidium, affulget Nunc si rerum nostrarum statum percunctaberis primum sic habe prudentissime vir expectari hic anxie vestrorum Comitiorum qualemcunque progressum, ita vt nisi Cesar quid istic actum sit, norit ad Reuerendissimum Archiepiscopum rescripturus esse non videatur[4]

---

[1] Is 28 19 [2] Cf *Janssen* l c III, 572 [3] Eph 2, 14

[4] „Status saeculares" electoratus coloniensis 31 Ianuarii 1547 imperio Adolphi de Schaumburg se subiecerunt Adolphus 21 Ianuarii a capitulo ritu usitato ad

Proinde mihi tantisper hic morandum suadent (sed non sine summo meo incommodo) donec rerum vestrarum accepto nuncio quid apud Cesarem vestro nomine procurandum sit, certius fiat. Interim hoc apud Reuerendissimum Cardinalem Augustanum effectum est, necnon apud Reuerendissimum Nuncium et Cesaris Consiliarios, vt tum ad Cardinales, tum ad pontificem de gratis concedendo pallio[1] et Bullis expediendis[2] perscripturi sint. Quod ad Breue apostolicum attinet, frustra vobis expectatur, quia Romam nuper a D Nuncio remissum est[3] Hoc grauiter ferunt etiam amici vestri, promissum ante annum esse mandatum Capitulj et Vniuersitatis, quod hactenus ad Concilium haud peruenerit[4]. Quare quod me istinc abeunte hac in re consultari coepit, exequendum curabitis. Integerrimus vir Obernburger, qui promissos aureos difficulter accepturus mihi videtur[5], huc ilico mitti postulat formam* indulti, quod olim Hermannus obtinuit ad deputandum Commissarium ante suam intronizationem, ad audiendas causas appellationis ex alto seculari iuditio[6] Quapropter et illius et meam

   * *Varrentrapp haud recte* formulam

aram maximam summi templi deductus et sollemniter pronuntiatus erat archiepiscopus

[1] Archiepiscopi sub poena dignitatis amittendae intra tres menses a conseciatione vel, si iam antea episcopi fuerint, a confirmatione sua computandos a romano pontifice pallium petere debent, neque „pontificalia" neque iurisdictionis integram potestatem exercere possunt antequam vestem illam sacram acceperint, cuius usus antiquissimus est, quaeque archiepiscopos fere ab episcopis distinguit ac cum summo pontifice speciali modo iunctos declarat

[2] Iure canonico sancitum est ut episcopi et archiepiscopi electi vel non inati intra tres menses a die electionis acceptae vel nominationis computandos confirmationem a sede apostolica petant Bullae confirmationis aliae addi solent, quae varia episcoporum iura, bona etc spectant

[3] Litterae diei videntur 3 Iulii 1546 Romae a Paulo III datae, quibus Adolphus de Schaumburg administrator archidioecesis coloniensis nuncupatus est, typis descriptae sunt a *Meshouio* I c p 157—159 et a *Theod Ios Lacomblet*, Urkundenbuch fur die Geschichte des Niederrheins IV (Dusseldorf 1858), 691 Eodem die Paulus Adolphum clero, senatui, uniuersitati coloniensi per litteras commendauit, quae a *Raynaldo* insertae sunt Annalibus ecclesiasticis tom XXI, P 1 ad a 1546 n 104   [4] Quodnam mandatum a Canisio dicatur, nescio

[5] Huiusmodi pecuniam (quae „Verehrung", „Abrichtung", „Handsalbe" vocabatur) tunc haud raro accipiebant, e g Granvellanus cancellarius paulo ante a Francofurtensibus gratiam petentibus poculum argenteum auroque obductum acceperat, in quo mille aurei erant (*Janssen* I c III, 623)

[6] Quamquam Colonia libera erat ciuitas, intra eius moenia archiepiscopi colonienses a saeculo XIII usque ad XVIII iudicium scabinatum („Schöffengericht") habebant, quod „altum iudicium saeculare" vocabatur, ad hoc practer causas ciuiles etiam grauiores causae criminales deferebantur Cum quis autem a iudicio illo ad archiepiscopum appellasset, is consiliariis quibusdam suis coloniensibus eam causam diiudicandam committebat, donec anno 1653 proprium tribunal pro appellationibus constitueretur (*F E v Mering*, Beitrage zur Geschichte der ehemaligen Churkolnischen und Alt-Stadtkolnischen Verfassung [Koln 1830] p 9—48 *F A Ratjen*, Überblick uber die Verfassung und den Sitz der Gerichte in Koln bis zum Jahre 1798, in libello „XXI deutscher Juristentag" [Koln 1891] p 103—137)

huc expectationem vestra non frustret diligentia. Si praeterea sculptum sit sigillum Archiepiscopi nouum, huc mittendum erit exemplar acceptationis ac iuramenti[1] i[2] Processus contra Decanum et huius complices duplici de causa differtur[3] tum quod Secretarius Reuerendissimi Nuncij quaeratur, ad manum sibi non esse suos libellos et formularia: tum quod frequens haec peregrinandi necessitas, continuusque motus non sinat Processum iuris videri satis legitimum atque probatum Vbi vero primum alicubi conquiescet Cesar, posito militari strepitu et apparatu (id quod forte Augustae continget). arbitror equidem dictum Secretarium suo neutiquam officio defuturum, vt mihi sancte interim pollicitus est Quod ad Regalia, ceteraque Archiepiscopi nostri priuilegia pertinet, haec suo ipse conspectu impetrarit ac expediceit facillime Nam presentj talia concedi testantur. De me postremo nihil dicam aliud, nisi corporis mei curam Augustano Cardinalj praecipuam esse, qui nullam mihi humanitatem non clementissime impertit Vtinam et animae custos adsit perpetuus, qui in hisce turbis ac aulae strepitu me subinde mihi ipsi restituat admoneatque Nouit dominus, quanto vestro desyderio tenear in hac Babylone[4], tametsi quotidie mihi apud impios[5] sacrificare phas sit Non mereor profecto, si meipsum recta inspiciam, vt vestrae Sanctiss Ciuitatis, vestrae constantissimae pietatis et spectatori adsim et maneam cultor Sperabo tamen (presertim vestris ac spectatissimi Cleij precibus adiutus) breui fore, vt expeditis pro vestra voluntate omnibus vestro conuictu gaudeam, et tranquillitati sue sensus vagantes ac tumultuantes restituam Dominus qui excitatos ventos ac fluctus verbo suo tranquillat[6], nos omnes hisce tempestatibus concussos ad eterne glorie portum perducat Amen Vlmae 28 Ianuarij 1547.

Seruus tuus Pet Kanisius Nouiomagensis
Comes a Weda nihil hactenus apud Cesarem tentare coepit.
Reuerendo Domino Doctori Joanni Groppero apud .S Gereonem Scholastico etc. domino precipuo

---

[1] Ex tempore sancti Bonifacii, Germaniae apostoli, consuetudo inualuit et lex statuta est, ut metropolitae, antequam pallium reciperent, summo pontifici obedientiam sponderent   [2] Id est et reliqua
[3] Henricus de Stolberg, capituli metropolitani coloniensis decanus, et cum eo Fridericus Wedanus, Christophorus de Oldenburg. Iacobus comes Rhenanus, eiusdem capituli canonici, quod Hermanni Wedani partes sequerentur, 8 Ianuarii 1546 a Verallo nuntio apostolico suspensione puniti erant qui 28 Iulii 1546 Richardo duci Bauariae et Philippo de Dhaun, eorum collegis et amicis, eandem poenam irrogauit Suspensi autem illi mense Augusto eiusdem anni ad concilium in Germania habendum appellarunt Verum anno proximo beneficiis priuati sunt, et anno 1557 Stolberg Elisabetham de Gleichen uxorem duxit (Lacomblet I c p 691 Varrentrapp I c p 203—276 L Ennen, Geschichte der Reformation im Bereiche der alten Erzdiocese Koeln [Koeln und Neuss 1849] p 116)   [4] Cf 1 Petr 5, 13
[5] Vide quae Conradus Sam, princeps Ulmensium reformator[4], duobus annis post „reformationem" peractam (1531) de moribus aequalium scripsit, apud Janssen III, 236   [6] Cf Matth 8, 23—26 Marc 4, 37—39 Luc 8, 23—25

Ioannes Groppei hanc Canisii epistulam 13 Februarii accepit Nam 14 Februarii 1547 Adolpho archiepiscopo scripsit [1] „Gesteren zu abendt hab ych abermals
ein neuwes schreiben vss Vlm von herrn Canisio entfangen, das ych E Ch Gnaden
verschlossen zuschicke Daruss Dieselbige vermirken, das er uff die Instruction die
ych ym mitgeben, muglich fleiss gethon het, vmb die keyserlicher Majestet fur-
schrifft an die paebstliche heiligkeit vnd an das Collegium Cardinalium zuerlangen,
vnd dass er daruff zusagung bekommen, dessgleichen das er das Indultum nemlich
das E Ch G die caussas appellationis ab alto saeculari judicio vnd sonst alles
anderes handelen lassen mochten, gleich obe sie ingefurt weren, ouch erholten hette
Wan man nur Ime bette ein Copey des Indulti wie es mein alter Herr gehabt, mitgeben vnd nachsenden mogen, welchs doch mit hat geschehen mogen, weill myr die
Copey mit hat werden mogen   Vnd diweill dan vonnotten sein will das her
Canisius beantwort werde, weill er daruff, mit on vstwendung grosser vncoste wartet
vnd sonderlich nochmals geschrieben werde vmb forderliche Expedition vnd ab-
fertigung der keyserlichen vorschrifft an die paebstliche heiligkeit vnd das Collegium
Cardinalium, so haben E Ch G zubedenken, obe dieselbige den bott“ etc Epistula
canisiana, de qua Gropperus scribit, posterior esse non potest ea, quae modo posita
est, nam Gropperus 20 Februarii Canisio scribit se duas tantum epistulas ab eo
accepisse, unam 24 , alteram 28 Ianuarii datam
     Gropperus Canisio 20 Februarii 1547 rescripsit

48.

CANISIUS

GERARDO HAMMONTANO,

priori Carthusiae colomiensis [2]

Ulma Iannario exeunte vel Februario (1 — 12.) 1547 [3].

     Ex „Historia Societatis Iesu ad Rhenum inferiorem“, conscripta a P Frid
Reiffenberg S J (Coloniae 1764), p 63 Qui praefatur „In suis ad Gerardum Ham-
montanum questus erat Canisius “ In fine „Haec“, inquit, „et plura id genus de
Ulmensibus Canisius “ Et in adnotatione „Extant [hae litterae] in tabul Cartus
Colon unde eas mihi descripsit R P Harzheim, ibidem professus “

     Quam misere Ulmae sacra omnia ac virtutis studia iaceant

     Omnia fere pietatis vestigia in universum sublata mihi videre
videor   Templa olim omnis pietatis, et sacri cultus officinae

---

[1] Ex *autographo, quod est Dusseldorpii in archivo regio, „Geistliche Sachen
n 535 (Churcoln) “
   [2] Gerardus Kalckbrenner sive Calcificis († 1566), vulgo Hammontanus, ex Ha-
mont, Belgii pago, ortus, Aquisgrani causidicus et notarius publicus fuerat Carthusiae coloniensi per 30 annos magna cum pietate et prudentia praefuisse traditur, „literatorum quoque“, inquit *Hartzheim* (l c p 94), „Mecoenas munificus,
et imprimis Laurentii Surii, cui author ad scribendum, adjutor ad perficiendum
fuit “ Societati Iesu maxime patronum, S Ignatio amicum familiarem se praestitit P *Hermannus Crombach* S J , rerum coloniensium valde gnarus, litteris
Colonia 22 Iunii 1664 ad ignotum sacerdotem datis affirmat Canisium Colonia absentem „crebras“ ad Gerardum litteras dedisse (Acta Sanctorum Iulii tom VII [Ant-
verpiae 1731], 483) Quae nunc latent aut perierunt Hammontani vita „ex Ma-
nuscripto Carthusiae Coloniensis“ ad verbum descripta est a *Leone Le Vasseur*
O Carth (Ephemerides Ordinis Cartusiensis III [Monstrolii 1891], 5—10)
   [3] Vide supra p 238 et infra p 245 et monum 25

celeberrimae nunc sacris imaginibus, nunc sacris altaribus, reliquiis, et
Sacramentis omnibus exuta jacent. Ecclesiasticorum census. nescio
quo justo Dei judicio in profanissimos usus traducti sunt, monasteria
nullos habent sibi cultores religiosos. at sacrilegis amplexibus, et incestis
nuptiis habitacula praebent   Tota et amplissima Civitas unum
ferre Sacerdotem non potest. ut sacrosancto illo Sacrificio immensa
communium criminum enormitas expietur Sic juventus instruitur. sic
docetur populus, ut summa cuique maneat quidvis agendi, vivendique
licentia; nimirum sine confitendi pudore, sine orandi consuetudine.
sine poenitendi, et jejunandi necessitate

49.

IOANNES GROPPER

CANISIO.

Colonia 20 Februarii 1547

Ex autographo (2°, pp 3, in p 4 inscr et pars sig), quod est Viennae in
archivo aulae caesareae (k k Haus-, Hof- und Staats Archiv), „Religionsacten
fasc 1 b·

Ex eodem autographo epistulam edidit *Vorrat.app* 1 c p 116—119

De concilii tridentini et comitiorum coloniensium successu gaudet De Adolpho
archiepiscopo profectionibus ondernacensi, bonnensi, aliis Eiusdem nomine Canisio
gratias agit et commendat, ut litteras commendaticias Romam mittendas urgeat For-
mulam proponit „induli indicialis“ archiepiscopo concedendi Canisio gratulatur,
quod ad concilium tridentinum accedat Eundem rogat, ut privilegium quoddam
abbati b ni ilensi transmittendum curet

Salutem in Christo Jesu Binas abs te literas accepi Vnas keyselinge
24 Januarij, alteras VImc 28 eiusdem mensis datas Ex quibus mihi
volupe fuit intelligere cum sospitatem tuam tum Christianissimi Caesaris speciosam de Ecclesie hostibus victoriam, et Oecumenici Concilij
Tridentini optatissimum et foelicissimum progressum Confirmet Deus
que cepit in potestatibus a se ordinatis ad consolationem piorum. et
Ecclesie sue tamdiu misere jactate tranquillationem et pacem Eius
quoque manus nobiscum quoque [sic] fuit, sit illi gratia et gloria in
seculum amen. Nam vt Comitia nostra foelix initium foeliciorem progressum et foelicissimum denique finem illo bonorum omnium largis-
simo datore annuente habuerint[1]. intellexisti haud dubium jampridem.
intelliges vero copiosius ex actorum descriptione praesentibus apposita[2]
Post que et illud scies Reuerendissimum jn die Jouis proxime de-

---

[1] Cf supra p 237² 238⁴

[2] Gropper .descriptionem· illam dicere videtur, cuius apographum antiquum
(eiusdem temporis) etiam nunc Viennae in archivo aulae caesareae exstat et typis
exscriptum est a I B von Bucholtz, Ferdinand der Erste. Urkunden-Band (Wien
1838) p 389 396

cursa[1], Andernacum[2] contendisse vbi non ambigo illum haud aliter
quam Bonne hoc est officiosissime per Senatum et populum exceptum
Mittat illi Dominus auxilium de sancto et de Sion tueatur eum[3], Detque ei mentem recta et que illi placita sunt et nobis
salutaria cogitandj, et omne consilium eius jn bono confirmet[4].
Mihi heri relatum est antiquum Dominum[5] ab eo petisse vt illi et
diem et locum congressus et colloquij condiceret   Quid futurum sit
nondum sat scio, Vehementer cupit ob sua Regalia, et alia nonnulla
Caesarem accedere, quod et facturus est statim, vbi subditos jn fidem
receperit rebus aliquantulum confirmatis, Tibi gratias agit non vulgares
quod jam apud Reuerendissimum Cardinalem Augustanum effeceris
necnon apud Reuerendissimum d Nuncium et Caesaris Consiliarios
vt Caesaris nomine cum ad Cardinales, tum Pontificem de gratis concedendo pallio et Bullis expediendis scribendum sit[6], Et quando D
s Reuerendissima jam per Bancum vt vocant[7] Romam scribit, vbi
Prepositum Hoitfelder[8] habet sua negocia curatuium. te orat vt me-
moratas literas commendatitias, quam celerrime fieri poterit expediri
et per Bancum Romam mitti cures additis literis tuis ad Prepositum
ipsum, Quod vero scribis frustra expectari Breue quod nuper per
Nuncium Romam remissum est, nihil refert. nam nunc eo non jn-
digemus amplius, Optima illa et promptissima voluntas Magnificj Domini Joannis Obernburgei[9] De Reuerendissimo benemerendi gratissima
ei fuit, quod et quandoque se reipsa comprobaturum dixit   Forma
Jndultj concessa antiquo domino vt ei liceret ante Intronizationem
suam Caussas appellationum ex alto seculari judicio recipere et audire, mitti jmpraesentiarum non potest, nam adhuc cum multis alijs
Priuilegijs et Instrumentis per antiquum dominum asseruatur   Quare
si nihilosetius breue aliquod Indultum impetrari possit. effectus sub-
sequentis*, jd Reuerendissima s D cuperet, Sin minus reijcere oportebit et hunc articulum cum reliquis, donec Reuerendissimus ipse se
Caesaris aspectui repraesentet

Effectus

Nachdem mein gnedigster herr verbuttig[b] vnd gemeint ist sich in
kurtzem zu der keyserlichen Majestet vmb Jre Regalia zuentfahen

---

  * *Varrentrapp falso* subsequentes   [b] erbuttig *Varr*

---

  [1] 17 Februarii
  [2] Andernach, quod oppidum ad Rhenum et nunc prouinciae rhenanae regni
borussici est   [3] Ps. 19, 3   [4] Ps. 19. 5   [5] Hermannum de Weda
  [6] Otto cardinalis Truchsess 12 Februarii 1547 Adolpho de Schaumburg gratulatus est et nuntiavit se Romam de pallio concedendo scripsisse V infra, monum 25
  [7] Fortasse mercatores et argentarii augustani suos habebant tabellarios, per
quos litteras, syngraphas, pecunias ad mercatores italos cito et tuto mittebant
  [8] De hoc vide supra p 142   [9] Vide supra p 237 239.

zubegiben², wie dan sein fl gn solichs yier Majestet vnder seinem
siegel angezeigt hat, das darumb Jre keys Majestet seiner fl gn
verliehen vnd befelhen wolle, das sie mitler Zeit bemelt ji hohe vnd
andere niderige gerichten binnen jrer Stat Coln zu bestelln vnd alle
appellationsachen daher annemmen vnd befelhen moege, vnangesehen
das sein fl gn. jie Regalia noch nicht entfangen vnd jn bmelte stat
noch nicht jngeritten, Nicht widderstehende aller^b priuilegien so fil-
licht hiegegen hiebeuor vffbracht vnd gegeben weren von key-ern
vnd Romischen kunigen Jrei Maiestet vorfain, reliqua¹.

Vehementer gaudeo quod jmpulsus per Reuerendissimum D
Augustanum constitueris Tridentum proficisci jn Concilium, Quod sane
si feceris et tibi et nobis multum poteris illic commodare². Vbi
Acta Concilij prodierint te oro ea ad nos vt mittas Vehementer
enim illa videre desidero presertim, Decretum de justificatione ho-
minis³. Deus te seruet et sospitet, Commendabis me istic amplissimis
Caesaris consiliarijs Datum prepropere ipso die Dominico Quinqua-
gesime Anno salutis 1547

                    Tibi addictissimus

                              Ioannes Gropper d ^c

Frater meus d. Godefredus Gropper⁴ jn proximis Comitijs Spi-
rensibus⁵ sollicitauit expeditionem cuiusdam Caesarei priuilegii pro
Abbate et Conuentu jn Bruweiler⁶ apud Magnificum et Spectabilem

---

ª zu begeben V⟨or⟩i   ᵇ altei V⟨or⟩i   ᶜ V⟨or⟩i haud recte etc

---

¹ Id est Cum clementissimo domino meo propositum sit, ut mox ad caesaream
maiestatem regalium accipiendorum gratia accedat id quod clementissimus princeps
maiestati suae significauit sigillo suo apposito, maiestas caesarea principi clem
concedat ac mandet, ut interea altum aliaque inferiora iudicia sua in ciuitate sua
coloniensi possit constituere omnesque appellationis causas inde allatas recipere ac
de iis decernere, quamuis clementia sua regalia nondum acceperit neque ciuitatem
illam equo invecta sit, non obstantibus priuilegiis quibuscunque, quae fortasse contra
haec antehac obtenta ac data sint ab imperatoribus et romanis regibus, maiestatis
suae decessoribus etc

² Cardinalis augustanus iam anno 1545 inter comitia vormatiensia de Canisio
Tridentum mittendo egerat 12 Februarii 1547 Ulma Adolpho archiepiscopo scribit
se Canisio persuasisse, ut Tridentum proficisci statueret atque Adolphum rogare,
ut ei ad se non revertenti veniam det Vide infra, monum 25

³ Hoc decretum 13 Ianuarii 1547, in sessione sexta, factum erat Cf etiam
supra p 204⁵ 205¹

⁴ Godefridus Gropper „senior" († 1571), laicus in vniuersitate coloniensi ali-
quamdiu ius canonicum tradidit et archiepiscopis coloniensibus compluribus ac
Guilielmo Cliviae duci a consiliis fuit (H I Liessem, Johann Groppers Leben und
Wirken 1 Th [Koln 1876], p 6-8)

⁵ Haec anno 1544 habita erant

⁶ Bruweiler vicus est Borussiae rhenanae, haud procul a Colonia, in quo
tunc monasterium ordinis sancti Benedicti exstabat Catalogus abbatum eius, quem

d Joannem Obernburgei Et quia priuilegium hoc in forma petita
vt ex ipso Abbate accepi concessum est, et forsan expeditum jta
quod nihil vt puto restet quam solutio Taxe jdcirco Abbatis nomine
te valde oro vt apud memoratum Mag. D Obernburger agas quo
priuilegium expeditum ad manus meas veniat cum significatione Taxe,
quam ego (pro quo his fidem facio) ipsi d. Obernburger bona fide
exoluam vel hic, cum jusserit numerabo, antequam priuilegium manus
meas exeat. jn hoc feceris Abbatj etc longe gratissimum

Doctrina uirtute ac pietate Ornatissimo viro Domino Petro Canisio
Sacrae Theologie candidato tamquam fratri charissimo et colendissimo.

Jn absentia dentur ad manus Mag et Spectab Domini Joannis
Obernburger jn aula Cesaris

Carolus V Ulmae mansit usque ad 4 Martii, 5—21 Martii Nordlingae fuit [1]
Fortasse ex eo, quod autographum hoc in archivo caesareo est, conicere licet Canisium eo tempore, quo ad aulam allatum est, iam in profectione tridentina fuisse [2],
ideoque Gropperi scriptum non in Canisii manus perveniisse, sed secretario Obernburger traditum ab eo postea in acta publica relatum esse

50.

CANISIUS

SOCIIS ROMANIS [3].

Tridento Februario exeunte vel Martio 1547

Ex Chronico *Polanci* I, 214 Polancus praefatur „Scribit P Canisius haec
verba " Ex Polanci opere (tunc typis nondum descripto) eadem primus edidit
italice versa, *Boero* (Canisio p 49)
Eadem epistula (sed parcius) usi sunt *Orlandinus* l. 7, n 23, et *Barth Alcazar* S J , Chrono-Historia de la Compañia de Jesus, en la Provincia de Toledo
P 1 (Madrid 1710) p 103

Omni seposito affectu, sincere testari possum, esse multos huc
undecumque doctissimos theologos, qui acute, diligenterque et sapienter summis de rebus judicent, verum intra illos omnes duobus
hisce, Laynio et Salmerone, gratiores omnibus atque admirabiliores
non esse alios. Cum horae unius spatium paucis ad dicendum maneat, tres horae et amplius, opinor, dicenti Patri Laynez, ab ipso
Cardinali praeside tribuuntur [4]

Di *Nonnenberg* in „Pastoralblatt" (Köln 1892) col 396—397 edidit, haec habet
„34 Johann II von Lunen † 7 April 1531, 35 Hermann von Bochum † 2 Jan
[sine anno], 36 Andreas Munster † 28 Nov 1579 " Andreas regnare coepit anno
1567 (*Hohlbaum*, Buch Weinsberg II, 214)
   [1] *Bradford* 1 c p 560 *Stalin* 1 c p 579
   [2] Vide infra, monum 25
   [3] „Lo escribio a Roma el P Pedro Canisio" (*Alcazar* 1 c p 103)
   [4] Concilio nomine pontificis eo tempore praeerant cardinales Ioannes Maria de
Monte et Marcellus Cervinus

51.
CANISIUS
SOCIIS COLONIENSIBUS.

Patavio 12 Aprilis 1547.

Ex autographo (2°, pp 2), quod anno 1892 Lovanii in conventu RR PP Praedicatorum fuit

Typis exscripta est haec epistula, addita descriptione imagineque litterarum, quam facsimile dicimus (ligno incisa) in „Precis historiques" XLII (Bruxelles 1893), 25—34, ac postea iisdem omnino typis una cum imagine illa separatim edita est

Particulam posuit *Reiffenberg* 1 e p 26¹

Se synodum sequi, Bononiam translatam Quanta in collegio Societatis patrum floreat concordia ferrorque disciplinae, externus licet rigor absit Grammaticorum et Dialecticorum multiplices exercitationes describit De reditu suo Societatis alumnos, candidatos, patronos in eiusdem studio confirmat Carmina mittit Coloniensium rectum proridet De epistulis scriptis scribendisque

ihesus

Charissimi fratres,

Gratia domini nostri JESV CHRISTI et pax nobiscum sit perpetua Equidem adeo nullam vestrum obliuionem recipio, vt vndecunque scribendi ad uos occasionem captare non desinam, eo quod solicite formidem, istuc mea scripta forte non perferri Magna certe locorum intercapedine disiuncti sumus, ego in Italia Deo gratia, vos in Germaniae ceu vmbilico vitam ducitis Nam posteaquam Tridentina Synodus ob saeuientem pestem Bononiam transferri coepit¹, abeuntibus etiam tum Patribus nostris visum fuit, vt Bononiam vsque vna cum ipsis Concilium insequerer² Interea vero, quia Reuerendus P. Alphonsus Salmeron³ (cuius iam Oratio extat longe doctissima in

---

¹ Haec translatio 11 Martii 1547 in sessione octava decreta est „Patres Laynez ac Salmeron, qui Legatis subditi erant, ab iis Tridento 14 Martii Bononiam missi sunt" (*Polancus* 1 e I, 215)

² S Ignatius Michaeli de Torres scripsit „Maestro Lainez y Maestro Salmeron son venidos a Bolonia con los llegados del Concilio, los otros dos, es a saber, Maestro Claudio y Maestro Pedro Canisio quedaron en Trento" (Cartas de *San Ignacio* I, 331—332) Iato „Cardinalis Tridentinus, nomine Augustani, ne inde recederet", significavit, „exemplum in hoc secutus hispanorum Praelatorum qui, ut Imperatori gratificarentur, Concilium ne alio transferretur repugnabant Postmodum tamen veniam a Cardinali Tridentino et Augustano obtinuit, ut obedientiae satisfaceret suorum superiorum, et simul cum P Canisio Patauium venit" (*Polancus* 1 c I, 215)

³ Alphonsus Salmeron toletanus (1515—1585) Parisiis Ignatio se iunxerat Maximas Italiae civitates contionibus et sacris lectionibus illustravit In universitate ingolstadiensi aliquamdiu sacras litteras professus est In Belgium, Poloniam, Hiberniam a summis pontificibus missus est et concilio tridentino sub Paulo III , Iulio III , Pio IV sedis apostolicae nomine interfuit Neapoli a protestantismo defendendae maxime operam dedit et provinciam Societatis neapolitanam primus praepositus

Concilio dicta, et post Romae aedita[1]) grauissimo morbo Patauij coireptus est, ego multis diebus hic apud fratres nostios maneo, vt Reuerendum P Iacobum Laynes propediem in Concilium abiturum expectem[2]. Dici satis a me, scribique non potest, quanta cum animi mei voluptate ac aedificatione fratres istos quotidie contempler[3]. Vnus idemque omnibus per omnia seruendi et obediendi conatus est, eadem animorum ac perpetua quaedam consensio, sed non idem humilitatis et mortificationis studium, quia nemo hic sibi satisfacere. alius aliud in sese desyderare, omnes ex animo statum suum deplorare, ac noua indies ad meliora singuli augmenta facere possunt Mirus et pernucundus viuendi ordo seruatur, vt vix existimem, in paucis bene institutis monasterijs maiorem vigere disciplinam. Neque tamen adsunt carceres, non ciliciorum saeueritas, non ieiuniorum districtio. Malunt omnes charitatis dulcedine ac obediendi promptitudine ad quaeuis munia permoueri, quam vllis poenarum comminationibus vel praeceptorum oneribus impelli. Sic vero pietatis imperat affectus, vt studiorum feruor neutiquam in aliquo refrigescat Quotidie dictantur, componuntur, redduntur epistolae, conficiuntur et carmina, lectiones repetuntur, et in disputationem a coena referuntur. De Grammaticis potissimum loquor, siue grammaticae studiosis, qui tam splendide hic inter fratres perorare iam norunt, vt paucos istic artium magistros, qui rectius id praestent, inuenias Dialecticorum alia quaedam habetur ratio, quae potissimum in vsu disputandi constituitur. Sed vt nostra persequar, et alienis prolixe non immorer, nescio equidem, ad quem mensem reditum vobis polliceri queam. Dominum rogabitis vt vel apud exteros hic me mori foeliciter sinat, vel in Germania infoeliciter victurum, tempestiue ex hac vita euocet. Vobiscum

administrauit Sacram Scripturam 16 magnis voluminibus interpretatus est, quae compluries prelum subierunt

[1] Romana haec editio bibliographis diu ignota erat De Backer hanc affert „Alphonsi Salmeronis Societ Iesu oratio nuper in concilio Tridentino habita, die testiuitatis D Ioannis Euangelistae, in qua ad exemplar D Ioannis Euangelistae, vera Praelatorum forma describitur (Lutetiae Parisiorum, Nicolaus Diues 1547, 8°)“ (Bibliotheque III, 503) Ibidem posteriores eiusdem orationis editiones recensentur

[2] P *Claudius Iaius* Christophoro cardinali Madrutio, episcopo tridentino, 21 Martii 1547 Patauio scripsit „Arriuati jn padua don pietro kanisio et jo, hauemo trouato vno nostro fratello, quello che jn di, de Santo giane euangelista fece oratione presente la S V Riuerendissima et Altissima jn capella, essere molto amalato de una febre, per la quale se e, trouato jn pericolo de morte, fin a riceue la sancta et extrema vnctione onde constretto de la fraterna et christiana charita penso non me partire de questa terra ni abandonar lo che prima mediante la gratia de dio non sia jnteramente guarito Ilche spero jn dio sera presto Jn questo mezo spero che potero jntendere la resolutione a circa del loglio nello quale se ha da concludere et finire questo sacro concilio, et similmento la voluta de Monsignor Riuerendissimo et Jllustrissimo Cardinal de Augusta patrono mio obseruandissimo a circa de perseuerare jn esso concilio jn nome de sua S Riuerendissima o non“ (ex *autographo, quod est Tridenti in bibliotheca vrbana, cod 612, n 65)

[3] De collegio Societatis, quod Patauii tunc nascebatur, vide supra p 190

viuere, vobiscum mori aeque gratum habeo, si tamen in loco sancto
et in vestro contubernio inuenri dignus sum Expecto igitur D Praepositi nostri¹ literas, quibus de me suam edicat sententiam, an diu
in Italia morari me cupiat Quod ad literas tuas D Leonardo spectat,
in Martio scriptas, in Martio eas mira Dei dispositione Tridenti spectare licuit, et magna cum voluptate perlegere libuit, quod multam
laetamque spem de bonis adolescentibus adferient Eos virtute sui
spiritus corroboret misericordiarum pater², maxime D Del-
phensem³ et Boium⁴, et horum sotios in Laurentiana simul et Montana
Bursa Scripsi ante paucos dies Regenti Bursae nostrae⁵, quem spero
literas meas boni consulturum Scribo et nunc Reuerendissimo D
Londensi⁶, rogans vt vestras literas huc disponendas curet*. Hoc
vnum imprimis rogo, vt ne vllam disponendi ad me literas occasionem
praetermittatis Nunc vero hinc Bononiam abiturus, confestim vocor,
vt prolixius agere non liceat⁷ Mitto carmina quaedam nostri fratris
M Andreae Frusij⁸, quae M Henrico Baccelio⁹ et D Delphensi meo
nomine communicabitis Quod si forte longius opinione abero, velim
amicissime rogatum chariss dominum et fratrem M Adrianum¹⁰, vt
a suis pecuniam aliquam, si mei nummi non sufficient, in tempore
mutuo accipiat ego Dei gratia quumprimum istuc rediero, abunde
resoluam Et quia Romanarum literarum fontem ipsum videre cupijt,
nolui illum sua expectatione defraudare Sunt opinor ex nostris hic
fratribus, qui literas quoque suas istuc transmittent, ijs propterea respondendum a vobis erit fideliter¹¹ Scripsi Venetijs ad D Prae-

---

* Sic Canisius ipse correxit, scripserat enim curaret

¹ Ignatii   ² Eph 3, 16 2 Cor 1, 3
³ Delphi siue „Delft" urbs est Hollandiae meridionalis
⁴ Petrum Boium (Schorich) de quo infra plura scribentur
⁵ Matthiae Cremerio, regenti bursae montanae
⁶ Georgio de Skodborg, archiepiscopo lundensi, de quo supra p 79 134 etc
⁷ Salmeron S Ignatio Venetiis 16 Aprilis 1547 scripsit „Il Padre maestro
Lainez parti [per Bologna] il terzo giorno di Pasqua [i e 12 Aprilis] con maestro
Pietro Canisio e con un famigliare del cardinal Santacroce" [Marcello Cervini] (Gui-
Boero S J, Vita del Servo di Dio P' Alfonso Salmeroni [Firenze 1880] p 22—23)
⁸ Andreas Frusius (Friusi, Des Freux), carnotensis cum iam parochus esset,
anno 1541 Romae Societati Iesu nomen dedit indeque Patavium recolendae theologiae gratia missus est Postea in collegio Societatis messanensi graecam linguam
professus et Romae sacram Scripturam interpretatus est Sancto Ignatio aliquamdiu
ab epistulis scribendis fuit, et Romae decessit anno 1556, cum collegio germanico
praeesset „Epigrammata" eius atque etiam Martialis epigrammata, quae ab omni
ipse obscoenitate expurgaverat, complures typis exscripta sunt Vulgata quoque
versio latina exercitiorum spiritualium S Ignatii ex hispanico sermone a Friusio
confecta est (Nathan Sotuellus S J, Bibliotheca scriptorum Societatis Iesu [Romae
1676] p 50—51 Sommervogel I e III, 1046—1049)
⁹ Baccelius   Baxel⁹   ¹⁰ Adrianum Adriani vide supra p 223
¹¹ Stephanus de Aretio S J Patavio 20 Aprilis 1547 „admonitu atque suasu
domini Petri Canisij" et nomine omnium Sociorum patavensium ad Socios colonienses

positum de singulis vobis, quae mihi in vniuersum occurrere potuerunt
Quid ille tandem responsurus sit, laetis animis expectate

Scripsi ad Priorem Carthusiae, cum Tridenti agerem· illius ac
fratrum Carthusiensium omnium precibus, inprimis vero matris Marinae[1]
ac sororum eius desyderijs me commendate   Christus ubique nos
tueatur, et in suam gloriam nostra omnia conuertat   Saluto in visceribus Christi M Sydereum[2], et vt sedulo studijs incumbat, oro   Saluto
per vos M Petrum[3] in Laurentiana Bursa, quem vt pro me Dominum
saepe oret, perinde ac fratrem compello   Patauij 12 Aprilis 1547[4].

Vester indignus seruus

Petrus Kanisius

Nouiomagus

Romam ilico scribendum vobis puto, atque illinc literas ad me
scribendas accipiam commodius, quam quauis alia via

Salutant uos plurimum P. Claudius[5] P Iacobus L[ay nes] P. Alphonsus[6] D. Faber[7] Fratresque omnes.

Henricus ille Traiectensis, olim Bedelli scriptor, et a D. Bobadilla
Romam missus post absoluta istic exercitia, nunc Societatem nostram
omnino deseruit, aut desertus est ipse potius, quod hinc pro suo arbitratu Romam adierit, ac Roma sine accepto responso huc redierit
Quare quum istuc redire paret, non est cur aliam de illo fidem habeatis,
si forte causam dabit aliam

---

litteras dedit, quibus Patauiensium memoriam dilectionemque iis significat, eorum
precibus se suosque commendat, „admonitorias, uel si magis placet consolatorias
aliquas literas" ab iis petit (Ex *autographo, quod est in cod colon „Epistt ad
Kessel I᷑ f 27)
    [1] Mariae de Oisterwijk, de qua supra p 209 229 et infra in epistulis 17 Iunii
1547 et 2 Ianuarii 1548 datis
    [2] M Andream Sydereum (Stern?), canonicum zutphaniensem, de quo infra
    [3] Borum
    [4] Ex hac epistula patet, Sacchinum falso asserere, Canisium et Iaium 12 Aprilis
Tridento discessisse (De vita Canisii p 40)
    [5] Iaius   [6] Salmeron
    [7] Petrus Faber de Hallis (de Smet) Patauio 18 Aprilis 1547 Socio colonien-
sibus scripsit „Adfuit nobiscum isthic patauij aliquot diebus frater noster dominus
petrus Canisius cuius praesentia omnes gauisi sumus vno die septimanae sapientem
habuit orationem coram tribus patribus nostris qui nobiscum tunc aderant et venerant tridento ituri bononiam ad concilium, ipsis vero festis Paschalibus discessit
dominus petrus Canisius bononiam vna cum Domino Jacobo laynis patre nostro
scio fratres vos plurimum desiderare aduentum domini petij   Plures literas
ad vos scripsit dominus petrus Canisius" (Ex *epistula autographa, quae est in cod
colon „Epistt ad Kessel I᷑ f 26)

52.

CANISIUS

P. LEONARDO KESSEL

ceterisque Sociis coloniensibus

Bononia 17. Iunii 1547.

Ex autographo (2°, p 1, in p 2 insci et pars sig) Cod colon .Epistt ad Kessel I* † 29

De quodam ad sacerdotium aspirante De reditu suo itinereque romano Quid Bononiae apud Amicos aliquos ad litterarum et pietatis studia excitat Pecuniae parsimoniam Sociis commendat, mendicandum non esse De dispensationibus pro Maria de Oostervijk et precibus ab eadem obtinendis De libris sibi emendis

Charissimi fratres gratia domini nostri vobiscum amen

Heri post longissimam expectationem vestras a M Scoto literas accepi Abijt ille Romam cum suo sacerdotij obtinendi proposito. non quidem satis idoneus, vt mihi videbatur, quocum tantum et operae et sumtuum insumeretis Video equidem non hoc modo curandum a nobis esse, vt praeter generalem exhortandi rationem alijs multum et curae et temporis tribuamus Ego (Christo gratia) rectissime valeo, et haud scio. an vnquam in Germania magis ex animo De reditu (vt saepe scripsi) certum aliquid promittere non possum, maxime quum in Septembri Romam videre mihi iam constitutum sit Scriberem autem de varijs rebus, nisi meliorem literarum disponendarum occasionem breui fore putarem, sperans etiam certiora quaedam istinc breui [esse] peruentura Cum dictis sac[pe] Patribus Reuerendis[1] ago, Italice nonnihil pronuntio, disputationibus Theologicis intersum, meam quoque dicere sententiam coactus[2] Quod ad M Christophorum[3] attinet et Petrum Bonum[4], si charissimus frater Daniel[5] istac Romam in Augusto petet, ex huius consilio prudentiaque vobis agendum censeo Sin minus venet, confido in domino IESV, qui Petro nostro vires addet animumque confirmabit quo nimirum Patroni sui sumptibus adiutus, in academia vel Louaniensi vel Italica studiorum suorum ordinem absoluat, et secundum datam sibi a Domino gratiam[6] multis nonnunquam in Germania proficiat Si verum [est], quod Georgium illum[7] fore Carthusianum scribitis non possum non mirari

---

[1] Iacobo Laimio, Alphonso Salmerone, Claudio Iaio

[2] Quando et quibus de rebus Canisius in congregationibus theologorum concilii sententiam suam dixerit, vide infra, monum 27—29

[3] Christophorum Buscoducensem, cf infra p 253   [4] Vide supra p 248

[5] *Daniel Paeybroeck* (Paribrouch) ad S Ignatium Louanio 17 Martii 1547 scripsit se ex romanis litteris cognovisse, sibi „in Octobri Romam intrare esse concessum", ideoque se „aut in principio Augusti aut citius" Louanio discessurum, discessit vero aliquanto post (Litterae quadrimestres I, 28 *Polancus* I e I, 294)

[6] 1 Cor 3 10   [7] Georgium Eder ? Cf supra p 126

mutationem huc dexterae excelsi[1]: Tantum illi meo nomine dictum velim, vt Kanisij sui fratris in domino memmerit, et quod contra mundi Spiritum institut, [sine] mundi Spiritu et cum sui contemptu strenue promoueat, nec aliter confici posse credat, praeterquam in sanctae obedientiae liberrima simplicitate. Quod si vobis ita videbitur, non improbarim accedere istuc e Buscoducis Christophorum, cuius literae non mihi huc soli placuere. Sed illud cauendum, ne pater illius absentem desyderans filium, aliquam vobis inuidiam [Colon]iae augeat, praesertim quum sat obloquutorum vos vndique exerceant De sumptibus etiam augendis nolim vos commonefacere, quando nimium habere soli quidem non potestis, et vestras augere fortunas praesens temporis ratio minime sinit Non enim hoc mihi refugium placet, quod proponit frater Adrianus, vt si non suppetant facultates et vobis et Louaniensibus, iam emendicare nonnulla (nescio a quibus) cogitet Laudanda mentis illa promptitudo, sed haudquaquam haec quaerendi victus ratio nunc ineunda est Proinde licet optima in Deum fiducia praeditos esse oporteat, promidos tamen et hac in parte solicitos, parcosque persistere nos decet, quamdiu non certa vitae ducendae ratio offert sese Qua de re diligenter agatis quaeso cum [fratre] Daniele[2], qui re omni perspecta quid certi vobis pollicebimur, nobis huc denuntiet Scripsi p. Priori[3], et de sigillandis literis scribam amplius, nihil vnquam caussa vestra [recu]saturus[4] Heri caussam Mariae diligenter apud Cardinalem[5] egi, et bona spes est futurae dispensationis de altari portatili, non autem de legendis haereticorum libris [Qu]antum ego huc quotidie sentiam vestrarum orationum et praesertim Mariae fructum, Deus [perpetuo benedictus nouit et haec mihi testis][a] est conscientia Rogo illam vti matrem fidissimam, rogo charissimas apud eam sorores, et vos praecipue fratres, quo insolitum hunc mentis meae statum communibus frequenter precibus adiuuetis. Literas vero ex ur[be][6] ad me perferri curabitis M Henricus Coterraneus meus, quem plurimum diligere non de[sino,] emat quaeso [a][b] Carthusianis Commentarios in Paulum et Canonicas epistolas, vt

---

[a] *Haec uel similia supplenda sunt*
[b] *Hoc puto supplendum esse, vide infra p 252*[1]

---

[1] Ps 76, 11   [2] Paeybroeck   [3] Geraldo Hammontano
[4] Canisius, cum „exoneraret se suis temporalibus bonis", „ordinaverat, vt Carthusiani annis 12 subleuarent 100 daleros, quos expenderent in vsum eorum qui de societate Coloniae viuerent" Ita *Leonardus Kessel* in *relatione autographa, Romam missa (Cod „Germ Fundat I* f 175ª)
[5] De Monte vel Ceruinum Mariam de Oisterwijk huc dici ex epistula cognoscitur, quam Canisius 2 Ianuarii 1548 ad Socios colonienses dedit Maria, ut videtur, aegrotabat ideoque cupiebat, ut alicui sacerdoti facultas daretur missae sacrificium in cubiculo aegrotae super „altari portatili" offerendi
[6] Id est Epistulas, quas ad me dabitis, Romam mittite

ligat|os'| a me accepit M. ille Dionysius¹ Vnum ligatum etiam codicem reddi pro sua fide curet   Literas ad eum bicui mittam, fortassis ad Decanum etiam² Vtrumque mihi salutate diligenter, et multo amplius nostrum Sydereum, qui superiorum voluntati faciet satis, si vel hebdom[atim]ᵃ vna |lect]ione (sacra scilicet) contentus, totum se tradat Juri, et in disputando saepius exerceatur Spero illum Zutphanij inter concanonicos suos maxime aliquando patriae profuturum   ac licet saecularis ipso aspectu habeatur, affectu tamen magis ac magis spiritualem fore³

Bene valete in Christo domino nostro fratres dilectissimi. Bononiae 17 Junij 1547.

Salutat vos hic singulatim omnes

Vester indignus frater Pet Kanisius

[Hon|orando Domino M [Leon]ardo Louaniensi, in [vicini]a Joannis Auerdonck |apud| Praedicatores commoranti. Coloniae.

53.

CANISIUS

SOCIIS LOVANIENSIBUS.

Roma ⁴ 15 Novembris 1547

Ex cod bruxell .Hist Coll Lov ᵇ p 12

"Constat", *inquit historicus collegii louaniensis "eos /P Cornelium Vishaiaeum et Fr Antonium Vinck a S Ignatio Louanio Romam venire iussos] 15 Nouembris [1547] Romae fuisse, quo die Canisius Patres Louanienses, venturum aestate proxima toties expetitum P. Lhostium tuum, et ipse ait, dignissimum, ex urbe certiores fecit"* ⁵

ᵃ Cf supra p 205 Accedat hebdomatim   confessio

---

¹ Henricus Dionysius (Denys), neomagensis, Societatem postea ingressus est, qui saepe per hoc opus nobis occurret Theodoricus Loehr Carthusianus coloniensis († 1554), circiter a 1530 provinciam susceperat opera celebris illius Dionysii Rickel (vulgo .Dionysii Carthusiani") in lucem emittendi, inter quae etiam commentarii in epistulas paulinas et canonicas erant His autem Canisius (ut videtur) Bononiae uti volebat, cum ea colligeret, quae ad decreta dogmatica concilii paranda necessaria erant   Dionysii opera Coloniae apud Quentelium „in folio" edita sunt
² Stephanum de Delenᵛ Cf supra p 226—229
³ Zutphania (Zutphen, urbs regni neerlandici) in ecclesia maiore sive templo S Walburgis collegium duodecim canonicorum habebat (H Fr van Heussen, Historia episcopatuum foederati Belgii [Lugduni Batavorum 1719] Ep Daventr p 70—83)
⁴ Canisius, postquam menses Iulium et Augustum cum Lainio Florentiae transegit. ineunte Septembri, ab Ignatio evocatus, Romam venit Cf supra p 47
⁵ Cf supra p 129 191

54.
CANISIUS
P. DANIELI PAEYBROECK S. J.,
domus lovaniensis „ministro"

Roma 15. Novembris 1547.

Ex apographo eiusdem temporis, a Fr Petro Kannegiesser S J Lovanii scripto et Sociis coloniensibus misso (2° min, ¹/₂ p) Cod colon „Litt Epistt var " f 32ᵇ

De Sociis Romam missis et mittendis, fratribus coloniensibus Lovanium trans-ferendis De usu quarundam facultatum Theodoricum fratrem commendat Epistulas Romam non mittendas, nisi ab aliis etiam probatas

Chariss Domine Daniel

Quod temporis angustia longius scribere prohibeat, hoc mihi dixisse sat erit, missos a vobis huc fratres multis nominibus domi gratos hic esse¹. Quod ad Bullam attinet nuper istuc a me missam Bononia², monebis nostros vt ne quem illius ratione absoluant in casibus illis (vt dicitur) Bullae coenae Domini³ praesertim vero ne vlla ex parte ab hoeresi redeuntes absoluant. De fratribus Coloniensibus tuum audire iudicium percupio   Cum in literis parum, ac minus etiam in spiritu obedientiaque exerceri illic queant, fortasse si istuc Reuerendus p. de Geldonia⁴ veniat, Louanium mittentur et ipsi voluntate p. nostri Reuerendi M. Ignatij   Qui meis quoque iam literis recta Coloniam dispositis huc inuitari voluit M. Andream Sydereum. M. petrum Boium et M Christophorum Buschiducen⁵. De quo tamen silendum vobis existimarim. Oro vehementer, commendatum imprimis tibi a me suscipias fratrem meum Theodoricum, et in pietate bonam eius indolem exerceas. Nec abs re fuerit, si literae quae istic a fratribus scribuntur, non nisi lectae, ac alieno simul iudicio probatae, praesertim superioris, huc transmittantur⁶. Orate pro me Dominum, et in spiritu eius vos mutuo confortate   Rhomae 15 Nouembris .154[7.]   Indignus et seruus et frater tuus petrus Canisius.

ᵃ *Hic numerus facile suppleri potest ex ipsa epistula et ex iis, quae dicta sunt supra, p 47—48 218—251*

¹ P Cornelium Vishavaeum et Fr Antonium Vinck, vide supra p 252
² Significari videntur aut litterae Pauli III Romae 3 Iunii 1545 datae, quibus variae facultates Societati conceduntur , aut (quod magis probatur) litterae, qribus idem pontifex Romae 5 Iunii 1546 Ignatio permisit, ut „coadiutores, tam sacerdotes quam personas saeculares" ad Societatem admitteret et viginti ex illis sacerdotibus facultates eorum concederet, qui professionem sollemnem in Societate fecissent
³ Haec bulla corpus quoddam erat excommunicationum, quas summi pontifices quotannis „feria quinta in Coena Domini" sollemniter promulgabant
⁴ P Iacobus Lhostius, ex Geldria ortus
⁵ Cur Ignatius hos aliosque Romam evocarit, Canisius Ignatii nomine explicavit Ruardo Tapper, cancellario lovaniensi, litteris 10 Ianuarii 1548 datis
⁶ *Institutum* S J , Ex c 4, n 6, Const P 3, c 1 B

Huius epistulae inscriptio deest, sed ad Danielem Paeybroeck eam datam esse intellegitur, si cum iis conferatur, quae supra p 250 dicta sunt   Danielem Paeybroeck sub id tempus „ministrum" domus fuisse testatur *Manareus* 1 c p 14

55.

CANISIUS

ANDREAE SYDEREO,

canonico zutphamensi

Roma 20 Novembris 1547

Ex autographo (2° mm , 1¹/₄ pp , in p 4 inscriptio et pars sigilli) Cod colon „Litt Epistt var " f 33 et seq non signato
Epistula usus est *Gothein* 1 c p 679

In sancta oboedientia summum solacium esse   Se S Ignatii ceterorumque Sociorum commercio maxime delectari et libentissime in schola humilitatis atque omnium virtutum exerceri et probari   Sydereum, qui Societati iam se devoverat, hortatur, ut, funibus cunctis disruptis, eidem totum se det, ideoque Ignatii nomine ei suadet, ut Romam veniat   Alios etiam duos iuvenes ad eam profectionem mittat   Cautionem adhibendam esse in litteris cum aliis communicandis

ihesus

Chariss frater Andrea,

Gratia domini nostri JESV CHRISTI bona in nobis desyderia nutriat, nutrita conseruet, conseruata perficiat amen   Quod in hac tam remota locorum intercapedine nos inuicem consoletur absentes, vnum et maximum illud pulcherrimumque fuerit, simplex nimirum praestandae obedientiae ratio   Hinc procul dubio (neque sine vtriusque nostrum ingenti commodo) effectum videmus   vt et tu istic manens hactenus, iuris studio animum quamuis inuitum applices, et ego iam nuper Italiam ingressus, tum a vestro suauiss conuictu, tum a tumultuantis Germaniae patriaeque conspectu quam saluberrime quidem prohibear   Atque vtinam (quod ad me spectat) calamo linguaue tibi faelicitatem meam explicare possem, partim quidem vt totius profectionis meae successum amicissimus intelligeres   partim vt nouam hanc bene beateque viuendi occasionem gratulabundus ipse in domino mihi comprobares   Ah quanto esse mihi gaudio credas, post conspectos in Concilio tot tantosque viros, post agnitos familiarissime Patres instituti nostri praecipuos, post exploratos et hominum et regionum mores admirandos, nunc daemum, nunc (inquam) tot selectis hic fratribus, dignissimoque omnium Praeposito nostro[1] sic indies adesse, conuiuere[2], adhaerere[3]   Alij quaestus et literarum gratia aetatem, operam vitam-

---

[1] S Ignatio

[2] Domus professorum, haud procul a templo „S Mariae de Strata" sita totam eo tempore Ignatii familiam continebat (*Orlandinus* 1 c 1 4, n 4 76)

[3] S Ignatius Canisium „id, quod cum aliis quoque, qui recepti in Prouincias veniebant in Vrbem, moris habebat) de integro interrogari iussit, ac singillatim ex-

que omnem consumunt suam, si non fiugifere*, haud parum tamen labo-
riose, anxie, peiiculose Hic ego in sapientiae domo, in humilitatis officina,
in obedientiae vii tutumque omnium schola vt ditissima, sic ornatiss veisari me video, et exerceri semper cupio, licet nullum etiam obedientiae
ius aut vinculum intei cedeiet Hoc vero quandoquidem sancte iam nos
tenet domino obstrictos ac penitus mancipatos, quid prius quaeso, quid
vnquam praestabilius optabiliusque putemus, atque totis ea viribus tum
aggredi, tum persequi, quae ad institutum hoc, cui nos dedidimus, quam
maxime proximeque faciunt[1]. Qua in re mi fratei, noin satis tua
pijssima desyderia nec deesse, nec Dei giatia defutura: noin quotidiana illa suspiria, quibus testaris, a Societatis nostrae scopo te
summopere abduci primum materni quidem affectus lubricitate; dein
vulgari illa, si non et sordida cunctoi um de te amicorum expectatione.
postremo studiorum atque sumptuum non modica difficultate Cupiebam
idcirco iam nupei hisce tuis malis occursum iri, quo diiuptis semel
retibus, quod per Christi spiitum sancte istic conceperas, libeie alibi
matureque paiei es, et integre quidem huic nouae IESV CHRISTI
militiae, cui te iam deuoueras, totus et expeditus nobiscum adhaereres
Quid multis? Comunicata ie omni cum pijssimo sapientissimoque
Praeposito nostio, qui suam eiga te beneuolentiam nunc etiam auxit,
illud velut optimi remedij loco inuenisse tibi videor, vt coniecta scilicet in Deum inprimis omni cuia, et de matie, de amicis benefitioque
tuo reiecta solicitudine. Romam petas, teque totum in ijs quae sanctae
humilitatis et Apostolicae obedientiae sunt, nobiscum in domino hic
exerceas. Idque M et P[2] nostro Ignatio gratum fore, vt ne dicam
consultum videri, absque omni ambiguitate firmiter tibi polliceii

---

* Sic, sed potius legendum esse videtur infrugifere

ploiaii, num quibus ab ineunda Societate aiceietui impedimentis, quamque ad eam
animi piaeparationem affeiiet Cumque percunctationibus cumulate satisfecisset,
Decimo Kalendas Octobris [i e 22 Septembiis] post viginti cuicitei dies separatim in aedibus primae piobationis exactos, ad omnia paiatissimus imperia, idque
acturus, eo Societatis loco, et gradu, quem Piaesides decreuissent, futuius, ad com-
munitatem vitae iecipitur" (Sacchinus, Can p 41) Exeicebatui tunc Canisius in
Societatis tiiocinio vel probatione, sive „secundam" eam dixeris, sive (quod magis
placet) „tertiam", vel potius similem ei, quae nunc „teitia piobatio" dicitui Tunc
enim, Societatis constitutionibus nondum conditis, hae probationes ita nondum eiant
distinctae, ut nunc sunt Audivimus iam supra (p 47³) P Ioannem de Polanco
litteris Roma 13 Novembiis 1547 ad Socios loianienses datis testantem, Canisium
una cum l' Cornelio Vishavaco et Fi Antonio Vinck „sedulo in humilitatis exeicitus versari" et „cum aedificatione non modica" Sociorum „omnium suis fuugi
ministeiiis"
¹ Haec qui legeiit, mirabitur certe, quod Eveiaidus Go'hem asseieie potueiit,
unam ex rebus, quibus Canisii animus in domo Societatis romana et in schola spiii-
tuali S Ignatii imprimis commotus et delectatus sit, fuisse „der Mangel jeder
Askese" (Ignatius von Loyola und die Gegenieformation [Halle 1895] p 679)
² Magistro et Patii

habeo. Nec dubites velim de absoluendis aliquando studijs quae tempore post suo Reuerendus in Christo Pater noster Praepositus lubenter admodum prouehet, vtpote nihil praetermittens, quod ad summam Dei gloriam et praecipuam suorum salutem spectat Animum duntaxat promptum, infractum et simplicem adferre cogites Omnem honorem, incolumitatem, famam, vtilitatemque tuam humili obsequendi studio metiare, et sancto IESV Christi crucifixi amore nihil in hac vita durum molestumue posse videri putes An Dei efficacem erga te bonitatem virtutemque non hucusque tota vita sensisti? Atque adeiit ille etiamnum suo nomine peregrinanti, viae tuae dux custosque fidissimus vt qui suos deserit nunquam, etiamsi ad tempus mundo despectos illos, et in hac breui vita beate miseros. Festina, quaeso te frater, et (vt Hieronymus monet) haerentis in salo nauiculae funem magis praescinde quam solue[1]. Porro de alijs ad fratres nostros vberius, quorum consilia lubens audi, et sequere magnanimus, praesertim quoad profectionis tuae tempus. Equidem confido in domino, haud defuturum tibi fidum in via sodalitium, etiamsi Christophorus ille[2] ad quem ea de causa scribo, et Petrus noster[3] de quo sic mihi persuadeo, tantam huc perueniendi opportunitatem negglegerent [sic] Inuenies fratres nostros, et fidenter conuenies Paduae (alij Patauium uocant) Bononiae Florentiaeque. Vtinam tuo conspectu in domino frui liceat breui, vt et tu bonorum quae hic nobis affluunt, participatione gaudere non minus quam ditari queas CHRISTVM IESVM oro, vt fortitudinem sui Spiritus in te augeat, ac faeliciter e vinculis ereptum, breui te nobis libere restituat, et amanter osculandum hic praebeat Amen Salutant te fratres nostri, praesertim qui Germani nobiscum sunt quattuor Romae 20 Nouembris 1547

Frater tuus in domino

Pet Kanisius Nouiomagus.

In salutando Delphensi[4] et Henrico conterraneo[5] charissimis amicis nostris fidelem te mihi, vtilemque in domino praestes rogo Vide tamen etiam atque etiam, quibus hasce literas tuto communices. Multi saepe consultores, rari adiutores, paucissimi rerum optimarum sectatores nobis obtingere solent

ihesus. Chariss. in Christo IESV fratri, M Andreae Sydereo Zutphaniensi Coloniae

[1] „Haerentis in salo nauiculae funem magis praecide, quam solue" S Hieronymus ad Paulinum (ep 53 [alias 103], n 10 Migne, PP LL XXII 549)
[2] Buscoducensis, vide supra p 250 253
[3] Petrus Schorich (Bonus), vide supra p 248 250 253
[4] Van Delft?, vide supra p 248
[5] Henrico Dionysio, cf supra p 251

56.

CANISIUS

P. LEONARDO KESSEL ET FR. ADRIANO ADRIANI,

Socus coloniensibus

Roma 2 Ianuarii 1548.

Ex autographo (2° mm , p 1, in p 2 insci et pais sig) Cod colon „Litt Epistt vai " f 34
Paiticula („Semen aliquod — peccatorem commendate") transcripta est in Cod. colon „Hist coll Col " f 14ᵇ

Gaudet de iictu iis proriso Se Sociorum romanorum consuetudine multum imiaii, attamen optare, ut aliqui de Societate Coloniae remaneant Valde se demittit et fiatrum meiitis et precibus fulem cupit De moite Marme de Oistei uijk Nomine S. Ignatii, Germanorum salutem sitientis, iniienes quosdam Societatis cupidos iteium imidat, ut eiusdem tirocinium Romae ingiediantur

ihesus

Chaiiss. fratres,

Gratia domini nostri IHESV CHRISTI semper in coidibus nostris augeatur. Literas vestras in Xouembri sciiptas huc fratres Louanienses transmisere Et haud scio, an sex prioribus mensibus quicquam scriptorum vestiorum huc peruenerit Gaudeo sane , quod vtcumque vobis modo de vitae sumptibus proiusum sit, quia literas de daleris illis nunc tandem obsignatas esse significauistis[1] Vnde futurum equidem spero, vt istic diutius commoiari vos sinat Reueiendus in Christo pater noster Ignatius De mutando domicilio pro vestra piudentia agite De ieliquis quoties nascetur quaestio, Patrem et Praepositum qui vos amat, literis consulite. Rationem opinor dedi superioribus literis, cur morari hoc me in loco expediat Adeo iuuor sancto hoc sanctae societatis contubernio, vt Germaniae locoiumque omnium" teiiae obliuisci merito queam Quod si vobis istic manere contigerit (vt non dubito, etiamsi M. Iacobus[2] qui Louanium petiturus erat, non adeo grauiter hic peipetuoque laboiaret) maximo semper mihi gaudio futurum est, meminisse vestrarum pro me orationum. omnumque spiiitualium fructuum, quos Dei bonitas per vos Coloniae producet Nam semen aliquod benedictum[3] istic relinqui speio, ne Reuerendus Pater, cuius intei iustos gloriosa memoria est, M Faber expectatione speque sua defraudetur[4], neue chariss. fiater, cuius erga vos charitas non excidit[5], sed cum sanctis inciescit, M. Lambertus[6]

ᵃ *Seqiitui meum, a Caniiio ipso postea deletum*

[1] Vide supra p 251   [2] Lhostius   [3] Tob 9, 11
[4] Vide supra p 155—156 169   [5] 1 Coi 13, 8
[6] M Lambertus de Castio, novicius S J, 29 Septembiis 1544 Coloniae moituus et in Carthusia coloniensi sepultus eiat, cf supia p 121—123

istic se solum conspicetur. Ego vtinam vtinam [*sic*] ille sim, qui
velut catellus de micis fratıum id est, dominorum meorum[1]
pascı mercar, nimırum vt qui proprijs meritis laetaıı nequeo, vestrorum saltem laborum, studioıum fiuctuumque participatione sustentei
Erit profecto perpetua vestrı apud me memoria, vbicumque tandem
habebit me teira Vos, qui et cum Deo famıliarıus agitis, et Dei
spiritum dignius subinde gustatis, intei fraties reliquos, pro quibus
Deum precamini, vel infimum quaeso mihi locum concedite, et alioı um
simul precibus Kanisium peccatorem commendate Orbauit uos dominus matre de Oesteı wick. sed orat opinor et illa pro nobis orphanis
in coelıs Quare nec Bullam ıllam ıstuc mitto[2]

Quod pııoıibus literıs ad uos scıipsı de nostıo Sydereo, Petıo
Boıo et Chıistophoro Buscıducensı, idem brem nunc repeto, sic volente
nımırum Reueıendo ın Chrısto Patre nostro M Ignatio Qui quum
singulaıem illorum erga Societatem affectum intelligat, hoc expedire
arbitıatur, vt sı probaıc Societatis ınstitutum, et ad illud admıttı
cupiant, quampıimum huc vna se conferant, seque ın his quae Societatis sunt, nobiscum exerceant Quaıe quod ın vobis erit, ad ın-
grediendum itei illos ipsos animabitis, omniıque cura comecta ın Dominum, fochcıa ıllıs omnia promittetis. CHRISTVM bonorum conatuum
confirmatoıem precor, vt si non cum omnium aedıfıcatione contingat
ıllıs ea pıofectio, (nam forte obmurmuıabunt quidam) forti tamen
Spiritus gratia sic dıiigatuı. vt diligentibus Deum omnia co-
opeı entur in bonum[3]. Rogo praeterea te frater chariss M Adıiane.
vt literıs datıs ad M Chrıstophoıum, de pıofectionis tempoıe certiorem illum facıas, quatenus vno eodemque tempore collectı tres ıllı
Coloniae, itei ıngiedıantuı suum ad vrbem vsque Quod si pluıes
etiam idoneı iuuenes adiungerent sese haud dubium, quin gratıs oculis
eos ad pıobationem assumptuıus sıt nostei Praepositus, qui quantopeıe
Geımanoıum salutem sitıat. indies quidem claıius experioı Valete
dominı et fratres. meque totum commendate Reuerendissimo D. Aıchi-
episcopo Londensı[4], cuı nuper scrıpsı, M Andreae hospıtı[5] Prıorı
Chaıthusiensium, soıorıbus Maıiae[6] amıcıs ommibus, praeseı tim D Hen-
rıco conteıiaııco[7] et Zutphamiensı[8] Mııor cur de Geoıgio[9], et Gre-
goıio vestıo nihil sıgnifıcetis Oıo bıeuı vestras huc hteıas disponatis
Valete ın domino IHESV fortes et foelıces amen Romae 2º Ianuarıı
anno 1548

Vester ındignus fratei Petrus Kanisius Noviomagus

---

[1] Matth 15, 27   [2] Cf supıa p 251
Rom 8, 28
[3] Geoıgio de Skodborg   [4] Andreae Heıll
[6] Maıiae de Oısteıwıjk   [7] Henrico Dionysio
[5] Andıeae Sydeıco
[9] Geoıgıo Eder, ut vıdetuı

Quia scribit ad vos Reuerendus P. Polancus nomine Reucrendi nostri P. Praepositi, reuerenter eius literas accipite, simulque respondete.

Honorabili D Leonardo Kessel et M. Adriano Antuerpiensi Coloniae Apud Praedicatores.

57.

CANISIUS

nomine S Ignatii

RUARDO TAPPERO,

cancellario universitatis lovaniensis et decano ecclesiae collegialis S Petri [1]

Roma 10 Ianuarii 1548.

Ex apographo eiusdem temporis (2⁰ min , pp 2, inscriptio deest), quod Socii lovanienses coloniensibus misisse videntur, librarius in summa pagina priore scripsit _Copia literarum D Petri Kanisii ad D Cancellarium Louaniensem nomine praepositi Ignatii " Cod colon „Litt Epistt var " f 35 et sq non signato
Epistula usus est *Gothein* 1 c p 347 741

Gratias agit, quod Societati amicum et patronum summum se praestet Exponit, cur quidam Societatis scholastici ex academia lovaniensi Romam partim iam evocati sint, partim evocentur Universitatem louaniensem laudat Nicolaum Goudanum commendat, ut Tapperi ope cura pastorali liberetur et in tirocinium Societatis et ipse venire queat Virtutum schola quam sit Societatis alumnis necessaria Lovanienses qui Romam evocentur, Germaniae postea reddituri in i

Jhesus

Reuerende plurimum et eximie D cancellarie

Gratia et pax d nostri Jhesu Christi nobis continenter assistat. in nobis efficaciter agat, et ad perfectiora charismata nos indies prouehat Amen Cumplures sane iam anni sunt, quibus me quamuis immerentem. et fratres in Christo meos, et omnem demum hanc Jhesu societatem impense diligit R d t [2] suisque multis et magnis officiis nos prosequi necdum desiunt: amicus nimirum fidissimus et patronus noster istic maximus Quapropter quotquot hic sumus et istic erimus aliquando. gratis semper animis de dignitate tua cogitabimus, et illi quod in nobis erit, ea quae vera, summa aeternaque bona sunt a deo optimo maximo precabimur Postquam autem incolumes huc duce Christo venere charissimi fratres, ijdemque discipuli tui, M Cornelius Uvisschaueus et M Antonius Bouterson [3], conceptam nobis iam diu opinionem de humanitate et beneuolentia, erga nos vestra adauxerunt

---

[1] Quanto studio Ruardus Tapper (hollandus, † 1559) Societatem Iesu prosecutus sit, ostendunt *Manareus* 1 c p 19, *Polancus* 1 c 11, 87 284—287, *Orlandinus* 1 c 1 11, n 43, 1 14, n 49, cf etiam, quae P' *Adrianus Adriani* de eo ad S Ignatium scripsit Lovanio 23 Iunii 1551, in „Litteris quadrimestribus" I (Matriti 1895), 341—344   [2] Reuerenda dominatio tua

[3] P Cornelius Vishavaeus et Fr Antonius Vinck, ortus ex Bouterssem cf supra p. 230 [1]

17 *

qua fietus noster in Christo Jhesu pater et praepositus D. Ignatius tuae d in domino iam pridem addictissimus, sua quaedam consilia per meas hasce literas conferenda censuit. Nam cum is officio suo respondere (prout par est) vehementer satagat, nimirum vt ad summam summi dei gloriam singula societatis huius membra quoad fieri possit, promoueantur *, hoc enixe sibi curandum proposuit, vt quotquot Christo inspirante huic nostro instituto se dedunt, ac propter Christum legendos ipsi se totos offerunt, eorum ingenia, mores, conditionesque praenoscat, id vero datis, acceptisque mutuo literis solis perfici minime posse experimento didicit: praesertim si longius absint hi, quos omni ex parte cognosci, et ad professionem hanc minime in vtramius partem vulgarem institui solide congruit Qua quidem ratione domini ᵇ illi quos commemoraui istinc in vrbem evocati sunt, iamque vocationis ᶜ salutarem valde fiuctum vna mecum capiunt. Rursus vero pari de causa huc iam nunc euocantur M. Petrus ab Armenteria¹, et M Daniel de Deneramunda² fratres in domino amantissimi discipulique vestri quibus et iam diu in votis fuit humilitatis, obedientiaeque officijs coram luc sese nobiscum magis magisque probatos reddere. Nec ignoramus interim vniuersitatis vestrae pientissimae successum et studiorum in ea cultum ac vigorem, vt quem et exterae nationes praedicant, et tam multi studiosi summo cum fructu suo sentiunt ᵈ.... nonnullos etiam ex nostris sic probe institutos istic esse gaudemus, sed et in posterum multo plures istic institui cupimus, cum non modico doctrinae fructu id fore speramus licet in praesentia velut e medio studiorum cursu quidam huc reuocentur. Hoc enim agitur vt illi ipsi aliquamdiu luc aegredum probati et post foeliciter istuc reuersi, cum sibi tum alijs Louanij pro virili parte consulant, et si quod a deo talentum ipsis erit ad hoc concreditum in ciuitatum germanicarum aliquod auxilium ex professo impendant. Neque dissimili consilio etiamnum accersitui M Nicolaus de Gauda Bergensis pastor³, non solum vt diuturnis in hoc ipsius desiderijs satisfiat tandem, verum etiam vt et ipse nobiscum luc probatus et exercitatus, et Germaniae suae postea redditus, non

---

ᵃ promouebantur *apogi*   ᵇ domino *apogi*
ᶜ *Sequitur* suae, *sed a libraiio ipso deletum est*
ᵈ *Sequitur ios obscure scripta*

---

¹ Petrus Gillonius (Legillon), oitus ex Armentieres, Flandriae urbe, quae olim comitis Egmontani erat, nunc in gallica dicione est, mortuus a 1565 (*Delphice* 1 c p 2*)   ² Daniel Pacybroeck, cf supia p 250ᵇ
¹ Nicolaus Goudanus, parochus in Bergen-op-Zoom Hoc plantante et „Deo incrementum dante" „numero frequenter confitentium et communicantium quamdam primitiuae Ecclesiae faciem Bergensis ecclesia prae se" ferebat „conviviorum excessus, ac vestium pompae rescindebantur, unde Marchionissa Bergensis, Domina Jacoba de Croy, semel et iterum hoc ipso anno P Ignatio scripsit cives suos ad pietatem magis pronos, ac sibi multo obsequentiores, quam solebant opera Patris Nicolai redditos" (*Polancus* 1 c I, 295).

minus multis in domino vtilem se piebeat, atque nunc Bergensibus vtilis esse videtur[1]. Quod si promissionibus vllis ad pascendas diutius illas oues obstringitur non dubito quin t. d. obedientiae vinculum firmius esse iudicatura sit quo is propter Christum huic Christi societati iam poenitus astrinxit sese   Magna interim nos tenet spes fore vt academia vestra probatis viris nunquam destituta talem D. Nicolao successorem prebeat, qui coelesti quoque gratia adiutus, fide bona, nec dispari successu pastorale munus hoc apud Bergenses obeat   Nimirum (si verum fateamur) vtcunque spectatur ipsa ecclesiae edificatio tum ab illis qui pium virum in officio suscepto retineri fortasse cupient, tum a nobis huc eum euocantibus, vt quorum ipse vocationem, et vltro amplexus est et sedulo sequi cogitat. Hinc et summopere in domino speramus haud defuturam in posterum illi gratiam Christi efficacem, quando propter Christum honestam vitae suae rationem non deserit, sed in melius vertit, ratus nunquam defore, qui priorem vocationem illam praestare parati sint. In summa, quandoquidem et suae et suorum conscientiae prospectum maxime cupit noster in Christo pater praepositus, tres illos iam supradictos nouis huc literis euocat. remittendos quidem istuc fauente deo, et forsan maiore quibus opus erit, doctrina istic imbuendos, Sed prius tamen in grauissimo illo spiritalis vitae certamine preparandos. Atque prout cuique opus fore videbitur, in eis quae fideles crucis Christi sectatores decent, multum diuque confirmandos, Longa enim (vt mihi videtur) et ardua in coelum est via: tantis nimirum et extirpandorum vitiorum sentibus consita, et superandorum insidiatorum laqueis implexa, vt qui syncere perfectionem meditantur Euangelicam euangelicis etiam armis et opibus instructos esse diligenter oporteat. Ergo ne sim longior habet iam reueren d. t. expositam vtramque consiliorum patris in Christo nostri praepositi rationem. Partim vt si quid in posterum rectius ad curandam summi dei gloriam statuendum videatur, pro iudicio quidem tuo grauissimo libere nobis pionuncies: Partim vt authoritate simul et dignitate tua nos istic tueri pergas: ac denique solita reuerendorum D. Theologorum istic omnium beneuolentia, nostros cum praesentes tum absentes benigne prosequendos cures: Quo certe charitatis officio nos sibi totos dignitas tua deuinciet. quam virtutis omnis et author et consummator Jhesus Christus Dominus noster custodiat, et in pace sancta faeliciter conseruet. Amen. Romae 10. Januarij anno 1548.
Reuerendae d v.

Discipulus ac seruus in Christo
Petrus Kanisius Nouiomagus.

[1] P Nicolaus Goudanus postea in vniversitatibus ingolstadiensi et viennensi professor et in colloquio, anno 1557 Vormatiae de religione habito, ex „adiunctis" collocutorum catholicorum fuit   Mariam etiam Stuartam, Scotiae reginam, Pii IV. iussu nuntius invisit (de qua re vide „Stimmen aus Maria-Laach" XIX [Freiburg i Br 1880], 83—108)

Hanc Canisii epistulam *Polancus* significare videtur scribens „P Ignatius scribendum Cancellario Universitatis [Lovaniensis] curavit, ne aegre ferret ipse nostrorum discessum, et ut sua auctoritate, ne alii aegre illud ferrent, efficeret Cancellarius autem, praelectis litteris, sedulo nostros ad obediendum, perinde atque si mandatum ex ore Dei suscepissent, est adhortatus, egitque   ut Patri Nicolao bonus successor inveniretur " [1]

58.

CANISIUS

SANCTO IGNATIO [2].

Roma 5. Februarii 1548

Ex autographo (4°, p 1) Cod „Vota simplicia," qui incipit _Omnipotente et sempiterne Iddio, Io Joan bolognes* f 203

Apographum a P Petro Hugo S J scriptum exstat in cod monac _Lat. 1606* f 77ᵃ

---

[1] Chronicon I, 294—295

[2] Initio anni 1548 Messanae (Mamerti) in Sicilia Ioannis de Vega proregis et ipsius civitatis rogatu constituendum erat Societatis collegium Pro quo ut idoneus posset haberi delectus, Ignatius mandavit ut domestici singuli, postquam triduo rem Deo commendassent, scripto ad capita quaedam, scripto pariter tradita, responderent _Primum erat, an singuli prompte parati essent in Siciliam ire vel non ire, et eam partem, ut sibi cariorem, amplecterentur, quae ipsis a Superiore, quem Christi loco habebant, esset designata, secundo an, qui eo mittendus esset, ad quodvis ministerium externum (si litteris careret), si autem litteris institutus esset [ad] quamlibet lectionem quavis in facultate interpretandam, prout ab obedientia ei injungeretur, paratus esset, sive Theologia scholastica ea foret, sive Scriptura Sacra, sive Philosophia, sive Litterae humaniores (nam hae quatuor lectiones erant praelegendae), tertio, an qui tamquam scholasticus mitteretur, cuicumque facultati dare operam, juxta obedientiae praescriptum, vellet, quarto, an praeter obedientiam in exsequendis quae dicta sunt, id essent existimaturi convenientius, quod ipsis a Superiore demonstratum foret, suum judicium et voluntatem sanctae obedientiae sui mittendo" (sic *Polancus* l c I, 268- 269) *Orlandinus* secundum et tertium caput sic proponit· _An qui eo destinaretur, eadem aequitate animi perrecturus esset sive ad ingenij, ac literarum munera, sive ad manus et operae ministeria ita vt et docti in labore manuum, et qui nil didicissent, docere, quantum in ipsis esset, parati essent Ad haec si studiorum caussa mitterentur, num parati essent vel scholares quam in disciplina, quocunque sub praeceptore versari vel magistri doctrinam quamlibet tradere " Idem Orlandinus haec adnotat _Hisce percunctationibus aliqua ex parte seculi iudicio stultis, sed in Euangelicae schola Philosophiae altissima sapientia plenis alumnorum suorum mentem prudens magister ad eximij decus obsequij veterum Patrum exemplo formabat " Dicta igitur die ad unum omnes, sex citer et triginta numero, quotquot erant domi, etiam coquus, suas tradiderunt syngraphas quibus in unam eandemque conveniebant sententiam Canisii itaque scriptum instar omnium esse potest (*Orlandinus* l c l 8, n 8 9) Autographa illa anno 1864 supererant (*Boero*, Canisio p 54) De illo homines eligendi vel probandi modo *Daniel Bartoli*, Societatis historiographus „Fu", inquit, _singolarmente notabile, e quale, ne prima, ne poscia mai, per quanto io ne sappia, non si era usato" (Dell istoria della Compagnia di Gesu, l Italia II [ed nova, Torini 1825], c 12, p 123) Vide epistulam sequentem et *Acta Sanctorum* Iulii VII (Parisiis et Romae 1868), 555—556

Etiam apud *Orlandinum* l c l 8, n 9, *Sacchinum*, Can p 42—43, *Python* l c p 50—51, *Dorigny* l c p 65—66 (gallice), *Séguin* l c p 53—54 (gallice), *I E Nieremberg* S J et *P d'Outreman* S J, La Vie du Vén P Pierre Canisius (Douay 1642) p 74 (gallice), *I E Nieremberg* S J, Vida divina con la vida del venerable Padre Pedro Canisio (Madrid 1633) p 321—323 (hispanice), *Garcia*, Canisio p 62—63 (hispanice), *Giac Fuligatti* S J, Vita del P Pietro Canisio (Roma 1649) p 28—29 (italice), *Boero*, Canisio p 54 (italice), *Riess* l c p 76 (germanice), in „Leben defs Ehrwurdigen Patris Petri Canisij der Societet JESV Theologen Aufs dem Lateinischen ins Teutsch versetzt" (Dilingen 1621) p 29—30 (germanice) etc

Profitetur se aeque paratum esse ad proficiscendum quocumque et ad obeundum quodlibet munus atque omnem sui curam relinquere praeposito suo

Habita mecum qualicumque deliberatione super iis, quae Reuerendus in Christo Pater meus et Praepositus M Ignatius breui proposuit[a]. primum adiuuante Domino, in vtramuis partem aeque per omnia moueri me sentio. siue domi hic manere perpetuo iusserit, siue in Siciliam, Jndiam, aut quouis alio transmiserit Tum si in Siciliam abeundum sit, simpliciter mihi gratissimum fore profiteor, quale quale iniungatur obeundum illic offitium ministeriumue: etiam coqui, hortulani, ostiarij, auditoris, et in quauis disciplina licet mihi ignota professoris Atque ab hoc ipso die, qui est quintus Februarii, sancte vouco, sine omni respectu me curaturum nihil in posterum, quod quidem ad habitationis, missionis similisque commoditatis meae modum vllum facere posse vnquam videbitur, relicta semel ac semper eiuscemodi cura omnique solicitudine Patri meo in Christo Reuerendo Praeposito Cui sane tam quoad animi, quam corporis gubernationem, et intellectum ipsum et voluntatem meam per omnia plene subijcio, humiliter offero, fidenterque commendo in IESV CHRISTO domino nostro 1548.

Mea manu scripsi

Petrus Kanisius Nouiomagus

In processu beatificationis Canisii etiam haec eius professio producta est[1] Gregorius XVI, cum anno 1844 Canisii virtutes heroicas fuisse pronuntiasset, R P Ioanni Roothaan, Societatis praeposito generali pro eo decreto gratias agenti, affirmavit se ad illud faciendum permotum esse potissimum humili illa oboedientia, quam Canisius (concilii tridentini antea theologus) praestitisset in Siciliam discedens ibique rhetoricam docens[2]

---

[a] Ignatius proposuit *Pyth*

---

[1] *Positio super virtutibus* (Romae 1883) Summ p 216 et iterum Expos vit p 218   [2] *Riess* l c p 553[6]

59.

CANISIUS

P. LEONARDO KESSEL ET FR. ADRIANO ADRIANI,

Socns colomensibus

Roma 8. Februarii 1548

Ex autographo (2° p 1 in p 2 msci et pars sig) Cod colon „Epistt ad Kessel I˙ t non sign, medio inter ff 36 et 38

Duae partes („Quotquot hic" — „personae numerantur", „Quod si temporaria" — „subiect") transcriptae sunt in Cod colon „Hist coll Col ˙ f 14^b

Epistula usus est *Gothein* 1 c p 457 458

Messanae collegium Societatis incipit   Quam praeclarum oboedientiae exemplum Socii romani praebuerunt   Quanti roi et quam multa collegia Societati offerantur Qua ratione Siciliae a Socus reformata sit   Romae ad ordines recipiendos neminem admitti nisi a Socus examinatum et confessione peccatorum generali expiatum   De Socus compluribus   Preces et missas petit

Ihesus

Abierat nuntius, quum literas pius istas ad uos mittere studerem Lite[ras nuper ea] conditione Louaniensibus misi, vt ad vos mittendas etiam curarent   Breui hinc decem abibunt in Siciliam, vt noui collegij iaciant fundamenta, 4 professores, et sex auditores· pro quibus Dominum precari conuenit   de personis non constat   Quotquot hic agunt, scriptis Reuerendo P. Preposito datis hoc contestati sunt, se in vtramuis partem aeque moueri, siue vt perpetuo hic maneant, siue vt in Siciliam, Indiam aut quouis alio transmittantur. Tum si ad studium illis abeundum sit, nihil se curare, qualequale illis offitium iniungatur, non modo studendi inquam, sed etiam linguam Arabicam aut quamuis ignotam aliam profitendi   Ita nimirum vt et secundum voluntatem. et secundum intellectum (quod maius est) nemo hic expetat vel expectet aliud, praeterquam sine omni respectu in obedientia mori sibi ipsi[1]

Pluima huc quotidie adferuntur noua de incredibili quodam Societatis nostrae profectu. Plura offeruntur nostris collegia, si Hispaniam spectemus, quam personae numerantur. Et tamen cum sese ingerant[2] praelati, docti et egregij viri, ac pio summa ducant gratia, si ad culmae offitia recipiantur, fortiter adhuc a nostris refutantur. Quae res maiorem sitim ingerit animis bene dispositis   Breui nepos Regis Portugaliae Societati se dedidit[3]. Et Ducum filij inter nostros

---

[1] Camsius his verbis ea confirmat, quae supra p 262² ex Polanco, Orlandino, Bartolo, Boero allata sunt

[2] Id est Societatem ingredi cupiant

[3] Ioannes de Meneastro, Ioannis I ducis alveirensis, filius, anno 1547 Societatis tirocinium ingressus est, at postea a proposito declinauit (*Polancus* 1 c I, 257—258   *Ant Franco S J* . Synopsis Annalium Societatis Iesu in Lusitania [Augustae Vind et Graecii 1726] p 19)   Ioannes ille primus filius erat Georgii Lusitani, filii Ioannis II , regis Lusitaniae

modo educantur. Quod si temporaria haec vanaque bona spectarent
Patres, non noua quotidie collegia vltro citroque fundarentur   Sed
sicut vera gloria sequitur fugientem[1], sic perfecta paupertas totum
sibi mundum subijcit

Totum Siciliae regnum per nostros modo reformari coepit. Sub-
latus abusus deambulantium in templis, blasphemantium, non confitentium in infirmitate corporali[2]. Eriguntur hospitalia pro recipiendis
orphanis: quibus et optimi magistri praeficiuntur. Captiui aere alieno
liberantur si debitores sint, meretrices conuertuntur, monasteria re-
formantur, Clerus emendatur, populus confitendo et communicando
aedificatur[3].

Ex multis pauca retuli, quoniam ad species et particulares circum-
stantias non libet nec per otium licet descendere   Quid autem Romae?
vbi fratrum augetur sic numerus, vt 36 domi in summa pace et ordine pulcherrimo maneamus   Magnum sane ad reformationem Ecclesiae patet ostium, posteaquam nostris hic iniunctum est illud
muneris, vt Romae nullus ordinetur, qui non prius et examinatus a
nostris hic fuerit, et generaliter de tota vita confessus et sic demum
nostrorum Patrum consensu admissus. Sed Deum omnis gratiae fontem et consummatorem precari super est, vt quod ita foeliciter per
eum coepit, eiusdem gratia indies magis magisque confirmetur

Non satis noui, num de morte M Ambrosij Lyram acceperitis[4].

Veniet ad vos M. de Hallis[5], qui vt vobiscum maneret, precanti
mihi concessum est   Cupio enim vos illius praesentia recreari et confirmari in domino[6]. Expectamus hic M Sydereum, Petrum Boium et
Christophorum Buscidensem [sic] de quibus saepe iam ante   Rogo vt
ambo S. Magos pro me visitetis, S. Gereonem, S Vrsulam et D. Seuerinum[7]. Valete semper in domino IESV, et pro me dominum orate.
8 februarij 1548 Romae. Salutant vos maxime fratres; M Cornelius
et D Anthonius[8]. Raptim.

Indignus frater Pet. Kanisius

---

[1] „Gloria   virtutem tamquam umbia sequitur" Cicero, Tusculanae disputationes 1 1, c 45, n 109

[2] Haec effecta sunt a P Iacobo Lhostio et piaecipue a P Hieronymo Domenech, qui Panormi, Messanae, Monte Regali laborauit Is a proiege impetiauit,
ut per totum regnum decretum Innocentii III promulgaietui, quod est de non ad-
movenda aegrotantium corporibus curatione prius, quam annis medicina sacrae
confessionis sit admota (in Jure canonico cap 13, X V 38)

[3] Haec omnia uberius exponuntur ab Orlandino 1 c 1 7, n 17—21, et a
Dan Bartolo 1 c 1 2, c 11, p 111—118 Cf Litteras quadrimestres I, 47—53

[4] Is a 1544 Coloniae fuit et a 1547 in collegio gandiensi in Hispania vita
cessit, cf supra p 103² 108³   [5] Petrus Fabei (de Smet)

[6] Ps 70, 6

[7] Corpus S Severini, episcopi coloniensis, circiter a 403 mortui, Coloniae
asservatur in ecclesia paiochiali (tunc etiam collegiali) S Severini

[8] Cornelius Vishavaeus et Antonius Vinck

Charissime frater M Adriano, quandoquidem te sacerdotem brevi
fore confido, (id quod iam iterum apud Reuerendum p.[1] nostrum egi,
non tuam spectans sed Dei in te gloriam) hoc vnum precanti quaeso
mihi largiaris, vt post primas illas triginta missas, quas forte dic-
turus es, ad meam intentionem septem celebres, quibus et me totum
Deo commendes Id quod mihi quamuis immerenti non deneges precor
Sed et te mi pater ac frater Leonarde modis omnibus precor, vt
septem alias pro me dicere non graueris[2] qua re mhil gratius
prestare potes illi, qui semper tuus erit in Christo totus, Kanisio

Reuerendo fratri M Adriano Antuerpiensi et D. Leonardo Kessel
apud Praedicatores Colomae

60.

CANISIUS

P. LEONARDO KESSEL ET FR. ADRIANO ADRIANI,

Socus colomensibus

Roma 28. Februarii 1548

Ex autographo (2°, pp 2, in p 4 insci et pars sig) Cod colon „Epistt
ad Kessel I⁴ f 38
Complures huius epistulae sententiae, aliis omissis, insertae sunt codici colon
„Hist coll Col ⁵, ad a 1548, f 15ª
Partem epistulae („Augeat quod in vobis" — „non minus hic literatis") typis
exscripsit P Michael Buchler S J , Ratio Studiorum et Institutiones Scholasticae
Societatis Iesu per Germaniam olim vigentes I (Berlin 1887), 135—136
Epistula usus est Gothein I c p 386 680

*Gaudet Coloniae adolescentium peccata confitentium numerum augeri Socus
de „renouatione totorum⁴ gratulatur Eosdem hortatur, ut adulescentes ad virtutis
studium, Aristotelis lectionem, disputandi feruorem incitent Omnia ad charitatem
Dei referenda esse Quanti vel una anima valeat Oboedientium praedicat, episte-
larum frequentiam, grammatica exercitia, Ciceronem commendat Multos Romum
mittendos, quales ii esse debeant Germaniae salutem curandam Se mox in Siciliam abiturum, Ignatio atque immo Deo volente, ac vel in Indiam, si mitteretur,
libentissime profecturum, propter Christum enim omnia esse spernenda A Socus et
Carthusianis preces et missas pro se offerri cupit*

Ihesus

Charissimi fratres in domino,

Gratia domini nostri JESV CHRISTI semper in cordibus nostris
vigeat et augeatur Literas vestras in fine decembris scriptas accepimus, et non sine communi fratrum gaudio legimus, quia consolationis et aedificationis caussas maximas adferebant Scribitis enim

---

[1] Patrem, id est S Ignatium
[2] Notandi hic esse videntur numeri missarum tricenarius et septenarius qui
quidem in missis quoque „Gregorianis" seruabantur (cf Fr Beringer S J , Die Ab-
lasse [11 Aufl , Paderborn 1895] p 430—433)

(summa Deo aeterno gloria) messem istic foecundam praeparari, moueri complurium coida salubiiter, augeri confitentium adolescentum
numerum, et solito maiorem aliorum erga vos beneuolentiam esse.
Neque tantum de alienis scribendo agitis, verum et ipsi vestrum in
spiritu profectum declaratis, dum nouo studio quae iam olim aedidistis
societati nostrae vota, et comprobare et huc transmittere voluistis[1].
Augeat igitur quod in vobis iam coepit, idem misericordiarum
pater[2], diffundat lumen suum, inserat charitatis feruoiem cordibus
nostris, vt non modo sanctae vocationis huius offitia cognoscamus,
verum etiam agnita foitissime compleamus, et finem spei nostrae citra
errorem atque periculum obtineamus

Interim quod optime facitis, accedentium, ac vos inuisentium
adolescentum rationem sedulam habebitis, a mundo ad CHRISTVM,
a caine ad spiritum eos adducetis. confitendi, communicandi, orandi,
meditandi, plorandi sanctum illis vsum amoiemque commendabitis,
zelum animaium et perfectionis studium eoiundem animis instillabitis,
ad Aristotelis lectionem etiam repugnantes prouocabitis[3], in disputandi feruore confirmabitis, verum studiorum scopum et fructum illis
ad charitatem vnice referetis Quod si vel vIII quicquam hoium
persuaderi a vobis posset, non video, cur ob id solum non libenter
vitam omnem istic transigere vt pluiimum desyderaretis Nam vnius
animae prodesse et recte consuleie posse, totius mundi pietium superat
in immensum. Neque tantum charitatis est, quicquid laboris iuuandis
aliis tribuere soletis, veium etiam vt duplicata sint vestris benefactis
praemia, quod charitas aedificat[4], ornat simul et firmat augetque
vobis sancta obedientia De qua superioribus quidem literis ad vos
perscribendum curauit Reuerendus Pater in Chiisto Praepositus noster[5],
iubens per charissimum Patrem M Ioannem Polancum, vos quiete
istic vitam degere, ac saepius vestris de rebus huc literas dare Mihi
commodum facturi sane videmini, quod et Piaepositus hic noster dignissimus comprobat, si nonnunquam in exercendo stilo vestrum studium collocetur praesciitim ad epistolaium Ciceronis imitationem Ita
D. Cornelio[6] accidit charissimo fratri nostro, vt et ipse ad Gramma-

---

[1] De hac „renouatione votorum" vide supia p 232[7] et infra monum 3
[2] 2 Cor 1, 3
[3] S Ignatius in Constitutionibus Societatis „En la Logica, y Filosofia Natural
y Moral, y Metafisica, seguirse ha la doctiina de Aristoteles" (P 4, c 14, n 3)
In verbis „constitutionum Societatis" ponendis non vulgatam versionem latinam
(quamquam haec in Societate vim legis habet), sed S Ignatii „autographum" illud
hispanicum hic et semper sequimur, quod nunc quoque exstat, quodque a 1606,
Claudio Aquauiva piaeposito generali, Romae et a 1892 a R P Ioanne Iosepho
de la Torre Madriti typis exsciiptum est cum hoc titulo „Constitutiones Societatis
Jesu latinae et hispanicae cum earum declarationibus " „Autographum" illud de-
scribitui ibidem p VIII—IX XIII—XIV Latinae constitutiones sat notae sunt
Ignatius tantum hispanicas scripsit.
[4] 1 Coi 8, 1   [5] Ignatius   [6] Vishavaeo

ticam redire iussus sit: ita breui futurum arbitror [mihi]* vna cum
M Antonio[1], alijsque non minus huc literatis.

Nunc sextus mensis agitur, quod summa cum animi mei voluptate
patribus ac fratribus Romae adfuerim, ac vt nunquam antea, fructuose
simul conuixerim Idem sane certo certius procurabunt, quotquot a
vobis huc mittentur Mitti autem satis non poterunt, (vt vestrum
scrupulum submoueam), modo corpore firmo seu sana valetudine fuerint, ac dociles, aspectuque non deformes, et quod praecipuum est,
ad societatem nostram ex animo adspirantes Quattuor hae ies quum
adeiunt, ad mittendum idoneos iudicate, et si qui forsan idonei fuerint,
in aduentum charissimi fratiis nostri Danielis reseruate. Nam is
contendens vna cum Pastore Bergensi et M Gillon istuc in Augusto
venturus est[2], quando simul inter vos conferetis et illud, expediatne
M Petrum de Hallis, qui istic breui aderit, vobiscum persistere, an
duobus Louanij fratribus reliquis[3] adesse. Reuerendo Patri nostro
M Ignatio non displicebit. vtrumuis cum statueritis et pro Dei promouenda in vobis gloria, et pro M. Petri valetudine rectius curanda.
Expectamus modo Sydereum nostrum vna cum suis comitibus[4], quos
vtinam permul[tos] huc videam sic Germanicae patriae salutem sitio,
et vobis istic commendatissimam esse cupio. Vtinam vero literis ad
M Henricum[5] datis efficax Dei spiritus adspir[et] Quo pacto meam
libertatem in scribendo latuii sint, nescio Vos euentum omnem per-
scribite Scripsi ad amicos etiam, ne vobis vllo pacto desim, vbi
prodesse possum Nescio autem quibus primum literis vos conuen-
turus sim in [sic] fratres, posteaquam hinc, et breui quidem in Siciliam vna cum nouem alijs discessero Sic enim et de me, et de
M Cornelio Praepositi nostri statuit auctoritas, imo per Praepositum
ita dei nostri sanctissima decreuit voluntas[6]. Noui in Sicilia collegij
fundamenta collocanda sunt[7], et ad quattuor eius amplissimi iegni
oppida similis fere patet accessus Sed ideone amicissimi disiungentur

---

* *Hoc insertum est, quia ipsa sententia id postulare videtur*

---

[1] Vinck
[2] Daniel Paeybroeck, Nicolaus Goudanus, Petrus Gillonius Socii lovamenses,
a Canisio significantur (de quibus vide supra p 260)
[3] Unus ex iis Cornelius Broegelmans fuisse videtur (cf *Orlandinum* l c l 7,
n 41) Alter fortasse erat Nicolaus Lanoius (Delanoy), de quo *Delplace* l c p 2*.
[4] Petro Boio et Christophoro Buscoducensi, cf supra p 265
[5] Henricum Dionysium dicit, cf supra p 251—252 256
[6] Fortasse sub hoc tempus Canisius ex ore S Ignatii excepit illud „viaticum
quinque puncta memorabilia exituris [in alias partes] continens", quod „ex manu-
scripto R P Petri Canisii" (quod tunc in archivo romano Societatis Iesu asservabatur) a P Ignatio Pimo S J descriptum, P *Ioannes Pinius* S J in „Actis
Sanctorum Iulii" VII (in editione nova [Parisiis et Romae 1868] p 586) latino sermone vulgavit, quodque postea etiam italice editum est a P *Francisco Marimi* S J
(Della vita di S Ignazio [Bologna 1741] p 216)
[7] Messana (Messina) collegium Societatis habitura erat, cf supra p 262[2]

animi, quia mortalia haec corpuscula ad tempus separat obedientia, separat Dei pi ouidentia, separat vtilitas puplica [sic], cui semper et soli debemus omnia, non corporea solum haec vincula, sed totius mundi daemum praesidia? Ego sane, si vel ad Indias iamiam proficisci iubear, quia DEVM ipsum itineris ducem mihi polliceor, nec animo turbari possum, nec solicitudine vlla moueri debeo, certus in illo vno mihi salua fore omnia, qui propter me condidit et seruat vniuersa Quare quum e celo emissi, et caelum repetituri breui sint nostri animi, despiciamus fratres charissimi, despiciamus inquam huius terrae caducum globulum, atque tetrum omnino carcerem, cuius tenebris occupati, luce illa prae-stantissima aeternaque destituimur, et mille hic errorum, vanitatum, laqueorum, cupiditatum labyrinthis inuoluimur, rapimur, concutimur, agitamur. Hoc solum remedij, hoc solatij relictum est, vt pulcherrimo charitatis nexu inuicem colligati, iungamus ac firmemus in CHRISTO animos, CHRISTO libere seruiamus, CHRISTI spiritum hauriamus, CHRISTVM daenique morte nostra, miserijs et incommodis nostris plene lucrifaciamus[1], et in aeterna vita simul foelicissime possideamus Illud addam neutiquam omittendum, vt per charitatem eam, quam CHRISTVS inter nos firmissimam maximamque intercedere voluit, perpetuam mei memoriam istic retineatis, pro me, pro salute mea DEVM et Sanctos eius fideliter imploretis, me amicorum simul precibus omnium com-mendetis, me Sanctis Magis, S. Gereoni, Thaebeis, Mauris ac toti B. Vrsulae castissimo sodalitio etiam atque etiam offeratis[2], pro me daenique (si tantum petere fas est) hebdomadatim sacratissimum CHRISTI corpus Deo patri offerre curetis Sane P' Priorem Carthu-siae amicissimum deprecor, vt semel sacrificantes omnes pro suo Kanisio celebrare iubeat, atque ita totius conuentus suorum fratrum precibus indignum licet filium, amicumque prosequatur Sed et Re-uerendus P. Ignatius vna cum hac tota IESV societate cumprimis illi sese commendat. Hic quamquam inuitus scribendi finem facio mi fratres, precandi iterum pro me, ac hebdomadatim celebrandi munus obnixe a vobis postulo, certus hanc vestram ditissimam eleemozinam proficiscenti egeno mihi commodissimum viaticum fore. CHRISTVS IESVS amore suo nos inuicem magis magisque coniungat, vt in eius persistentes gratia consortes gloriae reddamur sempiternae amen.

Romae, XXVIII Februarij, 1548.

Vester in Christo conseruus Petrus Kanisius,

Nouiomagus.

Reuerendis fratribus in Christo M. Leonardo Kessel, et M Adri-ano Antuerpiensi apud templum Praedicatorum Coloniae Agrippinae Coloniae

---

[1] „Omnia detrimentum feci, et arbitror ut stercora, ut Christum lucrifaciam" (Phil 3, 8)   [2] Cf supra p 37² 173³ 173⁴

61.

CANISIUS

P. LEONARDO KESSEL ET FR. ADRIANO ADRIANI,

Sociis colomensibus

Neapoli 24 Martii 1518

Ex autographo (2⁰, p 1. in p 2 inscr) Coloniae, in bibliotheca domini
H Lempertz seu
Particulam germanice vertit *Gothein* 1 c p 768

Adulescentes germanos Romam mittendos esse Socios rogat, ut duo socii u capita sociorum S Ursulae collegio Messanae instituendo mittant Se, oboedientiae et charitatis vinculis Christo iunctum, nihil timere Preces petit B Petri Fabri memoriam renovat

Ihesus

Chariss fratres in Christo JESV

Gratia domini nostri JESV CHRISTI semper in cordibus nostris abundet amen Priusquam decem ex vibe discessimus[1], quo iamdiu desyderati in Siciliam obedientia duce peruenniemus, abunde satis ad vos varus de rebus perscripsi, et illa praecipue significaui, quae ad M Siderei, Boij et Christophori profectionem maturandam pertinent, quaeque ad bonos adolescentes huic societati praeparandos, et a vobis istic sedulo prouehendos spectant Adiunxi praeterea literas ad M Sutphamensem[2] et Baccelum meum[3] scriptas, ratus libertatem si qua vsus sum in scribendo, illos aequi bonique consulturos

Spero in domino, et cupio equidem vehementer fore, vt quum in Augusto mense fratres Louanienses istae in rbem petierint, vestro simul studio quidam illis adiungant sese Et praeterquam quod Reuerendo P. Ignatio, et Patribus fratribusque omnibus id placiturum intelligo, sane si paulatim ita Germani iuuenes a nostris, et cum nostris Romae instituantur, permagnam hinc vtilitatem et Dei gloriam colligi augeri que posse putarim

Nunc vel ob id maxime scribendum mihi videbatur (quamuis in itinere huc essem et quamprimum mare mediterraneum ingressurus) quando-

---

[1] Discesserunt 18 Martii (quae tunc erat „dominica Passionis"), cum pridie eius diei Paulus III amantissime iis benedixisset (et supra p 52) Eorum quattuor erant sacerdotes Hieronymus Natalis, quem, ceteris consentientibus, Ignatius prae- esse iusserat, Petrus Canisius. Cornelius Vishavaeus. Andreas Frusius Reliqui sacerdotio paulo post ornandi, erant Benedictus Palmius (Palmio) parmensis, Isidorus Bellini (Sbrandus) Romae parentibus germanis natus, Hannibal Codrettus (du Coudrey, du Codre) allobrox, Martinus Mare gallus. Ioannes Baptista Passerini brixianus, Raphael Riera barcinonensis (*D Bartoli*, Italia 1 2, c 12 [1 c p 124] *Litterae quadrimestres* I, 91¹ *Boero*, Can p 55 Hic [1 c p 56] asserit eos iter neapolitanum quinque diebus absolvisse) Cf ea, quae unus ex iis Neapoli 24 Martii 1548 ad S Ignatium scripsit, in „Litteris quadrimestribus" I, 91—93 Quae etiam ostendunt eos per Marinum (Marino) et Velitras (Velletri) transiisse

[2] Andream Syderonin   [3] Magistrum Henricum Baccelum, de quo infra

quidem ex consensu Reuerendi P in Christo Praepositi magnopere
desyderamus, et quotquot modo Siciliam petimus, a vobis obnixe precamur, vt sancta duo capita quae Virgines Capitolij tribuerunt, Romam nobis perferri pro vestra fide diligentiaque curetis[1]. Jllinc enim
in Siciliam facile perferentur, ac nouo quod Messinae erit collegio
non minimum (vt spero) praesidij ac ornamenti dabunt[2] Mihi sane
consultum videtur, vt chariss. fratribus Louaniensibus Romam adeunti-
bus hasce sanctiss reliquias commendetis[3]. Cum enim et Reuerendo
P. Jgnatio ita fieri placeat, haud dubitare possum, quin lubenter admodum sanctum hoc onus deportaturi sint, cuius meritis et ipsi peregrinando iuuari atque consolari queant Hoc tantum interea curabitis, vt in Augustum sportula quaedam, et opertoria si videbitur.
istic praeparentur[4]

P et frater chariss Cornelius qui mecum Siciliam accedit, plurimum vos in domino salutat. Ego quam maxime possum vna cum
illo me vestris orationibus commendatum iri velim Dicunt, inexpertis
nauigationem qualis nunc subeunda nobis est, periculosam esse solere
Sed animat me sanctae obedientiae ratio, quae siue viuos siue mortuos corpore nos inueniat, CHRISTO semper praesentes atque gratos
vbique nos facit Et quis exilij sui perpetuas grauesque miserias,
aeterne patriae beata immortalitate commutari statim non optet?
Sane siue diu in hoc tabernaculo demoremur[5] (quamquam momentaneum est omne quod hic viuitur) siue e vestigio dissoluatur corporea
ista moles, praeclare nobiscum agi vtrinque caensendum est, modo
Christo duci et principi nostro adhaerescamus, in illius gratia per-
sistamus, illius crucem et gloriam diligamus. illius daemum nomine
superioribus obedientiam, et charitatem omnibus exhibeamus Verum
mei memoriam vestris orationibus quotidie renouari, totus exopto
semper. Qua quidem re nihil aut maius, aut dignius mihi vnquam
praestabitis chariss. fratres, qui vestris etiam in domino filijs me com-
mendetis precor, et amicis demum vniuersis Neapoli 24 Martij 1548.
Valete semper in visceribus IESV CHRISTI pro nobis crucifixi, et

---

[1] Plectrudis, Pipini Heristalli uxor, Coloniae (ut ferunt) in Capitolio ecclesiam et
virginum nobilium collegium condidit, quae aliquamdiu regulam S Benedicti obser-
vabant Hae Socis — id ex proximis epistulis intellegetui — duo capita donauerunt
sanctarum „Sociarum S Ursulae" virginis et martyris (cf supra p 173[4]), eaque
fortasse ad gratiam Canisio referendam pro sacris orationibus in templo illo habitis
(cf supra p 143) Errat igitur V de Buck S J, scribens haec duo capita Canisio
„a Carthusianis patribus" data esse (Acta Sanctorum Octobris IX [Parisiis et Romae
1869], 252)

[2] Polancus affirmat civitatem messanensem haec duo capita sacra anno 1548
suis litteris a S Ignatio postulasse (Chronicon I, 366—367)

[3] Haud recte igitur Crombach, Boero, Séguin, alii scribunt Canisium ipsum
sacra illa capita Colonia Romam attulisse

[4] „Reliquiarium", quod vocatui, a Canisio significari videtui

[5] Cf 2 Cor 5, 4 2 Petr 1 13 14

Reuerendi P. piae memoriae D. Petri Fabri de Coloniensibus fidem, expectationem desyderiaque nunquam non ad mentem reuocate

Vester indignus et frater et seruus perpetuus Petrus Kanisius.

Chariss fratribus D. Leonardo Kessel, et M Adriano Antuerpiensi prope templum Praedicatorum Coloniae. Coloniae.

62.

CANISIUS

PETRO GILLONIO, CORNELIO BROGELMANNO [1], DANIELI PAEYBROECK

ceterisque Sociis Iovaniensibus

Messana 23. Aprilis 1548.

Ex archetypo (2°, pp 2, in p 4 inscr et pars sig), quod, Canisio dictante, P Cornelius Vishavaeus scripsit, Canisius correxit nomenque suum subscripsit Cod colon „Litt Epistt vari ˟ 1 signato num „39", per quem 2 lineae ductae sunt

Quantum solacium ex Sociis capiat, quibuscum in Italia conversetur De benignitate Pauli III sibi comitibusque fausta precantis De singulari protectione diuina, peregrinantibus inter varios casus aduersos timoresque concessa Contiones habitas, nautas, hospites, alios ad sacramentorum perceptionem inductos, stipem largam acceptam esse Socios Messanae coram proceribus latine dixisse, liberalissime tractari, omnem iuuentutem institutiros Quas disciplinas tradituri sint

Jesus.

Charissimi fratres in Domino.

Gratia Domini nostri Jesu Christi nobiscum perseueret, et augeatur semper. Amen

Quandoquidem diuine voluntati, et patribus nostris ita visum est, vt primum quidem e Germania in Italiam, tum ex Italia in Siciliam concederemus, magnam profecto huius omnis profectionis et vtilitatem intelligimus, et voluptatem quotidie capimus. Augetur autem eaipsa

---

[1] Cornelii Brogelmanni (Broegelmans, Brogelmans) saepius mentio recurret Brugis (Bruges) in Belgio natus (*Delplace* 1 c p 2*), Lovanii circiter annum 1545 „cohabitabat nostris, suo tamen aere et nutu victitans spe potiundae Societatis" (*Cod bruxell „Hist Coll Lov" p 11) Societatem ingressus postea Romae, cum in officio diuino recitando scrupulis laboraret, ab ipso S Ignatio sanatus est (*Petr. Ribadeneira*, Vita Ignatii Loiolae 1 5, c 10) Initio anni 1556 ab Ignatio Pragam cum aliquot Sociis missus est ad collegium Societatis instituendum, ibique „minister" et „confessarius domus" fuit (*Orlandinus* 1 c 1 16, n 19 *Georgius Varius* S J , *Historia fundationis Collegii Pragensis* [saec XVII scripta], qui est cod „I A 1" bibliothecae universitatis pragensis, f 1) Ineunte anno 1561 in collegio viennensi „confessarius domesticorum et praefectus templi" fuit A provincia Societatis Austriaca anno 1565 Romam ad congregationem generalem legatus, vivere desiit Viennae a 1578, annos natus 65, e quibus 32 in Societate transegerat (*Cod „Annal Vienn " ad a 1561 f 11ᵇ—12ᵃ, ad a 1565 f 14ᵇ, ad a 1578 f 28ᵃ).

mirum in modum, quum reuerendos in Christo patres charissimosque
fratres nostros aspicimus, aut absentes etiam nobiscum reputamus.
Nam cum illi virtutum prerogatiuis, ac pietatis omnis excellentia vere
nobis admirabiles, iuxta et amabiles videantur, ad horum exempla,
mores, instituta nobis haud immerito respiciendum est   Quare non
modo patienter ferimus, sed libenter etiam, et iucundissimis animis
videmus, a terrena quidem patria seiunctos nos esse procul, illis
autem per quam familiariter adiunctos, qui sapientia plusquam patres,
charitate plusquam fratres, et amicorum fide superiores exhibent sese,
nihil intermittentes paenitus, quod nobis ad bene beateque viuendum
ab illis ipsis expectandum videretur. Id quod praefari nunc libuit
charissimi fratres, ut quia summi beneficii huius magnitudinem ne
animo quidem concipere possimus, et grati tamen bonorum authori
omnium Deo esse cupimus, fraterna in vobis praesidia sentiamus, et
vestrarum pro nobis orationum munera, caelesti regi offeramus De
totius itineris in Siciliam successu permulta scribi poterant, quae
partim consolationes spiritus, partim afflictiones corporis comproba-
rent Sed vt e plurimis vel pauca obiter attingamus, equis vecti
Neapolim peruenimus[1], posteaquam a summo pontifice[2], et a maximis
quibusque Cardinalibus humanissime dimissi sumus[3]. Nec dubium, quin
istuc copiose perscriptum iam sit, qua beneuolentia sanctissimus ille
pater Paulus tertius nos exceperit decem, qui nouo in Sicilia collegio
destinati fueramus, postulante ita viro clarissimo Prorege, et Messana
celeberrima ciuitate. Igitur priusquam Neapolim uentum est, preter
alia incommoda (sed quae spiritum nutriebant) in summo discrimine
fuit Cornelius noster in Domino frater et socius, cui vt a praecipitio
liberaretur, stupenda Dei virtus adfuit, et equum vna cum insessore
ipso seruauit. Porro simulatque ingressi mare sumus, ac [cum] procul iam a Neapoli abessemus, fractus[a] repente malus in ciuitatem
redire compulit[4] Hic tum inuenta est mulier, quae captiuum de-

---

[a] *Sic Canisius ipse (ut videtur) scribam suum correxit, qui scripserat* fracta

[1] Haud recte igitur *Boero* „Andavano a piedi" (Can p 56)
[2] Summam orationis, quam Paulus III tunc (17 Martii) ad Socios habuit, vide
apud *Orlandinum* l c , cf etiam *Boero*, Canisio p 55 De sicula Canisii missione
et profectione confer, quae scripsere tum *Canisius* ipse in autobiographia (supra
p 47 52—53), tum P *Natalis* in litteris Messana 10 Aprilis 1548 ad S Ignatium
datis (Litterae quadrimestres 1, 94—99), tum *Emman Aquilera S J*, Provinciae
Siculae Societatis Iesu ortus et res gestae ab Anno 1546 ad Annum 1611 (Panormi
1737) p 7—13
[3] Margaritam etiam Austriacam, antequam iter ingrederentur, salutaverunt,
„quae modesta officia", inquit *Orlandinus*, „non parum in rem Societatis publicam
valuere" (l c l 8, n 12)
[4] Mare 28 Martii ingressi, sed post aliquot horas Neapolim reversi, 29 Martii,
quae erat „feria V in coena domini", iterum nauem ascenderunt, 30 Martii ad
Schaletam (la Scalea) Calabriae vicum appulerunt, a Franciscanis prope Schaletam
habitantibus hospitio recepti sunt, ubi nautis omnibus persuaserunt, ut peccata con-

ploiabat maritum, ipsa deploranda potius. quod peccatorum alligata
vinculis, totum triennium a nullo sacerdote soluta esset. Tum vero
cum a nostris pietatem doceretur (hospitam enim sese exhibebat nobis) confiteri M Andreae nostro[1] cepit, et consolationis plurimum
persensit Multis profecto visum est, ob curandam huius salutem,
praeteritae nauigationis incommodum accidisse. Sed et alibi gratiam
hanc nostris deus contulit, vt [aliqui][a] licet tabernis publicis praeessent, confitendo tamen sese per nostros expurgauerint[2]. Habitae
sunt et conciones publicae, quibus non parum fructus collectos esse[b]
Christo, speramus, alijque testantur. Vt ad nauigationem redeam,
in qua multum fastidij, nauseaeque pertulimus, satis exagitauit nos
ventus, et antenas[c] demum disrupit, prouidente nimirum ita Christo,
vt ad ciuitatem proximam declinaremus[3]. Vbi multis haerere diebus
coacti, tantum spiritualis fructus nostri compararunt, vt nobilissimi
illic viii certis inter se constitutis legibus, ad frequentem sacrae confessionis et communionis vsum sese astrinxerint, et communi populo
verae pietatis exemplis praelucere statuerint[4] Quo in loco cum et
nobis et nautis ad esum vix minimum superesset, vltro ciues illi ne
cognita quidem hac necessitate nostra, liberalitate summa nos pro-
secuti sunt Huc accedit, quod in ea naui qua vehebamur, nullus
omnino fuerit (fuerunt autem permulti) qui non confitendo et communicando magnam nobis laetitiam attulerit, ac bonam de se spem
prebuerit, Hoc vero testari possum, corporalem non minus quam
spiritualem victum nostrorum opera nautis suppetiuisse Cogor multa
hic praeterire, quibus explicandis omnibus otium negatur. Vt, quod
piiratas videre visi sumus, quod nauis cursum nocturno tempore pe-
destri itinere insequeremur, quod per aquas reptandum et transeun-
dum fuit[5] Meminit horum exactius puto Magister Cornelius[6], qui
praesenti semper animo tempestates ac iniurias omnes conspicatus

---

[a] *Hoc vel simile quid hic supplendum esse videtur*
[b] *Sic, sed potius scribendum erat* non paucos fructus collectos esse
[c] *Sic, sed melius scripsisset* antennas *vel* antemnas *(Segelstangen, seilyards)*.

literentur et festo paschali sacram eucharistiam sumerent, eodem aut postero die
mare iterum ingressi sunt (*Natalis* in litteris 10 Aprilis datis 1 c p 95—96)

[1] Andreae Frusio
[2] Ita caupo eiusque servus confessi sunt Velitris (*Litterae quadrimestres* I
91—92) Contiones habitae sunt Velitris et Paulae (vide infra adnot 3 *Litterae
quadrimestres* I, 91 96—97)
[3] Ad Paulam (Paola) Calabriae citerioris oppidum navem appulerunt 2 Aprilis,
quo ipso die ecclesia festum agit „S Francisci a Paula", conditoris ordinis „Minimorum" (*Natalis* in litteris modo allatis 1 c p 96)
[4] Praeterea cum capitaneo et archipresbytero illius regionis constitutum est,
ut bonus quidam sacerdos catechista puerorum crearetur, et statim ab aliquo ex
Socus „sanctum hoc opus" inchoatum est (*Natalis* 1 c p 97)
[5] Id factum est d 6 Aprilis, quo Paula profecti sunt v litteras *Natalis* 1 c
p 97—98 [6] Vishavaeus

est, et alijs esse potuit subsidio atque consolationi. Si molestum
toleratu fuit, quicquid experti tum sumus, nunc sane iucundum nobis
est meminisse, vt naufragantibus et periclitantibus in posterum etiam
libentius compatiamur, illis et charitatis et orationis officia prestemus

Igitur qui dominica passionis ex vrbe discessimus, octauo die
paschae[1] nauigationem omnem confecimus Messanam ingressi, Ac
statim quidem ad vicereginam admissi[2], magnoque senatus et ciuium
applausu excepti sumus, Deinde tertio die quinque nostrum orationes
latine habuerunt, praesente semper Illustrissimo principe vicerege,
astantibus nobilissimis viris, circumsedentibus omnibus magistratibus,
et audientibus demum plurimis ornatissimo in loco[3], **Benedictus
dominus pater misericordiarum**[4], qui nobis ex profectionis laboribus vix dum satis adhuc respirantibus adfuit, et ingentem illorum
conatuum successum nunc palam ostendit Extruitur collegium non
modo decem nobis praesentibus, sed triginta, sumptus magnifice sup-
peditantur Jamque intra dies quatuordecim quinquaginta fere coronati aurei in libros expenduntur. Constitutum nunc est et publice promulgatum, ne quisquam iuuentutem huc instituat, cuius docendae cura
nostris iniuncta est penitus Quapropter scholae totius gubernationem
sustinemus, et crastino quidem die lectionum publicarum initium erit.
Magnae voluptati nobis esse solet, cum in omni disciplinarum genere
exercitatos hic fratres aspicimus, eosque summa cum voluntate ad
infima etiam studia se demittentes, vt ad grammaticos instituendos
perlibenter cuncti applicent sese[5]. Sunt interim praelectiones et in
Ethicis, et in Theologia Sed studiorum omnium rationem, quae per
nostros hic instituuntur, ex ipso carmine, quod mittimus, facile ca-
pietis[6]. Author carminis Magister Andreas noster, qui grecus hic
professor erit, cepit iam libellum de imitatione Christi versibus comprehendere. Tam luculenter hoc opus Deo fauente vertit, vt plurimum
pijs etiam esse placiturum confidamus[7] Ego cum ad scribendum

---

[1] Die 8 Aprilis
[2] Eleonora Osorio, uxor Ioannis de Vega, tum Romae tum in Sicilia suam et
liberorum conscientias patribus Societatis legendas tradebat, in collegiis Messanae
et Panormi condendis multum laborauit, eius filii tria alia in Sicilia collegia instituerunt catanense, syracusanum, bibonense (Cartas de San Ignacio II, 14²)
[3] Id in templo S Nicolai factum est, quod Messanenses Societati dedere Canisius orationem habuit de studio eloquentiae (*Aguilera* l c), nisi fortasse eam orationem habuit in „renouatione studiorum" initio Octobris sollemniter facta, vide
Polanci Chronicon I, 283   [4] 2 Cor 1, 3
[5] Natalis universitatis parisiensis morem in docendo pedetentim inducere stu-
debat Grammaticae classes tres instituit primae Palmius praeerat, alteri Codrettus,
tertiae Passerinus Artem dicendi tradebat Canisius, dialecticam Bellinus, graecas
litteras Frusius, hebraicas Natalis Qui tamen has quoque breui post Frusio reliquit,
ipse autem theologiam mane, ethicas vel morales quaestiones post meridiem explicabat (*Orlandinus* l c l 8, n 13 *Aguilera* l c p 16 *Boero*, Canisio p 57 *Polancus* l c I, 282)   [6] Hoc carmen periisse videtur
[7] Hoc quoque opus intercidisse videtur Neque enim a Societatis Iesu biblio-

satis compositus non essem, humanitate charissimi fratris M. Cornelij vtendum in dictando putaui. Nec ingratum fuerit, si Colonienses fratres haec ipsa cognouerint, quae varijs describere literis ob praelegendi munus haud mihi vacabat. Idem de se testandum inquit M. Cornelius, vt ne suas modo literas desideretis. **M a g n u m** hic sane **o s t i u m** **a p e r t u m**[1] ni non est dubium, et ex felicissimis initijs incrementa maxima speranda nobis breui videntur. Nunc alijs in Sicilia collegijs, quae nostris assignentur, studiose boni viri dant operam. Christus Jesus in suam solius gloriam vertat omnia, nosque saluti proximorum vtiles esse concedat   Fratrem Theodoricum[2] et praeceptorem eius Magistrum Uerneium [?], inp[rimis] autem Reuerendum d et Magistrum Routtardum Cancellarium digniss[3] ex nobis salute pluiima impartiatis   Fratres qui istic agitis, fraternam precor operam precando Christum nobis impendite, studijs vt facitis diligenter incumbite, et felices in Christo viuite   Amen   Reuerendum dominum Hezium[4], eiusque conuictorem amicissimum mihi virum D. Scholasticum officiose vtriusque nostrum nomine salutabitis.   Denique Coloniensibus fratribus, per has literas me purgatum velim, quod separatim ad eos nihil perscripserim   Breui tamen id me facturum spero. Messanae 23 aprilis anno 1548.

     Vester indignus et frater et seruus Petrus Kanisius.

   Jesus.   Charissimis in Christo fratribus Domino Petro gillon ab Armenteria, D. Cornelio biuegelmans, M. Danieli pacijbroech a denderamunda ceterisque fratribus agentibus juxta caemiterium Diui Michaelis de societate nominis Jesu.   Louanij.

63.

CANISIUS

IONAE,

[litterarum studioso et Societatis candidato?] Romae degenti

Messana mense Aprili vel Maio 1548

Ex epistula autographa Petri Schorichii, de qua infra   Cod colon   „Epistt ad Kessel I" f 43

   Libros scriptaque petit, quae sibi in rhetorica tradenda usui sint.

   Petrus Schorichius, Societatis Iesu nouicius vel scholasticus, Roma
5 *Iunii 1548, P. Leonardo Kessel scribit: „In libris quos ego tibi re-*

---

graphis ulla eius fit mentio, neque a bibliographis libelli „De imitatione Christi" (Essai bibliographique sur le livre de imitatione Christi, par *Augustin de Backer* S J [Liege 1864] p 186—199 252 Catalogue 81 de L *Rosenthal* Imitatio Christi [Munich 1892] p 22—25)   [1] 1 Cor 16 9   2 Cor 2, 12
   [2] Canisium, vide supra p 116[2]   [3] Rutardum Tapper
   [4] Theodoricum van Heeze (supra p 121), alium ab Arnoldo Hezio (de quo cf infra p 392[2]), qui a sacerdotio tunc longe aberat

liqui, inuenies opus de conscribendis epistolis Erasmi[1], *Officia Cice-*
ronis, de amicitia, de Senectute, et Paradoxa, omnia uno libro, corio
rubro subducto, comprachensa, ex ys, Dialogus de amicitia, Dialectices
et Rhetorices officio[2], *in margine pulcherrime explicatus, ut nosti, est,*
quae quidem Scholia omnia diligenti cura et ordine a perito aliquo de-
scribi postulo, et huc si non quam primum, certe cum illis qui sub
finem aestatis uenturi sunt, mitti Cogito enim ea in Syciliam M Petro
Kanisio transferenda dare[, cum is] petat talia in literis ad Ionam
[datis], fortassis non oberunt et alys, et mihi ubi ad studia rediero,
seruient. Inuenies et alium libellum Schematum Petri Mosellani[3], *ab*
Hadamario Reinhardo, (nisi memoria fallat) locupletatorum[4], *a me*
similiter multis scholys marginalibus ex diuersis, auctorum, quem in
eundem finem mittere non grauaberis "

Nescio, num Ionas, cui Canisius scripsit, Ionas Adler fuerit, de quo plura
infra dicentur

64.

CANISIUS

HENRICO BACCELIO [5], ANDREAE SYDEREO [6], PETRO BOIO [7],

novicus S J Romae degentibus

Messana 27. Mau 1548.

Ex apographo recenti, quod descriptum est ex autographo, posito in cod „Epistolae B Petri Canisii Vol I " n 1, p 450 Partes duae huius epistulae („Quid

---

[1] Ab Erasmo Roterodamo circiter a 1522 Basileae compositum
[2] Ciceronis „Laelius" iam saeculo XV exeunte et initio saeculi XVI com-
plurres typis descriptus erat, v g anno 1498 Venetiis cum expositione Omniboni
Leoniceni
[3] Petrus Schade, vulgo Mosellanus (1493—1524), linguarum professor in universitate lipsiensi, Lutheri fere studiosior quam romani pontificis, proprietates
linguae latinae per indices exposuerat in suis „Tabulis de schematibus et tropis",
quae primum anno 1516 Francofurti et postea saepe typis exscriptae sunt Coloniae
a 1512—1514 civis academicus et bursae montanae alumnus fuerat (K Krafft und
W Krafft, Briefe und Documente aus der Zeit der Reformation im 16 Jahrhundert
[Elberfeld 1876] p 183 190)
[4] Reinhardus Lorichius, ex Hadamar, Nassoviae oppido, ortus, rhetorices professor in universitate marburgensi, a 1540 Francofurti ad Moenum typis Christiani
Egenolphi vulgavit opus „Tabvlae Petri Mosellani de schematibvs et tropis, iam
recens compluribus figuris locupletatae, uariisque nouis Autorum optimorum exemplis
illustratae" Quem Chr Gottl Iocher et Cur Gordeke Iesuitam fuisse falso dicunt,
protestans erat, et parochum agebat apud protestantes, cum paulo post a 1564 vita
cederet (N Paulus in „Der Katholik", 74 Jahrg, I [Mainz 1894], 528 F W E Roth
in „Centralblatt fur Bibliothekswesen", 11 Jahrg [Leipzig 1894] p 375—377)
[5] Hic paulo post Societatem reliquit, vide infra p 290
[6] De hoc vide supra p 249 252 254
[7] Is idem esse videtur ac Petrus Schorichius, de quo supra p 276, hic enim
litteris illis sic nomen suum subscribit „Petrus Scorichius Crembserius" (Cremsa,

enim est — „expeditos omnibus provexit“ , „Agite vero“ — „preces impertiatis“)
transcriptae sunt a P *Petro Hugo* S J in cod monac „Lat 1606“ f 78ᵃ, alterum
earundem partium apographum est ibidem f 129   Sed haec omnia ex Sacchino
descripta esse videntui

Eaedem partes sunt apud *Sacchinum*, De vita Canisii p 45—47

Aliqua etiam sunt apud *Python* 1 c p 55, *Ign Agricolam* S J , Historia Provinciae Societatis Iesu Germaniae Superioris P 2 (Augustae Vind 1729), Dec 6, n 754
755, p 216, *Riess* 1 c p 74—75 (germanice), *Boero*, Canisio p 52 (italice), alios.

*Fratres et se ipsum consolatui, quod non licrat sibi praesentibus colloqui Con-
giatulatui iis commorationem romanam et Sociorum romanorum consuetudinem, ac
monet, ut facultate omnis in tutis addiscendae diligentei utantui Caelestibus praemiis
ob oculos positis, ad patiendum et oboediendum eos excitat Se Rhetoiicam docei e
ac preces et epistulas desidei ai e*

Chaiiss. desyderatissimique in CHRISTO fratres

Giatia Domini nostri IESV CHRISTI et pax in nobis sentiatur,
per nos operetur, et nobiscum permaneat Amen   Quid primum ad
vos scribam, nescio, tam multa se cumulatim huc offerunt mihi, et
ea quidem ipsa tum gaudii, tum doloris haud dissimilia. Sicut enim
post mutuos illos amplexus mire suavis esse solet primus conspectus,
amicorumque congressus, praesertim quum e longinquis regionibus
longa etiam expectatio et desyderium ardens adfertur: ita moerorem
quoque (nescio quem) experiuntur homines vel inuiti, quando iamdiu
quaesita firmandae et augendae amicitiae praesidia non sibi deesse
modo ad tempus, verum etiam eripi omnino suspicantur Ad hunc
modum sane (ut ego arbitror) communis quaedam et saltem leuis
inter nos commotio subnasci potuit, siue quod Kanisium vestrum vel
unice istic notum, et amicum veterem, ita subito esse sublatum vobis,
abductumque procul initio acciperetis siue quod ego tantopere mihi
desyderatos fratres eosque primos pene in hoc instituto nostro Germanos coram salutare non potuerim, praeseitim post longam et ut
credo, laboriosam profectionem illam, quae vos ab amicis, a mundo,
a patria semel auulsos, vobis ipsis tandem reddidit, nec in urbem
solum gloriae imperiique principem foelices adduxit, sed patres etiam
(uti videtis) optimos, et fratres omnium (ni fallor) fidissimos vobis in
Christo utendos ac fruendos dedit Quae profecto mihi tanta ac talia
videntur esse, ut infoelicis Germaniae capere nos omnes possit obliuio,
summusque amor succedere debeat urbis, in qua praeter inviolatam
semper Chiisti Petriique fidem, noua nobis foelicitas obtigit, quae
omnes mundi pompas, omnes carnis delitias in immensum excellit.
Quid enim est, quid valet obsecroᵃ, veros et exercitatos in Christo

---

ᵃ Quid enim valet obsecro *Agi ic*

Cremsium, Krems, oppidum austriacum, ad Danubium haud procul a Bavaria situm)
Idem in matricula ingolstadiensis universitatis (infra, monum 52) dicitui „Magistei
artium Coloniensis“, et frater eiat Georgii Schorichii (*Polancus* II, 581), qui postea
Societatem ingiessus et insignis contionatoi factus est — Ties hi iuvenes Romain
paulo ante advecti ciant, cf supia p 253 255

patres spectare, illos tibi patres intelligere[a], a quorum sententia tutissime totus pendeas malique nihil omnino expectes, sed ea solum, si velis, quotidie accipias, quae nullis mundi praesidiis, et ne maximo quidem literarum studio tibi aliquando[b] pares In hac schola diues abunde paupertas discitur, libera vero obedientia percipitur, gloriosa praecipue humilitas, et nobilissimus IESV crucifixi amor solide comparatur[c]. Ego vero, quum pulcherrimam illam philosophandi rationem, quae istic nemini deest, occasionemque animo mecum reputo, quid Romae habuerim, quid reliquerim, video: sed damnante segnem hunc animum ipsa mihi conscientia, doleo certe, parum temporis, minus vero curae et studii rebus illis praeclarissimis a me datum esse. Quod fortasse quum non sine summo dedecore dicatur, praeteriri a me nunc poterat, nisi meo exemplo vestris etiam commodis prospectum iri desyderarem. Quare non in vacuum quaeso gratiam hanc Dei amplissimam accipite[1], sed praesente bonitatis divinae munere sic utendum censete, ut sitis et ipsi vobis[d] omni ex parte superiores, et in dies singulos conformiores CHRISTO. Non quod meis exhortationibus ad pietatis vestrae cursum opus sit, quin potius stimulis vestris tarditas mea locum aditumque praebet: sed pro mea apud vos libertate solita id dixerim fratres. Benedictus interim pater ille misericordiarum[2] qui terram veluti promissionis alteram vobis exhibiturus, Pharaonem submersit cum suis Aegiptiacis curribus[3], atque in plenam ut libertatem vos assereret sibi, per calcatas mundi illecebras huc demum vinculis expeditos omnibus provexit. Accedit insuper hoc singulare commodum, si Dei Opt Max. probatissimam voluntatem disquirimus, nos nimirum ne horulam quidem colloquiis familiaribus consumere sinimur, ut causam inveniamus optimam, verum amicitiae nostrae proventum Is non corporum coniunctione (ut vulgus hominum praepostere facit) nobis metiendus est, sed animorum aequalitate, ac voluntatum concordia constat. Proinde quum unus idemque CHRISTO serviendi conatus nec dispar cursus nobis obtigerit, afflante nimirum sacratissimo ita spiritu, quo pacto non ubique coniuncti sumus? quae locorum intercapedo nos distrahet? quando invicem videre et colloqui prohibemur? Aut si perfectissimam convivendi rationem exquirimus, quid expectare tandem, aut desyderare possumus fratres, nisi post brevissimum huius vitae curriculum ad perbeatam illam commigrare patriam, in qua nulla mortis iniuria nos dirimat, nullus malorum impetus frangat, sed immortalis ille pater assistat, delitiis nos omnibus expleat, denique charissimorum fratrum societas beatitudinem augeat? Tum vero (Deus bone) quam voluptuarium erit

---

[a] veros et exercitatos in Christo Patres nancisci *Sacch*, *apographa mon*, *Agric*.
[b] *In autographo hic litterae aliquae desunt* Aliquando *habent Sacch*, *cod monac*, *Agric*   [c] comparantur *Sacch*, *Agric*   [d] ut sitis vobis *Agric*

[1] 2 Cor. 6, 1   [2] 2 Cor 1, 3   [3] Cf Exod 15, 1—20

meminisse, quid CHRISTI amore perpessi, quae terrae bona aspernati, quas hominum censuras et de nobis expectationes abominati sumus, si tamen id omne summo in nos Dei amori vel minima ex parte satis esse potest   Agite vero mi fratres (hoc enim nomine si antehac unquam nunc mihi maxime utendum puto) fidentibus quaeso animis aggrediamur ea subire omnia, quae sanctae obedientiae iugum adfert, sed leve illud non minus ac suave iugum[1], si vel paulum assuefecerimus[a]   De me quod peculiariter scribam operae pretium non est   Rationem suscepti in Siciliam itineris haud dubie cognouistis   Qui spiritualibus istic rebus operam dare amplius eram indignus, ad studia sed certe insipida reuocatus sum, nisi forte[b] sapidum esse dicimus[c] quicquid suum ab obedientia condimentum capit   Rhetoricem profiteri iussus (a qua tamen facultate alienus sum) in instituendis bonis adolescentibus operam meam colloco, facturus etiam spero duce CHRISTO aliud quiduis, quod vel obedientia praescriberet, vel mea imbecillitas ferret[2]   Mirum quantus hoc loco fructus per nostros Christo sit collectus[3], et breui quidem tempore maiora his accessura speramus. Qua in re vestras etiam nobis preces impertiatis, Kamsii vestri, vestri dico memoriam augeatis, et cui pene uniuersa desunt, quotidiani muneris loco precationes assiduas (per Christum precor) singillatim tribuatis. Postremo quia de fratrum Coloniensium rebus ipsorum literae parum indicant (vestris enim omnium verbis explicari singula sperauerunt) vellem equidem tum de illis, tum rebus de aliis quas ad me spectare putabitis, singuli perscriberetis, maxime vero illud, quos in hisce primordiis affectus, quasve molestias maximas fortasse sentiatis. Dominus IESVS spiritu suo imbecillitatem nostram corroboret, et germanam nobis charitatis suae vim in dies augeat   Amen

Messanae 27 Maij 15[48]

Vester et seruus et fr in Domino minimus

Petrus Kamsius

Chariss in domino fratribus M. Henrico Baccelio, M. Andreae Zutphamensi et M Petro Boio

In autographo annus quem Camsius epistulae adscripsit, vel potius duae ultimae eius litterae obscurae fuisse vel excidisse videntur   Epistulam anno 1548 datam esse et ipsae res ostendunt, quae in ea leguntur, et Sacchinus, Boero, Riess tradunt

---

[a] animos assuefecerimus *Sacch* , *cod monac*
[b] nisi quod *Sacch* , *cod monac*   [c] ducimus *Pyth*

[1] Matth 11, 30
[2] .Camsius Rhetoricorum libros ad Herennium scriptos coepit interpretari, addita ex Ciceronis orationibus una *   Ita *Hannibal Codrettus*, Camsii tunc collega (cf supra p 275*), in historia ms prouinciae S J siculae, quam in messauensi Societatis bibliotheca asseruari scribit *Agalera* 1 c p 3—4, cf ibidem p 16   Praeter docendi munus, quod Camsius singulis diebus una hora ante meridiem admnistrabat et una post meridiem, latine et italice contionabatur (*Agalera* 1 c p 22—23   *Sacchinus*, Can p 41—45)   [3] Vide *Agalerum* 1 c p 17 22 29 36—37 et epistulas sequentes

65.

P. IOANNES DE POLANCO,

Societatis Iesu secretarius,

nomine S Ignatii

CANISIO.

Roma 2 Iunii 1548.

Ex libello periodico „*Monumenta historica* Societatis Iesu" Ann 1. (Matriti 1894), Vita Ignatii p 289 [1]

„*Ex commissione*", *inquit editor*, *S. Ignatii Polancus Canisium „laudat simulque corripit, quod Germaniae suae tam sit memor*".

Spes magna est has et multas alias litteras, a S Ignatio vel Polanco (Ignatii nomine) datas, mox typis exscriptum iri in „Nova serie litterarum S P N Ignatii", ab hispanis nostrae Societatis patribus evulganda

66.

CANISIUS

CHRISTOPHORO BUSCODUCENSI,

candidato vel novicio Societatis Iesu

Messana aestate anni 1548.

Ex apographo (eiusdem temporis) epistulae Polanci, de qua infra Cod colon „Litt Epistt var " f 46

P. Ioannes de Polanco nomine S Ignatii Socius loianiensibus Roma 28. Augusti 1548, praeter alia, haec scribit „De Christophoro vero quid actum sit, nescimus, nec enim respondei i literis ad eum transmissis a Domino Canisio, videmus, si quid vobis erit compertum, nos admonebitis "

67.

CANISIUS

P. LEONARDO KESSEL ET FR. ADRIANO ADRIANI.

Sociis colomensibus

Messana 12. Augusti 1548.

Ex autographo (2°; pp 3, in p 4 insci et pars sig) Cod colon „Epistt ad Kessel I" f 45 et sq non sign

Particulae quaedam transcriptae sunt in Cod colon „Hist coll Col " ad a 1548 f 15a

De amicis quibusdam Adrianum cupit esse Ciceronianum Socios ad Germaniam iuvandam excitat Tres Socios loianienses Romam fauste advenisse Adrianum monet, ut sacerdotium suscipiat et Coloniae libenti animo maneat nec ulla specie ab oboedientia recedat, hunc enim in Societate summam esse oportere Eundem repre-

hendit, quod in litteris inconsiderate quaedam scripserit, leges ab Ignatio condendas deprecatus sit etc Quantum apud Socios messanenses oboedientia floreat Eius urbis iuventutem peccatorum confessione maxime cohiberi Quae catecheses, contiones, exercitia pia ibidem fiant Indicem pensorum et disciplinae scholasticae eius collegii proponit Quanta ab eo pro ipsa etiam Graecia sperentur. Adulescentem pauperem Socius commendat eosque de futuris rebus laborare uetat.

ihesus

Charissimi fratres et in domino semper desideratissimi.

Gratia domini nostri JESV CHRISTI et pax vera nostros conatus dirigat, et ad aeternam gloriam prouehat amen. Literas vestras, quae mihi non possunt non esse pergratae, easque in Aprili subscriptas, post Augusti Kalendas accepi Amo vestrum Meerhoutanum, cuius et epistolam probo, sed voluntati non satisfacio nimirum tam procul ab vrbe nunc absens. Quod ad D Henrici Zutphaniensis scripta pertinet, quibus mihi respondet amicissime, sentio facile, quibus impedimentis cursum in pietate suum perturbet atque vtinam et ipse quam sentit vere, tam corrigat integre CHRISTVM precemur omnes, vt profligata omni pusillanimitate libertatem spiritus inueniat, et ad hanc capessendam ab externis etiam rebus perfecte contemptis viam sibi patefaciat, nec sibi citra praesidem aliquem facile credat Sane per occupationes ad illum mihi charissimo scribere non licet orationes eius etiam atque etiam pro me fundi velim

Gaudeo de mutato stilo tuo mi frater Adriane, quem ego inter Ciceromanos (quod inter nos dictum sit) videre cupio excellentem. Gaudeo itidem de singulari, ac diuinitus data tibi fidutia, quod de Germaniae tum reformatione, tum integritate reddenda, in domino magnopere confidas. Augeat hanc vobis fidutiam qui dedit, eoque libentius in adiuuanda istic iuuentute elaboratote: permultum vos commoueat velim speratae salutis ratio: cuius vt participes omnino sitis, partim in orationibus vestris et sacrifitijs, partim in priuatis exhortationibus et exemplis pubplicis [*sic*] situm est Hic in mentem venit triplex ille funiculus[1], quem per uos dei charitas ita coniunxit, vt sine omni ruptura saluus Romam peruenerit[2], magnumque de se alijs odorem diffundere iam coeperit[3]. Credo ex fratum illorum literis vos plura intellecturos Dabit spero maiorem indies prouentum

---

[1] „Funiculus triplex difficile rumpitur" Eccles 4, 12
[2] Magistri Andreas Sydereus, Petrus Schorichius, Henricus Baccehus, cf supra p 277—280 Qui etiam ab *Antonio Vinck* S J significari videntur in litteris i 1548 Roma Coloniam ad Adrianum Adriani S J missis, in quibus haec sunt „funicius quidam cui nomen antonius qui cum D petro Kanisio leodium proficiscebatur cum a capitulo coloniensi mitteretur, ad nos venit [ut in Societatem reciperetur] quinque aut sex diebus (ni fallor) antequam tres fratres reliqui venirent, qui benigne susceptus est et in hospitali sancti Jacobi incurabilium vinis christi membris inseruit feruentissime" (Ex *autographo Cod colon „Litt Epistt var" f 53)
[3] Cf 2 Cor 2, 14 15

dominus, vt non frustra cum fratre piae mem M Lamberto[1] istic relicti videamini. R. P. Jacobus de Geldonia et M. Petius de Hallis magni haud dubie pro nobis patroni apud CHRISTVM intercedunt et letissime Patri Reuerendo M. Petro Fabro, M. Ambrosio, et M Lamberto, alijsque nostris fratribus nunquam morituri assistunt[2]. Scribis mi frater Adriane: Si in istis partibus mihi manendum foiet etc sacerdotium suscepissem, et ad Catholicum quendam magnae dignitatis virum me contulissem, intrando penitius Germaniam. etc. Primum de sacerdotio vellem plane, et velle idem Patrem nostrum Praepositum sensi, et vt quamprimum sacerdos ad nos scribas, per CHRISTVM te obsecro De manendo sic habe Vbicumque ex R P. Jgnatij voluntate commoramur, illic toti esse tum corpore tum animo, ac proisus ita quiescere conuenit, velut nunquam illinc simus emigraturi. Quare spem et dubitationem et expectationem futurorum omnem praescindamus, et qui ne crastinum quidem nobis polliceri possumus[3], de ratione mutandae vitae nil omnino curae admittamus, sed ab obedientia simplicissime toti pendeamus, ne intellectu quidem in partem aliquam deflectentes. Alterum illud de discenda lingua Germanica[4] et eloquentia, praesertim apud alienos extra Coloniam, scio quidem R P. Jgnatio id minime placiturum, vt mirer admodum, cur ob istam falsi boni spetiem te segregare cogites a diiectiss patre tuo d. Leonardo, ne dicam ab obedientia ipsa, quae omni sermonis gratiae (ut nosti) anteponenda est. Vbi charitatis ratio me valde mouet, vt pauca dicam familiarius. Vellem sane mi fiater, vt non quae incidunt statim, nobisue sic esse videntur, ea literis libeie mandarentur, et maxime ne Romam perscriberentur. Quum ante annum de statu fratrum Louaniensium scriberes, admirati sumus haud parum, presertim quod rationibus quibusdam concludere te posse sperares, nullum e Societate nostra Louanium ex urbe mittendum esse, aut certe Patrem de Geldonia Louanij parum fuisse profecturum Adde quod fratres Louanienses ita praedicares, qui nullis constitutionibus, quas promiserat tum R. P Ignatius, coercendi essent, eo quod constitutiones libertatem spiritus impedirent. In quibus multa scio tum Romae reprehensa sunt, et ego tacita omnino voluissem. Quare primum orationibus diu multumque commendari conuenit, dein cum fratribus communicari, si quid huiuscemodi forte scribendum occurret. Piaeterea quum R Patri nostro M. Leonardo commendatus sis, eique per omnia non secus ac R. P. Jgnatio, imo CHRISTO IESV obedientiam, reuerentiam et obseruantiam omnem debeas, nihil quaeso nisi per illum scribi et proponi cures: nisi magna scribendi ratio se praebeat, aut ille tibi scri-

---

[1] De Castro

[2] Iacobus Lhostius et Petrus Faber (de Smet) paulo ante vita decesserunt, hic in collegio patavino, ille Bononiae (*Orlandinus* l c l 8, n 23 27 *Polancus* l c I, 284)　　[3] Cf Prov 27, 1 Luc 12, 16—20 Iac 4, 13. 14

[4] Adriani sermo patrius lingua erat vlamica, antverpiensis enim erat

bendum quicquam commandet*. Reuera nihil in hoc nostro instituto
firmius, nihil vtilius maiusque reperias atque incomparabilem quandam
obediendi promptitudinem, et sese per omnia subijciendi illi, qui patei
nobis ex R P Jgnatij voluntate obtingit, etiamsi coquuus uel puer is
esset Quae omnia vt a me sincero animo scripta sunt, ita boni
aequique consulas precor, et me vicissim qui nunc primum obedire
disco, per omnem occasionem admoneas oro

Porro praecipuus obedientiae fructus est ille, quem huc quotidie diuina
bonitas per nostros exhibet successus Qui maximi e fratribus videbantur,
ad infimam puerorum classem ex obedientia ad tempus demittunt sese,
Donatumque praelegunt[1] Alij quum in studijs maxime feruent, ilico
curis et offitijs administrandae domus onerantur; quotidie multi tum
ante prandium, tum post in horto laborant sudantque contiones ex tempore fieri mandantur, et a minimo quoque poenitentiae iniunguntur.

De loci huius et vrbis dispositione iam alias ad uos perscriptum
est Ciues et magistratus mira quadam beneuolentia nos prosequi
pergunt, omnemque iuuentutem nobis gubernandam committunt. Magnus et bonus de societate sparsus huc odor est (CHRISTO gratia)
cum publicum profectum ac iuuentutis emendationem spectet. Petulans enim aetas et nugarum sequax hoc fraeno maxime cohibetur, si
frequenter peccatis in confessione recitandis immoretur Atqui nullus
est uel ex minimis adolescentulis, qui non quouis mense ad minimum
semel conscientiae suae consulat confitendo Accedunt et lectiones
singulis hebdomadis de doctrina Christiana, lectiones item in D Pauli
epistolas publicae[2], confessiones frequentes, priuatae exhortationes
Offerunt iam nunc se quattuordecim, quibus exercitia (vt nostis)
spiritualia impertiamus Complures tum nobiles, tum plaebei nobis
commorari exoptant, et ex eis breui admittendos esse nonnullos
audio Kalendis Octobris suum repetent feruorem coepta iamdudum
studia, sed ob aestiuum feruorem parumper intermissa[3] Quorum
sane studiorum variae constitutae sunt iam classes Vt prima teneat
Grammaticis elementis imbuendos, ac rudiores adolescentulos Proxima linguae latinae docebit elegantiam, et grauiores tractabit auctores.
Tertia Rhetoricen proponet ex Cicerone[4] et Fabio[5], addita interim

---

* Sic, sed legendum esse videtur commendet

---

[1] Achi Donati, grammatici et rhetoris romani (sub a 350), magistri S Hieronymi, „Ars minor" grammatica, qua octo partes orationis catechetice exponuntur
per medium aevum in usu erat frequentissimo

[2] Hac a P Hieronymo Natali in aede maxima maximoque conuentu, nec
sine Vega Protege" habebantur (Orlandinus I c I 8, n 13)

[3] Polancus Roma 4 Augusti 1548 „ex commissione" S Ignatii scripserat „de
studiis quibus exercei" oporteret „Petrum Canisium, Benedictum Palmium et An-
nibalem Coudreto" (Monumenta historica Societatis Iesu I c p 290¹)

[4] Cf supra p 277 ²

[5] M Fabii Quintiliani opus „De institutione oratoria" tunc usitatissimum erat

lectione nobilis histoiiographi, vt Liuij uel Suetonij Erit et Graecae
linguae classis propria, quemadmodum et Hebraeae[1] Tum in philosophia peculiaris habebitur studiosorum ratio, vt Dialectica et Phijsica
percipiantur Nec aethicae suus quidem locus et honos deeiit Theologus autem piofessor et D. Paulum explicabit, et Scholasticam
theologiam non obscure tractabit Cui adiungetur opinor et alter,
eximium quiddam e sacris literis deprompturus. Demum certis diebus
in doctiina Christiana praelectorem sibi habebit quaeque classis, et
ad pietatem singulari opeia piouehetur. Quotidie sacium in templo
nostro adstantibus studiosis omnibus fiet: quouis mense confessuri et
explicaturi conscientiam venient, ac sine cessatione disputationibus,
quum tempus piaescriptum adeiit, operam dabunt In scribendo,
componendo, declamando, repetendo iam antea sensimus quid quantumque fructus sit positum, ac proinde nihil istiusm[odi] postea negli-
getur[2] Huius igitui vtilitatis magnam habere rationem volunt nostri,
praesertim quum liquido perspiciant, non solum huius nobiliss Reip
ornamenta augeii sic posse, ex probe institutis videlicet bonorum adolescentum animis, verum etiam totius regni Siciliensis salutem hinc
non minima ex parte dependere Quod vsque adeo iam alijs Sici[liae]
ciuitatibus comprobatum est, vt e Societate hac nostra mitti ad se
quosdam efflagitent. Prorex, cui plurimum debemus, vltro citro, longe
lateque literas tijpis excusas misit et ad studia haec Messanae noua
quosuis inuitat prouocatque. Confidimus in domino, breui fore, vt
non tam studiorum quae (vt dixi) profitebimur, quam pietatis incrementa successumque maximum lete hoc loco aspiciamus. Neque
tantum haeresibus hoc pacto viam occludere licebit, sed etiam (quod
vehementer cupimus) ad Graeciam vsque fidei et Ecclesiae iestituen-
dam hinc patere aditum ianuamque patefieii posse videmus[3]. Quo
magis habenda vobis est iatio fratres, vt tum in orationibus, tum in
sacrifitijs vestris perpetuam nostri memoiiam conseructis Nam et bieui
pluies e nostris hic expectamus, quos ex vrbe euocari summi homines
amicique nostri curauerunt. Datur etiam opera, vt auctoritate Apostolica
sit Messanae Vniuersitas[4]. Collegium certe nostris commodissimum
iam piop[e] perfectum est, sed adiunctae scholae necdum exaedifi-
catae. Quod aedifitium quanti constet, nondum certo intelligitui
parum abest, quin bis mille ducatos in istam qualemcunque structuram

---

[1] Cf supra p 275[5]
[2] En indicem pensorum et disciplinae scholasticae, antiquiorem ceteris omnibus, qui ab alns collegns Societatis in vulgus emissi sunt, vel saltem pnoiem is
omnibus, qui hucusque typis exscripti sunt Catalogum quendam messanensem
anni proxime secuti pioponit *Polancus* in Chronico I, 371—372
[3] De puens graecis, quos S Ignatius alendos et instituendos suscepit, vide
eius litteras in „Cartas de *San Ignacio*" II, 144—145
[4] Paulus III. id quidem Messanensibus et Societati concessit, sed vaiias ob
difficultates decreta exitum non habueie (*Orlandinus* l c 1 8, n. 14, l 9, n 19)

impenderint   Sed ne sim longior, ad amicos Nouiomagenses scribo,
ne per illos mora sit, quominus in Martio daleri Carthusiensibus
numerentur[1].   Qua de re, sicut et de occupationibus, studijs incom-
modisque vestris me semper quaeso certiorem facite   Nam ex urbe
literas quauis hebdomada cum vestris accipere possu[mus.] Georgium
fouete, charum mihi in domino et magnae spei adolescentem[2]. Mater
eius haud dubie vobis oneris nonnihil adfert sed vestra in illam charitas minime infructuosa [est]   Confido equidem vobis euentura foelicius omnia, quamdiu pauperem eiusmodi propter CHRISTVM ipsi
pauperes liberaliter aletis   Quod ad me attinet, vti precari soleam,
nostis   Quippe vestris mihi precibus esse opus, facile ac grauiter
saepiusque experior   Orate igitur chariss fratres pro Kanisio vestro,
qui semper istic adesse quidem corpore non potest, animo tamen
vobiscum vnitus perstare tum maxime cupit, quum sanctiss Magos,
Thaebeos, Machabaeos, et S Vrsulae sodalitium inuisitis ac imploratis
faxit sanctorum author D IESVS, vt non priuatum in nobis sequendum esse spiritum putemus, sed communia semper ea spectemus, quae
magis ad praestandam simplicissime obedientiam faciunt   Non resideat
vllus in nobis affectus aut loca mutandi, aut studia praepropere absoluendi · Ex Dei nutu enim obedientiae sanctae dictamine tota nobis
vita pendeat. nihilque de incertis futurisue soliciti, tantum quae proposita nobis sunt ac praesentia, humiliter non minus ac vigilanter
curemus et vrgeamus oro   Valete in domino fratres dulcissimi

Messanae 12 Augusti 1548

Vester indignus licet frater et seruus

Petrus Kanisius

Exercitia nostra (quod forte intellexistis) auctoritate Apost examinata et confirmata sunt[3]   Amicos demum omnes nominatim salutate

ihesus   Reuerendo in Christo fratri, domino Leonardo Louaniensi,
et M Adriano Antuerpiensi, studiosis Coloniae prope templum Praedicatorum † Coloniae

---

[1] Vide supra p 251[4] 257   [2] Georgium Eder [3] Cf supra p 126 163
[3] Paulus III litteris apostolicis Romae 31 Iulii 1548 datis, petente Francisco
de Borgia, Gandiae duce   exercitia spiritualia, ab Ignatio „composita" et a Ioanne
Alvarez de Toledo O Pr, cardinali S Clementis et episcopo burgensi, et Philippo
Archinto, episcopo Salutiarum et urbis romanae vicario generali atque Aegidio Fos-
cararo O Pr, magistro sacri palatii, examinata, approbauit omnesque hortatus est
„ut tam piis documentis et exercitiis uti, et illis instrui devote velint"   Quae litterae
haud uno typis exscriptae sunt maxime in editionibus exercitiorum

68.
GERARDUS HAMMONTANUS,

prior Carthusiae coloniensis,

CANISIO.

Colonia aestate vel autumno 1548

Ex *Actis Sanctorum* Iulii VII (Antverpiae 1731), 483—484, in nova editione (Parisiis et Romae 1868) p 495

Optat, ut Canisius in Germaniam inferiorem revertatur

P. Ioannes Pinius (Pien) S J l c ex apographo, quod in tabulario Societatis romano ex autographo ipso descriptum erat, typis exscripsit partem maiorem epistulae a Gerardo priore ad aliquem de Societate Romae degentem datae [1]*, in qua Gerardus Ignatium eiusque fratres salutat et de eorum „sancta conversatione" et de fructibus ab iis collectis vehementer gaudet ac „in spiritu coniungit se illis". Deinde sic scribere pergit · „Saluto singulariter nostrum M Petrum Canisium, cui literae adjunctae destinentur, si reverendo D Praeposito, primum illis lectis, visum fuerit, cui etiam humiliter supplico, ut Germaniae misereri, et succurrere dignetur, mittendo Canisium aut aliquos ex suis saltem ad Coloniam et Lovanium, quia Spiritus sanctus adhuc operatur in multorum cordibus, maxime in inferiori Germania"*

Literae, quas ad Canisium datas esse prior Romam scribit, eaedem esse videntur atque illae, de quibus Canisius Messana 12 Novembris 1548 Leonardo Kessel scribit: „Placuerunt mihi literae .   Prioris Carthusiani " Quae Canisio allatae esse videntur simul cum epistula Kesselii, ad quam Canisius 12 Novembris 1548 respondet; itaque aestate vel autumno eius anni datas esse dixeris

69.
P. IOANNES DE POLANCO S. J.

CANISIO.

Roma 13. Octobris 1548.

Ex „*Monumentis historicis* Societatis Iesu" Ann 1, Vita Ign p 290 adnot 1

„De Sanctorum reliquiis [2] *et earum distributione "*

Vide supra p 281

---

[1] Datae esse videntur ad aliquem ex illis Societatis Iesu noviciis, qui paulo ante Colonia Romam venerant · Petrum Schorichium, Andream Sydereum, Henricum Baccelium

[2] Potissimum duo illa capita sociarum S Ursulae significari videntur, cf supra p 271.

70.

CANISIUS

P. LEONARDO KESSEL,

Sociorum coloniensium praeposito

Messana 12 Novembris 1548

Ex autographo (2°, pp 2 in p 4 insci) Cod colon „Epistt ad Kessel I⁴
f 49 et sq non sign
Pars minor epistulae („Scribis   plures mucnes — duce Christo, se comparabunt“) edita est a P G M Puchtler, Ratio Studiorum S J I, 136—137
Particulam germanice versam posuit Gothein 1 c p 319

*Reliquias insulanas Romam allatas esse   Kesselio de incenibus aliisque gratu-
latur, quos ad pietatem doctrinamque instituat, eundem de Sociorum morte consolatur.
Kesselii alumnos saepe domi contineari debere atque germanice, aliquem us correctorem constituendum esse   Hortatur etiam, ut in omnibus disciplinis disputationes
fiunt. De quodam Societatis desertore ac de Theodorico Canisio ad eundem ad-
ducendo   Quantum Messanae collegium floreat ac sacramenta frequententur   Virtutum et maxime obcedientiae studium commendat*

IESVS.

Chariss frater et domine Leonarde.

Gratia domini nostri IESV nos in omni pace et studio sanctae
obedientiae conservet a[men] Diu desyderatas literas vna cum
sanctis illis capitibus[1] Romam transmisisti, multorumque tum oculos
tum animos admirabili pignore delectasti Faxit dominus IESVS, vt
sacra huiusmodi ossa tam istic pie colantur, quam a nostris aliisque
magno quidem cum fructu quotidie visuntur. De aduentu Louaniensium fratrum est cur Deo gratias ingentes dicamus[2] Ego certe
M. Adrianum non expectaram, quem venisse tamen, illi tibique gra-
tulandum est   Nunc solus istic relictus videri non potes, qui tot in
Christo filiis auctus es pater, ac paternae curae tuae successum et
opes CHRISTO duce conspicis, vt etiam expectationem nostram diuina
per te gratia superarit Age mi pater et frater, dum tempus est,
operemur bonum, praesertim in eiusmodi ut scribis, domesticos[3] t[uos,] quorum in studiis profectum, et ad pietatem affectum
augeri indies opto Bonus nimirum dominus, qui sperantium in se
vota desyderaque perficit, et spirituali lucro etiam tum suos recreat
augetque, quum desperationem humana iuditia promittunt. Nosti
Patrem vere, perpetuoque nobis reuerendum Fabrum, nouimus chariss
fratres Lambertum illum Leodiensem et Petrum tuum Coloniensem[4],

----

[1] Sociarum S Ursulae cf supra p 271
[2] Romam venerant P Daniel Paeybrioeck, P Nicolaus Goudanus, P Nicolaus
Lanoius Adiimus Adriani ac fortasse etiam Petrus Gollonius et Christophorus (Busco-
ducensis⁴) (*Polancus*, Chronicon 1, 295—296 405 416 *Cod bruxell „Hist Coll
Lov ⁂ p 15)   [3] Gal 6, 10
[4] Ii Petrus Kannegiesser S J, patritius coloniensis (cf supra p 125 167) a
1548 Coloniae decessit, eius corpus ibidem in ecclesia S Agathae, quae monialium

quorum opera videbatur quidem istic, si viuerent, nostris Christoque
profutura fuisse Nunc foeliciter commut[ato] vitae statu, nunc vbi
perfecte sibi Deoque viuere et regnare coeperunt, nunc in[quam]
etsi nihil nos adiuuare putentur, plus agunt tamen, plus nostra quam
viui, pro|mo]uent ac promouere pergent. Quare quod sepultos istic
e fratribus iam duos numerare possim, gaudeo vehementer, et Christo
gratias ago, Sanctisque potissimum ijs qui Colomae praesunt et prosunt. Scribis exolui nummos meo nomine, plures etiam iuuenes breui
ad te venturos, contiones itidem Dominicis a te diebus haberi; quae
omnia cum e diuina bonitate mihi promanare singulariter videantur,
etiamsi fruc|tus| alios in confessionibus non adiecisses, erat satis
tamen, quo laudandum et admirabilem usque Patrem Deum intelligerem,
intellectum magis amarem. Video facile messem istic vberem, nec
dubito futuros etiam messis operarios· tantum vt cepisti mi frater,
insta oportune importune[1], vt multorum salutem facias lucrum
animae tuae, et cumulum laetitiae nostrae Quod ad tuos qui domi
instituuntur attinet, laudo quidem studiorum ad me scriptas exercitationes Verum hoc etiam adijci velim, vt ex tempore aut saltem sine
graui studiorum impedimento saepe domi contionarentur, idque verbis
germanicis, veluti cum vulgo res illis esset in suggestu Nam ad
hunc finem, recte scilicet contionandi, praecipuus illorum et nostrorum
studiorum fructus est referendus Vnum interim constitues, qui praecipue gestus obseruet, qui vocem attendat, et cum opus erit corrigat,
quique praecipua concionatorum ornamenta quantum licebit, inculcet
singulis atque commendet[2] Sic Romae, sic in Portugalia, sic quotidie
hic factitant nostri, et id absque studiorum iactura, quia parum temporis ad praemeditandum datur. Nosti uero, quanta concionatorum
penuria Germani praecipue laborent Res collegij nostri foelicissime
habent, breui Academica [sic] publica nominabitur: sic tractantur
studia Grammatica, Dialectica, Rhetorica, Philosophica. Mathematica,
Graeca, Haebraica, Theologica, vt putem sane, quod alij facile confirmant, nullibi maiorem in instituendis adolescentibus diligentiam
esse, si de publicis academijs dicendum sit Vellem hoc quoque
vestris in vsum verti, quemadmodum hic nostris, ut certo die cuiusuis
hebdomadae disputaretur, non de logica solum, sed de Rhetorica et

benedictinarum erat, tumulo maiorum eius illatum est * Cod .Hist gymn ti cor ·
t. 21ª et alio non sign   1 2 Tim 4, 2
     2 Haec paene omnia S Ignatius postea in „Constitutionibus" Socis praescripsit
Ita de novicis „Es bien", inquit, „que se ejerciten todos (si alguno no eximiese
el Superior) en predicar dentro de casa, para que   se animen y tomen algun
uso cerca la voz, modo, y lo demas " De scholasticis autem „Se ejercitaran en el
predicar y leer en modo conveniente para la edificacion del pueblo, que es diverso
del escolastico, procurando tomar bien la lengua " Expedit etiam „tener buen cor-
rector que avise de las faltas en lo que toca a las cosas que se predican, a la
voz, tonos, gestos y meneos" (Constitutiones Societatis Iesu P 3, c 1, n 21,
P. 4, c 8, n 3 et C Constitutiones latinae et hispanicae p 95 137 139)
     Braunsberger, Canisii Epistulae et Acta I   19

caeteris quae audiuntui lectionibus Estque maxime piobandus feruor
ille disputantium Adhaec in docendo, repetendo, ediscendo ea quae
lecta forte sunt, opeiam fiugifere suam collocabunt Sic domesticis
admiti exercitationibus, reliqua non difficultei sane consequentur, et
ad functiones publicas egregie duce CHRISTO se comparabunt[1]

Abijt, vt nosti, Baccehus[2], non tam nobis, quam sibi ipse consulens perperam Profectum audio in Austriam, sed vtinam ad se
redire, ac nostrorum accepta benefitia intelligere, spretamque domini
giatiam expendere posset Exemplo est nobis frater, vt quid prae
alijs diuina bonitate conseruemus, gratis semper animis agnoscamus,
idque ipsum cuia et studio augeamus, priusquam male collocati talenti
et temporis condemnemur.

Scripsi ad germanum fratiem Theodoricum, qui Louanij studijs
cum laude incumbit Is Canonicatus sui velut pertaesus[3], animum
inquit suum ad coetum et societatem religiosorum iamdiu multumque
propendere Iuuabis eum igitui tuis aliorumque precibus, ego literis
ad institutum hoc nostrum euocaui Placuerunt mihi literae Archiepiscopi Londensis, Bardwick Licentiati, et Prioris Caithusiani. Singulis respondere non sinunt modo lectiones meae quotidianae. giatias
autem omnibus agi volo, vti Patribus et viiis de me semper optime
meritis quos absentes videii posse non puto, si debitum illis precandi munus apud Christum exoluero, quoties inie illi suo repetere
hoc a me possunt Cures interim, vt vicissim pio me dominum piecentur, et quos nosti, reliquos idem rogo enixe, praesertim apud D
Jgnatium[4], in Nazaieth[5], apud S Maximinum[6] et in Carthusia Quod
ad salutem attinet corporis, miium quanta Dei benignitate et aciis
salubiitate hic vtamur Extiuctum est nunc tandem collegium[a].
Augetui admodum numerus confitentium, in quibus vberem sane prouentum Dei bonitas euidentei commonstiat. Bieui accidit vt in templo
nostro, quod magnis exoinatur sumptibus, LXX communicarentur[b][7].

---

[a] *Sequitui bieus sententia, quae postea deleta est, idque a Canisio ipso, ut
uidetui, et ita, ut iam legi non possit*

[b] *Sequitui haec sententia, quae postea (a Canisio ipso, ut videtui) deleta est*
Ego partim confessionibus audiendis, partim contionibus Italice habendis festos dies
transigo

---

[1] Confer epistulas, quas ex collegio messanensi mensibus Novembri et Decembri anni 1548 P *Hieronymus Natalis* ad S Ignatium dedit, in „Litteris quadrimestribus" I 119 125—128   [2] Cf supra p 248 277--278
[3] In ‚catalogo collegii S J ingolstadiensis, eiiciter annum 1565 (quo Theo
doricus illic rectoris munus administrabat) Romam ad praepositum generalem misso
asseritur Theodoricum antequam Societatem ingiederetui, Xanti (Xanten in Borussia
rhenana) canonicum ecclesiae S Victoris fuisse Cod ‚Germ Sup Cat 1566
1599 + 373
[4] Monasterium S Ignatii, cuius nunc vix ulla exstant vestigia, virginum erat
tertii ordinis S Francisci   [5] Vide supra p 45 209[4]   [6] Vide supra p 126
[7] *Natalis* S Ignatio in Decembri 1548 „Maestro Canisio predica los domingos"

Sanctos Coloniae Episcopos, Martijres, Virgines et vos omnes obnixe precor, quo meam Christo caussam solicite commendetis, ac pro me apud Sanctos etiam ipsos intercedatis. Quidam suis me literis Coloniam reuocant vos imbecillem hunc animum precibus ad seipsum et in Deum ipsum reuocate Frustra enim agitur, temere instituitur, quod coelesti fauore, rectaque ratione ac animi moderatione caret Quod si CHRISTo semel nos dedidimus, nostraque omnia resignauimus, in illius voluntate sanctissima conquiescamus. non de patria repetenda soliciti, non in studijs continuandis tepidi, nullaque aut locorum aut temporum varietate commoti. Dux et autor CHRISTVS, prora puppisque salutis humanae: fidus auriga, et quam sequendo falli non possumus, amussis recta est obedientia. custos inuictus humilitas, coeli ianitor patientia perseuerans, et perseuerantia patiens His veluti satellitibus omnium fortissimis stipati vitae huius curriculum tuto percurremus, et vbicunque tandem desyderanda mors exules reperiet, ab illo tamen abstrahi duellique non poterimus, qui solus ex mortuis viuos, ex miseris beatos, aeternique regni sui participes facit Ex ipso omnia, in ipso et per ipsum omnia[1]. qui sui semper dilectione nos renouet atque defendat amen Messanae 12 Nouembris anno 1548. Amicos meo nomine salutatos velim, te cum primis iubet saluere P Cornelius[2], ac reliqui etiam hoc loco fratres

Frater tuus P. Kanisius

Chariss. fratri M Leonardo Louaniensi, Coloniae apud templum Praedicatorum. Coloniae

Liceat hic ex Chronico P Ioannis de Polanco nuper primum edito locum transcribere, quo ea de Canisio referuntur, quae usque adhuc omnes Canisii biographos latuerunt, quaeque epistulam Canisii modo propositam magis explicant et quasi amplificant „Cum [initio anni 1549] apud dominicanos [messanenses], in prouinciali ipsorum capitulo, pro more, octo diebus publice positiones in ipsorum et cathedrali templo defenderentur, invitati nostri ad disputandum fuerunt P Hieronymus Natalis cum Patribus Canisio et Fiusio eo se contulit, aderat etiam magister Isidorus [Bellini] et tam prospere successit disputatio [primo autem loco vel inter primos disputarunt) ut Providentia divina id factum videatur, quae et vires et gratiam in disputando sic dedit. ut Collegii [messanensis] existimatio, quod ad litteras attinet, mirum in modum apud populum immo et apud insulam promoueretur Erant enim illi religiosi totius ordinis in ea prouincia celeberrimi, et nihilominus cum applausu, tam doctorum quam indoctorum nostri se gessisse visi sunt, et nunquam melius eo functos officio fuisse, quam tunc, ipse P Natalis profitetur Sed illud inter caetera animi causa dicatur, quod P Canisius de potestate Ecclesiae

(Litterae quadrimestres I, 125—126) *Polancus* ad annum 1548 „Pater Canisius italice diebus etiam dominicis concionabatur" (Chronicon I, 285) Nonnumquam autem sermones sacros etiam in ecclesia „S Maria di Montalto" (vel „S Maria dell'Alto") habebat, quae monialium cisterciensium erat Hac a Societate petierant. ut ea, quae ad religiosam perfectionem pertinerent, edocerentur (Cartas de *San Ignacio* II, 215—217 *Polancus* l c I, 369 *Plac Samperi* S J, Iconologia della gloriosa vergine Madre di Dio Maria, Protettrice di Messina [Messina 1644] p 397 ad 399)   [1] Rom 11, 36   [2] Vishavaeus

tam eleganti sermone est argumentatus, ut bonus monachus, qui respondebat, parum
intelligere ingenue fassus est ª   unde et ulterius progredi desiit cum auditorii
applausu * ¹

71.
S. IGNATIUS
CANISIO.
Roma circiter 19 Martii 1549.

Ex opere posthumo P. *Placidi Samperi* S J messanensis (initio saeculo XVII.
in Societatem recepti). .Messana S P Q R Regumque decreto nobilis exemplaris
et regni Siciliae caput⁻ II (Messanae 1742), 533—534

Eadem fere italico sermone narrantur in eiusdem auctoris .Iconologia" etc
(vide supra p 290 ⁷) p 203—210

  *Canisio mandat, ut reliquias insulanas et diplomata pontificia magistratibus
tradat*

„*Anno 1549 XIII Kal Aprilis*" ², *inquit Samperi*, „*S P. Ignatius
Messanam misit P Antonium Vinch* ³ *cum duplici diplomate impetratae
a Paulo III Academiae, et Collegii Messanensis ex auctoritate Pontificia erectionis* ⁴, *nec non cum insigni dono duorum capitum ex so-
ciabus virginibus, et martyribus S Ursulae in aurata arca reposito-
rum* ⁵ *Per epistolam* ⁶ *vero P Petro Canisio* ⁷ *publico artis Rhetoricae
Professori dedit in mandatis, ut suo nomine Magistratum conveniret,
diplomata, ac dona proferret, quae tanti a Magistratu et propter se
ipsa, et propter donatorem habita sunt, ut e templo Divi Joannis
Baptistae, ubi deposita fuerant publica omnium ordinum, et populi
supplicatione decreta, solemni cum pompa in aedem S Nicolai Collegii Societatis Iesu translata sint. Porro diploma alterum novi Collegii Societatis Iesu fundationem laudabat, alterum Academiae publicae
instituendae potestatem Senatui P Q M. his conditionibus conferebat,
ut Collegii Societatis Rector, idem, et novae erigendae Academiae esset
Cancellarius, item ut a Patribus Societatis Jesu, quorum doctrinae puritas Pontifici satis fuerat explorata, regeretur, et ex ipsis scientiarum,*

———————
  ¹ *Sic* , sit ²

——— ——— ———

  ¹ Monumenta historica Societatis I, 370   Polancus haec partim desumpsit
ex litteris. quas *Natalis* mense Aprili anni 1549 ad S Ignatium dedit   ex quibus
multa olim excerpta et nunc typis exscripta sunt in .Litteris quadrimestribus⁻ I.
152—154   ² 20 Martii
  ³ Scribendum erat Vinck vel Vynck De quo cf supra p 230—233 252 255³
  ⁴ Cf supra p 285   ⁵ Vide supra p 271
  ⁶ S Ignatius 19 Martii 1549 „Magistro Antonio Winck, sacerdoti Societatis
Iesu, et Petro Riera, scholastico eiusdem societatis⁻ litteras dedit, quibus testabatur
eos .ad comitanda sancta capita⁻ illa et ad alia obeunda Messanam destinari (Cartas
de *San Ignacio* II, 175—176 416)
  ⁷ Iconologia p 203 „Con una lettera a P Pietro Canisio" etc

bonarumque artium Professores, et Magistri eligerentur ut constat ex diplomatibus quae cum plausu a Senatu probata, acceptaque tum fuerunt." [1]

Epistulae huius non fit mentio in opere „Cartas de San Ignacio"

72.

CANISIUS

CARTHUSIANIS COLONIENSIBUS.

Messana 5 Iunii 1549.

Ex libro „Vita et Martyrium S Ursulae et Sociarum" (p 712—713), Coloniae Agrippinae anno 1647 edito a P *Hermanno Crombach* S J   Qui ibidem scribit eam epistulam a P Petro Liphausen, Carthusiano coloniensi, sibi traditam esse

Ex libro Crombachii P *Victor De Buck* S J partem epistulae („Addam nonnihil de sacris" — „non imminuant") transtulit in Acta Sanctorum Octobris IX (Parisiis et Romae 1869), 252

In regno congensi a Sociis multos Afros adultos baptizari puerosque erudiri Ioannem III Portugalliae regem fidei propagandae studiosissimum esse   Aliquem e Sociis in Abessiniam destinatum esse   Quanta pompa Messanenses sacra capita insulana in templum Societatis transtulerint   Deum ipsum in sanctis honorari Coloniensibus gratulatur, quod sacris reliquiis abundent, eosque hortatur, ut easdem rite colant

— — Tantus est Nostrorum vbique profectus, vt in hoc pusillo grege[2] excelsam Dei gratiam nemo non agnoscere, ac iure summo praedicare possit

Non diu est, vti nostis, quod India, nouus, vti aiunt, orbis Dominum CHRISTVM profiteri coepit, vbi etiamnum Nostri strenue laborant, atque Deo fauente crescunt. Nunc in Regno Nubiae, quod Africa complectitur, et ab AEthiopibus incolitur, noua messis accessit Multa illic Ethnicorum millia fide Christi Baptismoque donata sunt. Postquam e nostris quatuor eo destinauit Rex ille sincerus Lusitanorum[3], qui pro incredibili sua pietate non contentus intra suas Prouincias enutrire nostros, e quibus iam haud vulgaris Doctorum hominum messis emersit[4], in exteras etiam regiones mittit Christi operarios, vt ex feris, barbarisque Gentibus magna accessio Ecclesiae fiat. Atque tam sapienter id facit, vt omnem fidei propagationem in iuuentute bene instituta sitam maxime arbitretur[5] Vnus est in dicta

---

ᵃ illi *Cromb*

---

[1] Diplomata haec typis exscripta sunt in Iconologia p 204—210
[2] Luc 12, 32
[3] Ioannes III in regnum congense („Nubiam" Canisius dicit) misit Patres Georgium Vaz, Christophorum Ribeyro, Iacobum Diaz, et Iacobum Soveral Societatis scholasticum (cf *Polanci* Chronicon I, 331—338)
[4] Maxime in collegio conimbricensi
[5] Ioannes III praeclarum illud seminarium „Sanctae Fidei" siue „Sancti Pauli",

iam Africa locus, in quo Regia liberalitas pueros alit sexcentos, datis
etiam probatissimis e Societate nostra Magistris[1]. Quid magis quaeso
Regium? quid tam augustum et efficax ad semina fidei nostrae per
ea loca spargenda?[a] Hic fructus, haec summa, hic scopus, vt ego
censeo studiorum, hoc Societatis nostrae proprium institutum, quod
vtinam recte norint vniuersi.

Tum in ea India, cuius Regem vocamus Presbyterum Ioannem,
expetitus est a Romano Pontifice Patriarcha, qui Ecclesiae nostrae
iura, ceremonias, fidemque suos doceret Indos. Abijt igitur et illuc
vnus e Nostris fide publica destinatus, nec dubium vllum arbitramur,
quin adiuuante Domino sit augendum Ecclesiae regnum in istis regionibus vastissimis, ditissimis, florentissimis[2]. Ita precandus est
summus ille Pastor Pastorum, vt fiat vnum ouile[3] sub vnius Pastoris
tugurio, gentesque efferatae suauissimo Christi iugo sua colla submittant; Precandus est inquam, pro hac etiam Societate nostra, quam
idem, qui voluntate sua instituit, virtute indies augeat, et ad Ecclesiae suae fructum magis, magisque confirmet, Amen.

Addam nonnihil de Sacris Reliquijs vndecim millium Virginum et
Martyrum Coloniensium[4] ex his capita duo mihi iam pridem Coloniae
data, et autoritate Apostolica[5] Romam vti postulaueram sunt depor-
tata, huc denique transmissa[6]. Igitur vt in nostrum templum de-

---

* spargendae Cromb

fioae pro pueris indis institutum, S Francisco Xaverio eiusque sociis procurandum
tradiderat

[1] Canisius ante oculos habuisse videtur epistulas ex San Salvador sive Banza-
Congo, Congi capite, 1 Augusti 1518 a missionariis Societatis ad fratres suos
europaeos atque imprimis ad conimbricenses datas, in quibus v g referunt·
Ribeyrum a die 18 Martii ad 30 Iulii 1700 adultos instruxisse et baptizasse, Georgium Vaz in urbe locisque propinquis 3000 fere baptizasse Afros, a Soveralio
scholam dirigi, in qua 600 ferme pueri ad christianam fidem et ad artes legendi
ac scribendi instruantur, victum et magistris et discipulis a rege congensi praeberi
(vide Vict Baesten S J, Les Jesuites au Congo, in „Pieces historiques" Ser 3,
t II [Bruxelles 1893], 60 –74)

[2] David III, Abessiniae rex (1508—1540), compluribus epistulis ad summum
pontificem et ad Lusitaniae regem missis, Ioannem Iacobum Bermudez obtinuerat
patriarcham Abessinis autem postea in monophysitismum relapsis anno 1547
S Ignatius, petente eodem Lusitaniae rege, P Paschasium Broet destinavit patriarcham Verum re dilata, anno demum 1555 Aethiopiae patriarcha consecratus est
Ioannes Nuñez Barretus S J ac cum 12 fere Sociis Olissipone dimissus

[3] Io 10 16   [4] Vide supra p 173[4]

[5] Bonifacius IX pontifex maximus, senatus coloniensis rogatu, sub poena excommunicationis sanxit, ne sacrae reliquiae Colonia exportarentur (Bonifacii litteras
posuerunt Crombach in „Ursula" p 698, Vict de Buck S J in Actis Sanctorum
Octobris IX [Parisiis et Romae 1869], 251, L Ennen in „Quellen zur Geschichte
der Stadt Köln" VI [Köln 1879], 114—115 Cum De Buck anno 1381, Ennen 1392
datas esse scripsissent, postea cognitum est Roma 3 Novembris 1393 datas esse
„Mittheilungen aus dem Stadtarchiv von Köln", 9 Heft [Köln 1896] 83, n 5083)

[6] Vide supra p 271 292

ferrentur solennis, honestissimaque habita est pompa, totius Ciuitatis
Ordines conuenerunt, praecedebat cum Canonicis Episcopus[1], comitabantur nobilissimi Ciues, suum tenebant locum, amplissimi Magistratus
Quatuor, vt dicimus, Ordinum, et Fratrum aliorum Sodalitates aderant,
concinebant Musici, clangebant tubae, Scholasticorum cerei collucebant[2] Adhaec sacris Capitibus parata erat sua capsa, pulchris
distincta imaginibus, certis ornata versibus, vndique auro refulgens[3].
Sunt haec fateor non per se satis, neque ad pietatem prorsus necessaria, sed quae tam religiose gesta vidimus, vt vel Impios Germanos
ad pietatem aliquam excitare potuerint Quasi vero Sanctus ille
Sanctorum[4] idcirco contemnatur, quod in Sanctis suis praedicetur
Martyribus, quod in Diuorum Reliquijs agnoscatur, aut in sacris imaginibus intelligatur. Ego felicem sane semper Coloniam putaui, cum
coelestibus illis Thesauris, et sacratissimis pignoribus affluat: feliciorem
vero dixerim, bona si sua norit[5], vt debito cultu scilicet, ac maiore
indies reuerentia ditissimum penum Reliquiarum prosequatur, Deumque
sic laudet, sic veneretur in Sanctis suis, vt etiam exteri hoc exemplo
pietatem suam augeant, magisque confirment, aut certe quidem non
imminuant Verum vt scribendi finem faciam, hoc vnum meae ad
vos literae semper loquentur, hoc subinde repetent Venerandi Patres,
vt mei memoriam inter precandum deponatis nunquam, Christum
IESVM ex animo precor, caritate sua nos impleat, et in interiore
homine vsquequaque reformet, ne sanctissimae eius voluntati quidquam repugnemus; salutant vos in Domino, qui mecum sunt Fratres,
et vestras expetunt preces. Messanae, 5. Junij, Anno 1550. |sic]

Seruus in Christo et filius vester
Petrus Canisius Nouiomagus.

Epistulae huic Crombach annum 1550, De Buck 1551 adscripsit Sed certum
est anno 1549 datam esse Nam Canisius aestate anni 1549 Messana discessit et
ab ipso initio anni 1550 Ingolstadii fuit neque unquam Messanam rediit Itaque
aut erratum est, aut Messanenses tunc (interdum saltem) „calculo pisano" utebantur,
quo annus 1550 25 Martii 1549 incipiebatur

Haec ultima est, quae inveniri potuit, messanensis epistula Canisii Mense
Iunio anni 1891 praefecti et bibliothecae academicae messanensis et archivi provincialis
eiusdem urbis editori scripserunt se nihil repperisse, quod Canisium spectaret

---

[1] Archiepiscopus erat Ioannes Cibo Sed ex Chronico *Polanci* intellegitur hic
eius vicarium significari, qui episcopus „in partibus" fuerit (l c I, 367)
[2] *Natalis* S Ignatio mense Aprili 1549 scribit se eodem die post meridiem
sermonem ad populum habuisse „de la veneracion de los sanctos, dandoles a entender
que no buscaba esta Compañia haber limosnas dellos por medio de las reliquias,
mas que los gloriosos sanctos fuesen reverenciados y acatados, y los herejes confundidos" (Litterae quadrimestres I, 152—153)
[3] „Ornanda curaverat ea capita et arcam, in qua erant includenda, cum magno
decore et non sine sumptu P. Ignatius" *Polancus* l c l, 367. [4] Dan 9, 24
[5] „O fortunatos nimium, sua si bona norint,
Agricolas!" (*Vergilius*, Georgicon l 2, v 458—459)

73.

P. IOANNES DE POLANCO S. J.

CANISIO

Roma 14 Septembris 1549

Ex „Monumentis historicis Societatis Iesu", Vita Ignatii etc tom I, p 413 adnot 1

„De eius scriptis"

Vide supra p 281

74.

S. IGNATIUS

CANISIO.

Roma 21. Septembris 1549

Ex „Monumentis historicis" I c

„Instructio Canisio data de modo se in Germania gerendi, Bononiam ipsi missa, 21 Septembris" [1549] [1]

Vide supra p 281

75.

CANISIUS

P. IOANNI DE POLANCO,

Societatis Iesu secretario

Ingolstadio mense Novembri vel Decembri 1549

Ex „Monumentis historicis", Vita Ignatii etc tom II, p 73 adnot 1.

„Polancus, ex commissione [S Ignatii], socus Messanae degentibus, quid de Germania scribat Canisius et quam enixe iterum iterumque exposcat ab omnibus socus ut pro illa regione preces fundant" [2]

Ipsa Canisii epistula periisse videtur

---

[1] Guilielmus IV Bavariae dux pro ducatu suo in fide periclitante a Paulo III aliquos de Societate petiit, qui in universitate ingolstadiensi professores essent Delecti sunt igitur ab Ignatio Patres Alphonsus Salmeron et Petrus Canisius usque ad tempus adesse iussus est P Claudius Iaius Canisius autem, antequam in Bavariam proficisceretur, Romae 4 Septembris 1549 professionem religiosam sollemnem fecit et 4 Octobris Bononiae una cum Iaio et Salmerone doctor theologiae creatus est (cf supra p 48 53—62 et infra, monum 30—37)

[2] Canisius eiusque socii 13 Novembris 1549 Ingolstadium advenerunt Eodem mense Salmeron et Canisius scholas habere coeperunt, hic de quarto libro „Sententiarum" Petri Lombardi, ille de Epistula paulina ad Romanos data Iaius initio a 1550 Psalmos explicandos suscepit Cum autem paulo post Leonardus de Eck Guilielmi consiliarius potentissimus et universitatis patronus, Ingolstadium advectus esset, socii de collegio Societatis ibidem condendo cum eo egerunt, quod ni fieret

76.

P. IOANNES DE POLANCO S. J.

nomine S Ignatii

CANISIO.

Roma 18 Ianuarii 1550

Ex „Monumentis historicis" 1 c tom II, p 71, adnot 1

„Polancus, ex commissione, Petro Canisio, de lectione librorum haereticorum et quomodo Ducis ope et Universitatis auctoritate malo tanto obviam iri possit, 18 Januarii" [1550] [1]

77.

CANISIUS

P. IOANNI DE POLANCO,

secretario Societatis Iesu [2]

Ingolstadio 25. Ianuarii 1550

Ex apographo recenti, quod descriptum est ex ipsa epistula autographa, posita in cod „Epistt B Petri Canisii I" n 2, p 111

Bene sperandum esse de collegio Societatis Ingolstadii condendo Sociorum primos conatus feliciter successisse Se iuvenum aliquot conscientias regere Po-

---

adventum suum Bavariae et universitati haud valde profuturum, praesertim cum theologica facultas tam infrequens esset et theologia adeo neglegeretur Cf *Ioh Nep Mederer*, Annales Ingolstadiensis Academiae P 1 (Ingolstadii 1782), p 213—214, *Polanci* Chronicon I, 413—416, *Ign Agricolam*, Historia Provinciae Societatis Iesu Germaniae Superioris P 1 (Augustae Vind 1727), Dec 1, n 160—171, p 19—20, *Orlandinum* I c 1 9, n 52—54, *Boero*, Canisio p 63—69, *Riess* I c p 81—87 *Genelli*, Ignatius p 342—344 (in editione nova et emendata, quam P *Victor Kolb* S J curavit Viennae 1894, p 321—324), *Ch.-II Verdiere S J*, Histoire de l'Université d'Ingolstadt I (Paris 1887), 175—215 — Confer etiam quae infra ponentur de epistula, quam Canisius precum pro Germania fundendarum causa anno 1553 ad Ignatium dedit

[1] „Ut alliceret homines [litterarum studiosos] ad rerum spiritualium profectum aliquid privatim P Canisius suo in cubiculo eis praelegebat Attulerunt hi libros suos a Luthero, Bucero et Melanchtone conscriptos, sed non pauci, peractis festis [nativitatis domini], eos repetebant" *Polancus* I c II, 70—71

[2] Ioannes de Polanco, Burgis (Burgos) in Hispania natus, Parisiis philosophia excultus, Romae anno 1541, cum „scriptor apostolicus" esset, Societatem Iesu ingressus et ibidem anno 1577 mortuus est Sancti Ignatii per novem annos in Societate regenda praecipuus minister, adiutor, secretarius fuit Etiam apud praepositos generales Iacobum Lainium et S Franciscum Borgiam publicus Societatis secretarius fuit ac simul per longum tempus munus procuratoris generalis et sub Lainio officium „assistentis Hispaniae" administravit S Francisco Borgia ex vita egresso Polancus totius Societatis vicarius generalis fuit Complures etiam evulgavit libros atque imprimis „Directorium" pro confessariis et confitentibus, plus quam tricies editum, et „Methodum ad eos adiuvandos, qui moriuntur"

lanceum rogat, ut doctorem Olave in eam perfectionis christianae adducere conetur Quandi ipse aestimet Polancum, a quo instrui cupit Facultates, diplomata, epistolas petit

Reuerende Pater Polance

Gratia Domini nostri IESV CHRISTI. et pax vera nobiscum semper Iam inde ab Octobri mense (quis credat²) frustra literas Romanas expectamus, nihil de Reuerendi P. Ignatii, nihil de tua et Patrum fratrumque salute omnium intelligimus Decies opinor, aut etiam saepius nostrae istuc literae pervenerunt, nisi forte fallunt nos tabellarii. Quamquam hisce diversis usi sumus, ut aliqua saltem via succederet, quod perferri ad vos tuto cupiebamus Equidem semel atque iterum de spe optima futuri Collegii Ingolstadiensis, quod nostris institueretur. scripsi Quominus urgeatur sanctum negotium, nihil in caussa esse video, nisi tardam noui Pontificis electionem [1]. Ea semel confecta (foeliciter autem confectam desideramus) non cessabunt opinor ii, quorum erit apud Pontificem instare, et P Ignatium exorare pro huius collegii institutione et constitutione Primi singulorum conatus ceciderunt hoc loco foeliciter, nunc eadem Dei benignitate adiuvamur, ut quod cum aliorum laude coeptum est, neque nobis poenitendum modo videatur [2]. Itaque lectiones recte habent. fauent multi, et quod sane mirror nullis rebus adversis exercemur. Privatim ego studiosos aliquot instituo, et eo quidem lubentius, quod suas mihi conscientias permittere non grauentur, bonae spei adolescentes Quod si CHRISTVS adspiret, si pietatis uestrae uota suffragentui, erit aliquando, et breui quidem, quum sterilis corruptaque terra fructum edet, si non frequentem in prima ista cultura, non aspernandum tamen; mihi certe, ut res sunt in Germania, proventus qualiscumque magni etiam momenti esse videatur Quum vero a Theologo Olave plurimum diligare, non abs re facturus mihi videberis, si literis ad illum datis de pietate nonnihil disseras Sancte sibi displicet bonus Doctor, et nescio quam mihi spem praebet fore. ut consiliis et (quod maxime velim) colloquiis tuis ad optima permoueatur [3]. Sed neque Canisium neglige,

---

[1] Paulus III mortuus est 10 Nouembris 1549, Iulius III electus 8 Februarii 1550

[2] In *Polanci* Chronico (II, 71) haec narrantur, Canisii biographis usque adhuc ignota .Cum pro more ipsa vigilia Natalis Domini [a 1549] latina oratio habenda esset, cum is, cui hoc oneris impositum erat, non inuenietur, P Canisio est impositum qui ex tempore quidem, sed per Dei gratiam tam luculentam habuit in summo templo [Beatae Mariae Virginis] orationem, praesente Uniuersitate, ut ei magnopere fuerit satisfactum "

[3] Martinus Olave, e Vitoria Hispaniae urbe oriundus, ex Caroli V commissione concilio tridentino theologus interfuit, anno 1549 a cardinali Ottone Dilingam in collegium S Hieronymi professor accersitus est, Societati Iesu a 1552 nomen dedit et postea in collegio romano Summam theologicam S Thomae explicavit et rectoris munus administravit, vita cessit 17 Augusti 1556 Cf etiam *Monumenta historica Societatis Iesu* I c I, 413[1]

pater, sustenta imbecillem tuarum precum virtute, consiliis instrue, admonitionibus impelle rudem ac segnem Ego tuae in me charitatis oblivisci nequeo manebis usque sic fixus et insculptus in pectore meo, ut quamvis nil scribas ad immerentem, quamvis Polancum ego meum spectare nunquam possim amplius, tamen absentem etiam non possum* non colere et adamare Vellem autem (quod tuo commodo fiat) ut piacilegiis [sic] hic admodum necessariis, in haeresis presertim negotio [1], adiuuaremur Mihi ut omnia desunt, quae perfectum huius instituti nostri decent professorem, sic etiam non suppetunt ulla diplomata [2] Tuae sapientiae atque humanitatis fuerit, de his aliisque nuper scriptis me commonefacere, obiurgare, damnare; nam quo saeuies liberius, eo me tibi chariorem esse cognoscam. Vale pater in Christo, et cum fratribus aliis, patribusque, tum vero maxime Praeposito nostro habe me commendatum Ingolstadii 25 Ianuaiii 1550.

Societatis, P. Laiynez, Messanen , Panoimitanorum fratrum, tuique etiam, ut certiores nos aliquando facias, rogamus.

Seruus et filius in Christo tuus
Petrus Canisius

Reuerendo Patri Joanni Polanco de Societate IESV   Romae

Polancus nomine S Ignatii Canisio iescripsit 18 Februarii 1550

78.

P. IOANNES DE POLANCO

nomine S Ignatii

CANISIO.

Roma 1. Februarii 1550.

Ex „Monumentis historicis" I c tom II, p 70, adnot 1

„Polancus, ex commissione, Petro Canisio, cui Rectoris in Uniuersitate officium assumere non expediat, 1 Februarii" [1550] [3]

Canisius iescripsit 24 Martii 1550

---

* Sic, scribendum erat potius possim

---

[1] Facultates quasdam dicit, v g homines a crimine haeresis absolvendi, libros haereticorum legendi De quibus multa infia dicentui

[2] Quae fidem faciant de turibus et privilegiis Societati concessis etc

[3] Novus rector die 24 Apiilis eligendus erat Ac Canisius dignitatem illam tunc quidem effugit, sed 18 Octobris 1550 suscipere debuit De qua re infra

79.

P. IOANNES DE POLANCO S. J.

nomine S Ignatii

PP. ALPHONSO SALMERONI, CLAUDIO IAIO, PETRO CANISIO S. J.

Roma 14. Februarii 1550

Ex „Monumentis historicis" 1 c p 66, adnot 2

„Polancus, ex commissione, Patribus Salmeroni, Jayo et Canisio, de electo Pontifice Julio III, qui eos fecit Doctores¹; de Cardinalibus qui apud Pontificem plurimum valeant, de Collegio Ingolstadiensi, de quadrimestribus litteris latine scribendis "

Canisius rescripsit 24 Martii 1550

80.

P. IOANNES DE POLANCO S. J.

nomine S Ignatii

CANISIO.

Roma 18 Februarii 1550

Ex „Monumentis historicis" 1 c p. 72, adnot 3

„Polancus, ex commissione, Petro Canisio, ut ab Apostolico Nuncio facultatem haereticos resipiscentes absolvendi postulet², 18 Februaria" [1550]

Canisius 24 Martii 1550 ad has litteras respondit

81.

CANISIUS

P. LEONARDO KESSEL,

Sociorum coloniensium praeposito

Ingolstadio 9 Martii 1550.

Ex autographo (2°, p 1, in p 2 inscr et pars sig) Cod Colon .Epistt ad Kessel I' f 58

Particulas duas edidit Reiffenberg 1 c p 31, unam (germanice) Gothein 1 c p 692, integram paene epistulam Pachtler, Ratio studiorum S J I, 138—139

Kesselium ad novicios et scholasticos Sociis ingolstadiensibus submittendos incitat Ducem apud pontificem pro collegio Ingolstadii instituendo serio instare Ignatio praeposito per omnia parendum esse Kesselium exhortatur, ut, quos in Christo filios habeat, magno studio ad Christi imitationem inducat Preces efflagitat

¹ Cf supra p 61 et infra, monum 30
² Canisium postulasse et obtinuisse infra apparebit

IESVS

Chariss. Domine ac frater Leonarde,

Gratia domini nostri IESV CHRISTI te, fratresque omnes istic adiuuet Bis iam, aut ter Coloniam literas dedi, quas ad te perlatas arbitror, ego tuas accepi nunquam, ex quo cum hisce duobus Patribus in Bauariam veni Sum valde cupidus de tuis, ac fratrum rebus intelligendi Nunc daemum opus esse video, vt haec IESV societas apud uos etiam augeatur*. Nos nidum inuenimus, tuis ac pluribus ambus recipiendis aptum, parata est quodammodo cauea, tantum in-uolent vndecunque pulli, quos fouere CHRISTO et uolucres efficere commodas Germaniae aliquando possimus Quod vt clarius accipias, misit in vrbem literas dux noster Bauariensis[1], magnaque contentione cum apud Cardinales, tum apud nouum Pontificem[2] curat, vt societati nostrae constet hoc loco suum, et bene instructum collegium[3]. Quare quid Christiano huic principi debeatur a nobis, cogita, qui primus apud Germaniam rem praeclaram illam, sed difficilem et valde raram aggreditur, qui primis hisce mensibus tantum fauoris ac humanitatis nobis impertit[4], atque adeo de tota hac IESV societate bene mereri studet, ratus fortasse (id quod res est) fore, vt nostrorum praesenti opera non solum hanc academiam et Bauariam suam, sed etiam vicinas haereticorum partes possit adiuuare duce CHRISTO Quid vero mini um, si constitutis collegij fundamentis huc tui accersantur? certe paratos esse omnes conuenit, et maiori cum fructu quam istic sua (ut opinor) studia promouebunt, si nobiscum, vt vellem, habitaturi sunt. Dispiciet ea quidem de re Pater et Praepositus noster digniss cuius dum pa-remus sententiae, vitam vbilibet et tutissimam et foelicissimam agimus. De nobis idem pene, quod antea scripsi, nunc repetendum videtur, siue lectiones, siue auditores et fauorem huius in nos academiae spectes Admonet me temporis huius ratio, vt in confessionibus occu-patum te putem Perge vero mi frater, et **arundines quassatos** [sic][5] **fulcire, et aquas ex istis petris deducere**[6]. **Confirma** quaeso **fratres tuos**[7] ac filios, **pasce** quamuis exiguum **gregem**[8], oues effice prorsus simplices, educ eas in[b] uitae pascua ubi sentiant

---

* *Quae sequuntur, usque ad* pulli, *a Reiffenberg minus accurate proponuntur.*
[b] educas in *Reiff*

---

[1] Guilielmum IV certe Canisius significavit, neque tunc sciebat eum 6 Martii e vita excessisse Vide epistulam Ian et Canisii 10 Iunii 1550 ad Stockham-merum datam   [2] Iulium III
[3] Pars epistulae, quam Guilielmus IV hac de re Monachio 27 Februarii 1550 ad Marcellum cardinalem Crescentium dedit, ponetur infra, monum 43.
[4] Provisum etiam esse refert *Polancus*, ut Socii Ingolstadii „sine germanicis conviviis, more religioso atque italico viuere possent" (Chronicon I, 414)
[5] Matth 12, 20   [6] Num 20, 8 Ps 77, 16   [7] Luc 22, 32
[8] Cf. Ez 34, 3 1 Petr. 5, 2

optimam uocem summi Pastoris, hanc intelligant, hanc obseruent, huic
sese, conatusque suos, et voluntates omnes usque submittant et de-
dant Cum uero Domini sui uocem intellexerint[1], occludant protinus
ambas aures insidianti mundo. amicis blandientibus, et aemulis ob-
trectantibus Respiciant scopum, despiciant sese, tum mente libera
et tranquilla studijs dent operam, et ad quotidianum fructum col-
ligendum augendumque contendant Rogo frequenter ad me scribas.
quem tui esse, futurum ac fuisse studiosiss non iniuria credas Orationum tuarum opto praesidia, vt semper antehac Orent pro me
fratres etiam, filijque tui et amici demum omnes, quos meo nomine
salutabis Ingolstadij 9 Martij 1550 Vale in domino Jesu frater chariss

Petrus tuus Canisius

Chariss in Christo domino ac fratri, D Leonardo Louaniensi
Coloniae

82.

CANISIUS

P. LEONARDO KESSEL

ac scholasticis et novicis Societatis Iesu coloniensibus [2]

Ingolstadio 19 Martii 1550.

Ex autographo (2° 2 pp in p 4 inscr et pais sig) Cod colon „Epistt
ad Kessel I" f 59,61 et sq non sign
    Maiorem partem edidit *Reiffenberg* l c Mant p 14—15 , omisit „Accepi literas
a te" — „valeant in Christo precor" Ex Reiffenbergii opere gallice vertit *Verdiere*
l c I, 477—480

    *Socius de instituti studio gratulatur Oboedientia quam sit in Societate ne-
cessaria quamque perfecta in eadem esse debeat Societatis obtrectatores neglegendos
esse Socius epistulas mittat, e quibus intellegant, quam sublimia Deus per Societatem
ubique efficiat De ingolstadiensibus rebus bene sperandum esse De Taulero Quantum
Canisius debeat Carthusianis coloniensibus*

IESVS

Charissimi fratres in Christo Domino

Gratia Spiritus sancti. pax omnem sensum exuberans[3] [su]
et obedientiae fructus perpetuae vobiscum

---

    [1] Cf Io 10, 1—14
    [2] „* Historia Gymnasii novi trium coronarum" in a 1549 haec habet, ex veteri
„Historia collegii Coloniensis" hausta „Kesselius   duodecim Adolescentes per-
polit studijs, omnes, vno dempto qui Carthusiam elegit Societatem amplexi Gode-
fridi Barner Zutphaniensis et Arnoldi Hezij feruentes literae ad P Ignatium cum
voto Societatis ineundae " Item ex „Catalogo Prouincialium" „Inter adolescentes
a P Kesselio informatos P Theodorus Peltanus, P Martinus Herphordianus *forsitae
Strandonius]* Nicolaus Comitius, postea Prior Carthusiae Tuckelhusanae " Et ad
annum 1550 (fonte non indicato) „Kesselius praeest Sociis 14 lectissimis" (l c f 22)
    [3] Vulgata nostra „pax Dei. quae exsuperat omnem sensum" (Phil 4, 7)

Allatae sunt hoc ipso vespere, quas ad me scripsistis, literae vestrae, non solum diligentiae profectusque testes in literis, verum etiam charitatis et humanitatis in fratrem vestrae comprobatrices Quid vero mihi, nobisque hic omnibus vel auditu iucundius, vel cogitatu dignius esse possit, quam quod aperte docetis magnum in mundo spernendo contemptum, ardentem in sustinendo CHRISTi iugo consensum, forte in praestandis obedientiae offitijs propositum, singularem daemque tum in prosequendis studijs, tum in prouehendis desiderijs. quae CHRISTVS inspirat suis, contentionem [b] Quare licet mea cohortatione, quantum intelligo, non sit apud vos opus, rogo tamen, atque per Dominum IEsum obtestor omnes, vt obedientiae uobis munus et pulcherrimum et sanctiss retineatis, ad hoc caetera, quae aut in studijs, aut in affectibus sita sunt. omnino referatis Nam et doctrina, et parentes, et contiones, et preces, omnesque sacrae exercitationes eatenus locum apud vos[a] habere suum, vigoremque debent. quatenus cum obedientia consentiunt: a qua profecto quicquid vel palam nos abstrahit. vel secreto reuocat, id uero Dei templum prophanat, id Spiritum dei contristat[1], id amorem Dei profligat, et a profectu pietatis omnis abducit Positum sit ergo, quod firmissimi apud vos fundamenti esse loco velim, vt quotidie Diuinam hanc vocationem intentis oculis adspiciatis, quid item in ea vobis praestandum[b], quid adijciendum. vt IESV socij vere sitis, et haberi merito valeatis Qua in re quo diligentius versabimini. eo sublimius esse, quod obedientia requirit. intelligetis, magisque uos ipsi despicietis, quod neque voluntatis motus omnes. neque intellectus apprehensiones exueritis, vt nudi prorsus ac nitidi tum in Dei vestri conspectu, tum in superiorum praesentia vos tales exhibeatis[c], qui nihil in vobis esse vestrum aut proprium re ipsa declaretis, non verbis tantum ac gestibus promittatis Huc iam vocati, huc destinati estis fratres. haec obedientiae simplex est regula, se nimirum alteri per omnia pro Christi amore dedere ac resignare Quod dum facitis (facere autem ex diuino et humano iure debetis) tum ex IESV societate tyrones, milites, fratres, discipulos existimate uos, tum laeta vobis esse omnia constitute. quantumuis pauci quod institutum coepistis, comprobent, atque adeo vt maxime vos cuncti negligant. rideant[d], despiciant, execrentur Ita enim firmiores etiam animos res aduersae parant, et piorum cursum omnium promouent acceptae iniuriae, perturbant repulsae Sed charitatis ratio huc me prouexit, vt cum alios admoneo, meipsum doceam, et ad communem hunc obedientiae fructum quem quaerimus, magis magisque contendamus, vocante Christo, flagitantibus promissis. omni ratione

---

[a] apud hoc *Reiff*   [b] praestantur *Reiff*
[c] *Sic cum Reiff correxi, autogr* exerceatis   [d] videant *Reiff*

[1] Eph 4, 30

cogente Mitto autem ad uos, ut mihi quidem videtur, pulcherrimos obedientiae fructus, quos Dux militiae nostrae D. IESVS collegit e suis. et paucis quidem ab hinc mensibus, vt verissimum sit illud. Manus Domini nondum est abbreuiata [1] Videbitis nostrorum fortissima illic certamina, Spiritum ardentem, labores indefatigabiles, fidem Apostolicam, erga proximos vero incredibilem pene charitatem Sed ex obedientiae fundamento haec omnia Mirabor sane, si citra fructum haec tam mira, perfecta, sancta legeritis Ego me valde affectum ea lectione sensi, ac plane mutatum, praesertim cum ad spectatissima tot fratrum exempla meas quoque sordes conferrem [2]. Orandus est nobis clementiss pater, vt perpetuum hoc nobis et huic societati velit esse, quod a primis nostrorum initijs procedit foelicissime vt bonus Christi odor propemodum in omni iam loco simus [3], non in Italia tantum, et Sicilia, sed etiam in Hispanijs, in Lusitania, Arabia [4], India, et vbi nomen Dei sanctum hactenus ignorabatur De Germania dicere nunc non attinet, habet et illa semen e nostris aliquod, habebit etiam. ut speramus, indies magis ac magis, quemadmodum hoc ipso in loco multa nobis pollicentur, defuncto licet Duce Guilhelmo [5]. Nam collegium hic nostris designatum est, quod fortasse, cum fauente CHRISTO extructum videbitur, vestris etiam commodis tribuetur Sed precibus adiuuate labores nostros, qui vt exigui sint in sacra profitendo, tamen inutiles esse non possunt, si coeptis, vt hactenus, annuat spes nostra CHRISTVS Accepi literas a te binas mi Leonarde frater, alteras per M Endouianum [6] huc Telinga [7] missas,

---

[1] Is 59, 1

[2] Canisius litteras imprimis „indicas" misisse videtur (cf supra p 172) S Ignatius in Constitutionibus Societatis „Ayudara." inquit, „tambien muy especialmente la comunicacion de letras misiuas entre los inferiores y Superiores, con el saber a menudo unos de otros, y entender las nueuas y informaciones, que de unas, y otras partes vienen de lo cual tendran cargo los Superiores, en especial el General y los Prouinciales, dando orden como en cada parte se pueda saber de las otras lo que es para consolacion y edificacion mutua en el Señor Nuestro" (P 8, c 1, n 9 Constitutiones latinae et hispanicae p 235 237) Eadem iisdem paene verbis S Ignatius iam proposuerat in primis illis Constitutionibus quas anno 1550 absolvit (l c p 390)   [3] 2 Cor 2, 14 15

[4] P Gaspar Barzaeus (Berse) anno 1549 in insula Armuzia (Hormouz, Ormuz) Persiae et Arabiae confini consederat Epistulae eodem anno de laboribus eius armuzianis scriptae exstant in libro „Selectae Indiarum epistolae nunc primum editae" (Florentiae 1887) p 77—79 88 Cf etiam Polanci Chronicon II, 150—157, Nic Trigault S J, Vita Gasparis Barzaei (Coloniae 1611) l 1, c 15 16, l 2, c 1—25, W v N S J, Gaspar Berse of de Nederlandsche Franciscus Xaverius (Rotterdam 1870) p 100—277   [5] Cf supra p 301

[6] Endhoven (Eyndhoven) urbs est Brabantiae septentrionalis, nunc regni neerlandici Raderus refert „M Petrum Endouianum" a cardinali Ottone Truchsessio praefectum esse contubernio iuuenum ad ecclesiasticum ordinem adspirantium, quod a 1549 Dilingae institutum est (Can p 115)

[7] Dilinga (Dilingen, Dillingen) oppidum suebicum ad Danubium situm sedes erat episcoporum augustanorum

verum sine scriptis illis, quae adiunxeras, venient tamen vt audio, propediem: Alteras cum Taulero Latine verso,[1] — — — —

Scripsi ante mensem ad amicos Nouiomagenses, literas Louanium destinaui, tum ad te scriptum adieci, sicut et ante hos dies Francfordiae traditae sunt Melchiori Nouesiano[2] literae, quas ad te istuc meo perferiet nomine Ex his multa nunc mihi non repetenda cognosces Quod admones de M. Henrico[3], nihil compertum habemus aliud, quam ex nostris et illius in vrbe scriptis ante autumnum missis intellexisti, Dubitant adhuc de vita hominis, et ego mortuum esse suspicor. Gratissima fuit quam adscripsisti, salutatio Patrum meorum Carthusiae. ijs me commendatum vicissim opto maxime, nec vllam de ipsis bene merendi occasionem relinquam, si quid tamen ego tantis Patribus prodesse possum vnquam. Ceite adiuuandus magis illorum precibus est Camsius. quem tot annis tam benigne ac propense complexi sunt, vt consanguineis omnibus a me charioies haberi promereantur. Vii desideiiorum Daniel[4] et qui diligit nostram gentem[5], non Synagogam, amiciss D. Andreas[6], recte valeant in Christo precor Bene valete fratres dilectiss et pro nobis orate ut facitis, diligenter, vti maxime quidem opus esse uidemus Ingolstadij 19 Martij 1550

Petrus Camsius vester in Christo seruus.

Charissimo fratri D Leonardo Kessel, et ipsius in Christo fratribus de IESV societate. Colomiae

83.
P. IOANNES DE POLANCO S. J.
nomine S. Ignatii
PP. CLAUDIO IAIO, ALPHONSO SALMERONI.
PETRO CANISIO, S. J.
Roma 23. Martii 1550.

Ex „Monumentis historicis" I (p 76, adnot 1 et p 80, adnot 3

„Polancus, ei commissione, Patribus Iaio, Salmeioni et Canisio, quas gratias seu facultates ipsis Summus Pontifex concesserit, 23 Martii" [1550]
„Polancus [etc ut supra], ut conciouentui latine, ubi sint, qui latinam linguam capiant, auditores, 23 Martii" [1550]

' Hic quattuoi fere versus manu alterius saeculi (ut videtui) XVIII ita deleti sunt, ut legi iam omnino non possint

---

[1] De hac editione vide supia p 89 '
[2] Bibliopola huc coloniensis Francofurtum ad Moenum venisse videtui propter librorum nundinas, quae tempoie ieiuni quadiagesimalis ibi fiebant
[3] Henricum Baccelium dicere videtur, cf supia p 290
[4] Dan 9, 23, 10, 11 19 Canisius significaie videtui Danielem in Carthusia degentem, de quo supia p 126 157 etc   [5] Luc 7, 5   [6] Heill

84.

CANISIUS

P. IOANNI DE POLANCO,

secretario Societatis Iesu.

Ingolstadio 24. Martii 1550.

Ex apographo, scripto a *P. Ios. Boero* S. J. et a. 1891—1892 collato *cum* epistula Canisii autographa, posita in cod.: „Epistt. B. Petri Canisii I." n. 3, p. 112.
Summam quandam huius epistulae (haud ita tamen accurate) proponit *Boero*, Canisio p. 69—71, et post eum *Prat*, Le Iay p. 319—321, et *Verdière* l. c. 1, 212 ad 213. Eadem epistula usus est *Polancus* in Chronico II, 70—81.

Gaudet de Societate tam fausta nuntiari. Ingolstadii theologiae candidatos esse paucos et fere ineptos. Parochum de iurium suorum violatione questum esse. Academicos cives complures a fide errare nec corrigi posse. Ieiunium et missae sacrificium misere neglegi. Haereticorum libros etiam a piis retineri; monitionem hac de re cuidam factam secus cecidisse. Quibus rationibus defendant legem a pontifice contra libros haereticorum latam in ea regione non vigere. Bullam „Coenae" non esse promulgatam; haereses non compesci. Spem collegii condendi, mortuis licet patronis, superesse. In Societate nil sine contradictionibus succedere. De laboribus suis apostolicis et de Sociis coloniensibus virtutum studiosissimis. Concilia, catechismum, pietatis exercitia petit.

IESVS

Reuerendo padre mio et osseruandissimo nel Signor

La gratia e pace del Segnor nostro IESV CHRISTO s' augmenti sempre nei cuori nostri al seruizio della sua somma Maiesta. Circa li 14. di questo Marzo hauemo receputo 3 diverse litere scritte da V. Reuerentia in Febbraro; e vi erano agiunte, primo le grazie concesse dal S. N. Papa Paolo di fel. mem.[1] che sia in gloria con il Reuerendo P. M. Pietro Codatio[2], e anchora noue alcune scritte della Compagnia in Bologna. Benedetto sia il Signor eterno, che tanto

---

Iesus. Pater mi reverende et in domino observandissime. Gratia et pax domini nostri Iesu Christi in animis nostris semper augeantur, quo melius summae eius maiestati serviamus. Circiter pridie Idus Martias huius anni tres epistulas diversas accepimus a reverentia vestra mense Februario ad nos datas; quibus adiunctae erant tum gratiae a domino nostro Paulo papa felicis memoriae concessae [1] (qui sit in gloria aeterna, una cum reverendo Patre Magistro Petro Codacio[2]), tum etiam nova quaedam, quae de Sociis Bononiae degentibus referebantur. Do-

---

[1] Paulus III. litteris apostolicis Roma 18. Octobris 1549 datis, quae incipiunt „Licet debitum", Societati Iesu plurima concesserat privilegia, exemptiones, immunitates, indulgentias, facultates, quae eiusdem gubernationem et sacra ministeria spectabant.

[2] Petrus Codacius (Codacio), laudensis, sacerdos e pontificis familia nobilis et magnis ecclesiae opibus et facultatibus praeditus, primus ex Italis Societati se adiunxit in eaque rei familiaris procurationem strenue et prospere per decennium gessit: subito exstinctus est mense Decembri a. 1549 (*Orlandinus* l. c. l. 2, n. 66; l. 9, n. 7—9. *Bartoli*, L' Italia l. 3, c. 1, p. 11—12).

ci consola per il frutto ammirabile delli carissimi fratelli nostri in Spagna e Sicilia. Per il che meritamente aspettiamo e desideriamo vedere anche l' altre noue d' altri luogi, siccome promette V. Reuerentia. E secondo la comissione d' essa già sono mandate quelle medesime nuove alli fratelli nostri di Colonia.

Hora per esplicare a largo il nostro stare e la dispositione di questa terra, perchè secondo la mia liberalità[a] non soglio dissimular, anchor ch' io potesse, a V. Reuerentia principalmente. Primo quanto si è alle nostre lettioni, bisogna guardarci di non citare molto i dottori scholastici, nè usar le allegorie[1], se uolemo intertener questi auditori, alli quali quantunque facciamo le carezze di non essere o troppo sottili, o in alcuna parte negligenti, pure cominciano a diminuirsi. Voglia Iddio che fra tutti siano 4 ouero 5, delli quali potessimo sperar frutto delle nostre lettioni. Certo se fussino gl' altri nelle mani del Reuerendo P. Nostro M. Ignazio, credo che senza ogni iniuria potriano essere rimandati alla Grammatica e Dialettica. Qui si reputa per una regola generale, che nello studio Ingolstadiense gli scholari, ancor che siano pochi, non si fatichino molto per le

mino aeterno habenda est gratia, quod tantopere nos consolatur fructibus miris, quos fratres nostri carissimi in Hispania et in Sicilia colligunt. Propterea merito etiam exspectamus et desideramus videre ea, quae aliis ex locis perscripta sunt, quae nos accepturos esse R. V. promittit; et iam, prout mandasti, nova illa ad fratres nostros colonienses missa sunt.

Fuse nunc exponam, quomodo habeamus, et quomodo terra haec disposita sit; pro mea enim libertate res, etiamsi possum, dissimulare non soleo, praesertim cum R. V. scribo. Ac primum quidem in lectionibus nostris a doctoribus scholasticis saepe producendis et ab allegoriis proferendis[1] diligenter oportet abstinere, si auditorium hoc tenere volumus; in cuius gratiam licet nec nimis subtiles, nec ulla ex parte neglegentes esse studeamus, minui tamen iam incipit. Utinam inter illos quattuor vel quinque sint, quibus lectiones nostras profuturas sperare possimus! Ceteros certe, si in potestate reverendi patris nostri M. Ignatii essent, sine ulla iniuria remitti posse puto ad grammaticam et dialecticam. Hic sic fere fieri censent: academiae ingolstadiensis auditores, etiamsi pauci sint, litterarum ac praesertim Scripturae sacrae, studiis operam navare haud magnam. Item, cum discipulorum

---

[a] *Sic apographum nostrum, cum autographo collatum; sed voluit fortasse scribere Canisius:* libertà.

---

[1] Expositionem sacrae Scripturae „allegoricam" dicit, quatenus haec a „litterali" differt. Inter „reformatores" hunc „sensum allegoricum" imprimis aversabatur Calvinus. Qui v. g. Contra Libertinos (cap. 9) scripsit: „Combien que ceste secte soit bien diverse de celle des Papistes, comme elle est cent fois pire et plus pernicieuse: neantmoins tous les deux ont ce principe commun ensemble, de transfigurer l'Escriture en allegorie, et d'affecter une sagesse meilleure et plus parfaicte, que celle que nous y avons. Et tous deux d'un accord prennent pour couleur ceste sentence de sainct Paul, que la lettre occist (2 Cor 3, 6). . . . Il n'y a non plus de fermeté aux allegories qu'aux bouteilles d'eaue que font les petis enfans avec un festu" (*Ioannis Calvini* opera edd. G. Baum, Ed. Cunitz, Ed. Reuss, VII [Brunsvigae 1868], 174. 175).

lettere e massime per la scrittura sacra Item hauendomi pigliato
un poco di cura di alcuni scolari, i quali si confessarono e comuni-
carono con meco in casa, il parrochiano presto si resentette, lamen-
tandosi con altri, che li Teologi s' intricavano nella cura dell' anime
sue, reputando questo per detrimento e pregiudtio delli suoi coope-
ratori Dapoi gli abbiamo fatto saper e delli privilegi nostri [1], e
della commissione speciale a noi fatta dal suo vescovo e Reuerendissimo nostro Eistettense [2] Pur non ci è parso bene o mostrare li
nostri privilegi, o usarli molto in questo principio

E per dire più chiaramente. essendo qui un concorso di scolari
Tedeschi e principalmente di giure, li quali sono di diverse parti di
Alemagna, no può essere manco, che non abbiano varie opinioni ed
errori nella Sancta fede Con questo li principali della Università o
non possono, ovvero non vogliono contrariargli, vedendo che fin' a
qui tutta l' Università non sta tanto nelle loro mani, como nel gouerno
del Duca e del dottore Eck speciale governatore del predetto studio [3]
Il Signor nostro clementissimo conceda la sua Sancta pace alle lor
due anime Oltre di questo, communemente il zelo de la religione
non bisogna cercai hora nelli Tedeschi [4], conciosiache il culto divino

aliquot animos paulum coepissem excolere usque sacramenta paenitentiae et eucharistiae domi nostrae praebuissem, parochus statim id aegre tulit et coram aliis conquestus est, quod theologiae professores in curam animarum suarum se ingererent
idque in detrimentum et praeiudicium cooperatorum suorum cedere existimabat
Quem postea certiorem reddidimus tum de privilegiis nostris [1], tum de speciali commissione a reverendissimo Eystettensi [2] nobis facta, qui ipsius et noster episcopus
est Neque tamen nobis visum est expedire nos privilegia nostra ei ostendere vel
in his nitus frequentei iisdem uti

Atque ut apertius loquar, cum scholares germani et imprimis iuris studiosi
ex variis Germaniae partibus huc confluant, fieri non potest, quin in rebus sanctae
fidei varias habeant opiniones et errores Accedit. quod universitatis proceres iis
repugnare aut nequeunt aut nolunt videbant enim totam academiam non tam in sua
esse potestate quam in dicione ducis et doctoris Eck, qui studio illi peculiariter
praefectus erat [3] Dominus noster clementissimus sanctam pacem suam amborum
illorum animabus concedat [4] Praeterea. ut in universum dicam, hoc tempore religionis studium apud Germanos non est quaerendum [4], catholicorum enim cultus

---

[1] Paulus III iam 3 Iunii 1545 Sociis facultatem dederat fidelium quorum-
cunque confessiones excipiendi usque eucharistiam ministrandi, „Dioecesanorum locorum. Rectorum parochialium et aliarum ecclesiarum aut quorumvis aliorum licentia
desupei minime requisita“ Atque 18 Octobris 1549 (vide supra p 306 [1]) idem
pontifex declaraverat fideles omnes „Rectoris sui licentia minime requisita“ Sociis
peccata confiteri ab usque (paschatis festo et mortis articulo exceptis) eucharistiam
accipere posse   [2] Mauritio de Hutten
[3] Leonardus ab Eck. Guilielmi IV consiliarius intimus, per triginta fere annos
academiae ingolstadiensis patronus et curator fuerat Qui ducem suum. 6 Martii
mortuum secutus est die 17 eiusdem mensis (I N Mederer, Annales Ingolstadiensis Academiae I 216)
[4] Quam malo loco religio catholica tunc in Bavaria et regionibus finitimis
fuerit, ostendit Janssen I c IV, 106—122

delli cattolici già è ridotto quasi a una fredda predica nelle feste. Resta solamente il nome quì della quaresima; il gieiunar non si tocca. Oh quanto è raro visitare l'echiese, star alle messe, o mostrar' alcun gusto dell' antica religione. E questo dico delli cattolici, gli quali con il nome così restano Onde essendo ogni dì quasi almeno una messa publica in la nostra cappella[1], la quale è propinqua a tutti gli scolari e in mezo quasi della città, anchorachè si suona con due campane alla messa, pur tanta è la pouerta delle persone che vengono, che quasi con denari no potreremo comprare doi auditori. benchè ci danno assai la stima della dottrina et della vita buona.

Item hauendo ci qui un amico più speciale di tutti, Reggente d' un collegio e persona delle principali dell' Università[2], il quale tanto con gli suoi libri, quanto con gli fauori et adgiuti si è portato con noi sempre benissimo, pur lui tenendo (come è solito qui) non pochi libri Lutherani, finalmente gl' hauemo discoperto il gran pericolo di ritenere tali libri contra la Bolla de Caena Domini[3], e siamo entrato

---

divinus iam ad hoc fere redactus est, ut festis diebus frigida quaedam habeatur contio Ieiunii quadragesimalis solum hic superest nomen, nihil enim ieiunant O quam raro fit, ut templa adeant missis intersint, aliquo modo patefaciant se veteri religione delectari Atque haec de catholicis dico sive de hominibus illis, qui nomen retinent catholicum Itaque cum singulis paene diebus una saltem missa publica in sacello[1] nostro fiat, quod omnium scholarium aedibus vicinum et quasi in centro urbis situm est, licet duarum campanarum sonitu ad missam vocentur, tam pauci tamen veniunt, ut neque pecuniis oblatis, ut ita dicam, homines vel duos ad missam audiendam inducere possimus, quamquam doctrinae et vitae bonae nomine sat magnam nobis tribuunt laudem

Item vir quidam hic degit prae ceteris nobis amicus, qui collegium quoddam regit et ex primariis huius academiae est[2], is tum libros suos nobis commodavit tum favore et auxilio semper optime nos prosecutus est Attamen retinenti illi, pro huius regionis more, libros lutheranos haud paucos, tandem aperuimus, quanto cum periculo eiusmodi libri retineantur, qui Bulla „De Coena Domini" interdicantur[3],

---

[1] „Concessum" Sociis „ad sacras functiones Divae Martyris Catharinae sacellum fuit, ad Academiae portam, Facultatis (ut tum appellabatur) Artisticae, seu Philosophicae proprium" (Agricola 1 c Dec 1, n 174, p 21)

[2] Erasmus Wolf, ex Landsberg Bavariae oppido oriundus, philosophiae professor et canonicus ecclesiae S Mauritii, quae Augustae Vindelicorum est, Kalendis Maiis a 1544 „regens" collegii georgiani constitutus est idque per septem fere annos gubernabat, qui et universitatis rector fuit a 1543/44 et 1548/49 atque hoc ipso a 1550 (Mederer 1 c I, 182 190 206 214 235 Andr Schmid, Geschichte des Georgianums in München [Regensburg 1894] p 38 94) Plura de Wolfio infra dicentur

[3] Bulla „in Coena Domini" vel „Coenae" (cf supra p 253[3]) diversis temporibus diversas excommunicationes continebat Canisius autem haud dubie Bullam illam spectat, prout a Paulo III 4 Iunii 1536 conformata est, in cuius § 1 haec dicuntur „Excommunicamus et anathematizamus libros ipsius Martini [Lutheri] aut quorumvis aliorum eiusdem sectae, sine auctoritate nostra et Sedis Apostolicae, quomodolibet legentes aut in suis domibus tenentes" (Bullarium Romanum VI [Augustae Taurinorum 1860], 218—219 Magnum Bullarium Romanum I [Luxemburgi 1742], 718)

con lui spesso in ragionamenti spirituali per adgiutarlo. Or costui
per il nostro avviso tanto si è turbato, che non sapremo s' era meglio
lassarle star come manzi, o di hauerlo posto in questa miseria, doue
si troua[1]. E pure esso e delli migliori e più catholici e più versati
nella theologia, q in questo luogo si trouano

Onde si può considerar ex parte, quanta difficoltà e contraditione a noi sarebbe, se manifestamente cercassimo di levar i libri
heretici ad ognuno Perchè, anchora che così volesse il Duca, non
so come potrebbono sostenere molto rigore da noi peregrini, principalmente essendo gli tanto poco fondati sopra l' Echiesa Romana E per
questo medesimo più facilmente ci contentiamo di non aver sino a
qui. (come pur anche desideriamo) la podestà Apostolica di assoluere[2]
Perchè certamente non pocho si richiede di fare uno qui capace della
assoluzione Li casi riseruati mai sono publicati appresso di costoro,
e tanto pocho sono guardati, che ci meraugliamo assai, como sia
possibile, che gli pastori e frati così assoluono la gente Dicono,
che la Bolla in Caena domini non sia stata qui publicata; 2° che
l intenzione del Papa non sè per iscomunicar gli dotti cattolici in
queste bande, quando essi con buona intentione[*] leggono gli libri
heretici, e voghono confutar esse eresie etc : 3° che sin aqui essendo

---

atque eius animi iuvandi causa saepe sermones pios cum eo orsi sumus Is autem
monitione nostra tantopere conturbatus est, ut nesciamus, an praestiterit eum in
condicione sua relinquere quam in eam conicere miseriam, in qua nunc est[1] Et
hic quidem ex optimis est et maxime catholicis et versatissimis in theologia, qui
hoc loco reperiantur

Ex his rebus intellegi potest, quantae nobis nasciturae essent difficultates et
contradictiones, si libros haereticos ex omnium manibus tollere manifeste conaremur
Nam etiamsi dux mandatum eiusmodi daret, nescio an in eius exsecutione multum
rigoris a nobis qui sumus peregrini possent sustinere, praesertim cum in ecclesia romana
adeo non nitantur Et hac ipsa de causa facilius acquiescimus eo, quod facultas apostolica ab hisce peccatis absolvendi adhuc nobis desit[2] (quamquam eandem accipere
cupimus), certo enim haud pauca requiruntur, ut hic absolutionis quis capax reddatur Casus reservati hac regione numquam promulgati sunt et adeo negleguntur,
ut satis miremur, quod fieri possit, ut pastores animarum et monachi hos homines
absolvant Dicunt Bullam „in Coena Domini“ hic promulgatam non esse, 2° summum
pontificem non habere voluntatem doctos catholicos huius regionis excommunicandi,
cum bonis animis libros haereticos legant ipsasque haereses confutare velint etc ,
3° cum usque adhuc tot homines fuerint docti et theologiae periti et ecclesiae studio-

---

[*] intententione *aliqui*

---

[1] Wolfium paulo post ex ea „miseria“ emersisse ostendunt Canisii litterae
25 Maii 1550 ad S Ignatium datae
[2] Paulus III in Bulla Coenae (§ 19, 1 e p 223) statuerat a casibus illius
Bullae „nullum, per alium quam per Romanum Pontificem, nisi in mortis articulo
constitutum, absolvi posse“, atque a 1545, cum Sociis absolvendi potestatem tribueret (cf supra p 195), casus illos nominatim exceperat, neque a 1549 (cf supra
p 306[1]) hinc absolutionis facultatem iis concesserat nisi pro terris infidelium et
„provinciis aliis remotissimis“

stati tanti huomini dotti, teologi e zelatori dell' Echiesa, non s' hanno
curato o per se, ovvero per altri di guardare da questo caso   Im-
peroche preghiamo V R. che scriua il suo parere sopra tutto questo
e delle cose simili[1]   Item a che modo potremo mutare le pietre in
huomini[2], id est hauere delli Tedeschi persone per la Compagnia;
conciosiachè abborriscano i voti e consigli Euangelici e già quasi in
tutto disusati sono della semplicità e sincerità della fede, che pare
certamente un stupor a considerarlo debitamente. Non s' estirpano
più le heresie nè per via della violentia, nè de reformatione, e anchora che volessimo [?] ridurr' in tutto la fede persa, non si [?] potrebbono per mancamento e paucità delle persone ecclesiastice

Tutto questo s' è detto per auisai V R. di questo luogho ed altri
vicini, et 2° per eccitarla alla charità et compassione, mediante la quale
giustamente si [?] muouerete a pregai il Signor eterno e per noi e per
la comune Alemagna, siccome per altre volte anchora pregai V. R.
e pregaro sempre per essa tutti gli Padri e fratelli nostri charissimi,
ut ubi abundat delictum, abundet aliquando et gratia[3]

Benedicto pur sia il padre della misericordia[4], il quale
in tutte queste difficoltà ci consola, et da continuamente la speranza del
futuro collegio, per quod reliquiae Israelis salvae fiant[5], non
ostante la morte delli duoi Signori e Patroni nostri, che siano sempre

---

sissimi, eosdem tamen nec cavisse, ne in hunc casum ipsi incurrerent, nec aliis
cavendum censuisse   Idcirco R V rogamus, ut nobis scribat, quid de omnibus his
rebus et de similibus sentiat[1]. Item, qua ratione lapides in homines converteie[2]
seu ex Germanis homines ad Societatem idoneos nancisci possimus, a votis enim
religiosis et a consiliis evangelicis abhorrent, iamque omnem paene fidei simplicitatem
et sinceritatem exuerunt, quod recte considerantes stupore certe afficit   Haereses
iam nec vi exstirpantur nec reformatione, atque etiamsi fidem perditam omnino
restituere vellemus, non tamen possemus, quia ecclesiastici desunt vel nimis pauci sunt

Haec omnia dixi, ut reverentiae huius loci aliorumque vicinorum condicionem exponerem, et secundo, ut eiusdem caritatem et misericordiam concitaiem,
quibus merito movebimini ad dominum aeternum et pro nobis et pro universa Germania exorandum, quod et alias a R V petii, et per eam ab omnibus patiibus et
fratribus nostiis carissimis semper petam, ut, ubi abundat delictum, abundet aliquando et giatia[3]

Benedictus tamen sit pater misericordiarum[4], qui in omnibus his
difficultatibus nos consolatur continuoque spem praebet futuri collegii, pei quod
reliquiae Israelis salvae fiant[5]. tametsi duo illi domini et pationi nostri

---

[1] Nunc quidem haec diiudicare canonum peritis haud ita difficile est, in illa
autem rerum condicione maior certe erat obscuritas, ideoque hac Canisii interroga-
tione sapientia viii ac religio illustrantui   Ceterum de his rebus disserere non
vacat, hoc unum hic adnotandum esse puto   In illa rerum perturbatione, etsi eo
pontificis praescripto etiam Germaniam adstrictam fuisse dixeris, facile tamen sum-
pseris ibi multos illud bona fide ignorasse nec proinde, in lege saltem ecclesiastica, peccasse ac multo minus in excommunicationem incurrisse, immo nec
muneris complures tunc existimasse legem illam in Germania non vigere vel de-
suetudine evanuisse   [2] Cf Matth 3, 9   Luc 3, 8
   [3] Rom 5, 20   [4] 2 Cor 1, 3   [5] Rom 9, 27, cf Is. 10, 21 22

in gloria[1] Non crediamo, che il nuovo Duca[2] uorra disfare un opera tanto laudabile e cominciata dal suo cattolicissimo Padre, et raccommandata alli Reuerendissimi Cardinali, anchora ci conforta la fede et gli pregeri assidui del Reuerendo nostro Padre e di tutta la Compagnia Item vedeno chiaramente, como per altra via non possono qui intertienire la facoltà theologica etc Item essendoci domandati tanto instantemente da Roma per mezzo del Reuerendissimo Eystettense, pensiamo che lui medesimo non mancara di adgiutarci[3] Et credo che non seria stato conforme alle cose che vanno innanzi nella compagnia, se questo collegio fusse così facilmente fondato e concesso senza contraditione Il Signor si degnerà eccercitarci un poco, ut educat nos in refrigerium[4].

In questi giorni consolati semo [?] per un bellissimo giovene Todescho, che parla quasi con tutte le lingue, ed è gia risoluto di entrare in una religione[5] Hoggi sono io entrato con lui negli esercizij, e tutti speriamo di vederlo essere della Compagna Pregate il Signor, che sua Sancta Maiesta sia servita di quest' anima

Nella domenica Laetare[6] è parso al parochiano e alli Reuerendi Padri ch'io predicassi nella chiesa principale in Tedescho[7] Ringraziata sia sua somma Bontà per il buon successo: perchè sopra l'opi-

decesserunt, qui semper sunt in gloria[1] Non credimus novum ducem[2] opus destructurum esse tam laudabile, quodque a patre eius maxime catholico coeptum est et reverendissimis cardinalibus commendatum Praeterea fide assiduisque precibus confirmamur reverendi patris nostri et totius Societatis Atque etiam clare intellegunt alia ratione facultatem theologicam hic conservari non posse etc Item cum per reverendissimum episcopum cystettensem tam impense pontificem, ut nos mitteret, oraverint, illum ipsum episcopum nos non esse destituturum existimamus[3] Ac si collegium hoc tam facile constitutum et sine contradictione concessum esset, id puto discrepaturum fuisse a rebus illis, quae in Societate prospere succedunt Dominus paulum nos exercere dignabitur, ut educat nos in refrigerium[4]

His diebus optimus quidam iuvenis germanus nos consolatus est, omnium fere sciens linguarum, cuique iam deliberatum est ordinem aliquem religiosum ingredi[5] Quem ego hodie exercitiis spiritualibus excolere coepi, omnesque speramus eum Societati nomen daturum Dominum rogate, ut sancta eius maiestas hanc animam in famulatum suum recipiat

Dominica, quae dicitur Laetare[6], parocho et reverendis patribus placuit, ut ego in ecclesia primaria germanice concionarer[7] Deo optimo maximo sit gratia.

---

[1] Vide supra p 308[3]   [2] Albertum V dicit
[3] Sociorum ingolstadiensium animos tunc aliquantum demissos tristesque fuisse epistula patefacit, quam universitatis cameratus 28 Martii 1550 ad Schweickerum ducis secretarium dedit, vide infra, monum 45
[4] Ps 65, 12
[5] Lambertus Auer [?] Carolus Grim[?] Vide epistulam Canisii ad S Ignatium dat un 31 Augusti 1551
[6] Illo anno = 16 Martii
[7] Ecclesiam parochialem Beatae Mariae Virginis dici puto cui tum Georgius Theander praeerat Alteram urbis parochiam, S Mauritii dictam, Balthasar Fannemann regebat (Mederer I c I, 207 219 320—321).

mone di tutti sono stato inteso per quella prima volta [1] e vorrebono ch'io tornassi e seguitassi l'impresa cominciata

Joan Battista, il nostro charissimo fratello, adiutase molto, e tanto in priuato, quanto in publico cerca appresso di noi et in casa di mortificarse Credo que li non habbia fatto male d'esser inuato in Alemagna [2], e massime con il Reuerendo Padre nostro Claudio [3], il qual a tutti noi da qui honor e frutto.

Quanto alli charissimi fratelli nostri di Colonia, siamo molto edificati per le loro lettere, intendendo la continua fruttificatione [4] nel Signor del Padre Leonardo, et da poi delli altri fratelli e figlioli suoi, che virilmente s'eccercitano nella obedientia, humiltà e charità secondo gli diuersi offitii in casa. E perchè tanta contraditione in Colonia è stata, poi ch'il mio Reuerendo P. M Piedro Fabro (che viue senza dubbio in gloria) cominciò iui a fruttificare [5], spero che anche per l'intercessione sua la Compagnia in quello santo luogo sarà fondata e augmentata. Prego V Reuerentia humilmente, che mi perdoni della mia solita prolixità et imperfetione del scriuere. Item, che qualche uolte auisi il suo figliolo Canisio del modo di procedere con questa gente et prouedermi anchora di un Catechismo per li Todeschi Sic multa, qui nil promerebatur, orat improbus Tutti ci raccomandiamo spetialissimamente nelle sancte orationi et sacrifitii

---

quod res fauste euenerit, praeter omnium enim opinionem hunc primum sermonem meum bene perceperunt [1] cupiuntque me in suggestum redire coeptaque prosequi

Ioannes Baptista, carissimus frater noster, multum proficit et tum secreto tum palam domi nostrae se mortificare studet, neque detrimento ei fuisse puto, quod in Germaniam venerit [2], praesertim cum eo venerit cum reuerendo patre nostro Claudio [3], qui nobis omnibus hic honorem affert atque utilitatem

Quod ad carissimos fratres nostros colonienses attinet, eorum epistulis saluberrime monemur, intellegentes P Leonardum et post eum ceteros fratres filiosque eius continuo fructificare [4] in domino, qui quidem in oboedientia, animorum demissione, caritate, pro officiorum domesticorum diversitate, viriliter se exercent Et quia tantopere quidam nobis obstiterunt, cum reverendus pater meus M Petrus Faber (qui sine dubio vivit in gloria) Coloniae fructificare [5] coepisset, spero etiam eodem deprecatore Societatem sancto illo loco constituram esse atque auctum iri A reverentia autem vestra veniam suppliciter peto, quod prolixe et vitiose, pro more meo, scripserim, simulque eam rogo, ut filium suum Canisium nonnumquam doceat, quomodo hi homines tractandi sint, atque etiam catechismum Germanis convenientem mihi suppeditet Sic multa, qui nil promerebatur, orat improbus Omnes quam maxime sacris precibus et sacrificiis reuerentiae vestrae et omnium patrum

---

[1] Canisius, cum in inferiore Germania natus et educatus esset, illius etiam dialecto erat assuetus

[2] Ioannes Baptista Brancacci, neapolitanus, Societatis „coadiutor temporalis" sive frater laicus, Canisio ceterisque patribus ministrabat Postea remissus in Italiam et ex Societate dimissus est (Cod „Antiqu Ingolst" f 2ᵇ [cf infra, monum 48] *Mederer* 1 c I, 217) [3] Iaio [4] Marc 4, 20 Rom 7, 4 [5] Cf supra p 103—112

di V R. e de tutti li Padri e fratelli Il Signor ci conservi sempre et c'augmenti nella sua Sancta gratia. Ingolstadii 24. martii 1550.

Petrus Canisius filius et servus tuus.

Prego V R., che mi faccia un di casa andar alle 7 chiesie [1] et pighar per me il Sancto Jubileo [2].

Al Molto R P. mio in Cristo Giovan Polanco Professo della Compagnia di Gesù.

---

et fratrum nos commendamus Dominus in sancta gratia sua conservet nos semper atque adaugeat Ingolstadii 24 Martii 1550

Petrus Canisius filius et servus tuus.

Curet, quaeso R V, ut aliquis e nostris meo loco septem illas ecclesias adeat [1] et gratias sancti iubilaei acquirat [2]

Multum reverendo patri meo in Christo Ioanni Polanco, professo Societatis Iesu.

85.
ALOYSIUS LIPOMANUS,
episcopus veronensis et nuntius apostolicus [3],

PP. ALPHONSO SALMERONI, CLAUDIO IAIO, PETRO CANISIO, S. J.

Salisburgo 21. Aprilis 1550.

Ex apographo, anno 1890 a P Caecilio Gomez Rodeles S J descripto ex apographo antiquo (eiusdem temporis ac diploma ipsum esse videtur), quod est in cod „Brevia et Rescripta antiquiora" p 47

Breve summarium harum litterarum est in „Synopsi actorum S Sedis in causa Societatis Iesu 1540—1605" (Florentiae 1887) p 11.

Socios laudat usque licentiam dat absolvendi homines ab haeresi

Aloysius Lipomanus Episcopus Veronensis S D N Papae Eiusque Apostolicae sedis per totam Germaniam nuncius dilectis nobis in Christo Claudio Iaio, Alfonso de Salmeron, et Petro Canisio praesbyteris Congregationis D N I C. nuncupatae, in Theologia magistris ac tamen [?] nunc in Universitate Ingolstadiensi sacras litteras profitentibus salutem in Domino

---

[1] Romae vetus piorum mos est, ut septem primarias urbis ecclesias obeant S Petri in Vaticano, S Mariae maioris, S Laurentii extra muros, S Crucis in Ierusalem, S Ioannis in Laterano, S Sebastiani extra muros, S Pauli

[2] Cum annus 1550 e more iubilaeus esset, Iulius III 24 Februarii 1550 „portam sanctam" aperuerat sicque fideles incitaverat, ut indulgentiam plenariam ceterosque iubilaei sacros thesauros lucrarentur (*Raynaldus*, Annales ecclesiastici tom XXI, P 2 ad a 1550, n 47)

[3] Vir eximie pius Aloysius Lippomano (1500—1559), vulgo Lipomanus, patritius venetus, a 1551—1552 unus e praesidibus concilii tridentini, non solum legationibus in Lusitania, Germania, Polonia obitis, sed et libris valde doctis ecclesiam adiuvit

Vestris probis moribus et sana doctrina ac pietatis zelo, quo
animas a recta fide deviantes ad Deum reducere satagitis permoti [1],
vobis et unicuique vestrum tenore praesentium Concedimus, omnibus
et singulis facultatibus, indultis, gratijs et privilegijs, quae super
reconciliatione haereticorum ac reductione eorum Vobis a Sede apostolica concessa sunt, uti, frui et gaudere posse, nec non vices nostras
agere ac juxta tenorem facultatum impressarum, quae alias nostris
subditis traditae sunt, quarum exemplar vobis consignarj fecimus,
omnes ad vos et vestrum quemlibet recurrentes absolvere et cum
eisdem dispensare etc. [?][a] in foro Conscientiae duntaxat [2]. Et hoc
facimus vigore litterarum S D N Domini Iulii papae tertii, in forma
brevis sub die 17. Mensis Februarij annj praesentis nobis concessarum,
nec non litterarum Reuerendissimi in Christo P. D. Episcopj Fanen [3]
Collegae nostri apud Caesaream Majestatem constituti sub die 21 mensis
praeteriti ad nos transmissarum et apud nos manentium, in contrarium facientibus non obstantibus quibuscumque

Datum Salisburgj die 21 aprilis anni Domini N. I. C. 1550.
pontificatus ejusdem SS D. N. Papae Anno I°.

86.

CANISIUS

SANCTO IGNATIO.

Ingolstadio 28. Maii 1550.

Ex apographo, quod reverendus P Ioachim Campo Sancto exscribendum curavit ex exemplo, quod ipso anno 1550 Roma ad Socios lusitanos missum esse
videtur, quodque nunc exstat Olissipone in bibliotheca nationali (Colecção Pombalina,
n 490, f 134)

Ex hac epistula *Polancus* complura transcripsit in suum Chronicon II, 73—74

*(Litterae historicae [quasi „semestres"] de rebus a Sociis Ingolstadii gestis) Socii
a summis quibusdam Germaniae viris humaniter excepti, ab universitate ingolstadiensi
publico testimonio laudati Collegium a Guilielmo IV duce promissum Placet Sociorum doctrina, abstinentia, diligentia Argumenta eorum, quas in academia ex-
ponunt Academici sacramenta et missae sacrificium frequentare incipiunt In Germania sacerdotes rari sunt, haereses non puniuntur, libri haeretici passim leguntur
Primarius quidam professor de his monitus ac fidei Societatisque studio incensus
Sacerdos ab haeresi et concubinatu ad publicam paenitentiam traductus, miles exercitus excultus, molestiae nocturnae sublatae 'Canisius contionatur et domi quoque
iuvenes instituit Orandum pro Germania*

---

[a] Vel at, vocabulum obscure scriptum est

---

[1] Lipomanus paulo ante Ingolstadii Socios inviserat, vide infra, monum 44
[2] „Exemplar" hoc perusse videtur Licentiam haereticorum absolvendorum a
Lipomano significari ex epistulis constat, quas Polancus 18. Februarii 1550 Canisio
et huc 2 Novembris 1550 S Ignatio miserunt
[3] Petrum Bertano, episcopum fanensem (Fano), dicit

Ihesus

†

Reverende in Christo pater praeposite.

Gratia domini nostri Jesu Christi, et pax nobiscum perpetua

Ut quemadmodum iussi sumus, ea breviter explicemus, quae a nostro in Germaniam adventu domino favente hic praecipua contigerunt. non prorsus abs re fuerit, a loco ipso rem omnem auspicari Habet in medio paene Germaniae Catholicam universitatem suam dux illustris bavariae, nimirum Jngolstadiensem, nec eam incelebrem apud Germanos Ad quam dum proficisceremur, tres missi et expetiti professores theologiae, filii tui, in eo ipso quidem ad Germaniam ingressu non sine favore singulari, seraque congratulatione sumus excepti primum certe a Reverendissimo Cardinale Augustano· deinde a Reverendo episcopo Eystettensi [1], hinc [²]ᵃ a duce ipso cui a pontifice Max iam diu ante promissi fueramus, bavariense, postremo a tota hac Jngolstadiensi Academia [2] Ubi cum nobis conciliata fuisset professorum benevolentia, et suppeteret abunde quod ad vitae spectat commoditatem, coepimus, nec uno tamen die, lectiones theologicas, praesentibus omnium professionum studiosis, auspicari Qui conatus tam feliciter cessit singulis ut non levi argumento divina commonstraret bonitas se principis illis adesse velle [3] Publicus favor, publicum accessit testimonium etiam typis excussum [sic], novos theologos et ob vitae sinceritatem, et ob doctrinae suae praestantiam eos esse, qui conceptam de se omnium expectationem eamque maximam non aequarent modo, sed superarent [4] Unde dux bene catholicus Bavariae qui tum vivebat, accepto hoc laeto successu, lectionum sacrarum, quas viii maximi coram et per litteras commendabant per summumᵇ consiliarium suum [5] fore promisit, ut Societatis nostrae collegium in hac Academia sua constitueretur Nec immerito precari bene debet hoc [²]ᶜ tota Societas tali principi. quem Christus idem qui nobis

---

ᵃ tunc ²

ᵇ Sic legendum esse omnino videtur , suum consiliarium suum apogr nostrum

ᶜ Sic apogr nostrum, quod corrigendum esse videtur haec

---

[1] Mauritio de Hutten

[2] Quomodo Socii excepti sint Dilingae, Monachii, Ingolstadii, Eystadii, vide infra, monum 39 41

[3] „Scripserat Cancellarius Ecchius Universitati de theologicis lectionibus, quae Ingolstadii erant praelegendae, erant autem prima ex evangeliis, secunda ex Pauli epistolis, tertia ex psalterio Davidico, quarta ex Magistro sententiarum “ Canisius 26 Novembris, „in studiorum initio“. Salmeron 29 Novembris scholis suis praefati sunt „Multi autem cum Doctore Ecchio Cancellario eius orationes ut typis excussae evulgarentur petierunt Universitas   tota praesens fuerat“ Polancus 1 c 1 414—415 (Qui et refert Laium initio novi anni Psalmos exponendos suscepisse (1 c p 414 Cf Orlandinum 1 c 1 9, n 54 Raderum, Can p 45, Agricolam 1 c n 166, p 19—20. Maderer 1 c p 214)   † Hoc testimonium ponetur infra, monum 40

[5] Leonardum Eckium, cf supra p 308 ³

ipsum neque infeliciter, ut speramus, abstulit, in filio praesentem facit,
ut futuri Collegii spem neutiquam amittamus

Sed praeter hanc doctrinae confirmatam nobis existimationem,
quae apud Germanos inprimis valet, admirantur etiam ac laudant
nostram in vita frugalitatem Nusquam enim exulare magis, quam
in Germania videtur sobrietas abstinentiaque Tum illud magni facere
solent, quod gratis doceamus, nulla, ut reliqui, salaria expetentes,
praesertim cum in profitendo diligentiam cum doctrina solida coniunctam animadvertant [1]

Reverendus Pater Claudius in psalterio interpretando versatur,
P. Alphonsus epistolam ad Rom. exponit, ego quartum librum doceo
sententiarum [2] Illud, ut rarissimum est hoc loco, sic admiratione
dignum censent, quum vident novem aut decem in templo nostro
accipere una Eucharistiam Inter quos, et studiosos illos omnes,
Rector etiam adfuit universitatis, cum Festum Pentecostes proxime
celebraretur [3] Vix unus aut alter antea, nunc multi veniunt ad
sacrum quotidie audiendum in aede nostra Alioquin ut frigent in
his terris pietas et templa et sacra non amant fere Germani, Caeremonias retineri prohibet tam late sparsa doctrina lutheri bonorum
pastorum adeoque sacerdotum major fit indies, et gravis profecto
raritas, ut si maxime vellent in ovili se continere oves, quae Christi
vicarium et Ecclesiam paulatim deserunt, non sint tamen, proh dolor,
qui panem orthodoxae doctrinae frangant esurientibus et pereuntibus
istis fame verbi divini, opitulentur Auget hoc malum vere deplo-
randum licentia, quum impune licet catholicis haeretica legere, de
sectis et controversiis fidei disputare, nec ullus in haereticos poenae
metus proponitur, nedum supplicium exerceatur

Ex capitibus universitatis huius, et singularis idem amicus noster [4],
simul atque de abjiciendis haereticorum libris commonitus a nobis
fuisset (habebat autem istius farinae plurima volumina) multis quidem
diebus admonitionem graviter tulit, perturbato prorsus ob id animo

ª Verba haereticorum libris in exemplo antiquo in margine addita sunt

[1] Vide infra monum 43 45 46 47
[2] Petrus Lombardus, „magister sententiarum", in libro 4 Sententiarum de
sacramentis et de „novissimis", quae dicuntur, agit Haud recte J Crétineau-Joly.
„Canisius commentari saint Thomas" (Histoire de la Compagnie de Jesus t 1,
chap 6 [Tournai 1846], p 108) S Sugenheim „Salmeron [las] uber die Paulinischen Briefe an die Romer" [sic] (Baierns Kirchen- und Volks-Zustande im sechs-
zehnten Jahrhundert [Giessen 1842] p 282) K H Ritter von Lang „Salmeron
[las] uber die Paulinischen Briefe an die Romer und Canisius uber Lombards [sic]
Magister Sententiarum" (Geschichte der Jesuiten in Baiern [Nurnberg 1819] p 98)
[3] Die 25 Mai Ex verbis supra scriptis suppleri potest verbum, quod inter-
cidit in Polanci Chronico II, 73 Universitatis rector tunc erat Erasmus Wolf,
collegii georgiani regens (Medeter I c I, 214)
[4] Erasmus Wolf, v supra p 309 [2]

Sed adiuvante Christo fidis tandem consilus et credidit, et paruit, jamque confessus est non semel, purgavit bibliothecam, rogavit nos veniam, et hoc ipso pentecostes festo simul et confessionem apud nos aedidit peccatorum, simul et communionem accepit sacram, tantoque post resipiscentiam coniunctior, quanto prius alienior factus omnino nobis videtur Probabile est admodum, sanitatem huius ad curandos multorum morbos valituram, praestat enim caeteris authoritate, quam et coepit adversus nonnullos iam exercere, nobisque promittit se nihil intermissurum, quod ad zelum attinet fidei declarandum

Sacerdos quidam Germanus annorum 64, quum* a lutheranis esset male persuasus etiam uxorem duxit senex ante annos octo. Is ad cardinalem venit Augustanum, sed uti postea fassus est, coactus venit minis commissarii Caesaris ut ecclesiae communioni restitueretur. Habet enim Imperator hispanos, sed paucos, in quibusdam adhuc locis commissarios quorum fidei propugnacula quaedam et castra superiore bello[1] capta dereliquit Cum autem non raro eveniat ut syncerus absit in iis animus, qui a lutheranismo revertentes, Ecclesiae cupiunt reconciliationem, data fuit a Cardinali provincia istaec p Claudio ut senis poenitentis probaret ingenium, exploraret conditionem Id quod Christo duce sic dextre perfecit, ut in primo statim colloquio fucus deprehenderetur Nam praeterquam quod senis corrupta fides proderetur idem uxorem relinquere quidem simulabat, concubinam vero ex uxore facere constituebat Unde circa fidem atque religionem inprimis optime confirmavit qui illum amanter instituendum susceperat p. Claudius Et quod mirum est, omnes ei scrupulos prorsus exemit Tum quod difficilius erat effectu eo senilem permovit animum, ut coniugem pariter et concubinam sacerdos ex animo detestaretur Hinc saepe peccata confiteri, hinc revocare et damnare suas haereses, poenitentiam publicam agere, coram populo reconciliari ecclesiae (aderat autem et ipse Cardinalis cum solemni pompa) denique profusis in medium lacrymis poenitentem vere animum cunctis comprobare

Miles quidam Germanus, quem inspirantibus [º][b] exercitiis instituendum ad nos miserat Reverendus Pater Caes Mai confessarius[2] in illis ita profecit paucis apud nos diebus, ut non solum instituto religioso se devoverit, sed hactenus etiam exemplo suo praeluceat caeteris, et a viris fide dignis appime commendetur Quum nonnulli nocturnam a spiritu quodam ferrent molestiam, creditum est quiete data recessisse omnino defuncti animam illam, qua missae sacrificio per nos a poenis fuerit liberata

---

[a] Sic legendum esse censeo, *exemplum antiquum* qui
[b] Sic *exemplum antiquum*, sed malim legere in spiritualibus

---

[1] Smalcaldico, cf supra p 236　　　　[2] Petrus de Soto O Pr

Quindecim abhinc milliaribus hispani duo venerunt, ut patri Alphonso peccata confiterentur neque id factum est absque ipsorum certo profectu

Et quoniam de me tanquam aboitivo[1] aliquid etiam diceie habeo praeter ordinarias quidem in theologia lectiones, domi auditores mihi quotidie non desunt Quae quidem docendi occasio praestat ut in litteris et in pietate iuxta proficiant quos ad sacrae confessionis et communionis usum paulatim frequentem adduco Diversi (Christo gratia) Lutheranos nobis attulere libros ac se illis abdicarunt Verum quando id commune in Germania vitium ceinitur ut haereticorum scripta in omnium versentur manibus (nam aut non satis norunt aut parum digne expendunt bullam Coenae domini) fuimus quidem hactenus ab audiendis multorum confessionibus impediti Nunc vero quidquid ad absolvendos pertinet haereticos post multam expectationem impetratum habemus Ex qua concessione lucium aliquod speramus in Christo spirituale Tentavi aliquoties germanice concionaii in quo munere ut pergam, suadent desiderantque Nunc quia sic patribus visum est, latinas homelias diebus etiam saciis recito studiosis, promoveat christus hosce tam exiguos conatus, et in vinea sua nos reddat fructuosos Quum vero superioribus litteris explicatum sit a nobis quanta sit Germanicae nationis* olim florentissimae nunc corruptissimae calamitas (regnat enim hic pro fide perfidia, pro Ecclesia synagoga satanae[2], pro obedientia contumacia) quumque catholici vix ferre videantur, aut Evangelii consilia aut ecclesiae praecepta. iogamus enixe pietatem tuam Reverende pater, ut pro nobis, pro universitate hac, totaque germania preces tuas ad Christum effundas nosque filios tuos. totius Societatis fratribus patribusque commendes in christo Iesu domino nostro Is p t et nos in pace sua sancta conservet, augeatque semper amen Ingolstadii 28 Mau 1550

Claudius Jaius

Petrus Canisius filius P T indignissimus

Licet Iaius prioie loco subscripserit hanc epistulam, ex ipsa tamen facile intellegitur a Canisio compositam esse, cum de Canisio loquatur in prima persona

---

* *Duo ieiba sequentia in exemplo antiquo adscripta sunt in maigine*

---

[1] Ita Paulus de se 1 Cor 15. 8
[2] Apoc. 2, 9, 3, 9

87.

CANISIUS

ALOYSIO LIPOMANO,

episcopo veronensi et nuntio apostolico

Ingolstadio mense Maio vel Iunio 1550.

Ex commentario autographo (2ᵒ, 1 p), quod est in fasc. „Va Ser X ‟ extrema pars epistulae, inscriptio, adnotatio loci et temporis desunt [1], vide, quae post ipsam epistulam dicentur

Lipomano gratias agit pro eius in Societatem Iesu benevolentia et peculiariter pro facultate absolvendi sibi, Salmeroni, Iaio concessa Dispensationem petit a lege, qua carebatur, ne sanctorum reliquiae Colonia asportarentur

IESVS

Reuerendissime in CHRISTO pater, et Domine Legate amplissime [2].

Gratia Domini nostri JESV CHRISTI et pax uera, quam mundus accipere non potest [3]. vbique nos tueatur et seruet Etsi non ignoro grauissimas esse res atque curas, quae sapientiam tuam huc illuc distrahant, vt locus esse vix possit ad humiliora ista respiciendi. tamen ausus sum tandem aliquid scribere occupatissimo, partim ne tacendo confiteri viderer nimium foedum ingratitudinis. partim vt voluntatem de nobis benemerendi tuam, quam esse maximam scio, magis magisque confirmarem   Primum certe, nec minimum illud, in me contulit benefitium amplitudo tua, vt integra mihi constaret absoluendi facultas. quam apud Germanos constat vt plurimum desiderari [4]. Et hac in parte quanquam non merebar, paria feci cum R P et Doc. Claudio Iaio. simul et Alphonso Salmerone, qui proinde fatentur, semperque testabuntur dum viuent vna mecum, debere a se plurimum tuae in nos benouolentiae ac benignitati, qua totam certe societatem hanc Domini IESV, etsi exiguam illam. amantissime tamen complecti non desinis   Neque nostro in precando deerimus offitio, quin tuae dignitatis causam illi commendemus, qui solus veram pro benefactis gratiam, ac gloriam aeternam rependit   Nunc aliud se offert, quod rogare humiliter cupimus gratiam tuam, sed ea lege, vt repulsam feramus illico, si res impetratu difficilis uel indigna esse videatur Habet praestantes Diuorum ac Diuarum reliquias Colonia Agrippina, quae multis annis nostros fouet nostrorumque operas in Christo sibi

---

[1] In altera pagina commentarii Canisius sententias aliquot germanice scripsit, quae ad hanc epistulam non pertinent   v g Am amige menschliche seel weit vberwizt vnd vbertrifft alle schatz vnd guter diser gantzen welt"

[2] Lipomanus constitutus erat nuntius „cum potestate legatorum a latere" Montesa in litteris ad Ferdinandum I datis, Roma 10 Septembris 1548, apud A ✝ Druffel, Briefe und Akten zur Geschichte des sechzehnten Jahrhunderts I (Munchen 1873) 155   [3] Cf Io 14, 27

[4] Facultatem dicit homines ab haeresi absolvendi   Vide supra p 315

frugiferas experitur. Hic offeruntur igitur nostris id genus reliquiae
vt vocamus, sacra profecto et deo dilecta, pijsque reuerenda semper
pignora: sed hoc vnum obstat, quominus vel tradi ab alijs, vel a
nostris accipi possint, quod spetiali lege Pontificis summi cautum sit,
addita etiam poena excommunicationis, ne quis scilicet uel donet, vel
accipiat, vel transferat alio reliquias illas urbis Coloniensis [1]   Quod
si hanc legem nostris relaxare dignabitur pietas tua, nihil pene gratius
erit, efficiemusque duce CHRISTO, vt non sine profectu spirituali
isthaec fiat dispensatio   Ita et piorum animos magis iuuat ille conspectus atque contactus reliquiarum; excitant non raro exteros. vt
pro Germanis precentur Deum ac Diuos, tum honos etiam accedit non
inferior, quam Coloniae illis ipsis exhiberetur   — —

His verbis commentariorum nostrum terminatur Quo cum ex altera parte Canisium
litteris a Lipomano 21 Aprilis 1550 ad Socios ingolstadienses datis respondere voluisse constet, ex altera parte Canisius scribat Salmeronem et Iaium „vivere una
secum", Iaius autem Ingolstadio abierit 26 Iunii 1550 et Salmeron mense Augusto
discesserit de tempore scriptionis dubitari nequit Utrum autem commentarium
hoc in formam epistulae redactum et Lipomano missum sit, necne, dubium manet,
cum 19 Aprilis 1551 Piglunus nuntius apostolicus Canisio et Kesselio reliquiarum
coloniensium asportandarum licentiam dederit

88.

CANISIUS

iussu P Claudii Iaii S J

P. IOANNI DE POLANCO,

secretario Societatis Iesu

Ingolstadio 3. Iunii 1550

Ex apographo recenti, a 1891—1892 collato cum epistula autographa, posita
in cod „Epistt B Petri Canisii I " n 4, p 116

Cochlaeum theologum laudat eiusque nepotem commendat

Reuerende Pater in Christo

Gratia domini nostri IESV CHRISTI nobiscum perpetuo.

Scripsit ad P. Claudium [2] D D Ioan Cochlaeus [3]. quo nullus pene
inter Theologos Germanos exercitatior est alius in sectis refellendis,
quique in excudendos libros Catholicorum sumptus huc usque maximos
fecit [4], nec sine suarum rerum gravi iactura: scripsit, inquam, ut non
sine literis nostris nepotem hunc suum venire isthuc sineremus [5]

---

[1] De hac lege vide supra p 294   [2] Iaium   [3] Vide supra p 77
[4] Haec verba egregie illustrantur litteris Cochlaei, Vormatia 20 Novembris 1540
ad Robertum Wauchopium archiepiscopum armachanum datis, quas edidit *Alph
Bellesheim*, Geschichte der katholischen Kirche in Irland II (Mainz 1890), 692—693
[5] Nepos hic fortasse fuit vel Ioannes Agricola (Bauer), de quo supra p 126,
quique tunc Moguntiae in ecclesia collegiali S Victoris beneficium aliquod habuisse

Proinde quod commodo tuo fiat, mi pater, si quicquam opera vel consilio tuo queas peregrinum iuvare, si imperito prodesse adolescenti, valeat haec nostra pro charitate commendatio De rebus nouis literas hodie misimus Vale, pater in Christo Carissime, et ora pro Canisio tuo Ingolstadii 3 Iunii anno 1550

Iussu Reuerendi Patris M Claudii
Petrus tuus Canisius

Reuerendo patri M. Joanni Polanco, de Societate IESV — Apud S Marcum Romae Romae [sic]

89.

PP CLAUDIUS IAIUS ET PETRUS CANISIUS

GEORGIO STOCKHAMMER,

consiliario Alberti V Bavariae ducis et curatori universitatis ingolstadiensis [1]

Ingolstadio 10. Iunii 1550

Ex apographo circiter a 1862 descripto ex archetypo, quod est in cod monac _les Ing 1359 1 - f 2 ante 1-, et sq Tota epistula (etiam verba extrema „Claudius Iaius- etc) a Canisio scripta esse videtur [2], eamque archetypam esse (non transcriptam vel adumbratam) inscriptio et sigillum probant

Epistula usi sunt Ross 1 c p 87--88 et Gotheri 1 c p 696--697 Partem eius vulgavit Maur Ph i Freyberg, Pragmatische Geschichte der bayerischen Gesetzgebung etc III (Leipzig 1838), p xx Integram ediderunt Druffel, Briefe und Acten 1, 407—411 Boero, Iaio p 229—235, Verdiere 1 e 11 475- 479

Proponit, quae ad collegium Societatis Ingolstadii condendum spectant Theologica studia restaurari non posse sine collegio, in quo Societas et ipsa Bavaria sibi colligat alumnos eosque ad litteras docendas instituat Ideo a Guilelmo IV duce eiusque cancellario Eckio collegium promissum esse, iusso Romam, qui desertorum monasteriorum bona eadem applicanda curaret Similia ab Alberto Guilelmi successore promissa esse Modo Stockhammeri esse, ut exsequi Tunc theologiae magistros ac discipulos de Societate semper praesto fore, eosque bona aeris exempla praebituros, ac multos e collegio prodituros esse apostolicos operarios Neque unquam Germanos defuturos esse, qui Societati nomen dare velint, quibus si etiam misceantur, ad academiae ornamento fore, charitate Christi omnes congletimur

videtur, vel Melchior, filius Francisci Behem typographi moguntini et mariti sororis Cochlaei, anno 1559 sacerdotio initiatus (Sim Widmann Eine Mainzer Presse der Reformationszeit [Paderborn 1889] p 2—3 25--26)

[1] Georgius Stockhammer, monacensis unus e primariis Alberti V consiliariis Leonardo ab Eck mortuo, eius loco universitatis curator constitutus est *„Antiquitatum Ingolstadiensium" auctor „Muus" inquit, „et authoritate et erga nos benevolentia valebat" (f 1[r]) Mortuus est anno 1555 (Mederer 1 c 1, 90 224 Maafs Mayer, Leben, kleinere Werke und Briefwechsel des Dr Wiguleus Hundt [Innsbruck 1892] p 21 23[2])

[2] Conferenti hanc epistulam cum autographis Iaii (integrum codicem habemus Iaii manu scriptum) patet eam non esse scriptam a Iaio

Magnifice Domine Patrone

Gratia Domini nostri Iesu Christi et pax nobiscum perpetua Non ignorare potest excellentia tua, quid[a] postremo inter nos colloquio tractatum fuerit, iam iam instante discessu Et quia tractandi otium excludebat festinata profectio, dedit hoc mihi munus praestantia tua, ut iisdem de rebus, quas proposueram sero, instructionem istuc mitterem pleniorem Faciam id quidem eo nunc libentius, quo magis mihi fore persuadeo, ut pium istud, de quo agitur, institutum, complexurus sis ea, quam tunc nobis declarasti, benevolentia, atque pro tua fide promoturus. Est enim hoc negotium tale, quod, ni plane fallor, ad Dei Optimi Maximi[b] gloriam faciat, quod clarissimo Duci Alberto non vulgari[c] queat esse ornamento, et quod Ingolstadiensi academiae, sicut et toti Germaniae frugiferum fore videatur.

Igitur postquam ab Urbe missi vocatique venimus Ingolstadium et lectiones caepimus Theologicas profiteri, ieipsa quidem satis comperimus, conatus hosce nostros, qualescumque sunt, in profitendo parum aut certe nihil huc protuturos, quum deessent auditores Proinde, quod operae pretium videbatur, admonuimus ea de re magnificum dominum, qui tunc Ingolstadii aderat. Doctorem Leonardum ab Eck piae memoriae. Exposuimus[d], quae ad hanc praelegendi incommoditatem spectabant, tum sacerdotalem ordinem et monachatum Germanis exosum haberi; ad haec Theologiae partem sinceriorem[e][1] explodi passim, negligi ab omnibus; hinc restituendae quidem disciplinae sacrae, uti maxime nunc erat opus non videri nobis remedium aliud superesse, nisi ut bene multis adolescentibus constitueretur collegium, in eo[f] pauperes alerentur studiosi, bonis ingeniis praediti, qui ad pietatem quoque sub eadem disciplina sedulo instituerentur, sacrae tantum scripturae studiis destinati Nec ignoravit ille, talium quidem studiosorum nobis collegia esse, ut in Portugalia, Italia, Sicilia, Hispania, superioribus ab hinc annis non ita multis extructa omnia, et Societati nominis Iesu applicata Quid multis[h] Respondit D D ab Eck, quemadmodum posterioribus etiam literis saepe confirmavit, placere nostrum hoc institutum Illustrissimo Duci Guilhelmo, qui confirmato insuper animo statuisset huius instituti fundare collegium in hac aca-

---

[a] quod *Bo*   [b] maximam *Verd*   [c] vulgari *Bo*
[d] et exposuimus *Verd*   [e] solidiorem *Bo*   [f] quo *Bo*
[g] haberentur *Verd*   [h] *Bo om* Quid multis? *Verd* Quid multa?

---

[1] Theologiam scholasticam dicere videtur

[2] Eadem iam anno 1549 a S Ignatio dicta esse cardinalibus Cervino et Maffaeo, Guilhelmi ducis nomine haec transigentibus, P. Polancus scribit Iaro Roma 23 Februarii 1551 (*Genelli*, Ignatius p 342 498 Cartas de *San Ignacio* II, 452—454)

[3] Ex his verbis colligi potest, Iaium et Canisium non „saecularium" clericorum seminarium, sed collegium scholasticis de Societate Iesu destinatum ab Eckio petiisse Cf infra p 325[2]

21*

demia sua   Adiecimus praeterea, bonam nobis messe spem, ut[a] qui societatis nostrae ac[b] instituti huius existit Praepositus, ubi collegium a Duce constitutum videret, duos hic in perpetuum praeberet Theologos, qui nomini suo offitioque publico respondere possent. Id quod illi placuit admodum, ut qui paulo ante fuisset expertus, non modo penuriam sentiri passim Theologorum, sed etiam expetitos illos a Duce Guilhelmo obtineri non potuisse, tametsi ea de re scripsisset serio et amanter ad Louanienses, Colomenses[1], Parisienses[c]. Confirmant hoc eiusdem Principis literae ad Pontificem[2] datae, priusquam huc ex Italia destinaremur

Quod ad rationem atque commoditatem extruendi collegii spectat, aperuit is[d] ipse nobis animum Principis, et in eo esse dixit· Quandoquidem deserta sunt et desolata hodie monasteria nonnulla, procuraret apud novum Pontificem, ut applicarentur monasteriorum bona pio huic instituto[3] Nos idcirco, ut iussi fueramus, Cardinalium designavimus nomina, qui tum societati nostrae chariores, tum ad promovendum hoc Romae negotium aptiores videbantur[4]. Postea cum allatum esset de novi Pontificis[5] electione nuntium (nihil enim aliud voluntatem Ducis in conficiendo negotio impediebat, quemadmodum ostendunt Doctoris ab Eck literae) missus in Urbem Legatus est Ducis[6], non modo praestandae obedientiae gratia, quae Sedi Apostolicae deberetur, verum etiam ut toties promissi collegii caussa quamprimum expediretur In hanc enim sententiam et ad Pontificem Maximum et ad sex[c] vel octo Cardinales, quos nominaveramus, Dux perscribendum[f] curavit. Sic Dominus ab Eck[7] in postremis ad nos literis. Hinc subsecuta est dolenda certe mors Ducis Christianissimi· Guilhelmi,

---

[a] fore ut *Bo*   [b] et *Bo*
[c] *Sic sine dubio legenda sue resolvenda, quae sunt in archetypo* Louanien, Colomien, Parisien   *At Druffel* Lovaniensem, Colomiensem, Parisiensem
[d] et *Bo*   [e] tres *Verd*   [f] rescribendum *Verd*   [g] illustrissimi *Bo*

---

[1] Epistulam, quam Guilhelmus IV hac de re ad Colomenses dedit, typis expressit *Bianco* l c I, 437—438   [2] Paulum III

[3] „Cum Pater Claudius id proposuisset, perplacuit res Cancellario,   et se jam ante biennium ea de re cogitasse et cum Duce contulisse affirmabat, nec de eius se dubitare voluntate, sed ad huiusmodi Collegii erectionem non decimas ullas, ne Universitati substrahi quicquam videretur, sed ex aliqua abbatia, a monachis deserta, vel vacantibus beneficiis ecclesiasticis fundationem Collegii, Pontificis Summi auctoritate, faciendam videri" *Polancus*, Chronicon I, 416

[4] Cf supra p 300   [5] Iulius III 8 Februarii 1550 electus est

[6] Henricus Schweicker, ducis secretarius   Epistulam, quam Guilhelmus IV hac de re ad cardinalem Crescentium dedit, vide infra, monum 43

[7] Leonardus ab Eck scripsit „ante mortem ad Episcopum Mauritium Eystettensem qui summa semper beneuolentia primos e nostris complexus atque prosequutus est   scripsit inquam, de hoc instituto et adiunxit se testamento cautum esse, ut nostri librorum haeredes fierent, quos in sacris ille plurimos coemerat Auditum est postea testamentum hoc diserte conscriptum extare, sed forte non satis authenticum" Ita vetus ille collegii ingolstadiensis historicus (* Cod „Antiqu Ingolst " f 1[b])

nec diu post illum superfuit Doctor ipse, qui proxime ante mortem, quum in amicum nostrum incidisset Monachu [a], hoc etiam addidit, clarissimi Principis Albeiti voluntatem eandem esse, quae Patris optimi fuerat, de collegio hic nostris constituendo [b]; scripsisse illum quoque diligenter in Urbem hoc nomine, sic negotium foeliciter procedere: non defuturam nobis aut gratiam, aut operam novi, sed humanissimi Ducis Neque aliud fere quicquam [c] accepimus postea, nisi quod Secretarius Principis, quum nuper esset Romae [1], Societatis nostrae Praepositum accesserit, impetratis demum iis omnibus, quae ad huius instituti disciplinam et ad exstruendorum pro nobis collegiorum rationem spectant intelligendam [d], ut proinde operae pretium non sit, hic eadem replicare, quae scripta in Urbe accepit ille et adportavit. Summam habes omnium, uti postulasti, clarissime Doctor; quae transacta nos cognovimus, vides in hoc negotio; nihil enim dissimulamus [2]

Nunc vero, quum Divina voluntate nobis et Patronus obtigeris et Protector huius academiae, non est in obscuro, quid speremus, quid expectemus ab excellentia tua; quae dubitare vix possit de magno emolumento, quod Christo duce ad hanc totam academiam rediturum sit [e], constituto semel collegio Igitur gratissimum [f] nobis fecerit benignitas tua, quam nunc primum imploramus, si desideratam benevolentiam operamque suam [g] in re tam pia quam honesta non deneget [h]. Cum vero authoritate polleas apud egregium Ducem, etiam hoc precamur enixe, ut tanti Principis gratiae nos causamque nostram pro tua fide commendes Quod si audimur, si succedit negotium, ut complures in Italia sperant et praedicant, primum quidem hoc sibi persuadere de nobis [i] potest optimus Princeps, non defuturos unquam in academia sua Doctores Theologos, eosque Christi gratia professores idoneos ac bene catholicos

Secundo, praeter professores aderunt auditores perpetui vereque studiosi doctrinae divinae, qui sedulitate sua communem aliorum torporem emendent, qui disputationum usu multos ad hoc studium excitent, atque ita collapsam foede disciplinam hanc sacram instaurent

Tertio, praeterquam quod professores et auditores erunt perpetui, ornabitur istud collegium bene institutis adolescentibus, qui honestae vitae, qui piae conversationis exemplo praelucere possint,

---

[a] Monaci *Verd*   [b] instituendo *Bo*   [c] quodcunque *Verd*
[d] intelligendum *Bo*   [e] Ita archetypum *Druff.* om sit
[f] grandissimum *Druff*   [g] tuam *Bo Verd*   [h] deneges *Bo*
[i] *Druff om* de nobis

---

[1] De hac legatione vide litteras Alberti ducis, 1 Iunii 1550 Iulio III destinatas, infra monum 46

[2] Polancus Iaio (cf supra p 323 [2]) Albertum V scripsisse quidem Iulio III se collegium, quod pater suus condere voluisset, constituturum At Ignatium postea comperisse Albertum collegium illud destinasse non scholasticis Societatis Iesu, sed clericis saecularibus, ab aliquot patribus S J gubernandis

et aedificationem in Christo adferre aliis, quemadmodum haec quidem tempora praecipue flagitare videntur

Quarto, illud pro indubitato censemus, et Christi virtute confisi, fore nobis promittimus firmiter, ut paulatim ex hoc collegio tanquam optima schola multi prodeant, iamque' absolutis illic" sacris studiis, cum laude demum versentur in publico. quaerentes non quae sua sunt, sed quae aliorum et quae Iesu Christi¹. Id vero fiet praelegendo, docendo, contionando, et similia Christianae pietatis opera tum privatim tum publice exercendo. et gratis quidem haec omnia, quia sic iubet societatis huius propria disciplina

Nec vero est, cur quisquam existimet, defuturos huic collegio inhabitatores, qui nostrum velint institutum amplecti Habemus (Christo' gratia) Germanos iam adolescentes, nec paucos, huius quidem instituti. navant operam studiis etiamnunc Parisiis, Lovanii, Coloniae, nec sine laude tum doctrinae tum pietatis suae, ut nihil difficile fuerit, ex hisce fundamenta collegii Bavarici comparare Sed neque nunc desunt" hoc in loco. neque defuturos unquam arbitror, qui sese nobis et instituto huic traderent, si fundamenta quaedam apparerent Amabilis est vitae sinceritas cum sancta eruditione coniuncta Ubi vere pietas colitur, ubi sapientiae lumen cernitur, facile conciliatur hominum animus, et ad virtutis aemulationem incitatur Verbis et exemplis asseri gaudet veritas, asserta vel nolentes trahit in sui admirationem, amorem et cultum Quid vero sit incommodi quaeso, si Germanis adolescentibus exteri quoque commisceantur, et diversis e provinciis unam firmamque collegii sedem cohonestent? Non obscurat, sed illustrat haec varietas gymnasia Stat Apostolica semper sententia: In Christo Iesu non est Iudaeus, neque Graecus, non est barbarus, neque Schyta², etc Ubi nobis collegia suppetunt, quemadmodum Messanae, Panormi, Bononiae, Patavii, ut alia Hispaniarum et Portugaliae collegia nostra praetereram, fovemus et illic Germanos, exteros licet amplectimur, eosque provehimus ad piam eruditionem et ad eruditam pietatem Iunctim illic commorantur Hispani et Siculi. Germani et Itali, eoque magis charitate conglutinantur, quo longius inter se patria dividuntur Hanc ergo curiosam diligentiam ultro negligimus, ut diligenter' quae in Christo est charitatem inter alienigenas foveamus Nimium ornamento datur academiis, sicubi nationum diversarum collecti fuerint professores, et nos qui huc acciti Theologi venimus, natali plane solo differimus. nisi forte idem videatur, Hispanum, Germanum ac Sabaudum esse. Ita fides demum et charitas unum in Christo facit. ita Christi sanguis ille sacro-sanctus et gentes

---

' itaque *Ingol*   ' illis *Vind*   ' Christi *Vind*
' *desunt Vind*   " diligentem *Vind*

¹ 1 Cor 13 5 Phil 2 21   ² Col 3, 11

et peregrinos omnes copulat, adeoque indissolubili quodam nexu tenet conglutinatos

Verum ut ne sim longior, hoc peto, hoc rogo per Christum excellentiam tuam primum quo nos favore complecti modo coepisti. eodem absentes prosequare. deinde, quod hisce literis promovere cupimus, tanto magis commendatum habeas, quanto verius pro tua prudentia sentis. divinam hic spectari provehique gloriam. ornan [*] praeterea nomen illustrissimi Ducis et apud exteros illustrari, demum Academiae vestrae commodis prospici, et Christianae sapientiae lucem vindicari   Quae civitas pridem inter armatas haereticorum copias invicta perstitit [1], non orbetur quaeso splendore virtutis omnis ac religionis   Vivat saltem divina scientia Theologia, ubi regnant humanae disciplinae

Curabimus autem. quod nostri est officii, sedulo, susceptosque pro nobis labores tuos gratis complectemur animis Neque nos tantum, sed hanc omnem Iesu societatem tibi devincies, si, quod certe potes, etiam voluisse. nostramque caussam egisse videaris   Precabimur interim Dominum, qui nobis te Patronum clementer impertiit. ut tuis adspiret conatibus, incolumitatem tuam familiaeque tueatur, et gratia sua nos omnes augeat Amen

Denique. si ullo pacto licet, vel paucis ad nos rescribas, oramus [2]

Ingolstadii 10 Iunii 1550

Claudius Iaius Doctor Theologus

Magnifico et nobili D D Georgio Stochmero [b], Illustrissimi Ducis Bauariae prudentiss: Consiliario, et academiae Ingolstadiensis Patrono

Totam epistulam Canisii manu scriptam videri supra relatum est Nec dubitari potest, quin Canisius hac in re Iaio non solum manu, sed etiam consiliis opitulatus sit ideoque secundarius huius epistulae auctor aliqua ratione dici possit

90.

CANISIUS

P. CLAUDIO IAIO S. J.

Ingolstadio mense Iulio vel Augusto 1550

Ex epistula autographa Wolfii [3], quae est in cod monac Ies Ing 1359/1 [*] t 3 ante 1 Epistulae wolfianae mentionem facit Druffel, Briefe und Acten I, 413

---

[a] demum ornari Verd   [b] Stochamero Verd

---

[1] Mense Augusto a 1546 prope Ingolstadium castris Caroli V caesaris opposita erant ex adverso castra Smalcaldensium (I Geistner, Geschichte der Stadt Ingolstadt [München 1853] p 171—175)

[2] „Sub Patrono illo altero Eckii Leonardi successore, quem diximus Stockhamerum fuisse, urgebamus quidem Collegii institutum, et egregia spe lactabamur subinde, sed serio nihil effectum est" *Cod „Antiqu Ingolst " t 1ᵇ—2ᵃ

[3] Ex litteris Wolfii intelligitur Iaium tunc Augustae Vindelicorum degisse Otto

Iaium rogat, ut mienem quendam Stockhammero commendet

Erasmus Wolf, collega georgiani regens, Iaio, cuius se dicit „filium in Christo et discipulum" Ingolstadio 19 Augusti 1550   „Porro quid mihi adolescens noster Vuolphgangus, aut cuius rei causa istuc uenerit, ipse coram significabit Peto autem abs te, ut quemadmodum d Canisius eciam, nisi fallar, sollicite scripserit, ita eundem a me quoque tibi, de meliore (ut inquiunt) nota commendatum, tua singulari autoritate, apud nobilem et magnificum patronum nostrum Stockamerum innare uelis Scriberem pluribus ad te, qualis aut cuius spei esset adolescens, nisi tibi antea satis notum ac in Canisij nostri literis diligenter descriptum arbitrarer dignus omnino est omnium bonorum hominum consilio simul et auxilio "

91.
CANISIUS
P. CLAUDIO IAIO S. J.
Ingolstadio inter mensem Iulium et Septembrem 1550.

Ex *Boero*, Iaio p 202—203, huic epistula Iau archetypa usus est, de qua mox dicetui

De catechismo latino, pro inuentute academica conscribendo

Iaius S Ignatio, Augusta Vindelicorum 12 Septembris 1550 „Secondo che in Italia si insegna la dottrina cristiana in uolgare, Maestro Pietro Canisio la vorrebbe insegnare nella "Università agli scolari in latino, e darla in iscritto publicamente Della qual cosa mi ha scritto domandando il parer mio Io gli ho risposto che sarebbe cosa non solamente utile, ma necessaria fare un catechismo conueniente alla gioventù, nel quale fossero insegnati li dogmi cattolici repugnanti agli errori che regnano in queste prouincie, siccome per lo contrario fanno con grandissima diligenza i luterani, che in tutte le loro scuole dei putti e delle putte insegnano i loro catechismi, ma che mi pareia, che il catechismo cattolico dourebbe esser fatto con gran diligenza da tre o quattro della Compagnia, che fra gli altri hanno più esperienza e dottrina in cose di dogmi, e che tutti quelli della Compagnia, che insegnassero la dottrina cristiana, massime in Germania, auessero da procedere secondo questo catechismo Onde mi pare, che nel comporre detto catechismo bisognerebbe molte diuisioni e definizioni, e auertire di non partirsi del modo di parlare degli antichi Padri e dottori

* Nelle *Boero* *Manifestum est epistulam Iau a Boero aut er latino translatam aut saltem ad scribendi genus, quo Itali nunc utuntur, accommodatam esse*

Truchsess cardinalis augustanus Dilinga 22 Iunii 1550 S Ignatio scripsit „Gratias ago Domino Nostro Iesu Christo, quod Paternitas tua Mag Claudium Iaium, virum sane pussimum, mihi concesserit Cras D Claudium ad me per nuntium ad id destinatum accersam, ut continuo mecum sit, eiusque consuetudine, consilio et auxilio invei in spiritualibus omnibus, et in his praesertim quae ad religionem et fidem christianam spectant de qua agetur in proxima diaeta" (Cartas de *San Ignacio* II, 530—531 *Boero*, Iaio p 227) Iaius ipse S Ignatio Augusta 4 Septembris 1550 se 26 Iunii Ingolstadio ad cardinalem profectum esse scripsit (*Boero* l c p 243 ad 244) Comitiorum imperii initium factum est Augustae 26 Iuln

cattolici [1]. *Sicchè l'ho pregato, che aspettasse il giudizio di V R , massime che essendo lettore, rettore* [2] *e predicatore nella Università, non gli mancheranno faccende al presente "*

92.

P. IOANNES DE POLANCO

nomine S Ignatii

CANISIO.

Roma 16 Augusti et 16 Septembris 1550.

Ex „*Monumentis historicis*" S J 1 c p 80, adnot 2

„*Polancus, ex commissione, Petro Canisio, de Nicolao Gaudano eiusque in itinere socio Petro Schorichio* [3]*, 16 Augusti et 16 Septembris*" *[1550]*

---

[1] Diu ante Canisium — atque diu etiam ante Lutherum — initium factum est catechismorum componendorum sive libellorum, quibus via et ratione elementa illa doctrinae christianae breviter comprehenderentur, quae ecclesia ab ipso ortu suo pueris aliisque fidei ignaris voce tradebat, quaeque statim post artem typographicam inventam innumeris explicationibus symboli apostolici, orationis dominicae, decalogi, „speculis peccatoris", „Poenitens cito", „artibus bene moriendi" et aliis eiusmodi libellis vulgo proposuerat Atque, ut de sola Germania dicatur, catechismus ille, qui „Fundamentum aeternae felicitatis" inscribitur, anno 1498 Coloniae in lucem emissus et ante a 1510 minimum sexies editus est Ante a 1550 catechismos catholicos in Germania conscripserunt Ioannes Gropper, Ioannes de Maltiz (episcopus misnensis), Georgius Witzel, Michael Helding (episcopus suffraganeus moguntinus), Petrus de Soto O Pr, Ioannes Dietenberger O Pr etc Dietenbergeri catechismus ante a 1550 octies editus est, priore parte saeculi XVI e solis prelis coloniensibus septem diversi catechismi catholici prodierunt (*Nic Paulus* in „Der Katholik", 73 Jahrg [Mainz 1893] p 382—384 *Fr W Baigel*, Geschichte des Religionsunterrichts in der katholischen Volksschule [Gotha 1890] p 50—96 *Fr I Knecht*, „Katechismus" in Wetzer und Weltes Kirchenlexikon, 2 Aufl, VII, 288—316 *P Bahlmann*, Deutschlands katholische Katechismen bis zum Ende des sechzehnten Jahrhunderts [Munster 1894] p 3—33) Verum cum horum catechismorum alii longiores essent alii imperfecti vel vitiosi, alii doctrinam non continerent per quaestiones et responsiones dispositam, Canisio nullus omni ex parte probabatur

[2] Canisius tamen rector universitatis electus est 18 Octobris 1550, ex hac autem epistula conici potest eum iam antea ad id munus destinatum fuisse

[3] Salmeronem Iulius III et S Ignatius Veronae, Lipomano episcopo postulante, concesserunt Itaque Salmeron Ingolstadio abiit et 11 Septembris Augustam advenit, quo 9 Septembris ex Italia venerant P Nicolaus Goudanus et Fr Petrus Schorich, qui 12 Septembris Ingolstadium petierunt, ut Salmeronis et Iani loco academicam iuventutem instituerent (*Boero*, Iaio p 171—172, et Salmerone p 36—37)

93.

P. CLAUDIUS IAIUS S. J.

P. PETRO CANISIO, P NICOLAO GOUDANO.
FR. PETRO SCHORICHIO.

Socius ingolstadiensibus

Augusta Vindelicorum mense Septembri 1550

Ex *Bono*, Iaio p 222—223, qui usus est epistula archetypa Iau, ad S Ignatium data de qua mox dicetur

De superiore Socus constituendo De muneribus rectoris et viccancellarii universitatis accipiendis De pecunus in promotionibus dari solitis

Iaius S Ignatio, Augusta Vindelicorum 18 Septembris 1550 „I fratelli in Ingolstad mi hanno scritto circa la superiorità tra loro Io ho risposto, che a me non toccava costituire capo fra loro, e che, finchè V P in questo dichiarasse la sua volontà, vivessero in tal modo, che uno avesse rispetto all' altro, superiores sibi invicem arbitrantes La P V sarà contenta far loro intendere la sua volontà Mi hanno ancora scritto circa il rettorato e procancellariato dell' università Io ho risposto, che sono affetti da non essere desiderati e ricercati, ma se alcuno di loro fosse eletto a quelli uffici, che li accettino per l'onore del Signore, e per non pregiudicare al collegio, che per la Compagnia si spera di avere Se altro paresse a V P, sia contenta far intendere la sua volontà Quando nella università si fa alcun dottore di teologia, alli lettori ordinari toccano certi fiorini Si dubita, se i fratelli debbono ricevere la sua parte, o lasciarla nelle mani del cameriere, che fa loro le spese, o a quello che piglia il grado, o veramente farli distribuire alli poveri Nel mese di agosto si è fatto un dottore spagnuolo, cappellano della Maestà Cesarea, e Maestro Alfonso Salmerone mi scrisse, se dovevano accettare la parte che toccava, o nò Non sapendomi risolvere, rimettevo a ciò che Loro pareva Maestro Alfonso e Maestro Pietro Canisio non vollero accettare la parte, e la lasciarono al detto dottore spagnuolo, il quale ne restò edificato Pure non so, se l'università ne fu contenta La P V sarà contenta scrivere alli fratelli la sua volontà "

---

[1] Phil 2. 3

[2] , *Polancus*, ex commissione [S Ignatii, scribit] Claudio Iaio, ut, si ipsi videatur, Canisium caeteris praeficiat, praeterquam Nicolao Goudano, qui Canisio collateralis esse poterit, mense Octobri [1550] *Monumenta historica* I c p 791 „Quamvis recusaret P Petrus Canisius et in P Nicolaum reponi curam nostrorum optaret, ipsi tamen a P Ignatio imposita fuit *Polanca*, Chronicon II, 79

[3] Die 18 Octobris rector eligendus erat, isque ex theologica facultate tunc erat desumendus Balthasar autem Fannemann, universitatis vicecancellarius (et supra p 312) abitum parabat, Moguntiae munus episcopi suffraganei suscepturus (*Medera* I c I 219—220)

[4] S Ignatius Iaio „ut vicino, et rerum germanicarum perito" rem commisit (*Polancus* I c II, 79)

[5] Petrus a Bincio, decanus granatensis Plura vide infra p 335

94.

CANISIUS

SANCTO IGNATIO.

Ingolstadio 29 Septembris 1550

Ex apographo quod reverendus P Ioachim Campo Sancto exscribendum curavit ex exemplo, quod ipso anno 1550 vel 1551 Roma ad Socios lusitanos missum esse videtur, quodque nunc exstat Olissipone in bibliotheca nationali, Collecção Pombalina n 490, f 145 Librarius vetus exemplo suo superscripsit „De rebus patrum Societatis qui apud Germanos degunt, in Academia Ingolstadiensi " Multa ex his litteris protulit *Polancus*, Chronicon II, 76—79

(Litterae „quadrimestres") *PP Iaius et Salmeron aegre et magno cum honore ab universitate dimissi Cardinalis augustanus itae rationem in melius mutavit, Iaio auctore Societas proceribus commendata Spes collegiorum Viennae et Ingolstadii condendorum Salmeron alter Eccius habetur . Goudanus et Scholiclius Ducis favor Canisius Socios vehementer rogat, ut pro religione in Germania apud catholicos quoque misere iacente Deum precentur Litterarum studiosi eucharistiam frequentare incipiunt Decanus granatensis a Sociis gratis laurea ornatus Wolfii mores correcti Professorum lites compositae Canisius „dictat" Disputationes Summa theologica S Thomae*

✝

Ad Jesu Christi donum nostri gloriam ea dicere aggredior, que summa illius bonitate per nostros hoc loco effecta sunt, ut quatuor mensium reddatur ratio quemadmodum nobis iniunxit T R P Atque ut a Charissimis michi [*sic*] colendisque patribus incipiam, nimirum P M Claudio Jaio. et P M Alphonso Salmerone, difficile dictu quam egre dimissi ex hac Academia fuerint, Postquam Pont Max et voluntati tuae sic visum est, ut hinc ambo revocarentur, quos acerbo dolore fusisque publice lachrimis non vulgares sed primarii quoque viri prosequebantur Et neque desinunt adhuc absentium suaviter meminisse, concepta simul indignatione quadam adversus eos, quorum opera hinc evocari dicebantur, uti Reverendissimi Cardinalis Augustam et Reverendissimi Episcopi Veronensis, Quo die ad Cardinalem destinatus abiit Reverendus Pater Claudius, qui precellunt in hac Academia ad illum vementes, et confiteri peccata et accipere Eucharistiam curaverunt, ut hac saltem consolatione quem de patris Charissimi discessu moerorem collegerant, temperarent Poterat sane commodare[a] nobis Pater Claudius presentia sua: sed eius abitum, ut nunc intelligo, non ad parum multa Christus valere voluit, qui res Societatis suae feliciter usque moderatur. Cardinalis enim ille postquam P. Claudium apud se iterum habere coepit, in melius pleraque commutavit, magna quidem cum laude ac edificatione multorum, sive vestitus[b] simplicitatem spectes, sive mensae frugalitatem, sive profectum in meditationibus nostrorum Exercitiorum consideres Tum inter edendum relictis hospi-

---

[a] commodore *apogr*   [b] vestititus *apogr*

tibus, quos frequentes et sumptuose Germani proceres excipiunt, sacra
semet[a] lectione oblectat, pro tot magnatibus, nobilibusque viris, uno
pene contentus P Claudio quo utitur perquam familiariter. Eoque
magis confirmatur in nobis, et augetur spes constituendi Collegii,
quod Cardinalis idem non frigide promisit nostrae Societati Et ea
ipsa firmiores interim radices iacit in Germania, dum apud hosce
Principes P Claudius coram agit, cum aliis plerisque gratus, tum
Regi Rom haud parum acceptus[1], De praecipuis archiepiscopis hoc
certum habeo, mirifice laudatum illis esse hoc nostrum institutum[2]
Taceo publico Germaniae commodo fieri, dum nostrae societatis homines in hisce Comitiis Augustanis degunt, ubi precipuus esse locus
potest exhortationibus piis, sanisque consiliis, presertim ad instaurandam Imperii Germanici disciplinam in Christiana fide ac religione.
ubi, duce Christo iam id effecit P Claudius, ut societati nostrae promissum sit Collegium Viennae, que caput est Austriae Veteris, simul
Academia nobilis, et ostium exhibens apertum ad Ungariam ac Turcas,
promissum, inquam, a Rege Romani Caesarisque Germano Qui impensius nunc amare nostros videtur, quo tulit prius molestius P. Claudii
pertinaciam in refutando Trigestino Episcopatu vel nolentem eo
studens vi summa pertrahere[3]. Prius quam hinc abii et Pater Alphonsus
Veronam, ubi summa de illo omnium expectatio est, ut a fide dignis
accepi, appararunt[b] hic nobis professores non vulgare convivium
Solent enim Germani hoc velut firmum amicitiae symbolum adhibere
quo michil [sic] est illis antiquius ad fidei humanitatisque testificationem
Neque convivio contenti, se curaturos pollicebantur (vellet modo
P Alphonsus) ut modis hic omnibus retineretur. Non enim ferendam
iacturam si posset averti, ut ornamento hoc tam insigni Academia
spoliaretur hunc alterum esse Echium[4] et plus quam Echium qui
admirabilis doctrinae suae fragrantem odorem iam longe lateque per
Germaniam diffudisset, In locum Reverendi P Alphonsi suffectus
Reverendus P. M Nicolaus Goudanus, doctor, et ipse Theologus et

_ _   _

[a] Sic legendum esse omnino videtur, apoqi recens senex
[b] accepi Appararunt exemplum antiquum

[1] P Claudius Iaius tunc cum Ottone cardinali Augustae Vindelicorum morabatur, ubi comitia imperii, praesidente Ferdinando I rege, habebantur
[2] Puto Canisium hos significare archiepiscopos Sebastianum de Heusenstamm
moguntinum (cf supra p 176—181), Ioannem de Isenburg treverensem, Ernestum
Bavariae ducem salisburgensem (cf supra p 120[6]) Sebastianus et Ioannes comitiis
augustanis ipsi intererant Vide Canisii epistulam 30 Aprilis 1551 ad S Igna
tium datam
[3] Anno 1546 haec res agitabatur Vide Polanci Chronicon I, 179—181
[4] Ioannes Fecius (Eck, Maier, Maioris), universitatis ingolstadiensis lumen et
ecclesiae catholicae columen, 10 Februarii 1543 Ingolstadii e vita abierat, cum ibidem
theologiam per annos fere 32 tradidisset (Mederer I c I, 184—185) Cf infra,
monum 4')

Germanus et professus nostrae Societatis, una cum comite suo ac
fratie nostro Clarissimo M Petro Schorichio[1], Cum huc primum
venisset, tum nomine principis valde commendatus, tum laete et
humaniter acceptus est ab Academia　Nec dubitarim quin per hosce
promotura sit Dei benignitas, quod pulchre coepit, per superiores
illos Patres qui summum sui desiderium, doctrinaeque suae tamam
ingentem Geimanis reliquerunt, et multorum erga nos benevolentiam
conciliarunt. Multi M. Petrum expetunt, expectantque professoiem
tum in Graecis litteris, tum in Philosophicis　Qua in re, quod optimum
P. T. videbitur, sequendum putabimus. Quamvis repugnaret obtulerunt
P. Alphonso viaticum, adiunxerunt equos comitesque septem, aut octo,
Inter hos [erant[a]] Magnificus Academiae rector simul et procancellarius[2],
multisque miliaribus deduxerunt proficiscentem, Haec tametsi piolixe,
non tamen inutilitei ut spero iecensentur, ut aperte constet, quo
pacto erga nostros hactenus Germani se praebeant tum ut singulare
Christi donum hoc omnes intelligant, quod anno uno tantum et favoris
et amoris sit nostris hic comparatum, quantum neque Coloniae neque
Louanii hactenus, quod sciam, impetiavimus, Nec dubito quin primus
gradus hoc pacto iaciendus fuerit ex quo pedetentim ad curandos
animos tam male affectos, pene dixeram immedicabiles perveniamus,
Qua in re spem nobis maiorem prebuit cum viveret Bavariae Princeps
Guilhelmus, qui ad collegium nostris extruendum animum adiecerat.
Nunc vero spem eandem iterum confirmat augetque magis in dies
successor filius. Nam is proxime datis literis ad Pont Max.[3] singulos
e nobis valde commendavit ut nesciam quid honorificentius aut sentire
aut testificari potuerit　Idem mira sedulitate contendit, ut nemo
quidem nostrum hinc queat evocari, quod alibi locoium, maiore cum
fructu, ut scribit, prodesse non possimus toti feie Germaniae[b], Postremo,
meditatum inquit, a Parente meo Theologicum ejusdem Ordinis Collegium iamiam ad effectum ducere accinctus sum　Sic ille ad Pont.
Max.　Et eandem sententiam ab Academiae Gubeinatore[4] sic confirmatam habemus, ut Christo duce, quam primum finem habebunt
Augustana Comitia, primi in Germania[c] collegii fundamenta, hic putemus omnino iacienda　Vix credi posse suspicor, quantum piesidii
ex ea re percepturam sit Germania, que nunc undique corruptis homi-

---

[a] Aut erat Vide infia, adnot 2　　[b] Geimania eiempl. antiqu
[c] Germana exempl antiqu

[1] De Goudano vide supra p 213[5], de Schoiichio supia p 248. 277[7]
[2] Rector tunc erat Erasmus Wolf, procancellarius Balthasai Fannemann, sed
foitasse, hoc Ingolstadio iam profecto, procancellarii munus ad tempus a iectoie administrabatur　Cf Mederer I c 1, 214 219
[3] De his Albeiti V litteris Monachio 9 Iulii 1550 ad Iulium III datis vide
infra monum 47
[4] Georgio Stockhammei, vide supra p 322[1]

num animis, laborat, abundatque, postquam suum virus infudit atque tam late diffudit Lutherana secta, cuius procul dubio foecibus mentes quoque catholicorum asperguntur, ut iam plerisque sint in fastidio ceremoniae sanctae[']; matris Ecclesiae, studium Theologiae, sacerdotii honor et cultus demum omnis verae pietatis   Quare cum eo usque sparsa per Germaniam hereticorum zizania[1] succreverint, ac praestandae obedientiae ratio pene nulla sit, religio charitasque nulla summum vero quod ventri, carnique persolvitur studium, equidem committere non possum, quin pro afflicta tam miseris modis Germania intercedam   In primis quidem apud Reverendam P T cui rem tantam curae esse non dubito. Deinde apud Patres fratresque reliquos huiusce Societatis, eos omnes et singulos quam maxime possum, satis autem posse non videor, per Jesu Christi sanguinem sacrosanctum, per commune ius, sanctumque vinculum fraternae charitatis, per tot pereuntium animarum iacturam gravissimam oro simul, ac obsecro, suis ut precibus ac sacrificiis quotidianis, iuvent nos, Germaniamque nostram, quae nunc spe tantum Tridentini Concilii aliquantulum se consolatur, suis alioqui legitimis operariis miserrime destituta, hoc loco, cum de frequenti sacrae confessionis et comunionis usu nonnunquam alios admonemus non parum fecisse videri possumus, si rem inauditam ac inusitatam prorsus istorum aures terre queant   Quod si probent in aliis etiamsi non sequantur pium institutum, haud exiguus fructus apparet in Germanicis ingeniis   Ita quod apud portugalenses, hispanos, sicilienses fratres vix esse minimum videtur, hic pro magno ducimus fidem in plerisque sinceram invenire ac conservare, Sermo de perfectione consiliisque[b] evangelicis et votis vereor ne officiat prius quam commodet hisce parvulis et utinam parvulis Christi[2]. Sed consolatur nos interim deus pater ille animarum [–][c] studiosorum erga nos excitans paulatim benevolentiam, ut, quod nemo ante solebat, confiteantur et Eucharistiam accipiant domi nostrae nonnulli, praesertim dum festa se offerunt celebriora   Simul [–][d] cum adessent multi et ex his Lutherani prius habiti quidam quo Eucharistiam perciperent, affirmavit mihi vir fide dignus, conspectum in eo templo nichil tam religiosum fuisse unquam post ipsa templi fundamenta[3]

---

[a] In apogr   [b] conciliisque apogr

[c] Sic apogr nostrum, sed puto in archetypo per compendium scriptum fuisse misericordiarum cf 2 Cor 1, 3   Pater spirituum est Hebr 12, 9

[d] Sic apogr nostrum, sed malim legere semel

[1] Cf Matth 13 24—30   [2] Cf Matth 18, 2—3 1 Cor 3, 1

[3] Haud multo post (anno 1551) „Rogerius Scottes de Poperinga" Coloniam ad P Leonardum Kessel de Canisio et Goudano haec scripsit „Vidimus" Ingolstadii „plures quinquaginta Clericos apud ipsos communicantes, inter quos erant et praecipui Doctores ac Professores fere omnes Universitatis" (Ex †libello, cui titulus „Ex Historia Collegii Coloniensis de Reuerendo P Petro Canisio excerpta", qui anno 1649 Roman ad praepositum generalem missus est Cod „Rheni Inter 1631

Reverendus Pater Alphonsus, cum Decanum Theologicae facultatis ageret, mirifica cum laude omnium disputavit, quum nobilis quidam hispanus idemque Caesareae maiestatis Sacellanus aderat. nimirum ad suscipienda insignia doctoratus. Nec minimum aedificationis attulit compluribus quod pecuniae summam recusavimus quae pendi solet in collatione lauree doctoralis[1] Professores isti valde nos amant et observant, neque sine fructu suo nobiscum conversantur Asserunt saepe lector primarius[2]. sibi sat abunde videri, si quis profectionis nostrae in Germaniam fructum requireret. quod[a] virum unum qui magnae auctoritatis est, ad vitae novae rationem adduximus Is enim cum plerosque non levibus de causis offenderet et ob fidei negocium suspectus haberetur, nunc postquam nobis confiteri coepit, apud omnes audit optime, libros reliquit hereticos, recte suos, quibus preest, non paucis, instituit, nos literis ultro citroque datis predicat. saepius confitetur et Eucharistiam accipit, ut nemo alius[3] Admiratu in se felicem commutationem, unde rectius et valet corpore. cupit adolescentes vel suis impensis eo adducere, ut se nobis prebeant instituendos Persuasimus ut dilatum in multos annos sacerdotii gradum. assumat brevi Atque ut Germanis concionando, sic nobis in collegio constituendo, magno erit huc idem adjumento

Diaconus quidam, officii sui immemor, nullam in vestitu servarat honestatem. Is ubi confiteri coepit domi nostrae. incedit decentius. nec sine fructu suo nobis utitur familiariter

Fuit inter hosce professores lis non minima que libris et [?][b] editis male fovebatur, ut facultates inter se non convenire, sed alia aliam contemnere videretur Cum ad graves contentiones ventum esset, ac iniuriarum actio inter partes institueretur, Dei gratia sic placavimus iratos animos ut iunctis inter se dextris pacem utrimque firmaverint, offensam omnes[c] ex animo sibi mutuo remittentes[4] Ego

---

[a] qui apogi
[b] Sic apogi, sed legendum esse videtur, etiam
[c] Sic, sed fortasse legendum offensas omnes vel offensam omnem

---

1640 I [a]) Nomine „clericorum" hic cives academicos cuiuscumque facultatis designari (quod olim haud ita rarum erat) res ipsa ostendit

[1] Hispanus ille ab Agricola (I c I, 23) vocatur „Petrus a Bucio Sacellanus Caesareus, Theologiae iam Baccalaureus, Granatensis Regni Decanus, et Prior" Cf Polanci Chronicon II, 78 Ioannes Agricola, universitatis camerarius anno 1550 adnotavit „5 fl 5 patzios d Alphonsus [Salmeron] mihi dedit de Promotione Petri Decani Granatensis" (*Cod „Codex Dati et Accepti Facult Theolog ex Anno 1536" etc p 38 Monachii, in archivo seminarii georgiani)

[2] Significatur, ni fallor, Franciscus Zoanettus, nobilis bononiensis et iuris professor primarius (Mederer I c I, 213 291—292)

[3] Canisius de Erasmo Wolfio scribit, vide supra p 309 et infra, epistulam Canisii, 28 Decembris 1550 ad S Ignatium datam

[4] Anno 1549 Vitus Amerbach philosophiae et rhetorices professor poemate comico „Doctor" a se edito senatus academici iram contra se concitaverat, quod universitates et imprimis ingolstadiensem derisisset (Prantl I c I, 212—213)

lectiones Theologicas ex more prosequor, latine pergo concionari festis diebus, eoque preter studiosos accedunt quidam e professoribus Academiae Rogant ut quod feci aliquoties, in eo pergam, Germanice concionando atque [?][^a] fructum spiritualem ex eo conatu pollicentur. De rebus theologicis, ut hic professorum mos est, etiam dictare coepi, id quod non minus gratum quam utile suspicor auditoribus fore Nullum hucusque disputandi usum habebant, nunc ut singulis etiam sabbatis velint disputare persuasimus   Collapsa nimirum Theologiae studia, que nunc florere potissimum oportuerat, Christo duce hic promovemus eoque novam in Summa S. Thomae lectionem proposuimus, ut sic disputandi fervor augeri queat

Ingolstadii feriis B Angelorum   Ann. M DL
Reverende P T

Indignus filius et servus in Christo
Petrus Canisius.

Litteras hasce a Canisio non esse scriptas illis „feriis B Angelorum", quae nunc in Germania dominica prima Septembris aguntur (.,festum SS Angelorum Custodum", alibi die 2 Octobris), vel ex eo patet, quod Canisius in earum initio profitetur se per eas Ignatio „quattuor mensium reddere rationem", postremam autem huiusmodi rationem idem dederat 28 Maii 1550 (v supra p 315—319) Censeo igitur eas datas esse festo „Dedicationis S Michaelis Archangeli" sive die 29 Septembris, qui dies, cum ceteris quoque angelis sacer sit, olim nonnumquam„ S Angeli" et „Engelweyhe-Tag" vocabatur

Litterae hae sunt „quadrimestres" [1]. Anno 1547 Ignatius Societatis Iesu parens „ad gloriam Dei latius celebrandam, ad confirmandam inter se compagem corporis vniuersi, conglutinandosque in dies magis vniuersorum animos, simulque excitandos sancta aemulatione, et exacuendos in publicae procuratione salutis excogitavit, vt quarto quoque mense de rebus, quas vbique gereret, mutuis se se literis cuncta Societas admoneret Qui mos diu saluberrime viguit, donec Societate ipsa crescente, semestres, dein etiam annuae literae datae sunt" [2]   De hoc epistularum genere S Ignatius praecepit „Escriban cada principio de cuatro meses una letra, que contenga solamente las cosas de edificacion" [3] (Constitutiones Societatis Iesu P 8, c 1, M [Constitutiones latinae et hispanicae p 235]) Ab his autem litteris distinguendae sunt illae, quae negotii causa scribuntur [4], de quibus Ignatius, inter alia, haec praecipit „Siendo [el General] en Reino diverso   , asi los particulares que se dijo imbiados a fructificar, y Prepositos Locales y Rectores, como Provinciales, escriban una vez al mes al General. el cual General les hara escribir á ellos

- - - - -- - -----

[^a] Mihique [?] Sibique [?] *Vocabulum obscure scriptum*

- — -- ..-- ------ — -- - --

[1] Sunt etiam aliqua ratione nec tamen plane „quadrimestres" litterae positae supra p 306—314 et p 315—319
[2] *Orlandinus* l c l 7, n 12 Mittendae erant mensibus Ianuario, Maio, Septembri Polancus Roma 27 Iulii 1547 iussu S Ignatii de ratione eas conficiendi et transmittendi longas litteras ad omnes Societatis domos dederat Cf „*Litterae quadrimestres*" I (Matriti 1894), 5—6
[3] Cf etiam, quae ex Societatis Constitutionibus allata sunt supra p 304 [?]
[4] Aliqua, quae in collegii coloniensis initiis ibidem de litteris mittendis notata sunt, typis exscripta sunt a *Ios Hansen*, Mittheilungen aus dem Stadtarchiv von Köln VIII (Köln 1893), 283 [?]

comunmente una vez al mes, a lo menos á los Provinciales" etc (P 8, c 1, L Constitutiones latinae et hispanicae p 235) Fiebat etiam (ni fallor), ut, quae sola negotia spectarent, litteris „quadrimestribus" adiungerentur, in folio separato notata, quod nequaquam cum omnibus communicaretur

95.

P. IOANNES DE POLANCO

nomine S Ignatii

CANISIO.

Roma mense Octobri 1550.

Ex „Monumentis historicis" S 1 1 c p 75, adnot 1

„Polancus, et commissione, Petro Canisio, de collegio Viennae instituendo, mense Octobri" [1550]

96.

CANISIUS

SANCTO IGNATIO.

Ingolstadio 2 Novembris 1550.

Ex apographo, facto a Boero, et postea collato cum epistula archetypa (Canisius solum subscripsit), posita in cod „Epist B Petri Canisii I - n 5, p 117 Particulas edidit idem *Boero*, Canisio p 74—75, et Iaio p 173 Eadem usi sunt *Polancus* 1 c II, 69 80 et *Janssen* 1 c IV, 400

Se rectorem universitatis factum esse   Quae eius officii praecipuae sint partes De reformatione academiae   Iuris peritos dominari, haeresim non puniri   P Goudanum praeclare disputasse   Quomodo ipse et Goudanus doctrinae christianae ac linguis germanicae et graecae operam dent   De collegio condendo, scholasticorum exiguo profectu, casibus Bullae Coenae, iuvenibus sacramenta frequentantibus

jhesus

Molto Reuerendo in Christo Padre nostro.

La grazia* e pace di Cristo Signor nostro sia sempre nei cuori di tutti. Amen   Due mesi sono, che non hauemo nessuna lettera o avviso di V Reuerenda Paternita, benchè in questo mezzo n' hauemo

---

Iesus   Admodum reverende in Christo pater noster   Gratia et pax Christi domini nostri in omnium animis semper sint   Amen   Abhinc duos menses neque litteras neque alium nuntium a reverenda paternitate vestra accepimus, licet saepe

---

* *Ita apographum nostrum; quod et infra habet* accusazioni, congregazioni *etc.* Puto tamen huiusmodi verba aut semper aut saepe scripta fuisse gratia, accusationi, congregationi *etc , sic enim eo tempore scribere solebant, similiter* Maesta *loco* Maesta *etc   Apices quoque (i y benche) et interpunctionis signa non antiquo, sed nostro more a Boero posita esse facile patet Eadem de compluribus aliis apographis recentioribus dicenda sunt, quorum archetypa editor non vidit.*

scritto spesse volte Il R. P. M Nicolao[1] nell' ultima sua a V R scrisse ad longum delle cose nostre communi, e come io, benchè indegnissimo, son fatto Rettore di questa Università[2], della quale toccando in breve, dico, che il frutto poco si mostra, e non poca molestia quanto al governo Conciosiachè le principali faccende del Rettore sono inscrivere li nuovi scolari, sforzare i debitori a pagare i suoi creditori, sentire le querele e accusazioni de' cittadini e donne contra li scolari, aristare, riprendere gli imbriecconi e discorrenti le notti per le strade, mandarli in prigione[3]; avere il primo luogo nelli convitti, congregazioni et promozioni Per li quali uffizii bisogneria ben havere più della lingua tedesca Di modo che quanto alla riformazione del studio et religione, il Rettore, avendo da durare solamente un mezzo anno, comunemente non s' intromette Onde uedendo quello che si fa, et che si potria emendare in questa Università, quale ha ben di bisogno di una non piccola riforma, aveva gran ripugnanza di pigliare tanto carico insino che da poi la lettera di R V. espressamente mi scrisse il R P Claudio[4] di Augusta, che non dovessi rifutarlo[5], adiungendo come non doverebbe essere sollecito del riformar o d'innovar cosa alcuna per non eccitare rumore contra di noi in questo principio, donde si potesse pigliare occasione di non fare il Collegio[6]

per id tempus ad eandem scripserimus R P M Nicolaus[1] in postrema, quam ad R V dedit, epistula, de rebus nostris communibus copiose scripsit atque etiam rettulit me, licet indignissimus sim, rectorem huius universitatis factum esse[2] De qua re breviter hoc dico Laborum fructus apparent pauci, et gubernatio academiae magnam mihi affert molestiam Praecipua enim rectoris munera sunt adulescentes nuper advectos in matricula inscribere, debitores ad aes alienum solvendum cogere, querelas et accusationes audire, quas cives et mulieres contra scholasticos proferunt, ebrios et eos, qui noctu per vicos discurrunt, comprehendere, obiurgare, in vincula coniicere[3] in convivis, congregationibus, promotionibus principem locum tenere Ad quae recte agenda melius debeo germanice scire Studiorum itaque et cultus divini reformationem rectores, cum per semestre tantum spatium id officium teneant, aggredi non solent Videns igitur, quae fierent quaeque emendari possent in hac universitate, reformatione haud levi valde indigente, a tanto onere suscipiendo magnopere abhorrebam, donec R P Claudius[4], litteris a R V acceptis, Augusta Vindelicorum diserte mihi scripsit me illud recusare non debere[5] addidque me de ulla re reformanda vel innovanda sollicitum esse non debere, ne in hisce initiis turbae contra nos excitarentur, quae occasionem dare possent desistendi a collegii constitutione[6] Atque sic agere secura conscientia statutum

---

[1] P Nicolaus Goudanus

[2] Canisius 18 Octobris 1550 cunctis senatus academici suffragiis rector electus est Vide infra, monum 50

[3] Quae Canisius hic universim a se facta esse et fieri refert, ea singillatim ex actis universitatis ingolstadiensis cognosci possunt, quae nunc Monachii in archivo academico asservantur Ponentur infra, monum 50—62

[4] Iaius, cf supra p 327³   [5] Cf supra p 330.

[6] Collegio constituto reformatio illa facilius, uberius, securius effici poterat Attamen epistulae proxime subiungendae ostendent Canisium rectorem nequaquam academicorum erroribus neque vitiis indulsisse

Et cosi sto deliberato farlo con quieta conscienza, se V R non scriverà altro Si dice, ed è vero, regnant hic iurisperiti, de quali il principale ieri mi disse, che gli scolari in leggi, puochi in fuora, sono luterani. Et essendo quatro Dottori in legge[1], non sono dal tutto senza suspicione di eresia; et stanno accordi insieme in questo, che non si punisca nessuno per l'eresia Perchè, come dicono, il Duca, l'Imperatore supportano et permettono tali viti nella gente Et che l'Università potria diminuirsi per il zelo della fede etc., come V R facilmente intende.

Quanto al pigliare denari da coloro, quali s'inscrivono[2], dal principio non l'ho pigliati, insino che il R. P. Claudio mi scrivesse, che anchora in questo mi conformassi alli predecessori, et avessi risposta di V. R , per la quale desidero essere informato in tutte le cose et aiutato con le sue sante orazioni

Stiamo tutti sani per grazia del Signor nostro et con buona commodità corporale. Il R P Nicolao ha dato principio alle sue lettioni et non sine bona satisfactione di tutti, et poi in una disputa publica ha guadagnato non puoco, dando grande odore della sua dottrina, cioè che non sia solamente teologo, ma anchora philosopho[3]. Volesse Dio, che potesse fra un anno imparare la lingua

habeo, nisi R V aliud quicquam mihi scripserit Dicunt idque vere „Regnant hic iurisperiti", quorum princeps heri mihi dixit legum studiosos, paucis exceptis, lutheranos esse Neque quattuor illi, qui ius tradunt[1], haeresis suspicione omnino carent, qui omnes in hanc conveniunt sententiam haeresis poenas a nemine petendas esse „Dux enim," inquiunt, „et imperator eiusmodi vitia in suis ferunt et permittunt, atque academiae frequentia illo fidei vindicandae studio minui posset" etc Quod R V facile intellegit

Quod ad pecunias attinet ab iis accipiendas, qui in album universitatis referuntur[2], initio eas accipere nolui, donec R P Claudius mihi scripsit in hac quoque re decessorum exempla me sequi oportere, ac R V sententiam exquirendam esse, quae me ad omnia, quaeso, instruat et sanctis suis precibus adiuvet

Domini nostri beneficio omnes bene valemus et, quae corpora spectant, commoda nobis sunt R P. Nicolaus scholae suae fecit „principium", in quo omnibus bene satisfecit Et postea in disputatione publica multum profecit, magno eruditionis suae sparso odore, neque enim theologiae solum, sed et philosophiae se peritum praestitit[3] Utinam is uno anno linguam germanicam addiscere posset,

[1] Franciscus Zoannettus (cf supra p 335[2]), Nicolaus Everhard „senior" (vulgo Phrysius, Frisius) amstelodamensis, Bartholomaeus Romuleus florentinus (Mederer l c I, 207—208) Quartus videtur fuisse Ioannes Baptista Weber, quamquam Mederer et Prantl, universitatis historiographi, id non referunt (Mederer ad a 1556 [I, 244] „Ioannes Baptista Weber, Ivris vtriusque Doctor et Professor Institutionum Ordinarius " Prantl haec repetit in „Geschichte der Ludwig-Maximilians-Universitat" I [München 1872], 313) Nam ex actis senatus academici infra proponendis (mon 54) cognoscitur Weberum iam 4 Decembris 1550 „consilio" universitatis interfuisse, cui ordinarii tantum professores interesse poterant

[2] Quid rector ex legibus academicis acceperit a comite, a canonico etc vide apud Mederer l c IV, 196

[3] Iaius et Salmeron, priusquam Nicolaus Goudanus Ingolstadium adveniret,

22*

todescha, per predicare la parola sua santa et fruttificar nella gente
et anchora che bastassimo parlare tanto bene come il fratello nostro
Pietro Scorichio, non si trova luogho nelle chiese di questa terra
per predicare come sappiamo per esperienza[1]. Per la qual cosa il
P. Nicolao et io hauemo determinato prima d'imparar bene la lingua
in casa; 2.° de conferir gli studii et passar di nuovo libri molto ne-
cessari; 3.° d'insegnar la dottrina cristiana una volta nella settimana;
4. oltre le lezioni ordinarie et prediche latine[2], d'esercitarchi nella
lingua greca, la quale in questi paesi è molto necessaria.

Quanto al Collegio del Duca non sappiamo niente. Dicono, si
farà finita la dieta di Augusta. Credo non esser senza providenza
divina che finora nessuno di tutta l'Università abbia saputo la promessa del Duca. Preghiamo il Signor eterno, si degni aiutare questa
Alemagna, et principalmente per la via dei Collegii della Compagnia,
non vedendo altro mezzo più conveniente. Le dispute nostre in teologia, siccome abbiam scritto altra volta, essendo cominciate bene,
sono tornate in dietro, talmente che non hauemo quasi speranza veruna
in questi scuolari, cognoscendo per esperienza che sono non solamente
puochi et insufficienti per le lezioni, ma anchora senza affezione et
sete di esser aiutati. Di modo che la materia circa quam versamur

---

qua sanctum Dei verbum pronuntiaret et fructus colligeret ex hominibus huius regionis! Sed etiamsi tam bene loqueremur quam frater noster Petrus Schorichius,
locum tamen ad contionandum in aedibus sacris huius regionis nobis praesto non
fore experiendo didicimus[1]. Propterea P. Nicolaus et ego statuimus: 1° linguam
bene addiscere domi nostrae; 2°, studia inter nos conferre et libros, qui valde
necessarii sunt, denuo percurrere; 3°, doctrinam christianam semel singulis septimanis
tradere; 4°, praeter scholas ordinarias et contiones latinas[2] in lingua graeca nos exercere, quippe quae in his terris valde necessaria sit.
De collegio ducis nihil scimus. Dicunt rem effectum iri, cum comitia augustana finita fuerint. Neque sine providentia divina factum esse puto, ut ne unus
quidem de tota universitate usque adhuc, quae dux nobis promisit, compererit.
Dominum aeternum rogemus, ut Germaniae huic succurrere dignetur, idque potissimum per collegia Societatis; nullum enim subsidium magis idoneum novimus.
Disputationes nostrae theologicae, quas bene coeptas esse alias scripsimus, deteriores
factae sunt, ita ut a scholasticis istis nil fere exspectemus; usu enim cognitum
habemus eos non solum paucos et ad scholas ineptos esse, sed neque ullum in iis
esse studium neque ullam sitim adiumenti a nobis accipiendi. Itaque „materia circa
quam versamur", nimis vilis et indisposita et quasi incapax esse nobis videtur. Do-

---

censuerant, ut is tum expositionem epistulae „ad Romanos" a Salmerone coeptam
persequeretur, tum aliquam „ex partibus sancti Thomae" scholasticis proponeret.
Quae Goudanus libenter se facturum promisit (Boero, Iaio p. 172—173). Sed postea
vice Summae theologicae Ethica Aristotelis explicavit ita, ut alternis diebus Aristotelis et Pauli lectiones enarraret (Polancus l. c. II, 70).

[1] Attamen paulo post praesto fuisse mox videbimus.

[2] „Doctor Canisius in declamando latine primum se exercere caepit, in diebus
festis, cui M. Erasmus [Wolf] tunc Regens nouum posuit in nouo suo Collegio [geor-
giano] suggestum": Cod. „Antiqu. Ingolst." f. 2ᵃ.

par ci troppo povera, indisposta et quasi incapace Il Signor ci
concedi la santa pazienza e vera allegrezza di stare in questa messe
desolata

Preghiamo V. R , ci avvisi cerca li casi della Bulla Caenae
Domini, in quanto possiamo assolvere fuori del caso di eresia, del
quale possiamo assolvere per dispensazione del Reverendissimo Nunzio [1].
Il Signor ci ha consolati in questa festa d'Ogni Santi [2] con buon
numero di scuolari, communicanti [3] et non senza molta edificazione, di
questi scholari quali molto difficilmente possono esser introdutti alla
frequentazione de' santi sacramenti Per il che più carità et pazienza
ci bisogna mostrarli Quanto al fratello nostro Pietro Scorichio, essendo
scritto di qua et d'Augusta, et perchè anche fanno instanza per
averlo professore, aspettiamo la risposta di V. R , alla quale ci raccomandiamo tutti umilmente, desiderando le sante sue orazioni, et di
tutta la Compagnia, non solamente per noi quattro, ma anchora
singolarmente per questa misera Alemagna Il Signor ci conservi
et aumenti in sua santa grazia   d'Ingolstadt 2° novembre 1550

    Di V R P
                                  Servo et figliolo indegno
                                         Petrus Canisius
        Al molto Reverendo in CHRISTO Padre il Padre M Ignatio de
Loyola Praeposito generale della Compagnia de JESV appresso a
San Marco   In Roma

        S Ignatius Canisio per Polancum rescripsit Roma 6 Decembris 1550

_____   __ _ _   __ _____ __

minus sanctam patientiam et veram alacritatem nobis largiatur, ut in messe hac
desolata persistere possimus

R V rogamus, ut ad nos perscribat, a quibus casibus bullae Coenae Domini
homines absolvere possimus, praeter casum haeresis, ab hoc enim ex dispensatione
reverendissimi nuntii [1] absolvere possumus Dominus die Omnibus sanctis sacra [2]
nos consolatus est, scholasticis sat multis sacram eucharistiam percipientibus [3], qua
re eorum pietas magnopere excitata est, difficillimum enim est eos ad sancta
sacramenta frequentanda inducere Quo fit ut eo maiorem caritatem et patientiam
iis praestari oporteat De fratre nostro Petro Schorichio cum hinc et Augusta
scriptum sit, cumque etiam de eo professore constituendo instent, responsum reverentiae vestrae exspectamus cui demissis animis nos commendamus, cupientes
precibus reverentiae vestrae et totius Societatis non solum nos quattuor Socios, sed
etiam singulariter miseram hanc Germaniam adiuvari Dominus in sancta gratia
sua nos conservet et augeat Ingolstadio 2 Novembris 1550
    Reverendae paternitatis vestrae
                                  Servus et filius indignus
                                         Petrus Canisius
    Admodum reverendo in Christo patri, Patri M Ignatio de Loyola, praeposito
generali Societatis Iesu, apud S Marcum,   Romae
_____ . _____

    [1] Aloysii Lipomani, vide supra p 315
    [2] Kalendis Novembribus
    [3] „Ad decem et septem pervenerunt" *Polancus* I c II, 80—81

97.

P. IOANNES DE POLANCO S. J.

nomine S Ignatii

CANISIO.

Roma mense Novembri 1550

Ex „Monumentis historicis" S J 1 c p 80, adnot 2

„Polancus, ex commissione, Petro Canisio, de Petri Schorichii lectionibus, mense Novembri" [1550] ¹

98.

CANISIUS

MAURITIO DE HUTTEN ²,

episcopo eystettensi et imperii principi

Ingolstadio mense Novembri vel Decembri 1550

Ex Polanci Chronico II, 69—70

„P Petrus Canisius, Rector Universitatis Ingolstadiensis, . Eistetensi episcopo et Ingolstadiensis Academiae cancellario summam quamdam reformandorum abusuum secreto obtulit "

Quando et quae Canisius episcopo huic scripserit, ad cuius dioecesim urbs ingolstadiensis pertinebat, et qui academiae cancellarius erat, conici potest ex epistula Canisii, 28 Decembris 1550 S Ignatio inscripta

99.

P. IOANNES DE POLANCO S. J.

nomine S Ignatii

CANISIO.

Roma 6. Decembris 1550.

Ex „Monumentis historicis" S J 1 c p 81, adnot 1, p 79, adnot 1

„Polancus, ex commissione, Petro Canisio, de haereticis absolvendis et eorum libris legendis, mittit et etiam authenticum transumptum Bullae ‚In Coena Domini‘, 6 Decembris" [1550]

---

¹ „Magister Petrus [Schorichius] philosophiam et graecas litteras ut profiteretur, prout Universitas enixe petebat, concessus [concessum?] est" Polancus, Chronicon II 77

² Mauritius de Hutten, Franco nobilis, a 1539—1552 episcopus eystettensis, cum Ottone cardinali augustano et cum Ioanne Cochlaeo amicitia coniunctus, anno 1544 exercitia spiritualia S Ignatii, duce P Claudio Iaio S J , peregerat, quibus .fructum et consolationem spiritualem se accepisse quam maximam fatebatur" (Polancus 1 c 1, 132—133 Joh Heinr Falckenstein, Antiquitates Nordgavienses oder Nordgauische Alterthumer aufgesucht in der Aureatensischen Kirche 1 Th [Frankfurt und Leipzig 1733]. p 220—224 Jul Sax, Die Bischofe und Reichsfursten von Eichstadt II [Landshut 1885], 430—448)

„Idem Canisio, de officio Rectoris Uniuersitatis et de ejus prouentibus quid ei agendum, 6 Decembris" [1550]

Quid de rectoris salario agere iussus sit Canisius, conici potest ex litteris, quas ipse 30 Aprilis 1551 ad S Ignatium dedit

100.

CANISIUS

SANCTO IGNATIO.

Ingolstadio 28. Decembris 1550.

Ex apographo recenti, nuper collato cum epistula autographa, posita in cod „Epistt B Petri Canisii I " n 6, p 119   Polancus in autographo pauca quaedam mutavit, quae infra in lectionibus variantibus ponentur   Versio castellana, saeculo XVI facta, exstat in cod „Varia Historia" tom I, f 195

Epistula integra primum edita est in *„Litteris quadrimestribus"* I, 237—241, versio castellana est ibidem p 241—244

Complures epistulae locos iam ediderat *Konstant Germanus*, Reformatorenbilder (Freiburg i Br. 1883) p 305—306   Usus est ea *Polancus* in „Chronico" II, 80—81

Iuro auctore a Ferdinando I collegium viennense promissum esse   A cancellario cuiusdam electoris ecclesiastici institutionem collegii Societatis commendari   Ianus quam sit cardinali augustano familiaris   Disputandi rationem, contionum et sacramentorum frequentiam apud academicos promoveri   Quae remedia contra librorum a Lutheranis scriptorum inundationem et contra pravos mores adhibeantur   Qua ratione ipse rector factus sit   Dissidia composita esse, ieiunia et officii diurni recitationem reflorescere, facultatem pro haeresi confessariis obtentam   De regente collegii georgiani eiusque exercitiis spiritualibus primaque missa   Edicta pro religione conscriptum iri

IESVS

Reuerende in CHRISTO Pater

Gratia Domini Nostri IESV CHRISTI et pax nobiscum perpetua
Postquam huc venit R P M Nicolaus Goudanus eiusque comes
M Petrus Scorichius (nunc quartus est mensis), summa Dei bonitate
et recte valemus, et ut ante solebamus, in praelegendi functione
versamur   Nec procul hinc abest R p. Claudius [1], de quo saepe
testati sumus, quantum praesidii tum nobis, tum Societati huic toti
adferat, dum in Comitiis manet Augustanis [2]. Perfecit sano (summa
Deo patri summo gloria) ut Sereniss. Romanorum Rex Ferdinandus
non promiscrit modo, sed literis etiam datis partim ad Pontificem
Max. partim ad R P T promissionem hanc firmauerit, curaturum
se statim in academia sua Viennensi, ut Societati nostrae Collegium
bene dotatum assignetur. Quare duos illuc e nostris Theologos mitti
voluit, qui locum et fundamenta totius Collegii occuparent [3]   Hoc

---

[1] Ianus   [2] Vide supra p 332

[3] Eosdem theologiam quoque in universitate docere Ferdinandus volebat   Eorum alterum cupiebat esse Ianum, „qui ob ipsius praestantem in sacris literis doctrinam

primum apud Germanos collegium nostris erit, tamdiu desideratum, cui nihil dubitamus propediem accessurum Ingolstadii alterum, CHRISTO adiuuante Quo fit, ut precari sedulo debeamus patrem misericordiarum[1], ut pro piissimo Rege Ferdinando et pro genero illius Duce hoc Bauariensi[2], quos deinde ceu duces alii quoque (ut ipsa coget necessitas) in Germania passim imitabuntur Cui rei argumento esse potest vir summus, qui Cancellarium agit cuiusdam Principis Electoris[3], non amicus quidem Societatis, sed qui causam tantam et fructum istorum Collegiorum intelligens rescripsit cuidam in haec verba — Literas tuas Reuerendissimo Domino nostro, commoda quaesita occasione. et cum mollia tempora fuerint afflandi exhibebo, simulque manibus ac pedibus tuam sententiam confirmabo. (De literis loquitur in gratiam Collegii nostri accurate scriptis)[4] Quamquam res ipsa non egeat aliqua persuasione. cum non solum sit omnium sanctissima et honestissima. sed et maxime utilis et necessaria, quaeque a Reuerendissimo sine maximo dedecore, scandalo et detrimento etiam salutis suae omitti minime queat — Hactenus ille, cuius verba nos ad laudandum DEVM vel ob id provocare queant, quod in aulis principum Germanorum ita cognitae simul et probatae sint res Societatis, iuvante plurimum, ut dixi, praesentia R P Claudii, quo nec immerito tantopere delectatur Reuerendissimus Cardinalis Augustanus, illum pene solum habens, quo utatur familiarissime. cuiusque ductum sequutus, vitam' et aulam suam reformasse prorsus existimatur[5]

P Nicolaus in praelegendo admodum et sibi et aliis profuit. laudatur in disputandi ratione, quam sua quidem praesentia non parum iuuat, promouetque Brevi post auspicaturus est Aristotelis Ethicam, quae lectio plures quam theologica nobis promittit auditores[6] Tum festis diebus pergimus contionari, sed maiore quam antea, cum audi-

---

a *Polancus in margine addidit* licet alioqui probatam *Versio castellana* a tanto reformado su casa y costumbres

vitaeque probitatem et modestiam nobis iam pridem notus ac gratus et charus est" (Epistula Ferdinandi regis, Augusta Vindelicorum 11 Decembris 1550 ad S Ignatium data, in *Actis Sanctorum* Iulii, VII [Parisiis et Romae 1868]. 507, et in „Cartas de San Ignacio" II, 548—550) [1] 2 Cor 1, 3

[2] Albertus V uxorem duxerat Annam Austriacam, Ferdinandi I filiam

[3] Ex epistula 24 Martii 1551 ad Mauritium episcopum eystettensem a Canisio data intelligitur hic ab eo significari Ioannem de Isenburg, archiepiscopum treverensem et romani imperii electorem . Cuius cancellarius tunc fortasse doctor Iacobus Wimpheling fuit

[4] De collegio in ipsa urbe treverensi condendo agebatur (*Polancus* l c II, 67—68) [5] Vide *Polanci* Chronicon II. 76

[6] Prima iam „statuta" academiae ingolstadiensis (a 1472) habent „volentem promoveri ad Magisterium [artium] debere audivisse" per 32 hebdomadas Aristotelis Ethica „legantur 6 libri" (*Medeler* l c IV, 94) Annis autem 1526 et 1535 statutum est, ut quattuor priores libri Ethicorum omnibus explicarentur (*Prantl* l c II, 177 181—182)

torij et professorum frequentia [1] Fructum aliquem ostendunt confitentes, quos adeo multos nupei [2] diuina tribuit benignitas, ut annis abhinc plurimis fuisse plures negent, quiuc sacram Euchaiistiam perciperent, ex communi inquam grege studiosorum Accedit quod haereticorum libros nobis resignant, et suspectorum authoium scripta deserant abuiciantque Et hac in parte non minima videtur pestis Germaniae, ut alias admonuimus, cum inferiores etiam artes ab haereticis plurimum tractatae, habeant venena sua, et vel impiis exemplis adductis inficiant fere adolescentes Quaie operam damus, ut nomine publico caucatur, ne quis aut vendat aut teneat suspectos codices, nque visitentur a certis et fidedignis vnis ad hoc deputatis, non in publicis tantum bibliothecis, verum etiam in privatis multorum cubiculis [3] Qua de re, sicut et de aliis quibusdam abusibus, quos nimium iam inveteratos esse dolemus, liteias dedimus ad primaria capita huius academiae [4], orantes ut pro authoritate sua provideant et occurrant hisce moibis, qui partim disciplinam pietatis, honestoiumque morum attingunt, partim rectam studiorum iationem peiturbant ac distrahunt Ita fiet, speramus, ut et illi magis offitii sui meminerint, et nos provintiae Rectoratus non defuisse videamur. Mense etenim Octobri, quum ad novi Rectoris (ut vocant) electionem ventum esset, pari consensu professorum et suffragantium ommium accidit, ut repugnanti etiam mihi hoc munus delegarint Nec satis licuit recusaie, quod ut suscipeiem onus, R P Claudii faciebat authoritas, sententiaque tua obseruande pater, et eorum qui mecum sunt in Christo fiatium consensus post multas ad Deum fusas precationes flagitabat In quo munere administrando multa sunt quae singulaiem eiga nos Dei Patiis bonitatem commendent, et gratiam comprobent Placuit enim aeternae ipsius benignitati, ut per huius ministerii occasionem professores in primis iuuarentur, atque magistri, quos inter se mutuo grauiterque dissidentes in gratiam reduisse tandem gaudemus, ut diutuinae simultates et publicae contentiones jam conqueuerint, Deo duce pacis omnis authore [5] Deinde magno studiosoium ommium bono factum affiimant, quod tres non optimi exempli adolescentes ielegati et hinc excedeie iussi sunt [6],

---

[1] Latine contionabantur in collegio geoigiano Vide supia p 340 [2]

[2] Festum Nativitatis domini certe significat

[3] Univeisitas ingolstadiensis iam anno 1531 omnes Melanchthonis libros pioscripserat Ac mense Octobii u 1548 senatus academicus decieveiat, libros Alexandri Weissenhorn typographi inspicere eidemque inteidicere, ne opeia quaedam Melanchthonis et Cornelii Agrippae venderet (*Piantl* 1 c I, 162 163) Annis etiam 1550 vel 1551 eiusmodi inspectionem factam esse Piantl non comperit

[4] Ad Mauritium de Hutten episcopum eystettensem, vide supra p 342 Scripsisse Canisium etiam ad Georgium Stockhammer puto, qui curator et patronus erat universitatis

[5] Vide supia p 233 Cf etiam infra, monum 55.

[6] Quae ab his commissa quaeque de iis acta sunt, ex actis senatus academici proferentur infia, monum 51—62

posteaquam apud multos viguit cultus honestae disciplinae, ad quam
non sine timore et terrore proposito, hic praesertim, reuocari posse
videantur   Tertio, desierunt professores praelegere libros haereticos et priuatim et publice: tum accessit cautio, ut ne in posterum
quidem praelegantur idem authores, quos etiam, ut ante dixi, ne huc
invehantur curabimus. adiuncta simul ut speramus, fida inquisitione [1]
Quarto, cum in collegio publico studiosorum [2] non essent ieiunationes,
quas praescribit s mater Ecclesia, et aperte, magnoque cum scandalo
violarentur, eo rem brevi adductum iri speramus, ut sicut quaedam
in hac parte iam immutata sunt, ita magis magisque in dies hic re-
formetur abusus, quia totus est noster illius praeses Collegii [3] — Qui
confessiones poenitentium audiunt (de omnium praecipuis loquor), nunc
consilio nostro et opera R. P Claudii facultatem impetrarunt, qua
periculosissime destituti fuerunt hactenus, in casu (ut vocant) haeresis
absolvendae [4]. — Complures ecclesiastici homines nihil recitarunt de
horis Canonicis Eos pensum hoc nobiscum persolvere curavimus, ut
recitandi morem addiscerent, et quia Breviarii novi Romani [5] usus
maxime placebat, impetravimus illis, quod petebant, a Reuerendissimo
Legato Pontificis Itaque pergunt quotidie in recitandis horis canonicis, et eorum nonnulli vestitus etiam honestatem ostendunt
    Exercitia primae, ut vocamus, hebdomadae illi communicavimus [6]
ex parte, qui primum in hac Academia locum tenere videtur   Confessus est generatim* non sine magna animi sui moerore, ac fletu,
consilioque et magisterio nostro usus in templo nostro celebrauit primitias, contempta omni pompa [7]. Multae fuit aedificationi plurimis,
quod communicantium Eucharistiae adesset tunc frequentia, qualis ab
initio huius Academiae nescio si conspecta eo loco fuerit Valde
nobis profuturum in Domino videtur, illius viri amorem et beneuolentiam penitus conciliasse, cum huius authoritas apud omnes in pretio

---

ª *Polancus haec sic immutavit* Universalem vitae totius instituit confessionem
Versio castellana   a hecho confesion general de toda su vida

[1] Quid hac in re a senatu constitutum sit vide infra monum 53
[2] Collegium (seminarium) georgianum etiam hodie superest, cum ipsa universitate ingolstadiensi Monachium translatum
[3] Erasmus Wolf, vide supra p 309 317—318
[4] Dubium non est, quin eam facultatem obtinuerint a Sebastiano Pighino,
archiepiscopo sipontino, quem Iulius III aestate anni 1550 Augustam Vindelicorum
ad Carolum V miserat, Aloysio Lipomano et Petro Bertano nuntiis revocatis (*Druffel,
Briefe und Akten* I, 423—429 468)   [5] Breviarii „Sanctae Crucis", v supra p 196²
[6] Illam exercitiorum spiritualium S Ignatii partem dicit, quae in considerandis
peccatis et confessione generali facienda versatur et viam „purgativam" (ut ascetae
loquuntur) constituit atque exercitia peragentibus semper ac praecipue explicatur
[7] Erasmus Wolf significatur vide supra p 318 „Hunc nouo sacerdoti in Collegio nostro cum primum sacrificaret, Doctor Canisius astitit" Cod „Antiqu Ingolst "
f 25 (Cf *Joh Nep Mederer*, *Geschichte der Stadtpfarrei St Moritz in Ingolstadt*,
f 44ᵃ—15ᵇ [Cod archivi parochiae S Mauritii, Ingolstadii])

habeatur. Hodie nobis iniuncta est prouintia, ubi professores con-
uenissent, ut pro religione conscriberemus edicta quaedam, paulo post
omnibus studiosis proponenda Faxit Dominus IESVS, ut quae tum
ad nostram, tum ad aliorum salutem procurandam faciunt, recte in-
telligamus et strenue perficiamus. Hoc unum addere tandem visum
est, et magni sane momenti illud, dignetur ut R. P. T. precari pro
Germania, eiusque statum omni ex parte miserabilem et suis et fratrum
omnium precibus CHRISTO commendet. Ingolstadii 28 Decembris
anno 1550

Indignus in Christo seruulus
Petrus Canisius.

Reuerendo admodum in domino patri meo M Ignatio de Loyola,
Praeposito Societatis IESV — Romae.

S Ignatius per Polancum rescripsit 11. Martii 1551

101.

CANISIUS

P. IACOBO LAINIO S. J.

Ingolstadio 10. Februarii 1551.

Ex apographo recenti, nuper collato cum epistula autographa, posita in cod
„Epistt B Petri Canisii I " n 6bis, p 378

*Lainio expeditionem africanam gratulatur Eius contiones audire cupit Cum
obsecrat, ut catechismum pro pueris germanis conscribat De suis et sociorum scholis
et contionibus De rectoratu suo Preces petit*

Iesus.

Reuerende in CHRISTO pater

Gratia Domini nostri IESV CHRISTI semper in nobis augeatur
Amen Gratias diuinae bonitati agimus, quod Romam salua uenerit
R T, simulatque in Aphricana victoria non sine multorum salute et
commodo interfuisti[1] Nunc Florentiae opinor degis contionaturus
hac quadragesima, quantum literae P. Paschasii[2] significant. Det
fructum Dominus in amplissima messe, ut verbo suo sancto conver-
tantur qui audient contiones tuas, quas utinam mihi detur etiam

---

[1] Anno 1550 Ioannes de Vega Siciliae prorex, classe ad africanam oram ap-
pulsa, Dracutum archipiratam e nido suo exturbavit Cui expeditioni Vegae rogatu
Lainius interfuit contionator, confessarius, nosocomii praeses (Orlandinus l c 1 10,
n 88—95 Vita P Iacobi Laynis, a P Ribadeneira hispanice scripta, Latine vero
ab And Schotto [Coloniae Agrippinae 1604] c 6, p 23—32 Gius Boero S J,
Vita del Servo di Dio P Giacomo Lainez [Firenze 1880] p 116—118 Cartas de
San Ignacio II, 519—530)

[2] P Paschasii Brouet (Broet), opinor, qui ex primis S Ignatii socius fuit et
hoc ipso anno 1551 ab eo primus Italiae „praepositus provincialis" constitutus est
Laynez a 1551 non Florentiam, sed Pisas venit (Ribadeneira-Schottus l c c 7,
p 33 Boero l c p 118—120)

audiie: maiorem ex illis profectum sperarem, quam linguae imperitus et ignavus [sic] colligebam, quum Florentiae viverem cum R T.[1] Saepe quidem dolui occasionem illam, quae tunc parata erat, non observatam a me fuisse diligentius, eoque magis precor R P. T. ut precibus et sacrificiis suis me Deo commendet, cuius gratiam in vacuum recipere[2] necdum cesso, mihi semper similis id est in hac Societate servus piger et inutilis[3]

Romam aliquando scripsi de Catechismo, qui Germanicae iuventuti proponeretur iuxta Societatis nostrae et iudicii tui rationem ac disciplinam Sed et R P Claudius idem ad nos scripsit, consultissimum sibi videri, si P T dignaretur doctrinam CHRIStianam colligere, ut Germanis pueris et simplicioribus quibusque doctrina Ecclesiae, a qua tam longe aberrant, facilius commendaretur. Ego saepe una cum fratribus in eadem fui sententia, plurimum nempe nobis et aliis prodesse posse per Germaniam, si secundum gratiam a Deo datam[4] R T modus conscriberetur aliquis, qui propius ad instituendos recte adolescentes accederet, quam plerique alii passim aediti Catechismi, qui etiam saepe nocent iuventuti[5] Rogamus igitur enixe, et pro bono Germaniae publico desideramus, ut si dominus inspiret aliquid ad hanc rem accommodum, nobis communicare digneris, missa huc, si ullo modo videatur consultum, doctrina Christiana. Efficiemus enim favente domino, ut haudquaquam frustra hunc laborem suscepisse et nobis filus annuisse videaris[6].

De R P Nicolao Goudano, qui primus Venetiis rector nostrorum fuit, intellexisti arbitror, quod in locum R. P. Alphonsi huc fuerit destinatus Is quotidie docet aut in Ethicis Aristotelis, aut in Paulina ad Rom epistola, nec habet pauciores, quam P Alphonsus habuit, auditores. quibus etiam Dei gratia satisfacit, valetque plurimum in disputationibus publicis. Ego in Sententiis docere pergo, festis diebus concionamur. multum negotii et nonnihil fructus spiritualis, huc tribuit Rectoratus, cui utinam omni ex parte satisfacere possem Sed nosti, tarde maturescere messem apud Germanos, eoque diligentius Dominum oret pro nobis R T, ut e petra panes[7] et homines Deo digni efficiantur Magna in expectatione sumus futuri Collegii, non solum id nobis, sed etiam Pontifici promissum est a Duce[8], quem tuis etiam precibus commendamus Tres hoc loco manemus M Petrus[9] qui tertius et charus frater adest, brevi Aristotelem in Logicis auspicabitur Rarissime ad nos ex Italia scribitur, tuaeque occupationes et tenuitas

---

[1] Canisius a mense Iunio usque ad Septembrem anni 1547 cum Laimo Florentiae fuerat Vide supra p 47[4]   [2] 2 Cor 6, 1
[3] Matth 25, 26 30 Luc 17, 10   [4] Rom 12, 6
[5] Vide supra p 313 328—329
[6] Laimus aliis semper usque gravissimis negotiis impeditus est, quominus catechismum ipse conscriberet
[7] Cf Matth 4, 3   [8] Vide supra p 333   [9] Schorichius

nostra non ferent fortasse, ut vel paucula huc in exilio velut relictis respondeas Quod si fieri non potest ut R T literis consolemur hanc tristem solitudinem nostram, saltem orando miseros adiuva, quo et nos tua vestigia sequentes divinae gratiae cooperemur, terraque nostra sterilis aliquando fructum reddat, Deo benedicente. Plurimum salutari in Christo cupimus D. D. Ioannem Medicum[1] una cum conjuge sua. Dominus vias nostras dirigat in gloriam suam, praecipue Germaniam quaeso commendatam habeas, mi pater. Ora sedulo cum fratribus pro deserta vinea, quae sine operariis perit Ingolstadii, 10 Februarii anno 1551.

Servus et filius in Christo
Petrus Canisius.

Reuerendo in Christo Patri M Iacobo Laynez de Societate IESU eximio Theologo, patri observandissimo Florentiae.

102.

P. IOANNES DE POLANCO S. J.

nomine S Ignatii

CANISIO.

Roma II. Martii 1551.

Ex „Monumentis historicis" S J. 1 c p 261, adnot 1

„Polancus, ex commissione, Petro Canisio, ejus animum erigens adhortansque ut pluris existimum id, quod in Germania fit, aestimet quam magna quaelibet, quae ipsi alibi fieri posse videantur, 11 Martii [1551]

103.

CANISIUS

suo et sociorum nomine

MAURITIO DE HUTTEN,

episcopo eystettensi

Ingolstadio 24 Martii 1551

Ex autographo (8° min , 1 p , in p 4 inscr et sigillum integrum) Eystadii in archivo curiae episcopalis

Edita a *Ios Ge Suttner* in „Pastoral-Blatt des Bisthums Eichstätt", 12 Jahrg (Eichstätt 1865) p 115   Particulam proposuit *Riess* 1 c p 110

Socios ingolstadienses scholasticorum eystettensium studia litterarum diligenter promotturos esse Mauritio gratias agit, quod Societatem Treverensibus commendarit quodque serio curet, ut eius res Ingolstadii bene succedant P Claudium Iaium Eystadium venturum esse

---

[1] Ioannem de Rossis (de Rossi), medicum florentinum de quo Canisius etiam scribit litteris 3 Iulii 1557 ad Natalem datis Cf *Litterae quadrimestres* I, 41

IESVS

Reuerendissime in CHRISTO pater, et Princeps Jllustrissime,

Gratia Domini nostri JESV CHRISTI, et pax aeterna nobiscum Amen

Abijt hinc, priusquam putabamus, Durschius noster, quem commendare literis vt isthuc veniret commendatior, pro nostro in illum amore desiderabamus [1]

Fauebimus certe, vti coepimus, tum illius, tum sotiorum bonis studijs, atque honestis conatibus· eoque magis, quo grauior de his est concepta expectatio, non aliorum modo, sed etiam tuae dignitatis Cui cum multa multis nominibus debemus omnes, qui in hac qualicunque JESV societate versamur, tum ob id sane plurimum, quod in Comitijs proximis [2] nihil non tentarit pietas tua, vt e nostris acciperet ministros et magistros aliquot Ecclesia Treuerensis [3]. Et iam certo [*] scimus, quam sedulo ac serio curaris, vt Jngolstadij res nostrae succederent [4], quemadmodum et literis absens, et viua voce coram breui testatus est, qui tuam vere amplitudinem obseruat et amat, R. Pater et Doctor ille CLAVDIVS. Jgitur haec noua sunt offitia, inditia certa sunt perpetui in nos amoris, quo vniuersam hanc IESV societatem perpetuo demeretur sibi, planeque deuincit pietas tua· digna profecto, cui neque nostras preces, neque curas, neque vigilias, aut operas vllas vnquam denegemus Sed perfacile est inquiunt, gratias agere, benefitium ornare, verbis polliceri. Nos vero testari reipsa potius, quam inanibus literis prosequi cuperemus, quid daemum rependere Patrono nostro gestiamus, sed pro nostra quidem, etsi modica, non ingrata tamen tenuitate Atque vt rependere non liceat vnquam,

[*] *Suttner* certe

[1] Ioannes Durschius (Dirschius, Dyrsius) „Eystettensis", „alumnus Episcopi atque canonicus" erat (Cod „Antiqu Ingolst" f 2ᵇ) De quo plura infra dicentur

[2] Comitia imperii 26 Iulii 1550 ad 13 Februarii 1551 Augustae Vindelicorum habita sunt

[3] Cf supra p 344 Ioannes de Isenburg, archiepiscopus et elector treuerensis, comitiis augustanis ipse interfuit (*I Sleidanus*, De statu religionis et reipublicae, Carolo Quinto Caesare, l 22 [Argentorati 1566], f 402ᵇ) „Quamvis dissuasores non deessent, qui multa etiam falsa Societati imponebant," his, ope maxime episcopi eystettensis, redargutis, Treueris collegium Societatis condendum esse constitutum est (*Polancus* l c II, 67—68)

[4] Ex epistula S Ignatii, Roma 23 Februarii 1551 ad Mauritium episcopum data (*Genelli* l c p 496—497 Cartas de *San Ignacio* II, 451) cognoscitur Mauritium ad Ignatium litteras misisse „humanitatis et benevolentiae christianae" erga Societatem „plenissimas", in quibus scripsit, „curandum esse, ut qui ex" Sociis „Ingolstadii sunt, alio non transferantur" Ignatius respondit, „hoc missionum munus" a Societate summo pontifici commissum esse Plenius autem, quid ipse ea de re sentiret, Mauritium cogniturum esse ex Iato Cui Ignatius eodem die copiose scripsit (*Genelli* l c p 497—499 *Cartas* II, 303—310) Vide etiam epistulam a Canisio ad Ignatium datam 30 Aprilis 1551

non gratiam referre praestantiae tuae, suppetit tamen certa merces adhuc, et plusquam plena remuneratio, quae nempe constat apud Deum benefactis, ideoque nec defutura tuis in nos studijs, offitijs, fauoribus Quod porro ad R. Patrem, Dominumque Doctorem Claudium [1] spectat, breui huc se venturum recepit, vt suis vale dicat, priusquam in Austriam proficiscatur [2]. Nec dubium, quin pro singulari in Celsitudinem tuam animo suo sit curaturus, vt Episcopalem benedictionem Eijstadij coram accipiat, quo foelicius adeat nouam hanc Viennae conditionem   Qua de re lubenter illum monebimus, quamprimum a Cardinalis aula huc accesserit. CHRISTVM pro nobis afflictum precamur, tuam vt excellentiam poenis omnibus liberet. nouasque vires impertiat ad sacrum pascha celebrandum [3] Jpse nos peccato mortuos, iustitiae viuos efficiat in gloriam suam [4] Amen   Qui mecum sunt fratres, quam offitiosissime possunt. salutatam in Christo cupiunt tuam dignitatem. Ingolstadij 24 Martij 1551

Reuerendissimae Cel. Tuae

Seruus in Christo,

Petrus Canisius Nouiomagus
et suo et fratrum nomine

† Reuerendissimo in Christo Patri et Jllustrissimo Domino, D Episcopo Eijstattensi, Patrono et Cancellario dignissimo.

104.

P. IOANNES DE POLANCO S. J.

nomine S Ignatii

PP. PETRO CANISIO ET NICOLAO GOUDANO, S. J.

Roma 31. Martii et 2. Iunii 1551.

Ex „Monumentis historicis" S J 1 c p 257, adnot 1

„Polancus, ex commissione, Petro Canisio et Nicolao Gaudano, eorum animos erigens et promittens frequentiores in posterum se ad ipsos litteras daturum, 31 Martii et 2 Junii" [1551]

---

[1] Iaium
[2] Commissum ei erat, ut Viennae theologiam traderet et collegium Societatis incoharet   Vide supra p 343—344
[3] Festum paschatis anno 1551 agebatur 29. Martii
[4] Cf Rom 6, 11

105.

CANISIUS

ACADEMIAE INGOLSTADIENSIS ADULESCEN-
TIBUS STUDIOSIS.

Ingolstadio 5. Aprilis 1551

Ex archetypo (in 2⁰ duplo, charta transversa, 1 p), manu ignota scripto Ex
reliquus cerae viridis in quattuor angulis paginae posterioris comparentibus intellegitur litteras has Ingolstadii affixas fuisse eo loco, quo universitas edicta sua promulgare solebat   Postea Canisius eas Friburgum usque Helvetiorum secum asportavit et in charta aversa partem contionis germanicae a se habitae scribendam
curavit, quam et sua manu correxit Exstant in cod „Scripta B P Canisii X U a“
ff non sign

Excusat se, quod litterarum studiosis tam saepe litteras publicas proponat.
Quaenam aestivo tempore mutationes faciendae sint in horis scholarum etc Aristotelis
„Ethica“, Sophoclis „Oedipus Coloneus“, Luciani   Curatum ni, ne ullius artis
professio desit, sed auditores quoque diligentes esse debere

RECTOR ACA
demicus Studiosis omnibus.

Saepius fortasse quam gratum est, videri possumus literas publicas
nobis proponere, Studiosissimi atque optimi adolescentes, nec satis
scimus quo tandem animo adhortationes nostrae toties repetitae, a
plaerisque excipiantur   Sed emicit tamen nos sollicitudo de nobis,
nestrorum commodorum cura, amorque uestri singularis efficit, ut
malimus frequentiam quibusdam displicere, quam hac in re officium
nostrum desiderari. Speramus igitur vos simili affectu haec amplecti,
quo nos uestram aetatem prosequentes proponimus   Praeterierunt
iam feriae, et lectionum vacationes [1], ut et illud nos usurpare possimus
tritum sermone omnium, foras Cares, non amplius Anthisteria [2]. Cum
igitur Domini Professores omnes ad suam legendi prouinciam redituri
sint, uestri erit officii cos diligentissime audire Et quoniam mutatio
iam aliqua facta est, hunc ordinem etiam illis qui ignorare possent,
indicamus [3].

----

[1] „Statutis“ anno 1522 „renovatis“ sancitum erat, ut superiorum facultatum
scholae tempore paschali per 15 dies, „a Dominica Palmarum usque ad alteram post
Dominicam Quasimodogeniti“ (eo anno 22 Martii ad 6 Aprilis) interquiescerent
Vide „Statuta renovata“ apud *Mederer* 1 c IV, 195

[2] „Ἡμαξ̔ς κ̓ῥες, οὐκ ἔτ᾽ ἀνθεστήρια “ Quod proverbium etiam posuit et explicavit *Erasmus* in „Adagiis“

[3] De professoribus, quorum in his litteris fit mentio, haec sunt notanda 1⁰ Nico
laus Goudanus praeter Epistulam ad Romanos „Ethica“ quoque Aristotelis exponebat
(v supra p 339 341) Franciscus Zoanettus, Nicolaus Everhard „senior“ sive Physius,
Bartholomaeus Romulens ius docebant (cf supra p 339 ¹) Wolfgangus Gothard
„grammaticae latinae et Ciceronis professor ordinarius“ erat (*Mederer* 1 c I, 224)
Ioannes Lorichius, hadamarius, linguae graecae et artis dicendi professor, hoc ipso
anno Ingolstadii universitatis hortatu in lucem emisit opus „Grammatices Latinae

VI Hora.

In sacrosancta Theologia legetur hora Sexta quottidie, eamque operam profitendi Domini Theologi partientur Ethicorum autem lectio in paucos dies differetur, dum exemplaria aduchantur, deinde et in ijs explicandis Dominus D. Nicolaus solitam suam diligentiam adhibebit

Eadem hora excellentissimus uir Dominus Franciscus Zoanetus, qui faeliciter ad nos et summa omnium expectatione redijt [1], suam lectionem prosequetur

VIII Hora

Hac hora, ut forte non ignotum est antea, Clariss et Eximius vir Dominus D. Nicolaus Phrysius leget Reliquas lectiones antemeridianas omnibus notas arbitramur

II Hora

Clarissimus Dominus Bartholemaeus Romuleus perget, ut ex ipsius scriptis cognoscetis. Eadem hora et loco solito Johannes Lorichius Poeta Laureatus Sophoclem Poetam Tragicum, in suo genere praestantissimum, enarrabit, et vt ex ipso intellexi, Oedipum Colonaeum [sic] Tragoediam ubique memoratam et a doctissimis laudatam interpretabitur, quibusdam horis adiunget etiam Lucianicum aliquod opusculum, ut non minus solutam Orationem Graece eloquentiae quam ligatam Tyrones audire possint

III Hora.

Hac hora M Wolfganngus Gothardus Grammaticam latinam, que nuper a Domino Johanne Lorichio est conscripta in Collegio ueteri vt publice constitutum est, fide et diligentia consueta docebit. Tantum ea indicare voluimus que mutata nonnihil sunt hoc tempore Jn his igitur et omnibus alijs uellemus omnes adolescentes assiduos esse, ut quilibet quod sibi vtile putarit assequatur Curabitur autem a nobis, et breui futurum est, ut nulla cuiuscunque facultatis aut disciplinae professio desideretur, ne ullus sit calumnijs et inuidorum querelis locus Vtinam non minus professores de ignauia auditorum, quam illi de lectionum copia et utilitate possent conqueri Optamus praeterea et conamur omnes ne quis hic operam ludat, Sed omnes et singulj studiorum suorum uberrimos fructus reportent Datae sub Sygillo nostro Nonis .Aprill. Anno salutis humanae LI

Commentarij e Praestantissimis eius scientiae autoribus, et Coryphaeis, in usum Academiae Ingolstadianae, recens collecti nunc autem publica autoritate editi" (F W E Roth, Die Gelehrtenfamilie Lorichius aus Hadamar, in „Centralblatt für Bibliothekswesen", 11 Jahrg [Leipzig 1894] p 382)
[1] Romam ad Iulium III pontificem ab Alberto V duce missus erat (Mederer I c I, 224)

106.

CANISIUS

rector et senatus academicus

ADULESCENTIBUS STUDIOSIS UNIVERSITATIS INGOLSTADIENSIS.

Ingolstadio 15 Aprilis 1551

Ex litteris archetypis (in 2° duplo, 1 p), in quibus reliquiae sigilli academici comparent scriptae esse videntur a notario universitatis eodem qui et acta senatus conscripsit (v infra monum 50—62) Ex reliquis cerae rubrae in quattuor angulis paginae posterioris apparentibus cognoscitur edictum hoc Ingolstadii tabulae aca demicae affixum fuisse Quod Canisius postea Friburgum usque Helvetiorum secum asportavit Exstat in cod „Scripta B P Canisii X U a° 2 fl non sign In parte paginae posterioris initium sermonis sacri a Canisio, ut videtur, habiti manu aliqua eiusdem temporis scriptum est

Acriter reprehenditur studiosorum licentia, et maxime, quod magistratuum inter-dicta neglegentes, „bombardas emittant" Magno praemio proposito omnes invitantur ad indicandum studiosum illum, qui nuper „bombardae" strepitu quietem nocturnam turbarit

Rectoi et Senatus Academiae huius Jngolstadiensis

Quidam inter veteres eo in loco, vbi multas leges promulgari et noua subinde aedicta proponi audiebat, ibi esse magnam peccandi libidinem et depravatos mores non absurde collegit [1], Hoc etiam de nostris tam frequentibus statutis aliquis dicere posset, si enim adole-scentes nostri eam legibus et Magistratui suo reuerentiam praestarent, quam deberent. non opus esset toties nos decreta affigere, Sed cum grassentur vitia his tamquam remedijs obuiam ne cupimus, et nimium se efferentem petulantiam compescere Jam ante multos annos magna seueritate interdictum est, ab Jllustrissimo primum Principe, deinde ad illius voluntatem et a nobis graui poena prohibitum est, ne subditi nostri Bombardis vtantur, ne ue eas vel in oppido vel extra muros in proximis locis emittant [2], Sed quam plerique a pietate, ab officijs honestatis et obedientiae sint alieni, res ipsa declarat, audimus quos-dam immanitate Cyclopica et Barbarica turmatim in plateis vagari et Bombardas emittere, non solum diurno tempore, sed et nocturno, quo omnibus in terra viuentibus quietem Deus Opt: Max: esse voluit [3], Alij cornuum strepitu et furialibus Bachationibus insanientium more

---

[1] *Erasmus* in libro VII „Apophthegmatum" (in editione Coloniae anno 1547 facta p 617) scribit Arcesilaum philosophum graecum dicere solitum esse „Ubi permultae leges essent, ibi plurimum esse vitiorum " Notum est et illud *Taciti* „Corruptissima re publica plurimae leges" (Annales III, 27)

[2] Ex parte harum litterarum extrema intellegitur „bombardae emissionem" idem esse atque „ein Schuls aus einer Buchse" siue ictum bombarda missum

[3] Confer, quae his de rebus ac de iis quae sequuntur, acta sunt 13 Aprilis 1551 in senatu academico, infra, monum 62

ciues inquietant. His igitur literis ea omnia scandala seuerissime
vetamus, Statutum de Bombardarum vsu vobis in memoriam reuocamus idque perpetuo valiturum decernimus.

Cum vero dominica Misericordiae[1] nocturno tempore auditus sit
somitus Bombardae in platea, Nosque autorem eius facinoris ignoremus,
vt omnes cognoscant, nos in hominem tam nefarium animaduersuros
esse, ei praemium decem florenorum proponimus et statim daturi
sumus, qui illum publicae tranquillitatis perturbatorem indicarit et
hec fecisse comprobarit, quemadmodum et leges ei qui famosi libelli
scriptorem indicarit, praemium constituere iubent. cum ex hoc publica
vtilitas emergat

Zuwiffen[2] sey Menigklich; Nach dem am Sonntag Misericordiae
zu nach auff der gassen, ain schuefs aus ainer buxschen gehort ist
worden, vnd der thatter vns vnbewist, auff das man aber sehen mög,
das wir das nit vngestrafft lassen wollen, bitten wir Rector vnd Rat
der vniuersitet, welcher vnns denselbigen warhafftig kan antzaigen,
das er das vnuerzogenlich thue, Soll von vns ain guten lon, nemlich
zehen gulden als pald emphangen.

Decretum in consilio nostro 14 die mensis Aprilis et emanatum
sub Secreto vniuersitatis 15 die eiusdem mensis Anno domini etc   51

L. S.

107.

SEBASTIANUS PIGHINUS,

archiepiscopus sipontinus et nuntius apostolicus[3],

PP. PETRO CANISIO ET LEONARDO KESSEL, S. J.

Augusta Vindelicorum 19. Aprilis 1551

Ex *Herm Crombach* S J , Vita et Martyrium S Ursulae et Sociarum (Coloniae Agrippinae 1647) p 700—701.

*Canisio et Kesselio permittit, ut sacras reliquias sibi donatas vel donandas acci-
piant et quocunque transferant*

Sebastianus Pighinus Dei et Apostolicae Sedis gratia, Archiepiscopus Sipontinus, et Sacri Palatij Apostolici Rotae locum tenens,
ad Inuictissimum Principem Carolum Romanorum Imperatorem semper
Augustum, ac vniuersam Germaniam S D. N Iulij diuina proui-

---

[1] Ea dominica tunc dies 12 Aprilis fuit

[2] Quae hic germanice — civium et aliorum ineruditorum gratia — dicuntur,
ea fere sunt, quae superiore capite („Cum vero dominica“ etc) latine dicta erant

[3] De Sebastiano Pighini vel Pighino († 1553), ad Carolum V a Paulo III et
a Iulio III legato et postea cum Marcello cardinali Crescentio et Aloysio Lipomano
concilio tridentino (1551—1552) praefecto et in collegium cardinalium cooptato,
vide *Ciaconium-Oldoinum* l c III, 776, et *Lor Cardella*, Memorie storiche de' Cardinali IV (Roma 1793), 320—322

dentia Papae 3 et Apostolicae Sedis Nuncius cum potestate Legati
de latere

Dilectis nobis in Christo Petro Canisio Nouiomago Theologo, et
Leonardo Kessel Coloniensis, et Leodiensis respectiue Dioecesis Clericis salutem in Domino sempiternam

Sincerae deuotionis affectus, quem erga Sanctorum, et Sanctarum
reliquias gerere comprobamini* nos inducit, vt vos specialibus fauoribus et gratijs prosequamur; Hinc est, quod nos per dictae Sedis
literas, (ad quarum insertionem non tenemur) sufficienti facultate
muniti vobis, et cuilibet vestrum, vt quascunque Sanctorum, et Sanctarum reliquias vobis, et vnicuique vestrum, vt asseritis, in istis
Germaniae, et alijs inferioribus partibus donatas, et imposterum donandas recipere, et ad partes Hispaniarum, seu alias Regiones, Prouincias, Terras, Ciuitates, seu loca ad quae vos, seu quemlibet vestrum
declinare contigerit, asportare, et in aliqua Ecclesia, seu Ecclesijs,
Capella, vel Capellis, aut alio loco sacro, vel sacris oratorio, vel
oratorijs, vbi debita cum reuerentia venerentur, reponere, et depositare, seu per quemcunque alium, vel alias, Personam, vel Personas,
idoneam ᵇ, vel idoneas vobis fideles ad hoc per vos eligendas ᶜ huiusmodi reliquias nomine vestro recipere, et recipi, et sicut praemittitur
transportari, transferri, et reponi, ac repositari ᵈ facere, absque aliquo
conscientiae scrupulo, et alicuius poenae Ecclesiasticae incursu libere,
et licite possitis, et valeatis, ac illi possint, ac valeant licentiam, ac
facultatem concedimus pariter, et indulgemus Non obstantibus Apostolicis, ac Prouincialibus, et Synodalibus constitutionibus, et ordina-
tionibus, ceterisque contrarijs quibuscunque ¹

Datum Augustae An a Natiuitate Domini, 1551 13 Kal. Maij,
Pontificatus S D N Iulij, Papae 3 Anno 2

S. Archiepiscopus Sipontinus Nuncius Apostolicus
Loc Sig

Nicolaus Driel Secretarius

Vidimus Canisium iam anno 1550 Liponianum nuntium rogasse, ut sibi socius-
que facultatem concederet sacras reliquias Colonia asportandi, ac mox videbimus
Canisium exeunte anno 1551 a P Leonardo Kessel reliquias colonenses petentem,
quoniam et Romae iussus sum promissam seruare fidem, quam seruare non possum,
nisi donatis Florentiae Reliquiis Proxima tamen et praecipua harum litterarum
dandarum occasio ea fuit, quae epistula vel regesto proxime (n 108) subiungendo
enarrabitur

ᵃ Id comprobabamini Cromb perperam comprobabimini
ᵇ idoneum Cromb   ᶜ eligendos Cromb
ᵈ Seu, sed malim legere depositari, sicut paulo ante depositare scriptum era',
repositare" non inuentur apud Du Cange

¹ Vide supra p 294

108.

CAROLUS V.

imperator

PP. PETRO CANISIO ET LEONARDO KESSEL, S. J

Augusta Vindelicorum[1] circiter 19. Aprilis 1551.

Ex *Herm Crombach*, *Vita et Martyrium S Ursulae et Sociarum*" (Coloniae Agrippinae 1647) p 700

Mandat iis, ut sacras reliquias in Hispaniam atque Indias mittant

„*Quam maxime,*" *inquit Crombach,* [*Carolus V*] „*cupiebat Hispanias et Indias recens partas Dei defensione, et DIVORVM tutela praesidioque communiri Vnde ardor sacras Sanctorum reliquias in sua regna deducendi natus , et quia Coloniam non ignorabat conditorium quoddam ditissimum esse tanti Thesauri, quo tamen potiri non nisi adminiculo Sedis Apostolicae posset*[2]*, id obtinuit, et quos maxime illo in negotio fidos nouerat Petrum Canisium olim a Magistratu et Vniuersitate Coloniensi ad se legatum semel iterumque missum, et loci Rectorem primum Kessellum Vtrique Brem Nuncij Apostolici curato in mandatis dedit, ut summa fide Sanctorum lipsana undecunque accepta in Hispaniam, Indiamque transmitterent* "

Crombach fatetur se nescire, quas reliquias et quo Canisius et Kessel miserint Quaenam S Ursulae et Sociarum eius reliquiae in Hispania asserventur et quibus locis, exponit l. c p 701—702 Ceterum Crombachii relatio confirmatur iis, quae Hermannus de Weinsberg, civis coloniensis Canisio aequalis, in suo „Gedenkboich" notavit „A 1556 den 22 sept ungeferlich ist ein her uis Hispanien her zu Coln komen, genant Don Martin ab Ariagonia, Comes in Ribacorso, und hat breif vom keiser an ein ersamen rait bracht, das man im forderlich wolt sin, das er etwas hiltumbs van den 11 dusent jonfern mocht erlangen." Quae et obtinuit[3] Sub idem tempus Ludovicus de Avila, nobilis hispanus Caroloque familiaris, ab archiepiscopo coloniensi sex capita Sociarum S Ursulae accepisse et Placentiae (Placencia) in templo S Vincentii posuisse traditur[4].

109.

P. IOANNES DE POLANCO S. J.

nomine S Ignatii

PP. PETRO CANISIO ET NICOLAO GOUDANO, S. J.

Roma 22. Aprilis 1551.

Ex „*Monumentis historicis*" S J l c p 261, adnot 1

„*Polancus, ex commissione, Petro Canisio et Nicolao Goudano, ne publicum munus admittant, ut Rectores, etc, 22 Aprilis*" [1551]

---

[1] Carolus illic comitiis imperii praesidebat
[2] Vide supra p 294[5]
[3] *K Hohlbaum*, Das Buch Weinsberg II, 85—86.
[4] *Am Pichot*, Charles Quint (Paris 1854) p 252

110.

CANISIUS

SANCTO IGNATIO.

Ingolstadio 30 Aprilis 1551.

Ex apographo recenti, nuper collato cum epistula autographa, posita in cod „Epistt. B. Petri Canisii I" p 319, Polancus in ea pauca quaedam mutavit[1], quae infra suis locis proponentur

Apographum antiquum, Roma ad Socios hispanos missum, exstat in „Varia Historia" t. I, f 208 209, alterum a P Bernardo Oliverio S J († 1556) scriptum in alio codice hispanico

Ex hac epistula multa ad verbum descripserunt *Polancus*, Chronicon II, 264, et *Sacchinus*, Can p 56—59 Pars ea, quae P Claudium Iaium spectat, edita est a *Boero*, Iaio p 240—242 Particulas epistulae posuerunt etiam *K Germanus*, Reformatorenbilder p 306, et *Gothein* l c p 687 Tota epistula primum edita est in „Litteris quadrimestribus" I, 280—286

(Epistula „quadrimestris") P Claudius Iaius quanta in comitiis augustanis praestiterit, imprimis confessionibus peccatorum exceptis et Societate principibus commendata Eius prudentiam et modestiam etiam Lutheranis placuisse, eumque in Saxoniam ab iisdem invitatum esse Collegium viennense a Iaio incohari Eodem auctore ac duce cardinalem augustanum exercitia spiritualia peregisse ac se suosque reformasse Ingolstadii de duobus collegiis ex decanis ecclesiarum condendis agi; disputationes et scholam Ethicae florere, principes Socios favere In rectoris munere quae ipse fecerit ad libros haereticos moresque pravos abolendos, scholasticorum parentes monitos et delicta vindicata esse Se eo defunctum munere salarium recusasse. Socios obsecrat, ut Germaniae afflictissimae opem ferant

De rebus fratrum Societatis, qui apud Germanos degunt, ab initio anni 1551[a],

IHESVS

Redditurus[b] rationem superiorum huius anni mensium, hoc de me ipso praefari habeo, Reuerende Pater in CHRISTO Praeposite noster, vereri me scilicet, ac solicitum esse summo iure, quam ego rationem omnis uitae meae sim coram iudice Deo redditurus, qui nunc de paucis etiam mensibus nisi male collocatis respondere non possum Praestat igitur de R P. et Doct Claudio Iaio, et D Nicolao Goudano dicere primum, quod per illos diuina bonitas efficiat, quae peccator ego, Deoque ingratus et inutilis plane haud consequor Vellem interim magis mihi esse comperta, quae praecipue R P. Claudius hoc anno gessit, prae-

---

[a] *Sequuntur verba praesertim Ingolstadii, quae postea (ab ipso Canisio, ut videtur) deleta sunt*

[b] *Polancus in autographo ante* Redditurus *posuit verba* Gratia et pax, etc , „ut Canisianam narrationem ad epistulae vulgarem formam reduceret, sicque a libiariis transcriberetur" (ita editor „Litterarum quadrimestrium" I, 280[3]) Eadem verba sunt in „Varia Historia"*

[1] Mutavit, ut ita mutata transcriberetur eiusque exempla in varia Societatis domicilia mitterentur Cf supra p. 336—337.

clara* sane, et ad CHRISTI gloriam illustrandam scriptu digna, si
quis ea coram adspexisset Illud satis constat, operam Patris huius
in Comitiis proximis, ut alias perscripsimus, neque parum, neque
paucis profuisse, siue confessionis Sacramentum spectemus, in quo
administrando saepe multumque versatus est, praesertim ob concessum
aulae Caesareae[b] Iubilaeum [1], sive familiaritatem illius cum Principibus
habitam consideremus Et pro nostra quidem ac IESV Societate in
illo Principum atque Germanorum conuentu tantum praestitit, quantum
nemo alius unquam in Germania sic nomen, originem, successum,
progressum Societatis explicuit, sic infixit germanis animis, ut authoritatem nostris et fidem inuenerit ad hanc vineam CHRISTo excolendam[c] Magna in illo dexteritas, qua sese applicare[d] solet omnibus.
tam summis quam infimis. magna in agendo prudentia, ut quorumvis
animos tractare, sibique in domino conciliare norit, adeo ut mirum
saepe multis visum sit, quo pacto simplicitas et modestia illa patris
cum authoritate et laude publica coniungeretur, ut nihil non impetrare
vel ridendo posse videatur[e] Sed Spiritus Dei quem semel occuparit[f],
eum multis ornat dotibus, praesertim ubi communis id exposcit utilitas
et gloria CHRISTI Unde non Catholicis modo pergratus, et ad confirmationem fidei commodus adhortator fuit, sed etiam praecipuis qui
tunc aderant, Lutheranorum Consiliariis, qui illum de fide disserentem
audiebant lubentissime satisfecit. Rogabant illum de maximis contro-
uersiis in Religione· proferebant argumenta sua, praesertim de materia
Iustificationis [2], etiam[g] praesentibus quibusdam Episcopis [3] Ille, ut
mirus est[h] artifex in perspiciendis et tractandis animis, summa cum
modestia respondebat, aperiebat nodos, eximebat scrupulos, veritatis
causam illustrabat, ut mirari tum Catholici tum haeretici possent Quare
qui partes agebant Saxoniae Ducis, illius uerbis rationibusque permoti

---

* *Ita Litt quadi ; perclara apogi nostr*   [b] *in aula Caesarea V II et Bo*
[c] *Polancus haec sic immutauit* et fidem quae ad hanc vineam Christo excolendam erat pernecessaria *Ita et V II*
[d] *attemperare Pol (sic mutauit autogi), V II , Bo*
[e] *A Canisio ipso correctum ex videretur*   [f] *occupauit Bo*   [g] *et V II*
[h] *et praesentibus quibusdam Episcopis ille, ut mirus est etc Bo*

---

[1] De iubilaeo anno 1550 Romae habito vide supra p 314 [2] Caroli V rogatu
Iulius III litteris Roma 29 Novembris 1550 datis concesserat, ut Carolus et Philippus eius filius cum „familiaribus continuis Commensalibus ac caeteris Curialibus"
suis indulgentias iubilaei assequi possent, etiamsi Romam non venirent, inter condiciones a pontifice positas etiam peccatorum confessio erat (Iulii litteras edidit
Raynaldus, Annales Ecclesiastici tom XXI, P 2 ad a 1550, n 48)
  [2] Vide, quae epistulae Canisii, 7 Augusti 1552 ad Polancum datae, subiecta sunt
  [3] Aderant cardinales Otto Truchsess augustanus et Christophorus Madrucci
tridentinus episcopi, Sebastianus de Heusenstamm moguntinus et Ioannes de Isenburg treverensis archiepiscopi et imperii electores, Robertus de Croy cameracensis,
Melchior Zobel herbipolensis, Mauritius de Hutten eystettensis, Christophorus Mezler
constantiensis, Michael Helding merseburgensis episcopi (*Sleidanus* l c l 22, p 402)

ad concoidiam de Religione incundam conuertebant sese, adibant
summos Piincipes. commendabant P Claudium, id maxime rogantes,
liceiet Patii in Saxoniam proficisci, ac de rebus fidei cum Philippo
Melanchthone *1 aliisque sectae magistris conferie, plus effecturam
apud illos eruditam modestjam, et modestam eruditionem illam, qua
ipsi iam fuissent adiuti, quam piofecissent acres alioium disputationes [2].
Neque abhorrebat Patris animus ab ea profectione in Saxoniam, nisi
quod optabat adiungi sibi R P Iacobum Laynez, cuius etiam piaesentiam,
si dominus cooperaretui [3], ad emolliendam haereticorum duritiem,
sibi et Ecclesiae piodesse posse non dubitaret [4] Faxit clementiss.
Deus, ut ad Saxoniam quoque, ubi uelut sentina haereticoium est,
Societas nostia penetret [5], lucemque inferre aliquam possit sedentibus
in regione umbrae mortis [6] Nunc profectionem illam praepeditam
aut potius dilatam cernimus, quod ad Collegium Viennense pater sit
destinatus, iubente sic Pontifice Max et postulante Romanorum Rege
Serenissimo Estque hoc piimum in Germania Collegium Societatis,
ad quod multi e nostris aut iam peruenciunt, aut brevi admodum
peiuentuii sunt CHRISTO duce, quos tum e Sicilia, tum ex Italia
missos audiuimus Mirum uero dictu, quanto cum moerore dimissus
sit pater a Reuerendissimo et Illustiissimo Cardinale Augustano, qui
abeuntem ad navim usque non sine lachrimis [b] est prosecutus [7], quique
per quadragesimae tempus [8] in spiritualibus exercitiis nostris sub

---

[a] *A Can ipso conectum ei* Melanchtone

[b] *In autogi sequitui* puto, *quod tamen delendum esse significatui linea a Canisio
ipso, ut uideti, supposita* V H *et* Bo *omittunt* puto

[1] Melanchthon doctoiis paites in uniuersitate vitembergensi agebat, quae in
potestate Mauritii ducis eiat

[2] Legatoium a Mauritio Saxoniae duce et imperii electore (Ioannes Fridericus I
Saxoniae dux aderat ipse) ad comitia missorum signifei ceite Christophorus de
Carlowitz eiat, vii a catholica religione haud ita alienus, cui cum Christophoio
cardinali Madrutio aliqua consuetudo eiat (*Fi Alb i Langenn*, Christoph von
Carlowitz [Leipzig 1854] p 181 185 186) Carlowitzium a Mauritio tunc Augustam
missum fuisse cognoscitui etiam ex *Diuffel*, Briefe und Akten I, 600 623 „Re-
cessui" comitioium 14 Februarii 1551 Mauritii nomine subscripseiunt Melchioi de
Ossa, Dr iur Asmus de Koenietz, iegionis lipsiensis summus piaefectus, Ioachim
de Kneutlingen, Dr iur, Mag Franciscus Kramm (*I Christ Lung*, Des Teutschen
Reichs-Archivs Partis Geneialis Continuatio I [Leipzig 1713], 885)   [3] Marc 16, 20

[4] Mauritii ducis legati asseiebant certum sibi esse dominum suum haud alitei
sentire, ac Iaius contionaretui Romam sciiptum est de saxonico illo Iani itineie,
quod tamen Iulio III non probabatur Haec ab Ottone cardinali augustano referuntur
in commentaiio 1 Februarii 1554 scripto, quem edidit *M Ch Weiss* (Papiers d'etat
du cardinal de Granvelle IV [Paris 1843], 381—382)

[5] Mauritius paulo post contia caesarem rebellavit et anno 1552 Ferdinandum
Romanorum iegem coegit, ut l'actione passaviensi Lutheiauis libeiam religionis exei-
citium ad tempus concedeiet   [6] Is 9, 2 Matth 4, 16

[7] Dilingae igitui, quae urbs Danuvio apposita est, Iaius navem conscendit, qua
secundo flumine Ingolstadium et inde Viennam veheretur Ingolstadii autem Socios
invisit   [8] Id tunc eiat 11 Februarii ad 28 Martii

eodem patre non parum profecit, digressus idcirco ex Episcopatu suo [1] in Monasterium quoddam, ubi semotus ab aulae strepitu de rebus piis commodius meditaretur [2]. Nam et hac de causa Regem exorauit, ut Patris opera illo tempore posset uti, quemadmodum saepe antea desiderarat. Sed et Cappellanus Reuerendissimi suo fructu non est defraudatus, acceptis hebdomadae primae exercitiis [3], quae ducunt‘ ad generalem confessionem Omitto multiplicem fructum, quem hoc toto superiore anno collectum Dominus voluit in aula dicti Cardinalis dum is et sese et aulae disciplinam usque ad multorum admirationem reformat, non secus obseruans, quam si pater, praeceptorque ipsi fuisset, Patrem Claudium Is Viennam, uti speramus in Domino, peruenerit una cum charissimo fratre M. Petro Schorichio, qui et ipse magna cum aedificatione vixit nobiscum hactenus, et hinc aegre dimitti potuit, quod in professorem publicum iamdiu ac multum esset expetitus [4].

Ut propius ad nostra veniam, haud opus fore puto multis hic repetere studia solita, praelectiones item atque contiones nostras, in quibus eodem duce progredimur, quo primum authore coepimus, CHRISTO IESV Domino Nostro [5]. Cui gratias etiam agimus ob auctum iam auditorum numerum. Nec maior fuit unquam aut melior Theologiae hic instaurandae spes, praesertim quum multa tractentur de duplici collegio extruendo· alterum Societati nostrae destinatum atque promissum est. alterum scholasticis Theologiae constituetur iis, qui aliquando ministri Ecclesiarum in Germania esse velint ac possint Posterius hoc nostro adiungi collegio volunt, ut haud procul absint, quos regi et institui a nobis desiderant [6]. existimantes, hoc pacto

---

* In autogr sequitur   facile, quod tamen delendum esse significatur eodem modo quo supra puto   Om V II et Bo

---

[1] Episcopatus hic = domus episcopalis

[2] Otto exercitiis per octo dies vacabat in abbatia benedictina Ottobeuren, qui nunc prioratus est congregationis bavaricae eiusdem ordinis (Maur Feyerabend O S B , Des ehemaligen Reichsstiftes Ottenbeuren sammtliche Jahrbucher III [Ottenbeuren 1815], 189) Primum autem exercitia peregerat Dilingae anno 1544 duce Iaio (Polancus, Chronicon I, 133) — Polancus monasterium ottoburanum haud recte „otterbergense“ appellat (1 c II, 266)   [3] Vide supra p. 346 [6]

[4] Cum eo anno Erasmus Wolf, parochiam ingolstadiensem S Mauritii suscepturus, praefectura collegii georgiani cederet, Schorichius „ad hoc munus vocatus“ est, „quod tamen juxta consilium P Claudii [Iaii] merito recusatum est“ (Polancus l. c II, 70)

[5] Sub id tempus Ingolstadii „philologicis et historicis studiis“ operam dabat Samuel de Quickeberg (Quichelbergus) antverpiensis, qui postea medicum agebat, rerum antiquarum scientia excellebat, Alberto V in thesauro rerum antiquitate et raritate notabilium colligendo praecipuus adiutor erat Hic in opere suo „Apophthegmata biblica, tum et responsiones aliae piae et salutares“ etc , quod anno 1571 Coloniae edidit, gloriatur, quod olim Ingolstadii Petrum Canisium „summo Latini sermonis splendore frequenter concionantem“ audierit (in epistula dedicatoria f A 2ᵇ)

[6] Albertus V dux hoc collegium anno 1572 incohatum anno 1576 plene constituit et Societati gubernandum tradidit, quod „collegium Albertinum“, „con-

quam optime collocari sumptus, quos nunc maximos recipit haec Academia, cui a Pontifice Max concessum est daemum, ut ex vicinorum ecclesiasticorum prouentibus decimas integras semel atque iterum colligere possit[1]. Precandus est certe Dominus misericordiarum[2], ut nullo interturbante procedat hoc duplex Collegium, quaemadmodum [sic] Ducis Illustrissimi consiliario[3], quum hic esset per Dei gratiam persuasimus[a], et qui hoc institutum se modis omnibus approbare, atque promouere velle dixit, eoque misurum [sic] se literas[b] tum ad Pont. Max. [1] tum ad R. T. Haberet non paulo melius Germania, si studiosi tum ad pietatem, a qua fere abhorrent, tum ad Theologiam, quae illis odiosa facta est, adsuefieri possent, ac preseitim (ut mihi videtur) si a nostris instituerentur. Curamus nunc, ut ad disputandum in aedes nostras venire pergant hebdomadatim; ita multis horis in Dialectica et Phisica exercent sese. nos praesides adsumus, et ad disputandi usum, qui hic interit pene, reuocamus delectos aliquot bonaeque spei adolescentes. Faxit Dominus ut sicut in literis, sic in spiritu proficere pergant, nostraeque expectationi, quae ipsorum est salus, faciant satis.

Optime procedit Aethica lectio, quam in huius scholae gratiam praeter morem veterem[5] profitetur Pater Nicolaus[6], publicam propterea laudem promeritus, ut etiam Iuris doctores mittant ad illum suos auditores

Plus honoris et fauoris offertur nobis quam fateri debeamus. Utinam minor existimatio[c] maiorque prouentus animarum accederet,

_____

[a] *Polancus verba* per Dei gratiam persuasimus, et *mutavit in* visum est, *atque ita etiam in V II scriptum est*

[b] *Polancus verbis* misurum se literas *mutavit in* curaturum se mitti litteras Ducis sui *Ita et V II*   [c] nostri *additum est a Polanco*

_____

victus S Ignatii martyris[a], „der catholischen Priesterschaft Seminarium" dicebatur (*Mederer* 1 c IV, 353—354   *Prantl* 1 c I, 262)

[1] Paulus III anno 1548 Guilhelmo IV duci decumas omnium Bavariae ecclesiarum, paucis exceptis, pro universitate ingolstadiensi tei accipiendas concessit Quae cum primum anno 1549 a Mauritio episcopo eystettensi pontificis mandatu exigerentur, 22 000 floren percepta et Monachium in aerarium ducis illata sunt Exactiones decumarum alteram et tertiam Iulius III litteris mense Februario a 1551 ad Albertum V datis iterum concessit vel confirmavit, ex secunda 25 000 floren accepta, tertia facta non est (*Mederer* 1 c IV, 270—282   *Prantl* 1 c I, 182—186, II, 187 ad 193) *Paul Drews* contra *Druffel* „Doch ist es unwahrscheinlich, dass die Beratung der Jesuiten mit der Zehntenbewilligung in Zusammenhang gestanden habe" (*Petrus Canisius* p 143[b]) Equidem censeo Leonardum ab Eck anno 1548 Romae non solum decumas simul et homines Societatis petiisse, sed etiam alteram rem altera fulsisse et sustinuisse Vide infra, monum 32

[2] Sap 9, 1

[3] Georgio Stockhammer[d] Cf supra p 323

[4] Litteras Alberti V 9 Iulii 1550 ad Iulium III datas dicere videtur, de quibus infra, monum 47

[5] Aristotelis „Ethica" non a theologo, sed ab aliquo ex philosophiae professoribus exponi solebant   [6] Goudanus

utinam in animis[a] id efficere, quod in ingeniis, valeremus Declarauit
suam erga nos beneuolentiam princeps, cum nuper adesset· nec minori
fauore nos prosequitur Cancellarius Academiae, idemque Eistettensis
Episcopus[1], qui suis nos literis amanter consolatur, qui Societatem
hanc omnem paterno certe[b] affectu complectitur, qui aureos mille iam
offert ad nostri structuram Collegii. Idem consilus suis magnum per-
mouit Archiepiscopum Germanum[2], ut Collegium et ipse promiserit
nostris constituere.

CHRISTI gratia sum ego iam defunctus munere, quem Recto-
ratum vocant[3], in quo etsi laborum et molestiarum bona pars insit,
quae non valde conducat ad fructum spiritualem, attamen nonnihil
datum est, cur bonorum authori et fonti non ingrati esse debeamus
Fatentur aperte multi studiosos in hoc magistratu egisse quam soleant
modestius; communis fuit tranquillitas, etiam tum, quum tumultuari
et debachari cum venia posse videntur, feriis scilicet Bachanalibus[4].
Notandos haereticorum, qui extabant, libros curavimus, ne venderentur,
prohibitum est, neue ex mercatu huc amplius inferrentur suspecti
authores, qui Grammaticis etiam, et Dialecticis et Rhetoricis libris
atque praeceptis venena praesentia commiscuerunt[5] Grauiores abusus,
qui subito leuiterque tolli non posse videbantur, quod alte radices
iecissent[c], collegimus in scriptum unum; collectos misimus ad ipsa
totius Academiae capita, quorum id proprium est, communi scholae
utilitati et reformationi providere[6]. Haec res minorem conflavit nobis
inuidiam apud studiosos, qui neque a nobis adversus tot morbos medicinam recepturi facile videbantur, et liberauit etiam a periculo conscientiam, si quod vellemus, praestare satis non potuimus Nec fuit
ingrata isthaec nostra opera iis, quorum authoritati ac offitio sananda
illa vulnera committebamus[7] Et cum non desint bonis parentibus

---

[a] A Polanco mutatum in animorum affectibus Ita et V H
[b] Ita Litt quadi , vere V H , recte apogi nostrum
[c] Ita apogi nostrum, egissent Litt quadi et V H , idque forte rectius

---

[1] Mauritius de Hutten
[2] Ioannem de Isenburg, archiepiscopum treverensem , cf supra p 344 350
[3] In *matricula secunda universitatis refertur e more die S Georgio martyri
sacra omnium suffragiis in locum Canisii suffectum esse rectorem academiae Bartholomaeum Romuleum , patritium florentinum et iuris professorem Festum S Georgii , quod in plerisque dioecesibus 23 Aprilis fit, in eystettensi, ad quam Ingolstadium pertinet, e vetere memoria 24 Aprilis agitur (H Grotefend, Zeitrechnung
des deutschen Mittelalters und der Neuzeit I [Hannover 1891], 73)
[4] Vide infra monum 51—62
[5] Ea de re actum est etiam in senatu academico 11 Decembris 1550 habito,
vide infra, monum 53   [c] Vide supra p 342 345
[7] Hac Sociorum opera „reformationes" illae universitatis ex parte effectae esse
videntur, quae anno 1552 a senatu et annis 1555 et 1556 ab Alberto duce promulgatae sunt Vide infra, monum 63, et epistolam Canisii ad Wiguleum Hundt etc
datam Ingolstadio circa initium in Decembris 1555

filii mali, quos utinam academiae nullos haberent, nos parentes etsi
procul disiunctos, per literas admonuimus in tempore sibi filiisque
consuleient bene, coeicerent aetatis illius et indolis petulantiam,
viderent ut filii honestius et rectius instituerentur. Iam quia puniendi
erant nonnulli, vel ob peccati magnitudinem, uel in aliorum exemplum,
uel ob retinendam veterem disciplinam, alii, quia insanabiles et de-
speiati viderentur, in exilium acti, alii graviter reprehensi, neque sermonibus tantum, sed etiam carcere castigati, quod melius curari non
posse existimaientur. alii chyrographum dare iussi et sistere fide-
jussores, admoniti de vitae suae seria coirectione In condonanda
noxa conditiones praescriptae ceitae, nonnullis quidem, ut in dies
aliquot, alus, ut in hebdomadam et amplius abstinerent prorsus a
vino, cuius usu fuissent abusi, quibusdam, ut aima nulla deferrent,
alus ut ad ceitam horam vesperi essent domi, non egressui ante
lucem, praeterea ut redirent singulis mensibus, et probatum adferrent
Rectori testimonium de vitae suae institutione [1] Breuiter non charitatis modo, sed etiam iustitiae exeicendae locus multiplex datus est,
admiiante me, quo pacto fieret, ut non diuersae tantum, sed etiam
contraiiae functiones in una hac essent societate, dum alii captivos
redimeient, ego mitterem in carcerem, alii demulcerent iratos, recon-
ciliaient offensos, ego plecterem, et obiurgaiem, et teirerem, et casti-
gaiem improbos. Faxit pussimus Dominus IESVS, ut perinde ac periti
medici solent, ad omnes omnium infiimitates nos accommodemus, omnia
facti omnibus, ut multos luciifaciamus [2]. Postquam hoc munus
deposui, quod certe invitus admodum suscepi, et indignus administiaui,
ieddenda fuit accepti et dati ratio [3] Pecuniam numerarunt, quam
pro more solvunt Rectoii [4]. sed constanter negaui, me acceptuium
quicquam. non enim esse moiem Societati nostrae, pro quoquam offitio vel muneie administiato sperare aut recipere isthaec piacmia.
converterent ipsi, si vellent, quod mihi offerrent, in pios usus alios:
sat esse si unde suppetat uitae necessitati in diem haberemus Et
vix peisuasi tandem nec dubito quin tacito piobaiint Societatis exemplum CHRISTO sit omnis honor et gloria, quem et maxime cuncti
precaii debemus, extrudat ut operarios [5] suos in vineam istam de-
seitam super quam (ut Isaias inquit) ascendunt uepres et spinae,

---

[1] Cf infia, monuin 51—62   [2] 1 Coi 9, 19 22
[3] „Antiquus Rector   iationem quoque novo ieddat Rectori de omnibus
perceptis et expositis per eum nomine Studii in presentia ab Universitate deputatorum" Statuta universitatis ingolstadiensis anno 1522 renovata De Rectoris
electione (Mederer l c IV, 188)
[4] Rectori „tertiam partem Intitulatoium (pauperibus demptis) laigimur, addimus
et penaium meditatem, de Sigillis totam soitiatui pecuniam, sicut et aima ci ex integio
ceclere volumus, nisi per vigiles apportaientur, nam eis tunc   dabit pio quibus libet
aimis XXI denaiios" Statuta ienovata De Rectoris offitio (Mederer l c IV, 190)
[5] Ita Canisius saepe, idque ex versionibus Erasmi et Vatabli (Matth 9, 35,
cf Luc 10, 2) Vulgata nostia „ut mittat operaiios"

quia non putatur, non foditur[1]. diruitur eius maceria, ut sit haereticis in direptionem et conculcationem[2]. Sed nostris verbis commendare, immo deplorare ter miseram Germaniam non attinet[b]; res ipsa testatur, quo deuenerimus, relicti a bonis, oppressi a malis, pleni scandalis, dediti sectis, obcoecati erroribus, corrupti studiis omnis impietatis Ut nullum misericordiae, charitatis, compassionis offitium collocari posse iustius videatur, quam in sublevandam hanc unam nationem omnium afflictissimam, miserrimam, deprauatissimamque. Excitet quaeso D e u s t o t i u s c o n s o l a t i o n i s[3], excitet spiritum suum principalem[4] in fratrum nostrorum cordibus, ut Germaniae nostrae, cuius inutiles plane serui sumus[5], germani illi cultores adesse velint et possint, effusuri etiam (uti decet) sanguinem saepe pro Ecclesia Christi. Oret pro nobis Reuerenda P. T, cui Germaniam magis quam nos ipsos in CHRISTO commendatam esse velimus, si loqui ex animo debemus, quamquam non ignari, prae caeteris omnibus, qui in hac Societate uersantur, egere nos plurimum sanctis tuis precibus sacrifitiisque

Ingolstadii, postremo Aprilis die post Christum natum anno 1551

Indignissimus filius et seruus in CHRISTO
Petrus Canisius

Ihesus Reuerendo patri nostro in CHRISTO, domino praeposito Societatis IESV

S Ignatius per Polancum rescripsit 30 Iunii 1551

III.

CANISIUS

GEORGIO [CASSANDRO?],

artium magistro Coloniae degenti[a]

Ingolstadio 30. Aprilis 1551.

Ex autographo (2°, 2 pp), inscriptio deest, Canisii nomen subscriptum erat, sed postea exsectum est Cod colon „Litt Epistt var " f 64

Theologiam scholasticam, opera S Thomae Aquinatis, disputandi usum Georgio commendat Ostendit, quam peruersum et iniustum sit, perfectionem evangelicam despicere et eos, qui eandem sequi velint, a proposito remouere

---

[a] *Quae de uniuersitate ingolstadiensi scripta sunt, a Christi gratia sum ego iam defunctus usque ad conculcationem, Polancus lineis inclusit significans a libraiiis ea omittenda esse, quae tamen exstant in tribus apographis supra memoratis*

[b] *Ita apogr nostrum, necessum est Litt quadi, necesse est V II*

---

[1] Is 5, 6   [2] Is 5, 5   [3] 2 Cor 1, 3   [4] Ps 50, 14   [5] Luc 17, 10
[6] Georgius Cassander (1513—1566), prope Brugas natus (qui postea, quamquam laicus erat, multa de rebus theologicis conscripsit et a Ferdinando I et Ma-

IESVS.

Giatia domini nostri JESV CHRISTI nobiscum aeterna

Nisi ego misere fallor, concedes hoc amori in te meo Magister chauss. vt in bonam accipias partem, quod ad te scribam et primum haud prouocatus, et libere citra omnem dissimulationem Quippe dotes ingenij tui a CHRISTO datas mecum repeto, quae singularem beneuolentiam facile promerentur, vt si possim aliquid (parum autem potest imbecillis) tuo quidem nomine id vltro suscipere ac perferre uelim, etsi non cuncta maximaque debere, non mihi, sed alijs forte viderer. Deinde magna inter nos necessitudo intercedit, si eundem amicum et fratrem in CHRISTO esse statuimus M. Schouchium nobis: de quo tu bene mereri non ratione vna curasti, et quem ego amanter complecti non desinam, quia redamari a me pro sua dignitate non satis posse vnquam iure videatur

Sed missas facias scribendi causas· de te candida mihi polliceor omnia, praebebis eum hisce legendis affectum, quem alijs uel ignotis uel immerentibus. si noui quid adferant, tribuere subinde soles Primum igitur abs te illud peto maxime, vt sacris in studijs, quod te facere iam audio, versari sedulo pergas, non omissa etiam illa Theologiae parte, quam scholasticam appellamus, et hoc tempore necessariam ducimus, ne alioqui haereticorum sophismata quae passim occurrunt, non satis a nobis discerni, repellique possint D Thomae libros, et si per se probatos eruditis et Catholicis omnibus, idcirco tamen commendare tibi non dubitabo, quod certo sciam hisce studijs tuis quam maxime profuturos esse. Nam de Patrum lectione tuam admonere diligentiam nihil attinet: vsumque crebro disputandi comprobare nolim illi, quem in promptu habere puto, quam uaria certaque sit vtilitas, ne dicam necessitas ad studia promouenda sacra, si res sacrae saepe ac multum, non frigide tamen et imperite, inter multos disputentur Haec de studijs breuiter. alia enim quae ad hoc argumentum desiderantur, quotidie ni fallor, suggerit vobis humaniss hospes, et peritiss idem Dominus Licentiatus, cui uel ob aetatis et experientiae longissimae certum testimonium crederem, si probitatem quoque cum illa eruditione sua non comunxisset Mihi gratissimum feceris, si uenerandum senem[1] salutaris ex me, familiamque suam vniuersam, cui non possum in Christo non precari optima quia suis me benefitijs fouit in multos annos Audio tecum isthic commorari M Godefridum, de quo permulta cognoui[2]: et vana quaedam esse

\similiano II imperatoribus de controversijs religionis componendis consulebatur), cum
a 1552 Louanii artium magister creatus et a 1544 in matriculam vniversitatis colon\iensis relatus esset, aestate a 1549, relicta prorsus patria, in qua iam de fide suspectus esse coeperat, Coloniae sedem fixerat, theologiae priuatim operam daturus Ceterum vide, quae post ipsam epistulam dicuntur   [1] Andream Herll[2]
          [2] In historia collegii coloniensis, qua P Iacobus Kritzradt usus est, notatum erat anno 1549 „Godefridum Barnei Zutphaniensem" et „Arnoldum Hezium" „fer-

non vera omnia desidero, quia salus ipsius etsi mihi non probe cogniti, spectanda sit potius, quam aliorum nescio quae de illo ipso existimatio. Vtinam vtinam, mi Georgi, clausis saepe oculis mundo, recta illum intueremur, qui nobis crucem optimi, aureique libri loco proposuit[1], qui paruulis sese aperit[2] et ostendit, qui ad veram Euangelij sui normam errantes reuocat[3], laborantes inuitat[4]: qui totum se communicare nobis et uult et potest, vt in paupertate diuites, in afflictionibus foelices, in contemptu alacres, in morte inuicti, securique viuamus. Quod si ad perfectiora vocantem illum sequi non libeat, amemus tamen et probemus alios, qui meliora et excellentiora charismata[5] consectentur[6]: Christiana voce cohortemur omnes, vt qui potest capere capiat[7]. nec respiciat retro, qui semel manum miserit ad aratrum[8] Recte dixit Sapiens ut nosti: Non contendas aduersus hominem frustra, cum ipse tibi nihil mali fecerit[9] Et eodem capite· Noli prohibere benefacere eum qui potest. si vales. et ipse benefac[10] Igitur satis non est suae conscientiae curam habere, vt Deum testem eundem et amatorem facias tibi: sed etiam fratrum saluti et profectui consulendum est. quum nihil sit aeque detestandum, ac offendiculum illi praebere, qui tuo exemplo et sermone magis magisque fuerat confirmandus, si recte ad CHRISTVM tendere in animum induxisset[11]. Vellem ego si possem,

---

ventes litteras" ad S Ignatium dedisse, „cum voto Societatis iucundae". (* Cod. „Hist gymn tr cor " f. 22ª) Godefridum Wilich anno 1552 „Regentem domus Cucanae fuisse" Kritzradt ex „libro Quaestorum Facultatis Artium" excerpsit (in folio separato, quod incipit „Pro informatione Gymnasii noui"), atque in eadem illa historia collegii coloniensis relatum est anno 1553 regentem cucanum Societati nomen dare et gymnasium suum in Ioannem Rethium S J transferre voluisse (* Cod „Hist gymn tr cor " f 23ᵇ) Godefridus ille Barnes (sic enim ipsum nomen suum scripsisse asseritur in „Litteris quadrimestribus" I, 146) a S Ignatio litteris Roma 8 Iulii 1549 datis in Societatem admissus est una cum Arnoldo Hezio (van Hees?) ex Lummen, dioecesis leodiensis vico, orto, et Frardo Avantiano (Dawant?) leodiensi, ac Martino illo, qui Stevordianus vocari solet a vico Stevoort, dioecesis leodiensis, ex quo ortus est, quem in tabulis uniuersitatis vienuensis „Gotfridium" appellari infra videbimus, ipse scribit familiae suae nomen esse „Gewarts" (Govert in Hollandia = Gottfried, Godefroi) (cf „Litteras quadrimestres" 1 c)

[1] Cf Matth 16, 24 Luc 9, 23 etc   [2] Cf Luc 10, 21 Marc 10, 15 etc
[3] Cf Matth 9, 36 Luc 15, 3—7   [4] Cf. Matth 11, 28   [5] 1 Cor 12, 30
[6] Eos dicit, qui perfectionem evangelicam in ordine aliquo religioso sequantur, ac proxime Societatem Iesu significare videtur   [7] Matth 19, 12
[8] Luc 9, 62   [9] Prov 3, 30   [10] Prov 3, 27
[11] P Leonardus Kessel vitae exemplo et morum suauitate ita adulescentium flectebat animos, ut multi, perfectioris vitae desiderio incensi, Societatem ingrederentur Aliqui autem „retro respiciebant", atque anno 1552 Societatem vel eius tirocinium reliquerunt Ioannes Merbeyus [Marbaies? Marbatius?] gennepiensis, Ioannes Huberti marchiensis, Gualterus Scotus remigniensis [remagniensis?], Aegidius [?] Gennepiensis (Reiffenberg 1 c p 37 * Cod „Hist gymn tr cor " f 2 3ᵇ) Alios etiam quattuor vel quinque Kesselius simul domo dimisit (Polancus 1 c II, 584) Cassander fortasse aliquos ex iis, qui Societatem ingressi erant aut ingredi volebant, a proposito remouere conabatur

eriorem excusare complurium, qui tam futiliter quam pestilenter nonnunquam disserunt de statu perfectionis uitae: hunc neque ipsi profiteri
statuunt, quamquam eo forte vocentur, neque profitentes alios iuuant:
inuident credo alios citius quam promouent, si qui praecurrere in sancto
uitae proposito videantur Hic grauis et turpis est error, castigandus
haud dubie ab eo, qui iustitias etiam iudicabit[1], quique declinantes
in obligationes adducet cum operantibus iniquitatem[2]
Nec ullo pacto mirabor, si Dominus Leonardus noster[3], quem Coloniae
tibi non esse incognitum scio, a quibusdam idcirco non maximi fiat,
quandoquidem perfectionis Euangelicae amator et comprobator esse
studet. Atqui non omnes capiunt uerbum hoc[4], et qui capere
coeperunt, astu volucrum coeli deperdunt semen acceptum, uel spinis
facile suffocant[5], nisi magna cura sibi prospiciant in via, quae laqueis,
et periculis, et tentationibus et latronibus hic occupatur Fit igitur,
vt quam ipsi gratiam non habemus, aut inuideamus alijs, aut amissam
illam, cum habere potuissemus, maiore etiam ingratitudine contaminemus: fit vt mundi probemus studia, spiritus uero commoda et remedia
uel ignorantes. vel dissimulantes negligamus: fit vt grauis sit nobis
ad videndum[6] et audiendum ille, qui non loquitur placentia[7],
quique contrarius est operibus nostris[8]. aut certe dissimilis Ab
hisce hominibus, quorum mire nostrum ferax est saeculum, etiam atque
etiam caueas precor, in consilium illorum non intret anima tua[9],
quia non solum peccant facientes ea, sed etiam consentientes[10]
Paulo teste. Si non iuuat magnum iustitiae ac perfectionis alienae
praeconem agere, saltem a calumnijs abstineamus, non iudicemus
fratrem[11], non spernamus dei sacerdotem, parcamus nobis, parcamus
alijs, ne spiritum quem dare non possumus, extinguamus[12].
Scriptum est enim Arundinem quassatam non confringet,
et linum fumigans non extinguet[13] Id quod de capite dictum,
ad membra quoque ipsa referendum est, vt quae sunt aedificationis[14], in toto Ecclesiae corpore summa cura conseruentur Haec
simpliciter admonere volui, non quod nostris quidem praeceptis egeas,
sed quod hic didicerim a quibusdam, non otiari prorsus Sathanam
isthic, dum nonnullis apud uos ea suggerit, quae si vera sunt, dicenda
tamen in alicuius hominis aut societatis nostrae iniuriam non erant:
sin falsa, vti non dubito, nihil certe dicentibus prosunt, et audientibus
grauiter obesse possunt, quia credit sequax adolescentis animus. quae
sunt deteriora Nec mihi succensebit spero M Godefridus, quod ipsi
valde metuam, ne falsa persuasione ductus, optimam partem

---

[1] Ps 9, 5   [2] Ps 124, 5   [3] P Leonardus Kessel S J
[4] Matth 19, 11
[5] Matth 13, 3—23 Marc 4, 2—20 Luc 8, 5—15
[6] Sap 2, 15   [7] Is 30, 10   [8] Sap 2, 12   [9] Gen 49, 6
[10] Rom 1 32   [11] Rom 14, 10   [12] 1 Thess 5, 19
[13] Matth 12, 20   [14] Rom 14, 19

quam elegit[1], deserat. Qui stat, videat ne cadat[2]: et qui cadit,
curet vt non conteratur a lapide illo uiuo et pretioso[3], qui
datus est non in ruinam, sed in resurrectionem[4], vt non simus
substractionis filij in perditionem, sed fidei et virtutum
in acquisitionem animae[5]. Dominus gratiam in nobis suam augeat,
qua duce non reuertamur in Aegiptum[6], submergendi alioquin
cum Pharaone et curribus eius in mari[7]. transeamus autem per
desertum[8], per Amalechitas[9], per impedimenta quaelibet ad terram
multis promissam, omnibus desideratam, sed vix paucis electam atque
possessam, quia uiam angustam eo ducentem[10] relinquunt Per
CHRISTVM te rogo chariss Georgi, vt hoc meum scribendi institutum, quod syncero suscepi animo. ab omni (quod quidem sciam)
priuato odio libei, non perperam interpreteris Testis haec est mihi
conscientia, quod te vna cum Godefrido amem, etsi me redamari
nesciam, nec omittam vtriusque nomine, quicquid officij praestari
potest a me diuina benignitate Quod si dignum me scripto aliquo
uel responso iudicabis, magnas CHRISTO gratias dicam, quia meam
de te expectationem non fefelleris Vale nostri memor tuis in precibus
ad CHRISTVM fusis Salutat te plurimum frater in Christo noster
Schorichius. Ingolstadij pridie Kalend Maij anno Domini M D LI.

Ex ipsa hac epistula intelligitur, eam a Canisio datam esse ad „Magistrum"
„Georgium", iuuenem, doctum, Colomiae theologiae operam dantem, veterum quidem
monumentorum ecclesiae, non vero theologiae scholasticae nec Societatis Iesu amantem,
de capitibus quibusdam religionis liberius sentientem, in periculo peruersionis versantem Quae omnia in Georgium Cassandrum conveniunt Quoniam autem haec
epistula inter eas inuenitur, quae olim ad Socios colomenses datae sunt et in eorum
collegio asseruabantur, aut dicendum est, Cassandro Colomiae mortuo eam ab eius
haeredibus collegio illi datam esse, aut (quod magis probatur) Socios colomenses
epistulam hanc, a Canisio ad se missam, Cassandro tradere noluisse vel non potuisse Cassandri opera postea, cum ea, quae conciliari non poterant, conciliare
vellet, ab ecclesia proscripta esse notum est Ceterum erroribus retractatis, in
pace ecclesiae obiit

112.

CANISIUS

IULIO DE PFLUG,

episcopo naumburgensi [11]

Ingolstadio mense Iunio 1551.

Ex Druffel, Briefe und Akten I, 672

Iulius episcopus Cizae (Zeitz) 29 Iunio 1551 Balsmanno, „Magistro libe-
ralium artium", Ingolstadii degenti [12], scribit se ad litteras Canisii et Bals-

---

[1] Luc 10, 42   [2] 1 Cor 10, 12   [3] Matth 21, 44 1 Petr 2, 4 6 Is 28, 16
[4] Luc 2, 34   [5] Hebr 10, 39   [6] Num 14. 4,   [7] Ex 15, 4
[8] Num 33, 8   [9] Ex 17, 8—16   [10] Matth 7, 14   [11] V infra p 384[3]
[12] Nathanael Balsmann (Paltzmann), torgensis, lutheranus fuerat et Vitembergae liberalibus studiis erat operatus Ad catholicam fidem conversus et Ingol-

minium statim rescriptur um fuisse, nisi tam multis negotiis premeretur ; attamen Canisio et Balsmanno postea se scripturum, viginti florenos, quos Balsmannus petierit, iam a se mitti Haec Druffel ex archetypo extraxit, quod nunc Dresdae in archivo regio asservatur Qui ex eo, quod haec epistula exstet inter acta cancellariae episcopalis naumburgensis, colligit eam Balsmanno missam non esse Iuvenis hic theologiae operam dedisse et a Canisio liberalitati Pflugii commendatus esse videtur Praeterea ex litteris, quas Canisius 31 Augusti 1551 ad S Ignatium et 19 Septembris 1551 ad Pflugium ipsum dedit, intellegitur Canisium de rationibus ecclesiae saxonicae iuvandae et imprimis de collegio Societatis illic constituendo ad Pflugium scripsisse

113.

P. IOANNES DE POLANCO S. J.

nomine S. Ignatii

PP. PETRO CANISIO ET NICOLAO GOUDANO, S. J.

Roma 30 Iunii 1551

Ex „*Monumentis historicis*" S J 1 c p 263, adnot 1

„*Polancus, ei com, Petro Canisio et Nicolao Gaudano, ne Collegii curam, quod scholasticorum Societatis non sit, assumant, 30 Junii — Hac die ad ipsos missae sunt, Viennam, postquam eas legissent, ad Janum transmittendae, historicae litterae*[1] *de rebus romanis et complutensibus et de iis quae a Sylvestro Landino gerebantur*"[2]

Canisius ad has litteras respondit Ingolstadio 20 Iulii 1551

114.

CANISIUS

SANCTO IGNATIO.

Ingolstadio 20 Iulii 1551.

Ex apographo, a Boero scripto, quod postea collatum est cum epistula autographa, posita in cod „Epistt B Petri Canisii I " p 382

Particulam edidit *Boero*, Canisio p 78 Eadem epistula usi sunt *Polancus* II, 256—263 et *Sacchinus*, Can p 52—53

P Goudanum laudat et dolet, quod is discessurus sit An Socii omnes Ingolstadio morandi sint ? 1 Rationes contra arocationem Spem esse collegii, ducem et academicos offensum iri, eos omnes irecancellarii munus sibi obtulisse, ad contiones suas plurimos confluere, miseros a Sociis iuvari, scholasticos emendari, sacramenta frequentare, in declamationibus exerceri, aliquos Societatem petere Pecunias ab

stadii artium magister factus aliquamdiu in aula Wolfgangi de Salm episcopi passaviensis pueros nobiles instituit et ab anno 1554 usque ad mortem († 1562) in universitate viennensi poeticam docuit (*W Hartl und K Schrauf*, Nachtrage zum dritten Bande von Aschbachs Geschichte der Wiener Universitat, I. Abth [Wien 1893]. p 32—43)

[1] (*Litterae quadrimestres* I 290—297 309—312 337—338

[2] P Sylvester Landinus (Landini) vir erat vere apostolicus, qui sacris expeditionibus Italiam lustravit et anno 1554 in insula Corsica religiosissime obiit

episcopo eystettensi offerri et ex beneficiis suppetere   2 Pio arocatione Ducem frigere, condiciones imponi intolerabiles, Socios institutum suum sequi non posse; disciplinam universitatis omnium esse pessimam, Bararram misere iacere

Jesus
Reverendo in Christo padre mio Praeposito

La grazia et pace di Gesù CHristo sia sempre con tutti   Amen
L'ultima di V R P scritta all'ultimo dì de giugno ci ha consolato nel Signore insieme con due lettere scritte dal R. P Silvestro et dalli carissimi fratelli in Alcalà[1]. Sia sempre benedetto l'autor d'ogni bene, per la cui bontà speriamo d'esser participi di tanti gloriosi frutti et meriti di tutta la Compagnia!

Hor quanto alle cose nostre in Ingolstadt, non se altra disposizione, se non come innanzi è scritto tre volte de qua, et principalmente per l'ultima del R P. Nicolao[2], il qual avendo la risposta de V. R P , credo se partirà di qua circa il settembre, siccome la sua lettera mostra sufficientemente[3] Et non dubito che Sua Riverenza guadagnerà con questa partenza, saltem alla quiete della mente et forse anchora secundo il corpo con la grazia celeste Io certamente non perdo volenteri tanto buono Padre et dotto teologo, da cui son stato fin a qui molto aiutato et consolato spesso volte oltra che io posso giammai meritare Pur con la medesima grazia, per la quale fin a qui son stato appresso tanti Riuerendi Padri et carissimi fratelli, io spero d'star contento et consolatissimo, anchora che per li miei peccati non

----

Iesus
Reverende in Christo pater mi praeposite

Giatia et pax Iesu Christi semper cum omnibus sint Amen Postremae reverendae paternitatis vestrae litterae, pridie Kalendas Iulias datae, in domino nos consolatae sunt simul cum duabus epistulis a R P Silvestro et a carissimis fratibus complutensibus scriptis[1] Deo omnium bonorum auctori laudes semper agantur cuius benignitate nos tantorum et tam gloriosorum fructuum et meritorum participes fore speramus, quae a tota Societate colliguntur

Quod autem ad res nostras ingolstadienses attinet, eodem modo se habent, quo se habere tei a nobis ad vos scriptum est, et praecipue postremis litteris a R P Nicolao[2] datis, cui cum reverenda paternitas vestra rescripserit, hinc discessurum puto circa mensem Septembrem, quod eius epistula satis tibi patefactum est[3] Neque dubito, quin reverendus ille pater profectione sua, Deo iuvante, maiorem saltem animi tranquillitatem assecuturus sit, ac forte meliore etiam valetudine utetur Ego longe inuitus tam bono patre tamque docto theologo privor, qui usque adhuc longe plus auxilii solatiique mihi attulit, quam ego umquam mereri queam Attamen eadem Dei gratia iuvante, qua adhuc cum tot reverendis patribus carissimisque fratribus vixi, animo bono ac fidentissimo me fore spero, etiamsi propter peccata mea haud aliter quam solus in terra hac sterili et spinosissima mihi vi-

----

[1] Vide supra p 370[1] Epistularum harum apographa Ingolstadium missa erant, ut earum lectione Socii delectarentur et adiuvarentur   [2] Goudano
[3] Iam tunc igitur Goudanus a S Ignatio ad collegium viennense destinatus fuisse videtur Postea autem Ignatius consilium mutavit, et Goudanus usque ad mensem Martium anni 1552 Ingolstadii mansit

avesse di vivere altramente, se non solo in questa terra sterile et
spinosissima, perchè la santa obbedienza mi farà paradiso di ogni
luogo, dove voglia V R P che io ho de vivere o de morire in
questa breve peregrinazione [1]

Solamente per esplicarmi meglio appresso di V R , dirò con la
grazia del Signore alcune ragioni pro et contra, intendendo di satisfare al mio obbligo, il qual rechiede che il superior sappia tutto, se
vogliamo esser bene governati.

Prima dunche ragione, per la qual potria parere conveniente de
non levarci tutti di qua, sia la buona speranza del futuro collegio et
la promessa del Ducha et del Reuerendissimo d'Eystett, in quanto
reuscino le decime [2], siccome tutti stanno in grande aspettatione
Et anchora ch'il patrono Stochamero abbia proposto la sua idea de
dividere il collegio, pur non ostante quello concetto, se potria sperare
et prattichare con il Reuerendissimo d'Eistatt, che fosse satisfatto alla
buona e santa intenzione di V R [3]

2° la partenza di tutti due non se fara senza offendere il Ducha
Illustrissimo et tutta la Universita, avendo ora et mostrando loro
ogni dì più et più la sua buona affezione inverso di noi, se risentirà

---

vendum sit sancta enim oboedientia in paradisum mihi quemlibet locum convertet,
quo reverenda paternitas vestra me vivere vel mori voluerit in brevi hac peregrinatione [1]

Tantum ut reverentiae vestrae accuratius res exponam, domino adiuvante rationes aliquas in utramque partem afferam sicque officio satisfaciam de omnibus
enim rebus superiorem certiorem fieri oportet si bene regi et gubernari volumus

Prima igitur ratio, propter quam convenire non videatur nos hinc amoveri omnes,
spes bona sit futuri collegii atque ducis et reverendissimi Eystettensis promissa dummodo negotium decumarum prospere succedat [2], id quod omnes cupide exspectant
Et quod, quamquam Stockhammei patronus ille noster consilium duplicis collegii
constituendi proposuit, tamen nos sperare possumus effectum iri, quae reverentia
vestra bene et sancte intendit eoque animo cum reverendissimo Eystettensi agere
possumus [3]

2° Ambo discedere non poterimus sine illustrissimi ducis et academicorum
omnium offensione, qui nunc nos diligunt idque in dies magis declarant, universitas
aegerrime id feret ac theologis fere carebit, cum detrimento suo haud exiguo R V

---

[1] Iaio iam 10 Martii 1551 a S Ignatio potestas data erat Canisii Ingolstadio
Viennam secum abducendi (*Monumenta historica* 1 c p 265 [1])

[2] Cf supra p 362 [1] Iulius III Roma 12 Iunii 1551 litteras misit ad Mauritium episcopum eystettensem quibus potestatem ei dedit vel confirmavit, universitatis ingolstadiensis restaurandae gratia a clero Bavariae decumas exigendi iterum
et tertium, neque tamen id fieri permisit prius, quam primae decumae iam exactae
in usum illius universitatis forent conversae Iulii epistulam edidit *Medeier* IV, 279

[3] Cf supra p 370 Stockhammer alterum collegium Societatis esse volebat,
alterum studiosorum theologiae qui a Sociis ad parochias administrandas similiaque
munera obeunda instituerentur At Polancus iam 23 Februarii 1551 Ignatii nomine
P Claudio Iaio scripserat „Non è conveniente che la Compagnia abbia governo de
scholari di fora di essa" (Cartas de *San Ignacio* II, 454) Postea S Ignatius in aliam
ivit sententiam

mirabilmente et quasi starà senza altri teologi non con poco detrimento Vederà V. R. nelle copie aggiunte, quanta istanza faccia il Illustrissimo Ducha et il padrono Stochamero et insieme il Reuerendissimo d'Eistatt, acciò io volesse ricevere l'offizio del Vicecancellario [1], perchè il priore ora è partito [2] In questi giorni essendo convocati tutti li professori per satisfar alla volontà del suo prencipe, pregarono che io volessi pigliar il detto ufficio, allegando molte ragioni et conveniencie [3]

Io risposi escusando la mia indegnità, et dicendo de nostro Instituto, il qual nè cerca, nè cura questi onori Item che non volemo toccar denari per interesse proprio, siccome anche ho fatto nel passato Rettorato [4] Vero è, ch'io non ho voluto toccare la ragione principal, cioè che V R mi avesse prohibito de non pigliare nessuno officio o degnità [5]. Se in questo ho mancato, prego perdonanza de V R umilmente. Ma la resoluzion et conclusion mia è stata così, ch'io in nessuno modo vorria intromettermi in questo offizio, se non io avesse prima il consentimento espresso di V R come da uno vero superiore Piacque a tutti la risposta, et determinarono de rispon-

ex scriptis, quae huic epistulae subicio, intelleget, quam vehementer illustrissimus dux et patronus ille Stockhammer unaque cum iis reverendissimus Eystettensis postulent ut officium vicecancellarii ego accipiam [1], eo, qui illud tenuerat, nuper hinc profecto [2] Hisce diebus professores omnes, ut principis voluntati satisfacerent, convocati rogarunt, ut ego munus illud subirem, multas afferentes rationes, ob quas id necesse esset et conveniret [3]

Ego indignitatem meam iis obieci dixique instituti nostri homines honores illos nec quaerere nec curare, atque etiam dixi nos emolumenti nostri causa pecunias ne tangere quidem velle, quas nec tetigi, cum universitatis rector essem [4] Neque tamen praecipuam rationem indicare nec significare volui reverentiam vestram mihi praedixisse, ne officium neve dignitatem ullam acciperem [5] Qua in re si quid peccavi, veniam a reverentia vestra demisso animo peto Ceterum quod tandem statui ac decrevi, hoc erat, nolle me ulla ratione in officium illud me ingerere, priusquam

[1] Cum Balthasar Fannemann O Pr (cf supra p 333[2]) Moguntiam discessisset, ut eius ecclesiae episcopus suffraganeus esset, senatus academicus 13 Iulii 1551 Canisio vicecancellarii munus obtulit Vide infra, monum 64
[2] Falso igitur *Prantl* (l c 1, 187) affirmat Fannemannum anno 1550 Moguntiam profectum esse
[3] Albertus V dux S Ignatio 25 Iulii 1551 „Quandoquidem" episcopus eystettensis, universitatis ingolstadiensis cancellarius, „apud Universitatem adesse non potest, habet qui vices suas apud eamdem gerat hic Vicecancellarius nuncupatur nec aliud, quod agat, habet, quam [ut] in collatione graduum Licentiae, Doctoratus et Magisterii, promovendi potestatem Candidatis impertiatur, ac oratione convenienti scholares ad studia et morum decentiam adhortetur Uti dignum est, eo habetur in honore, quo Cancellarius ipse, cuius personam repraesentat" (Cartas de San Ignacio II, 565) [4] Vide supra p 364
[5] Cf supra p 357 „Sin su [i c praepositi generalis] licencia y aprobacion ninguno pueda admitir dignidad ninguna fuera de la Compañia, ni el dará licencia ni aprobará, si la Obediencia de la Sede Apostolica no le compele" Constitutiones S J P 9, c 3, n 13 cf P 10, n 6 (Constitutiones latinae et hispanicae p 265 287)

dere all Illustrissimo Prencipe, che Sua Excellentia mandasse una littera a V R, acciò fusse impetrata questa licenzia[1]. Et così pensano
de haver subito buona resposta de V. R. per farmi Vicecancellario

3° Oltre il favore della Università, tanto è il concorso alle mie
prediche che l'Ecclesia non po capir tutti, anchora ch'io gia ho mutato il luogo et pigliato una altra Echiesia più larga et commoda[2]
Ringraziato sia il Signor eterno, che mi dà un auditorio tanto bene-
volo, continuo et diligente, anchora che la lingua ex parte sia im-
perfetta[3] Credo che nessuno prete in questa terra abbia più gente
alla messa, et tanto devota gente, che contra ogni usanza restano
usque ad finem, quando io predico Et il Signor ci mostra et apre
diverse vie per conversar con la gente et per cose pie appresso li
malati, captivi et discordi, talmente che simul frutto fin a qui non se
raccolto appresso li cittadini

4° Hauvemo molto de ringraziare al Signore per parte degli
scolari[4], li quali per alcune precedenti domiiche hanno comminciato
de confessarse et communicarse con un insolito fervore Alcuni di

---

reverentia vestra diserte id probasset, quippe quae vere mihi praeesset Quod
responsum omnes laudarunt et constituerunt illustrissimo principi proponere, ut
litteris ad reverentiam vestram datis licentiam illam impetiaret[1] Censent itaque
reverentiam vestram statim sibi responsuram ut vicecancellarius fieri possim

3° Ad favorem universitatis frequentia accedit eorum, qui ad contiones meas
audiendas concurrunt, quos ecclesia capere non potest, quamvis ego, mutato iam
loco, in aliam ecclesiam transierim eamque ampliorem ac commodiorem[2] Domino
aeterno est gratia, qui auditorium mihi dat tam benevolum, assiduum, diligens, licet
locutio mea aliqua ex parte vitiosa sit[3] Neque hac in regione ullius sacerdotis sacrificio eucharistico plures interesse puto quam meo, tantaque est eorum pietas, ut me
contionante praeter omnem consuetudinem usque ad finem in templo persistant Ac
dominus varias vias nobis monstrat aperitque, quibus cum hominibus hisce consuetudine coniungamur, et in aegrotos, captivos, discordes beneficia conferamus, eaque
tanta, ut similes fructus ex his civibus usque adhuc percepti numquam sint

4° Magnas domino gratias agere debemus scholasticorum nomine[4], qui abhinc nonnullos dies dominicos insolito cum fervore ad paenitentiae et eucharistiae sacramenta

---

[1] Albertus V Monachio 25 Iulii 1551 S Ignatio de hac aliisque rebus scripsit
(vide infra, monum 65)

[2] Contionum germanicarum Canisii „initium fuit in Sacello Leprosorum, progressus in agro dominico, ubi communis peregrinorum sepultura est nonnunquam
sed rarius in aede Beati Mauritii Confluxit ad eum audiendum populus, ut alii
quidem Concionatores quererentur iam pautiores ad ipsos audiendos uenire" Cod
„Antiqu Ingolst " f 2ᵃ In illo autem „agro dominico" sacellum S Crucis erat
Anno 1581 Ioannes Engerd professor ingolstadiensis haec scripsit „Nostri quoque,
si qui Schmalcaldicum recordantur bellum, Dominum Canisium in Templo D Crucis
extra portam, antequam deiceretur concionari meminerunt" (Almae Ingolstadiensis
Academiae Tomus primus Inchoatus a Valentino Rotmaro, absolutus a Ioanne En
gerdo [Ingolstadii 1581], f 109ᵇ)

[3] Canisius locutioni inferioris Germaniae assuetus erat

[4] Anno 1551 scholastici ingolstadienses dinumerati sunt, et inventi 660
(Mederer l c I, 224)

quelli dicono chiaramente, che vogliono essere della Compagnia nostra,
et che staranno apparecchiati per partirsi a un collegio della Compagnia ovvero a Roma, quando vedessino buona compagnia[1] Et per
intertenir meglio questi buoni desiderii hauemo incominciato, sicome se
fa in Colonia, che ogni domenica uno di loro abbia una declamazion
latina de alcuna virtù, et poi s'offerisce buona occasione d'admonirli
alle cose spirituali Et quanto alli scolari communi, se viede bene,
com'a poco poco se lassano vincere et danno più speranza.

5° Li mezzi per far il collegio, anchora che mancasse il Ducha,
occorreno questi, 1° ch'il Reuerendissimo d'Eistett offerisce duoi o
tre millia de fiorini, com'una persona grande mi ha detto, 2° che
saria facilmente come pensano alcuni, d'impetrar dal Reuerendissimo
d'Eistatt, che per sua volontà s'applicasse al collegio quella intrada
d'uno beneficio, il qual si dà al Vicecancellero Et con quella intrada
se potriano nutrire quasi 6 scolari[2]. 3° sono molti benefici vacanti
in questa terra et potriano ascendere ad mille fiorini ogni anno, sic-
com'io son informato; di modo che per la disposizione del Reuerren-
dissimo d'Eistatt forse alcuna parte se potria applicar per effetto
del collegio Pur sappia V. R., ch'io non dico niente per fermo:
imperochè desidero haver alcuna occasione di parlar al Reuerendissimo d'Eistatt, et penso farlo con la grazia del Signore, quando haverò
la resposta di V. R. et principalmente cerca il Vicecancellariatu

---

accedunt e quibus aliqui aperte dicunt se Societatis nostrae esse cupere paratos-
que esse ad collegium aliquod Societatis vel Romam proficisci, cum idoneos itineris
socios invenerint[1] Ac quo melius bona haec desideria conserventur, id quod Coloniae fit, nos quoque instituimus, ut singulis diebus dominicis aliquis eorum de
virtute aliqua sermonem latinum habeat quo recitato occasionem habemus adhor-
tandi eos ad pietatem Vulgaris autem generis scholasticos pedetentim domari videmus et meliorem spem praebere

5° Facultates, ex quibus collegium, etiam duce promissis non stante, condi
possit, hae in mentem mihi veniunt 1° Reverendissimum Eystettensem duo triave
florenorum milia offerre homo quidam praestans mihi dixit 2° Aliqui censent a reverendissimo Eystettensi facile impetrari posse, ut ipso probante et volente ad collegium illud fructus beneficii ecclesiastici applicentur, quod vicecancellario dari solet,
ex quibus fructibus quasi sex scholastici ali possunt[2] 3° Multa beneficia in hac
regione vacant, ex quibus singulis annis mille fere florenos redire posse comperi
horum igitur aliqua pars fortasse ex reverendissimi Eystettensis praescripto in
collegio constituendo consumi posset Attamen R V sciat me nil tamquam certum

---

[1] Scholastici aliquot ingolstadienses reapse Societatem paulo post ingressi
sunt Vide epistulam Canisii ad episcopum eystettensem Vienna anno 1552 datam
[2] Anno 1467 capitulum ecclesiae cathedralis eystettensis, Paulo II approbante
et Guilielmo episcopo assentiente, constituerat unum ex canonicatibus suis alicui
theologiae magistro ingolstadiensi a Bavariae duce sibi „nominando" concedere, qui
tamen „capitularis" non esset nec suffragii ius haberet Diploma hac de re conscriptum edidit *Mederer* (l c IV, 25—31) Hic canonicatus vicecancellarius dabatur,
ex quo Canisii tempore plus quam 200 floreni quotannis redire solebant (*Prantl*
l c II, 239)

Volesse il Signore, che la partenza del R P Nicolao non ci desse
alcun impedimento! Sia fatta pur la volontà del Signor eterno
Solamente adgiungero questo, che mi basterebbe l'animo de nutrir qui
5 ó 6 scolari per ora, et che non mancherebbe tanto il favore del
Reuerendissimo d'Eistatt, quanto dell'Illustrissimo Ducha et de tutta
la Universita

Or in contrario per replicare che conveniente potria essere che
nessuno restasse piu della Compagnia, prima è questo che il Ducha
se trova tanto freddo et involontario, come pare, a far la promessa
del Collegio   2° Che propongono certe condizioni intollerabili, non
volendo anchora assegnar un collegio libero et de molte persone
3° che non possiamo bene satisfar al nostro Istituto restando qui,
perche il frutto delle lezioni e pochissimo; la conversazione con questa
gente richiede troppa la familiarita[1] et condescendere in convitti etc
l'assistenzia delli professori per promuover il bene commune ci manca.
nè sanno ben capir il nostro Istituto, tutti quasi dediti alla gula
et carnalità   Et si crede tanto d'intra quanto de fuora che quasi
non sia altra Università tanto licenziosa et senza manco disciplina[2].
talmente che la coriozione et corruptela degli scolari è molto grande
et li morbi troppo inveterati   4° quanto ad[1] Viceecancellariatum, essendo

---

assercre   nam opportunitatem aliquam cum reverendissimo Eystettensi loquendi
quaero, et Deo iuvante eum conveniam, cum reverentia vestra de his rebus et imprimis de viceecancellarii officio mihi rescripserit Utinam ne R P Nicolai profectio
impedimento nobis sit   Verumtamen domini aeterni fiat voluntas! Hoc tantum
addam   Nunc quidem quinque vel sex scholasticos mihi videor hic alere posse cui
rei neque reverendissimi Eystettensis neque illustrissimi ducis totiusque academiae
favor ac studium deessent

     Nunc pro contraria parte disseram, ostendens cui non conveniat quemquam e
Societate hic manere   Prima ratio haec est   Dux animo tam frigido tamque averso
esse videtur a collegio, quod promisit, constituendo   2° Condiciones quasdam intolerabiles nobis proponunt neque collegium condere volunt   quod liberum sit
multorumque hominum   3° Hic manentes instituti nostri rationem sequi haud facile
poterimus   ex scholis enim fructus capiuntur admodum exigui, ac hominibus istis
nimis familiariter uti[1] nimisque ad eorum mores nos accommodare oportet, in
convivis etc   Professores neque adiumento nobis sunt saluti publicae consulere
volentibus, neque instituti nostri proprietatem bene assequi possunt, gulae et carni
servientes paene cuncti   Ac tum intra imperium tum extra illud consent fere nullam
aliam exstare academiam cui tantum insit licentiae quamque tantopere disciplina de-
ficiat[2], quo fit ut scholasticorum mores perditissimi et corruptissimi morbi nimis inveterati sint   4° Cum viceecancellarii officium perpetuum sit nec facile ab uno in alterum

---

[1] al *propi*

---

[1] "erant in meliis cubiculis studiosi, sed procul a spiritu societatis illi, breuiter, nec locus nec sotii, nec uictus, nec studia noluptates sed angores et me-
tores potius illis annis suggerebant" Cod Antiqu Ingolst f 2
[2] Vel   Ac censent nullam fere aliam exstare universitatem, siue apud nos
siue apud exteros, cui etc

un officio perpetuo id est che non se muta facilmente d'una persona,
et hauendo li sui denari in ogni promozione magistrale o dottorale,
et poi perchè quasi tiene insieme un beneficio o canonicato in Eistatt,
non so, com' io potria esser sufficiente a quella dignità, la qual è
quasi principale in tutta la Università   Vero è, che mi hanno re-
sposto, si come volessimo liberarmi de tutto il proprio interesse,
acciò io stessi fuora d'ogni pericolo   Ma V R giudicherà meglio
Uno mi dispiace in costoro, cioè che siano tanto affezionati alle nostre
persone, et vogliano metterci addorso questi pesi d'honore, et pur non
pensano de promuovere la Compagnia et fondarci una cosa certa et
stabile per adiutar tanto la Università, quanto tutta Bauera per li
nostri   Iddio sa, a che miseri termini Bauera sia redotta, et quanto
guadagno habbia il inimico delle anime   Il Signore sempre guardi
li consiglieri delli Principi. Et sappia V R , che in questi mesi
habbia scritto il Reuerendissimo et Illustrissimo Cardinale Maffeo [1],
raccomendandoci al Doct Zoanetto Bologneso [sic], professore qui in
Iure [2]. Ma non è questa persona per promuoverci, nè in tanta ripu-
tazione appresso il Ducha, siccome alcuni forse pensano

    Per concludere non so dir altro, se non D o m i n e , m i t t e m e q u o
v i s [3] · etiam ad Indos; et a d i u v a m e i n o r a t i o n i b u s t u i s [4]

_____

transferatui , cumque in singulorum magistrorum vel doctorum creationibus certae
pecuniae vicecancellario obveniant, ac cum idem quasi simul beneficium vel canonicatum habeat eystettensem, nescio quomodo ego dignitatis huius partes implere
possem, quae in universa hac academia ferme summa est Ac responderunt quidem
mihi se omni propru lucri ratione me exempturos, ut a periculo omnino abessem
sed R V id rectius diiudicabit Atque hoc in hisce mihi displicet, quod licet in nos
quidem tam propensis sint animis, tantaque honorum onera nobis iniungere velint,
Societati nostrae nolunt prospicere, certum quid ac stabile nobis constituentes, quo
constituto tum universitas haec tum Bavaria omnis nostra opera adiuventur Deus
scit, in quantam miseriam Bavaria redacta sit, quantasque praedas inimicus animarum fecerit Dominus consiliarios principum semper custodiat' Et sciat R V
his mensibus reverendissimum et illustrissimum cardinalem Maffaeum [1] doctori Zoanetto bononiensi, qui ius tradit in hac academia [2], per litteras nos commendasse
Sed Zoanettus is non est, qui rebus nostris consulere possit, neque tam gratiosus
est apud ducem, quam aliquibus forte videtur
    Ut scribendi finem faciam, aliud dicere non possum nisi hoc D o m i n e , m i t t e
m e [3] quo vis, etiam ad Indos, et a d i u v a m e i n o r a t i o n i b u s t u i s [4] totamque

_____

[1] Bernardinus Maffaeus (Maffei), nobilis Romanus (1514—1553), presbytei
cardinalis tituli S Cyriaci in Thermis, ob eruditionem et pietatem S Ignatio carissimus erat et , cum Paulo III ab epistulis esset, eidem egregia officia praestiterat
(*Ciaconius-Oldoinus* 1 c p 737—738 Cartas de *San Ignacio* I, 278 290, etc).
    [2] Franciscus Zoanetto, legum doctor et ducis Bavariae consiliarius, Ingolstadii
iuris professor primarius fuit ab a 1549 usque ad a 1564, quo Bononiam ad ius
canonicum explicandum revocatus est Anno 1550 decumarum impetrandarum gratia
a duce Romam missus erat (*Mederer* 1 c I, 212 213 291—292, IV, 277 *Fr X
Prantl*, Das Matrikelbuch der Universitaet Ingolstadt-Landshut-München [München
1872] p 15)   [3] Is 6, 8   [4] Rom. 15, 30

totamque simul Germaniam   Gratia Domini Iesu nobiscum aeterna!
Ingolstadii, 20. iulii anno 1551

De V. R. figliolo indegnissimo

Petrus Canisius

Al molto Reverendo in Christo Padre Don Ignatio de Loyola
Praeposito della Compagnia de IESV padre mio singularisimo et
osservandissimo In Roma

S Ignatius per Polancum Canisio rescripsit Roma 16 Augusti 1551

---

simul Germaniam   Gratia domini Iesu nobiscum aeterna' Ingolstadii 20 Iulii
anni 1551

Reverentiae vestrae filius indignissimus

Petrus Canisius

Multum reverendo in Christo patri domino Ignatio de Loyola praeposito So
cietatis Iesu, patri meo maxime singulari summeque observando, Romae

115.

P. IOANNES DE POLANCO S. J.

nomine S Ignatii

CANISIO.

Roma 16 Augusti 1551.

Ex „Monumentis historicis" S J 1 c p 263 adnot 1

„Polancus, re com , Petro Canisio, ne Ingolstadio recedat, et ut videat an
is in Collegio ibi instituendo tenere queat modus, quem tenuit Neapoli P Sal
meron [1], et tandem ne Vicecancellarii munus, nisi forte ad tres tantum menses,
assumat, 16 Augusti" [1551]

116.

P. CLAUDIUS IAIUS S. J.

PP. PETRO CANISIO ET NICOLAO GOUDANO, S. J.

Vienna aestate vel autumno 1551.

Ex Polanci Chronico II, 563—564

„Urgebat", inquit Polancus, „suis litteris P Claudius Ingolstadienses nostros
ut inde Viennam migrarent, cum eam esse P Ignatii mentem intellexisset, qua
Rege romanorum Ferdinando promissum fuerat, Collegio Viennae stabilito, omnium
facultatum praeceptores, quas quidem Societas nostra profiteri solet, esse mit
tendos "

---

[1] Neapoli vero anni 1551 a patronis Societatis catalogi duo facti sunt, in quorum
altero priores et principes complures, in altero alii honesti viri civesque divites, quidquid ad collegium constituendum libuisset in commune conferre, suo quisque chirographo confirmabant (Polancus I c II, 167—171 Orlandinus 1 c I 11, n 15—17)

117.

CANISIUS

SANCTO IGNATIO.

Ingolstadio 31 Augusti 1551

Ex apographo recenti, postea collato cum epistula autographa, posita in cod „Epistt B Petri Canisii I" p 386 387

In eodem codice proxime post autographum est eiusdem epistulae exemplum, quod — manu Canisii, ut videtur — inscriptum est „De quadrimestri tempore ad Septembrem usque transacto Ingolstadii 1551 *

Particulam edidit *Germanus* 1 c p 304, et aliquas partes, italice versas, *Boero*, Can p 78—81 *Sacchinus* quoque epistula usus est et complura ad verbum ex ea descripsit, Can p 52—55 Usi sunt etiam *Polancus* 1 c II, 256—261 et *Janssen* 1 c IV, 400 Integra denique edita est in „*Litteris quadrimestribus*" I, 369—374.

(Epistula „quadrimestris") De propria utilitate P Goudani quanta sit diligentia et prosperitas in docendo et sacramentorum frequentia commendanda Homilias a scholasticis haberi, sacro multos cotidie interesse Iuvenes duos nomen dedisse Societati, id quam difficile Germanis sit In Germania religiosos ordines ruere, torpere omnia Ad contiones suas plurimos confluere De tempestate a contionatore quodam contra se excitata Se ricecancellarii munus constanter recusare Socios stipem pro scholasticis pauperibus collegisse, solacia carceribus intulisse, a Pflugio episcopo in auxilium ecclesiae saxonicae vocari

Jesus

Gratia domini nostri IESV CHRISTI et pax aeterna nobiscum.

Quoniam quidem ita iubet R P T, morem gerere studebimus, ut paucis complectamur ea, quae proximo quadrimestri non industria quidem aut dignitate nostra, sed summa clementiss Patris Dei erga nos bonitate ac singulari gratia hic contigerunt*. Quod si alia mihi recensenda forent, quae uti res ipsa postulabat ad meam ipsius reprehensionem et accusationem iustissimam possent adferri, equidem longe copiosior et, ut vereor, plane ad fastidium usque lectoris prolixus esse deberem. Nunc quia Dei sola beneficia proponuntur, id absque dispendio fieri vix potest, quin de indignitate et vilitate nostra paulo rectius cogitent, qui bona dumtaxat in conspectu habent malaque mea licet innumera non sentiunt Sed ut ut alii sentiant, mille testes isthaec conscientia[1], quae servo ignauo et indignissimo testimonium praebet hocque solo vel maxime consolatur, quod Patrum aliorum fratrumque subsidiis adiuvemur in hac IESV optima Societate

---

* *Quae sequuntur, usque ad R P Nicolaus Goudanus, in autographo a Polanco lineis inclusa sunt, ut in apographis ad aliarum provinciarum Socios mittendis omitterentur*

---

[1] Cf supra p 202 [1]

R P Nicolaus Gaudanus quo tempore sunt alii feriati a lectionibus publicis, nunquam a profitendo cessavit, ne diebus quidem cani-
cularibus[1] Auditorium nobis duplo majus, quam prius, contigit[']
De illo praeclare quidem iudicant omnes et utiliter audiunt, praesertim quum ex more suo sic Aethica[b] profiteatur, ut versari tamen
in sacris videatur[2] In convictu familiari multa effecit apud Germanos permouitque non paucos eo, ut, (quemadmodum antea visum
non est), singulis pene festis diebus ad confessionem et communionem
sacram accesserint Tum homeliae quaedam haberi coeptae, quibus
idem studiosi, quos magis familiares habemus, domi nostri[e] exerce-
rent sese et ad pietatem paulatim propius adducerentur[d]. Saepe
lectiones etiam privatas adhibuimus, quo efficacius eos conciliemus
nobis, et in hoc bono instituto magis magisque in dies confirmentur
Duplicata certe nunc Dei munera, quae nostris in manibus adhuc
crescunt, videntur, neque minorem nobis consolationem quam admirationem aliis adfert, sine exemplo et hoc loco tales et tam multos
esse, qui quotidie ad sacra modo veniant, qui nos sibi patres mini-
strosque altaris exposcant Vir bonus cum ad nos profectus esset,
egregium filium obtulit et in potestate nostra manere iussit, etiamsi
alio discederemus Neque parum hucusque profecit puer, de quo
bene speramus fore ut cum in literis, tum in spiritu expectationi
nostrae respondeat Sunt alii adolescentes duo, et ipsi Germani,
utcumque versati in literis, nunc plane nostri, in quibus d i g i t u m
Dei[4] suspicere cogimur. Ajunt, se CHRISTO debere summas gratias,
quia primi fere vocati fuerint e Germanis ad hanc IESV Societatem,
nihil se dubitare, quin subsequuturi sint et alii, quos ad hoc ipsum
CHRISTI iugum suscipiendum cupiunt pertrahere, ut et ipsi t a m
s u a v i s s p i r i t u s[5] primitias hauriant Testantur non minus videri
sibi, quod Germanus ad nos unus veniat, quam si vel Itali vel Hispani
viginti offerrent sese Societati[6] Novit profecto DEVS Opt Max. et ipsa

[']contingit Litt quadr   [b] Ais (Aristoteli) hic a Polanco additum est
[c] Sic et apogr nostrum, et Litt quadr

[1] Quattuor illorum mensium tempore, de quibus Canisius scribit, ex legibus academicis feriae agebantur praecipue 28 Mai — 4 Iunii (per octavas Corporis Christi)
et a medio fere Iulio usque ad ultimam septimanam Augusti (a festo Margarethe
usque ad diem divi Bartholomei) (Statuta, anno 1522 renovata [Mederer 1 c IV, 193])
[2] In testimonio publico, quod facultas theologica ingolstadiensis Goudano vita
functo in schola sua de more posuit, haec leguntur „Vir fuit summae moderationis,
et qui caeteris vivendi norma rectissima praeluxit Hic, ut consuleret profectui
iuvenum Ethica Theologicis iunxit et fontes actionum moralium et politicarum
ex sacris literis deprompsit" (Val Rotmarus 1 c 1 110[b])
[3] Cf supra p 373   [4] Ex 8, 19 Luc 11, 20   [5] Sap 12 1
[6] „Doctor Goudanus primatim Adolescentes et Theologiae studiosos placiosque
instituebat, et in disputando etiam exercebat, quosdam etiam ad pietatem propius
adducebat Ex his duo illi Viennam fuere missi Carolus Grim et Lambertus Awer
ambo nati in Tirolensi Comitatu, quos laetus accepit Viennae Doctor Claudius in

nimium nos docet experientia, quid quantumque difficultatis absumendum[a] sit, priusquam hoc institutum Germanorum animus intelligat, priusque[b] intellectum probet, probatum uero sectari velit et possit Quam est operosum (heu me), Catholicos in religione veteri continere, quanto difficilius autem, sacerdotalem ordinem istis comprobare, at longe rarissimum et laboriosissimum isthuc religiosae vitae ordinem alicui persuadere posse[1]. Nil uident, nil audiunt miseri, quod ad vitam perfectiorem, ad consiliorum Euangelicorum observationem frigidos incitet. Iacent, proh dolor, ita corrupti animi, ut ad omnem fere medicinam nauseent; laetalis torpor ac tepor occupat omnia Adeo ut nullum esse crediderim Religiosorum Ordinem, qui non ad internecionem hic sibi vergere videatur planeque desperet de instaurandis huc monasteriis Verum has querimonias idei co repetere visum est, ut alii lachrimabilem hunc statum et sane afflictissimum intelligant, intelligendo condoleant Germaniae, cui non intus modo pestes mille nocent, sed et foris vim summam adfert Turcica rabies, quae sic Hungariam conficere pergit[c][2]. Respiciat nos tandem clementiss Deus, priusquam Lutheranismus et Mahumetismus pessumdet sacra omnia diuinumque cultum extinguat

Ad praedictos adolescentes duos redeo, qui nobis de se magnifica in Christo pollicentur, quique nil optant ardentius, quam relictis semel omnibus pauperi Christo se mancipare ac spirituales in hac Societate opes conquirere Iamque ut ad collegium fratrum Viennam mittantur, a nobis valde contendunt, et si CHRISTVS faueat, breui sunt impetraturi.

---

[1] *Polancus loco huius vocabuli posuit* deuorandum   [b] *Sic, vel* priusquam
[c] *Polancus haec duo verba mutauit in* hisce diebus vexauit

nono suo Collegio" Cod „Antiqu Ingolst " f 2[b] Ex eodem codice cognoscitur ambos eodem hoc anno 1551 Viennam missos esse Cf etiam *Fr Sacchinum* S J, Historiae Societatis Iesu Pars secunda l 5 n 171 (Coloniae Agrippinae 1621, p 270) et Pars quarta l 1, n 37 (Romae 1652, p 8) Uterque egregius vir evasit et saepius per hoc opus nobis occurret Ioannes quoque Dyrsius, iuvenis eystettensis, tunc Ingolstadii Societati se tradidit eique postea multum profuit, de quo infra plura scribentur

[1] Inter materias theologicas, quas Canisius anno 1550 Ingolstadii colligere coepit (*cod „Scripta B P Canisu X B") multae sunt, quas excerpsit adnotavitque ad vitam religiosam defendendam, v g ad probandas has positiones „Non solum temporaria, sed etiam perpetua uota probanda" (f 63[b]), „Castitas monastica deo placet" (f 66[a]), „Obedientia praecipua pars monastices perficit hominem (f 67[a]), „Monasticen profiteri consultum est uel inuitis parentibus" (f 70[a]), „Non obligantur monachi ad labores manuum pro uictu comparando" (f 70[b]—71[a]) Atque etiam in sua „Summa doctrinae Christianae" Canisius accuratissima quadam diligentia ex sacra Scriptura et veterum Patrum libris vitae religiosae pulchritudinem ac sublimitatem comprobavit (cap 5, P 2, n 5 „Consilia Evangelica", v g in editione Dilingae a 1571 facta f 175[b]—183[a])

[2] Ea de re referunt *F B von Buchholtz*, Geschichte der Regierung Ferdinand des Ersten VII (Wien 1836), 258—284 *Ios von Hammer*, Geschichte des Osmanischen Reiches II (2 Aufl, Pesth 1834), 212—218

Auspicatus sum ego[a] munus contionandi, in eoque mensem nunc
pene quartum ago, commutatis interim latinis contionibus in Germanicas[1] Institutum hoc ita promouit diuina bonitas, ut etiamsi
difficillima sit linguae huius pronuntiatio, tamen intelligar nunc ab
omnibus, qui ad audiendum certe plurimi confluunt Nam et persaepe
contingit, primum in angustiore, nunc in ampliore templo[2], ut referta
illic praesentis populi turba excludat alios, qui pro foribus idcirco et
ad fenestras foris auscultant Exorta interim nubecula nescio quid mihi
minari videbatur, dum a contionatore quodam non candide tractor,
velut qui praeter morem et in loco insolito produrem ad euangelizandum[3]. Hic statim collecti professores totius Academiae contionatorem
illum arguunt, me studiose defendunt, uel non rogati[b] poenam proponunt multorum aureorum, si aduersus conatus meos ille mutiret
quicquam in posterum. Accessit et Episcopi sententia, qui re comperta suis me literis admonet. ne supersederem ab hoc instituto,
laturum se. si quidem opus esset, omnes mihi suppetias. In populo
non defuere, qui uellent aedes alterius oppugnare et vim inferre ceu

----

[a] *Hic a Polanco in margine haec addita sunt verba, fortasse ex altera Canisii
vel Goudani epistula summatim desumpta* praeter theologicas lectiones, ad quas
frequens accurrit auditorium, praesertim postquam suscepi Euangelium D Ioannis
explicandum *Cf infra, adnot 1*
[b] *Verba uel non rogati Polancus omitti voluit*

----

[1] Nec tamen scholas Canisius omisit „Ex quo P Canisius pro scholastica
lectione Euangelium D Joannis explicandum suscepit, frequentius et constan-
tius auditorium habere coepit, quamvis numerum eorum qui ethicam lectionem
audiebant, non aequarent, quam non solum discipuli sed eorum magistri audire volebant Licet autem, praeter lectiones D Joannis ac D Pauli publicas, reliquae domi
praelegebantur, nulli tamen ad eas audiendas denegabatur accessus, et ea praelege-
bant inter caetera quae promovendis ad sacros ordines usui essent" *Polancus* 1 c
II, 256—257   [2] Cf supra p 374[2]
[3] P *Joannes Dorigny* S. J in vita Canisii haec scribit „Il etoit quelquefois
arrivé a Canisius de faire dans Ingolstad ce qu il avait vû pratiquer a Rome ,
c'etoit de rassembler le petit peuple en certains endroits de la Ville, pour lui faire
quelque instruction familiere" (La Vie du Révérend Pere Pierre Canisius [Paris
1707] p 73—74) Idem referunt *Python* (a 1710, „in plateis et compitis"), *Agricola* (1727), *Longaro degli Oddi* (1755) *Boero* (1864) *Dorigny* (1866), atque hi
omnes ex Dorigno descripsisse videntur, nam qui saeculo XVII Canisii vitam
scripserunt Raderus, Sacchinus, Nieremberg, Fuligatti, M Tanner, ea de re nil
habent, nec quicquam in „Antiquitatibus Ingolstadiensibus" neque in Polanci „Chronico" legitur, nisi quod *Sacchinus*, procellam illam ipsis huius epistulae verbis
narrans, vocabula „et in loco insolito" mutavit in „nec loco solenni" (De vita Canisii p 54) *Canisius* ipse in „Confessionibus" hoc solum scribit „Licet concionandi mutarem locum, non tamen imminuebam auditorium" (supra p 62) Neque
tamen prorsus merum Dorigni commentum hoc fuerit, nam, qui Ingolstadium, quod
nunc est bene novit *Ioannes B Reiss* „Heute noch", inquit, „weifs man die Plätze
zu zeigen, wo er seine kleinen Zuhörer freudig — wie Xaverius in Indien es that —
um sich versammelte mit ihnen dann nach dem Unterrichte betend die Strafsen
durchzog" (B Petrus Canisius als Katechet [2 Aufl, Mainz 1882] p 29)

calumniatori Nos ob tranquillandas turbas[a], qui nobis etiam inuitis in illum concitabantur, excusare factum studuimus; iratos[b] placare animos uix potuimus Agnouit hoc offitium ille, qui tragoediam hanc, dum mihi parum fauet, ipse sibi temere concitavit, iamque nos sibi quam antea pergit habere familiariores Igitur nunc festis diebus pergo euangelizare, sed utinam tanto cum fructu animarum, quanto cum applausu et numero audientium Libenter optimates accedunt. populus fructum praedicat; parochus[1] in dies maiorem pollicetur; ego videre quam audire et expectare malim, ut rudes et miserae istorum conscientiae iuuarentur Id nobiscum lubenter vident alii et admirandum censent, quod praeter morem non solum attente ac integre contionem audiant isti, sed etiam ad finem usque missae in templo mecum perseuerent. Nam id nimium hic alibique receptum videas, ut omnis morae impatientes plerique aut post euangelium cantatum, aut in medio contionis, aut statim ab eleuata in altum Eucharistia sacra e Templo perinde atque canes fugiant, parum memores scilicet de audienda integre missa[2]

Collegimus quasdam eleemosinas in pauperum sustentationem, praecipue vero in gratiam studiosorum Theologiae, quibus et uitae sumptus in multos annos Deo duce procurauimus[3]. Verum eo ventum est apud Germanos, ut ne propositis quidem stipendiis ad sacra haec studia permoueantur[c] adolescentes. Tam alieni sunt ab ea professione, quae nunc vel maxime fit necessaria, ubi sacris de rebus vel infimi et indoctissimi quique passim disceptant ac sine fine nugantur

Reuerendissimus Episcopus Eystettensis, Illustrissimus Bavariae Dux et haec tota simul Academia contenderunt neque desistunt adhuc instare, quo munus obeam Cancellarii Sed hunc honorem ut instituto nostro alienum refutaui hactenus meamque indignitatem tum per literas, tum uiua voce coactus sum exponere. Excusando autem ac detrectando nihil impetraui aliud, quam quod Princeps ipse iam scripserit R P T, ut authoritate tua compulsus ego id susciperem, a quo certe abhorret animus[4]. Maiores idcirco gratias debemus huic Principi,

---

[a] *Polancus haec elegantius dici voluit corrigens* Nos ut tranquilliores reddeemus turbas   [b] et iratos *Litt quadr*   [c] promoueantur *Litt quadr*

---

[1] Parochus ecclesiae S Mauritii, ut videtur, cf supra p 374[2] Is tunc erat Erasmus Wolf (*Medere* l c I, 219)

[2] Friburgi quoque Helvetiorum ex missa sollemni post „eleuationem" discedere solebant, propterea „scholarchae" anno 1577 legem tulerunt, qua scholastici usque ad „benedictionem" sacerdotis in templo manere iubebantur (*Fontaine*, Notice historique sur la chambre des Scolarques de la ville de Fribourg, ed par Berchtold [Fribourg en Suisse 1850] p 20)

[3] Erasmus etiam Wolf († 1553), Canisii amicus, in collegio georgiano „stipendium fundavit" (*Medere* l c I, 235)

[4] Vide supra p 373 Ignatius munus illud „diserte reiecit, id solum Duci largitus, vt (si qui forte casus vrgeret) ad tres, quatuorue menses, citra honorum

quod ad iacienda demum fundamenta huius Collegii sese conuertat,
eoque iam scripsit ad R P T , ut ex Urbe quidam e nostris huc
destinarentur, promisso illis ipsis viatico. Qua de re iam responsum expectamus quotidie, nihil sane lubentius acceptum, quam ut
tamdiu desiderati fratres demum accedant et hanc Bavariae vineam
colant illustrentque CHRISTI benignitate[1]

In carceribus non defuerunt, quos et verbis et laboribus nostris
consolari Dominus voluerit Eorum unum post decollationem et cum
CHRISTO putamus regnare et orare simul pro nobis confidimus,
quemadmodum ille bona fide paulo ante quam moreretur, mihi pollicitus fuit

Scripsit iam semel atque iterum ad nos episcopus insignis Saxoniae proponitque statum vere miserabilem ecclesiae suae, ad quam
instaurandam nostrorum adhibere conatus exoptat[2] Commendatum
utcumque habet nostrum hoc institutum et coram agere nobiscum
cupit, quo pacto afflictis Ecclesiae suae rebus subuenire possit.
Speramus, non inutile futurum istud colloquium[a], ex quo fortasse
reperiri aliquod ostium[b] queat Societati, ut ad fontem harum omnium
haeresum ac parentem, hoc est ad ipsam usque Saxoniam, penetret
suumque figat illic tabernaculum in nomine IESV, ubi Sathanae regnum et haereticorum asylum ac domicilium proprium esse solet
Aperiat dominus oculos nostrae mentis, quo nos videre ipsi et contemnere cuncta possimus, quae ad sanctam obedientiae disciplinam
non conferunt Dein spiritum verae charitatis in nobis augeat, ut[c]
quae aliorum sunt, et quae IESV CHRISTI[3], sedulo usque procuremus

Ingolstadii, pridie Kal Septembris anno Christi 1551.

Petrus Canisius

---

[a] collegium *apogr nostr* , colloquium *Litt quadr* , un tale colloquio *Bo*
[b] hostium *apogr nostr*   [c] *Polanus inseruit* non quae nostra sed

---

insignia, et stipendia, Canisius eas partes suppleret" (*Sacchinus*, Can p 60) Vide
infra. monum 65
[1] Quae Ignatius Roma 22 Septembris 1551 Alberto V responderit vide apud
Girelli I c p 500—502 et in Cartas de *San Ignacio* II, 466—469 378—381
[2] Iulius Pflugius (1499—1564) nobili genere Pegaviae ortus, a Beato Petro
Fabio S J circiter annum 1543 spiritualibus S Ignatii exercitiis excultus, in naumburgensem dioecesim suam, Ioanne Friderico Saxoniae electore lutherano obsistente,
introire non potuit nisi compluribus post electionem annis Cum maior dioecesis
illius pars ad protestantismum iam transisset et maximae difficultates undique
irruerent, catholicae rei cladem impedire non potuit, atque ultimus eius sedis catholicus episcopus fuit *Heinrico Heppe*, theologiae protestantium professori marburgensi, Pflugius est „der milde und treue Bischof von Naumburg" (Geschichte des
deutschen Protestantismus in den Jahren 1555—1581 I [Marburg 1852], 158) Neque
negari potest Pflugium „nimio pacis amore et obsequentia cryptolutheranismi incurrisse suspicionem" (*H Hurter S J*, Nomenclator literarius recentioris theologiae
catholicae I [ed 2, Oeniponte 1892], X) Cf supra p 77[1]
[3] Cf 1 Cor 13, 4 Phil 2, 21

118.

CANISIUS

IULIO DE PFLUG,

episcopo naumburgensi

Ingolstadio 19. Septembris 1551.

Ex libro „Epistolae Petri Mosellani, Casp Borneri, Iani Cornarii pleramque partem ad Iulium Pflugium, ipsiusque Iulii Pflugii nondum editae . In lucem protulit M *Chr Gottfr Müller*" (Lipsiae 1802) p 138—139 Qui epistulam descripsit ex autographo, Cizae in „bibliotheca episcopali" exstante (praef p IX).

Pflugio operam suam offert Se de tota quidem Germania, maxime vero de Saxonia bene mereri velle Ab episcopo eystettensi se urgeri, ut Tridentum proficiscatur Optat, ut multi episcopi concilio intersint De theologis lovaniensibus

Ihs

Reuerendissime in Christo pater

Gratia domini nostri Iesu Christi et pax aeterna nobiscum. Amen.

Fefellit expectationem meam Nathanael[1], per quem litteras istuc meas destinandas esse ducebam, cum primum ad tuas, et primo quidem die, respondissem. Nunc exacto mense tandem redit ad me, culpamque transfert in tabellarium, quem hucusque quaesitum haud inuenire potuerit, vt idcirco iam secundo rescribam. Habeo sane gratiam, quod boni consulueris, qualia qualia fuere, scripta mea Tua praestantia[2], cui, si quid ego possim in Christo, in hoc praesertim rerum statu, id prorsus offero, et si superiorum intercedat autoritas, me quoque praestiturum esse confido. Lubens legi de colloquio, quod inter nos aliquando futurum augurans: expediremus forte nonnulla quae rebus ecclesiae tuae tam afflictis commodare, ac nostram in talem Episcopum obseruantiam declarare possent Cum enim Germaniae multis nominibus multa debemus, et nostras, si quae sunt, operas studemus impendere, tum vel maxime Saxoniam amamus, Christum orantes, vt de illa bene mereri nobis liceat, quam tot haeresium primam esse parentem volunt[3]. Rogas, num Tridentum proficiscar, nec habeo, quod certe pronuntiem, etsi probabile sit, eo me discessurum. Sic enim rogat ac vrget Praesul Eychstet. At primum a Duce Bauariensi impetranda est venia, neque hinc me dimouebo, nisi certiora quaedam cognouero: bicui autem cognoscam[4] Vtinam

---

[1] Nathauael Balsmann, de quo supra p 369

[2] Canisius ad Pflugium de ratione scripserat, qua ecclesia catholica in Saxonia iuvari posset Vide supra p 370 384

[3] De Lutheranismo loquitur in Saxonia orto

[4] Mauritius de Hutten, episcopus eystettensis, Canisium vel Goudanum suo loco Tridentum mittere vel secum adducere volebat Sed Ignatius, Goudanum concedere paratus, Canisium ei negabat, quippe qui Germaniae necessarius esset Albertus autem Bavariae dux neutrum abire passus est (*Monumenta historica* I c p 261 262[1]) Plura vide infra p. 395—396

successum Synodi promoueat Episcoporum frequentia, quae multum adderet autoritatis et fidei, vellent nollent aduersarii   Louanienses theologi, et sane percelebres, paucis retro diebus discesserunt, iamque Tridentum opinor peruenerint[1]. Dominus Iesus Ecclesiam suam tueatur, et C T conseruet Ingolstadii 1551 19 Sept

REVEREND CELSIT T.

Seruus in Christo
PETRVS CANISIVS

REVERENDISSIMO IN CHRISTO PATRI ET DOMINO MEO,
EPISCOPO XVMBVRGENSI

119.

P. IOANNES DE POLANCO

nomine S Ignatii

CANISIO.

Roma 17. Novembris 1551

Ex „Monumentis historicis" S J 1 c p 261, adnot 2

„Polancus, ex commissione, Nicolao Gaudano, non posse Argentorati Capitulo morem geri in iis quae circa Canisium postulat[2], nisi habeatur Ignatii consensus et Pontificis venia, scribat igitur Capitulum tum Pontifici et Cardinali Maffeo, tum Ignatio, 20 Octobris [1551] Idem scriptum est Canisio, 17 Novembris[3*] [1551]

Vide supra p 281

_____ . _ _____

[1] Concilio tridentino a 1551 et 1552 interfuerunt Leonardus Ioannes Hasselinus, Iodocus Tiletanus, Ruardus Tapperus, Franciscus Sonnius
[2] Argentorati (Strafsburg), quae urbs Alsatiae est principalis et tunc „imperialis" sive libera erat, anno 1529 senatus in urbe eiusque agro missae sacrificium offerri vetuit, in ecclesia cathedrali Gaspar Hedio, ecclesiae romanae infensissimus, sacrum suggestum occupabat At Carolus V bello smalcaldico feliciter gesto Argentinenses coegit, ut anno 1549 promitterent cultum catholicum in aliquot ecclesiis restitutum iri Erasmus de Limburg, episcopus argentinensis, urbem ingressus ecclesiarum illarum possessionem recuperavit Kalendis Februarii 1550 Protasius Gebweiler ecclesiae cathedralis constitutus est parochus in eaque singulis dominicis et festis diebus mane et vespere sermones sacros habebat, cum Hedio suggestum suum ex cathedrali ecclesia in eam transtulisset, quae Dominicanorum fuerat Sub mensem Septembrem a 1551 canonici summi templi ad Canisium scripserunt, ut — verba sunt ipsius Canisii 2 Ianuarii 1552 Ignatio scribentis — „ecclesiastem acturus illuc veniret, aut certe quidem tot modis afflictae ecclesiae suae statum semel inspiceret . curaturos se modis omnibus, ut susceptae peregrinationis eum nunquam poeniteret" (M Th de Bussierre, Histoire du developpement du Protestantisme a Strasbourg et en Alsace [Strasbourg 1859] I 293—301, II, 5—14 L G Glöckler, Geschichte des Bisthums Strafsburg I [Strafsburg 1879]. 366 377—400 Polancus, Chronicon II, 261)
[3] Canisius capitulo satisfacere non potuit nisi ineunte anno 1558, 17 Ianuarii 1558 Argentorati in ecclesia cathedrali sermonem sacrum habuit

120.

CANISIUS

P. LEONARDO KESSEL,

Sociorum coloniensium praefecto

Ingolstadio 14. Decembris 1551

Ex autographo (2°, 3 pp , in p 4 inscr et part. sig)

A capitulo ecclesiae cathedralis argentoratensis se expeti contionatorem Enixe rogat, ut Kesselius, Carthusiani, amici alii negotium illud S Ursulae aliisque coloniensibus sanctis diligenter commendent Reliquias sacras petit Kesselium hortatur, ut se suosque in lingua germanica exerceat. Ingolstadii sacramenta frequentari et Lutheranos conuerti Lainium et Salmeronem concilio tridentino egregiam operam nauare Societati multa constitui collegia Franciscum de Borgia, in Societatem liberalissimum, ducatu cessisse, Societatis alumnum se profiteri, ad animi demissionem et paupertatis studium omnes et contionibus et exemplis impellere

IESVS

Reuerende pater Leonarde,

Gratia Domini nostri JESV CHRISTI et pax in nostris usque cordibus augeatur. Scriptae sunt huc Argentina literae, quibus testatum est satis, parari illic scripta nomine Cathedralis Ecclesiae, eaque propediem esse mittenda Romam tum ad Pontif Max tum ad Cardinalem societati nostrae amicissimum Maphacum [1], tum ad Praepositum nostrum et Reuerendum in Christo P. Jgnatium Summatim hoc agitur, me vt Romae impetrent Ecclesiasten sibi, aiuntque nullam fore sumptuum magnitudinem, aut esse posse, qua deterreantur, modo isthuc [*sic*] efficiant [2] Jgitur quia consensurum video Reuerendum Praepositum, vt ex ipsius ad me literis est cognoscere, grauem hanc suscipere prouinciam cogar, et ni fallor, ante quadragesimam [3] huic Argentinam concedam [4] Qua in re si quid meam consolari imbecillitatem potest, id certe ad communes Patrum, fratrum et amicorum preces refero, his ego praesidijs nitor, meis plane diffisus viribus, quas multis nominibus debeo negligere ulique pendere, dum et ciuium illorum corruptissimos intueor animos, et praeteritam quae illic cum Buccero regnauit, haereticorum et haeresiarcharum turbam animaduerto Tuam uero pietatem imprimis oro frater, vt rem hanc minime vulgarem tecum expendas, meque tuis posthac precibus et sacrifitijs ita commendes Deo, vt antea nunquam, diligenter. Tua certe sacra, quae Sanctissimae Vrsulae in aurea fient camera [5], sanctae Trinitati

---

[1] De Bernardino cardinali Mattaeo vide supra p 377 [1]
[2] Vide supra p 386   [3] Anno 1552 initium quadragesimae fuit 2 Martii
[4] Confer, quae *Canisius* hac de re in „Confessionibus" scripsit, supra p 65
[5] „Aurea camera" sacellum dicitur ecclesiae S Ursulae contiguum multoque auro fulgens, in quo etiamnunc corpus S Ursulae, capita multarum sociarum eius, aliae reliquiae et monumenta pretiosa asseruantur B Petrus Faber, cum Coloniae

25 *

offeres, deinde sanctis Magis totius Germaniae Patronis et Regibus [1],
post D Gerconi [2] et B Seuerino Episcopo meo [3] negotium hoc omne,
et quidem saepe, si me amas et audis, commendabis　Nec fides me
mea fallet spero, quam de te, alijsque filijs et fratribus tuis maximam
concipio, fore scilicet, vt Canisium quamuis indignum ad onus hoc
ingens extrusum fauore et pietate vestra prosequamini　Haec ipsa
D et fratri chariss Arnoldo [4] scripta et dicta sint, necnon Reuerendis in Christo Patribus meis Carthusiensibus, quorum pro me con-
tinuata sacrificia saltem uicibus aliquot, supplex peto et obsecro.
Tum Reuerendo Patri Priori [5] velim hoc meo nomine dicas, vt quemadmodum ipse, cum magni momenti causa incidit, ad spetialium amicorum preces confugere solet, ita semel pro me dignetur facere, siue
tacito, siue expresso in literis nomine meo　Nullum sane maius in
me benefitium conferre potest, nullam ego rem mihi et Argentinae
magis necessariam reor, quam si hoc tempore et principio quidem
causa ista Deum fauentem habeat, et sic animos vulgi conciliare possim,
vt tantum se tractandos et sanabiles utcunque praebeant audiendo
Vides quam agam tecum prolixe et solicite, hoc vnum admonens,
summeque rogans, vt pluiimis plurimorum precibus iuuer, quia contionandum est Argentinae. Charitatis tuae fuerit, meam expectationem hic non fallere, sed quod Deo duce sum seminaturus, quotidiano et efficaci precum vestrarum succo irrigare, laboranti quamuis
imperito agricolae assistere, fauorem Sanctorum omnibus modis accommodare.

Vestras quidem non accepimus, postquam hinc duo quos Romam
nuper misistis, discessere [6] nos interea scripsimus ad uos, et sacias
huc mitti reliquias, valde rogauimus, iterumque rogamus. Nam etsi
discedam ego, priusquam alios mittatis in Vrbem (ut in quadragesima
fore auguror) tamen illi R D. Nicolaum Goudanum hic reperient,
qui depositum apud se munus vestrum uel scruabit in meum vsque
reditum ex Argentina (si quidem res procedent Jngolstadiensis collegij)
vel pro mea voluntate mittet alio, etiamsi Argentinae morer diutius
Jtaque saciarum reliquiarum, vt saepe oraui, participes omnino nos

---

esset, „auream cameram" summo in honore habebat in eaque saepe sacrum faciebat
(*Nic Orlandinus*, Forma sacerdotis apostolici [Dilingae 1647] p 67)
　[1] Cf supra p 173　　[2] Cf supra p 37 [2]
　[3] Vide supra p 265 [7]　S Seuerinum antistitem coloniensem „suum" dicit episcopum Canisius, quia in archidioecesi coloniensi natus, studiis excultus, sacerdos
factus erat　Neomagum anno demum 1559 ab ea dioecesi separatum est (*Binterim*
und *Mooren*, Die Erzdiocese Köln im Mittelalter　Neu bearbeitet von *Alb Mooren*
[Dusseldorf 1892] p 168—170)
　[4] „1551 Pater Arnoldus Hezius anni huius Neomysta, praeest studiorum nostrorum disputationibus domesticis, terque in hebdomade ijsdem graeca praelegit"
Ita ex „Historia Collegii Coloniensis" *cod „Hist gymn ti cor" f 22 [b] Cf etiam
„Litteras quadrimestres" I, 401—402 463　　[5] Gerardo Hammontano
　[6] Hi qui fuerint, nescio

reddas, quoniam et Romae iussus sum promissam seruare fidem, quam liberare non possum, nisi donatis Florentiae Reliquiis[a] — —

Nuper vt puto significauimus, datos esse nobis adolescentes duos, qui se Viennae iam dedidere Societati, magnamque de se spem praebent omnibus, uere Germani[1] Hos ueluti primitias CHRISTVS assumpsit, qui potens est et de alijs petris filios Abrahae sanctos excitare[2]. Progredior ego in contionando, et superam vtcunque difficultates linguae Germanicae, in qua uos etiam et discipulos vestros exerceri cupio, sicut et apud nos festis diebus aliquando Latine, aliquando Germanice declamant studiosi, atque ita priuatim ad Contionandum instruunt sese Magnam vero consolationem nobis augent, qui generatim confiteri peccata sua[3], et saepius communionem et confessionem sacram adhibere non cessant, atque uel tota uita cum in Lutheranismo vixerint, ad mentem hic redeunt, et per nos Ecclesiae reconciliantur, Christo gratia. Mirum dictu, quam foeliciter cadant conatus Reuerendorum P. Laynez et D. Alphonsi in Concilio Tridentino[4], vbi primum tenent locum inter omnes Theologos, quia Pontificis nomine sunt illuc destinati. Nihil dubito, quin rara ipsorum quam coram expertus sum, doctrina summam omnibus adferat consolationem et admirationem. Orandum autem pro R. P. Laynez, quod misere vexetur quartanis febribus, eoque deflectere coactus in villam propinquam, vt afflictam instauret valetudinem[5].

De Societate, quam succedant cuncta foeliciter, ex Vrbe, ni fallor, intellexistis Vere, nimiumque sumus ingrati, si dexteram dei pro nobis pugnantem et triumphantem non agnoscimus atque laudamus Nam ut tot annorum fructus immensos praeteream, quos operari per nostros dignatur bonorum author omnium, non parum id mihi sane videtur, quod hoc vno anno qui est a Christi ortu 1551, tot tantaque ex fratribus collegia sint constituta, vt Eborae apud Portugalenses, Medinae[6], Burgae[7], Ognatae[8], Viennae[9], Ferrariae, Neapoli, vt alia

---

[a] *In autographo quattuor versus, qui sequuntur, atramento superposito ita obscurati sunt, ut legi non possint, neque tamen ab ipso Canisio id factum esse videtur, sed illius manu, qui etiam alia quaedam signa in margine apposuit*

---

[1] Lambertus Auer, Carolus Grim, Ioannes Dyrsius eodem fere tempore Societati nomen dederunt, vide supra p 380[6]   [2] Luc 3, 8

[3] Confessionem „generalem" siue de peccatis totius vitae factam significat

[4] Concilium tridentinum Kalendis Maiis 1551 resumptum erat Iacobus Lainius et Alphonsus Salmeron 27 Iulii Tridentum venerunt (*Gius Boero* S J., *Vita del Servo di Dio P Giacomo Lainez* [Firenze 1880] p 121)

[5] Lainius exeunte Octobri et ineunte Novembri in praedio Christophori cardinalis Madrutii morabatur, quod lacui salensi (Lago di Salo) appositum erat (*Boero* l c p 125—126)

[6] Metimna Campensis (Medina del Campo) urbs est Hispaniae centralis

[7] Burgos, in Hispania septentrionali

[8] Oñate, item in Hispania septentrionali

[9] Viennam Austriae (Wien) dicit

adhuc duo taceantur Et haec partim iam inchoata, partim prouentibus annuis dotata sunt ita, vt immortale quoddam seminarium ser-
uorum dei (si CHRISTVS fauere pergat) ex illis locis colligi con-
seruarique posse speremus Prodibunt inde non solum docti, Philosophi,
Theologi, literisque omnibus et linguis exculti, verum etiam pij sacerdotes, periti et efficaces Contionatores et p i s c a t o r e s h o m i n u m [1],
futuri (quod breui Christus faxit) tum auxilio, tum ornamento Ecclesiae, ad cuius vtilitatem nostri spectare sudores et labores vnice
debent. Repeterem vobis quid boni odoris reliquerit jllustrissimus
Gandiae Dux et maximus Princeps idem Hispaniae, sed notam arbitror
esse historiam [2] Anno quidem superiore cum Religionis ergo venisset
in Vrbem atque jubilei gratiam illic promereretur, eleemozinas addidit
liberalissime, collatis in pios vsus multis millibus ducatorum   Collegium nostris non vnum extruxit atque instituit [3], et oblectatus amplissimo animarum prouentu, quem e nostrorum opera CHRISTO
reportari cernebat, coepit et ipse ad Regium Contionandi munus applicare animum, neglectis principum curis et studijs, in quibus plus
esse pompae et fastus, quam aedificationis ac spiritus arbitrabatur.
Filijs igitur quos pie quidem instituendos curauit, Principatus reliquit
gloriam, et omnem aulae suae strepitum et quaecunque ad Ducalis
dignitatis administrationem faciunt, vltro libenterque cessit Post
multas uero et serias preces, cum nostri multis illum annis in hoc
proposito retardassent, impetrauit tandem, vt pro Duce seruus in hac
IESV Societate sit assumptus Florebat antea princeps, nunc mutato
prorsus habitu de sua etiam paupertate nobiscum gloriatur, Orbatus
it frequenti illo satellitio, Qui multis imperabat, pauperibus et Christi
seruulis obtemperat, qui bonis mundi huius affluebat, etiam egenus
videri, et paupertatem non praedicare solum, sed etiam obseruare
studet accurate. Mirum quam plerique admirentur hanc dei potentiam, et mutatas rerum vices Alios reos iudicare et pro tribunali
sedere qui solebat, nunc vult ipse iudicari, nunc audiri non iudex
quidem, sed ut medicus animarum concupiscit Stat in medio sui
populi, e suggestu contionatur, ad mundi contemptum mutat seculi
f i l i o s [4], amorem crucis nescio an verbo magis quam exemplo declarat,

---

[1] Matth 4 19 Marc 1, 17
[2] Sanctus Franciscus de Borgia, Gandiae dux, a 1548 Societatis Iesu vota
privatim professus est, facta sibi a summo pontifice potestate ad certum tempus
res et privatas et publicas administrandi, a 1551 a Carolo V ducatus in filium
transferendi facultatem obtinuit, 24 Maii 1551 sacerdotio initiatus, totum se evangelicis mancipavit ministeriis (Vita Francisci Borgiae, a P Ribadeneira Hispanice
scripta Latine vero ab And Schotto [Moguntiae 1603] p 80—151 Ah. Cien-
fuegos ~ J La heroica vida, virtudes, y milagros del grande S Francisco de
Borja [Madrid 1702] p 149—228)
[3] Gandiae, in ducatus sui urbe principe, Societatis Iesu collegium condidit,
alterum Caesaraugustae instituendum curavit, de collegiis etiam complutensi et
romano optime meritus est   [4] Luc 16, 8, 20, 34

vtraque ratione, vt audio, magnopere mouet auditores. Nam zelus
domus Dei[1] tantus in illo visitur, vt non in aulis nutritus, et terrenis
rebus praefectus fuisse videatur, sed uelut in spiritus sancti schola,
sub obedientia magistra uitam priorem exegerit, ardens charitate,
plenus humilitate, et spiritualibus iam bonis abundans, vt non prioris
hominis vestigia, sed ne principis quidem vmbram retinere videatur.
At benedictus Deus qui humilia respicit in coelo et in terra[2],
quique nobilissimorum hominum filios magis ac magis indies nobis
adiungit, vt velit nolit mundus, non contempta, sed gloriosa esse paupertas incipiat, et in cruce gloriatio[3] queat superbis obijci, diuiti-
busque persuaderi, si solum sui ordinis exempla velint imitari Sed
non licet prolixius agere. vobis esse commendati ex animo cupimus,
vobisque Doct et frater meus D. Nicolaus accurate salutem impertit.
Precor dominum JESVM, vt foeliciter nouum inchoemus annum, in quo
pacem Ecclesiae restitui vtinam videamus tandem, sopitis semel his
tantis bellosis[a] motibus qui nunc passim inualescunt[4]. Quamquam
cladem accepit Turca in Vngaria, et magno dei munere Victor esse
coepit Rex Romanorum, vt etiam Viennae nostri significarunt[5] Pro
successu autem Concilij praecipue implorandus ille sponsus Ecclesiae,
qui tot errorum tenebris et scandalorum sordibus obscuratur, vt a
multis ignoretur, et a paucis digne colatur Inter amicos quos meo
salutabis nomine, cumprimis habeo Reuerendum P Priorem cum Carthusia sua, nec dubito, quin vt ante rogaui, me suis precibus et sacrifitijs sint adiuturi. Dominos autem Licentiatos saepe nominaui, quos
a me salutari solere nostis, praecipue autem R D Bardwick vna cum
familia sua Commendabis me itidem sororibus D Ignatij[6], et deinde
in Nazareth[7]. cum et istarum et amicorum pro me omnium preces
uehementer exoptem Saepe cogito de fratre meo Theoderico et de
M Henrico Nouiomagensi Canonico Det illis dominus intellectum[8], vt in viam pacis[9] ambo perueniant· mundique laqueis
eripiantur[10] Datum Jngolstadij 14 Decembris anno Christi Domini 1551

Tuus in Christo seruus et frater
Petrus Canisius

---

[a] *Corrigendum certe aut sic est aut* bellicosis *Autographum* bellocibus

---

[1] Ps 68, 10 Io 2, 17   [2] Ps 112, 6   [3] Gal 6, 14
[4] In Germania tunc iamiam seditiones illae atque bella incipiebant, quibus
anno 1552 Albertus marchio brandenburgensis et Mauritius Saxoniae elector Carolum V et catholicos, immo et protestantes vexabant (cf *Janssen* l c III,
682—691)
[5] Turcae Temeswariam obsidentes pedem rettulerant, possessio Lappae a Christianis vi recuperata erat (*Bucholtz* l c VII, 262—263 *Hammer* l c. II, 214—215)
[6] Vide supra p 290[4]   [7] Vide supra p 45 209[4]
[8] Ps 118, 34 73 125 2 Tim 2, 7   [9] Luc 1, 79
[10] De Theoderico Canisio et Henrico Dionysio vide supra p 116[2] 290. 251[1].
268, uterque Societatem postea ingressus est

Literas adiunctas Louanium mitti, nec leui de causa, vt cito
curetis oro

† Honorando Domino Leonardo Louaniensi de Societate IESV
sacerdoti Colomae.

121.

CANISIUS

SANCTO IGNATIO.

Ingolstadio 2 Ianuarii 1552.

Ex „*Litteris quadrimestribus*" I, 480—485 Editor, apographo antiquo usus, adnotat „Autographas Canisii litteras nullibi adhuc reperire valuimus, quare quid in
eis Polancus, ut ejus moris erat, immutarit seu emendarit, quid addiderit, quidve
suppresserit [1], indicare nequimus "

Epistula usi sunt *Polancus*, Chronicon II, 256—263 *Orlandinus* I 10, n 99
ad 101 *Sacchinus*, Can 52—54 60—61

(„*Epistula quadrimestris*") *Canisius et Goudanus soli in uniuersitate theologiam
docent, crescente auditorio Philosophiae morales lectio etiam professoribus probatur Soci etiam priuatim docent, disputandi morem induxerunt, scholas habent
in gratiam eorum, qui ordinibus sacris initiandi sunt In Germania omnes indiscriminatim ad sacerdotium admittuntur Ad confessionis sacramentum multi accedunt, etiam qui a pueritia in lutheranismo instituti erant Parochus quidam et
iuuenes litterarum studiosi sacris exercitus excolit, ille parochianos ad sacramentorum
frequentiam adducturus est Adulescentes litterarum studiosi ad contiones germanicas
habendas et ad preces pie faciendas instituuntur In templis orare iam fere ignominiosum videtur Professores cum discipulis natali Christi ad eucharisticam mensam
accesserunt Impetratum, ut in omni contione preces pro salute communi cum populo
recitarentur Canisio contionanti frequens est auditorium Populi magna pietas Canisius viuecancellaria munus numeris exercere non potest Canonici argentinenses
vehementer instant, ut Canisium contionatorem accipiant Argentoratum „sectarum
seminam collegit" Praesules moguntinus, treverensis, constantiensis, eystettensis de
collegiis Societatis condendis cogitant)

JESUS

Gratia et pax Domini Nostri Jesu Christi in nobis et per nos
in dies augeatur Amen

Scribam ad te de quatuor mensibus, ut voluntati tuae paream,
Reverende Pater, narraturus ea succincte quae magno Dei nostri
munere inde a septembri concessa sunt nobis, ut lucrum quidem aliquod videri queat spirituale, sed omnino exiguum illud, si cum aliorum
Patrum et Fratrum scriptis conferatur.

Initio lectiones sacrae, quas in hac academia soli profitemur
Doctor Nicolaus Goudanus et ego [2], praeterquam quod consuetum
habuere successum, quia Christus adspirare dignatur, etiam frequentiori et constantiori quam prius bonorum auditorum numero decoratae

---

[1] Cf supra p 379*
[2] Solos igitur hos duos professores facultas theologica tunc habebat

fuerunt   Aethicam vero lectionem [1] commendant cum studiosi atque
magistri, quorum ingens accedit numerus, cum ipsi quoque professores
atque doctores, qui nobiscum agere coeperunt non semel ut horam
profitendi commodiorem, quae ipsis debeictur, ad praelegendam aethicam vendicemus

Jam ut omittam lectiones ordinarias, praeseitim in evangelicis
et apostolicis [2], privatim quoque docemus, sed ita ut nulli denegetur
ad haec audienda locus, quae maxime ad explicandas in romanis difficultates spectant [3]. Dedimus insuper operam ut persaepe disputaretur,
jamque vicimus utcumque difficultatem, quae hactenus abhorrentes
istorum animos tenuit ab hoc, licet utilissimo, tamen huc rarissimo
instituto, cuius nunc fructum et sentiunt et amant theologiae studiosi
Neque sine singulari multorum profectu factum quod lectiones aliquot
in gratiam illorum institueremus, qui sacris erant ordinibus paulo
post initiandi. Nam apud Germanos, dum ad sacerdotalem adspirant
ordinem, nulli non admittuntur, qualis qualis aetas et gravitas sit in
ordinandis Excusant autem neglectum hunc canonum sacrorum, quod
summa ministrorum ecclesiae visatur ubique penuria: quasi propterea
praestet qualescumque demum quam nullos habere presbyteros ad
functiones obeundas in templis.

Quod ad sacramentum attinet confessionis, nec pauci nec vulgares
hic juvantur a nobis; et jam mulieres audire coepimus, cum antea
linguae nos deterreret difficultas Accesserunt praeterea qui nunquam
antea fuerant confessi, et ab ipsa quidem sua pueritia in lutheranismo
instituti, sub utraque semper specie communicaverant, quos Christi
gratia singulari lucrifecimus ut jam ad Ecclesiae doctrinam atque
disciplinam se rite componant, saepe confiteantur, seriam ostendant
resipiscentiam, et de se magna nobis polliceantur

Parochus quidam qui, relictis omnibus, hic degere voluit, postquam spiritualiter est exercitatus a nobis, admirabilem collegit fructum
ex meditationibus, quas solemus proponere Fructum hunc fusis poenitentiae lacrymis et optimae vitae concepto desiderio non parum ardenti declaravit Cum ad suas redire oves pararet, fidem nobis dedit
curaturum se, tum apud amicos, tum apud suas oves, enixe ut sacrae
confessionis et communionis usus, qui Germanis est omnino rarissimus,
frequens introduceretur: tum in singulos menses scripturum se nobis
recepit quis ecclesiae status, quis fructus in suorum animis esset
Adjuti sunt et alii studiosi, dum per nos priorem meditationum no-

---

[1] Goudanus hanc scholam habebat, cf supra p 362 380

[2] Canisius in universitate evangelium S Ioannis interpretabatur, epistulas
S Pauli aut ipse, aut Goudanus, cf supra p 382 [1]

[3] Notum est inter libros sacrae Scripturae, e quibus Lutherus doctrinam suam
confirmare conabatur, epistulam ad Romanos eminere Ideo primi in Germania
Societatis homines hanc Scripturae partem praeter ceteras sibi sumebant exponendam

stiaium paitem absolvunt [1], in quibus majoiem quam antea unquam de pietate piofectum sensere, ut ad geneialem peccatoium confessionem instituendam essent instructiores

Dominicis ac festis diebus, quando a meridie studiosi ad nos multi veniunt, paiatum ex illis ipsis declamatoiem habemus, et sicut latine hactenus, ita nunc geimanice, ut concionentur effecimus; qua quidem exercitatione an sibi magis ipsi piofeceiint quam nobis satisfaciant haud facile dixeiim   Certe ad concionandi munus hac ratione prae- parari videntur, ut si pergant in hoc instituto, juvari foitasse per hosce ministios germanicae possint ecclesiae, in quibus boni et fidi concionatoies quam maxime desiderantur   Absoluta porro declama- tione, quam dixi, flectunt cuncti genua, qui convenere, Christum pre- catuii   Tum piaelegi curamus pias aliquot precationes, ad quas iespondent illi vicissim   Sunt hae precationes pio successu Concilii Tiidentini, pio pace Ecclesiae, pro haeresum exstirpatione; succedit demum letania   Mirantur jure nonnulli qui fiat ut Germani adolescentes, atque etiam artium Magistri, ad hoc pietatis exercitium vel ultro accedant, quando in templis orare nunc fere pudendum videtur   Sed et in ecclesia, ubi vespertinas decantant laudes studiosi, morem eumdem piecandi sequuntui, piaeeunte uno nostroium ac piaesente totius collegii Rectore [2]   Neque istud solum apud studiosos impetiavimus, veium etiam omnibus concionatoribus ut ad piecandum exhortentui populum, Deo duce persuasimus   Igitui receptis veibis utuntur, fle- xisque genibus, Domini piecationem recitat concionatoi. Deum quisque iogat et nominatim quidem pio Concilio, Episcopis, Imperatoie, Piin- cipibus et pro pace etiam [3]   Nullus adeo est festus dies, concio nulla, quin precatio isthaec iteietui publice   Numquam hic esse conspectum affirmant ut saciatissimae Euchaiistiae saciamentum plures quam hoc Natalis Christi festo peterent, praesertim professoies una cum stu- diosis, qui nostris e manibus panem illum veie coelestem [4] ac- cepere   Sic enim, quam antea declaravere, comprobatam voluere suam erga nos benevolentiam, fidem et amorem singularem   Unde nihil miiabimur si nostrum discessum aliquando ferant aegeiiime, quod reti- neie nos ex animo cupiant universi

[1] „Prima hebdomada" in exeicitiorum libello haec dicitui, et „continet Con- sideiationem peccatoium, ut corum foeditatem cognoscamus vereque detestemur, cum dolore et satisfactione convenienti" (Diiectoiium eveicitioium spiiitualium c 11, n 2 in „Instituto Societatis Iesu" Vol II [Romae 1870], 438)

[2] Regens „novi collegii" sive seminarii geoigiani significaii videtui, id munus tunc tenebat M Ioannes Spieterus (Medeiei 1 c I 224)

[3] Consuetudinem hanc Canisius etiam, postquam Ingolstadio discessit, commen- davit et peivulgavit   Qua iatione ipse dicendus sit auctor precum illarum „com- munium" (,allgemeines Gebet", „Gebet für die allgemeinen Anliegen dei Chiisten- heit") in Geimania quam maxime usitatarum, in secundo huius operis volumine videbimus   [4] Io 6, 32 ff 50 etc

Germanicae conciones meae, quas festis diebus continenter prosequor, non solum nunc intelliguntur magis, verum etiam et probantur eo studiosius, quod numeroso semper auditorio decorentur, ut plenum videre templum liceat, etsi in extrema civitatis parte situm[1], et quod adeatur hoc frigidissimo tempore, quod eis non parum incommodum videtur, praesertim cum die vixdum illucescente mihi sit auspicandum. Bonam spem esse audio de quibusdam haereticis, quorum utinam minor esset hic proventus, quique cum lubenter ad nos audiendos venire dicantur, suas etiam opiniones paulatim emendare censentur, ad meliorem, ut confidimus, frugem redituri, ut abjectis errorum tenebris in luce versentur Ecclesiae sanctae De populo satis constat miram illius religionem esse coepisse, postquam in hoc templo a me coeptum est concionari Non solum aures ad audiendum avide verbum Dei praebet, sed etiam ad precandi rationem tam pie quam studiose componit sese, ut nusquam alibi praeter omnem sane morem in Bavaria precantur. Sacrificanti ad finem usque Missae assistunt[2]. Cum Eucharistia sumenda est, singulari cultu eo sese convertunt, fusis humi corporibus, id quod in Germania videre sit rarissimum

Munus Procancellariatus, quod hucusque quamvis invitus retineo, conor equidem ab humeris excutere; at me satis extricare vix possum, etiam si tua me defendat authoritas, Reverende Pater; sic urget Episcopus, Princeps et Academia. Sed modis omnibus ut hoc onere liberer procurabo

Novum nobis ostium se aperit Argentorati (vulgo Argentinam vocant) Est ea civitatum germanicarum una praenobilis, raris admodum instructa dotibus, mundique ornamentis referta Scripserunt illinc ad me canonici cathedralis ecclesiae, nobilissimi quidem illi, quum inter hos et duces et comites plurimi numerentur[3], sed propter lutheranismum coacti excedere, nunc demum suis restituti sedibus, curant res afflictae ecclesiae suae[4]. Scripserunt, inquam, ad me illi ut ecclesiastem acturus illuc veniam, aut certe quidem tot modis afflictae ecclesiae suae statum semel inspiciam, curaturos se modis omnibus ut susceptae peregrinationis me nunquam poeniteat. Rescripsi igitur me de mutando loco nihil posse statuere, quando ipse mei esse juris desiissem; in me porro nullam futuram moram si missus ad illos gratificandum [sic] quicquam possem efficere Nunc parum abesse [?]ᵃ autem quin Episcopo Eystettensi[5] me comitem ad synodum adjungerem, sic annuente scilicet praeposito meo, nisi primores Ba-

---

ᵃ Sic Legendumne abfuisse ?

[1] Canisius tunc contionari solebat in templo S Crucis, quod postea destructum est, cf supra p 374[2],   [2] Cf supra p 383

[3] Capitulum argentinense inter nobilia Germaniae capitula fere nobilissimum erat, omnes enim capitulares (qui 24 erant) principes vel comites vel liberi barones imperii esse debebant   [4] Cf supra p 386[2]   [5] Mauritio de Hutten

vaiiac obstitissent quominus ca in Concilium piofectio succederet[1].
At boni canonici illi, nc quicquam intentatum relinquerent, non modo
secundas ad mc litteras dedere, quibus ut iter mature ingrediar contendunt maxime, sed etiam ad Pontificem Maximum, ad Cardinalem
Mapheum[2], et ad P T scripserunt ut jussus Argentinam amander
agamque concionatorem. Nunc ea concepta est exspectatio foie ut
ad proximam illis quadragesimam adsim Novit autem Dominus
quantopere sit opus, cum in aliis Germaniae oppidis, tum in hac prae-
clarissima civitate, opus, inquam, fidissimis Dei servis et operariis
Nam Argentina velut haeresum sectarumque sentinam collegit, postquam illic velut in arce regnarunt illi pestilentes, nec minus eloquentes,
Bucerus, Capito, Sturmius, Hedion[3], similesque pestes. Quo magis
Christum precari par est ut ad messem illam vel meliores quam
ego sum ac esse possim mittat operarios, vel si obedientiae jus
tale quid a me postulet sua ipse gratia, qui dominus est messis[4],
suppleat quod ad provinciam eam rite obeundam in me omni quidem
ex parte desideratur. Atque his [?][a] sane Patrum et Fiatrum non de-
futuras mihi preces puto, quas ardenter quidem numquam non expeto.
E quibus saepe ita pendere videor mihi ut firmius in terris praesidium non requiram

Nunc piiusquam absolvam omnia, Christo giatias agendas primum
arbitroi quod, sicut in aliis christiani orbis provinciis factum est, sic
etiam de Germania nostra brevi fore piomittat, nimirum ut variis
in locis exstructa hic collegia videamus, ubi contra fidei hostes in-
victum Jesu nomen ejusque sodalitium longe lateque iesplendeat

De Viennensi Collegio dicere supeisedeo quod iam optimis quoque
pioventibus dotatum est[5]. Piaecessit Rex Romanorum Hunc sequi
ducem volunt Electores duo imperii, Archiepiscopus Moguntinus[6] et
Trevirensis[7] Accedunt dein duo Germani et ipsi Episcopi, Constantiensis[8] et Eystettensis, qui cum regium intuentui exemplum, et suis

---

[a] *Sic Litt quadi , hic ?*

[1] Vide supra p 385 *Polancus* „Sed et suffraganeus Episcopus, et deinde
Eistetensis, suo loco ad Concilium mittere, vel deducere ipsi, P Canisium aut
P Gaudanum nitebantur, cum veio princeps Bavariae timeiet ne alio postea hi
Patics mitterentur, si Ingolstadio recederent, nunquam suum ad id consensum, qui
tamen eiat necessaiius, praestitit" (Chronicon II, 261) Eadem similibus verbis
iefert *Sacchinus*, Can p 61, qui tamen, ubi Polancus de „suffiaganeo Episcopo"
scribit, „Frisingensem" episcopum ponit, idque recte, ut videtur Ecclesiae frisingensi
ab a 1541 usque ad 31 Decembiis 1551 piaecerat Henricus palatinus ad Rhenum
[2] Vide supia p 377 !
[3] „Hedio" (Heyd, Heid) ille vocaii solebat   [4] Matth 9, 38 Luc 10 2
[5] De hac re postea plura dicentur
[6] Sebastianus de Heusenstamm, at collegium moguntinum anno demum 1561
institutum est
[7] Ioannes de Isenburg Collegium treveiense a 1560/61 conditum est
[8] Christophorus Mezler Constantiense collegium institutum est anno 1592

prospectum eatenus volunt, de collegiis Societatis instituendis tractare coeperunt.

Qua de re ut conatus illorum rite succedant, illicque* major exerccatur nostra charitas, ubi procul dubio major sese offert necessitas, Christum merito precabimur ut Societatis nova, veluti luce densas pellat tenebras, quae Germaniam omnem, ut nullam provinciam christianam aliam, obscuravere.

Lux vera[1] Christus nos respiciat illustretque semper gratia sua Amen.

Ingolstadii, postridie Circumcisionis Christi, anno Nativitatis ejusdem 1552.

Filius et servus infimus,

Pftrus Canisius.

122.

SANCTUS IGNATIUS

PP. PETRO CANISIO, CLAUDIO IAIO, NICOLAO GOUDANO, S. J.

Roma 12. Ianuarii 1552.

Ex „Monumentis historicis" S J l c p 565, adnot 1

De Canisio et Goudano Ingolstadio ad tempus Viennam mittendis 12 Ianuarii 1552 „scriptum fuse fuit[2] Patribus Claudio Iaio et Petro Canisio, missaeque sunt patentes seu obedientiae litterae Patribus Canisio et Goudano, quibus eis injungebatur ut, cum bona Ducis, Aistetensis Episcopi, Universitatis et populi venia, quamprimum Ingolstadio Viennam se conferrent"[3]

---

* illisque Litt quadi

---

[1] Io 1, 9

[2] Quia res collegii Ingolstadii condendi in longum trahebatur, Ignatius suos inde avocare statuit et effecit, ut Ferdinandus rex eos a summo pontifice quasi commodato obtineret, donec collegii ingolstadiensis adesset maturitas Vide infra, monum 80—83

[3] Haud recte igitur Crétineau-Joly scribit Canisium Viennam ad collegium instituendum venisse anno 1551 (Histoire de la Compagnie de Jesus tom. I, chap 6 [Tournai 1846], p 109) Collegii viennensis initia copiose enarrata sunt ab Antonio Sochero S J., Historia Provinciae Austriae Societatis Jesu Pars prima (Viennae Austriae 1740) p 20—27 Notandum autem est Socherum in libro suo conscribendo usum esse historia manu scripta collegii viennensis, a P Laurentio Magio, qui collegii ejusdem rector et provinciae Societatis austriacae praepositus provincialis fuit, „circa A C 1570 concinnata" (l c p 16[1] 36 55 60—61 etc) Summi etiam momenti sunt, quae ipsi primi Socii viennenses Romam scripserunt (in Litteris quadrimestribus I, 405—409. 456—461 etc)

123.

SANCTUS IGNATIUS

PP. PETRO CANISIO ET NICOLAO GOUDANO, S. J.

Roma 28 Ianuarii 1552

Ex *Polanci* „Chronico" II, 564

Ignatius, inquit Polancus, „28 Januarii [1552] nomine Summi Pontificis, cui obedientiam peculiari toto in missionibus debet Societas, ut inde [i e Ingolstadio] Viennam se conferrent, nostris Ingolstadiensibus scripsit, et quidem intra decem dies postquam litteras accepissent" [1]

124.

CANISIUS

MAURITIO DE HUTTEN,

episcopo eystettensi

Vienna Austriae inter mensem Martium et Novembrem 1552.

Ex cod „Antiqu Ingolst " f 2". Etiam apud *Verdiere* l c 1, 449

P Nicolaus Goudanus Ingolstadii adulescentes quosdam „ad pietatem proprius adducebat" Inter hos „Joannes Dpsius Eystettensis fuit, alumnus ille primum Episcopi atque canonicus, sed qui utrumque Doctorem ex Bavaria discedentem Viennam est usque comitatus et Collegio simul illic adscriptus [2],

---

[1] Canisius 24. Februarii Albertum V adiit, ut gratias ei ageret et abeundi veniam obtineret Is „multis modis immo et precibus agebat ut aliquandiu subsisterent, donec ad socerum suum Ferdinandum ipse scriberet, sed cum praescriptum decem dierum tempus moram non ferret, hoc decrevit tandem, misso Romam secretario revocationem eorum curare juxta spem, quam P' Ignatius ei faciebat, cum Collegium Ingolstadiense inchoaretur" 28 Februarii, quae dies dominica erat, „cum post concionem populo valediceret P Canisius, multi cum planctu et lacrymis quantum de recessu eorum dolerent testati sunt Eumdem affectum professores Universitatis, cum eis valedicerent, ostenderunt, et pene tota Universitas" Episcopum etiam eystettensem salutarunt „Primores civitatis" eos usque ad navem comitati sunt, qua secundo Danuvio vehebantur, immo et aliqui cum eis aliquamdiu navigaverunt Haec a *Polanco* referuntur (Chronicon II, 564—566) Atque etiam *Wiguleus Hundt*, qui Alberti V ducis consiliarius et per complures annos universitatis ingolstadiensis curator fuit, in magno illo suo libro „Metropolis Salisburgensis", Ingolstadii anno 1582 primum vulgato, testatur Canisium et, qui a 1549—1552 Ingolstadii cum eo erant, Socios „bonam sibi gratiam in eo Gymnasio conciliasse suique desiderium illic reliquisse" (Metropolis Salisburgensis, ed *Christ Gewoldus*, II [Ratisponae 1719], 277)

[2] „Duo germani novitii cum eis venerunt, quorum alter fuit Joannes Dirsius" *Polancus* l c II, 565, alter Lambertus Auer vel Carolus Grim fuit, cf supra p 380⁶ *Moderer* (l c I, 229) affirmat tunc a Canisio et Goudano in itineris atque etiam vitae societatem assumptum esse Iodocum Castner qui postea collegii ingolstadiensis minister et a 1577 collegii halensis rector fuit Societatem vero huc ingressus est multo post, nam cum demum 24 Februarii 1571 Romae prima Societatis vota fecisse constat

etsi Episcopus aegre ferret clancularium uelut abitum alumni, eoque succen-
seret nonnihil Doctori Canisio, sed literis ab eodem acceptis de tota causa re-
scripsit amanter, et paulo ante mortem [1] *ostendit se Dyrsij factum comprobare"* [2]

125.

CANISIUS

P. LEONARDO KESSEL

ceterisque Sociis coloniensibus

Vienna S. Aprilis 1552.

Ex apographo (2°, 3½ pp), quod mense Maio vel Iunio eiusdem anni Ioannes
„Cospaeanus", montanus, „Societatis Iesu alumnus" [3], Coloniae ex archetypo descripsit
et Ludovico Blosio (de Blois) ordinis sancti Benedicti, abbati monasterii laetiensis
(Laetiae, Liessis, in Gallia) destinavit, at Blosio missum esse non videtur, nam
hodie quoque Coloniae est, in Cod colon „Epistt ad Kessel I" ft 2 non sign
Vide, quae infra post ipsam epistulam scribentur

In eodem codice (post f 61) alterum apographum est, quod saeculo XVII
scriptum esse videtur

Se Ingolstadio revocatum esse Fratres ex Colonia adcenisse Vexationes cum
gaudio perferendas esse Sociorum coloniensium alumnos vehementer exhortatur, ut
magistris perfecte oboediant, atque immo euangelicam perfectionem in Societate Iesu
sectari et ipsi statuant Quantopere desideret, ut Theodoricus frater suus idem sta-
tuat Se Argentoratum missum iri Iis, qui in carcere sint viennensi, se parochum
sese praestare De Turcarum crudelitate In vulnera Christi confugiendum esse

Jesus

Charissimi fratres in Christo Jesu

Gratia Domini nostri Jesu Christi et eius pax sempiterna nobiscum Benedictus pater ille misericordiarum ac Deus
totius consolationis[4], qui nos tanta locorum intercapedine disiunctos, abunde consolatur, et absentes cum in literis, tum in fratribus
quos mittitis, iucunde [a] praesentes facit Hoc nondum ad vos per-

---

[a] iucundae *Cospaean*

---

ex „*Libro professionum et votorum" collegii ingolstadiensis t 81ª (nunc cod 270
bibliothecae universitatis monacensis) [1] Obiit 6 Decembris 1552
[2] Ioannes Dyrsius (Thyrsius, Dirsius, Dirschius), cum in collegio viennensi
philosophiae et in romano theologiae operam dedisset, a 1563—1566 collegium
oenipontanum gubernavit Magdalenae, Ferdinandi I caesaris filiae piissimae et
erga Societatem Iesu liberalissimae, a sacris confessionibus fuit (*Cod „Germ Sup
Cat 1566 1599ᵇ [qui apud nos est] f 359ª *Cod „Initium et Progressus Collegii
Soc Iesu Oenipontani" P 1, p 4 [Oeniponte, in musaeo Ferdinandeo, Bibl Tirol
tom CCXXXII, n 596])
[3] Nescio num hic idem sit ac „Iohannes de Montibus, publicus Urbis [coloniensis]
Professor", de quo *Reiffenberg* ad a 1553 „Animo, nuncupatisque votis dudum
noster, privatas . incolebat aedes, suoque in lycaeo artes tradebat" (l c p 42)
De Ioanne „Conspeano" Lovanio Coloniam misso v *Polancum* l c II, 270 284
[4] 2 Cor 1, 3

latum arbitroi, venerabilem P Doctorem Gaudanum* et me Ingolstadio reuocatos esse, et postulante ita Serenissimo rege Ferdinando
Viennam missos peruenisse[1]. Quo fit vt in Bauaria nos frustra quae-
sierint fratres, quos vna cum libris non parum grauatos misistis Ingolstadium[2]. De nostris autem occupationibus ac de successu viennensis
collegij vt ad vos scribant alij, curabo: Cristo libet gratias ageie, quo
duce augetur isthic fratrum numerus, et magis magisque splendescit
fiuctus, quem cum patientia colligitis, cum securitate conseruatis,
quamdiu tribulationum sale conduntur cibi vestri, quos alijs pascendis
in Christo largimini. foelices qui vobiscum agunt studiosos dixeiim,
quod clarissime videant, exemploque vestro discant, quid sit pugnare
cum mundo, quid oppugnari a Sathana eiusque denso satellitio illi
sub vestris alis tueri se facile possunt quantumuis frendeant ac fre-
mant hostes, quorum furor vestei honor est   Curent tantum vestro
paiere impeiio, si maxime se saluos volunt[b], curent gallinas amare,
si se pullos arbitiantur[c], curent citra metum, citra solicitudinem
omnem se primum Christo. Deinde vobis omnia concredeie. Curent
simpliciter excipere, Reuerenter auscultare, constanter explere quicquid non iniunctum modo, sed etiam consultum a vobis fuerit. Vtinam
apertis videient oculis, quantum adfeiant gaudium[d] suis angelis quoties
obedientiae satisfaciunt et suo relicto sensu se totos[e] permittunt ijs
quos Christus non secus ac seipsum iubet audiri[3]   Quam facile per-
uenirent ad summa, si quae infima vilissimaque sunt ex animo sper-
nerent abijcerentque Nempe vt aurum amittamus, terram et plumbum
et ferrum sectamur? vt summas animi voluptates negligamus, mo-
mentaneam falsamque in creaturis dulcedinem requirimus? Non sapit
nobis manna, quia aegyptioium ollis infectum retinemus palatum[4],

---

[a] Gandavum *apogi* *alternini*   [b] velint *ap. alt.*   [c] arbitrentui *ap alt*
[d] gaudij *ap alt*   [e] solos *ap alt*

---

[1] *Boeio* athrmat eos 9 Martii Viennam venisse (Canisio p 88, Iaio p 208)
[2] In matiicula universitatis viennensis intei eos, qui exeunte a 1551 et ineunte
1552 e „natione Rhenensi" inscripti sunt, compaient „Jacobus Tsauntele flandrus
Jesuita" et proxime post eum „Otto Briamont laodinensis Jesuita" (Cod „Matricula
Universitatis Viennensis IV" f 85ª Viennae, in aichivo universitatis) Hi duo
iuvenes ex academia lovamensi, ut Societatis Iesu institutum sequi possent, Coloniam ad P Leonardum Kessel fugerant, ab eoque statim ad Socios ingolstadienses
atque ab his ilico ad viennenses ablegati erant Iacobus „Tsanntele" (quod nomen
foitasse accuiate scriptum non est) a P Nicolao Lanoio in litteris 24 Aprilis 1552
Vienna Romam missis „Iacobus Aldenardensis" vocatur Tertius novicius cum iis
venit „Rogerius Pepingensis" (cf supia p 334[3]), qui et ipse Lovanii Socis se
iunxeiat (*Litterae quadiimestres* 1, 507 576 *Polancus* 1 c II, 563—569 *Reiffenbei[g]* 1 c p 36—37 *Sochei* 1 c p 27—28) Ex verbis autem Canisii supia scriptis
intellegitui, post tres illos Colonia alios quoque Societatis scholasticos vel novicios
Ingolstadium missos esse, quorum nomina ignoio
[3] „Qui vos audit, me audit, et qui vos spernit, me spernit" (Luc 10, 16)
[4] Cf Ex 16, 3 Num 21, 4 5

destituimur pane vinoque coelesti, quia nulla est vasis munditia, quo
Ambrosiam et nectar excipiamus Per tot ambages erramus, qui
brcuissima semita perduci poteramus ad regnum, et omnib tum copijs
tum voluptatibus affluere. Ah cur nondum placet opulenta in Christo
paupertas? Cur detrectamus suavissimum* obedientiae iugum?[1] Cur
Christo vocanti, assistenti, et collaboranti diffidimus? Nihilne nos
mouent tot aliorum exempla, qui multis nos parasangis praecurrunt
et anteuertunt, siue spectemus nobilitatem generis, siue fortunarum
rationem, siue doctrinae magnitudinem, siue vitae ornamenta consideremus? Proposita sunt ob oculos Christi verba, promissa, exempla,
consilia, quibus admoneamur, et incitemur ad perfectissimam viuendi
noimam, parata offeruntur ad pugnandum arma, et ad currendum[b]
et laborandum nihil deest, si tantum quae iacent ante pedes accommodemus Vtinam, Vtinam aliquando sapiant, qui tot modis auidam
nostrae salutis[c] charitatem illam immensam audiunt ac vident, sed
audiunt ac vident tantum, proh dolor, ac pudoi, tempusque diuinae
visitationis pulcherrimum negligunt[2], et vel improbe, vel frigide vel
praepostere transigunt praetermittuntue hanc ipsis oblatam, et agnitam
bene beateque viuendi occasionem Videmus omnes vitae huius miserias maximas plurimasque, temporum experimur difficultates asperrimas,
et vicissitudines rerum pene omnium sentimus horribiles, perinde ac
si suum extremum agat mundus delirium, statim in nihilum collap-
surus Quanto feliciores vos, qui extra turbas quiete, si vultis, et
perfecte si sapitis, vitam agitis, quique supra communem vulgi captum
intelligitis, quae ad voluntatem Dei bonam, beneplacentem
atque perfectam[3] requiruntur. Potestne igitur, vos omnes obsecro. potestne inquam suam in vobis partem vendicare mundus tam
immundus quam malignus, vanus et caducus, in quo nihil perpetuum
beatumque[d] comperiatis? Valeant hoc ipso nomine parentes, si quae[e]
mundi sunt quaerant in vobis, et non vosipsos ad summam summi
creatoris gloriam promouere contendant. Relinquite sarcinas, si cui sum
vultis expeditum, et iucundum ad immortalitatem; spes fallaces ex-
puite, si coelestes opes expetitis, diuitias relinquite mortuis qui Christo
foetent[4]: Thesauros autem qui locupletant puras, et sanctas animas,
per mare per terras per tot discrimina rerum[5] quaerite, sectamini,
desiderate Christus etiam suos habet negociatores et institores, in
his vos recenseri velim. Nostis accepta concreditaque vobis talenta:
liberaliter erogate, sed in salutem vestram et proximi · vestra studia

---

* sanctissimum *ap. alt.*   [b] concurrendum *ap. alt*
[c] salutis nostroium *ap. alt*   [d] beatumve *ap. alt*   [e] qui *Cosp*

[1] Cf Matth 11. 30   [2] Cf Luc 19, 44
[3] Rom 12. 2   [4] Cf Matth 8, 21 22
[5] „Per varios casus, pei tot discrimina rerum Tendimus in Latium" (*Vergilius*,
Aeneidos 1 1, v 204 205)

sint lucra spiritualia, quibus ecclesiam ornctis, et locupletetis Haec
mihi suggerit animus. dum vos cum[a] venerabili P Leonardo ob oculos
mihi propono, vobisque non secus ac fratribus seu germanis seu spiri-
tualib consultum optime cupio Nam tametsi mea non egeatis adhortatione, vt quae domi suppetit quotidie, tamen et locus et tempus
admonebant[b] ne vos meo negligere silentio vellem, scribo interim (vt
fit) tumultuarie, scriptique fructum[c] hunc quamuis indignus postulo,
vt Canisium ex animo vestrum Christo quam maxime, et soepiss. com-
mendetis. Tantum ad crucem praeparemus animos: obedientiae iugo
premamus superbam ceruicem, in humilitate magis magisque proficiamus
Dominus Jesus gratiam suam addat, qua duce et mundum et nos-
ipsos contemnamus penitus, vt regnum Dei perfecte in nobis[d] ad-
ueniat[1], et summa Dei voluntas per nos compleatur Ex literis
nouercae lubens intelligo, venturum isthuc fratrem meum M. Theodoricum Canisium vt Domino Barduick[2] adiungat sese, sic Dei prouidentia ac sapientia (vt spero) disposuit vt is quem tam diu desiderauit
tot suspirijs, tot gemitibus cupiui societati nostrae adiungi vt is inquam propius accedat ad vos quem effuso meo sanguine in societate
optarem et viuere et mori Tum de altero fratre Ottone Canisio
scribit vt quiduis de illo statuam, et si velim ad me iuuenem euocem
Ingolstadium Non rescribo tamen hoc tempore cum ex vrbe literas
expectem, quibus Argentinam, seu (vt alij volunt[e]) Argentoratum pe-
stilentissimorum[f] haeresiarcharum sedem, Vienna mittar, vt venerabilis Patriarcha[3] iam, opinor, statuit[4] Quare R. Prioris Carthusiensis
preces quas indigno et immerenti mihi tam[g] fide communicauit nequaquam irritas esse ducatis Ego singularem Dei prouidentiam con-
sidero, quum ad Argentinensem Academiam[5] profectionem meam ad
tempus dilatam intueor, et praesertim quamdiu saeuissimi tumultus

---

[a] Sic recte ap alt , Cosp qui
[b] apponebant ap alt   [c] finem ap alt   [d] perfecte nobis ap alt
[e] vocant ap alt   [f] perditissimorum ap alt
[g] cum ap alt

---

[1] Cf Matth 6, 10 Luc 11, 2
[2] Andreae Herll, canonico S Gereonis   [3] S Ignatius
[4] Canisius, inquit Polancus, Argentoratum „post Pascha mittendus credebatur‟,
sed „id fieri non poterat, ne compendium theologicum „tamdiu differendum esset,
quod tam avide admodum exspectabatur, et, ex quo Viennam peruenerant‟ Canisius
et Goudanus, „inter alias occupationes hanc vel primo loco habebant‟ (Chronicon
II, 567—569) Ac P Nicolaus Lanoius Viennā 24 Aprilis 1552 S Ignatio scripsit
„Doctor Canisius propediem [in universitate] expositurus est compendium quoddam
theologiae, seu christianae doctrinae, quod opus jussu Serenissimi Regis nostri
P Claudius [Iaius] concinnat in usum potissimum studiosorum et pastorum qui in
ditionibus regis degunt, quibus non conceditur diversas ob necessitates in academiis
diutius permanere‟ (Litterae quadrimestres I, 575)
[5] Academia illa sive schola altior a Ioanne Sturmio regebatur et propugna-
culum quoddam erat protestantismi

in Germania non sunt consopiti [1], Non enim leges tantum, sed etiam
conciones inter arma silent [2] De meis Viennae conatibus quos Reuerendus p. prior, licet absens, promouet, vestraque pro me sacrificia
confirmant ex fratrum literis audietis. Hodie aditum parauimus nobis
ad vinctos, qui bis miseri vinctique censendi sunt, quod spiritualiter
non minus quam corporaliter vinculis impliciti, carcere concludantur.
Illis ego parochum (vt superbe loquar) praestare conabor, absoluam
a peccatorum vinculis animas Christo assistente, pascam longa confectas pene inedia vt verbo Dei reficiant sese [a] Multi sunt et miseriam augeri sibi verentur magis, quam sperent liberationem Christus
qui pro illis quoque mortuus est consoletur miseros, et si non in hac
vita, saltem in futuro saeculo vere liberos saluosque reddat Eos
vestris commendo precibus fratres, eoque magis quod Apostolica iubeat
sententia Mementote vinctorum tanquam simul vincti, et
laborantium tanquam et ipsi in corpore morantes [3]. Ad
quam rem nos praesentia permouere [b] possunt exempla, quum [c] hic
de vicinis audimus Hungaris, quanta in eos crudelitate grassetur Turca,
saepeque multa Christianorum millia plusquam tyrannice iugulat, no-
stroque vel certe nostrorum sanguine pasci potest, exsaturari non
potest non solum homicida ille, sed etiam (vt sic dicam) animicida [4].
ecquis tantorum qui nunc coepisse tantum [d] videntur, tumultuum aut
modus aut finis existet? Vndique premimur atque concutimur, domi,
foris, clam, palam, mille fraudibus, et artibus malis, At nullus quietis
pacisque solidae locus praeterquam in Crucifixi Domini vulneribus,
huc ingrediamur fratres quamuis indigni: fontes hi nostras abluant
sordes sanguine, qui vel Adamantina [e] frangat, emolliat, et sanctificet
pectora Haec requies nostra, hic portus, hoc asilum, nusquam aut
tutiores erimus, quocunque curramus: aut viuemus suauius quantas-
cunque sectemur voluptates Mundus igitur suis exagitetur furiis,
conficiat sese, durare non potest, transit vt vmbra [5], vergit ad
senium [f], et aetatem opinor decrepitam agit Submersi nos in Christi
vulneribus non est cur contubemur [g], gloriabimur potius in cruce

---

[a] et verbo Dei reficiam hosce miseros *ap alt* [b] mouere *ap alt*
[c] quoniam *ap alt* [d] *Hoc vocabulum in ap alt deest*
[e] adamantem *ap alt* [f] somnum *ap alt*
[g] *Librarius alter suum* conturbemur *postea in* contristemur *mutauit*

---

[1] Tumultus ac latrocinia dicit, quae Albertus Brandenburgensis, Mauritius
Saxo, Guilielmus Hassus eorumque socii faciebant Cf supra p 360 [4].
[2] „Silent enim leges inter arma" *Cicero*, Pro Milone § 10
[3] Hebr 13, 3 Quae Canisius in carceribus viennensibus praestiterit, vide
infra, monum 92
[4] Segedino (Szegedin) mense Februario a 1552 a Turcis recuperato, Christianorum vexilla 40 et aurium amputatarum 5000 Constantinopolim missa sunt. Paulo
post Vesprimium (Wessprim) a Turcis occupatum multique ex militibus praesidiariis
trucidati sunt (*Bucholtz* 1 c VII, 303—304 *I i Hammer* 1 c II, 219—220)
[5] Eccl 7. 1 Sap 5, 9

26*

domini[1], spem vere beatam exspectantes[2]. commoremur vt
cito conglorificemur capiti[3], sub quo crucifixo haud decet membra
esse delicata, sed excurro iterum, et a scopo videor aberrare. vos
mei vt in precibus memineritis etiam atque etiam precor. Dominus
Iesus Christus in sanctiss. vulneribus suis nos absorptos, ac mortuos
mundo faciat Amen[4] Viennae Austriae 8 [Aprilis 1552]

frater in Christo minimus Petrus Canisius

Reuerendo Domino ac P Leonaido Kesselio professo Societatis
Jesu[4], et reliquis cum eo commorantibus siue fratribus siue non Coloniae agrippinae.

Epistulam hanc anno 1552 datam esse haec eius verba patefaciunt „Hoc
nondum ad vos perlatum arbitror,   . Gaudanum et me Ingolstadio reuocatos esse "
Haec enim Canisius scribere non potuit nisi breui post adventum fratrum, quos
Colonia Viennam venisse Kesselio refert, neque enim hi diu cunctari poterant,
Kesselium de adventu suo certiorem facere simulque nuntium de Goudano et Canisio
Ingolstadio revocatis ad Colonienses „perferendum" curare Ex epistula autem ab
Erardo Avantiano (Dawant, „Eraido Leodiensi") S J Vienna 8 Aprilis 1552 ad
Socios colonienses data constat eosdem 2 Aprilis Viennam advenisse[5] Cum igitur
ex apographo Cospaeam intellegatur Canisium die 8 alicuius mensis scripsisse, du-
bium esse non potest, quin 8 Aprilis 1552 scripserit, eiusque epistula una cum litteris
ab Erardo datis Coloniam missa sit

Cospaeanus in pagina quarta apographi sui praeter inscriptionem, quae iam
supra proposita est, hanc etiam alteram posuit „Quaeso deferatur haec epistola
Venerabilis P M Petri Canisij Neomagi sacrae paginae doctoris ad Reuerendum
Dominum ac P Abbatem laetiensem agentem laetus" Exstat etiam epistula a
Cospaeano ad eundem abbatem — praeclarissimus Ludouicus Blosius, „alter Bernardus", is erat — Colonia 11 Iunii [1552] data, in cuius extrema parte haec verba
sunt „Mitto tibi literas aliquot fratium, vt eorundem exercitia in studijs et pietate
cognoscas, et non vereans ad hoc sanctum institutum impellere quos putas idoneos "[6]
Societati Iesu Blosius certe se praestitit amicissimum, ad quod probandum epistula
sufficit, quam de eadem anno 1554 ad Viglium de Zwichem consilii flandrici praesidem dedit[7] Jacobus Dogius S J Lovanio 7 Iulii 1553 Cospaeano scripsit Eo
ipso tempore a P Adriano Adriani S J Blosium abbatem ac D Ursmarum eius
procuratorem spiritualibus S Ignatii exercitiis excoli   post eos autem priorem

¹ Omittitur in ap alt

¹ Gal 6 14   ² Tit 2, 13   ³ 2 Tim 2, 11 12 Rom 8 17
⁴ Statutum quidem erat, ut Kessel anno 1552 sollemnem votorum professionem
faceret, sed propter tempestates, quas supra scripsimus, in 27 Ianuarii 1553 ea
reiecta est (Reiffenberg l c p 37 39 Cf Litterae quadrimestres 1, 462)
⁵ *Cod colon „Epistt ad Kessel l" f 79ᵇ
⁶ Cospaeanus in isdem litteris „Rev Piocuiatorem D Vrsmarum", „D Paschasium", „D Iulianum des Mathers" salutat
⁷ Gallice, prout a Blosio scripta est, piimum est edita a L Delplace S J,
L etablissement etc p 5*--7* In qua Blosius, piactei alia, scribit „Il est plus
que manifest que ladicte Societe est mise sus de la volunte divine   Quant est
des privileges que Nostic sainct Pere leurs a donne, ils sont entierement necessaires
pour leur vocation " Cf etiam I M Prat S J Leben und Wirken des R P Peter
de Ribadeneira, übersetzt von P M Gruber S J (Regensburg 1885), p 83—90,
et Polanco Chronicon III, 277—279

monasterii laetiensis easdem meditationes esse instituturum. „Intantum afficitur abbas ad Societatem quod (sicut dixit mihj) iungeret se sine dilatione eidem nisj obstaret monasticus ordo“ ¹ In Societate autem Iesu inter libros, quorum lectio magistro noviciorum commendatur, „ut deceptiones, quae in spirituali vita accidunt, non tantum experimento, sed etiam lectione intelligat“, „Ludovici Blosii opera“ laudantur ²

126.

CANISIUS

P. IOANNI DE POLANCO,

secretario Societatis Iesu

Vienna 7. Augusti 1552.

Ex autographo (2°, 3 pp , in p 4 insci et pars sig)

Partem epistulae („Il Reverendo Padre nostro Don Claudio“ — „Patrono de tutti li Catholici“), ad nostram scribendi rationem accommodatam edidit Boero, Canisio p 89—91 et Iaio p 55 213—216, ex Boero transcripsit Prat, Le Iaj p 484—486 Altera particula est in editoris „Katechismen des sel Petrus Canisius“ p 18

Ad vitam P Claudii Iaii describendam hanc epistulam adhibuit P. Eus Nie-remberg S J, Varones ilustres de la Compañia de Jesus VI (2 ed , Bilbao 1890), 27—28

P Claudium Iaium pridie febri exstinctum esse Quam diligenter is apud haereticos Germaniae laboraverit, et quam perspicue et suaviter theologiam docuerit De argumentis quibusdam theologicis a Iaio „in scriptis“ explicatis Quam carus idem auditoribus ac proceribus Germaniae fuerit Episcopatum tergestinum ab eo recusatum esse De eius paupertate, pietate in Christi passionem et in rosarium B M V De Martino Olavo Societatem ingresso et Nicolao Lanoio collegio viennensi praeficiendo Se totum esse in catechismo conscribendo A Turcis summa timenda, sanguinem iam pro nomine Iesu fundendam esse

IESVS

Molto Reuerendo in Christo Padre mio.

La gratia et pace del Signore JESV CHRISTO sia sempre con noi, et ciesca ne i cuori nostri continuamente Amen. Non posso scusarme giustamente io, hauendo receputo tanti beni da V. R P et lassando per tanto tempo de scrieucie et dimostrar la debita gratitudine Per la qual cosa io me rendo debitore de pena et de culpa,

---

Iesus Multum reverende in Christo pater Gratia et pax domini Iesu Christi semper nobiscum sint et in cordibus nostris continuo augeantur Amen Non possum iuste me excusare, quod, cum tanta a reverenda paternitate tua beneficia acceperim, tam diu tibi non scribo neque gratum, quo me esse decet, animum declaro Hac

---

¹ Epistula Dogii autographa est in codice colon „Litt. Epistt. vai “, in f non sign In litteris, quae de rebus collegii S J coloniensis ad praepositum gene-ialem datae sunt Colonia 29 Septembris 1559, haec sunt „Adfuit nobis R D Abbas Laetiensis D Ludouicus Blosius et D Nicolaus Eschius“ (Ex *apographo litterarum illarum antiquo, quod est in codice „Anniae literae Collegii Soc ⁿ Iesu Coloniae ab — 1553 vsq ad annum 1660 inclusive Liber 2 “ Coloniae, in archivo studiorum fundatorum) ² Regulae magistri noviciorum c 1, n 8

et prego humilmente V. R. P. che mi perdoni questa grandissima negligentia, et non lassi de raccomendarme al Signor benedetto nelli suoi santi sacrifitij et pregeri.

Il Reuerendo Padre nostro Don Claudio [1] poi che fusse recidiuato nella febre, et hauesse il 4° paroxismo della tertiana, et non fusse mente desperato delli duoi medici piu valenti in questa citta, li quali ogni di veneuano * duoe volte per visitarlo, et poi che s' usasse ogni cura et diligentia d' adgiutarlo (come è debito) mentedimeno non ostante tutto questo, perch' il Signor e sopra tutto, et vol mostrar la sua prouidentia et bonta sopranaturale inuerso alli suoi, ecco ha reso la santa anima al suo eterno et sempre benedetto creatore, et in presentia de tutti li Padri et fratelli hauendo gia il santo oleo pigliato, se partette da noi suoi figlioli a quello altro mondo, sicome il Santo Martino [2] lassando a tutti grandissimo desiderio di retenirlo si fusse stato piaciuto al Signor omnipotente, et mostrandoci la via diretta per andar a Christo tanto nella vita, quanto nella morte, la qual e li stato tanto piu deletteuole, quanto maggiori trauagli, pericoli et miserie hora qui se rappresentano 1ª per li Turchi appresso, 2ª per le heresie [3], 3ª per le guerre crudelissime, sicome per tutta alemannia forze mai inanzi sono state [4]. Et cosi al santo giorno quando se celebra la festa della Transfiguratione di JESV Christo S N. [5] il Reuerendo

igitur de causa et poenae et culpae me reum profiteor demissoque animo R P V rogo, ut summam hanc neglegentiam mihi ignoscat neve omittat Deo optimo maximo in sanctis sacrificiis precibusque suis me commendare

Reverendus pater noster dominus Claudius [1], cum in febrim recidisset et quartam tertianae febris accessionem passus esset, neque ulla ratione a duobus medicis, qui in hac civitate peritissimi sunt quique singulis diebus bis eum invisebant, esset desperatus, cumque curam debitam diligentissimo ei impendissemus, quae omnia quamvis praestita essent, tamen, quia dominus imperio tenet omnia ac providentiam suam benignitatemque supernaturalem suis exhibere vult en sanctam animam aeterno ac semper laudando creatori suo reddidit, et, sacro munitus oleo, patribus et fratribus omnibus adstantibus, a nobis filiis suis in alterum illum abiit mundum, sicut sanctus ille Martinus [2], omnibus maximum relinquens desiderium Claudii secum retinendi, si domino omnipotenti placuisset, et rectam nobis, qua ad Christum accedamus, viam tum in vita, tum in morte demonstrans, quae quidem mors eo iucundior ei fuit, quo maiores labores, pericula, calamitates oculis nostris nunc proponuntur, quae oriuntur 1° ex Turcis nobis vicinis, 2° ex haeresibus [3], 3° ex bellis, quibus atrociora in Germania fortasse antea fuere nunquam [4] Sacro igitur die, quo festum fit transfigurationis Iesu Christi domini nostri [5], reverendus ille pater ex hac valle miseriis plena elatus in montem sanctum ascendit, ut Christum perfecte

     ª veneuenano *antogi*

     [1] P Claudius Iaius

     [2] Canisius mortem sancti Martini turonensis episcopi significat, quam describit Sulpicius Severus in epistula tertia, ad Bassulam data

     [3] Quantopere tunc Austria haeresibus perturbata et corrupta fuerit, ostendit *Janssen* I c IV, 95—105   [4] Cf supra p 403 [1]   [5] 6 Augusti

Padre se leuo de questa valle piena de miseria, et ascese nel monte santo per veder Christo perfettamente et godeie con Sant Piedio della bellezza della diuina natura[1], sicome per tanti anni egli hebbe sempre desiderato. Adunche sia benedetto il Signor eterno, il qual puo et vuole dar tanta gratia alli suoi fedeli seruitori, che loro commincino bene, et meglio procedeno sempre inanzi, et finiscono il santo curso perfettamente nel seiuitio della sua diuina Maiesta, non obstante tutta la malitia del mondo et del inimico infernale

Non me voglio stendere per dimostrar la vita eccellente et piena de edificatione de questo benedetto Padre   Per che sicome sa V R. P. nessuno della compagnia fin a qui ha laborato piu, et patito tanto appiesso li heietici in Alemania, et sempre ha lassato in tutti li luogi doue e stato, buonissimo odore et tanta edificatione, che quasi tutti lo hanno voluto ritinir appresso di se. Et benche era vecchio[2] non mancaua nelle lettioni continue, con grandissima satisfattione et con vna gratia et suauita mirabile, talmente che quasi nessuno poteua essei offeso da sua Riuerenza[3]. Et per quanto al modo de leggere, era tutto chiaro espedito, methodico, dechiarando con buona perspicuita et facilita quelle difficili materie de iustificatione, de piedestinatione, de fide et operibus et de altre simili controversie, dando anchora in scriptis queste materie non sensa pocha faticha[4]   Perche essendo

---

videret et cum sancto Petro divinae naturae pulchritudine delectaretur[1], id quod per tot annos semper desideraverat   Grates itaque domino aeterno agantur, qui fidelibus servis suis tantam gratiam dare et potest et vult, ut bene incipiant et melius in dies progrediantur ac sanctum cursum perfecte absolvant in servitio divinae maiestatis, quantumvis ab hominibus et a satana oppugnentui

Nolo piolixe demonstiare, quam praeclare beatus ille pater vixerit quantaque virtutis exempla nobis praebuerit   Scis enim, ieverende pater, usque adhuc neminem e Societate apud haeieticos Germaniae plus laboiasse quam ipsum tantaque passum esse, et sempei omnibusque locis, in quibus moiatus est, optimum odoiem reliquit atque animos ad pietatem adeo excitavit, ut fere omnes eum secum retinere vellent   Et licet aetate gravis esset[2], assidue docere non omittebat, idque cum maxima auditorum satisfactione, ac mira quadam gratia et suavitate, ita ut fere nemo a ieverendo illo patie offendi posset[3]   Quod autem ad docendi modum attinet, omnino clare, expedite, iatione et via docebat, bona cum perspicuitate et facilitate difficilia illa argumenta exponens, quae sunt „de iustificatione", „de praedestinatione", „de fide et operibus", de aliis eius geneiis contioversiis   Quae aigumenta etiam scripto haud sine parvo labore exposita tradidit[4]   Nam cum serenissimo Romanorum regi

---

[1] Canisius epistulam et evangelium tangit, quae in missa illius festi leguntui 2 Peti. 1, 16—19 Matth 17, 1—9

[2] Natus erat 1500—1504 (Boeio, Iaio p 9)

[3] Iaius in universitate viennensi Pauli epistulam ad Romanos datam explicabat (Litterae quadiimestres I, 407 458 575 Polancus 1 c II, 269 567 Oilandinus 1 c 1 11, n 41 Ios Ritter von Aschbach, Geschichte der Wiener Universität III [Wien 1888], 95)

[4] Vide, quae huic epistulae subicientur, in n 2

tanto grato al Serenissimo Re delli Romani (il qual per respetto de
sua Riuerenza se mosse prima a far qui il Collegio per la Compagnia)
et essendo dico tanto visitato delli aulici, et prelati, et professori, et
hauendo anche la superintendentia della casa[a] et cura de tutti li
fratelli[1], non pocho staua impedito, et pur andaue[b] manzi con grand
diligentia nella lettione quotidiana et ordinaria, et oltra il solito tie-
neua vn buon numero de auditori, fra li quali si trouorono[c] molti
preti et prelati　Ma sicome io dissi inanti, non intendo de splicai
la vita de questo Reuerendo Padre, il qual fra li primi nostri Padri
e stato eletto da Dio, et parcua poi vn' Apostolo de Germania (dicam
enim quod sentio) et e stato fauoritissimo et amatissimo delli prien-
cipi et Veschoui in Alemania, facendo anche non pocho frutto appresso di quelli nelle diete Imperiali[2]　Et se sa bene, con quanta
gratia sia stato nel Concilio tanto in Bolongia quanto in Triento[3],
doue li e stato offerto il Veschouato Trigestino, et benche li fusse
fatta grandissima instantia etiam ex parte del Serenissimo Re delli
Romani, tamen mai se ha voluto inchinar a pighar quella o altra
prelatura[4]　Nella poucrta se ecceicitaua grandemente, caminando

---

tam gratus esset (qui huius reuerendi patris auctoritate primum motus est ad
collegium Societatis constituendum), cumque tam saepe ab aulicis, praelatis, professoribus inviseretur, atque etiam domui nostrae praeesset et omnium fratrium curam
gerere deberet[1], a docendo multum impediebatur, attamen magna cum diligentia
scholam cotidianam et ordinariam habere pergebat, ac solito plures habebat auditores, inter quos multi sacerdotes et praelati erant　Sed, sicut ante dixi, nolo ego
vitam enarrare reuerendi huius patris, qui inter primos patres nostros a Deo electus
est et postea apostolus quidam Germaniae esse videbatur (dicam enim quod sentio),
qui Germaniae principibus et episcopis gratissimus et carissimus fuit atque etiam
multum iisdem profuit in comitiis imperii[2]　Ac notum est, quanta cum gratia concilio
interfuerit tum Bononiae tum Tridenti[3], ubi episcopatus tergestinus ei oblatus est
et licet maxime ei instarent, etiam verbis ac nomine serenissimi Romanorum regis,
numquam tamen induci potuit, ut hanc aliamue dignitatem ecclesiasticam acciperet[4]
In paupertate diligenter se exercebat, in veste trita et obsoleta per aulas principum

---

[a] Correxi, Canisius cosa　[b] Sic, sed legendum esse videtur　andaua
[c] Sic, sed legendum (ni fallor)　trouarono

[1] Iaius primus collegii viennensis rector erat (Sacchini 1 c p 25)
[2] Iaius comitiis imperii interfuit, quae habita sunt Spirae a 1542, Vormatiae
a 1545, Augustae a 1550
[3] Hieronymus Seripandus, ordinis Eremitarum S Augustini magister generalis,
ex concilio tridentino 8 Februarii 1547 Ioanni Hoflmeister, eiusdem ordinis per
Germaniam vicario generali, de Iaio haec scripsit　«Amari te a bonis omnibus qui
hic sunt scito et praecipue a Claudio viro et doctissimo et piissimo, quem quoties
videmus, videmus autem saepe, exclamare cogimur Utinam multos Claudios haberemus!»　Integram epistulam primus edidit N. Paulus (Der Augustinermönch Johannes Hoflmeister [Freiburg i Br 1891] p 419—420)
[4] Et Krones perperam affirmat Ferdinandum episcopatum tergestinum ad
Canisium deferre voluisse (Handbuch der Geschichte Oesterreichs III [Berlin
1879] 252

per le corte' con vna veste detrita et vecchia et facendo resistentia
[a] quelli Signori, liquali a sua R offeriuano piu che bisogniaua Hebbe
ordine mirabile nella vita sua, sicome qualche volte mi ha detto,
ogni di scercitandose in vn' articolo della passione de Christo, et hauendo molti belli discorsi sopra il Rosario della vita de Christo, et
pighando molta devotione nella Corona, et sequitando li misterij del
Verbo incarnato et conformandose alli mysterij secondo che l' Ecclesia
li rappresenta, sicome della Resurrectione, della Natiuita del Signor etce
Non dubbito niente, che il suo transito saria dolorosissimo[b] a molti, et
volesse Il Signor eterno, che noi li suoi fighioli poi che siemo priui
de tal buon padre, il qual ha procurato et gouernato prima questo
Collegio, che noi dico retenessimo la heredita delli singulari doni. con
li quali tutta la sua vita e stata ornata et risplendente per la gratia
diuina Grandissimamente se resentano tutti de questa morte et chiamano
il padre vn angelo de dio et il padre et Patrono de tutti li Catholici[1]

Quanto al Reuerendo Don dottore Olaue[2], il predetto Padre
(uiua in gloria) se rallegrò manzi la morte per vna lettera del Signor
Dottor, et rigratiò al Signor eterno per vna tanto buona determinatione, cio è che lui se facesse della Compagnia sequitando il trattu
diuino et lassando lo humano spiritu. Ma il seruitor del Dottor, non
ha mostrato l' affettione alla Compagnia, ne ha voluto far alcuna

---

incedens, usque proceribus resistens, qui plus, quam ei necesse esset, offerebant Egregium in vita sua ordinem adhibebat singulis diebus — id ipse nonnumquam mihi dixit —
in parte aliqua passionis Christi se exercebat, ac multos pulchrosque sermones de
rosario vitae Christi habebat, et eam precandi rationem, quam coronam dicimus.
magna pietate studioque prosequebatur, et mysteria Verbi incarnati ordine perlustrabat
ad eaque se accommodabat ea ratione, qua ab ecclesia repraesentantur, verbi gratia
ad resurrectionem domini, ad eiusdem natiuitatem etc Neque ullo modo dubito
quin eius obitus multis acerbissimus futurus sit, et utinam nos filii eius, postquam
tam bono patre orbati sumus, qui primam collegii huius procurationem et gubernationem habuit, utinam, inquam, singularium illorum donorum hereditatem teneamus,
quibus tota eius vita per diuinam gratiam ornabatur et resplendebat Omnes eam
mortem acerbissime ferunt, ac patrem illum angelum Dei et patrem ac patronum
catholicorum omnium appellant[1]

Quod ad reverendum dominum doctorem Olauium[2] attinet, pater Claudius (viuat
in gloria) ante mortem epistula domini illius doctoris recreatus est et pro optimo consilio, quod is cepit, domino aeterno gratias egit, Societati enim nostrae nomen dare
decrevit, divinum sequens ductum et humanam neglegens sapientiam Famulus autem
doctoris in Societatem propensum se non ostendit neque ullo modo statuit apud nos

---

[a] Sic, fortasse legendum la aut corti.   [b] dolorissimo autogr

---

[1] „Academia   ad eius cohonestandas exequias vniuersa conuenit   Amplissime Franciscanos apud Patres, a quibus plurimum diligebatur, in templum
S Nicolai   elatus est" Orlandinus l c l 12, n 35—36 Cf Socher l c p 37
et Polancum l c II, 572—574 Canisium in illis exsequiis de mortui laude dixisse
alii referunt Cf Riess l c p 112 Boero, Iaio p 217
[2] De Martino Olauio vide supra p 298

determinatione per star con noi altri, et così e tornato (sicome disse)
al Reuerendo P Confessore del Imperatore[1], et non ha satisfatto alla
buona speranza et intentione del suo Patrono Dottor Olaue

Io me sento molto obligato alla sua Reuerentia et humilmente me
raccomendo nelle sue sancte orazioni, et rigratio infinitamente alla
S R perche ha mandato la Biblia a questo collegio, et nella litera
sua dimostra la charita piu che meritiamo[2] Quod coepit in eo et in
nobis Dominus vsque conseruet et augeat idem[3], perpetuetque, vt e
magnis paruuli, e paruulis magni[4] fortes et ardentes in Christo efficiamur. Amen

Quanto alla superintendentia di casa sappia V R P. che secondo
il parere del Reuerendo P. Goudano[5] del P. Victoria[6] et de M Schorichio[7] et anche secondo il mio giuditio — delli altri non mi dubbito —
non se nessuno qui tanto a proposito per essei superioi, com' e il
R P. Don Nicolao Lanoy[8] et questo 1° per la sua grand prudentia,
discretion et sperientia in gouernare si come sa meglio V R 2° perche

---

mancie, ideoque (sicut dixit) ad reuerendum patrem confessarium imperatoris[1] rediit
neque bonae spei et voluntati doctoris Olavii patroni sui satisfecit

Ego reuerendum illum virum valde amo atque sanctis eius precibus demisse me
commendo et immensas ei gratias ago, quod exemplum illud sacrae Scripturae collegio
huic miserit quodque in litteris suis maiorem quam merearnur charitatem exhibeat[2]
Quod coepit in eo et in nobis dominus, usque conservet et augeat idem[3] perpetuetque, ut e magnis parvuli, e parvulis magni[4], fortes et ardentes in Christo
efficiamur Amen

Quod ad domus nostrae praefecturam attinet, sciat reverenda paternitas vestra,
ex sententia reverendi patris Goudani[5], P Victoriae[6], M Schorichii[7] atque etiam
meo iudicio — nec dubito, quin ceteri idem sentiant —, neminem e nostris ad munus
superioris tam idoneum esse quam R P dominum Nicolaum Lanoy[8], idque 1°,
quia valde prudens modestus, in gubernando exercitatus est, quod R V melius
novit quam nos, 2° quia usque adhuc officium illud administravit, nam R P Clau-

---

[1] Petrus de Soto O Pr Dilingae theologiam docebat
[2] „Ex pecunia, quae de viatico non exiguo superfuerat,“ anno 1551 a Sociis
libri multi empti erant. „cum enim nullo in pretio essent D Thomas ac S Bonaventura et alii huiusmodi Patres, opportune admodum nostri eorum opera coeme-
runt, antequam pharmacopolis, ut coeperant, venderentur“ Polancus I e II, 275
[3] Cf Phil 1, 6
[4] Cf Matth 18, 2—4 Marc 10, 15 Luc 10, 21 1 Cor 13, 11 Gal 4, 3—5
[5] Hic, ubi Viennam advenit, in universitate Genesim exponendam suscepit
[ius mortuo epistulas Pauli interpretatus est (Litterae quadrimestres I, 575 Polancus
I e II, 567 573)
[6] Ioannes Vittoria, hispanus, domi grammaticam graecam Clenardi et Ciceronis
librum de amicitia praelegebat (Litterae quadrimestres I 408) Idem hoc ipso
anno 1552 sacerdos factus, in templo S Ioannis Baptistae militum ordinis eiusdem
S Ioannis ordinarias conciones italice habebat (Polancus I e II, 270 571)
[7] Fr Petrus Schorich „Isociatem graecum“ domi explicabat, et inde a festo
paschali in monasterio quodam „ordinarias conciones“ germanice habebat (Polancus
I e II, 270 571 Litterae quadrimestres I, 408)
[8] De hoc vide supra p 140[1] 268[3] 388[2]

fin aqui ha fatto questo uffitio poi che il R. P. Claudio (sia in gloria) stette tanto impedito nel leggere et pratticare con li forestieri 3° perche non hauendo questo Padre assai talento per satisfar a questi auditori nelle sue lettioni, le quali sono visitato da pochissimi[1], para che sarria per maggior frutto, se sua R. s' occupasse solamente con la casa[2], doue non se troua nessuno, che sia conueniente per hauei tal faticha se non con grand danno delle lettioni et prediche et altre occupationi spirituali oltre la composition della dottrina Christiana[3] Et questa opera fin a qui a me da tanta faticha (perche pocho adgiuto danno li altri Padri) che a pena mi basta tutto il tempo Altramente sicome io spesso detto [sic] al R P Claudio, io haucrei caro d' eccercitaime nelli monasterij de moniche, nella pregione, nelli hospitali etcc , se non me retenesse questa opera Et cossi mi iespose sempre il predetto Padre, che io lassasse tutto il resto et me desse con tutto il tempo a componer questa Opera. Et tamen post tot menses he-

dius (qui sit in gloria) docendo et transigendo cum extrancis a gubernatione domus multum impediebatur, 3° quia hic pater eam docendi non habet facultatem, qua hisce auditoribus satisfacere possit, et paucissimi eum audiunt[1], commodius fore videtur eum soli domui nostrae curam impendere[2], neque enim in ea quisquam alius eum laborem sustinere posset nisi cum magno detrimento scholarum et contionum atque aliarum occupationum sacrarum, ut nihil dicam de doctrinae chiistianae compositione[3]. Atque hic labor adhuc usque tanto tanto mihi est oneri (ceteri enim patres haud multum in eo me adiuvant), ut tempus omne vix mihi sufficiat Ceterum quod R P Claudio saepe dixi, ego monasteriis virginum sacrarum, custodiis, nosocomiis etc libentei operam dicarem, nisi hoc labore cohiberer Atque hoc semper pater ille mihi respondebat me omnibus aliis rebus neglectis integrum tempus in hunc librum conscribendum impendeic debere. Et tamen post tot menses haeremus adhuc in

[1] Lanoius in universitate viennensi librum quartum Sententiaium Petri Lombardi explicabat, domi dialecticam Socus exponebat (Litteiae quadiimesties I, 407 ad 408 Polancus 1 c II, 269 270)

[2] „Convenerunt Sacerdotes cum Magistro Petio Schoiiehio, quod ex antiquioribus is esset, et in Superiorem elegerunt P Nicolaum Lanoyum, donec P Ignatius aliquid statueret, qui tamen postea eumdem Rectoiem vel confirmavit vel instituit" Polancus 1 c II, 572 Falso affirmat Philippson Canisium a 1552 collegii viennensis rectorem fuisse (Westeuropa p 47) Canisius nunquam hoc officium tenuit

[3] Ferdinandus I universitatem viennensem iestauraie vehementei cupiens, anno 1551 ab eadem postulavit, ut enchiridia quaedam in usum scholasticorum componenda cuiaret grammaticae, rhetoiices, dialectices atque etiam catechismum („ein gemeinen christlichen Catechismum") et „Methodum doctiinae catholicae" Academia regi proposuit, ut doctrina illa chiistiana a Iaio conscriberetur, quod regi maxime placuit At Iaius 9 Octobris 1551 Ignatio scripsit se opus illud nec iecusare voluisse, inconsultu Ignatii, nec in se suscipere, cum nec tempus nec mateiia sibi suppeteret, rogaie se igitui, ut aliquis mitteietui, qui rei opeiam dare posset (Polancus, Chionicon II, 275—276 Sebast Mitteidoiffei S J, Conspectus Historiae Universitatis Viennensis ab Anno M CCCC LXV usque ad Annum M D LXV [Viennae 1724] p 181—182 Rud Kink, Geschichte der kaiseilichen Universität zu Wien I^b [Wien 1854], 161—162 Boeio, Iaio p 202—205 Editoiis „Katechismen des sel Petrus Canisius" p 11—16 Vide etiam, quae infra adnotabuntur ad epistulam Canisii 12 Octobiis 1553 Polanco missam)

remus adhuc in principijs, nec video quem breui progressum facere
possim [1] Per la qual cosa desidero spetialmente hauei buon auiso de
V R P perche non sto contento et quieto con tutta questa faticha
hauendo paura che per molti anni non si potiebbe finir, se io con-
tinuarò cosi con le lettioni [2], de sequitar questa impressa   Dominus
ad gloriam suam uertat omnia   O si fusse qui vn Laynez o vn Sal-

---

principiis, nec video, quem breui progressum facere possim [1]   Quare reverendae
paternitatis vestrae consilio adiuvari vehementer cupio, licet enim tantum labora-
verim, nec contentus nec tranquillus sum, nam vereor, ne per multos annos opus
hoc imperfectum maneat, si ita pergam docere simul et scribere [2]   Dominus ad
gloriam suam vertat omnia[!] O si Laini vel Salmerones vel Olavii hic essent, quanto
facilius totum hoc opus absolveretur[!] Sed reverentiam vestram fidele consilium

---

[1] Cum his Canisii verbis (se a ceteris patribus haud multum adiuvari, post
tot menses in principiis haerere) fortasse haud ita facile componi possunt, quae *Po-*
lancus scribit „Compendium quoddam theologiae vel doctrinae christianae, quod
iussu Regis P Claudio commendatum fuerat,   simul a nostris illis doctoribus“
Iaio, Goudano, Canisio anno 1552 „concinnabatur   Quamvis quod ad ordinem
attinet et res dicendas a P Claudio ac P Gaudano ex bona parte formaretur, P
tamen Canisius, praeter inventionem, stylum addebat“ et operi „formam ultimam
imponebat“, atque ideo „fieri non potuit“, ut post Pascha anni 1552 „argentinensibus
eum expetentibus“ mitteretur (Chronicon II, 567—569) Certe Canisius non pro-
fecerat tantum, quantum dicit Polancus Ac 29 Novembris 1552 idem *Polancus*
P Nicolao Lanoio Ignatii nomine scripsit compendii theologici „conficiendi curam
praecipuam committendam aut Patri Laynez aut Patri Olave“ (Chronico [II, 569]
adnotatum ab eiusdem editore) Quibus litteris acceptis Canisius consilium suum
ita mutasse videtur, ut opus, quod antea theologiae studiosis instituendis destinatum
erat, iuventuti omni docendae destinaret et pro „Summa theologica“ catechismum
substitueret Nisi quis dicere maluerit Canisium duobus libris conscribendis simul
dedisse operam, compendio theologico et catechismo, donec autumno a 1552 compendii compositio aliis committeretur Sive autem unum sive alterum quis dixerit,
hoc certum est nec Iaium nec Goudanum catechismi auctorem dici posse Nam Canisius, summae vir modestiae, cum ter de catechismi sui ortu publicum redderet testimonium, neutrius umquam fecit mentionem (Summa [Coloniae 1566] ep dedic f 2[1]—4[b]
Opus catechisticum ed *P Busaeus* [ed 2 , Coloniae 1577] ep dedic f a2[a]—b[a]
Summa [Dilingae 1571] ep dedic f A2[a]—A8[b] Canisii verba posita sunt in *editoris*
„Katechismen“ etc p 15[1]) Atque etiam in autobiographia simpliciter affirmat catechismum illum a se „conscriptum“ esse, vide supra p 63 Nec tamen dubitari
potest, quin Canisius in catechismo conscribendo rebus illis usus sit, quas Iaius et
Goudanus in compendium illud theologicum contulerant Commentaria quaedam
theologica a Iaio relicta, quae Canisius in labore suo adhibuisse videtur, etiam nunc
supersunt , vide quae post hanc ipsam epistulam ponentur Tandem fateri oportet
etiam Canisii „Summam“ aliqua ratione compendium theologiae esse, quo nomine
appellata est in „Instructione“, quam S Ignatius a 1556 collegio pragensi dedit
(Cartas de *San Ignacio* VI, 456 Cf „Instructionem“ collegio ingolstadiensi datam
I c p 506)
[2] Canisius „sub aestatem“ a 1552 in universitate compendium illud theologicum „enarrare simul et dictare coepit“, quod, „antequam absolveretur, immo
ipso in initio, prout concinnatum erat, praelegi et citari incipiebat“ (*Polancus* l c
II, 567 569) Haec usque adhuc ignota erant *Sacchinus* refert Canisium „bis in
hebdomda“ scholas in academia habuisse (De vita Canisii p 65) Domi inferiorum
classium praefecturam gerebat , vide infra, monum 92

meron, o Olaue, quanto piu facilmente s' espederia tutto il negotio
Ma V. R. spero hauera buon consiglio tanto in questo, quanto in tutte
l' altre cose a me conuenienti Dominus Iesus nos doceat suam implere voluntatem et obedientiae satisfacere
Viennae 7 Augusti 1552
Qui se tieme l' obsidione dalli Turchi, essendoli tanto vicini et
guadagnando ogni di piu et piu in Vngaria Doncha V R P ci
adgiuti con li communi sacrifitij delli R Padri accio senza ogni repugnantia siamo sempre apparacchiati tanto per morire quanto per
viueie nella sancta obedientia Certo non se potria dire in quanto
pericolo stia l' Imperio et tutta Alemangia. Vtinam non impleta
essent iniquitates Amorrheorum[1]. Spargiamo il sangue per
il dolce nome de IESV non adgiuta piu confessarlo solamente con
la bucca, lauemus stolas nostras in sanguine agni[2] qui
sanguinem requirit pro sanguine[3], et saepius morte potius quam vita
placatur Il Signor ci conseiui in sua sancta gratia.

Figliolo de V R in Chiisto
Piedro Canisio

† Al Reuerendo Padre mio in Christo Don Ioan Polanco della
Compagnia de IESV in Roma

_____

mihi datuiam esse spero tum in hac re tum in ceteiis omnibus mihi convenientibus
Dominus Iesus nos doceat suam implere voluntatem et oboedientiae satisfacere
Viennae 7 Augusti 1552
Hic timent, ne Turcae obsidionem urbi inferant vicinissimi enim sunt et singulis diebus in Hungaria occupanda proficiunt Adiuvet nos igitur, quaeso, reverenda paternitas vestra communibus reverendoium patrum sacrificiis, ut semper,
nihil repugnantes, parati simus et ad moriendum et ad vivendum in sancta oboedientia Oratione certe exprimi non potest, quanto in discrimine imperium et Germania tota versentur Utinam ne impletae essent iniquitates Amor-
rhaeoium'' Sanguinem fundamus pio dulci nomine Iesu, neque enim modo refert
solo illud ore profiteri, lavemus stolas nostras in sanguine agni[2], qui
sanguinem requirit pro sanguine[3], et saepius morte potius quam vita placatui'
Dominus in sancta gratia sua nos conservet

Reveientiae vestiae filius in Chiisto
Petrus Canisius
Reverendo patri meo in Christo domino Ioanni Polanco Societatis Iesu, Romae

Appendix ad ep. 126

Aliqua hic addere placet, licet pei se infra, in „monumentis viennensibus",
collocanda sint, commodissime enim hic ponuntui, quia ad litteras hasce viennenses,
maxime eas, quae proxime sequentui, intellegendas multum iuvant

1 De Canisio eiusque Sociis in universitatem viennensem assumptis

31 Maii 1551 undecim Socii, a S Ignatio ex Italia missi, Viennam ad collegium incohandum advenerunt, quorum numerum paucis diebus post auxerunt Iaus

_____

[1] Gen 15, 16   [2] Apoc 22, 14
[3] Gen 9, 6 Cf S Hieronymi epistulam XXII, n 39 (Migne, PP LL XXII, 423)

et Schorichius ex Bavaria advecti, quibus „quinque novitu" accesserunt, eodem
anno Viennae admissi [1]

In matricula universitatis viennensis hi inscripti sunt [2], quos de Societate Iesu
fuisse aut omnino certum aut veri simillimum est

a) *Anno 1551, semestri spatio, quod aestivum dicitur*

„Claudius Jaius Sabaldus [a] S Theolog Doctor et professor
Nicolaus De Lania [b] Flander S Theo Doctor et professor
Joannes Alfonsus a Victoria Hispanus
Angelus Proscotius Venetus [3]
Erhardus Aphontianus [c] Leodiensis
Guilielmus Stephordianus [4] Leodiensis
Briceus Viuonetus Tullensis
Dominicus Mognensis [d] Lotaringus
Ioannes Schrader ex Ducatu Braunswizensi ¯

Hi omnes in „natione Rhenensi" et „gratis" inscripti sunt

b) *Anno 1551/52 semestri hiemali*

„Martinus leibenstain ex obernndorf algey ¯
„Jacobus Tsanntele flandrus Jesuita ¯
„Otto Briamont laodinensis [e] Jesuita ¯

In natione rhenensi gratis inscripti

c) *Anno 1553/54, hieme*

In natione austriaca

„Lampertus Auer Ratenbergensis ex comitatu Tirollensi Jesuita
Carolus Grim Tyrollensis Jesuita ¯

In natione rhenensi

„Rogerius Schoter [f] Flander Jesuita
Joachimus Vdamus ¯ Holandus Jesuita ·
Franciscus Hemerulus Buscoducensis Iesuita
Petrus Haupt Colomensis Jesuita ¯

De his omnibus adnotatum est „Hi pauperes dederunt 0 ¯

Eodem tempore in natione hungarica inscriptus

„Stephanus Demitreus Dalmata, et Jesuita ¯

[a] *Scribendum erat* Sabaudus   [b] *Scribendum fuit* De Lanoy
[c] *Scribendum erat* Avantianus   [d] *Lege* Menginus   [e] *Sic*, leodiensis?
[f] *Legendum fortasse* Scotter *cf supra p* 334 [3]   [e] *Alias* Audanus

[1] *Litterae quadrimestres* I, 458 *Sacher* I c p 22—29 *Boero*, Laio p 193
Polancus I c II, 270 Cum Canisius Viennam adveheretur, Socii additis noviciis.
iam aderant 25 (*Polancus* I c II, 566)
[2] *Cod* „Matricula Universitatis Viennensis IV ¯ f 83a 85a 94a 95 Viennae,
in archivo universitatis
[3] Hunc ingenii celeritate, eloquii ubertate, oboediendi promptitudine praestitisse
testatur *Magius* in historia collegii viennensis (*Sacher* I c p 23)
[4] Is „Guilielmum Elderen de Stenordia" ipse se vocat
[5] Viennae 1 Iulii 1556 mortuus *Magius* in historia collegii apud *Sacherum*
I c p 61

Tandem „Sequentes in nationem Rhenensem pertincnt
Doc Petrus Canisius Sacrae theologiae ordinarius professor ⎫
Doc Nicolaus Florentij Gaudanus Sac Theologiae ordina- ⎬ Fiaternitatis Jesu
rius professor ⎪
Joannes Tursius Achstetensis" ª ⎭

Annales collegii S J viennensis, quae adhuc apud nos sunt, haec habent
Anno 1552 „in Societatem   assumpti sunt Christophorus Brixiensis quidam studiosus Rupertus [*sic*], Hermes Halpauur, Ionas Adlerus et Stephanus Slauus", anno
1553 „Joachimus Hollandus, Aegidius quidam et Philippus Hispanus" [1]
Ottonem Briamontium et Iacobum Aldenardum, qui „cursum philosophiae"
Lovanii iam absolverant, P Claudius Iaius „obtulit Universitati examinandos et
promovendos in quadragesima" anni 1552, ac Iacobus primum locum, Otto tertium
obtinuit [2]
Etsi autem Societatis iuvenes in album universitatis referebantur, illic, initio
saltem, „a lectionibus externorum abstinebant" In universitate igitur solum scholas
theologicas, quae a Societatis viris habebantur, frequentabant, cetera domi doce-
bantur Attamen „nonnulli fratrum publicas studiosorum philosophicas disputationes,
ipsi quoque disputaturi", in universitate adibant [3] Acta facultatis artium viennensis
haec habent in 24 Decembris 1553 „Duo etiam comparuerunt Iesuitae petentes
cum his [ceteris scholaribus ad baccalariatum artium] admitti   Rogerius Scotus
Flander, Ioachimus Audanus Holandus   Doctor Canisius et Nicolaus Gaudanus
uterque pro suis intercessit, verum quia diu hic fuerant et nostrum nullum audi-
vissent, reiecti sunt in aliud tempus" 18 Februarii 1554 iterum reiecti sunt, „ut
diligentius audirent magistros et professores nostros, ne apparcat contemptus, verum
benigna mater eos tandem propter multas et certas causas et maxime nova data
reformatione regia admisit" [4]   Cum autem exeunte anno 1554 vel ineunte 1555
„licentiam" in artibus petiissent, iursus, quod scholas universitatis non frequen-
tassent, reiecti sunt, donec cancellarius eam potestatem iis tribueret   Anno 1573
facultas artium in libello rectori universitatis dato scribit   „Canisius, Lanoius et
Guodanus superiores olim hic Viennae eius Societatis saepenumero rogarunt D Dadium [5], ut fratres de Societate Organum Aristotelis privatim doceret, iidem et Doctorem Waltherum [6] orarunt, qui in suo cubiculo Iohannem de Sacrobusto [7] iis professus est " [8] Sociis nempe ipsis tunc nondum licebat has disciplinas publice docere

2 *De opusculis quibusdam a P Claudio Iaio conscriptis, quae Canisius Viennae
accepit et in usum suum convertit*

Canisius in epistula 30 Aprilis 1551 ad S Ignatium data refert P Claudium
Iaium in comitiis augustanis optime satisfecisse lutheranis quibusdam consiliariis

---

ª *Lege* Dyrsius Aichstettensis

[1] *Cod „Annal Vienn* f 2   [2] *Polancus* 1 c II, 569
[3] Fr Petrus Schorichius S Ignatio, Vienna 29 Decembris 1551 (in *Litteris
quadrimestribus* I, 458 Cf *Polancum* 1 c II, 270)
[4] Ex ipsis actis facultatis haec typis exscripta sunt a *K Schrauf* in Hartl-
Schrauf, Nachträge I, 139—140
[5] Andreas Dadius (Kyenboom) „Barlanus Flander" († 1583) philosophiam
primum, dein medicinam in universitate viennensi tradidit (*Aschbach* 1 c III, 162
ad 166)
[6] Georgius Walter in universitate viennensi primum philosophiam, dein medicinam tradidit (*Aschbach* 1 c III, 54 78 113)
[7] „Sphaeram materialem," a Ioanne Halifax de Sacro Bosco († 1256) conscriptam
[8] Ex matricula nationis austriacae typis exscripta a *Schrauf* (1 c p 140)

de iustificatione secum disputantibus.[1] In his autem quae modo positae sunt litteris, Canisius scribit Iaium in universitate viennensi ecclesiae dogmata, quae sunt „de iustificatione, de praedestinatione, de fide et operibus" et similia non solum optime exposuisse, sed etiam „in scriptis" tradidisse auditoribus Huius operis pars aliqua superesse videtur Nam codex quidam („Scripta B Canisii X B * 4°) apud nos est, in quem B Petrus Canisius varias sententias et tractatus theologicos partim sua manu transcripsit, partim ab aliis transcribendos curavit ex S Thoma, Ioanne Pico Mirandula, Alphonso Tostato, Clichtovaeo, Eccio, Groppero, Lindano, Navarro etc , inter haec autem excerpta libellus de iustificatione exstat, diversis manibus descriptus (Canisius ipse non scripsit) et per 15 capita distinctus, cui primus librarius titulum inscripsit „Sed factores legis iustificabuntur De iustificatione Claudii" (f 120ᵇ—131ᵃ) Atque idem tractatus eodem modo inscriptus[2] atque sex aliis capitibus adauctus[3] exstat in codice quodam regiae bibliothecae dilinganae („VIII 1125", 4°), quo Canisius olim utebatur[4], quique diversos fasciculos complectitur diversis temporibus (etsi eadem manu) scriptos et inter eos quaedam, quae inter ipsum concilium tridentinum composita esse videntur Illum igitur libellum „de iustificatione" a P Claudio Le Iay conscriptum esse censeo, quamquam historici et bibliographi nullam eius rei faciunt mentionem Iaius concilio tridentino intererat, cum ea res excuteretur et definiretur Iaio mortuo Canisius hunc libellum accepisse et in theologia tradenda usurpasse videtur

Praeterea apud nos codex est („Ser X, Fasc Ob" 4°, fl 342), in cuius prima pagina haec leguntur, manu Canisii scripta „NOTET Lector, hunc librum conscriptum esse manu R P Claudii Iaii, qui unus ex decem primis Societatis nostrae Patribus Viennense Collegium inchoauit sub Caesare Ferdinando, et ibidem diem clausit extremum Qui liber penes primum Austriae Prouintialem Pet Canisium diu mansit, ac deinde domui professae superioris Germaniae donatus et adscriptus fuit ex authoritate R P Pauli Hoffaei uisitatoris, anno 1595 " Continet autem hic codex quam plurimas sententias extractas ex sacra Scriptura, sanctis patribus, conciliis, iure canonico, theologis (Alexandro de Hales, Thoma, Bonaventura, Cochlaeo, Driedone, Alberto Piglio, Erasmo, Iacobo de Valentia, Eccio, Gasparo Schatzgero, Ioanne Fabio viennensi episcopo etc) Multa in formam thesium, quibus Lutherus, Calvinus etc refutentur, immo et libellorum redacta sunt, qui sunt de ecclesia, caelibatu, votis, sacramentis, missa, purgatorio (f 72 sqq), de peccato originis (f 123ᵇ—133ᵇ), de fide et operibus (f 135ᵃ—137ᵇ), de certitudine salutis (f 137ᵇ—148ᵃ) Praecipuus tractatus de sacra Scriptura est (f 21—71, introductio in Scripturam et hermeneutica) F 221 quaedam notata sunt, quae „D giacomo Laynez" de ecclesia et de lege docuerit B Canisius ipse indicem alphabeticum rerum in codice scriptarum conscripsit (f 334 —340) F 228 Iaius scripsit „ 27 Augusti 1543 Ingolstadii " Eo tempore Iaium primum Ingolstadii theologiam tradidisse aliunde etiam constat[6] Dubitari vix potest, quin Canisius hoc quoque codice Viennae non solum in schola habenda, sed etiam in catechismo componendo usus sit

---

[1] Cf supra p 359
[2] „Sed factores legis iustificabuntur De iustificatione, Claudii" f 57ᵃ—66ᵇ. Etiam in capite XV sententiae aliquot additae sunt
[4] Canisius sua manu aliquot verba in marginibus scripsit v g f 102ᵇ 178ᵃ 182. Theodoricus Canisius, Petri frater ex patre et rector collegii dilingensis, in folio primo scripsit „Societatis Jesu professae "
[3] F 10ᵃ „Die iouis hora 20ᵃ in Concil Tridentino ' Argumenta in codice dilingano tractantur fere ea, quae in concilio tridentino annis 1546 et 1547 theologis explicanda et conferenda proposita erant de iustificatione, de paenitentia, ordine, purgatorio indulgentiis V g cod diling f 113 „Responsio ad articulos de Purgatorio Theologis ad examinandum propositos Articulus primus Esse purgatorium an habeatur in scriptura, et si habetur, quibus in locis ' Cf *Raynaldi* Annales Ecclesiastici tom XXI, P 1 ad a 1547, n 67   [6] Cf v g *Polancum* I c I, 113

127.

FERDINANDUS I.,

Romanorum rex,

CANISIO.

Graecio initio anni 1553

Ex * „Catalogo diplomatum, quae sunt in Collegio Viennensi facto in mense Martio anni 1567 " et Romam ad praepositum generalem misso

Exstabant anno 1567 in collegio viennensi praeter alia diplomata „literae Caesareae Latinae pro visitandis Pagis in Austria ad P Canisium in pergameno cum sigillo appenso" Quae perisse quidem videntur, sed quid Ferdinandus scripserit, intellegi potest ex Sacchino (Can. p. 71), qui „Invitauit", inquit, „Ferdinandus Patres per literas Graecio datas ineunte anno 1553 it orbos greges vellent invisere, sacramentorumque, et verbi diuini pabulo recreare. Canisius eam sibi maxime prouinciam depoposcit."*

In eodem * Catalogo recensentur „Literae Caesareae Germanicae 4 ad visitationes Austriae instituendas a nostris in papyro cum sigillis impressis, simul ligatae cum quodam saluo conductu, in papyro habente sigilla quinque impressa" [1] Quid autem Canisius in apostolica hac peregrinatione praestiterit, vide infra, monum 92 Cf etiam infra p 421

128.

THEODORICUS CANISIUS,

canonicus xantensis [2],

CANISIO.

Noviomago 9. Martii 1553.

Ex autographo (2°, 1 p)

Litteras flagitat Se Societatem Iesu summi facere et Petro tamquam patri oboedire velle Quem rogat, ut exercitia pietatis sibi praescribat, quibus ad virtutem perducatur Ottonem fratrem commendat

---

[1] Episcopo passaviensi (Wolfgango de Salm), cuius dioecesis Viennam usque tunc extendebatur, et Socii viennenses et rex scripserant, atque „ille", inquit Polancus (1 c III, 250), „per suas litteras patentes facultatem nostris et praedicandi et sacramenta ministrandi dederat" Martinus autem Stevordianus S J Vienna 1 Maii 1553 S Ignatio scripsit „Rex ad nostrum collegium misit ex Graecio (ubi tota hieme se continuit) exemplaria quatuor aut quinque literarum cum facultate concionandi et administrandi sacramenta, praesertim in iis locis ubi oves Christi pastoribus omnino sunt destitutae" (Litterae quadrimestres II, 250)

[2] Theodoricus Canisius (1532—1606) Coloniae 9 Martii 1554 in Societatem Iesu admissus est, in qua tribus collegiis cum rectoris auctoritate praefuit annos triginta monacensi aliquot, dilingano ipsos viginti, reliquos ingolstadiensi Postea Lucernam Helvetiorum missus, operam suam tum Sociis domi, tum exteris in templo utilem locavit De quo Matthaeus Raderus, qui ipsum noverat, haec scripsit „Meo

118 128 Theodoricus Canisius Canisio

Gratia nobis et pax a Deo patre et Domino nostro Jesu
Christo[1]

Scripseram ad te frater charissime anno superiori Nouiomagij
ob valetudinem prolixiorem agens apud matrem[2]. Sed quantum ex
coniecturis verisimilibus colligo, tabellariorum incuria literae illae cum
aliquot alijs interciderunt In mentem enim meam neutiquam inducere
possum, te qui me intimo amore complecti soles, feruoremque calentis
illius cordis tui frequenti literarum missitatione subinde prodere, te
inquam veteris illius amicitiae ita iura omnia reculisse, ac germani
fratris obliuionem coepisse [sic] vt post longissima silentia vel breuissima
cum non dignareris responsione Equidem, vt verum fatear, fluctuans
illa mens mea supraque modum anxia, multiplices sibi saepenumero
tui illius silentij causas effinxit, modo quas nescio offensas literis meis
vtpote barbaris, et spiritalis omnis condimenti expertibus, partas,
meditabatur, alia et alia modo phantasmata ingerebat. Verum omnia
haec persuasionem illam meam de syncero tuo erga me amore semel
adeptam euertere minime valuerunt Et recte quidem, nam vt ex
nouissimis tuis ad matrem literis intellexisse videor meae illae ad te
needum fuerant perlatae Vtvt est, perquam graue mihi et iniucundum
est, tanto tempore a suauissimo charissimi fratris alienum esse consortio, non corporali modo sed et eo, quod per literas haberi solet
An non .' res foret molestissima filio pauperi, languido, desolato,
incredibilique miseria laboranti, nulla a patre percipere subsidia, quem
foelicissimum nosset. diuitijs insuper bonisque omnibus affluentissimum[2]
Et certe inops ego bonique omnis indigus, miser plane et infoelix,
nullum praeter te patrem agnosco, cui et naturae me vincula proxime
connectant, cuiusque imperio tanquam filius obsequentissimus subiacere
tui et sum vsque paratus Quapropter suauissime colendissimeque
pater per Christi te amorem obsecro et obtestor ne patiare vlterius
hunc tuum filium, tam dira premi egestate, dulcissimoque illo tuo
vltra carere solatio Sed panem famelico subinde praestare memento
Quodsi non panem vel miculas cadentes de mensa dominorum[3]. Dominos illos voco qui continuo progressu ad perfectionis
fastigium contendentes quotidianis e delicatissimo illo cordis tui promp-
tuario depromptis fouentur alimentis, in quorum quidem albo recenseri

* Sequitur vocabulum, quod legi non potest

___

quidem immo" haud „multum Petro" Canisio „in religionis studio concessit, quamuis
virtutem omnibus modis tegere solitus sit" (De vita Canisii p 283) Cf eiusdem
„Bavariam piam" (Monachii 1628) p 147—151, et Vitam P Theodorici a P Lu-
Nuremberg S J enarratam in opere „Varones ilustres de la Compañia de Jesus"
VI (2 ed, Bilbao 1890), 37—42 [1] Rom 1, 7 1 Cor 1, 3 Eph 1, 2 etc
[2] Cf quae de Theodorico ad S Ignatium scripsit P Leonardus Kessel litteris
Coloniae 1 Septembris 1551 datis (Litterae quadrimestres I, 403)
[3] Matth 15, 27

me iudico indignissimum, vt quem propria nimium adhuc voluntas
debilitet, quique lacte potius quam solido sim cibo[1] nutriendus,
et scio te eum qui pro cuiusque conditione pabulum attemperare noris,
et qui neminem salutis subsidia postulantem ob ipsius indignitatem
repellas adeo vt quantumuis rudis sim et in virtutibus paruulus, de
profusa tamen illa tua liberalitate nihil non mihi pollicear. Humiliter
itaque per charitatem Dei et paternam illam pietatem tuam oratum
te cupio quatenus filioli succurrere necessitatibus, nouellique tyronis
votis fauere non dedigneris, spiritualia aliquot ei exercitia praescribendo,
facillimumque illud et certissimum ad virtutem iter demonstrando, parti-
cularius aetiam securum aliquem et expeditum, semitam istam foeliciter
primum ingrediendi, modum insinuando, vt eo habito suaue mox istud
diuque exoptatum iter fiducialiter arripiam, fixa enim per Dei gratiam
apud me stat sententia, toto vitae meae tempore virtutibus acquirendis
operam dare, annisque peregrinationis huius meae dies in perscrutatione
mandatorum[2] et beneplaciti creatoris mei insumere, Arctam quoque
illam et asperam salutis viam pro meo modulo viriliter perambulare,
faxit omnipotens vt te duce foeliciter eam ingrediar, foelicius per-
curram, foelicissimeque tandem absoluam[3]. Sed mirabere forsan haec
legens, cur ita tardus ad scribendum hactenus fuerim si tua ita anxie
expectarem solatia. Dicam re ipsa, Barbaries iam inde a puero im-
bibita, a scribendo ita animum meum absterruit vt puderet, etiam vel
paucissimis te tuique similes subinde salutare Accessit huic languor
prolixior supra biennium interiora etiamnum occupans Qui et altera
iam vice intermissis ad tempus studijs patriam me adire compulit
Dedit tamen et hic ipse scribendi iam occasionem Cum enim apud
matrem pro recuperanda sanitate agerem, allatae sunt a te literae,
fratris Ottonis praesentiam mirum in modum expetentes Quem vbi
isthuc mittendum didici, optimam iam nactus occasionem putaui diutius non esse silendum, ruptisque pudoris omnibus repagulis, tumultuarie quaedam conglomerata transmittere fratri non erubui, bene
confidens te pro tua humanitate et beneuolentia boni omnia consulturum Accingitur itineri frater, ita vt pluribus non liceat Super-
uacaneum puto fratrem Ottonem multum hic tibi commendare, qui
sciam eum tibi commendatissimum, eiusque teneram indolem abunde
a matercula tibi expositam. Concedat pater misericordiarum vt incolumis ad te perueniat, et ita isthic agens in virtutibus proficiat et
scientijs vt reipublicae Christianae lumen et decus egregium, suae

---

[1] Hebr 5, 12   [2] Cf Eccles 7, 1 Ps 118, 34 69 113
[3] P *Matthaeus Raderus* testis auritus haec de Theodorico Canisio scribit „Vbi
coepit cogitare, quod genus vitae sequeretur, ingentibus curarum aestibus iactatus,
nullam animo quietis partem capiebat, quoad decreuit suum inter Socios nomen se
professurum, extemploque vt ipse mihi coram fassus est, cogitationum fluctus sedere,
omnesque turbinum ac turbarum procellae posuere, vti tanquam in sereno tranquillo-
que mari, portum sibi secundis ventis subiisse videretur“ (De vita Canisii p 284)

27*

doctrinae morumque perspicuitate aliquando reddatur [1]. Meminerit frater otto saepius ad matrem scribere Intelligo frequenter inter ferdinandum et curiam bruxellensem discurrere postas, per istos facile disponi possent literae ad matrem Bruxellis enim aut louanij relictae, a M. Vernero aut alio quopiam fideli absque difficultate huc transmitterentur Vale frater in Christo charissime, et tuis tuorumque orationibus vnice fac sim commendatus Raptim Nouiomagij 9' martij 1553.

Theodoricus Canisius tuus

Eximiae pietatis viro M Petro Canisio S Theologiae professori eruditissimo, et fratri quam charissimo Viennae in Austria

129.

CANISIUS

ANDREAE HERLL,

canonico coloniensis ecclesiae S Gereonis, et bursae montanae magistro [2]

Vienna 27 Aprilis 1553

Ex apographo saeculo XVII scripto, quod est in cod „Hist gymn tr cor", inter fl 24 et 25 Hoc apographum eodem saeculo Coloniae a P Iacobo Kritzradt S J suppletum et correctum est ex altero exemplo, quod ipse P Leonardus Kessel ex epistula archetypa transcripserat, quodque tunc „in lib P Kesselij Rectoris ab 1550 ad 1553 sub finem" erat et nunc quoque Coloniae superesse videtur in archivo studiorum fundatorum

Epistula usus est *Gothein* 1 c p 725

Se sacram Scripturam exponere, contionari, quadragesimae tempore Austriae parochias obiisse 300 circiter parochias De peste diu grassata, collegiis viennensi et germanico, Turcis, Germaniae calamitatibus Quantum Societatis alumni in germanica aliisque linguis se exerceant De puerorum schola Viennae a Sociis instituta Vehementer commendat, ut iisdem facultas fiat similis ludi Coloniae aperiendi Suam in sanctos colonienses pietatem et amicorum patronorumque gratam memoriam declarat

IESVS

Reverende Domine praeceptor et Patrone singularis

Gratia et pax domini IESV, qui morte sua mortuos viuificat et vivos laetificat ad verae aeternaeque vitae gloriam nos adducat Amen [3]

Etsi iam diu nihil scripsi ad dignitatem tuam, cui multis ego modis multa debeo, meque debere lubens agnosco, tamen veteris illius,

---

[1] „Otto Canisius frater Doc Petri Canisij" anno 1553/54 in album universitatis viennensis relatus est (* Cod „Matricula Universitatis Viennensis IV " f 95ᵃ, et supra p 414) „Otto Canis geboren omstreeks 1530, was in 1572 burgemeester te Arnhem, doch ,van wege die van Arem ten respecte van de Roms Catholicke relugie uitgeweisen' ging hij zich te Huissen vestigen, waar hij overleed 12 october 1586 en begraven werd in de parochiale kerk voor het choor" *Bomperts* 1 c p 7¹⁴

[2] De hoc vide supra p 12⁴ 17ᵈ etc Scripsit de eo *Hansen*, Die erste Niederlassung der Jesuiten etc p 185—186

[3] Canisius his verbis tempus paschale significat, quo hanc epistulam scripsit

et benignitatis et hospitalitatis in me tuae suauis facit memoria, vt vltro ad scribendum accingar, quamuis negotijs alijs, neque paucis neque vulgaribus sic satis impeditus, nam et priorem ad Corinthios epistolam profiteri[a] caepi in hac Academia[1] vbi pro liberalitate[b] sua nostros fouet Maiestas regia et cupit triginta e nostris alere continenter, et sacris apud populum concionibus ut possum inseruio Dei spiritu aspirante qui verbum et virtutem praestat ad perfecte euangelizandum[2] magna Dei bonitate[3] qui suos vel in medio fornacis ardentis conseruat[4], nos in media quasi flamma pestis vndique grassantis salui et incolumes durauimus, et si multa hominum millia Viennae perierint neque raro afflictis et laborantibus adstiterimus, adeo nullus quidem nostrum ex tam foeda atque scua lue sensit incommodum[5], moriendi autem desiderium opinor multi, tantoque iustius quod si unquam alias, nunc in lucro deputandum sit maximo e tanta malorum omnium colluuie ad coetum illum beatorum vocante Christo proficisci[6]. Ego per quadragesimam[7] vt me non nihil exercerem in vinea Domini, sum in Austriam nostram peregrinatus[8]. Ecclesias misere tractatas si non absque Pastore desertas inuisi, et quibus Dei gratia potui rationibus, concionibus, admonitionibus oues passim iacentes[9], messemque neglectam adiuuare studui, praesertim quod audirem vltra 300 esse vacuas pastoribus Ecclesias[10], et in his multos sine sacerdotum ministerijs perire infeliciter Et dictu quidem difficile foret quantum vbique calamitatum, scandalorum et periculorum in illis senserim

---

[a] perficere *apogr*   [b] libertate *apogr*

---

[1] Iaio mortuo, Noui Testamenti explicandi prouincia Canisio commissa est (*Aschbach* 1 c III, 97 *Ant Wappler*, Geschichte der Theologischen Facultat der K K Universitat zu Wien [Wien 1884] p 376)   [2] Ps 67, 12
[3] „1552 coepit Canisius concionari primo in aede D Iacobi, deinde in templo S Hieronimi et postmodum per tres menses apud Praedicatores, ubi vix octo aut decem auditores aliquando habuit“ Historia collegii viennensis, apud *Theod Wiedemann*, Geschichte der Reformation und Gegenreformation im Lande unter der Enns I (Prag 1879), 103[1] Cf *Sochei um* 1 c p 29, qui ibidem etiam refert Canisium primum Viennae suggestum ascendisse 25 Martii 1553 in templo S Iacobi Atque in ecclesia dominicana Canisius „dicebat ad populum“, inquit *Sacchinus*, „tanta constantia, vt quamuis per autumnum pestilentia desaeuire coepisset, tamen nunquam intermiserit, sed potius frequentarit conciones“ Postea „Senatus ipse Consule misso, rogauit vt in Templo Sanctae Mariae ad ripam, quod secundum Episcopale Ciuitati commodissimum erat, concionari placeret“ (De vita Canisii p 65—66) Cf *Polanci* Chronicon II, 571 Hoc quidem certum est Canisium mense Aprili a 1553 „in templo B Virginis“ contionatum esse V infra, monum 92 93 Cf etiam *Polancum* 1 c III, 243)
     [4] Dan 3, 19—30   [5] Cf *Litteras quadrimestres* II, 114
     [6] „Mihi mori lucrum“ (Phil 1, 21)
     [7] Anno 1553 initium Quadragesimae 15 Februarii et Pascha 2 Aprilis fuit
     [8] Haec Canisii „peregrinatio“ vere apostolica accuratius enarratur a *Martino Stevordiano* S J in litteris 1 Maii 1553 Romam missis, quas vide infra, monum 92
     [9] Num 27, 17 Matth 9, 36   [10] Cf *Litteras quadrimestres* II, 19

vt summam profecto commiserationem oues Christi afflictissimae pro-
mereantui   Confido autem fore vt multi ex nostris egressi in Pagos
vicinos magnam Austriae opem adferant, praeseitim cum Sacerdotum
hic penuria sit ingens, et in hoc Collegio egregij alantur Adolescentes[1]
qui Germanicae Patriae possint ac velint suas operas dare bona fide,
faxit Dominus messis[2], vt huiusmodi operarios paulatim plures
non Austriae modo sed Germaniae toti instituamus quemadmodum et
Pont Max Romae suis expensis Collegium germanicum docte ac pie
instituendum curat[3]   Habemus inter nostros (gloria Christo) qui
quotidie[a] domi hic sese exerceant concionando, non germanice tantum,
sed et hungarice, Slavonice, Italice, Hispanice, gallice, tum idiomate
Flandrico et Leodiensi omitto de lingua latina et graeca dicere, nam
omnis lingua vt confiteatur Domino[4] et seruiat Ecclesiae par est.
De Turcico Exercitu nihil habemus, et incertum an se parct Rex noster
ad Hungariam recuperandam, inter spem metumque viuunt hic anci-
pites, sed satis res ipsa probat, DEVm nobis iratum a flagellando
Populo non facile cessaturum quamdiu tanta passim regnat impietas,
et haec cum omni vitae licentia ac improbitate coniuncta   Haeretici
cum aduersus Catholicos prius arma mouissent, nunc etiam inter se
conflictare videntur[5], vt bis misera sit Germania, siue pacis siue belli
rationem aspicias, neque satis apud Catholicos tueri sese, neque haereticis confidere possit: ita poenas damus non solum mutatae fidei et
violatae[b] obedientiae, sed etiam grauis oscitantiae ac vanae Conuer-
sationis nostrae, quod praedicamus quidem, sed non praestamus
fructus dignos poenitentiae[c][6], neque superaedificamus
fundamento[7] quod est in Christo et in Ecclesia adhaerentes viti,
sed veluti aridi palmites[8] quorum finis est in combustione[9],
formam habentes pietatis, sed certe virtutem eius[10] neutiquam
quam ostendentes Christi fauore schola, quam hic instituimus pueris
pie ac docte instituendis, procedit feliciter[11], magnumque ex ea lucrum

[a] quotidie *apogr*   [b] violentae *apogr*
[c] *Hoc vocabulum, quod librarius legere non potuit, Kratzradt supplerit*

----

[1] Novicii et scholastici S J , cf supra p 414—415   [2] Matth 9, 38
[3] De institutione collegii germanici vide „Collegii Germanici et Hungarici
Historiam", auctore *Iul Cordera* S J (Romae 1770) p 1—15, et *Polancum*, Chronicon II, 421—424, maxime vero opus bipartitum, quo nuper eminentissimus cardinalis *Andreas Steinhuber* S J , huius collegii olim alumnus et postea rector, totam
eius historiam ex ipsis fontibus depromptam insigniter complexus est (Geschichte
des Collegium Germanicum Hungaricum in Rom I [Freiburg i Br 1895], 1—36)
[4] Phil 2, 11 Cf Ps 7, 18, 91, 2 etc
[5] Non multo post (9 Iulii 1553) Albertus marchio brandenburgensis et Mauritius Saxoniae elector apud Sievershausen acie inter se concurrerunt Cf *Janssen*
I c III 731   [6] Luc 3, 8   [7] 1 Cor 3, 12 Eph 2, 20 1 Petr 2, 5
[8] Cf Io 15, 1—7   [9] Hebr 6, 8   [10] 2 Tim 3, 5
[11] Quae de huius scholae initus, anno 1552 factis, refert collegii viennensis
historia manu scripta (quae nunc Viennae in bibliotheca aulica [Cod 8367] asser-

nobis pollicemur, non lucrum quidem temporarium, quia docemus
gratis, neque locum muneribus, quae alioqui satis obtruduntur. vllum
facimus: sed spirituale lucrum inquam, quod locupletandis puerorum
animis et augendae Christi Patris gloriae possit inseruie. Habetis,
sat scio bene institutas Coloniae scholas non paucas, vbi probe curetur
iuuentus, ut sane nunc necesse est, confirmandis in Pietate pueris
operam vel maximam dare· vellem interim ego vt libere dicam
amans vestrae et meae Ecclesiae Coloniensis, vellem inquam re ipsa
comperissent in vrbe vestra siue Ciues siue Canonici quae ratio,
quantaque sit vtilitas scholarum quibus nostri praeesse ac prouidere
solent. experientur[a] credo Adolescentulorum animos et in pietate in
primis, et in literatura progressus non poenitendos facere, viderent
paternam in praeceptoribus fidem, atque curam erga discipulos qui
et si religioni se nulli consecrarent, tum[b] in timore Dei firmiora, vt
vsus rerum docet fundamenta iacerent atque conseruarent, multoque
aliter quam vulgo est cernere, et citius quidem lubentiusque tractarent
studia simul et absoluerent Haec mihi suggerit affectus quidam, at
communem specto, non priuatam vllam vtilitatem: non commendo
nostros, non improbo scholas aliorum, verum quid commodius fieri
possit et vt per occasionem iuuetur isthaec vinea Christi, id vero
mihi cordi est, eoque conniti maxime vellem Quamquam tam diues
et opulenta est Respublica vestra, vt etiam si e nostris pauci alerentur
frugaliter necessitate ipsa contenti, non solum dispendii nihil, sed
etiam commodi ac honoris plurimum inde ad auctores redire posse
animaduertam

Monasterium constituere nihil est opus, et altior est monasticae
vitae professio quam vt nostris debeat proprie accommodari[1], qui simplices velut sacerdotes laborandi occasionem, non quiescendi commoditatem sectamur et quaerimus pro Christo et Ecclesia, tantum vtinam
digni simus, qui sancta in Dioecesi vestra praestemus aliquid, quod
siue ad iuuentutem Christo educandam[c] siue ad confirmandum in pietate Clerum et Populum conducere possit[2] Huc nos animant sanctis-

---

[a] *Eadem de causa, de qua supra, a Kidziwalt suppletum*
[b] *Sic, sed fortasse corrigendum* tamen   [c] educendam *apogr*

---

vatui), typis exscripta sunt apud *Hartl-Schranf*, Nachtrage I, 23[1] De iisdem initiis
scripsit *Polancus* I c II, 574, III, 241—242 246 *Idem* „Prima", inquit, „dominica
[quadragesimae siue 19 Februarii 1553], post concionem, populum P Canisius admonuerat quod lectiones ad institutionem iuuentutis nostris in scholis erant praelegendae, aliquid de ratione instituendae iuuentutis, qua Societas utitur, disserendo"
(Chronicon III, 240) Cf *Litteras quadrimestres* II, 249 374
  [1] Veram quidem religionem sive ordinem religiosum Ignatius instituit et ecclesia
approbavit, vota habentem sollemnia, neque tamen is ordo chorum habet nec vestitum peculiarem nec alia quaedam quae a monachis pie ac sancte obseruantur,
nam monachorum religio non est, sed „religio clericorum" a concilio tridentino vocatur (Sess XXV De regul c 16)
  [2] § Ignatius iam anno 1551 paratus erat Canisium ad Socios colonienses

sunt Magi Reges, Thebei, Mauri, Machabei, virgines martyres, totaque illa deo grata vere Societas, quae suas delegit sedes in Agrippina Colonia, neque cessat vel exteros in amorem sui rapere, quasi magnetis instar trahere velint et ferrum, id est indignos amplecti Sed plura certe quam statueram, et me fere pudet᾽ extemporaneum hoc scriptum ita mittere, nisi quod humanitate tua fretus, agam nunc familiariter perinde, ac cum amicissimo Patre" Dominus IESVS in gloriam suam conuertat studia nostra, vt non quaeramus ea quae super terram¹, vbi vanitas vanitatum et omnia vanitas². De Nepote tuo scire aueo vbi sacerdotem agat, et quousque progressus sit in studijs Theologicis, vt cum recte illum habere percepero, maiores Christo gratias agam, quod tua cura, in bonum doctumque Theologum euaserit. Si auderem, R D. Praepositum Bonnensem³ ex me vt salutares orarem, quod illi ac Patri Prouinciali Carmelitarum⁴ ex animo precor zelum pro Ecclesia indefessum, nec obliuiscar D. Licentiatorum quos in Christo semper colamᶜ. M Matthiae Regentisⁱ, Voisijᶜ, Philippi⁷ etc quibus omnem adscribi salutem quae in Christo est percuperem᾽ Praeterea R P [?]ᵉ Carthusiae ac Praedicatorum, quibus multum sane debeoⁱ velim meo nomine salutatum iri cum amicis omnibus raptim 27 april Anno 1553ᶠ

Reuerendo in Christo Domino meo M Andreae Barduick S Theologiae Licentiato et Canonico D Gereonis Coloniaeⁱ

Nomen epistulae olim subscriptum non superest, sed Canisii epistulam esse et Kritzradt testatur, et res ipsae demonstrant

ᵃ *A Kritzradt suppletum*
ᵇ *Vocabula quod, fretus agam, Patre, quae librarius legere non potuit, a Kritzradt suppleta sunt*
ᶜ *semper colam eodem modo a Kritzradt suppleta*
ᵈ *A Kritzradt suppletum*
ᵉ *Sic, sed corrigendum esse uidetur RR PP Priores*
ᶠ *Raptim et, quae sequuntur, a Kritzradt sunt suppleta*
ᵍ *Inscriptionem hanc Kritzradt addidit ex apographo Kesselii descriptam*

auxilii causa mittere Nam *Ioannes de Polanco* „de mandato patris nostri d ignatii" P Leonardo Kessel Roma die 17 Novembris 1551 scripsit „Charissime pater d Leonarde, de ecclesia 11 millium Virginum quod respondeamus non est sat scimus t R et patri Canisio curae id fore, et si ipsi videbitur tantum itineris suscipiendum, vt a senatu domum vel ecclesiam obtinere curet, patri nostro non displicebit dirigat vos eterna sapientia in omnibus" (᾽Integra epistula Polanci eaque autographa est in Cod colon „Epistt ad Kessel Iᵉ f 67) Ecclesiam illam abbatissa collegii S Ursulae Societati resignare volebat (*Polancus* I c II, 282)
  ¹ Col 3 1 2   ² Eccles 1, 2   ³ Ioannem Gropper
  ⁴ Euerardo Billick   ⁵ Matthias Cremers buisam montanam regebat
  ⁶ Cf supra p 126ⁱ   ⁷ Cf supra p 126
  ⁸ Gerardum Kalckbrenner et Tilmannum Smeling carthusianorum et dominicanorum coloniensium priores, significari puto

130.

CANISIUS

WIGULEO HUNDT,

consiliario Alberti V Bavariae ducis [1]

Vienna 27 Iunii 1553

Ex autographo (2°, p 1), quod est in cod monac „Ies Ing 1359/I " f 1 2
Apographum saeculo XVII vel XVIII factum est in cod monac „Lat 1606" f 4
Edidit *Manfi Mayer*, Leben, kleinere Werke und Briefwechsel des Dr Wiguleus Hundt (Innsbruck 1892) p 304—305 Partem epistulae germanice versam
edidit *Riess* 1 c p 142—143, et ex eo *Drews*, Canisius p 53

*Hundio gratias agit, quod causam collegii Societatis Ingolstadii constituendi
serio agat, atque eum amicosque in eo studio confirmat*

IESVS

Gratia domini nostri JESV CHRISTI nobiscum aeterna

Gratias ago praestantiae tuae Patrone dignissime [2], et excellentiss
Domine Doctor, quod nostram, hoc est, Theologici collegii causam
cum fidei prudentiaeque tuae commendatam, tum Jllustrissimo et Clementiss. Duci nostro comprobatam efficias, promoueasque [3]. Dominus
JESVS pium hoc institutum ita prosperet, vt sempiternus inde honos
ad Superos, maxima vtilitas ad Bauariam, et immortale decus ad
Maecenatem ipsum redeat, totique Jngolstadianae scholae fructus accedat vberrimus.   De me vero, caeterisque nostris quid

---

[1] Wiguleus Hundt (1514—1588), nobili genere ortus, Ingolstadii ius aliquamdiu
tradidit Inde ad reipublicae administrationem avocatus, a Carolo V supremi iudicii
spirensis (Reichskammergericht) „assessor", ab Alberto V eiusque filio Guilielmo V
consiliarius, curator universitatis, consilii aulici praeses nominatus est   Qui etiam
scriptis historiam et profanam et sacram illustravit („Bayrisches Stammen-Buch",
„Metropolis Salisburgensis" etc (*M Mayer* 1 c p 89—114)

[2] Georgius Stockhammer, universitatis ingolstadiensis patronus, anno 1552 gravi
ac diutino morbo laboravit atque anno 1555 exstinctus est, ideo munus eius academicum ab anno 1552 Hundt administravit, quod hic ipse asserit in autobiographia,
edita a *M r Freyberg*, Sammlung historischer Schriften und Urkunden III (Stuttgart und Tubingen 1830), 183

[3] Canisio et Goudano Ingolstadio profectis „Princeps de reuocandis nostris
postea cogitauit, et auxit nostri desiderium absentia, praesertim cum Theologos quos
substituerent non facile reperirent   Et maturius forte reuocassent, nisi tumultus
bellici omnia perturbassent   Albertus V „misso interim Legato Viennam Doctore
Wigulio Hondio, renouauit amanter Collegii fundandj memoriam, et ostendit nunc
plurimum nostros Jngolstadii desyderarj, se curaturum Romae, ut ad Exemplum
Viennensis Collegii, sequeretur Jngolstadiense" (Cod „Antiqu Ingolst " f 2ᵇ—3ᵃ)
„Persuasit autem", inquit *Polancus* (1 c III, 261), Hundio „Canisius ne nominatim
hunc aut illum Dux peteret quamvis peculiari affectu ad ipsos [PP Canisium et
Goudanum], quos cognitos habebat, ferri facile animaduerteret   Videbatur etiam
Hundius „professores graecae et latinae linguae a Societate expeterei, sed id ne
faceret dissuasit idem Canisius, ne viderentur alios professores loco suo expellere
velle, quamvis suo tempore nostrorum opera non erat illis defutura"

expectare habeatis, non repetam   CHRISTo duce res ipsa comprobabit,
me vanum in ijs quae dixi coram, fuisse minime   Si quid alij contra
sentiunt, id nostri erit muneris, sedulitate et uerae pietatis omni
offitio nos defendere aduersus calumniatores   Mali saepe placari nullis
possunt rationibus, ne a CHRISTo quidem vti Pharisaei   Quare bonis
vt placeamus, sat esse nobis debet, praesertim in hac nostri saeculi
malignitate, vbi pessima fere placent pluribus, et optima quaeque
contemnuntur [sic] pessime   Nec est quod vllo pacto
metuatis tum de Pont Maximi[1], tum de Praepositi nostri[2] prompta
erga vos beneuolentia, quemadmodum fusius hic exposui   Quod in
me fuit, literas ad Praepositum scriptas adiunxi, causamque illi omnem,
vti par erat, sedulo commendaui   Hoc ego superesse vnum puto, vt
qua fide et cura coepistis, eadem quoque pergatis non vestram aut
nostram, sed fidei et Religionis Catholicae, sed Ecclesiae Orthodoxae,
sed JESV Christi Opt. Max causam prouehere   Qua ex re nomini
quidem vestro laudem et gloriam ingentem, Academiae uero Ingolstadiensi multiplicem commoditatem, et Clarissimo Duci doemum,
posterisque suis praestantem[a] honorem et decus memorabile adijcietis.
Valeat in Christo semper excellentia tua, nosque sibi commendatos
manere curet oramus   Viennae 27 Iunij Anno Christi 1553
                    Magnificentiae Tuae
                              Seruus in Christo
                         Petrus Canisius Nouiomagus

† Excellentissimo Domino Viguleo Hundt V J Doctori[3], et a
Consilijs Illustrissimi Ducis Bauariae, Patrono summe obseruando.
Monachij

Inscriptioni epistulae ab ipso Hundio (ut videtur) adnotatum est   "praesentatum
Sussmerhausen [nunc „Zusmarshausen“ in Suebia bauarica] 11 Julij anno 53 "

131.

CANISIUS

SANCTO IGNATIO.

Vienna mense Iunio vel Iulio 1553.

Ex *Sacchino*, De vita Canisii p 74—80   Cf *Polanci* Chronicon III, 254 255
et *Boero*, Canisio p 106—108

Se nolle episcopum uiennensem constitui

*Christophoro Wertuein, episcopo neostadiensi, qui post mortem Friderici
Nauseae etiam dioecesim uiennensem administrabat, 20 Maii 1553 mortuo*[*],

* Hoc vocabulum a Canisio in margine ascriptum est

[1] Iulio III   [2] S Ignatii
[3] *Mayer* affirmat Hundium imperialis tantum iuris doctorem fuisse (l c.
p 12 307[*])   [4] *Wiedemann* l c II (Prag 1880), 65

Burchardum ian den Bergh, novercae Canisu fratrem et canonicum cathedralis ecclesiae (S Stephani) ciennensis, „subit cogitatio", inquit Sacchinus, „posse Canisium in iacinam sedem imponi   Quod cum Hieronymo Martinengo Apostolico Nuntio indicasset, et Caroli Caesaris legato Guilielmo a Pictauia, et Martino Gusmano Camerario Regio, omnes tamquam diuinitus inuectum consilium   suscepere"   Cum autem nec Martinengus nec ipse Ferdinandus rex Canisium ad episcopatum accipiendum movere possent, Martinengus „literas ad beatum Ignatium exarat, per iiscera misericordiae Christi Iesu obsecrans, et obtestans, Canisium ipse compelleret   Nihilo aciter minus pro se scripsit Canisius"

Ignatius Canisio rescripsit 9 Augusti 1553   Ex qua ie concludi potest Canisii litteras mense Iunio vel Iulio datas esse

Narrat *Polancus* (1 c)   Cum Ferdinandus timeret, ne Canisius episcopatum iecusaret, intei regem et nuntium convenisse, ut hic pei litteras secreto a pontifice peteret, ut „in virtute obedientiae   P Canisio jugum hoc imponeret" Lanoium vero aliosque Socios, cum haec cognovissent, nuntium adiisse et rogasse, „ne inconsulto P Ignatio hoc negotium uigeret", explicata ei constitutione, qua Socii episcopatus admittere vetantur   Nuntius eos „ad prandium postridie ut veniient invitavit, ea de ie fusius acturi   Voluit eigo rationes P Canisii tunc audire, quas ille tam validas adduxit ut, prorsus mutata sententia, Nuncius non ipsi Pontifici sed P Ignatio scribendum duxerit ea de re, quod et diligenter fecit⁻   Acriorem illam disputationem, quae tunc intei Martinengum nuntium et Canisium oita est, ex Lanoii litteris exscripsit *Sacchinus* 1 c p 76—79   Alia vide infia, monum 101

132.
CANISIUS
SANCTO IGNATIO.
Vienna sub medium annum 1553

Ex *Polanci* Chronico III, 252
Eadem fere narrant *Orlandinus* 1 c 1 13, n 25, et *Sacchinus*, Can p 87

A tota Societate sacrificia et preces pro Germania iult offerri

„*Visus est autem", inquit Polancus, „tanta commiseratione dignus Germaniae status eidem Patri [Canisio], ut cum in Dei piaesidio spem totam constitueret, rogaierit obnixe P. Ignatium ut singulis sacerdotibus Societatis injungeret Missae sacrificium pro Germania Deo offeire quo, placata ipsius iia propter Christi sanguinem, illis regionibus subienire dignaretur, et ut alii fratres nostri semel singulis mensibus idem sacrificium[1] cum eadem intentione Deo offerrent, et facile hoc a P Ignatio impetravit "*

Ignatius Canisio per Polancum iescripsit 25 Iulii 1553   Haud recte igitui *Sacchinus* affirmat hanc Canisii epistulam anno 1554 datam esse

---

[1] Sic quidem Polancus, sed iectius Sacchinus   „certas pieces"   Cf infia p 429

133.

P. IOANNES DE POLANCO S. J.

nomine S Ignatii

CANISIO.

Roma 27. Iunii 1553.

Ex adnotationibus quas Polanci Chronico addidit eiusdem editor (Chronicon III, 257, adnot 2, et 261, adnot 2)

De compendio theologiae componendo et collegio Ingolstadii instituendo

— — Sopra il compendio di theologia ho scritto al P. Laynez[1] et so che non ha bisogno di sperone, ma come è dotto et essatto, fa opera piu lunga, della quale poi si habbia a cavare il compendio Spero sarà opera utile al bene universale non solamente in Germania[2]. — —
Circa le cose d'Ingolstadio, staremo a vedere quello che faranno. Vostra Riverenza potrà mostrarli molto buona volonta et in Nostro Padre inclinatione a compiacerli; pero intanto che finiscono alcuni li suoi studii et si mettono in ordine le persone, che potriano loro metter in ordine il collegio, etc Sapienti pauca — —

— — De compendio theologico ad P Lainium scripsi[1], quem scio calcaribus non egere, sed cum hic doctus sit et subtilis, copiosius quoddam opus componit ex quo deinde compendium illud excerpatur Spero opus illud ad bonum universale utile fore non solum in Germania[2] — —
Quod ad res ingolstadienses attinet, exspectabimus, quid illi agant V R us dicat et se promptae esse voluntatis et patris nostri animum propensum esse ad gratificandum iis, attamen, dum aliqui e nostris studia absolvant et homines isthuc mittendi seligantur, ipsos collegium parare posse etc Sapienti pauca — —

134.

P. IOANNES DE POLANCO S. J.

iussu S Ignatii

CANISIO.

Roma 25 Iulii 1553

Ex *adnotationibus*, de quibus supra dictum est (Chronicon III 252 adnot 2, et 263 adnot 1)
Epistula usus est *Polancus* in Chronico III, 263

Ignatium Canisii rogatu totam Societatem pro regionibus septentrionalibus sacrificia et preces in omne tempus offerre iussisse De collegiis Ingolstadii, Romae, in Polonia, Lovanii condendis

[1] (supra p 411 412 Lainius quem S Ignatius anno superiore Societatis praepositum per Italiam constituerat, Florentiae tunc agebat (*Boero*, Lainez p 132)
[2] De hoc Lainii libro in secundo huius operis volumine plura dicentur

— — Circa la gratia che di Nostro Padre voleva ottener la R V.
di far che ogni mese si dicesse una messa per li sacerdoti et li non
sacerdoti facessino oratione per l'ajuto spirituale della Germania et
altre regioni settentrionali, io ho parlato a Nostro Padre et li parse
petitione molto giusta, et così m' ha ordinato ch' io lo scriva a tutte
le bande, o vero alli Provinciali, et questo senza limitatione di tempo
ma continuamente insin' a tanto che cessi la necessità, il che Dio
N S ci lasci presto vedere Amen [1]

— — et quanto al Collegio d' Ingolstadt mi rimetto a quello
che si scrive per altra, et il simile dico se accadesse far Collegio in
Polonia, che saria necessario trattener le cose qualche tempo, se le
persone si hanno a mandar di Roma, perche questo Collegio, che
adesso si comincia. come è per agiutar passato qualche tempo tutte
le nationi con la divina gratia, così per adesso pare sia necessario
le spoglii, per haver bisogno non solamente di mastri, ma etiam di
optimi instituti [?] [2]. Sicche di là è necessario si proveda alle cose
di Alemagna per adesso Questo ho detto perche V. R in tal modo
procuri la fundatione che per un poco di tempo faccia conto che non
possono passar le montagne quelli che si trovano di qua Il disponere però è bene, et anche il dar principio, se si può senza gente
di qua mandata per adesso.

_____

— — Quod R V a patre nostro petierat, ut singulis mensibus sacerdotes sacrificium et, qui sacerdotes non essent, preces offerre iuberet ad calamitates spirituales
Germaniae et aliarum regionum septentrionalium sublevandas, eidem patri nostro, cum
a me propositum esset, admodum iuste peti visum est, quare mihi mandavit, ut in
omnes regiones vel ad praepositos provinciales litteras mitterem, quibus id prae-
scriberetur non ad certum tempus, sed in omne tempus, donec necessitas ista ces-
saret, quod quidem Deus brevi nobis videre concedat Amen [1]

— — et de collegio ingolstadiensi R V videat, quae aliis litteris scribuntur,
atque idem dico, si quod forte collegium in Polonia condendum sit oportere vos
ies ad aliquod tempus extrahere, siquidem Roma homines isthuc mittendi sint, nam
collegium hoc, quod nunc incohatur, sicut post aliquod tempus omnes nationes, Deo
propitio, adiuturum est, ita nunc eas spoliare debere videtur, cum non solum praeceptoribus, sed et scholasticis [?][a] optime institutis indigeat [2] Ipsi vos igitur isthic
in praesens rebus Germaniae consulere debetis Atque haec dixi, ut R V collegium istud fundandum curaret ita, ut simul brevi tempore ob oculos sibi poneret,
montes transcendere non posse eos, qui hic sunt iuvat tamen res praeparare atque
etiam incohare, si non requirantur homines hinc ad vos mittendi

_____

[a] _Sic, sed legendum videtur_ scholari optime instituti _Cf infra, adnot_ 2

_____

[1] Polanci litterae, hac de re 25 Iulii 1553 Ignatii nomine ad omnes Socios
datae, proponuntur in „Cartas de _San Ignacio_" III, 410—411, et a _R Menchaca_,
Epistolae S Ignatii Loiolae (Bononiae 1837) p 496—497, _Genelli_ l c p 360—361,
Dan Bartoli S J , Vita di S Ignazio IV, 21 (Opere vol 2 [Torino 1825] II, 93—94)

[2] „Collegium Romanum eo tempore quo, non solum praeceptoribus indigeret.
sed et scholasticis bene institutis, potius spoliare (ut ejus [i e Ignatii] verbo utar)
alias provincias quam novos operarios ad eas mittere debebat" (_Polancus_, Chronicon III, 263)

In Leodio sarebbe piu facile provedere di qualche persona per dar principio, massime rimandandosi adesso verso quelle bande il P Maestro Quintino[1]   Con questo ho gran confidenza in Dio che presto habbia a suscitar operarii molti et fedeli la divina sapientia.

Leodiensibus facilius dare possemus, qui collegium incoharet, praesertim cum P Magister Quintinus[1] nunc in eam provinciam remittatur   Ego multum in Deo confido divinam sapientiam brevi multos fidelesque operarios excitaturam esse

135.
SANCTUS IGNATIUS
CANISIO.
Roma 27. [25 ?] Iulu 1553

Ex *Gothein* I c p 398—399, qui p 789 n 140 asserit se ea ex   Munchen I S* hausisse

„*Nach Wien*", inquit ille, „*schrieb*" *Ignatius am 27 Juli 1553 „an Canisius einen scharfen Tadel ,Weder das Wiener Dominikanerkloster noch das andere Mönche dürfe ohne Zustimmung derselben, d h. der geordneten Vorgesetzten, übernommen werden, damit sie nicht sofort mit ihren Klagen nach Rom liefen, denn in Rom seien derartige Zwistigkeiten mit Mönchen nicht eben erwünscht'"*

Fortasse haec epistula eadem est atque ea, quae eam proxime antecedit, 25 Iulu 1553 data

Plura hac de re ex Polanco atque etiam ex ipso Canisio audiemus infra

136.
P. IOANNES DE POLANCO S. J.
nomine S Ignatii
CANISIO.
Roma 9 Augusti 1553

Prior epistulae huius italice scriptae particula deprompta est ex versione vel summario latino, quod Monachii (ut videtur) repertum posuit *A t Druffel*, Ignatius von Loyola an der Römischen Curie (München 1879) p 41⁵⁵ posterior, quae harum „litterarum postrema verba" sunt ex *adnotationibus* ad Polanci Chronicon III. 264, idnot 3

Eiusdem epistulae summaria posuerunt *Polancus*, Chronicon III, 264, et *Sacchinus*, Can p 81 82, atque ex Sacchino *Russ* I c p 118

Quid Canisio, si pontifex episcopatum viennensem ei imposuerit, agendum sit

[1] Charlat. de quo vide supra p 108⁴ Guilielmus de Pictavia, „archidiaconus ecclesiae leodiensis", a Carolo V Viennam ad negotia quaedam transigenda missus, ibidem anno 1553 ,de Collegio Leodii instituendo serio agebat, prius tamen ad se mitti duos operarios exoptabat ut, cum de populo bene mereri cernerentur, collegii huius fundationem faciliorem redderent" (*Polancus* I c III, 262—263)

V. R bono animo et forti perseveret in non acceptando episcopatum. Et licet in virtute obedientiae per Breve aliquod aut literas
papa iniungeret, poterit nihilominus R V sese excusare, Breve illud
capiti imponendo in signum obedientiae, dicendo tamen, informare
prius velle S. Sanctitatem de defectibus suis. Poterit etiam exten-
dere se [?]ᵃ constitutionibus nostris teneri [1], nec posse absque superioris licentia acceptare eum, qui obligatus non sit ab eo, qui sub
peccato mortali obligare potest, et cum effectu uti hic decisum est.
discussa studiose hac materia V Reverentia absque ullo peccato,
imo cum merito dilationem interponere potest post papae imperium.
donec ipsemet papa informatus sit per nostrum superiorem — —
        Più presto facciano [Vescovo di Vienna] qualch' uno da bene,
qual si voglia, et si offerisca la R V alle fatiche del Vescovo, senza
il nome nè entrata etc [2]

137.

CANISIUS

WENDELINAE CANIS,

novercae suae

Vienna 20. Augusti 1553.

Ex versione gallica archetypi vlamici, ab anonymo facta et edita in „Collection
de Précis historiques" XXV (Bruxelles 1876), 28—29, cf supra p 72

*Novercam rogat, ut filium Ottonem Viennam venire permittat, se Ottoni patrem
futurum Eandem hortatur, ut Annae evangelicae exemplum sequens curas humanas
omnes abiciat et Deo soli vacet*

Jésus

Chère Mère, que la grâce de Dieu vous conserve!

J'ai résolu avec notre cher docteur M Burchard [3], qu'il amènerait
mon frère Othon à Vienne [4], si vous vouliez le laisser voyager et me
le remettre comme à son père et tuteur C'est pourquoi, je vous

---

Iesus Carissima mater, gratia Dei te conservet Cum caro doctore nostro
M Burchardo [3] constitui, ut ipse Othonem fratrem meum Viennam adduceret [4], si
tu abeundi licentiam Othoni dare eundemque mihi tamquam patri ac tutori committere velles Hac de causa te, carissima mater, rogo, ut iuvenem illum Deo omni-

---

ᵃ Sic Drüffel, sed legendum esse videtur exponere, se

[1] Cf supra p 373 [5]
[2] Id est Creetur potius vir probus qualiscumque [episcopus viennensis], et
R V se offerat ad munera officii episcopalis obeunda ita, ut nec nomen episcopi
habeat nec reditum etc
[3] Burchardum van den Bergh, novercae fratrem et canonicum viennensem
dicit, de quo supra p 116 [2] 427   [4] Vide supra p 420 [1]

prie, Chère Mère, de vouloir bien confier entièrement ce jeune homme à Dieu tout-puissant et à ma fidélité. Si vous pensez que je ne me conduirai pas bien envers mon cher frère, ou que je lui imposerai [de] trop [lourdes charges] en jeûnes, vœux, etc, tenez et considérez cela comme une tentation, née vite et facilement dans le cœur d'une mère Mais, n'en doutez pas, je ne veux pas vous tromper, je veux tenir et garder mon frère de manière qu'il n'ait jamais à se plaindre de moi Et que ceci soit dit et écrit une fois [pour toutes] en réponse [générale] à mes amis, qui ne pourraient équitablement prendre cette affaire à cœur sans penser à mon occasion ce que dictent le droit et le Christ, comme je l'ai montré dans d'autres lettres et comme M Burchard l'expliquera davantage de vive voix.

Très-Chère Mère, conservez la patience et la mansuétude sous la croix, et pensez à la parole du Seigneur: M a r t h a , M a r t h a , s o l l i c i t a es et t u r b a r i s e r g a p l u r i m a P o r i o u n u m est n e c e s s a r i u m [1]. Plus vous aurez de souffrances et de tribulations, plus vous serez disposée par le Seigneur à laisser le rôle de Marthe pour prendre celui de Madeleine Vous serez donc diligente et vous vous exercerez dans la prière et dans la piété aux pieds du Seigneur [2]. Pourquoi donc voulez-vous tant vous occuper d affaires commerciales et   Toutes choses cependant doivent rester ici et redevenir terre[3]. Le temps est court, la mort certaine et l'ame vit éternellement ou dans la joie céleste ou dans la peine de l'enfer. Laissez le monde etre le monde, et imitez la veuve évangélique Anna qui r e s t a i t j o u r et n u i t d a n s le t e m p l e , j e û n a n t et p r i a n t , s e r v a i t a i n s i D i e u [4] avec un cœur libre de tous soucis et se préparait de

---

potenti ac fidei meae plena fiducia demandes Si tibi in mentem veniet me carissimum fratrem haud liberaliter habiturum vel nimia ei onera iniuncturum ieiuniorum, votorum etc , hanc malam censeto esse tentationem , quae cito facileque in materno animo oriatur Certum autem tibi sit nolle me tibi imponere, fratrem ita habebo et custodiam, ut numquam me incusare possit Et haec respondere et rescribere volui semel, ut semper ante oculos posita essent amicorum, qui in hac causa administranda certe iniuriam mihi inferrent, nisi secum reputarent, quid ius postulet, quid Christus ipse Quod et aliis epistulis exposui et M Burchardus coram explicabit uberius

Patientiam, carissima mater, et mansuetudinem in calamitatibus serva, et memor isto verborum domini M a r t h a , M a r t h a , s o l l i c i t a es, et t u r b a r i s e r g a p l u r i m a P o r i o u n u m est n e c e s s a r i u m [1] Quanto plures aerumnas et miserias accipies, tanto magis a domino paraberis ad Magdalenae partes suscipiendas, relictis partibus Marthae Domini igitur pedibus advoluta in precationem et pietatis studia diligenter incumbas [2] Cui nam tantae tibi curae est mercatura et   , cum omnia isthic relinqui et in terram suam reverti [3] oporteat? Tempus breve est, mors autem certa, et anima in aeternum vivet, aut deliciis abundans in caelo, aut tormenta sustinens in locis infernis Res humanas sine esse humanas, et evangelicam illam viduam imitare Annam, quae n o n d i s c e d e b a t de t e m p l o , ieiuniis et obsecrationibus serviens nocte ac die[4], curis omnibus abiectis, sicque ad

---

[1] Luc 10, 41 42   [2] Cf Luc 10, 39   [3] Eccles 12, 7 (Gen 3, 19 etc   [4] Luc 2, 37

la sorte à une sainte mort. Jusqu'ici vous avez donné et consacré
au monde et à vos enfants tant d'années de travail et de fatigue.
Ce sera chose très-équitable si Dieu devient maintenant votre très-
cher [époux], si vous vous appliquez vous et votre cœur à le servir,
à faire sa volonté et à suivre ses avertissements, et si vous laissez
les morts enterrer les morts[1]. Ah! puissiez-vous bien con-
sidérer comment la pauvre âme se sépare du corps et parait devant
le Juge sévère pour recevoir sa récompense! En vérité, vous vous
débarrasseriez des soucis et des affaires et vous vous laisseriez aller
Dieu veuille vous éclairer de l'Esprit-Saint ainsi que vos amis, pour
l'amendement de votre vie! Amen. A Vienne, le 20 août 1553.

Votre obéissant fils dans le Christ,
Pierre Canisius De Nimègue

A ma Chère Mère Veuve de M Jacques Kanijss, à Nimègue

---

mortem sancte obeundam se praeparabat   Usque adhuc in res humanas atque in
liberorum salutem tot annis laborem operamque impendisti Aequissime proinde facies,
si nunc Deum habebis sponsum et in id incumbes, ut ei servias ad eiusque voluntatem et praecepta te fingas, ac dimittes mortuos sepelire mortuos suos[1]
Utinam bene consideres, quomodo misera anima nostra a corpore separetur et
severo illi iudici ad mercedem accipiendam sistatur! Ab omnibus certe curis et
negotiis te abduceres ac tui iuris esse velles   Deus per Spiritum sanctum a tuo
tuorumque animis caliginem depellat, ut ad meliorem in dies frugem vos recipiatis
Amen   Viennae 20 Augusti 1553

Filius tibi oboediens in Christo
Petrus Canisius Noviomagus.

Carissimae matri meae, viduae M Iacobi Canisii, Neomagi

138.

CANISIUS

SANCTO IGNATIO.

Vienna 24. Augusti 1553

Perusse quidem videtur haec epistula, quid vero continuerit, partim cognosci
potest ex nn 564 et 586 tomi tertii Chronici a *Polanco* conscripti (Matriti 1895)
p 251—252 263 ubi Chronici editor (l c p 252, adnot 1 et p 263, adnot 1)
haec adnotat   „De iis [n 564] scripsit Canisius Ignatio 24 Augusti [1553], cui
respondit, ex com , Polancus 19 Sept ejus animum erigens" etc , et „De iis [n 586]
Canisius certiorem fecit Ignatium per litteras ad eum datas 24 Aug [1553], ut
ex Ignatii responsione 19 Sept missa constat "
    Cf *Polancum* 1 c III, 256 et *Orlandinum* 1 c 1 13, n 24

*Canisius cum aliis universitatem viennensem „visitat"   Dolet haereticos in ea
professores tolerari   Collegium lovaniense*

--- -- ------- -

[1] Matth 8, 22

Anno 1553 „*occupatio quaedam*", *inquit Polancus, „P Canisio Regis nomine injuncta est, simul cum Episcopo Trigestino[1] hispano (ad Calaritanum Episcopatum is deinde translatus est), et quibusdam consiliarius, ut scilicet Universitatem ad aliquam reformationis formam in quavis facultate et collegio adducerent[2]. Sed non magnopere sibi P Canisius id, in quod per tres hebdomadas incubuit, satisfecit*; ea enim erat quorumdam dexteritas ex ejus socus in visitandi munere, ut sine scrupulo haereticos etiam professores publicos, si docti essent, in quavis facultate vellent admittere, dummodo quisque intra limites suae professionis se contineret, et ita hic litteras graecas, ille jus civile, et alia hujusmodi, interpretarentur, ut nihil contra fidem catholicam attingerent Sed hoc parum P. Canisio probabatur, cum negotio fidei ac religionis male admodum ea ratione consuleretur, et quamvis in corpus facultatis theologicae admissi nostri essent, et officium Decanatus et alia hujusmodi obire possent, non tamen impedire omnia mala, quae ipsis displacerent, ea ratione poterant, licet multa sane impedierunt et in dies impediunt " »* — —

„*Curatum est a nostris [viennensibus] ut Regia Majestas oratori jam dicto [Guilielmo] de Pictavia commendaret ut facultatem ad erigendum Collegium Lovaniense obtineret*"[4]

S Ignatius Canisio per Polancum rescripsit 19 Septembris 1553

139.

P. IOANNES DE POLANCO S. J.

nomine S Ignatii

CANISIO.

Roma 19 Septembris 1553

Ex adnotationibus Chronico Polanci ab eiusdem *editore* additis (Chronicon III, p 252, adnot 1. p 255, adnot 3 p 262, adnot 3)

De universitate et nobilium contubernio viennensi, quomodo cura habenda sit valetudinis P Lanoi

Cum Canisius litteris 24 Augusti 1553 ad S. Ignatium datis questus esset, quod in universitate viennensi tam multa adversus reli-

---

* *Sic, fortasse legendum* P Canisius per id, in quod *de*

[1] Episcopatui huic (Tergeste, Trieste) tunc praeerat Antonius Periagues et Castillejo O S B, vir doctissimus

[2] De opera, quam Canisius universitati viennensi reformandae navavit, plura dicentur infra, monum 87—89

[3] Polancum circa annum 1573 haec scripsisse patet ex eius Chronico III, 250

[4] Cf supra p 430 A Maria regina Hungariae, quae tunc Belgium gubernabit hanc facultatem sive „privilegium manus mortuae" impetrare conabantur Cf *Delplace*, L établissement etc p 10

gionem catholicam patrarentur neque a Sociis impediri possent, ci „respondit, ex com , Polancus 19. Sept ejus animum erigens et in spem adducens fore ut, si in bono proposito perseveret, non inutilis ejus labor evadat "

— — Circa il P Dottore Lanoy [1] ordina Nostro Padre che si faccia congregatione delli nostri et in quella si faccia elettione d'una persona quale habbia tutta l'authorità di Nostro Padre, quanto al governo del corpo suo sopra il P. Rettor, et la tal persona eletta [2] procuri ben intendere quello [che] conviene alla sanità del P Rettor et quello li farà esseguire — —

— — De P doctore Lanoio [1] pater noster constituit, ut nostri in unum collecti eligant, qui in iis, quae ad corporis curam spectant, omnem patris nostri auctoritatem in P rectorem habeat, inquirat ille [2] diligenter, quaenam P Rectoris valetudini conveniant, eaque ab ipso adhibenda curet — —

„De conrictorio Viennae instituendo saepius toto hoc anno [1553] scripsit, ex com , Polancus Patribus Canisio et Launoyo, praesertim vero 19 Sept " [3]

Canisius Polanco rescripsit 12 Octobris 1553

140.
CANISIUS
P. IOANNI DE POLANCO,
Societatis Iesu secretario
Vienna 12. Octobris 1553

Ex archetypo (2°, pp 1½, in p 4 inscr et particulae sig), Canisius sua manu subscripsit tantum atque inscripsit

Particulam epistulae edidit *Boero*, Can p 98—99, alteram, germanice versam, Card *Steinhuber* 1 c I, 16

Epistula usus est *Polancus*, Chronicon III, 262

Sancto Ignatio gratias agit, quod se ab episcopatu viennensi tueatur   De collegii germanici initiis, se litteras exhortaticas pro eodem conscripturum, Germanos ab eo aliernores esse Viennae domum aperiendam esse, in qua pueri nobiles a Sociis educentur   Iuventutem miserè corrumpi   De contionibus et scholis suis, compendio theologico a Lainio componendo, amicis   Preces et alia petit

___

[1] „Erat alioqui P Lanoyus tam laboriosus, et tam parum sibi parcebat, quo exemplo aliis praeiret, ut etiam P ipse Canisius commonefaciendum illum serio existimaret" *Polancus*, Chronicon III, 255

[2] „Ad hoc officium electus fuit magister Erardus Avantianus" *Polancus*, Chronicon III, 255

[3] „Placuit P Ignatio, ut hujusmodi collegium externorum [iuvenum nobilium] inchoaretur" *Polancus* 1. c III, 262   Plura infra p 437—138

28 *

—: Ihesus.—

Molto Reuerendo in Christo .P. mio

La giatia et pace di Nostro Signoie IHESV Christo, sia con noi sempre Amen Ho receuuto duoc⁴ copie da parte del nostro R̃ P preposito, et l'ultima con la sua lettera principale eia scritta alli .19. di Settembie. Ringratio alla summa bonta infinitamente cu ca il Vescouato di Vienua, per che il R̃ P preposito piglia quella cuia et diligenza, per defendeimi contia quella tentatione et tempesta pericolosissima, si fusse successa. Nunc in portu nauigo sub optimo et fidissimo Gubernatore

Quanto al Collegio Germanico, per che fin' a qui son stato vn poco infermo, no ho ben possuto scriuere quella lettera eshortatoria, pur faiio presto, poi che mi truouo meglio con la gratia del omnipotente¹. Et accio V R non marauiglia per che non hauemo procurato qualche suppositj di Austria per il detto Collegio. Sappia che la dispositione de tal gente pei mandar in Roma, sia qui molto difficile, et che sia cibo troppo difficile a digerire alli Tudeschi, sottomettersc alli conditioni fatti nel Collegio, piincipalmente quando sentino la obligation', la qual si ha de far alla sua sanctita² Et vero, e, che non sapemo fin a quj chiaiamente, con che conditione li Scholaii ci hanno lla da receuere, et, come intendemo, il numero fin, a, qui, e, poco, et il

Iesus Valde ieverende in Christo patei Gratia et pax Iesu Christi domini nostri semper nobiscum sint Amen Duo litteiaium exempla mandatu R̃ P praepositi nostri missa accepi, quorum posteiius una cum epistula eiusdem principali datum erat 19. Septembiis Quod ad episcopatum viennensem attinet, summiae bonitati immensas giatias ago, quod R̃ P Praepositus tanta cura et diligentia contra tentationem hanc atque incuisionem me tueatur quae, si prospeie successisset, in summum certe discrimen nos vocasset Nunc in portu nauigo sub optimo et fidissimo gubernatore

Ad collegium germanicum quod attinet, cum adhuc usque leviter aegrotaiem, exhortativas illas litteias scribere haud facile potui, scribam autem pioxime, omnipotenti enim Deo iuvante melius valeo¹. Ne autem R̃ V miretui, quod collegio illi Austrios nondum subminnistraverimus, haec sciat Huius regionis homines ad suos Romam mittendos difficillime adducuntur, ac condiciones in collegio illo latas accipere, cibus est difficilioi, quam ut a Germanis concoqui possit, praesertim cum audient collegii alumnos summo pontifici se obstiingeie debere² Quamquam nondum claie cognovimus, qua lege scholastici isthic iecipiendi sint, eosque adhuc paucos

· Coiiigeie quicquid in hac et similibus epistulis contia giammaticam et oithogiaphiam italicam peccatum est, infinitum foiet

¹ Litterae significari videntur. quibus Ferdinandus rex vel etiam alii principes, episcopi nobiles etc invitaientur ad collegium illud dotandum vel saltem pecunia idiuvandum cf Caid Steinhubei 1 c I, 12—13

² Iusiurandum, quo tunc fidem suam sedi apostolicae obligaie debebant, ponunt Cordaia 1 c p 14, Aug Theinei, Geschichte dei geistlichen Bildungsanstalten (Mainz 1835) p 88—89 Puchtlei, Ratio Studiorum I, 382 Primas collegii constitutiones ab ipso S Ignatio conscriptas proponunt Cordaia 1 c p 49—52, Theinei 1 c p 409—415, Puchtlei 1 c I, 375—382 Cf Steinhubei 1 c I, 19—22

successo in molti Tudeschi senza frutto   Vnde desideramo sopra di cio magior declaration di V R

Circa il Reuerendo P. nostro Rectore farro metter in essecutione della persona, la qual habia Gouerno circa la sanita sua

Scrisse al ultimo di una casa per nutrir et instituir la Juuentu[1], con tal' intentione, accio V. R. piu chiaramente mi intenda, volessimo delli piu ricchi et nobilj Giouanj li quali facilmente si troueranno, pigliare alcuno numero et metter li insieme in vna casa vicina quanto fusse possibile, et nutrir li alli spesj loro, et darli vn Rectore delli nostri, il quale li tenesse in buono gouerno del anima et del cuorpo, et stesse con loro presente poi che non fusseno occupati nelle classe Questo (come e da sperare nel Signore) darebbe bon odore et essempio a molti, e forzi adiutara li altrj Collegij doue tanto male si nutrisce la Juuentu nelli Heresie et mali costumj   Talmente, che e, gran cosa et degna di pianger, sentire et veder ogni dj come la misera Juuentu per la malitia, o, miseria di preceptorj si corrumpino et vanno di mal in pegio, non sapendo che sia altro et meglior modo di insegnar la nobilita catolicamente.   Vero, e, che questo assumpto non si piglia con fine et proposito di augmentar la Compagnia nostra, la qual in questi tempi, troua qui, et in altri logi di Almania moltj impedimenti, tanto nelli grandi, quanto nelli picolj, sicome sa V. R Pur per il ben commune, e per guadagnar le anime delli parenti et

---

esse audimus, atque in multis Germanis vos frustra operam consumere   Hac igitur de re copiosius a R V instrui cupimus

Ad effectum adducam, quae nobis praescripta sunt de eo, qui reverendum patrem rectorem nostrum gubernet in rebus valetudinem ipsius spectantibus

Postremis litteris de domo scripsi, in qua iuventus ali atque institui posset[1] Quod quo melius R V intelligat, haec addo   Ex opulentissimis et nobilissimis pueris (qui quidem reperiri facile poterunt) selectos aliquos in domo aliqua, quantum fieri possit, vicina collocare et suis ipsorum pecuniis alere atque aliquem e nostris iis praeficere velimus, qui eorum et animis et corporibus bene consulat atque una cum iis sit, cum in scholis non occupentur   Ac spes est in domino hac re bonum odorem bonumque exemplum multis praebitum iri ac fortasse cetera collegia adiutum iri, in quibus adulescentes in haeresibus vitiisque pessime enutriuntur Grave certe est et luctuosum, cotidie audire et videre miseros adulescentes praeceptorum malitia vel improbitate pessum euntes ac de malo in peius ruentes neque scientes aliam eamque meliorem exstare rationem nobilium catholice instituendorum Verum quidem est hos conatus non ea mente fieri, ut Societas nostra augeatur, quam hocce tempore et hic et aliis Germaniae locis multum impediri tum in magnis tum in parvis R V novit   At si bono publico servire et parentum procerumque

---

[1] Iam in domo Socus vicina 50 fere adulescentes erant, regis iussu ex eius provinciis Viennam missi et theologicis studiis destinati, qui ut ad pietatem a suis praeceptoribus rite instituerentur, P' Claudio Iaio cordi erat (*Litterae quadrimestres* I. 456—457, II, 19—20)   Affirmat vero *Polancus* horum iuvenum, e quibus multi „male instituti" accessissent, „rectores" non fuisse eos, „a quibus emendari possent"   „Dicebant eorum quidam   quid vultis audire conciones magistri Canisii? papista est   Et haec erat ratio cur aliqui eum nollent audire" (Chronicon II, 271 580)

Signorj, et per adiutar nostri classj, e per conseruar la juuentu, et per confermarla nella fede, credo et spero nel Signor, che questo modo predetto saria non poco utile, e, conueniente. Altramente si vede chiaramente, che noi non siamo bastanti per questa via delli classi de conseruar et nutrir, la Juuentu nella fede, et religione Catolica, Tanta corruttione si troua nelli parentj, amicj, et compagnj Ma per che la diuisione della Casa nostra non si ha possuto fare fin a qui [1], non si troua dispositione di cominciare questa opera manzi li Inuerno, et cossi staremo espettando la resposta, del nostro Reuerendo P., et forse con la gratia di Christo, lo cominciaremo con il nouo anno

Prego V. R specialmente, che habia recommandato nelli soi sancti orationi, il mio Fratello Ottone, il qual ogni di qui si espetta per star con meco. Idio li dia gratia, che sia sanctemente ingannato et messo cattiuo in quel Giardino della sancta obedienza Io anche non meno desidero, li sancti sacrificij et orationj di V. R principalmente, accio li mei pochi fatige nel predicar manzi la sua Magesta [2], per leger ordinariamente in Theologia, siano grate, alla sua diuina Magesta, et utili per li Tudeschi li qual anche prego che stiano sempre nelli orationi di casa, con tutta la Germania.

Item molto raccomendo alla V R il Compendio del Reuerendo

animas lucrari, si scholas nostras iuuare et iuventutem in fide conseruare et confirmare volumus, credo et spero in domino eam, quam scripsi, agendi rationem nobis valde utilem et convenientem fore Alioqui patet solis hisce scholis nos non satis effecturos esse, ut adulescentes in fide et religione catholica conserventur et nutriantur adeo eorum parentes, amici, socii perditi sunt et corrupti Sed quia usque adhuc in separatam domum migrare non potuimus [1], hoc opus ante hiemem incipere non libet, ideoque reuerendi patris nostri rescriptum exspectabimus, ac fortasse, Christo iuvante, initio noui anni rem aggrediemur

R V specatim rogo, ut sanctis suis precibus Ottonem fratrem meum commendatum habeat, qui singulis diebus hic exspectatur mecum futurus Deus ei concedat, ut pia quadam suasione missus in reticulum in hoc horto sanctae oboedientiae captus detineatur Nec minus ego ipse R V sancta sacrificia precesque expeto, imprimis, ut exigui labores, quos contionando coram regia maiestate [2] et ordinariam theologiae scholam habendo sustineo, maiestati diuinae grati et Germanis hisce utiles sint, pro quibus atque etiam pro Germania universa domi vestrae semper, quaeso, precationes fiant
    Item R V compendium a reuerendo patre M Lainio conscribendum valde

    [1] Socii partem monasterii Dominicanorum tenebant „Quia tamen ad juventutem instituendam procul a frequentia urbis illud monasterium Sancti Dominici erat, Regi Ferdinando ut de loco commodiori prospiceret suggesserunt“ Polancus l c II. 570
    [2] Episcopo viennensi, contionatore suo ordinario, defuncto „secundo festo Pentecostes“ (qui dies 22 Maii erat) anni 1553 Canisium „audire Rex voluit. et, ut Nuncius Apostolicus et Venetorum orator [Michael Surianus] referebat, Regi valde placuerat, et, cum die sequenti etiam concionatus esset, futurus ordinarius concionator Regis videbatur“ (Polancus l c III, 244—245) Erardus autem Arantianus S J Vienna 1 Septembris 1553 S Ignatio scripsit „P Canisio tamquam ordinario concionatore a festo Pentecostes hactenus usa est Regia Majestas, dominicis ac festis diebus“ (Litterae quadrimestres II, 376)

P M. Laynez   Et stamo molto desideiosi al pigliar gosto della opera.
Oltro di questo V. R. per amor de dio si racordi delli gratie per
alcuni Neouiomagiensi per che, per li altrj soi lettere V R.
promisse la diligenza sua, benche (come credo) sia difficile di obtinere questa
faculta. Io mi rimetto in tutto, et da cuore desidero li orationi di
V. R per me et pei l'almania et cossi anchoia delli Reuerendi
P. M Miona[1], P. Pontio[2], P. Natali, P. Ollaue, P. Scoirichio, P Victoria[3],
P. Benedetto[4], al quale hora non ho potuto responder, con
tutti altri Padri et fratelli charissimi di casa   Il Signore ci conseruj
et augmenti sempre nella sua sancta gratia'   Viennae .12 di, de
Octobie 1553· Di V. Reuerenda Pat

Figliolo indegno
Pet. Canisio.

† Al Reuerendo Padre mio in Christo M. Giouan Polanco della
Compagnia de IESV, Jn Roma.

S Ignatius Canisio rescripsit 29 Novembris 1553

---

commendo, quo libro frui vehementer cupimus   Praeterea R V per Dei amorem
iogo, ut gratiarum meminerit, quas pro Noviomagis quibusdam petii, prioribus enim
litteris operam tuam promisisti; quamquam eam facultatem difficulter impetiari
existimo   Ego arbitrio tuo totum me permitto atque ex animo desidero, ut R V
pro me et pio Germania Deum precetui utque idem faciant reverendi patres
M Miona[1], P Pontius[2], P Natalis, P Olavius, P Schorichius, P Victoria[3],
P Benedictus[4], cui nunc non potui iescribeie, cum ceteris omnibus, qui tecum sunt,
patribus et fratribus carissimis   Dominus sanctam suam gratiam semper in nobis
conservet et augeat Viennae 12 Octobris 1553   Reveiendae paternitatis vestrae

Filius indignus
Pet Canisius

Reverendo patri meo in Christo M. Ioanni Polanco, Societatis Iesu, Romae

141.
P. IOANNES DE POLANCO S. J.
nomine S Ignatii
CANISIO.
Roma 23. Novembris 1553.

Ex adnotationibus additis Polanci Chionico III, 244, adnot 1 (,,Polancus,
ex com, Patri Canisio, 23 Nov ")

---

[1] Emmanuel Miona Compluti et Parisiis S. Ignatio a sacris confessionibus
fuerat, a quo postea in Societatem admissus est (Orlandinus l c l 1, n 123)
[2] P. Pontius Gogordanus anno 1549 Romae rem domesticam Societatis administrare
coepeiat (Orlandinus l c l 9, n 4)
[3] Petrus Schorichius et Ioannes de Victoria Vienna Romam missi erant   Cf
Cartas de San Ignacio III, 404—405 et Polanci Chronicon II, 581, III, 253
[4] Benedictus Palmius a 1548 cum Canisio magister fuerat Messanae et a 1553
Romae sermones sacios habebat (Orlandinus l c l 8, n 13, l 13, n 6)

— — Qui si manda un Giubileo [1], cui tenore vederanno le RR VV et lo potranno publicare come si giudicherà conveniente. — — —

—————————————————

— — His litteris iubilaeum [1] adiungo, quod RR VV perlectum promulgare poterunt ea ratione, quae videbitur esse aptissima — — —

142.
SANCTUS IGNATIUS
CANISIO.

Roma 29. Novembris 1553

Ex apographo recenti, quod nuper a P *Theodoro Granderath* S J collatum est cum apographo sub medium saeculum XVII scripto, quod exstat in historia manu scripta collegii germanici et hungarici Urbis, a P *Guilielmo Fusban* S J a 1635—1662 in ipso illo collegio composita (I, 4), quae in archivo eiusdem collegii superest

Epistulam hanc seu potius hoc epistulae fragmentum germanice vertit et integrum primus typis exscripsit Card *Steinhuber* l c l. 17—18 Maior fragmenti pars ex codice patris Fusban typis descripta est a *Cordara* l c p 20 et ex Cordarae libro transcripta in „Epistolas S Ignatii" editas a *Menchaca* l c p 197—198, et in „Cartas de *San Ignacio*" VI, 439 87—88

Collegii germanici iuvenes liberaliter tractari et bene proficere Aliquot in illud iuvenes mittendos esse

— — Collegium Germanicum, quod attinet, minus prosperum illius successum (si non est inimicus ille homo [2]) quis spargat nescio Secundum sane cursum, aspirante Deo, ex sententia tenet Iniquissimis hisce temporibus omnino nihil Alumni desiderant, quod ad vitae necessitatem, uel morum, litterarumque profectum faciat [3], qui praesentes in Collegio sunt triceni, suas in classes pro doctrinae varietate distributi. spem de se praebent futurum esse [4], ut praeclari ad Dei gloriam evadant Etiam atque etiam numerum augere cuperemus bonorum Insolens quispiam, inter meliores admissus, iterum demissus [b] est. V. R in id incumbat, vt adolescentes aliquot frugi seligat, ad nos mittendos Tam paucis huc [c] adstringuntur, opinione nostra, ut miremur aequo grauiorem disciplinam et obligationem uideri Quot [d] hebdomadis ad suburbanos agros, animi causa bis concedunt Nulla tractantur asperitate, imo maxima potius liberalitate, modo ut cum aedificatione vitam instituere velint [e] Quanta uero

[a] *Cord om esse*
[b] *Sic apogr antiquum, sed cum Cord legendum videtur* dimissus
[c] *In Cord*   [d] *Singulis Cord*
[e] *Quae sequuntur, a Cordara posita non sunt*

....

[1] De hoc vide infra p 442 [1]   [2] Matth 13, 28 39
[3] Collegium maxime de pecunia laborabat ex Germania enim nil sperari poterat, ac Iulii III pontificis aerarium bello parmensi exhaustum erat (*Steinhuber* l c I, 7)

fruantur opportunitate studiorum in Collegio nostro, cui contigui sunt,
adiunctus hic catalogus docebit[1]: credo hic unius anni spatio plus
quam alibi duorum profecturos — —

Cordara existimare videtur epistulam hanc circiter finem a 1555 datam esse,
quod tempus etiam Menchacae et editori operis „Cartas" etc probatui   Sed in
codice Fusbani dies 29 Novembris 1553 ei adscriptus est, atque hoc tempus rebus,
quae de collegio germanico hic scribuntur, melius congruit quam illud, et etiam ab
emin Cardinali Steinhuber, historiae eiusdem collegii peritissimo, ponitur

Quae hic de alumnorum profectu, rusticationibus etc scribuntur iis valde
similia sunt, quae Ignatius Roma 2 Ianuarii 1554 de collegio illo ad omnes Societatis praepositos et rectores scripsit[2]   Ceterum cf infra p 505

143.

SANCTUS IGNATIUS

CANISIO.

Annis 1553 et sequentibus

Ex *Polanci* Chronico III, 258—259

*De modo, quo collegium viennense certo reditu stabiliendum sit   Aliorum or-
dinum monasteria non admittenda nisi ipsis consentientibus   De universitate*

Quae in *Polanci Chronico „n 578 dicuntur"*, inquit *Chronici editor
(l c p 259, adn. 2), „reperire est iterata saepius ab Ignatio aut ex Ignatii
commissione a Polanco litteris ad Launoyum et Canisium toto hoc anno
et sequentibus datis"* Polancus autem illo loco haec refert „Pater
quidem Ignatius probaut quod nostri [Viennenses] serio de collegii do-
tatione ac fundatione agerent, et, quamvis certum locum non haberent,
suggessit applicationem redituum fieri posse collegio erecto, vel erigendo,
si cito obtineri propius locus non potuisset, nec improbabat divisionem
monasterii [alicuius ex iis, quae mendicantium ordines Viennae habebant,
a capitulo generali ordinis vel summo pontifice impetrandam[3]], dummodo ad tempus id fieret, donec locum commodum, ac omnino suum,
collegium haberet, quem si aliqua occasio obtulisset, eum esse amplec-
tendam [censebat]. Utcumque autem res esset cum Pontifice transigenda,
non per nostros, quia res odiosa videbatur, tractandam esse sentiebat,
sed a Rege ipso et per ipsius ministros hoc tractari oportere, et si
locus religiosorum obtinendus erat, ne sine ipsorum consensu admitteretur, admonuit. Quod si ex reditibus ecclesiasticis, qui ad Regis manum
devenerant, et non ex patrimonio Archiducali Austriae dotatio facienda
erat, curandum esse ut eo in loco bona assignarentur, ubi facile exigi
reditus possent, et largius censebat ex talibus reditibus usurpatis do-

---

[1] „Catalogum lectionum" collegii romani significat, cuius nescio num ullum
supersit exemplum   [2] Cartas de *San Ignacio* IV, 409—411

[3] Hoc modo „divisionem" hanc obtinendam fuisse intelligitur ex Chronici
n 577 (l. c p 258)

tutionem esse faciendam, quam si ex patrimonio jam dicto fieret, nam sexaginta, vel quinquaginta saltem collegiales, Viennense illud Collegium opportune sustentaturum dicebat, ad regionum illarum auxilium, et ut Universitas illa, quae theologiae auditoribus destituebatur, ex nostris celebrior ac frequentior redderetur."

144.

CANISIUS

P. IOANNI DE POLANCO S. J.

Vienna 5 Ianuarii 1554

Ex autographo (2°, pp 3. in p 4 inser et particulae sig)
Particulam epistulae, germanice versam, proposuit *I Janssen* 1 c IV, 93
Usus est hac epistula etiam Card *Steinhuber* 1 c I, 18

Iubilaeo promulgando quosdam obsistere Religionem misere decrescere Communionem „sub utraque" posci, maxime ab Hungaris Non reperiri, qui ad episcopatus similiaque officia idonei sint Paucissimos sacerdotium suscipere Cuiusmodi doctrinae catholicae compendium conscribendum sit Cur parentes in collegium germanicum filios non mittant Regem imperiosius mandare, ut Socii in monasterium carmelitanum immigrent Num officia divina in eo templo a Sociis cantanda sint? Dominicanos monasterio suo timere Guilielmum Postellum Viennae linguae arabicae docendae munus cupiare Widmanstadium alphabetum iaponicum petere Societatis fratres scholasticos Viennae in litteris parum proficere

IESUS

Reuerendo molto in Christo Padre mio pax Christi nobiscum

L'ultima di V. R. scritta al 23 de Nouembre e stata a me giatissima con il Giubileo Pur fin a qui non e publicata questa gratia, perche alcuni impedimenti se trouano appresso de costoro, liquali anche haueriano bizogni, come quelli d'Engelterra dell' adgiuto spirituale[1]

Iesus Multum reverende in Christo pater mi, pax Christi nobiscum

Postremae reverentiae vestrae litterae 23 Novembris missae simul cum iubilaeo mihi fuere gratissimae At usque adhuc haec gratia promulgata non est, impedimenta aliqua afferentibus iis, qui non minus quam Angli spiritualibus subsidiis egent[1]

---

[1] Cum mense Iulio anni 1553 Eduardus VI Angliae rex mortuus esset et Maria soror, nomine et professione catholica, ei successisset, Iulius III non solum Reginaldum cardinalem Polum cum „legati" potestate eo mittere statuit, sed etiam gratuitam poenarum noxis debitarum condonationem sive indulgentiam „in forma iubilaei" iis concessit, qui sacramentis se muniient certaque opera pia praestantes Deum precarentur, ut „reductioni Angliae optatum successum tribueret" et Christianorum calamitates miseratus christianos principes ad firmam concordiam componeret (*Raynaldus*, Annales ecclesiastici ad a 1553 n 1—34) Ac *Polancus* quidem asserit aestate a 1553 Roma iubilaeum perlatum esse ad Mariam Bohemiae reginam, quae Caroli V filia et Maximiliani, Ferdinandi I filii primogeniti, uxor erat (1 c III, 244). Sed id eadem de causa concessum esse puto ac generale illud, etsi fortasse condicionibus leniioribus

Iddio mandi molti operarij a queste bande per la sua somma gratia. Altramente diuenteranno non dico heretici, ma come li biuti animanti, tanta e la abondantia delle malitie et corruttioni in queste prouintie. Io me marauiglio che fin a qui non sequita il martyrio delli buoni, in somma ogni dì se va piu et piu per mancar nella Religione, et anche li Catholici dicono che sarria buono communicar sub vtraque, et che la Sua Santità haueria prouedere a tante milliaria de genti, li quali con tal dispensatione potrebbono ex parte esser adgiutati. Et cosi se murmurano li Vngari per tutto con queste altre prouintie, et per la sua impazientia non possono espettare in fino che se cercasse la via della dispensa. Et perche li prelati anche in questo dubbitano ex parte, perche la gente non vol lassare questo modo de communicare, prego V R P ci dia alcuni buoni auizi per dar succorso tanto alli Catholici, li quali ogni di diuentano piu et piu fredi nelle cose della Ecchezia, quanto alli perzi et schismatici, li quali senza fine se qui multiplicano, ne sono mai puniti per tal defectione etc. [1]

Il Re se troua in questi termini che volendo dare beneficij, prelatura et Veschouati a persone vn pocho disposte, non puo trouare nessuno dapoi tanti mezi [2]

Et cossi anche la Ecchieza Cathedrale qui non puo trouar ministri, e Officiati [3], et restano le parochie o vacue, ouero occupate delli

---

Deus pro summa sua clementia multos operarios in has regiones mittat, alioquin evadent non dico haeretici, sed quasi bruta animalia, tantopere hae prouinciae abundant malitia et prauitate Equidem miror bonis adhuc non esse subeundum martyrium, ne multa, religio in dies decrescit, atque etiam catholici asserunt communionem „sub utraque“ utilem fore, ac sanctitatem suam tot hominum milibus consulere debere, qui ea dispensatione ex parte sublevari possint Atque cum ceteris hisce provinciis etiam Hungari murmurant, neque pro sua morarum impatientia exspectare possunt, donec dispensatio petatur Et quia praelati quoque hac in re ex parte dubitant, populo hoc communionis ritu desistere nolente, R P V aliqua, quaeso, consilia nobis det, ut et catholicos iuvare possimus, in quibus ecclesiae studium magis magisque in dies languescit, et perditos ac schismaticos homines, qui continuo augentur neque huius defectionis poenas umquam pendunt etc [1]

Rex ad hanc condicionem redactus est, ut beneficia, praelaturas, episcopatus hominibus aliquo modo idoneis dare volens, idoneum multis mensibus invenire non possit [2]

Ideoque etiam ecclesia nostra cathedralis ministris et officialibus caret [3], et parochiae aut vacant aut ab apostatis et hominibus infamibus occupantur Ac iuvenes

---

[1] Cf infra, monum 98

[2] Hungariae reges ex ipsius S Stephani tempore episcopos „nominabant“ Postea „nominandi“ vel „praesentandi“ ius sive „indultum“ a summis pontificibus, praeter alios principes et respublicas, etiam Bohemiae reges et Austriae archiduces acceperunt (G Phillips, Kirchenrecht V [Regensburg 1854], § 224, p 403—409 J Fr Schulte, System des allgemeinen katholischen Kirchenrechts [Giessen 1856] § 32, p 225—226)

[3] Anno 1544 senatus viennensis cum „visitatoribus“ dioecesis viennensis conquestus est In ecclesia cathedrali S Stephani antea 18 sacerdotes contionibus,

apostate et persone infami, ne li giouani se curono del sacerdotio,
talmente che de questa Vniuersita (come dicono) in 20 anni quasi
non sono fatti 20ª preti etc [1] Onde per l' amor de Dio crucifisso
dateci alcuni amaestramenti, che possiamo far vtile al prossimo tanto
desperato etc

Quanto al compendio, tutti desiderassimo veder alcuna parte de
esso et molto piu che fusse finito et redutto a vna epitome, se pareranno quelli 7 libri tropo longi et essacti [2]   Certo per satisfar a
costoro besogniara lassar la subtilita, la longezza et obscurita tutti
vorriano che se facesse per li Catholici vn Compendio, sicome Philippo
Melanchtone ha scritto Locos communes per li suoi in Saxonia [3]
Pur tutto questo dico, non preiudicando alla opera del Reuerendo
P. Laijnes, il qual non puo (credo io) seruare mal ordine et modo
nella sua compositione Solamente prego V. R che l' opera vada vn

---

sacerdotium adeo neglegunt, ut ex hac uniuersitate (uti ferunt) 20 fere annis 20ª sacerdotes non prodierint etc [1] Quare per Deum cruci affixum rogamus aliqua nobis
tradite praecepta, ut proximos adeo desperatos adiuuare possimus etc

Quod ad compendium attinet, aliquam eius partem videre omnes cupimus
multoque magis optamus, ut absolvatur et in epitomen redigatur , siquidem septem
illi libri prolixiores et accuratiores esse videantur [2] Certe qui hisce hominibus
satisfacere vult, cavendum ei est a subtilitate, prolixitate, obscuritate Omnes cum
pendium pro catholicis conscribi optant, sicut Philippus Melanchthon „locos communes“ pro Saxonibus suis conscripsit [3] Nec tamen haec scribens ullum detrimentum inferre velim operi reverendi patris Laini, neque enim fieri posse existimo,
ut male res disponat maleve proponat Hoc tantum a R V peto, ut opus

---

ª *Sic autographum Apographum a Borro scriptum habet* due *huius ergo
uri oculos zero fugisse videtur , atque ex eo apographo idem error irrepsit in Ioannis
Janssen „Geschichte des deutschen Volkes“ (IV [11 ed 1891], 98)*

---

sacramentorum administrationi, aliis sacris ministeriis operam dedisse, iam autem
6 tantum sacerdotes atque inter eos duos tantum contionatores superesse (*Wiedemann* 1 c II, 39—40) Ferdinandus rex 1 Ianuarii 1554 et 24 Iulii 1556 ecclesiae
illi „reformationes“ dedit, quae typis exscriptae sunt ab *Herm Zschokke*, Geschichte
des Metropolitan-Capitels zum heiligen Stephan in Wien (Wien 1895) p 121—130
Canisii operam in ea re intercessisse sat verisimile est

[1] „Obseruauerat Vrbanus Labacensis Antistes totis annis viginti Ciuium Viennensium neminem sacerdotem factum“ (*Sacchinus*, Can p 96) Ac *Fridericus Nausea*
episcopus viennensis haud multo ante conquestus erat „Paucissimi enim, vix unus
aut alter e scholis Viennensibus interdum prodeunt Clerici, et tamen in Ciuitate
Viennensi plus minus sexcentos constat esse Scholares et studiosos“ (Episcopatus
Viennensis Austriae Grauamina ed *Seb Brunner* in „Studien und Mittheilungen
aus dem Benediktiner- und Cisterzienser-Orden“ 4 Jahrg , II [Wurzburg-Wien
1883], 162—164)

[2] Vide supra p 411 412 428 et infra p 473

[3] Philippus Melanchthon anno 1521 primum edidit „Locos communes rerum
theologicarum seu hypotyposes theologicas“, in quibus disponendis Petrum Lom-
bardum imitatus est Hic liber primum doctrinae lutheranae enchiridion vel compendium fuit et ante annum 1526 iam septies decies prelum subierat

pocho piu inanzi, et che quello [che] o composto sia limato et esscritto in sua perfettione, si come ha d'essere.

Se partira presto de qua il Reuerendissimo Nuntio della sua Santita[1] et andara con esso vn buon giouane (se dice nobile de Stiria) per star nel Collegio germanico[2]; et speramo de mandar piu gente, se non fusse questo impedimento, che li parenti pensasseno non rehauere li suoi alla sua volontà, ma che per l'obligatione questi siano sforzati o de restar per molti anni in Roma, ouero d'andar in altri luogi di Germania, doue hauessino li suoi beneficij[3]. Pur se restasse quella liberta a loro, sicome al Reuerendissimo Labbaccense, al qual e promesso dal nostro R Padre, che potra li suoi a qual se voglia tempo rehauere[4], non dubito qui se trouarebbono molti con il tempo.

---

illud paulo magis procedat et, quae conscripta sunt, limentur, ut par est, ac perpoliantur

Reverendissimus sanctitatis suae nuntius[1] mox hinc discedet, quocum bonus quidam adulescens (nobilem Styrum esse dicunt) proficiscetur, ut in collegium germanicum recipiatur[2], et spes esset plures a nobis mitti posse, nisi hoc unum obstaret Parentes censent se filios e collegio pro arbitrio revocare non posse, hos enim fide data obstringi, ut aut per multos annos Romae maneant aut in alias Germaniae partes migrent, ubi beneficia ecclesiastica teneant[3] Attamen si quam reverendus pater noster reverendissimo Labacensi promisit, illis quoque fieret potestas, suos quandocumque libuerit revocandi[4], sine dubio multi paulatim in-

---

[1] Hieronymus Martinengus, qui erat abbas, protonotarius apostolicus, praelatus domesticus Iulii III (*Breve Iulii III , 25 Aprilis 1550 ad Ferdinandum I datum, Viennae in archivo aulae caesareae, Romana 1550, Fasc 2, n 25)

[2] Ex *catalogo alumnorum collegii germanici, ibidem anno 1608 ex litteris archetypis exscripto, intelligitur anno 1554 duos „Styios" receptos esse Sebastianum Molitor et Stephanum Fasthaug, uterque 5 Aprilis collegium ingressus est (Cod rom „All coll germ." p 9) et dioecesis neostadiensis (Wiener Neustadt) fuit Cf Steinhuber 1 c I, 42

[3] Inter leges collegii germanici (cf supra p 436) haec erat Cardinalibus „Protectoribus incumbat,   providere, ut Ecclesiastica Beneficia ipsis Scholasticis, juxta rationem talenti et dignitatis cuiusque, conferantur, et prospicere ad quem potissimum populum quemque mitti conveniat, spectato tantum augmento divinae gloriae, et ipsorum populorum necessitate Considerabunt etiam illi, an expediat aliquos in universam Germaniam mitti," etc (Cordara 1 c p 52 Theiner 1 c p 414—415 Pachtler 1 c p 381)

[4] Urbanus Textor (Weber), 1544—1558 episcopus labacensis (Laibach, Carniolae caput), anno 1550 Ferdinando regi, cui a confessionibus erat et largitionibus, praecipuus auctor fuerat, ut Societatis collegium Viennae conderet, et eidem collegio summum patronum se praestabat (Polancus 1 c II, 75 267—268 272—273 277 Litterae quadrimestres I, 459—460). Hic cum litteris 30 Maii 1553 datis petiisset, ut duo alumni sui ex collegio germanico ad se remitterentur, S Ignatius 27 Iunii 1553 rescripsit· „Ad nutum Dominationis tuae Reverendissimae redire eos in Austriam curabo, si tamen eruditiores, et in virtutum studio provectiores recipere velit, eos paulo diutius Romae relinqui oportere plane sentio" (Cartas de San Ignacio III, 405 224) Iidem ab Ignatio in epistulis 27 Februarii et 25 Iunii 1554 ad eundem datis „Bartholomaeus" et „Iohannes" vocantur (1 c IV, 436 462). ideo dubium esse vix potest quin ii sint, qui in *catalogo collegii germanici anti-

li quali anche con tal conditione mandarebbono li suoi V. R de gratia ci mandi una resposta sopra ciò.

Per li Nouiomagensi hauer le gratie sicome sempre a me è parzo, saia molto difficile, et però non voglio piu in questo molestare V R, ma cercar alcuna honesta escuza quando io scriuero alli predetti [1]

Che scriue V R circa il successo del collegio, rigratiamo al Signor eterno per tanto frutto, et spero che assai se adiutaranno li nostri, et qua poi tornaranno con grand edificatione il P Schorichio, Jonas et Hermas [2] con piu altrj fratellj

Circa il luogo del nostro Collegio sappia V. R che la sua Maestà con li suoi vogliono in ogni modo. et anche par bene a noi altri, che se firmamo nel monasterio delli Carmelite, si come per altre littere (nisi fallor) e stato scritto dal nostro R P Rettore Dnò solamente vna difficoltà o duoe, le quali s'offeriscono in questa migratione La vna è, che la sua Maesta vedendo questo grande monasterio, come è desolato delli suoi frati Carmelitani, procede contra li superiori de questo ordine con alcuno imperio, et li scriue quasi authoritatem habens, che vole mitter noi altri in luogo de quelli detti frati [3], talmente che quell' ordine (sicome pare a me) potria pigliar

--- --- - - - - --- --

venirentur qui hac cum condicione suos Romam mitterent R V hac de re quaeso, nobis rescribat

Gratias illas pro Noviomagis obtinere semper mihi visum est difficillimum, quare hac in re R V haud amplius volo esse molestus honestam aliquam excusationem quaeram, cum iis scribam [1]

Quae R V de collegii prospero successu scribit, nos ad gratias domino aeterno agendas movere debent quod tam secundum proventum largitur, ac spero nostros multum istic profecturos et pietatem vehementer apud nos excitatum iri, cum istinc ad nos redierint P. Schorichius et Jonas et Hermas [2] aliique fratres complures

Quod ad sedem collegii nostri attinet R V hoc sciat Maiestas regia cum suis omnino vult — et nobis quoque probatur — in monasterio Carmelitarum nos considere, quod aliis etiam litteris (nisi fallor) a R P rectore nostro vobis relatum est Unam tantum difficultatem vel duas proponam quibus haec migratio obstruitur Una haec est Maiestas regia amplum illud monasterium a fratribus suis Carmelitanis desertum videns eius religionis praefectos quasi imperiose tractat ad eosque quasi auctoritatem habens scribit se nos in vicem fratrum illorum mittere velle [3] Quare religiosi illi (ut mihi videtur) graviter contra Societatem nostram irritari ac

quissimo 19 Iulii 1553 collegium ingressi esse his verbis traduntur „Bartholomaeus Philislaufer [sic, filius Lauferi ?] Obernburgensis Labacensis Dioecesis", „Joannes Kolmenzl Aquileiensis Dioecesis" (Cod rom „All coll germ" p 4, cf Steinhuber I c I, 41)

  [1] Cf supra p 439
  [2] Jonas Adler et Hermes Halbpaur, cf supra p 415
  [3] In monasterio carmelitano Beatae Mariae Virginis „am Hof" anno 1544 priori et 4 fratres degebant, anno 1554 unus superelat prior, isque, si Polanco il c III, 260) credimus, senex et habitu utens saeculari [?] ac Socius cedere paratus Ferdinandus anno 1551 ordinis moderatores de novis monachis mittendis admonuerat sed horum piae voluntati temporis iniquitas obstabat (Bucholtz I c VIII, 187 Wadding I c II, 33, Kink, Universität zu Wien I², 805 Sacchi I c 47—48).

vna grand' indignatione contra la compagnia, lamentandose, che alla nostra instantia il Re li habbia catziato via, et che semo così stato intrusi etc. Certo qui se dice, che nel vltimo Capittulo de Roma fatto delli predicatori di S Dominicho, anche siano proposte simili querele contra noi altri, quasi volessemo occupar tutto il suo monasterio in Vienna [1]. Onde determinarono li predetti Padri, che alcuni Dottori valenti delli suoi fussino mandati qua de Italia con altri frati studenti per retinir questo monasterio [2]. Ma la pouerta qui e tanto grande che adesso se dubbita, se quelli Dottori con li suoi habbiano de venire [3], massime perche per le suoe sopphiche date alla sua Maiesta pocho possono ottinire Et cossi dico questi altri fratelli Carmelitani

conqueri possent se nobis urgentibus a rege expulsos esse, sicque nos esse intrusos etc Hic certe dicunt ad postremum capitulum a praedicatoribus S Dominici Romae habitum similes contra nos querimonias delatas esse, quasi Viennae totum eorum monasterium occupare vellemus [1] Quare patres illi decreverunt, ut probi aliquot doctores sui cum fratribus scholasticis ex Italia huc mitterentur ad monasterium illud retinendum [2] Sed tanta hic est paupertas, ut nunc dubitetur, an doctores illi cum suis venturi sint [3], praesertim cum libellis supplicibus, quos regi dederunt, haud multum possint impetrare Eadem ratione dico fratres illos Carmelitanos,

[1] Ferdinandus rex, cum de collegio Societatis Viennae condendo ageretur, Urbano Textori episcopo labacensi et Ioanni Alberto Widmanstadio universitatis superintendenti atque aliis quibusdam consiliariis mandaverat, ut collegio locum idoneum quaererent Qui multis locis inspectis, nullum meliorem esse censuerunt quam monasterii dominicani, universitati vicini, partem illam, quae olim pro hospitibus exstructa erat et postea artificibus locabatur At P Claudius Iaius nefas esse existimabat absque consensu ordinis praedicatorum sedem illam sibi assumere, ordinis autem vicarius id sibi suisque gratum fore negavit Inita igitur haec ratio est, ut Societatis homines ad tempus et tamquam hospites in illa parte considerent, pretium locationis a rege solvebatur Attamen Ferdinandus locum illum a summo pontifice collegio impetrare conabatur, quod Socii „non probabant, tum ne ostenderentur animi illius religionis, tum quia locus erat angustus, et ubi templum construi non poterat" (ita quidem *Polancus* in „Chronico" II, 267) *Hieronymus* autem *Martinengus* nuntius apostolicus Vienna 24 Maii 1551 ad Hieronymum Dandinum episcopum Fori Cornelii et Iulii III secretarium scripsit „Volendo questo Ré fondare 'l Collegio, per conto de 'l quale N Signore gli consentì don Claudio, et compagni, ne hauendo per la fondatione luoco più commodo d' un' monastiero de frati Domenicani, m' ha imposto, che pregassi sua santità, che le piacesse daigli licentia, ch essendo cosa sacra, et non prophana se ne potesse seruire d una parte per tal' uso 'l detto monasterio e molto amplo, et capace, et quasi dessolato, che doue molti, et molti frati ui soleano stare, addesso ui ne sono appena sei non se gli fa ingiuria alcuna concorrendoci anchor' essi di uolunta (ex *epistula Martinengi archetypa, quae est in archivo vaticano, cod „Nunz di Germ 60+ f 9—10)

[2] Etiam nunc filii S. Dominici amplum hoc et venerandum monasterium incolunt De quo vide *Seb Brunner*, Der Predigerorden in Wien und Oesterreich (Wien 1867) p 39 85—89

[3] *Martinengus* nuntius apostolicus in litteris supra scriptis Il monasterio e „tutto rouinoso, et minaccia maggior rouina", atque etiam in aere alieno erat, nam anno 1529 Turcae in monasterium illud acriter saeuierant (*Wiedemann* l c II, 34)

benche non siano de tanta authorita sicome li Dominicani, tamen ci potriano spargere vn mal' odore per Germania, et vindicar in Jesuitis quello che non possono far contra il Re et li suoi mandati La 2ª difficulta è, che essendo fin a qui in quello tempio delli Carmelitani [1] la vsanza de cantar ogni di missa, et sonar spesso l' organj, et seruire a diuerse compagnie delli cittadini, sarà non senza murmuratione della gente, se in tutto se lassassino questi offitij della Ecchieza [2] Et hora il Cancellario [3] ha detto a vn amico nostro che non deuessimo recedere de queste fondationi della dicta Ecchezia, la qual e bellissima et tiene grand concurso della gente Dice anche, che saria espediente per le nostre classi, de far cantare questi giouani et discepoli, ne manche farria frutto per accostumarli nelle cose et ceiimonie della Sancta Ecclesia. Dunche V R. P viede in quanto sia spediente questa migratione con quella probabile mormuratione et obligatione, si come e predetto Hora s [su] è concluso, che tutti li laici, li quali nel monasterio anche con le sue donne restono, vadino via inanti la Quaresima et che subbito noi occupassimo tutto Cossi dico e stato concluso della sua Maesta, pur mi dico il Reuerendissimo Labbaccense che circa queste obligationi del tempio se potesse trouar alcuno mezo benche lui vorria anche che almeno ogni di se cantasse vna missa. Item dico che se potrebbe impetrar vna litera della sua Maesta al

---

licet eadem qua Dominicani non polleant auctoritate, tamen malum nominis nostri odorem per Germaniam spargere et a Iesuitis vindicare posse, quae contra regem eiusque mandata efficere nequeant Altera difficultas haec est Cum adhuc in templo illo Carmelitarum [1] cotidie missam cantare soleant saepeque organa pulsare et variis civium sodalitatibus operam dare, non sine hominum murmuratione sacris his officiis omnino supersedere possemus [2] Ac modo cancellarius [3] amico cuidam nostro dixit nos officiis divinis in ecclesia illa institutis desistere non debere, quae quidem pulcherrima est et maxime frequentata Idem cancellarius asserit scholis nostris expediturum, si adulescentes illos et discipulos ad canendum instituamus, eaque re effectum iri, ut rebus et ritibus sanctae ecclesiae iidem assuescant Vides ergo, reverende pater, quantum migratio haec nobis conveniat, quam murmuratio et obligatio, quas scripsi, secuturae esse videantur Nunc placuit laicos omnes, qui in eo monasterio una cum uxoribus suis habitant, ante quadragesimam egredi et nos sine mora omnia occupare Ita dico regiae maiestati placuisse, reverendissimus tamen Labacensis mihi dicit ex illis ecclesiae obligationibus nos aliqua ratione extricari posse, quamquam ipse quoque optet, ut saltem singulis diebus

---

[1] Nunc templum hoc est parochiae „novem choiorum angelicorum" De eo et *Ios Kurz*, Gedenkbuch der 1-t Stadtpfarre zu den neun Choren der Engel am Hof (Wien 1891) p 8—13

[2] „Porque las ocupaciones que para ayuda de las animas se toman, son de mucho momento y proprias de nuestro Instituto, y muy frecuentes, y por otra parte siendo tanto incierta nuestra residencia en un lugar y en otro, no usaran los Nuestros tener coro de horas Canonicas, ni decir las Misas, y oficios cantados pues no faltara a quien tuviese devocion de oirlos donde pueda satisfacerse" *S Ignatius* in Constitutionibus P 6, c 3, n 4 (Constitutiones latinae et hispanicae p 197 199)

[3] Ioannes Albertus Widmanstadius, vide infra p 450 [3]

Generale dell' ordine Carmelitano, per la nostra escusa. Pur se hauemo d' intrare a quello monasterio non come hospiti, ma come veri possessori secondo la mente de questi Consilieri, non so in che modo seruirebbe [?] quell' escusa   V. Reuerentia mi perdoni della longezza

Il Reuerendo nostro Padre Lanoij non scriue adesso, perche è andato in Vngeria per confessar vna gentildonna Italiana, laqual sta quasi per morire. Et cossi hoggie sono 8 di che sia sua Reuerentia stato fuora   Pur come speramo, tornarà presto, et dara piu anzi delle cose nostre nelle sue litere

E venuto qua il S. Postello [1] et ha offerto il suo seruitio alla sua Maiesta per stampar et leger publicamente la lingua Arabica, sicome vsano li Turchi [2] et lui troua alcuni fautori a questa imprezza [3]. La sua Maiesta ha domandato da me, se Postello fusse stato delli nostri, et se sia apostata etc. si come li era ditto. Io resposi che non quanto alla apostasia, ma che per le sue certe phantasie fusse abondanato et lassato fuora della Compagnia [4], et che anche molti se non edificasseno da lui, vedendo certe opinioni et persuasioni non buone de questo Postello, sicome anche mostra nelli suoi scritti   Et tamen questo buon huomo pensa hauer adgiuto per me appresso la sua Maiesta per impetrar questa lettura   Io non posso pur veder la vtilita

---

una missa cantetur   Item dicit a rege impetrari posse, ut litteris ad summum praesidem religionis carmelitanae datis nos excuset   At si in monasterium illud immigrare debebimus non hospites, sed veri possessores futuri, nescio, ad quid excusatio haec iuvaret   V R prolixitatem hanc mihi ignoscat

Reverendus pater noster Lanoius nunc vobis non scribit, quia in Hungariam profectus est ad confessionem nobilis cuiusdam mulieris italae excipiendam, quae iere animam agit, ideoque octo iam diebus reverendus ille pater extra domum nostram moratur   Sed mox rediturum speramus vobisque de rebus nostris accuratius scripturum

Dominus Postellus [1] huc venit ac iegiae maiestati operam suam obtulit, ad praecepta linguae arabicae, qua Turcae utuntur [2], publice tiadenda librosque arabicos typis exscribendos, quorum conatuum aliquos hic habet fautores [3]   Rex me interrogavit, num Postellus antea noster fuisset, numque apostata esset, etc , haec enim ei relata erant   Respondi ego Postellum non propter apostasiam, sed propter absurdas quasdam opiniones a Societate relictum neque in eam admissum esse [4]. addidi multos in eo offensum esse, cum opiniones quasdam et persuasiones haud bonas Postelli istius cognovissent, quas etiam in libris suis ille enuntiat   Et tamen bonus ille homo putat iegem a me iogatum iri, ut docendi munus illud sibi committat   Ego autem arabicae huius linguae utilitatem perspicere non possum, cum

[1] De Guilielmo Postello vide supra p 192

[2] Lingua osmanica litteras quidem plerasque ab arabica mutuata est, sed certe ab hac differt   Postellus utramque sciebat (Aschbach 1 c III. 244) et certe etiam ad utramque docendam regi se obtulit

[3] Horum unus ac fortasse praecipuus erat Ioannes Widmanstadius (Widmannstadt, Widmanstettei), vii linguarum orientalium peritissimus et eo tempore universitatis viennensis „superintendens" (Aschbach 1 c p 53 300)

[4] Falso igitur Aschbach affirmat Postellum, postquam Viennae moratus esset, Societatem Iesu ingiedi statuisse (l c III, 248)

de questa lingua Arabica, vedendo in questa terra che non sè [sic]
apparenza de obtinere gente, laqual volesse andar poi alli Turchi per
convertirli per questo mezo della lingua Et cossi io ho concluso de
non impracarme niente con le facende de Doctor Postello, o se lui
resta, o non, benche mostra buona sera [sic] inverso di me[1].

Il Signor Cancellero della sua Maiesta prega V. R che possi
hauer l' alphabeto della lingua Giapponense, se hauetelo dell' India[2].
oueto simila [sic] cosa pertinente alle lingua Indica[3]

Io mandaro presto denarij, cioe vn Angellotto[4] per pagar alcuni
essempiari del Directorio delli Confessori[5]. Onde quando V. R vorra,

---

videam in hac terra spem non esse inveniendi eos, qui postea ad Turcas se conferre velint, hac lingua eos ad fidem conversuri Doctoris itaque Postelli rebus
nihil me immiscere statui, sive hic mansurus esset, sive non mansurus, quamquam
me quidem comiter ille habet[1]

Regiae maiestatis cancellarius R V rogat, ut iaponici sermonis alphabetum
sibi mittat, siquidem ex India id acceperitis[2], vel simile quid ad iudicam linguam
pertinens[3]

A me pecuniam mox accipietis, angelottum[4] mittam, quem pro aliquot exemplis
„Directorii confessariorum" solvam[5] Cum igitur R V placuerit, aliquot, quaeso,

---

[1] In decreto, quod Ferdinandus 17 Ianuarii 1554 fecit, haec sunt „Secundus
Graecus, qui et idem linguae Arabicae Professor sit, et quotidie bis legat D Guil
Postellus ducentos Florenos" [singulis annis accipiat] Mense Februario eiusdem
anni Viennae a Michaele Zimmermann typis exscripta est Postelli „De Linguae Phoe-
niceis sine Hebraicae excellentia et de necessario illius et Arabicae penes Latinos
vsu, Praefatio, aut potius loquntionis humanacue perfectionis Panegyris" In qua
nos patriamque nostram non „Germanos", „Germaniam", sed „Gemanos", „Gem-
raniam" vocat, Ferdinandum non Romanorum, sed Antipolitanum regem appellari
cupit, alia insulsa profert At ipsis anni 1554 Kalendis Maiis Postellus Vienna
clam discessit neque unquam eo rediit Typographia arabica, quam Ferdinandus
Postello auctore Viennae constituerat, quamque eius generis primam in Germania
fuisse asserunt, post eius discessum intermortua est (Aschbach 1 c p 245—247
Denis, Wiens Buchdruckergeschicht p 518—521)

[2] Societas Iesu a 1549 per S Franciscum Xaverium in Iaponiam introducta erat
[3] Ioannes Albertus Widmanstadius (1506—1575), ex Nellingen, Suebiae pago
ortus, cum Italiam et Orientem adiisset, anno 1553 Austriae inferioris cancellarius
factus est et anno 1555 Viennae ex typographia Michaelis Zimmermann syriacam
evangeliorum versionem in lucem emisit, quem librum primum omnino fuisse ferunt
qui in Europa syriace syriacisque typis editus sit Coniuge mortua sacerdos et canonicus ratisbonensis factus est (Aschbach 1 c III, 299—303 Aut Schlosser, Grazer
Buchdruck u s w in „Archiv fur Geschichte des deutschen Buchhandels" IV
[Leipzig 1879], 78 C R Gregory, Prolegomena in Tischendorfii Novum Testamentum III [Lipsiae 1894], 815—818)
[4] Nummus argenteus vel aureus, forma angeli signatus, Gallis „Angelot" qui
diversis temporibus locisque diversi valoris erat Angelottum hunc Canisii duos
ducatos exaequasse ex eiusdem litteris 7 Iulii 1554 ad Polancum datis conici potest
[5] S Ignatii iussu P Ioannes de Polanco aliique Societatis viri Romae degentes
conscripserunt „Directorium breve ad confessarii ac confitentis munus recte obeundum" quod sub Polanci nomine primum anno 1553 Romae ac dein aliis quoque
locis typis exscriptum et in varias linguas translatum est (Cartas de San Ignacio
IV, 411—412 21—23 Sommervogel, Bibliotheque VI. 939—944)

di gratia ci mandi alcuni libri de questi, et anche il despauterio re-
formato in Roma[1], si come V R. manti molti mezi ci hebbe promessa [sic] Et perche li nostri Logici non se promoueno in questo
anno, vorria anche che V R ci adgiutasse, accio le sue dispute et li
studij andasseno piu manzi con vn nouo feruore Perche il Reuerendo
P. Lanoy fin a qui li legge in casa, et sta tanto impedito fuora et
d' intro, che basteria se solamente attendesse alla casa non leggendo
duoe volte nel giorno Martino et Eraido sono assai impediti, collui
con la classe et colui con la culina[2], talmente che io ho detto spesso
al R. Padre che il studio qui andasse con magior successo etc Et
cosi anche intendo de Brittio[3], Dominico[4], Suetonio[5] etc li quali pei
questi anni certo non hanno fatto grand frutto nelli suoi studij de-
mendicandose dal Greco, et restando in vna classe despauteriana
Vero e che il Reuerendo Padre tiene buona cura dello spirito, ma io
vorria anche veder maggior frutto del studio, accio piu presto et
melius instrutti vscessino fuora della philosophia per venir alla Theologia et alla messe tanto desolata Sed ne sutor vltra crepidam.
Sapienti[a] occasio danda vt rectius consulat collegio

---

eius libri exempla nobis mittat, atque etiam Despauterium Romae reformatum[1], id
enim R V multos abhinc menses nobis promisit Et quia logici nostri hoc anno
haud multum proficiunt, etiam cupio nos a R V adiuuari, ut disputationes eorum
et studia melius novoque cum feruore procedant Reuerendus enim P' Lanoius adhuc
domi eos docet, qui et foris et domi adeo impeditur, ut satis futurum videatur
eum soli domui nostrae providere neque binas cotidie scholas habere Martinus
et Eraidus aliquantum impediuntur, alter schola alter culina[2], ideoque saepe reuerendo patri nostro dixi litterarum studia hic melius procedere debere etc Idemque
sentio de Brictio[3], Dominico[4] Suetonio[5] etc, qui certe hisce annis in studiis haud
multum profecerunt, graeci enim sermonis obliti et in una classe despauteriana
relicti sunt Verum quidem est reuerendum patrem nostrum magnam in pietatem
adhibere diligentiam, sed ego studiorum quoque meliorem processum cernere cupio,
quo citius et melius instituti e philosophia ad theologiam et ad messem adeo desti-
tutam progrediantur Sed ne sutor ultra crepidam Sapienti[a] occasio danda, ut
rectius consulat collegio

---

[a] Fortasse legendum Superintendenti, qua appellatione tunc dominum et collegiorum S J praesides vel eorum adiutores nonnumquam nominabantur

---

[1] Hanc editionem non novi Ioannis van Pauteren sive Despauterii, humanistae
flandri (+ circiter a 1520), commentarii grammatici etc eo tempore in frequenti
usu erant
[2] Magister Eraidus Avantianus anno 1551 Viennae rhetorices praecepta tradere coepit (Polancus 1 c II, 270 Orlandinus 1 c 1 11, n 41) De Martino
Gotfridio Stevordiano cf supra p 366[2], quem constat quidem per biennium grammaticam docuisse (*catalogus collegii monacensis in a 1566, in cod „Germ Sup
Cat 1566 1599" f 409ᵃ), sed cum anno 1554 docuisse mihi quidem certum non est
[3] Brictius Vivonetus, cf supra p 414
[4] Dominicus Menginus, cf supra p 414
[5] Italus is erat et cum primis Sociis Viennam venerat, paulo post cum duobus
Sociis in Italiam remissus est (Socher 1 c p 23 Aschbach 1 c III, 96)

Al fine piego V R che voglia dar buona resposta quanto a quello breue Catechismo, sicome scrissi all' vltimo [1], et che pregi anche per me indegnissimo, accio la somma bonta mi dia d'intendere et eseguire la sua santa volunta. Il Signor dio sia con tutti

M. Petronio [2] mi scriue come il suo Reuerendissimo uolesse hauerme appresso di se, ma non so se sia vero, et anche io sempre me conformarò alla semplice obedientia.

Da Vienna 5 Januarij 1554

D V R P

Seruo et figliolo Pedro Canisio

† Reuerendo domino et patri meo in Christo, D Joanni Polanco de Iesu Societate, Romae

Epistulam hanc Romam attulisse videntur iuvenes styri Sebastianus Molitor et Stephanus Fasthang [3]

Quod reliquum est, R V rogo, ut de brevi illo catechismo, de quo proxime scripsi [1], ex sententia nostra rescribat, utque etiam pro me indignissimo Deum precetur, quo summa illa bonitas mihi concedat, ut sanctam suam voluntatem cognoscam et exsequar. Dominus Deus cum omnibus sit

M Petronius [2] mihi scribit reverendissimum suum me secum habere cupere, sed nescio num res ita se habeat, atque ego semper simplicem sequar oboedientiam

Vienna 5 Januarii 1554

R P V

Servus et filius Petrus Canisius

Reverendo domino et patri meo in Christo D Ioanni Polanco de Iesu Societate Romae

145.

HENRICUS SCHWEICKER,

Alberti V Bavariae ducis secretarius,

CANISIO.

Monachio [?] 7. Martii 1554

Ex apographo, a P Ios Boero S J post medium saec XIX scripto, qui archetypum vel apographum antiquum in archivo S J romano (postea dispersо) invenisse videtur

Socios Ingolstadium revocatum iri Ducem, vere catholicum, Lutheranismi professionem suis denegasse

---

[1] Haec epistula periisse videtur

[2] P Claudio Iaio Dilinga per Danuvium Viennam proficiscenti Otto cardinalis augustanus vere anni 1551 „Dominum Petronium Zanelum" comitem adiunxerat (Polancus I c II, 266) Canisius in *litteris Bononia 7 Iulii 1557 ad Polancum datis .Petronio cameriere del reverendissimo Augustano* Atque Otto ipse in litteris Bolzano 13 Novembris 1563 ad Hosium missis „Petronius, domesticus noster" (Iulii Poggiani Sunensis Epistolae et Orationes ed Hier Lagomarsini S J Vol III [Romae 1757], 265) [3] Vide supra p 445

— — Princeps noster a piis atque catholicis consiliariis persuasus est, vos° Ingolstadium, si id a superiore vestro impetrare poterit, revocare[1]. Quod autem negligentius hoc negotium promovetur, impedimento sunt motus Germaniae Multi sunt in armis, nescitur contra quos: nemo sibi pacem polliceri potest; omnia ardent intestinis odiis, bellorum civilium seminariis[2].

Ego in proxima dieta provinciali Landehutae habita concitavi mihi magnum odium apud nobiles hujus provinciae Cum enim ipsi apud principem, quem sciebant inopia nummorum laborare, serio efflagitassent liberam Lutheranismi professionem, princeps una cum doctore Hundt etiam me adhibuit in consilium et impiam petitionem protinus explosit[3]. Culpam rejiciunt in Canem atque me[4] Verum nos parum° facimus

Princeps ipse tam firmus atque constans est in religione orthodoxa atque catholica, ut nihil supra. Nostri est officii, ut Deum precemur, quod in ea sententia perseveret — — 7. Martii 1554.

146.
FERDINANDUS I.,
Romanorum rex
CANISIO.
Posonio[5] 16 Martii 1554.

Ex apographo eiusdem temporis (2°, p 1), in margine manu antiqua scriptum est „Copia literarum Regis Romanorum ad patrem Canisium "
Epistulam germanice versam vulgavit editor in „Katechismen des seligen Petrus Canisius" p 19

ª ut Bo   ᵇ Fortasse legendum parui [parui]

[1] Societatis Iesu in Bavaria radices capientis praecipui patroni, praeter Christophorum comitem de Schwarzenberg, fuisse feruntur Leonardus ab Eck, Wiguleus Hundt, Augustinus Loesch, Franciscus Burckard, quos „quatuorviros" Canisius „gloriae non tam Bojcae quam Divinae, quadrigam haud absque dulci mentis voluptate solebat appellare" (Agricola 1 c Dec 1, n 100—103, p 12)
[2] Rebellionis ab Alberto Brandenburgensi concitatae tunc ultimae fere fiebant tragoediae Cf supra p 402—403
[3] Comitia haec habita sunt anno 1553 a die 3 usque ad 22 Decembris (M v Freyberg, Geschichte der bayerischen Landstände und ihrer Verhandlungen II [Sulzbach 1829], 313—321)
[4] Sacchinus (De vita Canisii p 93) hunc locum haud recte interpretari videtur, cum scribit „Causam repulsae in Cancellarium Bavariae, et in Canisium contulere " Quamquam enim Canisio nomen „canis" vel „canis austriaci" ab adversariis imponi solebat, hic tamen Wiguleum Hundt eo nomine significari epistula ipsa ostendit Ignorabat fortasse Sacchinus germanicum vocabulum „Hund" idem significare atque latinum „canis"
[5] Posonium = Pozsony, Pressburg, Hungariae urbs

Canisium monet, ut catechismum, quippe qui plurimis profuturus sit, celeriter absoluat Eum librum germanice quoque vertendum et in tota Austria inferiore vnice adhibendum esse Canisio praescribit, ut in margine libros capitaque indicet, e quibus Scripturae et Patrum testimonia desumpserit

Ferdinandus Diuina fauente clementia Romanorum Hungariae, Bohemiae etc. Rex.

Honorabilis, religiose Deuote nobis dilecte   Vidimus et discussimus priorem illam partem catechisis tuae [1], quam videndam nobis dedisti, et de ea ita sentimus atque speramus, quod sj in lucem aedatur, ad salutem fidelium subditorum nostrorum, Deo propitio, plurimum sit profutura. Eamque ob rem abs te clementer petimus, ut reliquam etiam partem citra moram absoluas, adeoque totum et perfectum Cathechismum ad nos quam primum fierj poterit, transmittas. Deliberatum namque et constitutum est nobis, vt Cathechismus ille tuus in nostram quoque Germanicam linguam transferatur, ac in vtraque lingua typis excusus, quinque inferioribus prouintijs nostris Austriacis [2] et Comitatuj nostro Goritiae publice per omnes Latinas atque Germanicas scholas Juuentuti proponatur et praelegatur, neque ullus alius sub grauissima poena et indignatione nostra doceatur Jd autem quo commodius fiat, remittimus nunc tibj priorem illam partem, iubentes, vt ante omnia in margine vbique expresse annotes loca et capita, in quibus reperiendae erunt scripturae tum saciorum bibliorum, tum Diuorum Patrum Doctorum Canonumque Sanctorum, quae in Catechisj ista abs te docte, apposite, et pie allegantur, vt etiam a Ludimagistris imperitioribus, alijsque minus exactae et profundae scientiae viris. allegationes istae quaerj et viderj possint, quia non exiguam spem concepimus, hoc modo multos. qui per ignorantiam lapsj sunt, in sinum et salutare gremium Sanctae Catholicae Matris nostrae Ecclesiae reductum irj, et scripturarum illarum sensuj ac monitionibus longe plures quam hactenus, videntes nimiium originem, vnde ab te fuerint deductae, obtemperaturos esse Quamprimum igitur annotationes seu allegationes istas confeceris, fac, ut priorem illam partem ad nos statim remittas, quia interea temporis, donec in Germanicam linguam ista uertatur, poteris ac debebis etiam residuum conficere, et ad nos

---

[1] Canisius „Summam doctrinae christianae" ita disposuit, ut in priore parte „sapientia", in altera „iustitia" christiana proponerentur, illa 4 capita complectitur 1 De fide et symbolo fidei 2 De spe et oratione dominica, cum salutatione angelica. 3 De caritate et praeceptis decalogi atque ecclesiae 4 De sacramentis Iustitia christiana uno capite absoluitur, quod totius libri quintum est docetque, quae mala fugere oporteat (peccata universe spectata, capitalia, aliena etc) quae bona facere vel consectari (ieiunium, preces, misericordiae opera, virtutes cardinales, dona et fructus Spiritus sancti, beatitudines, consilia evangelica), „quatuor hominis nouissimis" rebus opus terminatur Vide editoris „Katechismen" etc p 31—36

[2] „Quinque inferiores provinciae Austriacae" erant Austria infra Anisum (unter der Enns) Austria supra Anisum (ob der Enns), Styria, Carinthia, Carniola, qui etiam „quinque ducatus" tunc dicebantur

transmittere [1] Vbj equidem non possumus committere, quin te benigne hortemur ac moneamus, ne pium istum laborem perferre grauens aut differas, consules enim multis millibus animabus. et a Deo Opt: Max: centuplam mercedem consequere [2] Nos uero, vt Rex Christianus, qui saluti et vitae aeternae fidelium subditorum nostrorum prospectum magnopere et syncero corde vellemus, hoc operis tibj et religiosissimae isti Societatj tuae omni benignitate nostra Regia rependere curabimus Datum in Ciuitate nostra Posonij Die XVI mensis Martij Anno Dominj M. D LIIIJ Regnorum nostrorum Romani, vigesimo quarto aliorum vero XXVIIJ

Ad mandatum sacrae
Regiae Maiestatis proprium.

Haec verba extrema ostendunt Ferdinandum ipsum has litteras non scripsisse, quod etiam magis patefit conferenti eas cum epistulis Ferdinandi autographis, quas ex archivo vaticano in lucem emisit J Schlecht [3]

147.
CANISIUS
CHRISTOPHORO HILLINGER,
episcopi passaviensis officiali [4]
Vienna mense Martio vel Aprili 1554 [5]

Ex apographo eiusdem temporis (2°, p 1), quod est Viennae in archivo consistorii archiepiscopalis, „Episcopi Vienn", Fasc „Canisius"
Ex eodem apographo epistulam primus edidit Wiedemann 1 c III, 13—14

Frustra laboratum esse, ut Andreas Cupicus a Lutheranismo ad fidem catholicam converteretur [6]

---

[1] De germanica „Summae" versione infra disseretur
[2] Canisius in prima „Summae" editione plus quam 1100 sacrae Scripturae locos, et Patrum testimonia plus quam 400, ac praeterea multa synodorum decreta, posteriorum theologorum dicta, iuris canonici capita affert, ac nonnumquam ipsis, quae scripta sunt, verbis utitur, plerumque autem libros tantum et capita, in quibus verba ipsa reperiri possint, in margine indicat Postquam autem Canisius opus suum recognovit et quasi renovatum et instauratum primum edidit Coloniae anno 1566, numerus locorum Scripturae paene 2000 attigit, testimonia Patrum circiter 1200 comparuerunt Atque hos locos omnes Petrus Busaeus (Buys) S J ex ipsis fontibus accurate descriptos in „Opere catechetico", Coloniae 1569—1570 primum edito, ad verbum proposuit Vide editoris „Katechismen" p 38—39 85 136—148
[3] Historisches Jahrbuch XIV (München 1893), 25—35
[4] Ad episcopatum passaviensem (Passau, nunc Bavariae urbs) magna Austriae pars pertinebat, atque in ipsa urbe viennensi apud ecclesiam „S Mariae ad ripam" officialis episcopi passaviensis sedem habebat Eo munere a mense Februario a 1554 usque ad Novembrem a 1556 et a Februario a 1560 usque ad a 1565 Christophorus Hillinger fungebatur, qui etiam factus est canonicus passaviensis, decanus kirnbergensis, consiliarius caesareus et salisburgensis etc (Wiedemann 1 c V, 508—510 Ign Fr Keiblinger O S B, Geschichte des Benediktiner-Stiftes Melk I [Wien 1851], 770 [1] 804 [2])   [5] Vide adnotationem 6
[6] Andreas Cupicz anno 1553 parochiam catholicam weissenkirchensem (Weissen-

Reuerende domine Officialis gratia Christi nobiscum

Audiuit nuper humanitas tua, quam modeste ac sinceriter egerimus cum D Andrea Cupicz, ut errantem in viam reduceremus Sic enim* a nobis postulare usus est Reuerendissimus. D. Patauiensis[1] una cum Magnificis dominis Regij Senatus[2]. Verum in eo colloquio cum loquacitei et impiudenter ille multa effutiret, in quibusdam respondere non posset, consultius fore putauimus, si prioris quam aedidit confessionis incommoda illi per scriptum proponeremus, et ut ad eadem iesponderet per scriptum mutaremus Igitur paucas illj quaestiones ex sua ipsius confessione collectas misimus rogantes ut simpliciter et breviter in respondendo ageret. Ille uero librum resolutionum, ut ipse uocat, prolixum et molestum lectorj parauit et praeter expectationem nostram errores addit erioribus ut causam suam faciat longe quam antea deteriorem Omitto quam mordaciter ac petulanter insectetur Ecclesiae capita et Summos Magistratus, quam aperte defendat haereticos et euertat ipsa religionis nostrae fundamenta, quibus semel sublatis frustra omnis de fide tractatio et disputatio suscipitur Neque cum admonitio nostra neque erroium illa commonstratio per quaestiones a nobis facta quicquam[b] apud illum profecerit haud intelligo quid in ea causa sit agendum nobis amplius. praesertim cum uoluntati et authoritati dominorum de Regimine factum a nobis esse satis arbitremur[3] Dominus Jesus eriantium corda conuertat Amen

Petrus Canisius facultatis
Theologicae Decanus[4].

Reuerendo Domino Officialj patauiensi

---

* Sic resoluendum est siglum u , quod in apographo nostro est Wiedemann haud recte non

b Haud recte Wied quicquid

--- ---

kirchen, vicus Austriae inferioris, prope Krems situs) administrabat eoque ofhcio ad Lutheranismum propagandum abutebatur Ineunte autem Martio anni 1554, iubente Austriae inferioris senatu sive „regimine", Viennam abductus et 7 Martii ibidem in carcerem ofhcialis passaviensis inclusus est (Wiedemann I c III, 12—13) Austriae senatum ad Cupicium capiendum incitatum esse a Canisio ex litteris Polanci, Roma 21 Iulii 1554 ad comitem de Melito datis colici fortasse potest, in quibus de Canisio scribitur „A su instigacion, se han echado en prision algunos predicadores de herética doctrina" (Cartas de San Ignacio IV, 235)

[1] Wolfgangus comes de Salm

[2] „Regentes" erant Domini de Schonkirchen et de Losenstein (Wiedemann I c III, 12)

Cupicius post decem fere menses in Hungariam aufugit (B Raupach, Presbyterologia Austriaca [Hamburg 1741] p 23—24)

[4] Canisius Viennae decanatum facultatis theologicae suscepit mense Octobri a 1553 (Wappler I c p 475)

148.

CANISIUS

SANCTO IGNATIO.

Vienna 16 Aprilis 1554.

Ex autographo (2° pp 2)

De iuvenibus in collegium germanicum a se missis uc de Paulo Scalichio alteroque episcopi labacensis alumno Societatem a Martino Cromero episcopis Poloniae commendatam esse Stanislaum Hosium episcopum varmiensem collegium Societatis expetere Qui sit earum rerum status Poloniae reginam aliquem e Societate sibi contionatorem quaerere. Tataroium condicionem moresque describit eosque ad fidem conterti cupit

IESVS

Reuerendo in Christo padre mio Preposito

La gratia di Christo sia con tutti amen

Quanto a questi scholari Tudeschi noui [1], perche il R. P. Polanco me ha stimulato tanteuolte che io li mandasse, non adiungendo le conditioni et qualitadi di loro, cossi li ho mandato con il consentimento delli altri RR Padri, benche non mi è pario che tutti fussino equali. Ma spero tutta via, che almanco de questi se farà vna bona raccolta al tempo suo, pur prometto a V R non mandai altri facilmente, secondo che me ha auisato il R P Polanco [2] Piego la perdonanza umilmente, che in questo principio non ho fatto il debito mio secondo che io adesso intendo [3]

Iesus Reuerende in Christo pater praeposite Gratia Christi cum omnibus sit Amen

Quod ad novos istos scholasticos germanos [1] attinet, quia ad eos mittendos R P Polancus tam saepe me exstimulavit neque indicavit, quales et quibuscum condicionibus mitti oporteret, ego ceteris RR patribus consentientibus eosdem Romam misi, licet cuncti pares esse non mihi viderentur Attamen spero ex iis saltem tempore suo bonam messem factum iri, promitto tamen R V me alios haud facile missurum, sicut R P Polancus mihi praecepit [2] Veniam autem demisso precoi animo, quod officio meo. ut nunc illud intellego, functus non sum [3]

------

[1] Alumnos collegii germanici dicit, cf supra p 436—437

[2] Cf litteras ea de re a S Ignatio ad praepositos et rectores domorum et collegiorum S J datas Roma 2 Ianuarii 1554 et „Informazione per parlare alla Maesta Cesarea sopra il Collegio Germanico", in „Cartas de San Ignacio" IV, 409 ad 411 4—7, 414—417 35—39 Vide etiam Steinhuber 1 c I, 12—13 18

[3] Dubium esse vix potest, quin a Canisio in collegium germanicum missi sint hi adulescentes (aut omnes, aut maior pars), quos *catalogus antiquissimus eius collegii 5 Aprilis 1554 admissos esse refert (fortasse antea per aliquod tempus Romae in alia domo, probationis causa, tamquam hospites excepti et habiti erant) „Martinus Eckl Budbitianus Pragensis Dioecesis", „Gasparus Lutunitz Silesius" [„Lutwitz de Rauderin", dioecesis vratislaviensis], „Wolphangus Spatt Furtnensis Bauarus" [dioecesis ratisbonensis], „Stephanus List Austriacus" [dioec passaviensis], „Dionys Ferrabent Austriacus" [„ex Rabbs", dioec passaviensis] „Stephanus Carolus Spirensis", „Joannes Forster Perchtolsdorfensis Austriacus" [dioec viennensis], „Colo-

Quanto al Reuerendissimo Labbaccense, credo che sarria ad propositum auisar la sua Reuerendissima Signoria de' questi suoi Maestri
et alunni secondo che mi è scritto de nouo   Ma perche sua R S
sta adesso in Labbaco, et forze tiene appresso di se quelli duoi
Maestri, non ho voluto mandarli questi auizi. Spero che tornara per
qua, et allhora pigliaremo l'occasione de auisar la sua signoria, con
dire quanta humanita qui se habbia fatta alli soi   Iddio voglia. che
sia al fiutto delle anime sue [1]

Quanto a Polonia, sappia V. R P. che hora sia tornato qua per
Nuntio ouero Ambasiatore de quello Re il Magnifico Signor Martino Cremero* Canonico Cracouiense, con il quale io pigliai buona
familiarita manti pochi mezi, quando anche stette qui per l'ambasia-
toie del suo Re et Principe [2]   Hoi ha fatto la promessa diligentia

---

Ad reverendissimum Labacensem quod attinet, conveniens quidem fore existimo,
reverendissimum illum dominum de istis magistris alumnisque suis ea edoceri, quae
iterum ad me perscripta sunt   Sed quia ille R D nunc Labaci commoratur ac
duo illi magistri fortasse cum eo sunt, litteris eum de rebus illis certiorem facere
nolui Spero autem huc eum rediturum, et, cum redierit, occasionem arripiemus dominationi eius exponendi, quam liberaliter alumni eius isthic habiti sint   Quod utinam
ad salutem eorum sempiternam valeat [1]

Quod ad Poloniam attinet, sciat R P V nunc regis illius nuntium sive
legatum huc reduisse magnificum dominum Martinum Cremerum* canonicum cracoviensem, quocum ego paucis mensibus ante contraxi familiaritatem, cum eodem
munere fungeretur, a rege et principe huc suo missus [2] Is, quod promiserat, apud

---

Sic, sed scribendum erat Cromero

---

mannus Kheysther Austriacus* [dioec passaviensis], „Joannes Seidl Olomucensis",
„Georgius Faber Austriacus" [dioec viennensis], „Jacobus Patz Austriacus* [dioce
viennensis], „Alcibiades Gothart Wratislaviensis Sylesius*, „Wolphangus Wildperger
Eberspergensis Bauarus* [dioce frisingensis], „Melchior Gertner Wratislaniensis
Sylesius*, „Florianus Walt Carinthius* [archidioec salisburgensis], „Nicolaus Weyd-
man Heluetius Heremitensis Dioecesis Constantiensis*, „Joannes Zimmer Spirensis*,
„Bernardus Wildnperger Lanzionensis Frisingensis*, „Gasparus Krieger Labacensis*,
„Gasparus Wiltzing Saltzburgensis* „Sebastianus Molitor Styrus* [dioec neosta-
diensis], „Stephanus Fasthang Styrus* [dioec neostadiensis], „Christophorus Hermann Nissensis Sylesius* (Cod rom „All coll germ * p 6—9) Quae uncis quadratis
inclusa sunt, ab eminentissimo cardinali *Andrea Steinhuber* ex antiquo „Libro iura-
mentorum* collegii aliisque fontibus eruta ac mecum liberaliter communicata sunt
Cf eiusdem „Geschichte des Collegium Germanicum" I, 41—42

[1] S Ignatius Roma 27 Februarii 1554 Urbano Textori episcopo labacensi
scripsit Magistrum Antonium et D Paulum „in rebus spiritualibus iuvare et in
aliis studuimus, et utrique facultatem officii novi dicendi expediendam per Summi
Pontificis signaturam curavimus Quod attinet ad facultatem D Paulo impetrandam
ad haereticorum libros legendos, et alia quae ad ipsum pertinent, Doctor Canisius
noster nomine referet D V Reverendissimae quid sentiamus ad Dei gloriam et
animae ipsius et aliorum utilitatem expedire" (Cartas de *San Ignacio* IV, 436—437
79—80) Dubitari vix potest, quin „D Paulus" ille sit Paulus Scalichius, quem
ecclesiae perturbatorem evasisse infra videbimus

[2] Martinus Cromer (1512—1589), iuris utriusque doctor, anno 1547 a Sigis-

appresso li prelati de Polonia, raccomendandoli [a] questa nostra Compagnia, et principalmente ha procurato circa il Reverendissimo Varmiense[1], il qual e molto dotto, zeloso et Catholico, che lui desidera ogni modo hauer 10 persone della Compagnia[2], la mezza parte vorria hauer de Alemagnia, laltra de Flandria, et che fra loro fusseno almeno 2 o 3 professori in Greco et Latino et 2 sacerdoti. Quanto al luogo et le intrade, promitte ogni cossa, et senza dubbio farà il debito, essendoli tanta penuria delli suoi operarij et sacerdoti. Sappia V R. che habbia la Jurisdictione integra, scilicet in spiritualibus et corporalibus, talmente che in Polonia, pochi Veschoui sieno tanto liberi et piu valenti a defendere la fede et Religione Catholica[3]. 2° tiene il Veschouato in Prussia, id est 100 milliaria Tudescha et piu de qua, doue molto e familiar la lingua Tudescha Vnde desidereria anche

---

Poloniae praelatos diligenter modo praestitit, quibus Societatem hanc nostram commendavit atque imprimis hoc effecit, ut reverendissimus Varmiensis[1], vir doctissimus et religionis catholicae studiosissimus, decem Societatis nostrae homines habere plane cupiat[2], e quibus quinque Germani sint, quinque Flandri, atque inter eos minimum duos tresve linguae graecae et latinae magistros et duos vult esse sacerdotes De loco et reditu optima quaeque promittit, nec dubium est, quin officio defuturus non sit, maxima enim operariorum et sacerdotum penuria premitur Ac R V sciat integram ei esse iurisdictionis potestatem, in sacris rebus et in civilibus, quo fit, ut pauci episcopi poloni tam liberi sint plusque valeant ad fidem et religionem catholicam defendendam[3] 2° Episcopatus eius in Borussia est et centesimo milliario germanico atque etiam longius abest a Vienna, illicque lingua germanica usitatissima est Qua de causa etiam cupit Sociorum illuc mittendorum

---

[a] raccomendoli *autogr*

---

mundo Augusto Poloniae rege secretarius regius nominatus erat ab eoque praecipue rebus borussicis tractandis adhibebatur Notum est eum postea varmiensis episcopatus administratorem (1569—1579) et episcopum (1579—1589) summa cum laude fuisse, libris etiam egregie conscriptis claruisse, inter quos historia Poloniae et opera apologetica maxime eminent (*Ant Eichhorn*, *Der ermländische Bischof Martin Cromer*, in „Zeitschrift für die Geschichte und Alterthumskunde Ermlands" IV [Braunsberg 1869]. 1—470 *Franc Hipler*, *Die deutschen Predigten u Katechesen der ermländ Bischöfe Hosius u Cromer* [Köln 1885] p. 83—93)
[1] Stanislaus Hosius, cf supra p 39
[2] Hosius Cromero Heilsberga 21 Aprilis 1554 „Ut mitterentur ad me aliqui de societate Iesu, scripsi archiepiscopo Theatino [Marco Antonio Maffaeo] ante unum aut alterum mensem Fortassis priusquam pedem ex Urbe moveant, sumptus in illos erit faciendus Quem si magnum fore putas, tanto fac ut pauciores veniant Sin autem absque meo sumptu venire possent Cracoviam usque, ibi eis provideri de sumptu curarem neque pauciores decem vellem" (*Stanislai Hosii* Epistolae Tomus II Edd Dr *Franciscus Hipler* et Di *Vincentius Zakrzewski* [Cracoviae 1886 1888] p 429)
[3] Dioecesis exemptae varmiensis (Ermland, nunc regni borussici) magna pars ad Lutherum defecerat Quod supererat, episcopo et in ecclesiasticis rebus et in civilibus subiectum erat, cum is princeps esset imperii germanici, ita tamen, ut Poloniae rex summum quoddam in eum imperium haberet Praeterea episcopi varmienses „praesides" erant omnium Borussiae provinciarum, quae ad regnum Poloniae pertinebant

quanto fusse possibile, che se mandasse la gente Tudescha almanco
pei magior paite o per 5 persone. Non resta altro se non che V R
habbia le litere de questo Reuerendissimo Varmiense, sicome hauera
spero subito che questo Legato sara tornato al suo Re, et il Reuerendissimo Mapheo[1] come io intendo, pigliara la cura de procurar sopra
ciò in Roma   Tutto sia al [sic] gloiia di dio

Item questo Legato Polonico tiene in mandatis de circar vn pie-
dicator pei la Illustrissima Regina sua, la qual e fighola del Re nostio
Serenissimo[2]   Et specialmente vorria hauer vno delli nostri, secondo
che il suo Re li ha detto, talmente che sta in buona speranza de
poter impetrare questa gratia appresso il Re nostro, subito che sara
toinato, sicome tornara de mane, come dicono, da Vngaiia   Io li ho
detto, che sarria conueniente, se il suo Re sciiuesse sopra ciò a Roma,
pur che non mancaremo per la parte nostra, volendo sempre, quanto
sara possibile, gratificar et seruire al Re Serenissimo dei Romani

Dice lui che se faiebbe buon frutto in aula, et che non mancaiia
occasione de procurar li collegij in Polonia, sicome se fa in Sicilia
Ciedo piu facilmente li nostri per questa via hauerebbono ingresso a
Ciacouia, doue se tioua la Regia piu uolte oltra la Vniuersita.

Il Signor eterno voglia aprire li [sic] nostri la strada per venir
alli Taitari, li quali per vna paite sono sotto il Re de Polonia, per
l'altra li soi vicini immediati[3]   Et come io intendo non sono mai statto

---

saltem maioiem partem, si fieii possit vel quinque Germanos esse   Nec iam deest
aliud, quam ut R V ieverendissimi illius Vaimiensis litteras accipiat   quas ac-
cepturam eam spero, simul ac legatus hic ad iegem suum reverteiit, Romae autem
reverendissimum Maffaeum[1] eam iem sibi cuiae habiturum audio.   Omnia in Dei
gloriam cedant

Item legatus hic polonus contionatorem iussus est quaerere illustrissimae ieginae
suae, quae serenissimi iegis nostri filia est[2]   Et speciatim hic unum e nostris contionatorem quaerit, id enim rex ei piaecepit   quaie magna spe est se gratiam hanc
a iege nostio impetiare posse, ubi hic iedieiit, iediturus autem esse ex Hungaria
dicitui cias   Ego legato dixi conveniens quidem fore, ut Poloniae iex ea de re
Romam scribeiet, nos tamen quicquam in ea parte a nobis desideiaii non passuios,
cum sempei, quantum fieri possit, seien Romanoium regi gratificaii et serviie velimus

Ipse autem asseiit nos in aula illa bonam messem facere posse, neque occasionem defutuiam esse collegiorum in Polonia nobis compaiandoium, sicut in Sicilia
comparantui   Hac via nostios facilius Ciacoviam puto intiaie posse, ubi, praeter
universitatem, iegia aula non raio moiatui

Dominus aeteinus viam nostiis aperiat, qua ad Tataios peiveniant, quoium
una pars Poloniae regi subiecta, altera eidem pioxima est[3]   Equidem audio eos

---

[1] Maicus Antonius Maffaeus (Maffei), qui anno 1553 nuntius apostolicus in
Poloniam veneiat, Beinaidino caidinali Maffaeo fiatii mense Iulio eiusdem anni
moituo in archiepiscopatu theatino successit (Ilosii Epistolae II, 337—338 430)

[2] Cathaiina, Ferdinandi I filia, anno 1549 Fiancisco Gonzagae duci mantuano,
eoique anno 1550 moituo, anno 1553 Sigismundo II Augusto, Poloniae iegi, nupsciat

[3] Taitaria seu potius „Tataria" maioi iam Asiae paitem complectitur, quam
nunc Asiam centialem et paitim etiam Turcistanum appellant   Taitaiia minoi sive

Christiani, vna gente crudelissima, la qual mitte sua consolatione in robar et spogliar li vicini Christiani. Tiene vna prouintia benche mal coltiuada, la qual e piu grande che tutta Spania, Italia, Germania insieme, sicome mi dice questo Legato Polonico, et maniano le carni delli caualli, beueno il sangue delle medesime bestie, stanno nelli soi tentorij quasi sempre accincti alla querra, sono della religion Mahumetana, ma peiori delli Turchi [1] L' omnipotente Iddio sicome ha adgiutato per li nostri l' India barbarissima, voglia anche illuminai la Tartaria, vt sit un um ouile et unus pastor' [2]

Io me raccomendo spetialmente alle orationi de V R et raccomendo anche tutta Germania et Polonia

De Vienna 16 Aprilis 1554

de V. R. P

Figliolo indignissimo

Petrus Canisio.

S Ignatius ad hanc epistulam per Polancum respondisse videtur mense Maio 1554

numquam fuisse Christianos gentemque esse crudelissimam, quae ex furtis faciendis et Christianis vicinis despoliandis voluptatem capiat Ac legatus ille polonus mihi dicit eos provinciam incolere, male quidem cultam, quae maior sit quam tota Hispania, Italia, Germania in unum coniunctae, equorum carnes manducant earundemque bestiarum sanguinem bibunt, in tentoriis suis fere semper ad bellandum sunt accincti, religionis sunt mohametanae, sed Turcis peiores [1] Deus omnipotens, qui barbarissimam illam Indiam per nostros adiuvit, Tatariam quoque illuminet, ut sit un um ovile et unus pastor' [2]

Ego R V sacris precibus me specialiter commendo, iisdemque Germaniam et Poloniam omnem commendo

Vienna 16 Aprilis 1554

V R P

filius indignissimus

Petrus Canisius

europaea his fere imperii rossiaci provinciis continetur crimeensi, astracanensi, casanensi Poloniae regi olim paruisse traduntur Tatari czeremyssi et lipcovenses, qui Russiam rubram et Lithuaniam incolebant (*Mich Ant Baudrand*, Geographia P 2 [Parisiis 1681], p 289—290)

[1] Similia de Tatarorum barbarie refert *Sebastianus Munster* (1489—1552), ex monacho theologiae calvinianae professor in universitate basileensi factus, in „Cosmographia" sua, quae primum anno 1543 Basileae edita est „Sie schlahen den Rossen die Adern auff, vnd trincken das Blut, oder bachen es mit Hirsen Das Rossfleisch vnd anderer Thier essen sie halber gekocht, vnd die Ross so newlich gestorben sind, die essen sie gern, ob sie schon kranck sind gewesen, vnd schneiden allein das boss Fleisch herauss Sie leiden kein Dieb aber rauben achten sie Gott lich" (in editione Basileae a 1588 facta p MCCCXXX—MCCCXXXI)

[2] Io 10, 16

149.

CANISIUS

NICOLAO POLITAE,

philosophiae professori in universitate viennensi [1]

Vienna sub medium mensem Aprilem 1551

Ex apographo, nuper confecto ex corpore quodam actorum Politae captivitatem spectantium, quae acta a Polita ipso congesta et altera quidem manu, sed eodem fere tempore transcripta esse videntur nunc in archivo urbis cuiusdam asservantur

Politam a Lutheranismo ad fidem catholicam reducere amice conatur Ostendit ei, quam non recte ad Scripturam solam provocet in eaque explicanda suum notatorumque placitum sequatur, spretis Patribus, conciliis, theologis Politam hortatur, ut Deum precetur idque novas poenitentia abstergat sicque etiam sibi paret ad veritatem et pacem inveniendam

Egregio Magistro Nicolao Politae

professori artium

Gratia Domini nostri Jesu Christi sempiterna   Audio, mi Polites, tecum incommode᾿ agi, et utinam quod pateris non animi vitio fiat Nosti enim permagni referre, qua de causa hoc ipsum quod patimur et sustinemus᾿ adversi, irrogetur Nolo autem hic occinas mihi: Oportet magis obedire Deo quam hominibus [2]· Omnia su-

---

᾿ incommodi *librarius recens*   ᾿ sustinemus *libri ver*

---

[1] Nicolaus Polites (Polita, Bourgeois), bruxellensis, circiter a 1544 a Ferdinando rege Viennam evocatus, ut in academia linguarum graecam, rhetoricam, philosophiam aristotelicam traderet anno 1551, cum rhetoricam doceret, ob Lutheranismi suspicionem in custodiam inclusus est (*Aschbach* 1 c III. 53 241—243 *Bucholtz* 1 c VIII, 192) Ad quae haec adnotanda sunt 1 Universitas viennensis, ex ipsa sua institutione primisque legibus suis catholica, atque, si ita dicere fas est, per eminentiam catholica erat Ferdinandus autem rex specialibus legibus caverat, ne quis in professorum ordinem cooptaretur, nisi catholicum se esset professus Cf librum „Der katholische Charakter der Wiener Universität Eine Denkschrift der *theologischen Facultät*" (Wien 1863) p 1—29 56 57 2 Imperiali iure romano, quod tunc maxime vigebit, haereticus non solum in ecclesiam, sed etiam in societatem civilem scelus committere censebatur, idque magis nefarium quam ipsum crimen maiestatis, ideoque cum Catholicis Lutherani, Calviniani, Anglicani consentiebant haeresim non solum exsilio et bonorum confiscatione, sed etiam morte vindicari merito posse Ita v g cum Calvinus 23 Octobris 1553 Genevae Michaelem Servetum (Servede), qui librum adversus sanctissimam Trinitatem conscripserat lento igne comburi iussisset, non solum praecipui theologi helvetii atque imprimis Theodorus Beza, sed et Philippus Melanchthon tum litteris 14 Octobris 1554 datis tum peculiari scripto id probaverant Quam multi autem Angli ab Henrico VIII et Elisabetha ob fidem catholicam crudelissime necati sint, omnes norunt *J Card Hergenröther*, Katholische Kirche und christlicher Staat (2 Aufl Freiburg i Br 1876) p 423—412 et *eiusdem* Handbuch der allgemeinen Kirchengeschichte III (3 Aufl, Freiburg i Br 1886), 116—117 *Janssen* 1 c V, 464—468   [2] Act 5, 29

stineo propter Euangelium [1], nolo conscientiae meae repugnare Primum
enim et ipse homo es [2] qui* tuo in saciis iudicio fideie, tantumque ad diuina aestimanda sumere tibi neutequam debes, quantum te
doctiores, et sapientiores, in Theologicis exercitatiores, alij quam plurimi
ex professo possunt. Hominibus etiam non optimis, et magistratibus
improbis nos accomodemus necesse est, si Christi uerbum et spiitum
sequimur   Quod autem excipis causam religionis, equidem non improbarem, si recte tum intelligeres, tum defenderes praeposterum hoc
genus nouae religionis Tu Caesarem Regemque nostrum, et principes
totius orbis maximos, modo paucos praetereas, nil scire, ac te unum
una cum Neochristianis plus sapere putas? Apostataium et seditiosorum damnatos iam olim errores recipis· Sacrorum uero Conciliorum,
probatorum patrum, et communes [b] Theologoium sententias non recepis ? Euangelij causam profiteri, verbum Domini plenis crepaie
buccis est facillimum, nihil non in suum quidem usum et fructum
uertit Sathan, ut qui scripturas aduersus Christum ipsum haud ueritus
est pioducere [3] Sed non est regnum Dei in sermone [4], non in
litera, non in labijs et usu contentiosorum   Propheticas quidem et
Apostolicas literas pij colunt, et recipiunt uti certa, diuinaque oracula
Verum his non alligauit nos ita Christus, ut negligi uoluerit quicquid
praeterea docerent Apostoli, sine scripto autem [e] plurima docuerant [d],
quicquid insuper statueret atque consentientei obseruaiet columna
et firmamentum ueiitatis [5], sponsaque Christi [6] sancta,
nec unquam uiolanda ecclesia   Quid est igitur, cui ueteies et sanctos
maiores, patiesque tuos, quid illi crediderint et seruauerint, ita parui
pendas et ad scripturas solas piouoces, in quarum [e] etiam interpietatione nos excludis, suspectos admittis, damnatos approbas, nouos
istos audis, et uenerandam piae te contemnis authoritatem [f] Nisi
enim contempnis [g] Augustana confessione cui inteins? hoc est. a iundineo certe baculo [7] Cur e uia discedis Regia [8], nouum et priscis
inauditum Saciamentorum numeium excogitans [9]? optemperandum ais
ciuilibus magistratibus, et obstiepis ecclesiasticis? Theologiae uix
limina forte salutasti, et summis de rebus audes statueie, quia hos
et illos non optime quidem fidei scriptores contra praeceptum Magi-

---

* quia libi iec   b communium libi iec   c aut libi iec
d Sic, sed legendum esse potius uidetui docueiunt   e quantum libi iec
f authoritate libi iec   g contemptis apogi antiquum

---

[1] Cf 2 Tim 2, 10   [2] Matth 8, 9   Luc 7, 8   [3] Cf Matth 4, 6
[4] 1 Coi 4, 20   [5] 1 Tim 3, 15   [6] Io 3, 29   Eph 5, 23—25 etc
[7] 4 Reg 18 21   Is 36, 6   [8] Num 21. 22
[9] Lutherus, cum primum septem catholicae ecclesiae saciamenta retinuisset.
postea solum baptismum, cenam, paenitentiam ac tandem duo tantum, baptismum
et cenam, admisit Melanchthon in apologia confessionis augustanae tria saciamenta professus est baptismum, cenam, absolutionem, ordinem quoque saciamentum dici cupiebat

stratus, contra consilium spiritus consuluisti[1]. Ego causam tuam
probis ualde displicere, ac uulgo suspectam[b] uideii nihil miroi, magis
illud doleo, si haec nullum tibi praebeat intellectum[c] uexatio[2]
Mittamus nunc scandala, quibus infirmos offendere non eiat piuden-
tiae, multo minus autem[d] chaiitatis ac aedificationis Christianae Hoc
unum per Christi uulnera sacrosancta te rogo, te moneo frater, con-
iunctis ut animis pro fidei synccrae dono precemur et imploremus
patrem illum luminum a quo omne donum[3]. Vtinam nos primum ipsi iecta spectemus[e], nostrasque animoium sordes quomodocunque contiactas expurgemus et expiemus seria poenitentia. Poenitentiam agite et ciedite Euangelio[4] inquit. Fastum igitur
et peruicatiam animi procul abesse decet, ut succedat coi contri-
tum et spiritus humiliatus gratum semper Deo sacrificium[5]
Hic nobiscum expendamus, quantum inobedientiae ciimen, et quam
seueie castigatum a Deo sit in iebellibus usquequaque. Cogitemus
etiam, quam indigna sit hominibus doctis inconstantia, ut quae pluribus et sapientioribus semper placueiint, nos citra necessitatem[f] ridere,
contempnere, ieprehendere haec ipsa in sacris non ucreamur Si culpa
est rei alienae ad se nihil pertinenti sese immiscere, quo pacto ex-
cusabimus praeposterum hoc studium, quo a piofessione nostra sic
abripimur ut in alienam quasi messem[g] falce nostra giassemur, et
sacra prophanjs admisceie illotis (quod ajunt[h]) manibus occipiamus
Verum enimuero quoisum haec tu mihi? inquies. Atqui homo sum,
et frater in Christo tuus, tuamque sortem doleo mi Polites, neque
desistam precari Dominum, ut animae sit salutaris haec afflictio Nullus
me ad scribendum excitauit, neque putaui, crede mihi poenam hanc
carceiis sequuturam[6]. Quo te amo synceiius, eo te moneo liberius,
ut ne tantum sumas, tribuasque iuditio tuo sacris in rebus, quas neque intelliges, neque commode tractabis unquam nisi submittas totum
animum non solum Byblicis literis, sed etiam ecclesiae dogmatibus
atque sententijs. Jd si difficile uidebitur, cum propheta pete lucem
caelestem Jllumina oculos meos, ne unquam obdormiam

---

[a] tua *ap ant*   [b] suspectu *libi iec*   [c] intellectu *libi iec*
[d] aut *ap ant*   [e] Sic, *sed Canisius foitasse sciipsit* sapiamus
[f] citia necessitate *ap ant*   [g] messe *ap ant*   [h] agunt *libi iec*

---

[1] Librorum lutheranoium et similium lectio non solum legibus ecclesiasticis
interdicta erat (cf v g supia p 309*), sed etiam civilibus, v g edicto vormatiensi,
anno 1521 facto, et mandato Ferdinandi I, 12 Martii 1523 dato (*Reusch*, Index I,
89—87 *Wiedemann* I c I, 81—32 *Janssen* I c VII, 607—608)
[2] Is 28, 19   [3] Iac 1, 17   [4] Marc 1, 15   [5] Ps 50, 19
[6] Socius iomanis frater aliquis viennensis peiperam iettulisse videtur Canisium
auctorem fuisse Politae in caiceiem includendi Polancus enim Roma 21 Julii 1554
comiti di Melito haec de Canisio scripsit „A su instigacion se han echado en
piision algunos piedicadoies de heiética doctrina, y un lector publico de aquella
Cnivcisidad, hombie muy celebre" (Cartas de *San Ignacio* IV, 235)

in mortem [sic]¹. Erraui sicut ouis quae perijt², uias tuas
Domine demonstia mihi³ etc Paruulus esto, et ueiam disces
sapientiam⁴ Ju ecclesia lucem tibi paratam offendes· quicquid extra
quaesieris augere tenebras potest, lucem dare non potest, et si Arium
ipsum scripturarum peritia superares Haec ego tui amans et studiosus, prout ex tempore potui, satis quidem ut uides, tumultuarie
scripsi. Tu bonam in partem ut spero, accipies omnia, quemadmodum
ob tuae salutis rationem a me mittuntur· candide. Vale igitur in
Christo Jesu frater, et age gratias diuinae uisitationi.

Petrus Canisius Theologorum
minimus.

Huic epistulae tempus, quo data sit, non est ascriptum Ex epistula autem
proxime subicienda certo constat Politen exeunte Aprili a 1554 Viennae in custodia
publica fuisse, atque actis illis antiquis, ex quibus haec epistula nuper transcripta
est ', piobabile redditui eum sub medium Aprilem captum esse Paulo post ei
litteras has missas esse litterae ipsae ostendunt

Canisius postea Politen etiam coram adhoitatus est Tandem hic, cum in
Lutheii dogmatibus persisteret, mense Iulio a 1554 cum suis de Ferdinandi regnis
omnibus eiectus est⁶

150.

CANISIUS

P. LEONARDO KESSEL,

Sociorum coloniensium pi aeposito

Vienna 30. Aprilis 1554

Ex apographo, anno 1886 Romae facto ex epistula archetypa, quae tunc ibidem
eiat in bibliotheca Ludovici comitis de Paar, imperatoris Austriae apud summum
pontificem legati Inscriptio epistulae deest, sed super primis eius verbis manu
(ut videtur) antiqua scriptum est „1554 30 aprilis Vienna D Canisij ad Kesselium⁴

*Gaudet de Theodoiici fratiis sui adiientu et ineundae Societatis pioposito
Socius coloniensibus piospeium rerum successum giatulatui et optat, ut Ioannes
Gioppei eos tueatui Se in collegium aichiducale transisse Politen piofessorem
ob haeiesim in custodiam inclusum esse De suis Socioiumque contionibus Societatem haeiesi in dies piogiedienti obstaie De compendio theologico et de scholastico quodam*

IESVS

Reueiende in Christo frater gratia domini nostii Iesu Christi cum
omnibus nobis amen

Quo inspeiatioi, eo giatioi fuit fiatiis adventus, quem paulo post,
ut opinoi, in Vrbem mittemus, quamquam id amicis illius indicandum

' mittitur libi iec

¹ Ps 12, 4   ² Ps 118, 176   ³ Ps 24, 4   ⁴ Cf Luc 10, 21
⁵ Vide supra p 462   ⁶ Plura v intra, monum 88
Biaunsbergei, Canisii Lpistulae et Acta I   30

non est, neque in literis omnibus quas his. adjunximus perscribitur [1].
Benedictus dominus, qui Theodericum hunc semel ante annos* inter-
ceptum, vestra nunc opera sic confirmatum nobis reddidit Ita iure
nobis debetui et multo quidem amplius pecunia, quam Noviomagenses
ut spero, persolvunt Res ipsa certe docet, quanti profuerit me isthinc ablegari (nam et paucissimis opinor commodarem praesens) et
R T isthic retineri, quae in hoc mari Coloniensi tales Christo pisces
colligit ac fovet [2] Ego quidem sensi Coloniae talia desideria, et ut
mihi videbatur responsa, fore ut nostri perpetuo servirent et sanctissimis gentium primitijs, et tot mille" Virginum choris, et auieis
etiam martyribus [3]. Faxit Sanctorum Caput Christus, ut per vos pio-
cedant atque perpetuentur quae semmaie voluit R. D. Faber [4], et quae
morte sua confirmaverunt fratres Lambertus et Petrus [5] Habetis
faventes, uti credo, Carthusienses praeter alios bonos dominus quaeso,
et numero et virtute augeat Coloniae societatem, quam etiam R Domino meo Groppero [6] placere non tam nostro quam illius nomine plurimum laetor. Faxit Christus, ut sicut pro fide et religione Sanctae
Ecclesiae Coloniensis hucusque pugnavit, ita societatis nostrae partes
etiam tuendas in eadem Ecclesia suscipiat, sincera scilicet cum animi
erga Christum et sanctos eius propensione
    Ut pauca de nostris subijciam, novum adeunt collegium a Rege
procuratum, quod magnas tum ipsis, tum populo et juventuti praebet
commoditates [7] Ego in professorum Collegio publico et Archiducali
moror, sic urgente Rege, ut Reformandi gymnasij causae me accom-
modem [8] Nunc laus Deo Opt. Max gymnasij res procedunt rectius,

ª Sic apogi , sed fortasse mendose   ᵇ Sic , millium ?

[1] Theodoricus Canisius Viennam venit, ut in Societatem admitteretur, Socii
autem viennenses. ut eius constantiam explorarent, eum Romam ire et ab Ignatio
ipso admissionem petere iusserunt (Raderus, Can p 284—285)
[2] Cf Matth 4, 19 Marc 1, 17
[3] Sanctos Magos, qui primi e gentilibus Christum adoraverunt, sanctam Ursulam martyrem eiusque socias, sanctos Gereonem et Gregorium cum socis mai
tyribus Canisius significat, horum enim corpora Coloniae requiescunt
[4] Beatus Petrus Faber S .J
[5] Lambertus de Castro et Petrus Kannegiesser cf supra p 121—123 288
[6] De doctore Ioanne Groppei, praeposito honnensi etc , vide supra p 204⁵ etc
[7] Collegium illud a Ferdinando in monasterio Carmelitarum collocatum est ,
cf supra p 446—448 et infra p 471
[8] Sacchinus in a 1554 „Eius anni principio, quod pridem Ferdinandus Rex
postulauerat, concedendum fuit, vt Canisius in Collegium Archiducum Viennae
migraret. alter Parentum (ita duos Praesides vocant) in eo futurus Professores
disciplinarum variarum septem agebant in eo Collegio, et aliquot praeterea studiis
operati Magna, religiosi Patris praesentia, morum commutatio facta est magna
ad quietem et tranquillitatem accessio" (De vita Canisii p 85—86) In collegio
archiducali, anno 1384 ab Alberto III Austriae duce prope monasterium Praedicatorum constituto, 12 artium magistri communem vitam agere gratuitoque victu uti
poterant, inque Canisii tempore ordinarii fere in universitate erant philosophiae pro-

quam multis abhinc annis: professorum unus in vincula coniectus est, quod sectarios sequeretur, etsi doctrina sit minime contemnenda[1]. Contionandi munus a quinque nostris exercetur[2]: fructus inde redit ad populum, qui nobis quam antea conciliatur indies magis ac magis. Vocamur in Boemiam[3], Poloniam[4], Ungariam[5] et mecum agitur serio, ut adesse curem qui mittantur ad hasce vicinas provincias, nec desunt amplae promissiones. Rem omnem ad Praepositum referemus. messis profecto plus quam credi queat amplissima, sed inculta prorsus obijcitur: tot animarum millia (proh pudor ac dolor) indies pereunt. Serpunt hereses nephandae, fidei labefactatur[a] soliditas, Ecclesiae spernunt omnem auctoritatem. Apud Regem interim et supremos Consiliarios, qui nos amant imprimis, defendimus Religionem, nec id nesciunt hostes fidei, quos nobis infensos esse propterea minus admirandum sit[6]. Sed confitebimur ore quod corde credimus[7], ut fidei perfectum a nobis officium tribuatur. Ego in Ecclesia Episcopali concionari pergo, nec est exiguus numerus auditorum, fructus utinam in illis respondeat conatibus Tum a societate nostra postulat Rex, ut pro schola Theologica et pro istarum tot provinciarum reformanda iuventute conscribantur quae sacris de rebus maxime noscenda sint Ea in re non minimam quoque nos curam et operam impendimus

Remittimus M. Arnoldum, ne hic reddatur deterior si maneat: egeram cum eo, ut faceret exercitia, sed ob migrationem nostrorum satius esse duximus, ut relinqueretur vobis hic fructus M Adriani filius fuit[8], gustavit spiritum, sed relicto confitendi more mutatus est non in melius Rogo sit uobis commendatus in domino Iurisperitus esse cupit, sed sine ratione. Laudatur valde ob doctrinam et in-

---

[a] labectatur *archet*

---

fessores, quibus praeter duos „parentes" theologos, qui ex capitulo cathedrali peti solebant, „prior" praeerat, a collegialibus libera electione constitutus Hoc munus tunc Andreas Dadius (Kyenboom) philosophiae professor administrabat (cf supra p 415) Guilielmus Coturnossius (Quackelbein), flander, in eodem collegio tunc „Physicus secundus" erat et philosophiam aristotelicam exponebat (*Aschbach* 1 c I, 39—40 43—44, III, 44—45 58 160—161 *Herm Zschokke*, Die theologischen Studien und Anstalten der katholischen Kirche in Oesterreich [Wien und Leipzig 1894] p 142) [1] Nicolaus Polites, vide supra p 462 !

[2] Vide infra, monum 96

[3] Capitulum metropolitanum pragense a Ferdinando rege Societatis homines petiit Vide infra, monum 109 [4] Vide supra p 459--460

[5] Nicolaus Olahus (Olah) archiepiscopus strigoniensis iam tunc Societatem in Hungariam invitasse videtur Vide infra, epistulam Canisii 8 Iunii 1554 ad Polancum datam, et *Socher* 1 c p 88--90

[6] Canisius Viennae „Ferdinando Caesari pro concione Euangelium exposuit, Et cum non absque vitae discrimine regiam peteret, armata manu in aulam deduci Ferdinandus Canisium imperauit" Ita *Raderus* in vita Canisii (p 48—49), in qua se „nihil nisi testatissimum collocare" affirmat (p 234)

[7] Rom 10, 10

[8] P Adrianus Adriani S J Arnoldo a sacris confessionibus fuisse videtur

30*

genium quare et secundus fuit in praeconio |?|ᵃ anno superiore cum promoveretur. Si nolit esse societatis, velim ut studiosum et honestum illum
commendes D. D Groppero, aut amico simili Sic enim promisi Reliqua
ex fratrium literis Raptim et impolite ultima Aprilis 1554 Viennae
Mittes Nouiomagum reliqua scripta

Salutabis amicos omnes et R p priori[1] ages gratias pro misso
libello   Petrus tuus Canisius

151.

CANISIUS

SUPREMO REGIMINI AUSTRIAE INFERIORIS[2].

Vienna mense Aprili vel Maio 1554

Ex *Th Wiedemann*, Geschichte der Reformation und Gegenreformation im
Lande unter der Enns 1 (Prag 1879), 132—133 Wiedemann autem ex actis consilii monasterialis („Klosteriaths-Acten") viennensibus haec hausit Editor, cum anno
1889 Viennae degeret, acta illa videre non potuit

Quid de institutione quadam censendum sit, quam Ernestus archiepiscopus salis
burgensis de ratione contionandi et doctrinae christianae tradendae in lucem emittere
volebat

Ernestus Bavarus, archiepiscopus salisburgensis, 30 Martii 1554
Ferdinando regi commentarium quendam libelli misit, quo parochi et
contionatores ad recte docendum instituerentur „Ferdinand", inquit
Wiedemann, „befahl nun der niederösterreichischen Regierung (Press
burg, 10 April 1554)   die Instruction in Sachen der Pfarrer und
Prediger dem Canisius und der theologischen Fakultät zur Prüfung zu
übergeben Letzteres geschah am 14 April Canisius arbeitete rasch,
die u o Regierung langsam und bedächtig Am 9 Juli referirte sie
endlich

Die Instruction des Erzbischofes in Betreff der Prediger berührte
Punkte, die noch bei dem allgemeinen Concile stehen, diese Punkte jetzt
zu erklären sei bedenklich, weil die Erklärung des Concile anders er
folgen konnte, dann sei die Instruction der Art, dass sie, nicht in Form
einer Postille gestellt, zu kurz und zu wenig unterscheide, dann wieder
zu hoch oder zu weitschweifig sei, sollte sie, woran nicht zu zweifeln,
gedruckt werden, dann konnte wohl dagegen geschrieben werden, dess-

— — — — —

ᵃ Praecio ⁻ Vocabulum obscure scriptum

[1] Gerardo Hammontano, Carthusiae coloniensis priori
[2] Tempore Ferdinandi I Austria duo habebat „regimina" („Regierungen"),
unum Viennae pro provinciis Austriae inferioris alterum Oeniponte pro Austria
superiori cum „expositura" sive peculiari magistratu pro Alsatia etc Ensishemi
collocato Utrumque regimen habebat praesidem („Statthalter"), cancellarium, aliquot consiliarios sive „regentes" (*M Huber* Geschichte Oesterreichs IV [Gotha
1892] 207—208)

*halben moge sie noch von einigen Universitaten gepruft werden und es
sei trotzdem nothwendig, dass von etlichen gelehrten und verstandigen
Theologen eine rechte, ordentliche Hauspostille fur Geistliche und Welt-
liche zusammengetragen und aufgerichtet werde   Der Herr Bischof
moge seine Instruction drucken und vertheilen lassen, jedoch auf eigene
Faust und ohne Zuthun und Approbation der K Majestat "*

Ex his conici potest, quid de institutione illa Canisius ipse senserit et rescripserit
Institutionis huius auctor erat Ioannes Fabri O Pr , ecclesiae cathedralis augustanae contionator [1] Examinata est etiam a Wolfgango Sedelio (Seidl), monacho
tegurino (Tegernsee) O S B et contionatore monacensi , qui anno 1555 adnotationes
quasdam ei ascripsit [2] Tandem anno 1556 Dilingae in lucem prodiit sic inscripta
„Christliche, Catholische vnder= richt, wie sich die Pfarrer, Seelsor= ger vnd
Prediger im Saltzburger Bistumb vnd Prouintz, in jren Predi= gen, zu vnberrichtung
des Christlichen ` volcks, halten vnnd das volck, sonderlich in nachuolgenden Articuln,
zu verhu= tung schablicher irrung vnnd spaltung, in vnserm waren Christ= | lichen
Glauben, nach alter Catholischer Leer, | vnderweisen ` sollen . *Anno salutis humanae,*
M D LVI ` In extrema libri parte „Getruckt zu Dilingen, durch Sebaldum Mayer "
4°, ff LXXX et praeterea in initio 10 ff non signata (addito titulari) Auctoris
nomen non indicatur Exemplum huius operis vidi Viennae in bibliotheca universitatis (Theol past II, 140) [3]

152.
CANISIUS
SANCTO IGNATIO.

Vienna mense Maio exeunte vel Iunio 1554

Ex epistula archetypa (2° 1 p) ab Alberto V Bavariae duce ad S Ignatium
missa et ab Alberto ipso subscripta
Commentarius epistulae est in cod monac .Ies Ing 1359/I ` f 3
Epistula Alberti integra ex archetypo transcripta est in *Acta Sanctorum* Iulii
VII (Antverpiae 1731), 501—502, et ex iis in .Cartas de *San Ignacio*" IV, 503—504 [4]
Hic ea tantum ponuntur quae ad Canisii epistulam (iam non exstantem) spectant

*Albertus V Bavariae dux S Ignatio Monachio 20 Maii 1554 haec scripsit
„Vestri ordinis Societatis Jhesu Theologos omnes ab Jngolstadiensi Academia nostra auocatos permoleste tulimus, Nam et doctrina et vitae synceritate
non solum lectorum munere inter scolares, sed et Concionatorum ad populum
magno cum fructu foeliciter functj sunt, ea propter ipsos lubenter nostris gratia
et fauore complexi sumus, Verum quod Collegij illius erigendi cura
hactenus est intermissa, non nobis qui paratissimj semper fuimus , est im-
putandum, Sed presentj turbatissimo afflictissimoque* omnium rerum in Ger-*

---

[a] *In comm additum in margine*

[1] *Nic Paulus* in „Der Katholik", 73 Jahrg , II (Mainz 1893), 221—222
[2] *Nic Paulus*, Der Benediktiner Wolfgang Seidl, in „Historisch-politische
Blatter fur das katholische Deutschland" CXIII (Munchen 1894), 181
[3] Operis auctor ipse in praefatione indicat librum suum a doctis viris recognitum esse, scribit enim „Es ist dieser reine katholische Unterricht durch hoch
gelehrte Doctores und christliche Lehrer ganz treulich gestellt worden "
[4] Cf etiam *Verdiere* l c I, 284—285

mania statuj, . Ne tamen ista perpetua temporum mutatia Theologij Collegij causa apud nos diutius suspendatur, Jussimus apud dictam scolam nostram Jngolstadianam fundam compararij et nouum extruj collegium, quod etiam annuis redditibus dotarj curabimus [a], quemadmodum ea de re ad vos Magister Petrus Canysius perscribet, Petimus igitur a vobis, itj et Sanctissimo D N ea de causa [b] perscribimus [2], ut curctis tam dictum Canisium quam alios duos Theologos [c] etiam aliarum facultatum professores ad nos mittere quj obsequium suum et ministerium legendj et concionandj impendant " Plura expositurum Henricum Schucucker ducis secretarium, qui ea de causa Romam mittitur*

153.

CANISIUS

P. IOANNI DE POLANCO S. J.

Vienna 8 Iunii 1554.

Ex apographo recenti, facto ex autographo
Aliquas epistulae particulas germanice edidi in „Katechismen" etc p 20—22

De collegij germanici alumnis quibusdam labacensibus, Paulo Scalichio cabbalista, monasterio Carmelitarum Socius tradito Patrem Lainium Viennam venire cupit Collegij rectorem cantum nimis urgere, litterarum studia minus curare Se non posse catechismum suum ita conformare, ut parochorum etiam enchiridion sit Ad catechismum absoluendum se vehementer impelli Partem eius Romam mittit corrigendam Indicae litterae quantum valeant Noviomagi Societati domum offerri Se in Hungariam profecturum Regis nomine rogat, ut Ignatius valetudinariorum quorundam negotium apud pontificem gerat

IESVS

Reverende in Christo pater gratia domini semper nobiscum

Primum divinae bonitati gratias ago, quae afflictam restituit valetudinem charitati tuae, cui non immerito sanitatem precati diuturnam debemus Literas autem, quas etiam valetudine nondum liberatus adversa scripsisti, lubenter accepi mense, quo et scriptae fuerant, superiore [3].

De Reverendissimo Labbacensi, ut antea quoque respondi, nos etiamnum metuimus, ne suo malo revocet istos alumnos [4], quemadmodum jam priores duos ex urbe reversos excepit [5]. D Antonium

---

[a] *In comm verba quod — curabimus in margine adscripta sunt*
[b] *In comm haec tria verba supra versum scripta sunt*
[c] *In comm verba duos Theologos in margine addita sunt*

---

[1] Cf supra p 327 [2] 398 425—426
[2] Hae litterae, nondum editae, ponentur infra, in „monumentis ingolstadiensibus"
[3] Has litteras non novi, spes autem est eas in „Nova serie litterarum S P N. Ignatii" editum iri
[4] Bartholomaeum Philuslaufer [Laufer ?] et Ioannem Kobenzl (cf supra p 445 [4]). Kobenzl a 1555 Societatem Iesu ingressus est (Steinhuber l c I, 23 [2])
[5] Cf supra p 458

ad sacerdotalem ordinem statim evexit; Doct Paulum retinet quidem
apud se, sed ut non semper inter ipsos optime conveniat In postremo
colloquio cum me rogaret, doct. eundem ut admonerem atque meliorem in viam si possem reducerem, aperte respondi, non reliquum
videri locum admonitioni meae, quamdiu admonendus ille tanto in
pretio haberet moidicusque retinere vellet suam Caballisticam, qua
fretus iactaret, se de omnibus nullo negotio et in utramque fortasse
partem disputaturum Quae res parum illi honoris, ut dicebam, apud
nostros hic professores parit laeditque Theologo dignam existimationem[1]. Cias abiturus est iterum Episcopus ad Ecclesiam suam.
sed conor, ut amicus abeat, qui aliquandiu propter nostras de his suis
alumnis admonitiones nescio quo dubio in nos animo videtur fuisse.
Non abs re facturus erit P. Schorichius, si literis ad Episcopum datis
concludat hoc de alumnis negotium, ut intelligat ille, quo pacto sint
a nobis dimissi, et quid R. P. Ignatius de ipsis sentiat. Haec inter
vos longius

Adiumento nostris Episcopus fuit apud Regem, ut Carmelitarum
monasterium liberum et integrum habeant; de proventibus annuus et
de placandis utcumque Carmelitis, aut de consensu Pontificis in hanc
translationem impetrando nondum, ut vellemus, agitur[2]. Nunc haud

---

[1] Paulus Skalich de Lika (1534- 1574), Zagrabiae (Agram) in Croatia nobili
genere ortus, ingeniosus quidem atque eruditus, sed inconstans laudumque avidus
erat Viennae litteris excultus, anno 1553 Bononiae „theses divinas, angelicas,
coelestes, elementales, humanas, Christianas, philosophicas, metaphysicas, physicas,
morales, rationales, doctrinales, secretas, infernales" publice defendit Postea Romam
profectus et cum litteris commendaticiis Iulii III Viennam reversus, ibidem capellanus regis constitutus est et anno 1556 opus „Occulta Occultorum Occulta" edidit
Cum autem anno 1557 in universitate viennensi insulsas quasdam sententias theologicas defendisset, Tubingam ad Lutheranos aufugit ibique in summum pontificem
et Iesuitas acriter invectus est Anno 1561 ab Alberto Borussiae duce lutherano
invitatus, Regiomonte (Königsberg) theologiam docuit et plenum in Albertum imperium obtinuit, a quo non solum consiliarii officio ac multis pecuniis et agris, sed
et oppido ac praefectura creuzburgensi donatus est Scripto quodam asseruit in
Christo tres esse naturas, idque multis circulis, triangulis, quadrangulis demonstrare
conatus est Precibus etiam cabbalisticis ac nummo annuloque magico ducem de-
cepit, donec, communi in se odio concitato, officio et bonis privatus atque ex Borussia exsulare coactus est Ab episcopo monasteriensi receptus, in ecclesiae catholicae tandem pacem rediisse videtur, immo sunt, qui asserant ipsum ducem
Albertum haud multo ante obitum suum cum ecclesia catholica Scalichii opera recon-
ciliatum esse (Bucholtz 1 c VIII, 223—224 Denis 1 c p 536—537 Nic Leuthe-
ringerus, De marchia brandenburgensi 1 14, n 7—9 [Scriptores de rebus Marchiae
brandenburgensis I (Francofurti et Lipsiae 1729), 484—488] Janssen 1 c IV, 187
ad 188 Zeitschrift für katholische Theologie, 18 Jahrg [Innsbruck 1894], p 411
ad 412 C A Hase, Herzog Albrecht von Preussen und sein Hofprediger [Leipzig
1879] p 292—317 374—377)

[2] Ferdinandus circiter initium mensis Augusti a 1555 Augusta Vindelicorum
ad Ioannem cardinalem Morone, regnorum suorum protectorem, et ad Ottonem cardinalem Truchsess scribi iussit, ut sedis apostolicae dispensationem impetrarent,
qua possent „fratres eiusdem Societatis, qui iam Viennae in Austria multo multorum

parum negotii facessunt nostris, quae primum in alienas desertasque
sedes immigrantibus obvenire solent[1]   Magnum profecto fructum in
vicinas undique provincias ex hoc Collegio transfundi posse confido,
si Dominus pro sua in oves errantes bonitate novis favebit operariis
In medio nationis pravae[2] versamur, haud secus quam in aedito
loco[3] et ad clavum ipsum. quo vicini gubernantur populi, pulchre
constituti. Iamque nos hinc evocant Poloni, Ungari, Boemi, Prussi.
Bavari, nihilque de fide et sinceritate nostra dubitant, postquam
tantopere nos Regi comprobatos esse cognoscunt   Id quod ego non
tam in laudem nostrorum, quam ad cautelam dixerim, ut in constituendo hoc Viennensi collegio curam et diligentiam adhibere maximam
velitis   Utinam semel huc mittatur Reverendus P Lainez et coram
non videat modo, sed etiam consulat in medium, quae ad maiorem
omnium profectum facere possent   Gratus esset Hispanis vehementer,
et hi tum in aula Regis[4], tum in familia filii Maximiliani sunt frequentes; de assignandis Collegio redditibus facile concluderet tandem.
conferret nobiscum de his, quae conscribi Rex postulat[5], in summis

cum fructu versantur. licite et libere retinere, et integre posthac possidere monasterium B Virginis, Ordinis Carmelitani, viennense „Quod certe monasterium
iisdem fratribus serenissimus rex assignavit, postquam seculares ibidem cum uxoribus habitare, ac sacrum locum profanare coepissent. et cum pater Provincialis
eiusdem Ordinis Carmelitarum saepius ad hoc rogatus et requisitus a serenissimo
rege nullos fratres eo mittere (tanta est penuria eiusmodi Religiosorum in tota Germania) et ad cultum divinum ibidem peragendum adesse curaret“ (*Acta Sanctorum*
1 e p 500 Cartas de *San Ignacio* V 588)
    [1] Die 24 Maii 1554 in monasterium illud immigratum esse refert *Sacchi*
(1 e p 48) Polancus 21 Iulii 1554 Roma comiti de Melito scribit in collegio
viennensi 30 fere Socios esse (Cartas de *San Ignacio* IV 233)
    [2] Phil 2, 15   [3] Cf Matth 5, 14   [4] Ferdinandus I in Hispania natus
erat et Ferdinandum „catholicum“, Hispaniae regem avum habebat
    [5] Ferdinandus I litteris Vienna 15 Ianuarii 1554 a S Ignatio petiit, ut a
„doctis aliquibus viris“ Societatis, „Romae existentibus“, „compendium aliquod theologiae“ conscribendum curaret „quod tam ecclesiasticis quam secularibus instar
regulae et normae esset, levique pretio ab omnibus comparari posset“ Se curaturum
„illud statim“ Viennae „typis excudi“ et non solum in academia viennensi, sed et
per regna sua „doceri“, praesertim vero operam daturum, „ut illo parochi aliarumque
ecclesiarum rectores in provinciis“ suis uterentur Deliberatum quidem sibi fuisse
id opus nonnullis Societatis „doctoribus“ „in academia Viennensi existentibus“, committere, sed se cognovisse, „eos in vinea Domini tanta sedulitate alias praelegendo
et docendo, tam in scholis quam in suggestu laborare, quod tanto operi absque
dispendio et discipulorum suorum et christiani gregis, vacare nequiquam“ possent
Ignatius Roma 27 Februarii 1554 regi rescripsit Post quadragesimam manus illi
operi Romae admotum iri „Non dissimulabimus tamen quod exactius, ac proinde
doctius et difficilius, videtur opus necessarium esse, ut Viennae a Theologiae Professoribus praelegatur quum, ut in provinciis a curionibus et ecclesiarum rectoribus,
qui parum eruditi saepe esse solent, in manibus habeatur Verumtamen utrisque
hoc opus, quoad eius fieri poterit, attemperare   enitemur“ (*Acta Sanctorum*
Iulii VII [Parisiis et Romae 1868], 508 Cartas de *San Ignacio* IV, 501—503
437—438) Hanc Ignatii promissionem sibi gratissimam accidisse Ferdinandus eidem
significavit litteris Vienna 7 Maii 1554 datis, quae etiamnunc apud nos sunt

quibusdam quaestionibus, quas Cancellarius[1] inter Theologos et Canonistas expediri vellet, operam navaret utilissimam; praesertim vero
tum de studiis, tum de profectu fratrum hic nos instrueret, singulisque sua si quae sint opus, remedia daret. Privatam sane consolationem, quam ex R P. praesentia mihi polliceri maximam possem,
facile negligam, sed pro communi utilitate quid fieri expediat, vestrae
fuerit et pietatis et prudentiae constituere Paucorum solummodo
mensium hoc iter erit Coeperunt nostri in cantando se nunc exercere, dum Carmelitarum locum tenent, et ut verum fatear, mihi non
semel displicuit facilitas R P Lanoij, qui ad cantiones huiusmodi in
templo habendas et ad cerimonias quasdam fratrum imitandas nostris
aut plusculum permittere, aut ipse sua sponte ita satis propendere
visus est Qua in re non opus est admonere prudentiam tuam, nisi
quod magnopere cupio conformem vivendi disciplinam, qualem aliis
collegiis R P. Praepositus constituit, etiam extare in Germania, praesertim Viennae[2] Video nunc a R P multos ad sacros ordines huc
evectos esse, neque id unquam improbavi: in studiis autem adhiberi
quoque curam velim, quod in scribendo tam pauci valeant, qui ad
Magisterium tamen adspirant et forte non multo post exibunt sacerdotes. Haec ego libere, ut sapientiori praebeam de istis cogitandi
occasionem, et huic collegio sit maxime prospectum

Nunc ad literas tuas redeo, et miror, subito consilium esse mutatum de dividendo Compendio Theologico[3] Promissum enim Regi
fuit a nobis, alterum fore compendium pro parrochis, alterum pro gymnasii huius Theologis, et probavit Rex institutum[4] Ego quod paravi,
omnino seiunctum fuit, et cum Rex evolvisset, probavit cum suis admodum hoc meum vile opusculum[5]. Iam si eodem opere tum pueris,
in quorum ego scripsi gratiam, et pastoribus vultis satisfieri, Regi
non valde satisfiet, et mihi iam quinto aut sexto mutanda erunt omnia.

---

[1] Canisius non Albertum Widmanstadium, Austriae inferioris cancellarium,
dicere videtur, sed doctorem Iacobum Ionam Ferdinandi vicecancellarium, Sociis amicissimum, quem etiam in litteris 16 Augusti 1554 ad Polancum datis „cancellarium"
vocat Is negotium illud „compendiorum" academicorum praecipue administrasse
videtur (Hartl-Schrauf, Nachtrage I, 145)

[2] „Cum Nostri Viennae ad Monasterium a Carmelitis desertum ingressi fuissent,
cantabant officium tono quodam aequali, ob quod P Ignatius Patri Lanoyo scripsit,
ut per mensem integrum poenitentiam faceret 1554" (* Responsa Generalium [S J]
in ordinem redacta Viennae, in bibliotheca aulica, Cod 12 104* [scriptus medio
fere saec XVII] in v „Cantus" n 10)   [3] Vide supra p 412[1] 472[5]

[4] Canisio tunc iam scripta fuisse videntur a Polanco, quae S Ignatius Ferdinando Roma 18 Iulii 1554 scripsit „Cum re serius pensata" idem „theologiae
compendium curionibus, ut populum instruerent, et professoribus, ut in scholis enarrarent", „minime convenire posse intelligeremus", „visum est tandem, duplici labore
utrumque opus inchoandum esse" Integram epistulam ex autographo Berolini exstante edidit Gottl Friedlaender, Beitraege zur Reformationsgeschichte (Berlin 1837)
p 277—278 est etiam in „Cartas de San Ignacio' IV, 467—468

[5] Vide supra p 454—455

magnamque mihi conflare possum invidiam sine magno fructu ex hac
tam diuturna cessatione. Quoties me admonet ac urget Cancellarius,
maturandum esse opus, expectare typographum, quem saepius ad me
misit [1], moram in gravi periculo esse, tot perire animas, quae pura
doctrina libelli pascerentur, et veneno catechistico, quod nunc quotidie
hauriunt, liberarentur hac aeditione Igitur etsi valde probarem consilium tuum, ut Catechismi mei, priusquam in lucem exeat, formam
videretis adeoque corrigeretis isthic, tamen difficile mihi visum est,
bonis viris aequa postulantibus repugnare, in menses aliquos rem
iterum differre ac reiicere, dum illuc eat et redeat libellus. Sed nolui
tamen hic mihi fidere, dissimulavi haec universa, invito adhuc, ni
fallor, Cancellario probatissimo viro, et alia mihi via Regis impetravi
consensum, ut tantisper differretur aeditio, donec vestro etiam calculo
approbaretur [2] Nam sic etiam consultum videri, ut qui reliqua tene-
retis in manibus (de duplici compendio loquor), non prorsus ignoraretis partem hanc tertiam, quae velut fundamenti loco praestrueretur
et aliis illis compendiis explicaretur Itaque mitto puerilis Catechismi
mei partem aliquam, et summis votis exopto, a vobis vel immutari
vel corrigi omnia, deinde quae correcta erunt, huc quamprimum remitti, ut Rex etiam a nobis et vobis postulat maxime Qua in re
ne sitis quaeso nobis in moram, ego interim reliqua curabo transcribi
et isthuc mitti, sed licebit in aedendo progredi, ut primum ista resti-
tueritis ex Urbe Quae primam libelli partem continent, multa exemplarium millia erunt

Magnam aedificationem his attulit magnatibus, quod R T. scripsit [3]
nuper ad R P Lanoii de Regina Angliae [4], de tribus collegiis Ponti-

[1] Ad catechismum Canisii typis exscribendum a Ferdinando electus erat unus
e praeclarissimis saeculi sui typographis, qui et bibliopola erat Michael Zimmermann, antiquae nobilitatis vir qui 118 opera Viennae edidit, atque inter ea evangelium syriacum, libros graecos, hebraicos, immo et arabicum opus (Denis I c p XIII
Ant Mayer, Wiens Buchdruckergeschichte 1482—1882 I Theil [Wien 1883],
p 70—85)

[2] S Ignatius in primis iam „Constitutionibus" sive prima constitutionum con-
scriptione, quam sub initium a 1551 patribus Romae a se congregatis recognoscendam tradidit „Quien", inquit, „tuviendo talento para escribir libros utiles al bien
comun, lo hiciese, no debe publicar escrito alguno sin que primero lo vea el Preposito General y lo haga mirar y examinar, para que, siendo cosa que se juzgue
haya de edificar, se publique, y no de otra manera" (Constitutiones latinae et
hispanicae p 388) In constitutionibus autem expolitis et absolutis haec de libris
vulgandis praecipuntur [El Preposito General] „cometera la examinacion dellos a
lo menos a tres de buena doctrina y claro juicio en aquella sciencia" (P 3, c 1,
n 18 Similiter P 4, c 6, O et P 7, c 4, n 11 [I c p 93 135 223 225])

Canisius litteras „communes" significat, quae Roma 1 Maii 1554 ad omnia
Societatis collegia missae sunt editae sunt in „Cartas de San Ignacio IV, 450—452
134—139

[4] „Qui in Roma ci siamo molto consolati questi di per una lettera che ha
scritto di sua mano, latina, la Regina d'Inghilterra al Papa riconoscendolo Vicario

ficis in oriente constituendis [1], de Germanico collegio Romae [2] etc
Permagni referet, de Indicis rebus et id genus aliis saepius huc mittere [3]: iuvantur enim istorum animi vehementer in Religione, cum
inter pessimos haec accipiunt tam bona, laeta et salutaria

De adventu fratris mei M. Theodorici, de discessu alterius [4], tum
de statu rerum in hoc Archiducali collegio postremo egi fusius [5]. De
Polonico Collegio nihil nunc novi [6] Dominus gratia fidei sanctae
septentrionalem partem illustret, ac Ecclesiae restituat amen

Hoc ad extremum addam, me valde cupere, ut si nominis Iesu
singularis festivitas non alio die, quam Circumcisionis Domini videtur
observanda, saltem is ipse dies nos ad maiorem devotionem provocet,
quibusdam privilegiis Societati nostrae in hoc impetrandis auctus et
ornatus [7] Qua de re scriptum est a me alias

Soror novercae meae, quam habet matrem M. Theodoricus frater,
offert Societati domum non contempnendam Noviomagi, ut hospitium
sibi paratum illic habeant, quoties accedent, qui sunt huius nostri
instituti [8]. Virgo est senex et pia certe, cupitque responsum, ut in
alios pios usus domum hanc transferat, si oblatam recuset nostra
Societas Quare digna mihi videtur, cui vel per me vel per alios de
R. P. sententia mox rescribatur

---

di Cristo, e domandandogli la confermazione di 12 o 13 Vescovi cattolici e quali-
ficati che Lei ha presentato" (*Cartas* 1 c p 452)

[1] Iulius III a 1553 Hierosolymae, Constantinopoli, in insula Cypro Societatis
collegia condere statuerat, at eius morte aliisque rationibus in nihilum res recidit
(*Cartas* 1 c p 451 *Orlandinus* 1 c 1 13, n 1 *Stewart Rose*, St Ignatius
Loyola and the early Jesuits [London 1891] p 522—523 588—589)

[2] „Il collegio Germanico passera di 56 persone e di mano in mano si spera
l'aumento assentandosi ancora le cose temporali, e quelli che ci sono, fanno buonissimo frutto nelle lettere e danno buon esempio della vita sua" (*Cartas* 1 c
p 430—451)

[3] Epistula a Socio quodam ex Indiis missa typis exscripta erat anno 1553
(Cartas de *San Ignacio* IV, 8) Atque iam anno 1551 Coloniam allatos esse „libellos
quosdam impressos de rebus Societatis et de martyrio Patris Antonii" [Criminalis
in India occisi] nuper patefactum est litteris P Leonardi Kesselii, Coloniâ 31 Decembris 1551 ad S Ignatium datis, quae editae sunt in „*Litteris quadrimestribus*"
I, 462—464   [4] Ottonis Canisii   [5] Epistula illa non superest

[6] De hoc vide supra p 459—460

[7] In circumcisione domini „vocatum est nomen eius Jesus" (Luc 2, 21) Pio
Beati Petri desiderio plenissime satisfactum est nostro tempore per summum pontificem Leonem XIII, qui etiam 6 Decembris 1888 concessit, ut festum circumcisionis
domini (1 Ian) in universa Societate Iesu „sub ritu duplici primae classis" fiat,
et 12 Ianuarii 1886 indulgentiam plenariam fidelibus cunctis obtulit, qui, confessi
et sacra communione refecti, eo die vel uno ex septem proxime antecedentibus vel
subsequentibus ab ipsis eligendo quamlibet ecclesiam vel capellam Societatis adierint
ibique „secundum intentionem summi pontificis" oraverint Ac simili indulgentia
plenaria, petentibus Everardo Mercuriano et Francisco Retz praepositis generalibus,
idem festum ornaverant Gregorius XIII (7 Maii 1578) et Benedictus XIV
(6 Octobris 1750)

[8] Epistula illa sive oblatio virginis religiosissimae ponetur infra, monum 108

De profectione R P Lanoy et mea in Ungariam propter Synodum nihil dubito quin audieritis[1] Dominus illam bene vertat[!]

Habeo in mandatis a Rege nostro, ut ad R P Praepositum ipsius nomine mittam supplicationis formulam, ex qua intelligetur, quid sua Maiestas apud Sanctissimum impetrari velit coram per P Ignatium, ut cui hac in parte fidit magis, quam alii, etiam Legato suo[2] Agitur de hospitalium novorum erectione, cui causam praebuit testamentum relictum Caes Maximiliani clarae mem Confido, non difficulter exorari posse Pontificem, ut optimo Regi consentiat in his, quae contra nullius iuris dispositionem, et solum ad pias causas petuntur, sicut paulo post ex ipsis literis meis accipietis[3] Scribo ad R P Laynes, ut si per vos liceat, et Domini voluntas concedat, huc ad|vo]let aliquando Commendo me iterum atque iterum R P [T] precibus et sanctis sacrifitiis, atque pro Germania nostra solliciti in Domino esse pergatis rogo R P Olavum in Christo precor, ut mei opusculi quoque corrector accedat, neque ullo pacto condonet rudi authori, sive de stilo, sive de sensu agendum sit Quod offitium a R P T multo magis exopto et expecto · sed ut dixi, mora queso in remittendo sit quam minima, sic urgentibus me Regiis consiliariis

Viennae 8 Iunii 1554

R T servus Pet Canisius

---

[1] A 1553 archiepiscopus strigoniensis (Esztergom, Gran) et primas Hungariae creatus erat eximius vir Nicolaus Olahus (Oláh) qui disciplinam ecclesiasticam, quinque synodis habitis restituit et Societatis Iesu collegium anno 1561 Tyrnaviae constituit synodi ex proceribus ecclesiasticis et civilibus mixtae, quas „regias" appellarunt, Posoniae in Hungaria habitae sunt annis 1554 et 1555 De quibus *Ignatius comes de Batthyán*, episcopus Transsilvaniae, in „Legibus Ecclesiasticis regni Hungariae" I (Albae-Carolinae 1785), 622—624

[2] Didacus de Lasso is erat

[3] Ferdinandus litteris „in oppido Pardowicz" (Pardubitz in Bohemia) 21 Septembris 1554 datis Iulium III, ut Ignatio in eo negotio plene fideret, rogavit, seque ad testimonium Canisio suasore Romam mittere, eodem die Ignatio scripsit (Epistulae Ferdinandi sunt in *Actis Sanctorum* Iulii VII [Antverpiae 1731], 497, et in Cartas de *San Ignacio* IV, 530—531) Ex epistulis, quibus Ignatius postea regem et Canisium de hoc negotio eiusque progressu edocuit, intelligitur Ferdinandum, praeter alia haec petiisse ut monasteria quaedam deserta vel quasi deserta in usum octo valetudinariorum a se condendorum convertere posset, ut valetudinaria aliqua ex uno loco in alterum transferre posset ut indulgentiae quaedam valetudinariis illis concederentur (Cartas de *San Ignacio* IV, 483—484, V, 234—236) — Litteris autem Ferdinandi Vienna 4 Decembris 1554 ad Ignatium datis M Singkhmoser secretarius eodem die „postscriptum" addidit (nondum in lucem emissum), in quo dicit Regem testamento Maximiliani I caesaris ad duas ecclesias exstruendas obligari unam Oeniponte in honorem S Leopoldi austriaci, alteram Falcianae (Wels, Austriae superioris oppidum) Id autem difficile ac quasi supervacaneum fore, praesertim cum Ferdinandus Oeniponte ecclesiam collegium, valetudinarium aedificaturus sit Ideo regem ab Ignatio petere, ut id efficiat, ut pontifex ab ea testamenti parte se dispenset (Ex „commentario vel apographo, quod est Viennae in archivo aulae caesareae, „Nederösst Akten" fasc 4)

† Reverendo in Christo Patri meo M Polanco de Societate Jesu Romae.

S Ignatius ad haec respondit Roma 18 Augusti et 21 Novembris 1554

154.

CANISIUS

P. IOANNI DE POLANCO S. J.

Vienna 7 Iulii 1554

Ex apographo recenti, facto ex autographo

Usi sunt hac epistula *Sacchinus*, Can p 86, et *Boero*, Canisio p 109—110 Particulam eius proposuit *Germanus* 1 c p 304

Se e collegio archiducali liberatum esse De alumnis collegii germanici laba-censibus, „Directorio" Polanci, Theodorico Canisio, Laurio Consultationes fieri de Austria in fide conservanda Se ab episcopatu viennensi refugere Magistratus, etiam catholicos, in ecclesiae iurisdictionem et bona invadere Politei et alium haere-ticum pro merito castigatos non esse In universitate viennensi iuvenes perdi Luthe-ranismum in dies crescere Sacerdotes paucos esse et nonnumquam pessimos Con-silia petit

IESVS

Reverende in Christo pater gratia et pax divina nobiscum.

Postremis literis Catechismum nostrum adiunxi, quem bene cor-rectum iam expectamus avide, ut Regiae tandem voluntati fiat satis Dominus IESVS afflictum me febricula, brevi post liberavit; liberato addidit consolationem, ut Rex et primarii eius Consiliarij me fratribus restituerint, quod Medici admonerent, victum, quem in Archiducali Collegio sumebam, haud meae valetudini congruere [1] Christo summas ago gratias, quod tam commode illinc me traduxerit, id est, a tem-pestate ad portum, a foro ad templum, a mundo ad domum spiri-tualem, ab exteris ad domesticos, Patres et fratres Sed utinam diu liceat hanc retinere consolationem, non valetudinis dico, sed animae potius et quietis curandae causa. tantum enim ad tempus, quoad plene restitutus videar, hanc concessere gratiam emanendi, offitio Parentis, ut vocant, non liberaverunt [2]. Fiat autem voluntas domini et Prae-positi nostri Sic se habent res illius Collegij, ut fructum sperare exiguum liceat, quantumvis coram adsim et praesim Qua de re nuper a me plura, si meministis, scripta sunt

Postremae literae vestrae, quas accepi, eadem prorsus quae et priores nuntiant de alumnis Domini Labbaccensis Quoniam vero, ut scripsi, profectus est ad suos, neque cum illo postea licuit agere, nihil habeo quod respondeam aliud, quam satis illum videri admonitum, et utinam maiore cum fructu Nam suos ex Urbe revocare quamprimum

---

[1] Cf supra p 466

[2] V epistulam Canisii 16 Augusti 1554 datam

statuit, et iam opinor reversos excepit[1], quamquam grassante iam
peste non parum afflictum aiunt in suo Episcopatu M Hubertus,
quem hucusque fovit magistrum ludi, pestem fugiens, conditionem huc
manendi captat, et brevi ut audio consequutuius est. Igitur et ille
Viennae morabitur, sed utinam hoc fermento quod inter studiosos
tam late spargitur, non vitietur et ipse, quem sane catholicum huc
venisse sensi

Miramur toties promissa, nunquam allata esse opuscula de summa
Confessariorum Et scire velim, sint ne redditi Reverentiae vestrae
ducati duo, quos per Germanos adolescentes miseram nomine Reverendissimi Labbaccensis, ut exemplaria vestri operis acciperet[2] Si redditi
non sunt, bona fide mittendam curabo pecuniam aliam, rogo ut interim
libellos non paucos huc transmittatis

Commendamus vestris precibus in Christo causam Religionis A Rege
impetravimus, ut serio curet conferri bonorum consilia si quibus rationibus collabenti Religioni possit succurri[3] Igitur duobus Consiliarijs
bene Catholicis[4], tum Domino Lanoij[5] et mihi commissa est haec
consultatio, ut de Provintijs regijs in fide conservandis et instaurandis
agamus Dominus intelligentiae spiritum[6] addat[7]. De Viennensi
episcopatu renovavit mihi tristem memoriam Reverendissimus Nuntius[8],
falsum esse opto quod ex illius verbis suspicari cogor, et nuper ea
de re scripto egi cum Reverendo praeposito nostro[9]. Non sinet ille
Christi gratia favente, ut ex animo desidero, me miserum in tale pi-
strinum et Labyrinthum conijci: a dignitatibus liberet pauperes suos
dominus JESVS crucifixus

---

[1] S Ignatius Urbano Textori episcopo Bartholomaeum et Ioannem, „quamvis
provectiores in sacris litteris ac theologica doctrina remittere exoptaremus, tamen
ut morem geramus Tuae Dignitati Reverendissimae statim remittendos, impetrata a
Cardinale Protectore aegre facultate, curavimus“ (Cartas de *San Ignacio* IV, 462)
[2] Polanci „Directorium“ dicit Cf supra p 450
[3] Canisium id impetrasse *Succhinus* affirmat (Can p 95)
[4] Horum alter certe fuit Iacobus Ionas vicecancellarius, quem religionis vindicandae studiosissimum et piorum omnium patronum esse Canisius Polanco scribit
16 Augusti 1554
[5] P Nicolao Lanoio collegii viennensis rectori   [6] Eccli 39, 8 etc
[7] Sanctus etiam Ignatius huic consultationi multa subministravit consilia oppor
tuna, litteris 18 Augusti 1554 ad Canisium datis
[8] Iulius III litteris Roma 20 Novembris 1553 datis Ferdinando significaverat
se in vicem Martinengi nuntium mittere Zachariam Delfinum (Delfino), episcopum
electum „Pharensem“ (Lesina, insula dalmatica) et praelatum suum domesticum
(ex „litteris archetypis, quae sunt Viennae in archivo aulae caesareae, Romana 1553,
n 43) Delfinus id munus Viennae administravit annis 1553/54—1557 (aliqua a 1555
parte excepta) et 1560—1565 (*W E Schwarz*, Briefe und Akten zur Geschichte
Maximilians II 2 Th [Paderborn 1891], p xix)
[9] Ferdinandus litteris sub idem tempus et ad procuratorem suum romanum
et ad cardinalem Carpensem datis instanter egit, ut episcopatus viennensis Canisio
imponeretur Vide infra, monum 104

Frater meus M. Theodoricus valere se rectius quam in patria iudicat, confirmatque vires et instruit sese ad profectionem autumnalem [1]. Imbecillitas corporis fecit opinor, ut mihi non satisfacere possit in studijs, quae apud vos fortasse repetet commodissime: sic se dedit contemplativae vitae, ut vires pene amiserit in activa necessarias Sed vegetiorem reddet subsequens profectio, et quae apud vos accedet exercitatio corporis quotidiana [2], confirmabit hanc valetudinem mediocrem.

Quod scripsi et rogavi, ut R P Laijnez huc mitteretur, iterum ex animo precor, et iustas opinor ob causas, quae postremo ex parte sunt indicatae

Est adhuc ubi consilio vestro egeamus, praesertim ad causam religionis rectius promovendam Magna se nobis difficultas offert, cum videmus, quibuscum de Christi et Ecclesiae negotio sit nobis agendum, cum illis scilicet, qui ut authoritate maxime valent, et religionis fautores videntur atque propugnatores primarij, ita nobis minime satisfaciunt. Primum enim fatentur, et Rex ipse non nescit, contra iuris communem dispositionem esse, magnoque cum conscientiae periculo fieri, quod ita se tueantur praescriptione temporis, et consuetudine priorum Archiducum inveterata contra libertatem et iurisdictionem ecclesiasticam Igitur pergunt in foro civili de rebus et causis Ecclesiasticorum cognoscere, Ecclesijs gravia, fortassis et iniqua onera imponere [3], licet iam saepe ac multum reclament quidam Ecclesiarum Episcopi Hinc iam emergit quaestio duplex. Una, quo pacto reformandus hic abusus, qui utinam non sit communis apud principes Germaniae Altera, quomodo tractandi in foro interiori tales consiliarij et iudices, qui fatentur in confessione, quod iuxta receptam consuetudinem et commissionem sibi a principe suo factam procedant contra immunitatem, libertatem et iurisdictionem ecclesiasticam? Cognoscunt enim et iudicant, ut alij assessores, tum de rebus, tum de personis ecclesiasticis, quamvis sint laici, ita ut quae ad forum ecclesiasticum referri solent, ad suum tribunal revocent, ipsosque Praelatos coram se respondere faciant· sic enim usu receptum esse aiunt in Austria etc. De his igitur, quid pro huius loci ac temporis ratione faciundum sit maxime, gratissimum feceris, si scripseris enucleate.

Secunda difficultas, quae nos haud parum affligit, ea est, quod contra haereticos quamvis apertos, etiam Anabaptistas, qui a nobis examinati sunt, nulla instituatur saeveritas. Multis modis obstinationem suam declaravit Professor publicus, quem antea scripsi in

---

[1] Romam petiturus erat V supra p 466
[2] Societatis scholastici et magis etiam novicii in culina et in refectorio ministrant, domus cubicula verrunt etc, humilitatis exercendae causa
[3] Haec confirmantur et illustrantur iis, quae narrant *Bucholtz* l c VIII, 142—176, *Wiedemann* l c I, 109—117, *Janssen* IV, 157—162

vincula coniectum fuisse[1] Toties admonitus perstitit in gravissimis
erroribus, quos etiam scripto comprobavit, et nos a Regio Senatu iussi
censuram obtulimus, ut haereticus esse ab omnibus intelligeretur et
crederetur Quid tum postea? Unus et alter censuit perpetuis carceribus hominem esse mancipandum sed ea sententia demum lata
fuit, ut abiret e ditione Regia. Sic aperitur fenestra, ut multos
veneno doctrinae inficiat, quemadmodum aeque clementer actum est
cum insigni haeresiarcha, qui non solum huc venit, sed etiam Regi
obtrusit libellos suos horrendis blasphemijs vitiatos, et qui divinas sibi
factas revelationes velut Joannes alter esset, palam iactavit[2]. Crescit
interim, ut sentimus, haec maledicta lues tum inter professores, tum
inter studiosos mirum in modum, ut academia nostra videatur monstra
et impietates alere, iuventutem non sanare, sed perdere Studiose
queruntur, magnisque donantur stipendijs non uno in loco Austriae,
qui maxime videntur Evangelici, hoc est, Lutherani, quorum libros esse
infinitos tum in civitatibus, tum in pagis affirmare possum[3] Magistratus aperte favent, sicut et vulgus, novae sectae: audent a Rege
audacter petere communionem sub utraque[4], ea si negetur, seditionem
vitari vix posse simulant et scribunt Catholicorum interim sacerdotum summa ubique penuria, et hinc metus augetur Episcopis, qui
uxoratos sacerdotes et apostatas ferre malunt in Ecclesijs, quam eas
omni privare ministerio ecclesiastico[5]. Igitur neque principes, neque
praelati audent moliri palam, quod tanta cum laude tentavit ac forte
perfecit Angliae mutanda Regina[6]: et quo diutius dormiunt, dormiendo-

---

[1] Nicolaus Polites, cf supra p 462[1]
[2] Rupertus de Mosham (Mosheim) significari videtur, qui a 1522—1539 ecclesiae cathedralis passaviensis decanus fuit Is a Deo se missum iactabat ad novam
quandam ecclesiam condendam, quae neque romana neque lutherana neque ana-
baptistica, neque etiam zwinglana, sed „plane christiana, apostolica et evangelica"
esset, summum pontificem in numero antichristorum habebat Anno 1537 Pragae
Ferdinando et Viennae Ioanni Morono pontificis nuntio tres libellos suos praelegit
(„Informatio", „Antichristiana", „Antibulla") in ecclesiam romanam valde con-
tumeliosos, quos „non suo sed digito Dei conscriptos" dicebat Anno demum 1542
captus est et circiter a 1543 in carcere mortuus
[3] Polancus comiti de Melito Roma 21 Iulii 1554 scribit „En feria publica
que se hacia en Viena se hicieron tomar todos los libros hereticos" (Cartas de
San Ignacio IV, 23)
[4] Communionem sub utraque specie a Ferdinando petierunt tres „status", quos
vocabant, ducatus Austriae superioris 11 Iunii 1554, duo status Austriae inferioris
anno 1555 (Bucholtz I c VIII, 195—197 G E Waldau, Geschichte der Protestanten in Oestreich I [Anspach 1784]. 117—118)
[5] Contra hac de re caput illud historiae germanicae a J Janssen editae, quod
inscriptum est „Die religiös sittliche Verwirrung in Oesterreich" (I c IV, 96—105)
[6] Maria „catholica" eo regni sui initio Anglos non minus fortiter quam suaviter et prudenter ad ecclesiam catholicam reducere conabatur ([Ch Dodd], The
Church History of England I [Brussels 1737], 446—447 I Lingard, History of
England New ed Vol VII [London 1844], ch 2, p 154—111 Ath Zimmermann S J,
Maria die katholische [Freiburg i Br 1890] p 47—59)

que perdunt reliquias istas Israelis[1], eo magis in peius proficiunt mali, sacra nobis omnia contaminant, breviter, quod lubet, hoc licet credere Pluribus fortasse quam opus erat, haec persequor, sed monstranda est nostrorum hominum deploranda segnities, negligentia intolerabilis, et tot millium animarum, quae hinc subsequitur, perditio Videat igitur, et in medium quoque consulat Reverentia tua, quid nos citra subsidium magistratuum in tanta licentia deceat agere, quo pacto item praecaveri queat extrema Religionis devastatio, quae hijs [sic] imminet provintijs Dominus IESVS Germaniam tot modis afflictam respiciat tandem, avertat maledictionem, et impertiat benedictionem tum seductis tum seductoribus istis, accipiat pro nobis vestra sacrifitia et spectet desideria sancta, communiaque merita electorum omnium. Orate pro nobis Dominum, et fratres in Christo salutentur quam amantissime Viennae 7 Julij anno 1554

Servus in Christo indignus Canisius

† Reverendo in Christo patri, M. Ioanni Polanco de societate JESV Theologo singulari Romae

155.

SOCII QUIDAM ROMANI

CANISIO

Roma sub medium mensem Iulium 1554.

Ex *Sacchino, De vita Canisii p 89—90*

Canisius ineunte Iunio priorem partem catechismi sui Romam miserat recognoscendam et corrigendam „Respondere Romani Patres res, dispositionem, elocutionem, iudicium, denique cuncta plene probantes adfuisse et in labore illo propitium Deum, et idem placeret pardei, ac prodesset [2]

Ex epistula Canisii, 16 Augusti 1554 ad Polancum data, certo constat catechismum Romae recognitum esse a P Andrea Frusio, rectore collegii germanici, et P. Martino Olavio, collegii romani rectore et theologiae professore Eadem epistula verisimillimum redditur Polancum quoque et Iacobum Lainium, qui tunc per Italiam praepositi provincialis munus gerebat, suas addidisse censuras Ac Lainium id praestitisse certum redditur epistula, quam Canisius ineunte a 1557 ad eum dedit[3] Atque hos quattuor singillatim Canisio scripsisse eadem epistula demonstrat Sacchinus Polanci epistulam proxime secutus esse videtur, quam fortasse in eiusdem epistularum registro invenerat Quando autem epistulae censorum una cum ipso catechismo Viennam missae sint, litteris ostenditur, quae Roma 19 Iulii 1554 Ignatii nomine Viennam missae sunt ad Matthiam[4] de Taxis, Ferdinandi I

---

[1] 2 Par 34, 9 21 Mich 2, 12 etc

[2] Attamen paucula saltem a censoribus notata esse ex ipsius Canisii litteris, quas subiciemus, apparet

[3] Canisius in hac *epistula (quam in secundo volumine ponam) de catechismo hoc scribens „Io mi ricordo," inquit, „adesso delle censure di V R "

[4] Non „Matthacum" nec „Maffacum" „Matthias de Taxis, veredariorum seu postarum magister" *Nicolaus Mameranus* in „Catalogo familiae totius aulae Cae-

„post uum magistrum", in quibus scribitui „Questi giorni passati abbiamo ricevuto una lettera della Maesta Regia ed un certo trattato che li Nostri facessero per sua commissione Qui si manda risposta di detta lettera, e si rimanda il trattato sopradetto visto qui in Roma " [1]

156.

CANISIUS

P. IOANNI DE POLANCO S. J.

Vienna 16 Augusti 1551

Ex apographo recenti, descripto ex autographo

Apographum, saeculo XVII (ut videtur) factum, exstat in cod monac „Lat 1606" f 133ª—135ª In autem loci in eo omissi sunt „Ad aedium in patria — litterae vestrae", „De reddenda pecunia — colit nec immerito"

Aliquas epistulae partes proponunt latinas *Python* 1 c p 88 96—97, italice versas *Boero*, Canisio p 110 115 116, germanice *Riess* 1 c p 124—125 120 et *editor* in „Katechismen" etc p 22—23, gallice *I M S Dominguac*, Histone du Bienheureux Pierre Canisius (Paris 1866) p 121—122

Se partem catechismi cum adnotationibus censorum accepisse Cur alteram partem non mittat corrigendam nec nomen suum operi apponat Laininum in Germaniam multi cupit Episcoporum tratislariensem per Staphylum urgere, ut Nissae collegium Societatis institutur In Silesia quam iniqua fortuna ecclesia utatur Collegium viennense a rege dotatum esse Ionam vicecancellarium laudat, qui meritorum Societatis particeps reddi velit Libri regi promissi ut perficiantur urget De domo Neomagi oblata, episcopo labacensi, Theodorico fratre Ingolstadii Socios „cooperari" debere, non praeesse Se episcopatum viennensem, quem sibi obtrudere velint, reformidare

IESVS

Reverende semper in Christo pater, mihi amande plurimum

Sit nobiscum Christi gratia, et summis nos bonis augeat Catechismum una cum literis accepi, et annotationes [2] Laus Christo, qui charitatem vestram in tantis occupationibus ad humilia isthaec studia et figmenta nostra censenda protendit Reliqua lubenter mitterem. nisi ad praelum post longam expectationem urgerent isti, ut haud sit facile tarditatem excusare nostram Deinde RR Patres, qui suas mihi operas ad indicandum et corrigendum pollicentur, eam negotiorum vestrorum praesentem molem esse testantur, ut non expediat vos hac libelli causa molestari saepius Igitur quod per vos licere confidimus, praelo subjiciemus quae vidistis, et item posteriora, quando festinant tantopere· vestrisque tum precibus, tum sacrifitiis ad deum fusis successum omnem committemus Faxit clementissimus dominus, ut liber cum utilitate aliqua perveniat ad has provintias tot modis in Religione corruptissimas

suc ii ' Coloniae a 1550 edito (*I Rabeam*, Johann Baptista von Taxis [Freiburg i Br 1880] p 17²)
    [1] Cartas de *San Ignacio* IV, 468 Polancum haec scripsisse certum fere est
    [2] supra p 481

Quod sciibitis, in praefatione nomen authoris addi posse, nos re diligenter excussa[a], et cum Cancellario Regis[1] collata iudicavimus, quandoquidem unius authoritas nec apud omnes, nec apud istos praecipue tanti valet[b], divinae gloriae et communi multorum utilitati magis servire posse suppiessum nomen[c] authoris, ut liber eo maiorem inveniat fidem, quo a pluribus et me doctioribus atque praestantioribus[d] esse conscriptus atque confectus videbitur[2] Ita foitassis et Regis honori, ne ex uno pendere dicatur, erit prospectum magis Quaie novam Cancellarius addit praefationem, nomine Regiae Maiestatis[3] Reverendo D. Frusio giatias ago, quod suam addere censuram non giavetur, sicut et R P. Olavo, quos ambos in Chiisto reverenter saluto, et ex animo colo Reverendo P Laijnez proprijs respondebo literis, sed parum consolationis et spei additis de illius ad nos tam exoptato, quam ut putamus, fructuoso adventu Quaie iterum oro maiorem in modum, ut si per occasionem ullam liceat, R. P Praepositus hac nos gratia dignetur, et per optimum Visitatorem benedicat aliquando non nobis tantum, sed futuris etiam in vicinia Collegijs, quae procul dubio quamprimum foelicem habere progressum queant, si vel paucos huc transmitteretis

Cui rei inditio esse potest quod scripsi nuper de Strigoniensi Archiepiscopo[4], et quod postea mihi usuvenit cum Episcopo Wratislaviensi in Slesia[5], quae insignis provintia multos habet duces Regique nostro tota paret, inter Austriam et Saxoniam media, tum finitima Poloniae, Boemiae, Moiaviae Hic episcopus et apud Regem, et apud Reverendissimum D. Nuntium egit per Legatum mihi charissimum[6], urgetque causam hanc diligenter, ut e nostris habeat collegium in-

---

[a] discussa *Pyth*   [b] est *Pyth*
[c] et multorum utilitati seivire posse, suppresso nomine *Pyth*
[d] *Python hoc iocabulum et id, quod antecedit, omittit*

---

[1] Iacobum Ionam significat, paulo enim infia scribit „Quoniam veio in Cancellarij mentionem incidi (D Doctoiem Jacobum Jonam cum vocant)" etc Erat is viceecancellarius consilii aulici (Hofiath) atque etiam „cancellaiius aulicus" (Hofkanzler) dicebatui, quoniam veium cancellariium illius consilii Ferdinandus inde ab a 1538 non habebat (*Alf Huber* 1 c IV, 213)

[2] Reapse doctissimi viri Fiusius, Olavius, Polancus, Lainius Canisium, recognoscendo saltem et corrigendo, adiuveiant Atque etiam commentarius P Claudii Iaii usus erat Cf supra p 416

[3] Hanc vide infra, monum 100   [4] Cf supia p 467 476

[5] Dioecesim vratislaviensem (Breslau) tunc iegebat Balthasai a Piomnitz (1539—1562), de quo *Mich Jos Fibiger* (Das in Schlesien gewaltthitig eingeiissene Lutheithum, 2 Th [Breslau 1723], p 146--219) *Aug Kastnei* (Beitiage zur Geschichte des Bisthums Breslau von 1500 bis 1655, in „Archiv fur die Geschichte des Bisthums Breslau" I [Neisse 1858], 78—90) *Joh Soffnei* (Geschichte dei Reformation in Schlesien [Breslau 1887] p 374—380)

[6] Ex epistula ad Hosium data, quae his litteris (p 487) subicietui, conici merito potest ab episcopo missum esse doctissimum viium Fridericum Staphylum qui paulo ante ex Lutheiamismo ad catholicam ecclesiam iedieirat

31 *

tegrum, id est. decem personarum, quibus concedere cupit scholam novam Nissensem, a se iam recens institutam, ut Catholice iuventus instituatur. et gratis doceantur quotquot e Slesia pueri accesserint[1] Nissa post Wratislaviam praecipuum est Episcopi huius oppidum, ubi fere degit idem Episcopus, dives et potens ut reliqui Germaniae praesules. Legatus hoc a me contendebat, ut saltem duo e nostris mitterentur Germani, et cum his reliqui inferioris Germaniae homines. nam Italos et Hispanos, ut in illa provintia, non esse valde gratos populo. Miserandum sane. (ut nihil hic taceam), quam sit corruptus Religionis status in Slesia, ubi non plebaei modo, sed etiam infames prorsus, adeoque Carnifices publice et grati suis concionantur Wratislavia, quae Cathedralem sedem tenet, vel invito Rege docet ac profitetur aperte Lutheranismum Nobiles et cives totius Slesiae Clerum, si usquam alibi. non parum offendunt et exercent affliguntque, ut etiam Episcopus se tueri satis non possit adversus oppressores iurisdictionis Ecclesiasticae. Flammam auget vicina Saxoniae scholae pestis, atque ita nunc studiosis abbundat [sic] Babilonica Vittenberga, mater et Regina novarum factionum omnium in Religione. ut antea nunquam Sed enim eo alacrius ad restinguendum ignem nostri accurrent spero, maioremque sibi coronam ibi propositam ducent. ubi propius cum hoste non simplici congrediendum erit Hoc unum peto a Domino Jesu, ut sicut multos dedit angelos Indiae, Hispaniae, Siciliae etc. nostrae quoque Germaniae non paucos conferat, et eos praesertim Romae faciat apud vos efficaces ad promovendam Ecclesiae causam in Septentrione et Aquilone, unde panditur omne malum[2] De qua Episcopi causa scribam alias plura nam ille ipse cum Rege aget coram post paucos dies Pragae eo autem hodie Rex profectus est. non ita brevi, ut putant, huc rediturus e Boemia

Ante discessum suum Rex nobis per Cancellarium indicavit ante multos quidem menses iniunctum fuisse suis procuratoribus, ut ex aerario publico certos et perpetuos proventus deputarent et resignarent nostro Collegio[3]. singulis autem, ut vocant, angariis[4]. pecuniam per partes nobis esse suppeditandam Jam cum expeditum hoc non esset. semel atque iterum iussit per eundem Cancellarium, curarent prorsus iidem procuratores, ut proventus integri cum liberae donationis literis ad nos pervenirent. atque ita dotatum esset Collegium perpetuis temporibus Quantam vero summam pecuniae proventus efficiant (abunde sat esse 30 personis hic fovendis non dubitamus) paulo post

---

[1] scholam hanc nissensem (Neisse, nunc in Silesia borussica) episcopi mandato staphylus instituerat
[2] Io 1, 14
[3] Cf litteras Ian Vienna 16 Decembris 1551 Ignatio inscriptas (Borro, Iano p 197)
[4] „Angariae" (Cinerum, Pentecostes Crucis post Luciae) vocabantur. quae nos dicimus „quattuor tempora"

certius intelligemus atque perscribemus[1]. Quoniam vero in Cancellarij
mentionem incidi (D Doctorem Jacobum Jonam eum vocant), hoc sciat
velim prudentia tua, virum esse primae et summae authoritatis apud
Regem, in vindicanda Religione nobis valde faventem, piorum omnium
et Religiosorum fratrum Patronum singularem, qui deinde quanti nos
faciat, quam sedulo nostra curet ac promoveat collegium isthuc, cum
parem habeamus neminem, haud facile dixerim   Rogat autem a R. P.
Praeposito, sicut in postremo colloquio exposuit mihi, ut meritorum
quae Societati donat immensa bonitas, et ipse particeps fiat, habeat-
que participationis illius testes literas[2]. Ego nil dubito, quin optime
collocatum hoc in eum benefitium esse possit, neque ullum e Germanis
novi, per quem ad promovendam Religionem acturi melius videamur

Literis vestris, quae promittunt opus illud Theologicum, Rex fuit
exhilaratus[3], cupitque vestro iuditio et arbitrio absolvi has partes,
tum pro sacerdotibus et Clericis, tum pro doctis et studiosis Theologicae facultatis tam Viennensis, quam Friburgensis[4]   Utriumque
Gymnasium Viennae et Friburgi Rex gubernat, et Catholice prorsus
docen vellet   Quare R P Praepositum rogo, ut quantum opus est
otij et temporis, habeant R R Patres D Laynez et D Frusius ad
conscribendum librum utrumque, ut saltem circa sequentis anni principium pro Xenijs haec sancta Regi donaria offerantur, et coelesti
Regi pro Magorum muneribus nuncupentur et consecrentur.

Ad aedium in patria mea donationem venio, quam ego non magni
faciendam arbitror, partim quod amici reliqui videantur valde recla-
maturi. si sentiant factum, multo magis, si exequutione ipsa damnum
illatum sibi percipiant, partim quod mentem donantis eo spectare
putem, ut adsint perpetui saltem duo aut tres inhabitatores, qui prosint in spiritu Noviomagensibus. Vidi et audio, haeredes permoleste
ferre, si quicquam adimatur bonis huiusmodi, praetendunt suarum
proliom multitudinem, etc. Taceo, nos in suspitionem avaritiae posse
hinc incidere, praesertim apud eos, qui non optime vel sentiunt. vel
intelligunt de rebus Societatis   Scribendum tamen curavi ad dona-
tricem, ut seipsam explicet magis, quo nempe animo donet, quid offitij

---

[1] Ferdinandus I 1 Iulii 1554 decreto subscripserat, quo 1200 florem ihenenses
annui e vectigalibus linciensibus collegio viennensi attribuebantur (Socher 1 c p 48)

[2] Ab antiquis ecclesiae temporibus hoc fiebat, ut monachi laicos pios et in se
beneficos ad specialem quandam „familiaritatem" admitterent, precum et sacrificiorum
suorum peculiari modo eos participes redderent, nomina eorum in „libro vitae" monasterii inscriberent (Ad Ebner , Die klosterlichen Gebets-Verbruderungen bis zum
Ausgange des karolingischen Zeitalters [Regensburg 1890] p 20—27 57—64)

[3] Hae litterae usque adhuc editae non sunt   Comiti melitensi Polancus 21 Iulii
1554 scripsit theologicam illam summam Florentiae a Laino, sacerdotalem institutionem Romae ab Andrea Frusio conscribi (Cartas de San Ignacio IV, 236)   At
neuter opus absolvit, nam Frusio vitae finis, Laino generalatus Societatis intervenit

[4] Universitatem dicit, quae Friburgi Brisgoviae (Freiburg im Breisgau, nunc
magni ducatus badensis) hodie quoque exstat

vel oneris adiunctum nostris velit, sicut recte admonent literae
vestrae [1]

De Reverendissimo domino Labbaccensi, qui cum Joanne suo huc
rediit, et alibi Bartholomeum ut in concionando se exerceret reliquit,
hoc unum dicam, nihil illum a nobis iam alienum videri, et R P.
Ignatij quas accepit, literis, delectari [2] De reddenda pecunia post agam
cum illo commodius [3], ac de alijs itidem, sicut ad me perscriptum est.
Nam semel atque iterum licuit cum illo hucusque congredi, nunc post
Regis abitum saepius licebit   Quamquam miror sic meas intelligi
literas, perinde ac idem Episcopus vobis esset valde conciliandus, et
meis verbis factus alienior   Sic R P. Fusius agere videtur in literis,
quasi non vera essent, quae prius ego admonui bonum senem, cui
condonandum est, si ad tempus non optime consulat omnia: modo
fidorum interim amicorum praestetur offitium vera et sana dicendo.
Sed ille nos quidem amat, ac vos colit, nec immerito

Gaudeo vos favere ac studere Duci Bavariae [4], nec dubito, quin
reversus ad Principem suum Secretarius [5], ut est vir bonus et amicus
noster, sit promoturus etiam causam Ingolstadiensis Collegij [6] Difficile
interim mihi videtur, quacumque ratione persuadere Regi nostro, ut
sinat hinc abire quemquam, nec volet opinor, Dux a Rege quicquam
tale postulare   Non probo quod professores tam multos dux petat e
nostris velut ex professo velit in nostros reijcere communia munia
professorum, cum aliud sit cooperari et adiungi, aliud praefici et mode-
rari, illud in nostris ferrem, hoc absolute non susciperem [7]. Dominus

---

[1] Noviomagus et illo et XVII et XVIII saeculis domo Societatis caruit.
Ceterum vide, quae infra dicentur ad epistulam Canisii 23 Maii 1555 datam

[2] Hae litterae sunt in Cartas de *San Ignacio* IV, 462—463 201—205

[3] Haec pecunia Romae a S Ignatio nepotibus episcopi mutua data erat
(*Cartas* I c)

[4] Cf supra p 429 453   [5] Henricus Schweicker

[6] S Ignatius Roma 4 Iulii 1554 Alberto V Bavariae duci scribit   „Quod ad
nostros Theologos attinet ab Ingolstadiensi Academia ad Viennensem translatos ad
tempus,   ad eos, vel alterum eorum Ingolstadium revocandum, quomodo cum
Regia maiestate agendum sit, cum Secretario Vestrae Excellentiae contulimus "
Alios professores modo quidem Romae non suppetere, sed post duos annos mitti
posse   Ac quoniam ex secretario intellexerit ducem seminarium clericorum, quod collegii germanici simile sit, „sancto sane et pernecessario consilio moliri", se eiusdem
collegii constitutiones duci mittere   Eidem „de Collegio Societati nostrae Ingolstadii
magnifice erigi coepto" gratulatur   Integra epistula ex ignatiana „collectione Romana" primum in lucem emissa est in „Cartas de *San Ignacio*" IV, 465—467
210—213   Cf J Cordara S J, Collegii Germanici et Hungarici Historia (Romae
1770) p 16   Polancus comiti melitensi Roma 21 Iulii 1554 scripsit „El Duque
de Baviera   tiene ya comenzado a edificar un Colegio que para treinta quiere
dotar, como dice su letra en parte, y en parte su Secretario   Y a par de Colegio
para la Compañia nuestra hace diseño de otro como el Germanico de Roma, para
que los nuestros como en Roma puedan tener cargo de el" (*Cartas* I c p 233)

[7] Hanc sententiam cum Polancus improbasset, Canisius litteris 26 Octobris
1554 datis confirmavit et defendit

IESVS Bavaricam messem novis instruat operaiijs, ut illam nobilem Germaniae partem Ecclesiae servet ac tueatur

Frater meus carne et spiritu M. Theodoricus brevi, ut speramus, iter ad vos ingredietur De conterraneis, quia obscure scribitur, vellem apertius nosse, quid ex illis fructus collegerit D Leonardus[1]. Certe huius literae ad nos minime perveniunt, etsi desideratae

Misi quae R P Ignatius expediet pro Serenissimo Rege[2] Quod ad miserum Episcopatum attinet, non possum non in anxia esse expectatione, cum audiam, literas a Rege simul et Legato Pontificis mitti serias, quibus cogar onus subire[a] miserrimum ex Pontificis authoritate. Qua de re nihil mecum actum est, sed ita retulit qui scripsit nomine Regis eadem in causa[b] ad Cardinales nonnullos. Jamque fiduciam impetrandi conceperunt, qui ordiuntur hanc telam nescio qui. nisi quod ex suspitione mihi subolet nonnihil de quibusdam non huc infimis[c] Utut sit, polliceor R. P. V. septem Missas in honorem Sanctissimi Spiritus, quamprimum nuntiarit conatus istorum in nihilum recidisse Si secus eveniet, certo deum peccatis meis implacabiliter velut iratum tota vita merito reformidabo. Non licet plura subijcere, quia literae obsignantur et fastidiose prolixus fui. Sanctis precibus omnium fratrum et me, et statum istarum provintiarum commendo maxime, tuis vero sacrifitijs iuvari peto summopere. Rex ut cum nostris vivam, a Medico suo persuasus, voluit, meque consortio Collegarum penitus liberavit[3], etsi non rogarem, laus deo semper, qui suae nos gloriae servos habeat atque promotores

Raptim 16 Augusti 1554

Indignus filius Petrus Canisius

Reverendo in Christo Patri M Joanni Polanco de Societate IESV.

Ad ea, quae Canisius de rebus Silesiae hic scripsit, melius intellegenda litterae conferunt, quas *Fridericus Staphylus* Nissa 16 Februarii 1555 ad Stanislaum Hosium episcopum varmiensem dedit In quibus Staphylus scribit „Fui hortator, ut colonia quaedam Iesuitarum in Silesiam duceretur, at nihil adhuc persuasi Nuper cum essem Viennae, inspexi illius Societatis instituta ac mores Quid multa dicam? nihil profecto ad resuscitandum seminarium ecclesiae potuisset excogitari melius, nihil salutarius Sunt enim homines isti ad docendum instructi, ad morum commendationem eruditi, ad resistendum paratissimi Rex noster illos paene loco fratrium diligit Quod cum antea saepius, tum nuper declaravit designato Petro Canisio episcopo Vienensi Etenim is vir ut doctissimus est, ita et vitae sanctitate illustris, ut non solum doctrina ecclesiam possit, sed vitae exemplo etiam iuvare infirmiores Utor illo admodum familiari Et quoniam cum tui mentio incidisset — scilicet talis,

[a] sustinere *Pyth* [b] *Pyth* om eadem in causa
[c] *Verba* nisi quod — infimis *a Pyth omittuntur*

[1] Quam praeclaros pietatis fructus quamque bonam spem Societatis Neomagum introduceudae P Leonardus Kessel anno 1554 in ea civitate ceperit, exposuit *Reiffenberg* l c p 45 [2] Cf supra p 476
[3] Collegium archiducale significat, cf supra p 477

qualis deceat Osium — dixi me ad te scribere solitum, hinc ille nactus occasionem
rogavit, ut se tibi litteris meis commendarem Ego vero, qui ipsemet apud te egeam
commendatione, nihil aliud recepi, nisi sui mentionem apud te Hoc addiderim si
in aula hac nostra forte quempiam προϊξενον desiderares, te fideliorem aptioremque
habiturum esse neminem   Mitto tibi libellum calendarium, mihi missum a
D Canisio. quem oro tua Celsitas boni consulat loco strenae pauperis * [1]

157.
SANCTUS IGNATIUS
CANISIO.

Roma 18 Augusti 1551

Ex opere „Cartas de San Ignacio‘ IV, 470—476 (cf ibidem p 283—292), in
quod epistula haec transcripta est ex „collectione romana“ epistularum S Ignatii
quae antea in domo professa S J romana asservabantur (Cartas IV, 283, cf ibidem
I, v—vi) Editor hispanus certe ante oculos non habuit archetypum, sed commentarium vel apographum eiusdem temporis, cui adnotatum est „IHESVS R P
Doctori Petro Canisio Viennam “

Usi sunt hac epistula Card Steinhuber 1 c I, 28 et Gothein 1 c p 731—734

Quibus rationibus religio catholica in provinciis Ferdinandi regis instaurari
et conservari possit Praemonet disquisitioni adiungendam esse exsecutionem, et ea
tantum regi esse proponenda, quae hominum et locorum dispositioni congruere videantur
Neminem haereticum tolerandum esse inter consiliarios regios, magistratus, magistros,
scholasticos Haereticorum libros omnes excludendos Pastores pravos vel inscios
a cura animarum arcendos Haereticis cunctis absolutionem offerendam, si resipiscere
velint, secus eos honoribus privandos, et aliquos fortasse morte, exsilio etc multandos
At „inquisitionis“ institutionem Germanos vix ferre posse Iis in quibusdam rebus
fortasse connivere posse Interdicendum, ne haeretici appellentur „evangelici‘ Catho-
licos tantum ad publica munera promovendos Bonos episcopos, et contionatores,
qui per pagos discurrant, quaerendos Commendat scientiae tentamina, fidei pro-
fessionem, censuram librorum, enchiridia parochorum et theologiae studiosorum,
catechismum, seminaria clericorum, collegium germanicum, nobilium puerorum con-
tubernia

IHESVS

Gratia et amor aeternus, etc Intelleximus quod V R suis litteris 7 et 17 Julii scriptis pia sollicitudine requirebat, nimirum ut
quod prodesse plurimum posse existimaremus ad Regiae Maiestatis
provincias in fide catholica retinendas, et religionem in eis, ubi collapsa est, instaurandam, et ubi nutat, fulciendam, scriberemus Quam
in rem eo diligentius incumbendum esse videbatur, quod vere christianus Principis animus, ut ad consilia conferenda, sic ad ea exequenda
bene dispositus judicatur, alioqui si diligenti disquisitioni strenua
executio defuerit, potius deridendi nostri conatus, quam ullum operae
pretium habituri essent Ex his autem, quae hic scribentur, vestrae
prudentiae erit videre quaenam Regiae Majestati proponenda sint ut

---

[1] Epistula Staphyli integra ex autographo primum edita est in *Hosii Epistolis*
II, 511—512

enim omnia perutilia fore videntui, si omnibus locum relinqueret loci,
temporis, et personarum dispositio; ita quaedam ex his subtrahi posse
fortasse necessarium est, ob contraiiam regionum aut hominum, quibuscum agendum est, dispositionem; ideo P Rectori [1] et R. Vestrae
haec scripta esse praemonendum fuit, ut habito delectu, R V. quod
ad rem facere judicabit, caeteris omissis, adnotet   Quid alii nonnulli
ex gravibus theologis nostrae Societatis sentiant hac de re, qui et
doctrina, et iudicio, et eximio charitatis affectu in Germaniam piro-
pensi sunt, brevi vos admonendos curabo [2]

Ut igitur in adversa corporum valetudine prius ea, quae morbum
efficiunt, removeri, deinde quae ad vires et bonam habitudinem confirmandam faciunt, admoveri oportet, ita in hac animorum peste in
Regiis provinciis per varias haereses giassante, prius videndum est
quomodo quae ejus causae sunt, excidantui. deinde quomodo catholicae et sanae doctrinae vigor iisdem restitui, et in eis confirmaii possit.

Et quam brevissime nudas fere conclusiones brevitatis gratia
constituam. nam quibus rationibus in singulis adducamur, videre cui-
vis oculato facile eiit

Primum omnium, si Regia Majestas non solum catholicum, ut
semper fecit, sed infestum omnino haeresum inimicum se esse profiteretur, et omnibus erroribus haereticis manifestum et non occultum
bellum indiceret, praesentissimum et summum ex humanis iemediis
fore haud dubie videtur

Alterum ex hoc sequeretur maximi momenti: si in consilio suo
Regio haereticum nullum patiatur, nedum hujusmodi homines magni
facere videatur, quorum consilia vel aperte vel occulte eo tandem
tendere credendum est, ut foveant et nutiiant haereticam, qua imbuti
sunt, pravitatem [3]

---

[1] P Nicolaus Lanoius collegii viennensis rectoi eiat
[2] Dubitari vix potest, quin Ignatius postea responsum illud sive sententiam
italice scriptam Canisio mittendam curaverit, quae primum edita est in „Cartas de
San Iynacio“ IV, 480—483 (cf p 354—358)   Quae hic non ponitur, quia neque
soli Canisio, neque etiam soli Germaniae destinata est   nam Galliae quoque bis in
ea fit mentio   Praecipua eius capita haec sunt   Catholici protestantes imitari
debent, qui doctrinam suam per scholas atque libellos longe lateque diffundunt
Praeter theologicam igitur institutionem longiorem et subtiliorem brevior quaedam
et simplicior fiat, ut multi ministri sacii brevi praesto sint   Pueii et rudes elementa fidei diligenter edoceantui   In collegiis hoia aliqua scholis vacante superiorum
scholaium discipulis summaria quaedam theologia explicaii posset, ut fidem defendere
et errores refellere possent, quam explicationem etiam sacerdotes et scholastici
exteini audire possent   Multa collegia vel saltem minoies Sociorum domus con-
dendae   Scholastici dominicis diebus in pagos vicinos ad catechismum exponendum
mitteudi   Breves aliquot et perspicuae fidei apologiae a Sociis conscribendae et in
vulgus spargendae
[3] Viennae intei consiliaiios Ferdinandi — ut unum afteiam exemplum — tunc
eiat Caspar a Nydpruck lutheranus, qui Flacio Illyrico, „Centuiias magdebuigenses“
paranti, magno studio adfuit et in Canisium exteinos quoque, litteris datis, incitavit

Praeterea, summopere conferret, si in gubernatione, praesertim suprema, provinciae aut loci ullius nullum haeresi infectum manere permitteret, neque in magistratibus ullis vel dignitatis gradibus

Denique, utinam contestatum hoc esset et omnibus notum, quod simul atque quisquis de haeretica pravitate convictus vel vehementer suspectus esset, nullis honoribus vel divitiis ornandus esset qui potius ab eis exturbandus: et si aliqua exempla ederentur, aliquos vita vel bonorum expoliationibus et exilio plectendo, ut serio tractari negotium religionis videretur, eo remedium hoc efficacius esset[1].

Ab Universitate Viennensi et aliis[2] omnes publici* professores, vel qui Universitatis administrationem exercent, si male audiant in his, quae ad catholicam religionem pertinent, de gradu dejiciendi esse videntur   Idem sentimus de privatorum Collegiorum rectoribus, gubernatoribus et lectoribus· ne qui juventutem informare ad pietatem deberent, corrumpant eam   Suspecti ergo minime ibi videntur retinendi, ne juventutem inficiant: multo minus qui aperte haeretici sunt: sed et scholastici, qui facile non videntur posse resipiscere, etiam expellendi, si tales fuerint, omnino viderentur. Imo et ludimagistri omnes et paedagogi hoc intelligere deberent, et revera experiri, sibi nullum relinqui locum in Regiis provinciis, nisi sint et praeseferant, se esse catholicos[3]

Omnes libri haeretici, quotquot diligenti praehabita investigatione inventi fuerint apud bibliopolas et privatos, vel comburi vel extra omnes Regni provincias educi expediret[4]. Tantumdem de haereticorum libris [dicendum], licet non sint haeretici, ut de grammatica vel rhetorica vel dialectica. |qui|[b] in odium haeresis auctorum excludi prorsus debere viderentur, nec enim expedit eos nominari, et minus affici ad eos juventutem, cui se insinuant haeretici per huiusmodi opuscula, quibus alia magis erudita et ab hoc gravi periculo remota inveniri possunt[5]   Si

---

* publicos *Cai t*   ᵇ *Haec duo verba supplenda esse putavi*

(J W *Schulte*, Beitrage zur Entstehungsgeschichte der Magdeburger Centurien [Neisse 1877] p 60—63 69—73 104—122 *Alf Huber* 1 c IV, 95)
   [1] De poenis, quibus crimen haeresis tunc a Lutheranis et Calvinistis non minus quam a catholicis plectebatur, v supra p 462¹
   [2] Friburgensem universitatem dicit, et pragensem, quam Hussitae regebant
   [3] Nobiles imprimis austriaci Lutherani Vitemberga vel aliunde accitis filios instituendos tradebant (*Rass* 1 c p 105)
   [4] Viennae in visitatione a 1528 instituta complura inventa sunt monasteria in quibus moniales libros lutheranos legebant In comitatu tirolensi, „visitatio nibus librorum" a 1569—1585 iussu Ferdinandi II archiducis institutis libri haeretici omnis generis comparuerunt Lutheri „testamentum", Melanchthonis catechismus, postillae Brentii, Spangenbergii, Corvini, opera Zwinglii, Oecolampadii, Flacii etc (*Wiedemann* 1 c 1, 56—57 J *Hirn*, Erzherzog Ferdinand I, 183—189)
   [5] *S Ignatius* de libris in scholis Societatis legendis haec inter alia constituit „Aunque el libro sea sin sospecha de mala doctrina, cuando el autor es sospechoso, no conviene que se lea, porque se toma afición por la obra al autor y del credito

etiam prohiberetur sub gravibus poenis, ne quis bibliopola excuderet aliquem haereticorum librorum[a], nec apponeret[b] scholia cujuscumque haeretici, quae exemplum aliquod vel verbum quodvis impiam doctrinam redolens vel nomen auctoris haeretici haberent, valde conferret. Utinam etiam nec mercatori cuique [?][c] vel aliis liceret sub iisdem poenis alibi excusos[d] hujusmodi libros inferre in ditiones Regias.

Nulli curiones nec confessarii essent tolerandi, qui de haeresi male audiunt, et de ea convicti, statim ab omnibus redditibus ecclesiasticis privandi essent. Praestat enim gregem sine pastore esse, quam pro pastore lupum habere Pastores catholici quidem, quod ad fidem attinet, sed qui magna ignorantia et malo exemplo suo propter publica peccata populum subvertunt, acerbissime puniendi viderentur et redditibus spoliandi a suis Episcopis; certe a cura animarum arcendi, horum enim vita mala et ignorantia pestem haeresum in Germaniam invexit.

Concionatores haeresum et haeresiarchae et demum quicumque deprehensi fuerint hac peste alios inficere, gravibus suppliciis puniendi videntur Publice ubilibet declarari oporteret, quod ii, qui intra unum mensem a die publicationis resipiscerent, absolutionem benignam consecuturi essent in utroque foro[1], et post id tempus qui deprehensi essent in haeresi, quod infames et inhabiles ad omnes honores futuri essent, et si videretur, exilio aut carcere, vel aliquando etiam morte mulctari posse, consultum forte esset. Sed de extremo supplicio et de Inquisitione ibi constituenda non loquor, quia supra captum videtur Germaniae, ut nunc affecta est

Qui haereticos evangelicos nominaverit[e], poenam pecuniariam aliquam subire conveniret, ne gaudeat daemon quod inimici Evangelii et crucis Christi[2] usurpent nomen factis contrarium, et nomine suo vocandi sunt haeretici, ut horror sit vel nominare eos, qui hujusmodi sunt, et venenum mortiferum salutaris nominis pallio velant.

Synodi Episcoporum et declaratio dogmatum et praecipue decretorum in Conciliis faciet[f] fortasse, ut clerici simpliciores et seducti ab aliis resipiscant, veritatem edocti Concionatorum et curatorum et confessariorum bonorum acrimonia in detestandis aperte et tradu-

---

[a] *Sic omnino corrigendum esse censeo Caritas* excluderet aliquem Doctorum librorum [b] apponere *Carit* [c] *Sic. Carit* cuiquam? [d] excussos *Carit*
[e] *Caritas* non caveret Sed erratum typographicum id esse et ea demonstrant, quae in ipsa epistula pro cuae sequuntur et versio hispanica in „Caritas" posita „Quien no se guardase de llamar a los herejes, evangélicos, convendria" etc
[f] *Sic, fortasse legendum* facient

que se le da en lo que dice bien, se le podria dar algo despues en lo que dice mal Es tambien cosa rara que algun veneno no se mezcle en lo que sale del pecho lleno dél " Constitutiones Societatis Iesu l' 4, c 14 A (Constitutiones latinae et hispanicae p 157)
[1] Iudices dicit tum ecclesiasticos, tum civiles   [2] Phil 3, 18

cendis haereticorum erroribus populo etiam conferet, modo necessaria
saluti credant, et catholicam fidem profiteantur populi. in aliis, quae
tolerari possunt, connivendum esset fortassis

Hactenus de his, quae ad convellendos errores, jam de iis, quae
ad plantandam solidam veritatis catholicae doctrinam pertinent In
primis conferret, si Rex in consilio haberet et ubique foveret, hono-
raret, et dignitatibus saecularibus et ecclesiasticis, et etiam redditibus,
ornaret viros catholicos tantum Tantumdem si gubernatores et magistratus et demum quicumque praefuturi [a] et auctoritatem habituri
sunt apud alios, catholici constituantur, et jurent se catholicos semper
futuros

De bonis Episcopis utcumque accersitis, qui exemplo et verbo
suos aedificarent, prospiciendum esset diligenter Regus ditionibus.
Curandum etiam esset, concionatores quamplurimos ex Religionibus
et clericis saecularibus et etiam confessarios adducere, qui zelo
divini honoris et salutis animarum catholicam doctrinam ferventer et
assidue populis proponant, et exemplo vitae confirment, et his dignitates et prebendae in Ecclesiis conferri deberent Iii possent dis-
currendo per oppida et pagos diebus festis docere populum quae sunt
saluti animarum accommodata, et redire postea ad suas Ecclesias, et
sine sumptu Evangelium exponendo, magis aedificabunt Curatis im-
peritis vel suspectis de mala doctrina, si non possunt beneficia facile
tolli, injungi oporteret, ut suis impensis peritos et bonos alant, qui
ipsorum loco populum pascant, sacramenta ministrando et verbum Dei
annuntiando, a quo officio ipsi abstinere se omnino deberent In
posterum nemini conferri deberet beneficium curatum, qui examinatione praecedente non invenietur catholicus et bonus, et sufficienter
intelligens Et redditus tanti esse deberent, ut viri hujusmodi curam
suscipere talem non recusarent

Omnes universitatum vel academiarum gubernatores et professores publici, tum rectores collegiorum privatorum, tum etiam ludimagistri, imo et paedagogi omnes prius, examinatione praecedente
vel informatione secreta, catholici inveniri [b] et catholicorum testimonio
commendari debere viderentur, quam admitterentur : et jurare se esse
et in posterum futuros catholicos deberent, et si hujusmodi homines
haeretici [c] esse deprehenderentur, etiam ut perjuri gravissime puniendi
essent. Constitui oporteret aliquos, qui curam haberent videndi libros
a mercatoribus adductos, et qui essent imprimendi in Regis ditionibus, et ne alii vendi possent, quam qui horum censura approbati essent
Conferret ad hoc negotium, ut universae juventuti ubilibet unus aut
alter catechismus aut doctrina christiana proponatur a suis praeceptoribus, in qua summa catholicae veritatis contineatur, quam terant

pueri et rudes manibus   Conferret[a] et liber aliquis [pro][b] Curatis et
Pastoribus minus eruditis, sed bonae mentis, compositus, qui doceret
eos quae populis suis proponere debeant, ut amplectantur vel respuant
quae amplectenda vel respuenda sunt. Conferret[c] et summa scholasticae theologiae, quae sit hujusmodi, ut non ab ea animi eruditorum
hujus temporis, vel qui sibi eruditi videntur, abhorreant[1]

Quia vero idoneorum curionum, confessariorum, concionatorum et
magistrorum, qui simul catholici, docti et boni sint, extrema est in
ditionibus Regis penuria. curandum videretur quam diligentissime
Regiae Majestati partim ut eos ex aliis locis. etiam praemiis magnis,
accerseret. partim ut seminaria hujusmodi hominum in suarum ditionum usum pararet quam plurima, vel, si pauca, quam amplissima
Seminaria vero quadruplicia videntur posse parari. Primum est ex
Religiosis qui hujusmodi munera praestare solent Multum ergo conferret[d], si Regia Majestas curaret. in monasteriis vel collegiis augeri
numerum Germanorum tam Societatis Jesu quam aliorum tum Viennae,
tum in aliis suis Universitatibus, ut Regia liberalitate litteris vacantes
possint deinde in concionatores. lectores et confessarios strenuos evadere Secundum Seminarium ex Romano Collegio Germanico, quo
mittere suis impensis complures ingeniosos juvenes posset, qui omnes
in ejus regiones remitterentur, cum maturi in bonis litteris et moribus
essent; nisi malit simile Collegium suis Austriacis, Ungharis, Bohemis
et Transilvanis in Urbe instituere Tertium ex Collegiis novis, Germanico Urbis similibus, quae instituere in suis Universitatibus sub
institutione doctorum et piorum hominum posset. qui posteaquam profecerint, curam animarum suscipiant, vel ludimagistri vel concionatores efficiantur Et haec tria Seminaria[e] partim ex redditibus monasteriorum desertorum, partim ecclesiarum parochialium suis pastoribus
destitutarum, partim ex levi aliqua impositione populis facta; et unum
assumi posset, ex pensionibus impositis episcopalibus vel aliis majoribus Sacerdotiis. vel unde Regiae Majestati videretur Quartum Seminarium esset Collegiorum, ubi suis impensis propriis nobiles et divites
pueri alerentur, qui postea ad dignitates saeculares et ecclesiasticas

---

[a] Conferet Cur! Sed antecedunt videretur, essent, oporteret, sequitur doceret
[b] Hoc supplendum esse videtur
[c] Conferet Cur! , ride adnot a   [d] conferet Cur!
[e] Cartas in margine Ali possent ? Haec enim supplenda esse videntur vel similia (parari possent?)

---

[1] Sic non solum sectarii, sed etiam aliqui catholici et imprimis „humanistae"
quidam illud abhorrebant theologiae scholasticae summarium, quod usque ad id
tempus in scholis usitatissimum erat Sententias Petri Lombardi S Ignatius „En
la Teologia leerase   la doctrina escolastica de Santo Tomas   Tambien se
leera el Maestro de las sentencias" (Constitutiones P 4, c 14, n 1 et B) Vide
quae ibidem de hujusmodi compendio fortasse conscribendo dicit (Constitutiones
latinae et hispanicae p 157)

etiam supremas apti essent. Sed in hoc et aliis tribus Seminariis necessariis omnino videntur rectores et magistri tales, ut ab eis pietatem cum doctrina sana et catholica conjunctam haurire possint, qui ab eis instituuntur

Romae, 18 Augusti 1554

Queruntur quidem Societatis historiographi haec Ignatii consilia paene irrita fuisse, regis enim administros quosdam tumultus ac defectiones timuisse ac rem leniter ac pedetentim tentandam esse censuisse [1] Nec tamen negari potest multa ex remediis ab Ignatio propositis in Austria aliisque Germaniae provinciis catholicis atque imprimis in Bavaria posterioribus saltem saeculi XVI decenniis vel incunte saeculo XVII ad religionem catholicam instaurandam magno cum fructu adhibita esse

158.

CANISIUS

FERDINANDO I.,

regi Romanorum

Vienna autumno anni 1554.

Ex *Wiedemann* 1 c II. 66 —67, qui scribit haec exstare apud *Bucholtz* 1 c VIII, 192 et Viennae in actis consistorii archiepiscopalis („Consistorial-Akten"). editor anno 1889 acta haec Viennae frustra quaesivit Cf *Orlandinum* 1 14, n 42

De rationibus, quibus religio catholica in Austria conservanda sit

„*1554 ertheilte*", inquit *Wiedemann*, dem Canisius „*Ferdinand den Auftrag, mit dem Rector Lanoy und zwei königlichen Räthen über Hülfsmittel zur Förderung der Religion Erwägungen anzustellen* [2] Die Vorschläge, welche Canisius, gestützt auf ein Gutachten des hl Ignatius machte, erwiesen sich später als vollkommen praktisch, sobald man ernstlich daran ging, sie auszuführen Er schlug vor an Orten, wo die Kirchen von Geistlichen entblösst waren, die Seelsorge durch vom Papste gesandte Männer versehen zu lassen, Comicie zu errichten, worin vorzüglich die Jugend aus dem Herren- und Ritterstande erzogen werden sollte, wodurch man sowohl die Eltern gewinnen, als sie selbst von Häresie bewahren konnte   Ferner schlug Canisius vor, für einen gebildeten und eifrigen Clerus durch ein Seminar in Wien Vorsorge zu treffen Diese Vorschläge wurden vom Staatskanzler Dr Seld, dem Vicekanzler Dr Jonas u dem so einflussreichen Bischof Urban von Laibach auf das kräftigste und wärmste unterstützt Der erste u dritte Vorschlag scheiterten für jetzt an der Concede des Bischofes von Passau [3]

---

[1] *Orlandinus* 1 c 1 14, n 42   *Sacchinus*, Can p 95   *Socher* 1 c p 49—50
[2] Cf supra p 478

159.

CANISIUS

SANCTO IGNATIO.

Vienna 14 Octobris 1554

Ex autographo (2°, pp 3, in p 4 insci et reliquiae sig)
Versio latina, saeculo XVII (ut videtur) scripta, est in cod monac .Lat 1606⁴
f 130ᵃ—131ᵃ

Maiorem epistulae partem („Essendo la sua Maesta — reportent manipulos suos), ad nostram scribendi rationem accommodatam, edidit *Boero*, Canisio p 127 ad 129, ex quo libro eadem transcripta sunt in „Cartas de *San Ignacio*" V, 596—598 Antiquae versionis latinae maiorem partem, compluribus verbis omissis, edidit *Python* l c p 104—107 Minores epistulae partes proponunt Sacchinus Fuligatti, Agricola, Alet, Seguin, Riess, Daurignac, Janssen etc

Ferdinandum regem, episcopo labacensi suasore, Pragae er deserti cuiusdam monasterii bonis collegium Societatis condere statuisse Pragae unos degere Societati amicissimos Quam malo loco res religionis in Bohemia sint Socios eo mitti oportere perpetiendi, non disputandi studiosos Pio Ferdinando rege, quod collegium viennense iam constituerit, a singulis Societatis sacerdotibus missarum sacrificia offerenda esse

IESVS

Molto Riverendo in Christo Padre mio

La gratia del S N Jesu Christo sia con noi tutti Amen

Essendo la Sua Maesta Regia andato a Boemia², per visitar quello Reame molto disuiato dalla vera et Catholica fede, poi che Hieronijmo de Praga e stato esaminato, et biuzato' com' vn heretico nel Concilio Constantiense³, piacque alla diuina prouidentia a mostrare boni mezzi per introdure la Compagnia nostra in quelle bande Et il

[Versio antiqua] ¹

[Jesus   Admodum reverende in Christo patei]
Gratia Domini N I Chr sit cum omnibus nobis Amen

Quando Rex in Boemiam profectus est², ut regnum illud multum a vera et Catholica fide aberrans inviseret, Hieronymo Pragensi in Concilio Const[antiensi] examinato et tanquam haeretico flammis exusto³, placuit Divinae Prouidentiae apta subministrare media ad invehendam societatem nostram in istas provincias Initium huic sancto

---

ᵃ trovato *Bo Cart*

---

¹ Latina versio antiqua, de qua supra, hic ponitur (ex apographo P *I'l Riess* S J) Quae quadratis uncis inclusa hic sunt, a me ex autographo versa et suppleta sunt

² Ferdinandus circa 15 Augusti Vienna profectus et iere usque ad 10 Septembris Pragae moratus est, 10 —17 Septembris Podebradae, 19 —27 Septembris Pardubitiae, 1 —5 Octobris Brunnae (Brunn), quod Moraviae caput est, 9 Octobris iterum Viennae fuit (*Stalin* 1 c p 393)

³ Hieronymus Pragensis, Ioanni Hus amicus et consentiens, 30 Maii 1416 a concilio de haeresi pertinaci et iterata damnatus et magistratui civili traditus est qui eum eodem die igne necavit

principio di questa santa imprezza fece il Reverendissimo Labbaccense [1] Confessore della Sua Maiesta, pigliando l' occasione d' vn monasterio desolato de i frati Celestini [2], et dicendo che non essendo piu de vn frate in quello monasterio. sarria espediente de dar' il luogo con le entrade sue alla nostra Compagnia per faie iui vn Collegio, sicome in Vienna [3] Et la Maiesta sua subito se mostrò contento et desideroso a questa commutatione   Onde mi scrisse il ditto Reverendissimo de Boemia, che se mettesse la gente in ordine per incominciar questo collegio et adgiungendo disse il sito del monasterio essei' in terminis Boemiae, Lusatiae, Misniae et Slesiae, le quali sono prouintie grandi et de molta importanza, ma credo che poco siano Catholiche Io li risposi, che s esplicasse piu in particulare circa questo monasterio, et che non pareria espediente, se la nostra Compagnia se retirebbe [sic] alli luoghi poco frequentati della gente, si come si trouano certi monasterij, ma che per piu honore del Signore, et per maggior edificatione del prossimo sarria piu conuemente metter' il collegio in una Citta principal de alcuna prouintia [5]. doue se potesse sperai la

---

[Versio antiqua]

proposito fecit Reverendissimus Labacensis [1] suae Majestatis Confessarius, occasione alicujus monasterii derelicti fratrum Coelestinorum [2] asserens cum unicus ibi religiosus sit super, expedire id cum suis redditibus nostrae societati attribui, pro Collegio, quale Viennae est, erigendo [3] Quod Rex [illico] non libenter modo accepit, sed et avidum se ostendit ejusmodi permutationis   Ideoque mihi scripsit dictus Reverendissimus ex Boemia, ut et de hominibus et de aliis [4] inchoando Collegio opportunis mature prospiceremi   addens situm Monasterii esse in finibus Boemiae, Lusatiae, Misniae et Silesiae   quae sunt Provinciae quidem amplae et magni faciendae, sed ut arbitror parum Catholicae   Respondi res dicti monasterii amplius explicandas esse neque consultum videri, ut societas nostra in locis a frequentia populi semotis, prout aliqua monasteria reperiuntur, habitet, verum e majore Dei gloria et aedificatione proximi fore, si collegium in metropoli cujusdam Provinciae [5] statuatui, unde copiosior

---

¹ Urbanus Textor
² Congregatio Coelestinorum, ordinis sancti Benedicti, a sancto Petro de Morone, qui postea Coelestinus V papa fuit, saeculo XIII instituta, in Germania ante Lutheri tempora domicilia complura habuit   Inter quae monasterium erat, quod Canisius hic significat „Sancti Spiritus" oybinense, in Lusatia superiore (Oberlausitz) prope oppidum Zittau in monte Oybin una cum arce regia situm, quod Carolus IV imperator romanus et Bohemiae rex litteris Lucae 17 Martii 1369 datis condiderat Ultimi eius monachi itque paucissimi anno 1546 sponte ex monasterio emigrasse et Zittaviae in domo ad monasterium pertinente („Vaterhof") consedisse feruntur [²], praenultimus anno 1555 obiit (Herm Gust Hasse, Geschichte der Sächsischen Klöster in der Mark Meissen und Oberlausitz [Gotha 1888] p 226—229 J P Böhmer, Regesta Imperii VIII [ed Alt Huber, Innsbruck 1877], 391 Christ Ad Pescheck, Geschichte der Colestiner des Oybins [Zittau 1840] p 20 31 117)
³ Ceterum Canisius ipse infra testatur Societatem iam antea — etsi tunc quidem frustra — in Bohemiam invitatam esse   Cf etiam infra, monum 109
⁴ Sic versio antiqua sed Canisius de solis hominibus scribit
⁵ Melius fortasse versum esset in praecipua aliqua civitate alicuius provinciae

messe piu copiosa per fiuctificai nelle anime per l'amore di JESV
Christo crucifisso. Et questa mia litera, la qual parlò anche piu in
particulare*, e presentata alla Sua Maiesta, et se determinò de nouo,
che se faccia vn Collegio in Praga, mediante le entrade del ditto
monasterio, il quale eia molto solitario, et in vn luogo mal securo.
Et cossi anche hoggi pailando con meco la sua Maiesta mi disse, che
voglia adgiongere dal suo quello necessario a questo Collegio, spe-
rando non pocho di frutto per questo mezzo nel suo Reame de Boemia

Veramente se' da sperar giandissima edificatione et vtilita copio-
sissima nelle anime, poi che li nostri saranno intrati in Praga, doue
è il capo et metropolis de Boemia, et donde sono uscite quasi le prime
radici de queste heresie in Germania.

Et sappia V R P. che hauiamo in Praga tanto boni amici (sia
la laude al Signor eterno) che habbiano offerito alla Sua Maiesta certi
prouenti per sustentar li nostri, etiam innanzi che e fatta alcuna
mentione del detto monasterio et Collegio[1] Hoia se tratta delle
litere, le quali saranno mandate a Roma per promouere questo negotio. Domandano 12 persone, le quali anche haueranno il viatico
necessario per arriuar a Vienna, et poi da Vienna a Piaga, la di-
stantia[2] credo che sia de qua 60 milliaria Tudescha Et cossi spero

[Versio antiqua]
animaium messis ob amorem Iesu Christi ciucifixi sperari possit Atque hae meae
literae, quae haud paullo distinctius loquebantur[a], Regi oblatae sunt Is denuo
statuit, ut Collegium Pragae fieiet mediantibus iedtibus illius monasterii, quod in
loco et solitario erat et minus tuto Hodie veio etiam mihi locutus ajebat, se de
propriis necessaria isti Collegio additurum, spe fietus foie ut hac ratione suo
Boemiae regno non parum utilitatis accedat

Certe speranda est summa aedificatio et lucrum ingens animarum, si nostri
Piagam fuerint ingressi, quod caput Regni et Metropolis est Boemiae, unde feie
primae radices et semina haereseon Germaniae pullulaiunt

Sciat R P Vestra nos habeie Piagae amicos tantopeie nobis addictos (laus
sit aeterno Patri) ut Regi obtulerint ceitos reditus ad sustentationem nostrorum,
etiam piius quam ulla mentio fieret dicti monasterii et Collegii[1] Iam agitui de
literis Romam mittendis ad piomovendum negotium Petuntui duodecim Collegae,
necessaio viatico Viennam usque instruendi et porio Vienna Piagam (iter[2] puto

─────────────────────────

[a] Verba la qual -- particulare *a Bo et „Cait" omittuntui*

─────────────────────────

[1] Inter primos Societatis patronos pragenses, piaeter Henricum Scribonium et
Antonium Brus (de quibus infia), piaecipui fuisse videntur abbas monasterii sionaei,
oidinis piaemonstratensis (Vitus Theophilus) et abbas monasterii S Margaiethae
brevnoviensis, oidinis benedictini (utriumque monasterium hodie quoque exstat
alterum — Stiahov — Piagae, alterum — Bievnov — piope Piagam) Ac brevnoviensis abbas Societatis scholam imprimis a Canisio petebat, cui suos etiam fiatres
instituendos tradeie posset Licet autem Matthiam abbatem qui a 1551 decessisse
fertur, id petiisse communiter scribant, ego coniecto a successoie eius factum esse,
qui fuit Ioannes a Chotovv, nobilis Polonus (┼ 1575) (*Magni Ziegelbauei* O S B,
Epitome histoiica Monasterii Bievnoviensis [Coloniae 1740] p 71—72 *Beda
Dudik* O S B, Geschichte des Benediktinci-Stiftes Raygern II [Wien 1868], 60)
[2] Melius versum esset intervallum intei Viennam et Piagam

che questo Collegio pigliara tutti li Tudeschi da Sicilia et Italia
Fra questi 12 voghono hauer 2 Dottori Theologi. li quali senza dubbio
troueranno occasione per eccersitarse fra quelli seducti et seductori
in Praga. doue pur li Consihari per la maggior parte sono Catholici,
sicome il Administratore, id est, locumtenente del Veschouo [1], perche
in tutta Boemia non se troua nessuno Veschouo et stanno cossi per
cento anni in questo Schismate [a]

    Iddio habbia misericordia con tante anime, lequali periscono, concio
sia cosa. che Boemia oltra le noue secte contiene anche delle antiche,
sicome delli Pikardite [2], Hussite etc et communmente voghono tutti
commicare [sic] sub vtraque spetie Ma poi che hanno anche pigliato
vn pocho della Liberta Lutherana, pare che la secta delli Hussite ua
piu et piu in declinatione, lassiando li stretti ieiunij et altre cerimonie
sue proprie, nelle quali prima et per molti anni si excitorono [sic] dili-
gentemente [3] Il Signor ci dia la sua gratia per adgiutar questa nobile
parte dell' Imperio, et per reformar questi tempij del Signor Iddio, et
per redur li erranti al suo vero et summo pastore. vt sit vnus grex,
vnum ouile et vnus pastor [b] [4]

    Io vorria che tutti li quali hanno de venire per fondar questo
Collegio, venessino ben' armati con la sancta patientia. et con vn

---

[Versio antiqua]

esse sexaginta milliarium Germaniae) ita ut sperem nostros Germanos omnes ex
Sicilia et Italia ad hoc Collegium educendos In his sint duo Doctores Theologi
qui sine dubio occasionem invenient exercendi se inter seductos et seductores Piagae
ubi tamen senatus ut plurimum Catholicus est, uti et Administrator seu vices gerens
Episcopi [1] Nempe in tota Boemia nullus est Episcopus fuitque regnum hoc in
centum retro annis in isto schismate [c]

Deus misereatur tot pereuntium animarum quandoquidem Boemia praeter
novas haereses ex veteribus quoque nonnullas sectatur. nempe Picarditarum [2], Hussitarum, etc voluntque communiter omnes communicare sub utraque specie, quanquam ex quo nonnihil etiam libertatis Lutheranae gustare coeperunt, videntur ab
Hussitarum secta paulatim deficere, relictis jejuniis austerioribus et caeremoniis
aliis ei sectae propriis, quibus initio ac multis deinceps annis religiosissime [3] vaca-
bant Dominus det nobis gratiam juvandi hanc nobilem partem Imperii et reformandi haec Dei templa, reducendique oves errantes ad suum verum ac summum
Pastorem ut sit unus grex, unum ovile et unus Pastor [4]

Cuperem omnes quotquot venturi sunt ad istud Collegium inchoandum, esse
bene armatos sancta patientia ac magno zelo, non tam disputandi quam tole-

---

   [1] non si troua alcun Vescovo da cento anni addietro *Bo Cart*
   [a] *Bo et „Cart" om verba haec latina* (vt sit *etc*)

---

   [1] Henricus Scribonius (Pisek)
   [2] Picardi vel Picarditae asserebant eucharistiam non esse colendam in ea
non esse Christum, sed solum panem solumque vinum, etc Ac generatim quidem,
quicumque dogma transsubstantiationis reiciebant, tunc „Picardi" vocati esse videntur,
maxime vero „unitas fratrum" sive illi, quos „fratres bohemos" nunc dicere solemus
(*AH Habri*] e IV, 109—110 155)
   [3] Melius fortasse „diligenter"   [4] Io 10, 16

grand' zelo non a disputare, ma a sopportare [1] et edificare questa
prouintia piu con li fatti che con parole, vt cum seminauerint
in lachrymis, in exultatione metant, et reportent manipulos suos [2]. Non altro per adesso, se non che ci racommendamo
tutti nelle sante orationi delli Reverendi Padri et fratelli, desiderando
sempre che siano molti intercessori et adgiutori per questa vignia
desolatissima et piena delle fere pessime, quae plus demoliuntur [3], quam
alij omnes aedificant [*] Et perche la sua Maiesta hora ci ha dato
la assecuratione delle intrade molto bone per questo Collegio Viennense, talmente che con li fatti dimostra essere il vero fundatore et
Patrono del primo Collegio [4], et credo che non del ultimo in Germania [5],
io vorria che anche hauesse le 3 misse d' ogni uno sacerdote della
Compagnia, sicome V. R P saperà ordinare [6], concio sia cosa, che
ultra le sperituali [sic] necessitadi la sua Maiesta ha molto de patire
nell' Vngaria dalli Turchi, li quali hanno fatto vna noua irruptione [7], et
hora ci possono dare grandi danni Il Signor voglia darci la sua santa

---

[Versio antiqua]
randi [1] aedificandique hanc prouinciam factis amplius quam verbis, ut cum semina-
verint in lacrymis, in exultatione metant et reportent manipulos
suos [2] Aliud modo non occurrit, nisi quod nos omnes commendemus S precibus Reverendorum Patrum ac fratrum, semper optantes. ut multos habeamus intercessores,
et adjutores in hac vinea desolatissima ac plena feris pessimis quae plus demoliuntur [3],
quam alij omnes aedificant Et quia Sua Majestas jam certos nos ac plane securos
fecit redituum [valde bonorum] h[uius] Coll Viennensis, ita ut facto ipso ostendat
se verum esse fundatorem et Patronum primi Collegii [4], neque ultimi ut opinor in
Germania [5] cuperem illi a singulis Sacerdotibus Societatis offerri 3 [illas] missas,
prout ipsa R V P rectius novit disponere [6] quandoquidem praeter necessitates
spirituales, S Maj multa patitur in Hungaria a Turcis, qui novam irruptionem
fecerunt [7], et nobis plurimum damni afferre possunt Optimus Deus concedat nobis
suam sanctam gratiam juvandi has partes septentrionales Viennae 14ª Oct 1554

Indignus filius et servus
Petrus Canisius
Reverendo in Christo Patri [meo, domino] Ignatio de Loyola Praep S J Romae

[1] aedificent *Riess*

[1] Vertendum potius erat „non disputandi, sed tolerandi" etc Sacchinus et
Agricola non ad disputandum, sed ad tolerandum
[2] Ps 125, 5 6   [3] Cf Ier 12. 10 Gen 37, 33   [4] V supra p 484
[5] Anno 1554 collegium viennense 120 discipulos habuit (*Janssen* l c IV, 401)
[6] „Luego en siendo entregado algun Colegio a la Compaña, el Preposito General avise a todas partes della universalmente, para que cada Sacerdote diga tres
Misas por el Fundador viviente y bienhechores. para que Dios Nuestro Señor, te-
niendolos de su mano, los augmente en su servicio Todos los demas que viven
en los Colegios, deben hacer oracion a la intencion mesma que los Sacerdotes
celebran" *Constitutiones* Societatis Iesu P 4, c 1 n 4 (Constitutiones latinae et
hispanicae p 109 111)
[7] Anno 1554 castellum montanum Fulek quod metallorum hungaricorum pro-
pugnaculum quoddam erat, a Turcis captum est (*Hammer* l c II, 240—241)

32 *

giatia pei adgiutare questa parte Septentrionale De Vienna 14 Octobiis 1554

Indigno figliolo et seiuo

Petrus Canisius

† Al mio Reuerendo in Christo padie, Don M Ignatio de Loyola, pieposito della Compagnia de IESV In Roma

In pagina quaita autographi manu eiusdem temporis scriptum est „Vienna del Padre Canisio 14 di Ottobie Riceuuta alli 21 di Nouembre"

160.
P. IOANNES DE POLANCO S. J.
CANISIO.

Roma 15. Octobris 1554.

Ex apogiapho eiusdem temporis (2° mm, p 1), quod Vienna Coloniam ad P Leonardum Kessel missum esse videtui in p 2 manu antiqua scriptum est .† Exemplum literarum a Magistro Joanne de Polanco, Doctoii Petio Canisio missaium" (Cod colon „Epistt ad Kessel I" f non sign)

Epistula usus est *Gotheni* 1 c p 730—731

Opera S Ignatii effectum esse, ut Canisius ab episcopatu viennensi suscipiendo libeiaietui solamque eius administiationem ad tempus geieie debeat Theodoiicum Canisium laudat

Iesus † Maiia.

Pax christi

Charissime in christo Pater. Septem illa sacrificia mihi oblata, si de Episcopatu Viennensi. non admittendo scriberem, mihi deberi existimo, et a vestia charitate meo Jure (ut promissa) exigo[1] Perfectum est enim patiis nostri opera, vt onus illud minime leue a vestia R subeundum non sit Scripsit quidem Regia maiestas pio sua charitate Protectoii Nostro Cardinali de Caipo[2], et alijs (ut opinor) sed protector statim dissuasit oratori[3], ne id tentaret, quod fiustra aliquando tentatum, sed nec modo facilius iedditum esset. adijt nihilominus orator summum Pontificem[4], et eum Regis nomine orat, vt vestram R adigat ad Ecclesiam Vienensem adeundam, Negat statim summus Pontifex se facturum, cumque urgeret oiator. subdit se quidem Regiae maiestati rem giatam faceie nelle, sed societati nostiae se nolle molestam.' hanc inteie Nam eius (inquit) opera indigemus etc Cumque se conuerteret alio. ab hac spe excidens oratoi. nimirum ut sine titulo, uel episcopalis dignitatis insignijs, administratio episcopatus commendaietur R Vestiae, donec Episcopus muenietui

' *Sic* , molestiam'

[1] Vide supia p 487   [2] Vide infia, monum 107

' Didacio de Lasso A Polanco is „Dominus Didacus Lasso de Castiglia' vocatui (Chionicon II, 267)   [4] Iulium III

de consensu patris nostri praepositi, et non alias, id concessit. Jam ergo hoc agit orator Regius cum Patre nostro (cui rem totam retexit), vt v R administrationis huius imponi onus permittat, et non dubito, quin fiet [sic] eo modo, qui ad Dei gloriam, et edificationem multorum sit cessurus quam maxime

Charissimus frater noster Magister Theodoricus[1] incolumis ad nos peruenit, et multis rationibus amabilis, et commendatus nobis est, sed uel una eius puritas et candor sufficeret Peruenerunt et duo illi Canonici Nouiomagenses, qui multo citius iter confecerunt, et quamuis minus sint nobis explorati, adhuc bene speramus de vtroque Augeat Germanicae vineae dominus operariorum fidelium, et strenuorum numerum. ac virtutem. Vt eam quaqua'uersus excolere, ut vitae aeternae fructus ex ea offerre uberrimos deo ualeant Orationibus R V me ex animo commendo, et fratrum nostrorum Romae 15 Octobris 1554

161.

CANISIUS

P. IOANNI DE POLANCO S. J.

Vienna 26 Octobris 1554.

Ex autographo (2°, pp 2, in p 4 inscriptio et part sig)

Apographum antiquum (saeculo XVII scriptum esse videtur) est in cod monac. „Lat 1606" f 136ᵃ—137', at in eo aliqua particula omissa est („De matico — dependemus fideliter")

Particulam epistulae („Mecum velut cum parturiente — pro dignitate") vulgavit *Sacchinus*, Can p 90—91, quae etiam est in *editoris* „Katechismen" etc p 21—25 Alteram habet *Riess* l c p 144

Primam catechismi partem typis exscriptam mittit ac correctiones et preces pro eo opere petit, quod ipse magna cum animi trepidatione obeat De religione instauranda, collegiis hungarico, pragensi, viennensi, ingolstadiensi Huius institutionem et a Bauariae duce et a se urgeri Ducis legatos catechismum petiisse De vicecancellario, in communionem meritorum Societatis admisso, episcopatu viennensi, Laurino aliisque Viennam mittendis Confirmat, quae ante scripserat Socios Ingolstadii neque in philosophica neque in theologica facultate praeesse debere Germaniae principes severam haereticorum coercitionem reformulare

IESVS

Pax Christi nobiscum Reuerende Pater

Diutius quam par sit, respondere distuli. praesertim in excudendo Catechismo et adiuuando Typographo ualde impeditus Mitto primitias Operis, cupioque non solum relegi, sed etiam emendari, qualiacumque demum sunt ista. quae vtinam recte confici, foeliciter excudi, et frugifere tandem euulgari possent[2]. Locus adhuc est in fine corrigendi,

---

[1] Theodoricus Canisius

[2] Pars igitur aliqua „Summae doctrinae christianae" typis iam erat exscripta, non integra „Summa" Quod et probatur litteris Canisii 25 Martii 1555 datis

si quid vobis correctione dignum videbitur   Mecum velut cum parturiente agitur, non possum non esse anxius, quamdiu partus non
exierit in lucem, ut Dei conspectui possit foetus offerri atque consecrari   Vestris interim precationibus promouete successum, vt quo
coepimus, eodem adspirante absoluamus debitum hoc Deo, vobisque
tributum   Dominus IESVS in suam gloriam conuertat hanc mentis
meae trepidationem. expertus didici, quam procul absim ab ijs, qui
recte scribere et scripta edere norunt pro dignitate   Credo et spero
minus uobis negotij fore in conscribendis reliquis[1]: eorum magna tenet
nos et Regios expectatio.

Expectamus meliorem occasionem, vt quae ad Reformandum huc
Religionis statum proposuistis, fructum aliquem adferant, CHRisto
largiente

Collegium Vngaricum ob perturbationes nouas et calamitosas in
eo Regno, nihil mirum, si hoc hijemis tempore iaceat[2]   Primum erit
deo duce Pragense Collegium, ad quod statim Rex vellet euocari 12,
nisi tempus obstaret, et pestis, quae breui extinxit vno die Pragae 124
Dominus misereatur tot animarum, quae vtinam in fide decederent
De quo Pragensi Collegio plura in literis ad P Prepositum[3]   Reuerendissimus D Labbaccensis ita mecum statuit, quod etsi pluribus
in locis erigi collegia huc queant Societati (sicut prioribus etiam literis
indicaui) satius tamen atque consultius videatur, nunc praecipue animos ad haec duo Collegia confirmanda, Viennense et Pragense, adiungere. Tertium ego Ingolstadiense constitui uelim, de quo nonnihil
quod scribam habeo   Fuit enim huc Secretarius Ducis Bauariensis,
uosque salutatos maxime per me voluit, quorum beneficentiam erga
se magnifice commendat[4]   Et literas quidem Duci suo scriptas, quibus Collegij causam explicabatis[5], non ingratas fuisse dixit, sed differri
tamen expeditionem in Comitia Augustana[6], ut cum Rege nostro Dux
illic coram agat de me ad certos menses restituendo Ingolstadiensibus. ita fieri commodius posse, quae ad structuram Collegij constituendi nostris opus esse viderentur. Ego vero spem addidi, ne
dubitarent a Rege tale quiddam posse impetrari: nostrum tres huc
esse Doctores[7], quorum vnus abesse posset ad tempus sine graui dispendio, incommodoque Literas etiam adiunxi ad Consiliarium nobis

---

[1] Enchiridio parochorum et summa theologica, v supra p 472—473 485
[2] Cf supra p 467   Turcae bellum suum persicum indutus 30 Septembris
1554 factis (quas anno 1555 pax ipsa secuta est) finiuerant ideoque copias omnes
in Hungariam ducere poterant (Hammer 1 c II, 236—237)
    Litteras 14 Octobris 1554 datas dicit. v supra p 495—497
[4] Henricus Schweicker, Alberti V ducis secretarius, mense Maio a 1554 Romam
missus erat, ut collegium ingolstadiense ab Ignatio impetraret Cf supra p 486
    Vide supra p 486,6
    Constitutum erat comitia augustana 13 Nouembris 1554 incipienda esse
Coepta demum sunt 5 Februarii 1555 (Janssen III, 718)
    Canisius, Nicolaus Goudanus, Nicolaus Lanoius „doctores theologi" erant

peramicum, vt rei structuraeque huius memoriam occupatissimis re-
fricarem[1]   Orarunt priusquam hinc abirent Legati Ducis[2], vt Catechismum absolutum (nam de hoc aliunde cognouerant) in Bauariam
mittendum curarem[3]   Probabile est. si arrideat opus principi, non
minus in Bauaria, quam in Austria pondus habiturum   Christus sibi
honorificum et multis frugiferum quod conamur faciat

De uiatico mittendo facile curabimus, et remittendos huc esse
Germanos perlubenter audimus· veniant saltem illi quotquot mitti possunt, accipiant isthic mutuo, nos dependemus fideliter. Patronum
Regem habemus, qui numerum cupit hic frequentissimum esse· Nam
hoc tempore nullus est, qui possit facile in messem extrudi, schola
quattuor aut 5 distrahit e potioribus, in quorum locum si suffectos
haberemus alios, fructum tandem per nostros non Vienna, sed Austria
perciperet Ea res Regi sane et Consiliarijs gratissima quoque foret

Cancellarius[4] ingentes agit Patri[5] gratias, suamque vicissim
operam omnem nostris offert, dicam et praestat, pro accepta illa communicatione meritorum Societatis omnium[6].

Septies pro patre meo Polanco sacrificare sicuti promisi, non
omittam, etsi non omni adhuc metu liberor[7] Sit mihi propitius dominus, vt a tali vexatione et laqueo eripiatur anima mea[8],
ne audiam, Euge, euge[9]

Nondum desperauimus de aduentu R P Laijnez in Germaniam[10].
Inueniamus hanc quaeso gratiam in conspectu[11] Dei et patris
nostri, vt orphanis visitatio et consolatio isthaec anno saltem proximo
contingat.

Quod miratur sapientia tua, cui non approbem profitendi regendi-
que rationem penes nostros Ingolstadij existere[12], Patri Goudano ac

---

[1] Doctorem Wiguleum Hundt dici puto, qui tunc munus „patroni" universitatis ingolstadiensis administrabat, cf supra p 425—426
[2] Cum Schweickero Simon Thaddaeus Eck, cancellarius burghusanus, Viennae
fuit Nam Comradus Zeller, Alberti V quaestor, inter 8 et 18 Novembris 1554
notavit „So haben Herr Canntzler von Burckhausen vnnd Secretarj Schweickher
auf der Raysen geen Wienn zue Ro Kij Mt vertzert 78 fl 4 sl 29 dl 1 hh"
(* Codex accepti et expensi [Hofzahlamtsrechnung] 2 Febr 1554 — 2 Febr 1555,
f 311 b Monachii in archivo provinciae Bavariae superioris) Haud recte igitur Igni-
cola scribit Wiguleum Hundt Viennam tunc missum esse (L c Dec 2, n 17, p 30)
[3] Simon Thaddaeus Eck paulo ante Alberto duci proposuerat, ut catechismum
pro „elementariis" ab universitate ingolstadiensi conscribendum curaret, catechismos
enim, quos syrodus provinciae ecclesiasticae salisburgensis mense Decembri a 1553
habita commendasset, longiores et obscuriores esse (Al Knopfler, Die Kelchbewegung
in Bayern unter Herzog Albrecht V [Munchen 1891] p 11 14)
[4] Doctor Iacobus Ionas vicecancellarius, cf supra p 483 485   [5] Ignatio
[6] Qua ratione haec „communicatio meritorum Societatis" facta sit, ex litteris
conici potest, quibus S Ignatius Romae 30 Novembris 1550 Alphonso de Villalobos,
episcopo squillacensi, idem donum tribuit Editae sunt in „Cartas de San Ignacio"
II, 442—443 274—275   [7] Cf supra p 487 500   [8] Ps 123, 7
[9] Ps 39, 16, 69, 4   [10] Cf supra p 472 479 483
[11] Gen 30, 27, 32, 5 etc   [12] Cf supra p 486

mihi sic videtur, neque Principi, neque academiae illi vnquam placiturum, vt nostri maiores sibi partes quam professorum vendicent. In Sicilia noui quid fiat[1]. in Germania fieri idem haud posse videtur, praesertim vbi scholae iam sunt constitutae. Bis igitur nostri magnam sibi conflarent sine fructu inuidiam, tum quod in artium facultate hoc legendi ius, etiamsi princeps offerret, in se reciperent, tum quod Ingolstadij duo sint iam Theologi Doctores[2], qui non sinent sibi posteriores, id est, nostros, praeferri, etiamsi Doctores mittantur. Et magni refert, initio cum professoribus istis conuenire, paulatimque comparare authoritatem, quam peregrinis et ecclesiasticis aegre permittunt Germani. Igitur etsi nostro instituto non repugnet, academijs praeesse atque prospicere, tamen haud perspicere possum, qui expediat in gymnasijs ita constitutis talem prouintiam suscipere, inuidiosae nouitatis subire periculum, intractabiles istorum animos regere, et inter haereticos, qui in hisce academijs abundant, tueri ac retinere disciplinam. Occupauit magnatum omnium animos isthaec persuasio, sine seditione institui non posse seriam, debitamque disciplinam, permittendum esse suae quemque fidei et conscientiae, castigandum uero neminem acrius. Qua de re latius alias. Verum caecus ego de coloribus apud oculatissimum. Rem fortasse non satis assequor: quod tamen in mentem venit, aperio sapienti.

Miror nihil allatum esse nuntij, venisse Romam M. Theodoricum[3] et post eum Nouiomagenses Canonicos alios vna cum Nicolao.

Etiam atque etiam rogo Pater, mei ut memineris in sacrifitijs precibusque tuis. Salutatum mihi cupio R. P. Olaue et P. Frusium. De reditu P. Schorichij saepe meminit Reuerendissimus D. Labbaccensis. Vtinam primo vere possit adesse, suamque iuuare patriam, quando iam praetereie anni duo a Rege concessi ipsius studijs. Dominus IESVS Vngariae iam misere periclitantis, et Germaniae tumultuantis misereatur, nostrasque operas conuertat in summam gloriam suam.

Viennae 1554. 26 Octobris.

Filius tuus Petrus Canisius.

† Al mio Reuerendo Padre M. Gioan Polanco della Compagnia de IESV in Roma

In pagina quarta epistulae autographae manu eiusdem temporis scriptum est -1554 Vienna dni Canisio 26 d'Ottobre. Riceuuta alli 21 di Nouembre[4]

---

[1] Statutum erat, ut tota uniuersitas Messanae condenda, in qua non solum theologi sed etiam iuris periti et medici futuri erant, rectori collegii Societatis subesset (Polancus I c. 1, 364).

[2] Ingolstadii Michael Wagner anno 1553 et Georgius Theander anno 1554 theologiae professores constituti sunt (Mederer I c. 1, 234—238).

[3] Theodoricum Canisium.

162.

P. PETRUS SCHORICH S. J.

CANISIO.

Roma 29 Octobris 1554.

Ex *Gothein* 1 c p 771, qui p 795, n 128 scribit se ea hausisse ex „Koln Archiv" (ex quonam archivo coloniensi, codice, fasciculo, folio ea descripserit, non indicat)

De collegio germanico

Refert Gothein anno 1552 a S Ignatio Romae „collegium germanicum institutum" et complures in illud Germanos admissos esse. „Da erfolgte i J 1554 der erste Ruckschlag Wir haben ihn schon fruher kennen gelernt. Diese deutschen Studenten straubten sich gegen die jesuitische Erziehung, sie verlangten auch in Rom ein Stuck ihrer akademischen Freiheit und Selbstverwaltung Die Mehrzahl musste — verba, quae signis , et' includemus, Gothein ipsius Schorichii esse significat — ,wegen hartnackigen Ungehorsams und wegen Conventikelwesens, wobei sie sich ihre eigenen Gesetze geben und das Kollegium nach ihrem Willen gestalten wollten', entlassen werden."

Haec autem se accepisse scribit Gothein (1 c p 438 789) ex epistula Roma Coloniam ad Kesselium missa 29 Septembris 1554 a Petro Schorichio, quem Ignatius Vienna Romam evocaverit ad collegium germanicum gubernandum Verum S Ignatius de Schorichio Romam advecto Roma 27 Iunii 1553 Urbano Textori, episcopo labacensi, scripsit „Nullo modo auctor fui eius adventus Ipsi efflagitanti (protectus sui spiritualis desiderio) ut sibi ad urbem accedere liceret annuendum fuit Nondum satis eum maturasse (in doctrina praesertim) scio " [1] Postea e Societate dimissus esse videtur. Utrum autem Schorichius (vel Gothein?) aliquantulum rei actae modum excesserit necne, alii diiudicent consideratis maxime testimoniis, quae gravissima atque ex ipsis fontibus hausta recitavit *Card Steinhuber* 1 c 1, 17—31 Labitur certe iterum Gothein cum affirmat Ignatium, ut illas collegii germanici calamitates et tempestates occuleret, in Germaniam ad Canisium epistulam illam misisse, quae est in „Cartas de *San Ignacio*" VI, 439 (sihit in ea Ignatius collegii res prospere procedere unum tantum, quod insolens esset, dimissum) Nam ea epistula data est 23 Novembris 1553 (vide supra p 441), tumultus autem illi, si Gothein credimus, primum exorti essent anno 1554

163.

IULIUS III.

Pontifex Maximus

CANISIO.

Roma 3 Novembris 1554

Ex „Actis Sanctorum Iulii" VII (Antverpiae 1731), 486—487 (in nova editione [Parisiis et Romae 1868] p 497—498), in quibus has litteras evulgavit P *Ioannes*

---

[1] Cartas de *San Ignacio* III, 404—405

Primus (Pien) S J exemplo usus, quod Romae a P Ignatio Pinio S J ex ipsa
„minuta‛ originali⁻ (commentario ad certam et firmam formam redacto) descriptum
esse asserit, quae ibidem in archivo Societatis asservetur

Edidit easdem litteras etiam *Boero*, Canisio p 467—470, ex eadem „minuta‛,
quae tunc quoque supererat (cf ibidem p 111—112), nunc autem ubi exstet, me
quidem latet Ex Actis Sanctorum transcriptae sunt in „Cartas de *San Ignacio*‛
IV, 535—538

In codice nostro „Brevia et Rescripta antiquiora‛ n 43 prior quidam commentarius harum litterarum exstat, quem vel Didacus de Lasso vel officialis aliquis
curiae romanae S Ignatio examinandum proposuisse videtur, antequam litterae
ipsae in certam formam redigerentur

Apographum ipsarum litterarum, eodem paene tempore scriptum, Viennae
exstat in archivo supremi collegii eorum, qui imperatori a rebus sacris sunt (Cultus-
Ministerium) Quod ante aliquot annos vidi quidem, sed nescio quo pacto cum
ceteris exemplis non contulerim

*Pontifex Canisium ob eius virtutes atque ut Ferdinando regi satisfaciat, epi-
scopatus viennensis „in spiritualibus et temporalibus administratorem‛ ad annum
constituit eique potestatem tribuit, ea, quae iurisdictionis sint, per se vel alios, quae
autem ordinis, per quemvis episcopum faciendi, beneficia ecclesiastica conferendi, de
reditu episcopatus disponendi etc Capitulo ecclesiae cathedralis, clero, populo praecipit, ut Canisio oboediant, archiepiscopo salisburgensi mandat, ut eundem suffraganeum habeat et tueatur* [2]

Dilecto filio Petro Canisio, presbytero ex Societate Jesu, magistro
in theologia [1]

Dilecte fili, salutem[b] Cupientes ecclesiae Viennensis [?][c], provinciae
Saltzeburgensis [3], ad praesens certo modo pastoris solatio destitutae,

---

[a] *In litteris archetypis haec verba scripta esse videntur* Iulius PP III
[b] salutem etc comm prior Dilecte Fili, salutem et apostolicam benedictionem *Bo.*
Quod in archetypo quoque fuisse puto [c] *Sic Sed legendum videtur* Viennensi

---

[1] Minuta == „abbozzo di scrittura, prima perscriptio, informatio, commentarius‛
(*Gaet Moroni*, Indice del Dizionario di erudizione storico-ecclesiastica IV [Venezia
1878], 391)

[2] In his litteris, praeter alia, duo notatu digna sunt 1 Pontifex dioecesim
viennensem „suffraganeam‛ dicit archidioecesis salisburgensis Eam „exemtam‛
esse et Fridericus Nausea episcopus viennensis paulo ante asseruerat (*Wiedemann*
1 c I, 106), et postea affirmatum est („Das Wiener Bisthum war von Anfang schon
exemt‛ *M Hansle*, „Wien‛, in „Kirchen-Lexikon‛ ed a H J Wetzer et B Welte
XI [Freiburg i Br 1854], 980) 2 Capitulum ecclesiae cathedralis viennensis
Canisio episcopatus administratori „tamquam patri et pastori animarum suarum‛
oboedire iubetur De eodem capitulo Ioannes Faber episcopus viennensis (1533
ad 1541) scripserat „Das Domcapitel die Capitularen wollen exemt und frei
sein und der Bischof ist ihnen eine aftera nulla ‛ Ac Nausea eius successor conquestus erat „Episcopum nihil habere iurisdictionis in Canonicis‛ (*Wiedemann* 1 c
II, 2—3 Studien und Mittheilungen aus dem *Benedictiner- und Cistercienzer-Orden*
1 Jahr II [Würzburg-Wien 1883] 162)

[3] Utrum in antiquo illo chronico Bruschio-Heroldiano episcopatus viennensis
metropoli salisburgensi subditur (Chronick oder kurtz Geschichtbuch aller Ertz-
bischoffen zu Maynts Durch *Caspar Bruschen* in Lateyn beschrieben, durch
Iohann Herolden verteutscht [Franckfurth am Mayn 1551] f 2(2 v)

personam secundum cor nostrum utilem et idoneam praeficere, et ne
interim ecclesia ipsa in spiritualibus, et temporalibus patiatur, opportune providere. et attendentes, quod tu, ob tuam in Deum pietatem,
et literarum scientiam, ac in spiritualibus providentiam, et temporalibus circumspectionem, diversaque alia virtutum dona, quibus personam tuam illarum largitor Altissimus multipliciter insignivit, ecclc-
siam praedictam, illius durante vacatione, scies, voles, et poteris
salubriter regere, et feliciter gubernare, ac eidem ecclesiae in illius
regimine, et administratione plurimum utilis et fructuosus esse · motu
proprio, et ex certa nostra scientia, ac de Apostolicae potestatis
plenitudine, contemplatione etiam charissimi in Christo filii nostri Ferdinandi, Romanorum et Ungariae regis illustris, in imperatorem electi [1],
quem hoc summopere cupere intelleximus: te, de quo ex praemissis
plurimum in Domino confidimus, ipsius ecclesiae in spiritualibus et
temporalibus administratorem ad annum ', intra quem eidem ecclesiae
de idoneo et utili pastore providebimus, Apostolica auctoritate constituimus, et deputamus, plenam, et liberam eiusdem ecclesiae curam et
administrationem tibi in eisdem spiritualibus, et temporalibus, anno ᵇ
huiusmodi durante, plenarie committendo [2]

Volumus autem, quod, administratione huiusmodi durante, in dicta
ecclesia, ac civitate, et dioecesi Viennensi, ea, quae jurisdictionis existunt, per te ipsum, vel alium, aut alios. quos nomine tuo possis substituere, libere exercere: quae vero Ordinis fuerint, per Catholicum
antistitem, gratiam et communionem dictae ᶜ Sedis habentem, exerceri
facere, ac quaecumque beneficia ecclesiastica cum cura, et sine cura,
secularia. et quorumvis Ordinum regularia, ad collationem, et pro-
visionem. praesentationem, electionem, et quamvis aliam dispositionem,
pro tempore existentis episcopi Viennensis pertinentia, conferre, et de
illis providere, ac ad illa praesentare, et eligere, aliasque de illis, nec
non debitis et consuetis mensae episcopalis Viennensis supportatis
oneribus, de residuis illius fructibus, redditibus, et proventibus disponere libere et licite valeas in omnibus, sicuti episcopi Viennenses.
qui pro tempore fuerunt, illa conferre, et de illis providere, ac ad
illa praesentare, et eligere, aliasque de illis, nec non mensae prae-
dictae fructibus, redditibus, et proventibus disponere potuerunt, seu

---

ᵃ ad nostrum et apostolicae sedis beneplacitum *comm prior*, *sed in margine*
correctum est ad annum
ᵇ beneplacito *comm prior*, *sed correctum est* anno   ᶜ Sanctae *Bo*

---

[1] Memoratu fortasse dignus hic Ferdinandi titulus „in imperatorem electus“
„Imperator electus“ idem a principibus electoribus consalutatus est Francofurti ad
Moenum 24 Martii 1558, postquam Carolus V imperio ac nomine imperatorio se
abdicavit
[2] Ex lectionibus variantibus sub ' et ᵇ positis haec intelleguntur In eo erat,
ut Canisius episcopatum tanto tempore administrare iuberetur, quanto pontifici videretur At Ignatius effecit, ut tempus illud ad unum annum restringeretur

etiam debuerunt alienatione tamen quorumcumque bonorum immobi-
lium, et pretiosorum mobilium dictae mensae penitus interdicta.[1]
Quocirca discretioni tuae, ut curam, et administrationem prae-
dictas, ut praefertui, sic solicite geras, et fideliter prosequaris, quod
ecclesia ipsa gubernatori provido, et fructuoso administratori gaudeat se
commissam, utque [sic] praeter aeterna retributionis praemia, et dictae
Sedis benedictionem, et gratiam exinde uberius consequi mercaris· nec
non dilectis filius, capitulo et vassallis ecclesiae, ac clero, et populo
civitatis, et dioecesis praedictarum[a] per praesentes mandamus, ut
capitulum tibi tamquam patri et pastori animarum suarum humiliter
intendentes exhibeant tibi obedientiam, et reverentiam debitas, et de-
votas, et clerus te benigne recipientes, et honorifice pertractantes,
tua salubria monita, et mandata suscipiant humiliter, et efficaciter
adimplere procurent· populus vero te devote suscipientes, tuis monitis,
et mandatis salubribus humiliter intendant, ita quod tu in eis devotionis filios, et ipsi in te patrem benevolum invenisse gaudeatis. vas-
salli autem praedicti te debito honore prosequentes, tibi fidelitatem
solitam, ac consueta servitia, et jura tibi ab eis debita integre exhibere procurent, alioqum sententiam, sive poenam, quam rite tuleris
seu statueris in rebelles, ratam habebimus, et faciemus, auctore Domino, usque ad satisfactionem condignam inviolabiliter observari
Rogamus quoque et hortamur attente praefatum Ferdinandum,
et venerabilem fratrem Archiepiscopum Saltzeburgensem[b][2], eidem
archiepiscopo per Apostolica scripta mandantes, quatenus te, et prae-
fatam ecclesiam ipsius archiepiscopi suffraganeam habentes pro nostra
et dictae Sedis reverentia propensius commendatos, in ampliandis et
conservandis juribus vestris sic vos benigni favoris auxilio[c] prosequan-
tur, quod tu eorum fultus praesidio, in commisso tibi ejusdem ecclesiae regimine possis Deo propitio prosperari, ac Ferdinando regi a
Deo[d] perennis vitae praemium, et a nobis condigna proveniat actio
gratiarum, ipseque archiepiscopus proinde divinam misericordiam, ac
nostram ac dictae Sedis benedictionem et gratiam uberius valeat·

ᵃ Bo haud recte praedictorum
ᵇ Saltzeburgensem Bo
ᶜ Sic Cant, Acta et Bo minus recte auxilia
ᵈ adeo Acta, Cant, Bo, a Deo comm prim, atque rectissime, proxime enim
sequitur et a nobis   ᵉ valeant Acta, Bo

[1] Dioecesim viennensem eo tempore civitatem et 14 tantum parochias rusti-
canas complexam esse testatur Ioseph Othmarus cardinalis Rauscher, archiepiscopus
viennensis, in litteris pastoralibus, quas, Canisio in catalogum beatorum relato
9 Aprilis 1865 ad fideles archidioecesis suae dedit (cf „Der selige Petrus Canisius Hirtenschreiben" etc [Wien 1865] p 35)
[2] Michael a Kuenburg archiepiscopus salisburgensis electus erat 21 Iulii 1554
consecratus est 6 Ianuarii 1555 (Ios, Franc, Paul Mezger O S B, Historia Salisburgensis [Salisburgi 1692] p 591—602)

promereri Datum ᵃ Romae apud S Petrum die teitia Novembris MDLIV, anno quinto ᵇ".

Pinu asserunt minutae archetypae haec subscripta esse
"Manu propria Cardinalis Putei" (Iacobi dal Pozzo, du Puy?) cardinalis presbyteri S Simeonis [1]
Attento consensu Praepositi Generalis, et quia rex supplicat, et minuta est in forma, potest expediri   Ia Cardinalis Puteus
Manu P Polanci secretarii
Expeditioni hujus brevis nomine meo et totius Societatis consentio
"Propria manu S Ignatii "   Ignatius

164.

CANISIUS

MARTINO CROMER,

secretario regio et canonico ecclesiae cathedralis cracoviensis [2]

Vienna 6. Novembris 1554

Ex apographo eiusdem temporis, quod pro Stanislao Hosio, episcopo varmiensi, conscriptum esse videtur, nuncque Gothae exstat in bibliotheca ducali, cod „Nr 381", f 46

Ex eodem apographo epistulam primus edidit *Ernestus Salomon Cyprian* in „Tabulario ecclesiae Romanae seculi decimi sexti, in quo monumenta restituti calicis Eucharistici totiusque concilii Tridentini historiam mirifice illustrantia continentui" (Francofurti et Lipsiae 1743) p 576—577

Collegium Societatis a Stanislao Hosio episcopo varmiensi instituendum urget De collegio Oeniponte condendo Libri „de emendanda republica" ab Andrea Fricio editi gravem censuram agit Queritur Cracoviae lutheranos edi libros

Gratiam domini Jesu nobiscum sempiternam.

Pergratae mihi fuerunt literae tuae, Reuerende domine, quas ego post abitum a nobis tuum vnicas accepi, neque piaeterea in hunc usque diem quicquam intellexi de colonia sodalicii nostri, sicuti ambo cupiebamus, in Prussiam deducenda [3]. Mirantui et nostri, quos Romae admonendos de hoc instituto curaveram, merum et diuturnum intercedere

---

[a] Datum *nec quicquam aliud habet comm prior*
[b] Pontificatus nostri anno quinto *Bo Atque ita etiam in archetypo scriptum fuisse vero simillimum est*

---

[1] In „Actis Sanctorum" asseritur Puteum tunc „Signaturae gratiae Praefectum" fuisse *Cuicontus-Oldomus* (l c III, 773) et *Cardella* (l c IV 314) affirmant eum a Paulo IV signaturae modo gratiae, modo iustitiae praepositum esse
[2] *Martinus Cromerus* Everardo Mercuriano, Societatis Iesu praeposito generali, Heilsberga 20 Martii 1574 scripsit „Ex quo P Canisium, et alios qvosdam de ista ipsa societate Viennae in Austria cognovi (cognovi autem ante aliqvot et viginti annos primus, ni fallor, Polonorum) adamavi eam, dedique operam, vt eius Polonia nostra et Prussia expers non esset, Non illius qvidem, sed nostra ipsorum gratia" (ex *epistula Cromeri archetypa, quae est Romae in archivo regio [archivio di stato]. Convol „Archivio dei Gesuiti Lettere 1548—1575")
[3] Vide supra p 458—460

silentium. veluti vana iuvandae in Christo Prussiae spe lactarentur
Qvare a nostris nihil neglectum vides, qui si adhuc venturi sunt, non
solum ad Malaeum quem nominas Archiepiscopum[1]. verum etiam ad
pontificem max et ad praepositum nostrum D Ignacium serias mitti
literas et preces D Varmiensis[2] optarim Ac praeterea mihi consultum fore videbitur, si Romae constituatur aliquis, qui necessario
viatico instruat profecturos: nisi forte dum Vienna transibunt, huc
denuo ut sumptus necessarios accipiant, vestra quoque liberalitas efficiet Rex brevi aliam mittet coloniam e nostris Pragam, ac fortassis etiam, ut audio, Oempontum Dominus Jesus ecclesiae suae
salutares faciat nostros conatus

De Andrea Fricio regio secretario. cuius opus de emendanda
republ nunc excusum typis dedit Oporinus, hoc vnum addam, vereri
me admodum, ne et authori, et regi. regnoque vestro futurum sit
dedecori quod ille cum tot apologijs adfert de ecclesia[3] Elegantiam

---

[1] Marcum Antonium Maffei archiepiscopum theatinum significat. cf supra p 460
[2] Stanislai Hosii episcopi varmiensis
[3] De Andrea Fricio Modrevio (Andreas Fricz Modrzewski). secretario regio
et advocato volborenstii, *Vailius Musaeus Hypotens* (Andreas Trzycieskiego) in
„Elegia de sacrosancti evangelii, in ditione regis Poloniae post revelatum Anti-
christum, origine, progressu et incremento" cecinit

    „Nec minor et Fricio debetur gloria, cum sit
    Ingenio magnus, magnus et eloquio
    Quem morum gravitas doctrina amplissima rerum,
    Christiaco primus aequat in orbe viris
    Scriptaque fecerunt tibi formidabilis ut sit
    Dire Papa, aeterno tempore digna legi"

Anno 1551 Cracoviae ex officina Lazari in lucem primum emissi sunt Fricii „De
emendanda republica comment LL V quorum primus de moribus sec de legibus.
tertius de bello, quartus de ecclesia quintus de schola ad Regem, Senatum, Pontifices, Presbyteros, Equites populumque Poloniae ac reliquae Sarmatiae" (8°)
Opus Sigismundo Augusto Poloniae regi ab auctore dedicatum est et saepius typis
exscriptum latine Basileae a 1554 (apud Ioannem Oporinum). 1557, 1559 (2 tomi
in 2°). germanice ibidem 1557 (2°), polonice Wilnae 1770 (8°) De editione basileensi anno 1554 facta Hosius 23 Ianuarii 1553 Heilsberga ad Andream Zebrzy-
dowski episcopum cracoviensem scripsit „Nunc liber is a Cromero mihi missus
est , quo non credo quicquam adhuc in Regno Poloniae scriptum esse pernicio-
sius et ad inflammandum contra nos invidiam saecularium aptius Iudicium de
scripturis penes quemvis de plebe vult esse potius quam penes nos Episcopos
Intrica tamen nec equestri parcit ordini nec in ipsam Regiam Maiestatem videtur
esse mitior" Eadem episcopo cracoviensi paulo post Nicolaus Dzierzgowski archi
episcopus gnesnensis, Hosii rogatu, commendavit ut bibliopolis cracoviensibus illius
operis venditione interdiceret Quod etiam universitas lovaniensis in suo librorum
catalogo anno 1558 edito proscripsit Cum autem Hosius in „Confessione fidei catholicae anno 1551 nomine synodi proticoviensis edita et anno 1553 primum typis
exscripta aliquas Fricii sententias (quas proxime ex eiusdem „Dialogis de utraque
specie contra Domium" a 1550 editis hausisse videtur) refellisset, is Hosii argumentis „Apologiis" opposuit quas anno 1554 adiunxit libro „De ecclesia" qui operis
„De republica" quartus erit, tunc primum in lucem emisso, nam anno 1551 Cracoviae

et libertatem illi concedo: in sacris doctrinam, quae sobrietatem sapiat [1], non tribuo   Et quid opus erat pontificem, Episcopos, Synodumque Tridentinam sic traducere, sectarijs favere, damnatis iam olim erroribus patrocinari, hoc praesertim tempore tam exulcerato, quam maligno, ubi scandaloium abunde sat est, licet istiusmodi homines frigidam non suffundant, et igni, ut dicimus addant oleum. Sed haec ego Poloniae ecclesiae amans dixerim, non quod censor esse velim: tantoque iustiorem hinc moerorem accipio, quo tristiora huc nuncia perferuntur de tumultuantibus istic in religionis causa vulgaribus animis. Nec probo, quod Cracoviae Lutheranos authores excusos Vienna nunc videat, catholicos autem fere nullos accipiat [2]. Canisium qvaeso commendatum habeat sibi dignitas tua, qvam scruet Deus opt max Viennae 6 Novembris 1554.

Servus in Christo
Petrus Canisius de societate Jesu
theologus minimus.

Reverendo domino Martino Cromero Secretario Regio, patronoque summe colendo.

De hac Canisii epistula Hosius Heilsberga 11 Maii 1555 Canisio scripsit „Ostendit mihi   Cromerus noster, quae scripsisti de Fricio, de quo recte iudicasse videris Contra quem autem librum apologiae istae conscriptae sint, puto te non ignorare " [3] Apographum epistulae huius canisianae Hosius una cum litteris asservabat, quas a viris summis acceperat Eius autem archetypum fortasse significat, Varsovia 30 Ianuarii 1556 Cromero scribens „Canisii litteras, quarum oblitus videbaris, tibi remitto " [4]

165.
SANCTUS IGNATIUS
CANISIO.

Roma 21 Novembris 1554

Ex „Cartas de San Ignacio" IV, 483—484 369—370, in quod opus haec epistula transcripta est ex codice epistularum S Ignatii, qui antea in archivo Societatis romano exstabat (1 c p 369, adnot 1)

_ _ _

eum edere vetitus erat Paulus IV in „Indice" anno 1559 promulgato omnia Fricii opera „prohibuit" (Sim Starotolscius, Scriptorum Polonicorum LA 170NTIS [Francoforti 1644] p 81 I G Th Graesse, Tresor de livres rares et precieux IV [Dresde 1863], 556 Reusch, Index I, 438 Hosii Epistolae II, 79 80 475 495 ad 496 517 519—520 1041 P Bayle, Dictionnaire historique et critique III [5e ed, Basle 1738], 403 X Iul Bukowski, Dzieje reformacyi w Polsce od wejścia jej do Polski aż do jej upadku I [Krakow 1883], 689—699)   [1] Cf Rom 12, 3
[2] Ita v g Ioannis Spangenbergii Heidessiani, „apud Northusianos verbi Dei ministri", „Computus ecclesiasticus" Cracoviae prelum subiit annis 1543, 1546, 1547, 1554, ibidem alia Spangenbergii opera typis descripta sunt „Dialectica" a 1548, „Rhetorica" a 1550, „Trivii Erotemata" a 1552 (Theod Wierzbowski, Bibliographia Polonica XV ac XVI ss II [Varsoviae 1891], 2 98—99 88 92 96, III [Varsoviae 1891], 52 57)   [3] Hosii Epistolae II, 1041
[4] Hosii Epistolae II, 662

Quui Ferdinandus rex a pontifice petierit, concessa esse, nisi quod valetudinarus a regi condendis monasteriia deserta attribuere non liceat

IHESVS

La somma grazia, etc   Nella informazione vostra originale si manda la risposta punto per punto di quello che si è ottenuto da Sua Santità, ed è quanto si pretendeva[1], in fuora della facoltà di incorporare negli otto ospedali quelli monasteri, il che non si concede, per essere tale la usanza degli eretici, coi quali non è buono convenire, ne mostrare di approvare il fatto loro empio con l'esempio della pietà del Re[2]. Darete a Sua Maestà la mia lettera scritta in lingua spagnola[3] e anche la patente del Cardinal Puteo[4]: e della[4] informazione per voi mandata mostrerete a Sua Maestà e a chi sara per quella commesso Delle altre cose mi rimetto a quello che scriverà M. Polanco

Dio Nostro Signore dia a tutti grazia di conoscere ed eseguire sempre la sua santissima volontà.

Di Roma, 21 di Novembre 1554

IHESVS   A M Pietro Canisio   Vienna.

Iesus

Summa gratia etc Ipsius vestrae informationis exemplo singulisque eius capitibus ascripta mittimus, quae a sanctitate sua impetravimus, obtinuimus autem, quaecumque petita erant[1], praeter facultatem monasteriorum illorum octo illis valetudinariis attribuendorum, hoc enim non conceditur, cum haeretici sic agere soleant, quibuscum convenire non expedit, ne impia eorum facinora regiae pietatis exemplo comprobare videamur[2] Regiae maiestati litteras meas hispanice scriptas[3] atque etiam diploma a cardinali Puteo confectum[4] tradito informationem autem a te missam maiestati suae monstrato. et quibus hoc negotium ab eadem commissum erit De ceteris rebus M Polancus ad vos perscribet

Deus et dominus noster omnibus nobis gratiam suam concedat, qua sanctissimam eius voluntatem semper cognoscamus atque exsequamur

Roma 21 Novembris 1554

Iesus   M Petro Canisio, Viennae

ª *Sic „Cartas", sed legendum esse videtur* la

----

[1] Iulius III litteris 14 Februarii 1555 datis excommunicationis poenam sustulit, qua eos affecerat, qui sceleris anno 1551 in Georgium cardinalem Martinutium episcopum waradinensem, commissi auctores vel participes fuissent Fortasse Ferdinandus hoc quoque negotium Ignatio et Canisio commendaverat (*Polancus*, Chronicon III, 254 *Bucholtz* I c, Urkunden-Band p 612—614)

[2] Cf supra p 476 A 1555 Paulus IV concessisse videtur, ut Ferdinandus monasteria illa deserta vel quasi deserta valetudinariis attribueret Cf *Cartas de San Ignacio* V, 231—235

[3] Hae litterae Romae 22 Novembris datae, exstant in *Cartas* IV, 370—373

[4] Hoc diplomate Iacobus cardinalis Puteus idem faciebat gratiarum a Iulio III concessarum (*Cartas* IV, 372—373)

166.

CANISIUS

MARTINO CROMER,

canonico cracoviensi et secretario regio

Vienna 27. Decembris 1554.

Ex autographo (2°, p 1, in p 4 insei et pars sig) Cod ciacov .Cromeri epistt " n 19

Ex eodem autographo primum edita est a *I'i Hiplei* et *I'inc Zaki zenski* in opere „Stanislai Hosii et quae ad eum scriptae sunt Epistolae" II (Acta historica res gestas Poloniae illustrantia ab anno 1507 ad annum 1795 IX [Cracoviae 1886 1888]), 1020—1021

Ciomeio in pioximum annum laeta ominatui et in memoiiam ievocat, quantam sibi benevolentiam Viennae exhibuei it, et quae de collegio Societatis in Polonia condendo inter se constitueiint Huius collegii causam Ciomeio enixe commendat, in ea Societatem non sua, sed ecclesiae et Poloniae emolumenta quaeieie De iuvene quodam in collegium germanicum piofectui o

†

Dominus IESVS, qui nobis et natus, et circumcisus est paruulus, veram in nobis secundum Spiritum regenerationem simul et circumcisionem compleat, quo plane et in vtroque homine reformati, foelicibus auspicijs nouum hunc annum excipiamus^{a 1} Quum isthuc iret frater Dominicanus. measque ad dignitatem tuam literas non grauatim accipeiet. Magnifice Domine Cremeie^b, ausus sum equidem haec, qualiacunque sunt, elaborata certe non sunt, scripto commendare Neque enim possum non meminisse, qua me humanitate ac beneuolentia complecteretui cum hic nuper adesset[2], meque ad familiaria colloquia perbenigne admisisset tua facilitas et chaiitas Ex illis igitur qui tunc intei nos fueie. congressibus tantum animi fiduciaeque sumpsi, quantum mihi ad scribendum iam fore satis existimo In me quidem cur magnis placere, probarique viris debeam, scio vix quicquam inesse· neque precaii velim, vt aut eruditionis, aut virtutis et pietatis nomine cuiquam falso commender. Verum enim uero illos mihi fauere ac studere gaudeo, quorum authoiitate et ope ad gloriam CHRISTI propagandam et vtilitatem Ecclesiae piomonendam vti posse videor. Nunc de instituto nostro haud repetam, ne uel sapientiae, fideique tuae, quam hic scio aduigilaturam. videar diffidere, vel personae meae decoro male insei uiam Coram, in fallor. satis inter nos tractatum

---
¹ *In hac periodo manu posteiioie eaque ignota aliqua mutata et addita sunt, quae cum feie oiationis oinandae giatia facta sint, hic neglepuntui*
^b *Sic etiam infia*

---
¹ Canisius a sacro tempore, quo scribit natalitiorum Christi exorditui Cf Is 9, 6 Tit 3, 5 Rom 2 29   ² Cf supia p 458—459 509²

est non adspernandum videri posse prouentum, si quem nostri isthuc euocati in Christo referrent, ex messe Polonae amplissima pulcherrimaque Sed multum in Patronis situm est, qui pusillum IESV gregem [1] primi fouere atque complecti dignabuntur. Ego vt ingenue dicam quod sentio, hanc tuae praestantiae gloriam constare integram velim, vt quicquid ad Religionis ac pietatis causam vindicandam apud vos nostri rite gestum sunt vnquam, si quidem suorum conatibus faueat JESVS Opt Max id vniuersum sub Domino Cremero velut spiritalis huius operis architecto fundatum atque fabricatum in Christo esse videatur   Laborandi et patiendi pro Capite crucifixo, pro fratre misero, pro imperita pueritia venabar occasionem apud Polonos Priuati si quid commodi specto, Deum precor, ne succedat hoc institutum, quod non nostris profecto, sed si quid ego video. Polonis per nostros adiuuandis plane accommodatum est   At nihil apud sapientem opus pluribus, et bona merx, vt aiunt. emptorem facile reperit, etsi praeco non etiam accedat sedulus [2]

Casparum tuum [3] amo, quia studiosum et fidum vt experior, adolescentem se reipsa comprobat Vsus sum illius opera in scribendo, iamque illud effectum puto, vt ad Germanicum Collegium Romae institutum breui recipiat sese Ducem eius itineris habebit Legatum Pont Max [4], quod hinc sit non multo post rediturus in Jtaliam Tum literis ad nostros datis ita commendabitur, vt pulcherrimo illi collegio Romae florenti quamprimum, vbi eo peruenerit, deo fauente adiungatur Sed quid ego docmum offitij non debeo, vel tuo solius nomine [5] cui certe percupio gratificari Dominus IESVS gratia nos sua semper augeat Viennae ferijs D Joannis Euangelistae [5] Anno post Christum natum 1554

Magnificentiae tuae

Seruus in Christo et indignus Theologus

Petrus Canisius Nouiomagus

† Clariss uiro Domino Martino Cremero, Canonico Cracouiensi et Regio Consiliario, Patrono humanissimo Cracouiae

Epistulae a Canisio anno 1554 datae, quas modo proposuimus nullum tempus diuturnioris illius mansionis augustanae relinquunt, quam quidem fingit *Gothein* (l c p 761) atque epistulis quoque et monumentis omnibus, quae infra in hoc et in secundo operis huius volumine ponemus, euincetur Canisium ante annum 1559 nunquam Augustae per longius tempus consedisse

[1] Luc 12 32
[2] „Proba merx facile emptorem reperit, tametsi in abstruso sita est" *Marcus Fundus* in „Pomulo" act 1, sc 2, v 129
 Hic quis fuerit nescio
[4] *Zachariam Delfinum* dicit de quo supra p 478 [8] Attamen is mense demum Augusto a 1555 Vienna Romam profectus est (*Hosii* Epistolae II. 430 [1])
[5] 27 Decembris

167.

CANISIUS

MARTINO CROMER.

Vienna 15 Ianuarii 1555.

Ex autographo (2°, p 1, m p 4 inscr et sigill). cod cracov „Cromeri
epistt " n 7

Primum edita est epistula in *Stanislai Hosii* Epistolis II, 1022—1023

Denuo monet, ut collegium Societatis in Varmia condatur Se Borussiam diligere De Anglia ad ecclesiam catholicam reducta et de proceribus Polonis religionem catholicam turpiter neglegentibus De Ficini, Cromeri, Hosii scriptis

IESVS

Pax Domini JESV nobiscum sempiterna E proximis literis, quas sub finem Decembris ad me dedit excellentia tua digniss Domine Cromere. quod uolebam accepi de causa optimi Episcopi Varmiensis. Hactenus, ut antea quoque scripsi[1], mora in nostris nulla fuit· ego Prussiam amo, et a fratribus adiuuari posse confido sub tali praesule atque Moecenate, cui summus debetur fauor et amor omnium Catholicorum Hoc vnum superesse sentio, vt in mandatis Romae detur amico, qui de colonia ista mittenda et viatico instruenda curam ampliss Episcopi nomine suscipiat, susceptam tum apud Pont Max tum apud Praepositum nostrum Jgnatium exequatur Ego nihil dubitarim, crede mihi, uel hodierno die iter ad Prussiam ingredi, si sancta dux erit obedientia, cui me vti par est accommodabo: sed interim si testari re ipsa possim, verbis indicare non referret hanc meam erga tantum antistitem beneuolentiam, et in omni offitiorum genere propensionem

Strenae loco adiunxi noua quaedam de Anglia[2], praeclara illa profecto, quae ut haereticos offendere, sic Catholicos animos, in plane fallor, recreare maxime possunt[3]. Nec desunt tamen proh dolor, qui nouuandae [sic] Religioni student, postquam Angliae tam male cessit isthaec sectaria nouatio quam ingenti suo malo sensit, et communi rursus

---

[1] Supra p 509—511 513—514

[2] Anno 1554 Augustae Vindelicorum a Ioanne Zimmermann typis exscriptus est libellus „Newe Zeytung Was sich jetzt verschinen tagen, Mit des Printzen ankunfft in Engellandt, Vnd mit der Schlacht in Italien Auch mit dem grossenn Kriege, zwischen der Rom Kays Mayestat, vnnd dem Französischen Kunig zugetragen hat" relatio siue epistula data est „im Kayserlichen Feldlager zu Sanct Leuin, am 17 tag Augusti, Anno 1554" (4°, ff 16) (*Em Weller*, Die ersten deutschen Zeitungen, in „Bibliothek des litterarischen Vereins in Stuttgart" CXI [Tubingen 1872], n 202) Hunc vel similem libellum Canisius Cromero misisse videtur

[3] Maria Angliae regina et Philippus Hispaniae princeps 25 Iulii 1554 matrimonio iuncti, Reginaldus cardinalis Polus, pontificis legatus, exeunte Novembri in Angliam advectus. anglicana natio ineunte Decembri cum ecclesia sollemniter reconciliata etc (*I Lingard*, A history of England VII [London 1844], 173--180)

33 *

bono reiecit atque profligaunt Vtinam Fricius haec secum expendat,
priusquam sibi et suis, ac nobili Poloniae flagellum arcessat, quod
cum velit igne semel succenso, nequeat amoliri, nedum restinguere
prorsus[1] Male autem uobiscum agi. quemadmodum scribis, non dubito illudque potissimum doleo, nullam in magnatibus curam, sed
summam vbique socordiam esse in vindicanda sacrosancta Religione,
cuius neglectum et iniuriam tantum non laetis spectant et dissimulant
oculis vt apertis nonnunquam hostibus sint pestilentiores Non sinet
autem DEVS multam Ecclesiae sponsae suae tantam iniuriam atque
proculcationem Percupio videre dialogos tuos[2], et scriptum aliud
Domini mei Varmiensis si fieri ullo modo queat[3] Qua in re vtinam
voti compos fiam nihil esse gratius queat hoc tempore Dominus
IESVS anni huius ingressum nobis auspicatum esse concedat Viennae
15 Ianuarij 1555

              Magnificentiae tuae

                  Indignus in Christo seruus Canisius

Clarissimo domino meo Martino Cromero, a conciliis et secretis
Serenissimi Regis Poloniae

168.

CANISIUS

WIGULEO HUNDT,

consiliario ducis Bavariae et curatori uniuersitatis ingolstadiensis

Vienna 14. Martii 1555[4].

Ex apographo eiusdem temporis (2°, pp 4) Cod monac „Ies Ing 1359/I -
f 30—32

Aliquas epistulae sententias proposuit *Python* I c p 74 348—349 maiorem
partem *Riess* I c p 147—148. aliquam partem *G Patiss S J*, Der selige Petrus
Canisius (2 Aufl . Wien 1865) p 143, totam epistulam *Manfi Mayer*, Wiguleus
Hundt p 305—306

----

[1] De Andrea Fricio vide supra p 510[3]
[2] Cromerus anno 1551 Cracoviae primum suum colloquium ediderat, polonice
inscriptum „O wierze y o nauce Luterskyey " Tria alia proximis annis ab eo
polonice edita sunt Hoc autem tempore de iis latine vertendis cogitasse videtur
Ac reapse saepius postea latine edita sunt Dilingae Coloniae, Parisiis v g Coloniae anno 1568 cum hoc titulo „Martini Cromeri Monachus, siue colloquiorum de
religione libri quatuor, huius distincti dialogis" (*Hosii* Epistolae II, 42 1023 *Eichhorn,* Cromer I c p 111 *Karl Estreicher,* Polnische Bibliographie des XV—XVII
Jahrhunderts [Krakau 1883] p 40—42)
[3] Hosii scriptum „De actis in Comitiis Prussiae Graudentinensibus, Anno Domini M D LIII " significat quod Cromerus anno 1554 a Hosio acceperat (*Hosii*
Epistolae II 382 1023 Exstat in „D Stanislai Hosii operum Tomo secundo", ed
Stan Reszius [Coloniae 1584] p 82 91)
[4] Hundt sub initium mensis Martii 1555 ab Alberto duce in officio „patroni"
siue curatoris uniuersitatis confirmatus erat (*Cod monac „Protocoll " f 202*)

Pars etiam actis beatificationis inserta est „*Positio super virtutibus*" (Romae 1833) Expos virt 41

Aliqua ex hac epistula protulit *Gotheim* I c p 701

De iuvene quodam, in collegium germanicum, Canisio iuvante, profecto In viennensi et aliis Germaniae academiis religionem valde corrumpi Germaniae principes ad oboedientiam summi pontificis reduce et haereses strenue exturbare debere Haereticos, si opus sit, etiam vi esse compellendos Hundro negotium collegii Ingolstadii condendi commendat eundemque acrites excitat, ut ecclesiae hostibus magno animo obsistat

Magnifice Domine Consiliarie [a], gratia Dominj
nostrj Jesu christj et pax aeterna nobiscum

Vt primum de nostro Dauide dicam, Abijt hinc ille Romam, magis ob sociorum quos forte nactus est commoditatem ad proficiscendum, quam ex meo consilio decretoue. Literas enim hactenus Romanas expecto, quibus reddj certior queam, sit ne paratus Dauidj locus in Collegio illo Germanico [1] Nam non esse liberum cunctis Germanis aditum, siue ob ingeniorum quae deliguntur rationem, siue ob personarum illic frequentiam, siue ob sumptuum tenuitatem, iam ante videor intellexisse. Sed enim quia Schola Viennensis [2], eiusque corruptissimj mores, praesertim quod ad religionis Synceritatem attinet, Dauidj summopere [b] displicebant, et jtineris socij consolabantur [? | [c], et studiorum profectus apud exteros ipsi maior sperabatur, passus sum vna cum amicissimo Doctore Thramer [3], illum in sua persistere sententia, et abeuntj vt periculum faceret bonus adolescens de meliore fortuna, non modo datum est viaticum, sed etiam adiunctae literae commendatitiae meae Sed euentum diuinae prouidentiae ac bonitatj committamus Ego vt primum de illius statu certus aliquid didicero, Excellentiam tuam reddere certiorem curabo Certe hic nullj satis tutum arbitror, si saluum in Religione pectus conseruare velit, diu Viennae morarj et vtinam simile periculum non sit in alijs quoque Germanicis Academijs Quae cum Theologos inuenire non possint, praepostetis tamen Theologiae tractatoribus abundant, vt nunquam antea periculosius

---

[a] Cancellarie *cod mon Vide, quae infra post ipsam epistulam scribentur*
[b] sumopere *cod mon*
[c] *Sic, sed potius legendum esse videtur* consolabantur

---

[1] David ille quis fuerit, non constat, neque enim in antiquissimo collegii germanici catalogo (qui quidem mancus est) eius nomen comparet Incunte anno 1561 viennensis collegii „gymnasiarcha" fuit „P Dauid Ekius" (*Cod „Annal Vienn" f 11b—12a) Ex alus autem fontibus eruitur eum („P Dauid Eckius Germanus") tum temporis confessarium fuisse, sed eodem anno in Italiam missum esse (*C Sommervogel S J*, Les Jesuites de Rome et de Vienne en M D LXI [Bruxelles 1892] t C4', p xxxiv)   [2] Vniversitatem viennensem dicit

[3] Doctor Martinus Tramer anno 1552 in universitate viennensi professor iuris erat (*Aschbach* I c III, 83a) Postea fortasse consiliarius regius fuit

Dominus Jesus corruptissimo seculo finem et modum aliquem imponat, vt sicut nuper in Anglia per foeminam, nouam velutj Judith, actum est, ita per nostros Catholicos principes, extuibentui pestes, tollantur errorum magistrj, dissensionum Studia sopiantur, Agnoscatur christj vicarius et ecclesiae pastor, ac tamdiu desiderata nobis pax redeat ecclesiarum Redibit autem procul dubio, si ad obedientiam et vnionem illam, vnde tam indigne subtraxerunt sese, nostrj se principes recipiant Sectasque ex animo detestentur verum de his alias Cupio interim pietatj tuae nos commendatos esse, quantumvis exiguum hoc sit quod possumus in asserenda Religione, Nec ingratum erit cognoscere, quid inter Regem nostrum, principemque vestrum de illo Collegio Ingolstadij fundando tractatum sit[1] Sin minus procedet pium hoc institutum, in nobis tamen Bauariae commodandj et seruiendj voluntas manebit amplissima paratissimaque Sed nihil mirum, si Sathan eiusmodj conatus ad Christj gloriam et fidei aedificationem haud inutiles, more suo impediat, aut in longum extrahat Qua in re non dubito, quin pro virilj actura sit sapientia et authoritas tua, id quod christo, quod ecclesiae, quod fidej, quod patriae et honestissimum et vtilissimum iudicabit Ego quicquid Illustriss[imi] principis Albertj, vestroque nomine praestare possum, singularj quodam affectu, nescio quo pacto declarare aliquando re ipsa neque verbis pollicerj tantum percupio, adeo mihi cordj est Bauaria, in qua, si verum est Anabaptistarum Sectam (vt aiunt) late grassarj, est sane cui merito doleam Dominus Jesus per vos afflictis rebus opem adferat, et pernicaces istos in officio Religionis contineat, vt etiam si opus sit, compellantur intrare[2], qui suapte sponte et omni honestatis ratione ad ecclesiam redire et in Ecclesia perseuerare nihil curant Vere nos foelices, quamuis vulgo contemptj videamur, si ad christj gloriam et vindicandae Religionis studium nos totos conuertamus in hac tempestate, quae non solum patientiam, sed etiam diligentiam, fidem operamque omnem nostram postulat Quam iucundum olim meminisse erit, Amiciss[ime] vir, nos talibus muusos, piorum socios Ecclesiae filios, pro errau[tibus] sollicitos, pro domo dei zelo[3] accensos, multa pertulisse, magn[aque] tentasse, etsi parum forte successerit Itaque laborandj nunc, vt antea nunquam, adest occasio, certandj locus, vincendique tempus offert sese, et parata est apud christum corona his,

[1] Ferdinandus 22 Decembris 1554 Landishuti, 24—28 Decembris Monachii, 29 Decembris 1554 ad 19 Augusti 1555 Augustae Vindelicorum fuit, ubi 5 Februarii comitia imperii aperuit Eo etiam Albertus V Bauariae dux venerat (Stalin I c p 393 Janssen I c III, 748)
[2] Luc 14, 23 His verbis parabolae invitatorum ad cenam, qui se excusarunt, etiam S Augustinus utitur, cum demonstrat haereticos metu ac vi cogi posse, ut ad societatem ecclesiae redeant (De correctione Donatistarum c 6, n 24 S Augustinus Operum tom II, opera Mon O S B e Congr S Mauri [Parisiis 1679] col 653 Migne, PP LL XXXIII, 803—804)   [3] Ps 68, 10 Io 2 17

qui in hoc sanctissimo studio, sicut praeclarae mem: Dominus Eckius fecit[1], perseuerant, Neque luc inter laicum et Clericum volo esse discrimen: pro eadem religione, in eadem domo, sub vno eodemque pastore, in communj hoc naufragio, summa quemque contentione id agere et vigere conuenit, quod pro suorum salute, pro patria periclitante, pro vita redimenda facere oporteret Sed mea fortasse consolatione [²]ᵃ nihil opus constantissimo viro, militique christj[2] et Ecclesiae Dominus verum mundj contemptum et sui nominis amorem, in dies magis ac magis in nobis augeat. confirmetque spiritu suo, vt veritatj testimonium intrepide ᵇ perhibeamus[3] Viennae pridie Id · Martias ᶜ anno 1555
Excellentiae tuae

Seruus in Christo Petrus
Canisius Theol.

Inscriptio huius epistulae non superest Sed epistula ipsa ostendit Canisium viro scribere sibi „amicissimo", ecclesiae catholicae et Societatis Iesu studioso, qui in Bavaria magna polleat auctoritate Quae omnia in neminem melius conueniunt quam in Wiguleum Hundt Atque etiam *Python* affirmat has litteras „ad Wiguleum Hundium, Ducis Alberti Consiliarium". datas esse [a] At en difficultas In codice monacensi epistula sic incipit „Magnifice Domine Cancellarie" Hundt autem tunc cancellarius non erat [5], atque in aliis, quas Canisius ad eum dedit, epistulis non „cancellarius" appellatur, sed „consiliarius", idque recte Ideo *Riess* [6] et *Brandi* [7] putant Canisium hanc epistulam non ad Hundium misisse, sed ad Simonem Thaddaeum Eck, virum catholicae religionis studiosissimum, et qui tunc cancellarius erat burghusanus At hunc iam tunc Canisio „amicissimum" et tantae auctoritatis fuisse, ut „excellentiae" titulo ornaretur, demonstrari vix poterit Equidem puto mendum irrepsisse librarii, qui etiam in extrema huius epistulae parte scripsit „pridie Id Mathiae", cum „pridie Id Martias" scribi oporteret Scripserit ergo recte Canisius. „Consiliarie", et librarius id male converterit in „Cancellarie

169.
CANISIUS
SANCTO IGNATIO.
Vienna 25. Martii 1555.

Ex autographo (2⁰, 3½ pp , in p 4 inscr et pars sig)

ᵃ *Sic cod mon , sed Canisius scripsisse vel saltem scribere voluisse omnino videtur* cohortatione ᵇ intrepido *cod mon* ᶜ pridie Id Mathiae *cod mon   Cum festum S Matthiae 24 Februarii agi solvat, Canisius diem 12 Februarii significasset Sed dubitari vix potest, quin librarius hic quoque peccaverit, loco vocabuli* Martias *legens vel saltem scribens* Mathiae *Haec enim dies ascribendi ratio omnino insolita esset*

---

[1] Aut Leonardum ab Eck, Guilielmi IV consiliarium et vniuersitatis ingolstadiensis patronum, significat, aut summum illum theologum Ioannem Eccium
[2] 2 Tim 2, 3   [3] Io 5, 33, 18, 37   [4] Vita Canisii p 74
[5] *Manfr Mayer*, Hundt p 20—30 305¹   [6] Canisius p 147²
[7] Historische Zeitschrift, herausgegeben von *Heinr v Sybel* und *Friedr Meinecke*, LXXIII (München und Leipzig 1894), 513

Aliquot epistulae particulas ediderunt *Boero*, Canisio p 112 120, et *Dausignac*
I c p 132 (gallice)

*Gaudet, quod episcopatum viennensem suscipere non debeat De collegiis Neo-
magi, Pragae, Ingolstadii, Oeniponte condendis, PP Lainio et Natali ad comitia
augustana missis Catechismum paene ad finem se perduxisse, rogat, ut corrigatur
iisque successus Deo commendetur, cum exspectari in Saxonia et impugnatum in
Libellos famosos contra se spargi In Austria catholicam religionem pessum agi
De valetudinariis a Ferdinando I constituendis, confiniibus et periculis suis Maximilianum regem in Socios et maxime in Canisium infensum esse ob Phauserum con-
tioatorem suum Ferdinandum a Socus monitum esse de filio periclitante Hunc
ad Lutheranismum omnino propensum esse, quam malum habeat confessarium, quod
Phauserus doceat et agat Clerum idem esse Neminem catholice vivere audere Facultates quasdam pro Socio petit*

†

Reuerendo in Christo padre mio

La giatia et pace del Signore nostro Jesu Christo sia con noi
sempre. Prima rigiatio con tutto il cuore alla somma bontà, per la
quale mi e concesso questa gratia, di non hauere piu paura del uescouato o admmistiatione di quello Spero che mai il demonio ottenera
il suo intento a vincere la nostra Compagnia con questi fumi et colori
Facia la sua summa Maiesta, che possiamo guardare la simplicita secondo il nostro instituto

Item e cosa digna de rigratiare alla sua Santissima Maiesta, che
la R V P voglia risguardare et adgiutare la mia patria [1] per mezzo
de un collegio Prego dal cuore, che questa buona opera sia promossa
alla sua diuina gloria, et per il bene universale de geldria et alemania bassa

---

†

Reverende in Christo pater

Gratia et pax Iesu Christi domini nostri nobiscum sint semper Primum summae
bonitati toto pectore gratias ago, quod hanc mihi gratiam concessit, ut episcopatus
viennensis eiusve administratio non iam mihi timenda sint Spero diabolum, quod
vult, numquam assecuturum ut fumis istis ac coloribus Societatem nostram vincat
Summa maiestas faciat, ut simplicitatem instituto nostro convenientem servare
possimus

Item sanctissimae maiestati divinae gratias nos agere oportet, quod reverenda
paternitas vestra patriam meam [1] respicere et collegio adiuvare vult Deum ex
animo precor, ut bonum hoc opus prosperet ad divinam gloriam atque ad communem
Geldriae et Germaniae inferioris salutem

---

[1] Noviomagum, v supra p 175 485 et epistulas, quas P Ioannes de Polanco
iussu S Ignatii hac de re Roma 12 Februarii et 23 Martii 1555 ad P Leonardum
Kessel misit, atque etiam litteras, quas Ignatius ipse Roma 22 Martii 1555 ad
senatum noviomagensem dedit in „Cartas de San Ignacio" V, 357—358 368
ad 370 365 Senatui affirmat S Ignatius se „peculiari affectu charitatis in Noviomagensem civitatem propensum esse, ex qua aliquot cives" „servos Dei fideles et
strenuos" Societas habeat

Qui se manda vna litera della sua Maiesta Regia, et sicome noi
intendemo dalla copia. se tratta dal collegio Pragense[1] Io ho scritto
al Reverendissimo S Labbaccense, che supra ciò practicasse colli
RR PP. in Augusta[2], talmente che non dubito, la venuta di loro sara
utile etiam per promouere et concludere 1ª questo negotio del collegio in Praga   2° de Ingolstat   3° de Inspruck; perche la sua Maiesta ha determinato de lassare quel nouo et bellissimo collegio de
Inspruck nelle mani della R V P.[3] Io scrissi per altra uolta, sicome
se edifica questo collegio ex fundamentis, et le intrade sue sono firme,
stabili et per nutrir 40 persone, hauendo il Re vn uoto per fare vna
fundatione cossi Regia et liberale   Vero è, che la prima intentione
sua era per nutrir iui clerici secolari, et cantori, et scholari, et Theologi, ma hora uidendo la difficulta in hauei gente ben disposta per
tal effetto, non desidera altro, se non che la R V disponga dal tutto
Vnde mi scrisse il Reuerendissimo Labbaccense ex parte della sua
Maiesta, che io subito mandasse la risposta, se fusse sopra ciò scritto
alla V R P. Ma spero che de Augusta venera piena informatione
de questo negotio, massime poi che saranno venuto alla dieta li pre-
ditti RR. PP Iddio facia, che noi anchora qui possiamo godere della
presentia di loro con il tempo.

    Quanto al Catechismo, sia laudato il Signor, per la cui gratia

---

Litteras mittimus maiestatis regiae, ex quarum exemplo intelleximus de collegio pragensi agi[1]   Ego reverendissimum dominum labacensem per litteras monui
ut ea de re Augustae Vindelicorum cum reverendis patribus ageret[2], itaque certum
mihi est eorum adventu adiutum etiam ac confectum iri negotia 1° collegii huius
pragensis. 2° collegii ingolstadiensis, 3° collegii oenipontani, nam regia maiestas
novum hoc ac pulcherrimum collegium oenipontanum manibus reverentiae vestrae
tradere statuit[3]   Alias ego scripsi collegium hoc a fundamentis aedificari, quod
reditum firmum et stabilem habet, ex quo 40 homines ali possint, voto enim rex
astrictus est ad eam rem tam regaliter et liberaliter constituendam   Ac primum
quidem in animo habuit clericos saeculares et cantores ac scholasticos et theologos
ibidem alere, videns autem homines ad haec bene dispositos difficulter inveniri
posse, aliud iam non desiderat quam ut omnia in potestate reverentiae vestrae
sint Ideo reverendissimus dominus labacensis regiae maiestatis nomine mihi scripsit,
ut ilico rescriberem, num hac de re ad R P V relatum esset Sed litteras Augusta
nobis allatum iii spero, quibus hoc de negotio penitus instituamur, idque potissimum,
cum reverendi illi patres ad comitia advenerint   Deus faciat, ut nos quoque aliquando Viennae eorum consuetudine frui possimus
    Quod ad catechismum attinet, domino laudes agantur, per cuius gratiam

---

   [1] Hae perisse videntur

   [2] Patres Iacobus Laimus et Hieronymus Natalis cum Ioanno cardinali Morono, Sedis Apostolicae legato, Augustam ad comitia imperii venire iussi erant, ut
consiliarios cardinalis et theologos agerent (Orlandinus I c 1 15, n 1 Boero,
Lainez p 141—142)

   [3] De initiis collegii oenipontani (Innsbruck, in comitatu tirolensi) cf Hirn,
Erzherzog Ferdinand II I, 228—230)

questa opera quasi gia e finita [1], et mandaio vn'essempiare pieno per
altra uolta, lassando tutta la correctione a qual si vogha Padre secondo
la uolonta de V R P   Questo dico, accio per altra uolta quando
se stampasse questa opera, tutto sia correcto et posto in ordine per
satisfar anche alli morosi et curiosi censori, sicome hora se trouano
Io confesso la mia imperitia et insofficientia per attendere a una tal
opera, la qual mi ha dato vna buona poenitentia   Faccia il Signore
che la faticha non sia stata in darno   Prego humilmente, che la
V R P   dica vna missa, et faccia due da tutti in casa, accio la
santa intentione del Re habia il suo progressu et successu per mezzo
della publicatione de questa operetta   Perche vol mandare a tutte
queste communitade vn essempiare con mandato proprio et seuero, che
non se leggi altro Catechismo etc   volendo etiam mandar in esse-
quutione etc   Noi espettaremo qui molti contradictori de questa opera,
la qual e tanto espettata etiam in Saxonia e in altre bande, che
facilmente potria seguitar vna o diuerse apologie contra di me   Et
gia si spargino pasquilli de Canisio in questa Austria, et me tengono
per il maggior aduersario del Lutheranismo, sia laudato quello santo
nome IESV   pro quo digni efficiamur pati contumeliam [2] et
iniuriam tum uerbalem tum realem [3].

---

opus hoc iam fere absolutum est [1], cuius exemplum plenum alias mittam, correctionem omnem cuilibet ex patribus permittens, ad arbitrium reverendae paternitatis vestrae   Hoc dico, ut opus hoc, cum iterum prelum subierit, plane correctum
beneque dispositum exeat ac morosis etiam et curiosis censoribus satisfaciat, quales
nunc inveniuntur   Confiteor me imperitum esse nec satis aptum ad huiusmodi opus
curandum   quod bonum mihi fuit ad peccata mea expianda   Faciat dominus, ut labor
hic non fuerit iritus   Demisso animo rogo, ut R P V   missae sacrificium Deo semel
offerat omnesque, qui domi sunt, idem facere iubeat, ut quae rex sancte spectat,
ex libelli huius editione prospere succedant   Singulis enim civitatibus exemplum
eius mittere vult usque propria auctoritate et severe mandare, ne ullus alius
catechismus legatur etc , atque etiam mandati huius exsecutionem vult curare etc
Multos operi huic contradicturos censemus, cuius etiam in Saxonia aliisque regionibus magna est exspectatio, facile igitur fieri poterit, ut una vel plures apologiae
contra me in lucem emittantur   Et iam in Austria hac Canisius procacibus scriptis
diffamatur, et summus Lutheranismi adversarius ego habeor   Sanctum illud nomen
Iesu laudetur , pro quo digni efficiamur pati contumeliam [2] et iniuriam
tum verbalem tum realem [3]

---

[1] Haec verba ostendunt, quam non recte plerique historici asserant Canisii
„Summam doctrinae christianae" anno 1554 primum in lucem emissam esse   At
eorum error excusari facile potest   In folio titulari editionis principis annus ascriptus
non est   titulum autem proxime sequitur mandatum Ferdinandi I 14 Augusti 1554
datum   ex quo concluserunt ipsum etiam catechismum anno 1554 editum esse

[2] Act 5 41

[3] *Caspar Bruschius*, poeta laureatus et minister lutheranus, anno 1555 Ratis
bonae libellum edidit   in cuius extrema pagina Austriacos hortatur

     „Haec nos Austriaci Styri fortesque Carinthi
     Carni ac Taurisci discite quaeso boni

Il statu de Austria (sicome io scrissi altra uolta) ua molto mancando, massime perche la nobilita uole ogni modo introdure le secte,
et plebei sunt propensi ad libertatem hanc Lutheranam, talmente che
il Re con li soi pochi Catholici consiglieri perdono la speranza in
poter far piu resistentia alla gente, massime non essendo la disciplina
et sofficientia appresso il clero etc   Pur Iddio potra mostrare et darci
alcuna consolatione in questa dieta   Certo qui tengono grandissima
paura propter Turcas ex Vngaria nobis magis et magis appropinquantes   Iddio habbia misericordia con questa Germania, que non redire uult ad percutientem se [1], ma li RR PP sopra ciò daranno
buona informatione, ut spero, tanto alla R P. V quanto a noi altri

Ho gia mandato la litera della R P V alla sua Maiesta, et
spero che il negotio delli 8 spedali et delli monasterij hauera buona
expeditione per li ditti RR. PP et anche per il Reuerendissimo et
Illustrissimo Legato. quanto sara necessario   Io me marauiglio, che
il Signor Vicecancellario [2] in tanto tempo mai ha uoluto rispondere,
poi che io li scrissi de hauer receuuto la informatione circa li 8 spedali, et che io mandarei quella se paresse alla sua Magnificentia, ad-
giongendo quello che mi fusse commandato della V R P. [3] Et cossi

Austria (quod alias quoque scripsi) multum depravatur , nobiles enim sectas
omnino volunt introducere, et plebei sunt propensi ad libertatem hanc lutheranam
Rex itaque et pauci illi consiliarii catholici iam non audent sperare se ulterius
hominibus istis resistere posse, praesertim cum clerus dissolutus et mutilis sit etc
Attamen Deus in hisce comitiis aliquid solacii nobis afferre et praebere poterit Hic
certe magno metu perterriti sunt propter Turcas ex Hungaria nobis magis et magis
appropinquantes   Deus Germaniae huius misereatur, quae non redire vult ad
percutientem se [1], sed reverendos illos patres et R P V et nos haec bene
edoctuios esse spero

Reverendae paternitatis vestrae litteras ad regiam maiestatem iam misi, et
spero negotium valetudinariorum illorum octo ac monasteriorum per reverendos illos
patres bene confectum iri, atque etiam per reverendissimum et illustrissimum legatum, quantum necesse erit Miror ego dominum vicecancellarium [2] tanto tempore
numquam mihi rescripsisse, postquam ego ad eum scripsi me libellum, quo de octo
illis valetudinariis instituerentur, accepisse eumque, si magnificentiae suae videretur,
missurum una cum iis, quae R P V mihi mandasset [3] Atque ita haec res etiam-

Quos procul abducunt a Christo principe nostro
Qui sumunt IHESV nomina mira sibi

Hinc IESVuidii dicuntur rite, sequaces
Christi immortalis quos pudet esse Dei
Triste Satellicium Sathanae Antichristi et Averni
Quod ueluti Stygium vos fugitote lacum [4]
(*Adalb Horauitz*, Caspar Bruschius [Prag und Wien 1874] p 185)

[1] Is 9, 13   [2] Iacobum Ionam significat
[3] *Ferdinandus I* Augusta Vindelicorum 24 Aprilis 1555 S Ignatio hispanico
sermone scripsit se eius litteras 12 Februarii datas accepisse ex iisque cognovisse
Iulium III pleraque ex iis, quae ipse per Ignatium petiisset, concessisse, aliquas

sta anche la cosa, pinche credo, che senza grand errore se possi
espettare la tornata della sua Maesta, ne penso, che io saro chiamato alla dieta, sicome sona la litera della V R P Perche qui se [sic]
de fare nel' ofitio contionatorio, ut arceantur lupi et conseruentur reliquiae Israelis¹ massime, essendo io gia solo nel domo senza il
collega ordinario, il qual ha de stare fuora per molto tempo² Piu
Iddio ordinara quello che piu conueniente allo suo santo seruitio [sic] Li
amici portano paura, quasi io non potria passare sicuramente per queste
terre de Austria, tanto bene mi vogliano per rispetto della Religione
Sed si Deus pro nobis, quis contra nos?³

Quanto al Re Maximiliano, esso anche molto sta crociato contra
di me pensando che io sono il maggior inimico del suo predicatore,
il quale anche non ci mostra li insegni dell' amicitia⁴ Onde lui an-

nunc se habet, quamquam opinor absque magno errore maiestatis regiae reditum
exspectari posse, nec puto me (quod R P V scribit) ad comitia evocatum in Hic
enim in orationibus sacris habendis totum me esse oportet, ut arceantur lupi et conserventur reliquiae Israelis¹ praesertim cum nunc solus in ecclesia cathedrali contionator sim ordinario enim collegae meo per longum tempus foris degendum est² Attamen Deus ea providebit, quae sancto eius seruitio magis conveniunt
Amici timent ut per austriacas has terras secure transire possim Tanta me benevolentia prosequuntur propter religionem Sed si Deus pro nobis quis
contra nos?³

Maximiliani quoque regis animus vehementer contra me irritatus est existimat
enim neminem magis quam me inimicum esse contionatori suo, qui neque amicitiam
nobis significat⁴ Is igitur regem suum adiit negavitque se in aula mansurum, si
Jesuitae manerent

autem res cum cardinali Puteo conferri iussisse „No sabemos quales son, por no
hauernos scrito cosa alguna sobre ello el Doctor Canisio, aquien os remittis " Iulio
autem papa iam mortuo Ignatium rex rogat ut omnia illa vel ea quae ei videantur
cum novo pontifice [Marcello II] communicet (ex *apographo totius epistulae quod
eiusdem temporis esse videtur) Ac Polancus de mandato' Ignatii Sociis Iovaniensibus Roma 13 Augusti 1555 de novo pontifice Paulo IV scribit „Pater noster
Praepositus Magister Ignatius ad eius pedes osculandos accedens tam benigne, et
humaniter fuit exceptus ut quodammodo immemor supremae suae dignitatis videretur summus Pontifex dum audire Patrem nostrum non sustinuit, nisi prius caput
operiret, et vna cum ipso deambularet Et quum aliquid a Rege Romanorum, per
literas commendatum ei proponeret, quamuis impetratu non facile fuerit, liberaliter
tamen concessit" (ex *apographo eiusdem temporis, cod colon „Epistt ad Kessel [*)
¹ ² Par 31, 9 21 etc
² Anno 1557 „Wertwein" ecclesiae cathedralis contionator fuit (Wiedemann
I c II 82) Atque hic, ni fallor, idem est atque ille Matthias Wertwein, doctor
theologiae, qui a 1556 ecclesiae cathedralis viennensis praeposituram adeptus est
et hoc ipso tempore simul cum aliis Ferdinandi I et Wolfgangi episcopi passi-
viensis „commissariis" ecclesias Austriae „visitare" coepit (Wiedemann I c I
136--137)   ³ Rom 8, 31
⁴ Cum 13 Martii 1555 Blahoslaus, sectae „fratrum bohemorum" minister, Sebastianum Phauser (Plauser), Maximiliani II contionatorem Viennae inviseret
Phauser contra Societatis homines acriter declamavit Eos fictos esse, dolosos sanguinarios multos homines doctos in variis terris eorum suasu occisos esse imprimis
in Hispania et Gallia Maximilianum regem neminem eorum videre neque alloqui

dando al suo Re, li disse che non norria restare nella curte, se li
Jesuitae restarebbono.

Ma io tanto manco mi curo de queste passioni, quanto piu se
uedono li segnali del Lutheranismo in queste ditte persone Noi hauemo fatto intendere il Serenissimo Re in Augusta, che pericolo se
habbia d'espettare de questi principij [1] Et lui mi rispose con la manu
propria, che hauesse grand dispiacere sopra questa nouita, et cossi
mando altre litere scripte al Re figljolo, il qual poi non se ha curato
niente, dicendo, che voglia ogni modo dar dorso et defensione al suo
predicatore et che sola sia la inuidia appresso de noi et la hipocrisia,
massime perche persequitiamo il suo predicatore Dappoi se mostra
con altre parole troppo fastidiose, che habbia vn giuditio molto singulare et inclinato a defendere li Lutheram, contradicendo al zelo
del padre, il qual pur mai e tropo zeloso, talmente che merito hauemo
de temere 1ª che il Re giouane non ci faia li seruitij del padre,
2ª che sia troppo Tudesco secondo lo spiritu moderno Onde non
lasso publicare le Indulgentie ultime, sicome e stato fatto in tutte le
altre Ecchesie [2], et molto s'intromitte nelle cose della Religione et
tiene appresso di se Lutheram non picoli, talmente che mangiano
caine adesso [3], et parlano male della fide publicamente Et il mede-

At ego hos animorum motus eo minus curo, quo magis Lutheranismi signa
in hominibus illis apparent Nos serenissimo regi Augustae commoranti signi-
ficavimus, quantum periculum ex hisce principiis immineret [1] Qui sua manu mihi
rescripsit eum nuntium valde sibi displicere, atque alteras etiam litteras misit ad
regem, filium suum, datas, qui eas nihil curavit, dicens se omni ratione contionatorem suum tutaturum et defensurum esse, et nos sola invidia et pietatis simu-
landae studio moveri ut contionatorem suum persequeremur Postea verbis nimis
fastidiosis ostendit se animo valde singulari esse et ad Lutheranismum defendendum
propenso, ac patris sui pia studia reprehendit, quae tamen numquam nimia sunt
Merito igitur timemus 1° ne rex ille filius officia, quae pater nobis praestat, praestare recuset 2° ne idem nimis sit Germanus modernioris illius spiritus Ideo
nec permisit, ut indulgentiae nuper concessae promulgarentur, quae in ceteris
ecclesiis omnibus promulgatae sunt [2], et rebus religionis multum se immiscet, et
homines secum retinet Lutheranismo ita addictos, ut nunc carnes manducent [3] et

velle, neque eorum mentionem coram eo fieri posse, ab aliquibus eos „Iesuwidei“
ac Canisium „Caninum“, „Canissimum“ vocari Ita Blahoslaus ipse in relatione sua
bohemice scripta, quam germanice versam edidit Ant Gindely in „Fontibus rerum
Austriacarum“ 2 Abth , XIX (Wien 1859), 125—184 Gindely autem haec adnotavit „Es ist leicht zu bemerken, dass Pfausers Erzahlungen vielfach ubertrieben
und hie und da gar sehr zu seinen Gunsten verdreht sind“ (l c p 126)
[1] De epistula hac, quam Canisius ad Ferdinandum I Augustae Vindelicorum
in comitiis imperii versantem dedit, vide, quae hisce litteris proxime subiciuntur
[2] Cum exeunte anno 1554 Anglia ad ecclesiam catholicam reducta esset (supra
p 515 [3]), „indulgentia ad modum Iubilaei per Christianum orbem in gratiarum actionem
publicata est“ (Nic Sanderus, De origine ac progressu Schismatis Anglicani l 2
pars 2 [Ingolstadii 1588], p 258)
[3] Quadragesima erat, et lex, qua fideles per totum id tempus a carnibus abstinere iubentur, tunc in antiquo suo vigore persistebat

simo Re si persuade, che il Reuerendissimo Labbaccense et io
siamo li principali appresso il Padre suo per impedir la nouita sua et
il Lutheranismo Item sappia V R P che questo io ho inteso d'un
amico fidele, il quale hora due uolte e stato chiamato dal detto Re,
il qual anchora li esprobraua, che fusse tanto amico nostro [1], dicendo
allora et altroui parole d'un huomo molto tentato contra di me, et
sempre per rispetto del suo predicatore Non dirò, sicome anchora
il confessore suo se reputi per vn'apostata, et certo e che sia stato
vn frate Augustiniano, et gia fa vn Canonico de Vienna sola se dubita
della dispensa, vn huomo de mala fama et de pocha dottrina Oltro
di questo il maggiordomo del Re [2] detto e vn grand Lutherano, il
qual gouerna questo predicatore, sicom' io intendo et credo che sia la
causa principale della runia spirituale del Re predetto [3] Adunche pensi
V R P in quanto periculo vn principe gionane sia, poi che tiene vn
tal confessore, predicatore et maestro della sua curte Onde molto su-
perbiscono li Lutherani, et se dice per le terre uicine et per le prouintie
publicamente, che questo Re habbia vn predicatore Lutherano, et che

fidei coram omnibus obtrectent Atque eidem regi persua-sum est reverendissimi
domini labacensis et mea opera potissimum effici, ut sua rerum novarum studia et
Lutheranismus a rege patre suo impediantur Item sciat R P V me a fido quodam
amico haec accepisse quem bis iam rex ille accersivit, atque etiam exprobravit
ei, quod nobis tam amicus esset [1], et tunc et alibi ea protulit verba, quae animum
vehementer contra me irritatum proderent, idque semper propter contionatorem illum
Omitto exponere, qua ratione etiam confessarius eius pro apostata habeatur, at
certum quidem est eum monachum augustinianum fuisse, nunc autem canonicum
viennensem agit dubitant solum num eius rei debitam veniam impetrarit, homo
est malae famae atque exiguae doctrinae Praeterea, qui regis illius toti rei familiari praepositus est [2], Lutheranismo maxime favet, ab hoc contionatorem illum regi
audio per hunc potissimum regis animum adeo depravari existimo [3] Consideret
ergo R P V, quanto in periculo iuvenis ille rex versetur, cum talem confessarium,
talem contionatorem, dispensatorem talem habeat Quare Lutherani valde super-
biunt, et per regiones vicinas ac per provincias homines aperte dicunt hunc regem

[1] Nescio an Canisii ille amicus fuerit Fridericus Staphylus Is Nissa 16 Fe
bruarii 1555 Hosio scripsit „Nuper cum essem Viennae, inspexi illius Societatis
instituta ac mores", et de Canisio „Utor illo admodum familiari" Staphylus eodem
anno Ferdinandi I consiliarius factus est (Hosii Epistolae II, 511 638)

[2] Hoc munus („Obersthofmeister") anno 1556 administravit „von Eitzing"
anno 1562 „Christoph Freiherr zu Eitzing und Schrattenthal" (M Koch, Quellen
zur Geschichte des Kaisers Maximilian II [Leipzig 1857] p 3 7)

[3] Michael Suriano, Venetorum legatus anno 1557 de Maximiliano ad senatum
suum haec rettulit „Non si alienando in tutto d'Catholici si ha guadagnato una
gran grazia con luthcrani, perciocche dall' un canto retien la Missa et gran parte
delle ceremonie della chiesa Romana, dall'altro usa per predicatore un prete maritato con alquanti figli, il quale publicamente predica quasi tutta la dottrina luthe-
resca   et gli principali della sua corte, massime il maggiordomo, che appresso
di lui puo grandissimamente, sono conosciuti da ciascuno per lutherani" (I I Döllinger, Beiträge zur politischen, kirchlichen und Cultur-Geschichte der sechs letzten
Jahrhunderte I [Regensburg 1862] 242)

voglia molto male alli Jesuite, li quali danno resistentia. Imo qui dice la gente, che esso predicatore et noi altri siemo contrarij nella doctrina, sicome e uero, perche lui defende il matrimonio delli preti, extenua li meriti delle buone opere, parla contra il culto debito alli santi, seguita le phrasi Lutherane, et satisfa tanto alli heretici, quanto offende li catholici[1]. E molto eloquente, et sempre tiene vn concurso mirabile della gente[2], et se dice che sia maritato, item che habbia lassiato la sua parochia piena del fermento heretico[3] Li Signori Spangioli stanno qui de mala voglia[4], et tengono grand dispiacere et compassione al Re, perche la suma ua sempre in peior, et le suspitioni s' augmentono.

Tutto questo sia per dar piena informatione alla R V P. et prego che questo Principe sia adgiutato appresso Iddio con le nostre orationi Li sapienti dicono, et e molto probabile, che la conserua-

---

contionatorem habere lutheranum et animo valde infenso esse in Iesuitas qui ei resistant Immo hic dicunt contionatorem illum et nos contraria docere, et vere id dicunt, ipse enim matrimonium sacerdotum defendit, de meritis bonorum operum detrahit, cultui, qui sanctis debetur, obtrectat, Lutheranorum locutionem imitatur haereticis tantum satisfacit, quantum catholicos offendit[1] Facundissimus est et semper auditorium habet mire frequens[2], et dicunt eum uxorem duxisse et parochiam suam reliquisse fermento haeretico impletam[3] Proceres hispani inuiti hic morantur[4], quibus rex valde displicet, et vehementer eos miseret illius nam summa rerum in dies pessum agitur, et suspiciones augentur

Haec omnia scripsi, ut reverendae paternitati vestrae cuncta perspecta essent rogo autem, ut hic princeps precibus nostris apud Deum adiuuetur Sapientes asserunt, et valde verisimile est hic et in tota Austria religionis conservandae

---

[1] Cf Janssen l c IV, 203—204

[2] „Guilielmus Elderen de Stenordia" S J Vienna 13 Aprilis 1556 P Leonardo Kessel scribit „Sunt hic nonnulli imo permulti (quod vehementer dolendum est) maxime tamen concionator ipse Regius Maximiliani sei qui aperta voce opera bona hominum frustranea prorsus, nilque nos iuuare posse, neque apud Deum ualere, et depraedicat et inculcat, Caeremonias uero Christianorum Laruas uocat, quae nihil ad salutem prosint, atque eiusmodi mille pestes non in vulgus hominum solum [spargit], sed in ipsa concione in qua tantus est confluxus populi, hominumque nobilium, ut nec templum eos capere possit sed prae foribus stare cogantur multi, ad hunc tanquam Apostolum a deo missum in curribus et in equis vndique et turmatim, vt vix dici queat, concurrunt Hic praeclarus, in concione publica in nos aperte debacchatur quos Jesuwider, hoc est, contrarios Jesu doctrinae vocitat, atque omnes Jesuuidros i e contrarios Christi doctrinae qui hanc doctrinam quam nos adferunt confirmat Imo latrones et fures, Diaboli fratres, aliunde intrantes et non per verum ostium esse, qui haec bona opera caeremoniasque populo instillant, aperte testatur, vt nos sumus" (*Integra epistula est in codice colon „Epist ad Kessel I ff 2 non sign)

[3] Phauser in oppido tirolensi Steizing parochus fuerat Haereses suas, initio saltem, non sine aliqua cautione proferebat, ideoque a Bernardo Raupach Lutherano vir „magnae prudentiae theologicae appellatur (Evangelisches Oesterreich [Hamburg 1732] p 54)

[4] Hispani maiorem partem aulae reginae Mariae constituebant quae Caroli V filia et Maximiliani uxor erat Anno 1556 Petrus de Lasso rei familiari praeerat (Koch l c p 4)

tione della Religione non habbia altro humano subsidio qui et in
Austria, se non per la uita del Re vecchio   Certo li prelati uicini
ecclesiastici sono tanto de pocho siue in dottrina, siue in disciplina,
che non se potria dire   Onde li consiglieri pigliando vna diffidenza
impidiscono quello che il Re vecchio farebbe secondo le sue bone
inclinationi   Item non se trouano li quali voliano far dal Catholico,
non sentiscano piu missa in Austria, le prediche sono per stabilire le
secte, et non per nutrire o defendere la fede, mangiano carne tutta
ma per Austria nella quaresima, dediti alla gula quanto se puo dire,
et irrisori grandi delli Papiste, sicome chiamano tutti li Catholici
    Iddio ci conserui contra li Turchi, perche la malitia et perfidia
commune pare che sia quasi matura a riceuer li grandi flagelli. Non
altro per adesso   V R P se raccordi de noi altri, accio possiamo
seruire fidelmente alla sua Maiesta eterna in medio nationis
prauae[1] et far frutto in patientia[2]   25 Martij 1555
    Prego per il P Erardo[3]. che habbia licentia et potesta d' ab-
soluere nelli casi reseruati

      della R P V

                        Indigno figliolo
                        Piedro Canisio

    † Al molto Reuerendo in Christo padre nuo Don Ignatio de Loyola
preposito della compagnia de IESV in Roma

---

unicum subsidium humanum esse vitam regis senioris   Vicinorum certe principum
ecclesiasticorum et doctrina et disciplina tam viles sunt, ut verbis id declarari
nequeat   Quo fit ut consiliarii diffidere incipiant et ea impediant, quae rex pater
pio bona animi sui propensione efficere vellet   Neque inueniuntur, qui catholico
more viuere velint, missae sacrificio interesse Austriaci desierunt, de rebus sacris
orationes habentur, ut sectae stabiliantur, non ut fides conseruetur ac defendatur
quadragesimae tempore carnes perpetuo manducant per Austriam gulae quam maxime
seruiunt et „papistas" valde rident, hoc enim nomine catholicos omnes appellant
    Deus contra Turcas nos tueatur, malitia enim et perfidia communis ad magna
huiusmodi verbera accipienda fere maturae esse videntur   Nec plura nunc scribam
R P V in sacris precibus suis nostri meminerit, ut maiestati aeternae in medio
nationis prauae[1] fideliter seruire et fructum afferre in patientia[2]
possimus   25 Martii 1555
    P Erardi[3] nomine rogo, ut licentiam et potestatem accipiat hominum a casibus
reseruatis absolvendorum

Reuerendae paternitatis vestrae
                              indignus filius
                              Petrus Canisius

    † Multum reverendo in Christo patri meo domino Ignatio de Loyola Socie-
tatis Iesu praeposito Romae

---

    [1] Phil 2 15   [2] Luc 8 15
    [3] P Erardus Avantianus anno 1555 Viennae magister nouiciorum constitutus
est (Socher I c p 55)

Appendix

de epistula, qua a Canisio ad Ferdinandum regem de filio eius Maximiliano relatum
esse ex litteris modo positis cognoscitur

*Quid Canisius Ferdinando proposuisse feratur   Canisii literae num Maximi-
liano traditae? Num Canisius ab eodem obiurgatus?*

Circiter initium saeculi XVII primum in lucem famamque prolatum est Ca-
nisium Ferdinando regi haec scripsisse   Exploratum sibi esse Maximilianum regem
Lutheranis se addicere constitusse, quae res cum catholicae ecclesiae magno detrimento esse posset, suadere se regi, ut Maximilianus aut serio corrigeretur aut omnino
ex regno expelleretur   Atque in litteris quidem Canisii modo propositis legimus
Socios viennenses Ferdinando Augustae moranti scripsisse, Maximiliani animum ad
Lutheranismum propensum esse et magnum ex ea re periculum imminere, atque
Ferdinandum, his litteris acceptis, sua manu rescripsisse ad Canisium   Canisius
ergo ipse — etsi diserte id Ignatio non dicit — Ferdinando scripsit, hoc certum
est Cetera autem sat dubia sunt, imprimis quae de Maximiliano in exsilium agendo
Canisius suasisse scribitur   Asseruntur enim a scriptoribus in Societatem Iesu in-
fensissimis Primum, quod equidem sciam, in libello germanico, anno 1597 edito,
ea reperiuntur, quo natio germanica de Iesuitarum fraudibus praemonetur

        „Nach Seel nach Leib, nach Gut und Blut,
        Der Iesuiter werben thut "

Ac queritur auctor Iesuitarum numerum 30 annis ad 12 × 100 000 fere excrevisse [1]
„satanicos illos et sanguinarios carnifices" ipsum quoque Philippum II Hispaniarum
regem Lutheranismo infectum censuisse ideoque induxisse, ut venam in sua fronte
incidi pateretur, quo haereticus ille sanguis emitteretur Hanc praemonitionem sive
„admonitionem" ab Erhardo Cellio latine versam et Tubingam missam *Ioannes
Wolf* iuris consultus lutheranus anno 1600 iterum vulgavit [2] Ex Wolfio autem
vel certe ex fonte Wolfii germanico eadem hausit libelli germanici anno 1610 editi
auctor *anonymus*, qui quantae fidei sit, ipse libelli sui titulo prodit [3] Nec scio,
num pluris facienda sint, quae iidem scriptores asserunt. Post obitum Ferdinandi
has Canisii litteras a Maximiliano II inter secretiora patris scripta repertas et Canisio monstratas esse   „Is", inquit Cellius, „ad propriae manus subscriptionem
dignoscendam serio commonefactus, postea (praemissa quaestione, quid is, qui inter
patrem et filium, praesertim tantae dignitatis personas, tanta dissidia suscitet, com-
meruerit [)] [epistola est] eidem praelecta " [4]

----

[1] *A t Druffel*, Ignatius von Loyola an der Römischen Curie (München 1879)
p 3—4 35 [2]

[2] Lectionum memorabilium et reconditarum Tomus secundus (Laumgae 1600)
p 1011—1056

[3] „Reiffender , Jesuiter Wolff. Vnter dem Schafbeltz Christlicher Sanfft- | mut
verborgen | Oder, | Summarischer Begriff Der grewlichen vnnd erschrecklichen Morb-
lehren, So in der Jesuiter schrifften hin vnd wider versteckt ligen, vnd . sie aller
orten vnterm schein grosser Heiligkeit offentlich vnnd heimlich practicirten   Getrewlich
auß jhren Lateinischen Büchern, vnd i offentlich außgangenen actis, zusamen gezogen, |
vnd sampt der Relation | Von der Jesuiter Geheymnussen, etc . Allen Christenmenschen
hohes vnd niders Stands zu getrewer wolmeynender Nachrich- i tung vnd Warnung
vertentschet, Vnd Getruckt im Jahr . M DC X " Typographi nomen et locus non
indicantur 4° pp 22 74 et ff 17 non signata Canisii mentio fit f 7

[4] Toti huic relationi haec verba praemittuntur „Absque omni fuco verissimum
ac proculdubio adhuc in Caesareae Maiestatis aula manifestum et cognitum est"
(*Wolfius I c p 1048—1049) „Jesuiter Wolf"* eidem relationi haec verba subicit
„O dess gnedigen vnd frommen Keysers, gegen einem solchen Ertzbuben "

Similia Blahoslao (cf supra p 524[4]) narrata erant a *Phausero* septem annis ante Ferdinandi obitum, a 1557 Canisius ad Ferdinandum litteras dedit iniquas, quibus de Maximiliano religioni catholicae infesto querelam deferebat Quamobrem Ferdinandus in filium graviter iratus est huicque causam itae quaerenti tandem respondit Filium antiqua religione neglecta rebus novis studere Ulterius autem quaerente Maximiliano, quisnam tam falsa ad patrem rettulisset, pater nomen indicare noluit, donec tandem uxoris etiam suae opera interposita, litteras Canisii manu scriptas a Ferdinando accepit, ea tamen condicione, ut Canisio nullum damnum inferret Maximilianus aliquot diebus post Canisium accersivit et questus est, quod aliqui consiliarii regem patrem in se incitarent, ac se certis auctoribus compersisse Canisium quoque id agere Quod cum is multis verbis negasset, Maximilianus tandem indignabundus eius epistulam protulit „En, estne hoc chirographum tuum?" Tum demum Canisius ad eius pedes procumbens veniam petit Is autem „Surge", inquit, „homo nequam Procumbere quidem non est opus Hoc autem tibi dico Noli ulterius in conspectum meum venire, fac in posterum, ut te non videam Scito, Deo iuvante tempus venturum esse, quo haec omnia in memoriam tibi revocem Nunc patris mei gratia te nil laedam"[1]

Maximilianus nec post patris mortem Canisium laesit et, imperio accepto, in Societatem longe benigniorem se praestitit, quam anno 1555 sperare licebat Attamen, quod ad Canisium attinet, aliquid suspicionis vel amaritudinis sive ob hanc causam sive ob aliam, in eius animo fortasse haesit Paucis mensibus ante Maximiliani mortem, 21 Iulii 1576, P *Jacobus de Avellaneda* S J ex comitiis imperii ratisbonensibus Everardo Mercuriano, praeposito generali Societatis de Canisio scripsit „Espero en nuestro Señor que d esta vez se a de quitar este nublado o imaginacion entre el emperador y este buen padre guiandolo nuestro señor por los dos personajes que digo"[2]

170.

CANISIUS

PP. HIERONYMO NATALI ET IACOBO LAINIO S. J.

Ioannis Moroni cardinalis legati theologis[3]

Vienna 1 Aprilis 1555

Ex apographo (2° mm , 2½ pp), quod eiusdem ferme temporis esse videtur in p 4 eadem manu scriptum est „Copia Epistolae Petri Canisii qua consilia impia de amouendo Regis Maximiliani Concionatore continentur" (exstat Tiguri [Zürich] in archivo reipublicae [„Staatsarchiv"], cod „E II 356[4] p 144—146 et sq non sign)

Aliud apographum valde antiquum exstat Guelpherbyti (Wolfenbuttel, civitas ducatus brunsvicensis) in bibliotheca ducali, cod in fol „Exti 64 11[v] f 105[b]—107[b] inscriptum est „Copia Literarum Petri Canisii ad patres Reverendos conscriptarum. Contra Concionatorem Regis Maximiliani"

Drews (Canisius p 145[5]) refert tertium exemplum Diesdae esse in archivo maximo regni saxonici („Hauptstaatsarchiv"), „König Maxim vertraul Schreiben No 1 A 10 297 fol 21 sq "

---

[1] Fontes rerum austriacarum I c p 176—177 Quam parva fides Phausero habenda sit, iam supra vidimus A *Gindely* quodam loco appellatur „unverschamter Grosssprecher" (Geschichte der bohmischen Bruder I [Prag 1868]. 382)

[2] Mariam imperatricem et marchionem Almazanensem dicit (ex *epistula Avellanedae autographa, quae est in codice „Epp Germ 1576" f 181)

[3] Natalem et Lainum cum Morono, sedis apostolicae legato, ad imperii comitia augustana missos esse iam vidimus supra p 521[2]

Quartum exemplum olim Stugartiam (Stuttgart) in archivum ducis wurtembergensis illatum est, in antiquo enim eiusdem archivi „repertorio", quod nunc
Stugartiae in archivo regio („k Haus- und Staatsarchiv") asservatur, haec scripta
sunt „Copie einer Schrift von dem Jesuiten Petrus Canisius wegen des Konigs
Max in Bohmen Hofpredigers, wie man ihn mit Fug abzuschaffen, weil er in der
Lehre verdachtig 1556 A—D u 1—9" (*Repert „Religionssachen" p 52) At iam
pridem adnotatum est ipsum epistulae exemplum in archivo non superesse

Antiquissima versio germanica in eodem codice guelpherbytano exstat (f 96ᵇ
ad 98ᵃ) sic inscripta „Des Canisij schrifft der religion halben, an den Bischoff von
Lobach, Ro Kon Magestet beicht Vater 1556 " ¹

Altera versio germanica inscripta „P Canisii Merckwueidiger Brieff von
Maximil II Hoff-Prediger, ex MSto," typis exscripta est in libello periodico a
ministris quibusdam protestantibus edito „Unschuldige Nachrichten von Alten und
Neuen Theologischen Sachen" etc (Leipzig 1712) p 743—748

Cuncta huius epistulae exempla accurate recensita sunt ideo, quod singula
aliquid conferre possunt ad duas quaestiones solvendas 1 utrum epistula germana
sit an Canisio supposita, 2 quo anno data sit ² Ceterum postquam Canisii epistula
25 Martii 1555 data in hoc opere edita est (cf supra p 524—528), haec epistula
iam non ita necessaria tantique momenti esse videtur, ideo me eius verba sufficienti
cum diligentia redditurum esse putavi, si duo exempla latina, tigurinum et guelpherbytanum, et duas versiones germanicas, guelpherbytanam et lipsiensem (Unschuldige Nachrichten) inter se contulissem

*Qua ratione efficiendum sit, ut Ioannes Sebastianus Phauser, Maximiliani
Bohemiae regis contionator lutheranus, ab eodem dimittatur Cui non expediat, per
iudices vel litteras id tentare vel solum Phausero silentium imponere Posse eum
adigi ad haeresim suam sine ambiguitatibus prodendam Plus etiam spei fore, si
Ferdinandus Maximilianum per nuntium edoceret, quanta pericula et incommoda
politica ipsi et toti domui austriacae immineant, si Maximilianus pro Lutherano
habeatur Consiliarios Maximiliani nequam esse*

Iesus.

Reuerendi in Christo Patres   Gratia diuina semper uobiscum

Quoniam in magno hic discrimine causa religionis uersatur et quo
longius expectatur, eo grauius animarum etᵃ scandalum et periculum
merito formidamus Idcirco paucis indicare uisum est, quibus maxime
consilijs adᵇ diuinae gloriae et sanctae fidei conseruationem atque promotionem adiuuariᶜ posse uideamur. Qua in re si forte nimium solicitus, aut parum prudens meam obtrudo sententiam, in primis rogo
mihi ueniam dari. Eaque omnia quae adserentur in bonam partem
accipi, pro uindicandaeᵈ scilicet religionis studio instituta, percupio

---

    ᵃ *Cod guelph om* et   ᵇ *Guelph om* ad   ᶜ *adunare Guelph*
    ᵈ *uindicando Guelph*

---

¹ Epistulam Canisii ad episcopum labacensem non esse datam tum apographa
latina (guelpherbytanum et tigurinum), tum altera versio germanica, tum ipsa
verba ostendunt, quibus guelpherbytana haec versio incipitur „Jesus Ehrwirdiger
Vater in Christo" Episcopo si Canisius scripsisset, saltem eum appellasset „Ehr-
wirdigster Vater" Epistulae, quas ad alios episcopos dedit, id satis comprobant
² Vide, quae proxime post epistulam ipsam dicentur

Igitur quoniam et de Rege Maximiliano et eius concionatore [1], ut quam minimum sibi, alijsque in religione incommodent[a], modis est omnibus prouidendum, non consulte[b] fiet hoc tempore, si aduersus hunc regis concionatorem procedatur uia cognitionis, ut scilicet illius causa Iudici uel Iudicibus cognoscenda atque diiudicanda committatur. Sic enim grauiores etiam motus excitari in uulgo[c] possent, et Rex illius pationis cum suis siue clam, siue palam, homini patrocinarentur[d], ipsique tum iudices tum actores, odium inuidiamque sine fructu[e] conflare possent Neque rursus[f] uia simplex prohibitionis ut silentium scilicet imponatur, et authoritas omnis adimatur ei concionandi Etenim ne sic quidem facile sanarentur animi, sed exulceratiores potius fierent, ac indigne opprimi dicerent innocentem Cui nunc uulgus[g] sane fauet ac[h] tribuit omnia Tertio[i] non iuuabit uia admonitionis per literas, quemadmodum experientia testatur. Cum quotidianae consiliariorum admonitiones plus efficiant, quam quaeuis literae absentium qui causam non satis intellexisse semper uidebuntur

Supersunt autem aliae[k] duae uiae, utpote probationis et admonitionis per nuncium, quae mihi quidem commodiores et efficatiores uidentur Probationis uiam dixerim, si Rex per Serenissimum[l] Patrem persuadeatur, ut concionatori suo iubeat aut duas[m] aut tres contiones ex professo[n] instituere. De missa De potestate clauium, de cultu et inuocatione sanctorum, aut de similibus argumentis hodie controuersis inter catolicos et haereticos Sic fiet ut qui uersipellis existimatur, aperte prodat, quod male gerit in pectore [2]. Sed maxime placeret uia (ut dicebam) admonitionis per nuncium siue commissarium aliquem Id quod ego sic uelim intelligi Serenissimus Rex huc mittat uirum

---

[a] *Unschuldige Nachrichten* wie sehr si   schedlich sein
[b] non inconsulto *Guelph*, wirdet . . nicht rathsam sein *Unsch N*
[c] in uulgo excitare *Guelph*   [d] patrocinarentur *Guelph*
[e] *Guelph om* sine fructu, ohne Frucht *Unsch N*
[f] *Supplendum esse uidetur* prodent *uel* iuuabit   *Unsch N* Dargegen wil es der weg des starcken verboths auch nicht thun
[g] uulgus nunc *Guelph*   [h] et *Guelph*   [i] Tertia *Guelph*
[k] *Guelph om* aliae   [l] Serenissimus *cod tquis*
[m] ut concionatori iubeat duas *Guelph*
[n] *In uersione germanica, quam cod guelph continet, haec duo uerba omissa sunt* (f 97') *Unsch N* vnnbedacht oder ausm Stegreiff

---

[1] Ioanne Sebastiano Phausei, de quo supra p 524—527
[2] Blahoslao Phausei paulo ante dixerat se ueritatem ita proponere e suggestu, ut neminem laederet, neque ad dextram se inclinando neque ad sinistram, ac propterea Iesuitas sibi nocere non posse (Fontes rerum austriacarum 1 c p 131) Ac Ferdinandus I ipse in „Memoriali secretiore", quod a 1560 Romam ad Scipionem comitem Arci, legatum suum, misit, haec asserit Phauserus semel atque iterum per litteras mihi „palam profitebatur, se a fide sanctae Romanae ecclesiae catholicae non discedere" Memoriale illud typis descriptum est a *Iud Le Plat*, Monumentorum ad historiam concilii Tridentini potissimum illustrandam spectantium amplissima collectio IV (Louanii 1784), 621—623

grauem et bonae fidei   Qui specialiter in mandatis habeat, ut cum
rege filio, negotium hoc do concionatore fideliter agat.   Hic inuabit,
bonis rationibus filij animum tentare atque pellicere in hanc sententiam, ut intelligat*, quam sit honestum et utile talem a se concionatorem amouere   Rationes hae sunt meo iudicio non contemnendae
Quasi pater filio ita nunciet.   Qualem et cuius fidei apud te foueas
concionatorem, et quam ille doctrinae formam proponat[b], non iam
tecum disputabo   Sed uide quid te[c] facere deceat, ut te, me, et Austriacam domum infamia liberes.   Constat enim non in uicinis tantum
locis, sed etiam in exteris nationibus, percrebuisse famam, te lutera-
nismo iam adhaereie.   Vide secundo talem esse populum, qui conatibus istius concionatoris ciedat, nihil aliud quam sectam Luteranam
piomoueri, fidem ueterem oppugnari atque obscurari[d].   Vide tertio
quadruplices nobis hostes esse: Turcas   Quoium sane uires ex religionis dissidio augentur maxime   Haereticos, qui te, nomenque tuum
Chatolicis statibus[e] reddent odiosum[f] et aduersus me sua erigent cornua,
Gallos, qui hinc magnam sibi commoditatem praeberi putabunt, ad
Austriacos Heroes impugnandos, affligendos, illudendos   Denique aemulos
alios complures, qui omnem captant occasionem, ut quouis modo aduersus nos insurgere nostrasque uires et opes imminuere possint[g].
Poterunt autem eo facilius, quo magis erit persuasum ipsis, et uulgo,
Maximilianum a patre et imperatore in Religione dissidere   Igitur
concludet[h] mittendus huc nuncius[i].   Vel ob id amandandum esse concionatorem, ut suspicio tollatur, quae in Domum Austriacam concepta
est passim.   Et utrique tum patri tum filio male prospici   Etiamsi
integrae fidei et doctrinae foret is concionator, nisi lapis offensionis[1] remoueatur, cessetque causa scandali, quod tam late longeque
propagatum est, ut pigeat profecto ac pudeat[k] meminisse[2].

---

[a] *Guelph om* ut intelligat, *Unsch N* das ei verstunde
[b] proponit *Guelph*   [c] *Guelph om* te
[d] Bedencke zum anndern, das diss ein solch volck sey, welchs nui dises Pre-
digers fuigeben glaube, annders nichts dann die Lutteiusche Sect furdeie, denn
alten glauben vmbstosse vnnd verdunckele *Unsch N*
[e] gegen den geistlichen stenden *Veisio guelph*   [f] otiosum *Tig Guelph*
- lta *Guelph* , *Tig falso* possent   [h] conclude *Tig* , concludo *Guelph*
[i] mittendum huic nuncium *Guelph* , wiidet dei Gesannte, so annheio geschickt
werden sol zu beschlissen wissen *Unsch N*
[k] pudeat profecto ac pigeat *Guelph*

---

[1] Is 8, 14   Rom 9, 32 etc
[2] Num huiusmodi nuntius a Ferdinando ad filium missus sit, non constat
Ioannes de Ayala hispanus, qui aestate anni 1555 Viennam venit, a Carolo V iussus
erat diligenter speculari, quomodo Maximilianus in rebus ad religionem pertinentibus
se gereiet, atque etiam cum eius uxore consilia conferre (*Will Maurenbiecher*,
Karl V und die deutschen Protestanten 1545—1555 [Dusseldorf 1865] p 182 '
Ed Reimann, Die religiose Entwickelung Maximilians II in den Jahren 1554—1564
in „Historische Zeitschrift", heiausgeg von *H v Sybel*, XV [Munchen 1866]. 6—7)

Qui ' praeterea nuncius siue commissarius cum accedet [b], agere cum alijs hic poterit, et rectius peruidere quam male cum bonis uiris agatur Qui ob hunc concionatorem eidem Regi odio sunt habiti Augent flammam domestici consiliarij, quibus mirum [est] [c] non alios adiungi [d] probatae fidei uiros, aut certe qui de sectis, et falsis impijsque opinionibus non aeque suspecti habeantur, et existant [1] Sed nimis ego libere de tanta re iudico, nisi quod (ut ante [e] dixi) modeste transigi negotium uelim Quod acrius urgere, nihil fortasse sit aliud, quam irritare crabrones [f]

Dominus Ihesus ad gloriam suam consilia nobis [g] inspiret, quae mature sanent infirmos et grauiter hic affectos [h] animos. Ad quam rem ualde conducent haec duo Remouisse concionatorem, Et instituisse Episcopum Viennensem [i]   Viennae Kal. Aprilis 1555 [k]

Seruus in Christo indignus
Petrus Canisius.

Dreus (l c) dubitat, an Canisius uere huius epistulae auctor sit, nam et alias quasdam epistulas exstare, quae Canisii esse tradantur, sed certe eidem suppositae sint Saepius sane accidit ut Societatis hominibus epistulae supponerentur vel verae eorum epistulae ita corrumperentur et turparentur, ut iam sui suorumque auctorum omnino dissimiles essent Litterae encyclicae (ut duo tantum exempla proferantur), quas anno 1839 Ioannes Philippus Roothaan Societatis praepositus generalis ad Socios dederat, ad aliud quoddam idque insulsum argumentum detorsae et sub nomine „allocutionis“ ab eo habitae in Germania et Hollandia venditatae sunt [2] Atque absurda illa epistula, quam a P Guilielmo Lamormaini, Ferdinandi II confessario, 8 Aprilis 1625 ad Socium quendam hildeshemiensem missam esse falsissime asserebant [3]. non solum superioribus saeculis complures a protestantibus typis exscripta et in vulgus sparsa est, sed etiam a 1889 a paedagogo quodam germano tamquam germana prolata et ad inuidiam Societati Iesu conciliandam adhibita est [4] Ut autem ad hanc nostram epistulam redeamus, notatu certe dignum est eius exempla in antiquis protestantium archivis exstare et a ministris protestantibus primum typis exscripta esse, idque in eodem opere eademque operis parte, in qua et subditiciam

---

['] Quae *Guelph*   ^b Ita *Guelph* , *Trg* accedat
['] *Suppletum* ex *Guelph*   ^d non adiungi alios *Guelph*
^e *Guelph* om ante   ^f in di Kolen blasen *Unsch N*
['] *Aut* nobis, *rot obscure scripta*, *Unsch N* uns
^h afflictos *Guelph* , so hait bewegeten Hertzenn *Unsch N*
ⁱ den Bischoff zu Wien recht abrichte *Unsch N* , einen Bischoff zu Wien setzen *Verso guelph*
^k *Vale, quae dicentur post epistulam ipsam, p 555*

¹ De consiliariis illis vide supra p 526
² Cf *I Alberdingk-Thijm S I* Levensschets van P Joannes Philippus Roothaan Generaal der Societeit van Iezus (Amsterdam-Brugge 1885) p 105—107 270—272
³ Vide *M Reichmann S J*, Die Jesuiten und das Herzogthum Braunschweig (Freiburg i Br 1890) p 28—35 *Historisch-politische Blätter* CV (München 1890), 328
⁴ Licet hoc *Fridericus Kohldeey*, gymnasii brunsvicensis director, in libello suo „Die Jesuiten und das Herzogthum Braunschweig“ (Braunschweig 1889) p 18—20

illam Lamormainu epistulam iterum ediderunt [1] Res quoque ipsae, quae scribuntur,
et verba, quibus enuntiantur, aliquid suspicionis excitare possunt Neque tamen
haec tam gravia esse mihi videntur, ut negare audeam epistulam germanam esse
Fieri poterat, ut Canisius aliquid huiusmodi Natali et Laimio scriberet italico sermone — nam etiam ad S Ignatium et ad Polancum haud raro italice scribebat —
utque Augustae per legatum vel episcopum labacensem vel alium Societatis amicum
huius epistulae notitia vel exemplum aliquod ad consiliarium aliquem vel aulicum
Ferdinandi perveniret, qui clam Lutheranismo addictus erat, quique versionem epistulae plus minus accuratam confecerit ac cum amicis communicaverit

In codice illo guelpherbytano epistula his verbis terminatur „Viennae Calend
April Anno Chr 1556", et in „Unschuldige Nachrichten" „Viennae Cal Aprilis
1556", atque etiam exemplo stugartiano annus 1556 adscriptus erat In tigurino
autem apographo verbis „Viennae Kal Aprilis " annus 1555 altera manu ascriptus
esse videtur, certe postea manu antiqua deletus est, linea inducta Dresdensi autem
exemplo Kalendae Apriles a 1555 ascriptae sunt [2], idque recte Nam litterae Canisii
17 Maii 1556 ad S Ignatium datae [3] probant Canisium 1 Aprilis 1556 Pragae fuisse,
non Viennae, Kalendis autem Aprilibus anni 1555 Viennae morabatur [4] Ac mensibus Martio et Aprili anni 1555 Canisius id egit, ut Phauserus a Ferdinando ex
aula Maximiliani expelleretur [5] Relegatus est in Styriam a Ferdinando, sed eodem
anno 1555 iterum a Maximiliano revocatus [6], et ita Canisii conatus ad irritum reci-
derunt Si igitur Canisius anno 1556 hanc epistulam dedisset, priorum illorum conatuum certe mentionem aliquam fecisset

Quaestione temporis soluta etiam definiri posse videtur, ad quem hae litterae
datae sint Usque adhuc hoc solum ex exemplis manu scriptis cognitum erat datas
esse ad „reverendos patres" sive Societatis Iesu sacerdotes quosdam Cum autem
ex epistula ipsa appareat a Canisio eo, ubi Ferdinandus rex degebat — degebat
tunc Augustae Vindelicorum — et ad sacerdotes missam esse sibi familiares, regi
pergratos, religionis studiosissimos, cumque aliunde cognitum sit circa idem tempus
Patres Natalem et Laimium cum Ioanne Morono cardinali legato Augustam venisse,
eiusdem theologos inter comitia futuros, dubium esse vix potest, quin Canisius (si
reapse hasce litteras dedit) ad duos illos patres scripserit Atque Societatis Iesu
historiographi gravissimi referunt, quo die Natalis Augusta Viennam advectus est
— erant Kalendae Maiae —, eodem contionatorem illum Maximiliani lutheranum
Vienna discessisse, cuius amandandi causa hae datae sunt litterae [7]

171.

CANISIUS

MARTINO CROMER.

Vienna 27 Aprilis 1555

Ex autographis (2°, p 1, et 4°, p 1), quae sunt in cod cracov „Cromeri
epistt " n 11 et 387 Quae Canisii nomen primum subscriptum sequuntur („Cate-

---

[1] *Unschuldige Nachrichten* l c p 410—421, inscripta est „Ein jesuitischer
Rathschlag zum Untergang der Protestanten, ex MSto" et a Iesuita quodam (Lamormainu nomen prudenter reticetur) ad alium Iesuitam data esse dicitur Praga
8 Aprilis 1628 (eo nimirum anno, quo epistula illa ficta et primum edita est, cf
Reichmann l c)
[2] *Drews* l c p 145"]   [3] Hae infra ponentur   [4] Cf supra p 524
[5] Supra p 524—527   [6] *Reumann* l c p 9[10]
[7] *Orlandinus* l c l 15, n 28 *Sacchinus*, Can p 100 Plura vide infra,
monum 87

chisticam doctrinam" etc) in codice quidem ab iis, quae antecedunt, omnino dis-
iuncta sunt, neque inscriptionem habent, nec locus nec tempus iis ascripta sunt
sed consideranti res, quae scribuntur, atque etiam colorem atramenti et rationem
scribendi diligenter inspicienti vix dubium esse potest, quin a Canisio litteris
27 Aprilis 1555 ad Cromerum datis adiuncta sint

Priorem epistulae partem (usque ad „Catechisticam" etc) ex autographo primi
ediderunt *Hipler* et *Zakrzewski* in „Hosii Epistolis" II, 1025

Episcopatum sibi gratulanti rescribit, huiusmodi honores Societati non con-
venire De novo pontifice Marcello II gaudet Collegium carniense commendat
Scandalum Phauseri contionatoris mox cessaturum esse sperat Catechismum suum
mittit et corrigi cupit Hosii et Cromeri scripta petit

IESVS

Magnifice Domino Cromere gratia CHRISTi nobiscum aeterna

Hodie literas accepi tuas, quae 14 Februarij scriptae fuerunt.
mihi sane quam iucundae Quod mihi de Episcopatu gratularis, nihil
erat necesse: oblatum hoc onus non conueniebat his humeris, et illi
qui ex professo paupertatem et instituti quod nosti, simplicitatem esset
amplexus Et ut maxime par essem oneri ferendo, haud expediebat
tamen has instituti nostri quod uixdum est cognitum satis orbi, primitias
talium honorum contrectatione impurari In sua quisque uocatione [1]
CHRISTo tutissime seruit. Christo gratias ego maximas ago, quod
hac me tentatione liberarit, ita ut omnino confidam alium hoc loco
Episcopum breui fore Ego nunquam ut subirem hoc munus consensi
sed grata est tamen quam amice obtulisti, isthaec gratulatio

De Pontifice facto, si famae credendum est, Ecclesiae et bonis
omnibus gratulemur [2]. talem profecto nauiculae gubernatorem tanta
et tam diuturna tempestas requirebat Nosti enim satis excultum
praeclaris dotibus omnibus Cardinalem sanctae † Habemus e Germanis 20 in societate nostra Romae, ut non sit difficile Coloniam ex
illis in Prussiam deducere, si Reuerendissimus d Osius ex animo urgere
pergat pium hoc quod religiose illi commendasti, institutum. Vtinam
in vestris conuentibus abstergatis notam, qua coeperunt apud exteros
laborare Poloni, de Sectae scilicet flagranti amore ac studio Quod
autem nouum Euangelistam nominas [3], dolent hic quidem boni non
illum semper optima docere, sed sperant tamen breui scandalum hoc
desiturum: quamquam peius audiat ille. quam fortasse res postulet [4]

---

[1] 1 Cor 7, 20
[2] Marcellus Ceruinus, cardinalis tituli „sanctae crucis" 9 Aprilis 1555 pontifex electus et Marcellus II vocatus, 1 Maii eiusdem anni exstinctus est
[3] Ioannem Sebastianum Phauser, Maximiliani regis contionatorem
[4] Ipse Ferdinandus rex saepe multumque elaborauit, ut Phauserus ad catholicam religionem rediret vel saltem a Maximiliano officio contionatoris priuaretur
at inuite demum anno 1560 a Maximiliano dimissus est, et anno 1569 Laningae
ubi parochum et decanum lutheranum agebat, apoplexia correptus decessit (*Raimann*
l c p 9—36 *Melch Adamus*, Vitae Germanorum Theologorum [ed 3 Francofurti
ad Moenum 1705] p 198—199)

Dominus aperiat magnatum oculos, ut Christi causam ex animo curent, et seipsos uideant, qui alienis malis non tanguntur. Viennae raptim
27 Aprilis 1555

Seruus in Christo indignus Canisius.

Catechisticam doctrinam Rex noster edidit[1], de qua tuum audire iudicium uelim grauiss uir, ut quae desideiari posse censueris, aliquando, si recognoscendum piaecipuo sit opus, coirigantur aut compleantur Ea enim in re que CHRISTI gloriam et fidei asserendae causam summopere tangit, Regem libenter admonemus. Mitto igitur pro munusculo libellum hunc, et vt boni consulas precor, ac vicissim ut Osij laudatiss. Episcopi scripta[2] nobis communices opto uehementer Tum quae superioribus annis a pietate tua conscripta sunt, quia lectu digna esse noui, videre quidem aueo, petere tamen uix audeo, utpote tum meae exiguitatis conscius, tum tuae dignitatis probe memor[3]

---

[1] Editioni principi „Summae" canisianae hic est titulus „SVMMA DOC-TRINAE CHRISTIANAE | Per Quaestiones tradita, et in usum Christianae pueritiae nunc pri- | mum edita | Iussu & authoritate Sacratissimae Rom Hung Bohem &c Regiae Maiest Archiducis Austriae, &c EDICTO REGIO CAVTVM est, vt hic libellus solus, piaetermissis reli- | quis Catechismis. pei omnes Austriae Infe- rioris Prouincias, & Goritiae Comitatum in scholis cum priuatis [sic] tum publicis praele- gatui & conseruetur Atque a nullo Typo- grapho aut Bibliopola inuito Michaële | Zimmermanno, intra decen- | nium denuò excudatui, | aut excusus vendatui " Locus et annus non indicantur 8°, ff 193 signata et 9 (S in initio et 1 in fine) non signata, 4 figurae in lignum vel plumbum incisae, folium titulaie sequitur edictum Ferdinandi I (cf supra p 522¹) et conspectus rerum, in fine libri (f 193ª—193ᵇ) 20 „Errata" Copiosius haec editio descripta est in editoris „Katechismen" etc p 28—49 Cuius exempla exstant Londini in musaeo britannico Lovanii (V P VI, 23), Friburgi Brisgoviae, Viennae (Theol past I, 324), Monachii (Theol past 18) in bibliothecis academicis earum ciuitatum, Ratisbonae in bibliotheca piouinciae (Past 209), in monasterio O S B gotvicensi (Göttweig, XXXIII, K 26³), in canonia ordinis praemonstratensis pragensi (Strahov, B J, X, 3) Eodem anno 1555 secunda „Summae" editio facta esse videtur Cui quidem titulus est idem ac principi, ff signata 192, „errata" tantum 8, cf „Katechismen- p 71¹ Posteriores Summae editiones in hoc opere accurate desciibeie non vacat Earum aliquae in „Katechismen- adumbratae sunt, ceterae, si Deo placebit, in peculiaii libio descri-bentui, quo catechismi canisiani historia quaedam pioponetui

[2] Haec Hosii opera tunc prelum iam subierant a) „In Psal mum Quinquage simum Paraphrasis Stanislai | Hosij, carmine conscripta [In folio paenultimo] Cracouiae ex aedibus Hieronymi Victoris Anno M D XXVIIJ " 8° ff 12. b) „Confessio Fidei Catholicae Christiana An | thoritate Synodi prouincialis quae habita est Petr couiae Anno M D LI Mense Iunio aedita Praesidente Reuerendissimo in Christo Patre Domino duo Nicolao Dei gratia Ai , chiepiscopo Gnesnensi Legato | nato et regni primate Pars Priot | Cum Giatia et Priuilegio S R M , Cracouiae Anno M D LIII [Fol 239] Ciaccoviae, In Officina Hae-redum Marci Scharffenberger Ciuis, ac Bibliopolae Cracomien " 4° ff 7, 239, 13 (Theol Wieizbouski, Bibliographia Polonica XV ac XVI ss III [Vaisoviae 1894] 33—34. I [Vaisoviae 1889], 31)

[3] Cromerus piaetei quattuoi colloquia, de quibus supra p 516², iam 10 feie poemata et orationes latinas evulgaverat, quae aut ipse composuerat aut ex giaeco verterat, v g „De splendidissimo Chiisti Iesu triumpho carmen" (Cracoviae 1533

Dominus IESVS cum tua succurrat patriae laboranti, et Religionis statum labentem erigat.

Jdem tuus in Christo seruus
Canisius.

Magnifico Domino Martino Cromero, Regi Polomae a secretis, obseruando Patrono Cracouiae '

172.

STANISLAUS HOSIUS,

episcopus varmiensis et imperii princeps,

CANISIO.

Heilsberga ¹ II. Maii 1555.

Ex opere „Stanislai Hosii Epistolae" II, 1041—1042, ubi asseritur epistulam archetypam Hosii manu subscriptam in „archivo privato romano" exstitisse, postea Roma alio asportatam esse audivi

Primum typis exscripta est in „Pastoralblatt fur die Diocese Ermland" 1886. Nr 10⁵

Quanti Canisium faciat   Rogat eum, ut decem Socios ad se mittendos curet De Ficu libro „De ecclesia" scripto   Nam contra eum aliquem librum in lucem emittere contendit, et qualem   Aliqua contra Ficuum a se scripta Canisio recognoscenda mittit   Acta elbingensia mittit

S P   Cum ex his, quae mecum coram egit Martinus Cromerus veteri mihi necessitudine coniunctus, qui mihi litteras etiam tuas ad se scriptas ostendit[2], tum ex his, quae scripsit ad me Fredericus Staphilus[3], et qui viri esses et quanta tuae voluntatis in me propenderes inclinatione, cognovi   Ego vero, etsi te de facie non novi, non possum tamen talem virum non plurimi facere, qualem ab his, quorum apud me testimonium habere merito pondus debet, praedicari audio   Atque utinam cuius tu societatis es, ex ea possem aliquos nancisci: tibi similem quempiam sperare non audeo, sed contentus eo tamen forem, qui quam proxime ad te accederet   Nam haec dioecesis mea, si quae alia, talium virorum vehementer indigere videtur   Curaveram

---

' *Prior epistulae pars hanc inscriptionem habet*

1554), „D Ioannis Chrysostomi Orationes Octo in Latinum versae' (Moguntiae 1550) Atque hoc anno 1555 Basileae e typographia Ioannis Oporini primum prodiit praeclarum Cromeri opus historicum „De origine et rebus gestis Polonorum" (*Eichhorn*, Kromer p 100—105 *A Thiel*, Kirchenlexikon in v Cromer III, 1198—1199 *Werzbouski* I e II, 60 III, 39, I, 29)

¹ Heilsberg (Helspergk, Hylczberg. runc civitas regni borussici) sedes erat episcoporum varmiensium

² Has vide supra p 509—511 513—516 535—538

³ Litteras, quas Staphylus 16 Februarii 1555 Nissa dedit, significare videtur quae sunt in „Hosii Epistolis" II, 511—512 earum pars posita est supra p 487—488

Cromero nostro sexaginta aureos Hungaricos numerari Cracoviae, quos in urbem transmitteret, sed fecerat is me suis literis certiorem, prius ad Pontificem ea de re scribendum esse, quam eo pecunia transmitteretur Quod a me ita factum est, scripsi et ad Pontificem[1] et ad Cardinalem Puteum et ad alios nonnullos, responsum hactenus nullum accepi Quaeso te, velis me adiutum, ut aliquos de societate vestra habere queam: magno me abs te beneficio affectum interpretabor Nam cuius hic opera recte uti possim in revocandis ad unitatem ecclesiae his, qui temere segregaverunt semetipsos, neminem habere videor Mihi quidem voluntas prompta non deest ad ea quae sunt muneris mei praestanda, sed peccatis meis factum est, ut hactenus conatus mei mihi parum successerint Ubicunque loci tibi visum fuerit pecuniam insumptam his, quos mitti mihi velim decem numero, si fieri possit, numerandam curabo Posteaquam vero Cracoviam Deo bene iuvante venerint, accipient ibi quoque pecuniam tantam, quanta ad reliquum itineris conficiendum visa fuerit necessaria Cum autem praesentium illorum dabitur potestas, providebitur a me diligenter, ne quid eis desit rerum omnium et ad victum et ad amictum pertinentium

Ostendit mihi praeterea Cromerus noster, quae scripsisti de Fricio, de quo recte iudicasse videris[2] Contra quem autem librum apologiae istae conscriptae sint, puto te non ignorare[3] Nunc abs te dari mihi consilium peto, num apologis eius respondendum aliquid esse censeas, nec ne. Quodsi respondendum censueris, num ad omnia, aut ad quae potissimum. Duo praecipue urget: unum ut laicis de causa fidei iudicare sit, in quo mihi permultum esse positum videtur: alterum levius videri posset ac forse silentio praeteriri, nisi plus haberet in recessu quam quantum exhibetur prima fronte[4] Nam homini seipsum nimio plus[b] amanti nil placet, quod ad catholicam[a], nihil contra non cumprimis gratum est, quod ad schisma pertinere videtur, cuius defendendi, quoties se offert, nullam occasionem praetermittit Nihil enim agit in toto eo libro. quem scripsit de ecclesia, quam quod recepta ecclesiae dogmata si minus convellere. certe in dubium revocare, con-

[a] Sic etiam infra, supplendum esse videtur religionem vel fidem vel ecclesiam
[b] Correxi ex nimis plus

[1] Litterae Hosii hac de re Heilsberga 28 Ianuarii 1555 ad Iulium III datae exstant inter „Hosii Epistolas" II, 501—502
[2] V supra p 510—511
[3] Contra „Confessionem" Hosii scripta erant, cf Hosii epistulam Heilsberga 26 Ianuarii 1555 ad Albertum Kijewski missam, in „Hosii Epistolis" II, 501
[4] Fricius postulabat, ut laicis calix sacer, sacerdotibus matrimonium concederetur, et ut in missae sacrificio sermo patrius adhiberetur Quae Hosius „Dialogo" refutavit, Dilingae anno 1558 primum edito (Ant Eichhorn, Der ermländische Bischof und Cardinal Stanislaus Hosius I [Mainz 1854], 286—289)

traria vero stabilire modis omnibus conatur Quaeso te, verum atque
internum iudicium uti mihi tuum perscribere ne graveris Interea
autem mitto tibi, quae scripta sunt a me contra id, quod ab eo asseritur, iudicium de causa fidei etiam ad laicos pertinere[1]. Si tibi non
fuit molestum legere, quae scripsit contra catholicam Fricius, spero
etiam minus fore molestum, ut quae pro illa scripta sunt a nobis, legas
simul si quid addendum, detrahendum aut corrigendum esse putes.
libere iudicium ad me tuum perscribas Litteras autem ad Cromerum
nostrum dabis, qui facile curabit ad me citra aliquam moram perferendas Mitto etiam quae Elbingii sunt acta per me ante biennium,
ut quantum laboris a me susceptum fuerit cognoscas, nullo tamen
profectu[2] Deus te servet incolumem, frater in Christo charissime,
quem ut pro me quoque sedulo preceris, rogo ' — —

Viro pio cumprimis et docto Petro Canisio de Societate Iesu,
S Theologiae professori, fratri in Christo charissimo et multum
honorando

173.

CANISIUS

WICHMANNO VAN DEN BERGH.

consuli noviomagensi

Vienna 23 Maii 1555.

Ex apographo eiusdem temporis (2° pp 3) in p 4 antiqua manu quae Canisii
ipsius esse videtur, scriptum est „Exemplum literarum ad Consulem Noviomagensem
pro Jesu societate " Hoc igitur exemplum Canisius ipse Coloniam ad P Leonardum
Kessel misisse videtur Est in cod colon „Epistt ad Kessel I "

Ex eodem exemplo, quod tunc Coloniae in archivo gymnasii „tricoronati" S J
exstabat, epistulam primus edidit Reiffenberg l c p 47—48 Inde transcripta est
in „Cartas de San Ignacio" VI, 651—654

*Queritur, quod senatus noviomagensis Societatem urbe prohibeat Id senatui
dedecori fore, cum et Societas summis viris ipsique ecclesiae probata sit et complures Socii sanguine, civitate, meritis parentum Neomago sint iuncti Rationes in
senatus decreto allatas refellit, imprimis, quod Socii bona civium captent, oneri ns
forent, multi cum adsint ecclesiastici Immerito impediri, qui caelestia praebentibus
terrena dare velint Deum id puniturum*

' Hic in archetypo locum, tempus, Canisii nomen posita esse puto

---

[1] Hosius Fricium in altera etiam „Confessionis" suae parte refellere volebat
quae anno 1557 Moguntiae ex typographia Francisci Behem primum in lucem prodiit
(Hosii Epistolae II, 537 1007 Eichhorn l c p 224—225)

[2] Hosius anno 1553 cum Elbingensibus (Elbing, civitas regni Poloniae nunc
Borussiae) diligentissime quidem, sed frustra egerat ut sacram eucharistiam sub
una specie acciperent ac schismate abiecto sibi episcopo suo obtemperarent Haec
„acta" ipse postea conscripsit et amicis misit Typis exscripta sunt in „D Stanislai Hosii operum Tomo secundo" (ed Stan Rescius, Coloniae 1584) p 70—81

IESVS

Gratia domini IESV nobiscum aeterna

Perlatum huc est triste nuntium, optime Vichmanne Consul[1], nonnullos qui IESV societati nomen dederunt, male isthic audire, vestri-
que Senatus sententia tractari durius ac laedi[2]. Facit hoc Sathan
opinor, qui bonis bonorum conatibus, praesertim quibus Christi gloria
et salus proximi promouetur, ex professo quibus maximo viribus et
artibus potest, per quoslibet etiam gaudet aduersari, atque detrahere
contendit[3]

Tua vero prudentia consideret quaeso, quam indigne fiat, vt
maleuoli nescio qui, authoritate vestra ad bonorum vel contemptum,
vel iniuriam abutantur. Perpende recta tecum, quid incommodorum
adferat secum isthaec severitas, imminuit Senatus vestri authoritatem
apud Catholicos, Remp. vestram in suspicionem grauem adducit, quae
bonos reijciat, pietatem impediat, ac laedat innocentes Nota est exteris Societas nostra, quae tantum fidei et authoritatis apud optimos
Principes, apud nobilissimas prouincias nationes ciuitates inuenit, vt
quorundam obtrectationibus, calumnijs, iniurijs, exerceri probari et
illustrari possit. in pietatis autem promouendae atque charitatis de-

---

[1] „De functie van Burgermeester is binnen Nijmegen van de oudste tijden af
eene Commissie uit den Raad voor den tijd van een jaar, in welken Raad de eerste
regeerende Burgermeester praesideert" Joh Smetius, Chronijk van de Stad der
Batavieren (Nijmegen 1784) p 247ᵉ

[2] P Leonardus Kessel anno 1554, ut multis satisfaceret, Colonia Neomagum
venerat ibique animarum fructum, qualem nuspiam antea, collegerat Ibidem Canisii, quam supra scripsimus, matertera peramplum cum area domicilium Societati
obtulerat eamque legationem sub initium anni 1555 coram magistratibus arbitrisque
confirmauerat, fratris maxime repugnantis assensum mercata aureis quingentis At
re divulgata obstrepuerunt primores quidam parum catholici, murmurarunt et coeno
bitae nonnulli, donec senatus, ne maiores turbae nascerentur, Kesselium urbe excedere iuberet Is tunc Colonia redierat, ut benefactrici adesset moribundae Ac
postea refellit quidem calumnias coram senatu universo ac diplomata etiam summorum pontificum evolvit, sed frustra (Orlandinus l c l 15, n 28 Reiffenberg
l c p 45—46) Senatus decretum sic proponit Joannes Smetius (Smith) Calvini-
starum minister neomagensis, ex archivo civitatis haustum „Na dat eenige (die zig
Jesuiten lieten noemen) binnen de Stad Nijmegen allengskens waaren ingesloopen,
en zig onderstonden, zoo in 't heimelijk, als in t openbaar, de preek te hooren, en
ook in ettelijke kerken zelfs dienst te doen. daar nevens eenige conventiculen te
houden, om daar door 't zaad van tweespald beter te zaaijen, en te gelijk ettelijke
erfgoederen aan zig te werven, zoo hebben de Raaden van Nijmegen deze nieuws
ingeslopene Jesuiten uit haare Stad gebannen, en door een Roeij-drager den weet
gedaan, dat sij zich eerstdaags uit de Stad zouden begeven" (l c p 125) Idem
decretum „ex collectaneis Gerardi Canisij, Consulis eo tempore Neomag " iam diu
ante Smetium ediderat Arnoldus van Slichtenhorst, iuris consultus gelrus, ex
eiusque libro merito conici posse videtur Smetium aliquam decreti particulam
omisisse, quam infra suo loco proponam (XIV Boeken van de Geldersse Geschiedenissen, door Arend van Slichtenhorst [T' Arnhem 1654] p 486—487)

[3] Schutjes asserit senatum 2 Ianuarii 1555 Societatem Neomago pellere statuisse (l c p 267)

clarandae studio vinci, opprimi et expugnari non possit, Christo IESV
suis patrocinante

Quapropter etsi nobis gloriae magis quam ignominiae verti posse
confidam, quod ita leniter aduersus nostros decernitur, tamen et uestro
et Senatus et patriae nomine doleo, tam parum agi candide cum ijs.
quos Nouiomagi non dicam tolleram sed etiam honorari decebat Nec
enim ignoratis qui et quam multi in Rep. vestra nati, educati, versati, nobis etiam sanguine comuncti, nunc vero Societati huic adscripti
duce Christo simus Itaque si non propter communem patriam, si
non propter parentum et amicorum nostrorum in Remp vestram merita, si non propter veteris amicitiae et sanguinis firma foedera, saltem
ob hoc ipsum, quia ciues vestri sumus, erimusque semper, vti propter
multos parcere, et non solum indulgere si opus fuisset. sed etiam adesse et praeesse et prodesse. quae vestra debet et solet esse prudentia aequitasque, potuissetis.

In proclivi est quae recte pieque geruntur in suspicionem rapere.
semperque mundus in deteriorem partem accipit, conuellit, deprauat.
religiose dicta facta et instituta[1] Sed credat mihi velim sapientia
tua, fortunas vestras non appetimus, qui relinquimus propter Christum
omnia, non insidiamur aliorum bonis, aedibus, possessionibus. qui diuitias nostrae salutis in paupertatis arce sancta constituimus, non
cupimus vestram grauare Remp·, sed peccatorum oneribus praegrauatas
conscientias releuare, Christo auxiliante non solliciti sumus in[a] cor-
rogandis isthic eleemosinis. sed dare spiritualia. bene mereri de patria.
consolari afflictos animos, pios prouehere, Remp· veris dei[b] donis
aeternisque bonis augere in Christo desideramus

Habetis in eodem studio exercitatos forte homines, et vtinam
plures melioresque haberetis hoc tempore, sed mihi nequeo persuadere,
idcirco quia multi vnum idemque profitentur, inutiles et prohibendos
excludendosque videri illos. qui beneficium offerunt, qui in arte sua
non minus quam reliqui periti atque exploratae fidei sunt. qui tum ab
eruditionis, tum a pietatis et virtutis suae argumentis, si non vobis.
tamen et doctissimis et celeberrimis et optimis viris passim comprobati sunt, qui totius itidem Ecclesiae testimonium ac sacrosanctae
Apostolicae Romanae Sedis non violandam authoritatem pro se proferunt ostenduntque

Absit igitur temeritas vir sagacissime, de bonis non ita pessime
sentiamus, oblatam non recusemus gratiam, facessant priuati affectus.

---

  [a] de *Reiff*   [b] verae fidei *Reiff*

  [1] *Slichtenhorst* refert in senatus decreto has etiam rationes prolatas esse. ob
  quas Nouiomagenses Societatem admittere non possent .Dat sy mede meer breeste-
  lijkheid hadden dan sy wouden ofte onderhouden moghten, ende de gemeyne buirg-
  heren en doorgaens schaemele ingezeetene niet hoogher behooiden belast en vt-
  gemeighelt te worden" (l c p 487) Clarum est Canisium has rationes hic refellere

vbi non de meo et tuo, sed de CHRISTI IESV Opt. Max: gloria propaganda, de conscientijs miseris recreandis, de fidis operarijs in messem desertam introducendis recipiendisque agitur.

Interim pro tua aequitate statuas licet, sintne prohibendi [a], qui cum possint, de nostris etiam velint bene mereri, vt illis tribuant temporalia, a quibus magno cum foenore tum sibi, tum toti ciuitati uestrae spiritualia conferri posse sentiunt [1]. Sis ipse Iudex, deceatne voluntatem amici extremam, preces morientis pias et sedulas negligere Cogites, quam facile, quam turpiter, quam infoeliciter fere dilabatur quod male paratur: memineris illius pietatis, quam a religiosis parentibus ac maioribus, haereditario quasi iure acceperis, quid illi te Senatumque uestrum exemplo suo admoneant, vel me tacente perspicuum est Veniat [b] in mentem quam tibi familiaeque tuae sit futurum honorificum amare et conseruare Christi familiam, quae tuos etiam liberos, vicinos, amicos et ciues omnes docere pietatem et multis modis illustrare possit Illudque postremo vt cures, obtestor, vii amicissime, ne dum fortunarum rationem habere uis, et liberis metuis. veras quae in CHRISTO sunt opes amittas, teipsum cum liberis perdas et ex diuite miser fias, iusto DEI iudicio [2]

Meum fuit admonere, rogare, instruere: si quod charitate huc impellente feci gratum erit, duplices CHRISTO et tibi debebo gratias. Sin minus, veritatis et patriae iuuandae causa me sinam in CHRISTO periclitari Is mentem humanitati tuae sanam et in priuatis publicisque consilijs diuinitus illustratam adesse concedat Viennae 23 Maij 1 5 55.

Seruus in CHRISTO
Petrus Canisius
Nouiomagus, Doct
Theologus de IESV
societate

Inscriptio huius epistulae non superest Ex ipsa epistula hoc tantum cognoscitur Wichmanno consuli neomagensi, qui Canisio amicitia atque etiam (ut videtur) sanguine iunctus erat, eam inscriptam fuisse, nec plus a Reiffenbergio positum est Wichmanno huic cognomen „Busaeo" sive „Buys" fuisse *Kol.* ³, *tan den*

---

[a] proscribendi *Reiff*   [b] Veniat tibi *Reiff*

---

[1] „Si nos vobis spiritualia seminauimus, magnum est, si nos carnalia vestra metamus"⁹ (1 Cor 9, 11) Cf Rom 15, 27

[2] Has minas haud dubius rerum eventus comprobasse fertur „Nam et consulis, qui Senatui fuerat autor" Kesselii expellendi, „gemina proles in uiua, atque altercatione mutua se caede necauit, liberorum necem cita parentis subsecuta mors est et qui sententiam audax pronuntiarat edicti, lenta febre conceptus in diuturnae tabis aerumnas atque languorem sensim decidit summa cum desperatione salutis (*Orlandinus* l c l 15, n 29)

[3] Vaderlandsch Woordenboek Negende Deel (Tweede Druk, Te Amsterdam 1788) p 51

Bergh [1], *Schutjes* [2] asserunt nec tamen quisquam eorum id probat, neque in antiquis tabulis invenitur Wichmannum Busaeum ullo tempore consulem neomagensem fuisse [3] At in *codice accepti et expensi ab urbe neomagensi a 1555 („Stedelijk Rekenboek"), qui in archivo eiusdem urbis asservatur, haec leguntur „Frederick Viersz gewest mit onse Burgemeesters Bymelberch ende Wichman van den Berch toe Arnhem, doe sy aldaer geschickt warden aengaen den toll toe Herwarden " Haec verba clare ostendunt anno 1555 non Wichmannum Busaeum, sed Wichmannum van den Bergh alterum ex duobus consulibus rem publicam neomagensem gerentibus fuisse, et huic Canisium scripsisse [4] Ex aliis eiusdem archivi codicibus cognoscitur Wichmannum van den Bergh etiam annis 1552, 1554, 1557, 1560 idem munus gessisse et ab anno 1547 usque ad 1564 continenter e scabinis urbis fuisse [5] Familiam van den Bergh Canisii propinquam fuisse iam vidimus supra p 116 [2] Wichmannus hic van den Bergh uxorem duxit Elisabetham, filiam Ottonis Kanis, quaestoris neomagensis et fratris Iacobi Kanis, qui pater erat Petri nostri Canisii [6] His Canisii litteris nonnullorum Neomagensium animi commutati esse videntur Nam *Polancus* Roma 31 Martii 1556 ad P Leonardum Kessel scripsit „De Noviomagensibus agetur postea Inde [i e Colonia] enim gradus fiet ut Noviomagum et in alia loca collegia mitti possint temporis successu " [7]

174.

CANISIUS

SANCTO IGNATIO.

Praga 15 Iulii 1555.

Ex autographo (2°, pp 3, in p 4 insci et pars sig), multa lineis et numeris signata sunt, quod aut ipse S Ignatius aut Polancus secretarius fecisse videtur, quo facilius epistula rescribi posset

Versio latina, aliquantulum manca et saeculo XVII scripta, est in cod monac „Lat 1606" f 138'—139 [b]"

„Antiqua haec versio infra (ex apographo P Flor Riess) ponetur.

---

[1] Het Nijmeegsche Geslacht Kanis p 13
[2] Geschiedenis van het Bisdom s Hertogenbosch V, 267 Van den Bergh et Schutjes fortasse hac in re nil nisi Koku auctoritatem secuti sunt
[3] Wichmannus Buys comparet apud *J G Ch Ioosting*, Inventaris van het Oud-Archief der Nijmeegsche Broederschappen (Nijmegen 1891) p 272 *Gerardus Busaeus*, PP Petri, Ioannis, Theodori Busaeorum S J „frater", Xanto 9 Septembris 1572 P Hieronymo Natali scribens, Canisius „cognatos suos" appellat (*Epistula autographa, in codice „Germ 1571 sqq III " f 157)
[4] Acta senatus neomagensis („Raadsignaten"), quae apud eundem supersunt, ab anno 1558 demum incipiunt
    Inter scabinos neomagenses comparet etiam apud *Ioosting* l c p 265 266 268 282 286 Quaecumque ex archivo urbis neomagensis hic protuli, a reverendo patre *G A Meyer* O Pr ex eodem archivo extracta et mihi liberalissime transmissa sunt
[5] *Van Brucken-Fock*, Genealogia canisiana, et *Bonguerts* l c p 6 Elisabeth van den Bergh a 1572 in tabulis „vidna" vocatur
[6] *Delplace*, L'établissement etc p 38* Cartas de *San Ignacio* VI 178

Versionis antiquae partem haud ita accurate edidit *Python* 1 c p 107—108, eiusdem versionis partes germanice reddidit *Riess* 1 c p 132 134, et ex eo trans-scripsit *Dreus* 1 c p 50—52

Se Pragae benignissime exceptum esse   Fructum ibi ex scholis Societatis uberem expectari   Populum ieiunia et caerimonias ecclesiae diligenter servare, clerum sedulum, Hussitas plurimos quidem, sed discordes et languidos esse   De festo Ioannis Hus, Bohemiae opulentia, universitate, sectis   Collegium in monasterio Dominicanorum collocandum esse, qui libenter aliam sedem accepturi sint   Se Augustae ut cum Ferdinando rege transacturum   Contionem in ecclesia metropolitana a se habitam placuisse   A Ferdinando archiduce et a Bohemiae proceribus se ad longius tempus expeti   De collegii reditu, hominibus, scholis   De haereticis contionatoribus e Bohemia erectis

†
Molto Reuerendo in Christo Padre mio

La grande charità et bontà del Signor Nostro Jesu Christo s'augmenti sempre ne i cuori nostri per intender et essequire la sua diuina uolonta in tutte le cose

Rigratiato sia il padre del cielo et della terra, il qual me ha condutto sano a Praga, et adgiutato spetialmente per satisfar all' obedientia del R P Nostro Natale[1]   Adunche sappia V R P che questi Signori della Corte et del Clero Pragense me hanno riceputo et abbrazziato con grande charita, dando ogni fauore et adgiuto per incomminciare il collegio, con cio sia cosa che tutti Catholici ci persuadeno, che li nostri per mezzo della schola faranno frutto grandissimo in tutta la Boemia. Et certo non ho uisto in Bauaria et Austria tanto buona dispositione, si come qui per redur li schismatici alla vnione

/ *Versio antiqua* /

[† Admodum reverende in Christo pater].

Magna charitas ac bonitas Domini N I Chr crescat semper in cordibus nostris, ad intelligendam et exequendam in omnibus Divinam ejus voluntatem

Benedictus sit Pater Coeli et Terrae, qui me Pragam deduxit incolumem, et singulariter adjuvit, ut voluntati R P Natalis obediram[1]   Itaque V R Paternitatem certiorem facio, quod aula haec et clerus[2] Pragensis me[b] magna charitate amplexi exceperunt[3], omnem opem et favorem ad initia Collegii fundandi polliciti, quandoquidem Catholici communiter omnes persuasum habent, fore ut Nostri scholis suis universae Boemiae magnam utilitatem afferant   Equidem neque in Austria neque in Bavaria res tam bene dispositas vidi quam hic pro schismaticis[c] ad unionem Catholicam reducendis   Primum quia vulgus etsi sub utraque specie communicet,

[a] *Quae hic et infra uncis quadratis inclusa sunt, in versione antiqua desunt et ab editore ex autographo versa et suppleta sunt*   [b] me et socios *Pyth*
[c] haereticis *Pyth*

[1] P Hieronymus Natalis anno 1552 a S Ignatio ad constitutiones Societatis ubique promulgandas delectus erat et 1 Maii 1555 ex comitiis imperii augustanis Viennam „visitator" advenerat (*Orlandinus* 1 c 1 12, n 34 *Sacchinus*, Can p 100 *Sochet* 1 c p 55)
[2] Versionem antiquam correxi, quae habet „Clerus et senatus "
[3] Versio antiqua „excipiunt "

Catholica, 1° perche la gente commune anchora che se communica sub
vtraque, non e contra li costumi, essercitij et precetti della santa
Ecchieza, anzi guarda meglio li gieiunij et le cerimonie exteriori, che
tutti li Tudeschi, 2° perche li capi del Clero anchora che non tengono
ne Veschouo, ne Archiueschouo in tutto il Reame di Boemia, pur sono
molto zelosi et diligenti in restaurare la Religione, 3° perche li Hussite sono discordi hora fra se, et tengono pochi homini literati et
preti, talmente che essendo qui alcuna copia di predicatori Boemi.
certo se faria frutto grandissimo, non obstante che siano tante
secte, et tanta deprauatione della nobilita per tutto, et solamente
3 ò 4 cittadi ex professo catholiche Tutte l altre fanno grand' festa
dal suo Joanne Huss al di, quando e stato bruzato nel Concilio Constantiense [4]. Et quanto al uiuere, io credo che in nissuna parte del
Imperio sia tanta abondantia temporale, et l espese tanto facilj, o tanto
buon mercato, sicome in Boemia

Hor quanto al Collegio, io me ho sforzato prima a determinare
del luogo, et dappoi delle intrade o redditj. Vero è, che mi sono
stato represcntato diuersi luogi et monasterij, ma sicome anchora la
sua Maiesta hebbe fatta li insegni, non s' offerisse luogo[5] piu com-

---

non tamen adversatur aliis S R Ecclesiae consuetudinibus, exercitus atque praeceptis, sed jejunia et exteriores caeremonias religiosius observant quam omnes Germani Secundo quia praecipui de Clero, tametsi per totam Boemiam nullum Episcopum vel Archiepiscopum agnoscant[1], zelosi tamen sunt in religione restauranda
ac seduli Tertio quia Hussitae jam ipsi quoque inter sese dissentiunt, et paucos
habent viros doctos et sacerdotes[2], ita ut si qua adesset Concionatorum Boemi-
corum copia, ingens sane operae pretium faceret, etsi tot sectae sint ac tanta nobilium perversitas, ut vix[3] tres aut 4 urbes ex professo Catholicae reperiantur
cum reliquae passim omnes festive celebrent Joannem Huss ea die, qua in Conc
Constantiensi flammis haustus est[4] Quoad victum nescio an in ulla Imperii parte tanta
rerum abundantia inveniri aut annona tam vili pretio comparari possit quam in Boemia

Iam ad Collegium quod attinet, conatus sum primo determinare locum, deinde
redditus Sunt autem varia loca et monasteria mihi oblata verum ipsius quoque
regis judicio nullus apparet commodior locus[5] quam Monasterium S Clementis ubi

---

[1] Melius versum esset „habeant" Cf supra p 498
[2] Sic antiquam versionem correxi, quae habet „viros doctos et eruditos"
[3] Vertendum potius erat „tantum"
[4] Ioannes Hus Constantiae 6 Julii 1415 a magistratu civili combustus est
(qui dies quam sacer Bohemis tunc fuerit, ex hoc ipso intelligi potest quod neque
ipsi Societatis homines in collegii pragensis principiis scholas habere 6 Julii aude-
bant Nam P Ioannes de Polanco Roma 24 Augusti 1560 P Paulo Hoffaeo eius-
collegii rectori, haec scripsit „Di qua siamo auisati che il giorno che si fa la festa
di Joanne Hus in Praga non si legge nel collegio Et piu a nostro Padre [prae-
posito generale] pare si debbia fare Si ben non fossi per altro che per non parer
simile alli cismatici" (Ex apographo 'epistulae [eodem tempore scripto], quod est
in cod German Gallia Flandria 1559 etc V II p 208)
     Accuratius fortasse versum esset „verum (quod etiam maiestas regia nobis
indicaverat) nullus comparuit commodior locus" etc

modo che nel monasterio de S. Clemente, doue sono 4 ò 5 frati de S. Domnico Et per uitar le difficultadi circa la dispensa del'ordine, hauemo trouato vn altro monasterio circa li muri della città[1], et il Archiduca Ferdinando figliolo della sua Maiesta, il quale molto ci fauorisse[2], gia ha consentito che se faccia vn cambio de questi 2 monasterij, talmente, che li Dominicani sponte migrando dal suo monasterio, il qual e tanto anticho, che presto se ruinarria, et guadagnando quella commodita et amenita dell'altro monasterio, s'obligano d'impetrar la licentia sofficiente dal suo Prouintiale

Et cossi lassano uolontierj alla Compagnia questo luogo suo de Santo Clemente, doue non hebbero fin a qui la sufficientia del uiuere, sicome gia nel altro hauerano, adgiutati dalla sua Maiesta Pur e parso al Archiduca, ch'io me partessi presto con la sua litera al Serenissimo Padre in Augusta[4], per concludere questa commutatione et per instare che subito fussino chiamati li nostri de Roma[5], per incomminciare questa santa imprezza alla gloria del'onnipotente

---

[Versio antiqua]

quatuor aut quinque Religiosi Ord S Dominici adhuc versantur Porro ad vitandas difficultates circa dispensationem Ordinis offert se monasterium aliud ad Urbis moenia situm[1] iamque Sereniss Archidux Ferdinandus Regiae Majestatis Filius ac nobis valde benevolus[2], consensit in permutationem utriusque Monasterii ut adeo Dominicani sua sponte Monasterio Sancti Clementis, quod ob vetustatem ruinas[a] minatur, cessuri et commodum amoenumque monasterium alterum acquisituri, spondeant, se potestatem ejusmodi permutationis faciendae a suo Provinciali facile[4] impetraturos

Libenter igitur suum illud societati relinquent, ubi non habebant satis unde viverent, cum in altero, adnitente sua majestate commode sint habitaturi Visum tamen est Archiduci, ut mox cum literis ad Serenissimum Patrem Augustam proficiscerer[4], cum ad concludendam hanc permutationem, tum ad evocandos illico nostros ex Urbe[5], qui sancto[b] huic proposito ad Omnipotentis gloriam dent initium Quare eias volente Deo, iter octo vel 9 dierum eques ingrediar, ut negotium conficiam

---

[a] minas *Riess*   [b] secreto *Riess*

---

[1] Monasterium virginum ordinis S Clarae significat, quod Beata Agnes, Bohemiae regis filia (1207—1282), instituerat et prima gubernaverat Duae supererant in eo monasterio virgines sacrae, quae postea in teinecense, alterum sui ordinis domicilium, transierunt (*Acta Sanctorum* Iulii VII [Antverpiae 1731], 500 *Ioh Schmidl S J*, Historiae Societatis Iesu Provinciae Bohemiae pars prima [Pragae 1747], 76—77 81)

[2] Maximilianus, Ferdinandi I filius natu maximus, anno quidem 1549 Bohemiae rex nominatus erat, sed spoponderat se, patre vivo, regni administrationi se non immixturum (*Bucholtz* I c VII, 486) Hanc administrationem anno 1547 susceperat eius frater Ferdinandus archidux (1529—1595), qui postea comitatus tirolensis et Austriae anterioris („Vorlande") princeps factus ibi catholicam religionem et Societatem Iesu egregie protexit et adiuvit

[3] Hoc vocabulum ab interprete potius erat omittendum

[4] Partem harum litterarum vide infra, monum 112

[5] Accuratius „tum ut evocandos illico nostros ex Urbe curarem"

Onde di mane io me partirò con la gratia di Christo per concludere sopra ciò, et sè il camino di 8 ò 9 dì con vn cauallo.

Volse il Archiduca che io predicasse nel domo[1] manzi la Corte; et viene molta gente, la qual sape la lingua Tudescha Credo che in molte prediche Iddio mi non ha fatto tanta gratia, sicome alhora, di modo che la Sua Altezza et li altri restorono non pocho satisfatti Hor scriuono tre grandi Signori[3] alla sua Maiesta, che io torni presto per predicare et edificai anche le cosse necessarie al Collegio, et che io almanco per alcuni mesi resti in Praga per adgiutai queste anime cossi commosse et affectionate Sia fatta sempre la volonta della R. P V et pensi me essere piu inutile di tutti, non obstanti questi fauori della gente semplice et ignorante Io espettarò molto volontieri in Augusta quello che me sarrà commandato, et spero che la gente se metterà presto in ordine per satisfare a questi grandissimi desiderij de Praga, la qual e vna citta sicome Roma, molto nobile et populata, doue adesso non se nessuno predicatore Tudescho, ne anche Boemo si non vno qualche uolta fra tanti altri heretici et Hussite, schismatici et Judei

Ma tornando ad collegium in monasterio de S Clemente questo luogo ci ha piacuto, perche e nel centro quasi della citta et piu commodo alla giouentu, et tiene luogi sofficienti per le schole et classi, per stancie[4] et camere con vna buona parte del horto Et se potra

---

[Versio antiqua]

Cupivit Archidux ut in aede Principe[1] ad aulicos et frequentem populum Germanicae linguae non ignarum concionem haberem Videtur mihi raro alias a Deo mihi gratia dicendi tanta fuisse concessa, quantam tunc expertus sum, Archidux ipse et alii testantur, se magnam inde percepisse voluptatem[2] hodie tres primae authoritatis viri[3] per literas a sua Maj petunt, ut redeam quam primum ad Conciones et res alias Collegio perficiendo necessarias, moreque Pragae saltem per aliquot menses pro solatio et auxilio animarum, quae jam salutari motu ad virtutem propensiores sunt Fiat semper voluntas Reverendae Pat Vestiae meque omnium inutilissimum judicet, quidquid homines simpliciores et ignorantes contra sentire videantur Libentissime Augustae jussa praestolabor, sperans fore ut brevi res omnes ex voto Pragensium, quo vehementer ardent, disponantur quae Urbs cum nobilitate et frequentia Romanae non absimilis sit, nullum habet Ecclesiasten Germanum, imo nec Boemum nisi unum cumque raro inter tot Haereticos, Hussitas, Schismaticos et Judaeos

Sed ut ad Collegium in Monasterio S Clementis redeam, placuit nobis hic locus, quia fere in centro urbis est, et studiosae juventuti commodior, sat capax gymnasii domuum[4] et cubiculorum, cum non exiguo horti spatio potentique modicis

---

[1] Ecclesiam dicit metropolitanam sancti Viti, in qua etiam corpora sanctorum Wenceslai regis et Ioannis Nepomuceni martyrum asservantur

[2] Versio antiqua habet „Cupit Archidux" — „ad senatum" (*Russ* „zum Stadtrath") „conciones habeam" - „modo experior" — „percipere"

[3] Henricus Scribonius, ecclesiae metropolitanae praepositus et archidioecesis administrator Antonius Brus de Muglitz, ordinis „Cruciferorum cum rubea stella" magister generalis Ludovicus Schradin, juris utriusque doctor Vide infra, monim pragensia [4] Melius fortasse „conclavium"

con poche spese restauiaie tutto, et adaptare a vna buona habitatione per questo primo anno Resta anche vn altro monasteiio de
S Augustino, doue se troua vn frate solo [1], ma quello non se potria
in vn longo tempo disponere alla commodita necessaria Et cossi
anche parse alli Signori, che subito s' incomminciasse il Collegio nel
Santo Clemente Se io tornassi de Augusta qua, non mancarebbe della
parte mia de disponere ogni cosa pei li nostri, in quanto hauesscno
da ueniie presto de Roma Pur sopra ciò pratticaro con la sua
Maiesta; et anche con il Ducha de Bauiera dal collegio Ingolstadiense
Iddio vogli consolar questa Germania con li suoj ueri soldati et in-
strumenti della santa obedientia!

Ciica le intrade sappia V R P che la somma delli redditi del
monasterio Celestinorum, il qual Sua Maiesta applica al Collegio Pragense [2], vale piu de mille daler, sicome hoggi mi hanno mostrato quelli
della camera Boemica secondo che la sua Maiesta li hebbe com-
mendato Di modo che V R P senza scrupulo potra mandaie qua
non 10, ma 20 persone, anzi 30, si fusse possibile. Et paie ceito,
che piu se possi et debbia sperare de qua, che de Vienna, non obstante che hoia questa Vniuersita Pragense sia quasi de niente, e li
nostri spero saranno li primi Theologi et professoii nella schola dappoi

---

[Versio antiqua]

impensis restauiari totum et hoc etiam anno ad commodam habitationem adaptari
Est quidem aliud insupei Monasterium S Augustini in quo religiosus unus moratui [1]
sed istud longo tempoie nostiis usibus necessariis sufficienter accommodari non
posset Itaque censent Proceres quoque, Collegium ad S Clementem confestim
inchoandum esse Si Augusta huc ieverti me contingat, non omittam pio vniibus
omnia sic disponere ut nostris ex Urbe adfuturis brevi nihil admodum desit Attamen hac de ie cum Majestate [iegia] et cum Duce Bavaiiae de Collegio Ingolstadiensi agam Deus Germaniam militibus suis genuinis et sanctae obedientiae
instrumentis solari dignetur

De iedditibus sciat [a] R P Vestra quod summa ieddituum Monasterii Coelestinorum, Collegio Piagensi a sua Majestate applicandorum [2] supeiet mille Daleros
Imperiales [3] sicut hodie mihi exhibueiunt [camerae bohemicae ofticiales] [b], quibus
a Rege mandatum fueiat Adeoque poteiit Reverenda P Vestra absque dubitatione huc mittere non tantum decem, sed viginti sed triginta capita, si velit et
habeat Caeterum majoiem mihi spem facit huc locus, quam Vienna quamquam
Piagensis haec univeisitas hodie piope sit nulla ubi speio Nostios foie primos

---

  [a] sciet *Ries*
  [b] *Quae uncis inclusa sunt, inteipies antiquus ieitere omiseiat, ponens solum* 11

---

[1] Monasterium S Thomae apostoli dicit, quod ordo Eiemitaium S Augustini
in uibis piagensis parte minore („Kleinseite") habebat In eo duos tantum fiaties
moiaii Praga 23 Martii 1555 Feidinando I regi sciipserunt ii, quibus ipse commiserat, ut Piagae Societati sedem quaeieient Siibonius, Bius, Schiadin (cf supra
p 548 [3]), Ioannes de Rensberg [Ransberg [?]] Eorum *litteiae archetypae Vienna
exstant (Hofkammer-Archiv, „Bohmen P Fasc [1/2] Ies ") [2] V supra p 496
[3] Vocabulum „Impeiiales" ab antiquo inteiprete additum est

la morte del Joan Huss, sicome per altro tempo se potra scriuere piu diffusamente Par a me che la bonta del Signor Nostro se voglia presto inclinar per conuertere questi cuori, li quali mostrano anche vna certa promptezza alla virtu [1], talmente che la R P V. non dubbiti de mandar gente a questa Boemia, la qual e vicina a Saxonia Non mancaranno fauori et persecutioni, consolationi et desolationi in questa vignea, doue dicono che siano trinta millia de uille et pagi Fra quelli che veneranno mandi V. R. de gratia 2 periti della lingua Greca, et altri piu buoni humaniste, et la maggior parte de Thudeschi, et se e possibile vn predicatore Thudesco, sicome saria almanco M Martino, o M Lamberto delli nostri in Vienna [2]. Molto adgiutara far li nostri predicare nel principio, sicome il R. P. Schorichio sappera ordinare essendo qui superiore, si vole V R P Non uorria, che tardassero troppo quelli che hanno de venire, perche in Octobre la Boemia fa fredo qualche volte intenso et vehemente Quanto al uiatico, se non presto si manda da Augusta, pur V R P potra pigliarlo in presto |²]‹, et io faro che sia tutto restituto, sia la summa qual si voglia Item quanto all' espese necessarie per la fabrica non

---

[Versio antiqua]

Theologos et Professores a morte Ioannis Huss, sicut alia occasione fusius perscribetur Certe mihi videtur divina bonitas se brevi inclinare velle ad convertenda haec corda, quae jam alacritatem quandam ac ‘ virtutem ostendunt [1] Itaque non dubitet R V Paternitas homines in hanc Boemiam mittere, quae vicina est Saxoniae Non deerunt favores et persecutiones, solatia simul et desolationes in ista vinea, ubi dicuntur esse triginta millia vicorum et oppidorum Inter mittendos sint, obsecro, duo periti linguae Graecae, et alii plures boni Grammatici, maximamque partem Germani, praeterea si fieri possit, concionator Germanus unus, saltem qualis est M Martinus aut M Lambertus ex nostris Viennensibus [2] Multum juvabit, si Nostri mox initio concionentur, sicut R P Schorichius noverit ordinare, superiorem hic acturus, si placet Reverendae V Paternitati Nollem [3] adventum nostrorum multum differri quum in Boemia saepe [4] mense Octobri frigus vehementer intendatur [5] Circa viaticum, nisi id brevi Augusta submittatur V R Paternitas poterit accipere mutuum, curabo ego ut totum restituatur, quantumcunque id fuerit Sumptus ad fabricam necessarios sua Majestas suppeditabit valde ad istud

---

[a] *Ita Ress, sed legendum videtur* ad [b] intenditur *Ress* [c] *Sic*, presta ?

[1] Canisium spes non fefellit Saeculo XVII *Thomas Ioannes Pessina*, ecclesiae metropolitanae pragensis decanus testatus est Bohemiam per Societatem Iesu ad catholicam ecclesiam reductam esse (Phosphorus septicornis , li e Sanctae Metropolitanae Divi Viti Ecclesiae Pragensis Majestas et Gloria [Pragae 1673] p 329) Et nostra aetate *Antonius Gindely*, de Societatis hominibus scribens, qui saeculo XVI Bohemiae operam navaverunt „Es drängt sich‟, inquit, „uns mit Bestimmtheit die Ueberzeugung auf, dass ohne sie die Katholiken den Gegnern erlegen wären‟ (Geschichte der böhmischen Brüder II [Prag 1868], 253)
[2] Martinus Gotfridus Stevordianus et Lambertus Auer
Versio antiqua habet „sicut R P Schorichius superiorem hic acturus novit ordinare Si placet Reverendae V Paternitati nollem‟ etc
[4] Accuratius „nonnumquam‟

mancara la sua Maiesta, la qual tiene grand'animo a questo collegio, et spero che adgiutara le anime per le nostre fatiche nel Signor Nostro JESV Christo benedetto   Quanto alli Theologi e da curare, che siano bastanti a rispondere alle diuerse heresie, le quali ogni di qui se trouano et — —ª per la malignita del'inimico d'ogni verita Catholica, di modo che qui si trouano Valdensi, Pikardite, Zuinghianj, Osiandrici [1], Zuenckfeldiani [2], ultra li communi heretici, et tutti sub pretextu d'esser sub vtraque, si come loro dicono [3].

Il principe o Archiduca hora mi fa d'intendere per il Signore Conte de Latron [4], che vedera uolontieri, che io venga con li nostri, et che spera de hauerme dal suo padre non solamente per la vtilita publica, ma anche per se stesso, volendo conferir con meco delle cose sue familiarmente, quando sarò tornato etc. Sappia V R P, che questo principe sia piu simile al Padre che tuti li altri fratelli, et ha catziato de Boemia li heretici predicatori in un grand'numero. Pur la corte sua e molta infecta etc. [6] Non altro, se non che io me spetialmente et questa Boemia in commune raccommendo alle orationi

---

[Versio antiqua]

Collegium afficitur; in quo plurimum, ut spero, pei labores nostros promovebit salutem animarum in Christo I D N benedicto   Quantum ad Theologos curandum, ut ii sint apti ad occurrendum variis haeresibus, quae quotidie hic grassantur et oriuntur ex malitia hostis omnis Catholicae veritatis, ut adeo non desint Waldenses, Picarditae, Zwinghiani, Osiandrici [1], Schwenckfeldiani [2], praeter ordinarios, omnes sub praetextu communionis sub utraque [3]

Princeps sive Archidux nunc per Illustrem Comitem de Latron [4] mihi significat, cupere se, ut cum nostris redeam, [et speraro, regem patrem id sibi concessurum,] non solum ob utilitatem publicam, sed etiam privatam sui ipsius, quod mecum de suis rebus familiarius conferre vellet [cum rediero etc] Est is Patri similior quam fratres ceteri, jamque in Boemia pseudoministros omnes [5] magno numero exulare jussit [6] [Attamen eius aulici valde infecti sunt etc] Aliud modo non habeo quod

---

ª *Sequitur vocabulum obscure scriptum, ve versione antiqua conicceris scriptum fuisse* nascono

---

[1] Andreas Osiander (1488—1552), lutheranus, anno 1549 ab Alberto Brandenburgensi, Borussiae duce, academiae regiomontanae professor constitutus, in doctrina iustificationis aliisque rebus a Luthero multum discessit et Alberto favente multos in suas partes pertraxit

[2] Caspar Schwenkfeld (1490—1561), silesius, Lutherum primum laudibus extulit, postea vero multa eius dogmata reiecit, „internam" tantum hominis vitam curans, de Christo monophysitice sentiens

[3] Lege quidem soli „Utraquistae" (praeter Catholicos) in Bohemia tolerabantur

[4] Fortasse Aloysium de Lodron significat, qui annis 1560 et 1562 filiorum Ferdinandi archiducis patrinus fuit (*Hirn* I c II, 323—324).

[5] Hoc vocabulum in autographo italico non comparet

[6] Ferdinandus imprimis sectam „fratrum bohemorum" repressisse videtur (*Hirn* I c I, 16—17). Anno 1554 Utraquistis placepit, ut omnes „sacerdotes" sacris ordinibus non initiatos amandarent, itaque 200 fere contionatores relegati sunt (*Alf Huber* I c IV, 136)

della R P V . et pregola con il cuore, che mi faccia uenne subito
vna risposta al Augusta a casa del Reuerendissimo Nuntio della
sua Santita [1], perche credo che staro ben tanto in Augusta, che
venga la risposta della R P V Iddio sia con noi sempre Pragae
15 July 1555

Petrus Canisius filius indignus

† Al molto Reuerendo in Christo padre mio M. Ignatio de Loyola
Preposito generale della compagnia de IESV Jn Roma

_____

[Versio antiqua]
scribam nisi quod me singulari et communi studio Bocmiam ss precibus R Vestrae
Paternitatis commendem, rogans impense ut responsum quoad fieri poterit cele-
rime Augustam ad aedes Reverendissimi D N Apostolici [1] mittatur, ubi credo me
tamdiu substiturum, donee id afferri possit Dominus sit semper nobiscum Pragae
15 Juli 1555

Petrus Canisius filius indignus

† Adm Reverendo in Christo Patri M Ignatio de Loyola Praep Societatis Iesu
generali Romae

175.

CANISIUS

SANCTO IGNATIO.

Augusta Vindelicorum 3 Augusti 1555

Ex apographo, quod saeculo XVII scriptum esse videtur Cod monac
,Lat 1606', f 84 Versio haec esse videtur latina epistulae a Canisio italico sermone (quod saepius ab eo factum esse iam vidimus) conceptae

*Pragae optimos quosque communionem ,sub utraque" mordicus tenere, doctiores
Lutheri doctrina capi Sanctos Bohemiae patronos invocandos esse De reditu et
hominibus collegii pragensis Imperii comitia ecclesiae detrimento fore Hussitas
scholas pragensibus dominari, nec statum pelli posse Episcopatum viennensem re-
formulat*

— — Enumero [1] hic [2] optimi quique Catholici obstinatissimi sunt
ritum istum sub vtraque conseruare, causantes priuilegium et facultatem
in id a concilio Basiliensi eis factam, qua facultate omnia nostra in contrarium argumenta et commonitiones facile eludunt, ficti bonitati suae

_____

[1] *Epistolae primam partem deesse hoc solum vocabulum satis patefacit*

_____

[1] Paulo IV 23 Maii 1555 electo, Zacharias Delfinus nuntius petit, ut revoce-
retur in cuius vicem ad tempus Aloysius Lipomanus successit (Sf *Pallavicinus*,
Historia Concilii Tridentini l 13, c 13, n 2)
[2] Interpreti potius scribendum erat ,,illic" Canisius enim non augustanam
civitatem significat ex qua litteras dat, sed pragensem

causae[a] [1]. Hic [2] doctiores, et qui cathedras tenent, Lutheri placitis[b] uidentur maxime capi Plurima inducunt dogmata, Catholicae fidei, et sedi Apostolicae perniciosissima. Dominus Deus suam largiatur gratiam, et faueat coeptis, et conatibus nostris in hac syluescente vinea Assidue rem commendemus[c] Sanctis Adalberto[d] Marthyri[e] ac Episcopo Bohemiae, Sigismundo et Wenceslao[f] Principibus. Vito, et Procopio omnibus inclyti huius Regni Sanctissimis Patronis[g] Nunc restat dicere de sumptibus Collegij, cui concessa bona Cenobij celestinorum, quae annuatim ad 3000[g] Florenos excrescunt, et uidentur abunde nobis suffectura Laborauj apud suam Ma·, vt praedicti reditus Collegio nostro applicarentur libere et integre, sine omni obligatione, et exceptione, et simul cum dispensatione atque immunitate approbata sedis Apostolicae. Hic paulo difficiliorem suam Ma. expertus sum, et dubiam[h] de modo sustentandi superstites duos Fratres, et an aut quomodo aliqua ratio diuini cultus mihi conseruandi ex parte haberi debeat Cum itaque necdum loca Monasterij muiserimus[i], nec de ditionibus eidem subiectis sufficienter instructi [simus], arbitratus sum potius iuuari[k] oportere ad tempus liberalitate suae Ma quae ad omnia se offert, quam temere inuolare in ista bona, antequam Romae dispensatio expediatur. Non habeo aliud de praesentibus comitijs

---

[a] causa *apogr*   [b] placidis *apogr*
[c] *Sic legendum esse mihi quidem omnino uidetur*, *apogr* commendamus
[d] Alberto *apogr*   [e] Marthyre *apogr*
[f] *Librarius hic S Ladislaum Hungarorum regem ponit, omisso S Wenceslao Bohemorum principe Tota sententia ostendit eum haec duo nomina confudisse vel potius permutasse*
[g] *Incertum est, utrum librarius scribere voluerit 3000 an 5000 sed Comisium suspicisse 3000 ex epistula proxime antecedenti conici potest, cf supra p 549*
[h] ut dubium *apogr*
[i] Monasteriorum muisimus *apogr*   [k] inuenire *apogr*

---

[1] Concilium constantiense 15 Iunii 1415 (sessione XIII) sub poenis ecclesiasticis interdixit, ne sacra communio a laicis sub utraque specie reciperetur Basileensis vero synodus 15 Ianuarii 1437 „compactata" iglauiensia probavit, quibus communio „sub utraque" Bohemis et Morauis concedebatur, idque decreto 23 Decembris 1437 (sessione XXX) edito accuratius explicavit Pius II 26 Iunii 1464 sollemniter affirmavit „compactata" numquam a sede apostolica approbata esse Insuper Utraquistae pactis non steterunt (*I r Hefele*, Conciliengeschichte VII [Freiburg i Br 1869], 173—174 618—625 657 *I Card Hergenrother*, Handbuch der allgemeinen Kirchengeschichte II [3 Aufl, Freiburg i Br 1885] 892—893, et Conciliengeschichte VIII [Freiburg i Br 1887], 174—175)
[2] Pragam significat, cf supra p 552 ?
[3] Henricus I Germaniae rex Sancto Wenceslao Bohemiae duci bracchium donavit Sancti Viti, siculi, in persecutione Diocletiani pro Christo occisi, ac Pragae super his reliquiis ecclesia S Viti exstructa est, in eamque etiam illata sunt ossa S Adalberti episcopi pragensis et Borussiae apostoli, exeunte saeculo X in Borussia ab ethnicis trucidati, corpus ipsius Wenceslai circiter a 936 a Boleslao fratre interfecti, bracchium S Procopii Bohemi, eremitae et postea abbatis († 1053), caput S Sigismundi Burgundiorum regis, saeculo VI necati

scribendum, quam quod plus inde damni quam vtilitatis rei Catholicae
sit metuendum, et non est qui se opponat murum pro domo
Israel[1] Deus nobis inuictum animi robur largiatur, ad persequu-
tiones Ecclesiae suae imminentes aequo animo perferendas.

Nec dum poterunt nostri in publicis scholis a morte Hieronymi
Pragensis' obseruatis[2], et Theologiae Magistris destitutis, profiteri, et
cum Hussitae in vrbe potentissimi praetendant ius in omnes literarum
ludos, non iudicat sua Ma: statim initio V[rbe][b] eijciendos, sed potius
aliquamdiu nostros in templo aut Monasterio Praedicatorum suis Auditoribus praelegere debere   In aduentum nostrorum tantummodo necessaria praeparamus   quamdiu incerti[c] placeat nec ne praedicta SS.
Clementis et Agnetis Monasteria, in fundationem Collegij admittere:
hac super re cum proximis P Vestrae mentem scire auemus   Ex-
peditissimum et breuissimum iter habebunt Patres, si Roma Anconam
se conferant, vnde mari   , si ventus fauerit, percommode nauigabunt,   .[d] et inde Viennam, demique Pragam metam suam 14 dierum
spatio facile attingent   Dux et Auctor Sancti Itineris sit Iesus Crucifixus Sanctis Pa Vestrae Sacrificiis et precibus me et totius Germaniae negotia plurimum commendo, fidens animi quod non prae-
ualebit inimicus[3], nec dicet ob impositum Episcopatum[4] Euge
Euge[5] Christus Jesus semper sit nobiscum

Augustae 3 Augusti

Pat Vestrae Seruus inutilis et indignus
Petrus Canisius

Huic epistulae annus non est adscriptus Sed quae in ea referuntur, facile
probant eam anno 1555 datam esse

Romam certe missa est simul cum litteris, quas Ferdinandus rex Augusta
30 Iulii 1555 ad S Ignatium dedit, ac fortasse una cum iis etiam libellus ille supplex
ad cardinales Moronum et Truchsessium missus est, quo Ferdinandus facultatem
monasteriorum illorum permutandorum petiit Vide infra, monum 115—117

' Apogi Hieronymi Huss Pragensi vel Pragensibus
'' V apogi   ' Supplendum esse videtur sumus
' Roma Anconam se conferant, vnde mari Labacum   si ventus fauerit, percommode nauigabunt, et inde Viennam apogi , ut Labacum (Laibach) a mari longe
absit, nec quisquam Ancona Labacum usque mari iehi potest Quare sic fere a Canisio scriptum esse quis diverit vnde mari Tergesten, si ventus fauerit percommode
nauigabunt, inde terrestri itinere Labacum venient, et inde Viennam

---

[1] Ez 13, 5
[2] De Hieronymo Pragensi v supra p 495[3]
[3] Ps 12, 5
[4] Paulo ante Ferdinandus I tertium cumque omnium vehementissimum conatum fecerat ad episcopatum viennensem Canisio imponendum, iamque paene in eo
erat, ut nouus pontifex Paulus IV Canisium id onus subire iuberet Vide infra,
monum 195 106 Verisimillimum est Canisium in prima huius epistulae parte, quae
non superest, hac de re ad S Ignatium copiosius scripsisse
[5] Ps 39 16 69, 4

176.

CANISIUS

ERASMO DE LIMBURG [1],

episcopo argentinensi et landgravio Alsatiae

Augusta Vindelicorum 4. Augusti 1555

Ex apographo, quod circiter a 1863 Molshemii in Alsatia ex archetypo in archivo parochiali deposito factum et ad P Florianum Riess S J missum est, cf *Riess* l c p 232 [2]

Apographum saeculo XVII scriptum est in cod monac „Lat 1606" f 140ᵃ—141ᵃ

Ex apographo, posito in opere manu scripto „Monum Argent " (II, 437), quod a 1870 Argentorati flammis absumptum est, epistulam primus typis descripsit M *Th de Bussierre*, Histoire du developpement du Protestantisme a Strasbourg et en Alsace II [Strasbourg 1859], 385—386 Partem germanice reddidit *Riess* l c

Se in cancellario episcopi desiderium collegii Societatis excitasse Episcopum modeste hortatur, ut eiusmodi collegium condat Qua ratione id obtinere possit Quid Societas in collegiis spectet

Reverendissime in Christo Pater et Illustrissime Princeps.

Gratia Domini nostri Iesu Christi et pax aeterna nobiscum, Amen Cum nuper Augustam ego venissem, ut cum regia Majestate Maecenate nostro clementissimo nonnulla tractarem, quae ad erigendum Pragae collegium Societati nostrae expedita ᵃ sunt, commode quidem, Deo ita volente, in humanissimum virum incidi, quem antea non cognoveram, D. Christophorum Cancellarium [2] amplitudinis tuae Fuit mihi cum illo non semel colloquium tum de Celsitudine tua, quae jam inde a Concilio Tridenti postremo celebrato me clementer amanterque complecti coepit [3], tum de Ecclesia vestra, cui ᵇ aliquando me concio-

---

ᵃ jam expedita *cod mon*   ᵇ cuius *cod mon* , cuique *De Buss*

---

[1] Erasmus (1507—1568), e familia baronum de Limburg, romani imperii principum, ortus, munus episcopale invitus susceperat Etsi clementiae valde amans et pacis studiosissimus erat, a Lutheranis tamen et Calvinistis multa passus est neque impedire potuit, quominus magna pars dioecesis suae vel in haeresi maneret vel ad eandem deficeret (*Bern Hertzog*, Chronicon Alsatiae IV [Strassburg 1592], 121—124 *Ph And Grandidier*, Oeuvres historiques inedites IV [Colmar 1866], 409—428 *L G Glöckler*, Geschichte des Bisthums Strassburg I [Strassburg 1879], 385—412 *Heim Müller*, Die Restauration des Katholicismus in Strassburg [Halle 1882] p 4—6)

[2] Cancellarius fuit Christophorus Welsinger, iuris utriusque doctor Is apud Erasmum episcopum plurimum valebat et, licet aliquamdiu in universitate vitembergensi versatus esse feratur, postea tamen ecclesiam catholicam strenue propugnavit Dubium non est, quin anno 1555 in augustanis comitiis episcopi sui vice functus sit

[3] Erasmus anni 1551 extremis mensibus et primis anni 1552 concilio tridentino interfuit (*De Bussierre* l c p 16) Ibi Patres Laimium et Salmeronem, summi pontificis theologos, ac per eos totam Societatem adamasse videtur Supra (p 387)

natorem insigne isthuc Argentinense Capitulum expetut[1], tum de
Societate hac nostra, cui extant collegia passim, ut ex illis habeat
ecclesia fidos juventutis pie recteque in graecis et latinis litteris instituendae praeceptores, probatae et orthodoxae doctrinae Professores
idoneos verbi divini praecones et fideles in vinea dominica operarios[2], qui quod gratis a Domino messis acceperunt, gratis
cum foenore spirituali reddant[3] De quorum collegiorum forma et
instituto cum inter nos multa contulissemus, existimavit ille, haud
abs re fore, si dignitas tua nostris quoque, sicuti Rex Romanorum
non uno in loco fecit, collegium quoddam constitueret, et ibidem partim
praeceptores[b], partim studiosos Societatis nostrae foveret, et ex iisdem
novae scholae praeceptores clerique sui conservatores et adjutores
faceret[c], ut qui verbo simul et exemplo prodesse vellent et possent
hac tempestate Respondi ego, non difficulter nostros ita facturos
Duce Christo, tantoque venturos libentius, quo gravius oppugnat et
disturbat ecclesiam vestram ille Sathan una cum satellitibus suis
Nec est, opinor, ullus vel doctrinae vel pietatis, si qua residet apud
nostros, praeclarior usus, quam pro Dei castris arma[d] sumere, ecclesiam ejusque doctrinam et authoritatem vindicare, de juventute Christiana bene mereri et adversus tot sectas sese aliosque confirmare
Proinde non recusabimus sub[e] tuae praesertim amplitudinis faventibus
auspiciis in speciosam illam olim vineam recipi, et quacumque ratione
poterimus[f], operarios illic fidos Christo et ecclesiae praestabimus, modo
legitime vocati et admissi, quasi per ostium intrasse[g] videamur.
Id vero fiet, si Celsitudini[g] tuae visum fuerit Romae curare tum apud
Pontificem maximum, tum apud Praepositum nostrum M Ignatium,
ex quorum authoritate nostri gubernantur et ultro citroque mittuntur
Curare inquam, ut propositis ecclesiae vestrae[h] seu periculis seu necessitatibus nostrorum duodecim, qui commode isthuc sustententur[i] ac
rebus afflictis bona fide opitulentur, vestris expetantur litteris Tum
alicui Romae dandum negotium erit, ut urgeat in[k] hoc Institutum, et
quae ad profectionem nostrorum spectabunt expediat diligenter[3]. Libe-

ᵃ unus cod mon, idque fortasse melius
ᵇ praeceptores Clerique sui Conseruatores cod mon
ᶜ Cod mon tantum scholae praeceptores faceret
ᵈ arma spiritus cod mon   ᵉ Cod mon om
ᶠ potuerimus cod mon   ᵍ Celsitudinis De Buss
ʰ Ita cod mon, apogr mdsh et De Buss   nostrai Ciuisii calamus hic
lapsus esse videtur   ⁱ sustentantur De Buss   ᵏ Cod mon om in

volumus Canisium exeunte anno 1551 a capitulo ecclesiae cathedralis argentinensis
continuatorem expetitum esse Fortasse tunc Erasmus quoque Canisio scripsit
   ¹ Quae tunc conditio fuerit dioecesis argentinensis, quique scholis argentinensibus praefuerint supra (p 386² 396 402) indicatum est
       ² Matth 9 37, 20, 2 etc   ³ Matth 10, 8 Luc 10, 2   ⁴ Io 10 1 2
   Collegium, quod Canisius fieri cupiebat, ab Ioanne de Manderscheid-Blanken-

iius foitasse isthacc, sed fretus humanitate et clementia tua Reverendissime Praesul dixerim, non tam ut nobis, quam ut Ecclesiae insigni
vestrae, cui^a ego studiosissimus fui et semper ero, bene prospiciatur
in Christo Domino nostro   Is amplitudinem tuam diu conservet incolumem

Augustae 4 augusti mensis 1555.

Reverendissimae et Illustiissimae^b D V.

Seivus in Christo
Petrus Canisius

Reuerendissimo^c in Christo Patri ac Illustiissimo Principi Domino
Episcopo Argentinensi Patrono sempei obseiuandissimo^d

177.
FRIDERICUS STAPHYLUS[1],
scholae nissensis rectoi,

CANISIO.
Nissa Silesiorum 31. Augusti 1555.

Ex libro, cui titulus „S MARCVS | ANACHORETES, ' SCILICET CATO
CHRISTIANVS, VERSVS EX | GRAECA LINGVA IN LATINAM ; pro pueris pie
instituendis[2] | ὁ νεὼς τοῦ θεοῦ τριὰν ἡδραμμένος θεμελίοις, πίστει, ἐλπίδι, ἀγάπη

' Cod mon rectius (ut videtui) cujus
^b Reverendissimi et Illustiissimi De Buss
^c Hacc inscriptio ex cod mon transcripta est, nam in apogi molshi omissa est
^d obseiuantissimo cod mon

heim, qui Erasmo proxime successit, anno 1580 Molshemii conditum est Ipsa autem
urbs argentinensis anno demum 1684 collegium Societatis accepit
  [1] Fridericus Stapellage (1512—1564) vulgo Staphylus, osnabrugensis, cum
Vitembergae per decem annos moratus et Philippo Melanchthone fautore et convictore
usus esset, eodem auctore ab Alberto Borussiae duce Regiomontem accersitus est
in eaque universitate a 1545—1549 theologiam lutheranam tiadidit At Piotestan-
tium dissensionibus et litibus falsitatem illius doctrinae edoctus, ad catholicam ecclesiam anno 1552 rediit ac Nissae, quae episcopi viatislaviensis sedes ciat, scholam et
typographiam instituit Anno 1560 in universitate ingolstadiensi officium „superintendentis" et munus theologiae tiadendae suscepit, theologiae et iuris canonici
doctor. quamquam uxorem habebat, ex summi pontificis privilegio cieatus A Melanchthone, Musculo, aliis aciiter lacessitus, fidem catholicam libris strenue defendit
  [2] Sanctum Maicum „Eremitam" ante medium fere saeculum quintum floruisse
existimant Nicephorus Callisti iefert eum discipulum S Ioannis Chrysostomi et
aequalem Sanctorum Isidori Pelusiotae et Nili fuisse Ex iis, quae de christiana
ascesi scripsit, 9—10 opuscula supersunt, optime ea typis descripsisse censetui
Andi Gallandius Congr Or in „Bibliotheca Veterum Patrum" VIII (Venetus 1772),
3—103 Ex quo opeie transcripta sunt ab I-P Migne, PP Gi LXV, 905—1140
Qui de hoc Maico scripserunt, recensentur ab O Baidenheuei, „Marcus Emerita", in
Wetzei u Welte Kuchenlexikon VIII (2 Aufl, Freiburg 1893), col 684, et ab Ul Che-
valiei, Repeitoiie des sources historiques du moyen-âge (Paris 1877—1886), col 1469

NISSAE SILESIORVM. Excudebat Ioannes Cruciger[1] Anno M D LV° (N°. fl 52 non signata) Exemplum huius operis Viennae exstat, in bibliotheca aulica. 76 G 118 Epistula haec fl A 2ᵃ—A 5ᵃ occupat et cursivis typis exscripta est

Epistula una cum toto libro iterum edita est in opere „Fridericic Staphyli Caesarei quondam consiliarii in causa religionis sparsim editi libri, in vnvm volumen digesti" (Ingolstadii 1613), col 1237—1284 (epistula ipsa col 1239—1242)

Sancti Marci eremitae scripta quaedam, quae ex graeco sermone in latinum, Canisio auctore, verta, eidem dedicat Ea pueris instituendis ualde apta esse La Marci sententia salutem aeternam non solu gratia Christi, sed bonis etiam operibus parandam esse Redeundum esse ad antiquam pietatem, nouis inuentis relictis Horum studiosis usitatum esse, veteris alicuius dicta quaerere, quibus se contegant Vulgus, conciliis ecclesiae spretis, iam ipsum de religione iudicare uelle Solam spem in scholis esse Laudat eas, quas Ferdinandus rex, episcopus uratislauiensis, abbas henrichouensis condunt

REVERENDO VIRO   DOCTRINA ET PI-   etate Clariss D Petro Cani-   sio Theologo etc S D   Frid Staphylus.

De spiritali lege opusculum S Marci Anachoretae[2], ut uolebas reuerende uir, uerti, tuae quidem obsequens uoluntati, sed uoluptati profecto indulgens meae, quam ex labore paruo percepi maximam Nam uerterat autorem hunc ante quoque Vincentius Obsopoeus[3] uerti ego denuo, quod ille neque integrum uertisset, neque satis (quod pace eius dixerim) integre[4] De perspicuitate orationis nihil attinet monere. res in conspectu est, non eget iudice Video autem hoc opusculum ab autore erudiendis adolescentibus conscriptum esse, ut hae istae gnomae essent in scholis Christianorum, uelut disticha Catonis[5] in ethnicorum gymnasijs, rudimenta pietatis Et quanquam

---

[1] Hunc primum typographum catholicum Silesiae fuisse ferunt eodem anno ex eius officina prodit Balthasaris de Promnitz, episcopi vratislaviensis, „Epistola de petitione Sacrorum Ordinum" (*Hosa* Epistolae II 638)

[2] Inter opuscula S Marci primum est *Περὶ νόμου πνευματικοῦ*, in quo ostendit „τῶς ὁ νόμος πνευματικός ἐστι, κατὰ τὸν θεῖον Παῦλον (Rom 7. 14) καὶ τίς ἡ γνῶσις καὶ ἡ ἐνέργεια τῶν ἐντολῶν ὁ τῶν βουλομένων" Hunc librum sequitur liber „Περὶ τῶν οἰομένων ἐξ ἔργων δικαιοῦσθαι", quo gratiae necessitas et fidei praestantia demonstrantur Vere autem fidelis ex Marci sententia est ὁ „πιστεύων τῇ θεία Παρῇ, ἵνα τῶν τῆς ἐντολῆς, τῶ λόγιον" (Opusc 4, resp 14, similiter ibidem resp 2 17) Utrumque librum Staphylus in „Marco" suo edidit

[3] Vincentius Obsopoeus (Opsopoeus, Heidnecker), bavarus, Lutheri et Melanchthonis discipulus († 1539), gymnasii onoldini (Ansbach) primus rector veterum Graecorum varia opera et etiam complures libros Lutheri germanicos latine vertit atque ipse versibus concepit „Victoriam Bacchi" et „De arte bibendi libros tres" (*Chr G Jocher*, Allgemeines Gelehrten-Lexicon. 3 Theil [Leipzig 1751] 1057 *K Ed Forstemann* in „Allgemeine Encyclopadie" von J S Ersch und J S Gruber, Sect 1 Theil [Leipzig 1830], 232—233 *Conr Bursian*, Geschichte der classischen Philologie in Deutschland 1 Halfte [Munchen und Leipzig 1883], 162)

[4] Obsopaeus prima duo S Marci Eremitae opuscula anno 1531 Hagenoae graece et latine edidit (*R Cellier*, Histoire generale des auteurs sacres XI [2ᵉ ed Paris 1862] 643)

[5] Latinarum sententiarum corpus sive „praecepta moralia" incerti auctoris significat quae Catonis nomen prae se ferunt ac medio quoque aevo in usu frequenti erant (*H S Teuffel*, Geschichte der romischen Literatur. 4 Aufl [Leipzig 1882]

paraeneses tantum modo sunt, neque ulla uel dialectica methodo con-
textae, uel retextae quadam analysi, neque admodum rhetorum ex-
ornatae luminibus. est tamen per se grata breuitas, et iucunda. absque fuco, senilis oratio: quae uel inprimis apta est ingenuae simplici-
tati puerorum [1] Genus doctrinae sanum est, a maiorum institutis
nihil discrepans, ut facile possis succum apostolicae aetatis agnoscere
Iustitiam Dei ille non sola fide, sed spe etiam et charitate, et quae
ex his emanant, reliquis uirtutibus, metitur. Eamque iustitiam etsi
ab ipsa gratia Christi. qua amici Dei, haeredesque coelestis regni
sumus. discernit: at illam tamen nulla ex parte ab ambitu humanae
salutis secludit, sed connectit potius, et in cum finem quidem, ut et
hoc Saluatoris, Si uitam uelis ingredi, serues mandata [2], et
illud D. Pauli, uitam aeternam esse gratiam [3], utrumque possit
locum tueri suum [4]. In cum scopum dum uir Sanctus omnes cogitationes collimat, Deus bone, quas ille non rimatur humani cordis late-
bras? quos sinus non excutit? Medullam certe, ipsasque fibras humanae
mentis inquirit, neruos explorat, uires ponderat actionum humanarum
in utranque partem, quid ualeant. nullamque uitae partem omnino
relinquit, cuius non certam aliquam commonstret regulam, qua honesta
appetere possimus, uitare turpia. Quo fit ut aliquando appareat autor
intricatior. Verti equidem sicut potui, ut sensum Graeci sermonis.
uerbis redderem Latinis, sed accommodatis puerili ingenio Tibique mi
Canisi hanc opellam meam destinaui, cum, quo omnes conatus tuos
dirigis, sedulo cures, talibus antiquae pietatis uocibus adolescentum
aures circumsonare, seuocatas a nouis istis blandisque Syrenum modu-
lationibus. Atqui in studium illud, ardorque nouitatis, quo nunc pene

---

herausg von L *Schwabe*, n 24, p 37—38 *K Hartfelder*, Philipp Melanchthon als
Praeceptor Germaniae [Berlin 1889] p 420 425)

[1] At ipse iam *Photius*, postquam Marci perspicuitatem laudauit, nonnumquam
tamen „*ὁ ὁσαφες*" in eo comparere scribit (Bibliotheca n 200 [*Migne*, PP Gr CIII.
668—669]) Posteriores quoque hanc in eo obscuritatem notauerunt, v g *Cns Oudin*
Calvinianus (Commentarius de scriptoribus ecclesiae antiquis I [Lipsiae 1722] 902
ad 908) Ac *Bellarminus* (qui fortasse latinas tantum uersiones uiderat) existimauit
eius opera etiam „scatere erroribus contra fidem" et „cautissime legenda esse" (De
scriptoribus ecclesiasticis [Coloniae 1613], p 291) Nec dubium, quin Obsopaeus
— eius librum non uidi — dogmata lutherana in Marco demonstrare uoluerit Quod
et alii protestantes facere conati sunt, nec tamen omnes. nam v g *I Wagenmann*,
theologiae protestantium professor gottingensis „Reformatorisches". inquit, „ist
nicht in dieser griechischen Mönchsmystik" (*Herzog*, Real-Encyklopadie für prote-
stantische Theologie und Kirche IX [2 Aufl, Leipzig 1881]. 291)

[2] Matth 19, 17   [3] Rom 6, 23

[4] Haec quoque subobscura sunt, quae accurate explicare longum est Staphylus, cum iustitiam a gratia discernit, „gratiae" uocabulo primam potissimum gratiam iustificantem, quam misericors Deus ob Christi merita gratuito concedit iniusto,
uidetur significare, „iustitiae" autem nomine imprimis bona opera comprehendere
quibus iustus iustitiam suam conseruare et augere uitamque aeternam mereri debet
quamquam etiam hoc ex Christi meritis profluit. quod iustus, gratia Christi adiutus
et ipse merita sibi comparare potest

flagrant omnia, sudore antiquorum Patrum restinctus fuerit, uercor
equidem, ne, quam illi nobis remp antiquis legibus firmam florentem-
que tradiderunt, nos eam nouis labefactatam institutis breui simus
amissuri: ut, cum forte uere a nobis quaeri possit, Cedo, qui uestram
remp tantam amisistis tam cito? multo uerius possit respondeti,

Proueniebant oratores noui, stulti adolescentuli [1]
Ecquid non noui oratores, et plane noui, qui uetustatis relinquunt
ne uestigium quidem, praeter errorem et mouendae seditionis artificium? nam haec duo, ut uetusta sunt, ita sola pene omnibus sectis
communia Scribit S Vincentius Episcopus Lirinensis [2] autor uetus
et integer, solere haereticos plerunque alicuius antiqui autoris dicta,
si quae obscurius edita sint, captare, unde haereses concinnent suas,
ne ipsi soli ita sentire uideantur [3] Quid iam usitatius? quid magis
antiquum? Solebant enim Romae, quemadmodum refert M Cicero [4],
ciues seditiosi aliquos ex antiquis claros uiros proferre, quos dicebant
fuisse populares, ut eorum ipsi similes haberentur Repetebant iam
P Valerium, et reliquos, qui leges populares tulissent iam C. Flam-
inium, qui legis agrariae autor cum fuisset, his tamen factus sit consul
Commemorabant item P Crassum, et P. Scaeuolam fratres, et sapien-
tissimos uiros· quos T Graccho autores fuisse nouarum legum affir-
mabant, alterum quidem palam, alterum, ut credebatur, obscurius
Horum se illi, quod et boni ciues fuissent, et eadem quoque nouas-
sent, institutum sequi obtendebant Similiter et nostri oratores noui,
cum perturbare, ut illi rempublicam, sic ipsi religionem uelint, pro-
phetas producunt, et apostolos, et e ueteribus unum aut item alterum:
quorum se dicant doctrinam mutari, et exemplum Quasi uero his
olim idem fuisset, quod iam ipsis est, studium perturbandae pacis in
fraudem ueritatis, in perniciem ecclesiae. ad euersionem humani diuini-
que iuris Est haec ista [sic] machinatio sectariis eo expeditior, quod
ecclesiae doctrina suis est contenta iudicibus, multitudinem consulto
ipsa fugiens, eique ipsi et suspecta, et inuisa ut si quis eam uniuer-

---

[1] Sat ingratum est Staphylum hic et infra complures sententias quidem
ueterum afferre, sed unde deprompserit, non prodere Atque hanc quidem interro-
gationem cum suo responso ex Ciceronis libro „De senectute“ (c 6) certe transtulit,
qui ea in „Naeuii poetae Ludo“ exstare scribit Responsum ab aliquot Ciceronis
editoribus aliter legitur (proventabant — prouehebantur ad res — stulti, adolescentuli)

[2] S Vincentius Lerinensis monachus et presbyter fuit, non episcopus Staphylus eum cum S Vincentio episcopo Fulginate (circiter a 550) confudisse uidetur
utriusque enim memoria eodem die (24 Maii) recoli solet (Acta Sanctorum Maii V
[Parisiis et Romae 1866], 286—289 299)

[3] „Cum sub alieno nomine haeresim concinnare machinentur, captant plerumque
ueteris cuiuspiam uiri scripta paulo inuolutius edita, quae pro ipsa sui obscuritate
dogmati suo quasi congruant, ut illud, nescio quid, quodcunque proferunt, neque
primi neque soli sentire uideantur“ (Commonitorum c 11, alias I, 7, ed Ed Herzog
[Vratislauiae 1839] p 16 Migne, PP LL L, 647)

[4] Academicorum priorum l 2 c 5 § 13

sam uelit uituperare, secundo id populo faceie possit: uel si hanc,
quam nos profitemur, conetur muadere, magna habiturus sit auxilia
ex reliquorum haereticorum decretis Duo sunt igitui scopuli, et
uoragines ecclesiae, temeritas uulgi, et arrogantia literatorum. cuius
utriusque mater est, effrenis licentia Etenim cui non

> Nunc satis est, dixisse, ego mira poemata pango,
> Occupet extremum scabies. Mihi turpe relinqui est,
> Et quod non didici, sane nescie fateri?[1]

Doctor iam, an sutor scripturam interpretetur, nihil interest. Ita
non modo ultra crepidam[2], sed et supra captum humani sensus sese
efferunt sutores, cuparij, uestiarij, pelliones, et similes generis eiusdem
oratores noui Antiquitus dictum est, et quidem dictum sapientissime[a], felices esse artes, si de ijs iudicent artifices[3]. Infelices eigo,
cum de colore coecus, non pictor, cum de medicinis tonsor, non medicus, nec de iure iureconsultus, sed rabula, nec de theologia theologus, sed cluestologus iudicat. Hoc quale portentum sit, uix ueibis
potest exprimi, tametsi id Polycletus conatus est depingere[4] Dicitur
enim duas fecisse imagines, alteram lege graphicae artis, alteram ex
iudicio uulgi, prout alius aliud censuisset Conuocato autem populo
utrumque opus proposuisse, initio suae artis industria elaboratum, post
et illud, quod conflatum erat ad iudicium populi, atque rogasse, utrum
placeret Ibi tum populus, id sibi, quod arte absolutum fuit, probari,
alterum uideri monstrum, responderat Polycletus igitur, Quod lau-
datis, inquit, meum est, quod uituperatis, uestrum Vtinam uero et
hoc religionis monstrum, quod iam annis plus triginta parturit uulgi
temeritas, Polycletus aliquis posset ita, sicut est, suis coloribus effin-
geie crederem mediusfidius foie, ut populus aliquando absterritus
teterrimo illo sui monstri aspectu, ultro malit legitimorum artificum
sequi iudicium, quam suum

> Et quod non didicit, sane nescie fateri[5]

Quae (malum) haec solius nostrae gentis est socordia? Nemo in
ciuili negocio adeo desipit, ut de ualore, et puritate alicuius auri,
argentiue iudicium exigat a coriario sed ad iurati, peritique trapezitae

---

[a] sapientissime *Staph*

[1] Haec ex *Horatii* „Epistula ad Pisones" deprompta sunt (v 416—418)
[2] Proverbium, cuius mentionem facit *C Plinius* in „Historia naturali" 1 35,
c 36 (10)
[3] „Ait Fabius Pictor apud Quintilianum, foelices futuras artes, si soli artifices
de iis iudicarent" *Erasmus* (Adagia chil 1, cent 6, n 16 [Parisiis 1558], col 196)
In Quintiliano ipso haec non repperi
[4] Polycletus statuarius fuit, non pictor Narratiunculam, quae hic sequitur,
proposuit *Aelianus*, Varia historia 1 14, c 8
[5] Cf supra adnot 1

examen agnoscit id pertinere Cur non idem. ut D Clemens Alexand [1]
raciocinatur, fit in religionis negotio, scilicet in re longe sublimiore?
At uero nunc, sicut Poeta canit [2].

Velut syluis, ubi passim
Palantes' error certo de tramite pellit,
Ille sinistrorsum, hic dextrorsum abit, unus utrique
Error: sed uarijs illudit partibus,

Vnicum fuit olim, et satis efficax his malis remedium, autoritas con-
ciliorum· quae quondam pietate sacerdotum apud omnes saciosancta
habebatur, iam propter peccata nostra, labefactata est, bellisque in
diem magis uilescit, peneque deletur apud uniuersos Sola spes ferme
est in puerilibus scholis, ut seminarium ecclesiae, quod in senibus iam
emarcuit. in pueris resuscitetur. Quam ad rem quasi signum uniuersis
erexit Sacratissimus Rex noster, dum de societate uestra aliud Viennae
constituit, aliud iam molitur Piagae collegium   Quin et ipse Reuss
[sic] Praesul Vratislaui [3]. huic rei studiose incumbit, ut aliquam antiquae probitatis ac fidei officinam instauret Nissae: ex qua non solum
philosophiae cultores, sed etiam sacrarum literarum peritos possit
ecclesia euocare. Reuerendus item, et uir doctus, D Andreas Abbas
Henrichouiensis [4], quasi postliminio reuocans antiquum ius coenobiorum.
numerosae iuuentutis (quam ex uicinis accersit) scholam apud se instituit, ornatque non solum eos. qui docent. honestis praemijs. uerum
etiam discentibus suppeditat omnia, quae ad uictum et cultum uitae
sunt necessaria   Vtinam caeteri Patres aemulentur exemplum, nec
sinant opes ecclesiae dilabi in usus lege prohibitos. sicut alibi factum
animaduertitur [b]   Tu uero mi Canisi. perge ut coepisti, ludos aperire
exulibus musis. Habes istius laboris tui fideles socios, et adiutores
magnifi D D Ionam et Lucretium [5], uiros et excellenti doctrina. et

---

[a] Pallantes *Staph*   [b] animadueritur *Staph*

[1] Ὡς δὲ ... (Greek footnote text) ... S Clemens
(Alexandrinus, Stromatum 1 7. § 101 Opera, ed Heinr Klotz III [Lipsiae 1832]
285—286 Opera ed Io Potterus [Oxonii 1715] p 894 Migne, PP Gr IX. 540)
[2] Horatius in „Saturarum" libro 2. sat 3, v 48—51
[3] Balthasar de Promnitz Cf supra p 483 [5]
[4] Heinrichau, Silesiae borussicae uicus, monasterium ordinis cisterciensis olim
habebat Vincentius abbas et imperii princeps, Andreae decessor, a Michaele Hille-
braint O Min Obs, suuidniensi, in libro anno 1542 edito laudatur, quod nouis
haeresibus acriter obsistat (Ioh Soffner, Der Minorit Fr Michael Hillebrant [Breslau
1885] p 61)
[5] Iacobum Ionam Ferdinandi I uicecancellarium, et Ioannem Albertum Wid-

uitae sanctimonia admirabiles: itemque Labacensem Antistitem clarissimum   De ipso Rege quid dicam? quibus enim ille curis non exhauritur? laborib non defatigatur continuis, barbariem ut repellat, et pietatem auitam reducat ab exilio?   Deus illi et uobis pariter adsit auxilio diuino, ut diu incolumes sitis ad pacem ecclesiae et communem salutem uniuersorum   Vale. Datum Nissae pridie Calend. Septemb

ANNO M. D. LV

178.

CANISIUS

IACOBO IONAE,

consilii aulici Ferdinandi I regis vicecancellario

Praga 5 Octobris 1555

Ex fasciculo, saeculo XVII vel XVIII scripto, cui titulus est   „Bohemica de anno 1552 usque 1558 " f 12ª Viennae, in archivo aulae caesareae „Boehmen I, 4 "

„Petrus Canisius e S J de dato Pragae 5ᵐ Octobris [1555] Commendat rationes S· J in Bohemia Vice Cancellario Doctori Ionae "

Nil in tabulis repperi nisi hoc regestum

179.

CANISIUS

SANCTO IGNATIO.

Monachio 26 Octobris 1555.

Ex apographo, quod circiter annum 1865 a P *Ioseph Boero* S J ex autographo in cod „Epistt B Petri Canisii 1 " p 307 posito descriptum et postea cum eodem collatum est, in quo tamen plerique epistulae loci ad sermonem italicum nostri temporis accommodati sunt

Se Praga Monachium venisse, ut de collegio theologico Ingolstadii condendo deliberaret   Quomodo res collegii Pragae instituendi se habeant   Baiariae ducem edoctum esse se tandem exsequi debere, quae summo pontifici in decimis ecclesiarum petendis promisisset   Eidem iam deliberatum esse collegium Societatis ac seminarium clericorum, cui Socii praeessent, instituere   Se de iis rebus Ingolstadii cum consiliariis ducis consulturum   De universitate etiam reformanda sententiam sibi dicendam esse

IESVS

Molto Reverendo in Christo padre mio

La grazia e pace del S N Jesu Cristo sia sempre con tutti Amen

12 giorni sono, che io mi partii da Praga, per venire in Baviera, siccome Sua Maestà essendo sollecitata dall' illustrissimo Duca di

---

manstadium, Austriae inferioris cancellarium, significat Hic ideo Lucretium se dixisse videtur, quod Lucretiam de Leonsberg uxorem duxerat

Bauera mi scrisse e comandò, che io da Praga venissi al detto Duca
per deliberare e concludere di un collegio teologico in Ingolstad   E
così mostrando io questa lettera del Re alli Signori di Praga, li parse
bene, che io andassi subito in Baviera e subito ritornassi a quel tempo,
quando li nostri di Roma sarebbero arrivati, cioè circa il principio
di novembre, secondo il loro parere   Item mi dettero un curru e una
lettera al Duca, acciò io tornassi presto   Onde io essendomi raccomandato al Signor nostro Giesu Cristo con la sua grazia ho già fatto
questo cammino, massime perchè la R P V per altra volta mi scrisse,
che io non mancassi quanto alla parte mia di gratificare a questo
illustrissimo Duca, se il nostro Serenissimo Re consentisse, siccome
anche è stato promesso in Roma, si io me raccordo bene, a quel
Segretario del detto Principe [1]   Item più volentieri io mi sono partito
di Boemia, perchè mi scrisse il R P Lanoy [2], siccome la venuta delli
fratelli sia incerta, non essendo impetrata la dispensa di quelli due
monasteri [3]. E credo, che ancora riuscirà alla maggior gloria del
Signor N , se li nostri per questa invernata non vengano d' Italia, o
se vengono, che restino in Vienna pochi mesi   La ragione è, che
ancora che molto sia edificato e preparato nel collegio di Praga,
mentre che io sono stato presente, tuttavia perchè troppo tardi abbiamo cominciato quella fabbrica, non possono consummarla se non

Iesus

Admodum reverende in Christo pater

Gratia et pax domini nostri Iesu Christi semper cum omnibus sint   Amen

Abhinc duodecim dies Praga in Bavariam profectus sum, rex enim, urgente
illustrissimo Bavariae duce, per litteras me iussit Praga ad ducem illum proficisci,
ut de collegio theologico Ingolstadii condendo cum eodem id deliberarem et finirem
Quas litteras regias cum proceribus pragensibus ostendissem, iis visum est mihi
statim in Bavariam discedendum atque inde redeundum esse, cum primum nostri
Roma advenissent adventuros autem circiter ineuntem mensem Novembrem ipsi
opinabantur   Currum quoque mihi dederunt atque epistulam qua a duce petebant,
ut cito reverterer   Cum igitur Iesu Christo domino nostro me commendassem, ipso
iuvante iter hoc iam confeci, idque maxime propterea, quod R P V alias per litteras mihi praecepit, ne quantum in me esset, illustrissimo duci illi gratificari
omitterem, dummodo serenissimus rex noster consentiret, quod etiam Romae, si bene
memini, secretario illi eiusdem principis [1] promissum est   Atque ideo quoque ex
Bohemia facilius discessi, quod R P Lanoius [2] mihi scripserat incertum esse, quando
fratres adventuri essent, dispensationem enim, qua duo illa monasteria permutari
possent, impetratam non esse [3]   Atque etiam domino nostro in maiorem gloriam
cessurum esse puto, si nostri hac hieme ex Italia non adveniant vel, inde ad nos advecti,
per aliquos menses Viennae maneant   Cuius rei ratio haec est   Quamvis Pragae cum
ibidem degerem, multa in collegio constituerentur et pararentur, tamen, quia sero con-
structionem coepimus, absolvere non poterunt nisi post hiemem, atque cuncta melius

[1] Henrico Schweicker, cf supra p 308 [1] 486
[2] Collegii viennensis rector
   Postea impetrata est, vide infra, epistulam Polanci Roma 22 Iulii 1556 ad
Canisium missam

dopo l'invernata, et in tutto si darà miglior ordine circa l'estate
Onde io concludendo con un Signore più intrinseco e confidente in
Praga, gli dissi, e anchora egli consentì, che io non potendo in questa
invernata attendere piu alla fabbrica e per servir meglio al bene universale, non tornerei a Praga per adesso, se non venissero i nostri
da Roma, li quali anche, siccome è detto, meglio resteranno per alcun
tempo in Vienna, e così anche io mi sono esplicato scrivendo alli
nostri in Vienna

Hora quanto al Collegio Ingolstadiense, io scrissi ultimamente
da Vienna [1], come il nuovo patrono di quella Academia [2] mi parlò in
Augusta, e perchè non mi satisfaceva in tutto, mostrando certe idee
di volere aver un collegio a suo modo e non secondo la nostra usanza,
io non mi confidava molto delle sue buone parole, nelle quali anche
mostrò grande affezione alla mia persona etc, promettendo il favore
del suo principe etc   Di modo che io ebbi paura, venendo quà, se
non facessono siccome tanti, prolungando sempre questo negozio e
intertenendoci con le sue buone parole   Ma lodato sia Dio N. S,
autore di ogni bene, il quale ha dato ad intendere al Duca per mezzo
di questo patrono, che per non gravare piu la coscienza del suo illustrissimo padre [3], che sia in gloria, e per non gravare la coscienza
propria, deveria determinarsi di satisfare alla promessa fatta in Roma
a Sua Santità [4], quanto al fondare un collegio teologico, perchè con
tale obbligazione fossero impetrate le decime una e altra volta etc [5]

---

disponentur cueiter aestatem   Quare Pragae cum domino quodam agens, cui magis
familiari amicitia comunctus sum, dixi, ipseque probavit me, quod hac hieme aedificationi ampliorem operam navare non possem quodque alibi melius prospecturus
essem utilitati communi, modo Pragam reversurum non esse, nisi nostri Roma venis-
sent, quos etiam melius Viennae per aliquod tempus mansuros esse iam scripsi
atque idem viennensibus fratribus per litteras exposui

Quod autem ad collegium ingolstadiense attinet, Vienna [1] postremis litteris
scripsi novum academiae illius patronum [2] Augustae Vindelicorum mecum locutum
esse   Qui mihi non satisfecit, consilia enim quaedam aperiebat, e quibus coniciebam
eum suo modo, non more nostro collegium aliquod constitui velle   Ideo haud
multum fidebam blandis eius sermonibus, quibus etiam animum erga me ipsum
valde propensum prae se ferebat etc, principis sui favorem promittens etc   Timebam
itaque, huc veniens, ne idem facerent, quod multi alii, negotium hoc in dies pro-
trahentes et nos officiosis verbis falsaque spe producentes   Sed domino nostro omnis
boni auctori, laudes et grates agantur   Ab eo enim dux per patronum illum edoctus
est debere se, ne illustrissimi patris sui [3] (qui in gloria sit) conscientiam amplius
gravaret neve suam quoque conscientiam gravaret, exsequi tandem, quae Romae
summo pontifici [4] de collegio theologico condendo promissa essent   hac enim condicione decumas illas semel atque iterum impetratas esse etc [5]   Tandem tres ex prae-

---

[1] Canisius mense Augusto vel Septembri Augusta Viennam et inde Pragam
venerat   Vide infra, monum 99

[2] Wiguleum Hundt dicit, cf supra p 425 [2]

[3] Guilhelmum IV significat   [4] Iulium III dicere videtur

[5] De decumis illis, quae a clero bavaro ter solvendae erant, v. supra p 362 [1] 372 [2]

Finalmente si fece questa risoluzione, che si mandassino 3 dei principali consiglieri ducali a Ingolstad[1], e che io fossi il quarto per consultare e concludere ogni cosa di questo collegio, volendo già in ogni modo avere prima un collegio integro della Compagnia, et secundo un altro di 15 scolari almeno, che siano sotto il nostro governo e auditori di teologia, e che, eccetto in temporalibus, hamamo la piena sopraintendentia di loro. Ora perchè questi deputati consiglieri o commissari non sapevano, che io venissi tanto presto, e perchè non sono giunti, è paiso per bene, che io precedessi a Ingolstad e li esspectasse per quattordici dì; e così con la volontà del Duca concluderemo insieme circa l'utroque collegio, quanto al luogo e alla fabbrica, entrate, e disciplina ecc. Item vogliono avere il mio giudizio circa la reformazione di quello studio universale d'Ingolstad[2]. Iddio voglia dirigere tutto alla sua divina gloria. E per non essere troppo lungo, io mi partirò oggi per Ingolstad con la gratia divina, e attenderò a adgiutare queste cose dell'uno e dell'altro collegio, pure non pregiudicando alla Compagnia, nè alla R. P. V., alla quale scriverò tutto quello, che accadera circa la detta consulta. E dopo, credo, me partirò per Vienna, dove adesso sta Sua Maestà. Pur molto mi duole, che in due mesi non ho potuto vedere alcuna lettera di Roma, ne aver risposta circa il collegio Pragense. Iddio ci dia la sua santa grazia per

---

cipuis ducis consiliariis Ingolstadium mittere decreverunt[1], quibus ego quartus accederem, ad res omnes collegii illius perpendendas et constituendas, iam enim fixum iis et deliberatum est, prius Societatis collegium integrum condere et deinde alterum, in quo 15 minimum scholasticorum theologiae studiosorum curam plenam atque integram, re familiari excepta, habeamus. Quia autem consiliarii ad id destinati sive commissarii me tam cito adventurum esse ignorabant, et quia nondum convenerunt, visum est ante eos mihi Ingolstadium petendum ibique per quattuordecim dies eos exspectandos esse, tunc itaque, ducis voluntati morem gerentes, ea deliberabimus, quae ad utriusque collegii locum, aedificationem, reditum, disciplinam etc spectant. De reformando etiam generali hoc studio ingolstadiensi me sententiam dicere volunt[2]. Deus omnia in divinam gloriam suam dirigat. Ne autem longior sim, hodie, Deo iuvante, Ingolstadium petam, utriusque collegii rebus prospecturus, ita tamen, ut nec Societati, nec reverendae paternitati vestrae praeiudicium faciam, cui quidquid in consultatione illa acciderit, per litteras referam. Ac postea Viennam me profecturum esse puto, ubi rex nunc commoratur. Attamen valde doleo, quod duobus mensibus ne unam quidem epistulam romanam viderim, nec de collegio pragensi mihi rescriptum sit. Deus sanctam gratiam suam nobis tribuat, qua omni loco integre et cum aliorum utilitate ei servire possimus. Monachio Bavarorum, 26 Octobris 1555.

Reverendae V. P.

seivus indignus et filius infimus
Petrus Canisius

---

[1] Missi sunt Wiguleus Hundt, Simon Thaddaeus Eck, cancellarius burghusanus, Christophorus a Ramdorff, consiliarius camerae ducalis, atque etiam Henricus Schweicker. Vide epistulas mox subiciendas.

[2] Canisius hanc sententiam circiter initium mensis Decembris litteris consignavit, quae infra suo loco ponetur.

servulo in ogni luogo interamente e con frutto del prossimo.   Di Monacho in Baviera, alli 26 di ottobre 1555.

Della Reverenda V P

Servo indegno e figliuolo infimo
Pietro Canisio.

Al molto Reverendo in Christo Padre mio M Ignatio de Loyola preposito generale della Compagnia de JESV, padre mio osservandissimo.   Jn Roma

Admodum reverendo in Christo patri meo M Ignatio de Loyola, praeposito generali Societatis Jesu, patri meo observandissimo   Romae

180.

SANCTUS IGNATIUS

CANISIO

Roma inter mensem Octobrem et Decembrem 1555

Ex vita Canisii, a *Radero* descripta (l c p 62—63), qui in margine adnotat se ea „ex literis B Ignatij a Theodoro Busaeo‘ (qui tunc Romae Claudii Aquavivae praepositi generalis „assistens pro Germania“ erat) ad se „missis“ excerpsisse

„*Anno*“, *inquit Raderus*, „*post receptam per Christum salutem CIƆ IƆ LV B Ignatius per literas Canisio in mandatis dedit, ut se cum Farnesio Legato Pontif M ad comitia a Ferdinando Rege, Ratisbonam indicta coniungeret, omnemque operam suam illi offerret, praestaretque   Canisius praesto fuit omnibus, sed funera principum comitatus morabantur*“ [1]

181.

CANISIUS

WIGULEO HUNDT.

Ingolstadio 8. Novembris 1555.

Ex autographo (2⁰, p 1, in p 4 inscr et sig) Cod monac „Ies Ing 1359/I‘ f 33- 34
Apographum saeculo XVII (ut videtur) scriptum exstat in cod monac „Lat 1606‘ f 6
Fpistulam primus edidit *Python* l c p 97—99, sed satis mendose   Iterum edidit *Manfj Mayer*, Wiguleus Hundt p 307   Epistulae partem germanice vertit *Riess* l c p 149

---

[1] Ferdinandus I 25 Septembris 1555 in comitiis imperii augustanis nova comitia indixerat, Kalendis Martiis 1556 Ratisbonae incipienda, in quibus praecipue de controversia, quae de religione erat, componenda ageretur   Ad haec igitur comitia Paulus IV Alexandrum cardinalem Farnesium (Farnese), Pauli III nepotem, qui iam antea „legatus“ in Germania fuerat, mittere voluisse videtur   At comitia ratisbonensia demum 13 Iulii 1556 coepta sunt, nec Farnesius iis interfuit

Episcopatum viennensem sibi gratulanti rescribit se cum semper recusaturum, cum eiusmodi dignitates Societati non congruant   Causam collegii Ingolstadii instituendi instanter ei commendat ac rogat, ut duces consiliarii breui ad consultandum adueniant

IESVS

Ornatiss domine Patione,

Gratia Domini nostri JESV CHRISTI et pax aeterna nobiscum Vt aliorum antehac saepe, sic nunc tuam quoque gratulationem Clarissur, fore irritam spero, neque mihi persuadere possum, DEVM Opt Max meis peccatis tam natum esse, vt in hoc tantum periculum me. salutemque meam conjci patiatur [1]   Videt prudentia tua, quibus fluctibus agitetur et iactetur [a] passim nauicula CHRISTi: quare multo meliores quam mei [b] similes, huc gubernatores sunt accersendi   Ergo pro conscientiae meae ratione ut obstiti hactenus, sic quoad licet [c]. obstare pergam [d] istorum conatibus, qui non uident Episcopalis honoris fulgore nostram quae in hac JESV societate esse debet, simplicitatem atque sinceritatem offuscari atque labefactari   Igitur etsi probem dignitatis tuae candorem atque beneuolentiam erga me singularem in gratulandi hoc genere, tamen si me diligit, immo, quia certo diligit humanitas tua, meliora precabitur Canisio suo, quam quae ad mundi fastum aut pompam spectant

De rebus Collegii noui coepimus hic nonnulla meditari, CHRISTVS coeptis faueat, quae profecto iuuari abs te Patrono plurimum possunt Nec uideo, qua in re alia tuum studium aut aeterno Deo, aut Jllustriss Duci, aut huic academiae, totique Banariae vtilius et honestius, magisque nunc necessario declarare possis   Quare magna cum animi fiducia negotium hoc pulcherrimum et sanctissimum adeas quaeso· tibique laudem hanc diuina voluntate et prouidentia reseruatam putes, vt de toto hoc gymnasio, quod satis laborat. vnus e multis optime mereare Nunc illud praecipue rogo, vt excellentia tua nobis perscribat suum et aliorum aduentum, quando is expectandus uideatur   Maturare vtinam liceat hoc institutum, cui ego quamdiu licebit, Serenissimi Regis venia, non sum defuturus   Sed tamen breui quaeso hic vna telam ordiamur,

---

[a] *Pyth om et iactetur*   [b] *ego et mei Pyth*
[c] *Pyth om quoad licet*
[d] *Python hic aliqua interposuit, quae Canisius non Hundio scripsit, sed cum 1555 Mortinengo nuntio coram dixit   Cf Sacchinum, De uita Canisii p 76—77*

[1] Paulo IV tiaram adepto, certamen de Canisio episcopo viennensi constituendo redintegratum est   Ferdinandus Augusta Vindelicorum 8 Augusti 1555 litteras „praesentationis" quas dicunt Romam misit, et eodem mense cardinalis Moronus ei rescripsit rem pro confecta haberi posse   V infra, monum 105 106

quod tuo commodo fiat in Christo JESV Js Clauss Patronum nobis
diu seruct incolumem   Jngolstadij 8 Nouembris 1555

Seruus in Christo

Petrus Canisius de Soci
etate Theologus.

† Nobili et Excell. uiro, D Wiguleo Hundt. V I Doctori, et
Jllustriss Bauarorum Ducis Consiliario, Patrono in Christo mihi colendiss Monachij

Hundt inscriptioni epistulae adnotavit „praesentatum 9 9ᵇʳⁱˢ anno 55 ‾

182.

CANISIUS

WIGULEO HUNDT,	SIMONI THADD. ECK.
uniuersitatis ingolstadiensis curatori	cancellario burghusano [1]

CHRIST. A RAINDORFF, HENRICO SCHWEICKER,

| cameiae aulicae consiliario [2], | ducis secretario |

Ingolstadio 27 vel 28 Novembris 1555

Ex autographo (2°, 2½ pp , in p 4 insci et sig) Cod monac „Ies Ing
1359/I‾ f 35—36

Apographum saeculo XVII (ut videtur) scriptum exstat in cod monac ‗Lat
1606‟, f 22ᵃ—23ᵇ

Aliqua ex hac epistula protulerunt *Riess* 1 c p 150 et *Gothein* 1 c p 701
ad 702

[1] Simon Thaddaeus Man de Eck († 1574), Ioannis Ecen, praeclarissimi theologi ingolstadiensis frater ex patre, officialis munus apud Passavienses, consiliarii
officium apud episcopum eystettensem gessit, Bavariae prouinciam burghusanam
(„Rentamt Burghausen“) cancellarius administravit Postea etiam consiliarius imperatoris nominatus ac supremus Bavariae cancellarius constitutus est in quo officio
catholicam religionem summo cum studio et immortali cum laude iuvit et auxit
(cf *C M i Aretin,* Geschichte des bayerischen Herzogs und Kurfürsten Maximilian
des Ersten I [Passau 1842], 165 ⁱᵃ)

[2] *Cod „Antiq Ingolst “ „Post mensem adsunt tandem Doctor Hondius et
Symon Eckius Doctor quoque idem ac Cancellarius Ducis in Burchausen et ex Camerae Consiliarijs unus praeter dictum Schweickerum“ (f 3ᵃ) Prantl huius „consiliarii camerae“ (aulicae, sive supremae vectigalium curiae) nullam facit mentionem
Agricola, Medeier, Riess eius nomen indicare non potuerunt Aliquot autem abhinc
annis in archivo quodam nostro „copia fundationis Collegii Ingolstadiensis“ 7 Decembris 1555 a „Principis Consiliariis“ et Canisio constitutae (de qua infra) inventa
est, cui — cetera, quae supersunt, eiusdem scripti exempla carent subscriptione —
haec nomina subscripta sunt „Wiguleus Hundt, D — Simon Eckius, D — Christophorus a Raindorff — Henricus Schweycher, Secr ‘ (Cartas de *San Ignacio* VI, 621)
Iam itaque dubitari non potest, quis ille camerae consiliarius fuerit Christophorus
a Raindorff postea Kelheimii praefectum (Pfleger) egit, ac tandem Guilhelmi ducis
educator fuit Landishuti ibique vita decessit (*M i Freyberg,* Sammlung historischer
Schriften und Urkunden III [Stuttgart und Tübingen 1830]. 552)

182 Canisius Hundt, Eck, a Raindorff, Schweicker

satis non esse, quod Societati scholae quaedam tradantur et collegium eidem aedificetur, sed 1 iuuenibus etiam seminarium parandum esse, qui a Sociis ad doctrinam simul et ad pietatem instituantur, a communi enim scholasticorum grege ad respectari posse, 2 proprium Societati templum dandum esse, cum sacra ministeria non minus ei cordi sint quam scholae, 3 firmum reditum assignandum, qui fortasse ex bonis ecclesiasticis depromi possit Ferdinandum regem Sociis uiennensibus et reditum et collegium imuenum constituisse

IESVS

Bona venia et pace Magnificorum Dominorum atque Patronorum[1].

Quoniam Jllustriss. Principi nostro Alberto est visum, ut praestantiae uestrae vna mecum tractarent atque concluderent de sancto collegij Theologici instituto, equidem committere non potui, quin ad explicandam meam et sententiam et conscientiam hoc rude scriptum offerrem, meque cum illo supplicem uiris humanissimis commendarem.

Nec video sane, quid ad hanc me tractationem impellat aliud, praeterquam fiducia bona non solum veritatis indagandae, sed etiam diuinae gloriae ac vtilitatis publicae promouendae. Vbi primum illud mihi venit in mentem, et animaduersione dignum videtur, satis non esse de Collegio nostris extruendo meditari, cum longius etiam prospiciendum sit, si uestra et nostra consilia conuenire, et foeliciter cadere debeant Quod enim ad nostros pertinet, certo habeo polliceri, non aliam[a] ipsis causam huc veniendi propositam esse, nisi communem et scholae, et prouintiae huius vtilitatem, quam omni cura, studio, diligentia, praesertim in ijs quae sacrosanctae Religionis synceritatem tangunt, et conseruare, et prouehere cupiunt. Caeterum ad hunc scopum, verumque professionis suae fructum se peruenire posse diffidunt, si suas iterum operas collocent in ijs Ingolstadij instituendis, qui et pauci sunt prorsus, et incerti, et ad sacra studia inepti, frigidique auditores[b], ut illos docere nihil aliud uideatur, quam surdis canere, uel melioribus auditoribus atque studiosis qui passim alibi contingunt, bonos et gratos doctores immerito adimere atque indigne subtrahere Atqui pauci in hoc instituto Theologi versamur, multisque prodesse cupimus, illud studiose cauentes interim[c], ne contra Sapientis praeceptum sermonem effundamus, vbi non est auditus[2] Itaque priusquam nos Viennam euocaret Rex Sereniss Romanorum, pro sua insigni pietate curauit, ut quinquaginta studiosi tum ad sacros ordines, tum ad studia Theologica segregarentur: sic enim fieri posse censuit, ut ex illis ipsis Austria bonos Ecclesiae ministros acciperet, certosque defensores haberet sacra Religio.

---

[a] *Sequitur sibi, sed liueis deletum est*

[b] *Vocabulum a Canisio in margine additum*

[c] *Verba illud — interim a Canisio in margine addita sunt*

[1] Cf supra p 566   [2] Eccli 32, 6

Quae omnia non alio sane spectant, quam ut intelligat prudentia
vestra, neque nostris votis, neque communibus academiae et prouintiae
uestrae utilitatibus et necessitatibus posse satisfieri, nisi singularis
ratio habeatur atque concludatur de collegio parando, quod certis in-
seruiat studiosis Theologiae, ijsque certa sub disciplina sic instituendis,
ut brem ad messem Bauariae ceu fidi operarij possint extrudi [1] De
lus primum ego conferri uellem consilia, sicut materia circa quam
artifex uersabitur, praeparari ante omnia solet, ut nostri etiam domi
habeant, de quibus bene mereri, et quos docte simul et pie instituere
possint Dei benignitate Nam experientia tot annis didicimus, nullam
fere spem profectus relictam nobis esse, si tantum cum isto communi
grege studiosorum agendum sit, qui tam licenter uuit, quam uage
frigideque studet sacris. Nolumus igitur de optimo principe tam male
mereri, ut illius clementiam atque liberalitatem sentientes, et tempus,
et oleum et operam (quod aiunt) hic perdere uideamur, cum meliore
quae alibi parata est, docendi occasione neglecta hic quodammodo
sine fructu doceremus [a]. Atque hoc est quod volebam, de collegio
scilicet, non tantum nostris, verum etiam alijs instituendo, vt Bauariae,
vicinisque Ecclesijs in tanta [b] ministrorum Ecclesiae penuria tandem
succurratur Huc spectat, hoc expectat, ni fallor, Pont Max idem
optant circumquaque tot Episcopi, et publice dictitant, eodem pertinere collectas iam decimas. Nec vllum adferri praesidium maius
potest, ut arbitror, si saluam volumus in Bauaria Religionem Sed
norunt isthaec sapientes, ut mea non sit opus loquacitate

Secundo illud rogarim, ut in definiendis Collegij limitibus templi
ratio habeatur, eo enim carere non possumus, ut nuper etiam multas
ob causas indicaui Alioquin sit intollerabile, nostros in alieno semper
templo requiri, adiri consuliquc debere, cum ad sacerdotalia praesertim
munia expeterentur Et speramus in Domino fore, ut populus Ingolstadiensis libenter et frequenter nos audiat atque adeat ueluti medicos
animarum suarum, quibus nos operam dare omnem conabimur, vt in
cultu diuino non minus apud nos quam alibi proficiat Est nostri
quoque instituti proprium, non minus studij in templo apud populum,
quam apud studiosos in schola ponere Quum ita persuasi simus, Deo
gratissimum esse sacrificium, quod ad populi aedificationem faciunt
sacerdotes non legendo tantum, sed etiam instituendo simpliciores,
conferendo sacramenta, omnisque generis morbos spirituales Dei ope
curando Verum isthaec non praestantur commode nisi in templo
proprio, quod sane ingentem pijs consolationem praestat, cum ad
manum est

---

[a] *Sic Canisius ipse correxit, prius scripserat* docemus
[b] tanto *autogr*

---

[1] Vide supra p 364 ·

Postremo etsi plane confidam (quae humaniss Principis est clementia) nostris in extructo semel collegio nihil esse defuturum, quod ad vitae sustentationem sit necessarium, attamen ad maiorem Dei gloriam et stabilem collegij confirmationem facere videtur, si quemadmodum in alijs Collegijs hucusque obseruatur, sic hoc etiam loco suis prouentibus dotetur collegium   Viennensibus fratribus pro suo collegio numerantur annuatim mille ac ducenti aurei, his personae 80 sustentantur. Alibi similem erga nostros munificentiam principes exhibent, nisi quod multis in locis curatur, vt consensu pontificis Max applicentur bona quaedam ecclesiastica, eademque nostris collegijs (ut vocant) incorporantur [*sic*] Vestrae sit prudentiae cogitare, temporis huius quanta sit in omnibus ordinibus uicissitudo, quae inconstantia, vt haud immerito sit prouidendum, ne succedente fortassis principe non satis Catholico, Theologi indigna pressi inopia uel gymnasium ipsum[1] grauare, uel alio, ut fit, secedere et collegium deserere compellantur   Verum hoc interim certo possum affirmare, non futurum, ut saltem obulus [*sic*] redeat ad societatem nostram, quae nec potest nec vult ex huiusmodi collegijs quicquam priuati accipere commodi   Nam quod donatur, in vsum duntaxat cedit necessarium studiosorum Collegij, hos gratis gubernari curat omni fide Praepositus, et postquam studiorum cursum illi absoluerint, huc atque illuc mitti a Principe possunt, ut gratis dent, quod gratis acceperunt[2] Hanc admonitionem spero uos boni consulturos Magnifici viri, etsi currente calamo et longius quam uelim, scripta sit. Ego sapientibus uolui occasionem praebere, ut de his, alijsque ad idem[a] institutum spectantibus diligenter animaduertant Quod mearum est partium, non mutus subscribam iuditio melius sentientium[b], Deumque Opt. Max precari pergam, vt gratia sua uestras amplitudines semper augeat, ac per eas tum literarum negotium, tum pietatis studium huic restituat academiae

Seruus in Christo Pet Canisius
de societate Jesu Theologus

† Magnifico Domino, D Hondio, caeterisque Jllustrissimi ducis Bauariensis Consiliarijs et Patronis obseruandiss Jngolstadij

Canisius quidem tempus epistulae non ascripsit, sed inscriptioni epistulae (autographi) altera manu eiusdem temporis adnotatum est „praesentatum 28 Nouembris Anno 1555" Consiliarii ipsi in scripto quodam testantur se Ingolstadii 27 Novembris — 8 Decembris de collegio condendo egisse[3]
  Consiliarii statim (28—30 Novembris) rescripserunt, vide, quae Canisius initio epistulae proxime secuturae scribit

------

[a] *Sic Canisius ipse correxit, prius scripserat* hoc   [b] sententium *autogr*

[1] Uniuersitatem significat   [2] Matth 10 s   [3] Vide infra, monum 71

183.

CANISIUS

WIGULEO HUNDT, SIMONI THADDAEO ECK, CHRISTOPHORO A RAINDORFF, HENRICO SCHWEICKER.

Ingolstadio 29. vel 30 Novembris 1555

Ex autographo (2°, pp 2, in p 4 inscr et sig) Cod monac „Ies Ing 1359/l" † 37—38

Apographum saeculo XVII vel XVIII scriptum exstat in cod monac „Lat 1606", fol 24ᵃ—25ᵃ

Ad ea rescribit, quae consiliarii postulatis suis opposuerant Sufficere sibi, quod theologiae studiosi a Sociis instituendi aut cum iisdem habitent, aut in collegio georgiano Theologici seminarii magnam curam habendam esse Iterum ecclesiam propriam poscit Socios nec parochos nec monachos agere, sed parochos et fideles iuvare velle Certis capitibus comprehendi cupit, quae dux a Sociis exigit, hos privilegiorum suorum nequaquam fore exactores

IESVS

Magnifici Domini Patroni,

Agnosco inprimis humanitatem et beneuolentiam erga me vestram, pro qua etiam gratias ago, quod respondere scripto meo nequaquam sitis dedignati Nunc meum est ad ea quae proposuistis[1], pauca dicere. ut aperta et explicata sint inter nos omnia, quae iussu Illustriss Principis tractanda suscepimus

Primum caput est de Collegio studiosorum Theologiae, quod ego constitui magnis de causis cupiebam Nunc quia sumptus, ut audio, non suppetunt ad illud integre exaedificandum, respondeo mihi satis uideri, ut penes nostros maneat optio alterum e duobus eligendi tempore suo, nimirum ut studiosi quidam certo numero comprehensi et sacris studijs destinati, nostraeque, id est, Catholicae institutioni subiecti aut eodem aedifitio nobiscum contineantur, interstitio tamen aliquo separati, aut in Collegio nouo Principis[2] alantur commorenturque Quod si primum nostris placuerit, rogo vt saltem horti libertate nostri priuatim gaudeant. et ut studiosi illi suum habeant Oeconomum, neque aliud expectetur a nobis in illis curandis, quam quod ad pietatis, morum ac studiorum rectam disciplinam spectat in temporalibus (ut vocant) alios ministros habeant Si alterum uero quod posterius est, elegerimus, liceat hoc etiam a Regente noui Collegij obtinere, vt stipendiarios suos ad sacras lectiones mittat, eosdemque Theologorum dicto audientes reddat, si quando de illis bene mereri uel monendo, uel docendo uelimus Ego interim committere non possum, quin iterum

---

[1] Quae proposuerint illi, ex hac epistula satis elucet
[2] Seminarium georgianum nunc uocare solent, de quo supra p 316 etc

atque iterum causam vicini collegij [1] uobis commendem, cum non
ignorem sane, quanti referat, bonos praeparare operarios, qui cito in
messem dominicam extrudantur et exemplum proponere, quod alijs
imitandum uideatur, et uicinis Episcopis ansam praebere, vt scholae
huic faueant, et multis calumniandi finem imponere, vt desinant Principi obtrectare. [2] etc

Secundum caput est de templo, cuius ut dixi, vsu carere proprio
non potest non esse nostris graue, et alijs dispendiosum. Respondetur
autem, templi noui structuram eo spectare, ut praeiuditium hinc ad-
feratur parochijs et monasterijs ciuitatis, nos meditari nouam quasi
parrochialem ecclesiam, si sacramenta quoque conferre incipiamus
Hic primum uellem satis esse cognitam instituti nostri rationem, ita
constaret statim, nos esse procul ab hac sententia, quasi parochias
aut monasteria nobis sumere cupiamus, cum certe nec pastores, nec
monachos usquam agamus, hac sacerdotalis uitae simplicitate[a] contenti, sicut Canones postulant Multo minus timendum est, ne praeiuditium alijs templo nostro faciamus, cum nihil magis habeamus in
votis, quam diuinum cultum in omnibus templis conseruare et augere,
nostrique templi structura faceret credo, vt habitis illic[b] contionibus
populus ad alia templa frequentanda magis ac magis extimularetur ac
animaretur Deinde cum de sacramentis dispensandis loquor, tantum duo.
confessionis scilicet seu poenitentiae et communionis sacrae, intelligo,
quae tamen neque ipsa penes nostros esse cupimus, nisi salus ecclesiae
parochialis iuribus, quae uolunt certis diebus populum offerre [3], confiteri [4].

---

[a] simplicate *autogr*
[b] *Prius scriptum erat* illis, *Canisius ipse id correxisse uidetur*

---

[1] Aut Georgianum significat, aut (quod mihi magis probatur) novum illud
seminarium de quo supra p 570—571
[2] Dicebant eum decumas in profana impendisse, Lutheranis nimium indulgere
et similia
[3] Hae pecuniarum vel rerum naturalium „oblationes" inter missam faciendae
nonnumquam pro decumis quibusdam habebantur, et sane fieri poterat ut earum
faciendarum verum exstaret debitum, ex diuturna consuetudine, sacerdotum egestate etc contractum „Statuta synodalia" ratisbonensia anno 1512 edita haec habent
„In praecipuis festivitatibus, per anni circulum occurrentibus, ad oblationes et offertoria
omnes et singulos nostros subditos in suis Parochialibus Ecclesijs, Sacerdotibus suis
Curatis iuxta consuetudinem earundem Ecclesiarum tenen praesentibus declaramus"
(*Jos Hartzheim* S J , Concilia Germaniae VI [Coloniae 1765], 92) Albertus V in
„statutis", quae 29 Decembris 1556 uniuersitati ingolstadiensi dedit, hoc prae-
scripsit „Statuimus etiam et praecipimus, ut omnes digniores huius studii personae
doctores licentiati magistri ac nobiles statis diebus festis maxime solemnibus oblationes suas iuxta sacrosanctae ecclesiae constitutiones ad altare religiose offerant
ne quisquam se in conspectu dei vacuus appareat, in contemptores poena 16 nummorum animaduersuri" (*Prantl* 1 c II, 218—219)
[4] Concilium lateranense quartum (cap 21) fideles „saltem semel in anno proprio sacerdoti" peccata confiteri iussit Ac „proprii sacerdotis" nomine parochum
notatum esse „nemo audet inficiari" (*Benedictus XIV* De synodo dioecesana 1 11,

et adesse sacris[1] Verum quid obstat, quominus reliquo tempore
qui uelint, in nostro quoque templo uersentur, et cum alibi non docetur, apud nos discant pietatem, et cum quidam aut nolunt, aut
non possunt afflictis prouidere conscientijs, id a nostris impetretur?
Equidem hic nolim contendere, sed me illorum miseret, quos uideo
in nostro templo multum spiritualis fructus, ut alibi solent in collegijs, accepturos, qui certe non ita libenter in alijs templis uersa-
rentur, praesertim si confessum ueniant. Magnificam templi structuram non exquirimus, consolationem pro nobis, et scholasticis petimus
spiritualem, et locum desideramus, ubi citra cuiusquam molestiam pro
Jllustrissimo Moccenate, pro Excellentijs uestris, pro tota prouintia
Deo supplicare Opt Max et sacrificare libere liceat infirmis ac sanis
Vestrae iam pietatis est aut annuere, aut abnuere Vtinam templi
usum legittimum et nosceremus, et promoueremus omnes

Tertium est caput de dotando prouentibus collegio, mihique non
iniquum uideri potest, quod audio, eatenus optimum Principem suam
in nos munificentiam constitutis annuatim reditibus collaturum, quatenus nos et quamdiu in offitio erimus, vt ne frustra Moccenatis
gratiam experiamur Hic optarim articulos scripto comprehendi. quos
uelit Patronus Jllustriss nobis propositos esse in Collegio, vt sciamus
quid exigat* singulatim Nam quod ad Professores Theologiae constituendos attinet, non erimus difficiles, et domi adesse curabimus.
qui priuatim doceant, et communia quae sunt professorum aliorum
munia, non recusabimus, nihil antiquius habentes. quam Episcopo.
Principi et Rectori nos simpliciter submittere. atque uti par est. religiose parere. Coeterum si quae sunt societati nostrae priuilegia. non
arbitror hac ratione aboleri[2]· nostrum erit nihil tentare, quod merito
Principem clementiss. offendat. qui si etiam contra priuilegium quale-

---

     * *Sequitur* nomi, *linea deletum*

---

c 14, n 2 [Tom II Venetus 1793, p 71]) At iam S *Thomas* adnotauit (quod et
Benedictus XIV] c repetit) „Sacerdos proprius non solum est parochialis sed
etiam Episcopus vel Papa   Unde qui confessus est Episcopo suo vel alicui habenti
vicem ejus, confessus est proprio sacerdoti" Contra impugnantes Dei cultum et
religionem, cap 4 (Opera XV [Parmae 1861]. 21) Propterea hodie quoque confessio
annua cuilibet sacerdoti ab episcopo vel summo pontifice approbato fieri potest
    [1] Canisius ea sacra dicere videtur, in quibus oblationes fieri debebant vel
alias consuetudines particulares illius temporis significare Nam ceteroquin et Leo X
13 Nouembris 1517 edixerat omnes fideles „in ecclesiis fratrum ordinum mendicantium dominicis et festis diebus" posse „satisfacere praecepto ecclesiae de missa
audienda", et Paulus III 18 Octobris 1549 concesserat, ut omnes fideles, qui contionibus hominum Societatis Iesu „in ecclesiis, ubi ipsi concionabuntur, interfuerint
diebus huiusmodi missas et alia divina offitia audire valeant, nec ad id ad
proprias parochiales ecclesias accedere teneantur" *Bullarium* Romanum V (Augustae
Taurinorum 1860), 710, VI (ibid 1860), 396
    [2] Ita e g Paulus III 18 Octobris 1549 concesserat ut Soci curae monialium
obligari non possent (*Bullarium* I c VI, 397)

cunque cupiat, modo queat honeste concedi, certe non Praepositum
modo nostrum, sed etiam totam hanc IESV societatem sibi obsequen-
tem habiturus est   Sed ' ut paulo ante dicebam, in articulos referri
expediet illa, quae a Praeposito nostro concedi atque impetrari Princeps uolet Ego si quid ad eam rem praestare possim, me uobis
totum polliceor cupioque si licet, pro Bauaria uestra uitam huius
corpusculi Christo reddere   Ipsi h o n o r et g l o r i a in secula se-
c u l o r u m A m e n [1]

Seruus in Christo uester Pet Canisius

† Excellentiss. dominus Illustriss. Ducis Bauariensis Consiliarijs
Jngolstadij

Canisius tempus non ascripsit sed Hundt inscriptioni adnotavit „praesentatum vltima Nouembris 1555 *

184.

CANISIUS [2]

WIGULEO HUNDT, SIMONI THADDAEO ECK, CHRISTOPHORO A RAINDORFF, HENRICO SCHWEICKER.

Ingolstadio 30 Nouembris vel 1. Decembris 1555.

Ex autographo (2°. 2½ pp)   Cod monac „Ies Ing 1359/1', t 39—40
Apographum saeculo XVII vel XVIII scriptum exstat in cod monac „Lat
1606' t 30'—31ᵇ

*Pactionem proponit de collegio ingolstadiensi faciendum Collegium „theologi-
cum“ directu et in Societatis potestate erit   Certa pecunia domus et templum certae
formae aedificabuntur Fornaces quoque, hortus, rivulus a duce providebuntur Socii
aliquot ilaco mittantur, quibusum de primo reddu statuetur Socii 18 saltem alumnos
habebunt et georgianum quoque collegii alumnos instituent*

†

Vt exequutioni seriae demandetur CHRISTO duce, quod annis
abhinc aliquot propter causas rationabiles Jllustriss Princeps Clar
mem D Guilhelmus, ac huius deinde filius Jllustriss D Albertus,
vtriusque Bauariae Duces etc secum pie statuerunt, verum ob multa
grauaque turbulentissimi temporis impedimenta perficere hucusque
distulerunt, de fundando scilicet ac dotando collegio Theologico in
ciuitate et academia sua Jngolstadiensi, tandem anno Domini 1555,
mensis Decembris die "   post maturam deliberationem tum Dominorum

* Sequitur Coeterum, a Canisio ipso deletum
ᵇ Quae hic et infra sunt interualla vacua, in ipso etiam autographo comparent

[1] Rom 16, 27 1 Tim 1, 17
[2] Non subscripsit quidem Canisius, sed res ipsae, quae scribuntur, atque etiam
scribendi genus sive ratio Canisium horum capitum patefaciunt auctorem

Consiliariorum et Commissariorum ex parte dicti Jllustrissimi Ducis Alberti, tum Doctoris Canisij ex parte Societatis de nomine IESV (qui simul vtrinque ad promouendum et absoluendum hoc negotium Ingolstadij conuenerunt) sunt haec infrascripta commum eorundem consensu conclusa atque determinata

1 Collegium hoc Theologicum vocabitur, eaque ratione constituetur, vt usui sit Patribus Societatis de nomine IESV, qui potestatem habeant ac ius secundum professionem suam illic habitandi, manendi, docendi ac uiuendi in posterum, relicta penes eorundem Praepositum omni facultate, quam is* in similibus collegijs habere solet ad regendum atque gubernandum.

2 Curabit Jllustrissimus Princeps apud ciues Ingolstadienses, vt consentiant in alienationem fundi, et erectionem nouae structurae Collegio necessariae circa domum cercuisiariam ciuitatis[b] Praeterea, vt fundi et hortorum, qui huc applicabuntur, domini ac possessores libere cedant, integreque renuntient iuribus suis, ne ullus de praeiuditio sibi uel suis[c] facto conqueri possit

3 Ex parte uel nomine Jllustrissimi Ducis numerabitur summa pecuniae promptae aureorum [1]

et ita commendabitur N.

ut eandem eroget ad usum solum emendorum fundorum[d], ac futurae structurae secundum occurrentem necessitatem.

4 Jus exigendae et applicandae huius pecuniae non erit penes alios quam Architectum Ingolstadiensem [2] et D Camerarium [3] et N.

Qui statim attendent ad praeparanda et colligenda materialia, ne quid desit ad fundamenta in Martio uel Aprili proximo iacienda, non obstantibus alijs siue priuatis, siue publicis, etiam Jllustrissimum Ducem tangentibus aedificijs quibuscunque.

5 Quantum ad formam structurae spectat, vna domus ex fundamento aedificabitur[e], longitudo erit pedum   latitudo autem pedum   demum altitudo pedum   Jn qua domo conficientur, quantum ad partem inferiorem, culina cum fenestris   et habitatio

---

[a] *Vocabulum supra versum scriptum*

[b] *Quattuor postrema verba a Canisio in margine addita sunt*

[c] *Haec duo verba a Canisio in margine addita sunt*

[d] *Sic Canisius ipse correcit, prius scripserat* ad usum fabricae futurae

[e] *aedificabitur Can*

---

[1] _Ad structuram obtulerunt nomine Principis quatuordecim milia florenorum_
*Cod „Antiqu Ingolst " † 3'

[2] „Formam futuri aedificij pinxit Architectus stella" ' Antiqu 1 e Consiliarii in relatione sua (de qua infra) cum „Jorgen Stein" vocant, ipse litteras Ingolstadio 20 Septembris 1560 ad Erasmum Fendt, Alberti V secretarium, datas sic subscripsit „Jörg steiren" *Litterae archetypae sunt in Cod monac „Jes Ing 1339/1", f 114—115

[3] Ioannes Agricola, medicinae professor, id munus in uniuersitate administrabat

oeconomi, et hypocausta[1] ut minimum   quorum vnum seruiat
scholae, et alterum Refectorio. Hypocausta tum in superiore, tum
in inferiore parte domus ciunt ad minimum
    6 Structurae huic adhaerebit templum, cuius longitudo sit pedum
    et latitudo pedum   et altitudo pedum   Tectum
habebit pedes
    7 Iuxta Collegium ac templum vicinus erit hortus, qui suo muro
a vicinorum aedibus distinguatur
    8[a] Scribetur statim de his omnibus ad Praepositum, qui admo-
nebitur de mittendis Ingolstadium quibusdam de Societate, ut praesentes illi structuram magis magisque promoueant Qui ut citius etiam
atque commodius accedant, viaticum accipient ab Jllustrissimo Duce.
et quousque collegium non erit aedificatum, victum habebunt atque
hospitium in monasterio Franciscanorum, ita tamen ut[b] horum pace
id fiat, a quibus etiam separati pro suo more illi uictitare atque habitare possint
    9 Cum praesentibus autem illis tractabitur nomine Illustrissimi
Ducis, ut sicut alia collegia societatis, sic etiam hoc suos habeat fixos
reditus ac prouentus annuos
    10[c] Praeter collegium hoc Societati assignatum alentur studiosi
ad minimum 18, qui sub societatis eiusdem disciplina uicinis in locis
alentur tum in studiorum. tum in morum, ac praecipue in pietatis
Catholica institutione, sed ut non grauentur tamen Patres circa temporalia studiosis illis[d] prouidenda atque dispensanda
    11 Curabitur etiam apud academiae Rectorem et Collegii noui
Regentem, ut stipendarii [sic] Jllustrissimi Ducis, praesertim qui adhoc
idonei uidebuntur, lectiones frequentent Theologicas, et Societatis dictae
Patres reuereantur. audiant ac bene monentes sequantur in cursu
uerae pietatis
    12 Dabit operam Doctor Canisius, ut quae desideranda sunt ex
parte suae societatis, bona fide praestentur, statimque super his omnibus responsum et confirmatio habeatur ex Vrbe nomine Praepositi
D Jgnatij

    Canisius tempus non ascripsit sed altera manu, quae Wiguleï Hundt esse
videtur, in p 4 scriptum est „praesentatum prima Decembris 1555 "
    Consiliarii rescripserunt 1 vel 2 Decembris 1555 vide quae epistulae proxime
secuturae adnotabuntur

    [a] Sequuntur verba Interea dum in aedificando, a Canisio postea (linea in-
ducta) delета
    [b] Sequuntur verba consentiant hi, a Canisio postea deleta
    [c] Sequitur Statuit, postea deletum (ut supra)
    [d] Sequitur necessaria, linea deletum

    [1] Propria quidem huius verbi significatio est „vaporarium". „Heizgewölbe".
sed hic certe fornaces sive camini (Oefen) significantur

185.

CANISIUS

WIGULEO HUNDT, SIMONI THADDAEO ECK, CHRISTOPHORO A RAINDORFF, HENRICO SCHWEICKER.

Ingolstadio 2. vel 3. Decembris 1555.

Ex autographo (2°, pp 2) Cod monac „Ies Ing 1359/I" f 41—42
Apographum saeculo XVII vel XVIII scriptum exstat in cod monac „Lat 1606", f 26ᵃ—28ᵃ

Exponit, quae in litteris pactionis pridie a consiliariis propositis mutanda sibi vel addenda videantur Pecuniam ad supellectilem et libros emendos assignandam Leonardum ab Eck Socus bibliothecam suam promisisse Collegium disertis verbis Societati tradendum esse Non convenire Socios dico philosophiam quoque tradere Quid in collegio georgiano praestitum sint, accurate statuendum esse Aliqua in eo reformari oportere Contionatores non esse postulandos nimios, domum brevi aedificandam, 11 saltem Socios ab Ignatio petendos

IESVS

Magnifici Domini Patroni,

Fretus iterum humanitate et benignitate erga me uestra, cuius multa quidem et certa extant argumenta, praesertim in scripto heri tradito[1], paucis nunc agam de nonnullis, quae in eodem scripto uel obscurius dicta, uel a me non satis intellecta, uel in sensum improprium forte ab alijs qui legerint, torquenda uideri possunt. Distinxi uero scriptum illud per numeros, ut in conferendo minus negotij exhiberetur. Tres igitur priores paragraphi non displicent, nisi quod explicatius forte addi potuerit, Jllustriss et clementiss. Principem* non defuturum in ijs, quae ad primum ingressum in Collegium, id est, ad supellectilem domesticam inhabitaturis necessariam primum omnium coemenda erunt Hic enim primo saltem anno, praeter sumptus ordinarios multa insumuntur, nullosque libros nostri adferent, quibus tum ad docendum, tum ad discendum indigebunt Promiserat quidem piae mem. D. D Leonardus ab Eck suam nobis bibliothecam, sicut et in testamento legauit. sed nos forte indigni tanta liberalitate Certe necessitas postulat, ut noui hospitij onera, quae incident proculdubio, beneficentia quadam Moccenatis pauperibus subleuentur Qua de re uellem fieri mentionem in scripto

---

* *Sequitur in, a Canisio postea deletum*

---

[1] Sicut Canisius Societatis nomine (supra p 576—578). ita et consiliarii nomine ducis pactionem quandam conscripserant et proposuerant de collegio ineundam Quae perisse quidem videtur, sed ex hac Canisii epistula satis cognosci potest, praesertim si epistulae quoque inspiciantur, quae eam antecesserunt, et pactio, 7 Decembris facta, de qua infra, in epistula Canisii 18 Decembris 1555 S Ignatio missa

Veniam ad numerum 4 Vt hic ordo congruus obseruetur, quia
primo dictum est de forma struendi collegij, 2° de eius loco et structurae sumptibus, 3° de dote seu sustentatione collegij, proximum
uideretur adijcere nonnihil de vsu et applicatione superiorum omnium
ad certas personas, his fere aut similibus uerbis.   Quod quidem Collegium sic extructum ac dotatum, conuerteretur statim in
vsum uenerabilis societatis de nomine IESV nuncupatae, ut haec potestatem ac ius deinde in illud, sicut in alia quae sunt eiusdem instituti, habeat secundum suam professionem, relicta penes Praepositum
generalem eiusdem Societatis facultate, Collegium hoc legittime per
se et suos regendi atque gubernandi

Praeterea quae dicuntur in hoc 4 [sic] paragrapho, nonnullam immu-
tationem ferre possunt, ne uerba nimium generaliter sumpta sensum
hunc reddant, vt obligati videamur non solum ad exhibendos duos
Theologos Doctores, verum etiam ad constituendos tot praeceptores,
quot erunt in Collegio fratres aut Patres   Nam hi omnes uix opinor
suffecerint, si ex professo docere cogamur non literas tantum humaniores, sed etiam linguas tres, et artes liberales. speciatim uero Logicam et Physicam   Quare uideant Domini, ne quid incommodi hinc
redeat tum ad academiam, quae ordinarios habet in artibus professores,
his non licet, neque expedit praeiudicare, tum ad nostros qui mittentur non solum ad docendum, sed etiam ad discendum, quique ad
minorem sibi conflandam in gymnasijs inuidiam satis primum habent,
in schola collegij sui praeparare inuentutem omnesque gratis ita instituere, ut lectiones deinde publicas in gymnasijs ijdem audiant
Postea uero, cum nostri erunt notiores, poterunt aliquando, publicis
professoribus praesertim impeditis uel absentibus, substitui

Circa numerum uel paragraphum 5 placet. nobis occasionem dari
de stipendarijs [sic] Illustrissimi Principis [1] bene merendi, licet in specie
fortasse cupient Romae nostri cognoscere, quo se extendat huiusmodi
superintendentia nostris iniuncta, exigatne corporalem praesentiam et
quotidianum conuictum, sit ne coniuncta cum administratione et cura
temporalium, etc   Cupio enim rem omnem luculenter explicari, et
fideliter obseruari secundum mentem Illustriss Principis   Et vtinam
curaretur, vt Stipendiarij [sic] cum posthac recipientur, sedulo admone-
rentur offitij sui, praesertim de studio Theologico sectando, de sacris
ordinibus suscipiendis, de obedientia Theologis praestanda, etc [2] Qua
in re plurimum nobis commodare posset Regens Collegij noui [3]

---

[1] Alumnis collegii georgiani

[2] Id factum est in „reformatione" uniuersitatis, quam Albertus V 19 Decembri-
1555 decreuit (Prantl 1 c II 210)

[3] M Joseph Schutz nobilis stugartinus a Februario anni 1555 usque ad
Aprilem 1556 id munus administrabat, cui M Stephanus Reittman de Rohr successit
(Mederer 1 c 1, 239 246   Andr Schmid, Geschichte des Georgianums in Manchen
[Regensburg 1894] p 94)

Quod ad 7 paragraphum attinet, cupio sensum hunc verborum excludi, quasi nostri obligentur ad suppeditandos tot Contionatores, quot praesens uel utilitas, uel necessitas uarijs in Bauariae locis requiret. Jllud uero recte a nobis expectabitur, vt quot quot erunt in collegio, seruiant Jllustrissimo Principi ac Moecenati, ubi et quomodocunque possunt in Religione sacrosancta tum conseruanda, tum uindicanda Idque magis propterea dixerim, ne opus sit ad vnum hoc collegium nostros mittere Contionatores, qui in hac JESV societate nondum ita frequentes sunt, praesertim Germani, et quorum opera quibusdam etiam alijs Germaniae in locis ad magnam Dei gloriam praestanda est

In paragrapho 9 innuitur, multis forte annis collegij structuram non esse absoluendam. Cum uero multa uno saepe anno conficiantur, et nostri non sine incommodo[a] uersari in alieno debeant hospitio[b], uellem adhiberi studium, et structuram omnem architectis ita commendari, ut non sit in mora, tantoque plures coniungant operarios ad futuram aestatem, vt saltem principalia construantur Interea certo uelim constitui, ubi nostri cum venerint, sint hic demoraturi Si apud Franciscanos, inspiciantur statim cubicula ad hoc necessaria, transigatur negotium cum P Guardiano, et si quae sint impedimenta, in tempore amoueantur, dum hic adsunt vestrae praestantiae

Circa 9 paragraphum, priusquam nostri veniant, ut hic requiritur, statuat Jllustrissimus Princeps[c], velit ne rata isthaec quae nunc tractamus, haberi omnia, suamque sententiam et confirmationem in Vrbem mittat quaeso, et petat mitti ad se nostros, qui non pauciores quam 14 esse solent ad collegium repraesentandum, curetque Romae uiaticum venturis paratum esse Nam quod ad me attinet, polliceri plura non habeo, quam in nobis nihil defuturum, cur jllustriss Princeps queri possit de nostra uel ingratitudine, uel negligentia. Solum ad Praepositum nostrum isthaec nunc referenda, et deinde tum ex Jllustrissimi Principis, tum ex illius arbitrio cuncta concludenda[d] et expedienda esse sentio. Dominus IESVS in gloriam suam conatus nostros uertere dignetur

Seruus in Christo vester Canisius.

Canisius tempus non ascripsit, sed in p 4 altera manu antiqua, quae Wigulei Hundt esse videtur, notatum est „Presentatum 3 Decembris 1555"

---

[a] *Sequuntur verba* se alibi debe, *linea deleta*
[b] *Sequitur* ubi, *linea deletum*
[c] *Sequuntur verba* quid certo, *a Canisio postea deleta*
[d] *Sequitur* esse, *postea deletum*

186.

CANISIUS

WIGULEO HUNDT, SIMONI THADDAEO ECK, CHRISTOPHORO A RAINDORFF, HENRICO SCHWEICKER[1].

Ingolstadio sub initium mensis Decembris 1555

Ex autographo (2°, 1 p), cui tamen nomen Canisii subscriptum non est
In altera huius folii pagina manu altera eiusdem temporis, quae consiliarii alicuius
vel secretarii ducalis esse videtur, haec scripta sunt „Memorialia" ad Reformationem
faciendam D Hieronimi leicht et D Canisij — Erlediget Eadem manu singulis
huius scripti capitibus aliqua adnotata sunt, quae infra suis locis proponentui.
Cod „Ingolstadt Universit Sachen, Anno 1555 bis 1584 Tom III ", f 97, Monachii
in archivo provinciae Bavariae superioris („Kreisaichiv von Oberbayern", „Archiv-
Conservatoriium")

Canisii hoc scriptum primum editum est a Prantl 1 c II, 197—198, idque
ex autographo, omissis adnotationibus antiquis Ex Prantl transcriptum est a
Verdière 1 c I, 496—497, et a Pachtler 1 c I 355—356, atque ex huius libro
transiit in „Cartas de San Ignacio" VI, 621—622

*Quae in universitate corrigenda vel mutanda esse videantur Spectat autem
Canisii consilium „superintendentem", „visitationes", Aristotelem, ferias, orationum
et libiorum censuram, promotiones, religionem professorum, sumptus, arma, testes,
collegium georgianum*

Ad gymnasium[2] rite constituendum promouendumque

1 Addatur Rectori et Concilio[3] Superintendens more et exemplo
gymnasij Viennensis idque propter grauissimas causas[4].

—

ª *Prantl falso* Memorabilia

_____

[1] Albertus dux, cum consiliarios suos Ingolstadium mitteret, hoc quoque iis
mandavit, ut serio inquirerent, quae in universitate corrigenda ac mutanda viderentur Supersunt, quae hac de re conscripserunt Canisius et Hieronymus Leucht,
medicinae professor (Prantl 1 c II, 195—197 Verdière 1 c I, 493—495 Pachtler
1 c I, 351—355 Cartas de San Ignacio VI, 623—627) Dux itaque Monachii
19 Decembris 1555 „formulam reformationis" germanicam subscripsit (edidit Prantl
1 c II, 198—212), quae tamen nequaquam statim ad effectum adducta est (Mederer 1 c IV, 296 Prantl 1 c I, 282), eandem „reformationem" postea latine
versam et paululum mutatam Albertus dux mense Februario anni 1562 promul-
gavit (typis exscripta est a Mederer 1 c IV, 295—317) Ex iisdem consiliariorum et professorum consultationibus leges academicae „revisae et correctae"
prodierunt, quae ab Alberto Monachii 29 Decembris 1556 in lucem emissae sunt
(typis exscriptae a Prantl 1 c II, 212—232)
[2] Universitatem significat, cf supra p 580
[3] Senatum academicum nunc dicere solent
[4] Id exeunte anno 1560 factum est, „superintendentis" erat, pio legibus academicis vigilare atque observare, qua ratione scholae haberentur, collegium georgianum et bona universitatis administrarentur, denique omni academiae saluti consulere (Prantl 1 c I, 284, II, 232—234)

2 Ad uisitandum gymnasium et singulas eius facultates constituantur 4 tempora, singulis scilicet Angarijs[1], ut cum Rectore et Superintendente conueniant 4 Decani, certoque ordine ac modo inquirant de praesenti statu totius gymnasij Examinent studia et praelectiones quae fiunt in singulis facultatibus, quoties professores cessauerint, quousque peruenerint,* conscribatur in communi coetu omnium, eademque semper ad Principem ac Patronum mittantur[2]

3 Redeat in scholam Dialectica Aristotelis tot annis turpiter intermissa, et lectiones magistrandis necessariae compleantur[3],

4 Vacationes imminuantur fere ad exemplum gymnasij Viennensis, cum vtrinque perperam consulatur et professoribus et auditoribus tam longa et frequenti cessatione[4]

5 Declamandi munere nullus publice fungatur, nisi orationem suam Theologiae Decano comprobarit[b][5].

6 Libri noui praesertim in sacris, neque vendantur, neque imprimantur Jngolstadij, nisi primum consensus accesserit eiusdem Decani[6].

---

* *Comma sequitur verbum* publice, *postea deletum*
[b] *Haud recte Prantl et qui eum sequuntur* comprobavit

---

[1] Singulis „quattuor temporibus" nunc dicimus
[2] Huic capiti altera manu eiusdem temporis adnotatum est „Jn statutis visitatio" In „reformatione" universitatis 19 Decembris 1555 constituitur huiusmodi „visitationem" singulis „quattuor temporibus" („cottemerlich") faciendam esse, a 1562 dux statuit eam saltem semel vel bis singulis annis fieri debere (*Prantl* 1 c II, 201 *Mederer* 1 c IV, 301)
[3] Altera manus (ut videtur) hoc caput lineis inductis delevit et in margine notavit „Artisten Jn reformatione" Albertus V anno 1555 in „reformatione" sua „artistis" mandat, ut „statutis" suis nuper „renovatis" accurate pareant Artistarum autem statuta anno 1539 „renovata" haec habent Praeter „professorem Dialecticae Caesaru" (Ioannes Caesarius iuliacensis, † 1550) praesto esse debere „dialecticae Aristotelicae professorem", qui, delectu quodam ex illis libris facto, omnem dialecticam singulis annis absolvat Eadem statuta de „lectionibus complendis" sive plene et integre, nulla omissa, audiendis, habent „Ordinamus, quod omnes scholares debent complere ad baccalaureatus et omnes baccalaurei ad magisterii gradum singulas lectiones ordinarias per tres integras mutationes, nec ulla hic admittatur dispensatio pro pecunia, sed pro eruditione" (*Prantl* 1 c II 184) „Mutationes" singulis annis bis fiebant (ibid I, 203)
[4] Hoc quoque caput deletum est, sicut supra, et in margine eadem ratione adnotatum „Statu" In reformatione a 1555/62 facta cavetur, ne plures fiant vacationes, quam statuta renovata permittant Statuta a 1556 in lucem emissa „Festum Jovis integra septimana dumtaxat celebretur" (*Mederer* 1 c IV, 297—298 *Prantl* 1 c II, 199—220)
[5] Caput deletum, ut supra In margine „Jn genere Refor" „Reformatio" anno 1555 facta in capite primo („Die universitet in gemein betreffendt") aliqua ex parte hoc Canisii consilium secuta est (*Prantl* 1 c II, 200 *Mederer* 1 c IV, 299—300)
[6] Haec sancita sunt in reformatione a 1555/62 facta (*Prantl* 1 c II, 211 *Mederer* 1 c IV, 316)

7 Jmmodici et inutiles quidam sumptus circa promouendos sustollantur   Exemplum egregium praebet Reformatio Viennensis[1]

8 Non ita leuiter admittantur ad gradus promotionum, qui solide ac diu non sunt in disciplina sua exercitatj[2]

9 Non recipiatur professor publicus, nisi sit antiquae Religionis, sicuti fit Viennae cum solenni protestatione[3].

10 Turpitudo et licentia gestandi arma, militaresque togas prohibeatur[4].

11 In Ducali collegio sit frequens et sedula Visitatio, quae certis personis et praesertim Theologis iniungatur, vt circa Regentem et Collegiatos recte gerantur omnia, nullusque illic permittatur, qui sit suspectus in Religione[5]

Canisius tempus non ascripsit   Ducis consiliarii, quibus Canisius scriptum hoc Ingolstadii tradidit, sub 26 Nouembris Monacho Ingolstadium venisse et 12 Decembris iterum Monachii apud ducem fuisse videntur[6]

---

[1] „Reformatio" illa significatur, quam Ferdinandus I 1 Ianuarii 1554 instituit, typis descripta est a *Kink* 1 c II, 373—402 — Hoc quoque caput modo supra scripto deletum est, et in margine adnotatum „Refor " Hi sumptus reformatione a 1555,62 facta et statutis a 1556 editis aboliti sunt, „excepto frugali et mediocri prandio professoribus exhibendo" (*Prantl* 1 c II, 200 229 *Mederer* 1 c IV, 299).

[2] Caput deletum, ut supra In margine „Refor " Hoc et a 1555,62 „reformatione" et a 1556 „statutis" cautum est (*Prantl* 1 c II, 200 229 *Mederer* 1 c IV, 298)

[3] In margine adnotatum est „Nõ " Quod nescio, utrum significet „non" an „notandum" an aliud Nec .reformatio" nec „statuta", quae scripsimus, sollemnem hanc .protestationem" exigunt Professores catholicos esse debere non tam decernitur quam sumitur Ita reformatio a 1555/62 .Veram catholicam nostram doctrinam nemo   in dubium reuocet   Professores   festis diebus Ecclesiam visitent, in concionibus et sacro audiendo perseuerent" etc (*Prantl* 1 c II, 200—201 *Mederer* 1 c IV 300—301)

[4] Huic capiti idem adnotatum est quod proxime antecedenti „Turpitudinem", cuius Canisius mentionem facit, Albertus dux in reformatione a 1555/62 facta graviter queritur variisque legibus cohibere conatur (*Prantl* 1 c II, 203—208 *Mederer* 1 c IV, 304—311) „Statuta" anno 1556 „renovata" „Volumus vestitum decentem et honestum gestari et cuique aetati aptum atque idoneum non decurtatum, sed iustae et decentis longitudinis, et quo tandem litterarum atque morum cultores ab aliis laicis opificibus et militibus dignosci atque discerni queant   Praesertim autem [ne] illis, quas vulgariter vocant .die ploderhosen" more satellitum et eorum, qui castra sequuntur, incedant   Gladios quoque sublongos atque crudeles, id quod carnificum atque lictorum proprium est, ne posthac portent, prohibemus " Iuuenum „arma moderatores huius aetatis ad se recipiant" (*Prantl* 1 c II, 225) Ceterum eadem atque etiam turpiora saeculo XVI fiebant v g in prouincialibus illis Saxoniae scholis („Furstenschulen"), quae a protestantibus miris modis laudabantur (cf *Janssen* 1 c VII, 49—52)

[5] In margine altera illa manu adnotatum est „Refor " Eiusmodi „visitatio" ipso mense Decembri anni 1555 facta esse videtur (*Prantl* 1 c I, 338—339) „Reformatio" a 1555/62 facta proprium caput idque copiosius habet, quo de collegio hoc georgiano multa statuuntur, v g de stipendiariis saepe „visitandis", de ratione ab oeconomo reddenda etc (*Mederer* 1 c IV, 312—316)

[6] Vide supra p 569 et infra p 585

Si hoc Canisii scriptum et quae ei adnotata sunt, cum universitatis ingolstadiensis legibus anno 1556 „revisis“ et cum eiusdem „reformatione“ anno 1562
promulgata conferuntur, clare patet Albertum V eiusque consiliarios sententiam
Canisii maximi fecisse et cuncta fere eius consilia secutos esse

187.
HENRICUS SCHWEICKER,
Alberti V Bavariae ducis secretarius,

CANISIO.

Monachio circiter 15. Decembris 1555

Ex apographo eiusdem temporis (12°, p 1), in cuius pagina altera scriptum
est „Ex literis Secretarij ducis Bauariae ad P Canisium“

Canisium rogat, ut Socios quam primum Ingolstadium mittendos curet

— — Curabit Paternitas tua pro ardentissimo zelo suo erga residuum et reliquias plane abiectas dominij istius in Catholica et orthodoxa Religione: ut quam primum veniant desideratissimj Patres istius
sanctae societatis, qui constantes consolentur, Dubios confirment, lapsos
erigant, Errantes reducant perditos requirant, si adhuc inueniri
queant: Et operarios nouos in ultimam messem mittant[1]. Ante faciem
illius, qui uenturus est Judicare uiuos et mortuos[2]. — —

His litteris (vel potius litterarum reliquiis) tempus ascriptum non est Litterae
autem Alberti ducis, Monachio 12 Decembris 1555 ad S Ignatium datae, quas a
Schweickero Alberti secretario scriptas esse certum fere est, easdem preces simil-
limis etiam verbis conceptas continent[3] Propterea hanc Schweickeri epistulam
eandem esse censeo atque illam, ad quam Canisius 19 Decembris 1555 rescripsit
Quam Canisius Romam miserit, apographum enim nostrum antea in archivo Societatis romano fuit

188.
CANISIUS
SANCTO IGNATIO.

Ingolstadio 18. Decembris 1555.

De iis, quae cum consiliariis ducis de collegio Ingolstadii condendo constituerit

a) Ex *Puchler* 1 c I, 348

*Facti, quod Alberti V. consiliarii Ingolstadii 7 Decembris 1555 de ratione
collegii constituendi cum Canisio fecerunt, postremum caput haec continet ·*

---

[1] Cf Matth 9, 38   [2] 1 Petr 4, 5   2 Tim 4, 1
[3] „Ita enim praesens sacrosanctae religionis nostrae afflictissimus status, et
populorum istorum, proh dolor' miserrime errantium, salus postulant, exigunt et
efflagitant Accelerate igitur pro vestris officio votoque oves perditas quaerere et
ad gregem dominicum reducere, operarios bonos, (qui in praesenti seculo paucissimi
sunt, et ubique locorum desiderantur) educare, atque in messem tam copiosam mittere“ (Cartas de *San Ignacio* VI, 617)

„*Operam citissime dabit D Canisius, ut una cum Illustrissimi Principis
literis ad Praepositum ipse quoque scribat et impetret plenam praedicti superioris super his omnibus approbationem atque confirmationem, praeterea* [a] *ut
certo respondeatur, quando et quot patres uenturi sint Ingolstadium* "

Pactum ipsum huc non ponitur, iam enim typis exscriptum est a *Mederer*
1 c IV, 282—285, *Vel Jos Lipousky*, Geschichte der Jesuiten in Baiern, 1 Theil
(München 1816), p 69—74, *M i Freyberg*, Pragmatische Geschichte der bayerischen
Gesetzgebung III (Leipzig 1838), 226—228, *Puchtler* 1 c I, 345—349, in „Cartas de
San Ignacio" VI, 617—621 Pacti summa haec est Dux Societati „collegium theologicum" cum sacello et horto tradet eidemque reditum annuum providebit, qui erit
800 florenorum ihenensium schafforum tritici 6, siliginis 2, avenae 2 Societas duas
theologiae professores academicos et scholam puerorum gratuitam constituet, ac scholasticos etiam ad bonos mores, maxime verbi divini explicatione, instituet Duci quoque
in religione conservanda et vindicanda serviet, quotiescumque is requisierit Universitatis privilegiis Socii utentur atque episcopo „ordinario" (eystettensi) et universitati
parebunt sicut ceteri „Cum propter multas graves et urgentes rationes, de quibus
D Canisio satis constat", collegium aedificari nondum possit, Socii interea in collegio
veteri sive domo universitatis sedem habebunt, quae „cum omnibus necessariis quam
primum et iamiam apparatu, quemadmodum D Canisius ipse ordinabit, ut cum eo
conuentum est" [1] Primo vere anni 1556 Ingolstadii aderunt, dux deinde cum iis
reliqua constituet Haec omnia Socii tam diu a duce praestabuntur, „quousque
ipsorum officium in academia Ingolstadiana diligenter sufficienterque exercebunt"

b) *Ex archetypo*

Epistula Alberti V exstat in „*Actis Sanctorum* Iulii" VII (Antverpiae 1731), 502,
Menchacae epistulis S Ignatii p 550—552, Cartas de *San Ignacio* VI, 616—617

*Albertus V S Ignatio, Monachio 12 Decembris 1555 Quid ipse per con-
siliarios suos cum Canisio constituerit, Canisium ipsum „latissime" significaturum
esse, ac „ex Articulis nonnullis, inter dictos Consiliarios et Canisium conscriptis et subsignatis , quos una transmittet copiosius" cognitum iri Rogare
se itaque, ut Ignatius omnia rata habeat et summo pontifici commendet ac quam
primum Socios Ingolstadium mittat, quorum saltem unus apud populum quoque
orationes sacras habere possit*

c) Ex epistula archetypa S Ignatii, quae est in cod monac „Scriptt coll
Ingolst" f 7—8

*S Ignatius Alberto V duci, Roma 20 Ianuarii 1556 „Per literas
E T XII Decembris, et alias D Canisy XVIIJ eiusdem, cum articulis ubi in-*

_____

[a] *Sic cod „Antiqu Ingolst" f 4', cod monac „Lat 1606" f 8—9, Mederer
I c IV, 285 Puchtler propterea*

_____ _____

[1] Primo quidem consiliarii Canisio domum sive collegium ilico exstruendum
obtulerant sed postea „mutarunt sententiam, quod ad structuram attinet, quia
sumptuosior uideretur, nec decere putarunt, ut princeps male propter nostros audiret,
si uelut in Monachorum gratiam nouum extruere Monasterium uulgo diceretur, cum
alia passim, uel diruantur, uel deserta iacere conspiciantur, expectandam aliam esse
temporis occasionem, fortasse alibi paulatim locum nostris commodum dari posse,
et principium hoc a modicis inchoandum uidery Collegium vetus posse ad habitationem sufficere, quoad rei progressus aliquis maiorque opportunitas cerneretur"
(*Cod „Antiqu Ingolst" f 3 Haec confirmantur et explicantur relatione consiliariorum quam vide infra inter monumenta ingolstadiensia

que subsignatis, ad me missas, intellexi quae de instituendo Ingolstady collegio ac seminario bonorum ac fidelium ministrorum, catholicae Religionis, ibi parando, sancte ac pro catholici ac optimi Principis dignitate, T E constitueiit"

Ex hac epistula plura proferentur infra, ad epistulam Canisii 16 Februarii 1556 ad Schweickerum datam

189.

CANISIUS

HENRICO SCHWEICKER.

Ingolstadio 19. Decembris 1555.

Ex autographo (2°, 1½ pp, in p 4 inscr et sig) Cod monac „Ies Ing 1359/I" f 47—48

Apographum saeculo XVII vel XVIII scriptum exstat in cod monac „Lat 1606" f. 10ᵃ—11ᵃ

Partem epistulae germanice vertit *Riess* 1 c p 158—159

Schweickero gratias agit eumque rogat, ut ecclesiae catholicae et Societatis pationis esse pergat De Georgii Wicelii libris ac de opere, quod ipse compositurus sit Se „curam pastoralem" in universitate docere et saepe contionari

IESVS

Magnifice et generose Domine.

Gratia domini nostri IESV CHRISTi, et pax quam mundus nec dare, nec accipere potest[1], nato iam pacis authore, sit, maneatque nobiscum Amen Benedictus Dominus, cuius gratia de immerentibus etiam bene mereri studet humanitas tua, nihil intermittens, quod ad Christianum, et Societati huic deditum pectus declarandum spectat[2]. Agnosco sane quantum debeam huic in nos amori ac beneuolentiae: Christumque Opt Max. precor, vt quod Spiritu suo in te coepit, id prouehat atque confirmet* ad sacrosanctae fidei et Religionis Orthodoxae defensionem, decus et augmentum Vtinam huiusmodi zelum in pluribus pro tuenda et conseruanda domo Dei experiremur, minus fortasse laboraret Bauaria Germaniaque. Jgitur quod operam tuam non solum polliceris, sed praestas etiam nobis, et Ecclesiae Dei, non possum non magnificare, ac rogo maiorem in modum, vt nouam istam Romae acceptam dignitatem[3], quae non ambienti contigit, quamdiu viues, ad pios promouendos iuuandosque conuertas, fidelis semper Patronus fidelium in vinea dominica operariorum, qui nobilitatis tuae benefitio aduersus istas pestes, mundique corruptelas, et errorum tenebras defendantur ac illustrentur. Dixi, nec pudet repetere, sic

---

* *Sequitur* non, *linea deletum*

---

[1] Cf Io 14, 27.

[2] Schweicker Canisio scripsisse videtur se effecisse, ut dux probaret, quae Ingolstadii de collegio condendo constituta erant, ac collegium ab Ignatio peteret

[3] Ordini equestri („equitum auratorum" ?) ascriptus esse videtur

mihi proisus videri diuino nutu futurum*, vt posthac instituti nostri,
et Societatis huius minimae Patronum agas apud Jllustrissimum principem, eoque studiosiores erimus in te colendo et obseruando, praesertim cum neminem habeamus, qui rectius isthic norit et exploratit
totius instituti huius rationes[1] Quocirca lubens quod mones faciam,
vt Monachij non alias quam Patroni aedes petam chens, tuamque
operam ubi ubi opus erit, audebo sane postulare, quando sic iam inter
nos conuenit, vt communibus animis et studijs tum Christi gloriam,
tum Bauariae vtilitatem, tum Religionis conseruationem ambo uindi-
cemus, ut ut mundus demum de nobis statuat garriatque

Literas ad R. P Praepositum transmittendas, et eleganter pieque
scriptas, ita ut iubes, in Vrbem perferri curabo, addita totius negotij
commendatione Fortasse tamdiu hic manere sinar, quoad responsum
ex Vrbe adferetur, quod mihi certe non posset non gratissimum, et
ipsi causae (ni fallor) conuenientissimum esse. Quanquam et me absente, si reuocer a Serenissimo Rege[2], tua fide et cura perfici facile
posse confido, quod a me desiderandum sit Scribemus interea, si
placet, mutuas literas, et quae temporis occasio dabit, nos muicem
submonebimus, ne Sathan iterum hoc pium[b] institutum aut interturbet,
aut remoretur Non abs re fuerit opinor, si Princeps Jllustriss aliquo
scripto testetur, vt Architectus in tempore prouideat, quae opus sint
ad veteris collegij structuram instaurandam, nostrisque accommo-
dandam

Perquiram libellum Wicelij[3], et alium quem mittis, ad usum noui
operis[4], si Deus fauet, conuertam, expectaturus etiam promissas

---

* *Sic Canisius ipse correrit, antea scripserat* factum
[b] *Sequitur* forte, *linea deletum*

---

[1] Schweickei Romae ipsum S Ignatium cognouerat eiusque opera propius in-
spexerat V supra p 502   [2] Ferdinando I
[3] Georgius Witzel siue Wizel „senior" († 1573), ex Vach vel Vacha (nunc
Saxoniae vimariensis) oppidulo ortus, Lutheri et Melanchthonis discipulus, postquam
ab episcopo catholico sacerdotio initiatus est, uxorem duxit et ministrum lutheranum
egit, at haud multo post ad catholicam fidem rediit eamque libris fere 100 explicare et propugnare conatus est, quamquam Protestantibus nimias concessiones
fieri volebat et varias reprehensiones merito meruit (*Pastor*, Reunionsbestrebungin
p 140—162 *Janssen* 1 c VII, 473—476) Schweickei Canisium de recenti quodam Wiceli libro certiorem fecisse videtur Anno 1555 is Moguntiae ediderat.
„Exercitamenta sinceriae pietatis" et „Christliche gute annotata \bei Luthers deutschen
Psalter (*Fr Falk*, Zu Witzels Monographie, in „Katholik", 71 Jahrg , I [Mainz
1891], 132 *Audi Ross*, Die Conuertiten seit der Reformation I [Freiburg i Br
1866], 154—155)
[4] Canisius anno 1556 Ingolstadii aliquot libros edidit (de quibus infra) et inprimis „Lectiones et Precationes Ecclesiasticas" „in usum scholarum Catholicarum,
omniumque pietatis uerae studiosorum" Ac satis probabile est eum etiam similem
precationum librum germanicum edere voluisse, ut euangeliorum versiones lutheranas
submoueret, atque etiam cantica lutherana repelleret, huiusmodi enim cantica germanica ac psalmos captiose expositos introduci anno 1558 synodus prouincialis muhl-

cantiones[1] Cupio me commendari imprimis Excell Domino et Patrono nostro Hundio, cui gratificari uelim perpetuo, ac deinde Magnifico Domino Christophoro a Raindorff. Coepi docere Curam, ut vocant, pastoralem, et accedunt ad lectionem hanc Stipendiati omnes Jllustrissimi Ducis[2], praeter alios studiosos, quibus percupio in Christo dum hic adsum, prodesse atque consulere. Festis diebus bis habetur mihi contio, quoniam alteram iussu vestro susceptam in aede B Virginis habere coepi Vtinam his laboribus et diuina gloria et utilitas publica promoueatur. Bauariae quidem me totum impendere ac deuouere iamdiu desiderabam

Faxit Deus Opt Max. ut ad hanc [*sic*] Christi natalem integros tantoque festo dignos adferamus animos, angelis collaetantes, cum pastoribus simplices, cum Magis fideles, cum Maria et Joseph irreprehensibiles Foelix cui natiuitas Domini spiritualem adfert natiuitatem, quae et gloriam Deo, et animae bonam voluntatem, et mundo pacem adferat[3]. Renascendum est prorsus[4]: non fert beata illa patria sordes ueteris hominis. nascitur Christus, ut renascendi mundo sit author et causa

Bene ualeat Magnificentia tua, meamque in scribendo praecipitationem boni consulat rogo Jngolstadij 19 Decembris 1555

Seruus in Christo Pet. Canisius

† Generoso et nobili uiro, D Henrico Schweychler [*sic*] Secretario Jllustrissimi Ducis Bauariae, Patrono suo fidissimo Monachij

Schweicker inscriptioni epistulae adnotavit „Presentatum 21 Decembris 1555 Respondj 7 Januarij Anno 155[6]"

---

dorfensis questa erat (*Knopfler* 1 c p 6—7) *Orlandinus* asserit vere vel aestate huius anni 1555 Hieronymum Natalem visitatorem Canisio et Goudano „opera multaproposuisse, quae vel „de nouo cuderent, vel expurgata ab haereticorum maculis ederent", atque inter haec evangelia et epistulas per totum annum in sacra liturgia recitari solita cum adnotationibus (l c l 15, n 27 Cf etiam *Sacchinum*, Canisius p 100)

[1] Canisius hos Wicelii libros vel alterum eorum fortasse significavit „Odie Christianae Etliche Christliche Gesenge, Gebete vnd Reymen für die Gotsforchtigen Layen" (Moguntiae 1541) „Psaltes Ecclesiasticus Choirbuch der Heiligen Chatolischen Kirchen, Deutsch, jtzundt new ausgangen" (1550, typis exscripsit Fr Behem Moguntiae sumptibus I Quentel coloniensis) De quibus *Wilh Baumker*, Das katholische deutsche Kirchenlied I (Freiburg i Br 1886). GG 129 -132

[2] Ii in collegio georgiano habitabant

[3] Canticum illud angelorum significat „Gloria in altissimis Deo, et in terra pax hominibus bonae voluntatis" (Luc 2, 14)

[4] Cf Io 3, 3—7 1 Petri 2, 1 2 etc

190.

CANISIUS

HENRICO SCHWEICKER.

Ingolstadio 10. Ianuarii 1556.

Ex autographo (2°, pp 2, in p 4 inscr et sig) Cod monac „Ies Ing 1359/1"
Apographum saeculo XVII vel XVIII scriptum exstat in cod monac „Lat 1606" f 12
Integram fere epistulam germanice versam posuit *Riess* 1 c. p 159—160

Schweickerum in studio Societatis protegendae et adiuuandae confirmat   Excusat se, quod quaedam construi voluerit, et architectum ac cameraruum paululum mensat De Austriacis a fide catholica deficientibus dolet Parochum quendam ingolstadiensem seuere coercen cupit Se quaedam typis exscribenda curare

JESVS

Magnifice domine Secretarie.

Gratia domini nostri JESV CHRISTI nouum hunc annum tibi, Coniugi, familiaeque tuae, ac toti Ecclesiae sanctae prosperet amen. Giatae iterum mihi fuere literae tuae, quibus tuum in me amorem studiumque confirmas. ut nisi ualde sim ingiatus, non possim Seruatori nostro non ingentes pio te gratias agere. quum societatis huius, quantulacunque demum ea est, fautorem ac propugnatorem te sempei exhibeas et offeras singularem Augeat Christus hunc suae charitatis in te spiritum, vt seruos Christi. sicuti coepisti, et ames, et defendas. et piomoueas diligenter Nam est hoc quoque, ni fallor, a m i c o s tacere de mammona iniquitatis, vt cum defeceiitis in-quit. recipiant uos in aeteina tabernacula[1] Sic profecto seminamus temporalia, non opum tantum profusione, sed etiam fauoris, offitij et ministerij cuiusuis exhibitione· nec fiustia, quia spiiitualia et aeterna metemus in Christo Jesu domino nostro

De maturanda stiuctura vidi scriptum Principis ad aichitectum[2] Vercor ne Magnificus Patronus[3] in me culpam aliquam reijciat, uelut qui dissenserim temeie a consilio D Camerarij[4] et Architecti in giadibus nouis oidinandis Possem rationem daie sententiae meae, quam foite non improbaietis, mihique iniunctum putabam, vt cum Cameiaiio et Architecto libere conferrem de ijs. quae construenda esse in hoc collegio viderentur Nunc illi nescio quid ad Patronum detulerunt. atque quod uellent, peisuaserunt statim. quia minoribus sumptibus quod uolunt conficient, sed vellem tamen piudenter et commode, col-latisque hinc inde iationibus isthaec institui, consilia non piaecipitaii.

_____
[1] Luc 16, 9   [2] Geoigium Stein, cf supia p 577[2]
[3] Wigulcus Hundt   [4] Ioannis Agricolae

ne* quod minimo constet, id optimum uero statim existimetur Scio praesentes aliquid obseruastis, iterumque praesentes plus forte obseruaretis, quod non ita in mentem venit absentibus Verum isthaec non spectant eo, vt jllustrissimi principis scriptum et mandatum architecto propositum oppugnetur, sed vt apud Magnificum Patronum Canisius tuus excusetur, quod praeter expectationem suam isti scripserint, quae hic mecum tractare ac maturius deliberare potuisse uidebantur. ne alioquin in suspicionem rapiar, me sumptuosius praeter rationem agere, et principis aerarium grauare uelle.

Tristia prorsus de Austria nuntias, vtinam flagellum non sibi parent illi hac noua defectione[1]. Scilicet Regi erunt fideles, qui Christo et Ecclesiae fidem datam violant Turcas vincent, qui sectarum scim in Sathanae castris esse coeperunt Defendent Austriam, qui diuinis praesidijs in Ecclesiae arce collocatis iam destituti sunt Restituent Vngariam, qui se et suos in vnitate fidei nec retinere, nec restituere curant Quid uero, si et illi in sensum reprobum dati sunt[2], habet ne Christus et Regnum Christi Ecclesia populos, gentes, insulas et regna? Vae mundo a scandalis[3], quae nunc etiam vexant electos[4] Sed nouit dominus qui sunt eius[5] nos curemus ut Petrus Apostolus monet, per opera bona certam uocationem et electionem nostram facere[6] Tempus breue est[7], et hi dies mali[8]; uideat vnusquisque, quomodo superaedificet aurum et argentum[9]. Nam sat non est fundamenta fidei in Christo iecisse[10].

Expecto aduentum Reuerendissimi D. Nuntij[11], et oro, si per tuas graues occupationes licebit, ad Canisium scribat humanitas tua, Hoc

---

* Sequitur ut, linea deletum

[1] Fr Kroness asserit mense Octobri a 1555 Austriae inferioris ordines sive „status" per delectos suos Viennae congregatos („Ausschusslandtag") fidei libertatem vel potius Lutheranismi exercendi potestatem a Ferdinando rege postulasse (Handbuch der Geschichte Oesterreichs III [Berlin 1879], 252) De „dominis" et equitibus ducatus Austriae inferioris scribit Bucholtz 1 c VIII, 197 Hoc sane certum est eosdem delectos exeunte fere anno 1555 a Ferdinando ob bellum turcicum Viennam accersitos, ibidem mense Ianuario anni 1556 professos esse Flagellum turcicum Austriae immissum esse eo quod ipsa superstitiones antiquae religionis nondum prorsus abolevisset, rogare se regem, ut novum purumque evangelium sequi liceret, neve parochi, contionatores, magistri, qui eucharistiam sub utraque specie laicis praeberent vel „purum evangelium" proferrent, caperentur vel alias vexarentur Ferdinandus certis cum condicionibus promisit se mitius acturum (B Raupach, Evangelisches Oesterreich [Hamburg 1732] p 46—47 Wiedemann 1 c 1, 140—144 Alf Huber, Geschichte Osterreichs IV [Gotha 1892], 143—144)
[2] Rom 1, 28   [3] Matth 18, 7   [4] Cf Matth 24, 24   Marc 13, 22
[5] 2 Tim 2, 19   [6] 2 Petr 1, 10   [7] 1 Cor 7, 29   [8] Eph 5, 16
[9] 1 Cor 3, 10—12   [10] Cf Hebr. 6, 1   1 Cor 3 11
[11] Paulus IV Roma 18 Decembris 1555 Ferdinando I scripserat se Zachariam Delfinum iterum ad eum mittere nuntium (Raynaldus, Annales ecclesiastici XXI ad a 1555, n 51 Vide etiam infra, monum 72)

Vnum addam de D. Zasio D Mauritij pastore, sciam admonitionem vestram apud eum, vt uidere cogimur, parum effecisse Nosti quantum inde scandalum et populo, et gymnasio accedat, et si uelint aedificare nonnulli, plus saepe vnus destruit, quam decem construant[1]. Dolet me sane sic quosdam peccare, vt nisi coacti nunquam resipiant, trahi volunt non duci, lenitate nostra deteriores efficiuntur. Dominus Jesus gratiam suam nostris addat conatibus, vt quae ad animarum profectum et aedificationem spectant, pure et sedulo urgeamus, diuinumque honorem suum optima fide vindicemus

Ego dum hic adsum, adero lubens autem, quamdiu et Principis gratia et Superiorum authoritate licebit, pergam in praelegenda Cura, ut uocant, pastorali, in munere contionandi alijsque nonnullis hic excudendis ad Ecclesiae utilitatem[2] Quod superest, me tibi iterum

---

[1] Anno 1555 consiliarii ducis questi sunt Ioachim Zasium (qui Udalrici Zasii, praeclari illius iuris consulti filius erat) pigrum esse, cum mulieribus ea ratione, quae pios offenderet, conversari, contiones habuisse, quae Lutheranismum saperent. Zasius postea Friburgum Brisgoviae protectus est ibique capituli basileensis contionator et canonicus factus est (Mederer 1 c 1 237 Prantl 1 c 1, 305)

[2] Duo nunc novimus opera, quae Canisius anno 1556 Ingolstadii, tacito tamen nomine suo, evulgavit 1 „Lectiones & Prae- cationes Eccle-, siasticae   Opus nouum & frugiferum plane, | in usum scholarum Catholicarum, omniumque pietatis uerae studio- sorum ut statim ex Indice, & praefatione cog- noscetur   Cum Gratia et priuilegio Caesareae Maiestatis   INGOLSTADII   M D LVI " Versus 1, 2, 3, 10, 12 rubri sunt In folio extremo „Ingolstadij Alexander et Samuel Vueyssenhornij, ediderunt Mense Aprili post Christum natum Anno M D LVI " 8° min , fl 308 et praeterea in initio 16 ff non signata (incl tit), complures figurae in lignum incisae Continet epistulas et evangelia, quae diebus dominicis et festis in ecclesia recitari solent, cum brevibus summarijs, quo melius intelligi possint, accedunt solitae hominis christiani preces, ac „collectae", hymni, antiphonae et similia ex libris liturgicis deprompta Sacchinus ea de re „Epistolas et Evangelia", inquit, „quia non inueniebantur, nisi ab Erasmo Roterodamo conuersa, ex editione probata   ex- cudenda curauit Precationes selectas adiecit, vt quasdam excluderet per vulgum sparsas, quae nullum Catholicae pietatis saporem habebant" (De vita Canisii p 104 ad 105) De posterioribus huius libri editionibus in voluminibus huius operis posterioribus scribetur (cf Zeitschrift für katholische Theologie, 14 Jahrg [Innsbruck 1890] p 731—733 Sommervogel 1 c II, 667—668 Editionis principis unicum novi exemplum quod Eystadii in bibliotheca regia exstat 2 Eodem anno Canisius Hannibalis Codretti S J , quem Messanae aliquando in pueris docendis socium habuerat (cf supra p 275), grammaticam latinam, aliquantulum tamen in Germanorum usum accommodatam, Ingolstadii in lucem emisit cum hoc titulo „PRINCIPIA GRAMMATICES, Libellus plane nouus, et ad eius artis rudimenta plene tum tradenda, tum percipienda, ut nullus fere alius, maeana commodius in- uentuti i INGOLSTADII APVD Alexandrum & Samuelem Weyssenhornios | 1556 " Versus 2 10, 11 rubri sunt 8" min , fl 78 non signata (incl tit) In hoc libello praecepta linguae latinae sequuntur prieces mane, vespere, ad mensam dicendae, et deinde (f G 8'—H 7") brevissimum quoddam doctrinae christianae compendium (54 quaestiones), ex Canisii „Summa" exceptum, atque haec editio princeps est illius catechismi emissam, quem nunc „minimum" vocant, quique in multas linguas translatus saepissime prelum subiit et usque ad nostrum hoc saeculum in plurimorum manibus fuit, in prima hac editione inscribitur „Summa Doctrinae Christianae, per Quaestiones tradita, et ad captum rudiorum accommodata Cf Zeitschrift für

iterumque commendo Patrone fidissime. Jngolstadij 10 Januarij 1556. Magnificum D. D. Hondium salutatum ex me cupio.

Seruus in Christo Petrus Canisius.

† Magnifico Domino Henrico Schweyckher, Jllustriss. Bauariae Ducis Secretario, et Patrono Monachij.

Haud recte igitur *Riess* (l c) asserit hanc epistulam kalendis Ianuariis datam esse

Inscriptioni epistulae autographae manu antiqua adnotatum est „presentatum 12 Januarij Anno 1556 N. 12 "

191.

CANISIUS

SANCTO IGNATIO.

Ingolstadio 17 Ianuarii 1556

Ex apographo, saeculo XVII vel XVIII scripto Cod monac „Lat 1606" f 87ª [1]

Ferdinandum regem augustanae confessionis refutationem a Sociis conscribi velle Canisius Societatis institutum scripto aliquo explicari et defendi cupit. Bullam Coenae ignorari et haereticorum libros passim legi

— — Quoniam Viennae nunc agit R. P. Alphonsus et ex difficili peregrinatione colligit sese, magna frigoris iniuria debilitatus [2], et quia Rex nostram desiderat operam in confutanda confessione Augustana [3],

---

katholische Theologie 1 c p 733—736, et *editoris* „Katechismen" p 98—106 Ibidem ostenditur, quid sentiendum sit de *Agricola* (l c Dec 1 n 180) asserente Canisium anno 1550 Codretti Rudimenta „in linguam germanicam vertisse" et una cum catechismo minimo edidisse De posterioribus horum opusculorum editionibus in aliis huius operis voluminibus disseretur (vide etiam *Zeitschrift* etc l c, *Katechismen* etc p 106—112, *Sommervogel* l c II, 655—656) Editionem principem minimi huius catechismi latini ex unico, quod superesse videtur, exemplo nuper iterum in lucem emisit, prooemio germanico addito, *Ioannes Baptista Reiser*, Summa doctrinae christianae per quaestiones tiaditae etc Passau 1891 12°, pp X et 21 De prima minimi huius catechismi editione germanica, nuper a N Paulus inventa, vide, quae adnotabuntur ad epistulam Canisii 17 Iunii 1556 S Ignatio missam — Praeterea sat probabile est Canisium, qui anno 1557 in „Confessione" Hosii Dilingae denuo edenda „correctorem" egit (quod in secundo huius operis volumine ostendetur), hoc anno 1556 aliquam saltem operam navasse novae editioni „Enchiridii" a Ioanne Eccio conscripti, quae eodem anno Ingolstadii a Weissenhorniis facta est quaeque describitur a *Theod Wiedemann*, Di Iohann Eck (Regensburg 1865), p 545

[1] Sat verisimile est Canisium ipsum has litteras italico sermone conscripsisse, quarum pais tantum postea latine versa sit, cf supra p 495 544

[2] P Alphonsus Salmeron anno 1555 a Paulo IV comes additus erat Aloysio Lipomano episcopo veronensi, qui nuntius „extraordinarius" in Poloniam proficiscebatur Inde rediens Salmeron 22 Decembris 1555 Viennam advenit (*Boero*, Salmerone p 54—57)

[3] Haec Lutheranorum „confessio," ubi (a 1530) in comitiis imperii augustanis Carolo V tradita est, a theologis catholicis (Eccio, Cochlaeo, Wimpina etc) refutata est

consultum certe, nobisque et religioni ualde profuturum uidetui, si nobiscum Viennae commorari idem R. Pat: queat Habet enim in promptu quae nullo studio nos consequi possemus, et judicem aget eorum quae per nos in praesentem rem conferentur Quare literis quaeso R. P. Vestrae confirmetur, vt lubentius hoc tempore maneat, et in re summi momenti quae in comitijs tractanda est[1], nobis et regi suam locet operam in Christo[2]. Quod si quid habet contra hanc confessionem R P Olauius[3], vehementer illo iuuari possemus[4]: et rogo ut idem breui uel suo uel alieno nomine scribat ad amicum aliquem de rebus nostrae Societatis, saltem in genere tractando, quae infirmos stabilire, bonos aedificare, haereticos nescio quae de me et nostris spargentes, aliqua ex parte conuincere possint[5] Quod ad casum dispensationis attinet circa legendos haereticos libros rogo vt S D N. confirmet et explicet magis iam acceptam antea facultatem Hic omnia ubique plena sunt praesentis periculi, absoluuntur facile, Bulla ignoratur[6], periculum non timetur, Nos male audire coepimus, quod cogimur esse scrupulosiores Ingolstadij 17 Jan [1556]

R. P. Vestrae Seruus inutilis et filius

Pet Canisius

† Admodum Reuerendo Patri in Christo, Magistro Ignatio de Loyola Praeposito Generali Societatis Jesu Romae

192.

CANISIUS

OTTONI CARDINALI TRUCHSESS,

episcopo augustano et imperii principi

Ingolstadio 17. Ianuarii 1556

Ex apographo. saeculo XVII vel XVIII scripto Cod monac .Lat 1606" f 81ᵇ—82ᵇ

[1] Anno 1552 in „pace religionis" passaviensi constitutum erat, ut comitia imperii habercntur, ad rationes inveniendas, quibus religionis concordia obtineri posset Quod cum anno 1555 in comitiis augustanis effici non posset, in iisdem decretum est, in proximis comitiis iterum de religionis concordia agendum esse, ac Carolus V tum huius rei gratia tum ad subsidia pro bello turcico impetranda comitia indixit quae Kalendis Martiis Ratisbonae inciperent, quorum initium tandem 13 Iulii 1556 factum est   [2] Salmeron in Italiam rediit (Boero I c p 57)
[3] P Martinus Olavius de quo supra p 298[3]   [4] Quidnam Societatis homines tunc contra confessionem augustanam scripserint, ignoramus
[5] Olavius sub initium anni 1556 ad Sorbonam parisiensem — erat et ipse doctor sorbonicus — litteras misit, quibus Societatem contra „censuram" Kalendis Decembribus a 1554 a facultate theologica parisiensi latam defendebat (Orlandinus I c l 15, n 33—61) Eodem hoc anno 1556 Ingolstadii in lucem' prodiit apologia Societatis in formam epistulae redacta et sic inscripta „De Societatis Iesu initus, progressu rebusque gestis nonnullis" de qua in secundo huius operis volumine copiosius disseretur
[6] Bullam „Coenae" dicit qua fideles Lutheranorum libros legere vetabantur vide supra p 309[3]

Epistulam primus edidit germanice versam *Riess* 1 c p 179—181   Eadem usus est *Dreus* 1 c p. 62

Beneficiorum in se universamque Societatem a cardinali collatorum meminit Quae germanicarum rerum condicio sit, Romae commoranti exponit Austriam et Barariam Lutheranismi libertatem a principibus sua poscere Ilos ferme desperare. Etiam catholicos in iurisdictionem et bona ecclesiae irrumpere Quanti momenti sit, Austriae et Bararae succurrere Episcopos cum legato pontificis de remediis adhibendis conferre debere Quae potissimum adhibenda sint

Reuerendissime et Illustrissime in Christo Domine [1]

Et si post obitum R P. Claudij Jaij [2] (uiuat is, ut haud dubie uiuit Deo!) ad Reuerendissimam et Illustrissimam celsitudinem tuam ego rarius scripserim, tamen obliuio interea apud me nulla fuit illius humanitatis, ac beneuolentiae singularis, qua me saepe multumque complecti dignata est Clementia tua, primum quidem Wormatiae, tum Vlmae, Dilingae itidem, ac Tridenti. Post ubertim accesserunt officia, quibus Amplitudo tua et me et Societatem hanc Jesu totam ita sibi deuinciuit, ut non possimus de tali tantique Patroni, certe semper benignissimi accessione nobis non gratulari, ac pro eodem Patri Misericordiarum [3] gratias ingentes agere, lubentissimeque supplicare. Id quod, in simus ingrati, tanto iustius facimus, quanto certius constat in hac dignitate, et authoritate nominis vestri plurimum esse situm cum ad Ecclesiam Dei aedificandam [4], tum ad Germaniam nostram illustrandam, restituendamque Hinc et ego quamuis inter obscuros obscurissimus, inter [in]doctos[a] indoctissimus, ausus sum tandem aliquid scribere, et de Germanicarum rerum statu, ad summum Germaniae Patronum [5] ea referre quae mihi hoc tempore, nec tacenda nec dissimulanda ullo modo uidebantur.   .

Austria et Bauaria, ne multis agam, urgent et infestare pergunt Principes suos, nec desistent vt sapientes putant, hoc mouere saxum, nisi quam moliuntur religionis innouationem id est Augustanae confessionis aut potius confusionis libertatem communem omnibus factam impetrauerint [6] Jam etsi Principes ipsi, ut non dubito, Catholici esse

---

[a] doctos *cod* *mon*

---

[1] Cardinalis Otto anno 1555 Romam ad eligendum pontificem veneiat Inde 11. Ianuarii 1556 Guilielmo patri scripsit Paulum IV a se petiisse, ut aliquamdiu Romae maneret seque in clero reformando et germanicae ecclesiae vulneribus curandis adiuvaret (*Bern Duhr* S J , „Die Quellen zu einer Biographie des Kardinals Otto Truchsess von Waldburg", in „Historisches Jahrbuch" VII [Munchen 1886], 196—197   [2] Obiit 6 Augusti 1552 Cf supra p 406
[3] 2 Cor 1, 3   [4] Cf 1 Cor 14, 12 Eph 4, 12 etc
[5] Otto per complures annos in curia romana officium „cardinalis protectoris nationis germanicae" habebat
[6] De Austria vide supra p 591 [1]. In Bavaria complures nobiles parochos catholicos expulerant et ministros lutheranos in eorum locum subrogaverant, populus etiam aliquot locis sacra catholica impediverat, sacerdotes nonnulli caerimonias ecclesiae atque ipsam etiam peccatorum confessionem catholicam aboleverant, ac

ac manere velint, doleantque non parum se hac subditorum impor-
tunitate vexari, tamen metu aliquo debilitantur, et iactura bonorum,
et iniuria temporum, increbrescens ac inualescens passim haeresis,
raritas, contemptus, et abusus hominum Ecclesiasticorum, dissidium
Monarcharum, successus aduersariorum, dormitantia ᵃ praelatorum,
euentus, et exitus infelices comitiorum, Synodi sera progressio, longa-
que procrastinatio [1], ut reliqua praeteream, augent sane curas illorum,
nec sollicitos modo, sed fere desperantes in his tantis motibus reddunt
Et fouet interea laetus Sathan miserandum incendium, dum per haereticos abstrahit ab ouili Christi oues indies magis ac magis, dumque
per magistratus qui sibi Catholici uidentur Ecclesiasticam Iurisdictionem eneruat, et opprimit, ut nesciam sane quid satis usquam in
Germania tutum sit a graui periculo Maioris Excommunicationis [2].

Quid autem non audeant, quibus tam parum fidei, obedientiae,
et conscientiae nunc super est, postquam credendi, et agendi in religione impunita licentia nullos non deteriores, et a iugo Ecclesiasticae
disciplinae quodammodo abhorrentes fecit

Morbos indicam nec frustra, ut spero, apud fidelem medicum · qui
remedia duce Christo inuenire et adhibere nouerit, praesertim ad miti-
gandum, si non ad depellendum hoc malum inueteratum   Neque tam
sollicite nunc ago de curanda tota Germania, quae utinam bonos et
patientes medicos undique accersitos accipere posset, quam diligenter
consultum cupio duabus prouintijs, quae hactenus uel solae, uel praecipuae Catholicum nomen retinuerunt, atque apud vicinos etiam Episcopos conseruarunt   Illae si praedae fiant sectarijs (de Austria et
Bauaria loquor) aut si non praesenti ratione quadam ab hoc furore
abducantur, quo minitari etiam audent Principibus, liberumque sibi
uolunt Calicis vsum, ut vinum hauriant impietatis [3], equidem
non video, quid in vicinia tutum et integrum diu manere possit:

ᵃ *Altera manu antiqua hoc vocabulum, linea inducta, deletum et supra illud*
scriptum est somnolentia

cum initio anni 1556 Bauariae ordines Monachium convocati essent, status saeculares, quos vocant, de auxilio argentario a duce petito ne consultare quidem
voluerunt, priusquam communio sub utraque specie, licentia carnium semper man-
ducandarum, matrimonia sacerdotum etc sibi concessa essent (*C M i Aretin*, Geschichte des bayerischen Herzogs und Kurfursten Maximilian des Ersten I [Passau
1842], 79—80 *Knopfler* 1 c p 6.—20 *W Schreiber*, Geschichte Bayerns I [Frei-
burg i Br 1889], 525 542—543)

[1] Concilium tridentinum anno 1552 propter bella et maxime propter rebel-
lionem a Mauritio Saxoniae electore aduersus Carolum V factam ad duos annos
suspensum erat neque resumi potuit (licet Paulus IV annis 1556 et 1559 id tentaret) ante annum 1561

[2] Bulla „Coenae“ excommunicatio irrogabatur iis, qui iurisdictionem vel bona
ecclesiae usurparent vel ea constituerent, quibus ecclesiae libertas laederetur etc
Cf supra p 479

[3] „Comedunt panem impietatis, et vinum iniquitatis bibunt“ Prov 4, 17

planeque uercor ne hac defectione via Turcis, aut aliis tyrannis muniatur ad abominationem desolationis[1]. Audiui vel consilium uel remedium in hoc praesenti discrimine profuturum, si communi consensu vicini Episcopi iungerent sese, suaque consilia cum Legato ad hoc misso Pontificis Maximi conferrent, omniaque tentarent, primum de arcendis lupis istis, qui pro dolor in Ecclesia et schola passim cathedras tenent, deinde de Ministris Ecclesiarum paucis potius et bonis, quam multis et discolis constituendis, praeterea de repurgandis scholis et bibliothecis, demum de promouenda aliqua Reformationis formula, veluti qualem S. D N. per Reuerendissimum et Illustrissimum Cardinalem Campegium aliquando edidit Ratisbonae[2]. Huiusmodi Congregatio Episcoporum (Synodum esse prouincialem forte non expedit[3]) eo maiorem in Christo successum acciperet, quo plus fauoris ac studij accederet ab Austriae, et Bauariae Principibus, quos credo haud grauatim tam pio quam necessario religionis conseruandae instituto suffragaturos Atque vtinam cum ijsdem serio tractaretur, vt bona Ecclesiasticorum a tot Harpyarum iniuria vindicarentur, staretque immota Jurisdictio vtriusque Magistratus. Quod nisi conficiatur, nudum breui nomen Catholicorum apud Catholicos inueniemus, et sacra profanis prorsus, ut multis est in locis videre, horrendum in modum commiscebuntur Scio me non incognita scribere, sed prodest tamen uel saepius Medicum interpellare, uulnera detegere, et Pharmacis [sic] admouere[4]. Qua in re prolixior non ero sperans plane hanc meam in scribendo audaciam, aequi bonique consulendam, et communi patriae optimisque principibus aliqua ex parte profuturam* esse Christum ex animo precor, Reuerendissimam et Illustrissimam Celsitudinem tuam ut ingenti religionis vindicandae zelo semper ornet augeatque. Ingolstadij 17 Ian 1556.

Reuerendissimae et Illustrissimae Celsitudinis tuae

seruus in Christo Pet. Canisius Theolog.

de societate Jesu

---

a profuturum *cod mon*

---

[1] Dan 9, 27

[2] *Laurentius cardinalis Campegius* (Campeggio), „legatus a latere" in Germaniam missus, hanc reformationem („Reformation wie es hinfurter die Priester halten sollen") anno 1524 Ratisbonae ediderat, quam Ferdinandus archidux Austriae, Guilelmus et Ludovicus Bavariae duces, duodecim Germaniae superioris episcopi receperant (*Janssen* l c II, 341—345) Typis exscripta est compluries, v g in opere „Concilia ad regiam editionem exacta" cur *Nic Coleti* XIX (Venet 1732), 1079—1092

[3] Ad concilium provinciale ex iure canonico etiam capitula cathedralia convocanda erant, atque, nonnumquam saltem, abbates, praepositi, priores etc At imprimis inter canonicos haud pauci ex inscitia et vitiis laborabant

[4] [Dies Schreiben] „mag als das Programm des Canisius fur seine, an der Seite der geistlichen Reichsfursten beginnende kirchlich-politische Thatigkeit gelten" *Riess* l c p 179

Reuerendissimo et Illustrissimo Principi ac Domino D Otthoni S R E Cardinali et Episcopo Augustano Patrono clementissimo et in Christo obseruandissimo ᵃ Romae

193.

CANISIUS

FERDINANDO I.,

Romanorum regi

Vienna 1. Februarii 1556.

Ex *Wiedemann* 1 c II, 82

Canisius, inquit Wiedemann, „unterstützte in seiner Eigenschaft als Bisthumsverweser am 1 Februar 1556 [1] *den Bruder Gabriel, Guardian der Franziskaner bei St Nicola, in seinem Gesuche um ein Fässlein Wein, „weil die Brüder Mangel an Trank haben und die Sammlung beim Lesen sehr gering ausgefallen sei‘ "*

Wiedemann (l c) indicat se haec Viennae in actis archivi supremae vectigalium curiae utriusque Austriae („Archiv im gemeinsamen k k Finanzministerium", etiam „Hofkammerarchiv") invenisse Editor autem, cum mense Augusto anni 1889 archivum illud perscrutaretur, hanc quidem Canisii epistulam non repperit, sed litteras vidit [2], quas Viennia Kalendis Februariis a 1556 frater Gabriel, fratrum minorum „observantium" conventus S Nicolai guardianus, suo et ceterorum fratrum nomine ad Ferdinandum regem dedit, scribens Tum fratribus viennensibus tum multis illis peregrinis fratribus, qui per civitatem transirent, potum (ein „trunk") deesse, propterea se a rege petere, ut potum sibi praeberet Quae in litteris guardiani aversis altera manu eiusdem temporis notata sunt, ostendunt Ferdinandum fratribus dolium vini (einen „Dreiling Wein") donasse

194.

CANISIUS

FERDINANDO I.,

regi Romanorum

Vienna mense Februario 1556

Ex *Sacchino*, Can p 106—107

„Ferdinandus", inquit Sacchinus, „urgebat ut Canisius Viennam primo quoque tempore se referret Instabat enim conuentus Imperij Ratisbonae, et agendum de religione opinio erat Qua de causa Viennensi Academiae mandauerat Rex, ut quasdam propositiones utiles ad eam rem colligeret Igitur, cum

---

ᵃ observantissimo *cod mon*

---

[1] Cf infra, ep 194
[2] „Franziskaner-Kloster in Wien" Lit W Fasc 36 1556—1719

et Canisy vellet manum accedere, is non nulla obiter bonae frugis semente Augustae quoque Vindelicorum facta, ipsis Februarij Kalendis anni recentis [1556] Viennam peruenit Eo perfunctus opere, cuius maxime gratia venerat, aliisque raptim compositis rebus, eiusdem exitu mensis cum literis Regis Pragam discessit "

Hoc Canisii scriptum periisse videtur

195.

CANISIUS

HENRICO SCRIBONIO,

archiepiscopatus pragensis administratori et ecclesiae metropolitanae praeposito [1]

Praga inter Februarium et Iulium 1556.

Ex *Thomae Pessina* libro „Phosphorus septicornis, stella alias matutina" etc (Pragae 1673) p 323

Clem Borový in opere bohemice scripto „Jednani a dopisy konsistoře katolicke i utrakvisticke" [i e Acta et litterae consistoriorum catholici et utraquistici] II dil (v Praze 1869), p 389—390 hanc epistulam edidit ex exemplo ab ipso Scribonio a 1564 ex epistula autographa descripto, quod nunc Pragae in archivo capituli metropolitani asservatur Exstat etiam in libello periodico bohemice scripto „Časopis katolickeho duchovenstva" (1875) p 6

S P. [?]ᵃ Reverende D. Praeposite

Duos tantum talleros in fabricam necessarios peto, et alios jam duos debemus [2] Scio, nihil superesseᵇ regiae pecuniae, mutuo dari fide bona velim Dominus suos non deseret, nisi ad tempus, ut probentur.

Servus in Christo
Canisius.

ᵃ *Borový hanc litteram non ponit*   ᵇ esse *Bor*

---

[1] Henricus Pišek († 1586), vulgo Scribonius, ex Bischofteinitz (Bohemiae oppido) ortus, utriusque iuris doctor, Carolum Austriae archiducem educavit et Annae reginae per duodecim annos a confessionibus fuit Propter eloquentiam suam et doctrinam „oraculum" capituli pragensis vocabatur Multum laboravit, ut Societas Iesu in Bohemiam introduceretur et ut archiepiscopalis sedes pragensis tandem vacare desineret, at ipse dignitatem illam constanter recusavit (*Ant Frind,* Die Geschichte der Bischofe und Erzbischofe von Prag [Prag 1873] p 178—189) A *Gothein* „archiepiscopus" perperam vocatur (Ignatius p 736 737)

[2] Canisius Pragae in area monasterii S Clementis prae vetustate fere collapsi Societatis collegium aedificare conabatur ac partem unam reapse aedificavit, quam postea „Canisianum" appellabant (*Schmidl* l c I, 82—83) Cf epistulam Canisii 17 Maii 1556 datam

196.

CANISIUS

HENRICO SCHWEICKER,

secretario ducis Bavariae

Vienna 16 Februarii 1556

Ex archetypo (2⁰, pp 2 in p 4 inscr et sigillum integrum) Canisius solum subscripsit, cetera Martinus Gotfridius S J scripsisse videtur Cod monac „Ies Ing 1359/I " f 52 53

Apographum saeculo XVII vel XVIII scriptum exstat in cod monac „Lat 1606" f 14ᵃ—15ᵃ

Partem epistulae, germanice versam, edidit *Riess* 1 c p 160—161, et ex Riess transcripsit *Druev* 1 c p 56—57.

Ignatium praestiturum quidem, quae de collegio ingolstadiensi constituta sint, sed Societatis constitutionibus impediri, quominus ad ea praestanda pactione se astringat Canisius Schueckerum rogat, ut ea duci explicet comprobetque Quot Socii mittendi? Se, episcopatus metu liberatum, coram rege contionari, mox autem Pragam et Ingolstadium proficisci velle, Socus eo venturis necessaria paratum um Schueckerum ad religionem magno animo defendendam excitat Pieces pias promittit

†

Magnifice Domine Secretarie et Patrone.

Gratia Domini nostri IESV christj et pax nobiscum aeterna.

Cum his diebus literas ex vrbe accepissem, quae non ad me tantum, sed etiam ad Jllustriss Ducem et Excellentiam Tuam mittebantur, intelligerem porro, easdem alia quoque via isthuc recta perferij, non existimaui operepiecium, ut ad me missas istis adiungerem[1] Summa erat literarum omnium, Reuerendum Patrem et Praepositum nostrum haud reluctarj, quominus praeclaro et uere pio Christianissim

---

[1] Ignatius ad epistulam Alberti 12 Decembris 1555 datam et pacti exemplum sibi missum Roma 20 Ianuarii 1556 latine rescripsit Alberto, quarum litterarum summa haec est Se suosque, quae in pacto illo continerentur, pro virium suarum tenuitate praestituros „Cum tamen haec sit nostri instituti ratio, vt quae gratis accepimus giatis omnino demus Cumque nec consuetudo, nec constitutiones nostrae ferant, ut dotationem alicuius collegij cum obligatione praedicandi uel Theologiam docendi admittamus, quamuis ad ea praestanda simus parati ratione tamen pacti uel obligationis ad ea obstringi non possemus vt nec uice uersa ex parte T E obligationem ullam requiremus " „Affectus obseruantiae", quo Socii in Albertum eiusque domum, „catholicae fidei in Germania columnam firmissimam", ferrentur, et mutuam charitatem „omnium articulorum et obligationum instar" fore Quia autem Socios Ingolstadium mittendos e diversis locis haud sine aliqua difficultate educere oporteret a duce summum pontificem per litteras rogandum esse, ut Ignatium iuberet statim Socios Ingolstadium mittere Eodem die S Ignatius eadem de re litteras italicas ad Schweickerum dedit, in quibus haec quoque addidit 1 Summopere convenire proprium Socus templum dari, 2 bonos theologiae auditores non fore, qui in philosophia non essent exercitati, philosophiae ergo magistros et auditores providendos esse Utraque epistula primum edita est in „Cartas de *San Ignacio*" VI, 441—445 99—107 Epistulam ad ducem datam posuit etiam *Pachtler* 1 c III, 456—458

Ducis ınstıtuto, nostrisque de Collegio Jngolstadıj constituendo collatis sententijs satısfieret. Nam relıqua quae adıjcıuntur, talia mihı esse uidentur, quae facile pıobarj et isthıc expedırj cito queant   Habenda enim nostrıs est ratio suj instıtutj[1], ut sicutj ab omni ambitione et dignitate Ecclesıastıca, sic etıam ab oblıgationum istarum vınculis lıberi maneamus, quj non nostra certe, sed CHRISTI honorı et Ecclesiae vtılitatj seruıentıa, lıbere praestare desıderamus[2].   Qua ın re

---

[1] *Sacchınus* „Ignatıus cum edocuısset Albertum, quıd rationes condendorum Collegıorum ferrent Constıtutıonum de ea re mısso capıte, maluıt de cetero rem totam consilıo eıus, pıetatıque permıttere lıberalı fiducıa, quam ın concılıandıs pactıs odıosıus altercarı" (De vıta Canısıı p 105)   Quonıam autem ıpsae Ignatıı epıstulae ad ducem eıusque secretarıum datae usque ad annum 1889 ın aıchıvo monacensı sepultae ıacuerunt, unum Sacchınum secutı sunt, quotquot hac de ıe scrıpserunt (atque etıam Paulus Drews, quı anno 1892 scrıpsıt), ıdeoque rem haud ıta accurate enarrarunt   Ita v g scrıpserunt Ignatıum „partem ıllam" — vel „caput ıllud" — constıtutıonum Societatıs ımısısse, „quod de collegıs condendıs scrıptum est" („ıl capo" etc Longaı o deglı Oddı, „das Kapıtel" Rıess, „den Theıl" Genellı, „quella parte" Boeı o, etc)   At constıtutıonum (quae 10 partıbus et multıs capıtıbus constant) partes et capıta complura ad collegıorum ınstıtutıonem spectant   Ignatıus vero ducı haec scrıbıt „Mıtto tamen E T quae ex ınstıtuto nostrae Societatıs fundatorıbus collegıorum, etıam non ıd exıgentıbus, praestaı e, non pactıs ullıs, sed nostrıs constıtutıonıbus obstııctı (quae, antequam ullum collegıum ex pluıımıs, quae ıam habet nostıa Societas ınter fideles et ınfideles, erıgeı etuı, defiuıta et rata apud nos habebantur) tenemur "   Ipsı autem epıstulae Ignatıı aıchetypae etıamnunc addıtum et conıunctum est folıum, ın quo legıtur „Ex secunda parte constıtutıonum Cap 2 ᵐ de memorıa praestanda erga Fundatores collegıorum et bene de ıpsıs merıtos   Quonıam ıd maxıme ratıonı" etc , sequıtur latıne versum constıtutıonum caput ıllud (sıne „declaratıonıbus" suıs), quod nunc quartae partıs prımum est, quoque statuıtur, quae preces, quae sacra — sunt autem plurıma — pıo „fundatorıbus" facıenda sınt, sımulque decernıtur, eos omnıum bonorum opeı um, quae ın Societate fiant, peculıarıter partıcıpes esse, ac Socıos omnıbus officııs eos eorumque propınquos prosequı debere, quae, salvıs legıbus suıs, praestare possınt   Ac mırum certe, hoc caput „secundae partıs constıtutıonum" „secundum" hıc vocarı, cum et ın prımo ıllo constıtutıonum exemplo, quod S Ignatıus sub ınıtıum annı 1551 patrıbus Romae a se congregatıs proposuıt, et ın emendato ıllo, quod anno 1552 ad omnes Societatıs domos mısısse vıdetur, et ın ıllıs, quae a prımıs Societatıs congregatıonıbus generalıbus approbata sunt, caput hoc pıımum locum obtıneat ın paı te quarta   Versıo latına a vulgata ılla et communı, quae ıussu congregatıonıs secundae a S Francısco Boıgıa anno 1568 curata et a congregatıone tertıa anno 1573 probata est (typıs descııpta etıam a Pachtleı l c I, 11—14), locıs peı multıs dıffert, ac foı tasse partem constıtuıt pıımae ıllıus versıonıs constıtutıonum, quae a Polanco confecta et a 1558 a prıma congregatıone generalı probata atque eodem anno Romae „ın aedıbus societatıs Iesu" prımum typıs exscrıpta est, opus nunc rarıssımum   Cf „Constıtutıones latınas et bıspanıcas" VI—IX XI 108—111 312—313 373, Sommeı-ıogel l c V, 175—176   Verba ıpsa hıc non ponuntur, quıa posıta sunt a Medeı eı l c IV, 292—293

[2] Ex ııs, quae supra scrıpta sunt, ıntellegı potest, quam false Pı antl (l c I, 224) asserat Ignatıum ıdco pactum ıllud reıecısse, quod ex eo nemo ın collegıum Societatıs ıecıpı potuısset, nısı duce probante   Graı.orıbus ratıonıbus Ignatıus movebatur   Neque, quod Prantl scrıbıt, unıversım constıtutum erat a consılıarııs, sed de ııs tantum, quı ducıs sumptıbus ın collegıo georgıano alebantuı, saceı dotes saeculares alıquando futurı, ceterorum recıpıendorum potestas ın eodem pactı capıte

tua quidem prudentia permultum ualebit, ut synceram Praepositj nostri
mentem et explicet et comprobet tum Jllustrissimo Principi, tum reliquis eius consiliarijs, et inprimis Magnifico Domino Patrono Doctorj
Hundio, quem meo etiam nomine salutatum uelim officiose.

Promittit Dominus Jgnatius, ut haud dubie intellexistis, ante
aestatis initium, sj Christus faueat, nostros Jngolstadium esse uenturos.
Et quoniam ex meis cognoujt literis, talem tantamque Principis erga
nos humanitatem existere, ut ex Octingentis illis promissis florenis
fere* octodecim uel 20 nostrorum ali frugaliter posse uideantur, hinc
est quod suis etiam literis ad tuam Excell· datis Praepositus noster
hoc agat, an tam multi statim mitti debeant   Ego quominus ita fiat,
parum impedimenti reperire possum, sed cupio tamen consilium tuum
ac D. Doctoris Hundij sententiam audire simul et sequj

Magnopere laborandum nidetur, ut Architecto Jngolstadiensj Do-
minoque Camerario rursus demandetur munus instaurandj et absoluendj
cubicula, quae nostris in Veteri Collegio sufficere possint   Nec dubito
nobis esse cordj hoc institutum, quo[d] sicutj per uos praeclare coepit,
sic etiam ut spero perficiet Deus Opt Max. ad suam aeternam gloriam, et ad communem tum Jngolstadianae Academiae, tum totius
Bauariae utilitatem.

Equidem sperarim haud prorsus inutile fore, sj mihi Jngolstadium
redire, et ante nostrorum aduentum ad tempus ibidem commoraij
liceret, non quod Architecti fidej diligentiaeque diffidam, sed ut reliqua etiam praepararem, quae ad lectos, suppellectilem et id genus
alia nostris necessaria maxime uidentur   Eodem certe consilio nunc
Pragam Duce CHRISTo reuertor, quando breuj post eo uenturj sunt, quos
nunc propediem ex urbe Patres expectamus   Quod si Regia Maiestas
mea utj opera in Comitijs uelit, haud difficile fuerit de his aliquid
certius constituere Ratisponae. Alioqum ex Praga etiam Jngolstadium
properare possem, et paucis diebus in fallor conficerem, quae nostris
id est nouis hospitibus paulo post ex urbe secuturis apparanda esse
uidentur   Nunc postquam saluus huc Dej gratia redij, Maiestas
Regia in concionatorio munere uti me uoluit, et quod summj quidem
beneficij loco interpretor, ab Episcopatus Viennensis onere quod ualde
reformidabam, liberum me prorsus securumque reddidit   Jnstant quidem, ut nostj, ad impia quaedam impetranda hic Austriacj, sed stat
persistitque immotus Regis animus in fidej et religionis orthodoxae
synceritate[1]   Dabit spero Misericors Deus aliquando p r o u e n t u m

---

* Sic Canisius ipse correxit, prius scripserat   pene

Societati diserte sancita erat   Vide pacti cap 7 apud Medercei 1 c IV, 283—284,
et Pachtler 1 c I, 346
[1] Quae tunc ordines Austriae inferioris per delectos suos Viennae congregatos
a rege poposcerint, et quomodo his responderit, copiose enarrat Wiedemann 1 c
I, 140—148

cum hisce tentationib:[1] ut etiam pudefiant aduersarij veritatis, et christi agnoscatur gloria, quj suam dilectam et fidam sponsam Ecclesiam potenter defendit, quantumuis res nostrae alijs desperatae nimiumque afflictae uideantur Oro interim maiorem in modum humanitatem tuam, ut quamprimum fierj possit, ad me scribat Viennam. Hinc enim Pragam quoque, sj discessero, eaedem literae cito perferentur[a] et a nostris mittentur. Nec erit quicquam gratius, quam ut libere mecum semper agat, aperteque me moneat, ubi ubi uel in me uel in nostris desiderarj et culparj aliquid posse iudicauerit Expectamus huc quotidie Reuerendissimi Domini Nuncij[2] aduentum, et magnopere cupimus in hisce motibus pacatum Bauariae uestrae statum manere, praesertim quod ad Religionem spectat. Precabimur certe Christum Opt: Max: pro inclyta Principum Bauarorum familia, pro reliquijs Jsraelis[3], pro ministris Ecclesiarum, pro Consiliarijs et Patronis omnibus Dominij uestrj, et in his pro tua etiam Excellentia, quae de nobis et de catholica fide tam praeclare meretur Dominus IESVS fidej suae zelum ac verae pietatis spiritum in nobis conseruet augeatque semper AMEN. Viennae XVI Februar. Anno CHRISTI M. D LVI.

Seruus in Christo Petrus Canisius Theologus.

Magnifico Domino Henrico Schweicher Illustrissimi Principis Bauariae Secretario, et Patrono in CHRISTO fidissimo Monachij in aula Jllustrissimi Ducis Bauariae Zue dem Herren Secretario des Fursten von Bairn

197.

CANISIUS

SANCTO IGNATIO.

Vienna [?] 17 Martii [?] 1556

Ex apographo, saeculo XVII vel XVIII scripto Cod monac „Lat. 1606" f 85ᵇ—86ᵃ [4]

Particulam germanice versam edidit *Riess* 1 c p 157

De collegio pragensi optima sperat Rogat, ut pro Ferdinando I collegii illius conditore preces et sacrificia offerantur De impressione a Turcis facta Collegio ingolstadiensi multa obstare, sed tanto maiora speranda esse Viennae Societatem multis odio esse De libro a Ioanne Wigando Lutherano contra catechismum suum edito.

Infinitas R P. V grates habeo, quod Charissimos Fratres nostros, tamdiu desideratos miserit in Bohoemiam[5], confido fore vt propter

---

[a] perferrentur *archet*

---

[1] 1 Cor 10, 13   [2] Zachariae Delfini, cf supra p 591[11]
[3] Mich 2, 12 Soph 3, 13 etc
[4] Epistula archetypa italice scripta esse videtur, nam inter apographi huius sermonem latinum et Canisii latinitatem nonnihil discrepat.
[5] Vide supra p 602

selectos hos suos amicos [Deus opituletur]* corruptissimo Regno uti
et Serenissimo Regi, si vnquam antehac, aduersis rebus vndique in-
gruentibus afflicto prorsus et iacenti, vt merito omnes compati debeamus Itaque humillime[b] R. V P. obsecro, velit communes Societatis nostrae preces et sacrificia, pro optimo Principe tanquam Collegij
Pragensis fundatore, singulis sacerdotibus indicere[1], cum incredibile
dictu sit, quantum illius salus et incolumitas Religionis in Germania
intersit. In Hungaria res pessimo loco sunt Etenim a paucis hebdomadibus Turca, facta in illud Regnum impressione[2], praeter pecora,
et alias manubias, secum mille viros mancipatu durissimo ni in foeda
Machometis Sacra concedere velint, premendos abduxit[3]. Per Bauariam et Austriam haeresis magis magisque indies incrementa sumit,
spero paulo post praeclaram affore occasionem sanguinem pro Christo
fundendi Imminentes istae procellae non me parum incitant ad promouendum Collegium Ingolstadiense, quod tanto ardentius ad finem
perduci cupio, quanto grauiora conatibus nostris occurrunt obstacula,
et inimicus humani generis acrius se opponit, qui nihil aliud, Deo
dante, tot structis insidijs obtinebit, quam vt eo maiori cum gaudio.
messem in ea uinea longe vberrimam videamus, quam syluescentem,
et incultam prorsus tot laboribus et sudore excoluimus Hic Jesuitarum nomen in omnium ore circumfertur, monstramurque digito haud
secus ac si Acherontici genij derepente in theatrum prorupissent Et
cum ante aduentum nostrum, nulli alij reperti [sint] Religiosi aut
Theologi, qui aut possent aut auderent impia haereticorum dogmata
refutare, et explodere, nos sumus spectaculum mundo facti,
et peripsema[4]. Prodijt hic [?][c] in lucem Germanico Idiomate conscriptus in Cathechismum nostrum[5] et Iesuitarum nomen liber, tot ca-

---

* *Hoc vel simile supplendum est*
[b] humilime *cod mon*
[c] *Vitio interpretis vel librarii factum esse videtur, ut cod mon habeat hic
Legendum esse puto* nunc, *cf infra p 605*[1]

---

[1] De his sacrificiis et precibus cf supra p 601[1]
[2] Ali Pascha a Suleimano Budae satrapes constitutus et Sigetum (hungarice
„Szigetvar"), munitissimam Hungariae urbem, capere iussus est, qui initio anni 1556
cum Veli Iancerorum tribuno et multis equitibus praetorianis in Hungariam profectus est Cum eo Turcarum praefecti, qui in Bosnia, Dalmatia, Illyrico etc erant,
se coniunxerunt (*Nic Isthuanffius*, Regni Hungarici historia l 19 ad a 1556 [Co-
loniae 1724] p 221—223)
[3] „Mille viros" fortasse hic -- sescentos viros, quamplurimos viros Ceterum
etiam Austriae inferioris ordines anno 1557 Ratisbonae in comitiis imperii questi
sunt multa Christianorum milia a Turcis in captivitatem abduci (*Janssen* l c IV, 61)
[4] 1 Cor 4, 9 13
[5] Anno 1556 Viennae tertia facta est editio latina „Summae" canisianae, quae
eodem anno Lovanii a Ioanne de Winghe edita est cum hac „approbatione" Ruardi
Tapperi „Plus est, vtilis, et catholicus hic Catechismus" Cf *Sommervogel* l c II,
619—620, *editoris* „Katechismen" p 46[2]

lumnijs maledictis, et splendidissimis compactus [1] mendacijs, vt partus
mendaciorum parente [2] dignissimus esse uideatur [3], nec vlla alia refu-
tatione quam proprio contradictionis spiritu, et immoderato liuore egens.
Benedictus Jesus pro cuius nomine digni habiti sumus contumeliam pati [4] Sanctis R. P Vestrae precibus me plurimum
commendo. [Viennae?] 17 [Martij?] 1556ª.

Seruus inutilis et filius
Petrus Canisius.

Admodum Reuerendo Patri in Christo Magistro Ignatio de Loyola
Praeposito Generali Societatis Jesu Romae.

Apographum monacense in fine huius epistulae habet „Pragae 17 Maij 1556“
Neque Riess (p 157) id improbavit Attamen videtur delendum esse ac scriben-

---

ª *Vide, quae post epistulam ipsam dicuntur*.

---

[1] Ioannes Wigand (1523—1587), Lutheranorum magdeburgensium „superintendens“, anno 1556 Magdeburgi edidit librum „Verlegung aus , Gottes worbt, des
Cate= | chismi der Jhesuiten (Summa doctrinae Christianae [sic] ge= | nanb) newlich
im | druck ausgan= | gen | Durch M Johannem Wi= | ganbum Joh X Meine
schefflein horen meine stimme, aber einem frembden folgen sie nicht nach, | benn sie
kennen seine Stimme nicht “ In extrema libri parte „Gedruckt zu Magdeburgt burch
Michael Lother. 1556 “ 8° min , 104 ff non signata Qui librum typis exscripsit,
Michael Lother, antea cum Melchiore fratre Vitembergae habitauerat et Lutheri
libros complures ediderat ² Cf Io 8, 44
³ Pauca exempla id probabunt Missae sacrificium in eo libro dicitur blas-
phemia et Christi domini vexatio summa, quae umquam in terra visa sit De sacramento extremae unctionis („die letzte Schmiere“) asseritur „Foetente“ illo oleo potius
robiginosum currum, quam hominem aegrotum ungendum esse Ecclesia papistica
idololatriis magnis, crudelibus, manifestis, innumeris, plus quam ethnicis inundata
est „Doctor Canis“ est „homo insolens“, „summe blasphemus“, „rusticissimus“
(„ein grober tolpel“), „lupus“, „asinus papisticus“ („Bapstesel“), „idolorum cultor“,
„impudens ac miser diabolus“, qui „Christum non novit“, sacram Scripturam non
solum canino, sed carnitico modo tractat „Caninus ille monachus („hundsmunch“)
animum induxit omnia summi pontificis sive antichristi stercora et scelera vorare
eaque suaviore sapore esse censet, quam saccharum “ Turca gladio corpora, Canisius vero catechismo animas trucidat Societatis homines, a diabolo extremis hisce
temporibus instituti, ideo „Iesuitae“ vocantur, quia nequissimi et callidissimi Christi
proditores et persecutores sunt, sicut olim Romani quidam proceres „Germanicus“,
„Asiaticus“, „Africanus“ appellabantur, non quod populis illis bene fecissent, sed
quod eos diripuissent atque exspoliassent Quod blasphemo eorum catechismo de-
monstratur Verlegung f. G3ª G7ᵇ—G8ª G6¹ C8ᵇ C5ᵇ D5¹ H8¹ D3ᵇ
D5ᵇ M3ᵇ F3ᵇ H3ᵇ B5—Cª N3ᵇ—N4¹ (cf *Janssen* 1 c IV, 424—425, et
editoris „Katechismen“ p 56—59) *Flacius Illyricus*, qui Wigando amico et in „Cen-
turiis magdeburgensibus“ conscribendis adiutore utebatur. Magdeburgo 16 Septembris
1556 quasi triumphans de Canisio scripsit „Refutavimus hoc anno eius Catechesim,
licet R M autoritate ac praefatione tanquam Achilleo quodam clypeo munita or-
nataque esset“ (Phil Melanchthonis Epistolae etc ed *H E Bindseil* [Halis Saxonum
1874] p 579) Wigand, qui postea „episcopus“ lutheranus Pomesaniae et Sambiae
factus est, „multorum christianorum rogatu et suasu“ opus suum denuo in lucem
emisit anno 1570 Ienae Cf „Katechismen“ p 92 ⁴ Act 5, 41.

dum „Viennae 17 Martij 1556". Altera enim superest Canisii epistula archetypa eaque italice scripta, quam Praga 17 Maii 1556 datam esse certo constat, ac licet per se absurdum non sit dicere Canisium pro illorum tempore more eadem die duas epistulas diversis viis ad S Ignatium misisse, quo certior esse posset saltem alteram in eius manus perventuram esse, ipse tamen, si id fecisset, in alterutra saltem significasset se altera quoque via scribere, quod non significavit Atque haec epistula et italica illa adeo inter se differunt, ut probabile non sit eadem die ad eundem a Canisio eas datas esse In italica autem Canisius S Ignatio scribit (versionem latinam pono) „Iam duo menses transierunt, ex quo discedens Vienna postremas ad R P V literas dedi, quibus imprimis de rebus Ingolstadiensibus ac de praesenti Viennensium conditione retuli " Quae ostendunt Canisium Vienna circiter d 17 Martii ad S Ignatium dedisse literas Huic autem tempori ea, quae in hac epistula continentur, sat bene congruunt Facile sane fieri poterat, ut epistularum italicarum interpres, vel scriba, qui codicis monacensis apographa scripsit (quem haud ita diligentem fuisse etiam lectiones variae supra scriptae probant), tempus, quo una epistula scripta est in altera quoque ascriberet

Extremam huius epistulae partem *Sacchinus* melius fortasse et plenius quam interpres monacensis ex italico in latinum sermonem vertit Ita enim Sacchinus de Canisio scribit „Cum aduersus editum a se Catechismum quidam scripsisset maledicentissime, Gratias, aiebat, sancto Iesu nomini agamus, pro quo nomine digni sumus, et vtinam digni, maiora pati, non solum contumelias verborum, sed etiam rebus ipsis iniurias vsque ad mortem in testimonium illis pro gloria ipsius nominis IESV amen " [1] Sed fortasse haec ad posteriorem aliquam Canisii epistulam pertinent, nam etiam postea complures libri acerbissimi contra catechismum canisianum editi sunt

198.

CANISIUS

MARTINO CROMER,

canonico cracoviensi et regis Poloniae secretario

Praga 9 Aprilis 1556

Ex autographo (2° 1 p in p 4 inscr et sig) Cod cracov „Cromeri epistt " n 18
Primo edita est a *Hipler* et *Zakrzewski* in „Hosii Epistolis" II, 1026—1027

Pragae brevi collegium Societatis erectum esse Dolet, quod in Polonia religio magis magisque decrescat Cromerum hortatur, ut libros conscribat ad ecclesiam catholicam defendendam De libro quodam a Hosio edito Animum demittendum non esse

†

Reuerende domine Cromere gratiam et pacem in Christo p

Rediit isthuc nobilis adolescens, per quem scribere aliquid non solum oportunum, sed etiam legittimum puto Pragae iam dego, nostros propediem ex Vrbe excepturus, qui ut alias indicaui, ope diuina et Regia liberalitate suffulti, scholam hic publicam instruent Vnde boni uiri magnam spem concipiunt fore, ut Pragenses et Boemi per nostros paulatim instituti, rectius sentiant de Religione, et in

---

[1] De vita Canisii p 355

literis magis ac magis piomoueantur[1]. Expectamus aduentum Regis, qui hac Ratisbonam properat, noua et vtinam foelicia Comitia inchoaturus[2]. Quo in statu autem Religio nostra versetur, triste dictu. et hanc calamitatem auget rumor peracerbus, quem audire cogimur de statibus Polonicis[3] Ve hominibus istis, qui funestam apud uos telam oidiuntur atque contexeie peigunt, posito vt mihi videtur, pudore, et sensu pene commum postposito Deploiabit haec piimordia sequens aetas, et quod nunc seminatur, maximo cum malo suo demetet: perit interim iustus et populus [sic], nec est qui recogitet[4] proh dolor et pudor Scripsi nuper, cum ex Vienna discessum pararem, operae pretium videri mihi, vt prudentia tua post tot annos in aula consumptos ad defendendam Christi et Ecclesiae causam sese componeret, nulloque adueisaiiorum habito respectu scriptis publicis, quoad eius liceret, pro veritate aperto Marte pugnaret: tantum luc DEI et Religionis habendam esse rationem, eos uero quibus noua nimium placent, contemni prorsus oportere. Jn hac sum adhuc sententia doctiss. Cromere, et per communem dominum oro, ne uelis tua defraudari opera piaesentes et posteros, Polonos et exteros, qui proculdubio in tanta scriptorum inopia non parum per te, tuique similes hoc tempore adiuuabuntur duce Christo Scriptum Reuerendissimi D Varmiensis laudant qui Romae uiderunt, mihi nondum licuit adspicere, non dubito, quin aduersum Andream Friccium praeclaie multa excogitarit, et dextre conscripserit[5]. Audio in Jtaliam reuocari Apostolicum illum Legatum[6], qui si adhuc isthic demoratur, salutari illum ex me reuerenter, ut par est, percupio, sicut et antistitem Varmiensem, cui ualde in Chiisto gratificari, si possem, totus sane vellem. Nosti credo nobilem dominum Boemiae Mareschalcum, ad quem peilatae literae tuae mihi facile ieddentur[7]. Nunc breuibus agam, hoc vnum adijciens, vt

---

[1] Duodecim de Societate, Pauli IV benedictione et fervida adhortatione confirmati circiter 12 Februarii 1556 Roma Piagam profecti sunt (Cartas de *San Ignacio* VI, 450—453 127—131 *Orlandinus* l c 1 16, c 19) De initiis collegii pragensis scripsere etiam *Fr Publtschka*, Chronologische Geschichte Bohmens 6 Thl, III (Piag 1801), 179—184, et *Heim Zschokke*, Die theologischen Studien und Anstalten der katholischen Kirche in Oesterreich (Wien und Leipzig 1894) p 173—177

[2] Cf supra p 594[1]

[3] Anno 1555 Piotrcoviam ad comitia regni polonici e Maiore Polonia primi feie haeresiarchae „nuntii" missi sunt Haeretici postularunt, ut caerimoniae ecclesiasticae mutarentui, ac iurisdictionem episcopoium impugnarunt Attamen reiecti sunt

[4] Is 57, 1

[5] Hosii dialogum de communione sub utiaque specie Canisius dicere videtur qui primum editus est Dilingae anno 1558 (*Eichhoin*, Hosius I, 288—289 *Hosii* Epistolae II, 309 603)   [6] Aloysium Lipomanum

[7] Supremus regni Bohemiae mareschallus Bertholdus von der Leip in Kruman fuisse tiaditur Neque tamen hunc Canisius significare videtur, sed Ladislaum II Popel de Lobkowitz (1502—1584), qui curiae regis Bohemiae mareschallus, primus „praeses appellationis", supremus regni praefectus fuit Nam ab historiographo provinciae bohemicae S J inter nobiles catholicos, qui Societatem in Bohemiam

in tantis procellis nos meliori auiae seruemus· dormit Christus, quatitur
nauis, desperata fere habentur omnia[1]: sed **non dormit neque
dormitat qui custodit Jsrael**[2]: ad hunc igitur nos et Ecclesiae*
causam omnem fidenti pectore referamus   **Jpsi cura pro nobis**[3],
ipsi laus et gloria in sempiternum. Pragae 9 Aprilis anno Christi 1556.

Seruus in Christo Petrus Canisius.

† Colendiss uiro .D. Martino Cromero Canonico Cracouiensi et
Secretario Regis Poloniae.

Cromer in pagina quarta epistulae huius scripsit „21 Jun ˣ [recepi?] Canisio rescripsit 9 Iulii 1556

199.

CANISIUS

HENRICO SCHWEICKER,

Bavariae ducis secretario

Praga 25. Aprilis 1556.

Ex autographo (2º, p 1, in p 4 inscr et sig) Cod monac „Ies Ing
1359/I ˣ f 54 55
    Apographum saeculo XVII vel XVIII scriptum exstat in Cod monac „Lat
1606ˣ f 16
    Totam fere epistulam, germanice versam, edidit *Riess* 1. c p 161—162

*Schweickerum rogat, ut collegium ingolstadiense maturandum curet Wiguleum
Hundt Praguae secum fuisse Primos collegii pragensis Socios iam adesse Vehementer reprehendit, quod in Bavaria nimio pacis studio et pecuniae accipiendae
gratia haereticis quaedam temere concessa sint Schweickerum ad patientiam et constantiam adhortatur*

IESVS

Gratia Christi IESV nobiscum aeterna

Jamdiu nihil ad me scribitur fidiss Patrone, vnde cognoscam ubi
sis, qui valeas, et quo in statu res uestrae ac nostrae uersentur.
Scripsit ex urbe Pater Jgnatius ad charitatem tuam, et rogauit offitium
quod hactenus sedulo praestitisti, huic minimae Christi societati, quae
tua est pietas, exhibere porro ne cesses[4] Ego meam sententiam
aperui de re tota, cum hic adesset optimus patronus D. D. Hondius,
et iam ad eum scribo, quae ad negotium collegij maturandum spectant.

_____ ___ ___ ___

    ª Ecclesia *autogr*

.. __ _ ___ __

ingredientem adiuuerunt, Leipenses non recensentui , „Lobkowicii omnes“ religionis
studiosissimi fuisse traduntur Quos Societati ab initio valde favisse etiam aliunde
constat (*Hosii* Epistolae II, 1027 *Schmidl* l c I, 67 *I W Imhof*, Notitia sacri
Romani Germanici Imperii Procerum ed. 5 cur *I D Koeleri* [Tubingae 1732],
p 394—395)   [1] Cf Matth 8, 23—27 Marc. 4, 36—40 Luc 8, 22—25
    [2] Ps 120, 4   [3] 1 Petr 5, 7   [4] Vide supra p 600[1]

Fauebit huic instituto nihil dubito, prudentia tua, quam rogo vt ad
me breui scribat quae maxime opus esse censuerit, ut Jngolstadij in
tempore nostri praeparata quaedam habeant. Hoc offitio plurimum
de nobis, ut saepe alias, merebitui dignitas tua, quae sui perpetuam
memoriam in hoc Collegio relinquet giatia Christi De me non habeo
quod dicam aliud, nisi satis huc esse occupationum quae in messe
multa et deseita operarium Ecclesiae in Domino exeicere possint.
Accesserunt ex Vrbe nostri Serenissimo Regi bene grati, de quorum
profectu in hoc Pragensi collegio magna speiaie possumus, diuina illis
gratia fauente, quod et ipsi praeclare de multis mereii et uelle, et
posse uideantui [1] De statu Bauariae uestiae pluia et ingratiora quam
uelim audio [2] peigit mundus aduersus Christum et sponsam eius nihil
non moliri, habetque paratos iam pseudoprophetas, qui defendant
omnem innouationem et mutationem in Religione Tempoii concedendum putamus et paci studeie volumus, nobis omnia permittentes,
Ecclesiae authoiitatem detrahentes, suumque Christo decus et honorem
adimentes Jta curantur tempoialia, ut spiritalia postremum semper
locum habeant, et frigidissime tractentur Sed iam locus non est haec
nostra mala deplorandi, quae utinam non indies augeat Sathan, cum
sine pastore passim oues aberrant [3] et nolunt intelligere. Sit v n u s
p a s t o r et v n u m o u i l e [4] Rogemus dominum IESVM pio hisce
tantis malis tum depellendis, tum superandis Depellentur in tute et

---

[1] Piimi Socii Piagam missi quae nomina habeant, quos giadus academicos
assecuti sint, quod litterarum genus tradere possint etc , ab Ignatio exponitur in
litteris commendatitiis Roma 25 Ianuaiii 1556 datis et potissimum in „informatione“,
quam Ignatius litteiis suis 12 Febiuarii 1556 ad Feidinandum iegem missis adiunxit in quibus litteiis scribit „Hos ergo duodecim offeio V M, de quibus unum
dicam, quod non tantum labore et industiia sed sanguine etiam et vita sua animarum, ad quas mittuntur, salutem iuvaie omnes expetunt“ (Epistulas illas et „informationem“ [nunc piimum editam] vide in „Cartas de San Ignacio“ VI, 446 452
ad 454) „Roma profecti“, scribit Oilandinus, „quod et quadiagenaiium agebatur
ieiunium, ac fere pedites ibant, plurimum exhauseie incommodum, piaesertim in Germaniae terris Homines passim, vbi cateruam illam aduenarum non satis noto
cernebant habitu, Eremitas, Monachos, Papistas, aliisque id genus nominibus pei
ludibrium appellabant, haud sine minis Itaque pessime affectis, piostratisque
viribus Viennam inclinato ieiunio peiuenere“ (l c I 16, n 19 20) Cf etiam
Schmidl I c I, 85—88 et Io Flor Hammeischmid, Piodiomus gloiiae Pragenae
(Piagae 1717) p 86
[2] Vere anno 1556 oidines Bavaiiae („piaelatis“ exceptis) Albertum V pecuniae
inopia laborantem eo adduxeiunt, ut 31 Maitii famosam illam faceiet „declara-
tionem“, cuius summa haec feie eiat Se, usque dum controveisiae religionis compositae essent, eos non punituium, qui saciam communionem sub utiaque specie
sumeient vel ministiaient, seciuso tamen unius speciei contemptu, vel qui valetudinis servandae vel familiae alendae gratia diebus esuiialibus caines manducaient,
acturum se etiam cum episcopis, ut ipsi quoque eadem impune fieii pateientui
Attamen (quod bene notandum est) Albertus disciie edixit ea ita intellegenda non
esse, ac si ipse subditis suis haec concedere atque ita agendi facultatem tiibueie
vellet, hoc enim sui non esse muneris (Knopfler l c p 19—23)
[3] Cf Maic 6, 34 1 Petr 2, 25 etc   [4] Io 10, 16

fortitudine illorum, quibus commissus est in Ecclesia magistratus
Superabuntur patientia et constantia, quum in medio nationis
prauae[1] hoc peccatorum nostrorum flagellum diuinitus immissum
agnoscimus et humilibus animis tolleramus Ego si quid unquam tuo
nomine potero, perlubens efficiam duce Christo, qui humanitatem tuam
et uxorem chariss incolumem diu conseruet Hic breui responsum
ut spero, aliquod accipiam, et tuam de rebus nostris sententiam sequar,
vt collegij huius Jngolstadiensis principium tuae prudentiae consilio
et iuditio proueliatur Pragae 25 Aprilis 1556

Seruus in Christo Pet Canisius

† Amiciss Domino Henrico Schweickhert [sic], Jllustrissim Ducis
Bauariensis Secretario et Patrono bene merito Monachij

Inscriptioni epistulae manu antiqua adnotatum est „Praes 11 Maij 1556 Jm
hailprunnen Nro 14 "

200.

MARTINUS GOTEFRIDIUS [?][2] S. J.

CANISIO.

Vienna 11. Man 1556.

Ex *Gothein* 1 c p 725 et 794 n 77 qui scribit se ex „Koln Arch " ea
hausisse

*In his litteris „bricht", inquit Gothein, „die Klage los, dass die
protestantischen Prediger, von denen in Wien selbst die alte Kirche offen
befehdet werde, sich des Schutzes Maximilians erfreuen"*

201.

CANISIUS

HENRICO SCRIBONIO,

administratori pragensi

Praga mense Maio (ante 18 Man) 1556

Ex opere „Jednani a dopisy" etc., a Cl Borovy edito (cf supra p 599) qui
in archivo capituli metropolitani pragensis epistulae exemplum repperit ab ipso Scribonio anno 1564 ex autographo Canisii descriptum

De are alieno soluendo, quod in aedificando collegio conflatum erat De catechismo

Pax Christi nobiscum aeterna' Reverende Domine praeposite'
rationes dati et expensi de quibus saepe actum est, ad manum esse

---

[1] Phil 2, 15
[2] Gothein „Stevord" Nomine „Stevordiani" Martinus Gotefridius designari
solebat praeter hunc autem sub id tempus in collegio viennensi degebat etiam
„Guilielmus Stephordianus" Vide supra p 366[3] 451 414

percupio, quia nunc de solvendis debitis serio agitur. Itaque Thomae curam hanc demandari velim, ut quam primum colligat, et in promptum [sic]ᵃ habeat omnia. ne sit nobis in mora — — de Catechismis etiam subduci rationes posse puto ¹ — —

Quando haec epistula data sit, ex litteris Scribonii 12 Augusti 1564 datis cognoscitur, in quibus refertur Canisium et „Wismarum" [i e Ursmarum Goissonium] rectorem Ferdinando regi pecuniae in collegii aedificationem impensae [Pragae] rationem reddere debuisse ² Ferdinandus mense Maio Pragae fuit et 20 Maii iterum Viennam advenit ³

202.
CANISIUS
SANCTO IGNATIO.
Praga 17 Maii 1556.

Ex apographo, quod circiter annum 1865 a Borio ex archetypo (Canisius solum subscripsit) in cod „Epistt B Petri Canisii 1 ᵃ p 204 posito descriptum et postea cum eodem archetypo collatum est

Versio latina, saeculo XVII vel XVIII scripta, exstat in cod monac „Lat 1606ᵃ f 84ᵦ—85ᵇ, sed in ea versione pars epistulae postrema omissa est, multa etiam nonnihil immutata et aliqua amplificata sunt. nec sine aliqua veritatis specie quis dixerit Canisium ipsum tum latinam hanc epistulam Romam misisse tum italicam illam, diversis tamen viis, quo certior esset ad Ignatium perventura, quae eum scire volebat ⁴

Epistulae italicae particulam edidit Borio, Canisio p 137, particulam latinae Python 1 c p 109, aliquas epistulae latinae partes, germanice versas, Riess 1 c p 138—139, cf etiam Janssen I c IV, 401

Pragae in collegio parando magnum aes alienum contractum esse, regem et archiducem velle quidem pecuniam suppeditare, sed non posse Se ad archiducem saepe e suggestu dixisse et aulae bene satisfecisse Quid Utraquistae pragenses de Canisio et ceteris Iesuitis sentiant Se ex monasterio Oybin multa Pragam translulisse, regem monasterii administrationem Zittaviensibus tradere velle Quantum ex eo pecuniam collegium pragense accepturum sit Eius rei facultatem per Ignatium

_____

ᵃ Sic, sed legendum esse videtur promptu

_____

¹ Haec ostendunt in usum iuventutis pragensis catechismos canisianos emptos esse, sive Canisius „Summam doctrinae christianae" significet sive catechismum suum minimum (de quo supra p 592 ²)

² Borio 1 c   ³ Stahn 1 c p 393

⁴ Attamen hoc valde probabile esse non videtur Certe sermo latinus in hac epistula comparet haud ita politus, ac suspicari licet interpretem aut italicae linguae imperitiorem fuisse aut apographum italicum ante oculos habuisse vitiosum, v g ubi epistula italica habet Bohemum quendam, qui sacerdotem sacrilege invaserat ex ecclesia eductum esse per „il nostro Gasparo servendo alla messa e un altro vecchio", in latina epistula solus Casparus eum expulisse refertur „partim minis partim regis interposita auctoritate", ac si interpres legisset „il nostro Gasparo servendosi di minaccie e dell antorita regia " Latinae huius epistulae vel versionis particulae aliquae ex apographo a P Flor Riess circiter a 1862 Monachii confecto subiungentur

39 *

a pontifice petendam esse   Socios pragenses in magna rerum inopia gaudio et spe
abundare   Qua ratione schola incipienda esse videatur   Canisium et alium Societatis sacerdotem sacrilege impeditos esse   De amicis

Pax Christi   Molto Reverendo in Christo Padre mio.

Sono adesso due mesi, che io partendo da Vienna scrissi alla
R. P. V ultimamente, massime circa le cose d'Ingolstadio et dello
stato presente di Vienna Et perchè tra questo tempo non ho scritto
poi cosa alcuna, chiedo umilmente perdono della grande negligenza
in scrivere ogni mese almanco una volta, secondo l'ordine datomi
da R P V

Or prima per due con poche parole quel che mi ricorderò et che
paia più notabile circa quello che è accaduto dopo l'arrivata mia
in Praga, et innanzi che giungessero li fratelli Sappia V R P
ch'io trovai qui molti debiti contratti per la fabbrica, et era ben
necessario di apparecchiar molte cose in casa per li nostri fratelli
Et tutto questo insin'a qui si fa con gran difficoltà[1]. massime non
giovando la commissione del Serenissimo Re[2] et dell'illustrissimo
Archiduca, li quali ci vogliono ogni bene, ma eseguire non possono
ciò è di prestarci denari in usum hujus collegii[3] Et così insin'a qui
non havemo altro se non grandi promesse, et in effetto niente di
denari, etiam pel vitto quotidiano et per le vesti nuove et per altre
cose necessarie tanto per la fabbrica, quanto per la casa[4] Di modo

Pax Christi   Admodum reverende in Christo pater

Iam duo menses transierunt, ex quo discedens Vienna postremas ad R P V
litteras dedi, quibus imprimis de rebus ingolstadiensibus ac de praesenti Viennensium conditione rettuli Et quia postea nihil litterarum misi, demisso animo R P V
oro, ut gravem hanc neglegentiam ignoscat, minimum semel enim singulis mensibus R P V scribere iussus eram

Iam ut de iis, quae acciderunt postquam Pragam ego adveni et antequam
fratres eo pervenissent, paucis ea referam, quae mihi in memoriam redibunt et
memoratu digniora videbuntur, sciat R P V, me hic multa debita invenisse aedificando contracta, ac valde necessarium erat, in fratrum usus multa domi parare
Quae omnia usque adhuc magnis difficultatibus obstructa sunt[1], isque ideo maxime, quia serenissimi regis[2] et illustrissimi archiducis mandatis parum iuvamur, hi
enim, licet erga nos optime affecti sint, nequeunt tamen ullo modo efficere, ut pecuniae in usum huius collegii expendendae nobis praesto sint[3] Itaque usque adhuc
nil accepimus nisi magnas pollicitationes, pecunias autem nullas habemus, neque eas
quidem, quas in victum cotidianum et in vestes novas et in cetera tum aedificationi
tum domui necessaria expendere oporteret[4] Mutuari igitur nos pecunias necesse

[1] Epistula latina „Quae tamen difficulter impetrari poterunt, iis neglegentibus
quorum esset maxime rem nostram promovere Serenissimus Rex" etc
[2] Ferdinandus rex tunc Pragae morabatur, vide supra p 611
[3] Ferdinando saepissime pecunia deerat vectigalium maior pars oppignerata
erat bello turcica, castrorum hungaricorum praesidia, tributi imperatori turcico
facienda etc pecunias immensas devorabant (Af Huber, Geschichte Österreichs
I c p 201- 205)
[4] Dominicanis patribus bona sua, quae extra monasterium habebant, integra

che siamo sforzati di pighar denari ad imprestito insin' a tanto che
Sua Maestà concluda o determini, siccome ha promesso di fare innanzi la sua partita, la quale sarà prestissima, et di farci padroni di
tutti li beni di quell' altro monasterio Oibenense, il quale con tutte
le sue entrate s incorporerà a questo Collegio Et così io sono sforzato in questa necessità di cercare di qua et di là denari, e di fare
spesso istanza appresso Sua Maestà et ricorrere a diversi Il Signore
mi dia la pazienza del R P. Pietro Codacio felicis memoriae[1].

Quanto alli miei esercizi della quaresima passata, sono arrivato
quì a buon tempo per predicare all Illustrissimo Arciduca[2], il quale
subito mi richiese per questo ufficio, anchorche manzi hauessi un' altro
predicatore[3] alle feste et a qualche giorno della settimana. Et per le
frequenti prediche sono stato impedito di sentire confessioni di molti
a questa pasqua; avendo etiam una volta di predicare in latino il
giovedì santo[4] Benedetto Dio, che ci ha dato la grazia sua per
contentare li Signori della Corte. Et credo che molto più l' Illustrissimo Arciduca et altri che desideravano sentirmi Spesse volte ho
sentito, che li più perversi giudicavano a questo modo il Dottor Canisio conosce la verità, ma non vuole esplicarla et confessarla libera-
mente[5] Et così, credo, giudicano tutti questi delli Gesuiti, riputando-

---

st, dum rex decernat vel constituat (sicut se ante profectionem suam constituturum
promisit, proficiscetur autem proxime), et omnia bona alterius illius monasterii oibinensis nobis assiguet, quod cum omni suo reditu collegio huic attribuetur Itaque
in hac necessitate variis locis nummos conquirere cogor, regiaeque maiestati saepe
instare et ad diversos confugere Dominus patientiam illam mihi tribuat, qua
R P Petrus Codacius foelicis memoriae pollebat[1]

Ad labores quod attinet, quos per quadragesimam obii, sat mature huc advectus sum, ut coram illustrissimo archiduce contionari possem[2], qui licet antea
alterum habuerit contionatorem[3], statim a me petiit, ut id officium tum sacris,
tum aliquot singularum hebdomadarum diebus sibi praestarem Ac contionum
multitudine a multorum confessionibus hoc paschatis tempore excipiendis impeditus sum, unus etiam sermo latinus e suggestu mihi habendus fuit feria quinta
in coena domini[4] Deo grates agantur, quo adiuvante aulicis hisce satisfacere
potui, et multo etiam magis me illustrissimo archiduci aliisque satisfecisse existimo, qui audire me voluerant Saepe audivi, maxime perversos ita sentire
Doctor Canisius veram religionem novit quidem, sed proferre non vult nec libere
profiteri[5] Atque ita illos omnes de Iesuitis existimare puto doctos et doctrinis

---

manserunt Immo et rex eorum reditum auxit, et Canisius in monasterio S Agnetis,
antequam patres immigrarent, regis sumptibus cellas aptandas et novas aliquot
exstruendas curavit (Schmidl I c I, 81)
  [1] Is domus professorum romanae primus „procurator" et quasi parens fuerat,
cf supra p 306[2]
  [2] Anno 1556 „Quadragesima" die 19 Februarii incepta est
  [3] Epistula latina „Ecclesiasten non vulgarem "
  [4] Die 2 Aprilis
  [5] Epistula latina „Fatentur ultro Doctorem Canisium agnoscere veritatem,
sed metu, Pontificis gratia excidendi, nolle amplecti

ci pei dotti et fondati nelle cose sacre [1], ma volendoci male, perchè li paremo troppo fedeli alla Sede Apostolica et inimici delle novita Pur questi Hussiti molto ci temono, et quanto manco sono fondati nella verità, tanto più aboiriscono questo Collegio, il quale da gran consolazione a tutti li cattolici [2].

Item in questa quaresima sono andato a quell'altro monasterio Oibinense, et hauendo la commissione Regale ho trasferito di là molte cose utili pei la chiesa, per la libiaria [3] et per la casa. ancoichè quel grandissimo et ricchissimo monasterio majori ex paite sia spogliato [a] et oia malamente inhabitato dalli secolari et donne Ora Sua Maestà vuole che noi in questo modo godiamo delli beni del detto monasterio, non come amministratori, ma come recettori di una certa somma di denaii, la quale summa da pagaisi ogni anno si obliga una città la più vicina a quel monasteio [4], promettendo darci mille et quattrocento taleri [5] senza dispesa nostia Et così Sua Maestà vuole concedere a questa città l'amministrazione di tutti li beni del

sacris [1] bene instructos nos ducunt, sed male nobis volunt, quia sedi apostolicae nimis addicti et rebus novis inimici esse iis videmur Veruntamen Hussitae isti valde nos timent, et quo minus in veritate nituntui, co magis ab hoc collegio abhorrescunt, quod catholicis omnibus magno est solacio [2]

Hac quadragesima etiam monasterium illud oibinense adii et regis iussu multa ex eo huc transtuli, ecclesiae, bibliothecae [3], domui usui futuia, quamquam amplissimi et ditissimi huius monasterii maioi pais ex-poliata est [a] et ab hominibus saecularibus et mulieribus male incolitui Vult autem rex nos monasterii illius bonis uti non administrando, sed ita ut certam pecuniam accipiamus, cuius solutionem urbs monasterio maxime vicina in se suscipit [4], promittunt cives, se mille quadringentos taleros [5] singulis annis absque nostio impendio nobis daturos Rex igitur omnia illius monasterii bona civitati illi ad certos annos vult tradere admini-

[a] ancoiche la maggioi paite di quel grandissimo et ricchissimo monasterio majoii ex parte sia spoghato apogi

[1] Epistula latina „Existimant Iesuitas omnes piophanis et sacris literis appiime imbutos "
[2] Epistula latina „Idemco Hussitis non parum adventus nostei displicet, et quo minus, ciiorum suorum conscii, fluctuanti haciesi et paulo post ut speramus expiatuiae confidunt, tanto magis collegium nostrum oderunt, quod non parvo est huius loci catholicis solatio et calcar ad rem catholicam diu iam calcatam strenue promovendam "
[3] Alteiam bibliothecae oybinensis paitem postea a P Hurtado Peiez S J Pragam translatam esse postea videbamus Complures libri oybinenses saeculo XVIII Pragae ex bibliotheca collegii clementini in caesaream translati sunt ibique adhuc exstant, quorum aliqui recensentui a Pscheck, Colestiner des Oybins p 26—27
[4] Zittavia sive Zittau, quae nunc regni saxonici uibs est
[5] Achilles Pumunus Gasser, medicus augustanus († 1577) in „Annalibus" suis augustanis refeit anno 1560 „unciales Taleros" et taleros argenteos, quos Caiolus V ante decem annos in usum induxerit, abolitos esse, atque hos 18, illos 17 bacios acquasse (Batzen = 11—12 nummi [„Pfennige"] germanici = 14—15 „centimes") Epistula latina „mille quadiingentos Philippeos" Cf Schmidl l c I, 92

detto monasterio a certi anni: di modo che essi avranno la cura di
esiggere debiti, di coltivare li territori, di edificare le case ecc [1] Et
tutto questo si fa per nostra comodità, essendo quello monasterio
tanto lontano, et perchè sarebbe una fatica insopportabile, massime
in questi luoghi et tempi, di governare con le nostre spese tutto
quello che appartiene al detto monasterio Ora tuttavia sollecitiamo,
che questa convenzione per l'autorità del Serenissimo Re sia espedita
insieme con la supplica, la quale si manderà a Sua Santità per aver
la dispensa circa l'incorporazione di quel monastero in questo Collegio Praghense Et perchè mi pare aver sentito dalla bocca del
R. P Natale [2], che sia tanto applicar una cosa alla Compagnia, quanto
alla Sedia Apostolica [3], spero che in queste faccende et procure io son
fuora d'ogni pericolo della coscienza, ancorachè innanzi la dispensa
sia fatta questa incorporazione Reale per l'autorità della Maestà
Regia, la quale sono tanti anni che ha governato per un Capitanio [4]
quel monastero et applicato li beni alla camera Boemica. Ora Sua
Maestà si contenta, che per mezzo della R. P. V. cerchiamo la dispensa di Sua Santità, che quelli beni in perpetuo siano incorporati a
questo Collegio Pui temo che Sua Maestà avendo tanto qui da far
et stando tanto poco tempo in Piaga, perchè molto festina alla Dieta
imperiale et Ratisbonense, non potrà per adesso espedire del tutto

stranda, ita ut ipsorum sit, debita exigere, agios colere, construere quae construenda
erunt etc [1] Atque haec omnia nostrae utilitatis et commoditatis gratia fiunt, monasterium enim illud longissime a nobis distat, et labor foret intolerabilis, hisce praesertim
locis et temporibus, nostris impensis colere et curare, quaecunque ad monasterium
illud pertinent Nunc assidue urgemus, ut pactum hoc serenissimi regis auctoritate
ad summum pontificem mittatur una cum libello supplici, quo facultas petitur monasterii illius collegio pragensi attribuendi Et quia ex R P Natali audivisse mihi
videor [2], idem esse Societati aliquid attribuere ac sedi apostolicae dare [3], me in negotiis hisce et pactionibus ab omni conscientiae periculo immunem fore spero, etiamsi
reapse auctoritate regia bona illa nobis attributa sint, antequam pontifex dispen-
sasset Ex multis annis per centurionem quendam rex monasterium illud administravit eiusque bona camerae bohemicae attribuit [4] Nunc autem ei placet nos per
R P V a summo pontifice dispensationem petere, qua bona illa collegio huic in
perpetuum attribuantur Attamen timeo, ut rex, plurimis hic occupationibus distentus
et per brevissimum tempus Piagae mansurus — valde enim festinat ad comitia
imperii Ratisbonae habenda — hoc negotium nunc absolvere possit, quod in collegio

[1] Epistula latina „exigere debita, locare subditos, agios colere et pro arbitrio
rem oeconomicam administrare"

[2] Epistula latina „Et quoniam ex Pat Natale coram intellexi, quae appli-
cantur auctoritate saecularis Principis nostrae Societati, perinde se habere, ac si
sedi Apostolicae adjudicata fuissent "

[3] Hoc certe haud ita plane est dictum, quod accuratius explicare longum est
Ceterum quid iuris ac potestatis Ferdinandus in monasterio illo, a Carolo IV im-
peratore et Bohemiae rege olim condito, habuerit, nunc exacte definire difficile fuerit
Ceterum vide, quae infra scribentur in epistula Canisii 11 Iunii 1556 data

[4] Ferdinandus inde ab a 1551 id fecit, opera utens Iacobi de Haag „capitanei".
Vide infra, epistulam 11 Iunii 1556 ad S Ignatium datam

questo negozio, cioè di dotare et fondare questo Collegio Non man-
cherò' più della parte nostra di sollecitare quanto sarà più possibile,
et così circa li debiti già fatti nella fabbrica, li quali potessino arrivare a mille fiorini [1]

Quanto all arrivo delli carissimi fratelli, il[b] quale è stato a 21 di
aprile [2], vero è che loro hanno avuto materia et occasione di esercitare
la pazienza [3] prima, avendo lasciate le vesti et anchora fatto debiti
in Vienna [4] secondo, trovando quì nel monasterio anchora li Frati di
S Domenico li quali anchora non sono usciti, benchè il Re li habbia
di ciò ammoniti et avvisati con la propria bocca [5]: terzio [?][c], non
trovando recapito di letti[6] et massime di denari, siccome ho detto di

nostro dotando et constituendo versatur Nec tamen nos omittemus rem urgere,
quantum poterimus, ac solvendo quoque aeri alieno instare, quod in aedificando iam
conflatum est et ad mille ferme florenos pertingit [1]

Quod ad carissimorum fratrum adventum attinet — advenerunt 21. Aprilis [2] —
copia sane et occasio patientiae exercendae ipsis non defuerunt [3], primo enim Viennae
vestes reliquerunt et aes alienum denuo contraxerunt [4], secundo, in monasterio hoc
fratres dominicanos invenerunt, qui nondum emigraverunt, licet rex eos appella-
verit et coram cohortatus sit [5], tertio, nec lectulos hic invenerunt [6], neque etiam pecuniam quod iam ante rettuli Ideo multis diebus nemo eorum domo egredi potuit

---

   [a] Sic, mancherà [?]   [b] la apogr   [c] Sic apogr , tertio [?]

   [1] 1000 florem rhenenses ferme = 1715 „Mark“ vel 2140 „Francs“
   [2] Hunc diem et Orlandinus (l c l 16, n 20) et P Georgius Crugerius S J
pragensis (Sacri Pulveres mensis Aprilis [Litomissln 1669] p 119) habent Schmidl
l c I, 81 scribit 18 Aprilis et Socios advenisse, et Canisium monasterii clementini
„plenam possessionem adiisse“, atque ideo diem illum „Fundationis titulo celebrari“
Prius certe falsum est
   [3] Epistula latina „21 Aprilis appulerunt, adversis casibus non paucis
in via exercitati, puto ut fortiori animo, iam ad dura eruditi, similia hic perferrent“
   [4] Superest pars epistulae hispanicae, inscriptione carentis (primum edita in
„Cartas de San Ignacio“ VI, 155—158), in qua Polancus refert Socios pragensi
collegio destinatos Romae viaticum, quod Ferdinandus rex iis suppeditare voluisset,
frustra exspectasse, ideoque se ab amicis romanis 110 ducatos mutuos sumpsisse
Epistula Polanci P Nicolao Lanoio, collegii viennensis rectori inscripta esse videtur
vel P Ioanni Victoriae hispano (qui Viennae annis 1558—1562 rector fuit), non
vero Canisio huic enim Polancus hispanice scribere non solebat ac Canisius certe
in hac epistula aliquid rescripsisset, vel saltem significasset se litteras illas accepisse
   [5] Solam aream monasterii potissimam partem desolati et rudera exigua
Clementini templi vel potius capitularis sacelli superiores Praedicatoriae familiae Patri Petro Canisio cesserunt [4] Aliqui eius ordinis fratres in monasterio
S Clementis habitaverunt usque ad a 1562, quo Fr Fridericus Borzekowsky, prior
postremus, totum aedificium Societati tradidit Ita quidem Hammerschmid l c
p 85 86 Schmidl vero l c I, 81 refert Anno 1556 patres illos „non modo vo-
lentes sed et laetos ad S Agnetis Coenobium properasse, idque ipsum una omnes
suis testatos esse chirographis quae Canisius, in futurum providens, dari sibi postularat“
   [6] Epistula latina „coguntur hic de nocte absque lecticis humi cubare“

sopra. Onde per molti giorni nissuno ha potuto uscire fuora per mancamento delle vesti, le quali ora si fanno di nuovo, perchè il P. Lanoy ci scrive di volere ritenere le altre già fatte per li suoi Pur con tutto questo ci troviamo allegri nel Signore, non dubitando della divina providenza et bontà [1], la quale ha commosso alcuni Signori di mandarci vino et cervosa, carne et pesci. Non si sente nissuno rumore, come innanzi temevamo, per la venuta delli nostri [2], et per molte ragioni ci confidiamo nel Signore d'hauere una scuola molto principale et eccellente in questo regno, siccome molti ci promettono, offerendo anco i loro figliuoli et volendoli mandarc di lontano, avendo in gran conto questi nuovi dottori et maestri di Sua Maestà, venuti tanto di lontano etc   Faccia Iddio che tutti rispondano all' espettazione di questa venuta Per molti rispetti [3] ci è parso più conveniente et al proposito di cominciar questa scuola dalle classi più basse, non dubitando che la V R così consiglarebbe, vedendo quì la disposizione degli uditori tanto poco et malissimo fondati et molto lontani dall' istituto di questa scuola [4].   Item li libri tuttavia ci mancano tanto per

ob vestium defectum, quae nunc de integro conficiuntur, P Lanoius enim nobis scribit, se eas, quae iam factae sint, in suorum usum retinere velle   Verum etsi haec ita sunt, laeti tamen sumus in domino, nil dubitantes de providentia et bonitate Dei [1], quo auctore proceres quidam vinum, cerevisiam, carnes, pisces nobis miserunt Rumores, quos ante timebamus, adventu nostrorum excitati non sunt [2], ac multis de causis in domino confidimus, scholam in hoc regno nobis fore valde praecipuam et eximiam, quod multi nobis offerentes atque etiam e longinquo ad nos mittere parati, permagni enim novos hos doctores et magistros regios faciunt, qui e tam dissitis regionibus huc venerint etc Efficiat Deus, ut nemo eorum spem fallat, quae eorum adventu excitata est Nobis multas ob causas [3] melius et utilius visum est, hanc scholam ab inferioribus classibus incohare, nec dubitamus, quin reverentia vestra idem nobis suasura esset, si videret, quam rudes sint hi auditores quamque male instructi ac longe distantes ab huius scholae ratione atque instituto [4]   Accedit, quod libros nondum accepimus et nobis et auditoribus

---

a nissino (?)oji

---

[1] Epistula latina „In tantis rei domesticae angustiis hilares in Domino vivimus, semper freti illius providentia qui coeli pascit volucres, et lilia agri induit decore "

[2] Vide relationem de Sociorum adventu ab Hussita quodam scriptam apud Schmidl 1 c I, 102

[3] Epistula latina „post longam hac super re habitam inter nos disceptationem"

[4] S Ignatius Romae 12 Februarii 1556 Sociis Pragam profecturis copiosam dedit institutionem italice scriptam, in qua etiam haec constituit „Se vi sarà disposizione di uditori, leggano le cose della teologia scolastica   Potrà farsi una lezione di S Scrittura   Vedasi se sarà a proposito una lezione di casi morali Delle scuole pare che per adesso basterebbero tre, una per li mediocri che intendessero il maestro in latino, un' altra per li più provetti dove si leggesse rettorica e libri maggiori, e la terza dove si leggesse il greco e l'ebreo   Per li minimi per adesso non pare che si diano maestri, ne classe" (Tota institutio primum edita est in „Cartas de San Ignacio" VI, 455—464 137—155)

noi, come anche per li uditori[1]. Et questi Signori et Patroni nostri avrebbeno grande dispiacere vedendo tanto poca gente venire alla schola, se attendessimo solamente alle classi più grandi Sua Maestà non ci ha dato, come speravamo et desideravamo, il suo aiuto et favore a pubblicare questa scuola[2]; ma si mostra più contenta che cominciamo con quanta si potrà modestia et humiltà, per non movere questi cervelli della città et Università Praghense, la quale ogni dì più procede per via delli heretici*[3].

Credo che V R saprà per altre lettere delli nostri, sicome alla domenica, otto dì sono[4], quando io celebrava nell' altare maggiore, mi salutarono con una pietra[5] gittata per la finestra. Et dopo nella festa dell' Ascensione[6], stando il P Cornelio[7] alla messa dopo la consecrazione, venne un Boemo a lui, parlandogli con parole male, et reprehendendolo quasi per la sua idolatria, et al fine levò la mano

---

necessarios [1] Domini autem his ac patronis nostris valde displiceret, si tam paucos scholam frequentantes viderent, venirent autem valde pauci, si solis superioribus classibus operam navaremus Regis auxilium et favorem exspectabamus et exoptabamus ad scholam hanc Bohemis promulgandam et indicendam, at spes nos fefellit [2], praeoptat enim rex, ut nos quam maxima cum modestia et demissione incipiamus, ne civium istorum atque academiae pragensis nam concitemus, quae in dies magis in via haereticorum amplius progreditur [3]

Puto nostros reverentiae vestrae iam scripsisse, me octo abhinc dies, dominica die [4] in altari summo missae sacrificium offerentem, lapide [5] salutatum esse per fenestram iacto Postea, die festo ascensionis domini [6], ad P Cornelium [7] sacrum facientem, consecratione peracta Bohemus quidam accessit, contumelias in eum dixit, obiurgavit, tamquam idololatriam perpetrantem, manum denique sustulit, ut eum

---

* heretici *apogi*

---

[1] Multos quidem libros, etiam hebraicos, Socii pragenses Romae collegerant, sed Ignatius volebat eos, Dei providentiae confidentes, solum libellum „De imitatione Christi" secum asportare Quae copiosius enarrantur a *Schmidl* l c I, 87

[2] Epistula latina „Ma sua ut exspectabamus fore, nondum publicas scholas nobis aperuit" Quod *Riess* (l c p 139) vertit. „Wie wir voraussahen, hat Seine Majestät uns noch keine öffentlichen Schulen übergeben "

[3] Attamen Scribonius praepositus et capitulum metropolitanae ecclesiae pragensis 4 Iulii 1556 omnibus contionatoribus urbis pragensis mandarunt, ut proxima die dominica e suggestu ludum Societatis 8 Iulii aperiendum fidelibus indicerent et commendarent Mandatum hoc primum in lucem emissum est a *Puchler* l c I, 150, exstat etiam in „Cartas de *San Ignacio*" VI, 642—643 Orlandinus, Crugerius, Schmidl ludum 7 Iulii apertum esse scribunt

[4] 10 Maii   [5] Epistula latina „praegrandi lapide"

[6] 14 Maii Epistula latina „pridie Ascensionis Domini"

[7] De P Cornelio Brogelmanno v supra p 272[1], et instructionem peculiarem, quam S Ignatius Pragam profecturo dedit, in „Cartas" VI, 462—463 153 Ei officium „ministri et confessarii domus" Pragae obtigisse refert P *Georgius Varus* (Ware) S J (Anglus, ex dioecesi tollensi ortus, † Pragae anno 1582, *De Backer* l c III, 1487) in „Historia fundationis Collegii Pragensis", cuius unum tantum superest folium, in bibliotheca universitatis pragensis, Cod „I A 1"

per dargli un pugno, et a batterlo, dicendo in lingua Boema, Non
mihi respondes? Et Iddio pur diede la sua grazia, che il nostro
Gasparo servendo alla messa [1] et un altro vecchio ritirassero quell'
uomo dall' altare et il menasseio murmorando di fuori senza aver
procaduto a cosa alcuna di male Donde V R può intendere la disposizione della gente, massime essendo tra questi Boemi tanti Piccardi,
Anabattisti, Giudei, Zuingliani, Hussiti et altre sette. Pui hauemo
concluso di cominciar ad aprire la schola circa l' ottava della SS Tri-
nità [2], et [3] faranno li suoi principii [4] li RR dottori Enrico [5] et Tilia [6]
insieme col Retore seu Rethorico [7], li quali facendo le loro orazioni

pugno caederet ac percuteret, bohemice dicens   Non mihi respondes ? Sed Deus
nobis adfuit, Gaspar noster, sacerdotis minister [1], et senex quidam hominem ab
altari abstraxerunt et murmurantem eduxerunt, priusquam mali quicquam executus
esset   Ex his rebus R V cognoscere potest, quam male Bohemi hi affecti sint,
inter quos permulti sunt Picarditae, Anabaptistae, Iudaei, Zuingliani, Hussitae,
aliorum haereticorum sectatores   Attamen scholam nostram circiter octavam sanctissimae Trinitatis [2] primum aperire decrevimus [3], „principia“, quae vocant [4], sua
reverendi doctores Henricus [5] et Tilia [6] simul cum rhetore sive rhetorico [7] facient,

[1] Hic „Casparus Conger“ a S Ignatio vocatur in litteris commendaticiis
25 Ianuarii 1556 datis, quarum apographum, XVII ˙vel XVIII saeculo scriptum,
exstat Viennae in archivo aulae caesareae Oesterr Akten, geistl Archiv, Iesuitica
418, cf „Cartas“ VI, 446   Varus scribit (l c) „Casparum Kongum Labacensem
Carniolum“ „in postrema“ classe collocatum esse
[2] Eo anno dies festus sanctissimae Trinitatis fuit 31 Maii
[3] Vide supra p 618 [3]   „Ordinem lectionum“ cum catalogo librorum explican-
dorum etc posuit Pachtler 1 c I, 150—152, atque inde transcriptus est in „Cartas“
VI, 643—645
[4] Id est scholas suas sollemniore disputatione incipient, quae etiam „inceptio“
dicebatur
[5] P Henricus Blyssem epistulam ad Romanos et Nicolai Clenardi grammaticam hebraicam expositurus erat (Ordo lectionum 1 c) Is anno 1526 Bonna
ortus, P Leonardo Kesselio auctore a 1552 Romam in collegium germanicum venit
et ex eo in Societatem transiit („Henricus Blissemius Bonnensis“ ˙Catalogus collegii
germanici, ad a 1552, p 3, cf supra p 445 [2]) Pragae catecheta ecclesiae metropolitanae et contionator Ferdinandi archiducis fuit Collegio pragensi a 1561—1570,
graeciensi 1570—1575, provinciae austriacae Societatis 1575—1586 praefuit, obiit
Graecii 24 Aprilis 1586 (Card Steinhuber 1 c I, 38 Sommervogel 1 c I, 1550
ad 1551 Fr Mart Pelzel, Boehmische, mährische und schlesische Gelehrte und
Schriftsteller aus dem Orden der Jesuiten [Prag 1786] p 1 Georg Weis S J,
Gloria Universitatis Carolo-Ferdinandeae Pragensis [Pragae 1672] p 110—111.
Alfr Hamy S J, Galerie illustrée de la Compagnie de Jesus I [Paris 1893], n 42)
[6] Ioannes de Tilia (Tilianus, van der Linden) geltrus (Romae doctor theologiae
creatus, mortuus Laureti a 1559), „porphyrianam Isagogen et Logicam Aristotelis“
ac „Grammaticam Nicolai Clenardi graecam“ explicaturus erat, atque etiam aliquid
„ex Mathematicis“, „siquidem librorum et auditorum commoditas ita feriet“ (Ordo
lectionum 1 c Delplace, L'établissement etc p 4 ˙)
[7] „Magister Guilhelmus“ „libros ad Herennium“, Ciceronis orationem pro Milone, „Horatium de arte poetica vel simile quiddam“ expositurus erat In „ordine
lectionum“ „Antverpianus“, in litteris autem commendaticiis „Geldrensis“ vocatur
Sunt, qui censeant eum esse Guilhelmum illum Brochaeum (von dem Broch, Bro-

mostreranno bene, come spero, che non manca mente ex parte sua per
leggere a bastanza nelle loro professioni Vero è che sarebbero piu
aiutati per questo, se fussino innanzi introdotti et versati in leggere
alcuna cosa pubblicamente Del P Tilia si potrà haver piu dubbio,
se sarà sufficiente a portar questo peso in filosofia et matematica
(perchè la scolastica non pare quì niente a proposito) massime lamen-
tandosi egli della debilità sua nella sanità corporale, et hauendo ancho
il consenso del medico che andasse alli bagni, et così almanco avrebbe
da perder un mese Del resto scriverà diffusamente il R. P. Rettore [1].
Io raccomando me et tutto questo Collegio alle sante orazioni della
R P V Et secondo che il Re in ha dato ordine, non mi partirò
di qua insin a tanto che le schole sieno in ordine et le stanze fornite
et li debiti ridotti a qualche buon fine

Quanto alla fondazione perpetua di questo Collegio ci rispose il
fedelissimo padrone nostro Vececcancellario di Sua Maestà [2], che siccome li nostri in Vienna a poco a poco sono arrivati alla finale risoluzione di Sua Maestà per hauer una lettera della perpetua fundazione

---

quos orationibus suis probaturos esse spero ex sua quidem parte nil deesse ad suum
litterarum genus sat bene tradendum Facilius certe haec praestare possent si
antea ad publicam aliquam scholam habendam instituti et exerciti essent De patre
quidem Tilia magis dubitari potest an onus hoc philosophiae et mathematices tradendae ferre possit (scholastica enim theologia huic loco minime convenire videtur)
praesertim cum queratur, se valetudine imbecilliorem esse atque etiam medico
placuit eum ad aquas proficisci, sicque unius minimum mensis iactura ei facienda
esset Cetera R P Rector copiose exponet [1] Ego me totumque hoc collegium
sacris reverendae paternitatis vestrae precibus commendo Regi ut morem geram,
hinc non discedam, antequam scholae bene constitutae sint et cubicula parata atque
aes alienum ad bonum aliquem terminum reductum

Quod ad stabilem huius collegii constitutionem attinet regis vicecancellarius [2],
qui patronus noster est fidissimus sic nobis respondit Sicut viennenses fratres
nostri pedetentim ad diploma regium accipiendum pervenissent, quo reditus collegio

---

chens) vel Limburgium (quia ex oppido Dolham-Limbourg vel saltem ex ducatu
limburgensi ortus erat) qui, anno 1551 Romae in Societatem admissus, „disputationes de orationis vi ac necessitate" et alia nonnulla conscripsit, Moguntiae theologiam tradidit, anno 1583 Treveris decessit (*Delplace* 1 c p 3* *Curtus* VI, 133
Sommervogel 1 c II, 194)

[1] Lismanus Goisson Bellomontio (Beaumont, regni belgici oppidum) ortu-
canonicus thunensis (Thun), a 1556—1558 collegii pragensis rector fuit, a 1565
seminarii romani „superintendens" constitutus est a 1567 dioecesim beneventanam
lustravit, per multos etiam annos Romae eorum, qui ad sacros ordines promovendi
essent, tentaminibus praeerat, Lovanii a 1578 decessit (*Hammerschmid* 1 c p 103
Card *Steinhuber* 1 c 1, 82² *Delplace* 1 c p 2* *Franc Sacchinus* S J, Historiae
Societatis Iesu pars tertia [Romae 1649] 1 1, n 52, 1 3, n 42 43 p 20 99—100
et pars quarta [Romae 1652] 1 4, n 151. p 190) Thunum tunc ad agrum leodiensem pertinebat, et hine factum esse videtur, ut P Goisson nonnumquam „Leodiensis" diceretur, v g in *„Synopsi chronologica Rectorum Collegii S J Pragae
ad S Clementem" (1556—1709), quae Viennae in archivo aulae caesareae exstat
Oesterr Akten, geistl Sachen, les 422   [2] Iacobus Ionas

circa la entrata, che così anchora quì bisognaria aspettare un poco
Et certo mi pai che sia molto per adesso hauer impetrato quelli detti
mille et quattrocento daleri. Benchè non sappemo anchora quanto
habbiamo di applicar di questa summa alla sustentazione delle tre o
quattro persone ecclesiastiche, le quali secondo l'ordinazione di Sua
Maestà hanno di stare in quel monasterio Oibinense, siccome scrive-
remo dappoi più diffusamente.

Speriamo che il dottor Enrico comincierà a predicar in tedesco
alle feste di Pentecosta nella nostra chiesa con la grazia di Cristo.
Dimane si partirà di quì il Seremissimo Re per Vienna et alla Dieta,
et heri mi disse che ci guardassimo quanto fusse possibile di non far
troppe spese, essendo tanta carestia delli denari, dandomi anchora
licentia d'andare in Ingolstadio per aiutar quel Collegio, quando le
cose fussero quì bene conciate. Oggi il Magnifico Viceccancellario ha
menato con seco il R. P. Dottor Gaudano[1] in Vienna, perchè Sua R
qui è stata tre o quattro settimane, et ha guadagnato non poco di
sanità per la grazia di Cristo nostro Signore.

Dirò una cosa del detto Viceccancellario, acciò sia più conosciuto
et honorato questo padrone della Compagnia, il quale quasi tutto ha
fatto et fa circa il Collegio di Vienna et questo di Praglia per conservar et difendere li nostri. Vedendo egli gran difficultà et dilazione
in espedire le cose nostre appresso di questi Signori, alli quali Sua
Maestà ci ha rimessi, lui andò stesso al principale et dopo anchora
a tutti non solamente facendo istanza per hauer la spedizione pel

---

perpetuus constitueretur, ita hic quoque aliquantulum exspectandum foie. Mihi sane
multum modo videmur esse assecuti, mille et quadringentis taleris illis impetratis.
Sed nondum cognovimus, quantam illius pecuniae partem in tres quattuorve homines
ecclesiasticos impendere debeiemus, quos rex in monasterio illo oibiensi iubet commorari, qua de re postea uberius scribemus.

Speramus, doctorem Henricum festo die Pentecostes primum sermonem germanicum in ecclesia nostra Deo iuvante habituium esse. Cras serenissimus rex
hinc discedet, Viennam et ad comitia profecturus, is heri mihi dixit, cavendum esse
nobis, quantum fieri posset, a nimia pecuniae impensa facienda, in tantis pecuniae
angustiis, qui etiam mihi concessit, ut rebus huius collegii bene dispositis Ingolstadium proficiscerer ad collegium illud adiuvandum. Hodie magnificus viceeancel-
larius R P doctorem Gaudanum[1] secum Viennam reduxit, qui pater reverendus
per tres quattuorve hebdomades hic degit ac Christo domino nostro iuvante multum
convaluit.

Unum addam de viceccancellario illo, quo magis patronus hic Societatis nostrae
cognoscatur et honoretur, qui quasi cuncta praestitit ac praestat, quae ad fratres
nostros viennenses et pragenses conservandos et defendendos spectant. Is cum res
nostras ab iis, ad quos rex nos remiserat, aegre et admodum lente curari videret,
ipse cum. qui principem inter eos locum tenet, ac postea etiam omnes adit, nec
solum institit, ut negotium collegii nostri conficeretur, sed et aperte iis dixit ac

---

[1] P Nicolaus Goudanus eo tempore theologiam scholasticam in universitate
viennensi tradebat (*Wappler* l c p 377)

nostro Collegio, ma anchora dicendo chiaramente et altrove poi ripetendo, che volesse più presto lasciare il suo officio, la Corte et il Re medesimo, che vedere restar li nostri senza la spedizione circa il Collegio   Pensate voi, diceva, che Sua Maestà chiamò qui questi Padri per morire della fame? et con altre parole anchora li diede buoni rabbuffi, niente curandosi che li heretici et altri gli vogliono tanto male etiam per noi altri

V R. mi perdonerà, s io sono stato troppo lungo   Li cattolici Signori di Boemia, essendo stati in questa Boemica Dieta, si mostrano affezionati a noi altri, et spero che ci manderanno gente per la schola Non altro, se non che V R ci abbia sempre per raccomandati   Ex Collegio Praghense [sic] apud Sanct Clementem xvij Man[1] 1556

Figliolo indigniss Piedro Canisio.

† Al molto Reverendo Padre mio in Christo il Padre Maestro Ignatio de Loyola preposito generale della Compagnia de Giesú Roma.

Epistulae archetypae manu eiusdem temporis adnotatum est "Receuuta alli 21 di Giugno"

postea alibi repetiit, malle se officio se abdicare et ab aula et rege ipso discedere, quam collegii nostri res infectas videre An existimatis, aiebat, patres hos a rege huc evocatos esse ut fame pereant? Aliis quoque verbis eos probe obiurgavit, nihil moratus, haereticos et alios sibi etiam propter nos esse infensissimos

R V mihi ignoscet, si prolixior fuerim Bohemiae nobiles catholici, qui comitus his Bohemicis interfuerunt, erga nos bene affectos se exhibent, spero, pueros qui scholam nostram frequentent, ab iis missum iri Aliud non habeo, nisi quod R V rogo, ut nos semper sibi habeat commendatos Ex collegio pragensi apud S Clementem XVII Man[1] 1556

Filius indignissimus Petrus Canisius

† Admodum reverendo in Christo patri meo, patri magistro Ignatio de Loyola, praeposito generali Societatis Iesu Romae

203.
SANCTUS IGNATIUS
CANISIO.
Roma 7. Iunii 1556

Ex „Cartas de San Ignacio" VI, 492—493. editores usi sunt exemplo, quod antea in archivo Societatis Iesu romano asservabatur, cf 1 c p 281 adnot 1 Epistulam eandem edidit Buss 1 c p 166 ex exemplo Monachii invento

Canisium primum praepositum provincialem pro provincia per superiorem Germaniam constituit

Ihesus

Ignatius de Loyola, Societatis Jesu Praepositus Generalis, Dilecto in Christo Fratri, Doctori Petro Canisio, Sacerdoti ejusdem Societatis, Salutem in Domino sempiternam

[1] Legit lat „III Man" quod falsum esse ex epistula ipsa patet

Quum crescente in dies numero eorum qui nostrum Institutum sequuntur et Collegiorum quae variis in locis[a] Societati nostrae fidelium erigit devotio, crescat etiam rebus multis providendi [et consequenter administrationis onera dividendi][b] necessitas, visum est in Domino expedire, ut iis qui sub nostrae Societatis obedientia in regno Bohemiae, in archiducatu Austriae, in ducatu Bavariae, et in universa superiori Germania sunt et pro tempore erunt, Praepositum Provincialem, qui seorsim eis praesit, constituamus Quum igitur de tua probitate, doctrina et prudentia, quae est in Christo Jesu, plurimum confidamus, Te Praepositum[c] supradictarum regionum cum omni ea auctoritate quam nobis Apostolica Sedes et Constitutiones nostrae concedunt, instituimus; rogamusque Deum Altissimum, ut ad hoc munus utiliter ad animarum auxilium et ipsius honorem obeundum gratiam suam uberem dignetur praestare

Datum Romae in aedibus Societatis Jesu, VII Idus Junii MDLVI[1]

L † S   Ignatius

His S Ignatii litteris in Societate Iesu constituta est „provincia Germaniae superioris", quae, separatis postea ab ea provinciis Austriae, Bohemiae, Rheni superioris, Bavariae, usque ad suppressionem Societatis anno 1773 factam perstitit et nostro saeculo in „provincia Germaniae" aliqua ratione revixit Integram seriem praepositorum provincialium Germaniae superioris edidit *Pachtler* l c I, XV—XVI

Canisius S Ignatio rescripsisse videtur Praga sub medium mensem Iulium a 1556

Falsa prorsus sunt, quae *Gothein* scribit de Canisio ab Ignatio, ubi primum hic praepositorum provincialium officium instituerit totius Germaniae provinciali constituto[2] Ignatius primum in Societate praepositum provincialem iam creavit anno 1546[3], quo Canisius vix noviciatu egressus erat, neque umquam ante saeculum XIX tota Germania unica Societatis provincia comprehendebatur Ignatius, cum initio Socios germanos ipse rexisset, anno 1556 simul provincias Germaniae superioris et Germaniae inferioris constituit usque Patres Canisium et Bernardum Oli verium praeesse voluit[4] Si quis vel obiter legerit litteras Ignatii supra positas, plane intelleget Canisium anno demum 1556 primum ornatum esse praepositi provincialis potestate eaque in sola superiori Germania fungi iussum

---

[a] variis locis *Riess*
[b] *Haec ex Riess suppleta sunt, in „Cartas" enim solo libraru vel typographi vitio omissa esse videntur, cum versio hispanica ibidem p 281—282 posita habeat* y consiguientemente de repartir las cargas del gobierno
[c] te in Praepositum *Riess*

---

[1] *Vitus Ludovicus a Seckendorf* asserit Ignatium anno 1541 provinciam „Germaniae" constituisse eique Petrum Canisium praefecisse (Commentarius historicus et apologeticus de Lutheranismo [ed 2, Lipsiae 1694] l 3, p 324) Seckendorfium sequitur *Ranpach* l c p 43 Sed anno 1541 Canisius Societatem Iesu nec ingressus quidem erat
[2] Ignatius p 760   [3] Cartas de *San Ignacio* I, 397—398
[4] Cartas de *San Ignacio* VI, 488 492—493 *Manareus* l c p 38—39 *Orlandinus* l c l 16 n 2

204.

SANCTUS IGNATIUS

CANISIO.

Roma 7 — 9 Iunii 1556.

Ex epistula S Ignatii archetypa, quae est in cod monac „Scriptt coll.
Ingolst " f 11

Ignatii epistula est etiam apud *Raderum*, Can p 76—79, *Agricolam* 1 c I,
D 2, n 26, *Menchacam* 1 c p 557—559, *Lipousky* 1 c p 65—67, in „Cartas de
San Ignacio" VI, 495—496 290—292

Iubet Canisium Ingolstadium proficisci

*S Ignatius Alberto V Bavariae duci Roma 9 Iunii 1556 Se, ubi ducis
litteras acceperit, effecisse, ut Soen, pontificis benedictione accepta, in Bavariam
proficiscerentur „Quod D Canisius antys Collegii Ingolstadiensis intersit, bona
cum uenia Serenss Regis Romanorum, pergratum nobis fuit, et eadem iam
scripsi, ut primo quoque tempore Ingolstadium se conferat, et ut sollicitus", de
ys cogitet, quae ad promouendum nouum collegium pertinent" Praepositum
Prouincialem nostrae societatis in Germania superiore, Boemia, et Austria, eam
constituo " [1]*

Haec ostendunt Ignatium Canisio cum diplomate (litteris „patentibus"), quo
eum praepositum prouincialem creavit (supra p 623), alteram quoque epistulam
misisse Quam reperire non potui

205.

CANISIUS

SANCTO IGNATIO.

Praga 11. Iunii 1556

Ex apographo, circiter annum 1865 a Boero ex archetypo descripto, quod
postea cum eodem collatam est Archetypum, quod Canisius solum subscripsit, est
in cod „Epistt B Petri Canisii 1 " p 209

ˢ sollicitus *Rad*
ᵇ *Ita archetypum Raderus, Agricola, Mederer, Menchaca, Lipousky, „Cartas"
comma hic posuerunt*

[1] Ignatius duci haec quoque scribit „Bonus ualde odor ex hac profectione, in
alma Vrbe sparsus est, ut referet Magnificus D Henricus Sweyckerus Secretarius V C
cui paulo latius ea de re scribo " In litteris autem illis ad Schweickerum 8 Iunii
datis (in cod „Antiqu Ingolst " f 5ᵇ—6ᵃ, etiam apud *Raderum* 1 c p 80—83,
in „Cartas" VI, 493—494 etc) Ignatius scribit „Inter alias causas, cur properaui-
mus Collegium Ingolstadium mittere, ante feruorem aestatis, illa etiam fuit, ut sinister
quidam rumor qui post Augustanam Diaetam in urbe coepit increbrescere, ac suspi-
tiones non uulgarium hominum, contrario ueritatis experimento statim sopirentur"
(cf supra p 609) Polancus quoque eodem die ad Schweickerum epistulam dedit
italicam quae nondum edita est, eius apographum est in cod „Antiqu Ingolst " f 6ᵃ

625

Se cum tribus regis commissariis monasterium oybinense adusse, intentarium fecisse, praefectum a munere amouisse Zittariensibus ad decennium administrationem monasterii traditam esse Quid collegio pragensi ec eo obtenut Quid a collegio praestandum sit ad cultum dicinum conservandum etc Ferdinandum supremum monasterii dominium sibi excepisse Zittarienses et ciusdem regionis nobiles fere Lutheranos, sacerdotes paucissimos esse Duos sacerdotes officio a se privatos esse Pragae nobilium puerorum contubernium a Socies instituendum atque etiam Utraquistas in illud recipiendos esse Ingolstadium bonos ab Ignatio philosophos mitti oportere Se sola obedientia ab uno loco ad alterum transferri velle, Austriacis missum esse

Ihesus. Maria
Molto Reverendo in Christo Padre mio.
Pax Christi.

Essendo io oggi tornato di quello monasterio di Oibino Ordinis Celestinorum, il quale per volontà di Sua Maestà oia sta incorporato a questo Collegio, salvo che bisogna con le spese nostre nutiie in quello luogo quattordici o sedici persone id est due o tre preti con tutta la famiglia necessaria a conservare quel monastero et castello convicino, non posso far manco se non esplicare tutto quell che m' occorre circa questo monasterio, pel cui rispetto Sua Maestà primieramente si muove a fondar et dotaie questo Collegio nostro Praghense

Sappia dunque la V R che tie grandi Signori della Coite sono stati deputati da parte [di] Sua Maestà per andare meco a quel detto monasterio con una certa informazione, o per dir meglio istruzione a disporre delli beni et entrate del detto monasterio, acciò di quelli fosse più servito il nostro Collegio Onde è stato ordinato, che un capitaino o governatore, il quale insin' a qui ex parte di Sua Maesta ha avuto il reggimento sopra tutto il monasterio desolato, ora fosse per mezzo delli detti tre commissaiii et signori di quell' offizio privato

---

Iesus Maria

Admodum reverende in Christo pater

Pax Christi

Hodie ex monasterio illo oibinensi, ordinis Coelestinorum, redii, quod regis iussu collegio huic nunc attributum est, ita tamen, ut nostris sumptibus loco illo quattuordecim vel sedecim homines alere debeamus, id est duos tresve sacerdotes cum omni familia, quae ad monasterium illud et castellum vicinum conservanda erit necessaria Facere igitur non possum quin omnia exponam, quae ad monasterium illud spectant, cuius intuitu potissimum rex pragense hoc collegium nostrum condere et dotare in animum inducit

Sciat itaque R V, tribus aulae proceribus a rege commissum esse, ut mecum monasterium illud adirent cum informatione quadam vel, ut melius scribam, cum litteris, quibus de bonis ac reditu monasterii ea constituere iubebantur, quae collegio nostro quam commodissima forent Decretum igitur est ut centurio quidam sive praefectus, qui usque ad illud tempus regis nomine toti illi monasterio deserto praefuerat, modo per tres commissarios et proceres illos a munere suo et praefectura

et supertendenzia sua [1] Item, che in loco suo fossino subrogati li signori et senatori della città vicina, la quale si chiama Zittavia, acciò costoro infin a diec' anni pigliassino l' amministrazione delli beni et entrate del monasterio [2] La causa di questa translazione è, che Sua Maestà avendo informazione circa il mal governo del detto capitanio, et vedendo che per via degli altri signori Zittaviensi li predetti beni sarieno governati et amministrati più fedelmente che dagli altri gentiluomini, et movendosi anchora per quella grande offerta della summa mille et quattrocento daleri, la quale non si potria così havei d' altri, finalmente si risolse etiam secondo li nostri prieghi, che quelli Zittaviensi avessero l' assicuramento quanto alli dieci anni prossimi di poter godere di quello monasterio con queste condizione   Prima, che ogni anno sieno obbligati pagar in mano del Rettore del nostro Collegio quella somma di mille et quattrocento daleri, numerando la mezza parte di sei mesi in sei mesi   Seconda condizione è, che habbino di resaicire et conservar li tetti di tutto il monasterio di Oibin Item, che due volte nell' anno con le loro spese condurranno alcuni de' nostri a quello monasterio per visitarlo, lasciando a noi altri la superintendenzia et ogni podestà in spiritualibus, massime circa le persone ecclesiastiche, le quali secondo la nova ordinazione di Sua Maestà haueran di stare quivi   La terza è, che per la sustentazione delle detto persone ecclesiastiche con le loro famiglie id est, per intertenere quatuordici o sedici persone saranno reservate certe entrate et case più vicine al monasterio   Acciò habbino la sufficienzia di legni, di pane, latte ecc

---

amoveretur [1] Decretum est etiam, ut in eius locum substituerentur civitatis vicinae quae Zittavia vocatur, domini et senatores, qui monasterii bona ac vectigalia per decem annos administranda susciperent [2]. Haec autem administratio ideo in Zittavienses translata est, quod rex centurionem illum male praefuisse cognoverat simulque intellegebat. bona illa per Zittavienses illos fidelius curatum et administratum iri quam per alios viros nobiles movebatur etiam rex mille quadringentis talerii, quos singulis annis se soluturos Zittavienses pollicebantur, tanta enim pecunia ab aliis accipi non poterit, tandem nostro quoque rogatu rex Zittaviensibus illis de monasterii usu fructuque ad decem proximos annos cavere deliberavit his condicionibus Prima est ut singulis annis in manus rectoris collegii nostri mille quadringentos taleros illos solvere debeant. dimidiam partem sexto quoque mense solventes Secunda est, ut totius monasterii oibinensis tecta resaicire et conservare debeant atque ut his singulis annis aliquos ex nostris ad monasterium illud inspiciendum suis impensis advehant, et ut rerum sacrarum supremam curam potestatemque omnem nos exerceamus, imprimis in homines ecclesiasticos ex recente regis mandato ibi moraturos Tertia condicio haec est ut ecclesiasticis illis eorumque servis alendis sive quattuordecim sedecimve hominibus sustentandis vectigalia quaedam et domus monasterio viciniores reserventur, ne ligna panes lac cetera eis desint

---

[1] Inde ab anno 1551 Iacobus de Haag in monte Oybin „capitaneus" arcis sive castelli regii et administrator bonorum monasterii erat   De quo *Peschcck* l c p 81 ad 82, et *Ifr Moschkau*, Oybin Chronik (Böhmisch-Leipa 1885) p 251—256
[2] Litterae oppignorationis vel elocationis illius iam mense Aprili (die festo

Ora con queste condizioni hanno accettato li detti Signori Zittaviensi il governo di questo monasterio per dieci anni   Et in questo
pensa Sua Maestà di haver fatto gran favore et grazia a noi, poichè
non siamo obbligati alla administrazione delli beni temporali in quello
loco; perchè sarebbe un assunto insupportabile a questi tempi et in
queste bande   Item anchora che noi fossimo immediati amministratori
di tutte l' entrate, tamen Sua Maestà vuole il dominio et giudicio
supremo essere reservato alli Re di Boemia secondo la prima fondatione di Carlo iiij Imperat . et così anchora fa exceptione circa
questo caso nella lettera di nuovo fatta et data alli Zittaviensi sopra
il predetto contratto di mille et quattrocento daleri

Pur acciò V R non si meravigli del termino di dieci anni fra
li quali dura questo contratto, Sua Maestà vuole esparmentare come
questi Zittaviensi saranno fedeli a dispensar li beni sopradetti. di modo
che non facendo loro circa la indennità del monasterio il debito officio,
possino essere privi della lora [sic] amministrazione   Et per salvar tutto
il monasterio in suo buon essere, molto ci' hanno sforzato li sopradetti tre commessari con meco in questa peregrinazione, distinguendo
li termini delle possessioni et facendo inventare di tutto quello che
si à [sic] potuto trovare de villis, de bestiis, de piscinis, de silvis, de
supellectile etc   Et questa diligenzia in scrivere et notare tutte le
cose et comandare poi la procurazione a quelli Signori Zittaviensi,
per se ci ha tolto quattordici dì.   Sia lodato Iddio il quale ha dato
tanta pazienza et buona volontà di eseguire tutto in particolare et
di andare a piedi per tanti luoghi aspri et selvatici et montosi

Iam hisce condicionibus domini illi zittavienses monasterium hoc per decem
annos administrandum susceperunt   Qua re magnum rex censet se nobis praestitisse favorem et gratiam, ab onere bonorum illorum eo loco administrandorum
liberatis, quod his temporibus et in his regionibus intolerabile esset   Atque etiamsi
nos ipsi vectigalia omnia administraremus   tamen rex supremum dominium et iudicium penes Bohemiae reges esse vult   id quod etiam Carolus IV imperator in ipsa
prima monasterii constitutione decreverit, ideoque haec etiam in litteris excepit
quae nuper de mille quadringentis taleris factae et Zittaviensibus traditae sunt
Ne miretur R V , pactum hoc ad decem tantum annos factum esse   rex diserte
significavit, velle se videre, quam fideles Zittavienses illi in bonis illis administrandis
se praestarent, cosque ab administratione submoveri posse, si monasterii indemnitati
haud recte consulerent   Atque ut totum monasterium in bono statu permaneret tres
illi commissarii una mecum in hoc itinere multum laboraverunt, possessionis fines
terminantes et distinguentes, atque inventarium conscribentes omnium, quae inveniri
poterant, villarum, iumentorum, piscinarum, silvarum, supellectilis etc   Sic singulas
res accurate scribentes et notantes earumque curam Zittaviensibus illis committentes
quattuordecim dies consumpsimus   Deo grates agantur . quod patientiam bonamque
voluntatem tribuerit, qua singillatim cuncta exsequi et plurima loca aspera, mon-

─────────────

' Ita apogr , si ' Ceterum cf supra p 116 '

S Georgii) 1556 datae sunt   Praeter 1400 illos taleros Zittavienses etiam alias
quasdam pecunias Ferdinando suppeditare debuerunt (Moschkau 1 c p 256)

Conciosia cosa che questo monasterio, il quale anche è detto Mons
Paracleti, sia sopra una altissima montagna et in mezzo delli monti
et selve, talmente che non si podria quasi desiderar meghore luogo
per far una vita eremitica et penitenziale, massime nell' invernata,
quando il freddo lì è grandissimo et tutto il luogo orribilissimo et
quasi inaccessibile

Or dirò breve le difficultà, le quali si ci rappresentano circa la
predetta commissione et traslazione fatta ex parte di Sua Maestà
Il primo gravame mi par esser, che habbiamo de pigliar la somma
dei denari da quelli Signori Zittaviensi li quali forse per venti anni
sono stati in communione et partecipazione con li Luterani in dottrina
et in Sacramentis Ma io m' ho curato manco di questo, vedendo
dall' altra banda, che loro sieno più tollerabili degli altri gentiluomini,
alli quali avrebbe potuto venire et accadere quella amministrazione,
massime essendo tutti in queste bande Luterani et mancando ogni dì
più et più quelli pochi, li quali vogliono col nome solamente essere
chiamati cattolici Iddio ci dia sempre la grazia della Santa Chiesa

Il secondo gravame è, che Sua Maestà richiede da questo Collegio, che vogliamo essere visitatori delle persone ecclesiastiche, le
quali staranno nel monisterio, et che in caso che non si trovassero
due o tre preti [sic] seculari cattolici et honesti per intertenere il culto
divino in quel luogo, ch' allora alcuno o alcuni di noi altri auesse
d' andare di questo Collegio per stare lì Io sopra ciò replicai chiaramente innanzi Sua Maestà dicendo, che questa obbligazione sia pre-
giudiziale alla Sua Maestà et all' Instituto nostro per rispetto, che le
persone di questo Collegio, anchora che fossino più, non potrebbono

---

tuosa, silvosa pedibus peragrare possemus Hoc enim monasterium, quod etiam
mons Paracleti dicitur, in altissimo monte atque mediis in montibus et silvis situm
est, ac locus vix desiderari potest, qui vitae solitariae et piaculari aptior sit, inprimis hieme, cum frigus ibi maximum est totusque locus maxime horribilis et
aditu quasi carens

Nunc difficultates breviter proponam, quae commissioni illi ac translationi a
rege factae obici posse videntur Primum impedimentum mihi videtur esse in eo,
quod pecuniam a dominis istis zittaviensibus accipere debeamus, qui per viginti
fere annos doctrinae et sacramentorum lutheranorum socii et participes fuerunt
Attamen hanc ego rem minus curavi, quod ex altera parte viderem, eos magis tolerabiles esse, quam nobiles illos, quibus haec administratio obvenire poterat, praesertim cum in his terris omnes lutherani essent et magis magisque in dies paucorum
illorum numerus minueretur, qui vel solo catholicorum nomine appellari vellent Deus
gratiam nobis tribuat qua semper in sancta ecclesia perseveremus

Secundum impedimentum est, quod rex ab hoc collegio exigit, ut visitatores,
quos vocant, hominum ecclesiasticorum in monasterio moraturorum agamus, utque
si duo tresve secculares sacerdotes catholici, honesti, cultui divino illic sustinendo
idonei non reperiantur, aliquis vel aliqui nostrum ex hoc collegio illuc transmigrare
debeant Ego ad haec coram rege plane respondi, hac conditione tum regiae maiestati tum societatis nostrae instituto praeiudicium afferri, huius enim collegii homines, etiamsi plures forent, in deserto illo monasterio tantum praestare non posse

in quello monasterio deserto far tanto frutto et promuovere la gloria
del Signore, sì come facciono nelli Collegii fondati et appresso la
gente in luoghi più convenienti Rispose Sua Maestà che noi altri
stando nel monasterio, o che fosse uno o che fosse ' più, non mancherebbe occasione di transcurrere alli luoghi vicini, ubi vere est messis
multa, et operarii ¹ nulli, talmente che per la esperienzia io ho
già conosciuto, che sono molte città qui vicine, ubi neque sacerdos
neque sacrificium, et ubi neque catholicos, neque lutheranos in Ecclesia
ministros invenire possunt. Ora partendosi Sua Maestà di quà volse
Iddio che nelle lettere autentiche circa il predetto contratto non si
facesse menzione alcuna di questo obligo. Ma io avviso ᵇ alla R V
che Sua Maestà mi ha mostrato l' animo suo, com' ho detto, et mo-
streià anchora più chiaramente senza dubbio nella lettera della fondazione Ma, come s' è scritto per altra volta, parve al Magnifico
Signor Vicecancellario ² d' aspettare altra occasione del tempo circa
sollecitare questa fondazione perpetua
    Ultimo ch' e il terzo e, che mancando la sustentazione et suffi-
cienzia temporale a quelle quattordici o sedici persone, le quali hanno
ad essere sustentate in quello monasterio, il Collegio ha da supplire
quello che mancherà, etiam circa gli edificii et altri accidenti Però io
desiderava di liberarci da questo carico et d' assegnare una certa
somma, forse di ducento o trecento daleri pel subsidio di quelli, acciò
il Collegio non fosse obbligato se non a quella certa somma annuale
Ma parve meglio per ora alli commissari di aspettare insino che aves-

ad communem utilitatem et dei gloriam augendum, quantum in collegiis bene constitutis et apud homines praestent, qui loca magis convenientia incolunt Respondit
rex, nostris in monasterio commoraturis, sive unus illic degeret, sive plures, occasionem non defuturam excurrendi ad loca vicina, ubi vere est messis multa et
operarii ¹ nulli, atque ego experiendo iam didici, multas in vicinia esse civitates,
ubi neque sacerdotes, neque sacrificium, et ubi neque catholicos neque lutheranos in
ecclesia ministros invenire possunt Cum autem rex hinc discessisset, dei providentia factum est, ut in ipsis pacti illius litteris nulla fieret mentio oneris illius
nobis impositi Ego vero R V certiorem facio, regem ea, quam scripsi, ratione
voluntatem suam mihi significasse atque sine dubio etiam apertius eandem significaturum esse in diplomate, quo collegium hoc in perpetuum constituetur Sed (quod
alias scriptum est) magnificus dominus vicecancellarius ² aliud tempus opportunum
nobis exspectandum esse censuit, quo litteras illas expeteremus
    Tertium et ultimum impedimentum hoc est Cum quattuordecim vel sedecim
homines illi, qui in monasterio alendi erunt, alimentis et victu sufficiente carebunt,
collegium supplere debebit, quae deerunt, etiam in aedificiis et si quid aliud forte
adversum acciderit Equidem eo onere nos eximere volebam et adiuvandis illis
certam pecuniam, quae fortasse ducentorum vel trecentorum talerorum esset, assignare
ita, ut collegium singulis annis plus quam certam illam pecuniam solvere non deberet
At commissariis consultius visum est nunc exspectare, donec usu cognovissemus,

ᵃ Sic archet , fossero ² fossino ²   ᵇ avvisa apogi

¹ Matth 9, 37 Luc 10, 2   ² Doctorem Iacobum Ionam significat

simo pighato la esperienza di quanto bisognerà a quelle dette persone
del monasterio, et che forse si sustenteranno sufficientemente con
quello che li è stato reservato dalle entrate, come è sopradetto

Doveva dire circa il secondo gravame, che sarà quasi impossibile
a noi altri di trovar sacerdoti secolari per conservare ivi il culto
divino, secondo la mente di Sua Maestà, perchè li sacerdoti per nessuni
denari si possono acquistare più in queste parti   Et noi in questa
commissione siamo stati sforzati di deponere due sacerdoti obligati
a quello monasterio, privandoli della cura pastorale, perchè hebbero
pighato donne in matrimonio, et secondo la setta luterana vanno con
li sacramenti[1]   Et pur non hauemo alcuno a subrogare in luogo di
loro   Faccia Iddio che il popolo ora non diventi peggiore, che era
di prima, hauendo occasione di ricorrere alla dottrina delli pseudo-
profeti vicini da ogni banda.

Tutto questo si dice per dare piena informazione di quello monasterio; acciò la R V. vogha ordinare sopra ciò quello che conviene
a gloria del Signore et a profitto di questo Collegio, il quale fin a
quì non ha potuto cominciare la scuola per impedimento della fabbrica, la quale presto si finirà, et per mancamento di denari neces-
sari a pagare alli creditori, li quali non ci lasciano vivere in pace
Spero che con la grazia di Cristo congregaro |?|[a] presto tre milha
daleri, et così questo Collegio avrà non poca comodità de giardini, di
stanze et fabbrica, piacendo al Signore   Molto ci molestano etiam

---

quid hominibus illis necessarium esset, fore enim fortasse, ut eo monasterii reditu,
quem iis exceptum esse supra scripsi, sat bene sustentarentur
    De secundo impedimento hoc mihi scribendum erat   ferme fieri non posse, ut
nos sacerdotes saeculares inveniemus, qui e regis voluntate cultum divinum illic
sustinerent, in his enim terris iam sacerdotes conduci non possunt, quamvis magnum
offeratur salarium   Et nos in hoc itinere duos sacerdotes monasterio huic addictos
a munere removere usque cura animarum interdicere debuimus, quia mulieres in
matrimonium duxerant et sacramenta more lutherano administrabant[1]   Nec tamen
habemus, quem in eorum locum substituamus   Faxit Deus ne populus nunc peior, quam
antea erat, evadat, ansam nactus perfugiendi ad doctrinam pseudoprophetarum ab
omni parte sibi vicinorum
    Haec omnia scribo, ut R V   monasterii huius res perspiciat atque ea constituat,
quae divinae gloriae et huius collegii utilitati convenient   Ludum aperire nondum
potuimus tum propter aedium exstructionem, quae tamen brevi absolventur, tum
propter defectum pecuniae creditoribus solvendae, qui nos in pace vivere non sinunt
Spero me Christo iuvante mox tria milia talerorum congesturum esse, atque ita
Deo propitio horti, cubicula, aedificia huic collegio sat commoda erunt   Multis etiam
nos fatigant precibus nobiles et barones, filios non solum scholae sed etiam domui

---

[a] *Hoc vel simile in archetypo scriptum esse puto*, di congregare *apogr*

[1] Monasterium complures possidebat vicos Herwigsdorf, Drausendorf, Olbers-
dorf, Wittgendorf, Oderwitz, Ionsdorf etc (*Moschkau* l c p 156—172 253—254)
Circiter a 1524 ipse prior monasterii Coelestinorum „Konigstem“, qui monachus oybinensis fuerat, ad Lutherum defecerat (*Moschkau* l c p 155 *Pescheck* l c p 48)

li gentiluomini et baroni offerendo li suoi figlioli non solamente alla
schola, ma anchora alla casa, talmente che le [sic] suoi figliuoli avessero
il vitto et dormire qui dentro al Collegio. Credo io di non potere
fare maggior servizio a Dio et a Boemia, se non che accettiamo questi
figlioli nelle stanze vicine, quando saranno presto aggiunte al Collegio
Et per questa via si podria non solamente godagnare gran favore
del regno, ma anchora mettere bonissimi fondamenti a restaurare la
religione nelli giovani Boemi. Pur siccome nelle schole per adesso
non pare espediente di fare alcuna distinzione di quelli sub una, et
degli altri sub utraque specie [1], così anchora forse sarà più conveniente di ricevere d'ogni sorte di giovani alle stanze vicine, purchè
stessero a spese loro. E per meglior governo non penso saria difficile trovarli un economo o maestro di casa, et dipoi aggiungere
uno delli nostri, quasi continuo sopraintendente et direttore nelle
lettere et nelli costumi Altramente se non ci conformiamo in questo
alla bona volontà delli Signori etiam padroni nostri, la schola non
anderà tanto bene innanzi, nè si può sperare tanto frutto Anzi perchè
li vicini nostri intorno intorno sono Hussiti, et però non molto amici
nostri, potrebbono più destruire loro, che noi edificar nelli giovani,
li quali starebbono appresso di loro Modo preghiamo d'hauere sopra
ciò risposta di V. R

nostrae offerentes, ut iidem in ipso collegio nostro alantur et dormire possint Equidem existimo, maius Deo et Bohemiae officium praestari non posse, quam si pueros
illos in cubicula vicina, collegio brevi coniungenda, recipiamus, atque hoc modo
non solum magnam apud hoc regnum gratiam inire, sed etiam religionis in iuventute
bohemica restaurandae optima initia ponere possemus Sicuti autem nunc quidem
expedire non videtur, in scholis ullum eorum, qui sub una specie eucharistiam
sumunt, et eorum qui sub utraque, facere discrimen [1], ita etiam fortasse magis con-
veniet, omnis generis pueros in vicina cubicula recipere, dummodo suis impensis ibi
degant Neque difficile fore puto, eorum quam optime instituendorum gratia oeconomum vel dispensatorem invenire eique aliquem e nostris adiungere, qui puerorum
studia litteraria et mores perpetuo moderetur ac regat Quod si hac in re procerum
atque etiam patronorum nostrorum bonae voluntati non obsequemur, schola haud
ita bene progredietur nec spes est, eam valde utilem futuram Immo quos in omni
parte vicinos habemus Hussitas nobis haud valde amicos, plus fortasse ipsi in adulescentibus apud se habitantibus destruerent, quam nos aedificaremus Rogamus modo,
ut R V hac de re nobis rescribat

  [1] Hac de re S Ignatius 12 Februarii 1556 Socios Pragam proficiscentes sic
instituerat „Accetteranno nelle scuole ogni sorte di persone, che vogliano osservare
la modestia e disciplina conveniente Quelli che dicono di communicare sub utraque specie per concessione della chiesa, se si vedesse che dicono il vero, e che nel
resto sono cattolici, non se gli negherà l'assoluzione, ed essendo scolari, sarà bene
far loro osservare l'usanza di confessarsi ogni mese, e sentir la messa ogni dì, e le
altre regole delli collegi nostri, che pareranno convenienti per loro ma non se gli
darà la communione nella nostra chiesa, se non si lasciassero persuadere di pigliarla
sotto una specie, come i nostri Se fossero in qualche errore contro la cattolica
religione, ovvero non si vedesse che hanno licenza, che li scusi da peccato, nel
communicarsi sub utraque specie, non se gli dara l'assoluzione, benchè nel resto

Dirò al fine del Collegio Inglostadiense, il quale, sia lodato il Signore, non ha più impedimento nissuno ex parte dell'Illustrissimo Duca, siccome mostrerà la copia del Signore Padiono di quella Universita[1] Onde mi pare di seguitare la sua bona volontà et quella del Duca, di modo che io desidero nel Signore di promuovere questo Collegio con la mia presenza, subito che le cose di questo Collegio Praguense saranno un poco meglio introdutte Et questo con la grazia d'Iddio si farà in questo mese Poi cercherò ogni occasione di partirmi per Inglostadio siccome anche Sua Maestà ha consentito Pur in questa peregrinazione per esser più libero et sicuro di coscienzia, dirò una cosa che io anchora stando in Roma, se ben mi ricordo, fece un voto speciale et semplice di non volere mai mostrare alcuni segni ó volontà di muovermi di un luogo a un altro, se non per espressa obbedienza[2] Ora sapendo la volontà et ordinazione di V R, che io mi conformi alla volontà [del Duca] quanto può essere possibile, non penso fare contra il voto detto, anchora che io mi partessi senza avere altra risposta da V R

Io mi ricordo di non hauere hauuto nessuna risposta a tutte le mie lettere di quest'anno, se non una volta in risposta di quello ch'io scrissi nel mese di gennaio d'Inglostadio[3] Credo, che li miei peccati impediscono, che non mi posso godere delle lettere et avvisi di V R

Postremo loco de collegio ingolstadiensi scribam, cui — Deo laudes et grates agantur — ab illustrissimo duce amplius non fieri moram, exemplum epistulae a patrono illius universitatis missae demonstrabit[1] Quare ipsius et ducis bonae voluntati morem gerendum esse puto collegium itaque illud ipse adiuvare in domino cupio, ubi primum pragensis huius collegii res paulo melius institutae erunt, quod Deo iuvante hoc mense assequemur Postea qualemcunque occasionem quaeram, qua Ingolstadium proficiscar, cui profectioni et rex consensit Ut autem in eo itinere maiore libertate et securitate conscientiae fruar, hoc fateor Romae cum degerem (si bene memini) Deo voto speciali et simplici promisi, numquam me ulla ratione declaraturum, velle me ab uno loco in alium migrare, nisi praefecti diserte praecepissent[2] Sciens autem, R V velle et iussisse me [duci], quantum fieri posset, obsequi, me votum illud violaturum non censeo, etiamsi proficiscar antequam R V denuo ad me rescripserit

Memini, responsum me non accepisse ad omnes litteras hoc anno reverentiae vestrae missas, nisi quod semel mihi rescriptum est ad epistulam Ingolstadio datam mense Ianuario[1] Peccata mea obesse existimo quo minus reverentiae vestrae epistulis et consiliis fruar Quare in commercio, quod mihi cum terribilibus hisce est

---

si usi loro ogni carità e per ogni mezzo possibile si procuri guadagnarli" (Cartas de San Ignacio VI, 457—458)
   [1] Canisius in epistula 17 Iunii 1556 ad S Ignatium data clarius significat Wiguleum Hundt, universitatis curatorem, ea de re scripsisse de litteris, quas Albertus V dux de eadem re Monachio 5 Maii 1556 ad S Ignatium misit, vide infra, monumenta ingolstadiensia
   [2] Canisius votum illud significare videtur, quod Romae 5 Februarii 1548 fit foris consignaverat, quod vide supra p 263
   [3] Eam epistulam vide supra p 593—594

Et così vado troppo secondo il mio giudizio et cervello in pratticare con questa gente terribile, confidandomi delli meriti, sacrificii et orazioni di V R et degli altri carissimi fratelli Et certo ben bisogna di grand' aiuto spirituale a uno, il quale vuole entrare in Dio et uscire al prossimo di una tale disposizione, come sono li Boemi et Tedeschi Credo, che spesso mi manca sindacatore. come Antonio Rione[1], il quale spesso mi deponerebbe le corna, se fosse presente, et farebbe Canisio andare in molte cose con maggiore considerazione Il Signore mi dia la sua grazia di riformarmi da dovvero dentro et di fuori, et di seguitare direttamente lo spiritu della Compagnia, fra tante sette et in mezzo delli uomini tanto dediti alla carne, che sono grossi in spiritualibus tanto, come le bestie V. R specialmente m'habbi per raccomandato alle sue sante orazioni. et voglia indirizzare le sue lettere in Inglostadio, se non ha comandato per altre lettere, che fossero già in viaggio, di mandarmi per altre bande

Quanto a Sua Maestà, non penso che mi revocherà presto per Vienna, siccome ho scritto per altre, massime vedendo quanto mi vogliano male li Austrici et provinciali suoi, prima pel Catechismo et secondo pel predicatore di Massimiliano[2]. Li amici nostri piu fedeli qui dicono che io farebbe bene stando qui per dare più autorità al

hominibus, meis iudiciis nimis ducor, meritis, sacrificiis, precibus reverentiae vestrae et ceterorum carissimorum fratrum confidens Magno sane huiusmodi auxilio is valde indiget, qui in Deum ingredi et ad homines egredi velit tales, quales Bohemi et Germani sunt Censorem Antonii Rionis similem saepe mihi deesse puto[1], qui si hic adesset, saepe superbiam meam frangeret et Canisio multarum rerum consultius faciendarum auctor esset Dominus gratiam suam mihi tribuat, qua intrinsecus et extrinsecus vere me reformem et Societatis nostrae rationem recta via sequar inter tot sectas et in mediis hominibus, qui carnis voluptatibus deditissimi et rerum divinarum tam ignari sunt quam bruta R V sacris suis precibus peculiariter me commendatum habeat, et litteras Ingolstadium mittat, nisi forte aliis litteris, quae iam in via sint, alio me proficisci iusserit

Quod ad regem attinet, ab eo me Viennam brevi revocatum iri (quod alias scripsi) non opinor, praesertim cum videat, quam infensis in me animis austriacarum provinciarum suarum homines sint, primo propter catechismum et dein propter Maximiliani contionatorem[2] Qui hic nobis amicissimi sunt, suadent ut hic maneam,

[1] De fratre Antonio Rion, qui Romae in domo professorum Societatis degebat, P Oliverius Manareus († 1614) exeunte fere saeculo XVI scripsit „In reprehensionibus publicis acer erat et ob acumen gratiosus" (Commentarius p 128), quae reprehensiones vulgo „cappelli" (petasi, Hute) dicebantur S Ignatius Rionem nonnumquam inter epulas in refectorii suggestum ascendere et viros etiam graviores obiurgare iubebat (Acta Sanctorum Iulii VII [Parisiis et Romae 1868], 592 Cartas de San Ignacio III, 62- 63)

[2] De Ioanne Sebastiano Phauser, Maximiliani regis contionatore lutherano, v supra p 526—534 Is Canisii catechismum „summam foedi papismi" dixit quae tamen, pro meretricis romanae more, fuco illita esset (Fontes rerum austriacarum 1 c p 132—133 Bernh Czerwenka, Geschichte der Evangelischen Kirche in Böhmen II [Bielefeld und Leipzig 1870], 317)

Collegio Et hauendo adesso pigliato buona famigliarità di questi Boemi
ex parte mia saria contento d'andare in Inglostadio et di tornare quà
per la invernata, benchè non mancherà di fare in Inglostadio per li
primi mesi   Prego molto la R. V che li professori duo teologi per
Inglostadio sieno di buona apparenza et che menino seco buoni dispu-
tatori in filosofia: perchè se fossino alcuni buoni lettori di filosofia,
piu facilmente tirano a se la gioventù et la disponeranno meglio
per la teologia   Item V. R mi potrà scrivere, s'hauemo di fare
alcuna istanza pel Collegio di Ispruc   Non altro: che mi rincresce
della longhezza· et prego molto che il Serenissimo Re dè Romani sia
raccomandato alle orazioni di tutta la Compagnia per le sue gran-
dissime necessitati

   Di Praga a XI di giugno 1556
       Della R P V

                           Figliuolo Piedro Canisio

   Al molto Reverendo in Christo Padre mio il Padre Maestro
M Ignatio da Layrola [sic] Preposito generale della Compagnia di
Giesu Roma

   Epistulae archetypae manu eiusdem temporis adnotatum est „Recepta Romae
die 4 Julii 1556 "
   Canisio nomine S Ignatii rescriptum est 22 Iulii 1556

---

quo maior collegio auctoritas accedat   Et cum in magnam horum Bohemorum
familiaritatem iam venerim, bene paratus sum, quantum in me est, Ingolstadium
proficisci et inde ante hiemem huc reverti, quamquam Ingolstadii primis mensibus
labores mihi non deerunt Vehementer a R V peto, ut duo illi, qui Ingolstadii theologiam tradituri sunt, honesta sint forma et eos secum ducant, qui de rebus philosophicis bene disserere possint, si enim aliqui ex nostris philosophiam bene docebunt,
invenum animos facilius sibi conciliabunt et melius ad theologiam disponent Scribat
etiam, quaeso, R V mihi, num collegium Oeniponte condendum aliquo modo urgere
debeamus Aliud, quod scribam, non habeo, nisi me dolere, quod longior fuerim,
ac magnopere rogo, ut serenissimus rex Romanorum propter maximas necessitates
suas precibus totius Societatis commendetur Praga 11 Iunii 1556
       Reverendae paternitatis vestrae
                                       filius Petrus Canisius
   Admodum reverendo in Christo patri meo, patri magistro M Ignatio de Loyola,
praeposito generali Societatis Iesu Romae

206.

CANISIUS

HENRICO SCRIBONIO,

administratori archiepiscopatus pragensis

Praga mense Iunio (post 10) vel Iulio 1556

   Ex Th Pessina „Phosphoro" (cf supra p 550¹) p 323, qui ipsam Canisii
epistulam superesse scribit

Ex apographo, ab ipso Scribonio a 1564 ex epistula archetypa descripto, quod nunc in archivo capituli metropolitani pragensis exstat, epistulam edidit *Cl Borový*, Iednani a dopisy etc (cf supra p 599) II, 389 Eadem epistula est in „Časopis katolickeho duchovenstva" (1875) p 5—6

De monasterio Oybin Pecuniam mutuo petit

Reverende in Christo Domine

S P Gratias debemus Deo Opt Max, quod confecta sint tandem negotia nostra. Jussu Regiae Maj Zitavienses habent, quod voluerunt Prioris causa expedita est[1], et debita unde solvantur, constitutum.

Quoniam vero die hesterna* Thomas vester pater familias emit ligna pro nobis[b], et nunc mane solvenda promiserat, oro Dignitatem tuam, providere dignetur, et mutuo dare sedecim argenteos seu talleros[c]: ego ex iis, quae debet Bartholomaeus, et alii[d] pro Catechismis[2], bona fide reddam[e][3].

Spero etiam prorsus fore, ut post hac nunquam sit opus aes alienum contrahere· quia sumptus suppetent constituti[4].

Dominus Jesus nobiscum.

Tempus huic epistulae ascriptum non est, sed ex rebus, quae scribuntur, cognoscitur Zittavienses enim monasterii Oybin administrationem mense Iunio a 1556 acceperunt[5], Canisius 11 Iunii 1556 ex eo monasterio Pragam rediit et sub initium mensis Augusti inde discessit[6]

207.
FRIDERICUS STAPHYLUS,

Ferdinandi I consiliarius et scholae nissensis rector,

CANISIO.

Nissa 14 Iunii 1556

Ex archetypo (2°, p 1, in p 4 inscr), quod Staphylo dictante ab amanuensi ignoto scriptum est, inscriptioni Canisius adnotavit „Staphili 1556 " Cod monac „Scriptt coll Ingolst " f 40 et seq non signato

[a] heri *Boi*   [b] *Boi haec duo verba non posuit*
[c] dare, sedecim talleros *Boi idque fortasse rectius*   [d] aliis *Boi*
[e] *Boi ante* bona fide *etc haec habet* deinde solvet ex pecuniis quas statim Zitaviensibus

---

[1] Balthasar Gottschalk inde a mense Septembri anni 1555 monasterii oybinensis „prior" vocabatur, neque vero alius praeter eum supererat monachus (cf supra p 496[2], plura in secundo volumine) Ex diplomate quodam pragensi cognoscitur eum iam anno 1552 pecuniam annuam a Ferdinando accepisse (*Schmidl* l c I, 91—92 *Moschkau* l c p 143—144 155)   [2] Cf supra p 611[2]
[3] Scribonius 12 Augusti 1564 consiliarius camerae regiae scripsit se hanc pecuniam Canisio ex proprio privatoque aere suo dedisse (*Borový* l c p 388—390)
[4] Collegium pragense postea sat bene dotatum est (*W W Tomek*, Geschichte der Prager Universität [Prag 1849] p 159—161)
[5] Supra p 626—627   [6] Vide infra, monumenta ingolstadiensia

Maiorem epistulae partem germanice versam edidit *Riess* 1 c p 372, adnot 1

De morbo suo   De Flacio et Melanchthone in Canisium et Staphylum ira in-
consis   Lutheranos ia ipsa episcopi aula sedem fixisse   Cum Canisio congredi ab-
eoque docer i cupit, quomodo ecclesiam adiuuare debeat

Salutem Plurimam   Tardius forsitan mi Canisi, planeque secus, ac
uolebam nunc rescribo   Quod quidem accidit partim ex inopia eorum
qui hinc uel hac Pragam proficiscuntur, partim propter satis molestum morbum meum, incidi enim in ophtalmiae [*sic*] aegritudinem sane
grauem plenamque doloris cuius inuasione aliquot Hebdomadas assueta
studia mea muntus intermisi, tametsi ne nunc quidem calamo uti possum   Scribo autem nunc Amanuensis opera usus, Post uero, si Deo
ita placuerit, ut conualescam, ipse scripturus tum fusius tum expla-
natius   Quamquam haec negotia, de quibus inter nos tractari consuetum, eiuscemodi sunt ut coram praestaret plenius de ijs constan-
tiusque possimus statuere [*sic*]   Audio Matthiam Illiricum contra te
furore motum[1] contra me Philipum et alios Wittenbergenses[2]. quorum factio non modo in vicinis sedem fixit sed domi etiam apud nos
et in penetralibus quidem Eleusine[a 3]   Sed de his non epistola ut
(inquit) Aristoteles[4]. Nihil ardentius cupio mi Canisi, quam coram
posse nos de his aliisque eiusdem generis conferre   Eueniunt enim
mihi hic pleraque talia, quae me fortasse cogent τὴν πρὸ τῆς[5]   Quam

---

[a] *Sic, sed legendum esse uidetur*   Eleusinis *(graece* Ἐλευσῖνος*)*

[1] Matthias Flacius Illyricus (1520—1575), unus ex acerrimis „Lutheranismi
puri" propugnatoribus, Magdeburgi tunc morabatur   Is anno 1564 contra catechismum Canisii edidit libellum „Ethnica Iesuitarum doctrina de duobus praecipuis
christianae fidei articulis"   Atque etiam aliis quibusdam libris, annis 1559—1565,
1570 editis, Canisium in suspicionem adduxit et incusavit, quod in posterioribus
huius operis voluminibus exponetur   Ac fortasse Canisium etiam adortus est in
libellis, quos annis 1555 et 1556 in lucem emisit   qui multi et nunc sat rari sunt
(recensentur a W. *Preger*, Matthias Flacius Illyricus und seine Zeit II [Erlangen
1861], 554—556)   An forte „Dialogum contra impia Petri Canysii dogmata" (de
quo infra, in monumentis viennensibus) Flacius conscripsit?   Cf etiam supra p 605[3]

[2] Philippus Melanchthon tunc in universitate vitembergensi philologiam et theologiam tradebat

[3] Eleusis vel Eleusin oppidum erat Atticae, in quo praeclarum Cereris templum
erat et „sacra Eleusina" fiebant   Staphylus idem fere significare vult, quod Nissa
(quae episcopi vratislaviensis sedes erat) 22 Februarii 1555 Bonaventura Thomas
Hosio scripsit „Reverendissimi Episcopi aula tota Lutheranismo est referta" (*Hosu*
Epistolae II 518)   Ac 13 Decembris 1555 Sebastianus Schleupner (Sleupner) parochus inssensis cathedrali capitulo vratislaviensi rettulit „in parochia esse sacellanos,
qui sacramentum eucharistiae laicis sub utraque specie porrigunt" (*Aug Kastner*,
Archiv für die Geschichte des Bisthums Breslau I [Neisse 1858], 85—86)

[4] „Τοῦτο δὲ οὐ φησιν σοι οὐ φησι ἐν ἐπιστολαῖς"   Aristoteles in epistula incerta, apud *Pseudo-Demetrium*, De elocutione § 230

[5] Staphylus timet, ne alio sibi migrandum sit („Τὴν πρὸ τῆς Ἐλευσῖνος"
Aeschylus, Prometheus v 682, et horum verborum memor *Cicero* „τὴν πρὸ τῆς
cogito" [Epistulae ad Atticum I 14, cp 10])

ob rem peto significes de statu Collegij Pragensis, qui procedat, quando fratres Roma expectes tuos, et quam diu te isthic speres mansurum Si quo modo possem, cuperem omnino te Pragae munere Nihil itaque nunc ad ea, quae scripsisti, respondeo, quam quod omnia uelim aut in praesentiam vtriusque nostri, aut certe in occasionem scribendi pleniorem, differre. Rescribas tu quidem mi Canisi non quid sentire me uelis (nihil enim nisi Catholicum spopondi) sed quo in loco et quo uirium connexu nos agere deceat ea quae Ecclesiae succurrant laboranti et sectis queant‘ crescentibus obsistere Tametsi non ignoro quam sim imbecillus, tamen ut robur non magnum sit, fidem possum non inconstantem polliceri. At vero utinam coram haec aliquando Commendabis me Amicis tuis et quos nosti, Patronis communibus Inprimisque M D Jonc[1]. Vale et rescribe, si huc non poteris recta semper, poteris certe Wratislauiam quottidie uel ad Archidiaconum Paulum[2] uel ad alios necessarios nostros Datum Nissae 14 die Mensis Junij Anno Domini 1556

T R D

addictiss Frid Staph

Reuerendo ac Doctissimo uiro D Petro Canisio Theologo etc Pragae in Coenobio D Clementis amico et fautori suo.

208.

CANISIUS

SANCTO IGNATIO.

Praga 17. Iunii 1556.

Ex apographo, circiter a 1865 a Boero scripto, et postea collato cum archetypo (Canisius tantum subscripsit) in cod „Epistt B Petri Canisii I “ p 216 posito

Huius epistulae versio latina, saeculo XVII vel XVIII facta, sed manca et sat vitiosa, exstat in cod monac „Lat 1606“, f 81

Epistulae partem edidit Boero, Canisio p 120—121 Vitiosa illa versione usus est Riess I c p 163, adnot 1

Se paratum esse, Ottoni cardinali augustano inter comitia imperii ratisbonensia seruire De collegiis pragensi et ingolstadiensi In Germania legem ecclesiasticam, qua fideles libros haereticorum legere retentur, neglegi Sociis eorum legendorum potestatem valde necessariam esse Librum acerbissimum contra catechismum suum in lucem emissum esse Num confutandus sit Tandem catechismum germanice versum esse

---

[a] *Staphyli amanuensis quae iam, qui dictantem non intellexit*

---

[1] Iacobo Ionae, Ferdinandi regis vicecancellario
[2] Archidiaconatum vratislaviensem, quae capituli illius tertia „dignitas“ erat, Paulus Craeneus ab anno 1553 ad 1571 habuit (Kastner I c p 279)

Ihesus Maria

Pax Christi   Molto Reverendo in Christo Padre mio

Ho ricevuto la lettera de 23 di maggio, et credo che nissuna altra, dopo Gennaio, siccome io scrissi pochi giorni fa a V R [1] Essendo così ordenato da Sua Sant et della R P V ch' io mi lassi governare per questa Dieta dal Reverendissimo et Illustrissimo Cardinale d' Augusta, prego specialmente l' aiuto delli sacrifici et orazioni di V R per fare debitamente la obbedienza in questo caso, et so per certo che questo assunto mi sarà grande et difficile, siccome il R P. Claudio felice mem bene ha al tempo suo esparmentato [2] Ma perchè qui si dice et crede, che quella Dieta Ratisbonense di nuovo sia prorogata almanco in sin ad Augusto, non parve necessario di scrivere subito al detto Cardenale per offerirmi et mettermi nelle sue mani Conciosia cosa ch' io non so dove si trova. et penso di fare meglio servizio alla gloria divina et alla nostra Compagnia di partirmene presto, id est subito che sarà un poco introdutta la scola di questo collegio [3]. et così piacendo al Signore darò ordine in Ingolstadio delle cose più principali et necessarie alli nostri, li quali, siccome spero, circa il settembre o ottobre potranno di Roma arrivare in Ingolstadio [4] Perchè il Duca per questo effetto di nuovo m' ha richiesto, siccome io scrissi anchora ultimamente. mandando sopra cio la lettera del

---

Ihesus Maria

Pax Christi   Admodum reverende in Christo pater

Epistulam 23 Maii datam accepi, neque aliam post mensem Ianuarium me accepisse puto, quod paucis diebus ante reverentiae vestrae scripsi [1] Cum summus pontifex et reverentia vestra mandaverint, ut ego reverendissimo et illustrissimo cardinali augustano per haec imperii comitia servirem, R V singulariter rogo, ut sacrificiis et precibus me iuvet, quo sanctae oboedientiae hac in re satisfaciam, persuasum cum mihi est, opus hoc grande et difficile fore, quod et R P Claudius foelicis memoriae suo tempore satis expertus est [2] Cum autem hic dicant et credant, comitia illa ratisbonensia iterum idque minimum in mensem Augustum reiectum iri, necesse esse non videbatur statim ad cardinalem illum litteras dare, quibus et me offerrem ac permitterem Neque enim scio, ubi commoretur, et existimo, magis me tum divinae gloriae tum Societati nostrae profuturum, si cito hinc proficiscar, id est, ubi primum scholae huius collegii initium aliquod positum erit [3] Ingolstadii igitur, si domino placuerit, paranda curabo quae maioris momenti et nostris magis necessaria erunt quos circiter mensem Septembrem vel Octobrem Roma Ingolstadium venturos esse spero [4] Dux enim denuo id a me petit, quod et postremis litteris scripsi et epistulam misi ab universitatis ingolstadiensis patrono

---

[1] Scripserat 11 Iunii 1556

[2] P Claudius Iaius anno 1542 comitiis spirensibus interfuerat, et Ottoni Truchsess episcopo augustano a consiliis fuerat anno 1545 in vormatiensibus et anno 1550 in augustanis comitiis (Boero, Iaio p 40—42 74 167)

[3] V supra p 618 et Schmidt 1 c I, 102

[4] Societatis homines 18, die 9 Iunii Roma profecti, 7 Iulii Ingolstadium advenerunt (Cod .Antiqu Ingolst t 8ª)

signor Padrono di quella Università Ingolstadiense [1] Adunque stando
io così in Ingolstadio, et spero in poco tempo far molte cose et
molto più facilmente che in Praga fin'a qui s'è fatto, pei mancamento delli denari Pare che sarà commodo di là scrivere et prati-
care col detto Cardenale, massime se sia in Dilinga, la quale città è
lungi d'Ingolstadio cinque miglia, siccome Ratisbona nove o undici
Et perchè mi dicono della difficoltà che fa Sua Sant circa la facoltà
di leggere libri heretici et d'assolvere in ca. hæresis, quasi si fosse
rivocata questa grazia e facoltà a noi data [2], io desidero specialmente d'hauere sopra ciò la certezza, siccome per altra volta anchora
ho scritto. Perchè non vorrei mettermi in periculo in tal caso, massime, per dire la verità, hauendo sempre hauuto quasi una aversione
di sentire le confessioni tedesche, sapendo quanta fatica sia di fare
li confessanti capaci di questa scommunica; et si sono capaci, non
vogliono lasciare li libri, et restano molto tentati et murmuranti dopo
la confessione Item se non vogliono che leggiamo gli heretici, come
faremo con li libri degli scholari per esaminarli et d'altri libri per
confutarli, quando per questo officio siamo richiesti da Sua Maestà,
dalli Reverendissimi et altri amici catholici [9]

Item hora si è stampato uno libro contra il nostro catechismo
et si legge tuttavia [3], perchè senza alcuno rispetto si comprano et
leggino questi libri quì et in tutta l'Alemagna Et insin a quì li
vescovi non publicano in questo caso la scommunica Hora li nostri
amici vorrebbono che facessimo la risposta a quello libro virolen-

---

ca de re datam [1]   Cum igitur Ingolstadii sic degam, brevi tempore multa a me
effectum iri spero eaque multo facilius, quam pecunia deficiente Pragae usque
adhuc effecta sunt   Atque inde commode litteras mihi videor mittere posse ad cardinalem illum cum eoque agere, praesertim cum Dilingae morabitur, hoc enim oppidum quinto Ratisbona autem nono vel undecimo miliario ab urbe Ingolstadio abest
Potestatem librorum haereticorum legendorum et hominum ab haeresi absolvendorum
difficulter a pontifice concedi mihi dicunt, perinde ac si revocata esset gratia haec
et facultas, quam antea acceperamus [2]   Maxime igitur rogo, ut de hac re certiorem
me faciatis, quod alias quoque scripsi   Periculo enim me committere hac in re
nolo, praesertim (ut verum dicam) cum semper a Germanorum confessionibus audiendis quasi animi aversionem senserim, sciens, quam difficile esset, confitentes de
excommunicatione hac edocere   edocti autem nolunt libros dimittere et post confessionem irritatis sunt animis ac murmurant   Quod si nolunt nos haereticorum libros
legere, quomodo scholasticorum nostrorum libros perscrutari et quomodo alios libros
confutare poterimus, cum rex, episcopi, alii amici catholici id a nobis requirent [9]
     Nunc liber editus est contra catechismum nostrum et perpetuo legitur [3]   hic
enim et in tota Germania libri isti nulla interposita dubitatione emuntur et leguntur,
neque episcopi adhuc poenam excommunicationis promulgant, quae huiusmodi lectione

---

[1] Vide supra p 632   [2] V supra p 319 320 341 342
[3] Ioannis Wigand „Verlegung aus Gottes wordt, des Catechismi der Jhesuiten"
cf supra p 605 [1]

tissimo ', stampato contra la Sedia Apostolica, et nominatim contra
Catechismum [b] Iesuitarum, benchè in tedesco '; et in progresso tutta
la battaglia casca sopra il dottore Canisio [1], qui mille modis flagellatur nec secus tractatur quam qui sedeat in cathedra pestilentiae [2]. Veda dunque la R. V si almanco noi non hauemo di
conoscere quello che tutti leggino et sentino per via di questi libri.
Et certo per dar conto della dottrina catholica et della fama et
autorità necessaria a noi altri pel scruizio divino, non credo che
possiamo fare altro in questi tempi et luoghi, ut saltem propter nos
non scandalizentur simplices. neque blasphemetur magis ac magis
nomen Domini [3] Tutto questo si dice per exonerare la mia coscienza
et per rimettermi nelle mani di V R la quale mi voglia per l'amore
di Dio mostrare come in questo caso m'ho diportare [sic]

Il Catechismo ora si stampa in tedesco in Vienna, et così ad
alcuni pare conveniente che al fine si facesse una breve [d] risposta in
tedesco alli principali argomenti di quello grande heretico, il quale
ha impugnato quella dottrina del Catechismo Volesse Iddio che
Alemagna havesse alcuni teologi della Compagnia, per succorrere a
tali et simili accidenti et impugnationi heretice [4].

---

contrahitur Amici nostri cupiunt nos acerbissimo [a] huic libro respondere, qui contra
sedem apostolicam et nominatim contra catechismum Iesuitarum (germanico tamen sermone) editus est et libro procedente totus impetus contra doctorem Canisium vertitur [1],
qui mille modis flagellatur nec secus tractatur quam qui sedeat in cathedra
pestilentiae [2] Videat igitur R V an nobis saltem ea non sint cognoscenda,
quae ceteri omnes ex his libris legunt et audiunt Sane si doctrinae catholicae
rationem reddere et famam auctoritatemque ad Dei servitium nobis necessariam conservare velimus, non video quid aliud hisce temporibus et locis facere possimus, ut
saltem propter nos non scandalizentur simplices neque blasphemetur magis ac
magis nomen domini [3] Haec omnia scribo, ut conscientiam exonerem meque
totum reverentiae vestrae permittam, quae propter Deum me doceat, quomodo hac
in re me gerere debeam

Catechismus mei versio germanica nunc Viennae typis exscribitur Sunt, qui
censeant in eius extrema parte praecipua argumenta brevi [d] commentatione germanica refellenda esse, quibus homo ille in primis haereticus catechismi doctrinam
impugnavit Utinam Germania aliquot Societatis nostrae theologos haberet, quae in
his et similibus eventibus et impugnationibus haereticis ei succurrerent [4]

---

[a] Ita apogr , Boero, Can p 120 violentissimo
[b] catachismum Canisii scriba
[c] Boero, Can p 120—121 dei Gesuiti E scritto in Tedesco
[d] buona Boero, Can p 121

---

[1] Cf supra p 605 [a]   [2] Ps 1, 1   [3] Lev 24, 16   Apoc 16, 9
[4] Nuper clar vir Nicolaus Paulus Monachii in bibliotheca regia minimi catechismi canisiani editionem antiquissimam invenit cui titulus est „Catechismus
oder die Summa Christlicher leer fur die ainfeltigen in fragstuck gestellet" (ff 28 4°),
ubi et quando editio haec facta sit, in ipsa quidem non indicatur, sed „declaratio"
di Alberto V 31 Martii 1556 de rebus religionis facta cum ea coniuncta est ita, ut

Quanto a questo collegio hora mi manca tempo di scrivere delle
cose, ma presto mi stenderò sopra ciò secondo il mio poco giudicio.
Spero d' hauere la risposta sopra questo in Ingolstadio innanzi il fine

De rebus huius collegii scribendi non mihi est tempus, mox autem pro animi
mei imbecillitate copiose eas exponam Litteras, quibus ad hasce rescribetur, ante

utriusque scripti paginae una et continua numerorum serie signentur („Katholik"
74 Jahrg , II [Mainz 1894], 191) Nec tamen Canisius verbis supra scriptis hunc
catechismum significat, nemini enim in mentem venire poterat libello pueris et
rudibus destinato commentationem adiungere, qua Wigandi argumenta contra catechismum Canisii maximum prolata refellerentur Praeterea ex catechismi illius
minimi typis coniectare licet eum Dilingae prelum subiisse (eundem libellum ibidem
a 1558 typis descriptum esse certo constat, cf *editoris* „Katechismen" p 108), Canisius autem hic de catechismo scribit, qui Viennae typis describatur. Praeterea Canisius
Ratisbona 11 Februarii 1557 P. Iacobo Laynez scribit „Io faccio stampare adesso
certe cosette in tedesco, e un catechismo per li putti " Hunc autem „catechismum
pro parvulis" quaerenti alius non occurrit quam minimus ille, qui Monachii nuper
inventus est, ad quem in secundo huius operis volumine redibimus Hoc vero loco
considerare oportet ea, quae Bonaventura Thomas, nissensis, Catharinae Poloniae
reginae contionator, Vilna 14 Iulii 1556 Stanislao Hosio, episcopo varmiensi, de
„Summa" Canisii scripsit „Catechismi Christiani libellum", a „Romanorum Regis
piissimis doctissimisque theologis" „tantum latine" editum „Germanice ex Latino
qua potui diligentia transcripsi " Atque idem eidem Vilna 30 Augusti 1556 „Scripsit
mihi D Staphilus, Cathechismum Serenissimi Romanorum Regis in vulgari idiomate
non extare, videri sibi igitur ex re esse piorum, ut typis submittatur, qui per me
ex Latino est versus" (*Hosii* Epistolae II, 733 748—749) Fortasse igitur Bonaventura Thomas germanicam illam „Summae" canisianae versionem fecit, quae
anno 1556 Viennae a Michaele Zimmermann typis exscripta est. Cuius titulus hic
ponitur, quia usque adhuc nemo tam accurate eum descripsit „Frag vnd ant= | wurt
Christlicher Leer in | den haubtstucken ¡ jetz neulich auß beuelch der Romischen zu
Hung= ¦ ern vnd Behaim rc Khu May vnsers ¦ allergenedigisten Herrn, der Christ= ¦
lichen Jugent vnnd allen ainfal ¦ tigen zu nutz inn Druck , außgangen, ¦ Vnd ist irer
Khu May Ernnstlicher ¦ will vnd maynung, das diß Buchlein allain ¦ ausserhalb anderer bie man Catechismen nen= ¦ net, durch alle jier Khu May Niderosterrei= ¦ chische
Land, vnnd Fürstliche Graffschafft, ¦ Gortz in gemeinen vnd sunderbaren Schulen solle
gelesen, vnd von kainem Puechbrucker ob' ¦ Puechfuerer one zu lassung Michaeln Zimer= ¦
mans in ben nechsten zehen jaren von Newem ¦ gebruckt noch verkaufft werden " Versus 1,
2, 3, 8 rubri sunt In pagina posteriore folii titularis imago in ligno incisa conspicitur, in cuius altero angulo inferiore annus „1556" comparet 8" min , fl 255
(incl titul) numeris non signata F A 2ª—A 7 b litterae germanicae, a Ferdinando I
Vienna 23 Aprilis 1556 ad omnes Austriae inferioris et comitatus goritiensis homines datae, per quas catechismus ille „a piis et orthodoxis viris conscriptus et a
doctis honestisque viris probatus" commendatur et eius typis describendi et vendendi
privilegium Michaeli Zimmermann, typographo viennensi, in decennium tribuitur
Canisii et Societatis Iesu neque in his litteris neque in ipso catechismo fit mentio
Interpres non est usus editione latina „Summae" a 1556 Viennae facta, sed editione
principe (Viennae 1555), ratione etiam habita „erratorum", quae in eius extrema
parte posita erant, cf etiam infra, monum 100 Duo tantum exempla catechismi
huius, qui inter catechismos Canisii germanicos antiquissimus est, equidem vidi,
unum, quod folio titulari caret, Viennae in bibliotheca universitatis (Theol past I
325), alterum idque integrum in monasterio gotvicensi (Göttweig) ordinis sancti
Benedicti, in Austria inferiore (sign XXXIII K 76³)

di giuglio piacendo al Signore nostro, il quale ci conservi sempre nella sua santa grazia

Io molto specialmento mi raccomando allo orazioni et sacrifici di V R. et di tutti li Padri et fratelli, et massimo di quelli che hanno da venire in Ingolstadio. Di Praga a 17. di giugno 1556.

Servo et figliolo indigno
Piedro Canisio

Al molto Reverendo Padre mio in Christo il Padre Maestro Maestro [sic] Ignatio de Layola [sic] Preposito generale della Compagnia di Giesu   Roma

Epistulae archetypae manu eiusdem temporis adnotatum est „Riceuuta alli 23 di Luglio "

_____

finem mensis Iulii Ingolstadii me acceptumum esse spero, domino nostro iuvante, qui nos in gratia sua sancta semper conservet

Valde singulariter me commendo precibus et sacrificiis R V et omnium patrum et fratrum ac maxime eorum, qui Ingolstadium venturi sunt   Praga 17 Iunii 1556

Servus et filius indignus
Petrus Canisius

Admodum reverendo in Christo patri meo, patri magistro Ignatio de Loyola, praeposito generali Societatis Iesu, Romae

209.
MARTINUS CROMER,
canonicus cracoviensis et secretarius regius

CANISIO.

Vienna 9. Iulii 1556

Ex autographo (2° 2½ pp , in p 4 insci et sig) In superiore parte paginae quartae Canisius 9 capita breviter notavit, quae ad parabolam quandam evangelicam e suggestu explicandam pertinere videntur   Cod monac „Scriptt coll Ingolst " f 41—42

Se a Poloniae rege ad regem Romanorum legatum esse   Excusat se, quod id officium administrare maluerit   quam libros pro ecclesia componere   Sperat Sigismundum regem haereticis iam acrius obstiturum esse   De Hosii operibus   De conciliis, generali Romae, provinciali in Polonia habendis

Reverende pater S P

Literas tuas nona die mensis Aprilis Praga ad me datas [1], vicesima prima Junii Cracoviae accepi eo ipso tempore, quo mihi rursus legatio a rege meo [2] ad regem Rom iniuncta est praeter omnem expectationem meam   Pertaesus enim Litvanici domicilij, ex aula me paulo

_____

[1] Has litteras, 9 Aprilis datas, vide supra p 606—608
[2] Sigismundo Augusto, Poloniae rege

ante Cracoviam receperam, ut deo mihique viverem[1] Jamque inter
amicos et libros svaviter acquiescere coeperam, cum hanc mihi felicitatem nescio qvae Nemesis invidit Qvare motoriam rursus fabulam
ago[2] Heri huc adveni magnis itineribus Hodie regis mei mandata
exposui Qvo onere levatus, calamum statim in manus sumpsi, ut
tibi ad tuas illas literas responderem, teque laetiore nuncio, quam
huc nuper istinc perlatus erat, de me ipso exhilararem Laborare te
istic in vinea Christi gaudeo. Vtinam qvidem cum fructu· Verum
svaviore tamen, qvam qvem adhuc decerpsisti Si modo verum est.
te pugno a nescio qvo contusum esse[3] Qvod tamen si est, non
dubito te gaudere, qvi pro Christi nomine dignus habitus sis
contumeliam pati[4] Qvod doles de nostratibus hominibus[5]. In-
saniunt illi qvidem, sed non omnes Ac ne tam proterve qvidem, ni
fallor, et effrenate, qvam coeperant Cohibent eos aliqvantum edicta
regia, multo nunc, qvam ante severiora. Sane is nunc mirificus esse
videtur, et acer propugnator veteris et orthodoxae religionis, offensus
improbitate novatorum[6]. Deus nobis orandus est. ut eum nobis talem
diu conservet Qvod me ad scriptionem defensionemque religionis
hortaris, etsi ' non currentem tu[b] qvidem, currere tamen gestientem
incitas Sed qvid faciam, si fatis alio abripior[v] Mos gerendus est
principi. et qvidem sine ulla iniuria religionis, ut ne dicam cum aliqva
etiam utilitate Qvid enim, si tantum operae precij fit a[c] nobis. dum
sumus ad aures principis, aut eorum certe, qvibus princeps pro auribus
et oculis utitur, qvantum si ingentia conscriberemus volumina, qvae
in tanta librorum omnis generis copia. tantaque hominum impiorum
arrogantia vix, ac ne vix qvidem fortassis leguntur Non debes autem
existimare, mi Canisi, aliqvid emolumenti vel honoris me venari in
aula regia. Libenter acqviesco in hac mea conditione et fortunis non
omnino contemnendis   Varmiensis episcopi scriptum
iure optimo laudatur a doctis et pijs viris. Et brevi id denuo excu-
detur, spero, altero tanto auctum[7] Scripsit idem hortatu meo dia-

---

[a] Super versum scriptum   [b] Super versum scriptum
[c] Super versum scriptum

---

[1] Aula regia tunc Vilnae erat, quod Lithuaniae caput est (Hosii Epistolae II, 688)
[2] Comoediae „statariae" veteres opponunt „motoriam", quae motibus sive affectibus abundat et tumultuario agitur
[3] Falsus hic rumor fuisse videtur ac natus fortasse ex eo. quod 14 Maii 1556
Pragae ad P Cornelium Brogelmannum in ecclesia collegii sacrum facientem Bohemus quidam accessit ac minaciter pugnum sustulit, mature tamen prohibitus est,
ne sacerdotem percuteret Canisius in eadem ecclesia 10 Maii lapide per fenestram
iacto petitus erat Vide supra p 618—619
[4] Act 5, 41   [5] Cf supra p 536
[6] Promisit quidem rex ille haud pauca episcopis minatusque est haereticis
poenas graves. sed in exsecutione segnem se praestitit
[7] Priorem partem „confessionis" dicit (cf supra p 537[2]), eadem pars anno 1557

logum: qvo cavillis Fricij de utraque specie, de coelibatu sacerdotum, ac de ritibus ecclesiasticis vernacula lingua peragendis [respondet]. Eum ego hic mecum habeo: Verum describi is tam celeriter, et ad te mitti non potest· Nisi forte diutius hic mansero.

Episcopus Veronensis, nuncius apostolicus[1] haeret adhuc apud nos, nec sane ociosus Oratorem regis mei revertentem a pontifice vidi in itinere[2]. Refert nobis spem concilij Romae aperiendi: Qvam certam autem et optabilem, tute ipse ex loco eius potes conijcere. Sat sapienti Nuncius qvidem cum archiepiscopo[3] episcoporum et sacrorum collegiorum conventum ad sextam diem Septembris instituent[4]. Indicunt ijdem supplicationes implorandae opis divinae causa. Qvarum rerum si me svasorem fuisse putaveris, non erraveris. Nuncius qvidem ipse agnoscit manu sua ad me scribens. Sub idem autem tempus rex revertetur in Poloniam; qvi si vel in uno atque altero reipsa praestabit, qvod edictis minatur, spero nos cito aliam rerum faciem visuros esse Sunt enim flexibiles nostri homines, modo ne desint officio suo speculatores[5] Hic qvae de filio regis[6] audio, mira, si vera sunt. Et facile causam conijcio. Sed confusi sunt, inqvit ille[7], qvoniam deus sprevit illos Haec ego amanter et familiariter ad te Canisi, qvando huc mihi aspectu et colloqvio tuo frui non licet. Vale Vienna 9 die Jul 1556.

Tuus

M. Cromerus*.

Reuerendo patri D. Petro Canisio theologo insigni de societate Iesu amico suo honorando Piagae.

- - - · --- — —

    ª *Sequutur signum qvoddam obscurum.*

——— . .-- — .

Dilingae in 4⁰ et in 8⁰ edita est Eodem anno Moguntiae ex officina Francisci Behem, „I Patruo bibliopola Posnanien imprimi procurante“, tota confessio primum in lucem prodiit (*Hosii* Epistolae II, 1007) Dialogum autem illum Hosius mense Februario 1556 absolvit, eius exempla manu scripta amicis misit recognoscenda, ut Cromero, Ioanni Pikarski, contionatori regio, Aloysio Lipomano, nuntio apostolico Anno 1558 typis primum exscriptus est (*Hosii* Epistolae II, 667 685 714 809 946 *Eichhorn*, Hosius I, 289 Exstat etiam inter „opera omnia‟ *Hosii*, e g in editione Antverpiae a 1571 facta f 332—346)

    [1] Aloysius Lipomanus

    [2] Albertum Kryski, subcamerarium plocensem et secretarium regium, significare videtur, qui sub initium a 1553 orator regius Romam venerat (*Hosii* Epistolae II, 262 323 899).

    [3] Nicolao Dzierzgowski, archiepiscopo gnesnensi

    [4] Synodus haec ecclesiasticae provinciae gnesnensis reapse mense Septembri a 1556 habita est Lovicii (Lowicz), ubi archiepiscopi arx erat (*Eichhorn*, Hosius I, 267—269)

    [5] Is 56, 10 Ier 6, 17 etc

    [6] Maximiliano, Lutheranorum patrono   [7] Ps 52, 6

--- - .. ---.

210.

CANISIUS

SANCTO IGNATIO.

Praga sub medium mensem Iulium 1556.

Ex *Sacchino*, De vita Canisii p 109—110 Cf *Orlandinum* l c l 16, n 2

Impense rogat, ne praepositi provincialis vel rectoris munus sibi imponatur

Cum *„per aestatem“ anni 1556 „Ingolstadium“ Socii „peruenissent,* accipit *Canisius a B Patre literas“, quibus Sociorum praepositus provincialis per Germaniam superiorem constituitur.* „Confestim“, *inquit Sacchinus*, *„rescripsit, se quidem paratum esse, quacunque posset ope socus iniuersis famulari in rerum aeque diuinarum procuratione, et humanarum. Ceterum per Deum obtestatur, nullum it sibi Prouincialis, siue Rectoris munus imponat, sed plane omnium postremum, it re ipsa sit, numeret. Enimuero periculosum esse, hominem perturbationibus agitatum, arrogantem, nullo iudicio praeditum id officij suscipere, fierique aliorum ducem, qui necessario careat lumine, et idonea cum facultatis subsidia, tum experimenti requirat. Non deesse (et nominatim appellabat quosdam), qui commodius multo praefici possent.* ,Denique', *inquit*, ,existimaui Pater, cunctos mihi fratres rogandos, vt suam de me quisque sententiam scripto explicent, et ad te mittant [1]. Nam profecto, si mea cum interiora nosses, tum exteriora vitia, quantumque haec Germania obtuderit me, ac secularem effecerit, potius misererereris mei, maioremque susciperes curam mei subleuandi precibus tuis; quas indignissimus licet assidue cupio.' " *Addit Sacchinus • Canisius „iouerat olim,* . *. quod ad suum commodum, deque vno in locum alium profectionem* * *attineret, nihil vnquam moturum [2]. Eius sponsionis ita memoriam, ita custodiam retinebat, it subierit religio, simul ac renuntiatus est Prouincialis, ne contra eam facere aliquo pacto rideretur, si quando pro suo munere quopiam accurrendum esset, antequam profectionis iussum ab Vrbe perferretur. Itaque rem omnem aperiendam beato Patri [Ignatio] censuit“.*

Canisio Roma rescriptum esse videtur a Polanco ineunte vel medio mense Augusto a 1556 De qua re in secundo huius operis volumine agetur

Riess (l c p 165—166) censet epistulam hanc iam aestate anni 1555 datam esse, Socherum enim referre Canisium sub id tempus Viennae a P. Hieronymo Natali certiorem factum esse provincialis officium brevi sibi suscipiendum fore [3].

---

* profectione *Sacch*

---

[1] „Scripsere", inquit *Sacchinus* l c , „testimonia socij, sed qualia ille merebatur potius, quam volebat, plena commendationis et laudis "

[2] Sponsionem hanc vide supra p 263

[3] Cf *Socherum* l c p 55 63

Neque id quidem sua caret probabilitate, Natalis enim Ignatio intime utebatur atque eius nomine Societatis res in Austria disponebat et constituebat, accedit, quod Socherus ex historia collegii viennensis a Magio conscripta ea hausisse videtur Attamen magis mihi placet Canisium anno, qui proxime secutus est, scripsisse Nam Sacchinus, qui ipsam Canisii epistulam ante oculos habuit et res sat accurate narrat, perspicue testatur Canisium epistulam illam Romam misisse postquam Socii Ingolstadium advenerunt et diploma illud ipsi Canisio traditum est, quo Germaniae superioris praepositus provincialis nominabatur Sic etiam facilius intellegitur, cur in epistulis anno 1555 et priore parte anni 1556 a Canisio Romam missis (quae quidem supersunt) nulla huius officii imponendi vel recusati fiat mentio

S Ignatius diploma illud 7 Iunii 1556 subscripsit Socii 9 Iunii Roma discesserunt et 7 Iulii Ingolstadium venerunt [1] Dubium non est, quin diploma in Bavariam ipsi attulerint indeque Pragam miserint, cum Canisium ibi morari audissent Sub medium igitur mensem Iulium Ignatio rescribere potuit

Borro haud recte scribit Canisium Ignatii litteras Viennae accepisse [2] Canisius enim mense Februario a 1556 inde discessit neque eo anno Viennam rediit Polancus nomine S Ignatii Canisio rescripsisse videtur circiter d 20 Iulii 1556.

211.

CANISIUS

SOCIIS INGOLSTADIENSIBUS.

Praga sub medium mensem Iulium 1556

Ex cod „Antiqu Ingolst " f 8ᵛ

Aliquis ex 18 illis Societatis hominibus, qui 7 Iulii 1556 Ingolstadium advenerunt[3], haec refert Invenimus Ingolstadii „quorundam professorum animos erga societatem parum synceros, et etiam Reuerendus Pater Canisius ex Praga per litteras hortaretur abstinendum esse ab illorum consortio donec ipse aduentu suo, de his omnibus certiores faceret . Tandem diu expectatus adest R P Canisius 1 ° Augusti ex Praga "

---

[1] Cf supra p 638 ⁴   [2] Canisio p 132
[3] Horum praecipui erant Thomas Lentulus (van Lenth) noviomagus, qui collegii rector a S Ignatio constitutus erat, Doctor Ioannes Cuvillonius (Couvillon) insulensis, Doctor Hermannus Thyraeus novesianus, M Theodorus Peltanus (van Pelt) leodiensis De quibus in sequentibus huius operis voluminibus plura scribentur Cum S Ignatius mense Iunio a 1556 18 illos Socios Roma Ingolstadium mitteret, simul etiam catalogum latinum misit, ex quo tum Albertus dux tum Canisius cognoscere possent, quae eorum essent nomina, quae patriae, quae officia, ad quae singuli idonei esse viderentur Catalogus ipse hic non ponitur, quia editus iam est ab *Agricola* l c I, Dec 2 n 26, *Medeno* l c IV, 291—292, *Lipousky* l c I, 74—77 (germanice versus), *Freyberg* l c III, 227*—228*, *Verdiere* l c I, 303—305 (gallice), *Puchtler* l c I, 349—350, Cartas de *San Ignacio* VI, 497—498 293—295 (latine et hispanice) *Prantl* scribit (l c I, 225) 6 Iesuitas et 12 alumnos („6 Jesuiten und 12 Alumnen") Roma Ingolstadium missos esse '

212.

CANISIUS

et

HENRICUS SCRIBONIUS,

administrator archidioecesis pragensis,

FERDINANDO I.

Praga mense Iulio 1556.

Ex archetypo (2°, pp 2), quod Canisius et Scribonius ipsi subscripserunt, in p 4 alia manu scriptum est „Jesuiter zu Prag Supplication 1556 " Exstat Viennae in archivo camerae aulicae (Hofkammer-Archiv, Archiv des gemeinsamen k k Finanzministeriums), „Boehmen P Fasc ², Jesuiten "

Regi rationem proponunt, qua aes alienum, a collegio pragensi contractum, solvi possit, eundemque rogant, ut quinque monasteriorum desertorum bona in profanos usus conversa pauperibus scholasticis alendis destinentur, qui postea archidioecesis pragensis sacerdotes futuri sint

Serenissime Rex et clementissime domine.

Duo sunt impedimenta quae Collegium et studium Pragense ad S. Clementem a S R M. [V] nuper errectum [sic], et nobis deinde concreditum ualde perturbant Vnum est de soluendis debitis, quae pro structura Collegij creditores multi et pauperes iure suo iamdudum petunt Cui incommodo si placet S. M V, subuenire poterunt Zitauienses, qui cum nunc adsint Ratisbonae[1], non difficulter permouerentur, ut consentiant in 2000, uel ut minimum ad mille taleros statim mutuo dandos praedicto Collegio, accepturi deinde solutionem ex bonis quae in decennium administrant, Monasterij Oybinensis, tantum absit usura, quae et ipsis, et Collegio Societatis IESV non possit non esse ignominiosa.

Alterum quod praeclaro Collegij huius instituto deest, ad scholasticos pertinet pauperes, qui frequentes ad scholam hanc Regiam confluunt, et ibidem frugifere admodum possent institui, donec sacris ordinibus iniciarentur, et Pragensis diocesis [sic] ministerijs nunc certe necessarijs adhiberentur Cum autem obstet inopia, quo minus illi in studijs perseuerare, et ad frugem peruenire, nostraeque et Catholicae Ecclesiae deseruire possint, praeclare de illis et hac tota schola mereri uidebitur S M V. si pro Regia benignitate et pietate sua consentiat, ut in usum et sustentationem pauperum scholasticorum huiusmodi conuertantur ' bona quaedam uacantium Monasteriorum, quae, ut

---

ª conuertantur archet

[1] Ratisbonam ad comitia imperii uenisse uidentur Ferdinandus comitia ipse quidem mense Iunio exordiri uolebat, sed propter bellum hungaricum Viennae manere statuit, et Albertus V Bavariae dux Ferdinandi nomine 15 Iulii 1556 comitiorum initium fecit (Fr D Häberlin, Neueste Teutsche Reichs-Geschichte III [Halle 1770], 134—137)

uidemus, in prophanos usus abeunt, et misere passim alienantur. Tantum pauca e multis loca et domicilia Religiosorum, quae nunc diserta [sic] atque distracta sunt, et scholasticis ad usum Ecclesiae applicari possent, hic breuiter ostendemus.

Primo est Monasterium in ciuitate Tustae seu in Domazlicz, germanice Tauz uocant [1], non ita procul a Thina [2], quod monasterium ordinis est Heremitarum S Augustini, aliquot abhinc annis desolatum, pratis et agris dotatum, et nuper admodum a Ciuibus Tustae impetratum ad reuocationem usque S M. V

Secundum Monasterium est situm in Ciuitate Tachouiae [3] ordinis Carmelitarum multis ab hinc annis desolatum, etiam a Ciuibus illius Ciuitatis impetratum

Tertium Monasterium Skalicze non procul a Ciuitate Kurimen [4], ordinis Cystersiensium [sic], quod a nullo etiam Religioso inhabitatur. et Nobili cuidam elocatur [5].

Quartum Monasterium est in oppido Chiss [6], ordinis Carmelitarum, suis etiam fratribus destitutum, quod nunc manet penes pupillos Domini a Guttenstein

Quintum est in pago Teniomcze [7] Monasterium, primum quidem a Domino Czizkonecz fundatum pro quibusdam fratribus religiosis, Deinde uero conuersum in usum trium aut quatuor sacerdotum, sed quod nomine tutelae nunc a quodam occupatur

Ex his aliqua sufficient ad unius uel duorum, alia ad plurium sustentationem Ita fiet, ut .S R. Maiestas V. non solum de collegio suo Regio quantum ad professores attinet, uerum etiam quantum ad discipulos et auditores praeclare mereri, et aeternam sui nominis gloriam in Christo et Ecclesia Boemica relinquere possit, amputatis interim scandalis et occasionibus ecclesiastica bona prophanandi et alienandi

S. R Maiestatis V

Humiles sacellani

Henricus Praepositus
Ecclesiae Pragensis
Petrus Canisius Theologus
de societate JESV

---

[1] Nunc germanice „Taus" (Tauss) et bohemice „Domazlice", oppidum Bohemiae, in regione pilsnensi   [2] Germanice Thein

[3] Germanice Tachau, bohemice Drzewnow   [4] Curimum, bohemice Kaurim.

[5] Monasterium „Gratia B Mariae virginis" Scalicii (bohemice Scalic vel Scalice) anno 1357 conditum erat   De quo *Leop Janauschek* O Cist, Origenes Cisterciensis I (Vindobonae 1877), p 272, n 709

[6] Nunc Chiesch, in archidioecesi pragensi

[7] Fortasse Tenovice, Tienowic, ubi Ioannes Hifowec anno 1520 monasterium „fratrum minimorum" (ordinis S Francisci de Paula) condiderat   Nam Frind asserit hoc monasterium sub id tempus ex invidia illius, qui conditoris erat heres, fratribus orbatum fuisse et Scribonium Ferdinando commendasse, ut ex eius bonis aliisque similibus seminarium clericorum instituendum curaret (*Ant Frind*, Die Geschichte der Bischofe und Erzbischofe von Prag [Prag 1873], p 180)

Tempus quidem huic epistulae non est ascriptum, sed ex epistula ipsa cognoscitur, datam esse, cum collegium Societatis Iesu pragense „nuper erectum" et eius ludus litterarius iam apertus esset, qui 8 Iulii 1556 apertus est [1]   Canisius vero exeunte eo mense Praga discessit neque anno 1556 eodem rediit

213.
P. IOANNES DE POLANCO S. J.
nomine S Ignatii
CANISIO.
Roma circiter 20. Iulii 1556.

Ex *Sacchino*, Can p 110—113

Canisius, cum ad litteras Roma 7. Iunii 1556 datas, quibus a S Ignatio Societatis praepositus provincialis per Germaniam superiorem constituebatur [2], „confestim rescripsisset", per Deum obtestans, ne eiusmodi munus sibi imponeretur [3], a S Ignatio „iussus est, Dei bonitate confisus cervicem iugo submittere Nihil enim inde negotii plus habiturum, quam ad hoc tempus habuisset   cum re quidem munere eodem fungeretur, sed accessuram duntaxat ex ipso titulo potestatis opem aliquam, et praecipuum divinitus auxilium"   Ac cum Canisius olim spopondisset, se, quod ad commodum suum deque uno loco in alterum profectionem attineret, nil umquam moturum, cumque metueret, ne in eo munere contra sponsionem hanc facere aliquo pacto videretur, iam a S Ignatio „omni liberatus est scrupulo"

Hanc epistulam Polancus significare videtur, 22. Iulii 1556 Canisio scribens „Questi giorni si è scritto a V R et a quelli di Praga assai diffusamente " Vide epistulam proxime ponendam

214.
P. IOANNES DE POLANCO S. J.
nomine S Ignatii
CANISIO.
Roma 22 Iulii 1556.

Ex „Cartas de *San Ignacio*" VI, 519 355—356, quarum editor apographo usus est, in cuius margine Polancus ipse quaedam scripsit, quodque antea Romae in archivo Societatis asservabatur   Adnotatum est „Ingolstadio, Al Doctor Canisio "

Partem epistulae latine versam edidit *A i Druffel*, Ignatius von Loyola an der Römischen Curie (München 1879) p 40, adnot 49

Summum pontificem potestatem monasterii cuiusdam vel monasteriorum aliquot Societati attribuendorum voce concessisse; nec litteras apostolicas necessarias esse

---

[1] Supra p 618   [2] Positae sunt supra p 623
[3] V supra p 645

Ihesus.

Pax Christi, etc.

Questi giorni si è scritto a V R. et a quelli di Praga assai
diffusamente, e dopoi non abbiamo avviso alcuno nè anche sappiamo
se sono arrivati li nostri d'Ingolstadio

Questa è per fare intendere alla R. V che si è supplicato a Sua
Santità per via del Reverendissimo Cardinale Morone[1] quello che
contiene il memoriale dell'altra pagina[2]; et Sua Santità è contenta,
et dette sua benedittione etc[3] Se pur bisognasse Breve o Bolle, si
potrebbono expedir adesso, o quando il Re volesse far la tale applicatione perpetua, et non pare che ce sarà difficoltà a questo spaccio[4].
E vero che ci contentiamo vivae vocis oraculo perche basta per satisfar alla conscientia; et nel foro exterior poco mi pare sono necessarie
simili Bolle, facendosi colla auctorità regia il tutto. et senza scrupulo
potremmo aiutarci di quella, havendo la mente di Sua Santità[5].

Ihesus

Pax Christi, etc

Hisce diebus reverentiae vestrae et Sociis pragensibus copiosius scriptum est,
nec postea nuntium ullum accepimus, neque etiam scimus, an Socii nostri ingolstadienses advenerint.

Haec scribo, ut R V certiorem faciam, summo pontifici per reverendissimum
cardinalem Moronum[1] supplicatum esse pro iis, quae libellus in altera huius epistulae
pagina descriptus continet[2] et pontifex concessit, et benedictionem dedit, etc[3] Si
tamen breve aliquod vel bullae necessariae essent, aut nunc effici mittique possent,
aut cum rex applicationem illam perpetuam reddere voluerit, neque ea res difficultatem habitura esse videtur[4]. Quamquam nos quidem vivae vocis oraculo contenti
sumus, id enim ad conscientiam securam reddendam sufficit, in externo autem foro
huiusmodi bullae vix necessariae esse videntur, cum omnia regis auctoritate fiant,
qua sine scrupulo uti possumus, cum pontificis mens explorata nobis sit[5].

---

[1] Ioannes cardinalis Moronus „protector" erat regnorum et provinciarum Ferdinandi I

[2] Druffel scribit supplicatum esse pro monasterio S Clementis (ordinis Praedicatorum) collegio pragensi attribuendo, unde id hauserit non indicat Certe Ferdinandus rex mense Augusto a 1555 tum Moronum tum Ignatium rogaverat, ut
monasterii clementini collegio pragensi, et monasterii Beatae Virginis, ordinis
carmelitani, collegio viennensi attribuendorum potestatem a summo pontifice impetrarent (Cartas V, 584—588) Ac Canisius 17 Maii 1556 Praga S Ignatio scripserat litteras regis Romam missum iri, quibus potestas monasterii oibinensis, ordinis
Coelestinorum, collegio pragensi assignandi peteretur (cf supra p 615)

[3] Paulum IV monasterium oibinense Sociis concessisse ex litteris Canisii
initio a 1557 ad Lainium datis intelligitur quae in secundo huius operis volumine
ponentur

[4] Litteras apostolicas in Germaniam mittendas significat Antiqua versio a
Druffel edita, inepte „neque videtur fore difficultas in isto spatio"

[5] Ita etiam Ferdinandus I in „litteris fundationis" collegii pragensis, Pragae
15 Martii 1562 datis, asserit „interveniente Authoritate Apostolica", „summo Pontifice viva voce consentiente" Sociis pragensibus dari monasterium S Clementis etc
Litteras illas ponit Bucholtz, Urkunden-Band p 668—672

Non altro per questa senon che staremo con desiderio aspettando qualche avviso del novo Collegio Ingolstadiense

Tutti ci racomandiamo molto nelle orationi di V. R. et delli altri nostri fratelli De Roma li 22 di Luglio 1556.

Aliud quod scribam, non habeo, nisi nos avide nuntium exspectare, quo de novo collegio ingolstadiensi edoceamur

Omnes reverentiae vestrae et ceterorum fratrum precibus magnopere nos commendamus Roma 22 Iulii 1556

Nota Inter epistulas a S Ignatio vel eius nomine datas haec omnium (quae quidem usque adhuc cognitae sunt) postrema est, novem diebus post, 31 Iulii 1556, sanctissimus ille vir in caelum abiit

Ex hac epistula intelligitur, qua ratione fieri potuerit, ut litterae apostolicae, quibus monasterium clementinum et 1400 taleri ex monasterio oibinensi quotannis provenientes collegio pragensi attribuebantur vel potius eorum attributio iam multo ante facta probabatur et rata esse iubebatur, Roma non mitterentur nisi Kalendis Iulius anni 1583 [1]

---

[1] *Synopsis* Actorum S Sedis etc p 128, n 250 Ceterum, quod ad monasterium S Clementis attinet, etiam S Pius V O Pi eius cessionem, Societati a fratribus suis factam, confirmasse traditur (*Crugerius*, Sacri pulveres I c p 119)

X.
MONUMENTA CANISIANA.

A.
MONUMENTA MOGUNTINA CANISII.

1.

Mense Aprili 1543

Ex apographo totius epistulae, quod fideliter exscriptum esse ex autographo, Embricae (Emmerich) in cubiculo rectoris collegii S J deposito, testatur Embricae 20 Aprilis 1651 Winandus Weidenfeld S J Cod colon. „Litt epistt var " f signato „pag 1" et 3 sqq non sign
Tota epistula primum edita est in „Cartas del B P Pedro Fabro" I, 347—351, 172—178

Beatus Petrus Faber S J Gerardo Hamontano, Carthusiae coloniensis priori, Moguntia 12 Aprilis 1543 inter alia haec scribit Se de peregrinatione, ad quam Gerardus se hortatus sit, post aliquot septimanas certum quid rescripturum [1]

„Interea autem ego fruor communicatione Magistri Petri [2], quae communicatio quam mihi sit gratissima, ego certe non possem explicare Sit benedictus, qui plantauit tam cultam arborem et sint benedicti quotquot eam quoquo modo rigarunt, hinc fiet (prout non dubito) vt P V aliquid ex hac mea prece sit consecutura, quia tam multis modis hunc iuvenem adiuuerit vt fieret qualis est, et vt ne fieret similis iuvenum huius seculi Ego sane effectus sum amantior eius ciuitatis vestrae Coloniensis, quae tantam puritatem alere potuerit "

Nec tamen dubium esse, quin similes aliquot „plantulae" Coloniae lateant
Errant igitur *Riess* p 29 scribens Canisium Moguntiam profectum esse „in der zweiten Hälfte der Osterzeit des Jahres 1543", et *Boero*, Canisio p 25 asserens „In su l' entrare del Maggio del 1543 recossi a Magonza " *Séguin* quoque corrigendus est scribens Canisium mense Maio Moguntiam petiisse (l c p 30)

2.

1543, exeunte mense Aprili

Ex „Memoriali Beati Petri Fabri", ed P *Marcellus Bouix* S J (Lutetiae Parisiorum 1873) p 282—284 (in edit maiore p 273—275).

B Petrus Faber in „Memoriali suo" Moguntiae exeunte Aprili a 1543 notauit Se aliquando [3], *cum „visitasset magistrum Petrum*

---

[1] Gerardus Fabium hortatus esse videtur, ut Coloniam veniret, tum ad exercitia spiritualia Carthusianis tradenda tum ad fulciendam in ea urbe fidem catholicam, quam archiepiscopus ipse labefactabat   [2] I e Petri Canisii
[3] Haec Fabri adnotatio incipitur his verbis „Alio quodam die, dum visitassem "

Gueldriensem[a], *qui exercebatur juxta modum Exercitiorum nostrorum"* [1], *rationes quasdam clare cognovisse, quibus contraru illi spiritus animos hominum agitantes, bonus et malus, discerni possent. „In quibusdam" autem, inquit, „ideo non agnoscitur spiritus malus, et maxime in piis et diu versatis in devotione et extra peccata, quia non habeant cogitationes extra limites veritatis et bonitatis, neque affectus manifeste inordinatos." At, quantumlibet hi „sancti sint", ubi de altiore aliquo christianae vitae gradu capessendo delibere coeperint, facile utrumque spiritum in iis apparere*

Fabri haec scribentis animo Canisium obversatum esse de vitae statu deligendo meditantem facile patet

3.
Appendix monumentorum moguntinorum.
1540—1555

De votis a Canisio factis Coloniae a 1540, Moguntiae 1543, Romae 1549, Viennae 1555 An in Societate Iesu „vota devotionis" et „vota simplicia scholasticorum" fecerit Quando et quomodo professionem sollemnem emiserit

Canisius 25 Februarii 1540 Coloniae perfectam perpetuamque Deo castitatem vovit [2] 8 Maii 1543 votis Moguntiae factis Societati Iesu se addixit [3] eiusdemque tirocinium ingressus est [4] Quae quidem vota cum iis, quae nunc in Societate Iesu fiunt, „votis devotionis" [5] et „votis simplicibus scholasticorum" [6] similitudinem aliquam habent Eum autem duobus annis post ingressum vel alio quocumque tempore ipsa illa scholasticorum vota fecisse [7], quae nunc biennio probationis expleto fiunt, voventesque constituunt veros religiosos, prorsus constare non videtur [8] Nam Ca-

---

[a] Petrus Qualriensis *Riess Exemplum Memorialis, quod a 1858 Vallibus Amici ex prelo autographico prodiit* Petrum Qualeriensem *sed eiusmodi locum geographi non norint Boux in utraque Memorialis editione latina* Gueldriensem

Ea autem, quae huic praecedit, a Fabro anno 1543 „in die sanctorum martyrum et pontificum Cleti et Marcellini" facta est, qui est 26 Aprilis, quae vero nostram sequitur, ab eo facta est „in die dominicae quintae post Pascha", quae dies 29 Aprilis tunc erat Sed fortasse Faber in adnotando ordinem dierum haud accurate servabat
[1] Petrum Canisium dici omnes agnoverunt, ita v g *Riess* l c p 29, *Marc Boux*, Mémorial du Bienheureux Pierre Le Fevre (Paris 1874) p 347, *Boero*, Fabro p 431, *interpres anglus* Memorialis (The life of the blessed Peter Favre From the Italian of Father Giuseppe Boero [London 1873] p 354—355) Noviomagus, Canisii patria, Geldriae est urbs [2] Vide supra p 39
[3] „Memineris eos, qui illis in initiis Societati nomen dabant, statim ac ad cohabitandum cum aliis de Societate admittebantur, votum Societatem ingrediendi emittere solitos, at non statim permissos esse ut affirmarent se de Societate esse sed solum votum ingrediendi Societatem habere " Ita optime meritus *editor* „Litterarum quadrimestrium" I, 146 [1] [4] V supra p 75—76
[5] Ea omnino privata sunt et permittuntur, non praescribuntur
[6] V infra p 654 [6]
[7] Asserit quidem *Séguin* (l. c. p 43) eum 8 Aprilis 1545, biennio tirocinii expleto, illa vota fecisse, sed nulla ratione id probat.
[8] Nisi forte quis diceie malit ipsa vota 8 Maii 1543 a Canisio facta fuisse „vota devotionis" et, biennio expleto cum renovarentur, facta esse „vota scholasti-

misus cum in scriptis suis vota illa annis 1540 et 1543 facta plus quam semel commemoret, itemque vota sollemnia anno 1549 nuncupata [1], nullam usquam facit mentionem votorum aliorum, quae inter annos 1543 et 1549 ediderit Ac S Ignatius in constitutionibus quidem suis praecepit, ut omnes biennio tirocinii finito vota simplicia paupertatis, castitatis et oboedientiae, eaque ex ipsorum parte perpetua, facerent ac his singulis annis, donec ad vota sollemnia aut ultima coadiutorum pervenissent, eadem renovarent [2], formula etiam simplicium horum votorum proposita [3] At constitutiones S Ignatii promulgari non sunt coeptae ante annum 1552, quo in Siciliam primum illatae sunt [4], et vim legis, ipso Ignatio sic disponente, anno demum 1558 obtinuere, quo a prima ordinis congregatione generali, post conditoris mortem habita, approbatae sunt [5] Neque tamen dubitari potest, quin Canisius, docilis ille Ignatii Petrique Fabri discipulus, vota illa, quibus Moguntiae primum Societati nomen dederat, saepius renovarit, sive omnino privatim sive communiter cum aliis, qui similibus votis se adstrinxerant [6] Nam et Ignatius cum sociis prima illa vota, quae anno 1534 Parisiis in monte Martyrum nuncupaverat duobus annis proxime

eorum [a] In *catalogo, quem collegium S J ingolstadiense anno 1564 aut uno ex sequentibus annis Romam ad praepositum generalem misit de P Theodorico Canisio dicitur „Societatem ingressus est Coloniae die 9 Martii Anno 1534 et eodem die nota Scholasticorum fecit" (Cod „Germ Sup Cat 1566 1599 [e] f 373[a]) Ac tunc complures paulo post ingressum vota „devotionis" faciebant, quae, verborum significatione aliquantum amplificata, vota „scholasticorum" dici poterant Remerius v g Fabricius leodiensis, 4 Iunii 1559 Societatem Iesu ingressus est et „vovit eodem tempore statim" (*Catalogus collegii S J monacensis, Romam missus 1 Ianuarii 1565, 1 c f 376[b]) Richardus Flemingus, hibernus, mense Martio anni 1563 Lovanii Societatem ingressus, 24 Iunii 1563 Romae vota nuncupavit (*Catalogus collegii dilingani, Romam missus 1 Novembris 1567, 1 c f 382[a]), Petrus Hernath, hungarus, 26 Septembris 1558 eam ingressus, 26 Octobris eiusdem anni Romae vota fecit (*Catalogus dilinganus, 1 Ianuarii 1565 Romam missus, 1 c f 375[b]) Thomas Gallus, fridbergensis, anno 1560 Romae ingressus, 6 Ianuarii 1561 „vota scholasticorum" edidit (*Catalogus dilinganus, 31 Decembris 1566 Romam missus, 1 c f 402[b]) Ceterum v supra p 653 [5] [1] V supra p 9 15 39 42 44 56
[2] Ex c 1, n 10 12 P 4, c 4, n 5 P 5, c 4, n 3
[3] De votis devotionis agitur P 3, c 1, Tetc [5] Orlandinus 1 c 1 12, n 34
[4] Ios Iuvencius S I Epitome Historiae Societatis Iesu II (Gandavi 1853), 17—18
[5] P Ioannes de Polanco S Octobris 1549 Roma Lovanium scripsit ad Adrianum Adriani „Non omnino consonat formula votorum simplicium" in Societate ideoque se illam mittere affirmat, „quam sic approbari prae ceteris video" Ea hic subicitur ex *apographo eiusdem temporis, a Sociis lovaniensibus ad colonienses misso, quod nunc est in cod colon „Litt Epistt var" f 57 In locis, qui uncis includuntur, scriptio nimis obscura coniecturis suppletur, atque etiam ponitur „rationibus" loco verbi „rebus" et „constitutiones" loco verbi „conditiones" sic enim legendum esse manifestum est

„Creator meus et deus meus et pater sempiterne ego n licet omnibus rationibus me divino tuo conspectu indignum videam fretus tamen pietate ac misericordia tua infinita et impulsus tibi serviendi desiderio promitto) ac voveo coram sacratissima Virgine Maria et curia tua celesti vn[iversa] divinae maiestati tue me religionem societatis Iesu ingressurum ita vt quantum in me est vitam in ea perpetuo degam in qua societate si re[ceptus] fuero promitto paupertatem castitatem atque obedientiam me perpetuam [iuxta] ipsius societatis constitutiones servaturum a tua ergo immensa bonitate a[tque] clementia per Jesucristi sanguinem peto suppliciter vt hoc holocaustum in odorem suauitatis admittere et vt dedisti ad hoc desiderandum et offerendum sic etiam ad explendum gratiam conferre vberem digneris "

Alia formula a S Ignatio proposita et praescripta est in constitutionibus, P 5 c 4, n 4 Quae etiamnunc adhibetur

secutis renovavit [1], et in provincia S J lusitanica iam anno 1546 renovatio votorum in communi conventu fieri coepta est [2]

Quattuor sollemnia Societatis vota a Canisio Romae facta esse mense Septembri a 1549 inter omnes fere convenit Dissentiunt autem de die septimum fuisse Sacchinus asseruit [3], quem secuti sunt Iacobus Fuligatti [4], Longarus degli Oddi [5] Riess [6], Alet [7], Garcia [8], Ed Marcour [9], Verdiere [10] Econtra Python [11], Seguin [12]. Boero [13], I M S Daurignac [14] affirmant Canisium die 4 Septembris professum esse Et recte Nam P *Paulus Hoffaeus* Societatis per Germaniam superiorem praepositus provincialis in *catalogo omnium provinciae suae professorum et _coadiutorum formatorum*, quem anno 1570 confecit et Romam ad praepositum generalem misit, haec sua manu scripsit „R P Doctor Petrus Canisius professus est quatuor vota, quarto Septemb anno 1549 Romae in templo nostrae Societatis in ipsis manibus R P N Jgnatij primi Praepositj“ [15] Atque, id quod etiam maius est, penes Societatem nostram folium adhuc exstat, in quo Canisius ipse vota sua sollemnia forma consueta [16] scripsit („Ego Petrus Canisius professionem facio et promitto“ etc), et haec professio ita finitur „Romae in templo Societatis apud S Mariam de Strada, die quarto Septembris, anni 1549 in manibus beati Patris IGNATII primi Praepositi nostri generalis Jdem P Canisius manu propria“ [17] Eadem vota iisdem verbis Canisius sua manu scripsit in „Libro Professionum et Votorum Coadiutorum, Prouintiae Superioris Germaniae“, anno 1572 a P Paulo Hoffaeo, praeposito prouinciali, facto postrema Canisii verba haec sunt „Romae iiii Septemb anno M D XL IX in ecclesia Societatis“ [18] Tertium quoque Canisii autographum habemus, cuius una pagina vota simplicia professorum continet et his verbis terminatur „Scriptum factum et sancte promissum Viennae Dominica Sanctissimae et Individuae Trinitatis 9 Iunii anno post Christum natum 1555“, in altera pagina Canisius vota sollemnia secundum formam ordinariam scripsit eaque sic finivit „Ita solemnem professionem iam ante factam confirmo atque renovo, gratia Dei et Domini nostri Iesu CHRISTI Viennae Dominica Sanctissimae Trinitatis anno post humanam redemptionem 1555 Sic mea manu subscribens etiam atque etiam confirmo idem Pet Canisius “ Causa autem huius renovationis haec erat Paucis annis ante Ignatius firmam quandam atque uniformem rationem votorum sollemnium faciendorum praescripserat usque quinque vota simplicia addiderat, cum igitur P Hieronymum Natalem ad constitutiones promulgandas per provincias Societatis mitteret, eidem mandavit, ut omnium professorum vota sollemnia renovanda et simplicia illa addenda curaret [19]

---

[1] Testantur id B *Petrus Faber* in „memoriali“ l c p 13—14 (ed mai p 12 ad 13) et P *Simon Rodriguez*, qui et ipse e primis Ignatii sociis fuit, in „Commentario de origine et progressu Societatis Iesu“, primum edito Romae 1869, p 14

[2] *Orlandinus* l c l 6, n 98 quamquam renovationis illius formula, a P Simone Rodriguez composita, a praesenti satis differt, est in „Synopsi Annalium Societatis Iesu in Lusitania ab Anno 1540 usque ad Annum 1725“, authore P *Ant Franco* S J (Augustae Vindel et Graecii 1726) p 19, n 12

[3] De vita Canisii p 49

[4] Vita del P Pietro Canisio (Roma 1649) p 30

[5] Vita del Venerabil Servo di Dio il Padre Pietro Canisio I (Torino 1829 [primum edita Neapoli 1755]), 58—59

[6] Canisius p 79. [7] Canisius p 73 [8] Canisio p 118

[9] Der selige Petrus Canisius (Freiburg i Br 1881) p 20

[10] Universite d'Ingolstadt I, 200 [11] Vita Canisii p 56

[12] Canisius p 56—58 [13] Canisio p 59

[14] Histoire du Bienheureux Pierre Canisius (Paris 1866) p 73

[15] Cod „Germ Sup Cat 1566 1599“ p 363

[16] Haec a S Ignatio praescripta est in constitutionibus S J P 5, c 3, n 2—4

[17] *Cod „Ital Prof 4 Vot — 1542 1582“, f 7

[18] *Cod „XIII Y “ f 5, [19] *Boero*, Canisio p 59

Neque tamen ex priore illo, quod dixi, Canisii autographo concludendum est Canisii primam etiam professionem iisdem verbis conceptam fuisse, quae nunc usurpantur Nam annus 1549 in scripto illo ad ipsam quidem illam professionem spectat, non veio tempus significat, quo Canisius scriptum seu testimonium illud de ea confecerit, quod ipsa eiusdem conclusio comprobat, si enim Ignatius († 1556) tum superstes fuisset, Canisius eum non appellasset „beatum", scribens· „in manibus beati Patris IGNATII piimi Praepositi nostri generalis." [1]

Qua autem ratione Canisius 4 Septembris 1549 Romae coram S Ignatio professionem fecerit, id, quia primum illud Canisii ipsius scriptum non superest, coniecturis tantum assequi possumus, antiquas professionis formulas aliorum, quae superisunt, inspicientes Conferri possunt imprimis 1 ea, qua ipse S Ignatius cum quinque Sociis professus est Romae anno 1541 [2], 2 ea, qua B Petrus Faber 9 Iulii 1541 Ratisbonae usus est [3], 3 ea, quae intei primas constitutionum adumbrationes reperta est [4], 4 ea, quae addita est epistulae, quam P Polancus 17 Novembris 1551 Roma „de mandato" S Ignatii Coloniam ad P Leonaidum Kessel dedit, praecipiens eidem, ut Coloniae piofessionem emitteret, atque addens „Mittitur formula emittendi, de solemnitatibus nil scribo quia necessariae non sunt, sed voluntarie [5] P Adrianus [6] monere poterit, quibus ipse fuerit usus " Formula haec, quia vulgata nondum est, hic subicitur ex apogiapho, quod P Iacobus Kiitziadt S J (1602—1672) Coloniae fecit [7]

„Foima seruanda in emittenda Professione haec est Postquam ille, in cuius manibus vel piaesentia est professio emittenda, Missam absoluerit, in loco aliquo publico et ubi complures de Fratribus adsint, accepta hostia consecrata vertet se sacerdos ad populum, tunc qui professionem solemnem emissurus est, ante ipsum genibus flexis dicta confessione generali et ter domine non sum dignus etc ante Communionem alta voce ex scripto recitabit sequentia:

Ego Leonardus Kessel solenniter promitto omnipotenti Deo, coram eius Virgine Matre et tota celesti curia, ac in praesentia Societatis,

---

[1] Vota simplicia professorum, a Canisio in eodem folio post sollemnia scripta, sic teiminantur „Actum Viennae ni fallar, anno 1555 coram R P Hieronymo Natale Commissario " Ex hoc intelligetur complures annos inter eorum nuncupationem et hanc scriptionem interfuisse, quam a Canisio factam esse puto, cum Romae esset, anno 1565 vel etiam anno 1568 Vota ipsa simplicia hic non ponuntur, quia eorum forma ab ea, quae nunc adhibetur, vix differt. nisi quod promissio de ambitione manifestanda votum secundum sequitui (reposita post tertium ex decreto 46 congregationis generalis tertiae, anno 1573 habitae), prior illa est in „Instituto Societatis Iesu", Congi 1, deci 102

[2] Typis descripta in opeie „Constitutiones Societatis Jesu latinae et hispanicae" (Matriti 1892) p 313—314

[3] In „Memoriali" p 22—23 (ed mai p 21) et, nonnihil tamen diversa, in „Cartas del B P Pedio Fabio" I, 100

[4] In „Constitutionibus latinis et hispanicis" p 379 Ibidem p 177 formula exstat oidinaria

[5] Apparatum illum externum caerimoniasque illas Polancus significat, quae non iequiiuntur quidem, ut professio valeat, sed ad eam magis ornandam adhiberi solent

[6] Adrianus Adriani, Societatem ingressus anno 1515, Sociis lovaniensibus piaeiuit 1549—1558.

[7] Kiitziadt transcripsit „ex M S in folio P Leonardi Kesselij ab 1550 ad 1555" Exstat nunc in cod colon „Litt Epistt var " f non sign , quod est 4 ante 80

et tibi admodum Reuerende Domine loco Praepositi Generalis eiusdem Societatis JEsu perpetuam paupertatem, castitatem et obedientiam iuxta formam viuendi in bulla Societatis[1] et in eius Constitutionibus declaratis seu declarandis contentam   Insuper promitto specialem obedientiam summo Pontifici   Rursum promitto me obediturum circa eruditionem puerorum in Rudimentis Fidei iuxta eandem Bullam et Constitutiones tali die, mense et anno.

His pronuntiatis accipiet Sanctissimum Sacramentum et scriptum suum votum Chirographo apposito transmittet ad Praepositum Generalem "

B.

MONUMENTA COLONIENSIA CANISII.

a) Studia litteraria.

1536—1546.

Quo anno studiorum causa Coloniam venerit   In matriculam inscribitur   In artibus baccalarius, licentiatus, magister nominatur. Orationem habet   Disputat   Facultas theologica postulat, ut Coloniae honores academicos in theologia sibi comparet   Baccalarius in theologia fit   Scripturam explicat

4.

18. Ianuarii 1536.

Ex cod ms „Matricula quarta vniuersitatis Studij Coloniensis" f 147° Coloniae, in archivo historico urbis

„Anno domini millesimo quingentesimo tricesimo quinto in profesto D Thome apostoli[2] iuxta antiquam consuetudinem" congregatio vniuersitatis habita et rector constitutus est „Christianus Glen Coloniensis artium magister et sacre theologie Licentiatus Collegiate ecclesie s Seuerini Canonicus et Scholasticus   In cuius Rectoratu hi qui sequuntur sunt intitulati et inscripti[3].

In Januario

18 — Petrus Canes[4] de Nouimagio ad artes — Iurauit[4] et soluit "[5]

---

[5] Kanes *Ennen locis proxime memorandis*

---

[1] Bulla „Regimini militantis" significatur, qua Paulus III Romae 27 Sept 1540 Societatem approbavit
[2] „Profestum" siue vigilia S Thomae apostoli fit 20 Decembris
[3] Rectores ipsi scholasticos in matricula vniuersitatis inscribere solebant
[4] Formulam huius iuramenti proponit *Branco* 1 c I, 158
[5] *Firl Paulsen* opinatur aetatem, qua exeunte medio aevo adulescentes studia academica incipiebant, fuisse fere annum XV vel XVI Heidelbergensi matriculae tum Ioannes Eccius inserti sunt, cum 12 annos nati essent („Organisation und Lebensordnungen der deutschen Universitäten im Mittelalter" in „Historische Zeitschrift", herausgegeben von *H i Sybel*, XLV [München und Leipzig 1881]. 421)

Inter historicos controversia est de anno, quo Canisius studiorum gratia Coloniam primum venerit   Radero si credimus, anno 1534 „in album contubernii Montani inscriptus legitur" [1] Agricola „tredecennem" „fluentis tum seculi anno trigesimo quarto" Coloniam missum asserit [2]   Qua in re etiam Reiffenbergio [3] magis placet Agricolam sequi, quam Sacchinum (de quo infra) Iosepho quoque Boeio annus 1534 probatur [4] Leonardus autem Ennen, qui urbis coloniensis archivista et historiographus erat, affirmat Canisium die 18 Ianuarii 1535 in matriculam universitatis relatum esse [5] Similia asserit Henricus Milz, professor coloniensis [6] Paulus Drews eum asserit 12 Ianuarii 1535 matriculae bursae montanae inscriptum esse [7] Sacchinus vero Canisium Coloniam venisse scribit „sub annum aetatis quintum decimum" [8], Riess affirmat eum eo venisse a 1536, verique simillimum putat ineunte aestate id evenisse [9]
Vidimus in matricula universitatis Canisium inscriptum esse die 18 Ianuarii 1536 Sed licet „bursa montana" ceteraeque omnes bursae coloniensis partes quodam modo necessariae („integrantes", si ita dicere fas est) essent ipsius universitatis [10], interdum fiebat, ut adulescens aliquis in bursam reciperetur, in matriculam universitatis non statim referretur, tum demum in ea inscribendus, cum iurium et privilegiorum ipsius universitatis particeps fieri vellet [11]
An de Canisio ita actum? Matriculam montanam non esse visam ab ipso Radero, sermonis eius ratio suadet Neque eam vidit, qui historiam gymnasii trium coronarum coloniensis circiter annum 1638 accurate conscripsit, P Iacobus Boyman S J , neque Reiffenberg, neque huius operis editor neque etiam Coloniae nunc exstare videtur
Canisium ipsum audiamus! Is in „Confessionibus" „Annos", inquit, „fortasse decem aut iis amplius Coloniae vixi, postquam aetatis annum decimum quintum essem ingressus" [12] Et in „Testamento" „Postquam nuces reliqui, et annos quindecim aetatis attigi, adolescens Coloniae Agrippinae tali sum traditus praeceptori, qui ut pius erat ac religiosus admodum, Nicolaus nimirum Eschius" etc [13] Canisius, cum natus esset die 8 Maii 1521 [14], aetatis annum 15 explevit die 8 Maii 1536 Omnia itaque satis inter se conciliabuntur, si dicemus Canisium exeunte anno 1535 vel initio anni 1536 Coloniam adductum et paulo post in album ipsius universitatis coloniensis relatum esse Nam et Bianco testatur posteriore eius academiae tempore hanc praevaluisse sententiam Omnes bursarum alumnos statim in matricula universitatis inscribendos esse [15] „Statuta" certe „studii generalis" coloniensis, anno 1392 promulgata [16] haec habent [I] „Statuimus et ordinamus, quod quilibet Scolaris ad praedictum studium veniens ipsiusque membrum fieri et eius libertatibus perfrui cupiens presentet se infra primam quindenam Rectori universitatis et prestet iuramentum solitum et registro studii inscribatur, quodque   nec aliquis de gremio universitatis non intitulatum, quem scierit causa studii venisse Coloniam, teneat in hospicio ultra quindenam, nisi se faciat intitulari" [17] Quae „intitulatio" non ob-

---

[1] De vita Canisii p 7
[2] L c P 1, Dec 1, n 48 Agricola non aperit, unde id acceperit
[3] L c p 7   [4] Canisio p 16
[5] Geschichte der Stadt Köln IV, 498³, et „Allgemeine deutsche Biographie" III (Leipzig 1876), 750
[6] [Canisius] „war im Januar 1535 in die artistische Facultät eingetreten" (Programm des Gymnasiums an Marzellen zu Köln 1885—1886 Geschichte dieser Anstalt 1 Thl [Köln 1886], p 6—7)   [7] Canisius p 140
[8] De vita Canisii p 12—13   [9] Canisius p 6³   [10] Bianco 1 c I, 257
[11] Bianco 1 c I, 254 Herm Keussen, Die Matrikel der Universitat Köln 1389 bis 1559 I Bd, 1 Hälfte (Bonn 1892), p XVIII   [12] Cf supra p 16
[13] Supra p 36   [14] Supra p 6 9 34   [15] Bianco 1 c I, 254
[16] Edita a Wilh Schmitz, Mittheilungen aus den Akten der Universitat Köln 1 Forts (Programm des Kaiser Wilh -Gymn [Köln 1879] p 24—32)
[17] Ita etiam Pragae haec lex vigebat „Rectores scholarum et eorum scholares

stabat, quominus in ipsis etiam bursis scholae quaedam haberentur, immo vero facultas „artium" multo plura in bursis quam in auditorio suo communi praestitisse videtur

Neque tamen certi quicquam statuere velim, in antiquissimo enim, qui apud nos est, codice Canisii manu scripto (in quo tamen etiam complures alii complura scripserunt) manu, quae canisianae manus certe similis, immo f o r t a s s e Canisii ipsius est, hymnus „A solis ortus cardine — Ad usque teriae limitem" transcriptus est, atque eadem manu extremae hymni parti adnotatum   „Laus deo scripta anno 1 5 3 5 Coloniae kalend ianu " [1]

5.

2. Novembris 1536

Ex cod colon   „Lib fac Art quartus" [2] f 203'—204ᴬ

Anno a natiuitate domini supia sesquimillesimum tricesimosexto in vigilia annunciationis deiparae virginis [3] facta congiegatione solito more in scholis aitium [4] a prandio, electus est omnium quorum intererat consensu, Decanus, Ioannes Noepel Lypiensis theologie baccalaurius formatus [5] in cuius decanatu acta sunt que sequuntur [6]

Postridie omnium sanctorum [7], rectoies, et praeceptoies gymnasioium facultatis artium loco et hora solitis conuenientes elegerunt examinatores ad giadum Baccalaureatus promouendorum, sunt autem quorum nomina supposita sunt,

Magistri
{
Joann Noepel Lypien, Decanus
Hermannus Schotten Hessus theolog Baccalaureus foimatus
Godefridus Wilich, Canonum et theolog Baccalaureus
Ioann Neomagus ab Biunchoist [8],
Ioann Rechnchusanus
}

Sequuntur nomina examinatorum et admissoium ad Baccalaureatum in aitibus [9],

Gymnasij Montani
Henricus Xanctensis,

subditi sint rectori [universitatis] et iurent et piomittant eidem ac intitulentur" (Monum hist univ Prag III, 7, apud *Paulsen* l c p 401)
[1] Cod „Scripta Can X A " ff 4 et 3 ante ult. non signatis
[2] In hoc libro decani ipsi notabant, quae tempoie suae administrationis accidebant   [3] Die 24 Martii 1536
[4] In auditorio artium De nomine plurali „scholae" vide *II Denifle* O Pi , Die Universitaten des Mittelalters I (Berlin 1885), 9—10
[5] De eo vide supia p 157ᴬ 163 215³ etc
[6] Ad haec clarius intellegenda conferunt „statuta reformata" facultatis artium coloniensis, a 1522 condita (apud *Bianco* l c l Thl, Anl p 288—316)
[7] Die 2 Novembris 1536   [8] De hoc vide *Hartzheim*, Bibl p 190
[9] Universitates medii aevi simul etiam id piaestabant, quod nostra „gymnasia" et „scholae latinae" In facultate aitium potissimum quidem philosophia tradebatur Prioi autem artium cursus, qui potius praeparatio quaedam erat, grammaticam, ihetoricam, dialecticam et fortasse etiam elementa mathematicae et physicae complectebatur, alter logicam, physicam, psychologiam, metaphysicam, ethicam, politicam, geometriam, astronomiam Prioi cursus examine „baccalaureatus", alter examine „magisterii" finiebantur (*Frid Paulsen*, Geschichte des gelehiten Unterrichts an den deutschen Schulen und Universitaten [Leipzig 1885] p 17—18)

D Arnoldus Stralensis,
Petrus Nouiomagus *

Inter bursas sive gymnasia coloniensia celeberrimum erat „Montanum", nomen
habebat a Gerardo Terstegen, qui in vico Heerenberg natus ideoque Gerardus de
Monte appellatus est Is enim a 1431—1480 scholae illi magna cum laude et
munificentia praefuit [1] Hoc autem notatu dignum Cum complura Coloniae exsta-
rent gymnasia, divina providentia primum Societatis Iesu hominem germanum ac
provinciae Societatis Iesu germanicae quasi patriaicham in illud perduxit gymnasium,
in quo ex ipsa conditoris constitutione doctrina Sancti Thomae Aquinatis specialiter
colenda erat et reapse colebatur Nam qui gymnasii montani praecipuus benefactor,
immo et parens fuit, Valentinus Engelhart „de Geltersheym dioecesis herbipolensis",
in ipsis „litteris fundationis" die 7 Iulii 1504 datis exposuit se domos suas colonienses bursae illi donare ea condicione, ut doctrina S Thomae in iis proponeretur [2].
Ac Iacobus Middendorpius testatur [Laurentiani gymnasii] „alumni doctrinam Alberti Magni sequuntur, sicut Montani S Thomae Aquinatis vnde vulgo hos quidem
Thomistas, illos Albertistas appellant" [3]

6.

3 et 21 Februarii et 15 Martii 1538.

Ex cod colon „Lib fac Art quartus" f 208

[Anno 1538] Altera Purificationis [4] congregata facultate pro tentatoribus
eligendis baccalaureorum [5] electi sunt hi

Magistri {
Theodoricus gellie sacrae theologiae licentiatus [6]
Jacobus Hoochstratanus sacre theologie baccalaureus formatus pro tempore decanus [7]
Hermannus schottenius [b] Hessus theologiae bacca formatus
Joannes Noepel Lippiensis sacre theologie bacca formatus
Joannes rechelinchhuissensis [8] [bacc] biblicus
}

---

[a] Manu paulo posteriore inter haec duo vocabula insertum est nomen Canisius
[b] schattenius cod

[1] Hartzheim, Bibl p 100—101
[2] „Darin zu leren die lere des heyligen lerers Sancti Thomae von Aquinen
Ind dat alle zo eren, nutz, urbar ind behoef facultatis artium der wirdiger Univer-
sitt der Stede Köllen" (Bianco 1 c I, 266, Anlag p 248)
[3] Academiarum orbis christiani libri duo (Coloniae 1572) p 280
[4] Die 3 Februarii 1538
[5] Baccalarii artium, antequam cancellario universitatis ad examen pro „licentia" obtinenda „praesentarentur", praevium quoddam et magis privatum subire
debebant examen, quod „tentamen" dicebatur (Statuta facultatis artium coloniensis
Bianco, 1 c I, Anl 67 306–308) „Tentamen" hoc, cui soli „magistri tenta-
tores" intererant, maius momentum habuisse videtur, quam „examen", quod coram
cancellario vel vicecancellario fiebat, et cui alii quoque interesse poterant (G Kaufmann, Zur Geschichte der academischen Grade und Disputationen, in „Centralblatt
fur Bibliothekswesen" 11 Jahrg [Leipzig 1894] p 214)
[6] Theodoricus Alardi, gelder, „artista", regens bursae cucanae, anno 1541 rector
universitatis (Kratzradt in *cod „Hist gymn ti col " etc in fine)
[7] Alius est hic ac praeclarus ille Iacobus de Hoogstraet, dominicanus et inquisitor († Coloniae 21 Ianuarii 1527) [8] Alias „Rechelinchusanus", ex Reckling-
hausen, Westphaliae oppido, ortus esse videtur

Et sunt hec nomina presentatorum
Petrus nouiomagus[a] de domo montis[b].

Christianus Heresbachius Laurentianus

.

Pridie Petri ad cathedram[1] presentati sunt domini Baccalaurei citati domino vicecancellario magistro Hilgero born artium et legum professori doctissimo et constituti sunt examinatores

Mgi Adrianus de Breda ⎫
Mgi Mathias aquis[2]   ⎬ sacrae theologiae licenciati
                        ⎭

Mgi Hermannus monasteriensis
Mgr Joannes brunchhorst nouiomagus[3]

Feria sexta ante dominicam Reminiscero que erat 15 martij celebrauit Licentiam in artibus Honorabilis et Prestantissimus vir artium et legum doctor expertissimus mgr Hilgerus born vniuersitatis vicecancellarius acceperuntque Licentiam domini examinati et admissi illi nouendecim[4] quorum nomina habes folio superiori Et loco prandij dato sunt presentiae[5], fuit autem primus de domo Cuyckana

Falso igitur Ennen in biographia sua canisiana affirmat Canisium 3 Februarii 1538 „licentiam in artibus" accepisse siue licentiatum philosophiae creatum esse[6]

---

[a] *Hic quoque manu paulo posteriore inter vocabula* Petrus *et* nouiomagus *nomen* Canisius *insertum est*

[b] *Canisius inter omnes „praesentatos" primo loco nominatur*

---

[1] Die 21 Februarii 1538. Cf supra p 66[1]

[2] Matthias Cremers, aquensis, annis 1526—1557 praeses collegii montani

[3] Vide, quae monum 7 subicientur

[4] Inter hos Canisius erat

[5] „Praesentiae" = salaria siue munera pecuniae, quae ex aerario facultatis artium desumebantur (Statuta 1 c p 309)

[6] Allgemeine deutsche Biographie Bd III Auf Veranlassung und mit Unterstutzung seiner Maiestaet des Königs von Bayern Maximilian II herausgegeben durch die historische Kommission bei der Königl Akademie der Wissenschaften (Leipzig 1876), 749—756 Mirum sane, quam multis vitiis haec Canisii biographia laboret Ita, ut aliqua proferantur exempla, scribitur Canisium anno 1543 in manum Petri Fabri emisisse votum Societatis Iesu [omnino priuatim emisit votum ingrediendi Societatem], Canisium uniuersitatis ingolstadiensis rectorem electum esse 18 Octobris 1549 [electus est 18 Octobris 1550], Viennae sermones sacros habuisse in templo „Maria zur Wiege" [habuit in aliis templis marianis], Pragam collegii constituendi gratia profectum esse mense Maio a 1555 [profectus est Iulio], ibidem ludum litterarium Societatis apertum esse 7 Iunii 1556 [apertus est 8 Iulii], Canisium in suggestu ecclesiae cathedralis augustanae successisse doctori „Faber" [successit doctori „Fabri"], catechismum suum „paruum" inscripsisse „Institutiones christianae" [inscripsit „Institutiones christianae pietatis"], „Summam" suam senatui coloniensi dedicasse litteris 8 Septembris 1566 datis [datae sunt 6 Ianuarii 1566], Ioannem Dorigny vitam Canisii in lucem emisisse anno 1692 [edita est primum 1707], Friburgi Brisgoviae Societatis collegium conditum esse anno 1586 [conditum est 1620] etc — Leonardum Ennen nonnumquam in rebus transcribendis vel affirmandis leviorem fuisse ostendit etiam K Höhlbaum, Buch Weinsberg I, 116[3] 215[7] Neque aliter de eo sentit M Lossen, Der Kölnische Krieg, Vorgeschichte (Gotha 1882) p 154 156[1]

7.

25. Maii 1540

a) Ex eodem codice f 215ᵇ—216ᵃ

Deinde 25 huius mensis [1] praesidente Magistro Johanne Nouiomago inceperunt pro gradu Magisterii de domo Montana
    Petrus Canisius Nouiomagus ˀ
    D Aegidius Coloniensis.
Pro baccalauriatu vero [2] etc

b) Canisius in pagina interiore tegumenti anterioris codicis chartacei, in quo a 1538 et deinceps varia notabat („Scripta Can X A"), sua manu haec scripsit.

Anno Domini M D XL 25 Maii festo Vrbani episcopi 3 fer post Trinitatis recepi a M Iohanne Nouiomago insignia Magistralia [3]

Ioannes hic Noviomagus sive Bronchorst complures conscripsit libros, quos Hartzheim recenset [4] Raderus scribit eum postea „haeresi occaecatum, et Coloniae extinctum, a sepultorum quoque Catholicorum societate exclusum" esse [5] Eadem alii affirmant [6] At sepultura catholica non Noviomago a Coloniensibus denegata est, sed Gisberto Longolio, eius collegae [7] Certe si — quod aliquibus placet — Noviomagus ex coloniensi universitate in rostochiensem (Rostock), quae lutherana erat, transiit et ibidem mortuus est [8], negari vix poterit eum in lutheranismo obiisse Hartzheim sic de eo scribit „Creatus [est] Rostochii magister artium, ubi et publice docuit Coloniae item   Professor fuit   Daventriensis scholae Rector institutus fuit ˀ Atque Ioannem hunc Noviomagum fortasse significant Socii coloniensες, cum Coloniâ 14 Iulii 1558 Sociis romanis scribunt [Magister Andreas Boccatius in itinere suo frisio] „Rectorem quoque Dauentriensem allocutus est qui ipsum ad prandium inuitauit et se Canisium Discipulum habuisse gauisus est quem salutari cupit" [9]

8.

Quaeret quis fortasse, quibus studiis Canisius se dederit, cum a 1536—1540 Coloniae in „facultate artium" versaretur, et quibus libris usus sit

Quod ad litteras humaniores attinet, „statuta reformata" huius facultatis, anno 1522 composita [10], praescribunt, ut in singulis gymnasiis coloniensibus ars gramma-

---

ˀ *In codice nostro huic nomini posteriore manu quaedam ascripta sunt in laudem Canisii* clarissimus   theologus doctor, *quae tertius quidam, aemulus fortasse, delere conatus est*

---

[1] Mensis Maius anni 1540 significatur
[2] Simul cum his sex baccalarii creati sunt Interfuit huic caerimoniae clarus ille Arnoldus Tongrensis Facultatis artium decanus erat Sebastianus Novimola, duisburgensis, pastor ad S Paulum *Riess* (l c p 14) haud recte scribit die 23 Maii haec facta esse   [3] „Insigne" praecipuum erat „birrettum"
[4] Bibliotheca coloniensis p 190   [5] De vita Canisii p 13
[6] V g Dorigny l c p 18—19
[7] *Hartzheim* l c p 102 *Varrentrapp* l c p 162
[8] Anno 1570 Rostochii eum mortuum esse scribit *A I van der Aa*, Aardrijkskundig Woordenboek der Nederlanden VIII (Te Gorinchem 1846), 231
[9] Apographum harum *litterarum, saeculo XVII factum, est Coloniae in archivo studiorum fundatorum, cod „Annuae literae Collegii Soc ⁱᵉ Iesu Coloniae ab —1553 liber 2"   [10] *Bianco* l c I, Anl p 297—299

tica linguae latinae ex „Doctrinali puerorum“ ab Alexandro de Villa Dei O. Min.
(† 1240) conscripto tradatur In „conceptu super ordinatione lectionum“ ab artium
professoribus coloniensibus a 1525 facto [1] dicitur adhibenda esse opera „prae-
clarissimorum grammaticorum“, inter quae recensentur Aldi Manutii veneti „Institutiones grammaticae“, Nicolai Perotti († 1480) „Rudimenta grammaticae“, opera
grammatica Antonii Mancinelli († circ 1506) [2], alia Legebantur Epistulae familiares
Ciceronis, Epistulae Francisci Philelphi († 1481), „libri officiorum Ciceronis et eiusdem opuscula de amicitia, de senectute et paradoxis inscripta“, Vergilii Bucolica,
Georgica, Aeneis, Ioannis Baptistae Mantuani (Spagnoli, † 1516) O Carm libri tres
„De calamitate temporum“ et libri septem „Parthenices“
    Tradebantur etiam et exponebantur „Rhetorica Ciceronis“, Praecepta moralia
„Catonis“ [3], duo vel tres primi ex tredecim libris „Elementorum matheseos“ ab
Euclide conscriptis, „Sphaera materialis“ Ioannis Halifax de Sacro Bosco († 1256),
„Perspectiva communis“ sive Optica Ioannis Peckham O Min († 1292), „Theoricae
planetarum“ Gerardi Cremonensis († 1184)
    In Logica tradebatur a) „Vetus ars“, i e Porphyrii Isagoge, Aristotelis Cate-
goriae sive Praedicamenta, eiusdem opus De interpretatione, b) „Nova Logica“, i e
Aristotelis libri Analyticorum priorum et posteriorum, topicorum, de sophisticis
elenchis, c) „Parva Logicalia“, i e suppositiones, relationes, ampliationes, appella-
tiones, restrictiones, distributiones, syncategoremata, obligatoria, „insolubilia“, con-
sequentiae Studiis his logicis praecipue „Summulae“ logicales „Petri Hispani“,
qui postea Ioannes XXI papa fuit († 1277), adhiberi solebant Anno autem 1525
constitutum est, ut artistis nuper advectis cotidie „Logica Fabri“ [4] vel Georgii „Trapezuntii“ († 1486) liber „De re dialectica“ explicaretur [5]
    Praeterea exponebantur Aristotelis „Physica“ atque eiusdem libri „De coelo
et mundo“, „Metaphysices, Ethicorum [6], de generatione et corruptione, Metheoro-
logicorum et parvorum naturalium“, i e De anima, De sensu et sensato, De memoria et reminiscentia, De somno et vigilia, De somniis, De divinatione, De longi-
tudine et brevitate vitae, De vita et morte, De iuventute et senectute, De respira-
tione, De commotionis animalium causa [liber suppositus], De animalium incessu
    Aristotelis opera legebantur non graece, sed latine versa, atque in usu erant
versiones a Boethio, Ioanne Argyropolo († 1486) Georgio Trapezuntio factae
    Notandum praeterea a magistris coloniensibus abhinc a 1470 proprios libros
(„Copulata“) editos esse, quibus philosophia tradebatur, v g a 1490 „Copulata

---

[1] *Bianco* l. c p 326—328
[2] Bianco „Manciani“, sed omnino censeo legendum esse „Mancinelli“ Hic
Pomponii Laeti discipulus fuit ac „Summam declinationum“, „Scribendi orandique
modum“, „Donatum meliorem“, alia conscripsit, quae tunc magni fiebant
[3] De his vide supra p 558 [5]
[4] Ioannes Faber „de Werdea“ commentarium in Petrum Hispanum composuit
„Exercitata parvorum logicalium secundum viam modernorum“ (Reutlingae 1487, 2°)
Iacobus Faber Stapulensis, doctor parisiensis († 1536), composuit „Paraphrasim in
libros logices“ sive in „Organon“ Aristotelis (Parisiis 1525, 2°) et „Introductiones
in Suppositiones, Praedicabilia“ etc (C *Prantl*, Geschichte der Logik im Abend-
lande IV [Leipzig 1870], 203 278)
[5] Anno 1559 Lugduni vulgatus est „Georgii Trapezuntii de re dialectica liber,
scholiis Ioannis Neomagi et Bartholomaei Latomi illustratus“ (*Hartzheim* l c p 190
Prantl l c p 169 [101]) Cum Canisius Coloniae Ioannem Neomagum magistrum
philosophiae habuerit, verisimillimum est eum etiam Dialectica Trapezuntii usum esse
[6] „Conceptus“ anni 1525 Hora nona pro omnibus gymnasiis communis schola
habenda est „in der sittelicher Kunst die man nombt zu Latein Philosophiam moralem, wie sich Hauss, Stadt, Land und Luden zu regieren gebühret“ „Ethicis“
igitur Aristotelis certe adiungebantur eiusdem „Politica“, ac fortasse „Oeconomica“

pulcherrima diuersis ex autoribus logice in vnum coriogata in veterem artem Arestotelis, cum textu eiusdem secundum viam divi doctoris Thome de Aquino iuxta processum magistrorum Colonie in bursa Montis regentium." [1]

Ac Coloniae singulae bursae suos proprios libros philosophicos siue „processus" habebant, v g „Positiones circa libros phisicorum de anima Arestotelis iuxta ordinarium et disputatiuum processum magistrorum Colonie in bursa montis regentium ad opponendum et respondendum non minus vtiles quam necessarie" (Coloniae 1493) Canisius autem certe usus est „processibus" illis, quos magistri gymnasii montani ac praecipue Matthias Cremers aquensis anno 1520 Coloniae in duobus voluminibus formae maximae („folio" vocant) ediderunt [2]

9.

31. Octobris 1543. 18. Iulii 1544.

Ex iis, quae P *Iacobus Krittzradt* S J „pro Historia Gymnasij et Collegij" S J coloniensis sua manu excerpsit „ex libro Facultatis Theologicae Decanali", „tomo 1⁰", quae nunc sunt in cod „Hist gymn ti cor " in fine, fol unico numeris non signato

Eadem exstant etiam in codice bibliothecae nationalis parisiensis „Ms lat 2165 des nouv acquis", qui f 1—10 continet apographum vel summarium (saeculo, ut videtur, XVII) haud ita diligenter factum actorum facultatis theologicae coloniensis a 1391—1619

Dolendum valde est ipsa acta facultatis theologicae coloniensis, quae hoc tempus spectant, amissa esse

1543   Sub Decano 141 Johanne Stempel Tylano Ordinis FF Praedicatoi Jtem in Vigilia omnium SS [3] habuit orationem latinam [a] ad Clerum in scholis Theologorum M Petrus Canisius a Nouiomago [4]

1544   Sub eodem   18 Iulij respondit M Petrus Canisius Nouiomagensis AA LL Magister de domo seu Bursa montis, cuius materia [b] erat de authoritate Ecclesiae Romanae, et eius Sedis Episcopi, id est Summi Pontificis [5].

10.

Circiter 17 Decembris 1541.

Ex cod colon „Lib fac Art quartus" f 232

[A 1544] Quodlibeticae disputationes inchoatae sunt 15 die Decembris [6] et finitae in vigilia Thomae apostoli [7], et declamatorum nomina in sequenti facie scripta videbis

---

[a] Pridie Omnium Sanctorum latine peroravit *cod par*   [b] thema *cod par*

---

[1] *K Krafft* und *W Krafft*, Briefe und Documente aus der Zeit der Reformation im 16 Jahrhundert (Elberfeld 1876) p 179   [2] L c p 187³ 191
[3] Die 31 Octobris 1543
[4] Statuta facultatis theologicae coloniensis (facta anno 1398) inter alia praecipiebant, ut ad gradus academicos promovendi „unum sermonem seu collationem vel plures" facerent „ad clerum uniuersitatis Coloniensis pro exercitio sermocinandi" Statuta illa ponit *Bianco* I c I, Anl p 34—50
[5] „Disputatio" in auditorio theologico uniuersitatis coram magistris et discipulis habebatur, in qua Canisius „argumenta" solvebat, quae contra theses propositas „obiiciebantur"
[6] Dies 14 Decembris eo anno dominica erat   [7] Die 20 Decembris 1544

Nomina declamatoium in disputationibus Satuinalitijs [1] anni a virginis partu 1544

5 M Petius Canisius Nouiomagensis [a]

„Quodlibetariae" hae sive „saturnalitiae" disputationes a facultate artium coloniensi quotannis post festum S Luciae (13 Decembris) instituebantur et cum sollemnitate laetitiaque fiebant   In quibus, „quod liberet", disputationis argumentum proponi poterat [2]   Post orationem principalem singuli „declamatoies" orationem „facetiarum" vel „invectivarum" habere solebant   „Quodlibetarius" secundo die cum „magistris" disputare incipiebat, ac feie quaterni cotidie ei „respondebant", singuli singulis hoiis [3]   Canisius igitur, cum intei „declamatores" quinto loco ponatui. 17 Decembris iespondisse videtui

11.
Mense Martio 1545

Ex apographo epistulae, quod est in biographia Canisii a P *Iacobo Kellei* composita et a P *Iacobo Bidei mann* transciipta, cod monac „Keller, Can 1 " f 11. Alia apogiapha sunt in codd monac „Kellei, Can 2 " et „Kellei, Can 3 " — „Ex antiq Cod MS Collegii Soc Jesu Colon p 12ᵃ totam epistulam typis exscripsit *Reiffenbeig* l c mant. p 11

„*Decanus et Facultas Theologica*" [4] *unuiersitatis coloniensis Colonia mense Martio 1545 P Nicolao Bobadillae S J* [5] *scribunt· Se intellexisse Canisium bievi ad aliam unuiersitatem profectuium esse* [6] *At totam facultatem censei e* „*tam unuiersitati, quam Ciuitati*" *foie* „*proficuum, ut eundem qui suae pietatis et doctiinae specimen non semel nobis dedit*" *ad aliquot annos Coloniae* „*iesei-iare*" *omnibus modis conentui   A Bobadilla itaque se petei e, ut* „*commodissimum adolescentem*" *Coloniae i elinquenduin curet et* „*ad piomotionis Theologicae gradus cohoi tetui*" [b]

--- --- --

  [a] *Hic aliqua asciipta, sed postea eiasa sunt*
  [b] *Lectiones falsae apud Reiffenbeig* nostrae Societati, uoluntate nostra   *Apogiapha nostia* uestiae Societati, uoluntate uestra

  [1] Tempore antiquorum imperatorum iomanoium festa „Satuinaliorum" a die 17 ad 21 (vel 23) Decembris celebrabantui
  [2] *Bianco* l c I, 119—121 169
  [3] Vide, quae de his disputationibus optime disseiit *H I Liessem*, Die quodlibetischen Disputationen an der Universität Köln (Piogr des Kaiser Wilh-Gymn, Köln 1886) p 58—70
  [4] Ioannes Stempel tilanus O Pr a 30 Iunii 1542 ad 3 Iulii 1545 facultatis theologicae coloniensis decanus fuit (*Kiitziadt*, *Notabilia excerpta ex Libro Actorum Facultatis sacrae Theologiae Vniuersitatis Coloniensis, in cod „Hist gymn tr coi.", in fine)   Praecipui eius facultatis viii fuisse videntui Eveiardus Billick O Carm, Tilmannus Smeling sigebuigensis O Pi, Caspar Doiolei prior Carmelitarum, Hermannus Blanckfort pastor ecclesiae S. Columbae, Theodorus „Hake ab Halveren" pastor ecclesiae S Petii, Henricus Buschers tungiensis pastor ecclesiae S Martini
  [5] Bobadilla incunte mense Februario a 1545 per Coloniam transierat, Hieronymum Verallum nuntium Bruxellas ad caesarem comitatus, et piomiserat se in reditu Coloniae aliquaindiu mansurum   V supia p 142
  [6] V supia p 139

Similes litterae, si historicis quibusdam credi potest, a Coloniensibus ad S Ignatium datae sunt aut anno 1545 aut meunte 1547 aut utroque anno [1] Nunc vero neque eiusmodi litterae neque Ignatii rescripta videntur superesse

12.

26. Iunii et 8. Iulii 1545.

Ex excerptis *Kritziadti*, de quibus supra monum 9
Etiam in codice parisiensi, de quo ibidem
Apud *Hartzheim*, Bibliotheca p 267 „ex Lib II Actorum sacrae Facultatis Theologicae pag 56", et apud *Riess* l c p 53—54 in adnot

a) 1545 [a] Sub M Eueraido Billik Decano Prouinciali FF Carmelitarum 26 Junij indicta Congiegatio M Theodorie ab Halueren Pastoi S Petri praesentauit ad lecturam Bibliae 2 Artium Magistros Ewaldum a Nouesio, et Petrum Canisium Nouiomag extra tempus et praeter consuetudinem admissi giatiose propter spem eruditionis quae in eis apparebat futura, denique et cum M Petro Canisio super aetate quam statuta Facultatis requirunt [2] fuit dispensatum" Haec 26 Junij

Hartzheim ex actis supra scriptis profert congregationem hanc facultatis theologicae „in Conventu Fratrum Praedicatorum pei Vice-Decanum" indictam esse Errat autem scribens id anno 1543 factum esse, nam, id quod et ipse Hartzheim concedit, Eueraido Billick decano id evenit, decani autem officium annis 1543 et 1544 Ioannis Stempel fuisse et anno demum 1545 ad Eueraidum Billick delatum esse et Kritziadt et Brewei [3] ex actis facultatis theologicae excerpserunt

Consulebant in ea congregatione de Ewaldo et Canisio ad baccalariatum „biblicum" admittendis Baccalarii enim per aliquod tempus, uno vel pluribus „cursibus" — ideo „cursores" vocabantur — saciam Scripturam et deinde „sententias" Petri Lombardi interpretari debebant, ut „licentiati" theologiae fieri possent, propterea baccalarii alii „biblici", alii „sententiani" appellabantur

Canisius igitur, facultatis leges seruans [4], Theodoricum Hake „ab Halueren" magistrum sibi elegerat, „sub quo inciperet primum cursum, et alios actus consequenter"

b) [1545] 8 Julij exorsus est jam suam lectionem seu principium in Biblia Magistei Petrus Canisius [c]

Haec ex „Annal [facultatis theologicae coloniensis] II fol 56 p 2" etiam excerpta sunt exeunte fere saeculo XVIII a P *Nicolao Brener* O Er S Aug [1]

---

[a] 1645 *Kritziadt*

[b] *Cod paris haec acta non tam ad verbum reddit quam ad sententiam.*

[c] *8 iuln Petrus Canisius exorsus est principium in Biblia cod paris*

---

[1] *Orlandinus* l c l 4, n 40 *Sacchinus*, Can p 35 *Dorigny* l c p 59—60 *Python* l c p 46 *Reiffenberg* l c p 24—25 *Positio* super virtutibus [Canisii] (Romae 1833) Summ p 77

[2] „Iuramenta communia a cursoribus, Biblicis et Sententiariis antequam promoueantur juranda Item quod attigerint vicesimum quintum annum etatis" „Cursores antequam incipiant cursus suos per sex annos audiant theologiam s divis privilegiis religiosorum" (Statuta facultatis theologicae coloniensis *Bianco* l c I, Anl p 37—38 43) [3] Cf infra, adnot 5 [4] *Bianco* l c I, Anl p 38 Cod [4], Annal theol 1388—1682 p 70 Coloniae in archivo historico civitatis, sign .C mv N 14"

Ascitus igitui est Canisius inter baccalarios sive cursoies „biblicos" Quibus haec lex lata erat „Quilibet cuisoi pio quolibet cursu faciat collacionem preambulam sine questione ad iecommendacionem sacre scripture" [1] Hanc quidem scholam biblicam Canisius in auditorio theologico universitatis habebat, in bursa autem montana iam mense Septembri anni 1544 evangelium S Matthaei explicare coeperat [2] Quia vero ii soli, qui „cuisu" biblico absoluto pei aliquod tempus „sententias" exposuissent, baccalaiiatum plenum adipiscebantur sive „baccalarii formati" fiebant, Canisius, qui ante id tempus Colonia discessit, postea vere scribeie potuit „In Theologia nullum Coloniae gradum consequutus sum " [3]

13.

Post 9. Octobris 1545

Ex cod „Hist gymn ti coi ', parte piiore, a P *Iacobo Boyman* S J. (1603 ad 1669) conscripta, f 21, adnot a

[A 1545] Post 9 Octobris intei Declamatoies Quodlibetaiios decimo loco M Petius Canisius Theologiae Baccalaiieus AA [4] Sicut et anno 1545 Canisius iam Theologiae Baccalaiieus antepenultimo loco dixit in iisdem disputationibus [5] Catal Piouincial [6]

14.

Canisius Georgii Eder magister et patronus [7].

a) Ex *Edeii* „Catalogo Rectorum et Illustrium virorum archigymnasii Viennensis" (Viennae Austriae 1559) p 10

In academia coloniensi, inquit Ederus, „me ad septennium feie Eleemosina educatum, atque Magisterij gradum ope et patiocinio Episcopi cuiusdam Lundinen exulis, D Ioan Cochlaei[a], Andreae Bartuuick, Mathiae Aquensis, Iacobi Hochstrati et Hermanni Schilderi S Theologiae Licenciatorum, et D Petii Canisij consecutum esse giatitudinis causa perlibentei fateoi et agnosco "

b) Ex *Edeii* opeie „Paititiones catechismi catholici" (Coloniae 1582) epist dedic f *A 1[a]

---

[a] Cohlaei *Eder*

---

[1] Statuta facultatis theologicae coloniensis *Bianco* I c I, Anl p 38
[2] V supra p 112
[3] In *epistula Friburgo Helvetioium 3 Iunii 1590 ad P Arluinum Madium S J data
[4] „AA " = ex „libio Decanali Facultatis Artium" exceiptum Cod „Hist. gymn tr coi " f 18[b] [5] Cf supia p 665
[6] Id est in „Catalogo Piovincialium" [S J ihenanoium] eadem feie de Canisio referuntui, ac in „libro Decanali"
[7] Geoigius Eder (1523—1587) piope Fiisingam natus, philosophiae et iuris doctor, theologiae baccalaiius, in academia viennensi ius tiadidit et undecies rectoris munus administravit Aulae caesareae consiliaiius („Reichshofiath") fuit et Societatis Iesu amicissimum se praebuit Impiimis autem libris latinis et geimanicis egregie conscriptis de ecclesia catholica optime meiitus est (*K Weinei*, Geschichte der apologetischen und polemischen Liteiatui der christlichen Theologie IV [Schaffhausen 1865], 580 597—598 *Ios i Aschbach*, Geschichte dei Wiener Univeisitat III [Wien 1888], 166—179 *N Paulus*, „Reichshofiath Di Geoig Eder" in „Historisch-politische Blattei" CXV [Munchen 1895], 13—28 81—94)

Versionem germanicam catechismi romani „iamdudum", inquit Ederus, „ab-
soluissem, nisi mihi a fide dignis relatum fuisset, eundem laborem ante me sibi
sumpsisse Reuerendum Patrem Dominum Petrum Canisium Theologum, olim apud
vos¹ in Theologicis Praeceptorem meum et Patronum singularem cui non lubens
tantum cessi, sed eo nomine plurimum etiam et mihi et toti gratulatus sum Ecclesiae "
c) Ex *epistula autographa, ab Edero ad Everardum Mercurianum, praepositum
generalem S J, data Vienna 26 Martu 1574 Cod „Epp. Germ 1574" n 227
  „Ab ineunte aetate plurimum semper debui sanctissimae societati [Iesu], cuius
primi authores aliqui olim Coloniae optime fuerunt cogniti, vt Reuerendi Patres
D Petrus Fabri², D Pobadilla³, Goudanus et alij a quib tum in summa paupertate
mea plurima accepi beneficia, praesertim a Patre Canisio⁴ Quorum omnium recordatio mihi pergrata est atque iucunda "

15.

Aliqui Canisii biographi⁵ affirmant eum anno 1547 a coloniensi vniuersitate,
quod ecclesiae coloniensi in discrimine illo wedano egregie profuisset, doctorem
theologiae nominatum esse At hic error est Nam 1 Canisius anno
1549 Bononiae examen subiit, ut theologiae doctor fieret, 2 Iacobus Laynez,
praepositus generalis S J, quo facilius quidam de Societate munus theologiae tradendae in Germania administrare possent, litteris publicis testatus est eos „Lauream
Doctoratus in sacrae Theologiae facultate suscepisse", inter quos Petrum Canisium
recenset, qui Bononiae sit promotus, neque de coloniensi „laurea" quicquam dicit⁶,
3 De eadem promotione acta facultatis theologicae coloniensis silent Quod, etsi ipsa
illius temporis acta non iam exstare videntur, intelligitur ex iis, quae Kritzradt
saeculo XVII ex iisdem actis excerpsit⁷ Hic enim diligenter adnotavit, quos
gradus academicos, quando, qua ratione Canisius Coloniae assecutus esset, de illa
autem laurea ne verbum quidem scripsit 4 Canisius ipse Friburgo Helvetiorum
3 Iunii 1590 P Arluino Madio S J scripsit „In Theologia nullum Coloniae gradum
consequutus sum " ⁸ Fieri quidem poterat, ut Canisius senex multarum rerum obli-
visceretur, quae ipsi iuveni Coloniae acciderant Sed laureae doctoralis acceptae
esse oblitum quis crediderit ?

b) Societas Iesu per Canisium primum in Germania stabilita.
1543—1546.

16.
Sub initium Februarii 1544.

Ex biographia Canisii, a P Iacobo Keller S J sub a 1612 composita, quae
est in cod monac „Keller, Can 1 ", f 7ᵃ—8ᵇ Kellei affirmat se ea „ex ipsis
litteris, quae ad manum illibatae supersunt", sumpsisse, et addit „Coelesti pectore
fusae sunt, pari calamo exceptae "

¹ Colonienses alloquitur Ederus
² Beatus Petrus Faber   ³ P Nicolaus Bobadilla
⁴ Haud recte igitur Aschbach (1 c p 167) asserit Ederum iam ante a 1540
Colonia discessisse Faber anno 1543, Bobadilla a 1545 primum Coloniam venerunt
⁵ Long degli Oddi, Vita di Canisio 1 1, c 5, n 5 (in ed Taurini a 1829
facta vol I, p 47) Sigwin, Canisius p 50 Boero, Canisio p 48 I M S Dauriguac,
Canisius p 58 Garcia, Pedro Canisio p 116
⁶ *Litterae Lainii Romae 13 Augusti 1558 datae sunt Quae in secundo
volumine huius operis proponentur
⁷ V supra p 664 666   ⁸ Cf supra p 667

Apographa sunt etiam in codd monac „Keller, Can 2 " et „Kellei, Can 3 ", et in apographo simili, quod apud nos est

Epistula typis descripta est a *Radeio*, Can p 26—29, qui (p 25) scribit hanc esse „paitem longioris Epistolae", et (ex Radero) in „Cartas del *B P Pedio Fabio*" I, 376—377 228—230, italice edita est a *Boeio*, Fabro p 155—157 Particulas habent *Sacchinus*, *Reiffenbeig*, *Coinely*, *Riess* etc

Beatus Petrus Fuber S J. Wendelinae Canis, uiduae et Petri Canisii noieicae, Colonia sub initium mensis Februarii a 1544 litteras misit, *quibus se et Canisium contia eius queiimonias defendit* [1] *Se non solum Petrum, Societatis noiicium, sed et omnes eius cognatos sinceie diligere. Eum a Christo vocatum esse. Eius sacia studia a se iuraii, non pecunias appeti. Merito eaium paitem ab ipso in pios usus coniersam esse Quam autem secum aiexeiit „supellectilem", eam et apud ipsum, et in ipsius esse potestate* [2].

Sub idem tempus res accidit, quae ad has Fabri litteras illustrandas conferre potest De ea Fabei ipse ad S Fianciscum Xaverium Colonia 10 Maii 1544 scribit · „Maestio Pedro Canisio, en volviendo de la tierra donde nascio, trajo consigo tres mancebos para enderezarlos en el servicio de Jesucristo Nuestro Señor, los cuales venidos se confesaron conmigo, los dos de ellos están ya frailes en la Cartuja " [3] Tertium iuvenem Societati Iesu nomen dedisse Sacchinus affirmat [4]

Eodem tempoie Faber et Canisius decanum quendam [5] aegrotantem nonnumquam visitabant, qui pravos mores, quibus offensionem fidelibus afferebat mutare seiio statuit

---

[1] *Apogiapha monacensia cum Radeio in minutis tantum iebus disciepant En piaeeipuas lectiones iaiiantes* uelle et optare (velle et peroptare *Rad*), charissima domina (Christiana Domina *Rad*), gloriam omnibus modis peicupere (gloriari modis omnibus percupere *Rad*), facere nihil, quam unum (faceie nihil quam illum *Rad*); parcis curae (paucis curae *apogi mon 2 et 3 cum Rad*), ut ne scilicet statuere quem (ut ne quidem statuere queam *Rad*), quod scis omnibus (quod scis nobis omnibus *Rad*), auexit supellectilem (aduexit supellectilem *Rad*), *post reiba* esse potestate scito *in tiibus apogiaphis monacensibus haec sequuntui, quae Radeius omisit* Nostra enim Societas, cui ipse se denouit quidem, sed nondum usquequaque probauit nihil unquam receptura est quod fueiit M Petri, aut cuiusquam [et cuiusdam *ap mon 1*] alterius qui ad professionem nostram per sedem Apostolicam approbatam conuolarit, a nobis fides adhibenda (a vobis iis fides adhibenda *Rad*)

---

[1] Quid harum querimoniaium occasionem dederit, v supia p 102 Optimam mulierem Societati Iesu brevi reconciliatam esse intellegitni ex iis, quae supra posita sunt

[2] „Societas ipsa nullum omnino jus habet in bona eorum, qui ingiediuntur, ipsos tamen certiores reddere de sua indigentia, quando in eo sunt, ut de bonis suis disponant, neque adversatui spiritui religioso, neque est contra mentem Constitutionum " Possunt ergo, si velint, bona sua Societati donare Attamen „omnium quoium pars aliqua est in hoc negotio abdicandi applicandique bona, cuia sit et sollicitudo quam maxima, ut omnia cedant in aedificationem tum internoium tum externoium " Ita vir instituti Societatis Iesu peritissimus P *Augustinus Osuald* S J, Commentarius in decem partes Constitutionum Societatis Iesu Opus manuscriptum (ed 2, Biugis 1895) n 634 639   [3] *Cartas del B P Pedio Fabio* I, 238

[4] De vita Canisii p 30   Foitasse is fuit Heniicus Dionysius noviomagensis, qui Societatem paucis annis post ingiessus est

[5] „Un dean, que es el segundo despues del de la iglesia mayoi" (*Fabei* in eadem epistula 1 c p 237)

17.

Anno 1544.

Ex cod „Hist gymn ti. cor “ f 20ᵇ

De domo, in qua Canisius cum Socis a 1544 vitam communem agere coepit.

A C MDXLIV   XI Kalendas Februarij cum Aemiliano Lojola, et Lamberto Castrio Leodiensi Theologiae Baccalaureo Faber Coloniam rediit, Aluarum Alphonsum incolumem reperit indubie studijs adhuc vacantem ex acie haereditario Canisij domus conducta auff der Burgmaui, quam paulo ante inhabitauerat Reuerendissimus D Suffraganeus Quirinus de Wilych ' Episcopus Cyrenensis   1537   pridie S Martini ¹ mortuus ² AA ᵇ et H C ³

Ita, qui hanc partem historiae gymnasii „tricoronati“ scripsit, P Iacobus Boyman S J ⁴ Ad haec Kritzradt adnotauit

anno 1654 ego Iac Kritzradt casu in S Vincentio ⁵ fui   V Anna Kramers retulit se a Senioribus intellexisse, primos Nostros Patres habitasse auff der burgmaui prope Lyssloch, postea in Mariae Horto ⁶ inquirens, cognoui im Lembgen vñ der burgmauren ⁷ esse monialem centenariam, quae procul dubio aliquid certi [ea de re narrare posset] adij 18 Augusti cum M Packenio eius materteram Reuerendam Dominam Iudith Cremeriam ex Mercken, quae narrauit se ex ore vetulae, ante 4 annos defunctae centum et duos annos natae, in colloquio multa saepe antiqua sponte narrantis audijsse, Primos Jesuitas habitasse in vicinia, nempe in magna domo prope Lysloch proximaque a dextris quando ascenditur ex vnctoria in plateam Mariae horti, camque inhabitasse Suffraganeum nomine Johannem Nopelium magnum amicum et fautorem Societatis, cuius nomine habeant hodieque Casulam eas aedes hodie duplices, fuisse tunc vnas cum Turri adiuncta   primos Patres nostros per contemptum vocatos die schwartze Meermuss ⁸ a quadratis [pileis qui] tunc primum in usu [erant]

  ᵃ *Ita Kritzradt correxit, scriptum erat, ut videtur* Weslich *vel* Weyheh
  ᵇ *Kritzradt adnotauit* 1 4

---

¹ 10 Novembris
² At *Hermannus de Weinsberg* scribit se ab eodem a 1535 minoribus ordinibus initiatum esse „in sinem haus uff s Maximincnstraissen, da er wonte“ (Buch Weinsberg I, 108)
³ Id est Ex libro „decanali“ quarto facultatis artium, et ex „Historia collegii coloniensis“
⁴ Ita et ipse *Canisius* Friburgo Helvetiorum 3 Iunii 1590 Coloniam scripsit ad P Arlunium Madium S J [P Petrus Faber] „divertit ad aedes conductitias, in quibus antea Suffraganeus vitam egerat, non ita procul a summo templo Cum illic haeret, multi Belgae   practer expectationem omnem accesserunt, quibus idem pater M Leonhardum Kessel praefecit, cum ipse jussus antwerpiam et Portugalliam peteret “
⁵ Conventus virginum tertiae regulae S Francisci, haud ita procul a summo templo, cuius nunc vix vestigium cernitur
⁶ „St Marien Garten“, monasterium virginum ordinis cisterciensis
⁷ Conventus ordinis S Augustini initio saeculi XIX incendio destructus
⁸ „Trapa natans L Gemeine Wassernuss Jesuitennuss Wasserkastanie “ Quae etiam nunc in stagnis minoribusque lacubus Germaniae aliquando reperiri potest (*Joh Leunis*, Synopsis der Pflanzenkunde II [3 Aufl, bearb von *A B Frank*, Hannover 1885], 222 *Auf Kerner* von Marialaun, Pflanzenleben I [Leipzig und Wien 1890], 566 576)

Haec confirmantur magisque explicantur litteris Fabri Colonia 10 Maii 1544 ad Sanctum Franciscum Xaverium datis, quae nuper primum in lucem emissae sunt [1] „Hemos tomado“, *inquit*, „una casa alquilada, en la cual estamos al presente ocho personas, teniendo todo lo necesario para mantenernos en ella y hacernos la espesa De esto podeis colegir muchas buenas obras que por respeto nuestro hacen diversas personas desta cibdad, contribuyendo por solo amor de Cristo Nuestro Señor, quien ajuares, quién paños, quien camas, quién otras cosas necesarias “

18.

Anno 1544

Ex adnotatione *Canisii* autographa, cod „Scripta Can X A “, f non sign, quod est 9 ante extrem

Pecuniae expensae   Bibliotheca primorum Sociorum coloniensium

In Maio anni 44

Jtem pro coctione cereuisiae dedi ex meis [2] aureum id est 8 marcas, minus 2 albis [3]. reliquum prior exoluit [4]
Pro lignis dedi ex meis 4 aureos in auro et dalerum [5] et 2 albos [6]
Pro butijro et papijro VII albos

Catalogus librorum Coloniae
6 Augusti 1544 [7]

Paraphrasis Erasmi in nouum testamentum	2 uol
Moralizatio super Bibliam [8]	1
Opus triuium notabilium praedicabilium [9]	1
legenda aurea [10] et Reuelationes Birgittae	1
Soliloquia Bonauenturae et alia in scripto libro	
Proprietates rerum domini Bartholomei [11]	1.
Annotatio notabilium dictorum in lib	

---

[1] Cartas del *B P Pedro Fabro* I, 235—238   [2] V supra p 45
[3] *Hermannus de Weinsberg* coloniensis ad a 1521 „1 rader gulden galt 24 albus, so vil galt der goltgulden auch “ L c I, 29 ¹
[4] Geraldus Hamontanus, prior Carthusiae
[5] „Thaler, je 7 bis 8 Mk köln, gold Reichsth 1572 = 7 Mk 3 Alb “ *Hühlbaum*, Buch Weinsberg II, 401
[6] Albus, wysse Pennyng, Weissling, Weisspfennig (duplicis generis communis, et „rotatus“, „Raderalbus“, et hic longe maioris pretii) nummus erat argenteus, isque valde frequens   Circiter a 1495 florenus (Gulden, aureus) novus ihenensis sive marca xantensis exaequabat 4 marcas colonienses vel 24 albos novos (*Steph Beissel* S J, Die Baufuhrung des Mittelalters II [2 Aufl, Freiburg i Br 1889], 99)
[7] En primum catalogum primae, quam Societas Iesu in Germania habuit, bibliothecae!
[8] Opus, in quo Scripturae sacrae verba et facta ad mores aptantur (*C Du Cange*, Glossarium mediae et infimae latinitatis, ed L Favre V [Niort 1885], 515 in voce „Moralizare“)   Fortasse Nicolai Lyrani „Moralitates“
[9] Nescio utrum liber philosophicus hic fuerit an opus aliquod tripertitum, in quod „materiae praedicabiles“ sive res orationibus sacris accommodatae fuerint congestae
[10] Iacobi de Voragine O Pr, archiepiscopi genuensis   opus tunc usitatissimum
[11] Bartholomaei de Glanvilla sive anglici, O Min, „liber de proprietatibus rerum“ una erat ex „encyclopaediis“ medii aevi, quae iam saeculo XV compluries typis exscripta est

Libelli, quibus Canisius juvenis usus est, apud nos supersunt tres, e quibus duo editi sunt ab Hermanno von dem Busche humanista (postea in „Indice" posito), qui etiam in universitate coloniensi aliquamdiu docuerat a) „Hermanni Buschii Pasiphili Spiciligium XXXV illustrium philosophorum auctoritates, vtilesque sententias continens Eiusdem de virtute Oda lyrica" [1], b) „Dictata pro nominariis, ab Hermanno buschio collecta ex Prouerbiis et Ecclesiastico" [2] In hoc libello Canisius adulescens vocabula multa (aliqua etiam in „spiciligio") variasque formas sua manu descripsit Tertius libellus praecepta de valetudine tuenda continet

19.

Ab exeunte Innio usque ad initium Augusti 1544

Ex cod ms (2°) „P Liber registrationum Anno 41 10 Junii biss 2ª Julii 44", f 237ᵇ (in quo codice acta et decreta senatus coloniensis publica auctoritate descripta sunt), et ex simili omnino cod ms , qui inscribitur „Anno 44 4ᵗ Julii biss 17 Septembris A° 46" t 1ᵇ 12 Coloniae, in archivo urbano

Particulae a) et b) typis exscriptae sunt a *Hansen* 1 c p 196 ⁴. 196 ⁵

Senatus coloniensis in Canisium eiusque sodales inquirit usque vita communi interdicit

a) Fridach XXVII Junii [1544] ³.

.

Nachdem vnder anderen eynem E R vur komen ist etzliche sych beromen eyner Neuwer religion ist beuolhen beyden Hrnn Thornmeistern Costin van Lyskyrchen Godert Hittorp vnnd Johann Ryndorp flyslich darna zu forschen ' vnnd sulchs nae geschener Mohe eynem Ehrs Raedt anzusagen sich darna am flyslichsten zu citzien ⁴.

b) Anno domini millesimo quingentesimo quadragesimo quarto
. . Veneris quarta Julii

. . . . . .

Vff dem selbigen dach hait man verzellong gedain . wes sich M Petrus Fabri sampt die andere dwylche dan eyn Conuentum gemacht haint, hauen laissen vernemen Als nemlich das Sy nichtz Neuwes wyllens weren vurzunemen, dan sich der alder Christlicher Catholische Religion gemeiss zu halden Vnnd waes Sy vurnemen das solchs auss ʰ sonderlinger bewyllong pabschlicher hillicheit geschiege Derhalffen Sy begert haint Sy in yrem Christlichen vurnemen nith zu verhynderen Sondern Jnhn ouch furdeniss breyff yrs gueden leymoitz mit zu deylen.

ᵃ froschen *cod col*
ʰ *Sequitur* alder Christl *sed linea inducla deletum est*

---

¹ 4°, sine loco et anno, 12 fl non signata Hoc opus variasque eius editiones describit *H J Liessem*, Bibliographisches Verzeichniss der Schriften Hermanns von dem Busche, Forts (Progr des Kaiser Wilhelm-Gymnasiums, Köln 1883), p 13—14
² „Albertus Paffraed" typis descripsit anno 1526 Sine loco 4°, 12 fl non sign
³ Dialecto coloniensi haec scripta sunt
⁴ Cf supra p 103—111 103 ³

c) Godestach[1] XXX. Julii [1544]

Wes dem Camis vui gehalten ist der veisamelong halbe ist ouch van dem hern Leemersheym vurgegeben vnnd cyn E R.[2] hait es darby gelaissen vnnd hern Loemersheym vnnd den anderen ferner befel gedain Jm fael sy sich vngehorsamlich erzien Inhn als dan darby die Stat Coelln ernstlich zu veibeden

Cum his actis conferenda sunt, quae eadem de ie Canisius ipse Colonia 27 Augusti et 27 Septcmbris 1544 ad B Petrum Fabrum iettulit, supra p 103—112
Goswinus de Lomersheim (Lommersum), cuius hic fit mentio, per 50 annos urbis coloniensis senator fuit[3] Die 24 Decembris 1543 „Stimmeister" creatus erat[4] Ad hoc munus, quod a binis administrabatui, peitinebat etiam mores ac discplinam in iepublica tueri, secretas societates tollere, civitatis statum, libertatem, leges sustinere etc[5]

20.

Initio mensis Augusti 1544

Ex adnotatione autogiapha Heimanni Blanckfort, iectoris universitatis coloniensis, in cod ms „Liber Actorum matriculae quaitae Univeisitatis studii Coloniensis" f 142ᵃ Coloniae, in aichivo studioium fundatorum.
Etiam apud Reiffenbeig l c p 23, adnot 1 et apud Hansen l c p 197[2]

Idem aigumentum quod monum 19

[1544] In principio Augusti voluit senatus quosdam proscribere qui se appellabant Jesuitas, quod faceient conuenticula et niterentur nouum quendam ordinem erigere[6]. Sed quum supplicassent iectori, eo quod essent studentes, obtinuerunt intercedente rectore, vt liceret manere, dummodo habitent separatim et abstineant a conuenticulis

Leonaidus Kessel Colonia 18 Ianuarii 1545 Beato Petio Fabro de ea separatione scripsit .Obediuimus, ne aiguerent nos inobedientiae Eiamus omnes bono animo (Iaus Deo) exspectantes carceiem vel flagella, tota Colonia loquebatur de nobis timebant nos alicujus novae sectae homines esse Separati sumus non sine detrimento studiorum ᵃ [7]

21.

Annis 1544 et 1545.

Ex apographo, a P I Euy de Uiiaite S J a 1884 descripto ex autogiapho, quod est in „Varia Historia" etc (cf supra p 102) t 1, f 68
Tota epistula edita est in „Caitas del B P Pedio Fabio" I, 424—426

---

[1] Die Mercurii   [2] Ehrsamei Raedt (senatus uibis)
[3] Buch *Wemsbeig* II, 111—115
[4] Cod colon „Ratsliste" etc (v supra p 104¹)
[5] L *Ennen*, Geschichte der Stadt Köln, Auszug (Dusseldoif 1880) p 137
[6] *Polancus* „Quamvis civitas [coloniensis] catholica sempei publice fuerit, constitutionem tamen quamdam habebat de novis congregationibus iciigiosorum non admittendis" (Chionicon I, 155) Cf supra p 107[3]
[7] Cartas del B P Pedio Fabio I, 426

„Leuihaidus Questenbuich" mieius coloniensis, litteraium studiosus[1], Beato
Petio Fabio „de societate nominis Iesu, incompaiabili Theologo apud Columbiicenses",
Colonia 4 Februaiii 1545 „Petri Kanuegiessei, et Petri Kanisij salubii suasione"
se saepe peccata confiteii et ad saciam communionem accedeie coepisse et, quamvis
hominum ludibiiis et diaboli tentationibus iexetui, tamen ceitum sibi esse coepisse staie
et Dei seiuitio totum se dedeie Maigaiitam etiam Questenbuich, amitam suam,
Fabio in memoiiam reiocat, „quae non immeiito giatificaii iobis multis modis studuit"
Denique licet „Kanisius", „quem fiatiis loco habeie" coepeiit, „ibique multum con-
sily et consolationis" sibi tiibuat, iogaie se tamen, ut etiam Fabei non solum pie-
cibus, sed etiam litteris se adiuiet

c) Officia, quae Canisius archidioecesi coloniensi in apostasia Hermanni Wedani archiepiscopi praestitit.

1517

22.

Adolphus de Schaumburg,

administratoi archidioecesis coloniensis[2],

Hieronymo Verallo,

archiepiscopo iossanensi et nuntio apostolico apud Caiolum V

Colonia 11. Ianuarii 1547

Ex apographo (eiusdem tempoiis) aut commentaiio (2° p 1), quod est Dusseldorpii in aichivo regni boiussici, Conuol „A III Churcoln I Erzb Herm
v Wied 5 "

Canisium legatum suum commendat Exemplum iuiamenti summo pontifici
piaestiti mittit eidemque oboedientiam spondet

Reuerendissime in Christo pater et Domine et amice colendissime.
Post obsequioium nostroium promptam et beneuolam oblationem.
mittimus praesentium latoiem honoiabilem et doctum nobis synceie
dilectum .M Petium Canisium sacrae theologiae candidatum et Reuerendissimae D vestrae vt intelligimus, non vulgariter gratum[3],
ob ardua quaedam et grauissima negotia Reuerendissimae D. vestrae
exponenda Cui vt Reuerendissima D vestra, plenariam fidem super
iefeiendis. perinde atque nobis ipsis adhibeie dignetur obnixe oiamus.

---

[1] Cf supia p 140 144 155 157 etc
[2] De Adolpho de Schaumbuig v supia p 234 237—244 De eodem scripse-
iunt Mich Moielens O Carth , Conatus chionologicus ad Catalogum episcoporum
Coloniae (Coloniae 1745) p 158—160, et L Pollech, Geschichte dei Eizdiozese
Koln (Mainz 1879) p 376—385
[3] Ioannes Cochlaeus Eystadio 2 Augusti 1545 Verallo scripsit „I Hofmeisterus
Rev Dominationi tuae et integeiiimis doctissimisque viiis, piissimisque in
S Societate nominis Iesu Christi fiatiibus, Bobadilla, Claudio Iaio ac Petro Canisio,
qui cum R D tua familiaiissime conveisantui , ac Deo et proximo omni chaiitatis
et pietatis officio famulantur. peiquam familiaiitei notus factus est" (Nic Paulus,
Dei Augustineimonch Iohannes Hoffmeistei [Freibuig i Bi 1891] p 192[4])

qui inter caetera quoque Reuerendissimae D vestrae exemplar aus-
cultatum et collatum iuramentj nostij Sanctissimo D N ratione
Pastoralis curae nobis iniunctae, [praestiti][1] necnon acceptationis
eiusdem Pastoralis offitij et administrationis exhibebit Quam vnice
oramus vt obedientiam, obseruantiamque nostram debitam, sanctissimo
domino nostro diligenter ac fideliter commendet, ac polliceatur, nos
confestim post elaboratum Sigillum nostrum, quod sculpitur, iuramentum idem in forma auctentica [sic] ad suam Sanctitatem trans-
missuros Nos suae S humilime commendando Quod erga Reuerendissimam D v sedulis nostris offitijs et obsequijs promererj studebimus.
Datum Coloniae xj Januarij Anno MDXLVII.

Eiusdem Reuerendissimae D vestrae

Addictissimus
Adelphus [sic]
manu propria

Reuerendissimo D Nuntio Apostolico etc

Canisius, quid effecerit, ipse narrat supra p 234—240

23.

Adolphus de Schaumburg,
administrator archidioecesis coloniensis,

P. Petro de Soto O. Pr.,
confessario Caroli V caesaris

Colonia 11 Ianuarii 1547.

Ex apographo (eiusdem temporis) aut commentario (2° p 1), quod est Dusseldorpii in archivo regio, loco supra p 674 scripto

*Se, quae caesari rescripserit, eidem per Canisium mittere Hunc commendat,
et Sotum rogat, ut causae suae apud caesarem patrocinetur*

Reuerende in Christo pater, fautor et amice colende Confisi de
paternitatis vestrae erga nos singulari fauore, etiam reipsa ostenso
et exhibito, mittimus ad Caesaream Maiestatem dominum nostrum
clementissimum honorabilem et doctum M Petrum Canisium, sacrae
theologiae candidatum vt suae Maiestati literas nostras responsi[2] [sic]
ad suae Maiestatis rescriptum nobis praesentatum exhibeat, eiusdemque nostri responsi mentem et sententiam et quae impraesentiarum
occurrunt paternitatj vestrae exponat, Quem vt beneuole audiat, eique
plenariam fidem in omnibus referendis perinde atque nobisipsis ad-

---

[1] *Varrentrapp* asserit Adolphum paulo ante medium mensem Decembrem anni
1546 Leodii coram Georgio Austriaco episcopo in obsequium summi pontificis iurasse
(Hermann von Wied I, 272)

[2] Harum *litterarum, 11 Ianuarii 1547 datarum, apographum aut commentarium
Dusseldorpii eodem loco exstat, quo huius epistulae ad Sotum missae apographum
servatur

43 *

liibeat, et quae causae grauitas et magnitudo, cuius foelix et prospera expeditio in eius manu sita est postulat et requirit, nostri immo ecclesiae caussa apud Caesaream Maiestatem agere et curare non grauetur, |obnixe oiamus|' Quod erga pat: vestram quamprimum res nostrae stabilitae fuerint, sic compensare studebimus, vt comperiat quicquid id est offitij se non contulisse in ingratum, Quam deus bene sospitet et incolumet ad communem vtilitatem Datum Coloniae Die xj Januarij Anno 47,

Ad Confessorem etc [1]

Vide, quid Canisius de Soto ad Gioppeium rettulerit, supra p 237

24.

Circiter 11 Ianuarii 1547

In exemplo dusseldoipiensi littei.irum commendaticiarum, quae modo positae sunt, sub vocabulis „Ad Confessoiem etc " eadem manu sciiptum est

Ad d de Granuella
Ad ViceCancellaiium Naues

Haec patefaciunt Canisium etiam Nicolao Perienot de Gianvella, cancellario imperii, et doctoii loanni Naves, vicecancellario, ab Adolpho de Schaumbuig per epistulas commendatum esse

Canisius, quid ab iis obtinuerit, ipse refeit supia p 235—240

In domo probationis S J trunciniensi (Tronchiennes, in Belgio) pulchra imago, a Fi Quartiei, Societatis lesu aitifice belga, picta, asseivatui, in qua Canisius repraesentatur cum Carolo V et Ottone cardinali augustano agens [2]

Michael Stiunck S J in annalibus paderbornensibus „Adolphus", inquit, „literis potitus [quibus a Paulo III 3 Iulii 1546 administiator coloniensis constitutus est], ne quid temere et inconsulte faceret, consilii causa Petrum Canisium e Societate Iesu Colonia misit ad Caesarem, adhuc in comitiis agentem Ratisbonae " [3] In hac sententia quid veium sit, quid falsum, iam opus non est exponeie [4]

Colonienses laboium a Canisio pro se susceptorum eidem gratiam reddidisse posterioribus huius opeiis voluminibus patefiet Hic haec tintum notanda esse videntui Canisii catechismus in ipsa uibe coloniensi plus quam quinquagies typis descriptus est, vniveisitas coloniensis summo pontifici sciipsit se „in venerabili Patie Petio Canisio insignem e gremio suo athletam Societati Jesu, Germaniae et toti Europae progenuisse se impiimis glorian", cunctas itaque universitatis facultates rogare, ut Canisius quamprimum catalogo beatorum inscriberetui [5] Ac Clemens

---

' Haec vel similia supplenda esse et res ipsa et epistula ab Adolpho ad Verallum missa (supia p 674) ostendit

---

[1] Petrum de Soto tunc munus illud administiasse ex ipsis actis dusseldoipiensibus supra memoratis intellegitui
[2] Précis historiques XXXIII (Biuxelles 1884), 631
[3] Annalium Paderbornensium pars III (Paderbornae 1741), p 280
[4] Cf etiam Kenn Alh Ley, Die Kolnische Kirchengeschichte (Koln 1883) p 478
[5] Hae litteiae initio saeculi XVIII datae esse videntui, vulgatae sunt a Bianco l c I, 649—651

Augustus archiepiscopus et elector coloniensis in litteris, quas Bonna 25 Maii 1729 ad Benedictum XIII dedit [1], de rebus contra Hermannum Wedanum a Canisio gestis disserens „Archiepiscopalem", inquit, „Coloniensem mitram Canisianis laboribus ac sudoribus conservatam, et ad Orthodoxos Antistites propagatam esse profiteri cogor" [2]

C.
MONUMENTA TRIDENTINA CANISII,
quae primum illius concilii tempus (1545—1549) spectant [3].
25.
Otto Truchsess de Waldburg,
cardinalis et episcopus augustanus,
Adolpho de Schaumburg,
administratori et electo archiepiscopo coloniensi
Ulma 12. Februarii 1547.

Ex archetypo (2°, pp 2, in p 4 inscr et pars sig), nomen subscriptum est autographum Dusseldorpii, in archivo regni borussici, „A III Churcoln I Erzbischofe Heim v Wied" Particulam posuit *Varrentiapp* l c II, 118, adnot 1

Adolpho notam dignitatem gratulatur et operam suam offert Se Canisii rogatu ad summum pontificem de pallio et confirmatione concedendis scripsisse et Canisio persuasisse, ut ad concilium tridentinum remire statueret

Hochwurdigster Furst, vnnser freundtlich Diennst, vnnd was wir liebs vermugen zuuoran, besonnder lieber Herr vnnd freund, Das E. L auss verleihung Gottlicher gnaden, hieuor zu Coadiutorn dess Ertzstiffts Coln, vnnd yetzund zu Ordenlicher election, Bischoflicher Dignitet geraten, Dess thuen wir vnns hochlich erfrewen, winschen auch E L von dem Almechtigen vil Gluklis, vnnd alles, so derselbigen vnnd Irem Stifft zu Ehren, nutzen, vnnd Wolfarth furstenndig sein mochte mit dem Erpieten, warjnn E L vnnd dein Stifft wir wissten oder kundten angeneme diennst beweisen, Das wir solchs mit willen zuthun bereit weren,

Zum Anndern, so haben wir auch auff dess wurdigen Andechtigen, vnnsers lieben besonndern, Magister Peters Canisien anbringen, der befurderung halber, so wir von wegen E L pallio vnnd Confirmation, bey der Bapstlichen Heilicheit thun solten, nicht vnndellassen,

---

[1] Exstant in „Positione super virtutibus" [Canisii] (Romae 1833), Summ p 285—286

[2] De rebus a Canisio Coloniae gestis cf etiam pulchram commentationem a *K A Heuser* (postea ecclesiae metropolitanae coloniensis canonico) scriptam „Der sel Petrus Canisius in seinen Beziehungen zu koln" in „Rheinische Volksblatter fur Haus, Familie und Handwerk, herausg von Adolph Kolping" 11 Jahrg (Koln 1864), p 785- 828

[3] Secundae parti (1551—1552) Canisius non interfuit, quae in tertia (1561 ad 1563) egerit simul cum epistulis eodem tempore a Canisio scriptis proponentur

sonnder Derselben schon, mit sollichem furpit vnnd befurderung
schrifftlichen erslossen, Das wir verhoffen, solchs sol E L zu gutem
vnnd gedeyen reichen,

Nachdem auch mit dem Concilio zu Triend ymerzu furgeschritten
wurdet, alda dann vil treffenlicher geleirter Menner verhanden, die
inn puncten vnnsers waren Christenlichen glaubens, Allerley hanndlen
vnd disputieren, bey welchem Christenlichem werkh wir disen Canisien,
als einen gelerten jungen Man, der auch Ime selbst zu gutem, vnnd
zu aufnung", vnd pflantzung, vnnsers Heiligen glaubens der Ennden
wol etwas begreiffen, schaffen, vnnd ausrichten mocht, vast gern
sehen vnnd darumb Jne dahin persuadiert vnnd vermugt, Das er sich
vff sollich Concilium gen Triend zuuerfuegen bewilligt Freundtlich
bittend E L wölle Ine hierjnn Das er semen weg mit widei zu
derselben genommen, gnedigst entschuldiget halten, Vnnd das auss
erzelten Christlichen vrsachen, wollen wir vmb dieselben freundtlicher
Weiss beschulden, vnnd seyen E L zu angenemem gefallen, inn
allweg bereit

Datum Vlm den XIjᵘᵐ Februarij Anno MDXLVIj

Otho Cardinal zu
Augspurg

Dem Hochwurdigsten fursten, Herren Adolpho, Erweltem zu
Ertzbischouen zu Coln, dess Heyligen Reichs durch Ytalien Ertz-
cantzlern, vnnd Churfursten, vnnserm besonnder lieben Herren vnnd
Freund

Haec epistula, praesertim si cum litteris Groppen supra (p 242—245) allatis
componitur, errorem patefacit, in quo complures Canisii biographi [1] atque etiam Reiffenberg versantur scribentes Canisium anno 1547 ex aula caesaris Coloniam rediisse,
et Coloniā ad concilium profectum esse Ex his plerique (quod et Floriano Riess
accidit) legationem hanc suebicam Canisii cum itinere eiusdem vormatiensi (a 1545)
vel cum duabus illis legationibus confundunt, quas Canisius Coloniensium rogatu
eodem anno Hermanni Wedani removendi gratia apud caesarem obivit Coloniae et
in Belgio [2]

Quod-si Truchsessius scribit se Canisio "persuasisse", ut Tridentum ad concilium proficisci statueret, id fortasse haud facile componi potest cum iis, quae ab aliquibus Canisii biographis [3] affirmantur Cardinalem Ottonem a S Ignatio per litteras
impetrasse, ut Canisius Tridentum mitteretur Raderus et Sacchinus, inter biographos antiquissimi, nil ea de re dicunt, neque eiusdem vestigium exstare videtur
in epistulis ignatianis, quae hucusque editae sunt Fortasse Otto anno 1545, quo
primum de laio et Canisio ad concilium mittendis cogitabat [4], Ignatio ea de re
scripsit [5], aut anno 1547 scripsit et rem impetravit, hac tamen condicione ab Ignatio
lata Si Canisio ipsi id expedire videretur Sic enim Ignatius qua erat prudentia,
quaestiones nonnunquam solvebat

---

[*] Sic, fortasse legendum aufnemung

- - - - - - - - - -

[1] Dorigny Python, Oddi Alet, Garcia Daurignac, Boero
[2] V supra p 158—159 162 164—165   [3] Oddi Garcia Boero, Dorigny
[4] V supra p 159   [5] Cf Orlandinum l c l 5, n 40

26.

Otto,

cardinalis augustanus,

Ioanni Mariae de Monte et Marcello Cervino,

cardinalibus, concilii tridentini praesidibus

Dilinga 16 Februarii 1547.

Ex archetypo (2°, p 1, in p 4 inscr et sig), ultima epistulae verba (Delle SS VV — Augusta) ab Ottone ipso scripta sunt Florentiae, in archivo regni italici, cod „Carte Cerviniane XIII " f. 55

Apographum saec XVIII vel XIX confectum exstat Tridenti in bibliotheca urbana, cod 96 f 100 ᶜ

Canisium cardinalibus legatis commendat

Reuerendissimi et Illustrissimi Signori miei osseruandissimi.

Per hauer scritto con matiolo[1] quanto occorreua sin alhora, et essendomi partito dopoi da la corte e venuto qua per passar al viagio mio per il seruitio di soa maiesta come scrissi alle ss vv Reuerendissime non m' estendero ad altro che di racomandar [a] loro il presente lator religioso dotto e ben acostumato qual come amico e creato di maestro Claudio nostro[2] vene a star in compagnia soa al concilio pei questa quadragesima[3], hauendo pero expedito prima a la corte cesarea quanto era venuto negociar pei parte del signor coadgiutor, hora fatto arciuescouo di colonia E come esso religioso maestro pietro canisio e persona da la qual se ne puo sperar per il tempo, e per la qualita soa, qualche buon frutto, non ho potuto tacerlo alle ss vv Reuerendissime anci di nouo raccomandarglilo, et facendo fine bacio le loro sacre mani pregando a dio le Illustrissime e Reuerendissime persone soe conserui e contenti come desiderano. Da tilinga alli XVj di feuraro 1547,

Delle SS VV Reuerendissime e Illustrissime

Humillimo Scruitor
Jl Cardinal d' Augusta

† Allj Reuerendissimi et Illustrissimi signori miei osseruandissimi li signori legati del concilio etc. A trento.

---

[a] raomandar *ai chet*

---

[1] Petrus Andreas Matthiolus (1500—1577) medicus praeclarus erat (*Const i Wurzbach*, Biographisches Lexikon des Kaiserthums Oesterreich. 15 Theil (Wien 1866), p 324

[2] P Claudius Iaius S J mense Decembri anni 1545 Tridentum venerat, ut Ottonis procuratorem ageret Cf supra p 199ᶜ Canisius certe missus est theologus, non procurator futurus

[3] Dies 16 Februarii, quo Otto litteras has dedit, eo anno dies cinerum sive initium quadragesimae erat

Haec epistula ostendit Boero (Iaio p 112) contra temporum rationem peccare, cum
de Canisii adventu tridentino scribit „Ai 13 di gennaio del 1547 si tenne la sesta
Sessione   In que' giorni medesimi arrivò improviso a Trento il B Pietro Canisio "
Raderus (Can p 41) et post eum alii scripserunt Canisium ab Ottone cardinali
Tridentum missum esse una cum Wolfgango Rhem praeposito augustano   At hic
iam mense Decembri anni 1545 cum P Claudio Iaio eo venisse videtur [1]   Neque
Otto in litteris modo positis de Rhemio tacuisset, si eum cum Canisio Tridentum
mittere voluisset

D.

MONUMENTA BONONIENSIA CANISII.

a) Prolegomena.

27.

Franciscus Sacchinus (Can p 40) scribit „Quia Cardinales Concilii praesides
quaecunque Tridenti, ac Bononiae tractata de Sacramentis erant, iusserant Lainium,
ac Salmeronem colligere, disputationesque inde pulcherrimas in ordinem, ac viam
ipsi redegerant," Canisius Bononiae „iis disputationibus stylo politiore complectendis,
exscribendisque (nam et characteribus scribebat cum quadam dignitate clarissimis)
plerumque temporis impendebat magno sane labore"   Notum etiam semper fuit
Canisium (quod suis ipse litteris testatus est [2]) Bononiae inter theologos concilii sententiam suam dixisse   Quando autem dixerit, qua de re, quid, hucusque ignorabatur.
Antequam in hanc rem nova quid proferatur, haec quoque praenotanda esse videntur

Quia, concilio tridentino ineunte a 1547 Bononiam translato, hispani praesules
et alii quidam in Caroli V eam translationem improbantis gratiam Tridenti sub-
stiterant, Bononiae nullus a concilio de dogmatibus fidei aut de morum reformatione
consessus habitus est   Attamen theologi diligenter ea discutere pergebant, quae
suis temporibus concilio definienda possent proponi, fiebantque congregationes tum
theologorum „maiorum" sive praelatorum tum theologorum „minorum" [3] tum generales   Si *Augustino Theiner* credimus, minorum theologorum conventus 58 fuerunt [4]
De his conventibus aliqua, quae ad Canisium aliquo modo pertinent, ex monumentis
hic ponentur, olim congestis vel conscriptis ab Angelo Massarello, iuris utriusque
doctore et protonotario apostolico (postea episcopo telesino), qui per totum fere
concilium eiusdem secretarius fuit   Theiner, cum acta concilii a Massarello scripta
in lucem emitteret partem illam, quae Bononiam spectat, omisit   Neque ea quae
ponentur, apud ceteros sunt, qui Massarelli acta tridentina (sive genuina, sive
pseudepigrapha) typis exscripserunt   Edm Martene et Urs Durand [5], Frid Eberh
Rambach [6], Iul Le Plat [7], Gen Calenzio [8], Ign Döllinger [9]   Quae signis in-

[1] *Polancus*, Chronicon I, 154 155   Sf *Pallavicino* S J . Istoria del Concilio
di Trento 1 6, c 2 n 7   *Boero*, Iaio p 96—97   [2] V supra p 47 250

[3] De munere „theologorum" tridentinorum v *Ioh Sfoz* S J. Relatio historica
de gestis in concilio Tridentino (Dilingae 1695) p 80—82

[4] Acta genuina Concilii Tridentini I (Zagrabiae 1874) p XII—XIII

[5] Veterum scriptorum et monumentorum amplissima collectio, tom VIII (Parisiis
1733), col 1022—1218

[6] In appendice tertio ad „Christian August Salig's vollständige Historie des
Tridentinischen Conciliums" 3 Theil (Halle 1745), p 5—360 (ex Martene descripta)

[7] Monumentorum ad historiam concilii Tridentini potissimum illustrandam spectantium amplissima collectio, tom VII, pars 2 (Lovanii 1787), p 31—67

[8] Documenti inediti e nuovi lavori letterarii sul Concilio di Trento (Roma 1874)
p 297—320

[9] Ungedruckte Berichte und Tagebücher zur Geschichte des Concils von Trient
1 Abth (Nördlingen 1876), p 39—326

cluduntur, ipsius Massarelli verba, cetera ex eius scriptis ab editore excerpta sunt 'Plura huius generis foitasse mox cognoscentui, cum Massarelli diarium privatum, italice scriptum, et diarium Herculis Severoli typis exscripta erunt [1]

b) Acta synodalia

28.

A mense Aprili usque ad Iunium 1547

Ex diario gestorum in concilio tridentino, manu *Angeli Massarelli* scripto, f. 16[b] 217 220—236[a], quod est (cod ms in 8°) in archivo vaticano

De congregationibus generalibus et particularibus, quibus Canisius interfuit Quando et qua ratione sententiam dixerit

29 Martii 1547 [2] „Hac die in nomine D N Jesu christi datur principium congregationibus Theologorum minorum, siue non praelatorum, quibus proponuntur 14 articulj super sacramento poenitentiae examinandi et disputandi [3] etc quorum copia prius [4] eis exhibita fuerat congregatio fit in aula magna palatij de Campegijs, ubi hospitatur Reuerendissimus D Cardinalis de Monte primus praesidens [5]

Interfuere Marcellus cardinalis Cervinus, episcopi complures, theologi plus quam 50 sex ex iis sententiam dixere, post tres horas contio dimissa est [6]

31 Martii iidem articuli per 4 horas discussi sunt a 4 theologis coram episcopis compluribus, theologis plus 50, multis „doctoribus saecularibus", 500 fere „scholaribus" [7]

2 Aprilis idem factum per 4 horas a 3 theologis, praesidente cardinali Cervino, cum cardinalis de Monte ex pedibus laboraret

1 Aprilis idem, eodem praeside, per 3 horas a 3 theologis factum, audientibus episcopis, theologis, plus quam 400 scholaribus, nobilibus bononiensibus permultis

15 Aprilis Eodem praeside dixere 3, per 3 horas, coram 14 episcopis etc

18 Aprilis Item 3, per 3 horas

---

[1] V *Seb Merkle*, Hercules Severoli etc, in „Historisches Jahrbuch" XVI (München 1895), 749—776

[2] Canisius 12 Aprilis 1547 Patavio Bononiam profectus est (supra p 248 249[7]) Sed haec praemittuntur quo melius intellegantur, quae ad Canisium proxime attinent

[3] Hos 14 „articulos haereticorum" typis exscripserunt *Od Raynaldus*, Annales ecclesiastici XXI ad a 1547, n 58, et ex Raynaldo *Le Plat*, Monumenta etc III (Lovanii 1783), 608—609

[4] 25 Martii *Raynaldus* l c

[5] In hoc palatium theologi minores etiam postea semper convenisse videntur, nam in actis sequentibus aliarum aedium non fit mentio, immo hic locus „solitus" dicitur

[6] Quae sequuntur, congregationes sunt minorum theologorum, nisi aliud dicetur

[7] A Bologna „successivamente si esaminarono con diligentissimo studio tutte le diffinizioni e molte delle riformazioni dipoi stabilite in Trento, e si raccolsero intorno all une ed all altre esquisitamente i sommarj delle sentenze pronunziate nelle congregazioni, i quali furono riportati negli atti autentici del concilio, e contengono il miglior sugo dell erudizione e delle ragioni che possono arrecarsi in ciascuna delle materie" *Pallavicino* l c l. 10, c 2, n 3

19 et 20 Aprilis congregatio generalis habita est.

21 Aprilis sessio concilii oecumenici IX habita est [1].

23 Aprilis   „Hora. .20 [2] fit congregatio Theologorum minorum super eisdem articulis .14 de sacramento poenitentiae, de quibus supra, loquutique sunt 5 videlicet Petrus Canisius societatis Jesu, Germanus [3], frater Jo antonius Delphinus Regens Paduanus, frater Augustinus de Montecalcino, ordinis sancti Augustini. frater Paduanus Barletanus, ord sancti Fr Conuentualis, Don Jacobus Laynes societatis Jesu, qui cum hora esset iam 23. cum dimidia non potuit perficere uotum suum. sed soluitur congregatio daturque ei locus in futura congregatione cui congregationi praefuit Reuerendissimus D. Cardinalis sanctae Crucis, interfuerunt 26 praelati [4], et multi doctores et magistri "

25 Aprilis   Idem factum, sententiam dixerunt tres, quorum primus Laínus erat

26 Aprilis   In congregatione generali Massarellus „articulos Lutheranorum circa tria illa sacramenta, quae examinanda sunt", legit, e quibus 2 erant de extrema unctione, 4 de ordine, 6 de matrimonio Articulorum illorum exempla singulis praelatis ac theologis minoribus tradita sunt [5]

28 Aprilis 7 theologi, inter quos Alphonsus Salmeron S J erat. per 4 horas de sacramento paenitentiae dixerunt, sicque huius sacramenti discussio absoluta est

29 Aprilis   De „articulis Lutheranorum" supra dictis 5 theologi per 4 horas disserunt coram cardinali Cervino praeside, 24 praelatis, plus quam 80 theologis et magistris

30 Aprilis   Item   Dicunt 6 inter quos Laínus, per 4 horas, audientibus cardinali Cervino, 22 praelatis. plus quam 60 theologis

2 Maii   Item, 5 per 3½ horas

4 Maii   Theologi 5, inter quos Alphonsus Salmeron S J, per 4 horas disputant

5 Maii   Idem per 3½ horas a 6 theologis coram 19 episcopis et plurimis „patribus et magistris" factum

„6 Maii Vener [6]

Hora .19. [7] fit congregatio Theologorum super eisdem 3 sacramentis, loquunturque hodie .V. videlicet Frater Marius de Rauenna,

---

[1] In hac sessione concilium sanctiones, quae ex decreto sessionis VIII ea die de sacramentis et de reformatione faciendae erant, ad diem 2 Iunii distulit

[2] Itali horas diei tunc ab 1 ad 24 numerabant et numerationem incipiebant pridie ad vesperum, cum sol occideret et campanarum sonitu signum salutationis angelicae daretur („Ave") Bononiae igitur eo anni tempore hora 20 erat fere eadem atque hora 3 pomeridiana nostrae numerationis

[3] Cf infra p 684

[4] In „Actis concilii" Massarellus scribit 25 praelatos interfuisse

[5] Hos articulos proponit Raynaldus l c n 64 De matrimonio quinque tantum ponit Similiter Le Plat l c p 624

[6] Die Veneris   [7] Sub horam 21 pomeridianam

can. regul. Sancti Saluatoris Dominus Claudius Iaius Sabaudiensis alias Tridenti procurator Reuerendissimi D Otthonis Cardinalis Augustensis*, Frater Jo. Baptista Moncaluius ord. sancti Franc. Conuentualium. Frater Clemens de Florentia, eiusd ord Conuentualium et Don Petrus Canisius, Germanus societatis Jesu [1] Deinde soluitur hora 23 cui congregationi 18 episcopi, interfuerunt, multique Theologi, praefuitque Reuerendissimus D Cardinalis Sanctae Crucis [2], etc "

7 Maii 4 orationibus habitis, cum de tribus illis sacramentis nemo iam dicere cuperet, ea discussio finita est Praeerat cardinalis Cervinus, „qui semper supradictis congregationibus praefuit"

[9 Maii] [3] congregatio generalis per 1 $^{1}\!/_{2}$ horas, praesidentibus duobus legatis Intererant 4 archiepiscopi, 23 episcopi Cardinalis de Monte dixit septem „Canones de Sacramento Eucharistiae" conceptos esse, eosque modo a secretario lectum et omnibus patribus traditum iri, ut de iis sententias aperirent

„Qui canones", inquit cardinalis, „proponuntur non quasi sint omnibus numeris completi, sed ut patrum iudicio limentur, et aptentur " [4]

12, 13, 14 Maii Congregationes generales de canonibus eucharisticis

„15 Maij Dominica post prand fui ad dd claud. Jac. et Alf societatis Jesu [5], quib ostendi [b] censuras super canonib de eucharistia, quas censuras discussimus per 4 horas id quod retuli Reuerendissimo D meo " [6]

16 Maii Congregatio generalis de canonibus eucharisticis
18 Maii Congregatio generalis, in qua de rebus fidei non agitur
25, 28 31 Maii Congregationes generales de canonibus eucharisticis
1 Iunii Congregatio generalis, sine discussionibus dogmaticis
2 Iunii Sessio X concilii oecumenici [7]

„ 4 Junij. Sabb in uigilia Trinitatis Concipiuntur canones super sacramento poenitentiae, examinandi pro futura sessione . quos ostendi 3 patribus refor [8] DD Alp Jac et claudio et fratri Pet P [9] Aretino ord praed " [9]

---

* In autographo sequitur iterum procurator [b] ostendidi Mass

---

[1] Canisius de matrimonio sententiam dixit De qua plura infra p 684—685
[2] Marcellus Cervinus
[3] Hic, cum in archivo vaticano essem, oblitus sum diem ex diario transcribere Qui tamen exstat apud Raynaldum 1 c n 64
[4] Canones hi nec a Raynaldo nec a Le Plat ponuntur
[5] Claudium Iaium, Iacobum Lainium Alphonsum Salmeronem
[6] Cardinali Cervino, cui Massarellus tunc ab epistulis erat (Dollinger 1 c. p XXIII).
[7] Sessio vel definitio, quae de sacramentis et de reformatione tunc fieri debebat, ad 15 Septembris prorogata est
[8] Societatis sacerdotes initio saepe, etiam a pontificibus Paulo III , Iulio III , Paulo IV „presbyteri reformati" vocabantur (Orlandinus 1 c 1 15, n 50)
[9] P 1 r Petrus Paulus Ianuarius O Pr , arretinus, theologus concilii erat (Martène-Durand 1 c col 1160)

6 Iunii   Congregatio generalis   Canones de sacramento paenitentiae
concepti patribus traduntur
10 Iunii   Congregatio generalis de iisdem
13 Iunii   Idem fit, „in loco solito domus Campegiorum“
15 Iunii   Item
17 Iunii   Congregatio praelatorum theologorum, censurae de canonibus
paenitentiae latae discutiuntur

29.

23 Aprilis et 6 Mau 1547

Ex actis concilii tridentini, quae *Angelus Massarellus* sua manu scripsit (cod
ms in 2° cui titulus „Acta Sacrosancti Generalis Concilii Bononiensis sub Paulo
PP III“ f 20ᵃ 29ᵇ, in archivo vaticano)

Canisius de sacramentis paenitentiae et matrimonii disserit

[23 Aprilis 1547 in congregatione theologorum minorum]

„Loquitur primus Don Petrus Canisius Germanus Societatis Jesu.   ←
confessio probatur praeter alias auctoritates, in prodigo filio [1], qui
reuersus ad patrem, ait Peccaui in coelum et coram etc cui
cum pepercisset pater. uitulus saginatus pro eo occiditur [2],
id est, christus, et eius passio confitenti et poenitenti applicatur etc.“

6 Mau 1547 in congregatione theologorum minorum disseruerunt
1 Maurus Ravennas de sacramento ordinis, 2 Claudius Iaius de matrimonio
3 Ioannes Baptista Moncalvius de eodem, 4 Clemens Florentinus de ordine [3]   Tandem

„Don Petrus Canisius, Germanus Societatis Jesu, dixit super   ←
Sacramento matrimonii, super quo propositos articulos omnes haereticos censet quia clandestina matrimonia dirimi non possunt [4]   Quaecunque enim sint matrimonia dum contracta [5] sunt, dirimi non possunt
a quoquam. neque etiam ab ipsa Ecclesia. iuxta illud Christi, Quos
Deus coniunxit homo non separet [6]. Propterea Paulus dicebat,
mulier quandiu uixerit, comuncta erit uiro suo, etc [7] vltimus articulus

---

[1] Luc 15 11—32
[2] „Massarellus, concilii secretarius, solebat illa summaria, dum ipsae orationes
habebantur conficere vel saltem eo tempore animadversiones necessarias conscribere
profecto id quidem non semper cum eadem attentione eodemque successu“ *H Grisar
S J, Iacobi Lainez disputationes Tridentinae II (Oeniponte 1886) 57 *
[3] Cf supra p 682—683
[4] „Impedimentum dirimens clandestinitatis“ a concilio statutum est demum in
sessione XXIV, 11 Novembris 1563 habita   Ante hanc legem matrimonia clandestina per se valida erant
[5] Intellege matrimonia Christianorum „rata et consummata“   Ceterum vide
supra, adnot 2   [6] Matth 19, 6   Marc 10, 9 (Quod ergo etc)
[7] 1 Cor 7, 39   „Mulier alligata est legi, quanto tempore vir eius vivit   quodsi
dormierit vir eius, liberata est   cui vult, nubat, tantum in Domino“ Rom 7, 2
„Quae sub viro est mulier, vivente viro alligata est legi   si autem mortuus fuerit
vir eius, soluta est a lege viri“

etiam haereticus est, qui de gradibus affinitatis et consanguinitatis[a]
loquitur, cum sint gradus obseruandi, quos Ecclesia Sancta obseruat,
et quosdam gradus etiam natura ipsa abhorret, ut primum, secundum
quod etiam Aristoteles ipse testatur[1] etc aliquos etiam prohibuit lex
ciuilis, aliquos Euangelica   etc [b]2[c]

c) Laurea theologica Canisio collata.

30.

1549.

Ex epistulis autographis, quae sunt Florentiae in archivo regio („regio archivio
di stato“), cod „Carte Ceruiniane XVIII “

Canisium, Iaium, Salmeronem examen theologicum subiisse et valde probatos esse[3]

Angelus Massarellus, secretarius concilii tridentini, Marcello cardinali
Cervino (qui postea Marcellus II pontifex tuit), Bononia 18 Septembris 1549·

„Hiersera hebbi da Ferrara l' alligata lettera di maestro
claudio[4] .   Credo ch' esso maestro Claudio sappia che don Pietro
Canisio è gia arriuato qua, et però che ancor lui uogli uenir' a Bologna
per spedir il lor Dottorato, l' ho molto caro, acciocho possa farli
spedir auanti ch' occorra la mia partita“

Idem eidem, Bononia 2 Octobris 1549

„Hoggi si è fatto l' esamine delli 3 pretini[5] in presentia d' alcuni
Maestri in Theologia   Et si sono portati come era l' opinione che si
hauea di loro   Si faranno hora espedir nel resto “

Polancus[6] „Visum fuerat Patri Ignatio expedire, ut hi tres Patres, qui Theologiam in Ingolstadiensi Academia professuri erant, gradum Doctoratus, in Germania
necessarium ad id munus exercendum, Bononiae susciperent   Erat autem tunc Tridenti[c] Cardinalis de Monte, qui brevi in Pontificem electus et Julius III vocatus
est   Is curam commisit fratri Ambrosio Catharino, Episcopo Minoiensi[7], ut adjunctis duobus doctoribus ejusdem ordinis[8], eos examinaret, et cum pridie puncta

---

[a] consanguinitatis *Mass*

[b] *Sic prior scriptio Posteriore autem manu hoc summarium contractum et
ad melius orationis genus conformatum est, idque fortasse ea mente, ut prelo subici posset*

[c] *Sic, sed certe corrigendum est Bononiae I supra p 60—61 et infra p 686*

---

[1] *Aristoteles*, De animalibus historiae 1 9, c 47 Canisius id hausisse videtur
ex Summa theologica *S Thomae* 2, 2, art 154, qu 9 ad 3
[2] Paulo post aut ipso die 17 Iunii Canisius cum Laimo Florentiam discessit,
cf supra p 474 252
[3] Cf supra p 60—62   [4] P Claudium Iaium significat
[5] PP Alphonsi Salmeronis, Claudii Iaii Petri Canisii
[6] Chronicon I, 491—492
[7] Ambrosius Catharinus, episcopus Rheginae minoris (Minori) praeclarusque
theologus et canonista, ordinis erat Praedicatorum
[8] Horum nomina vide infra, p 686, in diplomate Salmeronis

quaedam ad legendum et respondendum proposuisset, die sequenti examinati fuerunt,
et cum tam Episcopus quam alii Doctores Cardinali retulissent quanta cum eruditione
ipsis esset satisfactum, die Sancto Francisco sacra [1], ad doctoratum promoti fuerunt
et litterae, quae id testarentur confectae, ad eos in Germaniam, nec enim illas ex-
spectarunt, missae sunt [*]

Superest apographum antiquum diplomatis, quo Ioannes Maria cardinalis de Monte, episcopus praenestinus et apostolicae sedis legatus „de
latere", Bononiae mense Octobri 1549 P Alphonso Salmeroni (qui concilio
tridentino egregiam operam navaverit) in universitate bononiensi per Vincentium Villam placentinum, theologicae facultatis decanum, et Vincentium de
Quintiano, studii „regentem", praesentato et „rigoroso ac tremendo" examini
subiecto doctoris theologiae dignitatem et iura apostolica auctoritate tribuit [2]

Apographum quidem antiquum huius diplomatis habet Salmeronem 3 Octobris
doctorem creatum esse [3] Sed cum Canisius clare affirmet se 4 Octobris lauream
illam accepisse [4] cumque verisimillimum sit tres illos Socios simul promotos esse,
existimo, „III Octobris" in archetypo Salmeronis diplomate fuisse et a librario parum
diligenti in „III Octobris" mutatum esse

E.

MONUMENTA INGOLSTADIENSIA CANISII.

a) Canisii et Sociorum eius missio, adventus, initia ingolstadiensia.

31.

1548.

Ex apographo quod saec XVIII factum esse videtur et ex collegio S J
monacensi provenire fertur　Cod „V A * n 17

De scholis a Canisio eiusque sociis habendis

*In catalogo lectionum, quem universitas ingolstadiensis 1 Iunii 1548ª edidit,
haec sunt*

Jn Sacris Literis

D Balthasar Fanemanus Suffraganeus Hildesheimensis, un doctissimus
ac facundissimus et fidei Catholicae acerrimus defensor, Procancellarius Uniuersitatis dignissimus, S S Theologiam ex ipsis fontibus petitam docebit　et
si quae sint inductae opinionum nubes sua diligentia discutiet

Aderunt praeterea Theologi tres ex Italia accersiti, qui uicissim atque
alternis operis noui et ueteris Testamenti scripta declarabunt　Disputationibus
etiam crebris, si qua uidebuntur dubia atque incerta, explicabunt

---

[*] *Sic Dixerit quis mendum librarii adesse, cui scribendum fuerit 1549, nam
hoc demum anno iam exeunte Societatis homines Ingolstadium adiecti sunt　At
in catalogo nostro dicitur Wolfgangum Hungerum ius tradditurum, qui toto anno
1549 ab academia abfuit, ad summum imperii tribunal anno 1548 translatus (Mederer I c I, 208)*

[1] 4 Octobris
[2] Cf Synopsim Actorum S Sedis in causa Societatis Iesu 1540—1605 (Florentiae 1887) p 10　　[3] Ita et Synopsis l c　　[4] Vide supra p 61

Quartus eiusdem ordinis et nationis homo Philosophiam, artesque liberales enarrabit, et multorum errores, qui ingenuas disciplinas et Physica Sophistice interpretati sunt, apertissime ostendet [1]

Guilhelmus IV Bavariae dux anno 1548 Societatis theologos petiverat, Leonardo ab Eck Romam misso Cf infra, adnot 2

32.

1549

Ex commentario epistulae Guilielmi IV , quod est Monachii in archivo regni bavarici (Reichsarchiv), convol „Iesuitica, Ingolst fasc 71, nr 1357"

Guilielmus IV Bavariae dux Alexandro cardinali Farnesio, S R E vicecancellario, Monachio 27 Martii 1549 scribens conqueritur , quod duo illi theologi , quos pro universitate ingolstadiensi petierit [2], nondum missi sint , et instat, ut statim mittantur, et ut inter eos sit P Claudius Iaius S J, qui iam aliquamdiu Ingolstadii „summa cum laude nec minori fructu omnibus gratissimus Theologiam" sit professus

33.

Mense Aprili 1549

Ex epistula archetypa, a Farnesio ipso subscripta Ibidem

Farnesius duci rescribit Roma mense Aprili a 1549 (die ignoto), ducis pietatem nomine pontificis laudat , eiusdem iussu „propediem" ad ducem „iter maturaturum Iaium , simulque duos eiusdem ordinis et Collegii", „qui et Ignaty, et Claudy [Iaii] ipsius iudicio, probitate, et literis antecellunt"

34.

Mense Maio 1549

Ex epistula autographa Schorichii Cod colon „Epistt ad Kessel I" f 55 et sq non sign

Petrus Schorich, Societatis novicius vel scholasticus, Roma 14 Maii 1549 ad P Leonardum Kessel S J scribit

Expectamus hic propediem Magistrum Petrum Canisium, qui iturus est cum Reuerendo Patre Claudio et Salmerone in Germaniam Superiorem, ubi maximo cum desiderio expectantur a Duce Bauariae

---

[1] Haec ex parte saltem praestiterunt PP Iaius, Salmeron, Canisius et Fr Petrus Schorich

[2] Complures rerum bavaricarum scriptores, qui de Societate sunt, asserunt Guilielmum theologos illos a Paulo III et ab Ignatio petiisse litteris Romam missis per ipsum Leonardum de Eck, intimum consiliarium suum Ita *Raderus*, Can p 44, *Andr Brunner*, Excubiae tutelares etc (Monachii 1637) p 517, *Io Veriaux* S J (sub nomine Io Adlzreitter), Annales Boicae gentis (primum editae a 1662) P 2, 1 10, n 62 (in editione a Leibnitzio curata [Francofurti ad Moenum 1710] col 259—260), *Agricola* 1 c Dec 1, n 144, qui asserit id a 1548 factum esse Neque dubium, quin Eckius in eadem legatione tres illas „decumas" a clero Bavariae praestandas petierit, de quibus supra p 362 [1] etc *Gothein* asserit litteras illas ducis 6 Aprilis 1548 datas esse (l c p 691 791)

35.

Inter Ianuarium et Iunium 1549.

Ex „Monumentis historicis Societatis Iesu", Vita Ignatii etc I, 372, adnot 1, p 364, adnot 1

„Polancus   Hieronymo Natali [collegii messanensis rectori], de lectoribus Universitatis Messanensis, de alio, qui Canisio substituatur, quaerendo, 5 Januarii [1549],   idem eidem, de duobus Pontificis jussu in Germaniam mittendis, 23 Februarii [1549],   idem eidem, de Canisio Romam remittendo, 20 Martii [1549], Cardinalis Farnesius Ioanni de Vega [proregi Siciliae], de Canisio, medio Martio [1549], idem de eodem pirates et civitate Messanensi, eodem mense, Polancus, ex commissione [S Ignatii], de iisdem Hieronymo Domenech [S J], 20 Martio [1549]"

„Polancus, ex commissione, Natalem reprehendit quod Canisium secum retinere voluerit, et poenam, quam Ignatius injunxit, declarat, 11 Maii [1549], idem eidem, ut statim Canisium Romam mittat, 18 Maii [1549], idem eidem, de felici Canisii adventu Romam, 22 Iunii [1549]"

36.

24 Iulii 1549

Ex epistula archetypa, a Farnesio ipso subscripta Loco supra n 32 scripto.

Cardinalis Farnesius Romae 24 Iulii 1549 Guilielmo IV duci Pontifici admodum placere, quod dux „tam saepe, et tam accurate Theologos ad se mitti efflagitet" Huius igitur mandato una cum P Claudio Iaio „duo alii viri, et sacrarum literarum intelligentia, et vitae probitate spectati" ad ducem destinati sunt „Eorum alter e Sicilia hactenus expectandus fuit" „Sed cum ille iam advenerit, simul ac se calor, qui nunc vehementissimus est, fregerit", tres illi in Bavariam se conferent

37.

Augusto vel Septembri 1549

Ex Genelli, Ignatius p 493—495 Integra epistula est etiam in „Cartas de San Ignacio" II, 417—419 191—193

S Ignatius Guilielmo IV Roma mense Augusto vel Septembri a 1549

Iussu Pauli III „cum hac epistola" venire duos theologiae magistros pro academia Ingolstadiensi promissos, Alphonsum Salmeronem et Petrum Canisium Ambos „cum vitae integritate tum sacrarum litterarum peritia atque omni christiano homine digna eruditione" excellere Mitti etiam ad tempus Claudium Iaium „Hoc quidem fratrum collegium omnia studia, omnes curas vigilasque suas in id unum conferet, ut depravatos horum temporum mores emendet, et cum vitae exemplis tum animarum expiationibus, tum vero ex litterarum ac doctrinae genere, quod pura sinceraque fide et sacrosanctis Iesu Christi praeceptis nititur, a perniciosis voluptatum illecebris ad bene beateque vivendi rationem, a carne ad spiritum, a mundo ad Deum hominum mentes avocet" Ducem optime meritorum, si per eos „seminarium" quoddam evangelicorum „operariorum" instituat Quae ut duci „praecipuae curae sint", „maiorem in modum" rogare summum pontificem, „cui gratissimum et optatissimum futurum est intelligere, fratres hos tres, doctissimos ac probissimos viros ab E V humanissime ac benignissime fuisse tractatos"

¹ In apographo, ex quo epistula haec a Genellio transcripta est, solus annus adnotatur Canisius iam ante 19 Septembris Roma Bononiam venerat, et 4 Octobris cum Iaio et Salmerone ibidem doctor theologiae creatus est V supra p 685 686

38.

Octobri 1549.

Ex *Boero*, Salmerone p 33—34, qui Salmeronis epistulam integram ex archetypo primus typis exscripsit

P Alphonsus Salmeron S Ignatio Tridento 15 Octobris 1549 [1]

Nel termine di cinque giorni siamo arrivati qui a Trento sani e salvi Ci
siamo trattenuti tre giorni, si per far riposare i cavalli che erano stanchi, si per
visitare questi reverendissimi vescovi [2], come pure perche le strade erano ingom-
brate da molta gente Oggi pero continueremo il nostro viaggio Questi vescovi
spagnuoli ci hanno accolto con amore e benevolenza, e si sono rallegrati della nostra
gita in Germania [3]

39.

Ab ineunte Octobri usque ad exeuntem Novembrem 1549

Ex „Svmmario de rebvs Collegij Jngolstadiensis dedicati Societati nominis
Jesv Dominj nostrj", anno 1563 vel prius in collegio eodem conscripto Huius summarii prima pars quae collegii ingolstadiensis prima semina tractat (ab a 1548
usque ad mensem Oct a 1555) ex apographo recente primum edita est a *Ch -H
Verdière S J*, Histone de l'Université d'Ingolstadt I (Paris 1887), 444—451 Nos
archetypum sequimur, quod est in cod „Antiqu Ingolst" f 1—12

In adnotationibus nonnulla ex Polanco, Orlandino, Sacchino etc subiunguntur,
quae ostendunt scriptoribus illis fontes praesto fuisse, qui nunc latent aut non
supersunt [4]

Ex Bononia uero praedicti Theologi et Doctores tres [5], iter
Augustam, inde Monachium et Jngolstadium ingressi sunt 8 die oct
Anno domini M D XLIX salutatis porro Dilingae Cardinale Augustano [6],

---

[1] Quae sequuntur, omnes (quos equidem novi) Canisii biographos fugerunt,
atque ipsi etiam Boeio, cum Canisii vitam scriberet, ignota fuisse videntur, cf
Boero, Canisio p 66—67

[2] Hi ex tempore, quo Tridenti concilium habebatur oecumenicum, ibi remanserant

[3] Etiam ab ipso episcopo tridentino, Christophoro cardinali Madrutio, humanissime excepti sunt (*Polancus* 1 c I, 413)

[4] *Fr de Lohei*, qui archivo regii bavarici diu praefuit, confessus est quam
plurima quidem in eo archivo exstare acta „Iesuitica", atque imprimis archivi provinciae Germaniae superioris partem maximam, neque tamen fieri posse, ut ex actis
illis conficeretur tale opus, quale Patres Agricola, Flotto, Kropf perfecissent, historiam
eius provinciae quinque voluminibus exponentes „Ueber handschriftliche Annalen
und Berichte der Jesuiten" in „Sitzungsberichte der philosophisch-philologischen und
historischen Klasse der k b Academie der Wissenschaften zu Munchen, Jahrgang
1874, II (Munchen 1874), 155—184

[5] Salmeron, Iaius, Canisius

[6] „Dilingae Cardinalis Augustanus etiam cum lacrymis animi sui affectum erga
nostros ostendit Curaverat ille praeter Petrum de Soto et Doctorem Martinum
de Olave , qui suam operam ei navabant, aliquem ex nostra Societate a P' Ignatio,
et nominatim P' Canisium, obtinere, et litteris enixe admodum id contendebat, ut
Collegio, quod Dilingae instituebat ad scholasticos, qui ministri Ecclesiae postea
futuri essent, in litteris et pietate informandos, ille praeesset Nondum enim de
erigendo Societatis Collegio Cardinalis cogitaverat Quamvis tamen ex tribus
nullum retinere apud se posset, omnem eis humanitatem exhibuit, et eos Duci Bavariae Guilielmo officiose commendavit" *Polancus* (1 c I, 413) Harum rerum

et Monachij Principe Guilielmo[1] Ingolstadium peruenerunt XIII nouembris, comitante D Swickero ducali secietario eodemque die in
Hospitio Schoberi[2] coenaiunt cum illis totius Gymnasij Professores[3]
Rectore tunc D D Francisco Zoanetto, oratore autem Paiocho et
Theologiae Baccaulario [sic] Geoigio Theandio[4], qui Gymnasij nomine
oiationem ad illos giatulatoiiam habuit cui mox P. Canisius alijs
praesentibus pio se suisque collegis duobus respondit gratias agens
pio hac amica giatulatione et tiactatione[5]. Jamque idem P. Canisius

— — — — — —

summam, ex Polanco (ni falloi) haustam, proponunt etiam *Orlandinus* l c 1 9, n 52
et *Sacchinus*, Can p 49   Cf etiam *Agricolam* l c tom I, Dec 1, n 160

[1] Dux "nostros Monachii summa charitatis et benignitatis significatione excepit, et amplexus est, ac suo primo Cancellario, Doctori Lechio, ne quid ipsis deesset, sollicite commendavit" *Polancus* (l c)

[2] Etiam nunc Ingolstadii taberna quaedam exstat, in quam Canisius deveri-
tisse feitur

[3] "Duodecima ergo die Novembris Monacho profecti, duobus itineris ducibus
adjunctis Ingolstadium sequenti die pervenerunt, et magno cum honore ab Universitate (cui Dux Bavariae nostros serio commendaverat) excepti sunt   Universitatis
Cancellarius et idem Sacrae Scripturae lector, et Episcopus, ac omnes doctores et
professores eodem die quo nostri eo pervenerunt, ad diversorium, eos salutandi gratia
venerunt, et unus eorum congratulatoriam apud eos orationem habuit, qua gratias
agebat Deo et Summo Pontifici ac Duci suo quod nostros ad suam Academiam
venire curavissent, fuisse magno cum desiderio nostrorum adventum ab eis exspec-
tatum, et omnia se prospera optare, et alia hujusmodi Patres autem nostri seniores
curam respondendi Patri Petro Canisio dederunt, qui, quamvis extemporanea, eleganti tamen oratione eis respondit, nostrorum operam et diligentiam ad Universitatis
bonum promovendum offerens" *Polancus* (l c 1, 414)   Peccat autem Polancus in
eo, quod professorem illum sacrae Scripturae, quem et episcopum fuisse asserit
(idem paulo post clarius dicit his verbis "Primam [lectionem] ex evangelio Cancellarius et Episcopus erat praelecturus"), cancellarium quoque universitatis fuisse
affirmat, hoc enim munus proprium erat episcoporum eystettensium, qui romani imperii principes erant neque in universitate docebant   Tunc autem Ingolstadii Balthasar Fannemann O Pr , episcopus misiensis i p , qui suffraganeus hildesiensis
fuerat, cathedram theologicam et munus vicecancellarii administrabat, cf *Medeier*
l c p 219—220 Mauritium quoque de Hutten, episcopum eystettensem, Ingolstadii
tunc fuisse et ad Socios salutandos in hospitium processisse affirmant *Sacchinus*,
Orlandinus, *Raderus* (Bavaria pia p 124, nequaquam autem in Vita Canisii multo
ante edita), *Agricola*, *Boero*, *Prat*, *Séquin*, *Verdière*   At falso id quidem, nam et
auctor "Summarii" nostri et Polancus, qui testes sunt antiquissimi, episcopi eystettensis nullam faciunt mentionem, cuius nomen etiam *Medeier* et *Riess* merito
omittunt   Error ex eo oritus est, quod munera cancellarii et vicecancellarii con-
fusa sunt

[4] Georgius Gotzmann vel Gottsmann († 1570), vulgo Theander, a 1548 parochiae B Mariae Virginis praefectus est, a 1553 vicecancellarii munus suscepit,
a 1554 doctor et professor theologiae constitutus est, cum antea philosophiam tradidisset (*Agricola* l c Dec 1, n 163 164 *Medeier* l c p 208 212 etc)   Scripta
eius recenset *Prantl* l c II, 191, qui falso asserit Theandrum iam anno 1549
cum Canisium salutaret, procancellarium fuisse (l c l, 222)

[5] "Die sequenti nostros ad praecipuum Universitatis Collegium (quod vetus
vocant) conduxerunt et singulis percommodam habitationem assignarunt supellec-
tilibus et libris ac rebus omnibus necessariis instructissimam" *Polancus* (l c 1, 414)
Collegium vetus sub eodem quo publicae universitatis scholae tecto erat   Ex novo

et deinde P Alphonsus, post orationes siue praefationes suas magna cum laude recitatas, inchoarunt lectiones suas, Ille Magistri sententiarum quartum tractans, hic Paulum ad Romanos explicans

40.

Mense Novembri vel Decembri 1549.

Ex *Polanci* Chronico I, 415 Cf etiam *Canisii* litteras 28 Maii 1550 datas, supra p 316

Eadem habent *Orlandinus* l c l 9 n 54, *Raderus*, Bavaria pia p 124 (ex Orlandino) *Agricola* l c Dec 1, n 167, *Imago* primi saeculi p 670 (ex Radero), *Christ Gomez* S J , Elogia Societatis Iesu (Antverpiae 1677) p 380 (ex „Imagine"). recentes

Academia ingolstadiensis paulo post Sociorum aduentum „his verbis judicium suum explicauit" [quod typis quoque exscriptum [1] et ialiis affixum est [2]]

„Nuper quantam laetitiam cepeimus omnes ex adventu trium theologorum, scilicet, Doctorum[a] Claudii Iaii, Alphonsi Salmeronis, ac[b] Petri Canisii, vix dici potest quorum praesentia non solum famam de ipsis excitatam non minuit, sed auget[c] quorum singularis in sacrosanctis studiis scientia, tum in omnibus disciplinis exercitatio, postremo sanctimonia vitae exspectationem omnium[d] non solum aequat, sed superat[e] "

41.

Sub initium Decembris 1549.

Ex *Boero*, Iaio p 163, qui integram epistulam ponit et ex archetypo („lettera originale" [3], italice scripta [?]) transcriptam esse affirmat

P Claudius Iaius S Ignatio Eystadio 2 Decembris 1549 de Societatis initiis ingolstadiensibus haec, inter alia, scribit [4]

„Alli 26 di novembre Maestro Pietro Canisio diede principio alle sue lezioni e fece una bella, elegante, e dotta orazione in lode della sacra teologia esortando gli uditori allo studio di essa Ebbe un bello e attento uditorio e per quanto ho inteso, satisfece molto bene Alli 29 partimmo di Ingolstad per venire ad Eychstadt per baciare la mano a monsignor reverendissimo vescovo [5], che ci aveva mandato un carro a questo effetto Sua Signoria reverendissima ci ha fatto grande accoglienza, e mostra grande allegrezza della nostra venuta Vuole che stiamo qui con esso fino a Venerdi [6] "

---

[a] scilicet, Doctorum *om Orl Rad* [b] et *Orl Rad etc*
[c] verum etiam auget *Orl* , sed etiam *Rad*
[d] omnium eamque maximam *Orl Rad Agi*
[e] verum etiam superat *Orl Rad Agi*

---

autem collegio sive seminario georgiano bis cotidie cibos iis missos esse refert *Agricola* l c n 165 166 Cf etiam *Mederer* l c p 214

[1] Typis illud esse exscriptum Canisius ipse testatur (supra p 316)

[2] Valvis illud affixum esse Agricola addit, idque facile credi potest, maiusculis autem typis atque inscriptionis instar descriptum esse videtur [3] Cf supra p 328.

[4] Ea, quae sequuntur, omnes Canisii biographi tacuerunt vel falso rettulerunt

[5] Mauritium de Hutten dicit, universitatis ingolstadiensis cancellarium , Ingolstadium etiamnunc ad dioecesim eystettensem pertinet

[6] Proxima feria sexta eo anno in 6 Decembris incidebat

44 *

b) Scholae Ingolstadii habitae et bonae vitae exempla praebita.

1549--1552

42.

1550

Ex cod .Scripta B P Canisii X B ' f 1*

Canisius, cum anno 1550 Ingolstadii materias theologicas alpha-
betico ordine ad usus academicos et homileticos in codice quodam col-
ligere inciperet, his verbis eversus est, quae sua manu nitidissime scripsit

IESVS CHRISTVS α et ω. principium et finis[1], filius
Dei et hominis[2], Saluatoi mundi[3], Rex coeli et terrae[4],
primogenitus omnium creaturarum[5], Dominus dominan-
tium, Rex Regum[6], Deus deorum[7], Princeps pacis[8],
Mediator Dei et hominum[9], Caput Ecclesiae[10], Corona Sanctorum omnium[11], Agnus Dei[12], Pastor bonus[13], Propitiatio
pro peccatis[14], Summus Pontifex[15], Fons sapientiae[16], Propheta magnus[17] ac potens in opere et sermone[18]. Mors
mortis[19], Domitor inferni[20], Victor Sathanae[21], Antiquator Iudaismi,
destructor Ethnicismi, Interfector Antichristi, Iudex viuorum et
mortuorum[22], Speciosus forma prae filijs hominum[23], in
cuius vultum desiderant angeli prospicere[24], Via, veritas
et vita[25], Iustitia[26], Redemptio[27], Resurrectio[28], Consolatio[29], gaudium et voluptas nostra[30], Legifer noster[31], doctor
noster[32], Refrigerium animarum nostrarum[33], Sanctus
Sanctorum[34], Diuus Diuorum, Doctor Doctorum, Secundus Adam[35],
Lapis angularis[36], Supremus apex sacri aedifitij, Cardo virtutum,
pulchritudo rerum, Reparator salutis aeternae[37], Monarcha visibilium et
inuisibilium[38], quem adorant angeli[39], tremunt Diaboli[40], praedicant
sancti, horrent impij, Lex confitetur[41], Prophetae nuntiant[42], Apostoli

---

[1] Apoc 1 8 21, 6 22, 13   [2] Matth 16, 16, 8, 20 et saepe
[3] Io 4, 42 1 Io 4, 14   [4] Act 17, 24 Phil 2 9—11   [5] Col 1, 15
[6] Apoc 19, 16 1 Tim 6, 15   [7] Ps 49. 1   [8] Is 9, 6
[9] 1 Tim 2, 5   [10] Eph 1, 22, 5, 23 Col 1, 18   [11] Cf Apoc 4, 4 10
[12] Io 1, 29 36   [13] Io 10, 11 14   [14] 1 Io 2, 2, 4, 10
[15] Hebr 4, 14 et saepe   [16] Bar 3, 12 Cf Col 2. 3 1 Cor 1, 30
[17] Luc 7, 16   [18] Luc 24 19   [19] Os 13, 14 Cf 1 Cor 15, 54—57
[20] Cf Os 13, 14. Apoc 1. 18, Phil 2 9—11
[21] Cf Io 12, 31. Hebr 2, 14, 1 Io 3 8 etc   [22] Act 10 42
[23] Ps 44, 3   [24] 1 Petr 1, 12   [25] Io 14, 6   [26] 1 Cor 1, 30
[27] 1 Cor 1, 30   [28] Io 11 25   [29] Cf 2 Thess 2, 15 Phil 2, 1
[30] Cf Hab 3, 18, Io 15, 11 etc   [31] Is 33, 22   [32] Ioel 2, 23
[33] Ier 6, 16 Cf Matth 11. 29   [34] Dan 9, 24
[35] Cf 1 Cor 15, 47, Rom 5, 11—21   [36] Is 28, 16 Eph 2, 20. 1 Petr 2, 6
[37] Cf Hebr 5, 9   [38] Cf Col 1 16   [39] Ps 96, 7 Hebr 1 6
[40] Cf Matth 8, 28 29 etc   [41] Cf Col 2. 17, Hebr 10, 1 etc
[42] Cf Matth 17, 1—6 etc

demonstrant, Euangelia describunt, miracula comprobant [1], Martyres clamant, Virgines docent, Philosophi profitentur, Reges agnoscunt, Mundus veneratur, Coelum ac terra testatur [2]　Qui seipsum quidem redimendis omnibus impendit [3], vultque saluos nos in vniuersum fieri [4]: sed qui etiam in reuelatione iusti iuditij [5] sui reddet vni-cuique secundum opera eius [6]. ijs quidem qui secundum patientiam boni operis, gloriam et honorem et incor-ruptionem quaerunt, vitam aeternam: ijs autem qui sunt ex contentione, et qui non acquiescunt veritati, credunt autem iniquitati, iram et indignationem*. Rom. 2 [7]. Ei autem qui potens est nos conseruare sine peccato, et constituere ante conspectum gloriae suae, immaculatos in exultatione, SOLI DEO SALVATORI NOSTRO gloria et magnificentia, imperium et potestas et nunc et in omnia saecula. AMEN [8]. 1550 †

Hac Iesu Christi laudatione Canisius magisterium illud exorsus est et quasi consecravit, quo per quadraginta fere annos in scholis et templis Germaniae et Helvetiae functurus erat　Hoc autem loco haec ponuntur, quia complures eius tem-poris Lutherani criminati sunt Canisium Christi ignarum vel adversarium esse　Ita Ioannes Wigand　„Er kennet Christum nicht, das ist gewisslich war " [9]　Flacius Illyricus in libello contra catechismum Canisii edito　„Plenam perfectamque ab-olitionem passionis, sanguinis, expiationis ac iustitiae Christi potest ac debet Chri-stianus lector papistis, ut communem eorum religionem ac consensum obicere " [10]　Ac Canisium eiusque socios saepe „Iesuwider" sive inimicos Iesu appellabant

43.

27. Februarii 1550.

Ex epistula archetypa, a Guilielmo ipso subscripta

Guilielmus IV Bavariae dux Marcello cardinali Crescentio (Cres-cenzi) Monachio 27. Februarii 1550 ·

.　. . „Tres nuper theologos societatis Ihesu Christi, uiros et doctrina, et uitae integritate probatos Sanctissimus Dominus N Paulus tertius piae memoriae Pont　opt· maximus ad nos, vt in Jngolsta-diensi [sic] Ciuitatis nostrae Schola theologiam profiterentur, destinauit: Hi postquam apud nos applicuerunt, non solum nobis satisfecerunt, immo longe omnium expectationem uicerunt: Inde plurimum confidimus

---

* *Canisius scripserat* indignatio　*Quod postea aut ipse aut alius correxit*

[1] Cf Io 3, 2 etc　　[2] Cf Matth 27, 45　51 etc　　　[3] Cf 1 Tim 2, 6
[4] Cf 1 Tim 2, 4　　[5] Rom 2, 5　　[6] Matth 16, 27　Rom 2, 6
[7] Rom 2, 7　8　　[8] Iudae 24　25
[9] Verlegung aus Gottes wordt, des Catechismi der Jhesuiten (Magdeburgi 1556) f M 3 [b]
[10] Ethnica Iesvitarum doctrina de duobus praecipuis christianae fidei articulis, nempe de expiatione remissioneque peccatorum　ac de iustificatione aut iustitia Christi etc　Sine loco 1564　12º

ipsorum praecepta, doctrinam, optimorumque morum exempla in re-
stituenda collapsa quasi in Germaniae plerisque prouintijs sacrosancta
religione, hominumque animis pie informandis, et confirmandis, ualde
salutaria fore. Quare etiamsi horum uero religiosorum ordo in Germaniam nondum penetrauerit," *sibi tamen deliberatum esse eorundem
collegium, summi pontificis et cardinalis Crescentii ope, Ingolstadii condere,
atque eius etiam rei gratia se Henricum secretarium suum ad Iulium III
et Crescentium misisse et eundem cardinalem rogare, ut Henricum sibi
commendatum habeat* [1].

44.

5. Martu 1550.

Ex epistula archetypa, a Lipomano ipso subscripta Florentiae in archivo regio
(archivio regio di stato), cod „Carte Cervimane, XVII" f 39 40

*Socios in universitate ingolstadiensi ualde partium habere auditorium idque fere
meptium, ideoque inde rerocandos esse, excepto summum Canisio*

*Aloysius Lipomanus, episcopus veronensis et nuntius apostolicus,
Marcello Cervino, „cardinali Sanctae Crucis", Romam scribit Dilinga
5 Martu 1550)*

    „Ho ueduto la Vniuersita de Jnghelstoc [sic] oue sono
maestro Claudio, Don Alfonso [2]. et maestro Pietro Canisio, li quali
certo perdono il tempo, perche loro tre con uno Episcopo Domeni-
cano [3] che leggono, non hanno XIIIj. scolari, de quali X non sanno
lettere, et uanno ad udirli per che ui sono mandati Dio perdoni a
chi fu causa di leuare Don Alfonso da Verona doue faceua altro
frutto che non fa in Engelstoch [sic], sepolto in una stuffa, non
hauendo con chi parlare et conuersare, per non hauere la cognitione
della lingua Prometto a V S Reuerendissima che questi homini qui
sono persi, et questa materia non e intesa Senza la lengua Germana
non si fa frutto, oltra che sono fuori della loro uocatione Et pure
quando se n' habbi a lasciare qualch' uno, basteria il Canisio, il quale
puo leggere, predicare, confessare, et far ogn' altro bene per essere
Todesco Jo scriuo a S Santita sia contenta farmi restituire maestro
Alfonso, prego V S Jllustrissima si degni prestarmi in questo anchora
il suo fauore, perche certo l' harra mille benedittioni dal mio populo,
et sera di altra utilita che non e qui, Monsignor Reuerendissimo
d' Augusta aspetta gli sia mandato maestro Claudio, et dicemi hauerlo
ottenuto da S Santita" . .

---

[1] Quae Henricus Schweicker mandata habuerit, vide supra p 324
[2] Claudium Iaium et Alphonsum Salmeronem dicit
[3] Balthasarem Fannemann dicit, vide supra p 690 [3]

45.

28 Martii 1550

Ex apographo litterarum Agricolae, saeculo XVIII (1730—1740, ut videtur) confecto, quod est Monachii in bibliotheca regia, cod lat 1623 (Annales Ingolstad Facult Theolog) f 48

Iarum, Salmeronem, Canisium Ingolstadii retinendos esse Eos in docendo doctore Ioanne Eccio non esse inferiores Quid salarii iis praeberi possit

Ioannes Agricola[1], *universitatis ingolstadiensis professor et „camerarius", epistula Ingolstadio 28. Martii 1550 Monachium missa Henricum Schweickerum, Alberti V Bavariae ducis secretarium, rogat, ut litteras a duce ad Iarum, Salmeronem, Canisium dandas curet,* „damit sie zue Tail annimt, und in die lenge bey seiner furstl: Gnaden universitet bleiben, dan sie etwas traurig und klainmittig sein worden ex morte illustriss Principis et domini Eckii*[2]* . weren aber doch warlich wol bey der universitet zuerhalten, wo sie ihe nit wolten in die lenge hie verharren, das sie doch am iar III oder IIII bliben dan in solcher Zeit mochten etlich sovill profitiern, das sie nachmals Professores geben " *Guilielmum IV. ducem diu theologiae professores doctos quaesiisse eiusque rei gratia Parisios, Lovanium, ad alias universitates litteras misisse, nec roti compotem factum esse,* „bis das Baptlich heiligkeit zu lezt das beste hat gethon welche seiner furstlichen Gnaden universitet disse III gelerten Doctores zuegeschikcht und verordnet hat, Dieweiln [°]' sie furwar treffliche Menner sein: und mit ybler lesen, wie die gelerten halten, dann doctor hanns Eck der allergelertist Theologus vor Zeiten gelesen hat, und mogen der universitet am gros ansehen machen andere gelerte theologi lesen nit gern, wollen lieber werchtag und Pinguia beneficia haben, so [?]ᵇ schwerlich zubekhomen in den lecturen " *Ac primo quidem anno tribus illis Sociis aliquanto plus salarii dari posse, quam Eccio eiusque socio datum sit,* „gewand und klaider halb, aber hinfiro achte ich, die III Doctores sollen mit ybei 300 f.ᴶ gesten iarlich, welche vnkosten vnser gn herr wol solte yber ain Theologum muessen gehn lassen,

---

ᵃ *Vocabulum obscure scriptum*   ᵇ *Obscure scriptum* Wie?

[1] Ioannes Agricola (Ammonius, Peurle, Baurle), ex Gunzenhausen, Franconiae mediae pago, ortus, Ingolstadii a 1515 graecarum litterarum, 1531 medicinae professor constitutus est, quam usque ad mortem († 6 Martii 1570) ibidem docuit Diu etiam academiae camerarius sive procurator fuit Medicus erat suo tempore celeberrimus Naturae diligens erat observator et de re medica complura scripsit (*Medeier* l c I, 322—323 *Fr Seitz*, „Agricola Iohann A " in „Biographisches Lexikon der hervorragenden Aerzte aller Zeiten und Volker", herausgegeben von Dr *Aug Hirsch*, I [Wien und Leipzig 1884], 70)

[2] Guilielmi IV et Leonardi ab Eck, summi consiliarii eius, cf supra p 308³

[3] Florenos certe dicit rhenenses, universum igitur trium Sociorum salarium annuum (primo anno excepto) ex camerarii sententia esse debebat 520 fere marcarum vel 650 francorum

dei mit disei art weie dan sie wollen nimmer mit weniger begnuegt sein " *Iterum igitur camerarius Schweickei um rogat, ut pariam epistulam a duce ad tres illos Societatis theologos mox dandam curet; neque vero plura usdem esse promittenda aut offerenda, quam quae usque ad id tempus acceperint*

46.

1 Iunii 1550

Ex commentario epistulae, quod est in cod monac „Ies Ing 1359/I " f 1 ante 1 et sq non sign In extrema commentarii pagina scriptum est „Nihil", idque, ut videtui, eadem manu, qua commentaiium ipsum scriptum est Quod si praeterea conferetur cum epistula Alberti V. 9 Iulii 1550 ad Iulium III data (infra, monum 47), cum Diuffel dici oportebit priorem hanc Romam non esse missam Epistulam integram edidit *Druffel*, Briefe und Akten I, 443—445 [1]

Albertus V Baiariae dux Iulio III pontifici Monachio 1 Iunii 1550 Secretarium suum [Henricum Schweicket] paulo ante apud pontificem et cardinales quaedam pro academia ingolstadiensi „sollicitasse". Ex scholarum cor uptione totius Germaniae miseriam exortum esse, ideo pro ingolstadiensi universitate Guilielmum IV ducem tres ecclesiarum decumas a Paulo III impetrauisse. „Et ne necessarijs tantum sumptibus scholae prouideretui Imo ut eadem etiam[a] doctissimis viris ornaretur. Supradictus Paulus Pont Max [b]   tres uiros societatis JHesu Christi summae eruditionis et probitatis   ad dictum oppidum nostrum Ingolstadiense[c] ablegauit Qui quantum parvo hoc tempore (nondum enim elapsi sunt octo menses[d] quod applicueiunt[e]) emolumenti attulerint, quae doctrinae Christianae semina iecerint, quos fructus nascentes et indies emeigentes iam videant, satis ego commendare non possum, et breui prouincia haec nostra cum summa gloria et laude testabitur " *Ea de re et de decumis illis Maun itium episcopum eystettensem et academiae cancellarium pontifici scriptur um esse Ties ergo illos theologos vel aliquem eorum pontifex ne avocet Ingolstadio neve avocari patiatur Se „in ipso iam opere" esse, „it eiusdem ordinis collegium erigatur", atque ad hanc iem Iulium duci suam „operam et confirmationem" promisisse*

47.

9 Iulii 1550

Ex commentario epistulae, quod est in cod monac „Ies Ing 1359/I " f 2 ante 1.

Ex eodem commentario integram epistulam typis exscripsit *Druffel*, Briefe und Akten I, 441—443 Eadem in „Cartas de *San Ignacio*" II, 532—533 exscripta est ex apogiapho, quod est in „Varia Historia" tom I, f 171, sed omissa est extrema pars commentarii monacensis, qua de decumis ecclesiarum agitur In eadem „Historia" f 179 est antiqua versio castellana huius epistulae

Albertus V Baiariae dux Iulio III papae Monachio 9 Iulii 1550.

Paulum III petente Guilielmo IV Patres Iaium, Salmeronem, Canisium Ingolstadium misisse „Hi excellenti eiuditione et doctrina singulari prauis

---

[a] om Druff   [b] Druff falso Paulus pontifex maximus optimus
[c] Ingolstadiensem Diuff   [d] Duo verba sequentia in margine addita sunt
[e] Diuff non recte applicuerant

---

[1] Gothein (l c p 696) falso affirmat has litteras 1 Iunii 1556 datas esse

opinionibus conuellendis, optimorumque moium exemplis hominum animis ad
ecclesiae catholicae preceptorum obseruantiam instituendis summam de se
expectationem concitarunt, nec dubium est quin abundantissimos[a] fructus
nascentes modo et jndics crescentes maturantesque tota[b] haec prouincia
ipsorum opera sit collectuia Ea[c] de causa a S V[d] humillime peto ne dictos
tres Theologos vel eorum aliquem ex Academia Ingolstadiensi S V auocet .
Accedit quod meditatum a parente meo collegium Theologicum[e] eiusdem
ordinis iam iam ad[f] effectum deducere accinctus sum[g]

48.

A 16. Septembris usque ad 10 Octobris 1550

Ex matricula universitatis ingolstadiensis („Matricvle Vniversit .To secvndvs", codex membraneus in 2°, cum foliis non signatis, in archivo universitatis
monacensis, sign D V 3)

*Anno 1550, rectoie Eiasmo Wolf, regente collegii georgiani, matri-
culae uniuersitatis ingolstadiensis inter alios insciipti sunt ·*

Die 16. Septembris

„Nicolaus Gaudanus[g] de societate Iesu, Theologiae doctor et
professor ordinarius . O." [1]

*Die 17. Septembris, proxime a Goudano, inscriptus est Societatis
fratei laicus, qui Canisii et Goudani ies domesticas curabat ·*
„Ioannes Baptista Brancaeius Neapolitanus O[b] [2]

Die 10. Octobris ·

„Petrus Canisius Nouiomagus theologus et oidinarius professoi
. . . O "

Ad nomen Goudani antiqua manu in margine matriculae adnotatum est „primus Jesuita in hac Vniuersitate" Quod sic accipe Goudanum omnium Sociorum
primum matriculae inscriptum esse Antea autem Socii hospitum loco habiti esse
videntur Nam et *Agiicola* universitatis cameraiius ad annum 1550 notavit[3]: „Item
dedi Zabelhamero pro hospitibus[h] in Conuiuio theologico Ioannis ante Portam VI fl "[4]

---

[a] *In comm coiiectum, sciiptum eiat* copiosissimos
[b] *In comm coiiectum, prius sciiptum eiat* jndies emeigentes tota
[c] Qua Caitas [d] *Cait om* a S V
[e] *Vocabulum in maigine additum* [f] oidinis iam ad *Cait*
[g] *Sic, sciibendum potius eiat* Goudanus *Vide supia p 213*[3]
[h] pro duobus hospitibus *sciiptum fuit piimitus, sed postea* duobus *eiasum
esse videtur*

---

[1] Id est pro inscriptione nihil solvit Statuta universitatis ingolstadiensis
a 1522 renovata „A Doctore, Licentiato, vel Magistro alterius Vniversitatis", cum
matriculae inscribuntur, „nihil recipiatui" (*Medeier* 1 c IV, 196)
[2] Ab ipsis universitatis ingolstadiensis principiis pauperes pro inscriptione nil
debebant solvere (*Piantl* 1 c 1, 64—65)
[3] * „Codex Dati et Accepti Facult Theolog ex Anno 1536" p 38
[4] Doctor *Ioannes Eccius* in libro quodam parochiae Marianae ingolstadiensis
sua manu sciipsit „Theologj et fraternitas [theologica] S Ioannis . Commemora-
tionem animarum annuam agunt ipso die S Ioannis ante portam latinam" [i e 6 Maii]

Ianus, Salmeron, Canisius „hospites" hic dici videntur Hoc quoque ante oculos habendum est Nunc quidem academici ineunte anno vel semestri anni spatio matriculae inscribi debent vel solent, tunc autem Ingolstadii eae inscriptiones per totum annum quasi distributae erant, ita ut singulis fere hebdomadibus aliqui inscriberentur [1]

Neque mirari oportet Ioannem etiam Brancacci in album academicum relatum esse [2] Illo enim tempore non solum typographi inscribebantur, sed etiam librorum compactores, impuberes, famuli Ita v g in ipsam illam „secundam matriculam" ingolstadiensem 2 Augusti 1547 una cum Ioanne Cochlaeo theologo doctissimo relatus est Michael Heimann schrobenhusanus, famulus eius, item 15 Ianuarii 1549 „Petrus Wolffart vom Hof librorum conglutinator inscriptus totius Senatus nostrj consensu " Quod eo animo fiebat, ut homines illi sub universitatis ius et iurisdictionem reciperentur et privilegiis academicis uti possent

49.

18. Iulii 1551.

Ex cod monac „Protocolla" f 186ª

18 Iulii 1551 aliqui de universitate et de enibus „ad instantiam parcium" convenerunt, ut Italum quendam cum aliquo ex magistris reconciliarent, qui in „conflictu atroci" graviter ab illo in capite vulneratus erat, et „fuit facta Compositio" , „domini arbitratores siue amicabiles compositores fuerunt Petrus Canisius sacrae theologie Nicolaus Euerhardus Phrisius [3], Johannes Baptista weber [4] vtriusque Juris, et Johannes Agricola [5] medicine Doctores et ordinarij Lectores Magister Johannes Lorichius poeta laureatus [6] et Sigismundus krantz et Sebastianus Stahel "

c) Munus rectoris universitatis ingolstadiensis a Canisio obitum

18 Octobris 1550 — 21 Aprilis 1551.

Actis. quae proxime sequuntur, ea explicantur et illustrantur, quae Canisius sancto Ignatio scripsit Ingolstadio 2 Novembris 1550 Rectoris esse, debitores ad aes alienum solvendum cogere, querelas audire, ebrios comprehendere etc Et 30 Aprilis 1551 Haereticorum libros notatos, scholasticos varie punitos esse

50.

A mense Octobri 1550 usque ad Aprilem 1551

Ex matricula secunda universitatis ingolstadiensis (v supra p 697), ad 18 Octobris 1550

Canisius rector universitatis eligitur Quot et qui iuuenes Canisio rectore matriculae inscripti sint

ANNO A NATIVITATE CHRISTI SALVAtoris nostri M. D. L. Decimoquarto Calendarum mensis Nouembris quae dies erat Sancti

---

(*Cod „Pfaribuech ab anno 1525 Von Hh Doctor Ekius beschriben" f 59ᵇ Ingolstadii in archivo ecclesiae parochialis B Mariae Virginis)
[1] Prantl 1 c I, 64 Idem olim in universitate coloniensi fiebat II Keussen, Die Matrikel der Universitat Koln 1389 bis 1559 1 Bd 1 Halfte (Bonn 1892), xviii
[2] V de eo supra p 313 [3] V supra p 339[1] 353
[4] Cf supra p 339[1] [5] Cf supra p 695[1] [6] Cf supra p 352[3]

Lucae Euangelistae sacra[1] ex [consensu][a] totius Senatorij ordinis huius laudatissimi Ingolstadiensis Archigymnasij Electus fuit in Rectorem et moderatorem eximius et Clarissimus uir Dominus Petrus Canisius Nouiomagus sacre Theologiae Doctor et eiusdem Ordinarius Lector sub cuius laudabilj administratione Magistratus illius nomina infra scriptorum in Cathalogum studiosorum sunt relata . numero XCIIII.[b]

Sequuntur nomina, quorum primum est (die 20 Octobris inscriptum). „Petrus Scorichius, Magister artium Coloniensis studiosus Theologiae theatinus " [2] Die 27 Octobris hi patricii augustani et artium studiosi inscripti sunt „Christophorus Relingei, Hieronimus Welser, Emanuel Welser, Gulielmus Relinger", qui singuli „1 florenum" solverunt Ceteros a Canisio in universitatem receptos nominatim recensere longum est, 94 iuvenes ab eo inscriptos esse refert *Valentinus Rotmarus*[3] In eadem matricula legitur anno 1551, rectore Bartholomaeo Romuleo, Canisii successore, 182 inscriptos esse, et „studiosorum" numerum excessisse 660, „quod sane aliorum sub regimine minime contigisse liquido constat" Ex qua re conieceris sub Canisio rectore Ingolstadii circiter 550—600 studiis deditos fuisse

„Statuta" academica anno 1522 „renovata" praescribebant, ut rector bis quotannis, 24 Aprilis et 18 Octobris, eligeretur ab academico senatu sive „consilio", cui interesse debebant „Rector, Doctores, et Licentiati ordinarie in Theologia, Jure, et Medicina legentes, Decanus Facultatis Artium cum tribus Magistris gravioribus per eandem Facultatem ex Consilio suo eligendis" Eligi autem non poterat religiosus vel regularis quisquam, sive, ut statuta loquuntur, „nullius Religionis factitie professus" rector fieri poterat Attamen Valentinus Rotmar universitatis ingolstadiensis historiographus anno 1580 testari potuit hac in re „dispensatum quandoque ab Academicis, et aliter institutum" esse [4] Quod anno 1550 Canisio contigit.

Ipsis electionis diebus mane in aede B Mariae Virginis sacrum sollemne „de spiritu sancto" coram universitate cantabatur [5]

„Electus", habent statuta, „majori eligentium assensu offitium ipsum acceptare tenetur infra spatium unius diei sub sex aureorum pena "

Rector insiurandum dare [6] et „habitu quoque ab aliis secerni" debebat, „capiti scilicet ab extra trium digitorum fimbria ornati delatione, quod ipse suis expensis in valore ad minus quinque florenorum sibi" comparare debebat

---

[a] *Hoc vel simile* (sententia, suffragus) *supplendum est*
[b] *Hic numerus manu posteriore (attamen et ipsa antiqua) scriptus est*

---

[1] Festum S Lucae 18 Octobris agitur Labitur *Agricola* scribens Canisium „mense Aprili" a 1550 rectorem electum esse (Dec 1, n 181)
[2] De hoc cf supra p 277[7] 329[3] etc Societas Iesu initio saepe confundebatur sacro ordini „Clericorum regularium", a Ioanne Petro Caraffa, archiepiscopo theatino (postea Paulo IV) aliisque sanctis viris instituto, utraque enim religio sub idem tempus apparuerat nec magno discrimine vestium distinguebatur
[3] Annales Ingolstadiensia Academiae (Ingolstadii 1580) † 16[b], cf etiam *Mederer* l c I, 214—215 A 24 Aprilis 1550 — 24 Aprilis 1551 inscripti sunt 234
[4] *Mederer* l c I, xxvii—xxviii Cf *Verdière* l c I, 243—244
[5] Doctor *Ioannes Eccius* in libro parochiali „Georgii Hora sexta habetur officium de spiritu sancto pro vniuersitate, cum ministrantibus in viridj Datur 1 fl Lucae post primam missam hora quasj septima canitur missa vniuersitatis de sancto spiritu cum ministrantibus, prout Georgij" (*„Pfarrbuech ab anno 1525" [cf supra p 697 [4]] f 36[a])
[6] Quod vide apud *Mederer* l c I, 187—188

Quamquam Societatis Iesu homines ab anno 1549 usque ad ordinis suppressionem (a 1773) fere continenter in academia ingolstadiensi docuerunt, nemo tamen
eorum (quod equidem sciam), praeter Canisium, rector universitatis constitutus est

51.

27. Novembris 1550

Ex cod monac „Protocolla" [1] f 131ª, Monachii, in archivo universitatis.

*Canisius rector senatum habet academicum [2]   Duos scholasticos propter delicta
ab universitate relegat*

Consilium vniuersitatis habitum vigesimoseptimo die Nouembris
Anno Domini 1550

Actum est de duobus scholasticis, qui denuo accusati erant „tanquam grassatores et Jnuasores hominum nocturno tempore cum post
multa perpetrata mala et crebram admonitionem* non resipuerunt sed
in atrotia perseucrarunt", adeo ut vulnerarent „quendam scholarem
clericum in chorea publica et loco publico vbi deberet maxime seruari
pax nempe vffm tantzhauss" [3], atque alter eorum „nunquam visitauit
lectiones, et accedit vltimo ad grauamen eorundem Ciminum quod
in festo sancte katherine Martiris [4] Jnuaserunt armis quosdam nobiles
et alios studentes absque omnj causa." „Eapropter totum consilium
vniuersitatis duxit, et decreuit eos omnino relegandos [5] Et relegauit
eos ad biennium reseruata tamen eis fama, et ita iudicati sunt et
relegati Magistro ciuium et supremo Judicj Ciuitatis. Licet pro eis
interuenerunt preces et supplicationes, tamen Domini non potuerunt
inclinari sed steterunt Decreto " [6]

---

* admonitionem monitionem *cod.*

---

[1] Haec „protocolla" non esse conscripta a Canisio ipso ex sermonis barbarismo
intellegitur , a notario universitatis scripta esse videntur
[2] „Habeat autem Universitas Consilium,   penes quod sit omnimoda potestas
ordinandi, statuendi, decernendi et exequendi omnia et singula   , que ad hujusmodi Collegiorum Consilia pertinent " Rector tantum „ardua   et magna ad
Patres referat   Decernat autem Rector id . quod a majori parte Consilii percepit
decernendum, aut si paria vota concurrerint, in quam partem declinandum decreverit,
ea potior habeatur" Statuta anno 1522 reformata, de consilio universitatis (*Mederer*
1 c IV, 185—186) Senatores quinam fuerint, v supra p 699
[3] Domum dicit, in quam homines saltandi causa veniunt
[4] 25 Novembris S Catharina virgo et martyr alexandrina facultatis artium
patrona erat (*Mederer* 1 c I, xxxii)
[5] Scholasticis annis 1523, 1526, 1528 rursus interdictum erat, ne saltatum irent
neve arma tractarent (*Prantl* 1 c I, 216)
[6] Infra (monum 56) videbimus eos tandem patronorum precibus concessos esse

52.

4. Decembris 1550.

Ex cod monac „Protocolla" f 181ᵃ

„Consilium habitum quarta die mensis Decembris Anno 1550 "
Doctores Nicolaus Everhardus, Ioannes Baptista Weber, Ioannes
Agricola referunt, parochos ingolstadienses a civibus incusari, parochorum
alter se excusat ¹

Georgius de „Gumpenberg" vectigal 23 floronorum, quod universitati
quotannis solvere debet, redimere vult pretio in oppido suo persolvendo;
decernitur, Ingolstadii illud persolvendum esse

53.

11 Decembris 1550.

Ex cod monac „Protocolla" f 181ᵇ–183ᵃ

*Senatus academicus Professores aliqui in gratiam reconciliantur Universitas
Lutheranismi insimulata quomodo se defendere debeat De salario quodam, Lutheranorum libris repellendis, logicae professore et parocho constituendis*

Consilium vniuersitatis habitum vndecimo die mensis Decembris
nunc currentis anni millesimi quingentesimj [quinquagesimi] Oblata
est „supplicatio in causa Jniuriarum". Abbas enim quidam Ingolstadium ad aliquem ex medicinae professoribus, a quo curatus erat,
porcum misit, qui tamen „casualiter" in domum alterius medicinae
professoris ductus est Ideo in consilio universitatis prior alteri dixit,
„quod sibi detinuerit porcum dolose", et hic ei respondit, „quod menti-
retur per Collum", atque ita inter se rixati sunt , Domini perpen-
dendo negotium [decreuerunt]ᵃ, quod huiusmodi rixe non sint sus-
tinende sed e medio tollende quia sint ambo de consilio, et ex eorum
allegatione comprehenderunt quod non processerunt huiusmodi Jniurie
ex Jniuriandj animo, sed pocius ᵇ ex calore Jracundie et furore, et
detentione porcj, Jta domini decernendo sustulerunt inter ipsos huiusmodi Jniuriam putantes quemlibet ipsorum alterum lesisse, Jdeoque
compensauerunt huiusmodi Jniuriam inter ipsos absque vnius cuiusque
ipsorum praeiuditio et lesione fame mandantes eisdem sub pena viginti
floronorum districte ne vnus alterum de cetero Jniuria afficiat siue
molestet quod ambo stipulata manu in manus Rectoris ² promiserunt
non attento quomodo conueniant inter se super porco."

Sequuntur acta et decreta in causa ciuili, quae agitabatur inter

---

ᵃ *Hoc vel simile (iudicauerunt ?) supplendum esse res ipsa patefacit*
ᵇ *Haec duo vocabula in codice iterantur*

---

¹ Uterque parochus professor in universitate erat Cum qua cives haud ita
raro aliquid contentionis habebant
² Petri Canisii

Doctorem Hieronymum Leucht et eius generum Lucam Muller, civem ingolstadiensem

„Per istud Consilium tractatum fuit vt Notarius procuraret apud Magistrum Ciuium et supremum Judicem Ciuitatis vt Relegatj¹ amplius in Ciuitate non paterentur ‟²

„Insuper etiam literae ad domnum Stockhamerum³ mittende sunt eidem judicando quo modo vniuersitas diffamata sit de Lutheranissimo quae tamen falso diffamata |sit| consulendo eundem quomodo debeat se apud sedis Apostolice nunctium⁴ [sic] et apud alios potentatosᵃ excusare ‟

„Jnsuper etiam de Authoris grammatice Salario constituendo consulitur vt et pariter reuideatur ‟ ᵇ

„Tipographus⁶ informetur quos libros in grammatica et alijs scientijs ex franckfordia⁷ [aduehere debeat]ᵇ vt Lutheranorum [libri] hic amplius non legantur ‟ ˢ

„Jtem vt Magister petrus schorickius⁹ praelegat Aristotelis Logicam ‟

„Et precipue in isto Consilio decrete fuerunt literae ad Jllustrissimum Principem, pro domino Regente¹⁰ ad nanciscendam ecclesiam parrochialemᶜ Sancti Mauricij hic Jngolstadij et literae doctoris Stockhameri illius in destinatione incluse [?]ᵈ et misse fuerunt absente Principe ad Consiliarios Camere Ducalis ‟¹¹

ᵃ potentatus *Prot*
ᵇ *Hoc vel aliquid eiusdem sententiae supplendum esse Canisii epistulae patefaciunt, vide supra p 345 363*   ᶜ ecclesiam parrochialem ecclesiam *Prot*
ᵈ *Hoc vocabulum et tria, quae antecedunt, obscurius scripta sunt*

---

¹ Scholastici significantur, qui 27 Novembris ex academia relegati erant
² Ciuitatis ingolstadiensis senatus 29 Decembris 1550 decrevit „Am student ist relegirt oder excludirt, derhalb soll der aus der stat gepotten vnd gefuerht werden‟ (ᵃCod „Rats puech Anno D des funftzigisten Jars‟, ad a 1550, „an heut Montag nach natiuitas dominj‟ Ingolstadii, in archiuo urbano)
³ Georgius Stockhammer consiliarius Alberti V ducis et curator uniuersitatis erat
⁴ Sebastianus Pighinus, archiepiscopus sipontinus, a Iulio III ad Carolum V missus, Augustae Vindelicorum morabatur, ubi comitia imperii habebantur, haud procul igitur ab Ingolstadiensibus erat
⁵ Anno 1551 auctum est stipendium annuum Ioannis Lorichii, hadamarii, poetae laureati ac linguae graecae et artis dicendi professoris (*Prantl* I c I, 327) De eius grammatica latina v supra p 352³
⁶ Typographiam habebant Alexander et Samuel Weissenhorn, Alexandri senioris, a 1549 mortui, filii (*Mederer* I c I 214)
⁷ Francofurtum ad Moenum significatur. Cf supra p 148ˢ
ᶜ Hoc ut decerneretur, Canisius et Goudanus potissimum effecerunt V supra p 345 363   ʲ Fr Petrus Schorich S J
¹⁰ Erasmum Wolf, collegii georgiani regentem, dicit
¹¹ Clemens VII 6 Ianuarii 1524 ecclesiam parochialem S Mauritii uniuersitati adnexuerat et Bauariae principibus ius concesserat parochum „nominandi‟, qui a monasterio benedictino Altahae inferioris (Niederaltaich) episcopo „praesentaretur‟ (Litteras illas Clementis VII vulgavit *Mederer* I c IV, 265—269)

54.

30. Decembris 1550

Ex cod monac „Protocolla" f 183

Canisius senatum habet De uniuersitate in causa „Lutheranismi" purganda Casparo Bruschio munus docendi non esse tribuendum De duobus beneficiis ecclesiasticis

„Consilium habitum penultima Decembris Anno MDL "

„Primo propositum fuit quomodo scriptum fuit domino et patrono nostro Stockhamero vt in causa Lutherana in qua vniuersitas Jncusata et diffamata esset consuleret vniuersitati quid in ea agendum Jtem ad Rescriptum domnj Stockhameri de Bruschio pocte [sic] quod multum sibi commendatus sit nomine[a] vniuersitatis rescribendum vt js nequaquam in lectorem recipiatur quia sit homo rixosus et semper fuit contra hanc Academiam." [1]

„De beneficio Schopperj presbiterj apud omnes sanctos in Cimiterio S mauricij vt census illius percipiantur quemadmodum Cetacioıum benefitiorum sunt inuestiganda Registra apud quem possint reperirj quemadmodum Magister Wolfgangus Gothart [2] et Notarius missi sunt ad ea perquirendum "

„De benefitio Domni Theandrj [3] quod habet apud sanctum Mauritium, [decretum est,] quod propter zelum Dei et populi clamorem vitandum[b] singulis hebdomadibus faciat legi vel legat vnam missam."

55.

8. Ianuarii 1551

Ex cod monac „Protocolla" f 183[b]

Senatus De decumis ludi magistro debitis Causa porci ab abbate dati dimutur Exclusus quidam rerum receptur Canisio scyphus datur

„Consilium vniuersitatis habitum die Jouis octauo Januarij" [1551]. Balthasar Fannemann vicecancellarius ad consiliarios de lite rettulit, quae de decumis agrorum quorundam intra parochiam S Mauritii sitorum exigendis erat

---

[a] *Sic vel simili modo resoluendum erit siglum obscurum, quod hoc codicis loco positum est*   [b] *clamarem vitandam Prot*

---

[1] Caspar Brusch († 1559), ex Schlackenwald, Bohemiae oppido, ortus, poeta laureatus et historiarum episcopatuum et monasteriorum germanicorum scriptor, in carminibus, quae assidue fundebat, ecclesiam catholicam modo laudibus extollebat, modo petulanter incusabat Nullo loco diu considebat Pettendorfi tandem minister lutheranus factus est Cf de eo *Janssen* 1 c VII, 232—235 Monachi et Ingolstadii de Bruschio in cathedram academicam evehendo actum esse fugisse videtur eius biographum, *Adalb Horawitz,* Caspar Bruschius (Prag und Wien 1874) p 122 ad 127   [2] De hoc v supra p 352 [3]
[3] De Georgio Theandro v supra p 690 [4]

Idem de habitatione „Magistri Ludi literarij apud Sanctum Mauricium" rettulit. Decretum est, ex pacto recente hanc ludi magistro illi ab eiusdem ecclesiae parocho subministrandam esse

Professori cuidam medicinae mandatum est, ut intra octo dies collegae suo „satis faceret de porco" illo ab abbate misso [1]

Placet, ut „cooperator" [2] quidam per notarium [3] moneatur, ut debitori intra quattuordecim dies satisfaciat

Deliberatum est, quibus cum condicionibus unus ex scholasticis, qui relegatus erat, „ad petitionem domni Doctoris Stochamer Patronj iterum debeat recipj nempe quod quottidie ad minus duas Lectiones compleret, Non portaret arma, septima esset in domo et maneret ibidem et non visitaret tabernas sub paena reincidendae exclusionis et hieme octaua semper sit et maneat in domo et non exeat domum "

„Magister Lucas Guntzner dedit Rectori vnum Ciphum" argenteum pro pignore census monialium [4] vt expectet cum solutione ad festum S michaelis futurum " [5]

56.
16 Ianuaru 1551

Ex cod monac „Protocolla" f 184

Consilium senatum habet De debitis poetae cuiusdam „laureati" et cuiusdam doctoris Tres relegatos, proceribus deprecatoribus, iterum recipiendos esse, quae condiciones iis ferendae

„Consilium vniuersitatis habitum die veneris 16 Januarij Anno 1551 "

Actum est cum creditoribus poetae cuiusdam laureati paulo ante mortui.

„Jtem Casparus kuefer pannicida conquestus fuit de debito 1 floreni 53 dl [6] que debebantur a domino Christophoro Capffer Doctore pro panno sibi credito, allegabat Magistra doctrix Capfferin quod comparauit pro filia quod non recepisset Capfferin dotem a socro jdeoque non teneretur ad solutionem pro marito faciendam, et decreuerunt domini eam non teneri ad solutionem pro marito.

Jnsuper etiam decretum fuit de tribus relegatis [7] quod ad petitionem pro eis factam iterum reciperentur ad communionem et resti-

---

˟ Sic, corrigendum diceris Sciphum vel scyphum

---

[1] De hac re v supra p 701
[2] Parochi vicarium vel capellanum communiter ita vocant
[3] Ioannem Baptistam Lochner ? (Prantl 1 c II, 188 189)
[4] Ingolstadii tunc „ad S Ioannem" virgines sacrae ordinis S Francisci degebant (Mederer 1 c I, xxiii)
[5] 8 Maii (,,apparitionis") vel 29 Septembris (,,dedicationis")
[6] 53 cruceros (kreuzer) significari puto, 60 eiuc = 1 florenus rhenanus
[7] Duo ex his erant iidem, de quibus supra p 700

tuerentur vnionj vniuersitatis " Pro uno enim ex iis Mauritius de
Hutten, episcopus eystettensis, intercesserat; pro altero doctor Georgius
„Stockhomer", pro tertio „nobilis et validus vir, domnus Georgius de
hasslanggereut", „praefectus" ingolstadiensis[1]. Recepti igitur iterum
sunt, „istis tamen legibus et conditionibus quod quilibet det Chyrographum quod velit singulis diebus audire duas lectiones et semper
finito mense ferat testimonium de auditis huiusmodi lectionibus et
nullus eorum portabit arma, et de nocte non vagentur in plateis sed
contineant se hyeme post octauam in domibus eorum et se honeste
gerant alias debeant mox expellj iterum "

57.

26. Ianuarii 1551.

Ex cod monac „Protocolla" f 184[b]

„Anno domini 1551 die vero 26 mensis Januarij habitum consilium vniuersitatis Jngolstadiensis."
Magistro cuidam de „noctiuagio et ebrietate" accusato impositum
est, „vt abstineret a vino per Carnisbriuium[2], et non vindicando se
de vigilibus et excubitoribus "

58.

28 Ianuarii 1551

Ex cod monac „Protocolla" f 184[b]

Canisius rector senatum habet   Scholastici puniuntur et sponsores quaerunt

Ex tribus illis scholasticis, qui relegati primum, sed postea iterum
recepti erant, duo „fidem datam ad octo dies non seruauerunt Sed
in magnis delictis accusati fuerunt", unus per hospitem suum, „Stef-
fanum kneissel sartorem", „quod cum noctu Jnuaserat atrociter", alter
per alium quendam, „quod Jnuaserat vnum" cum pugione admodum
attrociter intulissetque idem[b] magnum damnum, nisi interuenissent
aliqui, illud malum auertendo   Et ita ambo confessi fuerunt quod
fecerunt contra eorum fidem et promissionem   Decreuerunt Domni
eis non esse confidendum et Mancipati [sunt] carceribus quousque
darent fideiussores ne amplius velint contrauenire fidei date, Cum
autem conquesti fuerunt quod in carcere non possent Jnuenire fide-

---

[a] *Sic, sed verisimile est scribendum fuisse* cum
[b] *Corrigendum fortasse*. eidem

---

[1] Praefectus („Pfleger") ille ducalis alias „Jorg von Haslang" vel „Haslinger"
vocabatur (*Druffel*, Briefe und Akten I, 563 578   *Prantl* 1 c II, 190).
[2] Hoc vocabulo (rectius „carnis priuium") dies Martis significari videtur, qui
dominicam „in Quinquagesima" sequitur et diem „cinerum" proxime praecedit, ac
fortasse etiam ipsa illa dominica et dies Lunae, qui eam sequitui sive, quae
dicimus Saturnalia   Quae anno 1551 erant 8 —10 Februarii

iussores, si dimitterentur ex carcere tunc statim velint jnuemi e testes",
dimissi sunt, atque unus sponsores nactus est; alter vero „propter
perfidiam suam non potuit Jnuemre fideiussores Jdeoque opoituit cum
tamquam relegatum abire et recedere "

59.

28 Januarii 1551

Ex cod „Rats puech Anno D des funftzigisten Iais", ad a 1551, „Mitwoch
nach conuersionis paulj" Ingolstadii in archivo urbano

De scholasticis, qui Saturnalium tempore personam sibi aptare vel arma te-
nere velint

Acta a senatu urbis ingolstadiensis 28 Januarii 1551

„Am rath hat zu annem rath der vniuers geschigkht etc. das
veipotten weide das am yeder der verputzt vnd vermumbt gen will
der soll kain wer tragen, der aber gen will verputzt, der soll gen
bej tag bis auf 6 vhr, welcher aber vnuermumbt get der meg am
zumbliche wei tragen, vnd am rath well ob den Inigen halten das
dj von der vniuer ob den Irigen auch halten "

Senatores urbis iam 28 Decembris 1550 de cive quodam vel incola statuerunt
„Die weil der" „vnzucht last treiben jn seinem Haus vnd studenten bej jm halt,
soll Im vilab geben weiden " At 9 Februarii 1551 iisdem placuit „Den witen
zusagen das sy den studenten an beuellich jier eltern oder preceptorn mit mei
porgen dan man werde mit also schaffen [1]

60.

15. Februarii 1551

Ex cod „Matricvle Vniveisit To secvndvs", ad a 1551 mens Febr Monachii in archivo academico

15 Februarii 1551 matriculae uniuersitatis inscriptus est „Andreas
Vuolffium Menpthensis artium studiosus pauper, hic cum esset paupei et
grauiter infirmus dedit illi Rector j florenum ex pecunijs vniuersitatis "

61.

19 Februarii et 3 Martii 1551.

Ex cod monac „Protocolla" 1 1857

Causatus rector senatum habet De acre alieno Scholastici inter se reconciliantur

In senatu 19 Februarii 1551 habito relatum est conuenisse patri scholastici
cuiusdam cum eiusdem creditoribus

„Consilium habitum tertio die mensis Marcij Anno MDLj."

„Obtulit se altercatio" intei duos nobiles oita Unus „conquestus
fuit quod" alter „ferme ad noctem et ebrius euocasset ex domo sua

---

[1] „Rats puech" ad a 1550, „Montag nach natiuitas doninij", et ad a 1551
„Montag nach Herrn fastnacht"

et affecisset eum injuriosis verbis de quibus possit habere copiosius testimonium"; alter vero „dixit se prius et antea ab eo Jniuria esse lesum, nam mendacem vocasset et aljs plerisque Jniurijs affecisset eum et concitasset ad Jniuriam quod etiam docere vellet sufficienter petendo ex vtrisque partibus audiij testes   Domni interloquentes [dixerunt] non dum esse locum ad audiendum testes quia non fuit processum in causa vsque ad auditionem testium quia super actionem Jniuriarum oportet procedere in scriptis, sed hic nihil adhuc horum factum sit   Sed consuluerunt domni quod velint interponere partes suas et eos amicabiliter inter se componere et eam Jniuriam tollere absque vniuscuiusque lesione fame   Jdque annuentibus partibus compositj sunt absque lesione fame Et mandata illis pax sub grauissimis penis '

62.

13 Aprilis 1551

Ex cod monac „Protocolla" f 185ᵃ

Senatus Canisius nobilem quendam carceri mandat   Scholastici „bombardas" emittere celantur

„Consilium habitum 13 die mensis Aprilis Anno MDLj "

Actum est „de Bombardarijs qui de nocte in Dominica Misericordia Domni emiserunt Bombardas, et terruerunt homines, propterea inuestigatio fuit facta, verum cum principales Jnuenirj non potuerint propositum [sic] fuit Citatio sub pena exclusionis", atque in ea citatione nomen nobilis cuiusdam expressum est, qui „comparuit coram Rectore et confessus [est] facinus et ita seueriter punitus fuit carcere" [1]

„Decretum fuit deinde vt fieret mandatum vt decetero non sagitarent cum Bombardis nec interdiu nec nocte quemadmodum mandatum illud sepius publicatum fuit " [2]

Simile scholasticorum quorundam delictum aliquot hebdomadibus ante delatum erat ad Canisium Die enim 28 Martii 1551 senatores urbis decreverunt „Als an der palmnacht sambstag nacht etlich studenten pis nach mitnacht auf der gassen vnzucht³ getriben vnd mit zwaien waidnern¹ vntter sich geworffen sollen fragen wer sy sein vnd alsdan der vniuer anzaigen " [5]

---

[1] Si quis haec cum iis, quae supra p 355 posita sunt, contulerit, ante 15 Aprilis nec nobilem illum comparuisse neque haec in „Protocolla" a notario relata esse dicet

[2] Hoc mandatum vide supra p 354—355

[3] Hoc vocabulum hic (ac fortasse etiam supra p 706) non libidines significare videtur, sed insolentiam nimiamque licentiam „Mittelhochdeutsch und Althochdeutsch die unzubt = zuchtwidriges Betragen, Gewaltthatigkeit, Ubermuth, Verstoss gegen den Anstand" Fr L K Weigand, Deutsches Wörterbuch (4 Aufl, Giessen 1882) p 980

⁴ „Waidner" (Weidner) tum venatorem tum etiam cultrum venatorium (Hirschfanger) significat (I A Schmeller, Bayerisches Wörterbuch II [2 Aufl, München 1877], 853—854)

⁵ ˣCod „Rats puech Anno D des funftzigisten Jars" ad a 1551, „an guet Montag nach Palmarum" Ingolstadii in archivo urbano

45*

63.

11. Iulii 1552.

Ex cod monac „Protocolla" f 194

Senatus academicus poenis denuntiatis scholasticos admonet, ut litteras serio tractent, usque interdicit, ne nimios conuitus ad nuptias mittent neue officia diuina perturbent[1]

Rector et Senatus inclyti Studij Ingolstadiensis.

Funesta illa et Tragica exempla horum temporum, quae summo cum dolore conspicimus, cogunt nos, vt iterum eos qui boni sunt et dicto audientes paterne admoneamus, aduersus alios qui praecepta saluberrima contemnunt et leges optimas maximo suo malo transgrediuntur seuerius aliquid statuamus· Toties iam antea et ad fastidium vsque nobis indicatum est, qua ratione vitare pericula possitis, et quid in studiorum vestrorum curriculo praestare debeatis, Sed surdis illa omnia et tantum surdis decantata esse apparet. Quapropter ob hoc postremo loco ab vniuerso senatu Academico conclusum et decretum est quod omnibus vobis notum esse volumus, quotquot hic degunt qui inter scholasticos numerari volunt. praecipimus et mandamus, vt officio suo et nomini satisfaciant, honeste viuant, audiant lectiones sibi conuenientes, vt professorum testimonijs luculentis se tueri possint, neue sic ociosi vagentur, aut pessimis rebus occupati grassentur, vt non pauci hactenus fuerunt[a], Vnde atrox et inauditum in hac schola facinus nuperrime est consecutum, Jnquiremus autem diligenter et omnium mores graui censura notabimus, quicunque non comprobarint et tales se ostenderint, quales studiosos esse decet, exterminare et quam primum cum turpi infamiae nota, relegare constituimus Nec quisquam exemptum se arbitretur, quocunque loco et ordine constitutus, nemo ex nobilitate sua aut opibus patrocinium[b] speret, Summos et infimos eodem loco habebimus, et pari iure censebimus, Optabilius est enim et vtilius, paucissimos habere frugi ac honestos homines atque Gymnasij alumnos, quam ingentem sceleratorum hominum colluuiem Hanc igitur sentinam in Academia nostra

---

[a] *Sic, sed fortasse legendum* fecerunt   [b] patrocinium *Prot*

---

[1] Quamquam haec „reformatio" post Canisii et Goudani discessum promulgata est, aliqua ex parte a Canisio uniuersitatis rectore facta est Hic enim, cum id munus obiret, scripto, qui scholasticorum mores praecipue corrigendi essent, exposuerat scriptumque uniuersitatis capitibus tradiderat (v supra p 345 363) Ac quod in hac „reformatione" statuitur de scholasticis pigris per „litteras negligentiae" ad parentes deferendis, Canisius iam annis 1550 et 1551, cum uniuersitatis rector esset, tactare solebat (v supra p 364) Notandum etiam, quod in senatu 9 Septembris 1551 habito decretum est „Pariter de Corrigendis abusibus vniuersitatis et quomodo emendandj sunt, hoc debet fieri cum bona deliberat vt quilibet scribat propria vota et postea eligendj sunt aliqui domini ad corrigendum illos" (*Cod „Protocolla" f 187*)

haerentem exhauriemus et veluti strumas a sano corpore resecabimus.
cum leniori medicina nihil hactenus profectum sit, ad durissima remedia
necessario nobis est deuemendum, Si quis ergo in hoc animaduertendi
genere, acerbitatis aliquid, aut inclementiae voluerit reprehendere,
Cogitet Reipub causa, Iusticiae amore, et tranquillitatis communis
causa susceptum esse, saepe est consultatum, et nunc propositum[a] re
ipsa exequemur. Modum vero executionis praesentis Mandati ad-
hibemus sic Intra octiduum proximum, et singulis mensibus in futurum
postea sempei, singuli quatuor facultatum Decani in singulos suae
facultatis scholaies, negligentiae suspectos et sedulam facient inqui-
sitionem, et prout res illorum se habeic offenderit [?][b], Rectori nostro
protinus significabunt, Qui quidem iector pio sua vigilantia semel.
vbi desidiae accusatos commonefecerit, neque[c] ad meliorem frugem,
illos quam primum iedire viderit, Ad parentes, vel si opus fuerit ad
patriam illorum, Aut ad Collegium Canonicorum, si inde huc missi
fuerint, liteias eorum neghgentiae suo et totius nostri senatus nomine
dabit, Subinde relegationem a nostra schola vt dictum est poenae
nomine rependet, Datae sub Secreto vniuersitatis nostiae. Die .11.
Mensis Iulij . 1.5 52

Volumus pariter et studentes vxores ducentes, seu Matrimonium
contrahentes, vt in solemnitatibus nuptiarum nuptijs ciuium se con-
forment, in inuitando non quatuor mensas excedant[1] nisi sint nobiles
et excellentes personae et quibus a domino Rectore et Senatu, pei-
mittitur ex speciali gratia Interdicimus etiam, illas obambulationes
in ecclesijs sub officijs diuinis sub grauissimis poenis, qui [sic] coeteros
pios homines et deuotos eorum strepitu et susurris interturbant[2]

d) Vicecancellarii dignitas a Canisio recusata eiusque munera[3] ad tempus ab eo suscepta.

A mense Iulio 1551 usque ad Martium 1552.

64.

13. Iulii 1551.

Ex cod monac „Protocolla" f 186[a]

Consilium vniuersitatis habitum in die S. Margarethe 13 die Julij
Anno [1551] in quo tractatum fuit cum Clarissimo viro Domino Petro

---

[a] proponitur *Piot*   [b] *Sic, sed fortasse legendum* ostenderit
[c] neque neque *Piot*

---

[1] Anno 1549 hac de re praescriptum eiat „Ne pluies quam tiibus quatuorve
mensis solitis recipi possint, quique numeium 32 non excedant, invitentur" (*Piantl*
l c II, 186)
[2] Simile inteidictum etiam anno 1549 promulgatum erat (*Piantl* l c II, 187)
[3] Cf supia p 373[3]

Canisio sacrae theologie Doctore de nouiomago vt acceptaret Vice
Cancellariatum Licet renuit et recusauit [quod] hoc non possit nisi
de sententia superioris suj Rome Jgnacij sed conclusum fuit vt scriberetur Principi nostro Jllustrissimo vt intercederet apud superiorem
vt permitteret cum heij Cancellariium vniuersitatis

65.

25. Iulii 1551.

Ex archetypo, quod apud nos est, Albertus dux nec scripsit nec subscripsit
Integra epistula est in „Actis Sanctorum Iulii” VII (Antverpiae 1781), 501,
et in „Cartas de San Ignacio“ II, 564—567

*Albertus V Bavariae dux S Ignatio Monacho 25 Iulii 1551 Vacantibus
officio viceancellariu uniiversitatis ingolstadiensis et canonicatu eystettensi, quod
cum eo officio coniungi solet* [1], *„vestri ordinis etiam Dilecto nobis Magistro
Petro Canisio [sic] confratij qui summa cum laude nec minori fructu sacras
ibidem profitetur docetque literas, vtrumque offerri commisimus Verum
excusationi [sic] suae rationes attulit obedientiam ac paupertatem * Cum
autem id officium honorem quidem habeat, non vero labores aut peculiaria
emolumenta, dux Ignatium rogat, ut eiusdem suscipiendi Canisio potestatem
faciat, idem a tota uniiversitate vehementer optari Ac cum Societatis collegium
quam primum Ingolstadii constituendum sit, „alios duos vel tres vnos doctos“
sibi mittendos esse Petere se itaque ab Ignatio, ut quamprimum scribat, quot
et quales mittere possit, se vmnicum vel suppeditaturum*

66.

20 Septembris 1551.

Ex *Genelli*, Ignatius p 249, adnot 9 qui commentarium hoc vel summarium [2]
descripsit ex codice „Traslados de cartas, que scrivio nuestro S Padre Ignacio“,
tunc Romae in archivo domus professae S J asservato

Idem commentarium (ex Genelli, ut videtur, desumptum) est in „Cartas de San
Ignacio“ II, 469 Cf „Monumenta historica S J “, Vita Ignatii etc II, 261,
adnot 1

S Ignatius Alberto V Romae 20 Septembris 1551 [3] *Se duci assentiri
non posse, ut Canisius viceancellarius fiat. Cuius rei has esse rationes
1 honorem officio illi adiunctum, 2 eius „prouentus et emolumenta
temporalia“, 3 eius stabilitatem, qua Canisius academiae ingolstadiensi
affigeretur. Ea omnia Societatis hominibus non convenire Sacchinus, qui
huius epistulae apographum vel commentarium vidisse omnino videtur,
haec addit „Id solum Duci largitus“ est Ignatius, „vt (si qui forte*

---

[1] Vide supra p 375 [2]

[2] Summarium quoddam hoc esse, non epistulam ipsam, tota scribendi ratio
ostendit Ignatium duci „longam expositionem“ misisse asseritur in „Monumentis
historicis“, loco supra commemorato

Tempus commentario quidem ascriptum non est, sed ex „Monumentis historicis“ 1 c cognoscitur

casus vrgeret) ad tres, quatuorue menses, citra honorum insignia, et stipendia, Canisius eas partes suppleret.“ [1] *Ac Canisium reapse vice-cancellarium egisse monumenta proxime secutura probabunt.*

67.

A Iulio ad Septembrem 1551.

Ex epistulis archetypis, quae sunt in cod monac „Ingolst Un -- Sachen‘ f 127—128 133—134

Epistulas integras edidit *Prantl* 1 c II, 236 238—299

Canisius ab Alberto V Barariae duce ad canonicatum ecclesiae cathedralis eystettensis praesentatur

Cum capitulum ecclesiae cathedralis eystettensis 20 Septembris 1561 Ioanni Agricolae, universitatis ingolstadiensis camerario, scripsisset post doctores Ioannem Eccium († 1543) et Leonardum Marstaller († 1546) vicecancellarios neminem sibi praesentatum esse ad canonicatum cum eo munere coniunctum, Agricola Ingolstadio 30 Septembris 1561 Simoni Thaddaeo Lrl., Barariae ducis cancellario, scripsit „Die Iungen thombhei rlen sein allei sach auch nit gar ei faren, sondern men sich selbei so sie schreiben allain Euei Herrlickhait pruedei Doctoi Johan Eckh seligen vnd d Marstaller sein presentiit worden ad Prebendam Canonicatus So doch meine gn fuist vnd herr Hertzog Wilhelm hochlobliche gedechtnuss vnd mein gn fuist vnd heii Heitzog Albrecht, haben Doctoiem Canisium, Doctoiem fanneman vnd Magistrum Erasmum Wolffium auch praesentiit, darumb scripti consensus Reuerendissimi Episcopi Mauritij seligen noch bei vnns verhanden“

68.

Ab 28 Ianuarii ad 5 Februarii 1552.

Ex cod „Tomus I Matriculae Collegij Theologici in inclyta Academia Ingolstadiensi ab Anno Christi MCCCCLXXII usque ad annum MDIXC inclusive“ f 86ᵃ, acta quae hic sequuntur, a *Ioanne Ingarith* notario scripta esse ex f 89ᵛ eiusdem codicis intelligitur Qui exstat Monachii, in archivo seminarii georgiani III 11

Ioannes Fabri O Pr et Petrus Vahe doctores theologiae creantur, Canisio vice-cancellarii partes agente Canisius theologicae facultatis decanus

Religiosus pater et Dominus Johannes fabri ab hailprunna Ordinis Diuj dominicj Iamque per annos Annos [*sic*] aliquot in Academijs appro-batus et concionator summae ecclesiae Augustanae [2] promotus fuit in

---

[1] De vita Canisii p 60

[2] Ioannes Schmidt sive Cussius (1504—1558), vulgo Fabri, Colomae et Friburgi Brisgoviae theologiae operam dederat et a 1551 in matriculam ingolstadiensem inscriptus erat Non minus libris, quos germanice et latine conscripsit, quam contionibus Colmariae, Sletstadii, Augustae habitis fidem egregie exposuit et defendit In sacro illo suggestu augustano Canisius ei successurus erat (N *Paulus*, Iohann Fabri, in „Katholik‘ 72 Jahrg [Mainz 1892], I, 17—35 108—127 *Fr Ant Veith*, Bibliotheca Augustana I [Augustae Vindelicorum 1785], 62—73)

Doctorem theologie 28 die Januarij fuit tentatus[1] et 29 examinatus
Anno 1552, deinde tercio die februarij celebrauit actum vesperialem
vna cum disputatione[2], et die sequenti Licentiam recepit et fuit factus
Magister et Doctor Theologiae Et huius modi Licentiam et Docto-
ream Coronam[3] recepit a Domino Petro Canisio Theologiae Doctore
et Procancellario vniuersitatis Jngolstadiensis.

Pariter ut [a] ante[4] Licentiam [recepit] Venerandus vir Magister Petrus vahe presbiter Treuerensis[5] qui defendit vesperialem quaestionem [b]
praedicti Domini Johannis fabri et promotus fuit per dominum petrum
Canisium Sacrae theologiae Doctorem et ordinarium Lectorem quinto
die februarij Anno praedicto[c] 1552[6].

De disputatione illa in „*Annalibus Ingolstadiensis Facultatis Theologicae"[7]
haec referuntur

[Anno 1552] Mens febr habita est disp an Eucharist Sacram sub
utraque specie laicis sit necessarium[d] defendente pro consequendo Doctoratu
R P Joan Fabri Cath Ecclesiae Augustanae Concionatore

Cum ad Socios, inquit *Polancus* (Chronicon II, 563), ex promotione hac „viginti
floreni pro more Universitatis redirent, eidem, prout ipsi solebant, restituerunt Et
enim, ne saeculares doctores conquererentur, admittere pecuniam cogebantur, ita
ne a nostri instituti ratione recederent, eam restituebant "
„*Antiquitates* Ingolstadienses" (f 2ᵃ) de Canisio viccancellario haec habent
„In hoc munere orationes habuit frequentes ad professores et studiosos Academiae
praesertim cum decerneretur ab eo munus conferendi, uel suscipiendi Doctoratum "
Atque hoc quidem constat tempore, quod inter mensem Aprilem a 1551 et eundem
mensem a 1552 intercedit, doctorem medicinae creatum esse Ioannem Albinum,
silesium ex Iohnsdorf ortum, eodem tempore iuris utriusque doctores facti esse
videntur Ioannes Roth naumburgensis, Ioannes Synapius „Wismonensis", Nicolaus

ᵃ et *Ingartth*   ᵇ quastionem *Img*   ᶜ praedicti *Img*
ᵈ necessaria *Ann*

---

[1] Id est praevium quoddam examen subit, cf supra p 60³ 660⁵
[2] In promotionibus academicis actum illum, qui doctoratus adeptionem proxime
antecedebat, „vesperias" vocabant, qui pridie ipsius promotionis fieri solebat Una
vel plures „quaestiones" explicabantur dein iisdem de rebus disceptabatur
[3] In aula „omnibus congregatis cancellarius vel magister, sub quo vesperiatus
incipit [docere], birretum ei imponat in signum magistralis status et honoris dicens
ei ‚Incipiatis in nomine patris et filii et spiritus sancti'" Leges facultatis theologicae ingolstadiensis, anno 1475 latae, „De aula", apud *Prantl* 1 c II, 70
[4] Id est eodem modo, quo Ioannem Fabri licentiam recepisse antehac dictum est
[5] Petrus Vahe (Phae) parochus postea fuit ecclesiae boppardensis et ecclesiae
S Gangolphi treverensis, contionatoris quoque munus Treveris administravit Societatem Iesu ingressus, Braunsbergam et Elbingam sacris sermonibus excoluit Veneno
occisus esse fertur (*Reiffenberg* 1 c p 79 86—87 *Stan Rostowski* S J , Lituani-
carum Societatis Iesu Historiarum libri decem, recogn *I Martinov* S J [Parisiis-
Bruxellis 1877] p 11 32)
[6] I also cod „Antiqu Ingolst " f 2ᵛ de Canisio „Creauit in Rectoratu Doctorem Patrem Ioannem Fabrum Augustanum Catholicorum Ecclesiasten "
[7] Cod lat 1623 bibliothecae regiae monacensis f primo post 50

Reischner halberstadiensis, Ludovicus Christophorus Reinber heidelbergensis, Gaspar Marchardus vormatiensis [1] Philosophiae autem magisterium quinam tunc assecuti sint, equidem nescio

Conferenda sunt etiam, quae Canisius ipse his de rebus narrat, supra p 65 395

Index eorum, qui a 1472—1599 incl facultatis theologicae ingolstadiensis decani fuerint, matriculae theologicae supra scriptae insertus, in anno 1552 Canisium habet decanum, cuius rei (ut videtur) probandae causa indicis auctor lectorem ad f 86 ciusdem matriculae relegat, in quo doctorum Fabri et Vahe promotiones narrantui Atque cum annis 1549—1552 Ingolstadii perpauci theologiae professores fuerint, omnino probabile est Canisium aliquamdiu decani munus tenuisse

69.
Mense Februario 1552.

Ex cod „Codex Dati et Accepti Facult Theolog ex Anno 1536 usque ad Ann 1574" p 46—47. Monachii, in archivo seminarii georgiani

In „Censu Facultatis Theologicae Anno Domini MDLII" Ioannes Agricola medicinae professor et universitatis camerarius haec adnotat ·

Jtem [dedi] D Vicecancellario Petro Canisio

XIIj fl

Jtem domino Nicolao Gaudano

VIj fl

misi eis 20 fl pei Ioann filium quia petebant [2] fugam adornabant [a] [3]

In Valedictione Theologorum Theatinorum [4] [soluta sunt] 1 fl XVIIIj den [b]

Dubium non est, quin in ea „valedictione" magnum factum sit convivium Nam etiam anno 1550 discedente P Salmerone professores convivium non vulgare appararunt „solent enim", inquit ipse Canisius, „Germani hoc velut firmum amicitiae symbolum adhibere quo nihil est illis antiquius ad fidei humanitatisque testificationem" [5]

Polancus (l c II, 565) affirmat Albertum V ducem Sociis „omnia necessaria ad iter et praeterea centum florenos numerari in viaticum iussisse", idque, ne dux offenderetur, ab iis acceptum esse

e) Collegium Societatis Iesu Canisii ope Ingolstadii institutum.
70.
1 Octobris 1551.

Ex apographo, circiter a. 1862 a P *Flor Riess* S J Monachii scripto, archetypum vel apographum antiquum ibidem in archivo regni bavarici (Ies Ingolst 1358)

---

[a] *Hae duae enuntiationes (misi etc, et fugam etc) a camerario postea minoribus litteris scriptae sunt inter xiij fl et Jtem domino etc*

[b] *Verba, quae in codice sequuntur, adeo obscura sunt, ut legi non possint*

---

[1] *Mederer* l c I, 225—226
[2] Cf ea quae refert *Polancus*, supra p 712
[3] Viennam profecturi erant, v supra p 397 398
[4] De nomine Theatinorum hominibus Societatis tunc tributo v. supra p 699 [2].
[5] Cf supra p 332

esse videtui   Particulam edidit *M (Freyberg*] c III, 225**   Epistula usus est *Gothein*] c p 699

Societatis homines laudantur , Ingolstadii collegium esse condendum

Ferdinandus I Romanorum ret. Vienna 1 Octobris 1551 Alberto V Ba- cariae duci

Quoniam apud uniiersitatem suam tiennensem ipse Societati Iesu collegium constituit , „vnnd wir mit annderst befinden, dan das Sy sich in Jier Leer vnnd Leben eiistlich vnnd wol haltt vnnd dan in kheinen Zweifl stellen, dan das Sy bei Deinei Lieb Vniversitaet zu Yngoldstat auch woll vnderzubringen vnnd vill nutzes schaflen werde, wie dan auch derhalben Dein Lieb etlich zu denen, so von vor⁶ berueittei Societet zu Yngoldstat sein, hinauf zu feittigen, wie wir bericht, Jungstlich selbs begeit hat, mit vermeldung, das die so vor oben sein bei taeglich wachsender anzall dei Disciplen die be- hailich Arbeit in die Lengg mt eischwingen weiden mugen   So ist an Dein Lieb vnnsei fieundtlichs vnnd genedigs ansynen vnnd vermanen, das Sy bei beiueittei Iier Vniversitet zu Yngoldstat auch am Collegium de Societate Jhesu aufiichten wolle.⁶ ...

71.

Albertus V. Bavariae dux
Iulio III. pontifici ¹.

Monachio 20. Mai 1554.

Ex apographo eiusdem tempoiis (2⁰ min , pp 2), Romae scripto Commentarium (2⁰, 2 pp , in p 4 inscr) est in cod monac „Ies. Ing 1359/I.⁶ † 4 5

Epistula usus est *Gothein*] c p 700

Ingolstadii Salmeronem, Canisium, Iaium theologiam egregie docuisse, ac Cani- sium et Goudanum magno cum fiuctu ciibus contionatos esse   Haereses pei Gei- maniam horrendo modo qiassari , se autem fidem catholicam in ducatu suo diligenter conseicatuium ideoque Ingolstadii collegium instituere coepisse et mox absolutuium , rogare se igitui , ut Canisius et Goudanus Ingolstadium redeant et alii etiam de Societate eodem mittantui

Beatissime Patei, Domine Clementiss:

Cum foelicis memoriae Jllustrissimus princeps Wilhelmus Bauariae Dux etc. genitoi et Dominus meus Charissimus ea pietate, quae prin- cipem ucre christianum et gloriae Dej et salutis animarum amatorem decebat, a Summo Pont: Paulo IIj' foel· re²· duos de societate Jhesu Theologos petijsset: fuit tunc istius ordinis Praeposito iniunctum vt Magistrum Alfonsum Salmeronem et M: Petrum Canisium ad Jngol- stadiensem Academiam destinaret, quod ita factum· illisque duobus M Claudius Iaius ad menses aliquot, vt Comes (quia⁶ in Geimaniae

---

ᵃ vor von *Riess*   ᵇ quoniam *comment monac*

¹ Cf supra p 469—470   ² Id est Foelicis recoidationis.

diuersis partibus fuerat diutius uersatus) adiunctus fuit, Quj per-
humanitei, vt dignj quidem erant exceptj pauculos aliquos menses
summa cum laude nec minorj fructu omnibus gratissimj Theologiam
sunt professj, Postea uero cum Sanctitati vestrae uisum fuisset,
M. Claudium Reuerendissimo Cardmalj Augustano amico nostro chariss:
ad aliquod tempus concedere, Js ipse Tillingam est profectus, .M
uero Alfonsus Salmeron statim ‘ in Italiam reuocatus. Jn eius quidem
locum cum Magister Nicolaus Gaudanus non minus certe, ut alij
jdoneus ᵇ mitteretur, Tandem omnes ante biennium ad instantiam Ro:
Regiae Maiestatis Viennam Sedis Apostolicae praecepto recedere iussj
sunt, Quandoquidem igitur expertj eramus omnes, ipsos non solum
lectorum muncie inter eruditos, Sed et Concionatorum ad populum
(quod vtrumque maximo uberrimoque cum fructu apud nos presti-
teiunt) foeliciter fungj, supra modum molestum giaueque fuit tales
dimittere uiros, Sed fas non erat Sanctitatis Vestrae precepto nos
opponere, At me infoelicissimo calamitosissimoque isto seculo Oitho-
doxae fidej Religionisque nostrae et libertatis ecclesiasticae in Germania prorsus ferc‘ oppiessaium cuia quam maxime sollicitum reddit,
Video enim hanc unicam et summam foelicitatem aᵈ nobis grauj ᵉ
heiesum uirulentia erronearumque doctrinarum confusione, tam armis
quam sceleratissimorum et indoctissimorum heresiarcharum pestiferis
concionibus et ingentibus ᶠ vociferationibus ᵍ propellj pioifligarique. Vnde
nisj tanto malo iam iam obuiabitur misera illa et aeteina nox, luce
Christo Saluatore Opt· Max. sublato iriuet et hoirenda mors in nos
jrrumpet ʰ, Haec quoties mecum cogito, cogito autem sepissime, totus
horreo tremoque et non tam rationes colligo, quibus statum et patriam
meam floientem incolumemque conseiuem ᶦ, quam anxie curo quibus
nam modis quod ieliquum mansit fidej Religionis et libertatis Ecclesiasticae in Ducatu meo retineam et collapsa restituam, Scio enim
hoc me debeie Deo a quo mihj quicquid contigit habeo, et fidej meae
a Dilectissimo Genitore et Clarissimis viris meis in ista familia pre-
decessoribus imortalj ᵏ cum gloria tradite et ᶦ accepte. A quo ego
proposito ne digitum quidem quoad uixero sum discessurus, Jussj

<hr/>

ᵃ In comm mon hoc iocabulum supia lineam sciiptum est
ᵇ In comm mon laus haec Goudani (non minus — jdoneus) in maigine ascripta est
ᶜ Sic comm mon, apogi iom haud iecte ueie
ᵈ In comm mon supia lineam sciiptum
ᵉ Sic etiam in comm mon coriectum est, loco iocabuli tanta.
ᶠ In comm mon supia lineam sciiptum
ᵍ In comm mon, sequitui crebris, postea deletum
ʰ In comm mon piius sciiptum eiat mois nos manet.
ᶦ conseiuam apogi. iom et comm mon
ᵏ In comm mon piius quidem sciiptum eiat summa, postea autem sic coiiectum est
ᶦ In comm mon haec duo ieiba supia lineam sciipta sunt

igitui nuper apud dictam scholam meam Jngolstadianam fundum
comparari et nouum extruj Collegium, quod etiam annuis redditibus
dotarj curabo, Enixe igitur Sanctitatem vestram rogo, \t clementer
hoc concedeie' uelit, quo liceat predictis magistris Petro Canisio et
Nicolao Gaudano ex Vienna ad me redire, Simulque ipsorum preposito
Jgnatio mandet, vt adhuc vnum vel duos Theologos[b] et preterea
aliaium facultatum professores ad istud Collegium[c] destinare curet[d].
Quibus uero ipsj opus habebunt, uel que dictus D. Prepositus Jgnatius
per me vlterius fierj uolet, Cupio ut cum Secretario meo[e] Henrico
Schuueykher, quem ea de causa ad vrbem et Sanctitatem vestram
ablegaui[f] conferat et comunicet, Js mentem meam fusius exponet
quem vt sanctitas vestra benigne audiat, eique fidem adhibeat ualde
1ogo, Ego Beatissime Pater cum et paternj Sanctitatis vestiae animj
et optime erga me voluntatis ea indicia habeam que habere semper
concupiuj, dabo profecto operam, idque meo, erga Beatitudinem vestram,
et istam Sanctam Sedem incredibilj amore, perpetuaque et singularj
obseruantia consequar, vt sanctitatem vestram hoc in me collocasse
beneficium nunquam peniteat, Cuj omnia foelicissima opto precorque,
Datum ex oppido meo ⸗ Monachio die[h] vigesima mensis Maij Anno
Dominj M D LIIIj [m][i]

Obsequentiss filius

Albertus Bauariae Dux
pei manum propriam.

Beatissimo in Christo patii et Domino Domino Julio III. S R.
et vniuersalis ecclesiae catholicae[k] Pont: Opt Max Domino meo
clementiss

72.

27 Novembris — 8 Decembris 1555.

Ex commentario, quod Henricus Schweickei, Alberti V secietarius, scripsisse
videtui, in eo alia ab ipso scriptore coriecta sunt, alia a Wiguleo Hundt, universitatis ingolstadiensis curatore   Cod monac „Ingolst Un — Sachen" f 54*—55ª

*Quid consiliaru ducis Ingolstadu de collegio Societatis condendo cum Canisio,
unuiersitate, cuitate egeiint et constituerint   Consilio non aedificii exstiuendi ob
pecuniae inopiam omisso, statutum esse ut habitatio Socus in domo uniuersitatis*

ª In comm mon prius scriptum eiat agere
b In comm mon hoc iocabulum in margine ascriptum est
c In comm mon prius scriptum eiat ad nos
d Comm mon (quod notatu dignum est) in margine haec habet verba, quae
post iocabulum Collegium inseienda sint quod absolui quam piimum curabimus
In ipsa igitui epistula haec omissa sunt
e Nostro comm mon   f ablegauimus comm mon
g nostro comm mon
h In comm mon sequitui xiiij Aprilis, linea inducta deletum
i In comm mon nomen subscriptum (Obsequentiss etc) deest, in apogi 10m
inscriptio (Beatissimo etc) non exstat
k Verba S R — catholicae supia lineam scripta sunt

paivaretui In collegium georgianum 12 notos alumnos iecipi oportere, quos dux
ex decumis alat Canisium eos conquisituium esse

Relation

Was die von vnnserm gnedigen Fursten vnd heiin hertzog
Albrechten etc verordnete Rathe [1] ghen Inglstat, daselbs bey der
Vniuersitet, auch Burgermaistei vnd Reth, vnd sonst, vom 27. Nouembris an biss auf den achten decembiis des 55ten Jars mit vnder-
thenigem vleis furgenommen erfarn bedacht gehandelt vnd verricht,
das volgt von Articl zue Articl.

Erstlich ist von wegen aines newen Collegij Theologiej mit dem
Canisio abgehandelt vnd beschlossen worden, wie sollicher Abred
Articl, deren zwo gleichlautende Copeien gestellt, vnd gedachtem
Canisio aine mit der verordneten Rathe hanndt zaichen pro Con-
firmatione vnderschriben gelassen, vnd die ander hergegen vom Canisio
vnderzaichnet, hie bei ligt mit A mit sich pringt [sic]

Gleich wol Ee man zue disem beschluss khommen ist, hatt man den
pawmaister Jorgen Stern am visier stellen vnd abreissen lassen, mit B [2]

Darbej seindt zwo verzaichnussen, die Ersten, was fur Inpew in
bemelttem Collegio ongeuerlich sein wurden Die Ander wie weit
der pawcossten sich beyleuftig erstreckhen moge, mit C. vnd D.

Es hatt auch obgedachter Stern den platz oder die grundt zue
sollichem Collegio in sonderhait abgemessen, vnd die heuser vnd
garten so man hierzue erkhauffen muesste, Jn den abrifs mit E pracht

Dieweil man aber auss disen obgemeltten veizaichnussen allen
befunden. das sollicher ansehlicher paw in kurtzer Zeit alls Inner-
halb zweyer dreiher vier vnd meer Jaren nit wol verricht mog werden,
zue dem das Er ain merckhliche grose Summa gelts gesteen werde,
welliche bey disen sorglichen schweren* Zeiten, vnd an dem ort alda
am beuestigung [3], auffzewenden hoch bedenckhlich vnd zweiffelig[b] sein
wollte, Jst mit meergemelltem Canisio auf obangeuerte Capitulation
gehandelt worden· deren Er sich nach vleissiger Erinnerung allerlai
hochwichtiger vrsachen wol benuegen lassen, Jnsonderhait nach dem
man Jme vertrostung than, wo sich mit der Zeit zuetragen wurde,
(wie es sich alberaith ietzt erzaiget) das der parfuesser Closter [4] sollte
od vnd von dem Orden verlassen[c] werden: well man alls dan die

---

[a] *Vocabulum in maigine addition*
[b] *Haec duo veiba in maigine addita sunt*
[c] *Veiba vnd von — verlassen in maigine addita sunt*

---

[1] Wiguleus Hundt, Simon Thaddaeus Eck, cancellarius burghusanus; Christophorus a Raindorff, camerae aulicae consiliarius, Henricus Schweicker Cf supra
p 569 [2] [2] Cf supra p 577

[3] Ingolstadium urbs munita erat et nunc quoque est

[4] Franciscanorum monasterium significatur De quo „Baiaiia" I (Munchen
1860), 789.

Iesuiten darein ziehen lassen vnd dasselb an statt aines Collegij eingeben,

Vnd nach dem die Jesuiten Jetzt Jm allten Collegio wonen sollen, hatt man nach vleissiger besichtigung ᵃ dem Stern beuelh geben, ainen anschlag zemachen, was noch fur Jnpew von noten vnd mit was vnncossten solliche zuuerrichten ᵇ den selben alher zeschikhen, well man alls dan daran sein das vnser gn furst vnd herr guethe Verordnung thue, damit es am gellt nit erwende ¹, noch disen winter die stain, holtz ᶜ vnd andere Materialia herzuzepringen, vnd bei Erster wetter zeit mit disem paw oder pesserung zeuerfarn, wie dan gedachter Canisius vmb sollichen beuelh auch vndertheniglich vnd vleissig gebetten, vnd dieweyl Stern hieuor vnd Jetz von der Iesiten [sic] wegen vil Mue ghabt auch gantz willig gwesen sendt Jme zue verhandlenung [?] ² dismals bey Hein Camerer 10 taler verschafft [ᵛ] worden ᵈ.

Damit ᵉ aber die theologj professores vnd Jesuiten auditores et scholares theologie habere, vnd wie die gross notturfft erfordert, geschikht vnd tauglich Catholisch Predigei vnd seelsorger aufizogen werden, haben die verordenete Rathe vndertheniglich bedacht, das noch zwolff ᶠ Stipendiaten zue den andern Jn das new Collegium gestillt, vnd wie die andern daselbs von der decimation ³ vnterhalten wurden welche vnser gnediger furst vnnd herr Jedei Zeit zu praesentiern ᵍ. auf ʰ mass vnd weg, wie derhalben am Concept ainer fundation mag gestellt, vnd vnnserm gnedigen fursten vnd herrn furtragen werden ⁴

Vnd ist darauff ᶦ vilgemellten Canisio beuelh geben, sich mitler weil, die Er zue Jnglstat pleiben wurdet, vmb geschikhte vnd taug-

---

ᵃ Haec tria verba in margine addita sunt
ᵇ Verba mit — zuuerrichten in margine addita sunt
ᶜ Vocabulum supra versum scriptum
ᵈ Verba vnd dieweyl Stern — worden a Wiguleo Hundt addita sunt
ᵉ Sic Hundt correxit, scriptum erat Das
ᶠ Sic, qui „relationem" scripsit, ipse correxit, antea scripserat zwaintzig Hundt in margine Nota di Numeros
ᵍ Ita (wie die andern etc) Hundt correxit, prius scriptum erat deren Jedem des Jar dreissig gulden zue seiner vnderhalltung gegeben sollten werden, postea „relationis" scriptor ea ita mutarerat, ut ultima verba essent wol zegeben reichen   ʰ Antea scriptum erat doch auf
ᶦ Ita Hundt correxit, scriptum erat Vnd hatt man dem

---

¹ Erwende _ mangle, ausgehe   ² „Zue verhandlenung" = als Handlohn
³ Decumae significantur, quas dux ex summi pontificis concessione a clero Bavariae exigebat, v supra p 362¹ 372² etc
⁴ Prantl affirmat duci propositum esse. ut in collegio georgiano 12–20 Societatis candidatis („Im 12–20 jesuitische Candidaten") nova stipendia constitueret (I c I, 223–224) Sed hae consiliariorum litterae clare demonstrant stipendia illa non iis danda fuisse, qui Societatem ingressuri essent, sed qui aliquando parochi forent et contionatores

liche Jungen zue disem Christlichen guethen werckh, vmb zesehen,
die auf vnsers gn f vnd hn Ratification. zue sollichen Stipendien
gefuidert sollen werden [1].

73.

30 Ianuarii 1556

Ex epistula aichetypa, quae Romae exstat in bibliotheca barberiniana, cod
LXI 23

Zacharias Delfinus, nuntius apostolicus a Paulo IV ad Ferdinandum I missus, cardinali Caraffae Tridento 30 Ianuarii 1556 scribit

Licet theologus suus nondum adeenerit[2], se recta via in Bavariam profecturum esse, „con animo poi di ualeimi in Bamera, fino al' aiiuo del Theologo, d' un Dottoie de li Jesuiti, il quale ho inteso hoggi ch' e la d' intorno "

Canisium significai ex eo patet, quod is mensibus Novembri et Decembii a 1555 et Ianuario a 1556 Ingolstadii erat, nec quisquam alius de Societate tunc in Bavaria vel eius vicinia morabatur Atque Canisius ipse 10 Ianuarii 1556 Schweickero scripserat se adventum nuntii apostolici exspectaie[3] Ceterum Canisius exeunte Ianuaiio Ingolstadio discessit, neque in posterioribus Delfini epistulis, quas codex ille barberinianus continet, eius fit mentio

74.

Albertus V. Bavariae dux

S. Ignatio.

Monachio 5 Maii 1556

Ex archetypo, quod apud nos est
Apographum antiquissimum quidem, sed ab archetypo nonnihil diffeiens est in cod „Antiqu Ingolst " f 4[b], atque eo fortasse usus est *Mederer*, cum epistulam edeiet I c IV, 286—287, quamquam et ipse aliquibus locis suam propriam habet lectionem Ex Mederei epistula translata est in *F I Lipowsku* „Geschichte dei Jesuiten in Baiern" I, 63—65, et in „Caitas de *San Ignacio*" VI, 627—629 Pars epistulae, ex ipso archivo Societatis romano missa. est in *Actis Sanctorum* Iulii VII (Parisiis et Romae 1868), 513

Se pactionem de collegio ingolstadiensi faciendam amplius non postulaie Canisium Ingolstadium tenere debere ad res collegii praeparandas

Litteras ab Ignatio (Roma 20 Ianuaria 1556) datas sibi „gratissimas" fuisse[4] „Cum . que gratis accepistis, gratis omnino daie satagatis" Jn ea sumus sententia, ut sine utriusque nostium paitis obligatione aut pactis Aiticuli tamen illi de quibus connenimus[5] obligationis insta obseiuentur

_ _ _ _ _ _ _ _ _

[a] gratis omnino satagatis *Aut*, giatis omnino satagitis, *Medei etc*

_____

[1] Sequuntur ea, quae de legibus universitatis reformandis decieta sunt, cf supra p 582—584
[2] Delfinus Bononia 11 Ianuarii 1556 Caiaffae scripseiat se a magistio geneiali oidinis Piaedicatorum theologum petiisse   [3] Supia p 501
[4] Cf supia p 600 [1]   [5] De his v supia p 585—586

Ita quod nos parati erimus quae in illis venerabili societati singulis annis
assignauimus praestare vestros omni benignitate et gratia fouere ac tueri.
quamdiu se Reipub vtiles exhibebunt secundum in dictis articulis obiter
annotata A quo si cessabunt aliquando ne eos quidem redditus illi maneant:
Sed quemadmodum et ᵃ Reuerenda pat tua recte et pie sentit ᵇ in vtiliora
pietatis opera conuertantur ʳ *Se Socris trecentos „coronatos aureos“ assigna-
uisse itineri impendendos, quos iis, quandocunque voluerint, Romae „mercatores
Olgiati“ praesente Hieronymo Buslydio, „sollicitatore“ suo, persoluturi sint*
„Interim Societatis vestrae Theologus Reuerendus pater Petrus Canisius
Quod a Sereniss Rom Rege atque Domino Patre et socero nostro ᶜ clement
iam obtinuimus breui Ingolstadium redibit reliquaque necessaria ordinabit “
Se Ignatium rogare, ut de omnibus iis rebus summum pontificem certiorem faciat

Albertus V dux litteris Monachio 3 Maii 1556 datis Welsero commiserat, ut
per syngrapham (Wechsel) 300 coronatos aureos Ignatio soluendos curaret [1]
Mederer scribit hanc epistulam 11 Maii 1556 datam esse, atque hunc sequuntur Lipowsky Prantl, Verdiere, „Cartas“ etc At epistulae archetypae asciptus
est dies 5 Maii, quem etiam „Acta Sanctorum“ habent Codex „Antiqu Ingolst “
habet „Die uero Maij 1556“ Item in epistulae huius exemplo, quod in codice eystettensi „Historia Collegii Ingolstad “ p 6—7 (v supra in descriptione codicis „Antiqu
Ingolst “) cernitur, scriptum est „Die uero Maij 1556 “ Suspicor Mederer vel librarium eius „uero“ illud in „undecimo“ transformasse, idque fortasse propterea, quod
putaret antiquum illum librarium ita scribere vel voluisse vel saltem, si sigla in
commentario epistulae posita recte resoluisset, scribere debuisse

75.

Henricus Schweicker,

Alberti V Bavariae ducis secretarius,

P. Thomae Lentulo,

rectori collegii ingolstadiensis [2]

Monachio 16. Iulii 1556.

Ex apographo, quod circiter a 1862 a librario ignoto Monachii in bibliotheca regia
aut in archivo regni bavarici scriptum et postea a P *Flor Riess* S J. recognitum
et emendatum est Archetypum vel apographum antiquum, ex quo transcriptum est,
Monachii non vidi At ex epistula ipsa facile constat eam suppositam non esse

*Se Ignatii et aliorum epistulas accepisse Socios et Bavariae gratulatur, quod
Ingolstadium tenerint Se ad officia iis praestanda paratissimum esse Fortiter esse
agendum Canisium Pragae iam euocatum esse*

Salutem ab eo qui omnium est salus. Iesus Christus, Dominus noster

Accepi Reverende pater uno in fasciculo, quas vobiscum attulistis
Reverendissimi patris mei observandissimi D praepositi Ignatii praepositi

----

ᵃ *Int Med etc om* et ᵇ *scribit Med etc*
ᶜ *Rege etc* Domino et Socero nostro *Int*, Rege, Domino et Socero nostro
Med Lip, Rege, Domino ac socero nostro *Cut*

----

[1] Ex ᵃ litterarum illarum commentario, quod est in cod monac „Ies. Ing
1359 I⁻ f 51ᵃ
[2] De hoc plura in secundo huius operis volumine scribentur

[sic] venerabilis istius societatis Iesu ac eiusdem secretarii hominis mihi amicissimi charissimique Ioannis de Polanco binas ¹ Nec non vestras literas, pietatis, amoris candorisque vere Christiani et catholici plenas· Quibus nihil potuisset accidere magis gratum aut jucundum Gratuloi nobis ' omnibus quam piurimum quod sospites salui foeliciterque adveneritis Gaudeo quod ista provincia Dei opt max immensa benignitate digna sit adventus, magis autem virtutis vestrae Optoque et praecoi divinam ac summam bonitatem, ut nobis nostrisque omnibus gratiam suam affluentei communicet ut quomodo vos ipsius sanctissimam voluntatem recte docebitis verbo et exemplo ita nostri sane intelligant et eandem perfecto exequi valeant. Porio quod in me positum erit (qui certe parum aut nihil possum) persuasissimum habebitis vos nulla apud vestri amantissimum indigere alicuius commendatione sed mea sponte pio viribus promptum paratissimumque semper eum ᵇ exhibiturum quo cognoscatui, me vos vere et Christiano diligere jubete imperate pro ut libet, quicquid possum aut valeo praestabo. eandem invidiam, linguarum impraium maledicentiam, et persecutionem vobiscum patiar et subibo Estote modo infracti in eo qui vera est constantia et fortitudo et vosmet rebus servate vere secundis non istius mali, sed aeterni saeculi Hec scribo non consolator, qui a vobis consolationem expecto, non fortificator, qui experti et scientes praesentia pericula, adversitates, persecutiones, fortissimi Christi athletae advenistis sed ut magis constet de animo meo, ut cum erga vos apertius cognoscatis Conveniem vos ut in praesentia hec declararem, sed propter principis Ill mandata mihi obeunda commissa iam non licet et heri peregre domum redii Adhibebo tamen omnem diligentiam ut quanto citius ᶜ ad vos veniam omnia coram tractem, ac si quid usui esse possum una praestem. De libris sollicitus eio, ut quam primum Ill princeps Ratispona huc redierit ᶻ, quod brevi futurum est, puto infra biduum, ut vel cum sua Illustrissima Excellentia vel cum D Hundio de eo tractem quo voti compotes fiatis De aliis quibusdam scripsi ad D Camerarium universitatis ³ qui sine mora curabit, ne quid ad necessitatem desit, Reverendum Canisium qui ante Adventum vestrum Praga fuit evocatus Ingolstadium, iam certe mihi polliceoi majorem itineris partem confecisse vel Ingolstadii vobis praesentem esse sin diutius tardaverit praeter omnem spem et opinionem, denuo vocabitur

Si quid aliud est aut accidet in quo grata vobis sit opera mea, en spondeo semper promptam et paratam meque vestris devotissimis orationibus iterum iterumque commendo, omnes sigillatim ex intimo corde salutari meis verbis valeque foeliciss dici percupiens optansque

Monachii XVj Iulii, M D LVj

Reverendae P v   Dedituss Amantiss que
                                  Hem Schweyckhei

Reverendo in Christo Patri Thomae Noviomago venerabilis societat Iesu Theologo ac ejusdem Collegii In Ingolstadio Rectori suo honorando.

_____

' *Fortasse legendum* vobis   ᵇ *Sic, fortasse legendum* me
' *Ita Riess correxit,* quanto *libiarius, legendumne* quantocius ᵈ

_____

¹ Utraque epistula (Ignatii latina, Polanci italica) ad Schweickerum data erat Roma 8 Iunii 1556 V supra p 624 ¹
² Albertus V Ratisbonae 15 Iulii 1556 Ferdinandi I nomine comitus imperii sollemni more praefatus erat   ³ Ioannem Agricolam

76.

Mensibus Iunio, Iulio. Augusto 1556

Relatio

de primorum collegii ingolstadiensis Sociorum itinere et adventu ab aliquo ipsorum
conscripta Ingolstadii a 1558—1562 [1]

Ex codice „Antiqu Ingolst “ f 7ᵇ—8ᵇ, in quem haec relatio Ingolstadii circiter
annum 1563 ab ignoto libiaiio (S J) transcripta est

*Socii Romae Paulum IV et cardinales adeunt   Eorum viaticum, vestes, iter
Ab umversitate cum honore excipiuntur   Vinum honorarium   Collegii nondum instructi incommoda   Magistrorum contraria   Canisii litterae et adventus*

Die ante digressum ex Vrbe tertio, ut aliquorum bonorum insigniumque
virorum, maxime autem Summi Pontificis et Christi in terris Vicarij precibus
et benedictionibus adiuti propositum iter fachciter institueremus, ac facilius
perficeremus. 6 ᵒ Junij anno Domini 1556 ad S D Papam Paulum quartum
accedere iussi sumus qui data post pedum oscula gemina benedictione, non
mediocri gaudio affectus nos Deo opt max deuotissime commendauit, offerens
similiter Viaticum   tametsi id Reuerendus Pater Laynez et Pater Joannes
Polancus recusarent, dicerentque satis esse viae impensae [?]ᵃ ab Illustrissimo
Duce   Post suam Sanctitatem uisimus Reuerendissimos Patres et S Ecclesiae
Principes Cardinalem de Carpi [2], Cardinalem de Acquena ᵇ[3], Cardinalem Moron [4]
apud quos singularis cura tunc fuit, et ingens restaurandae Germaniae desiderium [5], quibus singulis reuerenter salutatis   post duos dies pedibus iter in-
gredimur . tantorum et praestantissimorum Virorum adiuti suffragijs Vibem
egressi sumus 9 Junij induti nouis ac nigris longisque uestibus, quas Sottanas
Romani appellant, hoc est tunicas inferiores (summae enim Coronatorum 300 ᵍ
detractum fuit quantum ad peregrinandum in Germaniam designatis pro uesti-
mentis opus erat   Rehquij uero ex dicta pecunia fuerunt 160 Coronati qui
conducendis fratribus Jngolstadium in itinere pro expensis sufficerent)   Primum
ergo Roma ac Laureto, deinde Marij [?]ᵉ [7], porro Patauio ubi [?]ᵈ salutatis

ᵃ *Sic , sed certe hoc mendam librarii est   Fortasse legendum* pecuniae impensum
ᵇ *V infra, adnot ;*   ᶜ *Vocabulum obscure scriptum*
ᵈ *Sic , sed vocabulum ubi delendum esse videtur*

[1] Confer „instructionem“, quam S Ignatius iis Roma profecturis dedit   Cartas
de San Ignacio VI, 500, Pachtler I c III, 461—462
[2] Rodulphum Pium de Carpi Societatis „protectorem“
[3] Bartholomaeus de la Cueva († Romae 1562), cardinalis „sanctae crucis“, ex
familia ducum Albuquerqui ortus   S Ignatio valde amicus erat eumque tamquam
patrem colebat (Chronikon-Oldoinus I c III, 698—700   Cartas de San Ignacio VI,
400—410)   [4] Ioannem Moronum
[5] Fortasse hic cernitur initium quoddam „Congregationis germanicae“, quae
anno 1568 a S Pio V instituta et anno 1573 a Gregorio XIII restaurata est (cf
W E Schwarz, Zehn Gutachten uber die Lage der katholischen Kirche in Deutschland [Paderborn 1891] p x—xvii)
[6] Hanc pecuniam Albertus V Bauariae dux miserat, v supra p 720
[7] Fortasse Ancona naui uecti sunt Clodiam fossam (Chioggia) et inde Patauium
cf „instructionem“ l c

biduo fratribus ¹, tandem terra quae post Tridentum Monachium versus est,
nullam in via perpessi calamitatem seu aduersitatem, omnes salui, sani et
incolumes 7 Iulij Jngolstadium appulimus ²   Quo eodem mense, hoc est
, pridie Calend Augustj Beatissimus Patei noster M Jgnatius naturae debitum
exoluit et pone illum Doctoi Martinus ollauius, et Doctoi Andicas Frusius
Theologi clarissimj ac summae eruditionis vuj ³   Huc peruentis, cum in
Collegio ueterj ⁴ habitaturis sedes ac domicilium omnia denique rudia, inculta,
et impaiata feie apparerent, in hospitio Schobeij paucos dies quibus necessaria pararentui placide quieteque transegimus   Post primum aduentus nostii
ni falloi diem, Magnificus Doctoi Baptista Webei Vniuersitatis Rector
Doctor Franciscus Zoannettus, Italus   Doctor Joannes Agricola Cameraiius
Doctoi Nicolaus Frysius humanissime in hospitio adhuc degentes, exceperunt
ac salutaiunt   Decimo uero Iulij, licet multa quae ad necessitatem et vsum
instituendae familiae et corpoialem ⁴ spectant, desideiarentur, Collegium ingressi sumus a meridie   Quo exacto biduo Vniuersitas, quae piaecipuam in
salutandis excipiendisque cum honore hospitibus nouis, laudem meretur, misit
quosdam ordinarios Piofessoi es utpote Doctoi em Georgium Theandrum parochum
Beatae Mariae Viiginis et procancellarium Vniuersitatis, Doctoi em Michaelem ᵓ
Pastoiem S Mauiitij, Doctorem Zoannettum et Doctoi em Agricolam Came-
iarium, qui totius Academiae nomine, cantharis aliquot vini piaemissis ⁶, de
Aduentu nostio honorifice nobis atque vniuersis congiatulaieniui   Vice meniis
oiatoiij Doctor Theander fungebatur, cui paucissimis uerbis (ex improuiso
enim aderant, nec quid factui essent, morum ᵇ huius patriae ignaris piae-
nunciatum fuit) pro giatiarum actione respondit Doctor Cuuillonius ⁷, qui
demum apud nos ielicto potu abierunt ⁸   Praetereundum porio non est
nos ᶜ priusquam omnia in Collegio pio aibitrio nostio fieient ac necessaiia
adhiberentui, saepe necessitate compulsos apud pationos solicitauisse, ut

---

³ *Sic quidem libiaiius ietus, sed malim legeie* commoditatem *iel.* commoditatem coipoialem   ᵇ morem *cod*   ᶜ quod *cod*

¹ Patavii collegium Societatis exsistebat
² Bonis ceite auspiciis Ingolstadium adveneiunt   Dies enim 7 Iulii sancto
Willibaldo, piimo dioecesis eystettensis, in qua Ingolstadium situm est, episcopo
sacra est
³ Et Olavius, et Frusius Romae moitui sunt, hic 26 Octobris, ille 17 Augusti
1556 (*Oilandinus* 1 c 1 16, n 89 90)
⁴ Constitutum erat, ut Socii in „collegio veteri' sive domo universitatis habita-
ient, donec piopria iis domus aedificata esset, cf supra p 586 Sed Ingolstadienses
putabant eos ante autumnum vel hiemem adventuros non esse
ᵓ Wagner, cf supia p 504 ²
⁶ Vinum „honorarium" („Ehienwein⁴) id eiat
⁷ De eo v supra p 646 ³
⁸ *Oilandinus* „Sexto Idus Iunias [8 Iunii] piofecti sunt pedites, nisi quod
iumenta quaedam ad sarcinulas ferendas, et leuandos subinde fessos ducebant "
5 Iulii „Monachium peruenere inde biduo Ingolstadium piofecti   Lecti, stan-
neumque instiumentum ex deserto S Benedicti Monasteiio quatuor Ingolstadio leucis
allatum est   Sacellum Academiae Diuae Cathaiinae sacrum assignatum est" (l c
1 16, n 23)   Monasterium illud puto fuisse Bibuigum (Bibuig), quod a 1589
auctoritate pontificia totum collegio ingolstadiensi attributum est Ceteium cf quae
posita sunt supia p 646 ³

46 *

pactis atque promissis, quae litciis expiessa erant, satisfaceient[1] Quam enim mitio Collegium hoc male instructum fuit, exemplo ipso [sic] esse potest quod decem et octo diebus ex Collegio nouo[2] cibus huc deferretur, multoque tempore deessent Vestes Superiores nostris conuenientes, et multa alia quae paitim piecaie minutatimque a Cameraiio addita, paitim aere nostio, sed maiora et plura comparata fueiunt. primis mensibus duobus nihil tentatum publice fuit in Scholis propter vacationes Camiculares, quae in Septembium teie extiahi solent Jnteiim ad prandia publica, fiequenter uocati sumus, quibus et inteifuimus subinde tum ad demerendum et concilianduin nobis quorumdam Piofessoium animos eiga Societatem paium synceros[3], vt etiam Reuerendus Patei Canisius ex Praga per literas hoitaietur abstinendum esse ab illoium consoitio donec ipse aduentu suo, de his omnibus ceitioies faceiet, tum ut illi congiessus indicium[a] aliquod, communis vitae de nobis teiient, ne aut ieligiosos[4] aut ψευδαδελφους potius nos esse putarent, Licet in tanta conuuioium quae hoc tempore promouendis Magistris et Doctoiibus accidere solent frequentia singulis parere saepe iecusaiemus Quae dum ita geieientui animo quandoque dubio et anxio, tandem diu expectatus adest R. P Canisius 4° Augusti ex Praga, ubi propter Collegium recens eiectum diutius quam expectabamus manere debuit, qui opera sua et consilio, utpote [qui][b] diu multumque ante in hoc Gymnasio sese aliosque in docendo exercuisset, ac ita mores et consuetudinem huius piouinciae imbibisset, adiumento nobis futuius esset, fecitque ut quae difficilia in exoidio uidebantur suauj dej gubernatione, ipsiusque in iebus geiendis dexteiitate omnia facilia et iucunda ieddeientui '

77.

Valentinus Rotmar, qui a 1563 Salisbuigo Ingolstadium venit ibique a 1569 latinaium litteiaium, a 1571 poeseos, a 1574 aitis oiatoiiae piofessoi constitutus est[6], *in suis „Annalibus Ingolstadiensis Academiae"*[7] *anno 1580 Ingolstadii eiulgatis Canisu ,multas et piae-*

ᵃ Sic legendum videtui , indicium cod   ᵇ Vel utpote cum

---

[1] De litteiis illis v supia p 586 Attamen intei Ignatium et Albertum V conueneiat condiciones litteris illis expiessas seruatum quidem in sed absque pacto, v supia p 600 [1] 719—720
[2] Geoigiano
[3] De his nonnulla refeientui in voluminibus posterioiibus
[4] Sciibendum eiat „monachos", nam etiam cleiici iegulaies — ex his autem homines Societatis sunt — in „ieligiosorum" numeio ieponendi sunt
[5] *Ignatius Agiicola*, piouinciae S J Germaniae supeiioiis histoiiogiaphus „In proveibiuni". inquit, „apud nos abiit, ut Ingolstadiense Collegium S Patiiarchae nostri Benjamninum uocitemus ultimum enim est, quod in senectute sua genuit, sed initium simul nostrae, quam   iecentissime institueiat Piouinciae" (l e Dec 2 n 29)
' *Medeiei* l e I, 296 317 330, II, 11 37
' Annales Ingolstadiensis Academiae, in amplissima Boioium Ducum prouincia iam inde a centum annis in hunc vsque diem piaeclaie florentis Ingolstadii M D XXC Iam anno 1763 *Andi Fil Oefele* asserunt hoc opus „summae raiitatis" esse (Rerum Boicarum Scriptoies I [Augustae Vindelicoium 1763], 236')

stantissimas virtutes" et „opera et diserte et erudite, et Catholice hactenus edita" magnis extollit laudibus, inter alia scribens. „Lumen est nostro tempore inter Doctores Ecclesiae." [1]

Integra laudatio hic non ponitur, quia sat iam nota est, exstat enim apud *Agricolam* l c Dec 1, n 184, *Mederer* l c I, 219, *Lipowsky* l c I, 57—58 etc

78.

Iohannes Engerd sive Steunechton, neostadiensis, turingus, theologiae baccalarius, qui Ingolstadii anno 1570 albo academico inscriptus, anno autem 1572 artium magister et poeta laureatus creatus, anno 1572—1587 poeticam tradidit [2] *ac poemata multa neque ignobilia et ipse in lucem emisit* [3], *„Almae Ingolstadiensis Academiae Tomo primo" a Val. Rotmaro conscripto et post huius obitum a se suppleto et Ingolstadii a 1581 vulgato* [4] *copiosam inseruit laudationem „incomparabilis vir Petri Canisii", omne in eo virtutum genus esse, „quae Ecclesiasticos ornant et commendant", quantum libris suis ecclesiae profuerit, „totus pene Christianus nouit orbis", „is est diuini propemodum ingenii, et eruditionis incomparabilis, . . . Theologus profundus, et lectionis infinitae, . Orator valde eloquens, Ecclesiastes pariter grauis et iucundus,... Lumen Doctorum Ecclesiasticorum amplissimum et clarissimum" etc*

Pulchre quidem haec dicta sunt, attamen notandum est ab eo dicta esse, qui artis poeticae magister esset, ac tempus, quo diceret, laudationibus (quae hereditas erat a posteriore „humanismo" accepta) abundasse, laudabant et laudabantur

Integram Engerdi laudationem iterum vulgavit *Mederer* l c I, 226—229, fere integram *Raderus*, Canisius p 47, et *M Tanner*, Societas Iesu Apostolorum imitatrix p 288

Monachii in templo S Michaelis, quod olim Societatis Iesu erat, antiqua imago pigmentis oleatis picta exstat (in pariete sacelli SS Cosmae et Damiani suspensa) quae Canisium repraesentare traditur rectorem universitatis ingolstadiensis Equidem opinor eam Ingolstadio Monachium translatam esse initio huius nostri saeculi, cum universitas ingolstadiensis Landishutum et dein Monachium transferretur

79.

Ex cod „Tomus I Matriculae Collegii Theologici" etc (cf supra p 711), in appendice P 1, n XX. quae appendix saeculo XVII scripta esse videtur Edidit *Mederer* l c II, 150—151

Idem, quod codex nostei, epitaphium proponit *Raderus*, Can p 272—273, sed nonnihil id amplificatum Quod fortasse sic explicari potest Longiorem hanc formulam primum quidem a theologica facultate conscriptam, postea autem, cum in pariete auditorii pingenda esset, in angustum coactam esse, ne nimium spatium occuparet Raderum secutus est *Sacchinus*, Can p 63, atque, paucis verbis fere exceptis, *Seba-*

---

[1] Annales f 116ᵇ—117ᵃ

[2] Engerd a protestantismo ad ecclesiam redierat (*Mederer* l c I, 319—320 *Prantl* l c I, 334—335)

[3] *K v Reinhardstottner* in „Jahrbuch für Muenchner Geschichte" 4 Jahrg (Bamberg 1890), p 59 94 105—106 157

[4] F 108ᵇ—110ᵃ, hoc quoque opus valde rarum est (*Oefele* l c)

stimus Strang S J, in apographo, quod a 1626 in processu beatificationis Canisii ab episcopo fusingensi instituto proposuit, cuius exemplum, ante a 1656 scriptum, est in „*Actis beatificationis Canisii*" P I, X E[h], fasc I, 3 a Typis descriptum est in „*Positione* super virtutibus" Summ p 71

Ingolstadii in auditorio theologico laudes insignium eius facultatis professorum descriptae vel potius depictae erant [1] Inter quas haec erat Canisii laudatio

PETRUS CANISIUS S J [a]

Neomagensis e Geldria, SS Theologiae Doctor, primus e Germanis Societatis IESV Religiosus[b] ob insignem animi moderationem, constantiam, ac prudentiam[c], a Summis ad summa non raro missus, vocatus, postulatus. a Guilhelmo IV Bavariae[d] Duce ad hanc Academiam, in qua Professoris Theologi, Procancellarii, et Rectoris[e] munere functus, ab Othone Cardinale et Episcopo[f] Augustano ad S [g] Concilium Tridentinum, a Carolo V Imperatore in causa Religionis Wormatiam, ab Imperatore Ferdinando Augustam, atque ad Episcopatum Viennensem, quem recusavit, a Pio IV Pontifice Maximo ad Fidem in Germania Poloniaque[h] [2] propugnandam[i], non[k] tantum concionibus assiduis, sed variis etiam libris pro Fide, et pietate editis ubique rem Catholicam promovit Tandem admirabilem Sanctitatis opinionem consecutus Friburgi Helvetiorum innocentem animam Deo reddidit anno 1597 aetatis 77

Anno 1729 universitatem ingolstadiensem a Benedicto XIII petiisse, ut Canisius albo Beatorum inscriberetur, testatur *Mederer* 1 c II, 151 Litterae Eystadio 2 Iunii 1729 datae, quibus Franciscus Ludovicus Schenk de Castell, episcopus eystettensis, idem praestitit, editae sunt in „Pastoral-Blatt des Bisthums Eichstätt" VIII

---

[a] *Rad Proc fris Med om S J*

[b] religiosis vere germanus *Proc fris Apud Raderum haec sequuntur* ac deinde eidem Societati in Germania primus Provincialis Praepositus, ab ipso B Patre IGNATIO ob insignem etc *Eadem sunt in Proc fris, nisi quod scriptum est* ab ipso B P Ignatio datus

[c] constantiam, prudentiam *Rad Proc fris*

[d] vtriusque Bauariae *Rad Proc fris*

[e] Professoris Theologiae et Rectoris *Proc fris*

[f] Cardinali Episcopo *Rad*, Cardinali Episcopo *Proc fris*

[g] SS *Proc fris*   [h] Germania ac Polonia *Rad Proc fris*

[i] propagandam etc *Rad*, propugnandam propagandam etc *Proc fris*

[k] *Raderus* Dum et sacris concionibus, etiam apud Imperatores et Duces assidue habitis et variis libris pro fide, pro pietate editis, rem Catholicam mirifice iuuisset, promouisset, et perpetuam vitae innocentiam, et summam in omni virtute praestantiam, admirabilem sanctitatis opinionem consecutus esset. tandem Friburgi Heluetiorum sanctam animam Deo reddidit die festo S Thomae Apostoli Anno CIↃ IↃ XCVII. Vixit annos LXXVI Menses VII dies XIII *Eadem sunt in Proc fris, exceptis his lectionibus variantibus* Cum et sacris — ob perpetuam — consecutus, tandem — in die — aetatis suae LXXVII *et haec verba postrema sunt*

---

[1] „Monumenta" illa sive „epitaphia" picta esse (saltem saeculo XVI) ex rationibus pecuniarum a facultate theologica a 1586—1574 erogatarum cognoscitur (".Codex Dati et Accepti" etc [ut supra p 713] p 16 et in a 1570) In appendice supra scripta 22 eiusmodi „epitaphia" collecta sunt professorum, qui saeculo XVI theologiam Ingolstadii tradiderunt

[2] In Poloniam Canisius missus est non a Pio IV, sed a Paulo IV

(Eichstatt 1861), 206 Idem a Pio IX efflagitavit Gregorius de Scherr O S B, archiepiscopus monacensis, litteris Monachio 22 Februarii 1859 datis, quae typis exscriptae sunt in „Positione super miraculis" (Romae 1860), Summ add p 1 Utrique etiam dioecesi a sancta sede concessum est, ut Canisii festum quotannis ageret [1]

F.
MONUMENTA VIENNENSIA CANISII.
1551—1556.
a) Canisius Viennam evocatus.
1551—1552.

80.
Ineunte anno 1552.

Ex *Actis Sanctorum* Iulii VII (Antverpiae 1731), 496 Ex „Actis" integra epistula transcripta est a *I-M. Prat* S J, Le Pere Claude Le Jay (Lyon 1874) p 479 ad 480 et in „Cartas de *San Ignacio*" III, 475—476

Ferdinandus I. Romanorum rex S Ignatio scribit Vienna 1 Decembris 1551 Sibi „ostensum" esse Patres Claudium Iaium et Nicolaum Lanoium „satis magnos istos labores, qui ipsis incumbunt, tam publice privatimque legendo, quam summam quamdam christianae doctrinae, quae in lucem edita nostrae aetatis hominibus cum magna utilitate proponi queat, componendo, vix ferre" posse Ideo se vehementer cupere „adhuc unum aut alterum eiusmodi doctum et pium Societatis theologum" in collegium Societatis Viennae a se institutum adsciscere Et iam se audivisse „duos tales insignes theologos eiusdem Societatis et Germanicae nationis in academia Ingolstadiensi esse", „quos tamen" Ignatius „alio transferre" decrevisset Licet autem ipse Alberto V. consanguineo suo praeiudicium inferre nolit, rogare se tamen, ut, si eos avocare omnino sit deliberatum, Ignatius sibi eos concedat

Socios viennenses Ferdinando suggessisse, ut Canisium et Goudanum peteret, Polancus testatur [2]

Didacus [3] *de Lasso*, Ferdinandi procurator, Roma 3 Ianuarii 1552 eidem scripsit se ea de re cum Ignatio nondum potuisse loqui, locuturum autem proxime Idem eidem Roma 7 Ianuarii 1552 scripsit „Yo he hablado con maestre Iñigo de Loyola por los letrados que V M pide para el colegio que se ha començado en Viena, y a el se le haze dificultad sacar a quellos de Inglestat, para havellos llevado allí el Señor duque de Baviera, por hazer otro colegio Ha se dado un medio con el consejo del Reverendisimo de S Cruz [4], que su S mande, que entre tanto que el Señor duque no haze el colegio, que vayan adonde V M mande Yo hablare a su S en ello y negociare que se haga asi Por aca desta compañia de Iesus no paresce que ay cosa tan al proposito como esos" [5]

81.
12. Ianuarii 1552.

Ex *Genelli*, Ignatius p 502—503, qui epistulam integram edidit ex cod „Traslados" etc (cf supra p 710) Eadem est in „Cartas de *San Ignacio*" III, 389 31—32.

---

[1] In dioecesi cystettensi 16 Februarii agitur, cf *Pastoral-Blatt* XII (Eichstatt 1865), 109 [2] Chronicon II, 564
[3] Alii eum „Iacobum" vocant Hispanicum nomen „Diego" erat.
[4] Marcellum cardinalem Cervinum dicit
[5] *Druffel*, Briefe und Akten II, 9 18

S Ignatius Roma 12 Ianuarii 1552 Ferdinando I Romanorum regi

Acceptis regis litteris se ei obtemperare quam maxime cupiisse „Cum autem summus Pontifex aliunde non posse" regis „voluntati satisfieri intelligeret, et de duobus nostris theologis Ingolstadium ad Collegii institutionem missis in mentem venisset, placuit eius Sanctitati, ut hi Viennam dum erectio Ingolstadiensis collegii differtur se conferrent" Se Canisio et Goudano statim id perscripsisse, ac sperare eosdem mox afflaturos

82.

12. Ianuarii 1552

Ex *Genelli*, Ignatius p 503—504, qui epistulam integram edidit ex cod „Traslados" etc Ex Genellio eam transcripsit *Prat*, Le Jay p 480—481 Apographum epistulae antiquum est Monachii in archivo regni bavarici, cod „Jesuitica N° 1357ᵐᵃ f 4

Eadem epistula est in „Cartas de *San Ignacio*" III, 389—390 32—33

S Ignatius Roma 12 Ianuarii 1552 Alberto V Bavariae duci Se Romanorum regi duos Societatis theologos petenti, respondisse, nullos sibi suppetere¹ At summo pontifici placuisse, ut Canisius et Goudanus Ingolstadio Viennam mitterentur, idque „per unum ex Cardinalibus' sibi „significatum" esse „Significando tamen, quod nostri theologi Ingolstadium missi essent, ut collegii inibi erigendi fundamenta iacerent, obtinui ut quasi mutuo a T Ex sorero ad tempus concessi, redituri nimirum cum collegium esset inchoandum, mitterentur "

„Quamvis" inquit *Polancus* (l c II, 564) „ipse P Ignatius omnino Ingolstadio removere nostros cuperet, donec Collegium integrum eo mitteretur, sine offensione Ducis Bavariae id fieri cupiebat, et ideo ab ipsius socero, Imperatore, eos postulari voluerat Quia tamen charitas exigebat ut auferretur alicuius offensionis occasio, etiam inter generum et socerum hanc rationem inivit, ut Romae a Summo Pontifice nomine Regis romanorum duo theologi nostrae Societatis peterentur, non Ingolstadienses nominando et, cum Pontifex satisfieri Regi vellet, suggeri fecit Pontifici non esse alios idoneos quam duos illos Ingolstadienses, qui tamen Duci Bavariae ad inchoandum ibi Collegium missi erant, sed posse Suam Sanctitatem prae cipere ut mutuo donarentur Imperatori, interim dum Collegium illud Ingolstadiense fiebat "

83.

13 Ianuarii 1552

Ex epistula archetypa, quae est Viennae in archivo caesareo (K K Haus-. Hof- und Staatsarchiv) Romana fasc 6 (1552), n 2 Eadem edidit *Druffel*, Briefe und Akten II, 27—28

Didacus de Lasso, Ferdinandi regis orator romanus, eadem scribit Roma 13 Ianuarii 1552 „Yo hablé a su santidad para que mandasse, fuessen aquellos dos letrados que tiene el Señor Duque de Bauiera en Jnglestat, adonde v magestad los quiere, y assi su santidad le ha mandado, y mastre Jnacio selo scriue aqui, hame parescido embiar las cartas a v magestad porque de ay se podra embiar porellos" Nil aliud occurrere scribendum²

---

¹ Regis procuratori ita responderat, v supra p 727

² Die 23 Februarii 1552 Ingolstadium cum Ignatii litteris advenit quidam a Ferdinando rege missus, ut Socios Viennam deduceret (*Polancus* l c II. 564)

84.

9. Februarii 1552

Ex archetypo hispanico, quod apud nos est   Integra epistula ex apographo, quod est in „Varia Historia" t I, f 288, edita est in „Cartas de *San Ignacio*" III, 476—477

Ferdinandus I S Ignatio Vienna 9 Februarii 1552. Se gaudere, quod Canisius et Goudanus ad tempus Viennam venturi sint   Socios universitatem, immo et Austriam totam multum adiuturos esse   Se Societatem Iesu diligere ab eaque Deo commendari cupere.

b) Quae Canisius in universitate viennensi gesserit.

1551—1555

85.

17. Ianuarii 1554.

Ex cod „Ferd 1 Privilegia 1548—1558 n 7 " f 336ᵇ—337ᵇ, qui Viennae in archivo aulae caesareae exstat

Decretum Ferdinandi integrum edidit *R Kink*, Geschichte der kaiserlichen Universitaet zu Wien I b (Wien 1854), 164—167

Salaria, quae Ferdinandus I Canisio et Goudano universitatis viennensis pro-fessoribus dari volebat

Ferdinandus rex decreto 17. Ianuarii 1554 facto edixit, quos in universitate viennensi professores esse et quae singulis salaria tribui vellet   In eo decreto haec statuuntur

THEOLOGI.

Primarius .D. Leonhardus Villinus[1] habeat Centum et Septua-ginta florenos

Secundus D Petrus Canisius Centum Quadraginta

Tertius D. Nicolaus[2] Centum et Quadraginta

IVRECONSVLTI.

Ordinarius S Canonum Professor D. Laurentius Kuchamer habeat Centum et Septuaginta

Primarius Iuris Ciuilis professor .

Ferdinandus I in „reformatione nova", quam 1 Ianuarii 1554 universitati viennensi dedit, constituit, ut facultas theologica tres „ordinarios" haberet profes-sores   „Primus nempe Optimos ac praecipuos quoslibet Veteris Testamenti, tam Moisi quam Prophetarum libros aestate hora sexta matutina, Secundus nouum testa-mentum ex ordine hora octaua, Tertius autem Methodum ex Magistri Sententiarum

---

[1] Leonardus Villinus (Hofler, apud *Polancum* 1 c III, 253   Felinus), stylus, canonicus ecclesiae cathedralis viennensis, postea (1557) etiam custos eiusdem et officialis episcopi passaviensis, professor Scripturae sacrae veteris Testamenti, † 1567 (*Aschbach* 1 c III, 290—291   *Wappler* 1 c p 376)

[2] P Nicolaus Goudanus theologiam scholasticam tradebat (*Wappler* 1 c. p 377), cf supra p 410 ·

libris extrahendam, et in his quae per eundem forsan praetermissa ac pro praesentis temporis conditione haeresiumque extirpatione commoda visa fuerint, supplendam locupletandamque hora duodecima pomeridiana, in Auditorio Archiducalis Collegii singulis diebus solitis publice praelegat[¹]

Canisium et Goudanum salaria sua accipere abnuisse litterae proxime subiungendae patefacient

Ante octo fere annos Monachii venalis erat codex in 4° (152 ff) saeculo XVI scriptus, qui continere dicebatur Petri Canisii „Commentaria in epistolam B Pauli apostoli ad Romanos" et Alpheuii „Excerpta dogmatica" atque in bibliotheca Carthusiae „Buxheim" (in Suebia bavarica) antea asservabatur[²] Quodsi commentaria illa reapse Canisii sunt, probabile est cum Viennae exeunte a 1552, cum P Nicolaus Goudanus graviter aegrotaret[³], eius loco eam epistulam in universitate explicandam suscepisse[⁴]

Magistrum Iacobum Flandrum (Aldenardum) novicium eodem tempore logicam Aristotelis in universitate interpretatum esse asserit Socher (l c p 28), sed fortasse Iacobus id praestitit domi

<h2 style="text-align:center">86.</h2>

<h3 style="text-align:center">Ferdinandus I.</h3>

<h3 style="text-align:center">Ioanni Alberto Widmanstadio,</h3>

universitatis viennensis „superintendenti", Austriae inferioris cancellario, consiliario suo

Vienna 21 Octobris 1554.

Ex apographo eiusdem temporis (2°, p 1), a Sociis viennensibus ad S Ignatium misso, in cuius pagina altera Canisius scripsit „Copia literarum Regis ad Superintendentem Universitatis Viennensis de salariis debitis Societati JESV"

Cum Canisius et Goudanus salaria pro scholis academicis et contionibus sibi debita accipere abnuant, eas pecunias a superintendente colligendas et ex iis libros, et si quae alia eisdem necessaria sint, emenda, reliqua autem liberalis donationis nomine collegio viennensi tribuenda esse

Ferdinandus Dei Gratia Romanorum Hungariae et Bohemiae etc: Rex etc:

Honorabilis, Docte. Fidelis, Dilecte, Cum habita status et ordinis sui ratione Religiosi uenerabilis societatis Jesu uiri, ad conciones et lectiones publicas habendas, communi more, certa mercede et dicto salario conduci se non patiantur, et nihilominus D Canisius ad D. Stephanum hic Viennae concionando cooperetur et Ecclesiae suam operam nauet atque vna cum aliis eiusdem societatis fratribus aliquot publicas etiam in Academia nostra Viennensi lectiones habeat, quarum salaria a nobis hactenus expendi consueuerunt, Operae precium nobis facturi visi sumus, si vtriusque et eius quod ad D Stephanum concionatori pendi solet, et eius quod publicis Academiae professoribus de

---

[¹] *Kral* l c II 376
[²] Catalogue XLI de la Librairie — ancienne de *Ludwig Rosenthal* a Munich, p 117 [³] De ea aegritudine cf *Polanci* Chronicon II. 581
[⁴] *Polancus* affirmat Iaio in hac epistula exponenda Goudanum successisse (l c p 573)

nostro tribuitur salarij summam quam ipsam suis concionibus atque
lectionibus eius societatis Religiosi nunc promerentur, a te nostrae
Academiae Superintendente recipi atque colligi, ac dictis personis si
quando libroium vel etiam aliarum rerum comparandarum necessitas
exegerit, vtiliter et qua fieri poterit commoditaté ministrari et si quid
porro residui fuerit, in rem et vsum Collegij Societatis illius expendi
cures [⁹]ᵃ Dabis ergo operam tuam nobis, et Concionatoris supra
nominatae Ecclesiae salarium, itemque lectionum publicarum mercedem
ad te recipies, et inde doctori Canisio ac alijs societatis eius professoribus libros, et alia quibus necesse habebunt comparabis, ac si
quid residui fuerit, praeposito Religiosorum illorum, muneris et liberalitatis loco, nostro nomine totum tribues atque numerabis. vt hac
ratione idipsum in rem et vsum communem Collegij cedat, hoc vno
fine principaliter spectato, vt nihil omnino in hac re illis fraudi sit,
sed sine scrupuloᵇ, et ullo suae Regulae praeiudicio hoc totum accipere
ac debito laboris sui praemio hoc praesertim tempore vel in communi
promouenda sua sustentatione hac saltem via et occasione frui atque
gaudere possint Feceris in hac re voluntatem nostram Datae in
ciuitate nostra Vienna XXI die Octobris anno domini MDLIIII Regnorum
nostrorum Romani XXIIII aliorum vero XXVIII

Ferdinandus

Jonas D.   Ad mandatum dominj
Vicecancellarius.   Regis proprium

87.

Aestate anni 1554.

Ex commentariis autographis Gasparis a Nydpruck, qui Viennae sunt in bibliotheca aulae caesareae (Hofbibliothek), cod 9737¹ f 123 125

Disputatio a Canisio habita

*Doctor Gaspar „a Nydpruck", regis Romanorum ac regis Bohemiae
consiliarius aulicus ¹, cryptolutheranus, Viennа 23 Augusti 1554 Chri-sto-
phoro a Carlowitz, Augusti Saxoniae principis electoris consiliario
lutherano, scribit*

... Mitto . . . propositiones quasdam a Jesuitarum Chorago et
Rabi disputatas Tu ex vngue Leonem iudicato, et si commode licet
ei ad quem literas inclusas habes, communicato .

*Idem eodem die Nicolao Gallo (Han), Lutheranorum „superinten-
denti" ratisbonensi*

------

¹ Sic, curaremus ²   ᵇ Sic Canisius corexit, scriptum erat molestia

------

¹ Nydpruck (Nidbruck) Ioannis Sleidani historiographi affinis erat (*Herm
Baumgarten*, Sleidans Briefwechsel [Strassburg 1881] p 277) Cf etiam supra
p. 489 ³

Propositiones huc disputatas[a] a Jesuitarum patrono perlege
et ex vngue judica leonem .

Aschbach „Peter Canisius", inquit, „tiat auch in offentlichen Disputationen
auf Er liess sich durch seinen Eifer in der Weise hinreissen, dass bald Heftigkeit
und Gezanke in den Vordergrund traten, und veranlasste, dass die Gegner in gleicher
Weise leidenschaftlich auftraten, so dass Gefahr drohte, es könne von Worten zu
handgreiflichen Conflicten kommen"[1] Atque haec asserit quidem ille, sed nullo
modo probat

Fortasse de thesibus illis Nydpruckii collatum est in disputatione, de qua Sebastianus Phauser, Maximiliani regis contionator lutheranus, 13 Martii 1555 Viennae
narravit Blahoslao, fratrum bohemorum ministro Qui „In publica", inquit, „disputatione cum Canisio de invocatione sanctorum hanc tollendam esse velut abusum
volebat Sebastianus Fauserus Citatus est locus Augustini multorum corpora siue
reliquias veneramur in terris, quorum anime sunt apud inferos[2], negavit Canisius
Augustini esse dictum, sed suppositium"[3]

Canisius autem Phauserum ad alteram disputationem provocasse videtur Nam
Sacchinus, postquam rettulit P Hieronymum Natalem 1 Maii 1555 Viennam ad-
vectum esse collegii visitatorem, haec addit „Plurimum acer ille verae laudis aesti-
mator delectatus est virtute, industriaque Canisij, quem beato Ignatio dilaudans,
eius praecipue factum laboribus per eos ipsos dies, et concionibus narrat", ut „praenobilis, et gratiosus concionator, qui et prouocatus ad disputationem erat, non ausus
congredi, repentina fuga se eriperet, vnde et magno Vienna periculo liberata erat"[4]
Atque Orlandinus de eodem Natali scribit „Quo die Viennam attigit, eo die nobilis
quidam concionator abscessit, qui et suis, et alienis fultus opibus praua dogmata
libere, impuneque disseminabat"[5] Notandum est Natalem Augusta venisse, ubi
Ferdinandus rex tunc morabatur, de Phausero graviter indignatus[6] De eodem Natali
P Ioannes de Polanco, Societatis secretarius, S Ignatii iussu P Emmanueli Lopez,
collegii S J complutensis rectori, Roma 17 Iunii 1555 scripsit „En Viena se ha
hecho una cosa por su medio, que en gran manera nos ha consolado (aunque no
tenemos letras del mesmo, pero el Cardenal de Augusta las tiene de dos partes),
y es que el Rey Maximiliano tenia un predicador, a quien mucho favorecia, y era
luterano, y predicaba publicamente la doctrina tal Ahora entendemos que se ha
habido de tal manera el P Mtro Nadal, que el predicador ha ido huyendo y con
peligro de su vida"[7]

---

[a] disputatae cod tienn

---

[1] Geschichte der Wiener Universitat III, 97—98
[2] Alii hunc locum his verbis conceperunt „Multorum corpora honorantur in
terris, quorum animae torquentur in gehenna" Bellarminus „Respondeo", inquit,
„locum hunc fortasse non esse Augustini nusquam enim in eius operibus eum reperire potui praeterea intelligi posse de impijs, qui honorantur superbissimis se-
pulcris, cum tamen animae torqueantur in Gehenna vel de corporibus Sanctorum
non canonizatorum vel de corporibus fraude aliqua suppositis pro corporibus Sanctorum vel denique de Martyribus Donatistarum, qui honorabantur ab haereticis vt
Martyres, cum eorum animae reuera torquerentur in inferno" (De controversiis christianae fidei t II, conti 4, l 1, c 9 [Coloniae Agrippinae 1619], p 720)
[3] Blahoslaus scribit Phauserum haec subiunxisse „Item cum D Nicolao Gaudano in convivio multis contuli et disputavi de Ceremonijs et abusibus in ecclesia"
(Fontes rerum austriacarum 2 Abth, XIX [Wien 1859], 134)
[4] De vita Canisii p 100
[5] Historiae Societatis Iesu prima pars, l 15, n 28
[6] V supra p 527 529   [7] Cartas de San Ignacio V 224

88.

A mense Aprili usque ad Iulium 1554.

Ex apographo nuper descripto ex actis Politae, quae in archivo urbis cuiusdam germanicae asservantur, v supra p 462

Quaestiones de religione a senatu ("regimine") Austriae inferioris Nicolao Politae, artium professori viennensi, propositae, cum eius responsis [1] *Canisius Politem a Lutheranismo ad fidem catholicam reducere frustra conatur   Fabricius*

1

Articuli examinatorij circa fidem adiunctis responsorijs in margine
XVI

[Quaestiones regiminis austriaci]	*[Responsa Politae]*
Circa articulum de ecclesia	

An credat hanc solam ueram esse catholicam ecclesiam in qua est vnanimis et communis professio doctrinae Euangelicae et Apostolicae secundum intellectum et expositionem sanctorum patrum et diiudicationem et determinationem generalium conciliorum ab ecclesia receptorum et in qua est administratio Sacramentorum secundum catholicam traditionem in ecclesia occidentali hactenus pie et laudabiliter obseruata, et quae[a] non in angulo aliquo orbis terrarum conclusa sed in unitate doctrinae et Sacramentorum communione in uinculo pacis diffusa est et propagata per totum orbem Psal 15 [2]

Credo ecclesiam per totum terrarum orbem diffusam esse, non solum in occidente patribus[b] plurimum tribuo concilijs similiter[c] sic tamen, vt diligens sepe habendum discrimen putem[d] ex scripturarum collatione

De obedientia Romanae ecclesiae

An[e] credat in hac ecclesia catholica nos omnesque alios [esse] qui in hac concordia communione et pace sub obedientia unius summi pontificis et sanctae sedis Apostolicae uiuimus

Meum non est iudicare, credo omnes uera membra ecclesiae esse, qui et propitiatorem confitentur Christum esse [et][f] filium Dej, eos confitebitur Christus cui iudicium datum est coram patre suo caelesti

An credat praeter Christum esse caput vicarium uniuersalis ecclesiae et idem esse Romanum • pontificem

Omnes sacerdotes vicarios Christi in administratione Sacramentorum et uerae [fidei] promulgatione credo, unum caput uicarium non credo

---

[a] qua et *libr rec*, *quem in ipsis actis antiquis (cf supra p 462) non ea tantum, quae ipse diserte, signis addilis, menda notard, sed etiam reliqua, quae in eius apographo sunt, omnia uel fere omnia repperisse opinor*
[b] patris *libr rec*   [c] tribuo conciliis similiter *libr rec*
[d] puto *libr rec*.   [e] Ac *apogr antiquum*
[f] *Hoc forlasse supplendum*   • Romanam *ap ant*

---

[1] Verisimillimum est quaestiones hasce a Canisio conceptas esse Eas Politae sub 18 Aprilis 1554 propositas esse ex actis eruitur Cf supra p 462 [1] 465
[2] Cf Ps 15, 4 „Non congregabo conventicula eorum" etc

[Quaestiones regiminis austriaci]

De ecclesia sectariorum

An credat ecclesiam esse Lutheranos seu Butzeranos seu similes horum sectarios qui ecclesiam quam nos ut Apostolicam et Catholicam agnoscimus excerantur atque adeo non Christi sed Antechristi regnum uocare non[a] uerentur

De iustificatione

An credat iustificationem hominis constare ea sola fide qua quis credit sibi non imputari peccata propter Christum an nobiscum credat iustificationem esse communicationem iusticiae Christi, non solum eius imputationem, sed actualem regenerationem et renouationem mentis per spiritum charitatis quo demum per fidem accepto ex iniustis iusti efficimur et quae iusta et sancta sunt operamur peccatis Christi merito condonatis

De peccato originali

An credat concupiscentiam quae in renatis post baptismum manet re uera peccatum esse cuius gratia homo damnatione dignus sit

De libero[e] arbitrio

An credat liberum hominis arbitrium a Deo excitatum et per gratiam eius praeuentum et adiutum[f] concurrere tanquam partiale agens ad merita et legis impletionem

De peccato damnante hominem

An credat damnationem sequi quodlibet peccatum mortale etiam si non fiat contra conscientiam aut verbum Dei sed contra mandatum ecclesiae[i]

De ceremonijs baptismi[g]

An credat in administratione[h] Baptismi adhibendas esse solemnes orationes et ceremonias ecclesiasticas quales sunt exorcizatio et exufflatio Diaboli, crebra crucis impressio et quid sentiat de huiusmodj ceremonijs

[Responsa Polidae]

Credo multos qui hoc nomine appellantur esse ecclesiae membra, conuicia[b] et contumelias semper detestatus sum cum his uelim repetita esse quae ad 2 articulum respondi

Hominis iustificationem credo constare fide per non imputationem peccati et imputationem iustitiae Christi atque hanc imputationem non esse[c] communicationem iusticiae Christi, charitatem et bona opera ab hac fide non segregari sed semper indissolubilium fructuum[d] instar eidem adpendere ita ut si hi non appareant aut sequantur fidem nullam esse putem

Credo re uera pecatum esse et quod ad hominem pertinet damnatione dignum, sed misericordia Dei per Baptismum damnationem sustulit, concupiscentiam interim peccatum originale intelligo

Esse agens non credo

Omne peccatum damnationem meretur

Credo non necessarias esse has ceremonias si tamen accedant nihilominus Baptismum esse ut in prima confessione protuli

---

[a] suo *libri rec*   [b] conuicia *libri rec*
[c] hanc imputationem non imputationem esse *libri rec*   [d] fructus *libri rec*
[e] libro *libri rec*   [f] adiunctum *libri rec*   [g] babtismi *ap aut*
[h] administrationem *libri rec*

---

[i] Ex eo quod conscientia hic verbo Dei et mandatis ecclesiae opponitur conscientiam naturalem siue quae legem naturae manifestat, significari patet

[Quaestiones regiminis austriaci]

[Responsa Politae]

De transsubstantiatione

An credat in consecratione Sacramenti Eucharistiae substantiam panis et uini mutari in corpus et sanguinem Domini uirtute uerborum Christi an simul cum corpore domini [a] substantiam panis maneic

Non intelligo mysterium Sacramenti huius aut alterius et permaneo in prima mea confessione et ijs quae in meis reliquis scriptis addidi

An credat aut sentiat Eucharistiam adorandam esse

Idem respondeo quod ad praecedentem articulum

De sectarijs consecrationibus

Circa sectarios consecrantes Sacramentum primo interrogetur quos intelligat ministros ecclesiae an etiam eos qui non sunt legitime consecrati ab Episcopis Secundo an credat Lutheranos et Buzeranos sacerdotes ministros esse ecclesiae Tertio an credat posse fieri consecrationem corporis et sanguinis domini sine [b] forma consecrationis in canone missae expressa [c] Et quid de ipso canone missae sentiat an possit [d] omitti

Ministros ecclesiae intelligo sacerdotes sacerdotes intelligo eos esse qui ab Episcopis ordinati sunt, quosdam etiam qui ab aliqua particulari ecclesia communi consensu ad ministerium sub Dej reuerentia ex piorum et doctorum consilio sunt uocati, credo extra missae celebrationem corpus Christi consecrari posse et canonem omitti posse

De indissolubilitate matrimonij

An ex scriptura sacra credat matrimonium etiam superueniente fornicatione [e] indissolubile esse An uero ex sola honestatis ratione

Credo indissolubile [?] [f] esse superueniente fornicatione [?]

De inuocatione sanctorum

An credat sanctos in coelo cum Christo regnantes rite a Catholicis inuocari

Quod ad me pertinet non muoco, reliquos [non] dijudico [h]

De miraculis sanctorum

An neget miracula facta esse apud monumenta sanctorum et quid de illis miraculis sentiat

Non nego facta esse praecipue in primitiua [i] ecclesia [k] ad confirmationem fidei imbecillium, saepe tamen Diabolus similibus se admiscuit

De ieiunijs et abstinentia a carnibus

An credat ieiunia ab ecclesia indicta obligare hominem in conscientia etiam non concurrente mandato magistratus secularis et item de abstinentia a carnibus

Non credo

De uotis monasticis

An credat uota monastica ex arbitrio uouentis posse rescindi dum praesertim ipsius conscientia dictat causam subesse rescindendi

Credo

---

[a] domini *ap aut*   [b] sint *libr rec*   [c] expressae *libr rec*
[d] posse *ap aut*   [e] formatione *libr rec*
[f] indissolubilem *libr rec*, dissolubile [?]   [g] formatine *libr rec*
[h] reliquas dijudico *libr rec*   [i] primitura *ap aut*
[k] ecclesiae *libr rec*

[Quaestiones regiminis abstractae]	[Responsa Politae]
Circa dignitatem status coniugalis et uirginalis explicet utrum credat prestantiorem esse	Mihi et naturae meae status coniugalis [magis conuenit,][a] si quis peculiariter a Deo priuatus est stimulo carnis[b] ad uerbi Domini promulgationem longe praestantior est uirginitas
An sentiat recte facere magistratus hereticos puniendo corporalibus poenis	Nescio, magistratus interim suum officium nouit, puniendi certe sunt qui seditiosi
De ecclesia	
Postremo an[c] sentiat idem iudicium esse de ecclesia uniuersali et particulari	Non sentio

[Polites haec subiungit] Haec habui Magnifici atque Amplissimi uiri quae ad mandatum Sacratissimae Regiae Maiestatis super praecedentibus articulis responderem, confirmationem eorum quae respondeo quia addere non licuit, relinquo in eo scripto quod ex scripturis contexui   Commendo me cum omni reuerentia Magistratus mei omnibus et singulis supplicans humilime ut preciosa sit anima mea in conspectu uestro   Quod adhuc scripturis et[d] iis solis inheream faciunt tumultuosa tempora quibus natus sum   Cum enim uiderem tot sectarum diuersitates[e] putaui nusquam tutius me posse requiescere[f]

Sacrae Romanorum Hung Boh etc Regie Maiestatis in Austria inferiori Regentes uigilantissimi uiri et Domini Magnifici atque Amplissimi

Ex sacrae Regiae maiestatis mandato iusserunt vestrae Magnificae Amplitudines ut ad articulos postremo mihi oblatos[g] responderem non per scripturarum contextum sed simpliciter per haec uerba Credo, non credo, non intelligo, dubito feci id quatenus articulorum uarie saepe intricatorum natura passa est   Supplico vestris[h] Magnificis Amplitudinibus ut dignentur hoc[i] pro sufficientj obedientia quod ex animo praestare admissus sum suscipere Dominus Deus sit omnibus et singulis adiutor et pater

2

Relatio de congressione, quam Canisius aliique uniuersitatis viennensis professores exeunte Iunio a 1554 cum Polite in carcere incluso habuerunt

Reuerendi illustres Magnifici atque Clarissimi Domini Sacrae Regiae Maiestatis consiliarij amplissimi, de consilio Regiminis Austriaci Domini Clementissimi Conuenerunt heri[1] sicut iniunxerunt M V[2] et causam M Nicolai Politae plenius et de nouo tractarunt Reuerendi D Doctores una cum duobus de facultate artium deputatis[3], quj omnes quatuor ut sequitur Cum ad Politam ingressi essent secundum formam sibi praescriptam negotium inchoarunt Et primo Reuerendus D Doctor Petrus Canisius interponere cepit adhortationem, ut consideraret Polites, ut [?] quam pie ac sedulo admonendum curaret Regia Maiestas per excelsum regimen, quantique

---

[a] *Hoc uel simile supplendum esse, ea, quae sequuntur, patefaciunt*
[b] *carceris libr rec*   [c] *aut libr rec*   [d] *ut libr rec*
[e] *diuersitatis libr rec*   [f] *exquiescere libr rec*
[g] *oblato ap aut*   [h] *unis ap aut*   [i] *haec libr rec*

---

[1] 26 Iunii conuenisse uidentur Nam in actis paulo ante has litteras scriptum est *Processus causam Politae continens Postrema admonitio ut conuerteret 26 Iunii 54*[a] Quae ad ipsas has litteras, licet in actis quaedam interiecta sint, pertinere uidentur   [2] Magnificentiae Vestrae
[3] Andreas Dadius et Georgius Muschler significantur, v infra p 737 738

referret relictis erroribus, et damnatis olim haeresibus in uiam rednie*, doctrinam amplecti ecclesiae, se ac suos seruare, uxori et liberis prospicere, neque in illa manere pertinatia, quam priores ipsius confessiones ostendant, neque facile negligere ᵇ Regiae Maiestatis authoritatem, et doctorum hominum iudicium, atque consentientes patrum sententias, nec defuisse tempus et ocium, tot mensibus ut deliberare non potuerit de suis confessionibus

Ad quam cohortationem D Doctoris Canisij M Polita respondit

I Miror me haereticum et schismaticum damnatum esse (videlicet de mandato Regiae maiestatis intelligens) ᶜ

II Magnum pondus apud me Regia maiestas habet, et maius quam quisque putet, vxor etiam mihi chara, liberos Deus ᵈ abstulit quos dederat, nutritios quinque alo

III Nullius peruicatiae mihi conscius sum, sed quicquid dico, dico salua conscientia

IIII Doctorum hominum iudicium nunquam subterfugi, Dominus DEVS autem promouebit [ᵃ]ᵉ istos doctos, secundum id quod in prioribus meis confessionibus dixi Iudicaturum illum qui habet iudicium a Deo patre

V Quale spacium temporis mihi relictum sit ad responsiones meas, quae commoditates, nouit Deus, cum carnerim libris ⁱ, uinctus fuerim, neque semper ad praefixum tempus ea mihi ᶠ tradita sjnt, quibus poteram causam meam promouere et iuuare His ita praemissis atque responsis per Politam tandem etiam D Doctor Canisius ad alios se conuertens, monuit ac rogauit omnes ut secundum dominorum de regimine mandatum suas singuli adhortationes adferrent, et pio christianae charitatis officio M Politem ad melius reuocarent Vnde cepit D Doctor Nicolaus Lanoy proponere et adhortari similiter, ut rediret ad uiam ueritatis neque expectaret alios doctores qui ueritatis uiam ipsi Politae aperirent Quos alioqui ex superioribus eius dictis apparet illum praestolari et exoptare Cum alioqui isti quatuor censendi sint ad id officij sufficere, ut pote uia ordinaria et omnino regia ad hoc ipsum destinati Quibus proinde potius deberet fidem adhibere, quam suo solius iudicio Nisi autem resipisceret et hanc uiam sequeretur, merito et corpus et animum summo periculo exponeret et praeterea uxorem ac suos in calamitates coniiceret, meritasque peruicaciae poenas daret

Cui respondit Polites

I Quod ad me, uxorem, liberos pertinet, et salutem animae, doctos, peruicatiam, respondeo idem quod superius

II Christum ego expecto examinatorem causae meae, si non hic, tempore oportuno, idque, ut puto, tanquam nomine [et re ᵃ] ᵍ Christianus et non Anabaptistico spiritu

Quo facto deinde rursus admonuit D Doctor Canisius M Andream Dadium ᵍ, ut pio suo etiam officio in admonendo [fungeretur Qui D Canisio respondit Non habeo] ʰ quod dicam quia Theologus non sum Ad quae eius uerba respondit iterum

---

ᵃ rediret *libi* rec   ᵇ neghgeret *libi* rec

ᶜ *Apographum antiquum in margine* Parenthesim iusserunt Iesuitae addi

ᵈ Deos *libi* rec   ᵉ *Sic*, prouidebit ?   ᶠ nihil *libi* rec

ᵍ *Haec ex Politae mente supplenda esse uidentur*

ʰ *Haec uel similia supplere oportet Librarius antiquus integram archetypi censum uidetur omisisse*

---

¹ Ex actis supra scriptis cognoscitur Politae haec duo opera in carcerem missa esse a) Libros tres priores Institutionis christianae a Petro de Soto O Pr conscriptae, iussu Ottonis cardinalis augustam editos b) Antonii Florebelli (Fiorabelli, Fiordibello) modenensis opus De auctoritate ecclesiae, cardinali Sadoleto dedicatum

² I *Aschbach*, universitatis viennensis historiographus, Andream Dadium, philosophiae et postea medicinae professorem, protestantibus adnumerat (l c III, 369) Dadius a mense Aprili usque ad Octobrem anni 1554 decanus facultatis artium erat (*Aschbach* l c III, 387)

D Doctor Nicolaus   Omnium esse' admonere fratres etiam ancillarum   Cui ille iterum respondit. Se non intelligere causam, nec posse de istis rebus disputare Sed libenter se interesse ut audiret eorum admonitiones   Subiunxerunt Theologi Verum id quidem esse   Sed cuiuslibet hominis et praesertim Christiani esse, admonere fratrem erroris sui   Quod minime in hac causa detractandum uideretur Iubente praesertim excelso regimine   Nihil autem deinde ille in medium protulit

Deinde rursum D Canisius a Muslero[1] petijt, ut saltem ipse secundum commissionem acceptam, cum M Polite[b] ageret[c], illumque moneret Christiane[d]   Qui respondit   Ego libenter aberrantem a uia reducere uellem, si exacte uel causam cognoscerem uel a principio interfuissem, et meae professionis esset, sed quoniam Polites fatetur, se destitutum fuisse, et libris et occasione, idcirco si sibi alicuius erroris aut lapsus esset conscius, in uiam ueritatis, in qua non est error, rediret, admonuit   Respondit Polites

Quod ad libros et occasionem pertinet non multum modo laboro[e], quandoquidem res eo [']]f peruenit tam longo temporis spatio, permaneo adhuc in prioribus meis confessionibus, et protestatione de obseruantia erga magistratum   Erroris mihi nullius sum conscius

His absolutis dedit Doctor Canisius articulos confessionis ultimae quam Polites aedidit praelegendos Notario, monens ipsum quoque Politam, ut secundum[g] dominorum de Regimine uoluntatem ad singulos articulos bona fide responderet

Liberum enim adhuc esse eosdem uel retractare, [uel] addere uel adimere ijsdem Jlle uero suam confessionem scriptam, in manus ultro capiens, non noluit, ut uel unus articulus prelegeretur, addens expressis uerbis Quod nihil omnino[h] mutare uellet in omnibus et singulis, nisi quod circa 14 articulum, de inuocatione sanctorum, in confessione germanice traducta, uoluit[i] ut haec uerba adderentur Venerabilem esse memoriam sanctorum apud se

Quare his ita finitis dominis uisum est omnibus cum illo latius agendum non esse, circa lectionem dictorum articulorum

Postremo autem Polites monuit in scriptis addi posse, quod cum ipso actum esset humaniter, et proinde etiam gratias dominis discedentibus egit

Notarius subscripsit

3

Polites ex Austria expulsus

Paucis diebus post sic statutum est a Ferdinando rege

Regia Maiestas etc mandat Regimini etc   Quandoquidem Nicolaus Polites permanet in haereticis suis opinionibus a Theologis hic damnatis ut eidem haec denunciet dictum Regimen   Quanquam sua Regia maiestas bono iure posset grauioribus poenis aduersus eum procedere memor tamen suae clementiae maluit mitiorem [partem] sequi, mandatque per Regimen ut post octo dies discedat ex omnibus regnis et ditionibus Regis nunquam rursus ingressurus sub poena capitali siue corporali et nunquam duabus noctibus eodem in loco permaneat

' rem *ap ant*   b Polites *libr rec*   c argeret *ap ant*
d Christianae *libr rec*   e labore *libr rec*
f Sic fortasse legendum, *libr rec* ei   g secundare *ap ant*
h omino *ap ant*
i Sic corrigendum esse omnino uidetur, *libr rec*   noluit

---

1 Georgius Muschler (Musler) ex Oettingen, Sueuiae oppido ortus, Viennae per plus quam 20 annos dialecticam tradidit et aliquamdiu etiam scholae ad S Stephanum praefuit Qui etiam filios Maximiliani II instituit Eum tunc Lutheri dogmata haud improbasse ferunt. postea autem ad fidem catholicam rediisse uidetur (Aschbach 1 c III, 238—240 Bucholtz 1 c VIII, 223)

Cum autem Politae uxor Ferdinando supplicasset, ut ad negotia componenda longius tempus concederet, „regentes" austriaci 3 Iulii 1554 Politae rescripserunt regem in sua voluntate permanere, „vnnd ist der Regierung ernstlicher Befelch, das er Polites, wo er vor dem bestimbten achtesten tag sich von dannen erheben wolt, den selben der Regierung vnnd auch weliche strass er ziechen welle anzaige, vnnd mittler Zeyt weder ausgehe, noch khainen zw Jme einlasse"

Polites 4 Iulii rescripsit, se sabbato (qui dies erat 7 Iulii) curru Cremsium et deinde naui per Danubium rectum ire, „quo ulterius me res meae deducent nouit Deus"

4

Exeunte anno 1553 Paulus Fabricius saxo, mathematicus et astronomus, Viennam evocatus, in palatio regio coram Canisio et Postello tentatus, approbatus, universitatis professor et aulae regiae mathematicus a Ferdinando I constitutus est Quae Fabricius ipse testatus est anno 1587 in libello supplici, qui Viennae in bibliotheca aulae caesareae superest [1] Canisius, cum eo tempore facultatis theologicae decanus esset, de fide ac religione eum interrogasse videtur Fabricius postea Lutheranismum fere aperte professus est

89.

Ab anno 1553 ad 1555.

Alia quaedam a Canisio uniuersitatis viennensis professore gesta

Plura, quam ea, quae protuli, de rebus a Canisio uniuersitatis viennensis professore gestis in fontibus non inueni Inter acta facultatis theologicae nil superest. quod ad annos 1550—1566 pertineat ex tertio actorum volumine, quod hoc tempus spectat, septem folia exsecta sunt [2]

Sequuntur aliqua ex aliis libris excerpta

a) De Sociis in universitatem viennensem receptis haec refert *Polancus* (l c III, 247 264 256)

„Invitati fuerant nostri ut in gremium Uniuersitatis se admitti paterentur et quamvis recusabant, non tamen euadere id potuerunt, nam Regis voluntate ad id quodammodo compulsi fuerunt" S Ignatius autem, antequam id permitteret, „discere voluit an utilitas magna spiritualis inde rediret, et demum, si ea [i e uniuersitas] inuitaret, concessit" Socios admitti ita, „ut nec curam Rectoris nec Cancellarii susciperent" Admissi igitur sunt, „nihil tamen promittentes, quod ad observationem statutorum attinebat, nisi salva obedientia sui Superioris" [3]

b) Ut *Polancus* (l c p 247—248 256) narrat, Canisius anno 1553 in uniuersitate viennensi (praeter vel post epistulam priorem ad Corinthios [vide supra p 421]) „evangelium secundum Matthaeum mane interpretabatur" Sed auditores ei „quindecim aut sexdecim ad summum erant, aliquando sex vel septem tantum" Quibus accedebant, numeri augendi gratia, scholastici Societatis, qui tamen „vix inter auditores theologiae computari debebant, cum eodem tempore in collegio nostro in philosophico cursu exercerentur"

c) *Sacchinus* (Can p 86—87) haec adnotat anno 1554, quae tamen potius ad annum 1553 referenda esse videntur „Hoc tempore" Canisius „Decanus Academiae legitur", cum in eius corpus anno superiore cum Gaudano, atque Nicolao Lanoio cooptatus esset Eodem tem-

---

[1] *Schrauf*, Nachtrage etc I, 142   [2] *Schrauf* l c I, 133

[3] Hanc quoque condicionem ab ipso Ignatio positam esse ostendunt eius litterae 27 Iulii 1553 ad Lanoium datae (*Monumenta historica S J*, Vita Ign etc III, 247[2])

[4] Canisius mense Octobri a 1553 decanus facultatis theologicae constitutus esse videtur (*Wappler* l c p 475) Lanoius anno 1551, Canisius et Goudanus anno 1553/54 in album uniuersitatis relati sunt (cf supra p 414—415)

47 *

Monum (viennensia) 89 (Ab anno 1553 ad 1555)

pote, et Academiae corrigendae, et discentium recognoscendis, emendandisque contuberniys (Bursas vocant) iussu Regis occupabatur Qua in re nulla maior difficultas incidebat, quam ex administrorum idoneorum inopia, qui, quae prudenter decernebantur, ad vsum mox, et in mores sedulo revocarent"

Posteriores quoque affirmant Canisio sub id tempus a rege commissum esse, ut universitati viennensi reformandae operam daret [1] Atque hoc constat Ferdinandus paulo postquam Canisius post medium a 1553 cum aliquot aliis universitatem "visitavit" [2], et eodem exeunte de eiusdem "instauratione" una cum praecipuis eius viris "in Aula Regia" "diu consultavit" et "in eo negotio vel totos saepe expendit dies" [3], eidem academiae 1 Ianuarii 1554 "novam reformationem" suam dedit [4] Sed quaenam in ea "reformatione" Canisio suasore statuta sint, quaenam sine eius consilio ac fortasse etiam contra eius voluntatem, difficile fuerit definire [5] Haud recte Boero de Canisio scribit (ad a 1553) "Valendosi acconciamente della grazia e del favore che godeva presso il re l'erdinando, ottenne da lui, che si stabilisse per legge che chiunque volesse in avvenire essere promosso a gradi e a cattedre, dovesse prima soggiacere a rigoroso esame, e dar prove non dubbie di sana e cattolica dottrina" [6] Nam anno quidem 1546 universitati a rege interdictum erat, ne quem absque eiusmodi tentamine in professorum collegium cooptaret, sed anno 1554 ipsa illa "reformatione nova" statutum est, satis esse, quod quis sine iureiurando confirmaret, se orthodoxum et catholicum esse [7], sicque professoribus lutheranis porta universitatis magis etiam aperta est quam antea [8]

Quod autem ad "bursas" universitatis attinet, iam vidimus Canisium ipsum "collegio archiducali" reformando operam navasse, neque absque Canisii opera factum esse videtur, ut anno 1555, episcopi labacensis admonitu, Societas praefecturam bursae "aurei montis" ("Goldberg") susciperet, quae scholasticis pauperibus atque imprimis theologiae studiosis destinata erat [9]

d) Inde a medio fere saeculo XVII universitas viennensis quotannis Canisii sollemnem faciebat mentionem initio mensis Novembris, cum in templo cathedrali S Stephani funebria anniversaria pro academicis mortuis ageret, in iis enim "multa aurium suavitate" (ut anno 1725 P Sebastianus Mitterdorffer S J scribit) "hymnus gradualis" ille, dimetris iambicis conceptus, cantabatur, in quo universitas praeclarorum virorum suorum memoriam recolebat, atque hic ita incipiebatur

"Rudolphus quartus Archidux fundator Athenaei,
Triumphet cum exercitu coelestis aciei

[1] *A Socher S J* Historia Provinciae Austriae S J P I (Viennae 1740), p 52 *Ios Othm card Rauscher*, Der selige Petrus Canisius (Wien 1865) p 42 *R Peikmann*, Die Jesuiten und die Wiener Universität, 2 Ausg (Leipzig 1866) p 106 *Drews* l c p 40—41   [2] V supra p 434—435
[3] Ita *Erardus Avantianus* S J S Ignatio Vienna 30 Ianuarii 1553 (Litterae quadrimestres II, 490)
[4] Typis exscripta est a *R Kink* l c II, 373—401 De ea v *Seb Mitterdorffer* S J, Conspectus Historiae Universitatis Viennensis (Viennae 1724) p 191 ad 192
[5] Canisio hortante fortasse facta sunt v g praecepta nn 17 et 18 "de visitatione contuberniorum" et "de bibliopolis et librorum pretio"
[6] Canisio p 98   [7] *Aschbach* l c III, 92—93
[8] Ceterum vide, quae supra scripta sunt de Polita ob haeresim ex universitate atque ex omni Austria ejecto (p 738 739) *Schrauf* "Die Behauptung Aschbachs (l c III, 267), Canisius habe sich vom Könige Ferdinand den Auftrag ertheilen lassen, die protestantischen Elemente von der Universität zu entfernen, lasst sich durchaus nicht beweisen" (Nachträge I, 138 [23])
[9] *Mitterdorffer*, Conspectus p 196—197 *Aschbach* l c III, 55—56 *Bucholtz* l c VIII 188

O ita post hunc praecipuus immaculatae Matris
Asseitor, laetus videat vultum aeterni Patris
Sic Thomas Haselpachius, et Doctor Argentinas
Iajus, Petrus Canisius, et anima Becani " [1]

c) Conatus Viennae et aliis Austriae locis ad animas iuvandas a Canisio suscepti: contionibus, sacramentorum administratione etc.

1552—1555

90.

30 Iulii 1552.

Ex *Gottl Friedlaender*, Beiträge zur Reformationsgeschichte (Berlin 1837)
p 275—276, qui affirmat epistulam archetypam Berolini esse in bibliotheca regia
„Mspt lat fol 239 fol 50" Eadem ex apographo typis exscripta est a *Menchaca*,
(Epistolae S Ignatii p 460—461), et ex Menchaca in „Cartas de *San Ignacio*" (III,
395—396) translata In alias quoque linguas versa est

*A Soriis viennensibus, praesertim Iaio et Canisio, idoneos iuienes germanos
in collegium germanicum Romae institutum mittendos esse*

*S Ignatius P. Claudio Iaio Roma 30 Iulii 1552 · Collegium ger-
manicum modo conditum esse Romae, ad iuienes germanos in bonis
moribus et omni doctrina Societatis cura instituendos eosdemque postea
Germaniae subsidio mittendos. Quare visum esse cardinalibus collegii
protectoribus et maxime augustano, ut Iaio „simul cum D Canisio et
aliis fratribus charissimis de societate nostra qui Vienae sunt, scriberetur, ut primo quoque tempore aliquos Germaniae' nationis et linguae
iuvenes Romam" mitterent, in quibus quaerendis et mittendis eam diligentiam idque studium adhibenda esse, quae „in re maximi momenti
ad Dei gloriam et proximorum salutem" [b] adhiberetur*

Iaius iam e vita excesserat, cum haec epistula in collegium viennense in-
ferretur Epistula huius simillima a S Ignatio eodem die data est ad P Leonardum
Kessel coloniensem Fere autem certum est Viennensibus ab Ignatio simul etiam
exemplum litterarum missum esse, quas 31 Iulii ad Colonienses dedit, docens quot
iuvenes mittendi essent, et quales, ac quibus condicionibus Quae epistula ex codice
quodam rhenano transcripta ac primum a me edita est in „*Zeitschrift für katholische
Theologie*" 9 Jahrg (Innsbruck 1885), p 315—316

---

[a] *Sic Friedlaender, sed corrigendum videtur* Germanicae
[b] *Ita Mench, Friedl* in re maximo et proximorum salutem

---

[1] Hymnus integer typis descriptus est a *Mitterdorffer* l c p 250—251, et
iterum ab *Ern Apfaltrer* S J, Scriptores antiquissimae ac celeberrimae Universitatis Viennensis P 1 (Viennae Austriae 1740), p 15—16

91.

Martinus Gotfridius (Stevordianus) S. J. [1]

Sociis romanis.

Vienna 6. Ianuarn [2] 1553

Ex „*Litteris quadrimestribus*" II, 114—116, in quae tota epistula transcripta
est ex autographo
Partem („Ab afflictis et desperatis" — „Matronae nunc veniant confessurae")
edidit *Sacchinus*, De vita Canisii p 68—69 Usus est hac epistula *Polancus* in
scribendo Chronico II, 566—581

*Canisius scholas regit, curam agit corum, qui in carceribus sunt, capitis
damnato adest, a sacris virginibus et a senatu urbis ad contionandum accersitur,
parochiam pastore orbatam sacramentis et verbo divino recreat, mulierem a daemone
obsessam ad sanitatem mentis et corporis revocat*

Addam de Reverendo Patre Canisio, qui, praeterquam quod inferiorum
classium est domi praefectus [3], curam etiam sedulam gerit incarceratorum Ii, cum
vix toto quidem anno semel antea, nunc eidem saepius confitentur, quemadmodum et
alii ex plebe complures [4] Nuper cum e vinculis quidam ad supplicium educeretur,
Pater idem fidus illi hortator et consolator adfuit, et sic adiuvit miserum in publico
morientem, ut spectanti undique populo non parvae fuerit aedificationi, ubi concionatur, plures ad eum quam antea conveniunt auditores, bonaque nobis simul et aliis
spes est fore ut fructus inde redeat amplissimus Adeo ferventem Patris animum et
zelum indefessum erga proximi salutem admirari incipiunt modo germani [5] E monasteriis virginum hic duo sunt, et praecipua illa, quae P Canisium asciverunt, et iam
receperunt patrem atque confessorem, eumdemque sibi cupiunt concionatorem [6] Sed

---

[1] Martinus Gotfridius, vulgo Stevordianus, ex Stevoort (nunc regni belgici
vico) ortus, anno 1548 Coloniae Societatem ingressus, anno 1550 Romae votis se
obstrinxerat Postea Monachii et Augustae Vindelicorum contionator fuit (*Catalogus
collegii monacensis in a 1566. cod „Germ Sup Cat 1566 1599" f 409*)
[2] „Die festo Epiphaniae Domini"   [3] De his scholis v supra p 415
[4] P *Nicolaus Lanoius* iam 24 Aprilis 1552 Vienna ad S Ignatium de Canisio
scripserat „Complurium Germanorum audivit confessiones In quo negotio cum
solus nostrum [i e inter sacerdotes nostros] calleat linguam germanicam, non parum
laboris insumpsit, praesertim apud incarceratos, quos magna animi sollicitudine   ,
per confessionem praeparatos, ad participationem corporis Christi omnes simul perduxit" (Litterae quadrimestres I, 574)
[5] *Lanoius* in litteris supra memoratis „Canisius coeptas nuper conciones apud
Germanos, dominicis ac festis diebus prosequitur, quas numerosa multitudo, tum
nobilium tum popularium, quos continuo post se trahit, gratas sibi esse demonstrat
Modus sane dicendi, ut gentis convenit ingenio, placidus [?], gestus actioque pro
ratione regionis accommoda, et caetera quae ad germanicum pertinent ecclesiastem,
affatim videntur illi suppetere" (l c)
[6] Ex actis „visitationis" 26 Maii 1554 in monasterio S Iacobi (St Iacob auf
der Hulben) factae intellegitur Canisium monialium illarum tunc fuisse confessarium
(*Wiedemann* l c II, 75) Alterum, quod hic scribitur, monasterium puto „sororum
poenitentium S Mariae Magdalenae" fuisse, quod S Hieronymo sacrum erat (*Wiedemann* l c II, 35—36) In utraque ecclesia Canisius etiam sermones sacros habuit
(v supra p 421 [3] et infra, p 745) S Ignatius in constitutionibus Societatis interdixit ne Socii huiusmodi mulierum confessiones ordinarie („por ordinario") exciperent
neve eas regendas susciperent (P 6, c 3, n 5 Constitutiones latinae et hispanicae
p 199) Hae tamen Societatis constitutiones anno denique 1555 Viennae promulgatae sunt

senatus Viennensis rogavit et exoravit pei consulem suum ut in alio templo, quod
in tota civitate mihi videtur esse post cathedrale divi Stephani commodissimum et
pulcherrimum, iam deinceps concionetur[1] Die sancto Natalis Christi cum idem
Pater vix ante lucem sacrificasset (in quo sacro multos habuit communicantes
utriusque sexus homines), statim egressus e templo currum expectantem invenit, ut
in pagum quemdam et illic sacrificaturus et concionaturus sese conferret Cum
enim multis abhinc mensibus nullum illic Pastorem habuissent[2], enixe rogarunt ut e
nostris aliquem per Natalitias Christi ferias loco Pastoris haberent Quo in loco laete
quidem acceptus et retentus est Pater, magnamque sibi messem comperit, tum in visitandis et consolandis infirmis (quorum etiam confessiones audire, et animas Dominico
corpore communire curavit), partim in docenda iuventute, quam in templo collegerat,
et in admonendis illis rusticis, quos concione quotidiana ad pietatem exhortabatur
Ingressus domum quamdam, reperit ibi senem, ac prorsus decrepitum nonagenarium,
qui et lachrymis et gestibus declarabat satis quam grata sibi esset Patris praesentia,
de cuius manu posset sacram synaxim suscipere Diutius quidem illic, quam manere statuerat, detentus est Abiens autem, vix eos compescere potuit, ut munera,
quae offerebant, sibi ipsi retinerent multumque illi promiserunt pecuniarum, si festivis
redire diebus vellet ad concionandum Viennae ab afflictis et desperatis idem Pater
iam coepit visitari[a] et accersiri, quod sparsus de eo rumor videatur, quo pacto quibusdam miserrimis, Christo favente, subvenerit Ex quibus una, multo iam tempore
decumbens, omnem suae salutis spem amiserat, et neque a medicis curari, neque a
confessariis consolationem accipere potuit[b], quia[c] se a Deo relictam aiebat, magnisque signis comprobabat se correptam et obsessam a daemone, ut noster etiam medicus
de illa iudicavit Hinc in terram saepe prosterni, et huc illuc violenter nocte dieque
detrudi, abripique videbatur propalabat aperte gravissima prioris vitae peccata, propter
quae iuste se damnatam, seque[d] daemoni traditam asseverabat Quare cum pater
ad illam venisset (nullus enim confessorum[e] curam illius habere voluit amplius[f]), eo
permovit primum miserrimam, ut integre peccata totius vitae confiteretur, deinde,
tum orationibus, tum adiurationibus et exorcismis, sic vires daemonis, illam corporaliter affligentis, repressit, ut iam domo libere exeat, et quotidie Dei templum visitet,
atque uti sana domi suae laboret, et singulis mensibus Eucharistiae communicet, magnamque totius vitae mutationem cunctis exhibere possit. Quae res nihil mirum si magnae
sit multis aedificationi, ut eo plures etiam matronae nunc veniant confessurae Hoc
vero possumus affirmare, Societatis nostrae institutum magis magisque nunc in dies
inclarescere et ut nunquam antea, bonum de nostris odorem in Christo undequaque
spargi, ut nunc sentiant tandem non esse nos, uti existimabant prius, Gallos dumtaxat, vel Italos Hispanosque Auget hunc populi favorem nobis, quod munera
constanter a nobis videant refutari, quae sane nec raro nec exigua hic Patribus
obtruduntur[3]

------

[a] Ab afflictis et desperatis Pater Canisius adiri iam coepit Sacch
[b] accipere unquam poterat Sacch
[c] Quare Sacch   [d] atque Sacch.
[e] confessariorum Sacch
[f] habere iam volebat amplius Sacch

------

[1] Canisius a senatu rogatus ex ecclesia dominicana in templum S Mariae ad
ripam transit Cf supra p 421[3] et infra, p 745 Haud recte Polancus „Rogavit eum Senatus Viennensis pei consulem suum ut in templo D Stephani, quod
post cathedrale commodissimum erat, deinceps concionaretur, quod et praestitit"
(l. c II, 574) Ipsum templum D Stephani cathedrale fuit et est
[2] Cf supra p 421
[3] „Quidam vitulum, qui a P Canisio admissus non fuerat, pro foribus projecit
ac recessit, sed mox curatum est ut conductus bajulus ei, qui miserat vitulum, re-

Quae Gotfridius refert de muliere illa ad sanitatem mentis et corporis per Canisium revocata, eadem, etsi alus verbis, narrantur a *Petro Schorich S J* in litteris quadrimestribus collegii viennensis, 29 Augusti 1552 datis, quae partim quidem typis exscriptae sunt a *Sacchino* (Can p 66—68) [1], integrae autem exstant in *„Litteris quadrimestribus"* I, 729—735 Ex quibus haec tantum excerpo Canisius audita mulieris confessione hoc, praeter alia, effecit, „vt domo" illa „post nonum quidem mensem statim ad templum nostrum egrederetur, ibique sanctissimo Christi corpori communicaret . Venit iam [2] diligenter ad conciones Patris Canisij mulier illa vna cum Marito, et Matre, quae confessa quoque est eidem Patri Canisio, et communicauit in Ecclesia nostra, elegantemque puerum offert societati filium, ni fallor suum, licet paulo iuniorem, quam qui possit admitti" In iisdem litteris *Schorichius* „P Canisius", inquit, „pergit summo cum applauso [sic] et pari cum utilitate do cere ac explicare christianae doctrinae methodum illam quam Serenissimus Rex pridem a nostris petierat Faxit Dominus Jesus Christus ut possit ita et provehere et ad finem tandem perducere pulcherrimum hoc et restaurandae in Germania Catholicae Religioni plurimum adjumenti allaturum opus, ad laudem sanctissimi nominis sui Amen Redit igitur fructus ad studiosos non exiguus ex lectionibus Patrium, sed non inde solum, nam et concionibus germanicis P Canisii, ad quas illi praecipue veniunt, non parum juvantur Non enim ea tantum, quae ad morum correctionem pertinent, vehementi spiritu ibi monet Pater, verum etiam, quae ad confutandas haereses faciunt, gravissime tractat Ex studiosis saepe habuimus aliquot, qui domi nostrae et confiterentur et communicarent immo etiam ex primo professorum ordine Nuper, in festo D Virginis assumptae ad coelos, habuit P Canisius messem mulierum Germanarum valde copiosam, ex quibus octo circiter, et inter eas aliquot nobiles, nobiscum in templo nostro sanctissimae Eucharistiae Sacramentum summa cum devotione receperunt "

92.

Martinus Gotfridius (Stevordianus) S. J.

Sociis romanis.

Vienna 1 Man 1553

Ex apographo, sub a 1881 a P *I Euj de Uriarte S J* descripto ex apographo eiusdem temporis, quod est in „Varia Historia" I, 314 Tota epistula in „Litteris quadrimestribus" II, 248—251 edita est ex autographo (quod tamen cum apographo illo „ne uno quidem verbo" discrepare „Litterarum" editor testatur)

Viennae a P Victoria Italos contionibus et catechesibus excoli, Canisium ad Germanos e suggestu dicere Hunc regis mandatu Austriam inferiorem peragrasse

De contionibus PP nostrorum nunc aliquid summatim dicam Putarem non offensum iri hinc V P quasi contra recens mandatum de brevitate litterarum scribendarum observanda aliquid admitterem sed esto duos tantum habeamus, quorum alter Germanis, alter Italis diebus dominicis ac festis contionetur (non enim praeter P Canisium est quisquam sacerdotum qui linguam sonet perfecte germanicam, neque praeter unum opus est Italis

---

[a] *Ita Litt quadr , Sacch* igitur

portaret, alii gallinas, confectiones et hujusmodi afferentes" repulsam tulerunt *Polanco* (1 c II, 578)

[1] Sacchinus et Socherus subdubitant, an Gotfridius et Schorichius de eadem muliere scribant, equidem dubitare non possum

contionatore), uterque tamen adeo sollicite ac vigilanter verbo Dei suos instituit
auditores ut si fructum respiciamus multo plures duobus possimus asserere
Dominus Ioannes a Victoria praeter contionandi officium festis quoque diebus
suos Italos in doctrina christiana erudit, sunt enim nunc postquam curia [1] non
adest, fere eius auditores tegularii, lapicidae, fabri murarii et huius generis
homines, quorum summa est in fundamentis nostrae religionis ignorantia
Deinde fratres aliqui designati eadem docent eos qui sunt iuniores D vero
Canisius suas contiones germanicas in templo B Virginis [2] continuat, quamquam prae importunitati monialium diversorum coenobiorum aliquando in hoc
officio morem gerere cogitur [3] Boni et catholici illum libenter et sequuntur
et audiunt   pro maiori parte quadragesimae peragravit Austriam hanc inferiorem praedicationis ergo [4], nam Sereniss Rex ad nostrum Collegium misit
ex Graecio [5] (ubi tota se hieme continuit) exemplaria quatuor aut quinque
litteraium cum facultate contionandi et administrandi sacramenta praesertim
in iis locis ubi oves Christi pastoribus omnino sunt destitutae solus ipse
sacerdotum explere iussa potuit, qui (ut dixi) solus callet linguam germanicam
Pii homines in iis locis in quibus fuit gavisi sunt de pio zelo Christianissimi
Regis nostri, et gavisi sunt tales esse qui ita zelose ac sincere Verbum Dei
praedicarent dura etenim res huiuscemodi illis videbatur ista D Canisii
peregrinatio in tanta nivium abundantia in tanto gelu ac frigore ac, quod
maius est, in tanta hominum barbarorum atque haereticorum passim occurrentium petulantia [6]

93.

1 Novembris 1553

Ex litteris archetypis, quae apud nos exstant neque in „Cartas de San Ignacio"
vulgatae sunt

*Ferdinandus I. S. Ignatio Vienna 4 Novembris 1553 Se audi-
visse, quosdam Ignatio persuadere velle, ut „nonnullos et potiores" ex
suis Vienna avocet et alio mittat [7]. Se quidem pro suo religionis et
iuventutis iuvandae studio id aegre laturum, „habita ratione optimi
fundamenti, quod iam Catholici isti viri in hac urbe nostra tum sana
et pia doctrina sua in suggestu et scholis, tum probatae atque incul-
patae vitae suae exemplo receruut" Eos nullibi fere plus prodesse
posse, quam Viennae. Se omne eis patrocinium praestiturum atque*

---

[1] Aulam Ferdinandi I regis dicit
[2] Templum S Mariae ad ripam dici videtur Cf supra p 421 [3]
[3] In historia collegii viennensis refertur Canisium anno 1552 contionari coepisse in ecclesiis S Iacobi et S Hieronymi (cf supra p 421 [3]) Utraque ecclesia
monialium erat, vide supra p 742 [6]
[4] Vide, quae de apostolica hac peregrinatione Canisius ipse scribit, supra
p 421—422 Cf etiam supra p 417   [5] Graz (Gratz), Styriae caput
[6] Labitur itaque Ségun scribens Canisium parochias illas obiisse „avec quel-
ques-uns de ses Freres" (l c p 78)
[7] Ferdinandus certe hoc potissimum timebat, ne Canisius et Goudanus, qui
Ingolstadio „ad tempus" Viennam venire iussi erant, inde Ingolstadium redire, Alberti V rogatu, a pontifice et Ignatio iuberentur Cf supra p 425 [3] 428

tram „satis amplum monasterium" proxime traditurum esse   Ignatium potius plures Socios mittere debere, quam aliquos eorum avocare.

94.

Ferdinandus I.

Didaco de Lasso,

oratori suo romano

Vienna 4. Novembris 1553

Ex commentario (2°, p 1), quod Viennae est, in archivo aulae caesareae, „Romana" 1553

Cum Ignatio sollicite agendum esse, ne Canisium aliosve Socios Vienna avocet.

Ferdinandus etc.

Reuerende Deuote ac nobilis fidelis nobis dilecto   Cum nobis demonstratum sit quosdam apud Praepositum generalem Societatis nominis Jesu vehementer sollicitare et agere ut nonnullos et potiores ex suis fratribus hic existentibus[1] auocet, nos equidem pro nostro singulari iuuandae sanctae catholicae religionis nostrae studio operae precium fore duximus, ad ipsum hac de re per adiunctas literas diligenter scribere, sicutj ex adiecto quoque exemplo abunde cognosces, Volumus itaque et committimus tibi ut redditis ei literis nostris ipse quoque cum eo accurate agas ne quem ex Doctoribus et magistris huius piae societatis suae fratribus ab ista nostra celeberrima urbe et academia Viennensi tollat vel auouet, Quod sane ut eo facilius ipsi persuadeas poteris tum rationibus nostris viua oratione tua maiorem vim et efficaciam addere, tum alias etiam causas adducere, quas pro tua prudentia huc loci opportunas et validas fore cognoueris, Proinde nihil intentatum relinquas donec id quod nos tantopere velle iam intelligis consequare, Quandoquidem facies ita benegratam et expressam voluntatem nostram   Datum Viennae Quarta Nouembris 1553

Lassum Ferdinandi mandatum exsecutum esse testatur *Polancus* l c III, 18 Ignatius Roma 23 Novembris 1553 Ferdinando rescripsit Esse quidem, qui aliquem Socium (Canisium certe significat) Vienna avocari cuperent, se autem neminem invito rege avocaturum, atque immo Sociorum viennensium numerum suo tempore aucturum Integra epistula est apud *Genelli* l c p 501 et in „Cartas de *San Ignacio*" III, 444—445 339—340

95.

Inter medium annum 1553 et medium annum 1554.

Ex apographo, quod eiusdem fere temporis est   Cod „Germania 1560—61" f 5

De frequenti auditorio Sociorum Viennae contionantium, haereticorum libris sublatis, haereticis captis

---

[1] Canisium et Goudanum maxime significat, cf supra p 425[3]

Ex literis Viennensis collegij de Societate Jesu Romam missis [1] [veic
vel aestate anni 1554⁹]
Soli nos piopemodum suggestus occupamus Viennae, vt quos antea
populus huc non audiic solum, sed neque acquis oculis aspiceie poteiat, usque
adeo libenter nostros, corumque conciones audit [?] ' modo, ut templa repleta
uideas quoties ex nostiis quispiam est concionaturus Habuit autem Reueiendus
Patei Canisius hactenus frequentes coram Rege totaque curia conciones, nunc
ueio, Rege absente, in summo templo summo populi applausu concionatur
Pater uero Gaudanus in templo beatissimae viiginis maxima cum frequentia
Geimanoi um concionatur [2] Tantundem praestant tres alij fratres Magister
Martinus [3], Lambertus [4] et Dusius [5], qui suas ad populum habent non sine
maximo fructu conciones . . Omnes libri haereticorum, qui in tota viibe
nundinarum tempore sunt repeiti de dominorum manibus erepti sunt [6]
Haereticorum autem   quinque in uinculis detinentur, quorum quatuor
acerrimi sed admodum perniciosi erant concionatores [7], quintus est Polita
magni nominis Viennensis professor, quem non ignoratis

Polites anno 1554 a mense Martio vel Aprili usque ad initium Iulii in custodia
viennensi fuit Hae igitur litterae vere vel aestate anni 1554 scriptae esse videntur.
Cf Litteras quadrimestres II, 637—638 Labitur certe Gothein, cum scribit unum e
praecipuis professoiibus (Politen) et quattuor contionatores lutheranos anno 1556 in
caicerem inclusos esse (l c p 730)
De Canisii contionibus, a 1553 vel 1554 habitis, haec refeit Polancus (l c
III, 244) „Pervenerat hac aestate [1553] Viennam jubilaeum cum litteris Apostolicis
ad Reginam Bohemiae [Mariam, Maximiliani II uxorem,] delatum, et cum eisdem
litteris ad collegium nostrum Roma missum fuerat [8] At P Canisius Archipresbytero
et aliis, quorum ex officio interest apud populum pias promovere causas, exhiberi
et in germanica lingua typisque excudi, valvisque ecclesiarum et locorum aliorum
passim affigi curavit Paiochi igitur in suis ecclesiis huius sacri jubilaei indulgentias plebi suae indixerunt, et, ut iogati fuerant a nostris, satis diligenter populo
commendarunt, quin et ipse P Canisius, in concionibus coram Regia Majestate
habitis, piaeclaie de indulgentiarum utilitate atque usu disseiuit, deplorans simul
negligentiam et socordiam populi germanici, qui hanc et hujusmodi gratias, a divina
bonitate pei Sedem Apostolicam concessas, fere pro ludibrio habebat Testabantur
autem plerique viri aetate graves numquam se de dignitate ac utilitate indulgen-

---

' Sic, audiat ⸗

---

[1] Aliqua ex illis litteiis ab antiquo libraio excerpta huc omittuntui
[2] Templum „S Mariae ad ripam" significari videtur, in quo Canisius antea
dixeiat, cf supia p 745   [3] Gotfridius
[4] Auei   [5] Ioannes Dyisius
[6] P Lauientius Magius in histoiia collegii viennensis circitei a 1570 conscripta Rex „giavissimo edicto sanxit, ne quid Viennam importaretui librorum
Haeresi aspersorum, neu venales, qui impoitati essent, pioponerentur Canisioque
in mandatis dedit, libraiiis tabernis omnibus singillatim excussis, diligenti cura
ereptum iret populo quotquot ejusmodi pestilentes codices reperisset " Apud Sochei um] c p 49, cf etiam supra p 480 [3]
[7] Compluies archidioecesis salisburgensis parochi, qui uxores duxerant, eucharistiam sub utraque specie ministrabant, Lutheii dogmata spargebant, anno 1551
Ferdinandi iussu Ernesto archiepiscopo traditi et ab eo in arce Hohensalzburg vinculis mandati sunt, anno 1554 feie omnes illi suas haereses retractaverunt (Wiedemann l c IV, 333 389)   [8] Ci supra p 442

tiarum fuisse instructos. immo quid sibi vellent indulgentiae eatenus ignorasse
Nonnulli etiam, dum haec praedicarentur a lacrymis se temperare nequibant
Et hac P' Canisii diligentia factum est, ut longe plures germanici, quam alias soliti
erant, jubilaei praedicti gratiam promererentur, et ex eis copiosior in horrea Domini
fructus colligeretur "

Ferdinandus I ipse in „litteris fundationis" collegii pragensis, Pragae 15 Martii
1362 datis, de primis hisce collegii viennensis annis scribit Se „de Almae Societatis
Iesu insigni pietate aliisque innumerabilibus virtutum meritis, nec non sedula et
incomparabili eorum in instituenda Iuventute tam moribus christianis quam in bonis
omnis generis literis diligentia, in habendisque concionibus ad populum ipsum
assiduitate, multorum fide dignorum relatione atque experimentis exemplisque
Caesarei Collegii Societatis ejusdem" Viennae instituti „edoctum esse" [1].

96.

Anno 1554.

De libro in gratiam aegrotorum, Canisio iuvante an' auctore, edito

Anno 1554 Viennae editus est liber [2]

.DE CONSOLANDIS AEGROTIS, PRAESERTIM VBI DE VI- T.E PERI-
CVLO AGITVR, IN VSVM SACERDOTVM ET MINISTRORVM, QVI CIRCA
AEGROS VER- santur in hospitali Regio Vienne Austriae salutaris formula
[Sequitur figura ligno incisa et Samaritanum evangelicum repraesentans. infra
eam] *Curam illius habe, et quodcunque supererogaueris, ego cum rediero, reddam
tibi Lucae 10* " ² In pagina altera folii paenultimi „Mit Röm Khun May gnad
vnd Priuilegien Gedruckht zu Wienn in Österreich durch Michael Zimmerman in
S Anna Hof im Jar 1551 " 4º min, ff 40 non signata F A II „Petri
Canisii Sacrae Theologiae Doctoris ad Christianum lectorem de hac formula praefatio",
cui nec locus ascriptus est nec tempus Canisius vehementer commendat, ut aegroti
atque imprimis eorum animae diligenter curentur Opus a Michaele Khufringer,
valetudinarii superintendente („Superintendent des Neuhofspitals der hl Barmherzigkeit zu Wien"), Martino Gusman, Ferdinandi I cubiculario secreto et eiusdem
valetudinarii administratori, dedicatum est (f A IIII. F IIII) Praecipuam libri partem
sermones breves ac saepe ipsis sacrae Scripturae verbis concepti constituunt, quibus
aegroti summa doctrinae christianae capita edoceantur et ad patientiam ac pietatem
instituantur, itaque sermones tum latine proponuntur, tum italice et germanice
Quibus complures considerationes et preces ac figurae ligno incisae 19 additae sunt
Michael Denis [4] et Antonius Mayer [5] censent Canisium totum opus composuisse
Certe auctorem ipse multum adiuvit [6]

---

[1] *Bucholtz* l c IX, 669
[2] Accuratius ab *editore* descriptus est in „Zeitschrift für katholische Theologie" 14 Jahrg (Innsbruck 1890) p 727—729
[3] „P Nicolaus Lanoyus singularem infirmorum in hospitali decumbentium
curam gerebat" *Polancus* l c II, 575
[4] „Ich zweifle nicht, dass diese ganze Arbeit aus der Feder des ehrwürdigen
Canisius geflossen ist Sie hat Aehnlichkeit mit den ersten Betrachtungen der
geistl Exercizien des h Ignatius de Loyola" (Wiens Buchdruckergeschichte [Wien
1782] p 516 517)
[5] Wiens Buchdruckergeschichte I (Wien 1883), 70—71
[6] In bibliographiam Societatis Iesu hoc opus demum receptum est per P. Car
Sommervogel l c II, 618

97.

Ab anno 1553 usque ad 1556.

Quae Canisius in causa calicis sacri laicis concedendi egerit 1553—1556 [1]

Mense Februario anni 1554 Ferdinandus rex severe interdixit, ne quis laicus corpus et sanguinem domini sub utraque specie capesseret[2] Atque Avantianus eum Canisii contionibus incitatum id edixisse asserit[3] Hoc saltem probabile est Canisii quoque consilia et monitiones in ea re intercessisse, ac Canisium significare voluisse videntur status Austriae superioris, cum Linen 11 Iunii 1554 mandatum illud deprecarentur simulque eos incusarent[4], „welche Euer Majestat zu solchem Mandat geursacht und daneben auch den angeregten Bericht gethan, — dieweil sie zur Sattigung ihres verbitterten Gemuths wider die Lehre Christi und die, so sich zu derselben bekennen, uns als Euer Majestat getreuen Unterthanen in annder wege mitt haben beikommen konnen"[5] Quamquam rei actae modum fortasse excesserit Iacobus Focky S J , scribens Canisium in contionibus coram rege et ad populum habitis nihil maiore studio egisse, quam ut communionem sub utraque specie tolleret[6] Cum Canisius eiusmodi contionem anno 1555 festis diebus paschalibus in ecclesia cathedrali S Stephani habuisset, paulo post portae eiusdem ecclesiae dialogus affixus est[7], typis etiam exscriptus cum hoc titulo·

„DIALOGVS CONTRA IMPIA PETRI CA= ' NYSII DOGMATA DE SACRAMENTO · Eucharistiae compositus, & Viennæ Austriæ in ualiis Templi sancti Stephani | V Idus Maij affixus · M D LV · M D LV ' Ad Petrum Canysium Iesuitarum & hy= | pocrytarum Principem

Quid tibi peruerse tribuis cognomen Iesu '
Quum sua non spargas dogmata sed satanae)"

In extrema libelli parte „Actvm in Aphannis tempore mobili, die secuio mensis seieni 4º, ff 12, addito folio titulari Ubi, quando, a quo opus typis exscriptum sit, non indicatur Michael Denis non dubitat, quin Viennae id factum sit[8] Dialogus instituitur inter „Canysiophilum", qui „communionem sub una specie" defendit, et „Christophilum", qui calicem postulat Sacerdotum superbia fieri hic ait, ut calix

---

[1] Canisius posterioribus annis de sacro calice laicis concedendo saepe interrogatus est et multa dixit ac scripsit, quod posteriora huius operis volumina ostendent Ideo haec quoque, quae quasi initia rerum postea ab eo gestarum sunt, accuratius exponere placuit

[2] *Bucholtz* 1 c VIII, 195 *Hartl-Schrauf*, Nachtrage I, 141

[3] Litteris 1 Maii 1554 Vienna Romam missis (Litterae quadrimestres II, 638)

[4] *Hartl-Schrauf* 1 c *Bucholtz* 1 c

[5] *Schrauf* „Es war dies der gewohnliche Ton, in welchem die Gegner von Canisius zu sprechen pflegten, sobald sie hinter einer neuen landesherrlichen Verordnung seinen Einfluss zu verspuren glaubten, wussten sie ja doch, dass Konig Ferdinand, wie er ja uberhaupt dem neuen Orden herzlich zugethan war, Canisius das vollste Vertrauen schenkte und auf dessen Urtheil in allen kirchlichen Fragen das grosste Gewicht legte" (Nachtrage I, 141—142)

[6] In opere „Scriptores antiquissimae ac celeberrimae Universitatis Viennensis" etc , cf *Denis* 1 c p 666

[7] Ex dialogo illo (f C 3ᵇ) colici potest contionem illam feria tertia paschali habitam esse, qui tunc dies 16 Aprilis fuit Eam occasionem fuisse „dialogi" eiusdem f A 2" ostendit Quodsi *De Backer* (1 c I, 1064), *Wiedemann* (1 c II, 69—70), *Sommervogel* (1 c II, 666) asserunt „dialogum" primum esse librorum, qui contra catechismum Canisii editi sint, id demonstrari vix potest „Summa doctrinae christianae" vere demum anni 1555, ac vix ante ineuntem Maium, in lucem emissa est Cf supra p 522 537

[8] Buchdruckergeschicht p 666

laicis negetur Clerus valde vituperatur „O iniquam constitutionem, ubi Neroizantib (ut ita dicam) potius Cathedralibus consulitur, quam participationi sacramentorum Christi"[1]

In „Summa" quoque Canisius de hac re diligenter disseruit atque ecclesiae usum Scripturae sacrae, sanctorum patrum, conciliorum allatis testimoniis accurate defendit[2] Quam ob rem anno 1556 ab Ioanne Wigando Lutheranorum magdeburgensium „superintendente" acriter vituperatus est „So hat der Antichrist[3] seinen bittern hass wider Christum noch in diesem stucke auch mussen beweysen vnd aussgiessen, das er ein teil, nemlich den gebrauch des Kelchs oder bluts Christi den armen Scheffleyn Christi, Nemlich den Leyen, hat für dem maule hinweggerissen, vnd nur seinen beschornen Plattenhengsten zugeschrieben   vnd wirdt solches alles in disem newen Catechismo verteidigt, denn der hundsmunch hat jm einmal fürgenommen, allen Dreck vnd Grewel des Bapstes zu fressen, vnd schmecket jme wol als Zucker, wolt den selben auch andern gerne einreden"[4]

d) Catechismi a Canisio Viennae conscripti
1552—1556.

98.

Autumno anni 1555

Ex apographo totius epistulae, anno 1884 a P Ios Eug de Uriarte S J descripto ex autographo, quod est in „Varia Historia" tom I, f 353 Epistula integra edita est in „Cartas de San Ignacio" VI, 639—641

De Canisii itineribus augustano et pragensi ac parto catechismo germanico italice reddito

P. *Ionas Adler S. J.*[5], *in collegio viennensi magister, P. Hieronymo Natali S J Romam scribit Vienna 1 Octobris 1555*[6]

Cum ex Augusta rediens D Canisius rursus pragam properaret, ut quae necessaria pro uenientibus fratribus essent, otyus praepararet, inter alia etiam hoc mihi mandauit Reuerende in Christo P. ut Catechismum seu Doctrinam Christianam, quam in templo nostro Scholastici recitare consueuerunt, in linguam Italicam transferrem, eamque quam primum ad R. T. mitterem Quod sane onus, quamuis difficile mihi utcunque imparque uiribus uideretur, . . . feci tamen quod potui, partemque illam priorem, ceu fragmentum quoddam inchoati operis in linguam Italicam transtuli (nam ita mutilatus nobis et imperfectus a P Canisio relictus est liber iste) In qua quidem translatione,

---

[1] Dialogus f C 2 ' *Sacchinus* asserit Canisium libellum hunc tunc primum accepisse, cum Ingolstadii moraretur (Oct 1555 ad Ian 1556) „Risit et ille, seu potius deflenit coecitatem Scriptoris, et impudentiam" (De vita Canisii p 104)

[2] P 1, c 4 de eucharistia, in editione principe f 77'—81'

Summum pontificem Wigandus significat

[4] Verlegung aus Gottes wordt, des Catechismi der Jhesuiten (Magdeburgk 1556) f H 3''   ' De hoc vide supra p 415 446

' Autographum „Viennae Austriae, Kalendis Octobris Raptim 1554' Si Adler hand ita „raptim" scripsisset, certe 1555, non 1554, posuisset, nam quae de Canisio scribit (cum Augustae fuisse et Pragam ad collegium parandum properasse) ea certe anno demum 1555 facta sunt Cf supra p 545 547

hoc seruauj diligentius ut sensus sensui redderetur quam uerbum uerbo, quod sit magna idiomatis nostri atque Italicj diuersitas, longeque alia uerborum uis et proprietas, ut sepe paucis nos uerbis magnam Italicj sermonis copiam complectamur, breuiores autem simus ubi illi longiores Mitto autem ad te illa tardius, quod ipse ut T R. nouit sim tardus Germanus, et scholae meae occupationibus interdum distractus .

Haec clarissime ostendunt Adlerum non „Summam doctrinae christianae" latinam italice vertisse, sed germanicum aliquem catechismum a Canisio compositum Quod opus a „Summa" diversum fuerit[1] ac, ni fallor, ipse ille catechismus „minimus", quem Canisius anno 1556 Ingolstadii primum typis exscribendum curavit Versio ab Adlero facta numquam prelum subisse nec iam superesse videtur Destinata autem certe erat illis „adolescentibus et pueris italicis, qui Viennae permulti erant", atque „vix", inquit *Polancus* 1 c II, 567 „in tanta multitudine, qui sciret orationem dominicam recitare aut symbolum apostolorum inveniebatur, praecepta Dei nullus sciebat, quae ignorantia non tantum in pueris sed in viris etiam erat"

Notanda sunt praeterea, quae *Polancus* (l. c III, 251) in annum 1553 refert „Dictabat P Canisius diebus veneris catechismum pueris nostrarum scholarum, qui latine sciebant, infimae autem scholae idem magister Carolus Grim, qui ejus curam habebat, praestabat "

99.

Edictum primum,

quo Ferdinandus I Romanorum rex catechismum Canisii in scholis adhiberi iussit

Viennae 11. Augusti 1554.

Ex *editione principe* „Summae doctrinae christianae" [Viennae 1555] f a Ij' ad a VI[b]

Exemplum edicti, eodem tempore scriptum, superest Viennae in archivo aulae caesareae (Haus-, Hof- und Staats-Archiv), cod „Ferd I Privil n 7". f 196[b] ad 197[b] Idem edictum in compluribus editionibus „Summae" posterioribus exstat Hic ponitur, quia et in se gravissimum est et ad religionem catholicam in Germania restaurandam plurimum contulit neque a recentioribus historicis catholicis typis exscriptum est Maximam partem germanice versum est in *editoris* „Katechismen" p 32—33. E protestantibus complures edictum hoc operibus suis inseruerunt *Melchior Goldast*[2], *Bernardus Raupach*[3], *Ioannes Christophorus Koecher*[4]

Edictum conscriptum esse a doctore Iacobo Iona, aulae Ferdinandi I vice-cancellario, iam supra (p 483) vidimus

Collatum est cum edicto Ferdinandi I Viennae 10 Decembris 1560 dato, quod magnam partem iisdem omnino verbis conceptum est ac primum illud, in quattuor vero capitibus ab eo discrepat 1 Ferdinandus catechismum hunc non aliquibus tantum provinciis suis, sed omnibus praescribit, 2 a Canisio conscriptum esse diserte enuntiat, 3 compendii quoque mentionem facit, quod ex „Summa" extrahendum curaverit, 4 utriusque catechismi evulgandi privilegium Materno Cholino

---

[1] Si enim „Summa" italice vertenda erat, cur non versa est ex latino, qui sermo italico multo similior est, quam germanicus? Et quid sibi tunc volunt querelae illae de „mutilato" libro et „imperfecto"?

[2] Imperatorum ac Regum S Imperii Romano-Theutonici Recessus, Constitutiones . III (Francofurti ad Moenum 1713), 566—567

[3] Evangelisches Oesterreich (Hamburg 1732) Beil 2, p 10—12.

[4] Catechetische Geschichte der Paebstischen Kirche (Jena 1753) p 275—279

coloniensi tribuit Edicti huius loci illi, qui in edicto primo non sunt vel alus verbis concepti sunt, hic ponuntur, reliqua utrobique eadem sunt, rebus aliquot minimis exceptis v g quod a 1560 Ferdinandus non iam „Romanorum Rex" vocatur, sed „electus Romanorum Imperator" Primum (quod equidem novi) typis exscriptum est hoc edictum in editione „Summae", quae a 1564 Antverpiae cura Amati Taverneni typographi et Ioannis Belleri bibliopolae in lucem emissa est (f A 3 ᵇ ad A 5 ᵇ) Ego vero in eo proponendo secutus sum editionem „Summae" a Canisio ipso auctam et emendatam quae a 1566 Coloniae ex officina Materni Cholini prodiit (f 5 ᵃ—7 ᵃ) Edicti exemplum, eodem fere tempore scriptum, Viennae exstat in eo, quod supra nominavi, archivo, cod „Ferd I Privil 12 " f 210ᵇ—211ᵇ Typis descriptum est etiam a *Reiffenberg*, mant 18—19, et a *Boero*, Can p 478—481

Inter latina haec edicta medium est germanicum illud, quod a Ferdinando Viennae 23 Aprilis 1556 datum et primum evulgatum est in versione „Summae" germanica „Frag vnd antwurt Christlicher Leer", a 1556 Viennae in lucem emissa (f 𝔄 2ᵃ—𝔄 7ᵇ), in hoc edicto ea, quae a 1554 latine enuntiata sunt, germanice proferuntur, nec tamen praecipitur, ut hic catechismus solus, reiectis ceteris, adhibeatur, et etiam supra p 592²

Religionem firmissimum illud reipublicae praesidium, ita oppugnari, ut maioribus viribus et fraudibus numquam antea oppugnata esse videatur, atque ea in re satanam magnopere niti iuvari libellis et maxime catechismis, qui summo cum iuventutis periculo spargantur Ideo se orthodoxorum catechismum conscribendum curasse et eius evulgandi privilegium Michaeli Zimmermann tribuisse ac praecipere, ut hic catechismus solus in provinciis Austriae inferioris adhibeatur

FERDINANDVS Diuina fauente clementia Rom Rex semper Augustus, ac Germaniae, Hungariae, Bohemiae, Dalmatiae, Croatiae, Sclauoniae, etc Rex Infans Hispaniarum, Archidux Austriae, Dux Burgundiae, etc Marchio Morauiae, etc Comes Tyrolis, etc Vniuersis et singulis fidelibus nostris, tam Ecclesiasticis quam Secularibus, Praelatis, Comitibus, Baronibus, Dominis, Militibus, Clientibus, Capitaneis, Marschalcis. Prouinciarum Praesidibus, Vicedominis, Praefectis, Burggrauiis, Officialibus, Iudicibus, Burgimagistris, Consulibus, et Communitatibus, omnibusque aliis et singulis subditis et fidelibus nostris Inferiorum Prouinciarum nostrarum Au-   *[1560]* striacarum ¹, et Comitatus nostri Gori- prouinciarum nostrarum, tiae Principalis, cuiuscunque gradus, status ordinis, conditionis et dignitatis extiterint, Gratiam nostram Regiam et omne bonum Magno cum animi nostri moerore perpendimus et videmus, quibus hodie, quantisque motibus et periculis orbis Christianus vndique concutiatur Potissimum vero miserandus ille status neglectae, adeoque contemptae passim Religionis saepe multumque nos et pios omnes discruciat Qua quidem Religione vt nihil est sanctius in terris ita praeclarius ac firmius Reipub ornamentum ac robur esse nullum potest Atque idenco malarum artium nefarius artifex, sanctae Ecclesiae, bonorumque omnium hostis atrocissimus Sathan, quantum humano generi praesidii in vera Religione positum sit, minime ignarus, annis abhinc multis causam Religionis passim oppugnat ac perturbat, ita vt maioribus viribus et copiis frequentioribusque dolis et fraudibus, vno eodemque tempore ipsam antea numquam oppugnasse videatur Nec desinit adhuc Satellites quosdam et ministros suos, qui editis suis libellis omnia impietatis studia tollant, disseminent ac propagent, subornare partim vt, qui a Religione

¹ Vide supra p 454² 468²

orthodoxa semel defeceie, in eiroribus et sectis, quibus se addixeiunt, confirmentur partim vt, qui etiamnum in tutissimis Ecclesiae Dei castris pei-
durant, hinc seducti, factionum discipuli et Religionis nostrae Catholicae
desertores fiant   Intei hos autem libellos quorum ingens vbique piouentus
est, non paium viiium ad Religionem euertendam habent Catechismi (sic
enim appellant) qui saepe tum bieuitatis, tum verborum elegantia¹, et methodi
specie commendati, egregie fallunt, et imperitam illam, nobilemque iuuentutem
veritatis synceiitati natam giauiter vitiant atque coirumpunt   Dum enim ex
istorum libelloium lectione, venenum ipsa dulcedine blandum, simplicibus et
incautis sumendum piaebetur, priusquam id sentiant, eorum animi nouis et
pestiferis opinionibus, quas euellere postea sit difficillimum, deprauantur
Vnde fit, vt eo doctrinae feimento semel infecti, Catholicae fidei et sanctae
matiis Ecclesiae dogmata et instituta veneranda negligant, fastidiant, atque
nonnunquam etiam pei contemptum oppugnent   Qua quidem in ie, si quid
consilijs, monitis, iussis et Edictis publicis Rege Christiano dignis piofici
potuit, Nos profecto, cum ad ista impietatis studia piofliganda, tum ad sacrosanctae Religionis nostiae Catholicae iuia ietinenda, officio nostro minime
defuimus Attamen grassatui indies magis ac magis haec foeda lues, nouique
subinde ac nouis illecebiis infecti prodeunt Catechismi sparguntur, leguntur,
pioponuntur in scholis, maiore sane periculo, quam simplices pueii, et cieduli
improuidique adolescentes, imperitique homines, et plerique omnes istiusmodi
praeceptoies sentiie aut iudicaie queant   Quod igitui in giaui morbo boni
Medici, in exoita tempestate fidi naucleri faciunt, a nobis alienum non esse
existimauimus, vt piaesentissima, nobisque ob oculos posita atque piospecta
longe giauissima pericula, ratione quadam aut depellamus omnino, aut saltem,
quoad DEVS potentem manum suam admoueiit, mitigemus

  Quamobrem matura supei his delibeiatione habita, fidelibus nobis subiectis
populis salubeirimum fore duximus, si in tanta dogmatum et sectarum varietate
Catechisticae doctrinae librum, qui Orthodoxus sit, conscribi simul et fidelibus
nostiis populis euulgari, commendaiique

cuiaiemus Proinde ad huiusmodi Ca- | [1560] vnice curaremus   Ad quod
tholicum opus consciibendum, non du- | Catholicum opus conscribendum, intei
biae fidei et doctiinae vnos delegimus, | alios non dubiae fidei et doctrinac viros
conscriptumque eoium | Honorabilem, ieligiosum, deuotum, no-
                                         | bis dilectum Petrum Canisium sacrae
                                         | Theologiae Doctoiem delegimus, et cum
                                         | ab eo fuisset conscriptum, aliorum etiam,

quos non solum saciosanctae Theologiae scientia, verum etiam vitae innocentia
et integritate perspicuos esse constat, iudicio et censuiae subiecimus¹   quo
certioies essemus, ne authoiitate nostia in lucem quicquam piodiret, quod
Euangelicae doctrinae et sanctae Catholicae Ecclesiae vllo modo adueisaretui

  Posteaquam igitur DEI OPT MAX | [1560] Posteaquam veio Dei Optimi
giatia iam commemoratus liber ita con- | Maximi giatia factum est, vt commemo-
scriptus, magnoque Theologorum Ca- | ratus libei magno vbique doctorum et
tholicorum consensu approbatus fuit, | piocerum quoque Catholicorum applausu

¹ elegantiae ed. piim , elegantia ed col a 1566

¹ In prima hac editione nec Canisii nec Societatis Iesu disertis verbis fit mentio

cum fideli nostro Michaeli Zimmer-
manno commisimus typis excudendum
expresse vetantes, atque Decreto nostro, praesentibus hisce literis, modo,
via et forma, quibus fieri melius potest
ac debet, interposito prohibentes, nequis
[sic] Typographus aut Bibliopola in
sacro Romano imperio ac Regnis et
Dominijs nostris haereditarijs existens,
eundem hunc librum a primae huius
editionis die vsque ad exactum integrum
decennium typis aemulari, recudere,
imprimere, vel alibi impressum venun-
dare [sic] audeat, quocunque id colore aut
praetextu fieri possit, Grauissimae in-
dignationis nostrae, et Decem Marcharum auri puri, ac omnium librorum
amissionis poena constituta Cuius
mulctae dimidium Fisco nostro in-
ferendum, residuum vero iam dicto
Typographo firmiter decernimus statui-
musque persoluendum

exceptus, in varias etiam linguas con-
uersus, saepeque apud exteros recusus,
et in Gymnasijs publicis simul ad docendum et discendum propositus fuerit,
existimauimus nos non abs re facturos,
si eundem Catechismum ab Authore
denuo recognitum, non solum rursus
typis euulgari curaremus, verum etiam
pro rudiorum captu in quoddam compendium redigi iuberemus[1] ac fidelibus
nostris populis denuo autoritate nostra
commendaremus ac insuper vtriusque
tam maioris quam minoris editionem
nostro et sacri Imperii fideli, dilecto
Materno Cholino Typographo Colonien
demandatam benigno nostro fauore et
priuilegio aduersus sinistras aemulorum
artes tuendam et fouendam susciperemus
Inhibendo, ne quis alius eundem
hunc librum ante exactum integrum
decennium imprimere, vel alibi impressum vacnumdare[2] audeat, sub poena
decem marcharum auri puri

Mandantes idcirco vobis praedictis omnibus et singulis, praecipue vero ijs, qui
nostro nomine et loco iuris et iustitiae administrationem in Prouincijs nostris
Austriae inferioris et Goritiae Comi-   [1560] exercent
tatu exercent,
ac in magistratu constituti sunt, vt hunc Catechismum solum, nullumque alium
per Ludimagistros, Praeceptores, ac Paedagogos pueris in scholis publice aut
priuatim proponi, praelegi, ediscendumque tradi magnopere curetis, atque
omnino efficiatis quatenus cum vos, tum ipsi grauissimam indignationem
nostram, aliasque poenas delinquentibus, et huius Edicti nostri contemptoribus pro arbitrio nostro irrogandas volueritis euitare Haec enim est expressa
mens et voluntas nostra Datum in Ciuitate nostra Vienna, die
XIIII mensis Augusti Anno Domini   [1560] X mensis Decembris, Anno
M D LIIII Regnorum nostrorum Ro- Domini 1560 Regnorum nostrorum
mani XXIIII aliorum vero XXVIII[2] Rom XXX aliorum vero XXXIIIj

In .diario" quodam concilii tridentini, quod ab ignoto italice conscriptum
neque adhuc typis descriptum est, asseritur „Ferdinando ordino un Catechismo,
come douessero viuere li suoi sudditi, il che dispiacque al Papa per essersi intro-
messo a far stampar libri di riforme [di Religione] senza Vescoui, ne Papa "[3] Haec

---

* vaenumdari ed col

[1] De compendio hoc in secundo huius operis volumine multa dicentur Cf
editionis „Katechismen" p 113—126
[2] Fabritur itaque Frum Krones, asserens has Ferdinandi litteras 14 Augusti
1552 datas esse Geschichte der Karl Franzens-Universität in Graz (Graz 1886) p 220
[3] Cod Ottob 2656 bibliothecae vaticanae f 113ᵛ, cod ms 142 bibliothecae
urbis tridentinae f 37ᵇ

transcripta et amplioribus verbis exornata esse videntur a Paulo Sarpi [1], quem secuti sunt Raupach, Koechei, Zezschwitz etc At diarii illius auctorem magna fide dignum non esse nec Canisii „Summam" Viennae anno 1555 sine „approbatione ordinarii" in lucem esse emissam, ab editore copiose probatum est in „Katechismen" p 49—55

100.

Sub annum 1556.

Carmen probrosum, sub a 1556 in Canisium eiusque catechismum factum

Ex apographo antiquo, quod est Guelpherbyti (Wolfenbuttel) in bibliotheca ducum brunsvicensium, cod „64 11. Extr " f 58 [b] Ex carmine ipso cognoscitur compositum id esse Canisio vivo Circiter annum 1556 scriptum esse ex eo conici potest, quod pleraque, quae codex ille complectitur, eo anno composita sunt

In Catechismum Canisii [1]

Forte canem genuit sub nigro Cerberus orco.
    Per tria partitos qui facit ora sonos.
Forma cani similis rabido sed atrocior ille est
    Namque malum in superos virus ab ore vomit.
Et quod se poeni circumdat pelle leonis
    Ac aquilae plumis ora canina tegit,
Sed non ulla datur latranti gloria monstro;
    Nosco canem, quamvis pluma leoque tegit.
Affore sic cecinit postremo tempore David,
    Provida quae Christus de cruce verba refert.
Namque canum rabida queritur se indagine cingi,
    Quod ferus pandat morsibus ora leo,
Quodque sibi immineant cornu feriente [?] [b] Monarchae
    Qui praedam tetris dentibus oris agant.
O si rex avium veniat, rex ille ferarum,
    Si repetat pellem, caetera risus erunt,
Aut si quod proprium est venatori ab arbore celsa
    Strangulet emeritum, fune, quod opto, Canem

---

[a] *Cum carmen hoc ante 12 fere annos ex codice guelpherbytano transcriberetur, ad nostram scribendi rationem sue „orthographiam" accommodatum est Neque operae pretium esse videbatur, ceteris orthographiae restituendae gratia codicem illum iterum adire vel mittendum curare*
[b] *Vocabulum obscure scriptum*

---

[1] „Riusci questa ordinatione con molto disgusto della Corte Romana" etc Historia del Concilio Tridentino Di *Pietro Soave Polano* (Londra 1619) 1 5 ad a 1554, p 377

---

e) Episcopatus viennensis a Canisio ter recusatus et aliquamdiu administratus.

1553—1556

101.

23 Augusti 1553

Ex „Cartas de *San Ignacio*" III, 417—418 280—283, ubi epistula integra habetur

S Ignatius Hieronymo Martinengo apostolico nuntio viennensi Roma 23 Augusti 1553 rescribit ad litteras de Canisio ad episcopatum viennensem compellendo datas Societatis hominibus dignitates ecclesiasticas non convenire, ideoque et Ianum ab episcopatu tergestino, et Borgiam a cardinalatu accipiendo exsolutos esse „E cosi in questa cosa mi persuado, non vorria sua Beatitudine sforzarci con obbedienza, ma, senza venire a questa prova, supplico io umilmente a Vostra Signoria Reverendissima che sia contento di non procedere innanzi in questo negozio, anzi esserci protettore ed ajutarci secondo l istituto nostro " Cf supra p 426—427 431 436 Martinengum Ignatio morem gessisse testatur *Polancus* (Chronicon III, 18)

102.

5 Ianuarii 1554.

Ex commentario epistulae integrae, quod Viennae in archivo aulae caesareae exstat, „Romana 1555"

Ferdinandus I Didaco de Lasso, procuratori suo romano, Augusta Vindelicorum 5 Ianuarii 1554

.Jn negocio autem Canisij[1] committimus tibi ut nihil amplius agas donec aliam a nobis commissionem acceperis . .

103.

Didacus de Lasso

Ferdinando I.

Roma 22. Augusti 1554.

Ex litteris Lassi archetypis (2° mm , 1½ pp , in p 4 inscr et sig), Lassus ipse nomen subscripsit Asservantur Viennae in archivo supremi collegii, quod imperatori a sacris est (Cultus-Ministerium)

Ignatium, ne Canisius episcopus viennensis fiat, summa vi obstiturum Attamen effecturum ut, ut episcopatus administratio Canisio committatur

†

S C. R. Maiestas

Die, XVj. praesentis Mensis accepi literas Vestrae Regiae Maiestatis quibus iubet, ut summopere curem promotionem in Episcopum Viennensem pro Magistro Canisio[2] Quae res mihi admodum difficilis

---

[1] Id est Canisii dignitate episcopali ornandi

[2] Ignatio Lassus est „ingenue confessus si rem ex Regis voto, animique sententia transegisset, promissam sibi satis uberem sui laboris mercedem" (*Orlandinus*

uidetur, quam uis [*sic*] ipse Magister adeo ⁿ conueniens et dignus sit
eo munere   Scio enim aperte nullo modo ad id Superiorem suum [1]
licentiam daturum, quin potius omni qua poterit ᵇ repugnantia obsistet.
licet Sanctitas sua aliud sibi praecipiat [2].   Nam hi religiosi huius
Societatis, et quod dudum ᶜ florere coeperit et quod adhuc pauci sint.
nollent exemplum dare, ut ab ipsis aliquem socium suum etiam pro
urgentissimis causis et honoribus separari patiantur ᵈ.   De qua re
habetur experientia iam semel quando Maiestas V. Regia nominauit
in Episcopum Triestensem Magistrum Claudium ex eadem societate
virum [3], quem et si Papa nimis serio et ex animo promouere cuperet.
nunquam tamen inducere ᵉ potuit eorum societatis Magistrum Ignatium.
sed omni et qua maxima potuit solertia recusauit et contradixit
Atque ipse postea quadam die cum eum conuenirem, usus est inter
loquendum habere adhuc in memoria se tunc euasisse liberum ex illa
uiolentia, quam sibi propterea inferri ᶠ uolebant   Sed his non obstantibus, uidens hac uia nihil profici posse, cogitaram, ut per uiam Breuis
Apostolici, sibi demandaretur ⸱ prius tamen, visum fuit, id communicare cum Cardinali de Carpi huius Societatis Protectore, eidemque
dare literas vestrae Regiae Maiestatis   Quibus ipse intellectis easdem
mihi difficultates opposuit, quas ego putaram, viam tamen posse
reperiri, adiunxit, qua posset fere ad Episcopatum deuenire, illiusque
administrationi satisfacere, sine eo quod fieret Episcopus   Quae res
fiet communicata prius cum altero Cardinale, horum negotiorum ualde
intelligenti [4], atque etiam curabo, ut Breue suae Sanctitatis clam ex-

---

ᵃ a deo *archet*   ᵇ poterit *archet*   ᶜ *Sic*, haud dudum ᵈ
ᵈ *Sic Lassus scribere noluisse uel correctius fuisse uidetur, si has litteras diligentius legisset, archetypum* separetur
ᵉ induci *archet*   ᶠ *Sic, sed malim legere* inferre

---

1 c 1 14, n 44)   Ac *Sacchinus* asserit Lasso „consimilis honoris, vel etiam amplioris"
spem esse oblatam (De vita Canisii p 82)
[1] S Ignatium
[2] Ignatium obstiturum non fuisse, si pontifex sub peccato ei praecepisset, ipsae
Ignatii constitutiones ostendunt (P 10, n 6)
[3] P Claudium Iaium   Cf supra p 332 408
[4] Iacobum cardinalem Puteum significare videtur, qui „iuris utriusque doctorum
sui temporis longe princeps" fuisse fertur (*Ciaconius-Oldoinus* 1 c p 773), qui et
diploma postea recognovit et approbavit, quo Canisius administrator creatus est
Cf supra p 509   Marcellum quoque cardinalem Cervinum Lassus adiit   Huc enim
(non ad annum 1552, quem Acta Sanctorum habent) referri oportet, quae ex commentariis Polanci et Ribadeneirae affert P Ioannes Pinius „Dixit Cardinalis sanctae
Crucis redux a Pontifice   , quod Dominus Iacobus Lasso secum fuerit locutus
ut in primo consistorio episcopatum Viennensem pro M Petro Canisio proponeret
dicendo, ut sua Sanctitas sine Societatis consensu, ex reverentia erga regem Romanorum, illum ei conferret, et quod Cardinalis narraverit suae Sanctitati id, quod
sibi dixerat dominus Iacobus" etc (*Acta Sanctorum* Iulii, VII [Parisiis et Romae
1868], 497)

pediatui [1] forsan ' et hoc proderit [sic]. Quam Christus Opt Max.
diutissime seruet, ex Roma XXIj Augusti M. D. L. IIIj.

Caesareae Maiestatis V. Humilis Seruus

Don di Lasso

† Sacrae Cesareae ac Regiae Rom. Hungariae Bohemiae Maiestati
Domino nostro

P' *Ioannes de Polanco* Roma 23 Novembris 1554 hac de re ad P' Franciscum
de Villanueva scripsit [2] „Don Diego Lasso   vase el mismo al Papa [3], y poniéndole
delante la devocion del Rey y la necesitad de aquel obispado, como llego a suplicar
que S S mandase en obediencia al Dr Canisio que le tomase, dicele el Papa ,Eso
no lo queremos hacer, por no hacer este desplacer á la Compañia', y añadio (como
quien da razon) ,De estos Padres tenemos necesitad no los querriamos contristar,
pero procurad el consenso del Preposito de ellos, y hariase lo que pedis' Dijole D
Diego ,Eso, Padre Santo, es tanto como no hacer nada, que lo se que el P' M Ignacio
no consentira' Finalmente no saco del Papa mas que lo dicho y pidiendo a lo
menos que le mandase ser administrador, tampoco quiso hacerlo sin que Nuestro
Padre consintiese y asi vino D Diego a Nuestro Padre contandole toda su traicion
(que es muy amigo y devoto) y por la grande necesitad de aquel obispado, y por
hacer algo de lo que el Rey deseaba, consintio Nuestro Padre en que por un año
solamente tuviese el Dr Canisio aquella administracion "

104.

Ferdinandus I.

Ioanni Morono,

presbytero cardinali tituli S Laurentii in Lucina

Augusta Vindelicorum 8. Augusti 1555

Ex commentario (2°, 2½ pp), quod altera manu eiusdem temporis correctum et
ab ipso doctore Iacobo Iona, Ferdinandi vicecancellario, subscriptum est Viennae in
archivo aulae caesareae, „Romana 1555"
Ibidem est alterum commentarium, ea manu scriptum, qua prius correctum est ,
sed alterum hoc correctiones prioris non habet

*Gaudet pontificem efficere velle, ut Canisius episcopatum viennensem suscipiat
Diploma mitti, quo eundem ad eam sedem praesentat Quodsi pontifex aliter videatur,
curet, ne ipse rei praesentationis ius amittat*

Reuerendissime pater Amice charissime Accepimus literas Dominationis vestrae Reuerendissimae, quas hisce diebus ad manus nostras
proprias ratione Episcopatus Viennensis dedit [4], Et lubenter sane in-

---

' forsam *archet*

---

[1] At Ignatium ea res non fugit, cf supra p 500—501
[2] Haec epistula primum edita est in „Cartas de *San Ignacio*" IV, 376—879
Summam rei etiam refert *Petr Ribadeneira* S J in „Vita Ignatii Loiolae" 1 3, c 15
(Ingolstadii 1590, p 214—215)
[3] Iulius III tunc ecclesiam regebat
[4] „Ferdinandus rex   per suum Legatum Marcum Comitem ab Arcu ma-
chinas novas admonuit, instituitque vt [novus pontifex Paulus IV] duobus, tribusue

telleximus, quod Sanctissimus D. N. iatum gratumque habere uclit,
si Sanctitati eius honorabilem religiosum deuotum nobis dilectum
Petrum Canisium de societate nominis Jesu ad dictum Episcopatum
Viennensem nominauerimus et presentauerimus, quin etiam Sanctitatem
eius effecturam esse, quod is Ecclesiae illius curam et administrationem
Episcopalem non obstantibus hijs [sic], quae hactenus impedimento
esse uidentur, omnino suscipiat et gerat   Quo nomine Sanctitati eius
qua decet reuerentia gratias agimus, et propterea cum hijs [sic]
Dominationi vestrae Reuerendissimae literas nominationis ac praesentationis pio eo transmittimus, quod Sanctitas eius desuper necessaiiam
confirmationem expedire easque rationes inire dignetur, ut praefatus
Canisius huiusmodi Episcopatum prorsus suscipiat, ita tamen, si forte
Sanctitatj eius aliter videietur et ipsa putaret iem istam ad effectum
deduci non debere ', quod nos propterea iure nostio patronatus non
piiuati esse uideamur, sed liceat ᵇ nobis tunc aliam idoneam et habilem
personam nominare ac praesentare, attento quod mora ista prouidendj
dictae Ecclesiae non ex inobedientia aliqua vel incuria, sed ex singulari quodam studio nanciscendi virum aliquem probum pium doctum
et ad hoc muneris aptum et idoneum proficiscatur ᶜ   Eaque propter
Dominationem vestram Reuerendissimam amice et beneuole hortamur,
ne grauetur etiam in posterum operam suam in hoc negocio interponeie, idque ad finem, quem iam diximus deduceie, prout nobis de
Dominationis vestrae Reuerendissimae pietate ac piaeclara in nos
voluntate pollicemur ᵈ. Jn quo Dominatio vestra Reuerendissima factura
est nobis iem gratissimam, beneuolentia nostra regia eidem repen-
dendam   Quam foeliciter valere optamus   Datum in nostra et Jmperij Ciuitate Augusta Vindelicorum Die VIIj mensis Augusti   Anno
Dominj M D LV   Regnorum nostrorum Romani XXV Aliorum uero XXIX

I. Ionas D

vicecancellarius   M Singkhmoser.

105.

31. Augusti 1555.

Ex litteiis aichetypis, a Morono subscriptis, quae sunt Viennae in archivo
aulae caesareae, „Romana 1555"

ᵃ *Sic comm piius coiiectum est manu alteia, piius sciiptum eiat* si forte ies
ista ad effectum deduci non posset
   ᵇ licet comm piius
   ᶜ *Veiba* attento — proficiscatur *alteia illa manu in maigine comm piioiis
addita sunt*
   ᵈ *Hic aliqua sequuntui , quae ad episcopum iacantis sedi guicensi pioeulendum
spectant, sed ea in piioie commentaiio lineis deleta sunt*

---

de Societate vinis mandaret Episcopatus, et iegionum illarum gieges committeret"
Oilandinus (1 c 1 15, n 9)

Ioannes cardinalis Moronus Ferdinando I. Roma 31 Augusti 1555

Quod ad promotionem domini Canisij ad Episcopatum Viennensem [attinet] res iam pro confecta potest haberi. necesse erit
prouidere pro expediendis literis apostolicis qua de re dominus Didacus
laxus diligentius perscribet Maiestati V

„Quo accepto nuntio", inquit *Sacchinus*, „Ignatius ad Cardinalem Carpensem
quo tum Patrono societas vtebatur, aduolat   Cardinalis bono animo iussit esse
Modo, inquit, Canisius ipse constans in renuendo perstet   in me recipio Pontificem
neutiquam vim allaturum invito Scribat ad Pontificem, quae pro sua causa habebit,
antequam munus admittat   cetera mihi curae erunt   Quae cum significata essent
Canisio, et immobilem constantiam obtineret, noluit summo iure vti Rex   Itaque
seculi eius anno quinquagesimo sexto Iacobum Lassum admonuit vt tandem, quando
de sententia dimoueri nullo modo Canisius posset, vrgendi eius negotij curam
omitteret Iacobus eas ipsas literas Ferdinandi, quas etiam nun habemus, Patribus
dedit " [1]

106.
De Canisio episcopatus viennensis administratore.
1554—1556.

Eorum, quae Canisius in administrando episcopatu viennensi gessit [2], vix aliqua
vestigia in archivis viennensibus superesse videntur   Equidem anno 1889 tum in
archivo consistorii archiepiscopalis tum in compluribus archivis caesareis frustra
quaesivi Neque in archivo capituli metropolitani quicquam eius generis exstare
reverendissimus D Doctor Hermannus Zschokke, qui harum rerum peritissimus est.
mense Martio a 1894 ad me scripsit Paucula, quae sequuntur, a *Theodoro Wiedemann*
ponuntur qui ea vel eorum partem ex archivo supremae vectigalinm curiae utriusque
Austriae („Gemeinsames k k Finanzministerium") a se hausta esse significat [3]

„Die Verwaltung führte der Official Freysleben' Canisius selbst kümmerte
sich wenig um die Angelegenheiten des Bisthumes [?], er lebte rein seiner Aufgabe
als Jesuit, dem Beichtstuhle und der Kanzel Nur einmal trat er hervor und unterstützte in seiner Eigenschaft als Bisthumsverweser am 1 Februar 1556 den Bruder
Gabriel, Quardian der Franciscaner bei St Nicola   [*Sequuntur ea, quae supra
p 598 posita sunt]* 1556 trat Canisius zurück Die Administration der Temporalien
übernahmen Nicolaus Engelhard, Leopold Ofner und Ulrich Ham   1557 legten sie
Rechnung Aus dieser Rechnung ergibt sich, dass die Verwandten des Bischofes
Weitwein mit 1200 Gulden abgefertiget, der Dompiediger Weitwein jährlich mit
100 fl, 3 Mut Getreid und 4 Klafter Holz honorirt und das Bisthum jetzt schulden-
frei war   Am 26 September 1557 befahl Ferdinand mit dem Uebersschusse der
Bisthums-Gefalle die Jesuiten in Rom zu bezahlen " [5]

Anno 1558 Antonius Brus episcopus viennensis constitutus est

[1] De vita Canisii p 84—85
[2] Litteras Iulii III , Roma 3 Novembris 1554 datas, quibus ea administratio
Canisio ad annum imposita est, vide supra p 506—509 Cf etiam supra p 443 [3]
Aschbach falso affirmat Canisium eam administrationem a 1553 suscepisse et solum
usque ad 3 Novembris 1554 gessisse (l c III, 111 [3])
[3] Geschichte der Reformation und Gegenreformation im Lande unter der Enns
II (Prag 1880), 82
[4] Doctor Christophorus Freysleben a 20 Augusti 1547 usque ad 26 Novembris
1555 „officialis" episcopatus viennensis fuit (*Wiedemann* l c V. 566—567)
[5] Emendandum igitur est, quod in „Serie Episcoporum" scribitur Canisium
anno 1558 administrationem episcopatus resignasse (*P B Gams O S B* , Series

107.

Appendix monumentorum viennensium.

Theresia [?] [1] van den Bergh, Canisii

matertera,

P. Leonardo Kessel,

Sociorum coloniensium praeposito

Noviomago vere anni 1554

Ex autographo (16°, p 1) Colonia vel Vienna Romam ad S Ignatium misso Antiqua etiam harum litterarum versio latina apud nos exstat

Domum suam Societati, per quam Deus tanta efficiat, offert

genade ende vrede geue ons die hei doei syn ewyge guethyt amen erwerdyge vadei soe ic ser woel gehoert van die grote vruchten die got die her doet doer die brudyschap ihesu as my m. kanys [2] ser woel vertelt hef en ock in derck kanys mynre suster soen soe is myn hart ontsteken woeiden om soe gioete guet mededelechtych te waerden en heb daer om in deryck myn nef gebeden dat doch — — — —[*] eruerdygen vaderen woelde te kenen geuen dat ic hed een erlyke bequaem wonyge daer myn alden in geuoent hebben en my nu allen toe hoert die ic nu tot die bruderschap gern woelde geuen om die bruder in te voenen [3] en byd oetmoedelyck om die lefte gudes dat u werden alsoedanyge woennyn nan my totter eren gudes wylt ontfangen

Inscriptio, subscriptio, locus, tempus neque in autographa epistula neque in apographo antiquo comparent Unde et quando litterae datae sint, ex Canisii litteris eruitur [4] In extrema paginae prioris parte a P Leonardo Kessel (ita saltem omnino videtur) scriptum est „Hanc petitionem scripsit Matertera M Theodorici Canisij, ante Mortem suam " Quae indicant litteras hasce ad Kesselium datas esse Qui etiam anno 1552 Noviomagi „amicos" Canisii inviserat et anno 1554 eodem redut [5] Quae de Kesselio a 1554 Noviomagum piofecto indeque senatus consulto excedere iusso iefeit *Reiffenbei y* 1 c 1 2, c 8, a *Gothein* (1 c p 754 795) parum diligenter lecta et ad Canisium perperam tianslata sunt Ceite epistulis a Canisio a 1548—1556 datis, quas supia posuimus, evincitur hunc eo tempoie in Germaniam inferioiem non venisse

_____

[*] *Sequuntur verba aliquot obscure scripta Versio antiqua quo hoc animi mei consilium Reuerendiss patribus aperiret*

_____

Episcoporum Ecclesiae catholicae [Ratisbonae 1873] p 321) Eiiat etiam *Philippson* scribens Canisium dioecesim viennensem per 48 menses administrasse (Westeuropa p 48)

[1] Huic virgini „Theresiae" nomen fuisse asseiit *ian den Beigh* 1 c p 13, unde autem id cognoverit, non indicat

[2] Versio antiqua „ielatu sororis meae Canisiae"

[3] *Van den Beigh* (1 c) refert domum hanc angularem fuisse in via, quae „Ridderstraat" vocatur   [4] Supra p 475 485

[5] *Litteiae quadiimestics* I, 403   *Oilandinus* 1 c 1 14, n 45

G.

MONUMENTA PRAGENSIA CANISII.

1554—1556

a) Collegii pragensis prima sementis a Canisio facta.

1554—1555

108.

20 Octobris 1554

Ex epistula Ferdinandi regis, quae integra exstat in *Artis Sanctorum* Iulii VII (Antverpiae 1731), 498, et in *Mencha ae* „Epistolis S Ignatii" p 516—518, atque in „Cartas de *San Ignacio*" IV, 532—533

Ferdinandus I S Ignatio, Vienna 20 Octobris 1554 Socios Viennae et aliis vicinis locis contionibus, scholis, exemplis vitae plurimum profuisse et in dies magis profuturos, „utpote qui numquam otiari, sed dies noctesque in excolenda vinea Domini occupati esse videntur". Ideo se statuisse, Pragae quoque collegium Societatis instituere[1], et „in hunc usum duodecim fratres, inter quos ad minimum duo sacrae theologiae professores existant", ab Ignatio petere

109.

22 Novembris 1554

Ex epistula S Ignatii, quae est in „Cartas de *San Ignacio*" IV, 484—485

S Ignatius Ferdinando I, Roma 22 Novembris 1554 Se „intra annum" Socios illos Pragam esse missurum

110.

28 Februarii 1555.

Ex epistula Ferdinandi I archetypa Edita est in „*Artis Sanctorum*" 1 c p 498—499 et in *Menchae ae* „Epistolis S Ignatii" p 536—537

Ferdinandus I S Ignatio, Augusta Vindelicorum 28 Februarii 1555 Societatem laudat, gaudet de Sociis Pragam mittendis „Ad cuius sani Collegii erectionem, et necessariam sustentationem, quantos et quales reddidis, queue bona assignare et deputare decreverimus, . Nicolao de Lanoi Collegii Viennensis Rectori, ac Petro Canisio sacrae Theologiae doctoribus, significauimus" Favorem Societati promittit

---

[1] Ferdinandus ad hoc consilium capiendum etiam inductus vel in eo confirmatus est a capitulo metropolitanae ecclesiae pragensis. quod eius rei causa Henricum praepositum et Ioannem archidiaconum Viennam ad eum miserat (*Thom. Io Pessina*, Phosphorus septicornis [Pragae 1673] p 318—322)

111.

Mense Iulio 1555.

Ex epistulis archetypis, quae sunt Viennae in archivo camerae aulicae („Hofkammer-Archiv"), „Boehmen P. Fasc ⁴/₂, Jesuiten"

Canisium monasterium S Clementis elegisse Societatis sedem   Eius mores et doctrinam omnibus placere   Diutius et Pragae degendum esse

a) *Ferdinandus archidux Ferdinando I. Romanorum regi et patri suo, Praga 15. Iulii 1555.*

.. Zu uolziehung e. klu Maiestet beuelchs[1] hab jh baide Closster allhie als sannd Clemens vnd Sannd Thomas, durch di vorigen Commissari[2], dem abgesandten der Jesuiter, doctori Petro Canisio weisen. vnd jme derselben Closster ains zu jrer wonnung vnd vnderhaltung. zuerwelen, fürschlahen lassen   Jme Canisio [will] das Closster zu sannd Clemens darzue am annemblichisten vnd gelegnisten sein

.   welcher [Canisius] sich auch in diser handlung vnd besichtigung gantz emsiglich vnd vleissiglich bemueet vnd gehalten .   Gleicherweiss hab jh auch auf e gnaden beuelch obgedachtem doctor Canisio die renntt vnd einkhumen des Stiffts Oybin anzaigen vnd fuerhallten lassen . . . . .

b) *Henricus Scribonius, ecclesiae metropolitanae pragensis praepositus, et Antonius Brus, magister generalis ordinis Cruciferorum cum rubea stella, ac Ludovicus Schradin, iuris utriusque doctor, Ferdinando I. regi, Praga 16. Iulii[3] 1555*

Dieweill diesser Erwirdige Vatter Doctor Canisius nue allerley bericht erfahrenn, auch durch seine nehiste Predigk so er allhie jn der Eitzknichenn in grosser mennigk der Zuhorer gethann Ein gutten grundttstein geleget hatt, Vnd dem Volck wolgefallenn, Ist vnser vnnderthenigist guttbedunckenn, fur vns selbst gehorsamistes bittenn, Euer Khonigkliche Khonigkliche [*sic*] Mayestet woltten die handlunge allergnedigist dahin richttenn auf das disser hochgeleitte man, vnnd andechtige Vatter, zu solchenn Christlichenn werckenn hieher widerumb verordentt, vnnd das angefangene loblich Christlich werck, desto schleuniger jn vollzihunge gebrachtt werde, Als wie dan vnsers be-

---

[1] Cf supra p 545—547

[2] Ii erant Henricus Scribonius, Antonius Brus, Ludovicus Schradin, Ioannes de Rensberg Qui cum vere anni 1555 regis iussu Societati domicilium quaererent, in monasterio S Clementis prior Dominicanorum initio dixit se Socus monasterium suum concedere non posse, prioris provincialis vel magistri generalis esse, id permittere, quodsi rex homines doctos habere cuperet, eos a magistro generali ordinis Praedicatorum Roma mitti posse   Postea autem sub certis condicionibus paratum se ostendit ad Socios recipiendos   Haec „commissarii" illi ad regem rettulerunt 23 Martii 1555   Quorum *litterae in archivo camerae aulicae sunt (l c)

[3] „Feria III post festum divisionis SS Apostolorum", hoc autem festum 15 Iulii agi solet, quae tunc feria II erat

denckens, soviell vormerckenn, Das er mitt seinen wandell vnnd lehn, die alshaltt menniglich wolgefallenn hatt, jnn der heiligenn Religion ettwas dapffers fur andern verrichten werde .

112.

1555—1556

Canisius Crucigerorum pragensium hospitio utitur

Pragae antiqua et constans est memoria Canisium, cum collegii pragensis prima initia poneret, „Crucigerorum cum rubea stella" hospitio usum esse in valetudinario prope antiquum et celebrem Moldavae pontem sito, quod illius ordinis hodie quoque sedes est principalis

Ioannes Beckovský (1658—1725), eiusdem ordinis Cruciger pragensis, in „Chronico Bohemiae" bohemice scripto refert Canisius anno 1555 Pragam venit et -in valetudinario Crucigerorum cum rubea stella habitavit atque etiam victum accepit idque in parvo illo cubiculo, cuius locum nunc altare summum ecclesiae Crucigerorum occupat[1] et in quo olim beata Agnes virgo, valetudinarii eiusdem conditrix, habitaverat Illic igitur Canisius habitavit, donec ecclesiam et monasterium S Clementis accepit "[2]

Canisium eo tempore a Crucigeris „ad pedem pontis" hospitio exceptum esse refert etiam P *Georgius Cruger* (Kruger) S J (1608—1671), pragensis, in ultima parte „Sacrorum Pulverum" a P Bohuslao Aloysio Balbino S J (1621—1688) aucta[3] Idem recentiores historiographi pragenses asserunt, v g Iac Schaller, Ord Schol Piar[4], et Io Nep Zimmermann, Ord Crucig[5]

Ex iisdem fontibus intellegitur cum Canisio alios quoque de Societate liberali Crucigerorum hospitio usos esse atque ex illo tempore Pragae Crucigeri et Societatis homines peculiari inter se amicitia iuncti erant

113.

30. Iulii 1555.

Ex epistula Ferdinandi I, quae est in „Actis Sanctorum" I c p 499. *Menchacae* „Epistola S Ignatii" p 540—541, „Cartas de San Ignacio" V, 583—584

Ferdinandus I S Ignatio, Augusta Vindelicorum 30 Iulii 1555

Ignatio epistulam 28 Februarii a se missam in memoriam revocat „Cum itaque nuper Canisius in regno illo   Bohemiae fuerit et praesens rationem ac modum erigendi et sustentandi huiusmodi collegii intenit", se iterum ab Ignatio petere, ut duodecim illos Socios ante hiemem proficisci iubeat Viatici autem curam se „agenti" suo romano committere, „sicuti D Canisius ad te ea de re latius perscribet"

114.

2. Augusti 1555.

Ex epistula Ferdinandi, quae est in „Actis Sanctorum" l c , Menchaca l c. p 542—543, „Cartas" V, 584—585

---

[1] Pulchra haec ecclesia (S Francisci) a 1680—1688 aedificata etiamnunc exstat
[2] Poselkyně starých příběhův českých P 2, Vol 1, ed Dr Ant Rezek (Pragae 1879), p 201
[3] Sacri pulveres mensis Decembris, ed Mich Krammer S J (Pragae 1767) p 105
[4] Beschreibung der kgl Haupt- und Residenzstadt Prag III (Prag 1796), 47
[5] Historisches Verzeichniss aller in der k Hauptstadt Prag aufgehobenen Klöster, kirchen u kapellen 2 Liefg (sine anno, circ a 1830) p 112

Ferdinandus I S Ignatio, Augusta 2 Augusti 1555 Se modo cardinalibus Ioanni Morono, regnorum suorum protectori, et Ottoni Truchsessio scribere, ut Romae „primo quoque tempore" duas dispensationes sibi a summo pontifice impetrent unam, qua Pragae fratres Praedicatores monasterium S Clementis Societati tradere ipsique in monasterium B Agnetis, ordinis S Clarae, immigrare possint, alteram, qua Viennae monasterium Beatae Mariae Virginis, ordinis Carmelitarum, in possessionem Societatis transeat Rogare se igitur, ut Ignatius quoque ei rei operam suam interponat

115.

Ineunte Augusto 1555.

Ex litteris Ferdinandi, quae sunt in „Actis Sanctorum" 1 c p 499—500, et in „Cartas" V, 586—588

Ferdinandus I cardinalibus Morono et Truchsessio, Augusta, ineunte Augusto 1555 Rationes exponit, ob quas duas illas dispensationes petat Monasterium S Clementis loco est iucentiti et populo commodissimo, fratres valde paucos habet, „et ex illis concionatorem aut lectorem neminem deinde ruinam prae vetustate minatur in aedificiis", fratres ipsi „cupiunt in hac parte suo loco et iuri cedere, quod certam spem concipiunt, huiusmodi cessionem tum Pragae, tum Bohemiae in fide et religione valde profuturam" Vident autem in monasterio B Agnetis, quod „iam annis abhinc aliquot desertum" fuit, locum sibi „ampliorem et amoeniorem et spatiosiorem esse" De altero monasterio i. supra p 171[2]

116.

28. Augusti 1555.

Ex epistula S Ignatii, quae est in „Cartas" V, 401—403 298—299

S. Ignatius Ferdinando I, Roma 28 Augusti 1555 Litteras, quibus rex de Sociis Pragam mittendis et de dispensationibus impetrandis egerit, ad se perlatas esse; se de iisdem cum regis procuratore contulisse et operam suam ad omnia obtulisse; eum copiosius cuncta relaturum esse

117.

5. Septembris 1555.

Ex commentario epistulae (nondum editae) Ferdinandi, quod est Viennae in archivo aulae caesareae, „Romana 1555"

Ferdinandus I Paulo IV, Augusta 5 Septembris 1555 Refert se Pragae collegium Societatis condere coepisse, et Ignatium duodecim sibi Socios promisisse Ideo pontificem rogat, ut illos statim mittendos curet

118.

30. Septembris 1555.

Ex epistula S. Ignatii, primum edita in „Cartas" V, 414—415 340—342

S Ignatius Ferdinando I, Roma 30 Septembris 1555 „Heri me Summus Pontifex, cui nudius tertius litterae M Vestrae a D Didaco Lasso de Castilla datae fuerant accersiri iussit, et de duodecim collegialibus Pragam mittendis mecum egit Consultius foro visum est ejus Sanctitati, si statim post Januarium isthinc [hinc?] proficiscerentur, ut primo vere in Bohemiam pervenirent Ne autem consolatione et auxilio spirituali, quod a nostris exspectari potest, omnino Pragenses priventur, videbatur eidem Sanctissimo D N interim, dum alii se conferunt Pragam, subsistendum esse Doctori Canisio et revera concionando et collegialibus habitationem et reliqua necessaria praeparando cum sociis, quos secum habet, perutiliter ibi occupari poterit *

119.

17. Augusti 1555

Ex epistula archiducis, quae est Viennae in archivo camerae aulicae „Boehmen P Fasc ¹/₂, Jesuiten"

Ferdinandus archidux Ferdinando I regi, Viennae 17 Augusti 1555 Se, quae de domicilio Societati Pragae assignando rex 2. Augusti mandasset et curatores proposuissent, pridie per Canisium accepisse ac iam ea, quae sibi litteris illis proposita essent, constituisse et decrevisse

120.

7 Octobris 1555

Ex litteris Pauli IV, quas edidit *Raynaldus* in „Annalibus Ecclesiasticis" t XXI, a 1555, n 50

Paulus IV Ferdinando I, Roma 7 Octobris 1555 Se quam maxime laetari, quod rex Pragae collegium Societatis constituere velit Sed quia duo illi theologi „ec longinquioribus locis accersendi sunt, et hyems iam subest, eorum missio in proximum mensem Februarium dilata est" [1]

121.

29. Novembris 1555.

Ex epistula Ferdinandi I, quae est in „Acta Sanctorum" I c p 500, *Menchaca* I c p. 549—550, „Caritas" VI, 638—639.

Ferdinandus I S Ignatio, Vienna 29 Novembris 1555 Quod ad Socios Pragam mittendos attinet, „decet equidem nos Sanctitatis eius voluntati morem gerere et acquiescere , quin etiam consulta Sanctitatis eius, de retinendo interim Pragae donec ceteri duodecim adveniant, doctore Canisio non obliviscemur"

b) Collegium pragense a Canisio constitutum.
Causa religionis ab eodem adiuta.
1555—1557.

122.

Ab anno 1555 usque ad annum 1557

Ex litteris archetypis, quae sunt Viennae in archivo camerae aulicae, „Boehmen P Fasc ¹/₂, Jesuiten"

De incommoditate aedificii, quod Pragae, Canisio collegium praeparante, Sociis constructum erat, ac de ecclesiae S Clementis tenuitate

Quidam de Societate, Pragae degens (Ursmarus Goisson, collegii

___

¹ Sermonem a Paulo IV ad Socios Pragam profecturos habitum „ex Ursmari [Goissonii rectoris] adversariis" a se descriptum ponit *Schmidl* (l c I, 86)

rectoi ²) anno 1557 ¹ ad Feidinandum I iegem litteias dedit, in quibus, praeter alia, haec de collegio Societati Piague aedificato iefeit

„Aedificium autem illud sic est incommodum ut Vestiae Maiestati placere posse non arbitiarer, quod iudicio illorum sit in ea forma erectum, qui parum nostrum institutum hoc ipso uidebantui intelligere, quibus tunc temporis sese interponeie Doctor Canisius consultum esse non putauit². Certus profecto sum in meum me ingenium fallit, eos qui tunc rem totam diiigebant, nihil animo iniquo fecisse. Veium nihil ceite est in eo Collegio commoditatis pro infirmis, et nostii socij uix extra refectorium locum ullum habent, in quo uel diuisj uel simul omnes in hyeme possint studere, nisi in frigidissimis cubiculis . . . In tecto autem Dormitorij nec unam tabellam appositam esse puto, unde sicut anno praeterito hyemis tempore inter niues et aquam ³. et hoc etiam anno in eo loco ambulare Collegae nostri sunt parati atque degere etiam sj peius aliquid et grauius sese offerat, quod res huiusmodj (nisj forte infirmitatem inde aliquam contraherent) eius conditionis non sit, quae commune spirituale bonum, quod magnopere promoueri semper in melius optamus, impedire possit aut retardare

. Ecclesia uero praeterquam quod est parua nimis, multisque ex causis incommoda atque obscura, est etiam formae inordinatae, et quod peius est atque grauius, adeo ruinam minatur, ut sit timendum. ne bona eius pars cum periculo non minimo eorum qui eo accedunt pioxima hyeme decidat ⁴

123.
Utraquista quidam pragensis amico cuidam Lutherano.
Praga mense Maio 1556

Ex apographo recente, descripto ex exemplo eiusdem temporis, quod inscriptum est „Ex PRAGA per Thaneinum [²] piofessoiem Mathem 26 Maij 1556" " et exstat Guelpheibyti in bibliotheca ducali, Cod „64 11 Extr" f 39ᵇ—41 ⁱ

Iesuitas Piagae considere Canisium e suggestu iniectum esse in eos, qui diceient „Chiiste oia pio me"

Iesuitae apud nos subinde iam suos nidos extruunt, et bullas indulgentiarum spaigunt Nostii sacerdotes quidam acerrime nunc pugnant de Christi intercessione, damnantes Arianismi eos omnes quicumque dicunt, Christe oia seu intercede pio me apud patiem, ac

¹ Quae de Canisio scribuntui, ad annum 1555 et prioiem paitem anni 1556 spectant, atque ideo in hoc volumine collocata sunt Vide infia, adnot 2
² Illa collegii clementini pars „a templo in occidentem paulum deflexa" significatui, quam postea „Canisianum" vocaiunt (*Schmidt* I c I, 81) Canisius eo tempore pecuniae inopia laborabat, cf supia p 599 612 ³ Cf supia p 609 ¹
⁴ Inceitum, utrum dies significetui, quo epistula data, an, quo recepta sit, et utrum professoi ille epistulae auctoi sit an tantum eam secum attuleit ei cui in sciipta eiat.

se hisce tuentur auctoritatibus. [*Sequuntur variorum patrum et theologorum sententiae*] Ac Canisius nuper in die ascensionis Domini[1] coram rege[2], in concione gravissime invehebatur in illos, qui sic Christum invocant, appellans eos erroneos et impios, eo quod naturas, quae sunt in Christo dividant, peculiariterque [ᵃ]* velut hominem quendam coram patre procumbentem invocent, cum iam cum patre aequali potentia regnet, in quo duae naturae ita unitae sunt, ut seorsim altera humana videlicet [ᵇ]ᵇ compellari non debeat, ut etiam Nicenum decrevit concilium, inquiens Quicunque dupliciter Christum adorat, maledictus est[3] Damnatus est ergo iam olim ille error, quem nunc quidam refricant, non aliam ob causam, quam ut sanctorum invocationem e medio tollant, quorum est proprie intercedere pro nobis apud patrem Haec sunt mi frater illorum fulcra quibus insistunt. Quomodo subvertenda sint magnopere rogo propter Ecclesiam Dei, quaedam ad me copiosius perscribas, ut illis aliquando respondere possim et colligas aliquot testimonia veterum, qui Christe ora pro me dicere non sunt veriti. Ego nuper unum in Cypriani oratione quae suis operibus in fine adiuncta est inveni Te rogo plura conquiras et ad me transmittas[4].

Canisius, cum nollet audire „Christe ora pro nobis", S Thomam secutus est, scribentem „Ideo non dicimus ,Christe ora pro nobis', quia Christus supponit suppositum aeternum, cuius non est orare, sed adiuvare, et ideo dicimus, ,Christe audi nos', vel ,miserere nostri' et in hoc etiam evitamus haeresim Arii et Nestorii *⁵ Alia vero quaestio est, utrum Canisius cum Ruperto Tuitiensi etc senserit Christum in caelo pro nobis orare tantum „interpretative" per merita sua, quia in conspectu Dei sunt, per cicatrices vulnerum etc , an cum S Thoma, Suaresio, Toleto etc censuerit eum etiam expressa oratione divinae pietatis subsidia nobis petere In libro, quem multo post S Pii V iussu de Beata Maria Virgine composuit, haec de Christo scribit „Nullum agnoscimus alium communem omnium mediatorem et intercessorem, qui plenam cum Deo reconciliationem sit promeritus, aut vnquam promereri possit Per hunc omnia sumus assecuti bona, quae a Deo nobis data sunt, vel potius semper dantur, quique non verbis quibusdam et precibus, sicut solent Legati, sed reipsa intercedit Per hunc demum petenda et accipienda sunt omnia, quae Pater aeternus tum Angelis, tum hominibus precantibus donat Sancti vero mediatores ad hunc ipsum Mediatorem, si ita loqui fas est, ab Ecclesia constituuntur "⁶

ᵃ *Obscurius scriptum*   ᵇ *Obscure scriptum*

[1] 14 Maii   [2] Ferdinando I
[3] Cf concilii Nicaeni II anno 787 habiti, actionem VI, t 6
[4] In spuria „Oratione Beati Cypriani martyris, quam sub die passionis suae dixit", hic Christum alloquitur „Ego in tuo nomine peto, ut tu a patre petas, et detur mihi " Ita quidem in editionibus Cypriani erasmiana (Basileae 1530, p 505), migniana etc , in harteliana vero haec verba omittuntur
⁵ In 4 dist 15, q 4, art 6, q 2 ad 1 *Franc Suarez* S J has S Thomae rationes probat et confirmat, attamen existimat certa cum condicione posse nos Christum rogare, ut suae orationis nos participes efficiat, orationem suam nostrae coniungat etc In tertiam partem divi Thomae t I, disp 45, sect 2 (Lugduni 1608), p 693
⁶ De Beata Maria Virgine incomparabili (Ingolstadii 1577) p 659—660

Philippum certe Melanchthonem illa Canisii contio pragensis magnopere offendit Ioanni enim Alberto, duci megalopolitano (Mecklenburg), Vitemberga 18 Iunii 1556 scripsit

„Mitto Celsitudini vestrae pagellas ex quibus cognoscet nobis inferri nova bella de invocatione Mediatoris. Magna contentione pugnat Pragae cynicus, cuius nomen est Canusius [*sic*], filium Dei non invocandum esse ut Mediatorem, cum tamen Cyprianus dicat: Interpello te, fili dei, ut pro me apud patrem interpelles; sed de hac controversia editurus sum, ipso filio dei invocante, refutationem cynici deliramenti."[1]

Idem Flacio Illyrico a Melanchthone relatum 4 Septembris 1556: „Pragensis Cynicus non desinit vociferari, Christum non invocandum esse ut mediatorem "[2] Ac paucis iam diebus post Melanchthon compluribus amicis significare potuit se „scriptum" „in manibus habere" de invocatione Christi mediatoris edendum contra „cynicum Pragensem", sic enim Canisium appellare solebat[3] Illyricus quoque censebat „Canisii clamores contra intercessionem filii Dei　iem magni momenti esse, dignamque quae refutetur "[4]

Quae autem criminationes eadem de causa posterioribus annis contra Canisium vulgatae sint, ab Ioanne Alberto I, duce megalopolitano, a Lutheranorum ministris mansfeldensibus, Martino Chemnitio, Conrado Schlusselburg etc , in sequentibus huius operis voluminibus exponetur

Canisii biographos haec fere fugerunt

124.

Ferdinandus,

Austriae archidux et regni bohemici administrator,

Alberto V.,

Bavariae duci

Praga 24. Iulii 1556.

Ex commentario (2°, 1½ coll), quod Oeniponte exstat in archivo praefecturae caesareae („k k Statthalterei-Archiv"), „Inusbruck Jesuiten 1560—1624" A VI 1

---

[1] Phil. Melanchthonis epistolae, iudicia, consilia etc (ed *Henr Ern Bindseil*, Halis Saxonum 1874) p 393
[2] Corpus Reformatorum Ed *Car Gottl Bretschneider* Vol VIII (Halis Saxonum 1841) p 843
[3] Melanchthon Alberto Hardenbergio, 7 Septembris 1556 „Cum in manibus haberem duo scripta edenda, alterum περι λογου contra Lituanum, qui Serveticas blasphemias revocat, alterum contra Cynicum Pragensem de invocatione mediatoris, ecce adfertur" etc Idem Hieronymo Besoldo, lutherano ministro norimbergensi, 10 Septembris 1556 „Iam serveticas blasphemias Lituanus quidam ex Italia attulit, et non desinit vociferari Cynicus Pragensis Horum scripta refutare decrevi, et adiungam responsionem ad Ilaen scriptum " Atque eodem die Hieronymo Baumgartnero, senatori norimbergensi „Institueram refutationes duas, alteram contra Lituanum quendam, qui iursus spargit Serveticas blasphemias, alteram contra Cynicum Pragensem Sed interrupit hunc laborem Flacius " Item „Petro Vincentio, gubernanti literarum studia in urbe Lubeca" „Iam et Lithuano Conyzae, et Pragensi Cynico et Illyrico simul respondebo" (*Corpus Reformatorum* VIII, 845—847)
[4] Melanchthonis epistolae (ed *Bindseil*) p 579

Canisıum collegıum pıagense optıme ınstıtuisse   Petere se a duce , ut eum ın ıngolstadıensı collegıo ınstıtuendo quam maxıme ıuıet.

Vnser freundlich willig dienst vnnd was wir mer liebs vnnd guts vermugen seyn E L allzeit zuuor hochgeborner Furst frundtlicher lieber vetter Schwager vnd Brueder   Wır geben .E. L. freundtlich zuuernemen.   Nachdem der Ersam hochgelert vnser getrewer lieber Petrus Canisius des Ordens Jesuiticj[a] vnd der heyligen schrıfft doctor. sich in ordenlicher aufrıchtung aines Neuen Colegıumbs seines Ordens dermassen arbeitsam vleissig vnnd Erbar verhallten dasselb in das werch gepracht[b] vnd ainen sollichen guten anfang gemacht. dardurch sich Got zu Lob vnd Ehre vıl Chrıstlichs vnd guts ausszurichten gewıslıchen zuueıhoffen ıst, vnnd sich numeer zu E. L. Stat Ynglstat zu aufrıchtung aines sollıchen Collegiums daselbsten hiemit verfuegen thut.   So haben wir Jne in anschung desselben seınes loblichen vnd Chrıstlichen verhalltens gegen E L. auch zu beruemen nit vnderlassen wellen   Dıeselb E L freundtlich ersuechend das Sy Jr bemellten Doctor Canisium zum besten beuolhen seın lassen welle, Zweifls one Er werde sıch ın ordenlicher aufrichtung solches Collegıumbs nit weniger sonder dermassen verhallten das E. L. zu gantz genedigem gefallen geraichen werde, wie wir dann E L. also erkennen das Sy ain soll [sic] Chrıstlıch loblich gut werch zubefurdern an Jr nichts manglen noch erwenden lassen werden, vnd wunsche E. L dero wir freundtlıchen zudienen willıg[c] allen gluckhlıchen Zuestand. Datum Prag den .24. Julıj . Anno etc jm 56 ten

125.

Fr. Petrus Silvius S. J. [1]

Sociis romanis.

Praga 29. Augustı 1556 [2].

Prıoı epıstulae pars (usque ad „tabernaculum, sıbı peısuadeıe possunt") descrıpta est ex *Radeıo, „*De vıta Petrı Canısıı" (Monachıı 1614, p 65—68), quı sıc pıaefatur

---

[a] Jesutı *comm.*   [b] *Veıba* dasselb — gepıacht *ın maıgıne addıta sunt*
[c] *Sequuntuı ıeıba* vıl gutte Zeıt vnd *quae postea deleta sunt*

---

[1] Magıster Petrus Silvıus (Sylvıus van den Bossebe) cırcıteı a 1535 ın pago Hautem-Saınt-Lıévın (ın ıegno belgıco) natuß, lıtteras humanıores phılosophıam, theologıam ın vaııß Italıae et Germanıae collegııs docuıt   In pragensıs collegıı ınıtııs cum Fı Floıiano, ıtalo, „polıtıores et gıaecas lıtteras" tradıdıt (P G Vaıııs S J ın ‚*Hıstorıa fundatıonıs Collegıı Pragensıs" cf supra p 618[7]) Anno 1567 Moguntıae ın aıchıepıscopalı Socıetatıs collegıo theologıae dogmatıcae pıofessoı fuıt ıbıdem 10 Iulıı 1571 mortuus est (*Delplace, *L'etablıssement etc p 3* *De Backeı* I c III, 793)
[2] Data quıdem ıst haec epıstula eo tempore, quod ad secundum huıus operıs volumın spectat, sed quae ın ea de Canısıo ıefeıuntuı, ante moıtem S Ignatıı gesta deoque huıc volumını ınseıenda sunt

„In annuis Collegij Pragensis, Anno M D. LVI IV. Cal Sept a Petro Siluio Romam perscriptis in haec verba lego ‘ Altera pars, quae in libro Raderi non est, transscripta est ex eiusdem operis exemplo manu scripto, quod vetustius („Augustae Vindelicorum 1611‘) est ac multis locis a libro illo discrepat neque umquam typis exscriptum esse videtur, exstat nunc Romae in bibliotheca nationali (biblioteca Vittorio Emmanuele) „MSS Gesuit 1355‘ (p 21—23)

Lutheranos et Hussitas collegium timere Quas insidias Sociis parent Hos ad martyrium paratos esse. De Ferdinandorum, regis et archiducis, pietate Quanti Canisius ab omnibus, etiam non catholicis, fiat, et quae, eo auctore, ad Turcarum furorem reprimendum instituta sint Quomodo scholae collegii progrediantur

— — Collegij nostri admoneo paucos esse vel nullos aduersarios, practer Lutheranos [1]: qui nos timeant, esse plurimos; quippe qui per nos suae sectae auctoritatem minuendam praesagiunt Iussit nobis indicari praepositus arcis Pragensis [2], quosdam Lutheranos nobis moliri insidias adeo vt non clam fassi sint, se velle nos, cum contingeret pontem transgredi, in flumen praecipitare, et statim aufugere [3]: sed noctu foris non versamur interdiu vero negotia obedientiae intrepidi obimus. Fuerunt et Doctori Henrico [4] paratae insidiae, et Doctori Tilano [sic] [5], alteri domi, alteri foris· aliquando lapidibus Collegium impetitu Sunt qui et incendium nobis minentur — —

Archidux Ferdinandus, vt patris nomen sortitus est, ita virtutem imitatur Publice per praecones proclamari iussit, ne quis huic Collegio vlla in re nocere auderet Nunc profectus est Chiliarcha in Vngariam [6], et a nobis, vt senior coronam [7], ita et ipse Agnum Dei [8] accepit, quem secum tulit Vnice nostris orationibus et sacrificiis se commendans Qui etiam suggerente Patre Canisio instituit, vt per totam Bohemiam innouaretur mos meridie pulsandi contra Christi hostes, ac pro Christianae religionis prospero successu, reuerenter

---

[1] Haec si quis cum reliqua epistula contulerit, ita, ni fallor, explicabit Ex adverso collegii nostri paucae vel nullae domus sitae sunt nisi Lutheranorum

[2] Arcem regiam „Hradschin“ dicere videtur, quae trans Moldavam sita est

[3] Scholae quidem in monasterio S Clementis habebantur, quod eis Moldavam prope lapideum illum pontem („Karlsbrucke“) situm erat, ex quo sanctus Ioannes Nepomucenus ob servatum sacrae confessionis sigillum in flumen praecipitatus esse traditur Sociorum autem saltem aliquot trans flumen editiore aliquo Pragae minoris („Kleinseite“) loco habitasse videntur, donec monasterium clementinum plene instructum esset

[4] P Henrico Blyssem, qui theologiam dogmaticam et linguam hebraicam tradebat (*Varus l c ; cf supra p 770 [1])

[5] P Iacobus Tilianus primum quidem philosophiam docebat, sed quia auditores ad eam idonei non suppetebant, paulo post epistulas Paulinas explicandas suscepit (*Varus l c)

[6] Ferdinandus archidux contra Turcas, quorum exercitus magnus irruperat et arcem Szigetvár capere volebat, 3000 equites et totidem pedites paenultima mensis Augusti hebdomade prope Viennam collectos in Hungariam duxerat (Hirn l c I, 24—25)

[7] Ferdinandus I rex a Sociis coronam Beatae Mariae Virginis sive rosarium acceperat

[8] Agnus Dei = figura cerea, cui imago „agni Dei“ impressa est, quae figurae consuetudine vetere a summo pontifice certis temporibus sollemniter sacrantur Viennae in bibliotheca caesarea brevis commentarius manu scriptus exstat, cui titulus est „Virtutes Agnorum Dei soluta oratione authore P Canisio Societatis IESV“, de quo in aliquo ex posterioribus voluminibus plura dicentur

giatias agens Canisio, qui tam honesta petendo Principem Catholicum officij
sui admonei et [1] Effectum est apud eum, vt probatae fidei viium concionatorem haberet in militia [2], et cuiaiet diebus Veneris in tota Bohemia pro-
cessionem fieri, et missam de sancta ciuce cantari, et moneri populum de
poemtentia et pietate [3]. — —

Patiem nostrum Prouincialem Canisium mire hae iegiones Aquilonaies
venerantur, vt non solum Catholici, sed etiam Hussitae et alij haeretici, imo
et Iudaei illum diligant quamuis doleant maloium aitifices tam multa eius
consilio in vniueiso Germaniae statu fieri, (vt mihi a quibusdam indignantibus
dictum est) omnia scilicet eius consilio fieri, etc Maximum de nobis iumoiem
spargi apud Germanos, ac praesertim apud Maichionem Brandeburgensem [4]
et Ducem Saxoniae [5] ietulit nobis D Marschalcus [6] (a iegia Maiestate defensor
nobis constitutus) vtinam omnium expectationi satisfaceie liceat

Nostium collegium in Ciuitatis meditullio situm est loco saluberrimo
De persecutionibus breuiter et pauca peistiinxi Fiatres tam viuunt secuii
ex maximis periculis, quasi iam in paiadiso agerent Nec miium; cum iam
alteio pede, nempe affectu ibi sint, et effectu esse speient in dies assidue
domi, et extra domum maityrium expectantes, piaesertim cum ad Scholas
descendunt, vbi probabiliter secundum humanam iationem, nunquam se
iedituios ad cubiculum, sed potius ad caeleste tabeinaculum, sibi peisuadeie
possunt [7]. — —

Classis Theologica, quotquot auditoies habet, aedificatos domum iemittit.
habet autem plurimos semper, sed paucioies assiduos Veium intei hos
Franciscanos, Dominicanos et saceidotes, qui sub utiaque communicant [8], ac
etiam duos haereticoium concionatoies celebeiiimos, qui a patie Heniico
edocti claie ad bonam mentem iediie uidentur Cum in fiequentibus Pieai-

---

[1] Ferdinandus archidux postea similes preces etiam Tiiolensibus piaescripsit
(*Han* l c I, 173) — Supersunt litterae, a metiopolitano capitulo pragensi Praga
24 Iulii 1556 ad clerum illius aichidioecesis datae, quibus edicitu : Regem Romanorum et Feidinandum archiducem velle, ut periculosis iis tempoiibus pei totam
Bohemiam preces fiant, ideoque „ienouetur tempoie meiidiano mos pulsandi per
campanam in memoriam Dominicae passionis", atque ita omnes coniunctim Deum
piecentui, ut ecclesiae suae misereatui et impeiium iomanum ex periculo tuicico
eiipiat Simul piaecipitui, ut campanae sonitu audito omnes, ubicumque exsistant,
genua flectant ac genibus nixi Deum piecentur; quod si neglexerint, a magistiatu
iegio puniendos esse Haium litteiarum exemplum, typis exscriptum et ab Heniico
scribonio praeposito capituli subscriptum, exstat Piagae in aichivo capituli metio-
politani (XVII, 1)

[2] Antonius Brus (de Muglitz), „Ciueigeroium cum iubea stella" magistei geneialis, id munus administrabat simulque totius exeicitus sacris piaeeiat

[3] Haec quoque a capitulo piagensi in litteris 24 Iulii 1556 datis praescii-
buntui, in quibus etiam magistratus civiles sacris illis caeiimoniis interesse iubentui

[4] Ioachim II, marchio brandenbuigensis et impeiii electoi, ab ecclesia catholica ad Lutheium defecerat   [5] Augustum, impeiii electorem

[6] Ladislaus Popel de Lobkowitz, cf supia p 607 [7]

[7] De collegii piagensis initio et primo progiessu confei dissertationem a P Ios
Stoboda S J bohemice scriptam „Pamatky kolleje Klementinske v Piaze" (Histoiia
clementini collegii piagensis) in „Casopis katolickeho duchovenstva" (Libellus peii-
odicus in usum cleii catholici) 1875, p 1—16

[8] „Communicant" hic .. sacram euchaiistiam laicis piaebent

ditarum et aliorum haereticorum conuentibus piistinis contraria eaque Catholica dogmata publice piofiteantui . .

Gaspar Schlauus [1] unus omnium linguam boemicam ita intelligit, ut infimos puerorum ordines instruere ualeat, Germanicam optime callet   Centum uiginti pueios habet   . . Gaudent autem pueii discere Catechismum nostrum [2]. — —

Radeius haec subicit [3]. „Hussitaium odium in Canisium, quem maxime formidarunt, ostendit monostichon, quod in illum jactarunt

,Hinc procul esto canis pio nobis excubat anser‘

Cuius hic est intellectus Allusum est ad historiam veterem et Virgilianum carmen, quo Gallorum ad Capitolium duce Brenno per noctis tenebras grassantium ab ansere, sopitis canibus, proditas insidias canit, simulque in Dilogia nominum *canis* et *anseris* vis posita est cum per *canem* Canisium, pei *anseiem* infelicem Hussium sectae suae architectum vellent intelligi, *Huss* enim Bohemis anserem valet Ne ergo per subitum populi aut improborum impetum Canisius opprimeietur, dum aulam Regis peteret, piaesidio principis ducendus ac ieducendus fuit “ *Succhinus* [4] adnotat fuisse, qui „operoso hexametro senarium pedestiem subsciiberet“:

„At, qui Canem odere, haud oues sunt, sed lupi “

---

[1] Caspar Conger Labaco (Laibach, Caimolae caput) oitus erat, in qua civitate etiamnunc plerique sunt Sloveni, ideoque hic „Slavus“ vocatur; cf. supra p. 619 [1]
[2] Catechismum Canisii cumque (ut videtui) minimum, cf. supia p 611 635.
[3] De vita Canisii p 68—69   [4] De vita Canisii p 108

XI.
INDEX ALPHABETICUS EORUM,
quibus Canisius scripsit.

XIII

INDEX ALPHABETICUS NOMINUM ET RERUM HUIUS VOLUMINIS.

Numeris maioribus paginae, minoribus adnotationes significantui

C = Canisius

50*

Date Due

11-			
8/24/53	Jn. Thayer, S.J.		
8/31/01			

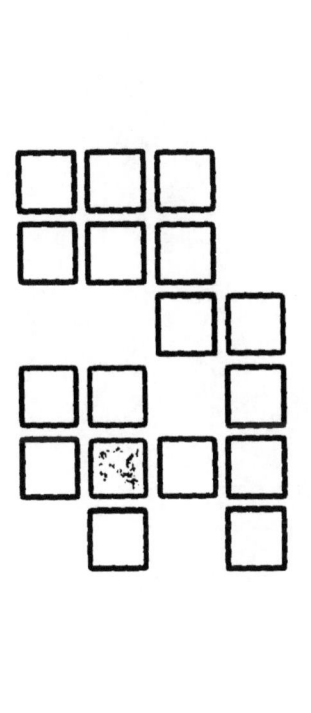

Lightning Source UK Ltd.
Milton Keynes UK
UKHW02n1825120118
316048UK00009B/77/P

9 781360 724614